Mario Gineprini, Benedetta Livi, Simona Seminara

L'ISOLA

*Competenze, scrittura creativa,
dossier per la scrittura documentata,
schede di arte, Invalsi*

B. LA POESIA E IL TEATRO

 © Loescher Editore - Torino 2015
http://www.loescher.it

I diritti di elaborazione in qualsiasi forma o opera, di memorizzazione anche digitale su supporti di qualsiasi tipo (inclusi magnetici e ottici), di riproduzione e di adattamento totale o parziale con qualsiasi mezzo (compresi i microfilm e le copie fotostatiche), i diritti di noleggio, di prestito e di traduzione sono riservati per tutti i paesi. L'acquisto della presente copia dell'opera non implica il trasferimento dei suddetti diritti né li esaurisce.

Le fotocopie per uso personale del lettore possono essere effettuate nei limiti del 15% di ciascun volume dietro pagamento alla SIAE del compenso previsto dall'art. 68, commi 4 e 5, della legge 22 aprile 1941 n. 633.

Le fotocopie effettuate per finalità di carattere professionale, economico o commerciale o comunque per uso diverso da quello personale possono essere effettuate a seguito di specifica autorizzazione rilasciata da:

CLEAredi, Centro Licenze e Autorizzazioni per le Riproduzioni Editoriali,
Corso di Porta Romana 108, 20122 Milano

e-mail *autorizzazioni@clearedi.org* e sito web *www.clearedi.org*.

L'editore, per quanto di propria spettanza, considera rare le opere fuori dal proprio catalogo editoriale. La fotocopia dei soli esemplari esistenti nelle biblioteche di tali opere è consentita, non essendo concorrenziale all'opera. Non possono considerarsi rare le opere di cui esiste, nel catalogo dell'editore, una successiva edizione, le opere presenti in cataloghi di altri editori o le opere antologiche.

Nel contratto di cessione è esclusa, per biblioteche, istituti di istruzione, musei ed archivi, la facoltà di cui all'art. 71 - ter legge diritto d'autore.

Maggiori informazioni sul nostro sito: *http://www.loescher.it*

Ristampe

6	5	4	3	2	
2021	2020	2019	2018	2017	

ISBN 9788858309414

Nonostante la passione e la competenza delle persone coinvolte nella realizzazione di quest'opera, è possibile che in essa siano riscontrabili errori o imprecisioni. Ce ne scusiamo fin d'ora con i lettori e ringraziamo coloro che, contribuendo al miglioramento dell'opera stessa, vorranno segnalarceli al seguente indirizzo:

Loescher Editore
Via Vittorio Amedeo II, 18
10121 Torino
Fax 011 5654200
clienti@loescher.it

Loescher Editore Divisione di Zanichelli Editore S.p.A. opera con sistema qualità certificato KIWA-CERMET n. 11469-A secondo la norma UNI EN ISO 9001:2008

Il progetto dell'opera e la scelta antologica sono di MARIO GINEPRINI, che ha redatto i profili introduttivi delle Unità, steso le schede *Vite di scrittori* e *Poeti che parlano di poesia*, elaborato le *Mappe delle conoscenze*, scritto le *Schede di lettura*, i *Laboratori*, le *Verifiche delle competenze*, le sezioni *Per lo studio*, le schede *La voce della narrativa*.
BENEDETTA LIVI ha steso le schede biografiche, gli approfondimenti *Il punto su...* e le schede *Il percorso delle parole*, curato le note ai testi e le parafrasi per i percorsi 1, 2, 3, 4.
SIMONA SEMINARA ha steso le schede biografiche, gli approfondimenti *Il punto su...* e le schede *Il percorso delle parole*, curato le note ai testi per il percorso 5.
Tutte le sezioni *Altri linguaggi / Arte*, sono state realizzate da Claudia Simoncini, che ha selezionato le opere e steso i testi.

Coordinamento editoriale: Milena Lant
Redazione: Marco Della Greca (Studio Libra - Bologna)
Rilettura: Giovanna Vizzari (Studio Libra - Bologna)
Ricerca iconografica: Patrizia Mangano, Liliana Maiorano
Disegni: FRAGILE - Monica Fucini
Progetto grafico: Anna Huwyler
Impaginazione: Studio Ampa - Bologna
Fotolito: AG-Media - Milano
Copertina: LeftLoft - Milano/New York
Stampa: Grafica Veneta S.p.A. - Via Malcanton, 2
35010 Trebaseleghe (PD)

Indice

Leggere *poesie* IX

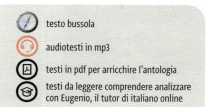

- testo bussola
- audiotesti in mp3
- testi in pdf per arricchire l'antologia
- testi da leggere comprendere analizzare con Eugenio, il tutor di italiano online

PERCORSO 1 — I METODI DELLA POESIA

UNITÀ 1
Le caratteristiche della comunicazione poetica — 2
- Il testo poetico — 3
- T1 **Salvatore Quasimodo** *Alle fronde dei salici* — 3
  - il percorso delle parole | Lirica — 3
- La struttura grafica e il ruolo del lettore — 5
- Significato denotativo e significato connotativo — 6
- Io lirico e interlocutore — 8
- LA MAPPA DELLE CONOSCENZE — 11
- LE COMPETENZE DI LETTURA E DI SCRITTURA — 11
- T2 **Joyce Lussu** *A cosa serve la poesia? Può servire.* — 12
- T3 **Franco Fortini** *Traducendo Brecht* — 16
  - | vite di scrittori La fatica del traduttore — 18

VERIFICA DELLE COMPETENZE
- T4 **Lucio Zinna** *Questi maledetti poeti* — 21

ONLINE
- **Alfonso Gatto** *Alla mia bambina*
- **Francesco Petrarca** *Quanta invidia io ti porto, avara terra* (CCC)
- **Giacomo Leopardi** *Il sabato del villaggio*

UNITÀ 2
La metrica — 24
- La misura e la struttura dei versi — 25
- T1 **Giosue Carducci** *Traversando la Maremma toscana* — 25
  - | PER LO STUDIO LA PARAFRASI — 27
- La misura del verso — 29
- il percorso delle parole | Metro — 29
- I tipi di verso e gli accenti ritmici — 31
- il percorso delle parole | Ritmo — 31
- La cesura e l'*enjambement* — 35
- La rima — 36
- Le strofe e i componimenti — 39
- LA MAPPA DELLE CONOSCENZE — 42
- LE COMPETENZE DI LETTURA E DI SCRITTURA — 42

- T2 **Guido Cavalcanti** *Perch'i' no spero di tornar giammai* — 45
- T3 **Torquato Tasso** *Qual rugiada o qual pianto* — 50
- T4 **Giacomo Leopardi** *L'infinito* — 53
  - il percorso delle parole | Infinito — 53
  - | poeti che parlano di poesia
  - La poetica del vago e dell'indefinito — 54

VERIFICA DELLE COMPETENZE
- T5 **Giorgio Caproni** *Preghiera* — 58

ONLINE
- **Dante Alighieri** *Guido, i' vorrei che tu e Lapo ed io*
- **Francesco Petrarca** *Zephiro torna, e 'l bel tempo rimena* (CCCX)
- **Giovanni Pascoli** *La gatta*
- **Giuseppe Ungaretti** *Veglia*

UNITÀ 3
Le figure retoriche — 60
- Gli strumenti formali della poesia — 61
- il percorso delle parole | Figura — 61
- T1 **Giovanni Pascoli** *Novembre* — 62
  - Le figure di suono — 63
  - Le figure di significato — 65
  - Le figure dell'ordine — 69
- LA MAPPA DELLE CONOSCENZE — 72
- LE COMPETENZE DI LETTURA E DI SCRITTURA — 73
- T2 **Ugo Foscolo** *In morte del fratello Giovanni* — 74
  - | vite di scrittori L'infelicissimo mio fratello — 74
- T3 **Eugenio Montale** *Meriggiare pallido e assorto* — 78
  - | vite di scrittori Inerpicarsi come capre — 79
- T4 **Umberto Saba** *Ulisse* — 83

VERIFICA DELLE COMPETENZE
- T5 **Dino Campana** *Giardino autunnale* — 87

ONLINE
- **Giuseppe Ungaretti** *C'era una volta*
- **Francesco Petrarca** *Solo et pensoso i più deserti campi* (XXXV)
- **Umberto Saba** *La capra*
- **Camillo Sbarbaro** *Ora che sei venuta*

PERCORSO 2 — LEGGERE TEMI DI OGGI

UNITÀ 4
Lo sport — 90

- Sport e poesia — 91
- T1 **Vittorio Sereni** *Mille miglia* — 93
- T2 **Giovanni Raboni** *Zona Cesarini* — 97
  - poeti che parlano di poesia | La poesia a scuola — 98
- T3 **Maurizio Cucchi** *'53* — 101
  - poeti che parlano di poesia | Poesia e società-spettacolo — 102
- T4 **Valerio Magrelli** *Elegia* — 104
- T5 **Erri De Luca** *Un decimo* — 107
  - il percorso delle parole | Montagna — 107
  - poeti che parlano di poesia | L'infelicità dei poeti — 109

VERIFICA DELLE COMPETENZE
- T6 **Umberto Saba** *Goal* — 113

DOSSIER E SCRITTURA DOCUMENTATA — 115

UNITÀ 5
La musica — 122

- Parole e musica: i cantautori italiani — 123
- il percorso delle parole | **Canzone / Cantare** — 123
- T1 **Fabrizio De André** *Canzone per l'estate* — 127
  - poeti che parlano di poesia | Canzone e poesia — 129
- T2 **Giorgio Gaber** *L'illogica allegria* — 132
  - poeti che parlano di poesia | Le parole come cose — 133
- T3 **Ivano Fossati** *Lindbergh* — 136
  - il percorso delle parole | **Volare / Volo** — 136
- T4 **Franco Battiato** *La cura* — 139
  - il percorso delle parole | **Cura** — 139
- T5 **Baustelle** *La canzone del parco* — 143

VERIFICA DELLE COMPETENZE
- T6 **Francesco De Gregori** *La leva calcistica della classe '68* — 147

DOSSIER E SCRITTURA DOCUMENTATA — 149

ONLINE UNITÀ LA TECNOLOGIA
- T1 **Nanni Balestrini** *Tape Mark*
- T2 **Valerio Magrelli** *Canzonetta sulle sirene catodiche*
- T3 **Roberto Mussapi** *Le voci che parlano all'una di notte*
- T4 **Stefano Benni** *Crudeltà del telefono*

VERIFICA DELLE COMPETENZE
- T5 **Wisława Szymborska** *Fotografia dell'11 settembre*

DOSSIER E SCRITTURA DOCUMENTATA

PERCORSO 3 — I GENERI DELLA POESIA

UNITÀ 6
La poesia narrativa — 156

- Le caratteristiche della poesia narrativa — 157
- La storia del genere — 157
- il percorso delle parole | **Epica** — 157
- **LA MAPPA DELLE CONOSCENZE** — 161

Il precursore del genere
- T1 **Omero** *Lo scontro tra Achille ed Enea* — 162
- T2 **Dante Alighieri** *Il folle volo* — 166
- T3 **Giuseppe Parini** *La vergine cuccia* — 172
  - vite di scrittori | La caduta — 175
- T4 **Cesare Pavese** *I mari del Sud* — 178
  - vite di scrittori | Il legame con la terra — 181
- T5 **Attilio Bertolucci** *Come nasce l'ansia* — 185
  - poeti che parlano di poesia | Il valore della poesia — 188

VERIFICA DELLE COMPETENZE
- T6 **Giovanni Berchet** *Il trovatore* — 191

ONLINE
- **Ludovico Ariosto** *Il castello di Atlante*
- **Ludovico Ariosto** *La pazzia di Orlando*
- **Ludovico Ariosto** *Cloridano e Medoro*

UNITÀ 7
La poesia politica e civile — 194

- Le caratteristiche della poesia politica e civile — 195
- La storia del genere — 195

LA MAPPA DELLE CONOSCENZE 199	▪ Le caratteristiche della poesia satirica 225
I precursori del genere	▪ La storia del genere 225
T1 **Archiloco** *Lo scudo* 200	il percorso delle parole | **Politica** 226
T2 **Simonide di Ceo** *Per i morti delle Termopili* 201	**LA MAPPA DELLE CONOSCENZE** 228
T3 **Dante Alighieri** *Farinata degli Uberti* 204	Il precursore del genere
vite di scrittori Il rifiuto dell'amnistia 205	T1 **Orazio** «*Est modus in rebus*» 229
T4 **Bertolt Brecht** *Tre poesie sulla guerra* 210	T2 **Cecco Angiolieri** *S'i' fosse fuoco, ardereï 'l mondo* 233
vite di scrittori Contro l'obbligo del servizio militare 211	**vite di scrittori** *Tre cose solamente m'ènno in grado* 234
T5 **Pier Paolo Pasolini** *Al Principe* 214	T3 **Ludovico Ariosto** *Satira I* 237
vite di scrittori La polemica verso il movimento studentesco 214	T4 **Guido Gozzano** *Il Re di Tempeste* 242
T6 **Eugenio Montale** *La storia* 218	T5 **Giorgio Caproni** *Palingenesi* 246
il percorso delle parole | **Storia** 218	**poeti che parlano di poesia** *Nella selva oscura* 247
VERIFICA DELLE COMPETENZE	**VERIFICA DELLE COMPETENZE**
T7 **Edoardo Sanguineti** *Ballata delle donne* 222	T6 **Stefano Benni** *Il lamento del mercante d'armi* 249
ONLINE	**ONLINE**
▪ **Alessandro Manzoni** *Il volgo disperso*	▪ **Giacomo Leopardi** *I topi carbonari*
▪ **Alessandro Manzoni** *In morte di Carlo Imbonati*	▪ **Ludovico Ariosto** *La verginella è simile a una rosa*
	▪ **Guido Gozzano** *Totò Merùmeni*

UNITÀ 8
La poesia satirica 224

PERCORSO 4
I TEMI NELLA LETTERATURA

SEZIONE — LE ORIGINI DELLA LETTERATURA

UNITÀ ORIGINI 1

La presenza del divino nella letteratura delle origini S2	Altri linguaggi / Arte
▪ La formazione dei volgari S3	La raffigurazione del paradiso e dell'inferno S26
L'*Indovinello veronese* S4	T3 **Giacomino da Verona** *Le delizie del Paradiso* S28
Il *Placito di Capua* S5	il percorso delle parole | **Paradiso / Inferno** S28
L'*Iscrizione di San Clemente* S6	**la voce della narrativa** **Iacopo Passavanti** *D'uno cavaliere che infermò gravemente e non si volle confessare* S33
LA MAPPA DELLE CONOSCENZE S8	La voce dei contemporanei
▪ La letteratura religiosa S9	T4 **David Maria Turoldo** *Io vorrei donare* S35
LA MAPPA DELLE CONOSCENZE S13	**poeti che parlano di poesia** *Non si può staccare la poesia dalla vita* S36
Francesco d'Assisi S14	**VERIFICA DELLE COMPETENZE**
vite di scrittori San Francesco e il lupo S14	T5 **Giacomo da Lentini** *Io m'ag[g]io posto in core* S40
T1 *Cantico delle creature* S15	**ONLINE**
il percorso delle parole | **Umile** S16	▪ **Iacopone da Todi** *Donna de Paradiso*
Iacopone da Todi S20	
vite di scrittori *Que farai, fra' Iacovone?* S20	
il percorso delle parole | **Mistico / Misticismo** S21	
T2 *O iubelo del core* S22	

contenuti inseriti nel presente volume o disponibili a parte

UNITÀ ORIGINI 2
La natura dell'amore nella letteratura delle origini S42

- La lirica d'amore e la poesia comico-realistica S43
- La nascita della letteratura in Francia S43
  il percorso delle parole | **Cortese / Cortesia** S45
  il percorso delle parole | **Amore** S46
  LA MAPPA DELLE CONOSCENZE S51
- La nascita della letteratura in Italia S52
  LA MAPPA DELLE CONOSCENZE S56

T1 **Guglielmo d'Aquitania** *Nella dolcezza della primavera* S57
  il percorso delle parole | **Primavera** S57
  la voce della narrativa
  Chrétien de Troyes *Ginevra e Lancillotto* S61

Altri linguaggi / Arte
I rituali d'investitura feudale S62
T2 **Giacomo da Lentini** *Amore è un desìo che ven da core* S64
  il percorso delle parole | **Desiderio** S64
T3 **Cielo d'Alcamo** *Rosa fresca aulentissima* S68
T4 **Guittone d'Arezzo** *Amor m'ha priso ed incarnato tutto* S73
T5 **Rustico Filippi** *Oi dolce mio marito Aldobrandino* S76

VERIFICA DELLE COMPETENZE
T6 **Compiuta Donzella** *A la stagion che 'l mondo* S79

ONLINE
- **Jaufré Rudel** *Amore di terra lontana*

UNITÀ 9
La figura femminile dallo Stilnovo a Petrarca 252

- La donna spiritualizzata dello Stilnovismo 253
  il percorso delle parole | **Gentile / Gentilezza** 253
  LA MAPPA DELLE CONOSCENZE 257
- La donna terrena di Francesco Petrarca 258
  LA MAPPA DELLE CONOSCENZE 259

T1 **Guido Guinizzelli** *Io voglio del ver la mia donna laudare* 260
T2 **Guido Cavalcanti** *Chi è questa che vèn, ch'ogn'om la mira* 264
  Dante Alighieri 268
  | *vite di scrittori* *Legno sanza vela e sanza governo* 268
T3 *Tanto gentile e tanto onesta pare* 271
  | *la voce della narrativa* **Giovanni Boccaccio** *Lisabetta da Messina* 274

Altri linguaggi / Arte
Raffigurazioni della società medioevale 276
Francesco Petrarca 278
  | *vite di scrittori* *La pace di Valchiusa* 278
T4 *Erano i capei d'oro a l'aura sparsi* 280
T5 *Chiare, fresche et dolci acque* 284

VERIFICA DELLE COMPETENZE
T6 **Francesco Petrarca** *Voi ch'ascoltate in rime sparse il suono* 290

ONLINE
- **Guido Guinizzelli** *Lo vostro bel saluto e 'l gentile sguardo*

- **Dante Alighieri** *Il primo saluto di Beatrice*
- **Guido Guinizzelli** *Al cor gentil rempaira sempre amore*
- **Francesco Petrarca** *Di pensier in pensier, di monte in monte (CXXIX)*
- **Francesco Petrarca** *Oimè il bel viso, oimè il soave sguardo (CCLXVII)*

UNITÀ 10
Il tempo nel Rinascimento e nel Barocco 292

La centralità del tempo nella letteratura dell'età moderna 293
  il percorso delle parole | **Tempo** 293
  LA MAPPA DELLE CONOSCENZE 298

T1 **Lorenzo de' Medici** *Canzona di Bacco* 299
T2 **Angelo Poliziano** *Ballata delle rose* 304
  | *vite di scrittori* *Angelo Poliziano elogia Lorenzo il Magnifico* 306
T3 **Torquato Tasso** *Cogliam d'amor la rosa* 309
  | *vite di scrittori* *La follia di Torquato Tasso* 310

La letteratura straniera
T4 **William Shakespeare** *Tempo divoratore* 313

Altri linguaggi / Arte
La precarietà della vita nell'arte barocca 316
  | *la voce della narrativa* **Miguel de Cervantes** *La morte di Don Chisciotte* 318

La voce dei contemporanei
T5 **Franco Fortini** *L'edera* 319
  | *poeti che parlano di poesia*
  Quello che è e quello che non è 319

VERIFICA DELLE COMPETENZE
T6 **Ciro di Pers** *Orologio da rote* 322

ONLINE

- **Francisco de Quevedo** *Ehi, della vita! Nessuno risponde?*
- **Gaspara Stampa** *Voi ch'ascoltate in queste meste rime*
- **Torquato Tasso** *Su l'ampia fronte il crespo oro lucente*

UNITÀ 11
Il ricordo nella lirica dell'Ottocento 324

- La poesia dall'Arcadia al Romanticismo 325
- il percorso delle parole | Ricordo 328
- LA MAPPA DELLE CONOSCENZE 330
- **Ugo Foscolo** 331
- il percorso delle parole | Esilio 331
- T1 *A Zacinto* 333

Altri linguaggi / Arte
"Notturni romantici": la rappresentazione della luna nella pittura di Caspar David Friedrich 336

- **Alessandro Manzoni** 338
- poeti che parlano di poesia
- *L'utile per iscopo, il vero per soggetto e l'interessante per mezzo* 340
- T2 *La morte di Ermengarda* 341
- la voce della narrativa
- **Alessandro Manzoni** *L'addio ai monti* 348
- **Giacomo Leopardi** 349
- il percorso delle parole | Idillio 349
- T3 *Alla luna* 352
- T4 *A Silvia* 355
- vite di scrittori *La bellezza dell'adolescenza* 356

La voce dei contemporanei
- T5 **Mario Luzi** *Notizie a Giuseppina dopo tanti anni* 361

VERIFICA DELLE COMPETENZE
- T6 **Giosue Carducci** *Pianto antico* 364

ONLINE
- **William Wordsworth** *Andar per nocciole*
- **Ugo Foscolo** *Alla sera*
- **Giacomo Leopardi** *A se stesso*

UNITÀ 12
La natura nella lirica simbolista 366

- La poesia simbolista 367
- il percorso delle parole | Simbolo 369
- LA MAPPA DELLE CONOSCENZE 372

La letteratura straniera
- T1 **Emily Dickinson** *L'erba ha poco da fare* 374

- vite di scrittori *Il covone di fieno e la mosca preziosa* 375

La letteratura straniera
- T2 **Charles Baudelaire** *Corrispondenze* 378
- poeti che parlano di poesia *L'albatro* 380
- **Giovanni Pascoli** 383
- poeti che parlano di poesia
- *La poetica del fanciullino* 385
- T3 *Lavandare* 386
- T4 *Temporale* 389
- T5 *Il lampo* 390
- T6 *Il tuono* 390
- **Gabriele D'Annunzio** 393
- T7 *La pioggia nel pineto* 395
- poeti che parlano di poesia
- *Il verso è tutto* 398
- la voce della narrativa
- **Antonio Fogazzaro** *L'Orrido* 403

Altri linguaggi / Arte
La natura nella pittura impressionista di Claude Monet 404

VERIFICA DELLE COMPETENZE
- T8 **Gabriele D'Annunzio** *I pastori* 406

ONLINE
- **Giovanni Pascoli** *Nebbia*
- **Giovanni Pascoli** *L'assiuolo*
- **Gabriele D'Annunzio** *La sera fiesolana*

UNITÀ 13
La poesia e la figura del poeta nella lirica del primo Novecento 408

- La lirica del primo Novecento e la funzione della poesia 409
- Gli sviluppi della poesia novecentesca 411
- LA MAPPA DELLE CONOSCENZE 413

La letteratura straniera
- T1 **Vladimir Majakovskij** *La nuvola in calzoni* 414
- vite di scrittori *La lettera di addio* 415
- la voce della narrativa **Thomas Mann**
- *Il conflitto tra arte e borghesia* 418
- **Giuseppe Ungaretti** 419
- poeti che parlano di poesia
- *I limiti della parola poetica* 420
- T2 *Il porto sepolto* 421
- **Eugenio Montale** 424
- T3 *Non chiederci la parola* 426
- poeti che parlano di poesia
- *Quale può essere la sorte della poesia* 426

Altri linguaggi / Arte
Cogliere l'essenza del reale: la pittura metafisica 430
- **Umberto Saba** 432

| **poeti che parlano di poesia** La mia più bella poesia | 433 |

T4 **Amai** 434

| **il percorso delle parole** | **Dolore** 434
la voce della narrativa

T5 **Alda Merini** *La mia poesia è alacre* 437

| **vite di scrittori** La malattia e la guarigione 437

VERIFICA DELLE COMPETENZE
T6 **Aldo Palazzeschi** *Chi sono?* 441

ONLINE
- **Sandro Penna** *La mia poesia non sarà*
- **Giuseppe Ungaretti** *I fiumi*
- **Giuseppe Ungaretti** *Fratelli*
- **Eugenio Montale** *Ti libero la fronte dai ghiaccioli*
- **Eugenio Montale** *Perché tardi*
- **Umberto Saba** *Ritratto della mia bambina*
- **Umberto Saba** *Trieste*

PERCORSO 5 — IL TEATRO

- Leggere *teatro* 444
- Gli elementi della comunicazione teatrale 446

UNITÀ 14
La struttura e il linguaggio del testo drammatico 454

- Le specificità del testo drammatico 455

T1 **Dacia Maraini** *Norma 44* 455
- La struttura: atti e scene 463

LA MAPPA DELLE CONOSCENZE 470
LE COMPETENZE DI LETTURA E DI SCRITTURA 470

T2 **Erri De Luca** *L'ultimo viaggio di Sindbad* 472

VERIFICA DELLE COMPETENZE
T3 **Natalia Ginzburg** *Ti ho sposato per allegria* 478

ONLINE
- **Tiziano Scarpa** *L'infinito*

UNITÀ 15
La tragedia 482

- Le caratteristiche della tragedia 483
LA MAPPA DELLE CONOSCENZE 487

T1 **Sofocle** *Lo scontro tra Antigone e Creonte* 488

William Shakespeare 494
T2 *La morte apparente di Giulietta* 495
il percorso delle parole | **Morte** 496

VERIFICA DELLE COMPETENZE
T3 **Eschilo** *La pena di Prometeo* 501

ONLINE
- **William Shakespeare** *Macbeth*
- **William Shakespeare** *Romeo e Giulietta*

UNITÀ 16
La commedia 504

- Le caratteristiche della commedia 505
LA MAPPA DELLE CONOSCENZE 509

T1 **Aristofane** *La metafora della lavorazione della lana* 510
T2 **Molière** *L'organizzazione della cena* 516
il percorso delle parole | **Avarizia / Avidità** 516
T3 **Carlo Goldoni** *Il conte Anselmo* 522

VERIFICA DELLE COMPETENZE
T4 **Plauto** *L'equivoco tra Euclione e Liconide* 530

ONLINE
- **Niccolò Machiavelli** *Sostrata e Fra Timoteo convincono Lucrezia*

UNITÀ 17
Il teatro dell'Ottocento e del Novecento 534

- L'Ottocento e il Novecento sulla scena 535
LA MAPPA DELLE CONOSCENZE 539

T1 **Anton Čechov** *Noi vivremo, zio Vanja* 540
Luigi Pirandello 546
T2 *La "verità" della signora Ponza* 547
T3 **Samuel Beckett** *Bisogna tornare domani* 552
T4 **Dario Fo** *La strage degli innocenti* 557

VERIFICA DELLE COMPETENZE
T5 **Eduardo De Filippo** *Il risveglio in casa Cupiello* 564

ONLINE
- **Bertolt Brecht** *La guerra di Madre Courage*

Leggere *poesie*

Avviciniamoci alla scoperta degli elementi distintivi del testo poetico, leggendo un articolo del critico letterario Beniamino Placido (1929-2010), pubblicato nel 1993 sulle pagine culturali del quotidiano «la Repubblica». L'autore trae spunto da pochi versi per spiegare qual è, a suo giudizio, la principale caratteristica comunicativa della poesia e in che cosa questa espressione letteraria si differenzia dalla narrativa nella rappresentazione degli avvenimenti e dei sentimenti degli uomini.

Dramma in nove versi

Molte cose giuste sono state scritte sul rapporto fra poesia e filosofia [...]. Cose giuste e disperate sono state dette sul rapporto fra poesia e religione [...]. Riflessioni serie sono state tentate per esplorare le parentele fra poesia e geometria [...] e persino – lo giuro – fra poesia e matematica. Vorrei azzardare che la sostanza della poesia è tutta nella sua "economia". Con la minuscola. Non la scienza economica: quella che regola dall'alto (così dicono) il flusso delle risorse e delle attività umane. No: l'economia domestica, familiare. Quella che presiede all'oculata amministrazione dei nostri sudati risparmi. Spiegava Freud[1]: quando noi economizziamo delle energie, come accade in certe elaborazioni del nostro inconscio, quelle energie liberate, liberamente disponibili, euforicamente[2] si espandono. Ispirandoci magari una fragorosa salutare risata. La poesia è capace di realizzare, in corto circuito, economie meravigliose. La poesia è capace – diceva Italo Calvino[3] – di "fare entrare il mare in un bicchiere". Capita di incontrare una poesia di nove versi in un settimanale letterario inglese. Va da sé: citerei una poesia italiana se giornali, settimanali italiani pubblicassero più frequentemente delle poesie. (L'autrice dev'essere una donna: **Connie Bensley**: *Times Literary Supplement*[4], 8 ottobre). Donna anche la protagonista. **"Single Parent"** suona il titolo. Deve trattarsi di una ragazza madre. E difatti: "*Because she shares the bedroom with the baby/she undresses in the dark*". Mi scuso. Cercherò di citare il meno possibile l'originale. Comunque, quei due versi già riportati significano: "Siccome divide la stanza da letto con il bambino/lei si spoglia al buio". Lei, la madre. La ragazza madre. Si spoglia al buio perché la luce non lo svegli. Però non può evitare tutti i rumori. Quanto occorrerebbe ad un romanziere, a un narratore per introdurci in questa situazione? La ragazza madre. Evidentemente po-

---

1 **Freud:** Sigmund Freud (1856-1939), psichiatra e neurologo viennese, è il fondatore della psicanalisi.
2 **euforicamente:** in modo euforico, cioè determinando un generale atteggiamento emotivo caratterizzato da gioia e benessere a livello psicofisico.
3 **Italo Calvino:** scrittore italiano (1923-1985) tra i più significativi del secondo Novecento.
4 ***Times Literary Supplement*:** rivista settimanale britannica di critica letteraria pubblicata a Londra, apparsa la prima volta nel 1902.

vera, perché non può permettersi una casa più grande, né un aiuto domestico. L'ansia. L'apprensione. Il disagio. Gli occorrerebbe di certo qualche pagina. Al poeta bastano due versi: "Siccome divide la stanza con il bambino/lei si spoglia al buio". Così gli evita la luce improvvisa. Ma ci sono i rumori. Quelli non può evitarli. I rumori che fa lei, mentre si sveste. Le sue vesti frusciano, crepitano. Crepitando, le riportano alla mente i fuochi d'artificio. Che le piaceva tanto guardare. Quand'era ragazza. E non anche madre. Però inciampa: per colpa del buio evidentemente. Però picchia contro la testata del letto. E cosa accade adesso? Non accade nulla. Accade che siamo già all'ultimo verso. Siamo già arrivati alla fine? Già arrivati. La poesia è un lampo che squarcia le tenebre (chiedo scusa, l'ho letto da qualche parte). *"But of course must not cry out"*. Ma naturalmente lei non deve gridare, piangere. No, non deve farsi sentire: il buio, il bambino, il sonno da rispettare. Ma perché mai poi dovrebbe piangere? Perché ha urtato con la testa? O per la malinconia complessiva della sua esistenza, espressa dalla ristrettezza, insidiata dalla nostalgia di quand'era ragazza (non madre) e andava con gli amici ai fuochi di artificio? La poesia non ce lo dice. Ci tiene sospesi fra le due interpretazioni. Concorrenti e non reciprocamente esclusive, ambedue possibili. Ciò che la poesia sa fare, usando uno strumento privilegiato tutto suo: la cosiddetta "ambiguità". La sua capacità di "compattezza" (si dice anche così). Un dramma intero in soli nove versi. Massimo risultato con il minimo impiego di risorse verbali. Non ci sono ragioni per non leggere la poesia. Che sa fare entrare tutti i drammi del mare in un bicchiere. E lasciarci pensosi, dopo. Non ci sono scuse. Si può andare a sentirla in teatro recitata da Gassman[5]. Si può portarla in tasca, leggerla alla fermata dell'autobus. O mentre si viaggia in metropolitana. Se ne percorre qualche verso, si aspetta che arrivi l'illuminazione, il lampo, poi si richiude il libriccino e ci si abbandona alle emozioni, ai pensieri che ci ha ispirato. Se non lo facciamo è proprio perché non abbiamo nessun senso dell'economia. Il nostro tempo, ci piace sprecarlo.

[B. Placido, *Dramma in nove versi*, «la Repubblica», 7 novembre 1993, ricerca.repubblica.it]

> **Connie Bensley**
> *Single Parent*
>
> Because she shares the bedroom with the baby
> she undresses in the dark
> and tonight her underclothes flash
>
> and crackle in the dry air, like
> miniature lightning, like
> silver fireworks. It reminds her
>
> of strobe lights, and her old crowd.
> She trips and cracks her head on the bedstead
> but of course must not cry out.
>
> «Times Literary Supplement», 8 ottobre 1993

---

5 **Gassman:** Vittorio Gassman (1922-2000), attore, regista, sceneggiatore e grande interprete teatrale.

Nell'articolo possiamo individuare tre concetti. L'autore sostiene che il testo poetico:
- racchiude il racconto di un'esistenza, la descrizione di un sentimento in **poche righe** (*Massimo risultato con il minimo impiego di risorse verbali*);
- contiene **informazioni implicite** o **allusive** e invita il lettore a integrare liberamente il significato delle sue parole (*La poesia non ce lo dice. Ci tiene sospesi fra le due interpretazioni. Concorrenti e non reciprocamente esclusive, ambedue possibili*);
- prevede una lettura che richiede **pause** e **riflessioni** (*Se ne percorre qualche verso, si aspetta che arrivi l'illuminazione, il lampo, poi si richiude il libriccino e ci si abbandona alle emozioni, ai pensieri che ci ha ispirato*).

percorso 1

I METODI DELLA POESIA

1 ■ Le caratteristiche della comunicazione poetica

2 ■ La metrica

3 ■ Le figure retoriche

- Le tecniche della poesia per leggere, comprendere e interpretare testi letterari
- L'applicazione dell'educazione letteraria all'elaborazione di strumenti per lo studio, all'educazione grammaticale e linguistica e alla produzione scritta creativa e funzionale

UNITÀ 1
Le caratteristiche della comunicazione poetica

T1 **Salvatore Quasimodo**
Alle fronde dei salici

T2 **Joyce Lussu**
A cosa serve la poesia? Può servire.

T3 **Franco Fortini**
Traducendo Brecht

VERIFICA DELLE COMPETENZE
T4 **Lucio Zinna**
Questi maledetti poeti

ONLINE

TESTI INTEGRATIVI
- Alfonso Gatto
  Alla mia bambina

Eugenio
Tutor di Italiano

Eugenio, il tutor online che guida nell'analisi interattiva e adattiva (testi di ▪ F. Petrarca; ▪ G. Leopardi)

Prima di analizzare le modalità specifiche in cui il testo poetico comunica il suo contenuto, confronta il testo di *Alle fronde dei salici* con il seguente brano in prosa, tratto da un saggio in cui Quasimodo prende in esame un tema strettamente connesso a quello esposto nella sua poesia, ovvero l'impegno sociale e politico dei poeti all'indomani della guerra.

La voce lirica utilizza la prima persona, ricorrendo al plurale (come potevamo noi, v. 1; le nostre cetre,) così da presentarsi come portavoce della posizione dei poeti. Il contenuto della lirica rivela un evidente legame con le opinioni espresse da Quasimodo nel brano in prosa riportato di seguito, ma non per questo bisogna identificare automaticamente la voce che in essa si esprime con quella dello scrittore siciliano. Nell'analisi di un testo poetico vale infatti lo stesso principio presente nell'ambito della narrativa: occorre distinguere il personaggio fittizio che pronuncia le parole del testo dalla persona reale che ne è l'artefice. In *Alle fronde dei*

Il testo poetico

L'analisi di una lirica di Salvatore Quasimodo ci aiuterà a comprendere meglio le affermazioni contenute nell'articolo di Beniamino Placido (▶ p. IX) e a entrare nel tema che affronteremo in questa prima unità: le caratteristiche della comunicazione poetica.

IL TESTO BUSSOLA

Alle fronde dei salici è stata pubblicata da Salvatore Quasimodo nel 1944 sulla rivista «Uomo» e, in seguito, scelta come testo iniziale della raccolta *Giorno dopo giorno* (1947). In questa lirica lo scrittore esprime con forza la convinzione che la situazione storica impone ai poeti di partecipare attivamente alla vita civile e politica. Dinanzi alle violenze della Seconda guerra mondiale – in particolare quelle dell'esercito tedesco durante l'occupazione del territorio italiano (1943-1945) – i poeti devono andare oltre l'espressione della soggettività che caratterizza la lirica tradizionale, in segno di solidarietà per i morti e di protesta per le atrocità commesse. Come in seguito Quasimodo dichiarerà, occorre realizzare una poesia nuova, corale e impegnata, radicata nella realtà del contesto storico e nella vita quotidiana della gente comune.

T1 Salvatore Quasimodo Alle fronde dei salici

E come potevamo noi cantare
con il piede straniero sopra il cuore,
fra i morti abbandonati nelle piazze
sull'erba dura di ghiaccio, al lamento
5   d'agnello dei fanciulli, all'urlo nero
della madre che andava incontro al figlio

1 **noi cantare:** scrivere versi (*noi* si riferisce ai poeti); il significato figurato del verbo deriva dal latino *canĕre*, "comporre in versi", "celebrare". Nel mondo classico vi era una stretta connessione tra canto e poesia, dato che i versi venivano cantati o recitati con l'accompagnamento della musica.
2 **con il piede... cuore:** con quest'immagine molto forte Quasimodo allude all'occupazione tedesca dell'Italia.
3 **i morti... piazze:** i cadaveri di coloro che venivano uccisi per rappresaglia, lasciati crudelmente esposti dai soldati nazisti per giorni, come monito per la popolazione.
4-5 **lamento... fanciulli:** pianto disperato dei bambini innocenti.
5 **urlo nero:** grido straziante. Il poeta accosta una sensazione uditiva (*urlo*) a una visiva (*nero*).

---

il percorso delle parole | Lirica

La parola *lirica* deriva dal latino *lyrĭca(m)*, a sua volta derivato dal greco *lyrikós*, ovvero che appartiene alla *lýra*, lo strumento musicale a corde, secondo il mito inventato dal dio Ermes. Nell'antica Grecia la lirica era una forma di poesia recitata o cantata con l'accompagnamento musicale della cetra o della lira.
In ambito moderno il termine designa invece una poesia che dà voce al mondo interiore dell'artista, esprimendo i suoi sentimenti e le sue emozioni più profonde; con tale accezione è usato sia in riferimento a un singolo componimento (per esempio, "una lirica di Leopardi") sia in senso generale (per esempio, "la lirica romantica"). La parola *lirica* è oggi diventata sinonimo di "poesia" ed è utilizzata anche per indicare la produzione poetica di un determinato periodo storico o di una precisa area geografica (per esempio, "la lirica dello Stilnovo", "la lirica spagnola").

■ **Trovare le parole**
a. Svolgi una piccola ricerca e spiega il significato del termine *lirica* in ambito musicale.
b. Nella frase "Marco ci ha descritto il volto della sua nuova fidanzata con particolare lirismo", come potrebbe essere sostituita l'espressione sottolineata?
c. Con l'aiuto del dizionario, spiega in che cosa consiste la prosa lirica.

Dimitri Balterman, fotografia di guerra che ritrae persone che cercano amici e parenti fra le vittime di un attacco nazista nella penisola di Kerch in Crimea, 1942.

crocifisso sul palo del telegrafo?
Alle fronde dei salici, per voto,
anche le nostre cetre erano appese,
10   oscillavano lievi al triste vento.

[S. Quasimodo, *Giorno dopo giorno*, in *Poesie. Discorsi sulla poesia*, Mondadori, Milano 1998]

7 **crocifisso... telegrafo:** i corpi dei partigiani uccisi venivano spesso appesi ai pali del telegrafo, anche in questo caso come monito. Il loro martirio viene messo in relazione con il sacrificio di Cristo (*crocifisso*).
8 **salici:** la pianta del salice, con i suoi rami sottili che pendono a terra richiamando l'immagine delle lacrime, simboleggia il lutto; **per voto:** come offerta fatta a una divinità.
9 **cetre:** antichi strumenti musicali con cui si accompagnava il canto poetico nel mondo classico; qui simboleggiano la poesia stessa.

Salvatore Quasimodo nacque a Modica nel 1901; dopo gli studi di carattere scientifico compiuti in Sicilia, nel 1929 si trasferì a Firenze. Qui conobbe importanti poeti come Eugenio Montale (▶ p. 424) e Giuseppe Ungaretti (▶ p. 419) e si avvicinò alla corrente poetica dell'Ermetismo, sorta in quegli anni e caratterizzata da uno stile asciutto e dall'esaltazione del valore evocativo della parola. A Firenze pubblicò le sue prime raccolte di poesie, *Acque e terre* (1930) e *Oboe sommerso* (1932). Trasferitosi a Milano nel 1934, lavorò come professore di letteratura. La tragica esperienza della guerra contribuì a far virare la sua poesia verso tematiche d'impegno civile, centrali nelle raccolte *Con il piede straniero sopra il cuore* (1946) e *Giorno dopo giorno* (1947).
Quasimodo svolse anche un'intensa attività di traduttore ed è noto soprattutto per la sua celebre versione dei *Lirici greci* (1940). Vincitore del premio Nobel nel 1959, morì a Napoli nel 1968.

La struttura grafica e il ruolo del lettore

Prima di analizzare le modalità specifiche in cui il testo poetico comunica il suo contenuto, confronta il testo di *Alle fronde dei salici* con il seguente brano in prosa, tratto da un saggio in cui Quasimodo prende in esame il tema dell'impegno sociale e politico dei poeti all'indomani della guerra.

> Io non credo alla poesia come "consolazione", ma come moto a operare in una certa direzione in seno alla vita, cioè "dentro" l'uomo. Il poeta non può consolare nessuno, non può "abitare" l'uomo all'idea della morte, non può diminuire la sua sofferenza fisica. […] Oggi poi, dopo due guerre nelle quali l'"eroe" è diventato un numero sterminato di morti, l'impegno del poeta è ancora più grave, perché deve "rifare" l'uomo, quest'uomo disperso sulla terra, del quale conosce i più oscuri pensieri, quest'uomo che giustifica il male come una necessità, un bisogno al quale non ci si può sottrarre […]. Rifare l'uomo: questo è il problema capitale […], quest'uomo che giustifica il male come una necessità […], quest'uomo che aspetta il perdono evangelico tenendo in tasca le mani sporche di sangue. Per quelli che credono alla poesia come a un gioco letterario, che considerano ancora il poeta un estraneo alla vita, uno che sale di notte le scalette della sua torre per speculare il cosmo, diciamo che il tempo delle speculazioni è finito. Rifare l'uomo, questo è l'impegno.
>
> [S. Quasimodo, *Poesia contemporanea*, in *Poesie. Discorsi sulla poesia*, Mondadori, Milano 1998]

INTERROGHIAMO *il testo* **Qual è la differenza più evidente tra i due testi, quella che si può facilmente cogliere anche a colpo d'occhio, senza leggerli e analizzarne stile e contenuti? Considera esclusivamente l'aspetto grafico, limitandoti a osservare il modo in cui la lirica e il testo in prosa occupano lo spazio sulla pagina.**

La poesia è caratterizzata da un testo che **non riempie del tutto la pagina**, ma che s'interrompe continuamente per andare a capo prima della fine della riga. Al contrario, a meno che non sia spezzato da un punto e a capo, il testo in prosa occupa tutto lo spazio a disposizione sulla pagina.

LE PAROLE *del metodo* Il testo poetico presenta una **discontinuità** a livello grafico, provocata dalla sua suddivisione in unità che si chiamano **versi**.

Stabilita questa prima fondamentale caratteristica, proviamo a riflettere sul fatto che la **pagina** si presenta **parzialmente vuota** e sulle conseguenze che questa particolare disposizione grafica potrebbe determinare nel **processo di lettura**.

INTERROGHIAMO *il testo* **Ritieni che gli spazi bianchi inducano a una lettura lenta e meditata o, al contrario, che la poesia si presti a una fruizione immediata e scorrevole? Qual è inoltre, a tuo giudizio, la funzione del lettore? È implicitamente invitato a partecipare alla costruzione del significato del testo attraverso un lavoro d'interpretazione personale oppure trova nelle parole dell'autore tutto ciò che è necessario alla comprensione dei contenuti?**

La disposizione grafica della poesia, con la scansione in versi e la presenza degli **spazi bianchi**, dà maggiore rilevanza alle parole sulla pagina e induce perciò il lettore a soffermarsi con maggiore attenzione su ogni singolo termine. Ciò consente a chi si avvicina al testo poetico di elaborare i contenuti, le immagini e i sentimenti trasmessi, confrontandoli con le proprie idee ed esperienze. L'aspetto grafico della poesia favorisce un atteggiamento meditativo nel lettore e lo induce a "vivere" il testo in maniera profonda e personale. Il significato completo di una poesia nasce dunque dall'**intima fusione** tra le parole sulla pagina e le emozioni, i valori, le vicende di chi legge.

LE PAROLE del metodo La poesia richiede al lettore di collaborare attivamente alla **costruzione del senso**, di integrare i contenuti espressi nel testo attraverso un costante **processo d'interpretazione** delle intenzioni comunicative dell'autore. Tale processo si basa non solo su un'analisi formale e tematica, ma anche sulle sensazioni personali e sull'evocazione di immagini o di impressioni soggettive.

Significato denotativo e significato connotativo

Ora rileggi il testo di *Alle fronde dei salici* e il passo in prosa dello stesso Quasimodo, ponendo attenzione ai temi affrontati e ai concetti espressi. Come abbiamo già letto nell'articolo di Beniamino Placido (▶ p. IX), la poesia esprime il proprio messaggio attraverso pochi termini e immagini. Anche nei due testi posti a confronto possiamo notare come la comunicazione lirica sia assai più sintetica e suggestiva rispetto a quella in prosa, sebbene l'argomento affrontato sia lo stesso.

Nella poesia di Quasimodo, come in genere avviene nei componimenti in versi, la forma delle parole (**significante**) assume una maggiore forza espressiva (**significato**). Nelle parole si concentra una molteplicità di messaggi. Nel primo verso, per esempio, il poeta utilizza il verbo *cantare* richiamandosi al significato che esso assume nella tradizione della lirica greca, indicando così non l'azione di chi modula musicalmente la voce ma quella di chi compone poesie.

INTERROGHIAMO il testo Con l'aiuto delle note, ricerca nella lirica di Quasimodo tutte le parole e le espressioni che hanno un significato diverso da quello abituale oppure che alludono a contenuti impliciti, evocando idee, emozioni, sentimenti sottintesi.

---

il punto su... | **Significante e significato, denotazione e connotazione**

Ogni parola appartenente a una lingua codificata è un segno: è costituita da una successione di suoni e di lettere che ne compongono la forma materiale, attraverso cui viene rappresentata un'idea mentale, un concetto. La scienza che studia il linguaggio e le lingue, la linguistica, distingue tra il "significante", ossia la forma concreta della parola, e il "significato", il concetto che essa comunica. È stato lo studioso ginevrino Ferdinand de Saussure (1857-1913) a introdurre la definizione di segno linguistico come unione di significato e significante, reciprocamente legati tra loro. Nella parola "cane", per esempio, sono riconoscibili un significante (la successione di suoni e lettere *c/a/n/e*) e un significato (l'immagine mentale di un cane).

Queste due componenti rappresentano due facce di una stessa medaglia.
Sul piano del significato è possibile fare un'ulteriore distinzione tra "denotazione" e "connotazione": il primo termine indica il significato oggettivo della parola, che fornisce informazioni neutre su un concetto o oggetto; il secondo designa invece uno dei possibili significati soggettivi che il termine può assumere, quando è arricchito da valori espressivi di tipo affettivo o sentimentale. Il termine "casa", per esempio, presenta contemporaneamente un significato denotativo (costruzione adibita a uso abitativo) e molteplici significati connotativi (per esempio quello di luogo protetto, di rifugio).

Con l'immagine del *piede straniero sopra il cuore* (v. 2) il poeta raffigura efficacemente la violenza fisica e psicologica dell'oppressione straniera. Nei due versi successivi i cadaveri impietosamente abbandonati diventano un duro atto di condanna per il brutale comportamento dell'esercito tedesco. Lo sdegno di Quasimodo si manifesta anche attraverso altre **immagini poetiche**: la definizione del pianto dei bambini come *lamento/d'agnello* (vv. 4-5), l'associazione del colore nero alle urla di dolore della madre (v. 5), il riferimento al simbolo cristiano della croce (v. 7), a testimoniare il sacrificio dei tanti giovani uccisi durante la guerra di liberazione.

Anche negli ultimi versi le parole mantengono una **ricchezza espressiva** che va al di là del loro significato letterale. I *salici* (v. 8) evocano le lacrime versate dalle vittime della guerra, mentre l'immagine delle *cetre* (v. 9) appese è un riferimento a un noto episodio biblico: nel Salmo 136 si racconta di come durante l'esilio e la schiavitù a Babilonia i sacerdoti ebrei si fossero rifiutati di cantare inni di lode a Dio, come richiesto da coloro che li avevano deportati, e avessero appeso simbolicamente le cetre ai salici, in segno di dolore e protesta.

LE PAROLE *del metodo*

Molto spesso le parole di un testo poetico non sono utilizzate secondo il loro significato più comune (**funzione denotativa**), ma per veicolare altri significati, determinati dalla soggettività del lettore (**funzione connotativa**). In tal senso la poesia evidenzia la potenzialità intrinseca nel linguaggio di creare nuove immagini e di rinnovare il significato usuale dei termini. Come vedremo nelle unità successive, tale capacità si esprime attraverso numerosi **strumenti linguistici e stilistici**.

L'analisi compiuta mette dunque in evidenza una delle caratteristiche fondamentali del linguaggio, in particolare di quello poetico: la **polisemia**, ovvero la capacità di trasmettere una pluralità di significati.

Io lirico e interlocutore

Infine proviamo a rispondere ad alcune domande che ci offriranno lo spunto per analizzare i **soggetti** coinvolti nella composizione, nella trasmissione e nella fruizione di un testo poetico.

INTERROGHIAMO *il testo*
La voce che si manifesta attraverso i versi di *Alle fronde dei salici* è in prima o in terza persona? A chi appartiene, secondo te? Coincide con quella di Quasimodo, l'autore della poesia?
A tuo giudizio, inoltre, a chi sono destinati i versi della lirica? È un soggetto riconoscibile o indeterminato?

La voce lirica utilizza la **prima persona**, ricorrendo al plurale (*come potevamo noi*, v. 1; *le nostre cetre*, v. 9) così da presentarsi come portavoce della comune posizione dei poeti. Il contenuto della lirica rivela un evidente legame con le opinioni espresse da Quasimodo nel brano in prosa riportato a p. 5, ma non per questo bisogna identificare automaticamente la voce che in essa si esprime con quella dello scrittore siciliano. Nell'analisi di un testo poetico vale infatti lo stesso principio presente nell'ambito della narrativa: occorre distinguere il **personaggio fittizio** che enuncia le parole del testo dalla **persona reale** che ne è l'artefice.

In *Alle fronde dei salici* la voce lirica non indica con precisione il destinatario delle sue parole: essa non si rivolge a un soggetto definito ma a un **generico fruitore**. Ciò non vale in ogni caso, infatti un testo poetico può essere indirizzato anche a **soggetti specifici** (persone, oggetti, luoghi, entità astratte ecc.).

Queste considerazioni ci consentono di definire nel dettaglio i protagonisti che partecipano alla comunicazione poetica.

LE PAROLE *del metodo*
Il contesto comunicativo della poesia è caratterizzato dalla presenza di quattro "soggetti":
- l'**autore**, l'individuo reale che ha concretamente scritto il testo poetico, compiendo le scelte tematiche e stilistiche che lo caratterizzano;
- l'**io lirico**, la voce che si esprime in prima persona nel testo enunciandone i contenuti;
- l'**interlocutore**, il soggetto interno al testo a cui l'io lirico indirizza le sue parole;
- il **destinatario**, il pubblico degli ipotetici lettori, le persone reali a cui il componimento è diretto.

Mentre l'io lirico e l'interlocutore riguardano la sfera della **finzione letteraria**, l'autore e il destinatario sono figure reali, strettamente connesse a un **contesto storico** e **culturale** definito.

A proposito delle molteplici identità che può assumere l'interlocutore, ti forniamo alcuni esempi, riportando alcuni versi di liriche di poetesse italiane.
Nella seguente poesia di Antonia Pozzi (1912-1938), intitolata *Sogno sul colle*, l'**anonimo interlocutore** potrebbe coincidere con il lettore; dietro esso potrebbe tuttavia celarsi lo stesso io lirico, che confida a se stesso un suo intimo desiderio.

> Sotto gli ulivi vorrei
> in un mattino fresco
> salire

e salutare
di là dalle lievi
chiome d'argento
il pallore del sole ed il volo
delle nuvole lente
verso il mare.

[A. Pozzi, *Vita sognata e altre poesie inedite*, Libri Schweiwiller, Milano 1986]

A vacanza conclusa di Vivian Lamarque (1946) si apre con una domanda rivolta a un anonimo interlocutore, suscitata dalla visione fuggevole di una spiaggia affollata, e in seguito presenta un'ironica preghiera rivolta direttamente ai **lettori**.

A vacanza conclusa dal treno vedere
chi ancora sulla spiaggia gioca si bagna
la loro vacanza non è ancora finita:
sarà così sarà così lasciare la vita?
PS.: Siamo poeti
vogliateci bene da vivi di più
da morti di meno
che tanto non lo sapremo.

[V. Lamarque, *Una quieta polvere*, Mondadori, Milano 1996]

Interlocutori privilegiati delle poesie sono spesso **le donne e gli uomini amati**. Leggiamo, per esempio, i versi iniziali della *Quartina 95* di Patrizia Valduga (1953).

Amore, amore mio buio e splendente
che l'anima mi leghi e squagli il cuore,
insediati, passeggiami la mente.

[P. Valduga, *Cento quartine e altre storie d'amore*, Einaudi, Torino 1997]

René Magritte, *Decalcomania*, 1966, collezione privata.

Il soggetto amato può essere l'interlocutore dell'io lirico anche quando il sentimento si è ormai esaurito, come per esempio nei versi di *Dovresti evitare di pronunciare il mio nome* di Alessandra Racca (1979).

> Dovresti evitare di pronunciare il mio nome
> se lo devi dire sarà solo
> per via delle circostanze
> per chiamare qualcun altro
> non pensare al mio viso mentre pronunci quelle sillabe […].
>
> [www.signoradeicalzini.it]

Un **personaggio pubblico** è invece l'interlocutore dichiarato di una polemica poesia di cui è autrice ancora Patrizia Valduga.

> Signor Presidente della Repubblica,
> io non l'ho mai avuta la legge Bacchelli,
> né mai una recensione su Repubblica,
> mentre altri che non valgono niente,
> amici loro, simili e fratelli,
> oho! citati quotidianamente…
>
> [P. Valduga, *Corsia degli incurabili*, Garzanti, Milano 1996]

Moltissime poesie presentano come interlocutore un **elemento della natura**: i versi della seguente lirica di Amelia Rosselli (1930-1996), per esempio, sono indirizzati a una rondinella.

> O rondinella che colma di grazia inventi le tue parole e fischi
> libera fuori d'ogni piantagione
> con te ballerei molto al di là dei nidi precisi […].
>
> [A. Rosselli, *Variazioni belliche*, in *Le poesie*, Garzanti, Milano 1997]

Altro tema privilegiato della poesia è il **sentimento religioso**. In *Verso la messa di mezzanotte* di Maria Luisa Spaziani (1922-2014) l'io lirico parla direttamente a Gesù.

> […] questo Tu sei, piccolo Dio che nasci
> e muori e poi rinasci sul cielo delle foglie:
> una voce che smuove e turba anche il cristallo,
> il mare, il sasso, il nulla inconsapevole.
>
> [www.letteraturaalfemminile.it/natalespaziani.htm]

Anche un'**entità astratta** può essere l'interlocutore di una lirica. Per esempio i seguenti versi di Alda Merini (1931-2009) contengono un'invocazione alla poesia.

> O poesia, non venirmi addosso,
> sei come una montagna pesante,
> mi schiacci come un moscerino.
>
> [A. Merini, *Vuoto d'amore*, Einaudi, Torino 1991]

In un altro componimento della stessa autrice, l'io lirico si confida invece con la follia.

> Follia, mia grande giovane nemica,
> un tempo ti portavo come un velo
> sopra i miei occhi e mi scoprivo appena.
>
> [A. Merini, *Ballate non pagate*, Einaudi, Torino 1995]

LA MAPPA DELLE CONOSCENZE

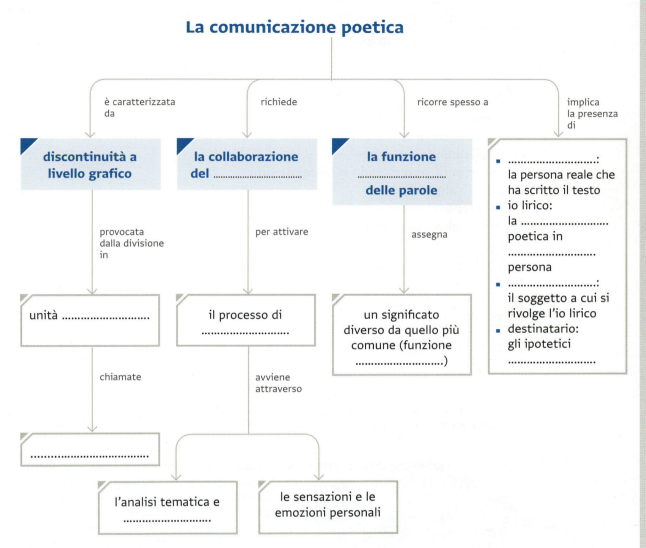

LE COMPETENZE DI LETTURA E DI SCRITTURA

1. Scrivi una frase in cui ciascuno dei seguenti termini sia utilizzato a livello denotativo e un'altra in cui evochi altri significati: *oro, stella, voce, madre, acqua*.

2. Prova a individuare nella lirica seguente tutti i termini che sono stati utilizzati in funzione connotativa.

   Questo pane che spezzo un tempo era frumento,
   questo vino su un albero straniero
   nei suoi frutti era immerso;
   L'uomo di giorno o il vento nella notte
   piegò a terra le messi, spezzò la gioia dell'uva.
   In questo vino, un tempo, il sangue dell'estate
   batteva nella carne che vestiva la vite;
   un tempo in questo pane,
   il frumento era allegro in mezzo al vento;
   l'uomo ha spezzato il sole e rovesciato il vento.

   [D. Thomas, *Questo pane che spezzo*, in *Poesie*, trad. it. di A. Marianni, Mondadori, Milano 1971]

T2 Joyce Lussu A cosa serve la poesia? Può servire.

Come comportarsi dinanzi alla possibilità di intrecciare una relazione extraconiugale? Questo interrogativo, che ci aspetteremmo di trovare nelle pagine della posta del cuore di una rivista femminile, invece offre lo spunto a Joyce Lussu per riflettere con ironia sulla funzione della poesia.

Vi faccio un esempio.
Prendete una coppia che va abbastanza bene:
due o tre lustri di convivenza
casa figli interessi comuni.
5 I coniugi però, non essendo né sordi né orbi
né privi di altri sensi
naturalmente non immuni
dal notare che il mondo è pieno di persone attraenti
dell'altro sesso
10 di cui alcune, per circostanze favorevoli,
sarebbero passibili di un incontro a letto.

Sorge allora un problema che propone tre soluzioni.

La prima è la tradizionale repressione
non concupire eccetera non appropriarti dell'altrui proprietà

---

3 **lustri:** un lustro è un periodo di tempo di cinque anni.
11 **sarebbero passibili... letto:** potrebbero essere facilmente oggetto di un incontro amoroso.

Joyce Lussu è lo pseudonimo di Gioconda Beatrice Salvadori Paleotti, scrittrice e poetessa nata a Firenze nel 1912. Trascorse l'infanzia e l'adolescenza seguendo gli spostamenti in varie città italiane e all'estero del padre, intellettuale e uomo politico minacciato per la sua attività antifascista; il cosmopolitismo caratterizzerà anche gli anni successivi della sua vita. Nel 1938, incontrò lo scrittore sardo Emilio Lussu (1890-1975), a cui si legò in una relazione sentimentale che culminerà nel matrimonio del 1948. Allo scoppio della Seconda guerra mondiale, entrambi aderirono alla Resistenza. Anche negli anni che seguirono il conflitto, la poetessa continuò a esercitare un deciso attivismo politico, impegnandosi a favore delle lotte per i diritti delle donne e contro l'imperialismo e il colonialismo. Nell'ultima parte della sua vita, si avvicinò ai movimenti pacifisti e no-global. Morì a Roma nel 1988.
Tra le opere principali di Joyce Lussu ricordiamo la raccolta *Liriche* (1939), il volume autobiografico *Fronti e frontiere* (1944) e l'intensa attività di traduttrice che la impegnò lungo tutta la sua esistenza e a cui dedicò anche una raccolta, *Tradurre poesia* (1967).

15   per cui il coniuge viene equiparato a un comò
     Luigi XVI o a un televisore a colori
     o a un qualsiasi oggetto di un certo valore
     che non sarebbe corretto rubare.

     La seconda soluzione è l'adulterio
20   altrettanto tradizionale
     che crea una quantità di complicazioni
     la lealtà (glielo dico o non glielo dico?)
     lo squallore di motel occasionali
     la necessità di costruire marchingegni di copertura
25   che non eliminano la paura
     di fastidiose spiegazioni.

     La terza soluzione è senza dubbio la più pratica
     Si prendono i turbamenti e i sentimenti
     le emozioni e le tentazioni
30   si mescolano bene si amalgama l'immagine
     con un brodo di fantasia
     e ci si fa su una poesia
     che si mastica e si sublima
     fino a corretta stesura sulla macchina da scrivere
35   e infine si manda giù
     si digerisce con un po' di amaro
     d'erbe naturali
     e poi non ci si pensa più.

[J. Lussu, *A cosa serve la poesia? Può servire.*, tramedipensieri.wordpress.com/tag/joyce-lussu]

15-16 **equiparato… Luigi XVI:** posto sullo stesso livello di un oggetto di arredamento, nella fattispecie un cassettone nello stile tipico dell'età del re di Francia Luigi XVI (1754-1793), caratterizzato da strutture solide e linee nitide.
23 **motel occasionali:** alberghi frequentati soprattutto dagli automobilisti, solitamente vicino alle strade principali e alle autostrade. Sono spesso scenario d'incontri clandestini tra amanti (*occasionali*).
24 **marchingegni:** meccanismi complessi e sofisticati; in questo caso, stratagemmi e bugie.
30 **si amalgama:** si unisce fino a ottenere un unico impasto.
33 **si sublima:** si purifica; nel linguaggio della psicanalisi, sublimare significa trasformare gli impulsi istintivi in qualcosa di superiore.

SCHEDA di LETTURA

Struttura, io lirico e interlocutori

I versi sorridenti e leggeri di Joyce Lussu trasportano il lettore nel bel mezzo di un dialogo: alcuni anonimi interlocutori interessati alla poesia si interrogano sulla sua funzione. A essi risponde l'io lirico, espressione del punto di vista dell'autrice, anticipando la tesi che si appresta a sostenere attraverso il ricorso a *un esempio* di vita quotidiana.

La dimostrazione dell'utilità della poesia si sviluppa in quattro fasi, scandite anche graficamente.
L'io lirico presenta un caso problematico (*Prendete una coppia che va abbastanza bene*) e prospetta tre possibili soluzioni: le prime due sono deludenti, destinate a complicare ulteriormente le vicende, mentre la terza è in grado di risolverle in modo soddisfacente, superando tutti gli ostacoli di natura pratica e morale.

SCHEDA di LETTURA

Reprimere il desiderio o cedere alla passione?

Nella prima parte della poesia si ipotizza che la stabilità della *coppia che va abbastanza bene* sia minacciata da dubbi e tentazioni. Sebbene il rapporto sia consolidato dal tempo e dagli elementi che segnano la vita quotidiana (*due o tre lustri di convivenza/casa figli interessi comuni*), secondo l'io lirico è normale (*naturalmente*) che i due coniugi abbiano l'occasione di rivolgere la loro attenzione verso altri uomini e donne. È allora probabile che in alcuni casi (*circostanze favorevoli*) le parole e gli sguardi che si intrecciano con *persone attraenti/dell'altro sesso* forniscano l'occasione per una relazione extraconiugale (*un incontro a letto*).

Sia reprimere il desiderio e le lusinghe di un nuovo rapporto sentimentale sia cedere al potere seduttivo di un'avventura erotica presentano numerosi inconvenienti. Nel primo caso, l'obbedienza al comandamento etico che impone di non rubare quanto appartiene ad altri porta a riconoscere nell'adulterio un furto e, di conseguenza, a equiparare il coniuge a un semplice oggetto (sebbene di *un certo valore*). Neppure il tradimento è la scelta giusta; anzi, rispetto alla *tradizionale repressione* presenta un numero maggiore di controindicazioni: i sensi di colpa e gli interrogativi morali, la fatica di architettare complesse bugie, la paura di essere scoperti e di non potersi sottrarre alle spiegazioni.

La funzione pragmatica della poesia

Esiste tuttavia una terza strategia, che l'io lirico definisce *senza dubbio la più pratica*: quella che prevede l'impiego della poesia. Si tratta di un'affermazione in apparenza sorprendente, visto che il genere poetico è tradizionalmente considerato una forma artistica lontana dalle preoccupazioni della quotidianità e dalla risoluzione dei suoi problemi, naturalmente votato alla riflessione su questioni spirituali e astratte.

Secondo l'io lirico, l'atto di scrivere poesie permette a chi è attratto dal fascino trasgressivo di una "scappatella" di concentrare sulla pagina le emozioni e i sentimenti rappresentandoseli con la forza dell'immaginazione. Ricercare le parole per descrivere il proprio stato d'animo e immergere i propri pensieri in un *brodo di fantasia* consente dunque di accettare la rinuncia alla realizzazione dei propri desideri. La poesia diviene uno strumento per compensare il sacrificio del rifiuto e distogliere lo sguardo da ciò che potrebbe mettere in discussione affetti e consuetudini. Per un po' potrebbe restare l'amarezza per un piacere insoddisfatto. Ben presto, però, la delusione sarà mitigata dal ritorno a una grigia normalità (*amaro/d'erbe naturali*) e infine scomparirà (*non ci si pensa più*).

Un ritratto realistico del poeta

L'io lirico offre una visione disincantata della funzione della poesia e del "lavoro" del poeta. Liberata dagli stereotipi della tradizione letteraria, la descrizione di chi scrive poesie è lontana dalla concezione eroica dell'artista tormentato dal peso dei suoi pensieri, dalle ansie e dalle inquietudini, in preda al "sacro fuoco" dell'ispirazione e con lo sguardo rivolto verso principi e ideali che spesso si scontrano con le leggi della vita quotidiana.

Nei versi di Joyce Lussu, il poeta scende a compromessi con la realtà, ne accetta le regole. Con paradossale sarcasmo l'io lirico rovescia l'immagine consolidata della poesia: non è più un mezzo espressivo con cui analizzare il proprio animo e celebrarne i tormenti esistenziali, ma una pragmatica soluzione per superare (*si mastica*) e poi dimenticare (*e poi non ci si pensa più*) le piccole frustrazioni quotidiane.

Lo stile

Il componimento è caratterizzato da diversi elementi tipici del registro colloquiale: una struttura prevalentemente ipotattica, lunghi periodi con incisi, la presenza di frasi negative e di formule discorsive (*glielo dico o non glielo dico?*), la quasi totale assenza di punteggiatura. Dal punto di vista lessicale, termini ricercati e letterari (*lustri, concupire, sublima*) convivono con parole ed espressioni di uso quotidiano.

Lo sviluppo del componimento segue una logica argomentativa volta a sostenere l'efficace concretezza della poesia evidenziata soprattutto nell'ultima parte del componimento, che presenta i modi e il linguaggio di un testo regolativo (*Si prendono... si mescolano... e ci si fa su... e infine si manda giù*).

LABORATORIO

Comprendere e individuare
L'esplorazione del testo

1. L'io lirico sembra considerare che nei legami matrimoniali gli aspetti pratici prevalgono sull'amore: quale verso giustifica quest'affermazione?

2. Con quale perifrasi l'io lirico indica implicitamente il compimento erotico di una relazione extraconiugale?

3. Riporta l'espressione utilizzata dall'io lirico per indicare le scuse e le bugie che necessariamente deve costruire chi decide di dare vita a una relazione extraconiugale.

4. Da quale verso possiamo dedurre che, secondo l'io lirico, le poesie nascono da un lungo processo di elaborazione e riflessione?

Interpretare e riflettere
La scoperta del testo

5. Per quale motivo possiamo affermare che, secondo l'io lirico, nel reprimere l'attrazione verso un'altra persona i principi morali del cattolicesimo svolgono un ruolo fondamentale?

6. La lirica è stata scritta alla fine degli anni Settanta, quando lo sviluppo tecnologico non aveva ancora raggiunto i risultati attuali. Spiega la ragione di quest'affermazione.

7. Nell'ultimo verso l'io lirico afferma: *non ci si pensa più*. A che cosa si riferisce la particella pronominale *ci*?
   A. ☐ Alla composizione di una poesia
   B. ☐ All'uomo o alla donna con cui stabilire una relazione extraconiugale
   C. ☐ Alla possibilità di stabilire una relazione extraconiugale
   D. ☐ Ai sensi di colpa per aver tradito il/la proprio/a compagno/a

8. L'ultima parte della poesia è costruita seguendo il modello strutturale di quale tipo di testo regolativo?
   A. ☐ Istruzioni per l'uso
   B. ☐ Ricetta di cucina
   C. ☐ Norme di comportamento
   D. ☐ Regole di gioco

Analizzare
Lo stile e la forma del testo

9. Quale tecnica narrativa viene utilizzata nel v. 22?
   A. ☐ Analessi
   B. ☐ Prolessi
   C. ☐ Discorso indiretto libero
   D. ☐ Sommario

10. Il componimento ha uno sviluppo argomentativo: dove viene espressa la tesi dell'io lirico?
    A. ☐ Nel titolo   C. ☐ Nel v. 27
    B. ☐ Nel v. 12   D. ☐ Nel v. 38

11. Quale fra i seguenti verbi è un sinonimo di *concupire* (v. 14)? Prima di rispondere, rifletti sul contesto in cui il termine è usato.
    A. ☐ Desiderare   C. ☐ Peccare
    B. ☐ Tradire   D. ☐ Amare

GRAMMATICA

12. Nella frase *e infine si manda giù* (v. 35) compare una forma verbale
    A. ☐ riflessiva   C. ☐ pronominale
    B. ☐ impersonale   D. ☐ fraseologica

13. Nell'espressione *un televisore a colori* (v. 16), la parte sottolineata è un complemento
    A. ☐ di mezzo   C. ☐ di modo
    B. ☐ di qualità   D. ☐ di termine

14. Qual è la proposizione principale del periodo che occupa i vv. 5-11?

Produrre
Dalla lettura alla scrittura

15. La poesia è incentrata sull'esame di un matrimonio che dura da una decina di anni o poco più (*due o tre lustri*). Riscrivi l'intero testo, come nell'esempio, trasformando la coppia di coniugi in una di adolescenti e utilizzando linguaggio e contesto propri del mondo giovanile. Ti forniamo un modello
    Vi faccio un esempio.
    Prendete due che hanno una bella storia
    insomma si prendono bene:
    già stanno insieme da due o tre mesi
    scuola materie professori amici comuni
    stessa musica nell'iPod stessi giardini e panchine.
    Una bellezza quando suona l'intervallo
    e ci si incontra nel corridoio
    però... ora continua tu.

T3 Franco Fortini Traducendo Brecht

Lo spunto per questa lirica, pubblicata da Franco Fortini nel 1959, è fornito dallo scoppio di un temporale che distrae l'io lirico mentre sta lavorando alla traduzione delle opere del drammaturgo e poeta Bertolt Brecht (▶ p. 210). L'opera dello scrittore tedesco, attento alle condizioni di vita delle classi più umili e noto per il suo impegno politico e civile, diventa occasione per riflettere sulla natura del potere e sui rapporti tra oppressi e oppressori nella società capitalistica.

Un grande temporale
per tutto il pomeriggio si è attorcigliato
sui tetti prima di rompere in lampi, acqua.
Fissavo versi di cemento e di vetro
5   dov'erano grida e piaghe murate e membra
anche di me, cui sopravvivo. Con cautela, guardando
ora i tegoli battagliati ora la pagina secca,
ascoltavo morire
la parola d'un poeta o mutarsi
10 in altra, non per noi più, voce. Gli oppressi
sono oppressi e tranquilli, gli oppressori tranquilli

---

3   **rompere:** scatenarsi in tutta la sua violenza.
4   **versi... vetro:** i versi di Brecht, saldi come il cemento, cioè fermi nella loro funzione di denuncia delle ingiustizie storiche e sociali, e al tempo stesso trasparenti come vetro, perché hanno in sé la forza della verità.
5-6 **dov'erano... sopravvivo:** dove erano impresse con forza (*murate*) le grida e le ferite (*piaghe*) degli oppressi e parti dei loro corpi (*membra*) che appartengono anche a me (*anche di me*), rispetto alle quali tuttavia io continuo a vivere (*cui sopravvivo*).
7   **tegoli battagliati:** tegole dei tetti su cui si abbatte la forza del temporale.
9-10 **mutarsi... voce:** trasformarsi in una voce poetica diversa (*altra*), non più adatta a noi (*non per noi più*). Fortini si rende conto che la forza del messaggio originario di Brecht si attenua, non tanto per l'atto della traduzione in sé, ma perché ormai sono mutate le circostanze storiche; i suoi contemporanei non ascoltano più la voce del poeta tedesco.

parlano nei telefoni, l'odio è cortese, io stesso
credo di non sapere più di chi è la colpa.

Scrivi mi dico, odia
15 chi con dolcezza guida al niente
gli uomini e le donne che con te si accompagnano
e credono di non sapere. Fra quelli dei nemici
scrivi anche il tuo nome. Il temporale
è sparito con enfasi. La natura
20 per imitare le battaglie è troppo debole. La poesia
non muta nulla. Nulla è sicuro, ma scrivi.

[F. Fortini, *Traducendo Brecht*, in *Poeti italiani del Novecento*,
a cura di P.V. Mengaldo, Mondadori, Milano 1995]

16 **con te si accompagnano:** sono tuoi compagni.
19 **con enfasi:** con un grande frastuono, in modo esagerato.
20 **battaglie:** i conflitti della storia.

Franco Fortini nacque a Firenze nel 1917, figlio di Dino Lattes, di origini ebraiche, e di Emma Fortini del Giglio, di cui assunse il cognome in seguito all'emanazione delle leggi razziali (1938). A Firenze si laureò prima in Giurisprudenza e poi in Lettere. In questo periodo pubblicò i suoi primi testi e iniziò a collaborare ad alcune riviste letterarie. Durante la Seconda guerra mondiale venne chiamato alle armi e dopo l'armistizio diventò antifascista, rifugiandosi in Svizzera ed entrando in contatto con Adriano Olivetti, importante figura nell'Italia del Dopoguerra, e con Ignazio Silone, intellettuale antifascista. Nel 1944 si iscrisse al Partito socialista e nel 1945, dopo la guerra, si stabilì a Milano. Qui collaborò con «Il Politecnico» di Elio Vittorini e con «L'Avanti!», quotidiano socialista. Nel 1946 pubblicò la sua prima raccolta poetica, *Foglio di via e altri versi*, a cui seguirono *Una facile allegria* (1954) e *Poesia e errore* (1959). Svolse anche attività di traduttore dal francese e dal tedesco, partecipando al dibattito culturale su riviste come «Nuovi Argomenti» e «Officina». I principali scritti politici di questa fase furono raccolti in *Dieci inverni 1947-1957. Contributi ad un discorso socialista* (1957). Negli anni Sessanta pubblicò la raccolta di versi *Una volta per sempre* (1963) e *L'ospite ingrato* (1966), raccolta di epigrammi e di scritti polemici. Fondamentale per il dibattito politico di quegli anni fu la raccolta di saggi *Verifica dei poteri* (1965). Tra gli anni Settanta e Novanta si dedicò ancora alla composizione poetica e insegnò prima nelle scuole superiori, poi presso l'Università di Siena (1971-1987). Pubblicò in quest'ultima fase le raccolte poetiche *Questo muro* (1973), *Paesaggio con serpente* (1984) e *Composita solvantur* (1994), oltre ai volumi di critica letteraria *Saggi italiani* (1974) e *Nuovi saggi italiani* (1987). Morì a Milano nel 1994.

vite di scrittori — La fatica del traduttore

Il brano seguente è una testimonianza della difficoltà del mestiere di traduttore. Incaricato dalla casa editrice Einaudi di tradurre i racconti di Franz Kafka (*Nella colonia penale e altri racconti*, 1986), uno dei più importanti scrittori del Novecento, Fortini racconta gli interrogativi e i dubbi che hanno accompagnato la traduzione dell'*incipit* del racconto più famoso dello scrittore boemo.

Kafka attribuiva una grande importanza, un'importanza che non era solo stilistica, ma che era anche di carattere magico, agli inizi dei suoi racconti. Consideriamo per un momento le prime quindici parole della *Metamorfosi*[1], che è una frase di importanza enorme:
"*Als Gregor Samsa eines Morgens aus unruhigen Traumen erwachte, fand er sich in seinem Bett zu einem ungeheueren Ungeziefer verwandelt*".

Questa frase ha già il tocco della musica che verrà successivamente. Le traduzioni italiane che ho di fronte sono quattro: una è di Rodolfo Paoli ed è del '34, io la lessi due anni dopo, quindi ero ancora al liceo e già avevo dato di naso[2] nella *Metamorfosi* di Paoli; Anita Rho nel '45, Giorgio Zampa nel '57 e Castellani nel '74. I primi due insegnano la debita modestia di fronte all'insolito, gli ultimi due risolvono le difficoltà spesso in modo insuperabile. E allora io? Sono lì con questi quattro testi davanti e lavoro come un tarlo, o come una tarma[3], se preferite.

Traduce il Paoli: "Gregorio Samsa, svegliandosi una mattina da sogni agitati, si trovò trasformato, nel suo letto, in un enorme insetto immondo".
Anita Rho: "Una mattina Gregorio Samsa destatosi da sogni inquieti si trovò mutato in un insetto mostruoso".
Zampa: "Nel destarsi un mattino da sogni inquieti Gregor Samsa si trovò trasformato nel suo letto in un enorme insetto".
Castellani: "Un mattino al risveglio da sogni inquieti Gregor Samsa si trovò trasformato in un enorme insetto".

Dunque tutti d'accordo su "insetto", anch'io. Dirò poi perché. Però solo Paoli sembra avere avvertito che il sostantivo *Ungeziefer* reca l'opposizione puro/impuro, mondo/immondo e poi, cosa molto strana, nessuno prende in considerazione la prima parola, lo *aus*, cioè il come/quando/mentre, iniziale. Tutti scelgono il gerundio. Cioè "*als erwachte*" diventa "svegliandosi" o "al risveglio".

Nell'originale il primo è un periodo solo, diviso dalla virgola in due parti che hanno quasi lo stesso numero di sillabe: "Als Gregor Samsa eines Morgens aus unruhigen Traumen erwachte, fand er sich in semem Bett zu einem ungeheueren Ungeziefer verwandelt". Zampa imprime ansia, frammenta in sei parti, col sistema di virgole fa diventare sei le due parti dell'originale; Paoli cinque, la Rho e Castellani tre. Ma come fanno a ridurle a tre soltanto? Molto semplice: eliminano il "letto". L'indicazione "nel letto" non c'è.

La mia proposta è questa: "Mentre un mattino Gregor Samsa si veniva svegliando da sogni agitati, nel suo letto egli si trovò mutato in un insetto mostruoso". Per divertirvi potete vedere una parte del lavoro che mi è costato questa frase. Sono stati due giorni di patimenti. "Quando Gregor Samsa si svegliò una mattina da sogni inquieti si trovò trasformato in un enorme insetto immondo / in un enorme insetto / in un insetto mostruoso". "Svegliandosi una mattina da sogni agitati Gregor Samsa si trovò nel proprio letto cangiato in un... / Mentre una mattina Gregor Samsa si veniva svegliando da... / Mentre da sogni agitati... / Un mattino svegliandosi nel proprio letto Gregor Samsa si ritrovò mutato in un orribile insetto". E finalmente sono arrivato a questa frase che tra l'altro è importantissima per quella immediatamente seguente: "Mentre un mattino Gregor Samsa si veniva svegliando da sogni agitati, nel suo letto egli si trovò mutato in un insetto mostruoso".

[F. Fortini, *Venture e sventure di un traduttore*, in AA.VV., *L'ospite ingrato. La traduzione*, Quodlibet, Macerata 2002]

---

1 **Metamorfosi**: il racconto narra l'inspiegabile trasformazione dell'impiegato Gregor Samsa in un insetto e i suoi inutili tentativi di adattarsi a questa nuova e decisamente insolita condizione.

2 **avevo dato di naso**: mi ero imbattuto.

3 **come... tarma**: il tarlo è un insetto che scava il legno, mentre le tarme sono larve che si nutrono principalmente di tessuti.

SCHEDA di LETTURA

La fragilità della poesia
Nei primi versi della poesia, mentre l'io lirico legge e traduce (*Fissavo*) un'opera poetica di Brecht, nuvole minacciose preannunciano l'arrivo di un *grande temporale*. Quando la tempesta finalmente esplode, di tanto in tanto, la voce poetica distoglie l'attenzione dall'opera dello scrittore tedesco per volgere lo sguardo ai fulmini e ai tetti colpiti con violenza dalla pioggia. Guardando alternativamente la forza travolgente degli elementi della natura e i versi di Brecht sulla sofferenza degli oppressi e sui soprusi degli oppressori (*ora i tegoli battagliati ora la pagina secca*), l'io lirico percepisce la vanità del suo compito: le parole del poeta tedesco sono impossibili da comunicare, destinate a perdersi nel vuoto o a trasformarsi in un messaggio ormai lontano dalle intenzioni dell'autore.

Alla fine della prima parte del componimento, all'anonimo interlocutore che legge i suoi versi l'io lirico denuncia l'inutilità della poesia in un contesto storico e culturale in cui i conflitti sociali sono stati sostituiti da un formalismo ipocrita. Confessa l'impotenza degli intellettuali, un tempo voce critica e ora incapaci di ribellarsi alle ingiustizie, forse anche perché divenuti essi stessi complici del potere.

La funzione della poesia
Nella seconda parte (vv. 14-21), tuttavia, la prospettiva cambia e muta l'interlocutore. L'io lirico entra in intimo colloquio con la propria coscienza e rivolge a se stesso un invito perentorio non solo a continuare a scrivere ma anche a "odiare" chi mostrando un volto amico ha addormentato o piegato lo spirito critico degli uomini, conducendoli verso una vita priva di significato. Secondo l'io lirico, è ancora necessario denunciare i colpevoli di soprusi e offese, riconoscendo anche le proprie colpe e debolezze (*Fra quelli dei nemici/scrivi anche il tuo nome*).

Dopo aver scatenato la sua violenza, in breve tempo il temporale è terminato. La forza della natura appare assai meno intensa e travolgente degli avvenimenti storici. Anche la tempesta più rabbiosa è *troppo debole* per imitare il potere distruttivo dei meccanismi politici e sociali che governano i rapporti fra gli uomini.

L'io lirico conclude affermando che la poesia non può cambiare nulla; ciononostante, in un mondo dominato dall'incertezza, è importante continuare a scrivere.

L'uso connotativo delle parole
Nel componimento Fortini utilizza numerosi termini ed espressioni lontane dal loro significato letterale. In particolare, le parole assumono un valore connotativo quando lo scrittore analizza la duplice natura della poesia in relazione alla sua funzione politico-sociale. L'io lirico definisce i versi di Brecht *di cemento e di vetro*, per sottolineare da un lato la loro solida compattezza, dall'altro la purezza e la fragilità di una voce poetica che denuncia la condizione degli oppressi, privati della libertà e condannati alle sofferenze (*grida e piaghe murate e membra*). L'immagine della *pagina secca* evidenzia una presa d'atto delle difficoltà per la poesia, ormai inaridita, di smuovere le coscienze e di opporsi agli sviluppi tragici del percorso della storia. Le parole dei poeti sono destinate a spegnersi (*morire*) nell'inconsapevolezza degli umili (*oppressi e tranquilli*) e nell'indifferenza dei potenti (*parlano nei telefoni*). Negli ultimi due versi si torna ad affrontare le difficoltà della poesia: se non è più un mezzo per trasformare gli uomini e la società (*non muta nulla*), può tuttavia servire a smascherare i potenti, a richiamarli al rispetto della giustizia. Per questa ragione i poeti non devono rinunciare a scrivere, a svolgere un compito di testimonianza della condizione umana (*Nulla è sicuro, ma scrivi*).

Lo stile
Fino al v. 17 la lirica è caratterizzata da periodi lunghi e articolati, costruiti sia per subordinazione (vv. 4-7, 14-17) sia per coordinazione (vv. 10-13). La complessità sintattica sembra esprimere anche sul piano formale la difficoltà e la sofferenza provate dall'io lirico nel tentativo di ricomporre la lacerante contraddizione dinanzi a cui si trova. Negli ultimi versi (vv. 17-21) lo stile muta radicalmente: le frasi concise e sentenziose sottolineano con efficace immediatezza l'intenzione di proseguire il cammino intellettuale, nonostante le contraddizioni.

La presenza di termini che rinviano semanticamente a divisioni e a conflitti sociali (*grida, piaghe, oppressi, oppressori, odio, colpa, nemici, battaglie*) evidenzia l'impegno politico dell'io lirico al fianco delle classi subalterne.

LABORATORIO

Comprendere e individuare
L'esplorazione del testo

1. Con quale espressione l'io lirico definisce l'arrivo e l'accumulazione delle nuvole che hanno preceduto lo scoppio del temporale?
2. Un inoffensivo oggetto di uso quotidiano evidenzia l'aspetto impersonale e rassicurante con cui gli oppressori si presentano: di che cosa si tratta?
3. Secondo l'io lirico i conflitti tra oppressi e oppressori restano latenti, mitigati da un vuoto formalismo. Con quale espressione, composta da un sostantivo e da un aggettivo antitetici, viene definito questo comportamento?
4. Con quale termine l'io lirico definisce gli avvenimenti storici, caratterizzati dalla violenza e dal conflitto fra le classi sociali?

Interpretare e riflettere
La scoperta del testo

5. L'io lirico sostiene implicitamente che ogni uomo partecipa al dolore e alle sofferenze degli altri: individua l'espressione da cui possiamo dedurre questo concetto.
6. A quale fenomeno si allude con la frase *ascoltavo morire/la parola di un poeta* (vv. 8-9)?
   A. ☐ La complicità dei poeti con il potere
   B. ☐ La difficoltà per la poesia di comunicare
   C. ☐ L'incapacità dei poeti di trovare nuove forme espressive
   D. ☐ La violenza delle parole delle poesie di Brecht
7. Nell'inciso *non per noi più* (v. 10), a chi si riferisce l'io lirico?
8. Nel v. 11, il termine *tranquilli* viene utilizzato con un duplice significato: sai spiegare il valore che assume nell'uno e nell'altro caso?
9. Le considerazioni dell'io lirico si sviluppano in seguito all'esplosione di un temporale: quali legami possiamo cogliere tra la scelta di questa situazione e il tema affrontato? Rifletti sulle espressioni contenute nei vv. 7 e 20.

Analizzare
Lo stile e la forma del testo

10. A tuo avviso è possibile sostenere che il personaggio fittizio dell'io lirico presenta dei legami con la figura storica dell'autore? Prima di rispondere, leggi la scheda biografica su Franco Fortini (▶ p. 17).
11. La lirica è suddivisa in due parti, separate da uno spazio bianco che impone una pausa. Ritieni che questa scelta grafica rispecchi lo sviluppo tematico delle riflessioni dell'io lirico?
12. Considerato il contesto in cui viene utilizzato, quale significato assume nei versi di Fortini il termine *cautela* (v. 6)?
    A. ☐ Prudenza   C. ☐ Attenzione
    B. ☐ Timore   D. ☐ Riservatezza

GRAMMATICA

13. Attraverso quale scelta grammaticale l'io lirico sottolinea la volontà di continuare a comporre poesie? Rifletti sui modi verbali.
14. *La poesia/non muta nulla* (vv. 20-21). In questa frase a quale parte del discorso appartiene *nulla*?
    A. ☐ Sostantivo
    B. ☐ Pronome dimostrativo
    C. ☐ Pronome indefinito
    D. ☐ Avverbio

Produrre
Dalla lettura alla scrittura

15. Capita spesso che un avvenimento esterno, come il temporale di questa lirica, ci distragga da quanto siamo impegnati a fare. Riscrivi la poesia di Fortini, immaginando che qualcosa distolga l'attenzione dai compiti che stai svolgendo e ti porti a riflettere sull'argomento sul quale stai lavorando. Che cosa accadrebbe se il flusso dei tuoi pensieri fosse sollecitato dallo studio di qualche antica civiltà, da un fenomeno fisico o da una regola matematica? Ti forniamo un modello.
    Le chiacchiere continue
    per tutto il pomeriggio sono aumentate di volume
    in cortile prima di scoppiare in urla, minacce.
    Fissavo capitoli di guerre e di congiure
    dov'erano ambizioni di potere e violenze crudeli...
    ora continua tu.

VERIFICA DELLE COMPETENZE

MODELLO INVALSI

Leggi il seguente testo e poi rispondi alle domande.

T4 Lucio Zinna Questi maledetti poeti

Lucio Zinna è nato a Mazara del Vallo nel 1938. Poeta, narratore, saggista, è stato direttore della rivista di letteratura «Quaderni di Arenaria». I suoi versi sono confluiti nella raccolta antologica *Il verso di vivere* (1994). Vive a Palermo, dove svolge un'intensa attività come critico letterario e d'arte.

Il seguente componimento delinea con parole leggere un ritratto disincantato della figura del poeta nella società contemporanea. Lo sguardo scanzonato ma attento e acuto dell'io lirico mette in luce gli aspetti molteplici – e a volte contraddittori – della personalità e del ruolo di chi ancora oggi continua a scrivere versi.

Questi maledetti poeti (finiscono
ogni tanto per essere poeti-maledetti)
sprecano la vita appresso alle parole
inseguono ritmi e dissonanze distillano
5 metafore macinano ossimori vivono
su piani interferenti e non lo danno a vedere
riempiono la casa di carta (lentamente
restringono gli spazi abitativi
dei familiari) denudano l'anima
10 con modulata disinvoltura.

Loquaci come compagni di taverna
taciturni come re in esilio
in ogni latitudine stanno a disagio

2 **poeti-maledetti:** sono definiti in tal modo alcuni poeti francesi della seconda metà dell'Ottocento, tra cui Charles Baudelaire (▶ p. 378), Paul Verlaine, Arthur Rimbaud, la cui vita fu caratterizzata da atteggiamenti spregiudicati, come l'esaltazione delle droghe e dell'alcool o gli amori eccessivi e scandalosi.
4 **dissonanze:** suoni non armonici tra loro; i poeti cercano di ottenere effetti sonori particolari e ricercati.
4-5 **distillano metafore:** estraggono dai loro testi combinazioni insolite di parole. La metafora è una figura retorica che consiste nel trasferire il significato di un termine su un altro (▶ p. 67).
5 **ossimori:** figura retorica consistente nell'accostare tra loro termini che rinviano a campi semantici opposti (▶ p. 67).
6 **interferenti:** che si sovrappongono.
10 **modulata:** studiata ad arte.
11 **compagni di taverna:** amici abituati alle chiacchiere che si fanno al bar, quindi molto espansivi.

Viktor G. Kalinin, *Nikolay Zabolotsky e Simon Chikovani traducono la poesia georgiana classica*, 1982, Tomsk, Tomsk Oblast Art Museum.

e si adattano comunque.
15 Nemmeno loro sanno che pesci sono.

Giocolieri della parola trapezisti
del logos leggono – attraverso
il proprio – nel cuore degli uomini
esplorano spazi e tempi colgono
20 essenze tessono con aghi invisibili
arazzi segreti che svelano il mondo
e quanto lo sovrasta. Fregano in curva
i filosofi che – piegati dal peso
dei loro tomi – imbrigliano l'universo
25 in schemi concettuali. Stanno

come ricci nel petto dei potenti
anche quando non ne hanno intenzione.

Non vale la pena tormentarli o blandirli
(per loro pervasiva retrattilità)
30 questi maledetti poeti meglio lasciarli
rosolare al loro stesso fuoco.

[L. Zinna, *La porcellana più fine*, Salvatore Sciascia Editore, Caltanissetta 2002]

---

17 **logos:** nella cultura greca è la capacità razionale del pensiero, da cui deriva il linguaggio.
20 **essenze:** la natura intima e segreta delle cose.
21 **arazzi:** panno lavorato con una particolare tecnica di orditura, decorato con figure come un vero e proprio dipinto.
24 **tomi:** grossi volumi.
25 **schemi concettuali:** rigidi sistemi mentali, che non ammettono variazioni.
29 **pervasiva retrattilità:** profonda (*pervasiva*) capacità di ritirarsi in sé stessi (*retrattilità*).

---

1. Nei primi versi della lirica, con quale affermazione l'io lirico sottolinea la tendenza dei poeti a sovrapporre e incrociare la realtà con i mondi fantastici creati dalla poesia?

2. I poeti non temono di mostrare i loro pensieri più intimi: ricerca nella prima parte della lirica l'espressione con cui l'io lirico confessa la loro naturale disposizione a svelare emozioni e sentimenti.

3. Sempre nella prima parte del componimento, individua l'aggettivo che evoca i rapporti tra la poesia e la musica.

4. Quale aspetto della personalità dei poeti è l'argomento centrale dei primi dieci versi della lirica?
   A. ☐ Il gusto per gli atteggiamenti anticonformisti
   B. ☐ La cura nella ricerca di parole ed espressioni
   C. ☐ Il disinteresse verso il mondo reale
   D. ☐ Il senso di superiorità nei confronti degli uomini comuni

5. Nel definire i rapporti contraddittori tra i poeti e gli altri uomini, nella seconda parte della poesia (vv. 11-15) l'io lirico utilizza tre coppie di termini ed espressioni di significato antitetico. Quali sono?

6. Nella terza parte del componimento (vv. 16-25), l'io lirico sostiene che attraverso l'osservazione e l'analisi dei propri sentimenti i poeti riescono a comprendere e a trasmettere quelli degli altri uomini. Ricerca l'affermazione da cui possiamo trarre questa considerazione.

7. Rifletti sul significato implicito dei vv. 20-21: inserisci i termini opportuni per completare la frase seguente.
I poeti impiegano le .... per comporre una .... come chi tesse un .... usa gli ....
.... per tirare i fili.

8. Quale concetto intende esprimere l'io lirico con la seguente affermazione: *svelano il mondo/e quanto lo sovrasta* (vv. 21-22)?
   A. ☐ I poeti analizzano la società e denunciano le colpe di chi si trova in una posizione di potere
   B. ☐ I poeti sono esseri superiori agli uomini comuni con cui devono condividere la loro esistenza
   C. ☐ I poeti intuiscono e mostrano l'essenza sia del mondo terreno sia dell'universo spirituale
   D. ☐ I poeti sono creature incapaci di vivere nella realtà e si rifugiano in mondi fantastici

9. Nel tentativo di dare risposta agli interrogativi esistenziali degli uomini, i poeti *Fregano in curva* (v. 22) i filosofi. Qual è il significato di quest'immagine, apparentemente così lontana dal mondo della poesia e del pensiero filosofico?
   A. ☐ I filosofi spiegano il mondo attraverso lunghi e complessi ragionamenti, mentre i poeti sintetizzano le loro riflessioni in pochi versi e parole
   B. ☐ La poesia è uno strumento espressivo più indicato della filosofia per analizzare e descrivere i sentimenti e le emozioni degli uomini
   C. ☐ I poeti hanno nei confronti della società un rapporto più disponibile dei filosofi, che tendono a isolarsi per immergersi nei loro studi
   D. ☐ I poeti affrontano gli aspetti pratici della vita meglio dei filosofi, che spesso sono lenti e impacciati nelle loro occupazioni quotidiane

10. L'io lirico utilizza un'espressione figurata anche per descrivere il rapporto tra i poeti e il potere. Come possiamo esprimere con un linguaggio denotativo quanto sostenuto nei vv. 26-27?
    A. ☐ I poeti sono amati dai potenti loro malgrado
    B. ☐ I poeti amano il potere, anche se lo negano
    C. ☐ I poeti dovrebbero sempre polemizzare con il potere
    D. ☐ I poeti infastidiscono il potere loro malgrado

11. Con quale espressione l'io lirico abbassa ironicamente la tradizionale rappresentazione del poeta "consumato" ed esaltato dalla passione dell'ispirazione, attraverso un'immagine che rimanda all'atmosfera prosaica di una cuoca affaccendata in cucina?

12. Distingui, fra i termini elencati, l'unico che nella poesia viene utilizzato con valore denotativo.
    A. ☐ *metafore* (v. 5)
    B. ☐ *macinano* (v. 5)
    C. ☐ *Giocolieri* (v. 16)
    D. ☐ *retrattilità* (v. 29)

13. Quale aggettivo può definire adeguatamente il tono impiegato dall'io lirico?
    A. ☐ Comico
    B. ☐ Polemico
    C. ☐ Ironico
    D. ☐ Combattivo

14. Distingui fra le seguenti affermazioni relative al lessico usato nel componimento quella corretta.
    A. ☐ Prevale l'impiego di un lessico comune, di uso quotidiano
    B. ☐ Viene privilegiato un linguaggio letterario e ricercato
    C. ☐ Convivono termini di uso comune con altri di livello alto
    D. ☐ Il lessico attinge esclusivamente al linguaggio tecnico del testo poetico

15. Rileggi la prima parte della poesia (vv. 1-10), composta da un solo periodo. Quale fra le seguenti definizioni riferisce correttamente le scelte stilistiche dell'autore?
    A. ☐ La sintassi è complessa e ricca di proposizioni subordinate
    B. ☐ La sintassi si sviluppa attraverso processi di coordinazione
    C. ☐ La sintassi alterna proposizioni coordinate e subordinate
    D. ☐ La sintassi è irregolare e presenta diverse frasi nominali

UNITÀ 2
La metrica

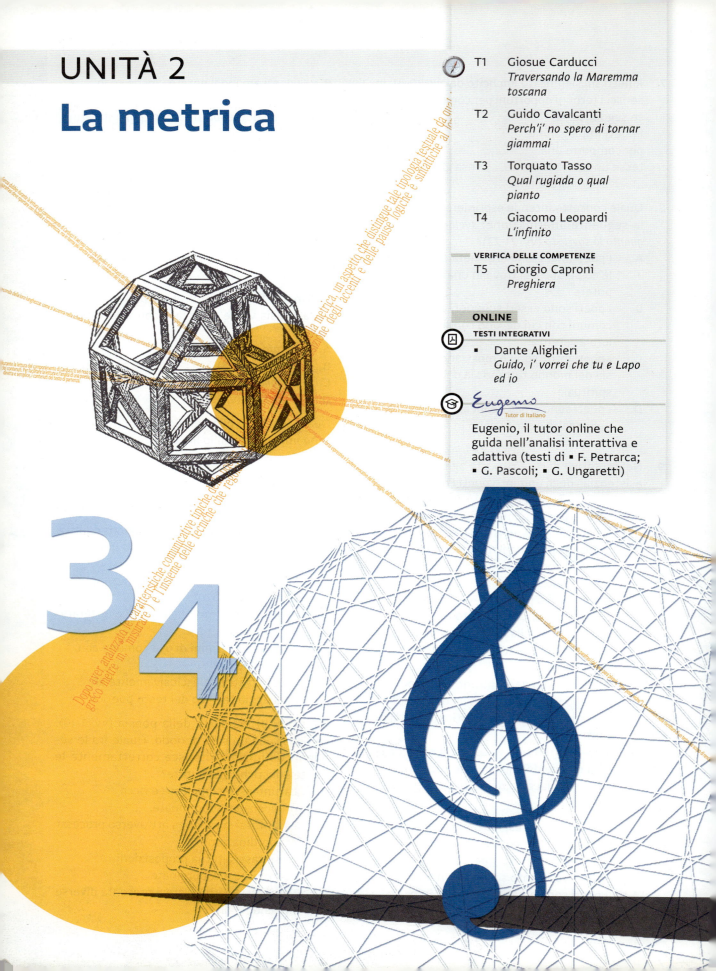

T1 **Giosue Carducci**
Traversando la Maremma toscana

T2 **Guido Cavalcanti**
Perch'i' no spero di tornar giammai

T3 **Torquato Tasso**
Qual rugiada o qual pianto

T4 **Giacomo Leopardi**
L'infinito

VERIFICA DELLE COMPETENZE

T5 **Giorgio Caproni**
Preghiera

ONLINE

TESTI INTEGRATIVI
- **Dante Alighieri**
Guido, i' vorrei che tu e Lapo ed io

Eugenio Tutor di Italiano

Eugenio, il tutor online che guida nell'analisi interattiva e adattiva (testi di ▪ F. Petrarca; ▪ G. Pascoli; ▪ G. Ungaretti)

La misura e la struttura dei versi

Dopo aver analizzato le caratteristiche comunicative tipiche della poesia, ci dedicheremo ora allo studio della **metrica**, un aspetto che distingue questa tipologia testuale da qualsiasi altra forma letteraria.

La metrica (dal greco *metrèin*, "misurare") è l'insieme delle tecniche che regolano la struttura dei versi, la posizione degli accenti e delle pause logiche e sintattiche al loro interno. Anche le rime, i versi e i loro raggruppamenti (definiti "**strofe**"), nonché i diversi tipi di componimento poetico sono disciplinati dalle leggi della metrica.

IL TESTO BUSSOLA Leggi con attenzione la seguente poesia, scritta da Giosue Carducci (▶ p. 26) nel 1855. L'io lirico, che coincide con la figura del poeta, descrive le emozioni contrastanti – nostalgia, gioia, pace, dolore – generate dalla visione del paesaggio della Maremma toscana, i luoghi tra Bolgheri e Castagneto in cui Carducci aveva vissuto l'infanzia e parte della fanciullezza, coltivando sogni e speranze.

T1 Giosue Carducci Traversando la Maremma Toscana

Dolce paese, onde portai conforme
l'abito fiero e lo sdegnoso canto
e il petto ov'odio e amor mai non s'addorme,
pur ti riveggo, e il cuor mi balza in tanto.

1. **onde portai conforme:** da cui ho derivato, in tutto e per tutto uguale.
2. **l'abito fiero... canto:** il carattere risoluto e dignitoso (*fiero*) e la poesia indignata e infervorata (*sdegnoso canto*).
3. **il petto... s'addorme:** l'animo pieno di passione, in cui mai si placano i sentimenti contrastanti dell'odio e dell'amore.
4. **pur:** finalmente.

5   Ben riconosco in te le usate forme
　　con gli occhi incerti tra 'l sorriso e il pianto,
　　e in quelle seguo de' miei sogni l'orme
　　erranti dietro il giovenile incanto.

　　Oh, quel che amai, quel che sognai, fu in vano;
10 e sempre corsi, e mai non giunsi il fine;
　　e dimani cadrò. Ma di lontano

　　pace dicono al cuor le tue colline
　　con le nebbie sfumanti e il verde piano
　　ridente ne le pioggie mattutine.

[G. Carducci, *Giambi ed epodi e Rime nuove*, Zanichelli, Bologna 1942]

5   **le usate forme:** le immagini, gli aspetti del paesaggio a me familiari.
7   **in quelle... l'orme:** in quelle immagini familiari (*quelle* è riferito a *usate forme*, v. 5) ritrovo le tracce (*orme*) dei miei sogni passati.
8   **erranti... incanto:** che si perdono (*erranti*) dietro le illusioni della gioventù.
10 **giunsi il fine:** raggiunsi la meta, il traguardo di quei sogni illusori fatti in giovane età.
11 **dimani cadrò:** presto morirò; **di lontano:** in lontananza.
12-14 **pace... mattutine:** le colline della Maremma (*tue*), che sembrano sfumare nella nebbia, e la pianura verde, che brilla (*ridente*) per la pioggia, infondono (*dicono*) serenità e consolano il cuore.

Giosue Carducci nacque nel 1835 a Valdicastello, in Toscana, e trascorse l'infanzia in Maremma, tra Bolgheri e Castagneto. Questa terra, con il suo paesaggio aspro e selvaggio, avrebbe avuto un'influenza determinante sul poeta. Si trasferì presto a Firenze insieme ai genitori, dove frequentò la scuola presso i padri Scolopi. Iniziò così la sua formazione letteraria che proseguì con la laurea alla Scuola Normale di Pisa nel 1856, dopo la quale cominciò a insegnare nei licei. Nel 1859 sposò Elvira Menicucci, da cui ebbe quattro figli e l'anno successivo ottenne la cattedra di eloquenza italiana all'Università di Bologna, dove restò fino alla morte. Carducci passò da posizioni anticlericali e repubblicane a un progressivo avvicinamento alla monarchia sabauda, fino alla nomina a senatore del Regno, nel 1890. In questo periodo la sua fama si diffuse maggiormente, non solo in Italia. Celebrato in vita come "poeta vate" e cantore ufficiale dell'Italia del re Umberto I di Savoia, fu autore di numerose raccolte di versi, tra cui *Juvenilia* (1850-1860), *Levia gravia* (1868), *A Satana* (1863), *Giambi ed Epodi* (1867-1879), le *Odi barbare* (1877), una raccolta in cui trasferisce gli schemi metrici e il ritmo dei versi greci e latini alla lingua italiana, le *Rime nuove* (1887), e infine *Rime e Ritmi* (1899). Nel 1906 ricevette il premio Nobel per la letteratura, il primo assegnato a un autore italiano. Morì l'anno successivo.

PER LO STUDIO

La parafrasi

Senza dubbio durante la lettura del componimento di Carducci ti sei reso conto che il lessico e la sintassi del linguaggio poetico si discostano da quelli impiegati nei testi in prosa. È innegabile che la ricercatezza e la complessità della comunicazione poetica, se da un lato accentuano la forza espressiva e il potere evocativo del linguaggio, dall'altro spesso ostacolano l'immediata comprensione dei contenuti.

Perciò, per facilitare la lettura e l'analisi di una poesia, soprattutto in ambito scolastico, si ricorre spesso alla **parafrasi** (dal greco *paràphrasis*, "frase posta vicino"), che consiste nella riscrittura di un testo allo scopo di rendere il suo significato più chiaro. Impiegata in prevalenza per i componimenti in versi, la parafrasi deve riportare con fedeltà e completezza, ma in forma più diretta e semplice, i contenuti del testo di partenza.

Il metodo

Proviamo ora a esemplificare le principali operazioni per la stesura della parafrasi, svolgendo insieme quella della lirica di Carducci appena letta.

Il lessico

Quando le parole del testo di partenza sono di uso comune e di facile comprensione, è bene lasciarle inalterate; invece occorre sostituire i termini meno consueti e quelli impiegati con un valore connotativo. Inoltre, compito della parafrasi è esplicitare i significati indiretti e figurati di una parola. I principali interventi lessicali, perciò, riguardano la sostituzione dei seguenti elementi.

A. Parole o espressioni ricercate – arcaiche, letterarie o specialistiche – con sinonimi o perifrasi più vicini a un registro linguistico medio (ricorda di scegliere con attenzione i nuovi termini, per non modificare i contenuti della lirica).	Dolce paese, onde portai (da cui trassi) conforme (simile) l'abito (il carattere) fiero (orgoglioso) e lo sdegnoso canto (l'ispirazione poetica) e il petto (l'animo) ov'odio e amor mai non s'addorme (non si placano), pur ti riveggo (finalmente ti rivedo), e il cuor mi balza in tanto (e mi commuovo subito). Ben riconosco in te le usate forme (immagini familiari) con gli occhi incerti (offuscati) tra 'l sorriso e il pianto, e in quelle seguo de' miei sogni l'orme erranti dietro il giovenile incanto (le tracce dei sogni che seguono le illusioni della gioventù).
B. Parole o espressioni impiegate con valore figurato con termini denotativi, spesso con funzione esplicativa (anche in questo caso, fai attenzione a non tradire o impoverire troppo gli intenti espressivi del poeta).	Oh, quel che amai, quel che sognai, fu in vano (inutile); e sempre corsi (ho trascorso la vita intera nell'affanno), e mai non giunsi il fine (senza mai realizzare le mie aspirazioni); e dimani cadrò (la morte è vicina). Ma di lontano pace dicono (portano) al cuor le tue colline con le nebbie sfumanti (sommerse dalla nebbia) e il verde piano (pianura) ridente (splendente) ne le pioggie mattutine.

La sintassi

Molto spesso i poeti costruiscono periodi particolarmente complessi, con numerose subordinate, e ricorrono ad alcune figure retoriche (▶ p. 61) che alterano l'abituale ordine con cui in prosa sono disposte le proposizioni e, al loro interno, le parti del discorso. Una buona parafrasi, quindi, deve intervenire anche sulla struttura dei periodi, compiendo le seguenti operazioni.

A. Analizzare le proposizioni che compongono un periodo per dare una **disposizione più leggibile** e scorrevole alla struttura sintattica. A tale scopo occorre seguire un criterio di progressione logica e il principio secondo cui è preferibile che la frase principale si trovi in apertura, le coordinate e le subordinate a seguire.
 	
B. Ordinare la sequenza delle parole nel caso in cui la loro collocazione sia invertita rispetto alla **consueta costruzione sintattica** (soggetto-predicato-complemento oggetto).
 	
C. Limitare il ricorso all'ipotassi, spezzando i periodi particolarmente complessi.
	Dolce paese, onde portai conforme
	                    2 1
	l'abito fiero e lo sdegnoso canto
	e il petto ov'odio e amor mai non s'addorme,
	pur ti riveggo, e il cuor mi balza in tanto.
	
	                  2
	(Ben riconosco in te le usate forme)
	     1
	(con gli occhi incerti tra 'l sorriso e il pianto,)
	  1 3 2
	e in quelle seguo de' miei sogni l'orme
	  4 5 7 6
	erranti dietro il giovenile incanto.
	
	Oh, quel che amai, quel che sognai, fu in vano;
	e sempre corsi, e mai non giunsi il fine;
	e dimani cadrò. Ma di lontano
	
	     4 3 5 1
	pace dicono al cuor (le tue colline)
	           2
	(con le nebbie sfumanti e il verde piano
	ridente ne le pioggie mattutine)

La spiegazione dei contenuti impliciti

L'ultima operazione che può richiedere lo svolgimento della parafrasi riguarda gli aspetti a cui l'autore allude o che dà per scontati. A volte può essere necessario integrare la parafrasi con alcune precisazioni che rendano più chiaro ciò che il poeta sottintende. In questi casi è particolarmente importante intervenire con cautela: occorre limitarsi a esplicitare i contenuti che appartengono alla poesia anche se non sono espressi, senza aggiungere informazioni invece assenti e magari suggerite da interpretazioni o da opinioni personali.

Per esempio, nella parafrasi di *Traversando la Maremma toscana* può essere utile specificare che:
- il termine di paragone a cui si riferisce *conforme* (v. 1) è la natura aspra e selvaggia della Maremma;
- con l'aggettivo *sdegnoso* (v. 2) l'autore intende sottolineare la propria autonomia intellettuale, il rifiuto di scendere a compromessi.

La stesura della parafrasi

Terminate queste tre operazioni, sarà semplice procedere con la stesura del testo della parafrasi:

O dolce paese, da cui trassi, così simili alla tua natura aspra e selvaggia, il carattere orgoglioso, l'ispirazione poetica libera dai compromessi e l'animo in cui odio e amore non si placano mai, finalmente ti rivedo e mi commuovo subito. Con gli occhi offuscati dalla gioia e dalle lacrime riconosco le immagini familiari del tuo paesaggio e in esse cerco e ritrovo le tracce dei sogni che seguono le illusioni della gioventù. Oh, ciò che amai e che sognai è stato inutile. Ho trascorso la vita intera nell'affanno, senza mai realizzare le mie aspirazioni e la morte ormai è vicina. Ma in lontananza le tue colline sommerse dalla nebbia e la verde pianura splendente sotto le piogge mattutine portano pace al mio cuore.

La misura del verso

I versi si distinguono a seconda della loro lunghezza: come si accenna nella scheda sulla parola "metro", essi si misurano contando il numero delle sillabe che li formano e che danno loro il nome. Non sempre, tuttavia, questa operazione è semplice come potrebbe sembrare a prima vista. Incominciamo dunque indagando quest'aspetto delicato ed essenziale della metrica, ovvero la **misura** del verso.

INTERROGHIAMO *il testo* — Suddividi in sillabe i versi della lirica di Carducci. Hai contato la stessa quantità di sillabe in ciascuno di essi o il loro numero è risultato variabile?

Le figure metriche

Effettuando la scomposizione avrai notato come i versi di *Traversando la maremma toscana* siano composti da un numero variabile di sillabe. Eppure essi sono tutti endecasillabi, composti cioè da undici sillabe. Per quale ragione?
Non sempre il metro, ossia la misura del verso, coincide con il numero effettivo delle sillabe grammaticali che compongono le singole parole. In alcuni casi possono verificarsi delle eccezioni nel conteggio delle sillabe, determinate dalla presenza delle cosiddette **figure metriche** che hanno la funzione di "adattare" il numero di sillabe grammaticali a quello delle **sillabe metriche** (quelle che contano effettivamente per la definizione del metro), in modo che i versi della poesia rispettino la misura imposta dal tipo di componimento.

LE PAROLE *del metodo* — Le figure metriche possono essere di **fusione** (sinalefe e sineresi) e di **scissione** (dieresi e dialefe).

> C'è **sinalefe** quando la vocale finale di una parola forma un'unica sillaba con quella iniziale della parola successiva. Il seguente verso tratto dalla lirica *Avventuroso carcere soave* di Ludovico Ariosto, *ma/ dol/ci /ba/ci, /dol/ce/men/te im/pres/si*, ha dodici sillabe grammaticali ma undici sillabe metriche (verso endecasillabo), per la presenza della sinalefe evidenziata.

> C'è **dialefe**, al contrario, quando due vocali vicine appartenenti a parole diverse vengono conteggiate separatamente. Ciò accade quando almeno una delle due vocali è accentata, come nel caso di questo verso endecasillabo, tratto dal canto X dell'*Inferno* della *Divina Commedia* dantesca: *Pe/rò / a/ la/ di/man/da/ che/ mi/ fa/ci*.

> La **sineresi** provoca la fusione dentro la stessa parola di due vocali che dovrebbero formare due diverse sillabe, in quanto costituiscono uno iato. Così la presenza della sineresi evidenziata rende endecasillabo il seguente verso,

---

il percorso delle parole | Metro

Il termine *metro* viene dal latino dotto *metru(m)*, a sua volta derivato dal greco *métron* ("misura"). In ambito scientifico indica l'unità di misura lineare del Sistema Internazionale, mentre in poesia designa la tipologia del verso o anche lo schema dell'intero componimento poetico. Nella poesia italiana le tipologie di versi, denominati *metri*, prendono il loro nome dal numero di sillabe che li compongono: per esempio i versi composti da sette sillabe sono detti settenari. In ambito linguistico-letterario può essere sinonimo del termine "poesia".

■ **Trovare le parole**
a. Individua almeno tre termini che derivano dalla parola *metro* in ambito scientifico e spiegane il significato.
b. Spiega il significato della seguente espressione, in cui il termine *metro* è usato in senso figurato: "Non si possono giudicare tutte le persone con lo stesso metro".
c. Nell'espressione "prendere la metro" il significato del termine *metro* non ha nulla a che vedere con quelli sopra analizzati. Sapresti dire da quale altra parola deriva e qual è il suo significato?

tratto da *Il passero solitario* di Giacomo Leopardi, nonostante contenga dodici sillabe grammaticali: *Ed/ er/ra/ l'ar/mo/nìa/ per/ que/sta/ val/le*.

> Il caso opposto, ovvero la **dieresi**, si ha quando le vocali di un dittongo vengono considerate sillabe separate, come se formassero uno iato. Di solito la dieresi è indicata da un segno grafico (¨) sulla prima vocale, come accade nel famoso verso di Foscolo *For/se/ per/ché/ del/la/ fa/tal/ quï/e/te*: è un endecasillabo, nonostante contenga effettivamente solo dieci sillabe grammaticali.

L'accento tonico del verso

Per definire la misura del verso è necessario tenere conto anche della **sillaba tonica** dell'ultima parola che lo compone. Ogni termine (esclusi quasi tutti i monosillabi) possiede un **accento tonico**, posizionato sulla sillaba che viene pronunciata con maggiore forza rispetto alle altre. Quando l'accento tonico cade sulla penultima sillaba, le parole si chiamano **piane**. Si definiscono invece **tronche** le parole il cui accento tonico si trova sull'ultima sillaba e **sdrucciole** quelle che lo hanno sulla terz'ultima. Analogamente, i **versi** si definiscono **piani**, **tronchi** e **sdruccioli** a seconda di dove cade l'accento tonico della loro ultima parola.

INTERROGHIAMO *il testo* — **Nella lirica di Carducci dove si trova l'accento nelle parole che chiudono i versi? Sono tutte parole piane o ve ne sono anche tronche o sdrucciole?**

Tutti i versi di *Traversando la Maremma toscana* sono piani, in quanto l'accento tonico si trova sempre sulla penultima sillaba dell'ultima parola. In questo caso il conteggio per la definizione del metro non presenta ulteriori eccezioni.

LE PAROLE *del metodo*
> Quando il **verso è piano**, la sua misura corrisponde al numero delle sillabe.
> Quando il **verso è tronco**, l'ultima sillaba vale doppio; per esempio, il verso della poesia di Pascoli l'*Assiuolo che/ for/se/ non/ s'a/pro/no/ più* è un novenario – ha nove sillabe metriche – anche se conta soltanto otto sillabe grammaticali.

---

il punto su... | La divisione in sillabe

Saper dividere le parole in sillabe è indispensabile, oltre che per separare correttamente una parola quando si va a capo, anche per definire la misura dei versi di una poesia. Ti indichiamo qui di seguito le regole principali per dividere le parole in sillabe.
Fanno parte della stessa sillaba:
- una vocale o un dittongo a inizio di parola seguiti da una sola consonante (*a-mo-re*, *e-ro-e*, *au-gu-ri*, *uo-vo*);
- i dittonghi e i trittonghi, che non si dividono mai (*a-iuo-la*, *cuo-re*, *fio-re*, *zai-no*);
- una consonante semplice seguita da vocale, dittongo o trittongo (*re-mo*, *fio-re*, *cau-zio-ne*, *buoi*);
- le consonanti *b*, *c*, *d*, *f*, *g*, *p*, *t*, *v* seguite da *l*, *r* + vocale (*le-pre*, *cri-si*, *do-blo-ne*, *do-vrà*);
- la consonante *s* seguita da una o più consonanti + vocale (*stro-fa*, *ve-spa*, *no-stri*);
- i digrammi e i trigrammi (gruppi di lettere che corrispondono a un solo suono), come *ch*, *gh*, *gl*, *gn*, *sc* + vocale, *cia*, *cio*, *ciu*, *gia*, *gie*, *gio*, *giu* ecc. (*e-chi*, *fi-gli*, *a-ghi*, *gno-mo*, *scien-za*, *ca-mi-cia*, *strac-cio*, *gio-co*, *giu-gno*).

Fanno invece parte di sillabe diverse:
- le consonanti doppie, compreso *cq* (*ac-qua*, *fat-to*, *sas-so*);
- le vocali che formano uno iato (*be-à-to*, *ma-è-stro*, *e-rò-e*, *vì-a*, *pa-ù-ra*);
- due o più consonanti diverse che in italiano non si trovano mai a inizio di parola, come *bd*, *bs*, *dv*, *fm*, *lm*, *mn*, *ng*, *rc*, *tm* ecc. (*rab-do-man-te*, *pal-ma*, *ec-ze-ma*).

Per dividere in sillabe le parole composte con un prefisso, come per esempio *dis-*, *in-*, *intrans-*, *sub-* ecc., esistono due possibilità:
- dividere la parola secondo le regole che valgono per le parole semplici, non tenendo conto del prefisso (*di-so-no-re*, *su-blu-na-re*);
- conservare intatto il prefisso (*dis-o-no-re*, *sub-lu-na-re*).
Generalmente è consigliabile rispettare le regole generali della sillabazione, seguendo quindi la prima possibilità.

› Nei **versi** che terminano **con parola sdrucciola** o anche **bisdrucciola** (accento tonico sulla quartultima sillaba) le sillabe atone che seguono l'ultimo accento tonico valgono per una. *Com/pa/gna/ del/ suo/ gè/mi/to*, un verso della *Pentecoste* di Alessandro Manzoni, pur essendo formato da otto sillabe grammaticali è un settenario.

Ora che conosci le regole per il conteggio delle sillabe metriche indispensabili per individuare la misura di un verso, ecco la suddivisione corretta dei versi della lirica di Carducci. Come potrai notare, in molti di essi sono presenti delle sinalefi.

1	2	3	4	5	6	7	8	9	10	11
Dol	ce	pa	e	**se on**	de	por	tai	con	for	me
l'a	bi	to	fie	**ro e**	lo	sde	gno	so	can	to
e il	pet	**to o**	v'o	**dio e a**	mor	mai	non	s'ad	dor	me
pur	ti	ri	veg	**go e il**	cuor	mi	bal	**za in**	tan	to
Ben	ri	co	no	**sco in**	te	**le u**	sa	te	for	me
con	gli oc	**chi in**	cer	ti	tra 'l	sor	ri	**so e il**	pian	to
e in	quel	le	se	guo	de'	miei	so	gni	l'or	me
er	ran	ti	die	**tro il**	gio	ve	ni	**le in**	can	to
Oh	quel	**che a**	mai	quel	che	so	gnai	**fu in**	va	no
e	sem	pre	cor	**si e**	mai	non	giun	**si il**	fi	ne
e	di	ma	ni	ca	drò	Ma	di	lon	ta	no
pa	ce	di	co	**no al**	cuor	le	tue	col	li	ne
con	le	neb	bie	sfu	man	**ti e il**	ver	de	pia	no
ri	den	te	ne	le	piog	gie	mat	tu	ti	ne

I tipi di verso e gli accenti ritmici

Oltre all'accento tonico che cade sull'ultima parola, esistono all'interno del verso anche altri **accenti ritmici**, la cui disposizione è stabilita dalle regole della metrica.
A seconda del tipo di verso essi possono essere **fissi** o **variabili**: nei versi **parisillabi** (formati cioè da un numero pari di sillabe) essi si trovano su sillabe fisse, mentre in quelli **imparisillabi** spesso la loro posizione varia. La loro disposizione ha una funzione fondamentale per la scansione del ritmo del testo poetico.

---

il percorso delle parole | Ritmo

Il termine *ritmo* deriva dal latino *rhythmu(m)*, che a sua volta viene dal greco *rytmós*. Entrambi i termini sono connessi alla radice indoeuropea *rêin*, che significa "scorrere". In ambito generale, esso indica una cadenza regolare nel tempo di suoni, accenti, movimenti, pulsazioni ecc. In musica indica l'organizzazione dei suoni in relazione alla loro durata.
L'aggettivo "ritmico" si applica a diversi ambiti, per esempio anche in architettura, in espressioni come "ordine ritmico delle colonne in un porticato" e "successione ritmica degli archi in una navata".

■ **Trovare le parole**
a. Spiega il significato delle seguenti espressioni, in cui il termine *ritmo* è usato in senso figurato: "avere il ritmo nel sangue", "il ritmo frenetico della vita moderna è causa di stress".
b. Nella frase "la radio trasmette un ritmo sudamericano", da quale termine può essere sostituita la parola *ritmo*?
c. Ti è mai capitato di sentire frasi del tipo: "La produzione industriale degli Stati Uniti procede a pieno ritmo"? Secondo te che cosa si intende con l'espressione "a pieno ritmo"?

LE PAROLE *del metodo* Ti forniamo un elenco delle tipologie di versi della tradizione italiana e l'indicazione delle sillabe su cui cadono gli accenti ritmici.

› **Binario** o **bisillabo** (due sillabe): molto raro, si combina solitamente con altri versi; l'accento cade sulla prima sillaba.

> Dopo tanta
> nèbbia
> a ùna
> a ùna
> si svelano
> le stelle.
> [G. Ungaretti, *Sereno*]

› **Ternario** o **trisillabo** (tre sillabe): anch'esso è molto raro e si accompagna di solito ad altri versi; l'accento cade sulla penultima sillaba.

> La mòrte
> si scònta
> vivèndo.
> [G. Ungaretti, *Sono una creatura*]

› **Quaternario** o **quadrisillabo** (quattro sillabe): è poco comune e in genere abbinato a versi più lunghi; i due accenti fissi si trovano sulla prima e sulla terza sillaba.

> Trà l'erbètta […]
> Sì fa bèllo […]
> Pèr dilètto […]
> [G. Chiabrera, *Tra l'erbetta*]

› **Quinario** (cinque sillabe): ha due accenti, uno fisso sulla quarta sillaba, l'altro mobile sulla prima o sulla seconda sillaba.

> il pàn ti mànca,
> sul pònte sventòla
> bandièra biànca!
> [A. Fusinato, *L'ultima ora di Venezia*]

› Due quinari possono unirsi a formare un **doppio quinario**; la disposizione degli accenti resta identica.

> Ma un pòco ancòra lascìa che guàrdi
> l'albèro, il ràgno, l'àpe, lo stèlo,
> [G. Pascoli, *L'ora di Barga*]

René Magritte, *Senza titolo*, 1927, Berlino, Galerie Brusberg.

› **Senario** (sei sillabe): presenta due accenti fissi, sulla seconda e sulla quinta sillaba.

> Che pòpolo ammòdo,
> Che Prìncipe sòdo,
> Che sànto modèllo
> Un Rè Travicèllo!
> [G. Giusti, *Il Re Travicello*]

› Anche il senario può essere raddoppiato e dare vita a un **dodecasillabo**.

> S'adùna voglìoso, si spèrde tremànte,
> Per tòrti sentièri, con pàsso vagànte,
> [A. Manzoni, *Adelchi*]

› **Settenario** (sette sillabe): è uno dei versi più usati; un accento è mobile su una delle prime quattro sillabe e uno è fisso sulla sesta.

> Va per la sèlva brùna
> Solìngo il trovatòr
> [G. Berchet, *Il trovatore*]

› **Ottonario** (otto sillabe): presenta un accento fisso sulla settima sillaba e uno variabile, quasi sempre sulla terza.

> Quant'è bèlla giovinèzza
> che si fùgge tuttavìa:
> chi vuol èsser lieto, sìa,
> di domàn non c'è certèzza.
> [L. de' Medici, *Il trionfo di Bacco e Arianna*]

› **Novenario** (nove sillabe): è un altro verso di ampio uso; ha un accento fisso sull'ottava sillaba, mentre gli altri due sono solitamente sulla seconda e sulla quinta.

> Il giòrno fu pièno di làmpi;
> ma òra verrànno le stèlle,
> [G. Pascoli, *La mia sera*]

› **Decasillabo** (dieci sillabe): gli accenti fissi sono posti sulla terza, sulla sesta e sulla nona sillaba.

> S'ode a dèstra uno squìllo di tròmba;
> a sinìstra rispònde uno squìllo:
> [A. Manzoni, *Il conte di Carmagnola*]

› **Endecasillabo** (undici sillabe): è il verso più usato e anche il più versatile, capace di adattarsi a diverse esigenze espressive e ritmiche. Può dare vita a diverse combinazioni di accenti, tra cui le più ricorrenti sono: sesta e decima sillaba; quarta, settima e decima sillaba; quarta, ottava e decima sillaba.

> Sempre caro mi fù quest'ermo còlle,
> e questa sièpe, che da tànta pàrte [...]
> io nel pensièr mi fingo; òve per pòco
> [G. Leopardi, *L'infinito*]

INTERROGHIAMO *il testo*   Ora ritorniamo all'analisi di *Traversando la Maremma toscana*: prima di guardare la soluzione nelle righe sottostanti, indica gli accenti sui versi della lirica e poi rileggila pronunciando con più forza le sillabe che hai segnato.
Ti pare che il componimento abbia un ritmo lento o veloce, monotono o variabile?
Quale rapporto si può stabilire, secondo te, fra il ritmo e la disposizione degli accenti?

> Dolce pa**è**se, onde port**ài** conf**ò**rme
> l'abito fi**è**ro e lo sdegn**ò**so c**à**nto
> e il p**è**tto ov'**ò**dio e am**ò**r mai non s'add**ò**rme,
> pur ti riv**è**ggo, e il cu**ò**r mi balza in t**à**nto.
>
> Ben ricon**ò**sco in te le us**à**te f**ò**rme
> con gli occhi inc**è**rti tra 'l sorr**ì**so e il pi**à**nto,
> e in quelle s**è**guo de' miei s**ò**gni l'**ò**rme
> erranti di**è**tro il giovan**ì**le inc**à**nto.
>
> Oh, qu**è**l che am**ài**, qu**è**l che sogn**ài**, fu in v**à**no;
> e s**è**mpre c**ò**rsi, e m**ài** non gi**ù**nsi il fine;
> e dim**à**ni cadr**ò**. M**à** di lont**à**no
>
> pace d**ì**cono al cu**ò**r le tue coll**ì**ne
> con le n**è**bbie sfum**à**nti e il verde pi**à**no
> rid**è**nte ne le pi**ò**ggie mattut**ì**ne.

Nelle due strofe iniziali il **ritmo** della lirica è **lento** e **maestoso**: ciò si verifica perché gli accenti cadono prevalentemente sulle stesse sillabe (la quarta, l'ottava e la decima, secondo uno schema tipico dell'endecasillabo) e il ritmo assume di conseguenza una **cadenza regolare**. Tuttavia è presente un'**accelerazione** al v. 3, specialmente nella prima metà, in cui gli accenti sono più ravvicinati e il ritmo s'innalza fino a culminare nella parola tronca *amor*, a sottolineare l'intensità delle passioni contrastanti che convivono nell'animo del poeta. Perciò, vi è corrispondenza tra il ritmo maestoso e il contenuto delle strofe, in cui il poeta descrive il ritorno nella sua terra d'origine, la Maremma, che ne ha forgiato il carattere austero e solenne.

Il ritmo varia nella terza strofa, diventando **ascendente**; tale accelerazione è data dal fatto che il v. 9 è quasi interamente formato da monosillabi e bisillabi; nel v. 10 e nella prima metà del v. 11 il ritmo è invece **velocizzato** dalla ripetizione per polisindeto della congiunzione *e*. Anche questa diversa tonalità ritmica è strettamente legata al contenuto della lirica: qui infatti il poeta sottolinea la delusione e l'amarezza della realtà presente, dovute alla mancata realizzazione dei sogni giovanili e al presagio per la morte vicina. Il ritmo cresce fino a culminare nella parola tronca *cadrò*, che indica il massimo grado di disillusione del poeta.

La congiunzione *Ma*, posta a metà del v. 11, segna il ritorno alla descrizione del paesaggio maremmano, che dona serenità al poeta. Il ritmo torna dunque **cadenzato** e **regolare**, come dimostra del resto la disposizione degli accenti (qui posti sulla sesta e sulla decima sillaba). La poesia ha dunque un **andamento circolare**, chiudendosi con lo stesso ritmo lento e maestoso con cui si apre.

LE PAROLE *del metodo* Per quanto riguarda l'influenza della posizione degli accenti ritmici sull'andamento di una poesia, possiamo formulare le seguenti indicazioni generali:
- un **ritmo veloce** è causato dalla presenza di accenti ravvicinati;
- accenti distanziati favoriscono un **ritmo lento**;
- accenti ripetuti sulle stesse sillabe di tutti i versi provocano un **ritmo monotono**;
- accenti posti in modo vario sui versi della lirica determinano un **ritmo vario**.

La cesura e l'*enjambement*

Il ritmo di un componimento poetico non è influenzato soltanto dagli accenti ritmici, ma anche dalle **pause** interne a un verso e da quelle tra un verso e l'altro. Per comprendere il ruolo che svolgono a livello ritmico, facciamo ancora riferimento al testo di *Traversando la Maremma toscana*.

INTERROGHIAMO *il testo* — Nella lirica carducciana sono presenti segni di punteggiatura che "spezzano" i versi o termini di particolare importanza che inducono a compiere una pausa nella lettura?
Vi sono frasi che iniziano in un verso e proseguono in quello successivo? Quale potrebbe essere stato l'intento del poeta nel compiere queste divisioni?

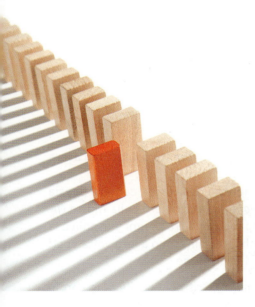

Nel testo possiamo rintracciare numerose **interruzioni nello sviluppo sintattico**, che cadenzano e rallentano il ritmo della poesia. Già nel primo verso, per esempio, la presenza della virgola determina una decisa **pausa** nella lettura, che serve a dare rilievo al *Dolce paese* inizialmente evocato. Nel quarto verso un'altra virgola sottolinea la centralità del verbo *riveggo*, ovvero della visione del paesaggio maremmano che origina le emozioni successivamente descritte. I vv. 9-11, in cui dominano il fallimento delle speranze e il pensiero della morte, sono spezzati da numerosi **segni di punteggiatura**, in particolare dal punto fermo dopo il verbo *cadrò*.

Nei versi della lirica sono presenti anche alcune significative **divisioni sintattiche**: nei primi versi i complementi oggetto *l'abito fiero e lo sdegnoso canto/e il petto* sono posti ai vv. 2-3, separati dal predicato *portai*. Questa scelta contribuisce a esaltare le caratteristiche del temperamento dell'io lirico riflesse nel paesaggio maremmano. Nei vv. 7-8 la separazione fra il sostantivo *orme* e l'aggettivo *erranti* manifesta la natura indefinita e vaga del ricordo dei sogni giovanili.

La divisione sintattica più significativa è comunque quella tra i vv. 11 e 12 (*lontano/pace*): la separazione tra le parole, poste in due strofe diverse, mette in risalto il secondo termine ed esalta la serenità trasmessa dal paesaggio familiare.

Tali scelti stilistiche, oltre a porre l'accento su alcune parole chiave della lirica, posizionate in punti strategici del verso, svolgono anche un'importante **funzione ritmica**: dilatando la misura del verso esse contribuiscono a rallentare il ritmo.

LE PAROLE *del metodo*

› Le pause all'interno di un verso si definiscono **cesure** (dal latino *caedo*, "taglio") e contribuiscono a dare rilevanza semantica alle parole che le precedono (*Pace dicono al cuor // le tue colline*). In molti casi la cesura è annunciata dalla presenza di un segno di punteggiatura (*Dolce paese, // onde portai conforme*).

› Quando non c'è corrispondenza tra unità metrica (il verso) e unità sintattica (la frase) si parla di ***enjambement*** (dal francese *enjamber*, "scavalcare"); ciò produce una "dilatazione" del verso e dunque un rallentamento del ritmo. Attraverso questa scelta stilistica, inoltre, viene data rilevanza ad alcune parole sintatticamente collegate tra loro, poste alla fine di un verso e all'inizio di quello successivo. L'*enjambement* può "separare" diversi elementi sintattici: il soggetto dal predicato o da un complemento, il predicato dal complemento oggetto, un sostantivo da un attributo ecc.

La rima

Giorgio Caproni sulle rime

La rima è un elemento essenziale del linguaggio poetico e si basa sull'esaltazione del **rapporto fonico** tra alcune parole poste in punti precisi del testo. La tipologia e la disposizione delle rime determinano conseguenze rilevanti sia a **livello ritmico** sia per la **comunicazione del significato** e dei temi centrali del testo poetico.

INTERROGHIAMO *il testo* — Leggi le ultime parole di ciascun verso di *Traversando la Maremma toscana* e indica quelle tra cui è possibile cogliere un evidente legame fonico. Quale parte della parola è coinvolta in questa relazione di suono? Prima di rispondere, rifletti sulla posizione dell'accento tonico.
Ti pare che tra alcune delle parole sia possibile cogliere una relazione anche sul piano del significato? Alcune di esse sono collegate ai temi centrali della poesia?

Nella lirica di Carducci è possibile individuare quattro insiemi di termini collegati da una corrispondenza fonica:
- *confòrme* (v. 1), *addòrme* (v. 3), *fòrme* (v. 5), *òrme* (v. 7);
- *cànto* (v. 2), *tànto* (v. 4), *piànto* (v. 6), *incànto* (v. 8);
- *vàno* (v. 9), *lontàno* (v. 11), *piàno* (v. 13);
- *fìne* (v. 10), *collìne* (v. 12), *mattutìne* (v. 14).

Le parole di ciascun gruppo sono in **rima**: ovvero sono accomunate dal fatto di avere un suono identico a partire dall'**accento tonico**.
Alcune delle parole in rima rinviano ai **temi fondamentali** della lirica, come la poesia (*canto*), il ricordo (*orme*), il dolore dell'esistenza (*pianto*) e il pensiero della morte (*fine*). La rima tra *pianto* e *incanto* sottolinea la contrapposizione tra i sogni giovanili e la delusione dei fallimenti della vita adulta ed entrambi i termini sono a loro volta posti in relazione con la poesia (*canto*), di cui sono fonti d'ispirazione.

LE PAROLE *del metodo*
› La **rima** – termine derivato dal latino *rhythmu(m)*, "ritmo" – collega le parole conclusive di due o più versi di una poesia, caratterizzate da un'**identità di suono** a partire dall'ultima sillaba accentata. Perché vi sia rima non è sufficiente che due parole abbiano le stesse lettere conclusive: è indispensabile che vi sia perfetta uguaglianza di suono, determinata dall'accento tonico. Per esempio, le parole *manòpola* e *vòla* non sono in rima, anche se terminano con le stesse lettere, poiché la prima è sdrucciola e la seconda è piana.
› Le rime molto spesso pongono in risalto le **parole chiave** del componimento e stabiliscono fra loro relazioni di significato, per analogia (**rima semantica**, *cuore/amore*) o per contrapposizione (**rima antisemantica**, *dolore/amore*).

Gli schemi delle rime

Osserviamo ora in quali modi le rime possono essere disposte all'interno di un testo poetico.

INTERROGHIAMO *il testo* — Scrivi a fianco dei primi otto versi di *Traversando la Maremma toscana* una lettera maiuscola, la stessa per ciascun gruppo precedentemente individuato, a partire dalla A.
Osserva il risultato ottenuto: ti pare che le rime siano disposte casualmente o è possibile riconoscere un criterio logico?

Nei primi due gruppi di versi della lirica di Carducci le rime sono disposte in modo **alternato**: il primo verso rima con il terzo, il secondo con il quarto, e così a seguire. Questa combinazione è uno dei molteplici **schemi** con cui un autore può organizzare la disposizione delle rime all'interno di un componimento poetico.

LE PAROLE del metodo Ti forniamo un elenco delle principali tipologie di rime. Solitamente gli endecasillabi sono indicati con una lettera maiuscola, mentre i versi di misura inferiore con una minuscola.

> **Rime baciate**: la stessa rima si trova in due o più versi consecutivi.

Nella Torre il silenzio era già alto.	A
Sussurravano i pioppi del Rio Salto.	A
I cavalli normanni alle lor poste	B
frangean la biada con rumor di croste.	B

[G. Pascoli, *La cavalla storna*]

> **Rime alternate**: rimano tra loro i versi pari e quelli dispari.

Mio padre è stato per me "l'assassino";	A
fino ai vent'anni che l'ho conosciuto.	B
Allora ho visto ch'egli era un bambino,	A
e che il dono ch'io ho da lui l'ho avuto.	B

[U. Saba, *Mio padre è stato per me*]

> **Rime incrociate**: il primo verso rima con il quarto e il secondo con il terzo.

Voi che per li occhi mi passaste 'l core	A
e destaste la mente che dormia,	B
guardate a l'angosciosa vita mia,	B
che sospirando la distrugge Amore.	A

[G. Cavalcanti, *Voi che per li occhi*]

> **Rime incatenate**: il primo verso rima con il terzo, il secondo con il quarto e il sesto, il quinto con il settimo e il nono e così a proseguire.

Co 'l raggio de l'april nuovo che inonda	A
Roseo la stanza tu sorridi ancora	B
Improvvisa al mio cuore, o Maria bionda;	A
E il cuor che t'obliò, dopo tant'ora	B
Di tumulti ozïosi in te riposa,	C
O amor mio primo, o d'amor dolce aurora.	B
Ove sei? senza nozze e sospirosa	C

[G. Carducci, *Idillio maremmano*]

> **Rime ripetute**: una particolare sequenza di versi in rima viene riprodotta più volte.

Così passate voi di sottigliansa,	A
e non si può trovar chi ben ispogna,	B
cotant' è iscura vostra parlatura.	C
Ed è tenuta gran dissimigliansa,	A
ancor che 'l senno vegna da Bologna,	B
traier canson per forsa di scrittura.	C

[Bonagiunta da Lucca, *Voi ch'avete mutata*]

› **Rime invertite**: le rime si ripetono, ma non nello stesso ordine.

Non si poria contar la sua piagenza,	A
ch'a le' s'inchin' ogni gentil vertute,	B
e la beltate per sua dea la mostra.	C
Non fu sì alta già la mente nostra	C
e non si pose 'n noi tanta salute,	B
che propiamente n'aviàn canoscenza.	A

[G. Cavalcanti, *Chi è questa che vèn*]

Altri tipi di rime

È opportuno precisare che le parole in rima non sono sempre a fine verso, ma possono disporsi anche all'interno.

INTERROGHIAMO *il testo* — Quali termini presenti nei vv. 3-4 di *Traversando la Maremma toscana* rimano fra loro?
Quali rime si trovano all'interno dei vv. 9-10?

Nella prima strofa le parole *amor* (v. 3) e *cuor* (v. 4) rimano tra di loro; anche *amai* e *sognai*, entrambe nel v. 9, rimano tra loro e con *mai*, posto all'interno del v. 10.

LE PAROLE *del metodo*
› La **rimalmezzo** è una rima tra parole presenti in due o più versi distinti (*amor/cuor*), generalmente in corrispondenza della cesura.
› Si parla invece di **rima interna** quando sono in rima tra loro due termini che si trovano all'interno dello stesso verso (*amai/sognai*) oppure la parola conclusiva di un verso e una interna a quello successivo (*sognai/mai*).

Oltre a quelle già elencate si possono distinguere altre tipologie di rima, che elenchiamo qui di seguito.
› Si ha una **rima identica** quando la stessa parola si trova alla fine di versi differenti (e dunque rima "con se stessa").

Ma vedi: molti gridan "Cristo, **Cristo**!",
che saranno in giudicio assai men prope
a lui, che tal che non conosce **Cristo**;

[D. Alighieri, *Paradiso*, Canto XIX]

› Si ha invece una **rima equivoca** quando le parole in rima sono uguali foneticamente, ma diverse dal punto di vista grammaticale e/o semantico.

Vanno. Tra loro parlano di **morte**.
Cadono sopra loro foglie **morte**.
Sono con loro morte foglie **sole**
Vanno a guardare l'agonia del **sole**.

[G. Pascoli, *Diario autunnale*]

› Nella **rima ricca** le parole in rima condividono almeno un altro fonema prima dell'ultima vocale tonica.

angel novo, lassù, di me **pietàte**,
come vinse qui 'l mio vostra **beltàte**.

[F. Petrarca, *Or hai fatto l'estremo di tua possa*]

› Si ha infine una **rima ipermetra** quando rimano tra loro una parola piana (*tempèsta*) e una sdrucciola (*rèstano*). In questo caso, come abbiamo visto, l'ultima sillaba della parola sdrucciola non viene conteggiata nel computo metrico.

> È, quella infinita **tempèsta**,
> finita in un rivo canoro.
> Dei fulmini fragili **rèstano**
> cirri di porpora e d'oro.
>
> [G. Pascoli, *La mia sera*]

Le strofe e i componimenti

L'ultimo aspetto della metrica di cui ci occuperemo riguarda la **struttura generale** del componimento poetico.

INTERROGHIAMO il testo
In quante parti è suddivisa la lirica di Carducci?
Quale indicazione grafica indica la conclusione e l'inizio delle diverse parti?
Riflettendo sul contenuto della poesia, tale suddivisione corrisponde anche a una scansione logica dei temi affrontati?

Le quattro parti in cui si sviluppa *Traversando la Maremma toscana* sono divise tra loro da uno **spazio bianco**.
Le prime due parti sono prevalentemente descrittivo-narrative, mentre nella terza e nella quarta prevale un atteggiamento riflessivo dell'io lirico. Inoltre in ciascuna di esse è individuabile la presenza di un **tema specifico**:
- la corrispondenza tra il paesaggio e il carattere dell'io lirico (prima strofa);
- la commozione al ricordo dei sogni e delle speranze giovanili (seconda strofa);
- l'inutilità e il fallimento della vita, ormai prossima alla fine (terza strofa);
- la speranza in un pace possibile, fosse anche nella morte (quarta strofa).

LE PAROLE del metodo
Il testo poetico si suddivide in gruppi di versi, chiamati **strofe**, unità metriche di varia lunghezza generalmente dotate di **autonomia ritmica** e **senso compiuto**, molto spesso caratterizzate anche da uno **schema di rime** prestabilito.
Le strofe si definiscono dal numero di versi che le compongono. Le tipologie di strofa più comuni nella tradizione poetica italiana sono le seguenti.

› **Distico**: composto da due versi in prevalenza endecasillabi, in rima baciata o alternata.

> Erano in fiore i lillà e l'ulivelle;
> ella cuciva l'abito di sposa;
>
> né l'aria ancora apria bocci di stelle,
> né s'era chiusa foglia di mimosa.
>
> [G. Pascoli, *Con gli angioli*]

› **Terzina**: formata da tre versi – solitamente endecasillabi – rimati in vario modo. Il più celebre esempio di terzina nella letteratura italiana è quella utilizzata da Dante nella *Divina Commedia* (▶ p. 166).

Nel campo mezzo grigio e mezzo nero
resta un aratro senza buoi, che pare
dimenticato tra il vapor leggero.

E cadenzato dalla gora viene
lo sciabordare delle lavandare
con tonfi spessi e lunghe cantilene.

[G. Pascoli, *Lavandare*]

> **Quartina**: composta da quattro versi endecasillabi o settenari variamenti rimati.

Capel bruno: alta fronte: occhio loquace:
Naso non grande e non soverchio umile:
Tonda la gota e di color vivace:
Stretto labbro e vermiglio e bocca esile:

Lingua or spedita or tarda, e non mai vile,
Che il ver favella apertamente, o tace.
Giovin d'anni e di senno, non audace:
Duro di modi, ma di cor gentile.

[A. Manzoni, *Autoritratto*]

> **Sestina**: formata da sei versi settenari, i primi quattro a rima alternata e gli ultimi due a rima baciata.

Qual dagli antri marini
l'astro più caro a Venere
co' rugiadosi crini
fra le fuggenti tenebre
appare, e il suo viaggio
orna col lume dell'eterno raggio,

Sorgon così tue dive
membra dall'egro talamo,
e in te beltà rivive,
l'aurea beltate ond'ebbero
ristoro unico a' mali
le nate a vaneggiar menti mortali.

[U. Foscolo, *All'amica risanata*]

> **Ottava**: composta da otto versi endecasillabi, i primi sei a rima alternata e gli ultimi due a rima baciata.

Signori e cavallier che ve adunati
per odir cose dilettose e nove,
stati attenti e quïeti, ed ascoltati
la bella istoria che 'l mio canto muove;
e vedereti i gesti smisurati,
l'alta fatica e le mirabil prove
che fece il franco Orlando per amore
nel tempo del re Carlo imperatore.

[M.M. Boiardo, *Orlando innamorato*]

Maurits C. Escher, *Uccelli*, litografia.

La combinazione di strofe, versi e schemi di rime ha dato vita alla struttura di numerosi tipi di componimento poetico. I più importanti sono:

- **il sonetto** (▶ T1, p. 25), la forma metrica più utilizzata dalla lirica italiana, composta da quattordici endecasillabi, suddivisi in due quartine e due terzine variamente rimate;
- **la canzone** (▶ p. 284), che presenta un numero variabile di strofe o **stanze** (più frequentemente cinque) formate da endecasillabi e settenari con schemi vari;
- **la ballata** (▶ T2, p. 45), variante popolare della canzone, composta da un numero variabile di strofe, in endecasillabi o settenari; un tempo era accompagnata dalla musica. L'elemento caratteristico è il **ritornello** (o **ripresa**), ovvero un gruppo di versi identici dopo ogni strofa;
- **il madrigale** (▶ T3, p. 50), componimento anch'esso di origine popolare e legato alla musica. Nel corso dei secoli ha subito un'evoluzione; in genere esso presenta versi endecasillabi e settenari, organizzati in terzine e quartine.
- **l'ode** (▶ p. 198), forma già utilizzata nell'antichità classica, ritorna in auge nel Settecento e Ottocento per affrontare soprattutto argomenti storico-civili.

Non sempre le poesie – soprattutto quelle moderne e contemporanee – seguono un metro prestabilito. Dall'Ottocento le strutture della tradizione poetica sono state sostituite da componimenti privi di strofe oppure con strofe composte da un numero variabile di versi, senza uno schema di rime e di molteplice misura. In casi del genere possiamo fornire due ulteriori definizioni di forme metriche:

- **versi sciolti**, se un componimento ha tutti i versi della stessa misura ma è privo di uno schema definito di rime (▶ T4, p. 53);
- **versi liberi**, quando non solo è assente uno schema delle rime ma anche i versi sono di diversa misura.

Lo schema metrico

Giunti al termine dell'analisi degli elementi essenziali della metrica, possediamo tutte le informazioni per indicare gli elementi necessari a definire lo **schema metrico** (o **metro**) di una poesia:

- il tipo di **componimento** (quando la lirica ha una struttura codificata dalla tradizione letteraria);
- la misura dei **versi**;
- il numero e la misura delle **strofe**;
- lo schema delle **rime**.

Se la composizione della poesia non rientra fra gli schemi tradizionali della tradizione letteraria, è sufficiente l'indicazione "versi sciolti" oppure "versi liberi", a seconda del caso.

Tornando all'esempio di *Traversando la Maremma toscana*, l'indicazione del suo schema metrico è la seguente: sonetto composto da quartine a rima alternata e terzine a rima incatenata (ABAB, ABAB, CDC, DCD).

LA MAPPA DELLE CONOSCENZE

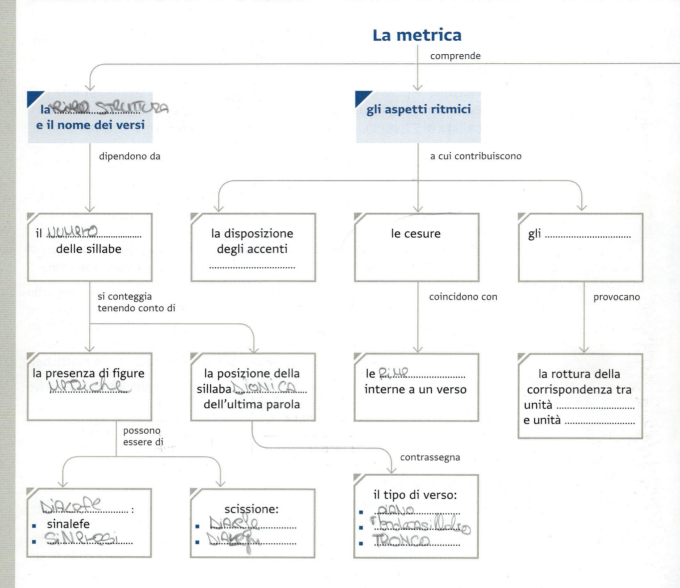

LE COMPETENZE DI LETTURA E DI SCRITTURA

1. Scrivi una breve frase in cui presenti te stesso e organizzala in versi, scegliendo quelli più utilizzati nella lirica italiana: settenari, novenari o endecasillabi. Indica in quale modo hai suddiviso le sillabe, tenendo conto delle figure metriche e del tipo di verso. Ti forniamo un esempio: i due versi *Io vi sembro tanto antipatico/ma sono solo molto timido* sono dei novenari: nel primo verso c'è una sinalefe ed entrambi sono sdruccioli, per cui le due ultime sillabe contano solo per una.

Io/ vi/ sem/bro/ tan/**to an**/ti/pa/ti-co
ma/ so/no/ so/lo/ mol/to/ ti/mi-do.
Potremmo rendere più sintetica la stessa affermazione e realizzare così un solo verso endecasillabo, con una sinalefe:
*So/**no an**/ti/pa/ti/co?/ No,/ ti/mi/dez/za.*

2. Scegli da un testo narrativo una breve descrizione di un personaggio o di un luogo e suddividila in versi, dapprima senza *enjambement* e poi alterando la corrispondenza tra unità metrica e unità sintattica. Ti forniamo un esempio: «Nel-

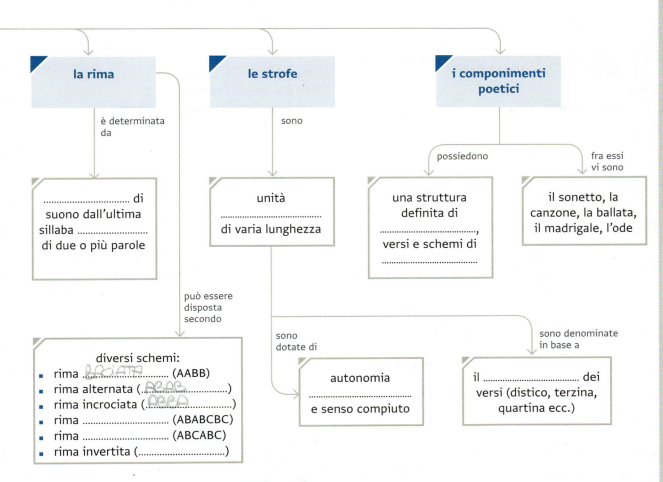

la stanza c'erano fiori appassiti che marcivano dentro enormi vasi cinesi e gravava una quiete opprimente, un'aria irrespirabile che mi dava una sensazione di soffocamento» (D. Tartt, *Il cardellino*, trad. it. di M. Zilahi De' Gyurgyokai, Rizzoli, Milano 2014). Proviamo a trasformarla in una quartina con sviluppo lineare:
*Nella stanza c'erano fiori appassiti
che marcivano dentro enormi vasi cinesi
e gravava una quiete opprimente
che mi dava una sensazione di soffocamento.*

Potremmo anche costruire una sestina, con un ritmo metrico e sintattico spezzato:
*Nella stanza c'erano fiori
appassiti che marcivano dentro
enormi vasi cinesi
e gravava una quiete
opprimente che mi dava
una sensazione di soffocamento.*

Quale delle due versioni preferisci? Ti pare che ve ne sia una più coerente con l'atmosfera descritta?

LE COMPETENZE DI LETTURA E DI SCRITTURA

3. Nella seguente filastrocca di Michele Serra abbiamo lasciato degli spazi bianchi da riempire opportunamente con parole che devono essere in rima nel caso di quelle a fine verso. Nelle prime tre quartine le rime sono baciate, nelle ultime due alternate.

Romagna mia

Il dieci agosto davanti a Igea Marina
il mare è giallo e odora di ....
Niente di grave: un bel ....
rivela che quel .... di formaggio

viene dalla fermentazione delle ....
Basta mutare le .... in malghe
piantare un larice in cima ad ogni ....
e sarà salvo il modello romagnolo.

In stile tirolese, i bagni ....
diventano Rifugio dell'........................
ed al tramonto, frammisto alla risacca
s'ode il .... mite della ....

Con l'edelweiss nella sua chioma bruna
va il ...., munito di piccozza
a procurarsi sotto il .... di ....
il fossile prezioso di una ....

Gelati al rododendro, e la piadina
ripiena di stufato di ....
Coglie genziane all'alba una ....
davanti al mare, sotto un sole moscio

[M. Serra, *Poetastro*, Feltrinelli, Milano 1993]

4. Spesso i traduttori di poesie straniere, per trasmetterne il più fedelmente possibile il significato, non riescono a rispettare la metrica originale. Ti proponiamo, con il testo originale a seguire, le prime due strofe di una lirica del francese Charles Baudelaire (▶ p. 378) tradotta dal poeta Giovanni Raboni.

Avanti e indietro va nel mio cervello,
come se passeggiasse dentro casa,
un gatto forte, dolce, da innamorarsi bello.
Quando miagola, lo si sente appena,

tanto il suo timbro è tenero e discreto;
ma sia d'ira o di calma la sua voce,
sempre è ricca e profonda.
Ed è questo il suo incanto, il suo segreto.

Dans ma cervelle se promène
Ainsi qu'en son appartement,
Un beau chat, fort, doux et charmant.
Quand il miaule, on l'entend à peine,

Tant son timbre est tendre et discret ;
Mais que sa voix s'apaise ou gronde,
Elle est toujours riche et profonde.
C'est là son charme et son secret.

[C. Baudelaire, *I fiori del male e altre poesie*, Einaudi, Torino 1987]

Prova a effettuare una nuova traduzione, rispettando lo schema di rime originale (ABBA CDDC). Ti proponiamo la prima quartina: la seconda è compito tuo.

Avanti e indietro nella mia testa,
come se passeggiasse sul pavimento,
un gatto forte e dolce va nell'appartamento
e miagola con la sua voce mesta

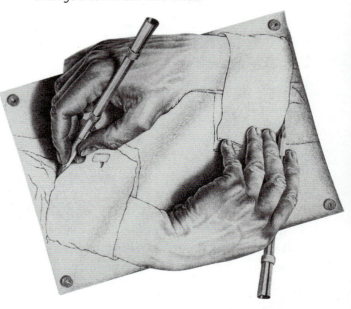

Maurits C. Escher,
Mani che disegnano,
1948, collezione privata.

T2 Guido Cavalcanti
Perch'i' no spero di tornar giammai

In questa ballata l'io lirico lamenta con nostalgia e dolore la lontananza della donna amata. A lungo si è ritenuto che il componimento fosse stato scritto da Guido Cavalcanti (▶ p. 264) nel 1300, quando si trovava in esilio a Sarzana, presso La Spezia. In realtà il rapporto tra il tema della lirica e l'esperienza biografica del poeta è dubbio; più probabilmente Cavalcanti riprese il genere letterario dell'"amore di lontano", inaugurato dal poeta provenzale Jaufré Rudel (XII secolo) e presente anche nella letteratura italiana del Duecento.

METRO: ballata con un'introduzione (vv. 1-6) con lo schema Yccddx e strofe di dieci endecasillabi e settenari secondo lo schema ABABBccddx.

Perch'i' no spero di tornar giammai,
ballatetta, in Toscana,
va tu, leggera e piana,
dritt'a la donna mia,
5   che per sua cortesia
ti farà molto onore.

Tu porterai novelle di sospiri,
piene di dogli' e di molta paura;
ma guarda che persona non ti miri
10   che sia nemica di gentil natura:
ché certo per la mia disaventura
tu saresti contesa,
tanto da lei ripresa,
che mi sarebbe angoscia;
15   dopo la morte, poscia,
pianto e novel dolore.

Miniatura dai *Canterbury Tales* di Geoffrey Chaucer, *Emilia nel suo giardino ed i cavalieri Palemone e Arcite imprigionati*, Vienna, Österreichische Nationalbibliothek.

---

2 **ballatetta:** il termine diminutivo ha un valore affettivo e confidenziale.
3 **leggera e piana:** i due aggettivi rimandano alla poesia dello Stilnovo, soprattutto il termine *piana* è tipico di tale indirizzo poetico, in opposizione al registro "aspro".
9 **miri:** guardi, osservi (ovvero, fuor di metafora, "legga").
15 **morte:** la morte spirituale, non quella fisica.

parafrasi

vv. 1-6 Poiché io non spero di poter mai fare ritorno, o piccola ballata, in Toscana, vai tu, rapida e soave (*leggera e piana*), direttamente dalla mia donna, che per la sua gentilezza ti accoglierà con cortesia.

vv. 7-16 Tu porterai notizie (*novelle*) di sospiri, piene di dolore e di grande timore, ma bada (*guarda*) che non ti osservi (*miri*) nessuno che sia nemico della nobiltà d'animo (*gentil natura*): perché certamente per la mia infelicità tu saresti ostacolata (*contesa*), biasimata tanto dalla persona di animo non nobile (*da lei*), al punto che questo mi procurerebbe (*mi sarebbe*) angoscia e, dopo la morte, sarebbe motivo di pianto e di nuovo dolore.

Giotto, *La speranza*, affresco, Padova, Cappella degli Scrovegni.

    Tu senti, ballatetta, che la morte
    mi stringe sì, che vita m'abbandona;
    e senti come 'l cor si sbatte forte
20 per quel che ciascun spirito ragiona.
    Tanto è distrutta già la mia persona,
    ch'i' non posso soffrire:
    se tu mi vuoi servire
    mena l'anima teco,
25 (molto di ciò ti preco)
    quando uscirà del core.

    Deh, ballatetta mia, a la tu' amistate
    quest'anima che trema raccomando:
    menala teco, nella sua pietate,
30 a quella bella donna a cu' ti mando.
    Deh, ballatetta, dille sospirando,
    quando le se' presente:
    «Questa vostra servente
    vien per istar con voi,
35 partita da colui
    che fu servo d'Amore».

    Tu, voce sbigottita e deboletta
    ch'esci piangendo de lo cor dolente,
    coll'anima e con questa ballatetta
40 va' ragionando della strutta mente.

20 ciascun spirito ragiona: Cavalcanti fa riferimento alla teoria medico-filosofica degli spiriti vitali, che si fa risalire ad Averroè (1126-1198), il maggiore commentatore arabo di Aristotele. Secondo questa teoria nell'organismo umano si trovano entità autonome e immateriali, gli spiriti, che rappresentano i sentimenti e le funzioni vitali e vengono raffigurati in atto di discutere fra loro, in una sorta di drammatizzazione teatrale.
27 amistate: amicizia; il termine deriva dal provenzale *amistat*.
41 Voi: si riferisce alla voce, all'anima e alla piccola ballata.

vv. 17-26 Tu, o piccola ballata, senti che la morte m'incalza (*mi stringe*) tanto che la vita mi abbandona: e tu senti come il mio cuore batte violentemente (*si sbatte forte*) a causa di ciò che dicono i miei spiriti vitali. Io (*la mia persona*) ormai sono così tanto distrutto che non posso sopportare (*soffrire*) oltre. Se tu vuoi aiutarmi, conduci (*mena*) la mia anima con te (*te ne prego molto*) quando uscirà dal mio cuore.

vv. 27-36 Oh, mia piccola ballata, io affido quest'anima che trema alla tua amicizia (*amistate*), portala con te, nella pena in cui si trova (*nella sua pietate*), da quella bella donna da cui ti mando. Oh, piccola ballata, dille sospirando, quando sarai al suo cospetto (*le se' presente*): «Questa vostra serva (*servente*) viene per stare con voi, separatasi (*partita*) da colui che fu servo d'Amore».

vv. 37-46 E tu, voce sbigottita e flebile (*deboletta*), che esci piangendo dal mio cuore addolorato, discuti (*va' ragionando*) della mente afflitta (*strutta*) con l'anima e con questa piccola ballata. Voi troverete una bella donna, di così dolce capacità di comprendere (*intellet-*

Voi troverete una donna piacente,
di sì dolce intelletto
che vi sarà diletto
starle davanti ognora.
45 Anim', e tu l'adora
sempre, nel su' valore.

[G. Contini (a cura di), *Poeti del Duecento*, Ricciardi, Milano-Napoli 1960]

to), che sarà per voi un piacere stare sempre (*ognora*) insieme a lei. E tu, anima, adorala sempre, per la sua virtù.

SCHEDA di LETTURA

La suddivisione tematica

Nei primi versi il poeta chiede affettuosamente alla *ballatetta* di recarsi in Toscana per comunicare il suo dolore alla donna amata, che possiede un animo nobile e le *farà molto onore*. L'io lirico raccomanda alla poesia di fare attenzione: è angosciato al pensiero che la sua opera possa essere letta da chi non ne è degno perché è nemico di *gentil natura*, ovvero incapace di comprendere e provare amore.

L'accorato appello alla ballata prosegue nei versi successivi, in cui l'io lirico rivela non solo il suo dolore ma l'inarrestabile processo di distruzione della sua persona. Sebbene la fine sia ormai vicina, il cuore pulsa ancora con violenza a causa dei contrastanti sentimenti che si dibattono al suo interno (*per quel che ciascun spirito ragiona*). Prostrato fisicamente e psicologicamente, l'io lirico non può sopportare oltre e il suo sguardo va verso ciò che accadrà dopo la morte. Insieme all'anima *che trema*, la ballatetta dovrà dichiararsi serva d'amore (*vostra servente*) alla donna del poeta (*quella bella donna*) e dichiararle la propria fedeltà.

Nella parte conclusiva compaiono due nuovi interlocutori. Dapprima il poeta si rivolge alla *deboletta* voce, implorandola di dare espressione alla sua mente afflitta (*strutta*), a causa dell'amore per una creatura femminile che oltre alla bellezza (*piacente*) mostra uno spirito soave e comprensivo (*dolce intelletto*). Ed è infine con l'invito all'anima (*Anim'*) ad adorare le virtù della donna per la sua virtù (*valore*) che la ballata si conclude.

Personificazioni, punti di vista e funzione della poesia

L'analisi delle pene provocate dalla passione amorosa ha i toni confidenziali di un intimo colloquio che l'io lirico intrattiene con le rappresentazioni oggettive della sua interiorità: dapprima la ballata stessa, in seguito le personificazioni (▶ p. 67) della voce e dell'anima. Si determina così una moltiplicazione dei punti di vista attraverso cui l'io lirico affida ad altri il racconto dei suoi tormenti. Pur nella sofferenza, egli può vivere e osservare il processo della sua distruzione psicologica con un minore coinvolgimento emotivo. I modi affettuosi con cui si rivolge ai suoi diversi interlocutori creano un'atmosfera di malinconica complicità e attenuano la tragicità dei contenuti. Il suo dolore è costantemente confortato dalla *ballatetta*, che affianca ogni manifestazione della sua angoscia ed è vicina soprattutto all'anima, con cui dovrà compiere il viaggio che la porterà dalla donna amata. La poesia diventa così il mezzo privilegiato con cui esprimere i propri stati d'animo, lo strumento che per eccellenza riesce a dare voce all'amore.

Il tema amoroso

Nella ballata compaiono alcuni fra i motivi più ricorrenti della lirica d'amore cortese e stilnovistica (▶ p. 253): la concezione elitaria che prevede una stretta relazione tra la disposizione ad amare e la nobiltà d'animo, la lode delle qualità della donna e il rimpianto per la sua lontananza, l'atteggiamento di reverente sottomissione dell'innamorato. L'amore non provoca un sentimento di gioia e appagamento; al contrario, esso è fonte di angoscia e paura, stati d'animo che progressivamente portano alla frantumazione dell'io. L'amore è un sentimento nobile ma anche sconvolgente, tale da destabilizzare l'identità del soggetto: è un'esperienza interiore che pre-

SCHEDA di LETTURA

senta aspetti molteplici e contraddittori, dolcezza e sogno ma anche distruzione psicologica e annullamento. Al termine della poesia la sensazione dominante è proprio quella della fragilità dell'io lirico, tormentato dall'angoscia.

Lo stile

Il componimento è una ballata composta da strofe di dieci versi e da un'introduzione di sei versi, un ritornello detto "ripresa" perché, quando ancora le poesie erano accompagnate dalla musica, veniva ripetuto tra una strofa e l'altra.

Il ritmo della poesia è vario e musicale, in particolare grazie all'alternanza della misura dei versi (da endecasillabi a settenari) e delle rime (da alternate a baciate). L'ultimo verso di ogni strofa rima in *-ore* e comprende parole che rinviano ai temi fondamentali della lirica (*onore*, *dolore*, *core*, *Amore*, *valore*).

All'andamento scorrevole e melodico della poesia contribuiscono sia la linearità della struttura dei periodi sia il tono colloquiale, segnalato dall'impiego di pronomi di seconda persona singolare.

LABORATORIO

Comprendere e individuare
L'esplorazione del testo

1. Nella scheda di lettura abbiamo suddiviso la ballata in quattro parti: indica i versi di ciascuna di esse.

2. Il poeta esprime l'intenzione di comporre una poesia semplice, facilmente comprensibile e scorrevole. In quale verso compare questa dichiarazione di stile?

3. Nella poesia si manifesta una concezione elitaria dell'amore: con quali parole l'io lirico esprime questa convinzione?

4. Nei vv. 17-18 l'io lirico rappresenta la propria condizione attraverso un'antitesi (▶ p. 67), ovvero impiegando due termini che appartengono a campi semantici opposti. Di quali parole si tratta?

5. La poesia si apre e si chiude con due avverbi di significato contrapposto, che suggellano in modo definitivo sia l'impossibilità dell'io lirico di ritornare in Toscana sia la devozione dovuta nei confronti della donna amata. Quali sono questi avverbi?

6. Rileggi attentamente la ballata e ricerca tutte le qualità che l'io lirico attribuisce alla donna amata.

Interpretare e riflettere
La scoperta del testo

7. Compila la tabella, riportando i versi in cui compare ciascuno dei temi indicati.

L'amore e la nobiltà d'animo	vv. ... - ...
La lode della donna	vv. ... - ...
La sottomissione dell'innamorato	vv. ... - ...

8. Con quali diverse accezioni l'io lirico utilizza per due volte il verbo *senti* (vv. 17 e 19)?

9. Nei vv. 33-36 compaiono due termini che si prestano a una duplice interpretazione: *servente* può riferirsi alla ballata (che parla di se stessa in terza persona) oppure all'anima; *partita* potrebbe avere il significato di "inviata" ma anche di "separata". Quali interpretazioni ritieni più plausibili? Discutine con l'insegnante e i compagni.

10. Fra i diversi temi presenti nella lirica, secondo te qual è quello centrale? Giustifica la tua risposta con opportuni riferimenti al testo.
    A. ☐ La virtù della donna
    B. ☐ La funzione della poesia
    C. ☐ L'afflizione dell'io lirico
    D. ☐ L'amore cortese

11. Quale effetto espressivo produce l'impiego della forma fraseologica *va' ragionando* (v. 40)?
    A. ☐ Rende il tono della ballata più colloquiale e confidenziale

B. ☐ Comunica l'inquietudine e la spossatezza dell'io lirico
C. ☐ Sottolinea la dimensione intellettuale dell'amore
D. ☐ Suggerisce la durata del dialogo fra la voce e la donna

Analizzare
Lo stile e la forma del testo

12. Suddividi in sillabe e segnala gli accenti ritmici nei versi della prima strofa.

1	2	3	4	5	6	7	8	9	10	11

13. Rileggi con attenzione la seconda strofa della ballata e individua gli *enjambement*. L'esito della ricerca quale considerazione ti suggerisce relativamente al ritmo della poesia?

14. Per amplificare alcuni concetti il poeta ricorre più volte alla dittologia, ovvero all'accoppiamento di aggettivi o espressioni che hanno lo stesso significato. Individua almeno due esempi di questo procedimento.

15. Riporta almeno dieci termini che appartengono al campo semantico dominante della lirica, quello del dolore.

GRAMMATICA
16. Nel v. 19 l'aggettivo *forte* viene utilizzato con funzione di
A. ☐ avverbio   **C.** ☐ sostantivo
B. ☐ pronome   **D.** ☐ verbo

17. Il rispetto dell'io lirico nei confronti della donna traspare anche dall'uso del pronome personale e dell'aggettivo possessivo. Riporta le espressioni presenti nel testo che giustificano quest'affermazione.

18. Quale funzione logica svolge l'espressione *per la mia disaventura* (v. 11)? Prima di rispondere leggi la parafrasi.

A. ☐ Complemento di fine
B. ☐ Complemento di causa
C. ☐ Complemento di svantaggio
D. ☐ Complemento di pena

19. Nei vv. 17-22, in cui il poeta esprime la sua condizione psicologica, quale tipo di proposizione compare per due volte? Riporta i versi interessati.

Produrre
Dalla lettura alla scrittura

20. Negli anni Cinquanta dello scorso secolo, nella prima strofa di una poesia intitolata *Ultima preghiera*, Giorgio Caproni (▶ p. 246) scriveva così, rifacendosi alla ballata di Cavalcanti:
Anima mia, fa' in fretta.
Ti presto la bicicletta,
ma corri. E con la gente
(ti prego, sii prudente)
non ti fermare a parlare
smettendo di pedalare

Proviamo a fare un ulteriore salto temporale e trasportiamo la lirica del poeta medioevale ai giorni nostri. Ti forniamo un modello.
Anima mia, non ti affannare:
non ce l'hai un cellulare?
Scrivi un messaggio
(ti prego, un po' di coraggio)
Non devi parlare,
basta whatsappare
e, potenza dello smartphone,
inserire un emoticon... ora continua tu.

T3 Torquato Tasso Qual rugiada o qual pianto

In questo madrigale, dedicato alla nobildonna Laura Peperara, Torquato Tasso immagina che anche gli elementi della natura condividano il suo dolore per la partenza dell'amata.

Qual rugiada o qual pianto,
quai lacrime eran quelle
che sparger vidi dal notturno manto
e dal candido volto de le stelle?
5 e perché seminò la bianca luna
di cristalline stille un puro nembo
a l'erba fresca in grembo?
perché ne l'aria bruna
s'udian, quasi dolendo, intorno intorno
10 gir l'aure insino al giorno?

---

3 **sparger... manto:** vidi versare (*sparger*) dal cielo notturno (*notturno manto*).
4 **candido volto:** si riferisce all'aspetto luminoso (*candido*) delle stelle.
5 **seminò:** lasciò cadere.
6-7 **cristalline... in grembo:** sull'erba fresca (*a l'erba fresca in grembo*) una nube (*nembo*) pura di gocce di rugiada (*cristalline stille*).
8 **l'aria bruna:** l'aria notturna, quindi scura (*bruna*).
9-10 **s'udian... giorno:** si sentivano soffiare (*gir*) i venti (*l'aure*) tutto intorno come se fossero un lamento (*quasi dolendo*).

Torquato Tasso nacque a Sorrento nel 1544. Si spostò a Venezia e a Padova per studiare Diritto, Filosofia ed Eloquenza e nel 1565 si stabilì a Ferrara, dove compose il poema *Goffredo*, divenuto poi la *Gerusalemme liberata*, e il dramma pastorale *Aminta* (1573). A partire dal 1575 la serenità del poeta iniziò a incrinarsi. Ossessionato dal timore che la sua opera non rispettasse i canoni letterari e religiosi dell'epoca, giunse nel 1577 ad autoaccusarsi presso il Tribunale dell'Inquisizione di Ferrara, che lo assolse. La crisi si acuì, il poeta cominciò a soffrire di manie di persecuzione e di allucinazioni e fu rinchiuso nell'Ospedale di Sant'Anna a Ferrara, dove compose gran parte delle *Rime* e i *Dialoghi*. Durante la reclusione la *Gerusalemme* venne pubblicata senza il suo consenso. Uscito dall'ospedale nel 1586, si dedicò al rifacimento del poema, che pubblicò, in una forma rivista e più austera, con il titolo di *Gerusalemme conquistata* (1593). Ammalatosi gravemente, morì a Roma nel 1595.

Con *La Gerusalemme liberata* Tasso rinnovò il poema cavalleresco. L'opera, ambientata al tempo della prima crociata a Gerusalemme (1096-1099), racconta le fasi conclusive della guerra intrapresa dai soldati cristiani guidati da Goffredo di Buglione per liberare il Santo Sepolcro di Cristo dai musulmani. Si compone di venti canti in ottave e presenta una struttura unitaria: ha un asse principale costituito dal soggetto storico (la guerra tra cristiani e infedeli), a cui si contrappongono le vicende dei singoli cavalieri (Rinaldo, Tancredi di Altavilla) che si perdono dietro ad avventure diverse.

fur segni forse de la tua partita,
vita de la mia vita?

[T. Tasso, *Poesie*, Ricciardi, Milano-Napoli 1964]

11 **fur segni... partita:** forse furono segni della tua partenza (*partita*).
12 **vita della mia vita:** la donna amata, che è per lui fonte di vita.

SCHEDA di LETTURA

L'umanizzazione del paesaggio
Il motivo centrale della lirica viene esplicitato soltanto negli ultimi due versi. Si tratta di un tema ricorrente nella poesia d'amore: il dolore per la *partita* della donna amata, ragione stessa della vita. La rivelazione della malinconia e della solitudine dell'io lirico è preceduta dalla descrizione di un paesaggio notturno, che occupa i primi dieci versi. Gli elementi della natura – la rugiada, le stelle, la luna e il vento – sono soggetti a un processo di umanizzazione, vengono trasfigurati in una creatura delicata e sensibile, diventando la rappresentazione materiale della sofferenza dell'amante abbandonato.
L'intreccio delle sensazioni visive (*le stelle* e la *bianca luna*), tattili (*fresca*) e uditive (*s'udian*) dà vita nell'immaginazione del poeta a una metamorfosi: le gocce di rugiada si trasformano in lacrime piovute dal cielo, dalle stelle luminose e dalla *bianca luna*, e il brusio delle *aure* diventa un lamento diffuso *intorno intorno*. La natura sembra disperarsi essa stessa per la partenza della donna amata.

Il potere evocativo dell'indefinito
La lirica è caratterizzata da una suggestiva atmosfera di sospensione spaziale e temporale. Il paesaggio è indefinito e allusivo, caratterizzato da elementi descrittivi che mutano continuamente il proprio aspetto: le gocce di rugiada sono dapprima descritte come lacrime di stelle e poi si trasformano esse stesse in una distesa di *cristalline stille* adagiate sull'erba fresca. E l'indeterminatezza è la qualità del vento, protagonista dei vv. 8-10.
La situazione di attesa e d'incertezza è sottolineata anche dalla successione delle domande che l'io lirico sembra porre più a se stesso, in un intimo colloquio, che a un ipotetico lettore. La poesia presenta uno dopo l'altro quattro interrogativi, ciascuno dei quali occupa un numero di versi sempre inferiore, come se la voce dell'io lirico perdesse via via le speranze, spegnendosi poco a poco. Le prime tre domande trovano risposta nell'ultima interrogativa retorica, in cui l'io lirico riconosce l'ineluttabile assenza dell'amata ed esprime dolorosamente l'intensità del proprio amore.

La ricerca della musicalità
La forza emotiva del componimento è dovuta anche alla malinconica musicalità e al ritmo lento e meditabondo dei versi. Queste caratteristiche foniche e ritmiche sono ottenute attraverso diversi espedienti stilistici. La dolcezza della melodia è determinata dal gioco delle rime, ora alternate ora baciate ma anche interne (*partita/vita*), oltre che dagli effetti fonici prodotti dalla ripetizione di alcune lettere. Il poeta distribuisce in modo sapiente gli accenti tonici: quelli sulle vocali aperte (*rugiàda, piànto, làgrime, mànto, biànca, ària*) trasmettono una sensazione di vastità che accompagna la descrizione del paesaggio. Nel contempo le ricorrenti vocali chiuse *o* e *u* (*bruna, dolendo, intorno, aure*) evocano la cupezza dello stato d'animo dell'io lirico. I frequenti *enjambement* spezzano la sintassi e provocano un continuo rallentamento del ritmo, scandito anche dalle numerose coppie di aggettivo e sostantivo (*notturno manto, candido volto*) e di sostantivo e aggettivo (*erba fresca, aria bruna*), oltre che da alcune ripetizioni lessicali (*intorno intorno; vita... vita*).

Lo stile
Dal punto di vista sintattico il poeta privilegia strutture semplici, che coincidono con le quattro domande poste dall'io lirico. La linearità dei periodi è talvolta interrotta da alterazioni dell'ordine consueto delle parole: in molti casi l'attributo precede il sostantivo; nei vv. 5-7, inoltre, il predicato anticipa il soggetto ed è separato dal complemento oggetto. Il lessico è ricercato: compaiono termini letterari e oggi desueti (*quai, stille, nembo, s'udian*). Oltre alle parole appartenenti al campo semantico del pianto, occorre segnalare i termini che rinviano da un lato alla purezza della donna (*candido, bianco, cristalline*) e dall'altro alla tristezza dell'io lirico (*notturno, bruna*).

LABORATORIO

Comprendere e individuare
L'esplorazione del testo

1. Oltre alle sensazioni visive e uditive, nel testo si accenna anche a un'altra sfera sensoriale. Rileggi il testo e individua l'espressione interessata.

2. L'intero componimento è attraversato da una contrapposizione cromatica. Riporta le espressioni che confermano quest'affermazione.

3. Tasso utilizza un espediente retorico definito *senhal*: inserisce nella lirica un elemento il cui nome ricorda quello della donna amata – in questo caso Laura. In quale verso possiamo notare l'impiego di questa tecnica?

4. L'effetto musicale della lirica è amplificato ai vv. 4-6 anche dalla presenza di parole che hanno un suono assai simile. Quali sono?

Interpretare e riflettere
La scoperta del testo

5. Attraverso quali azioni vengono rispettivamente umanizzate le stelle, la luna e il vento?

6. Quali elementi descrittivi avvicinano la rappresentazione della natura a quella di una creatura femminile?

Leonardo da Vinci, *Figura di donna in piedi in un paesaggio*, Windsor, Royal Borough Museum Collection.

Analizzare
Lo stile e la forma del testo

7. Compila la tabella, dividendo i versi endecasillabi e settenari in sillabe e segnando gli accenti ritmici.

1	2	3	4	5	6	7	8	9	10	11

8. Definisci lo schema metrico del madrigale di Tasso, indicando le strofe, la misura del verso e lo schema delle rime.

9. Individua gli *enjambement* presenti nel componimento poetico.

10. Individua almeno tre termini che appartengono al campo semantico dominante della lirica, ovvero quello del pianto.

11. Disponi le parole dei versi 5-7 secondo il consueto ordine sintattico. Poi, scrivine la parafrasi.

Produrre
Dalla lettura alla scrittura

12. Prova a scrivere una poesia sul modello del madrigale di Tasso, cercando di conservare anche lo schema delle rime. La sua stesura deve essere però vincolata a una conclusione opposta rispetto all'originale:
*fur segni forse della tua venuta,
che senza te la vita mia era perduta?*

T4 Giacomo Leopardi L'infinito

La lirica, composta nel 1819, fu pubblicata una prima volta nel 1825 sulla rivista bolognese «Il Nuovo Ricoglitore». In seguito venne inserita nella raccolta *Versi* del 1826 e infine nell'edizione dei *Canti* del 1831. In questi versi, tra i più noti della letteratura italiana, Leopardi (▶ p. 349) dà forma letteraria alle sue riflessioni filosofiche e poetiche sull'infinito, un tema che segnerà l'intero corso della sua produzione poetica.
METRO: endecasillabi sciolti.

Sempre caro mi fu quest'ermo colle,
e questa siepe, che da tanta parte
dell'ultimo orizzonte il guardo esclude.
Ma sedendo e mirando, interminati
5 spazi di là da quella, e sovrumani
silenzi, e profondissima quiete
io nel pensier mi fingo; ove per poco
il cor non si spaura. E come il vento
odo stormir tra queste piante, io quello
10 infinito silenzio a questa voce

1 **mi fu:** il verbo è al singolare, ma è riferito a due soggetti: il colle e la siepe; **ermo colle:** secondo la tradizione si tratta del monte Tabor, che si trova vicino a Recanati.
4 **mirando:** qui il verbo "mirare" indica non semplicemente l'atto di osservare la realtà esterna delle cose, ma l'essere assorti nella contemplazione di una realtà interiore, pensata o immaginata.
7 **mi fingo:** mi immagino; questo significato del verbo "fingere" è strettamente connesso all'origine del termine: in latino infatti *fingĕre* voleva dire principalmente "plasmare", "creare" e di conseguenza anche "immaginare".

parafrasi Questo colle solitario (*ermo*) e questa siepe, che sottrae (*esclude*) alla vista (*guardo*) gran parte (*da tanta parte*) dell'orizzonte più lontano (*ultimo*) mi sono stati (*fu*) sempre cari. Ma mentre sto seduto e osservo (*mirando*) io mi immagino (*nel pensier mi fingo*) al di là della siepe (*di là da quella*) degli spazi infiniti (*interminati*) e dei silenzi che superano la conoscenza umana (*sovrumani*) e una pace assoluta (*profondissima quiete*); dove poco manca (*per poco*) che il cuore non provi una sensazione di smarrimento (*non si spaura*). E quando sento (*odo*) il vento frusciare (*stormir*) tra queste piante, io paragono (*vo comparando*) quel silenzio infinito a questo rumore (*voce*) del vento: e nasce nella

il percorso delle parole | Infinito

L'aggettivo *infinito* deriva dal latino *infinītu(m)*, composto dal prefisso *in-* (con valore negativo di "non") e *finītus*. Indica qualcosa che è privo di confini e di limiti e che non ha né un inizio né una fine, come l'universo o il tempo, e in quest'accezione rappresenta anche un concetto filosofico. In senso iperbolico l'infinito si usa come sinonimo di immenso, vastissimo, in espressioni come "oceano infinito", "amore infinito" e simili. In grammatica indica un modo verbale indefinito, senza numero e persona.
Nel linguaggio matematico il termine *infinito* si riferisce invece a una grandezza illimitatamente grande e si rappresenta con il simbolo ∞.

■ **Trovare le parole**
a. Individua almeno tre termini derivati dalla parola *infinito* e spiegane il significato.
b. Nella frase "un'infinita varietà di persone affollava quella sera la piazza", da che cosa può essere sostituito l'aggettivo *infinita*?
c. Sapresti spiegare in che cosa consiste in ambito grammaticale l'infinito narrativo, facendo almeno un esempio?

vo comparando: e mi sovvien l'eterno,
e le morte stagioni, e la presente
e viva, e il suon di lei. Così tra questa
immensità s'annega il pensier mio:
15 e il naufragar m'è dolce in questo mare.

[G. Leopardi, *Tutte le opere*, Mondadori, Milano 1968]

11 sovvien: da intendersi qui nel senso di "mi viene in mente", non di "mi ricordo". L'idea d'infinito non deriva infatti dalla memoria di qualche esperienza passata.

mia mente (*mi sovvien*) il pensiero dell'eternità (*l'eterno*), e delle epoche passate (*morte stagioni*) e dell'età presente, che è ancora in corso (*e la presente e viva*), e dei suoi rumori (*e il suon di lei*). Così il mio pensiero si smarrisce (*s'annega*) in questa meditazione profonda sullo spazio e sul tempo sconfinati (*in questa immensità*) e mi dà piacere (*m'è dolce*) perdermi (*naufragar*) in questo infinito senza limiti (*mare*).

Caspar D. Friedrich, *Viandante davanti al mare di nebbia*, 1818, Amburgo, Hamburger Kunsthalle.

poeti che parlano di poesia — La poetica del vago e dell'indefinito

Tra il 1817-1832 Leopardi raccolse riflessioni di vario genere e tenore (critica letteraria, studi filosofici e filologici, abbozzi di componimenti, vicende autobiografiche) nello *Zibaldone*, un'opera di circa quattromila pagine manoscritte in sette taccuini. Proponiamo una breve dichiarazione risalente al 16 gennaio 1821, in cui il poeta lega l'idea dell'infinito alla fanciullezza.

Da fanciulli, se una veduta, una campagna, una pittura, un suono ec. un racconto, una descrizione, una favola, un'immagine poetica, un sogno, ci piace e diletta, quel piacere e quel diletto è sempre
5 vago e indefinito: l'idea che ci si desta è sempre indeterminata e senza limiti: ogni consolazione, ogni piacere, ogni aspettativa, ogni disegno, illusione ec. (quasi anche ogni concezione) di quell'età tien sempre all'infinito[1]: e ci pasce e ci riempie
10 l'anima indicibilmente, anche mediante i minimi oggetti[2]. Da grandi, o siano piaceri e oggetti maggiori, o quei medesimi che ci allettavano da fanciulli, come una bella prospettiva, campagna, pittura ec. proveremo un piacere, ma non sarà più simile
15 in nessun modo all'infinito, o certo non sarà così intensamente, sensibilmente, durevolmente ed essenzialmente vago e indeterminato. Il piacere di quella sensazione si determina subito e si circoscrive: appena comprendiamo qual fosse la strada
20 che prendeva l'immaginazione nostra da fanciulli, per arrivare con quegli stessi mezzi, e in quelle stesse circostanze, o anche in proporzione, all'idea ed al piacere indefinito, e dimorarvi[3].

[G. Leopardi, *Tutte le opere*, Mondadori, Milano 1961]

1 tien... all'infinito: è sempre connesso (*tien*) al concetto di infinito.
2 ci pasce... oggetti: ci soddisfa (*pasce*) e ci appaga (*riempie l'anima*) in un modo straordinario, anche se si manifesta attraverso oggetti della minima importanza.
3 appena... dimorarvi: da adulti comprendiamo a malapena (*appena*) quale fosse da ragazzi il percorso compiuto dalla nostra immaginazione per raggiungere con gli stessi mezzi e nelle stesse circostanze – o anche in maniera diversa (*o anche in proporzione*) – l'idea e il piacere dell'infinito e rimanere in quello stato felice (*dimorarvi*).

SCHEDA di LETTURA

L'origine
L'infinito nasce da un episodio all'apparenza banale e quotidiano: la consuetudine del poeta di recarsi spesso sul colle Tabor, vicino alla dimora familiare di Recanati. Proviamo a immaginare Leopardi che passeggia lentamente verso la cima, in solitudine pensosa, dopo aver trascorso la giornata in biblioteca, a studiare. E giunto finalmente alla sommità dell'altura, ecco che stanco (ricordiamoci che è debole e malato) si siede per riposare e forse anche per ammirare il panorama sottostante. Lo vede tutti i giorni ed è sempre ugualmente bello.
Ma non è possibile scorgere *l'ultimo orizzonte*: una siepe gli impedisce di osservare parte del paesaggio. La sensibilità di Leopardi, poco più che ventenne, trasforma l'ostacolo in un'occasione poetica e gli offre lo spunto per vivere un'esperienza profonda e coinvolgente, che lo trascina dalla realtà a una dimensione priva di confini spaziali e temporali.

La sensazione visiva
La lirica è composta da due parti, separate dalla cesura segnalata al v. 8 dal punto fermo. I due nuclei sono strettamente connessi dal punto di vista tematico e presentano uno sviluppo simmetrico, articolato in tre fasi: l'io lirico percepisce una sensazione che fa scattare un processo immaginativo il quale, a sua volta, provoca l'insorgere di una forte emozione che dà vita a un profondo stato d'animo. Nella prima parte (vv. 1-8) la vista del panorama ostacolata dalla presenza della siepe avvia un percorso dell'immaginazione (*io nel pensier mi fingo*) in luoghi senza fine, oltre i limiti umani. Come per tutti i viaggi verso luoghi misteriosi e sconosciuti, il fascino seduttivo dell'ignoto si accompagna alla paura. L'io lirico, perduto in *interminati spazi, sovrumani silenzi* e *profondissima quiete*, prova un'emozione in cui piacere e paura si confondono: si tratta di quello stato d'animo che coglie l'uomo nel momento in cui si spinge oltre la sua natura finita e materiale e si immerge in una dimensione dove non vi sono più parole per descrivere ciò che sente.

La sensazione uditiva
Le fantasie dell'io lirico sono interrotte da una nuova percezione, non più visiva ma uditiva, che apre la seconda parte della lirica (vv. 8-15). Anche questa volta la sensazione fisica (*questa voce*) innesca un processo immaginativo che abbandona lo spazio e si avventura nella dimensione del tempo. Il fruscio delle foglie mosse dal vento viene paragonato al silenzio evocato nei versi precedenti e richiama alla mente del poeta l'*eterno,* il tempo passato ma anche quello presente. Se nella prima parte l'io lirico aveva smarrito i punti di riferimento spaziali, ora gli vengono meno anche le coordinate temporali. Si avvicina per lui il momento in cui "annegare" nell'idea di infinito. La sua mente (*il pensier mio*) si sente sommergere da una nuova e più intensa emozione: il piacere di *naufragar* in mezzo a un mare da cui neppure in lontananza si scorgono le rive e in cui il tempo si annulla in un'indistinta eternità.

L'infinito di Leopardi
Leopardi affronta in questa lirica una delle questioni più ricorrenti non solo della sua produzione poetica, ma della letteratura e della filosofia di ogni tempo: la contrapposizione tra la natura umana, limitata dalla fisicità del suo essere, e la tensione verso l'infinito.
Per Leopardi l'infinito non può essere reale ma solo mentale, legato all'immaginazione. Questa esperienza è un percorso conoscitivo e psicologico che non trova origine in orizzonti sconfinati ma, al contrario, in una limitazione imposta allo sguardo umano. Essa culmina in uno stato d'animo in cui il pensiero e le emozioni, il finito e l'infinito, si compenetrano nell'immagine metaforica degli ultimi tre versi, il *mare* in cui tutto dolcemente si annulla. L'infinito di Leopardi non è evasione dalla realtà attraverso il sogno o il sovrannaturale e non è neppure ricerca mistica e irrazionale dell'Assoluto. L'infinito è piuttosto la conquista intellettuale di ciò che sfuggirebbe ai sensi e alla ragione senza il supporto dell'immaginazione, la facoltà capace di procedere in un paesaggio mentale senza limiti, suoni e movimento, fino a che l'intero essere vi naufraga dolcemente.

Lo stile
Per comunicare il lento procedere dell'immaginazione Leopardi ricorre a numerosi espedienti tecnici. Dal punto di vista metrico i frequenti *enjambement* (ben dieci in quindici versi) e la fitta trama della punteggiatura spezzano la misura degli endecasillabi sciolti, conferendo alla lirica un andamento ampio e lento che accompagna il viaggio della mente verso

SCHEDA di LETTURA

l'infinito. Nella determinazione di un ritmo pacato e meditativo svolge un ruolo fondamentale la struttura sintattica particolarmente complessa: Leopardi impiega ripetutamente proposizioni relative, nessi subordinanti e coordinanti e allo stesso scopo inverte l'ordine sintattico consueto della frase.

Per quanto concerne il rapporto fra scelte linguistiche e contenuti tematici, l'uso degli aggettivi e dei pronomi dimostrativi sottolinea la presenza di una realtà sensibile (*quest'ermo colle, questa siepe, queste piante, questa voce*) accanto a una dimensione astratta e indefinita (*quello infinito silenzio*).

Altrettanto significative sono le due eccezioni: *quella* (v. 5), riferita alla *siepe*, e *questa immensità* e *questo mare*, immagini poetiche per rappresentare l'infinito. Nel primo caso il pronome indica il progressivo allontanamento dell'io lirico dalla realtà fisica, mentre nei versi finali *questo* e *questa* non riguardano più dati oggettivi ma la nuova condizione interiore raggiunta, che suggella la "conquista" dell'infinito. Per quanto riguarda gli aspetti fonici, infine, occorre segnalare come l'idea dell'infinito sia suggerita dalla presenza di numerosi termini con la vocale a tonica (*càro, tànta pàrte, interminàti, naufragàr, màre*), caratterizzati da un suono esteso e aperto, e dalla frequenza di parole polisillabe, dalla pronuncia lunga e articolata.

LABORATORIO

Comprendere e individuare
L'esplorazione del testo

1. Leopardi si recava spesso sul colle Tabor. Quale affermazione lascia intendere questa consolidata abitudine del poeta?

2. Compila la tabella indicando i verbi corrispondenti ai vari momenti del percorso dell'io lirico verso l'infinito.

	Prima parte (vv. 1-8)	Seconda parte (vv. 8-15)
Sensazione	1-3	9-11
Immaginazione	4-5	11-14
Stato d'animo	6-7	15

3. Completa la tabella inserendo i termini che rimandano alle aree semantiche che indicano le due dimensioni in cui l'io lirico vive l'esperienza descritta.

Finito	Infinito
ermo colle, ...	ultimo orizzonte, ...
....	....
....	....
....	....

4. Rileggi con attenzione la lirica e individua quali fra le seguenti coppie oppositive compaiono nei versi.
   A. ☐ Guerra-pace
   B. ☐ Rumore-silenzio
   C. ☐ Presente-passato
   D. ☒ Serenità-ansia
   E. ☐ Felicità-tristezza
   F. ☐ Luce-ombra
   G. ☐ Realtà-immaginazione
   H. ☒ Vita-morte

Interpretare e riflettere
La scoperta del testo

5. Quale rapporto c'è tra la natura e l'io lirico?
   A. ☐ La natura offre conforto all'io lirico
   B. ☐ La natura riflette lo stato d'animo turbato dell'io lirico
   C. ☒ La natura provoca il passaggio dal finito all'infinito
   D. ☐ La natura incute timore e trasmette inquietudine

6. Nella lirica si utilizza sempre il presente indicativo tranne che nel primo verso, in cui compare il passato remoto (*mi fu*). Quale significato assume questo netto cambiamento temporale? Rifletti anche sul valore della congiunzione avversativa *Ma* posta all'inizio del quarto verso.

7. A conclusione dell'analisi della lirica, possiamo affermare che per Leopardi l'infinito è
   A. ☐ la fusione mistica con l'Assoluto
   B. ☐ una costruzione del pensiero
   C. ☒ la fuga irrazionale dalla realtà
   D. ☐ il senso di armonia con l'universo

8. Nella lirica è possibile individuare un ulteriore livello di lettura: essa può essere intesa come una metafora
   A. ☐ del viaggio   C. ☐ del dolore
   B. ☒ della morte   D. ☐ della gioia

Analizzare
Lo stile e la forma del testo

9. Suddividi in sillabe e segnala gli accenti ritmici dei versi della lirica.

1	2	3	4	5	6	7	8	9	10	11
Sem	pre	ca	ro	mi	fu	quest	er	mo	col	le
e	que	sta	sie	pe	che	da	tan	ta	par	te
dell	ul	ti	mo	o	riz	zon	te	il	guar	do
na	se	den	do	e	mi	ran	do	in	ter	mi na ti
spa	zi	di	la	a	quel	la	e	so	vru	ma ni
si	len	zi	pro	fon	dis	si	ma	quie	te	
lo	nel	pensie	sier	m'	fin	go	ove	per	po	co
il	cor	non	si	spa	u	ra	co	me	il	ven to
o do	stor	mir	tra	quest	e					

10. Nel testo vi sono numerosi gruppi consonantici: *rm, nt, lt, zz, scl, nd* ecc. Quali conseguenze ha sul piano del ritmo questa scelta lessicale?

11. Tra i numerosi *enjambement* presenti nel testo individua quelli che esaltano particolarmente il contenuto tematico della poesia; sono tre e coinvolgono aggettivo e sostantivo.

12. Individua almeno due esempi in cui è evidente l'inversione dell'ordine sintattico consueto.

13. Il lessico della lirica è caratterizzato dalle frequenti associazioni tra un sostantivo di uso comune e un aggettivo aulico e/o fortemente connotativo. Individua alcune di queste coppie.

GRAMMATICA
14. Dal punto di vista sintattico la lirica è caratterizzata dalla presenza del polisindeto, ovvero la ripetizione di una congiunzione di coordinazione. Indica i versi in cui ricorre questa tecnica formale.

Produrre
Dalla lettura alla scrittura

15. Leopardi definisce *dolce* (v. 15) l'annullamento del proprio io nell'infinito, considerandolo uno stato d'animo di pace e di serenità. Sei d'accordo con il poeta? Secondo te la cancellazione momentanea della realtà e della coscienza di essa è un traguardo positivo, o piuttosto ritieni che la perdita delle coordinate spaziali e temporali possa condurre all'eliminazione del pensiero? Rispondi alle domande con un testo argomentativo di due mezze colonne circa di foglio protocollo.

16. Senza temere di essere troppo irriverente, scrivi una parodia della lirica leopardiana, magari anche rovesciando l'affermazione iniziale. Ti forniamo due modelli.

*Sempre caro mi fu il capocollo
e anche il salame che da tanto tempo
dalla mia mensa la dieta esclude...* ora continua tu.

*Sempre odiosa mi fu la carne di pollo
per non dir del pesce che sa di niente
e da qualsiasi cena il piacere esclude...* ora continua tu.

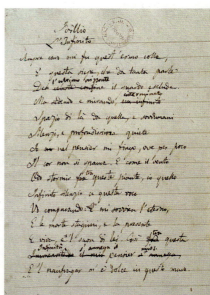

Manoscritto di Giacomo Leopardi, *L'infinito*, Napoli, Biblioteca Nazionale.

VERIFICA DELLE COMPETENZE

MODELLO INVALSI

Leggi il seguente testo e poi rispondi alle domande.

T5 Giorgio Caproni Preghiera

Il seguente componimento di Giorgio Caproni (▶ p. 246) si trova nella prima sezione della raccolta *Il seme del piangere*, intitolata *Versi livornesi* (1950-1958). L'intero volume è dedicato alla madre, Anna Picchi, morta da poco; sulla base dei racconti e delle fotografie di famiglia, il poeta ricrea la giovinezza dell'amatissima madre, quando non era ancora nato. In questi versi riprende una ballata trecentesca di Guido Cavalcanti (*Perch'i' no spero di tornar giammai* ▶ T2, p. 45) e si rivolge alla propria anima incaricandola di andare a Livorno, la città dove aveva vissuto la madre, e di porsi alla ricerca della donna, nell'impossibile speranza che essa sia ancora *viva tra i vivi*.

La lirica, composta da tre strofe (due di otto versi, una di quattro) è una canzonetta, un tipo di componimento privo di regole rigide ma caratterizzato da argomento e tono lievi e formato da strofe di versi brevi.

George Brassaï,
Passerby in the rain,
1935, fotografia.

Anima mia leggera,
va' a Livorno, ti prego.
E con la tua candela
timida, di nottetempo
5   fa' un giro; e, se n'hai il tempo,
perlustra e scruta, e scrivi
se per caso Anna Picchi
è ancor viva tra i vivi.

Proprio quest'oggi torno,
10 deluso, da Livorno.
Ma tu tanto più netta
di me, la camicetta
ricorderai, e il rubino
di sangue sul serpentino
15 d'oro che lei portava
sul petto, dove s'appannava.

Anima mia, sii brava
e va' in cerca di lei.
Tu sai cosa darei
20 se la incontrassi per strada.

[G. Caproni, *Tutte le poesie*, Garzanti, Milano 1999]

---

1   **Anima mia:** l'anima rappresenta qui per Caproni quella che per Cavalcanti è la poesia (*la ballatetta*) nella ballata *Perch'i' no spero di tornar giammai* (▶ p. 45). Come in Cavalcanti, essa è considerata un'entità autonoma, staccata da sé, a cui il poeta rivolge dei comandi (*va'*, vv. 2 e 17; *fa'*, v. 5); **leggera:** da intendersi con valore avverbiale.

3-4 **candela timida:** Caproni immagina la sua anima che, con una candela dalla luce tenue, si aggira per Livorno in cerca della madre.

4   **nottetempo:** di notte.

12-14 **rubino... serpentino d'oro:** il rubino di colore rosso vivo (*di sangue*) sul ciondolo d'oro a forma di piccolo serpente (*serpentino* v. 13).

VERIFICA DELLE COMPETENZE

1. Il poeta esprime il desiderio impossibile d'infrangere le leggi della vita e della morte, incontrando la madre ormai defunta. La poesia si colloca dunque in uno spazio tra il sogno e la realtà: in quali versi è possibile cogliere questa dimensione onirica?

2. Perché il poeta chiama la madre *Anna Picchi* (v. 7), impiegando il suo cognome da nubile?
   - A. ☐ Vuole sottolinearne lo spirito ribelle e indipendente
   - B. ☐ Sta descrivendo la madre quando era ancora ragazza
   - C. ☐ Intende mostrare rispetto per la famiglia della madre
   - D. ☐ Picchi ha un suono più dolce e melodioso di Caproni

3. Nel v. 11 a chi si riferisce il termine *tu*?
   - A. ☐ Alla madre
   - B. ☐ Alla poesia
   - C. ☐ All'anima
   - D. ☐ All'io lirico stesso

4. Fra le seguenti parole, quale potrebbe essere utilizzata al posto di *netta* (v. 11)? Prima di rispondere, pensa a chi si riferisce l'aggettivo.
   - A. ☐ Decisa
   - B. ☐ Pulita
   - C. ☐ Ordinata
   - D. ☐ Pura

5. Attraverso quale particolare descrittivo Caproni suggerisce la vitalità e la passionalità della madre? Rifletti sul valore simbolico che assumono nel testo alcuni colori.

6. Per quale ragione il *serpentino d'oro* al petto della madre *s'appannava* (vv. 13-15)?
   - A. ☐ Per il respiro e il tepore del petto
   - B. ☐ Per le lacrime e i sospiri del poeta
   - C. ☐ Per il freddo della notte
   - D. ☐ Per il calore provocato dalla candela

7. L'io lirico si rivolge all'anima con un tono
   - A. ☐ disperato e risentito
   - B. ☐ imperativo e insofferente
   - C. ☐ affettuoso e malinconico
   - D. ☐ ironico e distaccato

8. Indica fra le seguenti affermazioni sugli aspetti metrici della poesia quelle corrette.
   - A. ☐ Le numerose cesure rallentano il ritmo
   - B. ☐ I versi sono in prevalenza novenari
   - C. ☐ I versi sono in prevalenza settenari
   - D. ☐ I versi sono in prevalenza tronchi
   - E. ☐ Le rime sono in prevalenza alternate
   - F. ☐ Le rime sono in prevalenza baciate

9. Quale tipo di rima è quella tra *nottetempo* e *tempo* (vv. 4-5)?
   - A. ☐ Identica
   - B. ☐ Equivoca
   - C. ☐ Ricca
   - D. ☐ Ipermetra

10. Suddividi in sillabe e poni gli accenti ritmici sui versi della seconda strofa (vv. 9-16).

1	2	3	4	5	6	7	8	9	10	11

11. Riporta gli *enjambement* compresi nei vv. 10-16.

12. La musicalità della poesia è creata anche attraverso la ripresa e la ripetizione di alcuni termini o espressioni: sai indicare almeno due esempi di questo espediente stilistico?

13. Individua almeno due espressioni che appartengono al linguaggio colloquiale e contribuiscono a creare un'atmosfera informale.

14. Da quale predicato dipende *il rubino* (v. 13)? Quale funzione logica svolge?

15. Analizza il periodo *se n'hai il tempo, perlustra e scruta, e scrivi se per caso Anna Picchi è ancor viva tra i vivi* (vv. 5-8). Riscrivi le proposizioni nello schema, una per casella, precisando il tipo di coordinazione e di subordinazione.

Proposizione principale → Proposizione subordinata

Proposizione coordinata → Proposizione subordinata

Proposizione coordinata

UNITÀ 3
Le figure retoriche

T1 Giovanni Pascoli
Novembre

T2 Ugo Foscolo
In morte del fratello Giovanni

T3 Eugenio Montale
Meriggiare pallido e assorto

T4 Umberto Saba
Ulisse

VERIFICA DELLE COMPETENZE
T5 Dino Campana
Giardino autunnale

ONLINE

TESTI INTEGRATIVI
- Giuseppe Ungaretti
  C'era una volta

Eugenio Tutor di italiano

Eugenio, il tutor online che guida nell'analisi interattiva e adattiva (testi di ▪ F. Petrarca; ▪ U. Saba; ▪ C. Sbarbaro)

Gli strumenti formali della poesia

Un aspetto fondamentale del linguaggio poetico riguarda la capacità di costruire immagini che sappiano suscitare emozioni e sensazioni. Per ottenere questi risultati, molto spesso i poeti impiegano le parole in maniera da assegnare loro un **valore evocativo**: le utilizzano con un significato diverso da quello letterale, le dispongono in modo particolare o inconsueto all'interno del verso, le scelgono e le associano per ottenere particolari effetti ritmici e sonori.

Questi espedienti stilistici sono denominati **figure retoriche** e formano l'insieme degli strumenti formali di cui la poesia si avvale per raggiungere i propri scopi espressivi, con associazioni lessicali e norme linguistiche spesso lontane da quelle della comunicazione quotidiana. La loro origine risale già alla **retorica antica** (▶ p. 62) e, nel corso di secoli di tradizione letteraria, sono state rielaborate e riclassificate in modi diversi.

Generalmente le figure retoriche si distinguono in:
- **figure di suono** (o **fonetiche**), che coinvolgono gli effetti fonici prodotti all'interno di singole parole o dai rapporti che si stabiliscono tra due o più termini;
- **figure del significato** (o **semantiche**), che si fondano sui diversi significati che le parole possono assumere e sulle particolari relazioni semantiche tra i termini utilizzati;
- **figure dell'ordine** (o **sintattiche**), che riguardano la disposizione delle parole in una frase o in un gruppo di parole.

IL TESTO BUSSOLA Nel percorso di conoscenza degli strumenti della retorica ci guiderà *Novembre*, una poesia di Giovanni Pascoli (▶ p. 62), che presenta numerosi esempi per ciascuna delle tre tipologie di figure retoriche. La lirica venne pubblicata nel 1891, dapprima nella rivista «Vita nuova» e in seguito, sempre nello stesso anno, nella prima edizione di *Myricae*, la raccolta poetica più nota dell'autore. La prima quartina evoca la serena limpidezza di una giornata primaverile. Si tratta però soltanto di un'illusione: nelle due quartine successive infatti il lettore viene trasportato in un malinconico paesaggio autunnale, che manifesta i turbamenti interiori del poeta.

Il componimento è formato da tre strofe saffiche, metro risalente all'epoca classica e la cui invenzione è attribuita alla poetessa Saffo (VI secolo a.C.). Le quartine, composte da tre endecasillabi e un quinario, sono rimate secondo lo schema ABAb CDCd EFEf.

il percorso delle parole | Figura

Il termine *figura* deriva dal latino *figūra(m)*, "forma", "effigie", a sua volta connesso con il verbo *fingĕre*, "formare" "plasmare". In generale indica l'aspetto esteriore di qualcosa, ma ha anche il significato di "immagine", "idea". Il termine assume significati diversi a seconda degli ambiti in cui viene usato: nelle arti indica un disegno, un'immagine dipinta; nel linguaggio matematico si chiamano "figure geometriche" gli insiemi di punti, rette, piani; in alcuni sport e nel ballo le *figure* indicano gli esercizi da eseguire. In ambito linguistico, si parla di "linguaggio figurato" quando una determinata espressione assume un significato diverso da quello letterale.

■ **Trovare le parole**
a. Ricerca sul vocabolario almeno tre termini che derivano dalla parola *figura* e spiegane il significato.
b. Fai almeno due esempi di frasi o espressioni in cui il termine *figura* viene usato per indicare l'aspetto fisico di una persona.
c. Spiega il significato delle espressioni seguenti, in cui il termine *figura* è utilizzato in senso figurato: "fare figura", "fare una brutta figura", "essere un figurino".
d. "È la figura più importante del Decadentismo in Italia": in questa frase, da quale termine può essere sostituito il termine *figura*?

T1 Giovanni Pascoli Novembre

Gèmmea l'aria, il sole così chiaro
che tu ricerchi gli albicocchi in fiore,
e del prunalbo l'odorino amaro
senti nel cuore...

5 Ma secco è il pruno, e le stecchite piante
di nere trame segnano il sereno,
e vuoto il cielo, e cavo al piè sonante
sembra il terreno.

Silenzio, intorno: solo, alle ventate,
10 odi lontano, da giardini ed orti,
di foglie un cader fragile. È l'estate,
fredda, dei morti.

[G. Pascoli, *Myricae*, Rizzoli, Milano 1981]

Egon Schiele, *Albero autunnale mosso dal vento*, 1912, Vienna, Sammlung Leopold.

1   **Gèmmea l'aria:** l'aria splende come una gemma, una pietra preziosa.
2   **ricerchi... fiore:** l'illusione della primavera spinge a ricercare con lo sguardo i fiori sugli alberi.
3   **del prunalbo... amaro:** il profumo intenso del biancospino.
5   **pruno:** cespuglio di rovo.
5-6 **stecchite... sereno:** i rami spogli disegnano neri intrecci nel cielo azzurro (*sereno*).
7-8 **e vuoto... terreno:** nel cielo non vi sono uccelli e il terreno indurito dal freddo risuona sotto i passi come se fosse vuoto (*cavo*).
9   **ventate:** folate di vento.
11 **cader fragile:** il fruscio leggero delle foglie che cadono.
12 **l'estate... morti:** la cosiddetta "estate di San Martino", ricorrenza che cade l'11 di novembre.

parafrasi

L'aria è splendente come una gemma e il sole è così luminoso che tu, illudendoti che sia primavera, cerchi con lo sguardo i fiori sugli alberi di albicocco e nell'animo senti il profumo intenso del biancospino. Ma il cespuglio di rovo è secco e i rami spogli disegnano neri intrecci nel cielo azzurro (*sereno*), dove non vi sono uccelli, e il terreno indurito dal freddo risuona sotto i passi come se fosse vuoto (*cavo*). Intorno c'è solo silenzio. L'unico rumore in lontananza è il fruscio leggero delle foglie che cadono alle folate di vento. È l'estate di San Martino.

---

il punto su... La retorica antica

Il termine *retorica* deriva dal greco *rhetorikè téchne*, il cui significato è "arte del dire". Nel mondo classico la retorica era la disciplina che studiava come comporre un'orazione nel modo più efficace. Per raggiungere questo scopo era necessario l'uso del linguaggio figurato, che si avvale di particolari procedimenti tecnici e stilistici per rendere il discorso più interessante e convincente. L'arte retorica nacque nel V secolo a.C. a Siracusa e da qui si diffuse presto in Grecia, dove si sviluppò l'attività di maestri che insegnavano a tenere discorsi in pubblico. Nella *polis* ateniese il sistema democratico riconosceva a tutti i cittadini la *parresia*, cioè la libertà di parola e quindi il diritto di partecipare alla vita pubblica. Padroneggiare l'arte del dire divenne pertanto una qualità fondamentale per chi voleva ottenere il potere.

Anche a Roma la retorica era un'arte molto diffusa e praticata; era insegnata ai giovani che avevano intenzione di intraprendere il *cursus honorum*, ossia la carriera politica. Oltre a occuparsi delle parti che compongono le tipologie e gli stili dell'orazione, i latini riservarono grande attenzione all'*ornatus*, ovvero all'insieme di procedimenti stilistici che distinguono la lingua dell'oratore da quella usata correntemente. Un rilievo particolare nell'*ornatus* è occupato dalle figure di significato, chiamate "tropi" (dal greco *trópos*, "conversione", "deviazione", cioè variazione di un'espressione rispetto al suo significato originario).

Le figure di suono

Iniziamo a porci alcune domande che ci permetteranno non solo di scoprire la presenza in *Novembre* di alcune delle principali **figure di suono**, ma anche di evidenziare quanto esse siano funzionali e strettamente connesse alla definizione del ritmo e dei contenuti del testo poetico.

INTERROGHIAMO *il testo*

Analizza i seguenti gruppi lessicali e, oltre alla rima, individua quale relazione di suono c'è tra le varie parole che li compongono: *sole, fiore, cuore; chiaro, prunalbo, amaro, segnano, cavo; secco, sereno, cielo, terreno; piante, trame, sonante, ventate, estate; intorno, solo; odi, orti.*
Che cosa accomuna sul piano sonoro le parole *senti* **(v. 4) e** *piante* **(v. 5)? Quali lettere hanno in comune?**
Ricerca almeno due situazioni in cui il poeta ripete con particolare insistenza una lettera o un gruppo di lettere in parole vicine. Possiamo stabilire un rapporto tra l'effetto sonoro prodotto e il significato delle parole?
Nell'ultima strofa, individua il sostantivo e l'aggettivo che presentano un suono molto simile: fra i due termini esiste anche una relazione di significato?

Le parole di ciascun gruppo lessicale sono legate da un rapporto fonico detto **assonanza**: esse hanno cioè in comune le ultime due vocali a partire dalla sillaba accentata (s**è**cc**o**, ser**è**n**o**, c**iè**l**o**, terr**è**n**o**). Si parla invece di **consonanza** a proposito di se**nti** e pia**nte**, che condividono le consonanti poste dopo l'accento tonico.
Un altro effetto fonico ricorrente in alcuni versi della poesia è la **ripetizione** di alcune lettere. In tutti questi casi si determina un effetto sonoro che prende il nome di **allitterazione**. Per esempio osserva il ricorso frequente a parole con la *r* associata alla *n*

Enrico Paulucci, *Paesaggio con alberi incrociati*, 1930, Torino, collezione privata.

(del prunalbo l'odorino amaro/senti nel cuore), che determinano una fitta trama musicale che percorre l'intero sviluppo della lirica. Nei primi due versi i termini che sottolineano l'illusione della primavera sono legati dal suono *chi* (**chi**aro, cer**chi**, albicoc**chi**), mentre nel v. 5 la ripetizione della *s* e della doppia *c* (**s**ec**c**o, **s**tec**ch**ite) suggerisce anche sul piano fonico l'aridità del paesaggio autunnale. Altrettanto significativa è la ripetizione della *v* (**v**uoto, ca**v**o) nel v. 7: entrambe le parole coinvolte rimandano al campo semantico della privazione e della morte, che diventerà il tema dominante dell'ultima strofa. Infine, nel v. 11 il sostantivo **foglie** e l'aggettivo **fragile** non solo hanno la maggior parte delle lettere uguali (figura di suono denominata **paronomasia**), ma insieme al verbo *cader* compongono un'immagine volta a sottolineare la precarietà e l'insicurezza della vita umana, un concetto suggellato dal verso conclusivo. Il senso di fragilità e di caducità viene trasmesso dal punto di vista fonico, grazie al ripetersi delle consonanti *f*, *r* e *g*. In generale, la capacità insita nel linguaggio di veicolare un determinato contenuto semantico attraverso il suono delle parole è denominata **fonosimbolismo**, una caratteristica sfruttata dai poeti per potenziare ulteriormente il significato delle proprie composizioni. Nel corso della storia letteraria, le potenzialità fonosimboliche del linguaggio sono state particolarmente apprezzate dalla corrente del Simbolismo (▶ p. 367), sviluppatasi nella seconda metà dell'Ottocento, il cui principale esponente italiano è stato proprio Giovanni Pascoli.

LE PAROLE del metodo

Analizziamo più nel dettaglio le principali **figure di suono**, ricorrendo ad alcuni esempi provenienti da *Satura* (1971), una raccolta poetica di Eugenio Montale (▶ p. 424):

- si ha un'**assonanza** (da "assonare", avere un suono simile) quando due o più parole hanno vocali identiche e consonanti diverse a partire dall'accento tonico (*Ascoltare era il s**olo** tuo m**odo** di vedere./Il c**onto** del telefono s'è rid**otto** a ben p**oco**;/ Si sono f**atte** r**are** **anche** le cic**ale**);
- si ha una **consonanza** (dal latino *consonare*, "suonare assieme") quando due o più parole hanno le stesse consonanti e vocali diverse a partire dall'accento tonico (*Coloro che hanno pres**unto**/di saperne non erano essi stessi esist**enti**,/ né noi per loro. E allora? Eppure resta/che qualcosa è accaduto, forse un ni**ente**);
- l'**allitterazione** (dal latino *littera*, "lettera") è la ripetizione degli stessi suoni (lettere o sillaba) in due o più parole vicine (*qualche **z**affata di nausea dal canale./ Bell'**aff**are a Venezia/**aff**acciarsi su quel paesaggio; spruzza di **gh**iaccioli i capelli **g**ià **g**rigi; **Sco**primmo che al **po**rco**sp**ino/**p**iaceva la **p**asta al ragù*);
- l'**onomatopea** (dal greco *onomatopoeìa*, "costruire una parola") è una parola oppure un gruppo di parole che riproducono o imitano il verso di un animale, il rumore di un oggetto, di un'azione o di un evento atmosferico. Le onomatopee si distinguono in **primarie**, che si limitano a ripetere direttamente il suono (*smarrito nel **blabla**/dell'alta società*), e **secondarie**, che suggeriscono il suono con termini di senso compiuto (*decifrarti/nel **ticchettio** della telescrivente; Tace a lungo,/**farfuglia**, s'alza rigido e s'inchina; sentirne ancora una che **scricchia** è un tuffo nel sangue*);
- la **paronomasia** (dal greco *paronomasìa*, composto da *parà*, "accanto", e *onomázein*, "denominare"), detta anche **annominazione**, si ha quando si accostano due o più parole dal suono simile ma dal significato e dall'etimologia diversi (*Le parole/dopo un'eterna attesa/**rinunziano** alla **speranza**/di essere **pronunziate**/una volta per tutte/ e poi morire; Prima del viaggio si scrutano gli orari,/le coincidenze, le soste, le **pernottazioni**/e le **prenotazioni**);

> È l'insieme degli effetti sonori del testo poetico quindi: onisei onomatopei, allitterazione ecc...

Il **fonosimbolismo** è un procedimento retorico che sfrutta la capacità del suono delle parole di trasmettere un significato per rafforzare o arricchire di senso il messaggio del poeta. Nei seguenti versi tratti da *Spesso il male di vivere ho incontrato* di Montale, il ripetersi delle lettere *r*, *s*, *t*, *z* e dei gruppi consonantici da esse composti contribuisce a trasmettere la disperata angoscia che caratterizza la poesia: e*ra* il *r*ivo *stroz*z*a*to che go*r*goglia,/e*ra* l'inca*r*tocciar*s*i della foglia/*r*ia*rs*a, e*ra* il cavallo *stramazz*ato.

Le figure di significato

Con le seguenti domande cerchiamo di scoprire la forza evocativa di alcune figure del significato e il meccanismo logico e linguistico che ne determina la costruzione.

INTERROGHIAMO *il testo* Nei primi versi della poesia, l'io lirico a che cosa paragona l'aria, per sottolineare la limpidezza e lo splendore del paesaggio che descriverà nei versi successivi? Dopo aver individuato l'espressione, prova a riscriverla stabilendo un paragone esplicito fra gli elementi posti in relazione.
Nel v. 3 quali sfere sensoriali sono accostate dal poeta per descrivere il profumo del *prunalbo*?
L'aggettivo qualificativo *sereno* (v. 6) viene impiegato al posto di un'altra parola: quale? Che relazione c'è tra il termine sostituito e quello utilizzato?
Nell'espressione *di foglie un cader fragile* (v. 11), la qualità della "fragilità" ti sembra una caratteristica da associare a *cader* o a *foglie*?
Leggi con attenzione l'ultima strofa e individua l'espressione in cui l'io lirico abbina termini appartenenti a campi semantici opposti.

Piet Mondrian, *Melo in fiore*, 1912, L'Aia, Gemeentemuseum Den Haag.

Nel primo verso, la luce della giornata illuminata dal sole viene equiparata a un gioiello. La relazione implicita di somiglianza tra la brillantezza dell'aria e di una pietra preziosa è resa attraverso una **metafora**, *Gèmmea l'aria*. La stessa immagine potrebbe anche essere esposta in maniera esplicita, attraverso una **similitudine**: per esempio, "l'aria è splendente come una gemma".

Nel v. 3 l'espressione *odorino amaro* abbina due parole che appartengono a sfere sensoriali diverse: *odorino* rimanda all'olfatto mentre *amaro* riguarda il gusto. Abbiamo in questo caso una particolare figura di significato denominata **sinestesia**.

Per raffigurare il cielo, nel v. 6 Pascoli ha scelto di utilizzare il termine *sereno*. In questo verso il poeta si è servito di una particolare figura retorica, denominata **metonimia**, che consiste nella sostituzione di un termine con un altro legato al primo da un rapporto logico.

Nel v. 11 al verbo *cader* è attribuita la caratteristica della fragilità (*fragile*), che però dovrebbe essere riferita al termine vicino, ovvero *foglie*. Questa tecnica retorica è denominata **ipallage**.

Infine, nell'ultimo verso il poeta abbina due termini che rinviano a campi semantici opposti quando definisce *fredda* l'*estate*, la stagione più calda dell'anno. La figura retorica utilizzata in questo caso si chiama **ossimoro**.

LE PAROLE del metodo

Le figure del significato presenti in *Novembre* che abbiamo appena analizzato sono tra le più utilizzate nella poesia italiana. Esaminiamole più nel dettaglio, insieme ad altre che non compaiono nella lirica di Giovanni Pascoli. In questo caso, tutti gli esempi sono tratti da versi di Giuseppe Ungaretti (▶ p. 419):

> la **similitudine** (dal latino *similitudo*, "somiglianza") istituisce un paragone esplicito tra due immagini attraverso l'uso di nessi correlativi (*come, tale che, simile a, a somiglianza di* ecc.). Nella poesia *Soldati*, i versi *Si sta come/d'autunno/sugli*

Felice Casorati, *Mattino d'inverno*, 1938, Monza, collezione privata.

alberi/**le foglie** stabiliscono un legame tra la precarietà dell'esistenza dei soldati durante la Prima guerra mondiale e la caducità delle foglie in autunno;

› la **metafora** (dal greco *metaphorà*, "trasferimento") si basa sullo spostamento del significato di una parola a un'altra. In altri termini, in presenza di una metafora una parola o un'espressione sono utilizzate con un significato diverso da quello consueto. Nei versi della poesia *Natale* (*Non ho voglia/di tuffarmi/in un* **gomitolo**/**di strade**), la parola *gomitolo* non indica una palla di filo avvolto ma un fitto intrico di vie. La metafora si può definire anche come un paragone implicito o abbreviato tra due realtà, apparentemente lontane, ma accomunate dalla sensibilità del poeta. Per esempio, l'immagine metaforica contenuta nei versi conclusivi della stessa poesia di Ungaretti – *Sto/con le quattro*/**capriole**/**di fumo**/*del focolare* – potrebbe essere trasformata in una similitudine ("spirali di fumo simili a capriole");

› l'**allegoria** (dal greco *allegoría*, "dire in maniera diversa") è una sorta di "metafora prolungata", che associa una serie di elementi e di immagini allo scopo di mostrare un significato nascosto dietro quello immediatamente percepibile nel testo;

› l'**analogia** (dal greco *analoghìa*, "rapporto di somiglianza") si fonda sullo stesso meccanismo della metafora, ma la relazione tra le parole o le espressioni coinvolte è istituita attraverso libere associazioni di pensiero e non su nessi logici definiti. Quando Ungaretti, nella poesia *Stelle*, scrive *Tornano in alto/ad* **ardere le favole**, è assai difficile ricostruire il percorso che l'ha condotto, osservando il cielo notturno, a stabilire un rapporto tra le stelle e le favole. L'immagine nasce da emozioni e intuizioni poetiche che non è possibile ricostruire in maniera oggettiva e definita;

› la **sinestesia** (dal greco *synaisthésis*, "sensazione simultanea") consiste nell'accostare due termini che si riferiscono a sfere sensoriali diverse (tatto, udito, vista, olfatto, gusto). Per esempio, nell'espressione *E avrai negli* **occhi** *un rapido* **sospiro**, contenuta in un verso della poesia *Madre*, un termine che richiama una sensazione uditiva (*sospiro*) viene accostato alla facoltà visiva (*occhi*);

› l'**antitesi** (dal greco *antíthesis*, "contrapposizione") è determinata dalla presenza di termini e concetti di senso opposto all'interno di una stessa frase, come accade nei versi conclusivi di *Come una creatura*: *La* **morte**/*si sconta*/**vivendo**;

› l'**ossimoro** (dal greco *oxýmoron*, composto da *oxýs*, "intelligente", e *morós*, "stupido"), associa due parole di significato opposto. Il titolo della prima raccolta poetica di Ungaretti, **Allegria di naufragi**, è un esempio di ossimoro. Esso si distingue dall'antitesi perché in questo caso i due termini contraddittori sono uniti nella stessa espressione;

› l'**ipallage** (dal greco *hypallagé*, "mutamento", "scambio") assegna a una parola una caratteristica che logicamente apparterrebbe a un termine vicino. Nel verso *Assisto la notte* **violentata**, contenuto nella poesia *In dormiveglia*, scritta nel 1916 durante la guerra di trincea, l'aggettivo *violentata* è riferito grammaticalmente al sostantivo *notte*, ma logicamente riguarda l'io lirico, il poeta-soldato vittima della violenza della guerra;

› la **personificazione** attribuisce a concetti e a oggetti caratteristiche proprie degli uomini, rivolgendosi loro o facendoli agire e parlare. Per esempio, nei versi *del crescere dell'***erba**/**lieta** *dove non passa*, contenuti nella poesia *Non gridate più*, a un elemento naturale (l'*erba*) viene associato un sentimento umano (la lietezza); nei versi *Il volto/di stanotte/è secco*, tratti da *Dolina notturna*, la notte mostra un *volto* come se fosse una persona;

› l'**iperbole** (dal verbo greco *hyperbàllein*, "oltrepassare", "gettare al di sopra") esprime un concetto o una situazione in modo esagerato, per eccesso o per difetto. Con i versi *L'interminabile/tempo/mi adopera/come un/fruscio*, tratti ancora da *Dolina notturna*, il poeta usa un'espressione iperbolica per esprimere l'estenuante "lunghezza" di una notte trascorsa al freddo in trincea;

› la **litote** (dal greco *litós*, "semplice"), al contrario dell'iperbole, è utilizzata per attenuare un'immagine troppo forte e consiste nell'esprimere un concetto negando il suo contrario. È ciò che avviene in un verso che abbiamo già incontrato: *Non ho voglia/di tuffarmi/in un gomitolo/di strade*;

› la **metonimia** (dal greco *metonymía*, "scambio di nome") consiste nella sostituzione di una parola con un'altra legata alla prima da un rapporto logico. Nella poesia *Fiume*, Ungaretti racconta un bagno nell'Isonzo con i versi *L'Isonzo scorrendo/mi levigava*: il nome del fiume sta qui a indicare l'acqua che scivola sopra il corpo del poeta.

Le principali relazioni logiche che possono determinare una sostituzione metonimica sono:

- la **causa** per l'**effetto** (e viceversa): *Avere un gran cervello* (causa) invece di *Avere delle ottime idee* (effetto);
- l'**astratto** per il **concreto** (e viceversa): *Non c'è più fiducia nel potere* (astratto) invece di *Non c'è più fiducia nei potenti* (concreto);
- la **materia** per l'**oggetto**: *I legni veneziani percorrevano il Mediterraneo* (materia) invece di *Le navi veneziane percorrevano il Mediterraneo* (oggetto);
- l'**autore** per l'**opera**: *Ad Amsterdam si possono vedere molti Van Gogh* (autore) invece di *Ad Amsterdam si possono vedere molti quadri di Van Gogh* (opera);
- il **contenente** per il **contenuto**: *Lo stadio urlava di gioia* (contenente) invece di *I tifosi urlavano di gioia* (contenuto);
- il **simbolo** per la **cosa simbolizzata**: *Le maglie granata hanno conquistato la vetta della classifica* (simbolo) invece di *Il Torino ha conquistato la vetta della classifica* (cosa simbolizzata);
- lo **strumento** per **chi l'adopera**: *Giovanni è un'ottima bacchetta* (strumento) invece di *Giovanni è un ottimo batterista* (chi l'adopera);
- la **marca** per il **prodotto**: *Ti piacerebbe avere una Ferrari* (marca) invece di *Ti piacerebbe avere una un'auto della Ferrari* (prodotto);
- il **luogo** per gli **abitanti**: *L'Ucraina è scesa in piazza* (luogo) invece di *Gli ucraini sono scesi in piazza* (abitanti);

› la **sineddoche** (dal verbo greco *synekdékhomai*, "prendere insieme") è una sostituzione di una parola con un'altra in base a un rapporto di quantità. Quando in *Fiumi* Ungaretti scrive *Ho tirato su/le mie quattr'ossa*, intende dire che ha sollevato il corpo nella sua interezza.

Le principali relazioni di quantità che possono determinare una sineddoche sono:

- la **parte** per il **tutto** (o viceversa): *Attenzione, apri bene le pupille* (parte) invece di *Attenzione, apri bene gli occhi* (tutto);
- il **genere** per la **specie** (o viceversa): *I mortali devono avere il senso del limite* (specie) invece di *Gli uomini devono avere il senso del limite* (genere);
- il **singolare** per il **plurale** (o viceversa): *Il prepotente non sopporta le regole* (singolare) invece di *I prepotenti non sopportano le regole* (plurale);

› la **perifrasi** (dal greco *períphrasis*, "dire intorno"), consiste nell'atto di designare un oggetto o esprimere un concetto attraverso un giro di parole. I versi iniziali della poesia *La madre* – *E il cuore quando d'un ultimo battito/avrà fatto cadere il muro d'ombra* – rappresentano una lunga circonlocuzione per indicare il momento della morte;

› l'**apostrofe** (dal greco *apostrophé*, "atto di volgersi contro") consiste nel rivolgere il discorso direttamente nei confronti del destinatario. Il verso iniziale della poesia *Stella* è un perfetto esempio di apostrofe: *Stella, mia unica stella*.

Le figure dell'ordine

Analizziamo infine le figure retoriche dell'ordine, ponendoci delle domande per scoprire quelle presenti nella poesia *Novembre* di Giovanni Pascoli.

INTERROGHIAMO *il testo*

Nei vv. 3 e 11 il poeta ha alterato la consueta collocazione delle parole nella frase: in che modo? Ridisponi le parole nell'ordine abituale.

Considera le proposizioni *le stecchite piante/di nere trame segnano il sereno* (vv. 5-6) e *cavo al piè sonante/sembra il terreno* (vv. 7-8): quale fenomeno modifica la consueta disposizione sintattica in entrambe le frasi?

Rileggi i vv. 2-4 e rifletti sull'ordine dei predicati (*ricerchi* e *senti*) e dei complementi oggetto (*gli albicocchi* e *l'odorino*). Secondo quale schema sono disposti questi quattro elementi grammaticali?

Nei vv. 7-8 in quale ordine sono collocati gli aggettivi (*vuoto* e *cavo*) e i sostantivi (*cielo* e *terreno*)?

Analizza il periodo che occupa interamente la seconda strofa. In quale modo il poeta lega le proposizioni coordinate?

Quale elemento grammaticale è stato soppresso – o sottinteso – nelle seguenti proposizioni: *il sole così chiaro* (v. 1); *e vuoto il cielo* (v. 7); *Silenzio, intorno* (v. 9)?

Gerardo Dottori, *Aurora volando*, 1933, Milano, Arte Centro.

Piet Mondrian, *L'albero rosso*, L'Aia, Gemeentemuseum Den Haag.

L'ordine delle parole nei vv. 3 e 11 non rispetta quello consueto, che invece di *e del prunalbo l'odorino amaro* e di *di foglie un cader fragile* prevederebbe: "e l'odorino amaro del prunalbo" e "un cader fragile di foglie". In casi del genere abbiamo quella che in retorica è definita **anastrofe**.

Nelle proposizioni dei vv. 5-6 e 7-8, l'ordine delle parole è alterato dall'inserimento di uno o più termini fra parti del discorso che invece dovrebbero essere sintatticamente unite: *di nere trame* e *al piè sonante*. La figura retorica utilizzata in questi casi è l'**iperbato**.

Gli elementi grammaticali dei vv. 2-3 sono disposti secondo uno schema incrociato, definito in retorica **chiasmo**: predicato (*ricerchi*) - complemento oggetto (*gli albicocchi*) - complemento oggetto (*l'odorino amaro*) - predicato (*senti*). Nei vv. 7-8, invece, l'ordine segue una logica simmetrica, detta **parallelismo**: aggettivo (*vuoto*) - sostantivo (*cielo*) - aggettivo (*cavo*) - sostantivo (*terreno*).

La seconda strofa è occupata da un solo periodo, composto da una proposizione principale e tre coordinate legate dalla congiunzione *e*, talvolta preceduta anche dalla virgola, quindi abbiamo una coordinazione per **polisindeto**.

Infine, nelle proposizioni dei vv. 1, 7 e 9 è stata omessa una parte essenziale del discorso, il verbo: *il sole* (**è**) *così chiaro* (v. 1); *e vuoto* (**è**) *il cielo* (v. 7); (**c'è**) *Silenzio, intorno* (v. 9). In casi del genere siamo in presenza di una tecnica retorica chiamata **ellissi**.

LE PAROLE *del metodo* Elenchiamo ora le principali figure dell'ordine, evidenziandone il funzionamento con esempi tratti da alcune liriche di Umberto Saba (▶ p. 432):

› l'**anastrofe** (dal greco *anastrophè*, "inversione") inverte la normale disposizione di due o più parole. Per esempio, nei versi *al largo/sospinge ancora il **non domato spirito**,/e **della vita il doloroso amore***, contenute nella poesia *Ulisse* (T4 ▶ p. 83), Saba anticipa nel primo caso l'aggettivo e nel secondo il complemento di specificazione, entrambi di solito posti dopo il sostantivo.

› l'**iperbato** (dal greco *hypèrbaton*, "trasposizione") si verifica quando una o più parole vengono inserite nel discorso alterandone il consueto e previsto sviluppo sintattico, come accade nei tre esempi seguenti: *scopre **pieni di lacrime** i suoi occhi* (da *Goal*, T6 ▶ p. 113); *mia madre/**tutti** sentiva della vita i pesi* (da *Mio padre è stato per me l'"assassino"*); *posso **la mia bambina** assomigliare* (da *Ritratto della mia bambina*);

› l'**anafora** (dal greco *anaphorà*, "ripetizione") è la ripetizione di una parola o di un gruppo di parole all'inizio di due o più versi, come accade nella poesia *Dico al mio cuore*: *Quando t'ascolto parlarmi d'amore/**sento che** il male ti lasciava intatta;/**sento che** la tua voce amara è fatta/per il mio cuore*. Nel caso la ripetizione sia a fine verso, si parla di **epifora**: *Ancora,/giovane **ancora*** (da *Donna*);

› l'**anadiplosi** (dal greco *anadíplosis*, "raddoppiamento") consiste nella ripetizione di una parola o di un'espressione alla fine di un verso e all'inizio di quello successivo. Un esempio di questa figura retorica è presente nella poesia *La capra*: *Questa voce sentiva/gemere **in una capra** solitaria./**In una capra** dal viso semita/sentiva querelarsi ogni male*;

> l'**enumerazione** consiste nella presentazione di un lungo elenco di elementi coordinati per **polisindeto** (dal greco *polýs*, "molto", e *syndéo*, "congiungo"), attraverso la ripetizione di una congiunzione di coordinazione, oppure per **asindeto** (*asýndeton*, "non legato"), senza congiunzioni coordinative né disgiuntive. Riportiamo un'enumerazione per asindeto tratta da *Città vecchia*: *Qui prostituta e marinaio, il vecchio/che bestemmia, la femmina che bega,/il dragone che siede alla bottega/del friggitore,/la tumultuante giovane impazzita d'amore*;

> il **parallelismo** consiste nella disposizione simmetrica, secondo uno schema **ABAB**, di due parole o più spesso di un gruppo di parole, come nel caso di questi noti versi, tratti ancora da *La capra*: *In una capra dal viso semita/sentiva querelarsi **ogni** altro male,/**ogni** altra vita*;

> il **chiasmo** (dalla lettera *chi* – X – dell'alfabeto greco, che ne mostra la disposizione) ordina un gruppo di parole secondo lo schema incrociato **ABBA** e secondo rapporti grammaticali o semantici. Osserva la disposizione del primo verso della poesia *Ed amai nuovamente*: ***Trieste** è la **città**, la **donna** è **Lina***;

> il **climax** (dal greco *klîmax*, "scala") è un'enumerazione i cui singoli termini sono elencati in ordine d'intensità espressiva crescente (**climax ascendente**) o decrescente (**anticlimax** o **climax discendente**). Un esempio della seconda possibilità è fornito da Saba in *Trieste*, poesia dedicata alla sua città: *Intorno/circola ad ogni cosa/un'aria **strana**, un'aria **tormentosa**/l'aria **natia***;

> l'**ellissi** (dal greco *élleipsis*, "mancanza"), prevede l'eliminazione, all'interno di un enunciato, di alcuni elementi che restano sottintesi. In genere viene soppresso il verbo ma in questo verso da *Ritratto della mia bambina*, Saba invece ha omesso la preposizione "del" davanti a *colore*: *con gli occhi grandi colore del cielo,/e dell'estiva festicciola.*

> l'**iterazione** consiste nella ripetizione di una parola o di un'espressione all'interno del testo. Un esempio di questa figura retorica è presente nella poesia *La malinconia*: *e **non v'è al mondo**, **non c'è al mondo** niente/che mi divaghi.*

---

il punto su... | Il linguaggio figurato nella vita quotidiana

Le figure retoriche non si trovano soltanto nelle poesie, ma vengono usate con grandissima frequenza nel linguaggio comune, al punto che ormai alcune non vengono più riconosciute come tali. È l'esistenza di un significato connotativo dietro quello denotativo a creare la possibilità di un senso "traslato" delle parole, cioè spostato rispetto a quello letterale. In questo caso si parla di "uso figurato" di un termine perché il significato assunto è quello dato dall'immagine – cioè dalla figura – che esso evoca.

Nel linguaggio comune è diventata ormai un'abitudine dire di un uomo furbo che è *una volpe*, oppure che la propria fidanzata è *dolce come il miele*. Pur senza averne sempre consapevolezza, in questi casi si fa uso di particolari figure retoriche di significato: nel primo caso una metafora, nel secondo una similitudine. Molte espressioni figurate sono state consunte dall'uso quotidiano, al punto da essere diventate delle frasi fatte: pensiamo alle metafore *usare il pugno di ferro, rompere il ghiaccio, affogare in un bicchier d'acqua, cuore d'oro, nervi d'acciaio*. Per non parlare della metonimia (*bere del Chianti, guidare una Ferrari, ammirare dei marmi greci*) e della sineddoche (*in questa casa il pane non manca, non avere un tetto dove vivere*). E chi si serve dell'espressione *ghiaccio bollente* per descrivere un uomo o una donna apparentemente freddi ma che nascondono un temperamento passionale, saprà di aver usato un ossimoro?

LA MAPPA DELLE CONOSCENZE

Le figure retoriche

si dividono in

- **figure di suono** — coinvolgono gli effetti di suono delle parole e i rapporti fonici tra due o più termini
- **figure di significato** — si fondano su i diversi significati delle parole e le relazioni semantiche tra di esse
- **figure dell'ordine** — riguardano la disposizione delle parole in una frase o in un gruppo di parole

figure di suono

- **assonanza**: vocali .... e consonanti .... a partire dall'accento tonico
- **consonanza**: consonanti .... e vocali .... a partire dall'accento tonico
- ....: ripetizione degli stessi suoni in parole vicine
- ....: parole che riproducono o imitano un suono
- ....: vicinanza di due o più parole dal suono simile ma dal significato diverso

figure di significato

- ....: paragone esplicito tra due immagini attraverso l'uso di nessi correlativi
- ....: paragone implicito tra due immagini apparentemente lontane
- **sinestesia**: abbinamento di due termini che rinviano a .... diverse
- ....: associazione di due parole di significato opposto
- **metonimia**: .... di una parola con un'altra in base a un rapporto ....
- ....: sostituzione di una parola con un'altra in base a un rapporto di quantità

figure dell'ordine

- ....: inversione della consueta disposizione di due o più parole
- **iperbato**: .... di parole o frasi che alterano il consueto sviluppo ....
- ....: disposizione simmetrica di una coppia o di un gruppo di parole
- **chiasmo**: disposizione di un gruppo di parole con uno schema ....
- ....: ripetizione di una parola o di un gruppo di parole all'inizio di due o più versi (............... a fine verso)
- ....: enumerazione in cui i termini sono elencati in ordine d'intensità espressiva

LE COMPETENZE DI LETTURA E DI SCRITTURA

1. Iniziamo a lavorare con le figure di suono. Scegli un sostantivo o un verbo di uso comune e utilizzalo per scrivere tre frasi, come nell'esempio che ti proponiamo con la parola *vento*.

Assonanza	Sp**e**ro che qu**e**sto v**e**nto non faccia un flag**e**llo, laggiù nel frutt**e**to
Consonanza	Co**rro** spi**nto** dal ritmo incalza**nte** del ca**nto** del ve**nto**
Allitterazione	Un **v**ortice di **v**ento travolge le **v**ele allontanandole dalla riva

2. Giovanni Pascoli ed Eugenio Montale sono due fra i poeti italiani che più ricorrono all'onomatopea. Ti proponiamo alcuni versi di entrambi: inserisci negli spazi vuoti i sostantivi o i verbi onomatopeici che abbiamo omesso.

Giovanni Pascoli

A. *A un tratto, col fragor d'arduo dirupo*
   Che frana, il tuono .... di schianto

B. *Là, presso le allegre ranelle,*
   .... monotono un rivo.
   Di tutto quel cupo tumulto,
   di tutta quell'aspra bufera,
   non resta che un dolce ....

C. *Il tuo .... sembra la brina*
   che sgrigiola, il vetro che ....

Eugenio Montale

A. *ascoltare tra i pruni e gli sterpi*
   .... di merli, ... di serpi.
   Osservare tra frondi il ....
   lontano di scaglie di mare

B. *Spesso il male di vivere ho incontrato*
   era il rivo strozzato che ....

C. *................ la carrucola del pozzo,*
   l'acqua sale alla luce e vi si fonde.

3. Proviamo a disporre in versi la seguente favola di Esopo, *Il corvo e la volpe*. Senza alterare o togliere elementi narrativi o descrittivi, riscriviamola inserendo il maggior numero possibile di figure retoriche del significato.

Un corvo aveva rubato un pezzo di carne ed era andato a posarsi su di un albero. Lo vide la volpe e le venne voglia di quella carne. Si fermò ai suoi piedi e cominciò ad adularlo, facendo grandi lodi del suo corpo perfetto e della sua bellezza, della lucentezza delle sue penne, dicendo che nessuno era più adatto di lui ad essere il re degli uccelli, e che lo sarebbe diventato senz'altro, se avesse avuto la voce. Il corvo, allora, volendo mostrare che neanche la voce gli mancava, si mise a gracchiare con tutte le sue forze, e lasciò cadere la carne. La volpe si precipitò ad afferrarla e beffeggiò il corvo soggiungendo: "Se, poi, caro il mio corvo, tu avessi anche il cervello, non ti mancherebbe altro, per diventare re".

[Esopo, *Favole*, trad. it. di E. Ceva Valla, Rizzoli, Milano 1980]

Ti forniamo un esempio relativo ai primi due periodi. Nel primo verso abbiamo inserito una sineddoche, nel secondo una similitudine, nel terzo una metafora e nel quarto una litote.

Un becco giallo aveva rubato un pezzo di carne
e veloce come un fulmine si era posato su di un albero.
Lo vide la fulva regina del bosco
e quella carne non la disgustò... ora continua tu.

4. Continuiamo a utilizzare la favola di Esopo *Il corvo e la volpe* come spunto per il nostro lavoro; adesso ti chiediamo di riscriverla inserendo il maggior numero possibile di figure dell'ordine. Anche in questo caso ti forniamo un esempio relativo ai primi due periodi. Nel primo verso abbiamo inserito un'anastrofe e nel secondo un iperbato; il terzo e il quarto presentano, invece, un'anafora.

Un corvo un pezzo di carne aveva rubato
ed era su di un albero andato a posarsi.
La volpe lo vide,
la volpe ebbe voglia di quella carne... ora continua tu.

T2 Ugo Foscolo In morte del fratello Giovanni

La lirica, composta nel 1803, prende spunto da una tragica vicenda autobiografica. L'8 dicembre 1801 il fratello ventenne di Ugo Foscolo (▶ p. 331), Giovanni Dionigi, tenente dell'esercito cisalpino, si suicidò, probabilmente per un debito di gioco. Il poeta esprime il dolore non solo per la morte del fratello, ma anche per l'impossibilità di ritornare in patria, a Venezia, per recarsi a pregare sulla tomba insieme alla madre. Infatti il poeta, in seguito ai contrasti con il governo austriaco, era stato infatti costretto all'esilio.

> Un dì, s'io non andrò sempre fuggendo
> di gente in gente, me vedrai seduto
> su la tua pietra, o fratel mio, gemendo
> il fior de' tuoi gentili anni caduto.

1-2 **fuggendo di gente in gente:** Foscolo allude alla sua condizione di esule, che lo costringe a vagare di popolo in popolo.
3 **pietra:** la pietra tombale; **gemendo:** a piangere.
4 **il fior... caduto:** la giovinezza del fratello, stroncata per sempre.

John Constable, *Stoke Poges Church*, 1833, Londra, Victoria and Albert Museum.

vite di scrittori — *L'infelicissimo mio fratello*

In una lettera all'amico poeta Vincenzo Monti del dicembre 1801, Ugo Foscolo riporta alcune notizie riguardanti il suicidio del fratello e la sua reazione alla disgrazia.

Sono pur assai giorni, mio dolce amico, ch'io non ti vedo, e che non so nulla della tua Costanza[1]. Ma io sono inchiodato nel letto dalla mia malattia divenuta strana e fierissima[2]. E la mia anima è ancora più inferma. La morte dell'infelicissimo mio fratello ha esulcerato[3] tutte le mie piaghe: tanto più ch'ei morì di una malinconia lenta, ostinata, che non lo lasciò né mangiare né parlare per quarantasei giorni. Io mi figuro i martirj[4] di quel giovinetto, e lo stato doloroso della nostra povera madre fra le di cui braccia spirò. Ma io temo che egli stanco della vita siesi[5] avvelenato, e mia sorella mi conferma in quest'opinione. La morte sola finalmente poté decidere la battaglia che le sue grandi virtù, e i suoi grandi vizj manteneano[6] da gran tempo in quel cuore di fuoco. Addio.

[U. Foscolo, *Epistolario*, Le Monnier, Firenze 1970]

1 **Costanza:** Costanza Monti Perticari (1792-1840), figlia di Vincenzo Monti e di Teresa Pikler, moglie del conte Giulio Perticari; donna colta e istruita, coltivò la passione paterna per le lettere e fu autrice di versi.
2 **fierissima:** aggressiva e violenta.
3 **esulcerato:** inasprito al massimo grado.
4 **mi figuro i martirj:** mi immagino (figuro) i tormenti (martirj).
5 **siesi:** si sia.
6 **manteneano:** mantenevano; nel contesto presente si intende sostenevano, combattevano.

5   La Madre or sol suo dì tardo traendo
    parla di me col tuo cenere muto,
    ma io deluse a voi le palme tendo
    e sol da lunge i miei tetti saluto.

    Sento gli avversi numi, e le secrete
10 cure che al viver tuo furon tempesta,
    e prego anch'io nel tuo porto quïete.

    Questo di tanta speme oggi mi resta!
    Straniere genti, almen le ossa rendete
    allora al petto della madre mesta.

[U. Foscolo, *Opere*, Ricciardi, Milano-Napoli 1974]

---

5   **or sol... traendo:** soltanto la madre, ormai vecchia, si trascina con fatica sulla tomba del fratello.
6   **cenere muto:** le ceneri del fratello, mute perché egli è morto e non può più rispondere.
7   **deluse... tendo:** il poeta esule tende invano le mani verso i suoi cari.
8   **da lunge... saluto:** egli può salutare soltanto da lontano la sua patria.
9   **numi:** divinità; vocabolo aulico, di derivazione latina.
9-10 **secrete cure:** il termine *cure* è un latinismo e significa "angosce", "preoccupazioni"; sono definite *secrete* perché si tratta di tormenti interiori.
10 **furon tempesta:** sconvolsero la tua vita come una tempesta.
11 **prego... porto quïete:** il poeta prega di trovare la stessa pace raggiunta dal fratello.
12 **speme:** latinismo per "speranza".
13 **le ossa:** il corpo.
14 **petto:** cuore; **mesta:** addolorata, afflitta.

SCHEDA di LETTURA

La struttura
La rigida suddivisione delle strofe, ciascuna delle quali si chiude con un punto fermo, scandisce lo sviluppo della lirica. Nei primi quattro versi Foscolo lamenta la propria condizione di perseguitato politico, costretto a un inquieto esilio (*sempre fuggendo/di gente in gente*), e manifesta il desiderio di poter piangere sulla tomba del fratello, morto prematuramente (*il fior de' tuoi gentili anni caduto*). La seconda quartina si apre con l'immagine della madre anziana (*suo dì tardo traendo*) che parla al figlio defunto (*cenere muto*) di suo fratello, il poeta lontano e destinato a vedere frustrate le sue speranze di raggiungere i suoi cari (*deluse a voi le palme tendo*).

Nelle terzine gli ostacoli che impediscono di stabilire un legame con la sua città e la famiglia, uniti alle ansie e agli affanni dell'esistenza, inducono il poeta a considerare la morte come l'unico modo per raggiungere la pace (*quïete*). Ciò che non può accadere in vita – ritornare in patria e riabbracciare la madre – potrà verificarsi soltanto dopo la morte.

I temi
La poesia è incentrata sulla coppia tematica dell'esilio e della morte, concetti che a loro volta rinviano rispettivamente all'amore per la patria e al culto della tomba, ovvero i luoghi in cui è possibile far rivivere gli affetti altrimenti perduti. Nei versi finali l'immagine della propria tomba diventa per il poeta lo strumento per garantire la continuità della sua esistenza, nella memoria dei cari.

Nei versi di Foscolo traspare la frustrazione per l'impossibilità di conciliare i propri ideali – politici, ma anche spirituali – con la realtà e, di conseguenza, la convinzione di essere tormentato da un destino avverso, condannato a una perenne inquietudine esistenziale. Sono proprio questi tristi pensieri che conducono l'io lirico a considerare la morte co-

SCHEDA di LETTURA

me un traguardo desiderabile, nel quale finalmente ritrovare quiete e serenità.

La centralità dell'io lirico

Da quanto appena detto appare evidente che la drammatica morte del fratello Giovanni e ancor più la sua immagine restano sullo sfondo del componimento. Esse sono solo un motivo occasionale, posto immediatamente in secondo piano a vantaggio del vero protagonista della lirica: il poeta, la figura storica e ideale di Foscolo, che in questi versi delinea un ritratto della sua complessa e tormentata personalità. Questo rovesciamento di prospettiva si coglie sin dalla prima quartina, dove il riferimento al fratello – l'apostrofe o *fratel mio* – è preceduto dall'uso della prima persona (*s'io non andrò, me vedrai*). Nei versi successivi questo procedimento si ripropone attraverso uno scambio continuo tra il piano del fratello e quello dell'io, come evidenzia la fitta trama di pronomi personali e aggettivi possessivi. In particolare, nel v. 6 la tomba del giovane suicida è il luogo in cui la vecchia madre può celebrare il ricordo del figlio poeta, più che del figlio morto. E anche nella prima terzina l'irrequietezza e i tormenti di Giovanni diventano il riflesso di quelli di Ugo. Quest'atteggiamento di esasperato individualismo è una peculiarità dell'opera e della personalità di Foscolo ma anche del nascente Romanticismo (▶ p. 325), che riteneva la soggettività segnata da un destino avverso come uno dei principali motivi della letteratura.

Le influenze letterarie

Il componimento di Foscolo è ispirato a una drammatica vicenda autobiografica. Però l'esperienza vissuta dal poeta si traduce in una lirica filtrata da numerosi modelli letterari tratti da fonti classiche, a cominciare dal celebre carme CI di Gaio Valerio Catullo (I secolo a.C.), che presenta una situazione molto simile a quella foscoliana. Infatti anche il poeta latino visita la tomba del fratello morto lontano dalla patria.
Nei vv. 1-2 del suo componimento Foscolo riprende quasi letteralmente il carme di Catullo: *Multas per gentes et multa per aequora vectus/advenio has miseras, frater, ad inferias* (*Di gente in gente, di mare in mare ho viaggiato,/o fratello, e giungo a questa squallida tomba*; *Poesie*, trad. it. di F. Della Corte, Milano, Fondazione Lorenzo Valla, 2003).

A differenza di Catullo, tuttavia, Foscolo non confida di poter piangere sulla tomba del fratello, sepolto in quella patria da cui è stato esiliato. Anche l'espressione *cenere muto* (v. 6) è ripresa da Catullo (*mutam… cinerem*, v. 4). Mentre per l'immagine del fiore reciso (*il fior de' tuoi gentili anni caduto*, v. 4) la fonte più probabile è un altro carme (XI) di Catullo: *cecĭdit velut prati/ultimi flos, praetereunte postquam/tactus aratro est* (*è caduto come il fiore sul margine del prato, dopo che fu sfiorato dall'aratro che passa oltre*).

Oltre all'influenza catulliana, nella poesia di Foscolo ritroviamo echi di altri poeti classici, come Tibullo e Virgilio: gli *avversi numi* del v. 9 ricordano per esempio una frase dell'*Eneide*: *conversaque numina sentis* "senti i numi avversi", libro V, v. 466). Il modello di Catullo e degli altri poeti latini agisce da stimolo per Foscolo, il quale reinterpreta le immagini e i motivi classici secondo la propria sensibilità, dando forma a una creazione originale.

Lo stile

Nonostante il trasporto emotivo dell'autore, la lirica si distingue per la ricercatezza formale e stilistica. Per quanto riguarda le figure di suono, compaiono alcune significative allitterazioni, come *fuggendo di gente in gente*, che intensifica l'inquieto vagare del poeta contrapposto all'immobilità della *pietra* del fratello, e *dì tardo traendo*, in cui la ripetizione del suono suggerisce l'immagine del passo faticoso e dolente della madre.
La giovinezza di Giovanni si concretizza nell'immagine metaforica del fiore *caduto* mentre il tormento esistenziale del poeta e la conseguente aspirazione alla pace trovano forma nella metafora della *tempesta* e del *porto*. Ancora più numerose sono le figure di sostituzione, sineddoche e metonimia, che tramano l'intero svolgimento della lirica (*di gente in gente, pietra, cenere, palme, tetti, ossa, petto*).
Il ritmo della poesia, lento e meditativo, è segnato da numerosi *enjambement*, dalle pause presenti all'interno e alla fine dei versi e dal ricorso alle figure dell'inversione, anastrofe e iperbato, che conferiscono ai periodi uno sviluppo estremamente composto e riflessivo. Infine l'eleganza stilistica del sonetto si coglie anche sul piano lessicale, caratterizzato dalla presenza di alcuni latinismi (*lunge, numi, cure, speme*).

LABORATORIO

Comprendere e individuare
L'esplorazione del testo

1. Quali termini antitetici mostrano la forza degli affetti familiari e della tomba, più potenti della morte?
2. In quali versi l'io lirico sottolinea lo sconforto per l'impossibilità di ritornare in patria? "tetti" verso 8
3. Quale segno di punteggiatura a fine verso enfatizza la disillusione dell'io lirico e determina una significativa pausa che introduce l'apostrofe successiva? punto e virgola
4. Oltre a quelle indicate nella scheda di lettura, indica tutte le espressioni che evidenziano la centralità dell'io lirico all'interno del componimento.
5. La lirica si sviluppa nel futuro e nel presente. Quali indicatori temporali sono riferiti rispettivamente a questi due piani?

Interpretare e riflettere
La scoperta del testo

6. Quali sono le espressioni che sottolineano l'atmosfera di indefinitezza spaziale che caratterizza la lirica?
7. In quale verso la distanza che separa i due fratelli è colmata dalla mediazione della figura materna?
8. Il tema dell'esilio non è legato soltanto alle tormentate vicende biografiche dell'autore (▶ p. 331), ma riveste anche un significato simbolico. Quale fra i seguenti argomenti ti sembra il più plausibile e coerente con lo sviluppo della lirica?
   A. ☐ L'aspirazione degli uomini a viaggiare
   B. ☐ L'impossibilità di placare l'animo inquieto
   C. ☐ La necessità di adeguarsi alla realtà
   D. ☐ Il tema poetico della lontananza
9. Nel sonetto le azioni sono quasi sempre lo specchio di uno stato d'animo. Riporta le forme verbali del sonetto che, oltre a descrivere il comportamento dell'io lirico, ne mostrano implicitamente anche emozioni e sentimenti.
10. Nei vv. 10 e 11 i termini *tempesta* e *porto* vengono utilizzati in senso figurato. Esplicita il significato della metafora trasformandola in una similitudine.

Analizzare
Lo stile e la forma del testo

11. Indica lo schema metrico della lirica, definendo il tipo di componimento, le strofe, la misura dei versi e lo schema delle rime.
12. Quali figure metriche compaiono nel v. 11? In quale modo esse influiscono sul conteggio delle sillabe?
    A. ☐ Sinalefe C. ☐ Dialefe
    B. ☐ Sineresi D. ☐ Dieresi
13. Individua gli *enjambement* presenti nel testo e indica quelli che ritieni più significativi per i rapporti con le tematiche del sonetto.
14. Spesso le parole in rima creano fra loro dei legami di significato. In particolare, ricerca i termini che rinviano al tema dell'esilio e della morte.
15. Compila la tabella, distinguendo le metonimie (M) e le sinedocchi (S) e indicando il termine che ciascuna di esse sostituisce. L'esercizio è avviato.

	M	S	Termine sostituito
gente (v. 2)		X	Popolo
pietra (v. 3)	X		tomba
cenere (v. 6)	X		corpo morto
palme (v. 7)	X		mani
tetti (v. 8)	X		patria
numi (v. 9)	X		dei
ossa (v. 13)	X		corpo
petto (v. 14)	X		

16. Individua almeno un esempio di anastrofe e uno di iperbato.

GRAMMATICA
17. Cerca i due periodi ipotetici presenti nel testo e indicane il tipo (realtà, possibilità, irrealtà).

Produrre
Dalla lettura alla scrittura

18. Rileggi con attenzione la lirica e le note e poi svolgine la parafrasi, seguendo le varie fasi di stesura che ti abbiamo indicato (▶ p. 27): lessico, sintassi, spiegazione dei contenuti impliciti.

percorso 1 ■ I metodi della poesia

T3 Eugenio Montale Meriggiare pallido e assorto

La poesia appartiene alla prima raccolta poetica di Eugenio Montale (▶ p. 424), *Ossi di seppia*, e risale al 1916, quando l'autore aveva solo vent'anni. Il protagonista della lirica è il paesaggio arido e assolato dell'entroterra ligure, quello delle Cinque Terre, dove la famiglia del poeta possedeva una casa e trascorreva le vacanze estive.
METRO: tre quartine più una strofa di cinque versi liberi di varia misura (novenari, decasillabi, endecasillabi) secondo lo schema AABB CDCD EEFF GHIGH.

Meriggiare pallido e assorto
presso un rovente muro d'orto,
ascoltare tra i pruni e gli sterpi
schiocchi di merli, frusci di serpi.

5 Nelle crepe del suolo o su la veccia
spiar le file di rosse formiche
ch'ora si rompono ed ora s'intrecciano
a sommo di minuscole biche.

Osservare tra frondi il palpitare
10 lontano di scaglie di mare

Telemaco Signorini, *Vegetazione a Riomaggiore*, 1894, Genova, Galleria d'Arte Moderna.

1 **Meriggiare... assorto:** il trascorrere delle ore del meriggio, a metà del giorno, quando tutto il paesaggio appare sbiadito dal sole abbagliante e come sospeso in un'atmosfera immobile e senza tempo. Gli aggettivi *pallido* e *assorto* possono riferirsi anche all'io lirico, che in quel paesaggio è immerso, e alludere al volto sbiancato per il caldo (*pallido*) e all'animo ripiegato su stesso (*assorto*).
2 **rovente muro:** un muro di pietra arroventato, reso quasi incandescente dal calore del sole.
3 **i pruni e gli sterpi:** i rovi e i rami secchi.
4 **schiocchi... serpi:** i versi secchi e disarmonici dei merli (*schiocchi*) e il fruscio che fa la serpe strisciando.
5 **crepe... veccia:** nelle fessure del terreno; la *veccia* è una pianta erbacea.
7 **si rompono... s'intrecciano:** le file formate dalle formiche che talvolta s'interrompono o s'intersecano.
8 **a sommo... biche:** sulla sommità dei mucchietti di terra (*biche*) che si trovano vicino ai formicai.
9 **frondi:** le fronde degli alberi.
9-10 **il palpitare... mare:** il tremolio (*palpitare*) delle onde del mare, che appaiono in lontananza, tra le fronde degli alberi, come schegge di metallo.

mentre si levano tremuli scricchi
di cicale dai calvi picchi.

E andando nel sole che abbaglia
sentire con triste meraviglia
15 com'è tutta la vita e il suo travaglio
in questo seguitare una muraglia
che ha in cima cocci aguzzi di bottiglia.

[E. Montale, *Ossi di seppia*, in *Tutte le poesie*, Mondadori, Milano 1979]

11 **tremuli scricchi:** il frinire delle cicale è simile a un sottile scricchiolio.
12 **dai calvi picchi:** le cime delle colline (*picchi*) brulle, cioè prive di vegetazione (*calvi*).
13 **andando:** camminando.
15-17 **com'è tutta… bottiglia:** che il doloroso significato della vita è del tutto simile a questo cammino lungo un muraglione, in cima al quale sono conficcati dei vetri rotti di bottiglia.

vite di scrittori — *Inerpicarsi come capre*

Le Cinque Terre sono un territorio nella provincia di La Spezia, in Liguria, così chiamato perché comprende cinque paesi che si affacciano sul mare (da levante verso ponente): Riomaggiore, Manarola, Corniglia, Vernazza e Monterosso, il paese in cui Montale trascorreva l'estate da ragazzo. Dai monti appenninici il terreno scende a strapiombo verso il mare ed è caratterizzato da ripidi terrazzamenti in cui si coltiva la vite. Delle suggestioni visive e olfattive di questi luoghi è rimasta traccia nell'opera del poeta. Nella lirica *I limoni*, per esempio, si descrivono squarci di Monterosso: *le viuzze che seguono i ciglioni,/discendono tra i ciuffi delle canne/e mettono negli orti, tra gli alberi dei limoni* (vv. 8-10). L'aspra natura del paesaggio ligure, arido e brullo, compare in molte tra le più significative liriche, perché la precarietà di questo territorio erto e a picco sul mare, in cui la vita è resa difficile dalle circostanze ambientali, diventa presto per il giovane Montale metafora di quel "male di vivere" che è al centro della sua poetica.
Presentiamo alcuni frammenti di un testo del 1946 in cui Montale racconta le Cinque Terre, osservate attraverso il suo punto di vista.

L'ipotetico e poetico flâneur[1] di spiagge che un mattino di bel tempo al soffio di un maestrale[2] leggero – e perciò senza timore di disastrose soluzioni, alla Shelley[3] – voglia inclinare il bordo del suo
5 cutter[4] sul filo d'orizzonte che congiunge la punta Monesteroli al capo del Mesco[5], può vederle tutte insieme entro un arco incantevole di rocce e di cielo, le Cinque Terre. […] Ma tanti, tanti di più sono coloro che, senza saperne il nome, le hanno
10 scoperte a guizzi, a spicchi, a frammenti fulminei e abbaglianti, dai pochi oblò che si aprono nel tunnel che porta da Levanto[6] fin quasi alla Spezia. […] Avaro vi è lo spazio che non permette passeggiate se non a coloro che vogliano inerpicarsi come capre fra terrazze di vigneti digradanti verso il mare.
15 […] Paesaggio roccioso, austero, simile ai più forti della Calabria, asilo di pescatori e di contadini viventi a frusto su un lembo di spiaggia che in certi casi va sempre assottigliandosi, nuda e solenne cornice di una delle più primitive d'Italia, Monterosso,
20 Vernazza e Corniglia, nidi di falchi e di gabbiani, Manarola e Riomaggiore sono procedendo da levante i nomi dei pochi paesi o frazioni di paesi, così asserragliati tra le rupi e il mare.

[E. Montale, *Fuori di casa*, Mondadori, Milano 1975]

1 **flâneur:** termine francese, intraducibile in italiano, che deriva dal verbo *flâner*, "gironzolare"; si usa per definire chi ama vagare senza una meta precisa, lasciandosi guidare dall'istinto e dalle suggestioni trasmesse dal paesaggio.
2 **maestrale:** vento che soffia da nord-ovest e che è tipico del mar Tirreno.
3 **Shelley:** Percy Bysshe Shelley (1792-1822) è stato uno dei più importanti poeti del Romanticismo inglese; morì annegato nel naufragio della sua goletta *Ariel* nel mare di fronte a Lerici, nel golfo di La Spezia, conosciuto anche con il nome di Golfo dei poeti.
4 **cutter:** imbarcazione a vela con un solo albero, elegante e veloce.
5 **punta Monesteroli… capo del Mesco:** sono i due promontori che racchiudono il territorio delle Cinque Terre (Monesteroli a levante e Mesco a ponente).
6 **Levanto:** cittadina ligure a ovest di Monterosso. Montale fa riferimento alla tratta ferroviaria che unisce Levanto a La Spezia e che costeggia il mare, percorrendo da ponente a levante il territorio delle Cinque Terre.

SCHEDA di LETTURA

L'aridità del paesaggio
Nelle prime tre strofe, con il corpo fiaccato e la mente stordita (*pallido e assorto*) dall'afa soffocante e dalla luce abbagliante, nell'ora più calda del giorno (*Meriggiare*), l'io lirico osserva e descrive l'entroterra delle Cinque Terre, mentre cammina *presso un rovente muro d'orto*.

Attraverso una sequenza frammentaria di sensazioni uditive e visive il poeta costruisce l'immagine opprimente di un paesaggio arido e pietrificato, affacciato a strapiombo sul mare. Senza interrompere il suo cammino (*E andando*), l'io lirico cattura in brevi istantanee i particolari dell'ambiente, che si susseguono senza un apparente criterio logico o spaziale. Il suo cammino è accompagnato dai versi sgradevoli di alcuni animali. Si scorgono soltanto piccole creature, come le formiche che con il loro movimento incessante e insensato tentano di resistere alla natura bruciata dal sole, altrimenti priva di tracce di vita (*crepe del suolo*, *calvi picchi*).

Il valore simbolico del paesaggio
In mezzo a tanta desolazione, l'io lirico scorge lo scintillio tremolante e remoto delle onde del mare. Ciò che gli appare è uno spazio aperto e luminoso che si contrappone al *rovente muro d'orto*. Ma il movimento dell'acqua si mostra per un solo istante, intravisto attraverso i rami e le foglie degli arbusti della macchia mediterranea (*tra frondi*). Come le sbarre di una prigione, esse limitano la vista del mare, ne impediscono la contemplazione serena e appagante.

Nella quarta strofa, il poeta esplicita il valore simbolico dell'aspra aridità del paesaggio descritto. Nei versi di Montale la costa brulla e impervia delle Cinque Terre si trasforma nell'immagine dell'esistenza umana: la vita è un percorso solitario e insensato di fatica e di dolore. Il significato e la finalità di questo cammino vengono celati agli uomini da un limite insuperabile: una *muraglia/che ha in cima cocci aguzzi di bottiglia* impedisce loro di trovare quelle risposte che forse si celano dietro di essa.

Il "correlativo oggettivo" e il "varco"
Meriggiare pallido e assorto fornisce un esempio rilevante dell'impiego nella poesia montaliana della tecnica del "correlativo oggettivo", ovvero la presentazione di elementi concreti (*muro d'orto*, *crepe del suolo*, *calvi picchi*, *muraglia*, *cocci aguzzi di bottiglia*) attraverso cui esprimere emozioni, sentimenti, stati d'animo. In particolare le immagini del *muro* e della *muraglia*, con cui si apre e si chiude la lirica, sintetizzano emblematicamente la concezione di un'esistenza caratterizzata dalla limitazione e dall'esclusione, dall'impossibilità di superare gli ostacoli che negano la conoscenza del senso universale delle cose.

Talvolta, però, all'uomo è concessa l'intuizione di un particolare che permette di percepire la verità. Si tratta di uno spiraglio di realtà, un "varco" in cui un'illuminazione fulminea (*il palpitare/lontano di scaglie di mare*) regala all'uomo la rivelazione effimera del significato della vita e magari anche una qualche imperscrutabile felicità.

Il fonosimbolismo
Anche la poesia di Montale, come quella dei simbolisti e di Pascoli, è caratterizzata dall'uso del fonosimbolismo. Nel caso di questa lirica la visione ne-

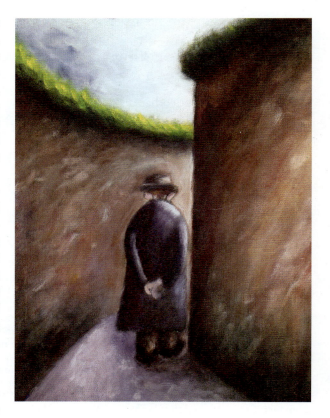

Ottone Rosai, *Omino nella strada*, 1948, Firenze, Raccolta Della Ragione.

SCHEDA di LETTURA

gativa dell'esistenza e la percezione di una realtà arida e disumanizzata vengono veicolate attraverso l'uso insistito di "rumori" aspri e disarmonici. Questo effetto è ottenuto grazie alla prevalenza di suoni consonantici, spesso raddoppiati (*Meriggiare pallido e assorto, s'intrecciano a sommo*), e a numerose figure foniche. Le allitterazioni della *s* producono sonorità fruscianti che diventano più dure se associate alla *r* (*ascoltare tra i pruni e gli sterpi*) mentre le *c* gutturali e le *ch* rinviano a una realtà spigolosa e impervia a cui concorre anche la prevalenza del suono acuto della vocale *i*. Anche alcune onomatopee antimelodiche contribuiscono a creare un'atmosfera di cupo disagio.

Per quanto riguarda il ritmo, i richiami fonici delle rime (*assorto/orto*, *sterpi/serpi*, *formiche/biche*, *palpitare/mare*) e la presenza, nell'ultima strofa, di rima e consonanza (*abbaglia/meraviglia/travaglio/muraglia/bottiglia*) accelerano l'andamento del testo, comunicando la sensazione di un destino umano che continua ineluttabile e senza esitazioni il suo percorso.

Lo stile

Quasi tutte le scelte lessicali sono dettate dall'adesione a un linguaggio comune e prosaico e dall'esigenza di esprimere attraverso la vista e l'udito la staticità e l'aridità del paesaggio. Soltanto nel v. 9 compare un vocabolo che rimanda a un'idea di positività (*palpitare*) e nell'ultima strofa due verbi suggeriscono un'impressione di movimento (*andando*, *seguitare*), seppur monotono e circoscritto dalla *muraglia*.

La struttura sintattica delle strofe è caratterizzata dall'impiego ripetuto dell'infinito, un modo verbale privo di soggetto e di una collocazione cronologica definita. In questo modo Montale attribuisce alla descrizione e alla riflessione finale un valore fuori da limiti spazio-temporali.

LABORATORIO

Comprendere e individuare
L'esplorazione del testo

1. La lirica è composta da due parti. Indica i versi di ciascuna di esse e sintetizzane il contenuto.

2. Compila la tabella indicando gli elementi descrittivi del paesaggio che rinviano alle diverse sfere sensoriali.

Vista	
Udito	
Tatto	

3. Riporta nella tabella i termini che rinviano ai diversi temi affrontati nella lirica.

L'aridità	
Il disorientamento	

L'atteggiamento dell'io lirico verso il paesaggio	
La vita come cammino lento e monotono	

4. Individua il verso in cui la luce è espressione di vita e speranza e quello in cui è una forza accecante che confonde.

5. Con quale espressione l'io lirico definisce lo stupore doloroso con cui prende atto dell'impossibilità di conoscere il senso dell'esistenza?

Interpretare e riflettere
La scoperta del testo

6. Le *file di rosse formiche* (v. 6) rappresentano
   A. ☐ la capacità di opporsi con forza d'animo alle difficoltà dell'esistenza
   B. ☐ la crudeltà della natura nei confronti delle creature più indifese
   C. ☒ la monotonia e l'insensatezza dell'esistenza affannata degli uomini

LABORATORIO

D. ☐ l'impossibilità di fermarsi per interrogarsi sul significato dell'esistenza

7. L'uso ripetuto dell'infinito
  A. ☐ assegna un valore universale alle considerazioni del poeta
  B. ☐ sottolinea l'incertezza esistenziale e i timori dell'io lirico
  C. ☐ evidenzia la difficoltà dell'io lirico a manifestare il proprio pensiero
  D. ☐ rispecchia la fatica e la precarietà dell'esistenza

8. Alla luce di quanto affermato nella scheda di lettura, il mare è
  A. ☐ la promessa di una ricompensa futura
  B. ☐ l'immagine di un universo minaccioso
  C. ☐ l'invito a perdersi in un mondo fantastico
  D. ☐ un simbolo di libertà e forza vitale

9. Rifletti sulla presentazione del paesaggio e delle creature che lo animano: l'io lirico si sofferma sulla descrizione degli animali e ascolta i loro versi. C'è però un'assenza significativa: quale? Come possiamo spiegare questa scelta?

Analizzare
Lo stile e la forma del testo

10. A quale tipo di rima appartiene quella che si stabilisce tra i vv. 5 e 7 (*veccia/intrecciano*)?
  A. ☐ Ricca
  B. ☐ Equivoca
  C. ☐ Ipermetra
  D. ☐ Identica

11. Individua le assonanze presenti nei vv. 3-4.

12. Come abbiamo segnalato nella scheda di lettura, nella poesia vi sono alcune onomatopee: quali?

13. I vv. 11-12 sono occupati dalla doppia metafora del *palpitare lontano di scaglie di mare*. Prova a esplicitarne il significato, trasformandola in una similitudine.

14. Montale utilizza il termine *travaglio* (v. 15) come sinonimo di "sofferenza". Conosci altri significati di questo termine?

GRAMMATICA

15. Completa la tabella indicando i complementi di luogo presenti nella lirica.

presso un rovente muro (v. 2)	....
....	Stato in luogo
....	....
....	....
....	....
....	....
dai calvi picchi (v. 12)	....

Produrre
Dalla lettura alla scrittura

16. Il paesaggio affocato e accecante di un pomeriggio d'estate al mare è lo sfondo simbolico del disagio esistenziale. Imitando il modello di *Meriggiare pallido e assorto*, scrivi una poesia scegliendo un altro paesaggio, anch'esso però inquietante e tale da fornire una visione metaforica della fatica di vivere. Ti forniamo un modello.
*Albeggiare gelido e sfinito
appeso a una ruvida parete di granito
ascoltare tra le rocce e i crepacci
tonfi di neve, scricchiolii di ghiacci...* ora continua tu.

17. Ora, rifacendoti sempre alla struttura della lirica di Montale, prova a rovesciare il valore simbolico del paesaggio, fino a farlo diventare un riflesso della serenità dell'io lirico. Ti forniamo un modello.
*Tramontare leggero e piano
in mezzo a un campo di grano
ascoltare tra le spighe e le fascine
beee di pecore, coccodè di galline...* ora continua tu.

Vincent van Gogh, *Salici al tramonto*, 1888, Otterlo, Rijksmuseum Kröller-Müller.

T4 Umberto Saba Ulisse

Questa lirica fa parte della sezione *Mediterranee* del *Canzoniere*, l'opera che raccoglie l'intera produzione di Umberto Saba (▶ p. 432). Il poeta ormai anziano ricorda i viaggi in mare della sua giovinezza e scopre in sé la stessa voglia di vivere. Come un tempo, è ancora attirato dall'avventura di nuove esperienze, grazie a cui continuare a sentirsi vivo.
METRO: endecasillabi sciolti.

Nella mia giovinezza ho navigato
lungo le coste dalmate. Isolotti
a fior d'onda emergevano, ove raro
un uccello sostava intento a prede,
5   coperti d'alghe, scivolosi, al sole
belli come smeraldi. Quando l'alta
marea e la notte li annullava, vele
sottovento sbandavano più al largo,
per fuggirne l'insidia. Oggi il mio regno

---

2 **dalmate**: della Dalmazia, regione costiera dell'odierna Croazia, vicino a Trieste; **isolotti**: gli scogli che affiorano vicino alla costa.
3-4 **ove raro... prede**: su cui stavano uccelli solitari (*raro*), pronti a catturare la preda.
6 **belli... smeraldi**: gli scogli ricoperti di alghe verdi brillano al sole come preziosi smeraldi.
7 **li annullava**: li sommergevano, nascondendoli alla vista dei naviganti.
8 **sottovento**: nella direzione opposta a quella in cui soffia il vento.
9 **insidia**: i pericoli nascosti.

---

il punto su... | La figura di Ulisse nella poesia italiana

Nell'*Odissea* Ulisse è definito *polýtropos*, ovvero "multiforme", uomo che ha viaggiato a lungo, versatile e curioso del nuovo, e *poikilométis* (da *poikílos*, "vario", "molteplice" e *métis*, "intelligenza pratica", "astuzia"), cioè intelligente, saggio. Queste caratteristiche fanno di lui un personaggio che ha esercitato un'influenza immensa sull'immaginario di numerosi poeti e scrittori occidentali.

Il mito di Ulisse in poesia è stato rielaborato da Dante Alighieri nel canto XXVI dell'*Inferno* (▶ U6, T2, p. 166), che ne ha fatto un eroe romantico, spinto dall'ardore di conoscenza a navigare verso l'ignoto, oltre le colonne d'Ercole. Su questa linea interpretativa si pone anche l'Ulisse di Ugo Foscolo, che nel sonetto *A Zacinto* (▶ p. 333) trasferisce su questo personaggio il tema autobiografico e tipicamente romantico dell'esilio (*per cui bello di fama e di sventura/baciò la sua petrosa Itaca Ulisse*, vv. 10-11).

Diversa invece è la lettura che ne dà Giovanni Pascoli: nel poemetto *L'ultimo viaggio* la figura di Ulisse viene reinterpretata secondo una sensibilità moderna e trasformata in un personaggio pieno di dubbi, che compie un viaggio a ritroso nel tempo in cerca di se stesso: *Ditemi almeno chi sono io! Chi ero!* (v. 29), chiede l'eroe turbato alle Sirene. Contemporaneo di Pascoli, anche il poeta decadente Gabriele D'Annunzio si confronta con la figura di Ulisse nel primo libro delle *Laudi*, *Maia*, presentandolo come un eroe sdegnoso e solitario, modello ideale per ogni uomo che voglia condurre una vita superiore, nel disprezzo della mediocrità della massa.

Nel Novecento oltre all'esempio dell'*Ulisse* di Saba, emblema dell'amore per la vita nel suo instancabile e perenne ricercare, la figura del mitico re di Itaca ha ispirato anche Guido Gozzano. In *Il re di tempeste* (▶ U8, T4, p. 242) ne dà però una versione parodica, presentandolo come un libertino che naviga su uno yacht *toccando tra liete brigate/le spiaggie più frequentate/dalle famose cocottes* (vv. 6-8). Come l'Ulisse dantesco, anche il personaggio di Gozzano si rimette in viaggio vecchio e stanco, ma invece di essere animato dalla sete di sapere è mosso dalla brama di denaro: infatti vuole cercare fortuna in America, come qualsiasi mediocre uomo contemporaneo.

10 è quella terra di nessuno. Il porto
   accende ad altri i suoi lumi; me al largo
   sospinge ancora il non domato spirito,
   e della vita il doloroso amore.

[U. Saba, *Il canzoniere*, Einaudi, Torino 2005]

Lyonel Feininger, *Velieri*, 1917, Lugano, collezione Thyssen.

10 **terra di nessuno:** il mare aperto.
11 **ad altri... largo:** per gli altri, ma non per il poeta (*me*) sospinto verso il mare aperto (*al largo*).
12 **non domato:** non addomesticato, ancora desideroso di avventure.
13 **della vita... amore:** l'amore per la vita, che è causa di sofferenza.

SCHEDA di LETTURA

Al largo

La lirica si apre con una sintetica annotazione di carattere autobiografico (*Nella mia giovinezza ho navigato*). In effetti il poeta aveva abbandonato presto gli studi e si era imbarcato come mozzo in alcune navi mercantili in partenza da Trieste. Saba rammenta quanto fosse pericoloso viaggiare *lungo le coste dalmate*. Il buio e l'alta marea nascondevano gli scogli a pelo d'acqua e le imbarcazioni erano costrette a spingersi al largo per *fuggirne l'insidia*. Ma i ricordi del poeta non sono i pensieri nostalgici di chi insegue le avventure della giovinezza, vissute in un tempo rimpianto e ormai irrimediabilmente trascorso. L'io lirico afferma di continuare a navigare in mare aperto, *quella terra di nessuno*, anche nel presente (*Oggi*), a differenza di chi ha scelto di invertire la rotta per seguire le luci rassicuranti che conducono verso il porto. L'animo indomabile e l'amore per la vita, anche quando è dolorosa, lo spingono *al largo*, a continuare il suo viaggio avventuroso.

La metafora del viaggio

La poesia è un'intima riflessione sulla propria vita, passata e presente. Attraverso l'ininterrotto viaggio tra le acque e le isole dell'Adriatico, Saba rappresenta metaforicamente la propria esperienza esisten-

SCHEDA di LETTURA

ziale. È stato un percorso disseminato di pericoli e tentazioni ingannevoli, come gli *isolotti* che splendono al sole *belli come smeraldi*, approdi *scivolosi* su cui possono posarsi soltanto gli uccelli marini e nemici mortali di notte.

Il punto fermo del v. 9 interrompe bruscamente la corrente dei ricordi e ci trasporta al presente. Il paesaggio assume una funzione ancora più simbolica, in particolare i termini e le espressioni che appartengono al campo semantico del mare (*Il porto, al largo*). Saba rivendica con orgoglio di non aver perduto il desiderio di vivere intensamente, di non aver rinunciato alle emozioni. Non c'è distanza tra passato e presente, giovinezza e vecchiaia. Come quando era ragazzo, il poeta non è ancora appagato da tutto ciò che ha conosciuto e sperimentato.

L'"ulissismo" di Saba

Anche se ormai ha raggiunto un'età in cui più forte è l'esigenza di riposo e serenità, il poeta intende continuare a veleggiare tra gli "scogli" della vita quotidiana, senza rifugiarsi come fanno molti altri nella quiete di un porto, ovvero in un'esistenza comoda e conformista, nella difesa di ciò che si è conquistato, senza attendersi nulla di nuovo. Il titolo della poesia è fondamentale per comprenderne il significato: non solo il viaggio di Ulisse è metafora della vita ma è anche il simbolo del desiderio di conoscenza. Il legame tra il poeta e l'eroe greco è determinato proprio dalla perdurante disponibilità a conoscere, dallo spirito inquieto che spinge entrambi alla ricerca, anche a rischio della solitudine e della scoperta del dolore. Come Ulisse ha esplorato luoghi ignoti e inaccessibili, così Saba si è addentrato senza timore nelle profondità dell'animo umano, affascinante e capace di emozionare quanto isole misteriose e popoli sconosciuti.

Lo stile

La poesia è composta da una sola strofa in endecasillabi sciolti, privi di rima a esclusione dell'epifora *al largo* (vv. 8, 11), che sottolinea il fascino di quanto ancora è sconosciuto, e delle assonanze *navigato/raro* e *prede/vele*. La musicalità della lirica si deve soprattutto alle frequenti allitterazioni, in particolare dei suoni consonantici come la *l* (*uccello, alghe, scivolosi, sole, belli, smeraldi, alta, li annullava*) e la *r* (*raro, prede, smeraldi, marea, largo, regno, terra, porto*). Come spesso accade nella poesia di Saba, la sintassi è caratterizzata da strutture prevalentemente ipotattiche, dalla presenza di inversioni e dal ripetuto ricorso agli *enjambement*, in questo caso particolarmente significativi nel sottolineare le immagini metaforiche del viaggio in mare: *Isolotti/a fior d'onda, raro/un uccello, sole/belli, l'alta/marea, regno/è, porto/accende, al largo/sospinge*.

Il lessico è semplice, anche se è interessante notare la funzione evocativa dei numerosi verbi dinamici (*ho navigato, emergevano, li annullava, sbandavano, fuggirne, sospinge*), che richiamano sia la metafora centrale del viaggio sia il trascorrere del tempo, il passaggio dalla giovinezza alla vecchiaia.

LABORATORIO

Comprendere e individuare
L'esplorazione del testo

1. La vita non comporta soltanto il dolore ma anche la lotta per sopravvivere. Quale immagine della lirica richiama simbolicamente quest'aspetto dell'esistenza umana?

2. Con quale verbo il poeta suggerisce che dinanzi alle difficoltà del viaggio la risposta dell'uomo spesso comporta incertezze e ripensamenti?

3. Nel v. 9, la particella "-ne" di *fuggirne* a che cosa si riferisce?
   A. ☒ A *Isolotti* (v. 2)
   B. ☐ Ad *alta/marea* (vv. 6-7)
   C. ☐ A *notte* (v. 7)
   D. ☐ A *vele* (v. 7)

4. Con quale espressione l'io lirico sottolinea il desiderio di continuare il viaggio di scoperta e di conoscenza, senza porsi limiti e senza timori?

LABORATORIO

5. Compila la tabella indicando i versi delle due parti in cui è possibile suddividere la poesia e riassumendo il tema di entrambe.

	Versi	Tema
Parte 1	...-...	....
Parte 2	...-...	....

Interpretare e riflettere
La scoperta del testo

6. Dopo aver letto questa poesia, possiamo sostenere che per Saba la vita è
A. ☐ un ininterrotto percorso di dolore
B. ☐ la ricerca di pace e serenità
C. ☐ una monotona sequenza di giorni
D. ☒ un'esperienza emozionante

7. La scelta dell'io lirico di proseguire il viaggio comporta da un lato libertà ma dall'altro lato solitudine e isolamento: quale espressione presente nel testo giustifica quest'affermazione?

8. Nel v. 11 l'io lirico distingue se stesso dagli *altri*: a chi allude? In che cosa consiste questa differenza?

9. Come abbiamo visto nella scheda di lettura, il titolo della lirica allude a una somiglianza fra il poeta e Ulisse. In quali versi ti pare che questo legame fra Saba e l'eroe greco sia più evidente?

10. I vv. 11-13 sono occupati da un periodo in cui vi sono due soggetti (*il non domato spirito*, *il doloroso amore*) e il predicato al singolare (*sospinge*). Qual è la ragione di questo "errore sintattico" voluto dal poeta? Quale effetto espressivo determina?

Analizzare
Lo stile e la forma del testo

11. Suddividi in sillabe il v. 12: per quale motivo risulta essere un endecasillabo?

12. Quale figura di suono compare nei vv. 5-6 e 7-8?
A. ☐ Assonanza
B. ☐ Allitterazione
C. ☐ Onomatopea
D. ☐ Paronomasia

13. Spiega per quale motivo il termine *vele* (v. 7) è una sineddoche.

14. La poesia si conclude con l'espressione *doloroso amore*: di quale figura retorica si tratta?
A. ☐ Ossimoro
B. ☐ Sinestesia
C. ☐ Antitesi
D. ☐ Iperbole

15. La sintassi di Saba è caratterizzata dal ricorso alle inversioni: trova un esempio d'iperbato e uno di anastrofe.

16. Come spiegato nella scheda di lettura, la poesia è costruita intorno alla metafora principale del viaggio in mare. Quali sono i termini connessi al campo semantico della navigazione presenti nel testo?

GRAMMATICA

17. Nel v. 3 quale funzione grammaticale viene svolta da *raro*?
A. ☐ Nome
B. ☐ Aggettivo
C. ☐ Verbo
D. ☐ Avverbio

18. Nella frase *il porto accende ad altri i suoi lumi*, l'espressione sottolineata è un complemento di
A. ☐ termine
B. ☐ fine
C. ☐ vantaggio
D. ☐ limitazione

Produrre
Dalla lettura alla scrittura

19. Riscrivi la lirica, conservandone il significato ma cambiandone lo sfondo paesaggistico. Il "viaggio" potrebbe compiersi in montagna, lungo un fiume, nel mezzo di una foresta intricata. Ti forniamo un modello.

*Nella mia giovinezza ho arrampicato
lungo le pareti dolomitiche. Rocce
a strapiombo spuntavano, ove rara
un'aquila sostava intenta a prede,
senza appigli, lisce, al sole
belle come diamanti...* ora continua tu.

VERIFICA DELLE COMPETENZE

Leggi il seguente testo e poi rispondi alle domande.

T5   Dino Campana Giardino autunnale

Dino Campana nacque a Marradi, in provincia di Firenze, nel 1885. Studiò a Bologna ma già nel 1906 comparvero i primi disturbi nervosi e venne ricoverato in un manicomio a Imola. Quando uscì, l'anno successivo, iniziò a compiere numerosi viaggi, durante i quali svolse mestieri occasionali (fabbro, suonatore di triangolo, fuochista) e imparò quattro lingue. Tornato in Italia, compose l'opera *Canti orfici* (1914), l'unica pubblicata in vita. Nel 1917, dopo una tumultuosa relazione con la scrittrice Sibilla Aleramo, venne definitivamente internato in manicomio, dove morì nel 1932.

Il giardino autunnale rappresentato nella lirica è quello di Boboli, a Firenze. Il paesaggio è avvolto in una dimensione sospesa e onirica e la descrizione dell'ora del tramonto si conclude con l'apparizione di una misteriosa creatura femminile. Si tratta probabilmente della stessa donna che Campana in un'altra lirica chiama *Chimera*, un essere mitologico che rappresenta un desiderio irrealizzabile, una visione indefinibile e seducente.

    Al giardino spettrale al lauro muto
    de le verdi ghirlande
    a la terra autunnale
    un ultimo saluto!
5   A l'aride pendici
    aspre arrossate nell'estremo sole
    confusa di rumori rauchi grida la lontana vita:
    grida al morente sole
    che insanguina le aiole.
10 S'intende una fanfara
    che straziante sale: il fiume spare
    ne le arene dorate; nel silenzio
    stanno le bianche statue a capo i ponti
    volte: e le cose già non sono più.
15 E dal fondo silenzio come un coro
    tenero e grandioso
    sorge ed anela in alto al mio balcone:
    e in aroma d'alloro,
    in aroma d'alloro acre languente,
20 tra le statue immortali nel tramonto
    ella m'appar, presente.

[D. Campana, *Opere e contributi*, Vallecchi, Firenze 1973]

- **5-7 A l'aride... vita:** la vita della città lontana, da cui provengono rumori spiacevoli (*rauchi*), fa arrivare le sue grida sulle pendici del colle, arrossate dal sole al tramonto.
- **10 fanfara:** banda musicale.
- **11-12 spare... dorate:** si confonde con le rive dorate.
- **14 già non sono più:** scompaiono nel buio della sera.
- **15 fondo:** profondo.
- **17 anela in:** tende verso.
- **18 in aroma:** nel profumo.

1. Quale figura dell'ordine caratterizza il periodo che occupa i primi quattro versi? Rifletti: la frase esclamativa rimane sospesa e introduce l'atmosfera indefinita che pervade l'intera poesia.

- **A.** ☐ Anastrofe
- **B.** ☐ Iperbato
- **C.** ☐ Ellissi
- **D.** ☐ Anafora

VERIFICA DELLE COMPETENZE

2. Nel giardino di Boboli le piante di lauro vengono potate in modo da formare degli archi (*verdi ghirlande*, v. 2). Forse per questa ragione, in una precedente versione della lirica, Campana aveva usato l'espressione *lauro reciso*, sostituita poi con *lauro muto* (v. 2). Alla luce di queste informazioni, sai spiegare il significato dell'aggettivo *muto* per descrivere l'albero?

3. Nel periodo che occupa i vv. 5-8, Campana svela il soggetto (*la lontana vita*) soltanto nella parte conclusiva. Quale figura dell'ordine ha utilizzato?
   A. ☐ Anastrofe   C. ☐ Chiasmo
   B. ☐ Iperbato   D. ☐ Parallelismo

4. La *lontana vita* che grida *rumori rauchi* (v. 7) a chi appartiene?
   A. ☐ Alla città che si trova ai piedi del giardino
   B. ☐ Al giorno che sta tramontando
   C. ☐ All'io lirico intristito dal paesaggio spoglio
   D. ☐ Alla fanfara che ha iniziato a suonare

5. Leggi i vv. 6-9 prestando particolare attenzione all'aspetto fonico: quale figura di suono costruisce una fitta trama musicale?
   A. ☐ Assonanza   C. ☐ Allitterazione
   B. ☐ Consonanza   D. ☐ Paronomasia

6. Per descrivere l'effetto del sole del tramonto che arrossa le aiuole, il poeta utilizza il verbo *insanguina* (v. 9). Quale figura del significato ha utilizzato?
   A. ☐ Similitudine   C. ☐ Metonimia
   B. ☐ Metafora   D. ☐ Sineddoche

7. Il termine *volte* (v. 14) è un'espressione poco comune che sta per "avvolte"; ma da che cosa sono circondate le *bianche statue* (v. 13)?

8. Per quale motivo nel v. 14 l'io lirico afferma che le cose già non sono più?
   A. ☐ Esse si confondono nel buio della sera che sta calando
   B. ☐ L'io lirico si è allontanato e non può più vederle
   C. ☐ Erano visioni soltanto immaginate dall'io lirico
   D. ☐ L'io lirico distoglie lo sguardo, distratto dai rumori

9. In quale verso fa la sua comparsa l'io lirico, il soggetto delle sensazioni descritte? Troverai la risposta ricercando aggettivi possessivi o pronomi personali in prima persona.

10. La poesia non appartiene a una forma di componimento definita: per quanto riguarda il metro, quali sono i tipi di versi che si alternano liberamente?

11. Compila la tabella indicando i versi in cui si trovano elementi che rimandano alla vista, all'udito e all'olfatto.

Vista	....
Udito	....
Olfatto	....

12. Quali fra le seguenti coppie antitetiche sono sviluppate nella lirica?
    A. ☐ Rumore-silenzio
    B. ☐ Vita-morte
    C. ☐ Anima-corpo
    D. ☐ Bene-male
    E. ☐ Luce-buio
    F. ☐ Gioia-dolore
    G. ☐ Uomo-donna

13. La lirica è priva di uno schema di rime definito. Individua la rima interna e la rima identica a cui il poeta fa ricorso per enfatizzare la musicalità dei versi e per sottolineare il contesto temporale, ovvero il tramonto.

14. Riporta almeno cinque termini o espressioni che determinano il clima di morte che incombe su tutta la lirica.

15. Prima della rivelazione finale della misteriosa presenza femminile (*ella m'appar*, v. 21), Campana crea un clima di attesa scandito dal susseguirsi di immagini e sensazioni (vv. 15-21). Quale tipo di struttura sintattica contribuisce a determinare questo effetto di palpitante aspettativa? Osserva gli elementi di coesione tra le diverse proposizioni.

percorso

2
LEGGERE TEMI DI OGGI

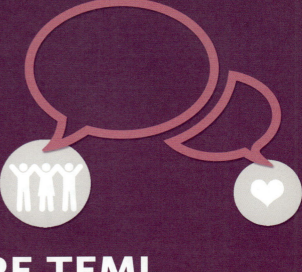

- **4** ■ Lo sport
- **5** ■ La musica
- UNITÀ ONLINE ■ La tecnologia

- I temi della contemporaneità per leggere, comprendere e interpretare testi letterari
- L'applicazione dell'educazione letteraria all'educazione grammaticale e linguistica e alla produzione scritta creativa e funzionale
- La lettura e la comprensione di testi funzionali per la produzione scritta documentata e per lo sviluppo delle competenze di cittadinanza

UNITÀ 4
Lo sport

T1 Vittorio Sereni
Mille miglia

T2 Giovanni Raboni
Zona Cesarini

T3 Maurizio Cucchi
'53

T4 Valerio Magrelli
Elegia

T5 Erri De Luca
Un decimo

VERIFICA DELLE COMPETENZE

T6 Umberto Saba
Goal

DOSSIER E SCRITTURA DOCUMENTATA

Sport e poesia

Nel corso dei secoli diverse opere poetiche hanno descritto e raccontato combattimenti, giochi e sfide atletiche. Nonostante le **vicende sportive** siano state da sempre celebrate e tramandate (anche nei versi dei poemi epici), sarebbe assai complicato ripercorrere in maniera esaustiva e sistematica le tracce della presenza – eterogenea e irregolare – di questo tema nella poesia lirica. Per tale ragione nelle righe successive ti proponiamo soltanto alcuni emblematici esempi del rapporto fra poesia e sport, senza la pretesa di fornire un quadro completo.

Un interesse disparato e saltuario

Dalla letteratura classica a Dante e Leopardi

Molti autori della **letteratura greca** hanno lasciato testimonianza del carattere religioso e sacrale delle Olimpiadi e nei componimenti di numerosi **scrittori latini** fanno spesso capolino i riferimenti ai giochi più diffusi nell'antica Roma.
Nel canto XVI dell'*Inferno*, **Dante Alighieri** (▶ p. 166) mostra di conoscere bene l'arte della lotta e le sue tecniche quando paragona alcune anime dannate agli atleti: «Qual sogliono i campion far nudi e unti,/avvisando lor presa e lor vantaggio/prima che sien tra lor battuti e punti» (vv. 22-24). Nelle dettagliate descrizioni degli scontri fra gli eroi dei **poemi cavallereschi** si coglie l'importanza dell'arte della scherma nelle corti medioevali e rinascimentali. Infine, con un salto cronologico di qualche secolo, scopriamo che **Giacomo Leopardi** (▶ p. 349), così lontano dall'immagine di un appassionato sportivo, dedicò una delle sue prime liriche – *A un vincitore nel pallone* – al protagonista di uno sport antenato del calcio.

La poesia del Novecento

Soltanto nei primi decenni del Novecento, con la nascita degli **sport moderni**, il legame con la poesia è diventato più stretto, meno occasionale. Il mondo culturale ha abbandonato un atteggiamento di diffidenza nei confronti dello sport, non più avvertito come manifestazione culturale di secondaria importanza, poco "nobile" dal punto di vista intellettuale.
La capillare diffusione del **calcio** e del **ciclismo** ha aumentato l'interesse degli scrittori, spesso frutto di un coinvolgimento in prima persona in quanto tifosi e appassionati. Lo sport si afferma come fatto di costume, spettacolo mediatico, fenomeno dai molteplici risvolti economici e sociali ma nel contempo anche come evento capace di investire una ricca varietà di **motivi psicologici** ed **emozionali**. In genere diventa il

---

il punto su... | Le Olimpiadi greche

Nell'antica Grecia i giochi e le gare sportive facevano parte della tradizione delle feste religiose e lo sport era un mezzo per onorare le divinità. Le quattro feste nazionali principali, denominate "Giochi panellenici", erano:
- le Pitiche, che si svolgevano a Delfi in onore del dio Apollo;
- le Nemee, a Nemea;
- i Giochi Istmici, a Corinto in onore di Poseidone;
- i Giochi Olimpici, a Olimpia in onore di Zeus, ai quali partecipavano concorrenti provenienti da ogni regione della Grecia e dalle colonie.

Secondo la tradizione le prime Olimpiadi si svolsero a Olimpia nel 776 a.C. e negli anni divennero la principale festa della Grecia. Si tenevano ogni quattro anni, nonostante le guerre, e avevano raggiunto un'importanza tale da essere prese come riferimento cronologico. Le ultime notizie sui vincitori delle gare risalgono al 261 a.C.; dopo la conquista della Grecia da parte dell'Impero romano i giochi si avviarono verso il declino.

punto di partenza, l'occasione per sviluppare un discorso che va ben al di là dell'aspetto agonistico. Ciò che interessa al poeta non è tanto la gara, l'esaltazione del gesto o della figura leggendaria di un atleta, quanto la naturale disposizione dello sport a diventare una **metafora della vita**, o perlomeno di un aspetto dell'esistenza.

La **dimensione epica** di avvenimenti e personaggi si impone nell'immaginario collettivo. Pensiamo all'alone leggendario che avvolge le imprese mitiche dei ciclisti che si avvitano lungo i tornanti delle strade di montagna, oppure alla figura eroica dei maratoneti che crollano a pochi minuti dal traguardo o coronano con il successo insperato un lungo inseguimento. L'alternanza di vittorie e di sconfitte, di esaltanti trionfi e di cadute drammatiche, invita il poeta e il lettore a una riflessione più ampia di quella che si esaurisce nella semplice cronaca sportiva. La poesia indaga con maggiore consapevolezza i significati sottesi alla competizione sportiva, ne intravvede e mostra le implicazioni culturali ed emotive, trasforma il fascino della sfida agonistica in **specchio dell'esistenza**.

Gli autori

Il primo autore che mostra questo mutato atteggiamento è **Umberto Saba** (▶ p. 432), autore di cinque poesie dedicate al calcio. Fra queste la più nota è probabilmente *Goal* (▶ T6, p. 113), in cui l'attimo magico del goal e gli stati d'animo contrapposti del calciatore che ha segnato e del portiere battuto diventano sintesi della visione esistenziale del poeta, secondo cui nella vita umana convivono gioia e dolore, sconfitta e vittoria. Anche *Zona Cesarini* (▶ T2, p. 97) di **Giovanni Raboni** è dedicata al calcio. La lirica sottolinea l'imprevedibilità del destino e la soggettività della dimensione temporale attraverso il racconto della scena conclusiva di una partita e di un goal mancato all'ultimo istante. Per **Maurizio Cucchi** un avvenimento sportivo è, invece, l'occasione per ricordare un momento ormai lontano vissuto con il padre. In *'53* (▶ T3, p. 101) la partita di calcio è indissolubilmente legata a un'emozione irripetibile. In *Mille miglia* (▶ T1, p. 93) di **Vittorio Sereni** la delusione per il mancato arrivo al traguardo del pilota più atteso e amato porta il poeta a riflettere sulla precarietà della giovinezza e della bellezza, sulla minaccia del tempo che consumerà il fascino dell'eroe sportivo. La pedalata in *cyclette* descritta da **Vittorio Magrelli** in *Elegia* (▶ T4, p. 104) denuncia i rischi di un processo di alienazione a cui l'umanità sembra condannata dai tempi e dai modi imposti dalla società contemporanea. Infine, l'alpinismo inteso come sfida nei confronti di se stessi e come palestra di un rigoroso modello di vita fondato sull'etica e sul rispetto delle regole è il tema di *Un decimo* (▶ T5, p. 107) di **Erri De Luca**.

Massimo Campigli, *La partita di calcio*, 1928, New York, collezione privata.

T1 Vittorio Sereni Mille miglia

La lirica di Sereni ricorda la Mille miglia, mitica gara automobilistica che si svolse tra il 1927 e il 1957 lungo il percorso Brescia-Roma (andata e ritorno) su strade aperte al traffico. L'edizione ricordata dal poeta è quella del 1955, vinta dal pilota inglese Stirling Moss, che, alla guida di una Mercedes, in quell'occasione stabilì il record della corsa, percorrendo i 1.600 chilometri del percorso in poco più di dieci ore. Sereni viveva con la famiglia a Brescia, in una casa lungo il viale dove era posto il traguardo.
Nella lirica, il poeta descrive la delusione della folla per l'attesa vittoria di una Ferrari.

Per fare il bacio che oggi era nell'aria
quelli non bastano di tutta una vita.

Voci del dopocorsa, di furore
sul danno e sulla sorte.
5 Un malumore sfiora la città
per Orlando impigliato a mezza strada
e alla finestra invano
ancor giovane d'anni e bella
Angelica si fa.
10 Voci di dopo la corsa, voci amare:
si portano su un'onda di rimorso
a brani una futile passione.
Folta di nuvole chiare
viene una bella sera e mi bacia
15 avvinta a me con fresco di colline.

Ma nulla senza amore è l'aria pura
l'amore è nulla senza la gioventù.

Brescia, primavera 1955

[V. Sereni, *Gli strumenti umani*, Einaudi, Torino 1965]

Immagine storica della Mille miglia del 1927.

- **6 Orlando impigliato a mezza strada:** per Orlando che è rimasto a metà strada, impedito da un ostacolo. Il riferimento è al leggendario cavaliere Orlando, paladino del re di Francia e protagonista di numerosi cicli epici e poemi cavallereschi, tra cui l'*Orlando furioso* di Ludovico Ariosto (▶ p. 239); il pilota della moderna corsa automobilistica è dunque paragonato a un antico ed eroico cavaliere.
- **9 Angelica:** nel poema di Ariosto, Angelica è il nome della donna amata da Orlando; continua così il parallelismo tra il pilota e il cavaliere.
- **12 a brani:** a pezzi; i discorsi della folla, che commenta l'esito della gara, giungono frammentari alle orecchie del poeta.

Vittorio Sereni nacque a Luino, sul Lago Maggiore, nel 1913. Dopo aver compiuto gli studi liceali a Brescia si iscrisse all'Università di Milano, laureandosi in Lettere nel 1936. Negli anni immediatamente successivi collaborò con la rivista «Corrente di vita giovanile», per la quale nel 1941 pubblicherà la sua prima raccolta di versi, *Frontiera*. Iniziò a lavorare come insegnante, ma allo scoppio della Seconda guerra mondiale venne richiamato alle armi e combatté in Grecia e in Sicilia, fino a quando venne catturato dagli alleati (1943) e tenuto prigioniero prima in Algeria e poi in Marocco. Alla fine della guerra, nel 1945, tornò in Italia e riprese la propria attività di insegnante. Nel 1947 pubblicò per Mondadori la sua seconda raccolta poetica, *Diario d'Algeria*, che testimonia il senso di alienazione legato alla terribile esperienza della guerra e della prigionia. A partire dal 1952 lavorò presso l'ufficio stampa della Pirelli e nel 1958 divenne dirigente editoriale della Mondadori. Continuò nel frattempo a scrivere e pubblicare poesie, raccolte in *Gli strumenti umani* (1965) e *Stella variabile* (1981). Due anni dopo morì a Milano.

La sua poesia si caratterizza fin dagli esordi per il tono prosastico e l'andamento narrativo e per l'attenzione rivolta – specie a partire dagli anni Cinquanta – a temi legati alla società contemporanea, alla cultura di massa e alla cronaca degli anni del Dopoguerra.

SCHEDA di LETTURA

Il bacio

Il titolo rivela l'argomento della poesia, un avvenimento sportivo, una leggendaria corsa automobilistica. La data e il luogo posti al fondo del componimento indicano il contesto: siamo a Brescia, all'arrivo della Mille miglia del 1955.

Eppure nei primi due versi l'atmosfera è indeterminata, quasi avvolta in un alone di sogno. Si parla di un *oggi* che già appartiene al passato (*era*), ma è ancora vivo il ricordo di ciò che ondeggiava nell'aria: un *bacio* così bello e intenso che *quelli non bastano di tutta una vita*. Doveva essere davvero un *oggi* speciale se quanto si percepiva era talmente importante da valere un'intera esistenza. Forse addirittura era il giorno di un *bacio* che avrebbe potuto riscattare e dare un senso a tutti i giorni vissuti prima. Ma l'indefinitezza nostalgica che pervade i primi due versi sembra suggerire che il *bacio* ha volteggiato a lungo, lasciando un'eco della sua leggerezza e del suo fascino, senza però che sia stato possibile afferrarlo, magari per la sua impalpabile natura.

La sconfitta di Orlando e la vana attesa di Angelica

Nel terzo verso, seppur con modi e accenti evocativi, l'io lirico precisa che quella che si respirava nella strofa iniziale era l'aria del giorno in cui si è svolta una corsa, ormai conclusa. I commenti degli spettatori (*Voci del dopocorsa*) sono rabbiosi (*furore*) perché la gara non ha avuto l'esito sperato a causa della fortuna avversa (*danno* e *sorte*).

La Mille miglia assume i toni leggendari e avventurosi di un poema epico cavalleresco. Il pilota più amato dalla folla, alla guida della sua auto come il paladino Orlando in sella al suo cavallo, era atteso alla vittoria. Un imprecisato inconveniente, però, ha arrestato il cammino dell'eroe e ha provocato il *malumore* dei tifosi.

Nei vv. 7-9 si concretizza l'immagine iniziale. Dal disappunto sportivo della folla, che immaginiamo accalcata al traguardo, si passa alla malinconia di un desiderio vanificato dalla sconfitta e già rimpianto. Una donna (*Angelica*) attende affacciata alla fi-

▶

SCHEDA di LETTURA

nestra il pilota (*Orlando*) che, però, sappiamo essere *impigliato a mezza strada* e forse neppure giungerà all'arrivo.

L'opportunità si è già dileguata: ora sappiamo perché il *bacio* si era perduto nell'aria. E l'io lirico suggerisce che insieme al bacio si è dissolta anche un po' della giovinezza e della bellezza. L'avverbio *ancor*, posto all'inizio del v. 8, allude con struggente malinconia alla minaccia del tempo che tra poco inizierà a consumare il fascino di *Angelica*.

La fine della passione

L'immagine della delusione del dopocorsa viene ripresa nei vv. 10-12. Ora, però, il *furore* si è trasformato in amarezza. Anche l'emozione esaltante dell'arrivo appartiene al passato – a distanza di tempo appare *una futile passione* – e la sconfitta brucia con minore intensità. Resta soltanto un pacato sentimento di disillusione, *un'onda di rimorso* destinata a placarsi con il ritorno alla quotidianità.

Terminati l'attesa trepidante e il turbamento della sconfitta, l'io lirico passa dalla descrizione della scena alle proprie riflessioni e sensazioni personali. La folla e l'impeto agonistico dei versi precedenti lasciano spazio alla contemplazione del paesaggio, alle *nuvole chiare*. Una *bella sera* abbraccia il poeta nell'aria rigenerante della primavera (*fresco di colline*) e lo bacia. Ma non si tratta di un bacio che risarcisce la perdita subita e l'*aria pura* appare ben magra consolazione. Negli ultimi due versi l'io lirico conclude amaramente che la serenità della sera è *nulla senza amore* e senza la giovinezza che il tempo porterà via con sé.

Lo stile

La presenza ricorrente di diverse figure dell'ordine (inversione, anafora, chiasmo, iterazione, ellissi) e i numerosi *enjambement* frenano il ritmo della lirica, creando un'atmosfera d'indeterminatezza e di sospensione temporale. L'io lirico sembra voler concedere a sé e agli spettatori la possibilità di assorbire lentamente l'incredulità e la delusione per la sconfitta del loro beniamino.

Una fitta trama fonica attraversa l'intera poesia, grazie alle assonanze (*furore/sorte/malumore*, *corsa/onda/Folta*, *bella/sera/senza*) e alle allitterazioni (per esempio nei vv. 5-6 e 13-15).

LABORATORIO

Comprendere e individuare
L'esplorazione del testo

1. Quale termine lascia intendere che la sconfitta del pilota atteso vincitore dalla folla è stata determinata soltanto da un caso sfortunato e non dalla superiorità dell'avversario?

2. Qual è lo stato d'animo del pubblico al termine della corsa?
   A. ☐ Rabbia
   B. ☐ Scontentezza
   C. ☐ Rassegnazione
   D. ☐ Umiliazione

3. L'io lirico sottolinea l'attesa delusa di Angelica con un avverbio significativo. Quale?

4. In quale verso l'io lirico manifesta il rammarico per il tempo che passa?

5. Con quale verbo l'io lirico personifica la sera, evidenziando la sensazione di freschezza trasmessa dalla sua aria?

Interpretare e riflettere
La scoperta del testo

6. Un'anafora (*Voci*, vv. 3, 10) divide in due blocchi la seconda strofa: sai dire qual è il tema di ciascuna parte?

7. Nella seconda parte della lirica la partecipazione emotiva all'evento sportivo è considerata in maniera distaccata, quasi critica. Con quale espressione il poeta trasmette questa sensazione?

8. Quale fra le seguenti espressioni riassume con maggior efficacia il tema principale della lirica?
   A. ☐ La rabbia per una sconfitta sportiva
   B. ☐ Il rammarico per la gioia negata alla donna amata
   C. ☐ La nostalgia per un'occasione perduta
   D. ☐ L'imprevedibilità degli eventi sportivi

Analizzare
Lo stile e la forma del testo

9. I vv. 6-8 sono caratterizzati da una fitta rete di suoni che li rende particolarmente musicali. Giustifica quest'affermazione riportando le figure utilizzate dal poeta.

10. Nel v. 11 quale figura retorica del significato compare? Giustifica la tua risposta.
    A. ☐ Similitudine
    B. ☐ Metafora
    C. ☐ Metonimia
    D. ☐ Sineddoche

11. Compila la tabella riportando un esempio per ciascuna delle figure dell'ordine presenti nella poesia.

Anastrofe	....
Iperbato	....
Chiasmo	....
Ellissi	....

12. L'espressione *Voci del dopocorsa* del v. 3 viene mutata nel v. 10 in *Voci di dopo la corsa* (v. 10). Sai trovare una spiegazione di questo cambiamento lessicale?

GRAMMATICA

13. Al v. 6 *per Orlando* è un complemento di
    A. ☐ fine   C. ☐ causa
    B. ☐ moto per luogo   D. ☐ svantaggio

14. *Per fare il bacio che oggi era nell'aria/quelli non bastano di tutta una vita* (vv. 1-2). Analizza il periodo e riscrivi le proposizioni nello schema, una per casella, precisando il tipo di coordinazione e subordinazione.

    ┌─────────────────────┐
    │ .... │ Proposizione principale
    └─────────────────────┘
            ↓
    ┌─────────────────────┐
    │ .... │ Proposizione subordinata
    └─────────────────────┘
            ↓
    ┌─────────────────────┐
    │ .... │ Proposizione subordinata
    └─────────────────────┘

Produrre
Dalla lettura alla scrittura

15. Prova a riscrivere la poesia di Sereni rovesciando la situazione: il prediletto del pubblico ha vinto la corsa e i tifosi sono felici. Ti forniamo un modello.
    Per baciare il vincitore di oggi
    quelli son serviti di tutta una vita.

    Grida del dopocorsa, di gioia
    sul vantaggio e sulla fortuna.
    L'allegria travolge la città
    per Orlando premiato sul gradino più alto
    e alla finestra smagliante
    d'anni e di bellezza
    Angelica si fa... ora continua tu.

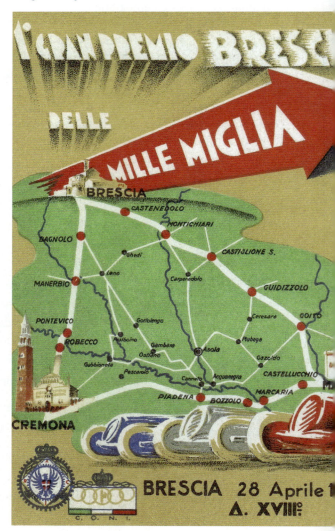

Manifesto del Gran Premio di Brescia del 1940.

T2 Giovanni Raboni Zona Cesarini

Renato Cesarini, calciatore della Juventus negli anni Trenta, realizzò molti goal nei finali di partita, tra cui uno che nel dicembre del 1931 regalò al novantesimo minuto la vittoria alla nazionale italiana contro l'Ungheria. Da quel momento l'espressione "zona Cesarini" è entrata nel gergo calcistico per indicare gli ultimi minuti di gioco, quelli in cui una rete diventa decisiva per la vittoria.
Nella lirica di Raboni rivivono proprio quei frenetici istanti che precedono la conclusione di una partita di calcio, mentre si svolge una confusa azione che potrebbe cambiare il risultato della gara senza dar tempo all'avversario di recuperare.

Il tiro, maledizione, ribattuto
sulla linea nell'ultima convulsa
mischia a portiere
nettamente fuori casa, fuori causa, col dito
5   mignolo, con la spalla, con l'occipite, con
la radice del naso
dell'avversario accorso, guarda caso,

---

2 **convulsa:** disordinata e scomposta, violentemente agitata.
5 **occipite:** la parte posteriore e inferiore del cranio, cioè la nuca.

Giovanni Raboni nacque a Milano nel 1932. Laureatosi in Legge, abbandonò presto la professione di avvocato per dedicarsi al giornalismo e alla letteratura. Collaborò a numerose riviste culturali, come «Paragone» e «Quaderni piacentini» e pubblicò la prima raccolta poetica, *Le case della Vetra*, nel 1966. A questa seguirono *Cadenza d'inganno* (1975), *Il più freddo anno di grazia* (1977), *Nel grave sogno* (1982), *Canzonette mortali* (1986), *Versi guerrieri e amorosi* (1990), *Ogni terzo pensiero* (1993, premio Viareggio per la poesia). Nel 1997 raccolse la sua produzione in versi nel volume *Tutte le poesie*. La sua attività di critico, rivolta specialmente alla poesia contemporanea, è documentata dai volumi di saggi *Poesia degli anni sessanta* (1976), *Quaderno in prosa* (1981), *I bei tempi dei brutti libri* (1988). Inoltre è stato critico teatrale per il «Corriere della Sera» e ha fatto parte del comitato direzionale del Piccolo Teatro di Milano. Poeta estremamente colto, Raboni fu un profondo conoscitore della lirica straniera moderna, che influenzò la sua produzione in versi. Svolse un'intensa attività di traduttore dal francese di opere teatrali, di prosa e di poesia, tra cui *Le fleurs du mal* di Charles Baudelaire (▶ p. 378) e *À la recherche du temps perdu* di Marcel Proust (1993). Morì nel 2004. Due anni dopo fu pubblicata la sua ultima raccolta poetica, *Ultimi versi* e postuma è anche la raccolta delle sue recensioni letterarie, pubblicata nel 2009 con il titolo *Il libro del giorno 1998-2003*.

da metà campo – o forse (chi capiva
più niente con quel buio) dal compagno
10 che va in cerca di gloria
a scapito evidente degli schemi
non più tardi di ieri ribaditi
nella fantastica pace del ritiro
dal mister quando ancora
15 tutto, anche vincere, anche
azzeccare questo tiro teso, radente, tra decine
di gambe e lentamente
spalancando la bocca
correre verso il centro, rotolarsi
20 nell'erba, in lenta muta sfida stendere
le braccia al cielo era possibile…

[G. Raboni, *Nel grave sogno,* Mondadori, Milano 1982]

poeti che parlano di poesia — La poesia a scuola

Riportiamo due frammenti di un'intervista a Raboni, in cui il poeta racconta il suo precoce rapporto con la poesia e propone il modo ideale per insegnarla a scuola e la ragione per cui è necessario farlo.

Io son diventato poeta per imitazione. Ho cominciato a leggere molto presto di tutto, son stato un lettore precoce. Devo aver anche raccontato di aver cominciato a leggere prima di saper leggere nel senso che mio padre leggeva a me e a mio fratello… romanzi e altro… prima ancora che avessi la possibilità di farlo con i miei occhi. La lettura e non soltanto di poeti, è diventata una delle passioni della mia vita. Molto presto, intorno ai 10, 11 anni ho cominciato a tentare di produrre anche io queste cose che mi piaceva tanto leggere. E quindi ho proprio cominciato come imitatore senza credo aver niente assolutamente da dire. Avevo l'orecchio, avevo questo talento, ho iniziato a scriver poesie. Mi sono quindi forgiato degli strumenti nei quali poi a un certo punto ho cominciato ad avere qualcosa da mettere di mio. Chiamarla vocazione mi sembra ridicolo perché non mi sentivo affatto "chiamato" a fare il poeta; mi sentivo portato a partecipare a questa costruzione collettiva che in fondo è la poesia. […] Leggere i poeti oggi è necessario perché credo che la comunicazione che la poesia comporta sia in qualche modo salvaguardata da qualsiasi tipo di strumentalizzazione o di accaparramento[1] di senso, è una comunicazione pura che di fronte agli orrori immanenti[2] della vita di oggi credo sia importante per chiunque.

Sono contrario invece all'idea della poesia "fai da te". Oggi le parole "poesia", "poeti" ricorrono moltissimo; si cerca ovunque la poesia tranne che "nella" poesia e molto altrove. Però questa secondo me è la testimonianza che c'è un bisogno d'essa come appunto mediazione continua, sottilissima, precaria, indispensabile tra la razionalità e l'irrazionalità, tra emozione pura e pensiero. Io credo che la funzione che ha il poeta a scuola è quella di insegnare ad andare incontro a questo bisogno, a questa esigenza molto diffusa in modo corretto e proprio che è quello di legger poesia e capirla anche producendola. I poeti dilettanti sono forse milioni ma è solo la poesia vera che può soddisfare questo bisogno di conciliare razionale e irrazionale. Il problema è quello di metter la cosa sui suoi piedi: la poesia serve se è poesia e per servirsene bisogna saperla leggere e insegnarla a leggere. Poi naturalmente non tutti possono leggere poesia perché credo che anche per questo occorra una dote naturale, però almeno provarsi. Da una parte dunque c'è questa enorme dilatazione del concetto di poesia che nasconde quel piccolo oggetto vero che è la poesia in quanto tale.

[web.tiscali.it/dialogolibri/interviste/raboni.html]

1 **accaparramento:** appropriamento. 2 **immanenti:** intrinsechi, connaturati.

SCHEDA di LETTURA

Una mischia *convulsa*

La scena conclusiva della partita è rappresentata attraverso il punto di vista di un giocatore che, dopo aver superato il portiere, vede il suo tiro miracolosamente respinto *sulla linea*. Probabilmente lo sguardo è annebbiato dalla fatica e dalla delusione. Intanto stanno calando le ombre della sera, così che lo stesso giocatore non riesce a capire chi ha ribattuto il suo tiro, quello della possibile vittoria. Forse è stato un avversario che incidentalmente si è trovato sulla traiettoria del pallone e per caso lo ha allontanato con una parte indecifrabile del corpo. Ma la corsa del pallone verso la rete potrebbe anche essere stata arrestata da un colpevole compagno di squadra che, abbandonata la sua posizione, a dispetto delle strategie di gioco, si è avventurato nell'area avversaria, aumentando la confusione. Ora non c'è più possibilità di recuperare. Con questa sfortunata azione si sono consumati gli ultimi secondi di gioco. Si è spenta la speranza che fino al fischio dell'arbitro sarà possibile *azzeccare* il tiro fortunato, quello che infilandosi tra *decine/di gambe* cambierà il destino della partita e regalerà una vittoria ancora più bella perché raggiunta in un ultimo disperato attacco. Ora, invece, l'esultanza liberatoria (*correre verso il centro, rotolarsi/nell'erba*) appare soltanto un sogno che *era possibile*, che poteva diventare realtà ma non si è realizzato.

Un eroe contro il destino e il tempo

La figura del giocatore che fallisce l'ultima occasione e vede frustrate le sue ambizioni di gloria (*stendere/le braccia al cielo*) ha un evidente significato simbolico. Come uno sfortunato eroe mitologico, egli rappresenta quella parte di umanità che per realizzare i propri sogni e superare i propri limiti non si arrende, lotta fino a quando gli è concesso ma si scontra con gli dèi avversi, con il destino, con la legge inesorabile del tempo.

Nella fotografia di quegli istanti, che scorrono troppo veloci per il protagonista della lirica ma che probabilmente appaiono interminabili ai suoi avversari, Raboni ha sintetizzato non solo l'imprevedibilità della fortuna ma anche la contrapposizione tra il valore assoluto del tempo oggettivo – novanta minuti, nel caso della partita di calcio – e il valore relativo del tempo soggettivo, misurato dalle diverse speranze dei protagonisti.

Lo stile

La poesia ha un ritmo incalzante, che rispecchia l'ansia e l'impeto tipici delle azioni sotto porta, negli ultimi concitati momenti di una partita. Questo effetto è determinato soprattutto dalla scelta di sviluppare il contenuto della lirica attraverso un solo periodo. Con un andamento simile alla tecnica narrativa del flusso di coscienza, la sintassi asseconda il libero scorrere degli eventi e dei pensieri, senza seguire uno schema lineare. In particolare, possiamo notare che il periodo resta sintatticamente sospeso a causa dell'assenza di una proposizione principale.
Dal punto di vista lessicale, Raboni realizza un'interessante fusione linguistica tra espressioni liriche (*nell'ultima convulsa/mischia, in lenta muta sfida*) e modi di dire provenienti dal mondo del giornalismo sportivo.

Robert Delaunay, *Corridori*, 1920, Londra, collezione privata.

LABORATORIO

Comprendere e individuare
L'esplorazione del testo

1. Nel tentativo di ribattere il tiro il portiere è uscito dalla porta: con quale immagine metaforica il poeta ci dà quest'informazione?

2. Quale espressione lascia trapelare la disapprovazione per il giocatore che, senza rispettare le indicazioni dell'allenatore, ha lasciato il suo ruolo per andare in attacco?

3. In un avvenimento sportivo il caso gioca un ruolo fondamentale. Riporta i versi in cui l'io lirico sottolinea quest'aspetto.

Interpretare e riflettere
La scoperta del testo

4. Nel v. 13 si parla della *fantastica pace del ritiro*. Per quale motivo, secondo te, un momento di solito poco amato come il ritiro viene ricordato con malinconia e rimpianto? Prima di rispondere rifletti sulla conclusione della lirica.

5. Nell'immaginare il modo con cui festeggiare un goal, l'io lirico utilizza l'avverbio *lentamente* (v. 17) e l'aggettivo *lenta* (v. 20). Per quale motivo, secondo te, la gioia del goal è associata alla lentezza?

Analizzare
Lo stile e la forma del testo

6. A chi appartiene il punto di vista dell'io lirico della poesia?
   A. ☐ All'autore   C. ☐ All'attaccante
   B. ☐ Al portiere D. ☐ All'allenatore

7. Ad aumentare il ritmo convulso dell'azione di salvataggio contribuisce un'accumulazione per asindeto. Riporta i versi che giustificano quest'affermazione.

8. Individua nella lirica almeno due termini o espressioni provenienti dal linguaggio del giornalismo sportivo.

GRAMMATICA
9. Nella frase *chi capiva/più niente <u>con quel buio</u>* (vv. 8-9), l'espressione sottolineata è un complemento di
   A. ☐ concessione
   B. ☐ causa
   C. ☐ modo
   D. ☐ tempo determinato

Produrre
Dalla lettura alla scrittura

10. Un tema centrale della lirica è la differenza tra tempo oggettivo e tempo soggettivo. Racconta in un testo narrativo di circa tre colonne di foglio protocollo un episodio realmente vissuto o inventato in cui si manifesta questa contrapposizione.

Kurt Schwitters, *Merzbild 9B*, 1919, Colonia, Museum Ludwig.

T3 Maurizio Cucchi '53

Nella lirica, il poeta rievoca un episodio probabilmente impresso nella mente di molti ragazzi e uomini adulti: la prima volta che il padre lo ha accompagnato allo stadio a vedere una partita di calcio. Per Cucchi, il ricordo dell'avvenimento sportivo si trasforma in un'occasione per celebrare con affetto la figura del padre Luigi.

L'uomo era ancora giovane e indossava
un soprabito grigio molto fine.
Teneva la mano di un bambino
silenzioso e felice.
5 Il campo era la quiete e l'avventura,
c'erano il kamikaze,
il Nacka, l'apolide e Veleno.
Era la primavera del '53,
l'inizio della mia memoria.
10 Luigi Cucchi
era l'immenso orgoglio del mio cuore,
ma forse lui non lo sapeva.

[M. Cucchi, *Poesia della fonte*, Mondadori, Milano 1993]

6-7 il kamikaze… Veleno: soprannomi di giocatori dell'Inter: *il kamikaze* è il portiere Giorgio Ghezzi, *Nacka* l'ala svedese Lennart Skoglund, *l'apolide* il centravanti ungherese István Nyers, *Veleno* l'attaccante Benito Lorenzi.

Olimpiadi di Berlino del 1936.

Maurizio Cucchi è nato nel 1945 a Milano, città dove vive tuttora. Laureatosi in Lettere, si è dedicato prima all'insegnamento e ha svolto poi attività di consulente editoriale per la casa editrice Mondadori, per cui ha curato la collana di poesia «Lo specchio». Ha esordito come poeta nel 1976 con la raccolta *Il disperso*, di cui è protagonista la città di Milano. Sono seguiti i volumi *Le meraviglie dell'acqua* (1980), *Glenn* (1983, premio Viareggio), *Donna del gioco* (1987), *Poesia della fonte* (1993), *L'ultimo viaggio di Glenn* (1999).
Tra le ultime raccolte si segnalano *Per un secondo o un secolo* (2003), *Jeanne d'Arc e il suo doppio* (2008), *Vite pulviscolari* (2009). In prosa ha pubblicato il romanzo *Il male è nelle cose* (2005) e le opere narrative *Traversata di Milano* (2007), *La maschera ritratto* (2011). Come critico letterario ha pubblicato il *Dizionario della poesia italiana* (1993) e ha curato le antologie *Poeti italiani dell'Ottocento* (1978) e *Poeti italiani del secondo Novecento* (1996).

poeti che parlano di poesia — Poesia e società-spettacolo

In questo breve estratto da un articolo apparso nel 2003 su «La Stampa», Maurizio Cucchi rivendica la funzione e la vitalità della poesia nella nostra società.

La società-spettacolo non vuole cancellare la nobile funzione della poesia, perché sa che ne avrebbe un ritorno d'immagine negativo. E allora, semplicemente, e per arrivare ai grandi numeri, fa della canzone il surrogato di massa della poesia... C'è però un fatto decisivo a conferma della presenza vitale, anche se occultata dai media più forti, della poesia, e cioè la fiducia tranquilla dei giovanissimi in questo genere espressivo. Qualche anno fa
10 pensavo: com'è possibile che un diciottenne, oggi, affidi il meglio di sé alla poesia, in un mondo che tende a nasconderla? Ebbene, i giovani che scrivono versi, ma non per raccontare le sole sciocchezze in cuore e amore, sono tanti e pienamente persuasi. Investono il meglio di sé nell'energia insostituibile e nella verità profonda della parola poetica, e non gliene importa nulla dei vip televisivi e della cultura di massa. [...] Sono loro il futuro della poesia, che non cederà certo il campo ai surrogati.

[M. Cucchi, *Il destino della poesia nella società moderna*, «La Stampa», 21 gennaio 2003]

SCHEDA di LETTURA

L'immagine del padre

La breve lirica di Maurizio Cucchi si apre con la descrizione di un uomo *ancora giovane*, un ritratto che con poche parole ne sottolinea l'eleganza e la sobrietà. Indossa un abito serio e raffinato e mostra un animo gentile, rivelato nel gesto tanto semplice quanto intenso di tenere *la mano di un bambino*, azione che comunica affetto e protezione. Dobbiamo attendere alcuni versi, però, per scoprire l'identità dell'uomo. Il poeta ha dedicato il componimento al ricordo del padre, amatissimo e morto in tragiche circostanze nel 1956, a soli 41 anni. Nei versi conclusivi, l'io lirico confessa l'infantile ammirazione nei confronti della figura paterna (*l'immenso orgoglio del mio cuore*) e nel contempo si rammarica di non essere stato capace di comunicare con chiarezza la forza del suo sentimento, quando ancora ve ne sarebbe stata l'occasione.

I sentimenti dell'io lirico

Nella parte centrale (vv. 5-9) vengono indicati il luogo e il tempo in cui si svolge l'avvenimento descritto, che coincide con il momento più lontano in cui si spinge la memoria del poeta, l'inizio dei suoi ricordi. Siamo nel 1953, l'autore ha otto anni e si trova con il padre fra la folla che sta entrando allo stadio milanese di San Siro. Il bambino assapora con intensità questo momento, forse il compimento di un desiderio atteso a lungo. È sopraffatto dalla gioia, *silenzioso e felice*, perché suo padre lo ha portato a vedere una partita dell'Inter, la sua squadra del cuore. I giocatori sono evocati senza narrarne le imprese e, come eroi della mitologia greca, si distinguono con un epiteto che ne riassume le caratteristiche. *Kamikaze* era il portiere Giorgio Ghezzi, famoso per le sue uscite spericolate, mentre l'attaccante svedese Lennart Skoglund doveva il suo soprannome, *Nacka*, al quartiere di Stoccolma da cui proveniva. Il centravanti ungherese István Nyers, invece, era chiamato *l'apolide* per la sua mancanza di nazionalità: nato nel 1942 in Francia da genitori ungheresi, amava farsi chiamare con un nome diverso (István, Étienne, Stefano) in ogni città dove giocava. Ma forse il prediletto del bambino Maurizio, per gli scherzi, le provocazioni e la fantasia del gioco, era *Veleno*, l'attaccante toscano Benito Lorenzi.

La funzione dello sport

Lo sguardo dell'io lirico si ferma ai cancelli dello stadio, non accompagna i protagonisti sulle gradinate per seguire insieme a essi lo svolgimento della partita. Infatti non è l'imprecisato avvenimento sportivo del 1953 ad attirare la sua attenzione ma quell'istante magico che il poeta ricorda di aver vissuto con il padre. Cucchi descrive un'esperienza dell'anima di cui il calcio è stato soltanto una causa indiretta. Nei versi di *'53* l'attesa della partita, il momento di sospensione temporale in cui la *quiete* del campo di gioco ancora deserto precede l'*avventura* agonistica diventa lo sfondo ideale per ricordare con nostalgia il rapporto con il padre. La memoria ritrova nell'immagine di un uomo e di un bambino confusi fra la marea di tifosi l'occasione per celebrare la complicità maschile e l'amore che li lega.

Lo stile
Nel rappresentare un momento fondamentale della sua esperienza, probabilmente a lungo rielaborato nella memoria, il poeta si affida alla suggestione dei ricordi, richiamati in vita senza ricercatezze formali. La sintassi è elementare, quattro brevissimi periodi privi di subordinazione e costruiti in modo lineare, e il lessico è altrettanto semplice, di uso comune. La scelta di affidarsi esclusivamente al potere evocativo delle immagini si può cogliere anche nell'assenza di schemi metrici (la lirica è in versi liberi) e di artifici retorici, sia sul piano del significante sia su quello del significato.

LABORATORIO

Comprendere e individuare
L'esplorazione del testo

1. Compila la tabella, indicando con poche parole il tema di ciascun periodo in cui è strutturata la poesia.

vv. 1-2	....
vv. 3-4	....
vv. 5-7	....
vv. 8-9	....
vv. 10-12	....

2. Quali segnali linguistici rivelano che l'io lirico coincide con il bambino e che l'uomo è il padre del poeta?

3. L'affermazione conclusiva (*forse lui non lo sapeva*, v. 12) è motivata da un aggettivo usato nei versi precedenti: quale?

Interpretare e riflettere
La scoperta del testo

4. Fra le seguenti coppie di sostantivi, quale definisce meglio il rapporto tra il padre e il figlio?
   A. ☐ Affetto e riserbo
   B. ☐ Amicizia e confidenza
   C. ☐ Imbarazzo e sospetto
   D. ☐ Distacco e noia

5. Per quale motivo possiamo dire che la poesia crea un clima di attesa che si scioglie soltanto nei versi finali?

6. L'imperfetto indicativo è l'unica forma verbale usata nel testo: quale effetto provoca questa scelta?

Analizzare
Lo stile e la forma del testo

7. Individua l'antitesi con cui viene definito Il gioco del calcio.

8. Ricerca i due *enjambement* che compaiono nella lirica.

9. Il termine *apolide* (v. 7) deriva dal greco *àpolis* (*à*, "senza", e *polis*, "città"). Sai trovare almeno altre tre parole italiane nella cui etimologia compare *polis* (per esempio "metropoli", da *mèter*, "madre", e *polis*).

> **GRAMMATICA**
> 10. Nella lirica ricorre molto spesso il verbo essere: in quali casi viene utilizzato come predicato verbale e in quali come predicato nominale?

Produrre
Dalla lettura alla scrittura

11. Ricordi un'esperienza vissuta con tuo padre durante l'infanzia, un luogo nel quale andavate? Ricostruisci la vicenda in un testo narrativo di circa due colonne di foglio protocollo.

T4 Valerio Magrelli Elegia

poeti che parlano di poesia

I versi proposti appartengono alla seconda parte di un componimento tratto dalla raccolta *Disturbi del sistema binario* (2006). Mentre sta pedalando su una *cyclette*, l'io lirico si interroga sulla ragione e sullo scopo della sua azione.

Continuo a sfiancarmi in cyclette,
ma dove vado? Vibra l'impiantito
di casa, nel vorticare convulsivo, immobile.
Ma dove vado? Vado nella musica,
5 parto in salita, tiro la volata
sul Walhalla dei suoni che si schiudono
davanti a me, mentre lo stereo-Fafner
vomita fuoco e fiamme.
Legato alla catena di montaggio della salute,
10 faccio il ventilatore,
sono il mulo alla macina che produce benessere
e giro perché giri il sangue mio […]
Non potresti girare da solo?
Niente; sta a me, badante di me stesso, portarlo in giro.
15 Forse, però, sto andando contromano:
ciò spiegherebbe perché tutta la musica mi viene addosso,
invece di sospingermi. Mi ostacola, l'infame,
quando potrebbe aiutarmi a scavallare

---

2 **impiantito:** pavimento.
3 **vorticare convulsivo:** movimento intenso e rapido.
6 **Walhalla:** nella mitologia nordica, il palazzo dove riposano gli eroi morti valorosamente in battaglia; per estensione indica qui il tempio ideale della musica.
7 **stereo-Fafner:** Fáfner è un personaggio della mitologia scandinava, con sembianze di serpe o di drago; il suo mito è ripreso nell'opera di Richard Wagner *La saga dei Nibelunghi*. Lo stereo sta suonando a tutto volume probabilmente proprio quest'opera, come rivelerebbe anche il riferimento al Walhalla del verso precedente.
18 **scavallare:** superare, oltrepassare.

Valerio Magrelli è nato a Roma nel 1957. Laureato in Filosofia, è docente di letteratura francese, traduttore di autori come Mallarmé, Valéry, Verlaine e curatore dell'antologia *Poeti francesi del Novecento* (1989). Esordisce come poeta nel 1980 con il volume *Ora serrata retinae*, che suscita un grande interesse di critica e di pubblico per il rigore formale e l'impostazione argomentativa. Seguono le raccolte *Nature e venature* (1987, premio Viareggio), *Esercizi di tipologia* (1992), *Didascalie per la lettura di un giornale* (1999), *Disturbi del sistema binario* (2006), *La lettura è crudele* (2009), *Il sangue amaro* (2014). Ha pubblicato anche volumi in prosa, come *Nel condominio di carne* (2003), *La vicevita. Treni e viaggi in treno* (2009), *Addio al calcio. Novanta racconti da un minuto* (2010), *Geologia di un padre* (2013).

questo dosso, che non finisce mai.
20 Pesano, certe raffiche di arpeggi,
e sudo e bestemmio in piedi sui pedali
lungo il velodromo della mia stanzetta, buio
come una galleria del vento.
Visto da fuori, devo sembrare un alienato.
25 Visto da dentro, pure.

[V. Magrelli, *Disturbi del sistema binario*, Einaudi, Torino 2006]

20 arpeggi: termine tecnico del linguaggio musicale che indica l'esecuzione successiva delle note di un accordo.
22 velodromo: impianto sportivo formato da una pista ellittica con le curve rialzate, dove si disputano le gare ciclistiche in velocità.
23 galleria del vento: impianto per testare l'areodinamicità di veicoli.
24 alienato: pazzo, estraniato dalla realtà.

SCHEDA di LETTURA

Una pedalata contromano

Il concetto su cui Magrelli costruisce la lirica è la contrapposizione tra il *vorticare convulsivo*, al ritmo di una musica martellante e violenta (*fuoco e fiamme*), e l'immobilità della *cyclette*, ferma nonostante la forza della pedalata che fa tremare *l'impiantito*.
Nel corso della poesia lo sforzo frenetico dell'io lirico, faticoso sacrificio compiuto in nome del mito contemporaneo del benessere, appare sempre più insensato. Il gesto meccanico e ripetitivo viene paragonato al movimento monotono di un asino sfiancato intorno a un mulino. La consapevolezza del vano agitarsi su un attrezzo destinato a restare bloccato al pavimento appesantisce l'azione dell'io lirico. Il ritmo che il giradischi *vomita* dovrebbe spingerlo a pedalare con più energia e invece la musica come un vento contrario (*raffiche di arpeggi*) gli *viene addosso* e lo frena. *Sudo e bestemmio*, confessa la voce poetica. Si alza in *piedi sui pedali* in un ultimo scatto di energia, destinato a farlo apparire un pazzo agli occhi non solo degli altri, ma anche di se stesso.

Ma dove vado?

Nella lirica di Magrelli, un'attività sportiva banalmente casalinga diventa occasione non solo per ritrarre con sarcasmo il culto dell'efficienza fisica, ma soprattutto per ritrarre simbolicamente la condizione dell'uomo nella nostra società.
È possibile stabilire una relazione fra la pedalata affannosa sulla *cyclette*, un'azione senza esito in quanto confinata alle mura di una *stanzetta*, e un'esistenza contrassegnata da un attivismo frenetico di cui si stenta a cogliere il senso e di cui non si scorge una conclusione (*questo dosso, che non finisce mai*). Nell'immagine dell'io lirico che spinge ansante sui pedali, Magrelli ha rappresentato le contraddizioni dell'uomo contemporaneo impegnato in una corsa allo spasimo, che gli assorbe la vita, ma che non lo porta da nessuna parte e gli impedisce di vedere ciò che lo circonda.
L'interrogativo con cui la poesia si apre (*ma dove vado?*) trova una risposta negli ultimi versi: *devo sembrare un alienato*.
In quest'amara conclusione Magrelli sembra suggerire che il destino che ci attende è un progressivo estraniamento da noi stessi, vittime di tempi e di modi imposti da una realtà che abbiamo creato ma che non ci appartiene più.

Lo stile

La poesia ha un andamento prosastico, spesso dialogico, come mostrano gli interrogativi che l'io lirico rivolge non solo ai suoi anonimi interlocutori ma anche a se stesso (*Non potresti girare da solo?*). Composta in versi liberi, la lirica ha un ritmo incalzante: la sintassi è in prevalenza paratattica e la ricca trama fonica delle allitterazioni svolge un ruolo fondamentale, come possiamo notare per esempio nelle ripetizioni delle *r* e delle *v* nei vv. 2-5. In linea con il tono discorsivo, il lessico è di uso comune, con richiami a oggetti o contesti della quotidianità, a partire dalla stessa *cyclette*.
La dimensione poetica del componimento è evidente, invece, nel ricorso a figure retoriche – similitudini e metafore – che rappresentano con immagini evocative il processo di alienazione dell'io lirico.

LABORATORIO

Comprendere e individuare
L'esplorazione del testo

1. Quale verso contiene l'antitesi che introduce il tema fondamentale della lirica, ovvero la vanità di un movimento condannato all'immobilità?

2. A quale contesto tipico della società industriale viene associata la ripetitività del gesto compiuto dall'io lirico?

3. Quale oggetto domestico viene utilizzato metaforicamente per indicare il frenetico mulinare di gambe dell'io lirico?

4. L'io lirico a chi rivolge il termine offensivo *infame* (v. 17)?
   - A. ☐ Alla *cyclette*
   - B. ☐ Alla musica
   - C. ☐ Al dosso
   - D. ☐ Al sangue

5. In quale verso, nella parte conclusiva della poesia, l'io lirico sottolinea con forza la fatica e la frustrazione del suo vano agitarsi?

Interpretare e riflettere
La scoperta del testo

6. Quando nel v. 6 l'io lirico usa l'espressione figurata *Walhalla dei suoni*, ironicamente paragona la pedalata in *cyclette* a un'impresa eroica. Giustifica tale affermazione, dopo aver letto la nota riferita a *Walhalla* ed esserti eventualmente documentato.

7. Trasforma l'espressione metaforica *raffiche di arpeggi* (v. 20) in una similitudine, esplicitandone il significato.

8. Quale similitudine evidenzia l'esistenza cieca degli uomini travolti dai ritmi della quotidianità e ormai incapaci di scorgere quello che li circonda?

Analizzare
Lo stile e la forma del testo

9. Nel v. 2, quale figura di suono comunica concretamente la forza della pedalata dell'io lirico?

10. Per velocizzare il ritmo della poesia quale figura retorica dell'ordine viene utilizzata nei vv. 4-5?
    - A. ☐ Anafora
    - B. ☐ Asindeto
    - C. ☐ Polisindeto
    - D. ☐ Chiasmo

11. Magrelli enfatizza più volte la centralità delle azioni descritte, invertendo l'ordine consueto fra soggetto e predicato. Come si chiama questa figura retorica? Riporta almeno tre esempi dal testo.

12. Individua almeno altri tre termini o espressioni (oltre a *cyclette*, v. 1) appartenenti al linguaggio del ciclismo presenti nella lirica.

GRAMMATICA

13. Rileggi il primo verso: quale tipologia di verbo compare?
    - A. ☐ Impersonale
    - B. ☐ Servile
    - C. ☐ Fraseologico
    - D. ☐ Copulativo

14. Nella proposizione *devo sembrare un alienato* (v. 24), il termine sottolineato è un
    - A. ☐ soggetto
    - B. ☐ complemento oggetto
    - C. ☐ complemento predicativo del soggetto
    - D. ☐ complemento predicativo dell'oggetto

15. *Visto da fuori* (v. 24) è una subordinata
    - A. ☐ modale
    - B. ☐ causale
    - C. ☐ temporale
    - D. ☐ condizionale

Produrre
Dalla lettura alla scrittura

16. Partendo dal modello della lirica di Magrelli, scrivi una poesia in cui l'io lirico sia impegnato a compiere un gesto faticoso e ripetitivo, simile a quello richiesto dalla *cyclette*. Ti forniamo un modello.

    Continuo a sfiatarmi sul tapis roulant,
    ma dove corro? Gira il nastro
    in palestra, nel mulinare turbinoso, immobile.
    Ma dove corro? Corro nella musica,
    aumento la pendenza, esplodo in uno scatto
    sul rullare della batteria che martella
    nelle orecchie... ora continua tu.

T5 Erri De Luca Un decimo

La poesia racconta una visita dell'autore, appassionato di montagna e provetto scalatore, nella casa di Nives Meroi e Romano Benet nel bosco di Fusine Laghi, vicino a Tarvisio. I due protagonisti della vicenda sono sposati da 25 anni e insieme hanno conquistato, in doppia cordata e senza ossigeno, undici delle quattordici vette che superano gli 8.000 metri.

Dalla finestra di Romano e Nives guardiamo le nuvole
accovacciate sopra le montagne di fronte.
Ieri camminammo fino a loro, a piedi, a storie,
discorsi regolati sul fiato di salita.
5 Nessuna parola va larga, abbiamo da stringere il
passo e la voce.
Mentre passiamo per il bosco fradicio, si parla di
animali,
Romano ha sbattuto la costola sulle corna di uno
10 stambecco.
«Il mestiere di guardia forestale – dico –
accorcia troppo le distanze con la natura».
Parliamo di qualità di roccia, questa al confine sloveno
se bagnata è blu. Racconto quella perfetta
15 in cima allo spigolo nord dell'Agner.
Si parla di vento, di quello che ci coglie di sorpresa e
c'inchioda,
di quello che si ferma tutt'insieme e ci lascia salire.

A sera alla tavola siede l'amico esperto di nuvole e
20 quadranti,

---

11 guardia forestale: parte del Corpo forestale dello Stato, che custodisce e tutela il patrimonio boschivo del paese.
15 spigolo: nel linguaggio tecnico dell'alpinismo, la parte rocciosa della montagna che si forma dall'incontro tra due pareti; **Agner:** cima delle Dolomiti, vicino al paese di Agordo (Belluno).

---

il percorso delle parole | Montagna

Il termine *montagna* deriva dal latino parlato *montānia(m)*, a sua volta dall'aggettivo *montānus* (da *mons*, "monte"). Indica un rilievo che si eleva dalla superficie terrestre, di solito di grandi dimensioni, spesso formato da una serie di monti. A seconda della tipologia, dell'altezza e delle caratteristiche si parla di "colle", "massiccio", "catena", "rilievo", di "montagna vulcanica", "rocciosa", "a strapiombo" e così via. Il termine *montagna* è ampiamente usato nel linguaggio figurato, in espressioni comuni come "pesare come una montagna", "essere una montagna", "sembrare una montagna" e simili.

■ **Trovare le parole**
a. Nella frase "superare l'esame di biochimica all'università è stato come scalare una montagna", secondo te quale espressione potrebbe sostituire la frase sottolineata?
b. Aiutandoti con il dizionario, spiega il significato dell'espressione figurata "la montagna ha partorito il topolino".
c. Elabora una frase di senso compiuto in cui l'espressione "montagne russe" venga utilizzata in senso figurato.

studia le masse d'aria sopra l'India,
da quelle predice le tempeste sul Nepàl,
sulla montagna prossima di Romano e Nives.
Dice che quella succhia l'umido alle vallate
25 e lo frulla fino a quindicimila metri di altitudine.
Ascoltiamo come bambini attenti le notizie dell'orco
già incontrato, e che ogni volta fa lo stesso effetto
di stringere gli occhi e spalancare orecchie.

Poi c'è tra noi lo spazio di nominare quelli che hanno
30 perso,
rimasti lassù da qualche parte.
Per capire gli errori, là sopra, che non si riparano.
S'impara dai vivi e dai morti.
Loro sanno il delirio di alta quota che sfrena la
35 prudenza.

La cima dell'Everest è uno svolazzo di neve indurita,
appoggiata su niente: guardiamo i metri filmati da
Romano,
Nives che sale all'ultimo piano del mondo,
40 Nives che non esulta, non alza piccozza né pugno,

---

22 **Nepàl:** repubblica asiatica, occupata in gran parte dalla catena dell'Himalaya.
24-25 **succhia l'umido... altitudine:** la montagna ha l'effetto di risucchiare, facendola salire in alto, l'umidità delle vallate, fino a 15.000 metri, creando così i presupposti atmosferici per lo scatenarsi delle tempeste.

Erri (Enrico) **De Luca** è nato a Napoli nel 1950. Giovanissimo, si impegna in politica prendendo parte al movimento di estrema sinistra Lotta Continua. Nel frattempo svolge numerosi mestieri manuali (l'operaio, il muratore, il camionista) e studia da autodidatta l'ebraico antico, traducendo alcune parti della Bibbia. Pubblica nel 1989 il suo primo romanzo, *Non ora, non qui*, ambientato a Napoli e di stampo autobiografico. Seguirono numerose opere di narrativa, poesia, teatro, molte delle quali vengono tradotte all'estero. Tra i volumi più recenti in prosa ci sono *Montedidio* (2001), *Il peso della farfalla* (2009), *I pesci non chiudono gli occhi* (2011), tra le opere in versi *L'ospite incallito* (2008) e *Bizzarrie della provvidenza* (2014). Collabora con numerosi giornali e riviste, tra cui «la Repubblica», «Il Corriere della Sera», «Il Manifesto». Appassionato di alpinismo, ha partecipato a una spedizione sull'Himalaya insieme all'amica Nives Meroi, raccontata nel libro *Sulla traccia di Nives* (2005).

Nives che fa il giro d'orizzonte di montagne promesse
e mantenute,
Un decimo della sua regola pulita,
un decimo della lealtà di gioco con le forze schiaccianti
45 di natura,
un decimo della sua messa a fuoco di un traguardo,
un decimo della sua intesa con Romano
farebbe tondo il mondo, pari le bevute,
distribuiti giusti i compiti e i sorrisi.
50 Non lo dico, stona tra noi il diecielode,
lo scrivo con l'inchiostro sulla carta, l'assorbente
sobria. [...]

Sulla porta di casa gli abbracci,
le nuvole insaccano ancora la roccia del Mangart
55 più grigia e più liscia del fumo di stufa.
«Buoni i viaggi», «E più lieti ritorni».
Da lontano la mano continua il saluto
che è la mossa di cancellare un segno alla lavagna.

[E. De Luca, *L'ospite incallito*, Einaudi, Torino 2008]

54 Mangart: montagna delle Alpi Giulie, al confine tra Tarvisio e la Slovenia.

poeti che parlano di poesia | L'infelicità dei poeti

Nel febbraio del 1998, nel corso del programma televisivo *Il Grillo*, una trasmissione di scienze umane durante la quale un gruppo di studenti delle scuole medie superiori incontrava uno scrittore, Erri De Luca ha rilasciato le seguenti dichiarazioni sulla poesia.

Se la letteratura è degna del nome di arte, lo si deve alla poesia, ai poeti, più che ai narratori e ai romanzieri. L'arte sta nella poesia. [...] E questo secolo che è stato un secolo di massacri si è espresso in poesia. Tutti i secoli duri, difficili, tragici, preferiscono, si consegnano, consegnano il meglio di sé alla poesia e non alla storia scritta, alla narrativa. [...] Per me la poesia non è una espressione della propria personalità, una libera espressione dell'individualità, ma è una specie di soppressione dell'individualità, in cui il poeta parla, diventa una specie di riassunto di tutti, dove le voci del mondo, attraverso di lui, usandolo come strumento, emettono un suono, un suono unico, che lui solo possiede, che lui solo può emettere e di cui non è nemmeno interamente responsabile, in cui la sua vocazione è quella di essere un ponte, un passaggio verso. [...] Il poeta è il più infelice della specie che scrive, è quello che non ha altro che quello, che quella sua vocazione improvvisa, non perpetua, quel suo destino di essere... Come succede per i profeti, insomma. I profeti vengono invasi da una voce da fuori, che viene da fuori e che li utilizza come strumento e loro la possono solo registrare, la possono solo trasmettere. Ecco così è il poeta, un accidente della specie, un servo della vocazione, non uno che sviluppa la propria personalità, ma uno che la sospende, accetta di sospenderla.

[www.emsf.rai.it/grillo/trasmissioni.asp?d=177]

SCHEDA di LETTURA

La struttura
La narrazione di Erri De Luca prende avvio dal mattino successivo all'arrivo dagli amici Romano e Nives, quando ormai è vicina la partenza e dalla finestra si guardano il cielo e le montagne, curiosi e preoccupati di conoscere il tempo che accompagnerà il viaggio. Dopo i primi due versi, ha inizio un lungo *flashback* che ricostruisce cronologicamente alcuni episodi della giornata e della sera precedenti: le chiacchiere lungo il cammino verso la casa, immersa nella pace e nella solitudine di un bosco, al confine fra Italia e Slovenia (vv. 1-18); la cena, con il pensiero rivolto ai pericoli della nuova impresa alpinistica che la coppia si prepara a compiere (vv. 19-28); il ricordo di chi in montagna ha perso la vita e che con il suo sacrificio invita all'attenzione (vv. 29-35); la proiezione di un filmato che documenta la conquista dell'Everest da parte di Romano e Nives e che offre al narratore l'occasione per lodare l'equilibrio e la sobrietà con cui la padrona di casa affronta la montagna e il rapporto di coppia (vv. 36-52).
La poesia si conclude circolarmente, tornando a raccontare gli abbracci e i saluti degli amici, con lo sguardo ancora rivolto verso le cime e con la promessa di ritrovarsi presto.

Il fascino della montagna
Lungo il sentiero del bosco bagnato dalla pioggia, con il passo e il respiro regolati dalla pendenza della salita, il narratore e Romano osservano e raccontano la natura che li circonda: l'incontro ravvicinato e pericoloso con le *corna di uno/stambecco*, il colore delle rocce delle vette vicine e di quelle conquistate (*spigolo nord dell'Agner*), il volto imprevedibile del vento che improvvisamente può diventare un ostacolo insormontabile (*c'inchioda*) ma anche cessare all'istante e lasciare che il cammino prosegua.
Anche a cena si parla di montagne, della prossima spedizione che attende Nives e Romano in Nepàl. Un amico meteorologo – *esperto di nuvole e/quadranti* – li mette in guardia dalle tempeste, da quell'*orco* spaventoso che hanno già affrontato e che li ha obbligati a *stringere gli occhi e spalancare orecchie*. Tutti quelli che siedono intorno al tavolo si sono scontrati con le insidie del tempo, eppure ascoltano attenti *come bambini* perché la forza della natura è imprevedibile, non la si conosce mai in fondo, nonostante il sacrificio e gli insegnamenti di quelli *rimasti lassù da qualche parte*. Il destino tragico degli alpinisti che *hanno/perso* la sfida con la montagna è un monito costante a non lasciarsi cogliere dalla brama della conquista e dimenticare la prudenza.

Un decimo
In un articolo pubblicato il 19 aprile 2009 sul «Corriere della Sera», Erri De Luca ha scritto: «Tre alpiniste hanno già scalato undici di quelle immensità e si avvicinano al traguardo. La più forte di loro e di tutti i tempi si chiama Nives Meroi ed è italiana. [...] Perché Nives Meroi ha salito le sue cime asfissianti

SCHEDA di LETTURA

senza uso di bombole di ossigeno e senza impiego di portatori di alta quota, i climbing sherpa».
Nives è l'esempio della determinazione ma anche della saggezza e dell'equilibrio che devono guidare chiunque voglia conquistare la cima di una montagna. Nel video girato dal marito in vetta all'Everest non esulta, non si lascia trascinare dall'entusiasmo che la fatica della salita potrebbe giustificare. L'unico segno di soddisfazione è lo sguardo con cui abbraccia la corona dell'Himalaya, le cime a cui aspirava e che ha conquistato, nel rispetto delle regole stabilite con se stessa e con *le forze schiaccianti/di natura*.
Ma Nives non è soltanto un modello ideale di alpinista. Agli occhi del narratore diventa un esempio di etica, giustizia e senso civile. Soltanto un decimo del suo rigore e della sua lealtà sarebbe sufficiente a migliorare il mondo, a rispettare i doveri e i diritti di tutti. Il riserbo impedisce al narratore di confessare alla donna la sua ammirazione (*Non lo dico*). Preferisce consegnare a Nives le sue parole di lode *con l'inchiostro sulla carta*, per sfuggire alle trappole emotive della comunicazione orale e proteggere i suoi sentimenti con il distacco della scrittura.

Il viaggio e il ritorno
Nell'ultima strofa i protagonisti della poesia sono già sulla porta della casa, nuovamente dinanzi alle nuvole e alle rocce grigie, a stringersi negli ultimi abbracci. È il momento di rimettersi in cammino, di riprendere quel viaggio preparato forse per mesi seguendo sulle carte topografiche le linee dei sentieri e delle vie. La separazione dagli amici è dolce, perché il viaggio contiene in sé non soltanto la realizzazione di un sogno, ma anche la promessa del ritorno: «*Buoni i viaggi*», «*E più lieti ritorni*». L'ultima immagine intravista in lontananza è una mano che nel salutare si muove con il gesto di chi cancella *un segno alla lavagna*, ma certamente per lasciare il posto a parole nuove.

Lo stile
La narrazione ha un andamento prosastico: esclusa la suddivisione in versi, non vi sono altri elementi metrico-ritmici propri del testo poetico. La sintassi si sviluppa in prevalenza attraverso elementari strutture paratattiche o semplici processi di subordinazione, talvolta spezzati da *enjambement*.
Sul piano stilistico, la forza evocativa del componimento è affidata al linguaggio, in cui termini di uso comune e che rinviano al contesto alpino (*guardia forestale, confine sloveno, spigolo nord, le masse d'aria*) si fondono con metafore e similitudini (*le nuvole/accovacciate, uno svolazzo di neve indurita, più grigia e più liscia del fumo di stufa*) che descrivono le suggestioni del paesaggio. Infine, il contatto fisico – che spesso si trasforma in uno scontro – tra gli uomini e l'ambiente viene sottolineato attraverso la personificazione degli elementi della natura: il vento è una creatura bizzarra e dispettosa che può condannare o graziare gli alpinisti, la montagna è descritta come un gigante che scatena la sua forza (*succhia, frulla*).

LABORATORIO

Comprendere e individuare
L'esplorazione del testo

1. Con quale frase il narratore sottolinea che in montagna il ritmo della conversazione è scandito dalla minore o maggiore intensità dello sforzo?

2. Il rapporto diretto con la natura può anche essere pericoloso: in quale frase viene sostenuta questa convinzione?

3. Nella prima strofa il narratore e Romano parlano di tre elementi della natura. Quali?

4. Con quale metafora il narratore definisce le tempeste che attendono Romano e Nives in Nepal?

5. In quali versi si spiega qual è il vero pericolo in montagna, al di là della difficoltà dell'impresa che si sta compiendo?

6. Individua i versi in cui la compostezza di Nives dopo la conquista dell'Everest viene implicitamente contrapposta all'entusiasmo sfrenato degli atleti di altri sport.

LABORATORIO

7. Una caratteristica di Nives è la sua capacità di porsi con chiarezza degli obiettivi: con quali parole viene ricordata questa sua qualità?

8. Con quale espressione il narratore indica in modo iperbolico l'ammirazione per il modo di vivere di Nives?

Interpretare e riflettere
La scoperta del testo

9. Quando si cammina in montagna è consigliabile risparmiare il fiato e parlare con parsimonia: quale frase trasmette questo concetto?

10. Nella strofa in cui il narratore presenta la figura della padrona di casa, quale significato assume il modo in cui Nives affronta la montagna?
   A. ☐ È la prova della determinazione femminile
   B. ☐ È lo specchio dei suoi valori morali e civili
   C. ☐ È il segno della sua ambizione
   D. ☐ È la dimostrazione della forza della gente di montagna

11. L'alpinismo spesso è una sfida nei confronti di se stessi e della montagna. Quale verbo, tipico di una gara sportiva, evidenzia quest'aspetto agonistico dell'alpinismo, in cui la sconfitta può coincidere con la perdita della vita?

12. A che cosa allude l'autore parlando di *compiti* e *sorrisi* (v. 49)?
   A. ☐ Ai dolori e alle gioie
   B. ☐ Alle fatiche e al riposo
   C. ☐ Ai doveri e ai diritti
   D. ☐ Alle sconfitte e alle vittorie

13. Qual è il significato dell'espressione metaforica *assorbente/sobria* (vv. 51-52) con cui il narratore definisce la scrittura? Prima di rispondere rileggi con attenzione anche i versi precedenti.

Analizzare
Lo stile e la forma del testo

14. Attraverso quale figura retorica viene definito l'amico meteorologo?
   A. ☐ Perifrasi
   B. ☐ Litote
   C. ☐ Ipallage
   D. ☐ Sinestesia

15. L'*ultimo piano del mondo* (v. 39) è una
   A. ☐ iperbole
   B. ☐ metafora
   C. ☐ metonimia
   D. ☐ similitudine

16. Quale figura dell'ordine caratterizza la struttura sintattica e l'andamento ritmico della quarta strofa?

17. Dopo aver introdotto il *flashback* con il passato remoto (*camminammo*, v. 3), il narratore passa al presente. Quale effetto espressivo determina questa scelta?
   A. ☐ Evita la partecipazione emotiva del lettore
   B. ☐ Rende la poesia più semplice e comprensibile
   C. ☐ Crea una narrazione più immediata e reale
   D. ☐ Comunica l'intensità dei ricordi narrati.

GRAMMATICA

18. I vv. 50-52 sono occupati da un solo periodo composto da tre proposizione coordinate soltanto attraverso la punteggiatura. Riscrivi la frase aggiungendo alle virgole le congiunzioni che esplicitano il rapporto logico fra le proposizioni.

Produrre
Dalla lettura alla scrittura

19. Prova a riscrivere la poesia di De Luca, trasferendo i protagonisti dalla montagna al mare. Ti forniamo un modello.

Dalla finestra di Romano e Nives guardiamo le nuvole
distese lunga la costa di fronte all'isola.
Ieri navigammo fino a loro, a vela, a storie,
discorsi regolati sulla forza del vento.
Molte parole vanno disperse, le folate e il rumore
delle onde coprono la voce.
Mentre cavalchiamo sulle increspature del mare, si parla di
animali,
la barca di Romano ha sbattuto la prora sul corpo di un
delfino... ora continua tu.

VERIFICA DELLE COMPETENZE

MODELLO INVALSI

Leggi il seguente testo e poi rispondi alle domande.

T6 Umberto Saba Goal

Goal appartiene alla sezione *Parole* (1933-1934), che apre il terzo volume del *Canzoniere* di Umberto Saba (▶ p. 432). È la più nota fra le liriche che il poeta dedicò al gioco del calcio e in particolare alla Triestina, la squadra della sua città natale. Le altre quattro poesie sono *Squadra paesana*, *Tre momenti*, *Tredicesima partita*, *Fanciulli allo stadio*.

Il portiere caduto alla difesa
ultima vana, contro terra cela
la faccia, a non veder l'amara luce.
Il compagno in ginocchio che l'induce
5   con parole e con mano, a rilevarsi,
scopre pieni di lacrime i suoi occhi.

La folla – unita ebrezza – par trabocchi
nel campo. Intorno al vincitore stanno,
al suo collo si gettano i fratelli.
10   Pochi momenti come questo belli,
a quanti l'odio consuma e l'amore,
è dato, sotto il cielo, di vedere.

Presso la rete inviolata il portiere
– l'altro – è rimasto. Ma non la sua anima,
15   con la persona vi è rimasta sola.
La sua gioia si fa una capriola,
si fa baci che manda di lontano.
Della festa – egli dice – anch'io son parte.

[U. Saba, *Parole*, in *Il canzoniere*, Einaudi, Torino 2005]

VERIFICA DELLE COMPETENZE

1. La poesia può essere suddivisa in sei nuclei tematici. Indica i versi di ciascuna parte e sintetizzane con una breve frase il contenuto.

vv. ...-...	....
vv. ...-...	....
vv. ...-...	....
vv. ...-...	....
vv. ...-...	....
vv. ...-...	....

2. Quali sentimenti mostra il compagno di squadra al portiere che ha subito un goal? Più di un'opzione è corretta.
   A. ☐ Rabbia
   B. ☐ Solidarietà
   C. ☐ Compassione
   D. ☐ Affetto
   E. ☐ Disprezzo

3. Nella lirica il sentimento della gioia appare quello che più unisce gli uomini: quale termine sceglie Saba per sottolineare la forza di questo legame?

4. Qual è il significato dei vv. 13-15?
   A. ☐ L'anima si è separata dal corpo per andare a festeggiare con i compagni di squadra
   B. ☐ L'anima è rimasta accanto al corpo e non può festeggiare con i compagni di squadra
   C. ☐ L'anima e il corpo sono andati insieme a festeggiare con i compagni di squadra
   D. ☐ Il corpo si è separato dall'anima per andare a festeggiare con i compagni di squadra

5. Fra i personaggi descritti, quale esprime il desiderio di ogni uomo di sentirsi parte integrante di una comunità?
   A. ☐ Il portiere battuto
   B. ☐ I calciatori che festeggiano l'autore del goal
   C. ☐ Il portiere della squadra vincente
   D. ☐ L'autore del goal

6. Rifletti sulla posizione dell'io lirico: a quale fra i personaggi presenti nella lirica ti pare più vicino?
   A. ☐ Il portiere battuto
   B. ☐ La folla festante
   C. ☐ Il compagno del portiere battuto
   D. ☐ L'autore del goal

7. I versi di Saba presentano il calcio come una metafora
   A. ☐ del destino di infelicità e di dolore a cui gli uomini sono condannati
   B. ☐ della vita umana, in cui convivono gioia e dolore, sconfitta e vittoria
   C. ☐ dell'odio che divide gli uomini e li spinge a combattersi l'un l'altro
   D. ☐ dell'amore che rende tutti gli uomini fratelli, al di là delle diversità

8. Rifletti sugli aspetti del calcio descritti nella lirica: quale caratteristica del gioco affascina e interessa principalmente Saba?
   A. ☐ L'energia dello scontro agonistico
   B. ☐ La dimensione eroica dei calciatori
   C. ☐ La lealtà dei protagonisti
   D. ☐ Il coinvolgimento emotivo di calciatori e spettatori

9. Nel v. 11 l'io lirico sintetizza la sua idea della condizione esistenziale dell'uomo. Con quale figura retorica sottolinea il suo messaggio?

   La Folla

10. Rileggi la poesia ponendo attenzione allo sviluppo sintattico. Qual è la figura dell'ordine più ricorrente, che svolge una funzione determinante per il ritmo della lirica e pone in evidenza alcune parole chiave?
    A. ☐ Inversione   C. ☐ Parallelismo
    B. ☒ Anafora   D. ☐ Ellissi

11. Oltre al termine *portiere* (vv. 1, 13), individua l'unica espressione tipica del linguaggio calcistico presente nella lirica.

    Folla

12. Quale tipo di subordinata è la proposizione *a non veder l'amara luce* (v. 3)? Prima di rispondere, rifletti sul gesto del portiere che nasconde a terra il volto.
    A. ☐ Causale   C. ☐ Consecutiva
    B. ☐ Finale   D. ☐ Concessiva

Dossier e scrittura documentata

Concludiamo l'unità con un dossier sullo sport inteso non tanto come esercizio fisico e preparazione tecnica né come scontro agonistico e spettacolare ma in quanto occasione di relazione con gli altri, di confronto con diverse situazioni, di incontro tra culture e situazioni umane diverse.

Che cos'è un dossier?

Un dossier è composto da alcuni **documenti**, ovvero articoli di opinione, informazione o cronaca e brani provenienti da testi di varia natura (filosofici, sociologici, scientifici, storici ecc.) che presentano diversi punti di vista sull'argomento in questione.

Il nostro dossier

Il dossier che ti appresti a leggere contiene due articoli di cronaca che annunciano avvenimenti sportivi organizzati nel segno della volontà di superare la diversità, qualunque essa sia: una competizione multietnica tra le comunità straniere residenti a Torino, che coinvolge calcio, basket e cricket (**D1**) e un torneo calcistico a cui partecipano squadre miste composte da persone con disagio mentale, medici e operatori (**D2**). Il terzo documento proviene dal sito dell'associazione Balon Mundial, che ha organizzato un torneo di calcio a cinque a cui possono iscriversi soltanto squadre composte da soggetti di nazionalità, fede, sesso ed età diverse (**D3**). Seguono due interviste: la prima a Dani Alves, calciatore brasiliano del Barcellona, autore di un gesto che è diventato il simbolo della lotta contro il razzismo, purtroppo assai diffuso negli stadi (**D4**); la seconda al judoka Gianni Maddaloni che tra mille difficoltà ha aperto una palestra nel quartiere napoletano di Scampia, combattendo attraverso lo sport l'emarginazione sociale e l'illegalità (**D5**). Lo sport non è, però, soltanto occasione di solidarietà e riscatto sociale, come testimonia l'articolo in cui si riportano le notizie relative agli scontri durante la partita di calcio tra Serbia e Albania (**D6**).

Il dossier non contiene soltanto notizie legate a episodi di cronaca, ma fornisce anche opinioni e riflessioni. L'UNICEF, il Fondo delle Nazioni Unite per l'infanzia, ha stilato un elenco dei valori sociali e culturali che l'attività sportiva può trasmettere ai bambini (**D7**). Nell'ultimo testo, il filosofo Umberto Galimberti analizza dal punto di vista sociale e psicologico i settimanali gesti di violenza che avvengono negli stadi (**D8**).

La lettura del dossier

Ora puoi iniziare a leggere i vari documenti. Ti raccomandiamo di prestare particolare attenzione ad alcune porzioni di testo evidenziate: sono quelle che contengono i concetti, le informazioni o i dati più significativi. Abbiamo iniziato a schedare i brani, operazione indispensabile per svolgere il lavoro di stesura di un testo che ti verrà assegnato dopo la lettura.

DOSSIER

D1 A Torino il Balon Mondial, per un calcio multietnico

Lo sport come strumento di integrazione e aggregazione tra persone provenienti da ogni parte del mondo. Dal 7 giugno al 6 luglio, Torino ospita l'ottava edizione di Balon Mundial, il torneo multietnico di calcio, basket e cricket che mette di fronte le comunità straniere che vivono nel capoluogo piemontese. La manifestazione si snoda attraverso un 'Mondiale' di calcio a 11 per squadre maschili, un torneo di calcio a 5 per squadre femminili e giovanili nonché partite di cricket e basket. Al via oltre 40 squadre di più di 30 Paesi; in tutto 1.200 giocatori, che nella vita di tutti i giorni sono camerieri, operai, cuochi, badanti. "L'obiettivo è creare un vero e proprio festival dello sport e delle comunità migranti", spiega il presidente di Balon Mundial, Tommaso Pozzato. L'evento infatti non è solo sport, ma anche cultura, con appuntamenti di musica, danza, dibattiti ed enogastronomia. Le diverse comunità infatti proporranno le specialità della cucina dei Paesi d'origine. Un festival di sport all'insegna del fair play e del rispetto per l'avversario, dunque, ma anche di sapori e colori di tutto il mondo.

[«Tuttosport», 4 giugno 2014]

D2 "Matti" per il calcio

In campo per raccontare il disagio mentale. Torna "Matti per il calcio" Uisp, una delle più significative rassegne di calcio sociale e per tutti nel nostro paese. Fischio d'inizio previsto a Montalto di Castro (Viterbo), da giovedì 12 sino a sabato 14 settembre. Scenderanno in campo 16 squadre provenienti da tutta Italia, con persone con disagio mentale, medici e operatori. "Siamo soddisfatti per aver saputo creare, anche quest'anno e nonostante la crisi, le condizioni per ripetere questa manifestazione, probabilmente unica al mondo – dice Simone Pacciani, vicepresidente nazionale Uisp – abbiamo messo in contropiede la discriminazione e il pregiudizio: il calcio si conferma il gioco più bello del mondo quando sa vincere queste partite".

L'iniziativa, alla sua settima edizione, è un'occasione per raccontare il disagio mentale attraverso lo sport: il calcio dunque come socialità e apertura. Ma anche come terapia utilizzata dai Centri e dai Dipartimenti di igiene mentale e dalle Asl di molte città per favorire il dialogo e conoscere più intimamente i problemi di chi vive lo stigma della malattia mentale. Le squadre di calcio a 7 che parteciperanno all'iniziativa coinvolgeranno complessivamente 450 persone. Le partite si susseguiranno dalla mattina alla sera anche nella giornata di venerdì 13 settembre e sabato 14 settembre, in mattinata, sono previste le semifinali e le finali.

[www.redattoresociale.it]

D3 L'organizzazione di un torneo dei quartieri di calcio a cinque

In occasione delle Football People Action Weeks – settimane del calcio contro le discriminazioni promosse dalla rete Fare che hanno luogo in tutta Europa dal 9 al 23 ottobre 2014 – Balon Mundial, in collaborazione con Fare, A.M.E.C.E. e Giosef Unito, organizzano un torneo dei quartieri di calcio a cinque.
Quando?

Domenica 19 ottobre 2014
Dove?
Presso i campi di A.M.E.C.E. in via Carmagnola 23, Torino.
Come funziona?
Ognuno potrà partecipare iscrivendo la propria squadra mista, composta da persone di diverso genere, di diverse età e di diverse nazionalità o credi religiosi. Ogni squadra, quindi, dovrà essere composta almeno da un uomo e una donna, almeno da due persone non coetanee e almeno da due persone appartenenti a culture diverse per nazionalità o religione.
L'iscrizione al torneo può essere fatta compilando l'apposito modulo, scaricabile qua, e inviarlo compilato entro le ore 18 del 18 ottobre 2014 all'indirizzo mail comitatobalonmundial@gmail.com. Le prime otto squadre correttamente iscritte parteciperanno al torneo. Il costo dell'iscrizione – pari a 40 euro a squadra – verrà devoluto al progetto di integrazione di Balon Mundial destinato a rifugiati politici.
Il torneo sarà composto da due gironi, ognuno di quattro squadre ciascuno. Il regolamento sarà a breve disponibile e scaricabile da questo sito.
Perché un torneo misto dei quartieri?
- per aumentare la coscienza e la conoscenza di tutte le forme di discriminazioni nel calcio
- per fare squadra insieme rendendo il calcio un momento inclusivo
- per sviluppare e sperimentare nuove idee e pratiche di lotta all'esclusione.

[www.balonmundial.it]

D4 La banana? Reazione spontanea

Dagli spalti gli lanciano una banana mentre si appresta a battere un calcio d'angolo, lui la raccoglie e la mangia. Il suo gesto ha fatto il giro del mondo nel giro di poche ore diventando un simbolo della lotta contro il razzismo. Dani Alves, difensore del Barcellona, in un'intervista alla brasiliana Radio Globo torna sull'episodio chiamando in causa anche la Fifa. "La Fifa dovrebbe prestare molta attenzione a queste cose".
MENTALITÀ SBAGLIATA - "La mia reazione è stata puramente spontanea. È stata incredibile, un'azione che ho fatto senza pensare alle conseguenze – ha spiegato il giocatore carioca ripercorrendo l'episodio del 'Madrigal' in Villarreal-Barcellona –. Ho parlato di cose simili con i miei amici, però, pensandoci bene dovremmo iniziare una campagna. Il mondo è andato avanti e dobbiamo andare avanti con lui. È un tipo di mentalità che proprio non va bene. Che si tratti di calcio o della vita di tutti i giorni, dobbiamo muoverci e stare al passo con i tempi".
SOLIDARIETÀ DAI GRANDI CAMPIONI - "Cose come questa vanno avanti da un po' – spiega ancora Dani Alves –, ma l'attacco arriva solo se il destinatario di tali insulti si sente offeso". Il messaggio finale di Alves, visto il fantastico supporto arrivato dalle stelle del calcio in tutto il mondo, con molti dei migliori giocatori che hanno postato immagini di se stessi con una banana, con l'hashtag su twitter "siamo tutti scimmie", è un incoraggiamento all'educazione, per aiutare le persone a cambiare le loro grette opinioni. "Dobbiamo agire su cose come questa. Dobbiamo aprire le loro menti, cercare di aiutarli a capire che siamo tutti uguali. Non ci sono colori e razze. All'interno, abbiamo tutti il sangue dello stesso colore".

[«La Gazzetta dello Sport», 27 aprile 2014]

D5 Daniele Sanzone Dal carcere alla palestra dei campioni

"Enigas la bolletta che ci ammazza", si legge su uno striscione all'entrata della palestra, Star Judo Club. "Viviamo senza contributi, solo con la solidarietà delle persone", è la prima cosa che mi dice il judoka Gianni Maddaloni. "Un paio di mesi fa – continua Maddaloni – Enigas ci ha inviato una bolletta di salvo conguaglio di 21mila euro, nonostante pagassimo regolarmente. È stato allora che ho detto: chiudo. Ho contattato i giornali e dopo un articolo su "la Repubblica", mi è arrivata una telefonata dalla segreteria del presidente del CONI, il dottor Giovanni Malagò.

Pensavo mi stessero sfottendo, ma poi l'ho incontrato di persona. Era venuto a conoscenza del problema e mi chiedeva in cosa poteva essermi utile. Non gli ho chiesto un euro, ma solo una struttura all'altezza del mio quartiere, una cittadella dello sport per i ragazzi dell'area nord di Napoli". Gianni Maddaloni è una forza della natura, dalle Vele di Scampia ha allenato e portato il figlio, Pino, a vincere due campionati d'Europa e le Olimpiadi di Sydney 2000. La palestra è tappezzata da poster, coppe, trofei e dagli articoli di giornali dei figli: Pino, Marco (in corsa per le Olimpiadi di Rio) e Laura, anche lei judoka e moglie del pugile Clemente Russo, medaglia d'argento a Londra 2012. Una famiglia di campioni. La palestra sa di sudore e fatica, mentre si allenano bambini, ragazzi e adulti. Molti di loro sono lì in affidamento a scontare il resto della loro pena. "Da cinque anni – spiega Maddaloni – mi arrivano ragazzi minorenni e in tanti poi restano qui ad allenarsi o a lavorare grazie al passa parola. Da un anno accolgo anche i detenuti adulti, anche se spesso mi sento in difficoltà. Oggi ho 3 detenuti adulti, di cui 2 hanno famiglia". La palestra nell'arco dell'anno supera le 1300 presenze tra genitori e figli. Pagano solo i genitori, 20 euro a testa al mese, mentre i figli non pagano. "L'obiettivo è quello di portare nelle famiglie del quartiere un valore aggiunto: lo sport. Alla fine due terzi delle persone che vengono in palestra non pagano e tutto questo è possibile solo grazie agli aiuti, ma ancora oggi rischiamo di chiudere. La cosa che mi fa più male è che spesso queste persone vedono, in me, la speranza di un futuro diverso". Ci porta a fare un giro per mostrarci le varie attività. "Lo sport – continua Maddaloni – insegnato con amore può salvare i ragazzi dalla strada", e basta vedere con che occhi lo guardano i bambini per capire che ciò che dice è vero.

[D. Sanzone, inchieste.repubblica.it, 13 settembre 2013]

Il maestro di judo Marco Maddaloni.

D6 Luigi Caputo Un drone sullo stadio

Quando l'urna dei sorteggi per le qualificazioni a Euro 2016 ha accoppiato Serbia e Albania, tutti alla UEFA sapevano che non sarebbe stata una partita tranquilla. Nessuno però avrebbe mai potuto immaginare che la rivalità totale tra questi due popoli si sarebbe spinta a tanto: un piano scrupoloso per telecomandare un drone sullo stadio di Belgrado con la bandiera della Grande Albania, scontri tra calciatori e tifosi, sospensione della partita, rinuncia degli albanesi a ritornare in campo dopo le aggressioni, l'accoglienza alle 5 del mattino della Nazionale a Tirana da parte di 5mila albanesi. Tutto questo per il contrasto tra due etnie che ha radici profondissime. Rientrano la storia, la politica, la religione, il senso di appartenenza. [...] Il ct dell'Albania Gianni De Biasi ha denunciato le intimidazioni e le percosse ricevute dalla sua squadra: "Quattro dei nostri giocatori sono stati feriti dai tifosi durante l'interruzione, alcuni sono stati aggrediti anche all'interno dello stadio. È successo di tutto, fin dall'inizio l'atmosfera era tesa. La partita è stata organizzata molto male". Il capitano albanese Lorik Cana ha invece twittato il suo orgoglio per l'invasione del drone e l'esibizione della bandiera della Grande Albania. E ha poi puntato il dito contro il servizio di sicurezza dello stadio di Belgrado: "Ho visto un tifoso serbo con una sedia che si scagliava contro i miei compagni, dovevo difenderli. Ho delle ferite sul viso, Xhaka ha il naso e gli occhi gonfi e doloranti. Il personale di sicurezza invece di proteggerci ci ha attaccato. A gara sospesa i delegati UEFA hanno visto quello che è successo, volevano far riprendere la partita con lo stadio vuoto, ma era davvero impossibile tornare in campo".

[L. Caputo, «L'Huffington Post», 15 ottobre 2014]

D7 Lo sport palestra di valori

Attraverso lo sport, il divertimento e il gioco i bambini e gli adolescenti imparano alcuni dei valori più importanti della vita.
- L'attività fisica promuove non violenza, tolleranza e pace.
- Lo sport insegna importanti valori quali amicizia, solidarietà, lealtà, lavoro di squadra, autodisciplina, autostima, fiducia in sé e negli altri, rispetto degli altri, modestia, comunicazione, leadership, capacità di affrontare i problemi, ma anche interdipendenza. Tutti principi, questi, alla base dello sviluppo.
- Oltre ad avere un ruolo fondamentale nel trasformare i bambini in adulti responsabili e premurosi, lo sport riunisce i giovani, li aiuta ad affrontare le sfide quotidiane e a superare le differenze culturali, linguistiche, religiose, sociali, ideologiche.
- Lo sport è un linguaggio universale in grado di colmare i divari e di promuovere i valori fondamentali indispensabili per una pace duratura. È un mezzo straordinario per allentare la tensione e favorire il dialogo. Sul campo di gioco le differenze culturali e le priorità politiche scompaiono.
I bambini che praticano sport capiscono che si può interagire senza coercizione o sfruttamento.

[www.unicef.it/doc/157/sport-amico-dei-bambini-e-delle-bambine.htm]

D8 Umberto Galimberti — La violenza nichilista degli stadi

Non è l'unica, ma quella degli stadi è la violenza più emblematica, messa in atto da quanti, ogni domenica, con una cadenza ormai rituale, sono soliti provocare incidenti, guerriglie neppure tanto simulate, con i loro passamontagna calati, perché la violenza è codarda, con i loro fumogeni che annebbiano l'ambiente per garantire impunità, le loro sassaiole che piovono come grandine da tutte le parti in modo che non ti puoi difendere, con i petardi, che quando non spaventano, feriscono, con le loro bombe-carta che uccidono. Qui i colori politici sono irrilevanti, perché il calcio si è sempre definito, con un po' di ipocrisia, "politicamente neutrale", e questa neutralità apre le porte al piacere dell'eccesso, allo sconfinamento dell'eccitazione, al rituale ripetuto della messa in scena [...]. Finito il *rito della crudeltà* tutti spariscono, e solo le registrazioni delle telecamere consentono di individuare qualcuno di quei pavidi che si nascondono nella massa. Si sentono innocenti, semplicemente perché non sono in grado di fornire uno straccio di giustificazione ai loro gesti. L'ignoranza e l'ottusità che li caratterizzano sono, ai loro occhi, un'attenuante. L'analfabetismo mentale, verbale ed emotivo con cui rispondono a chi li interroga sono per loro una giustificazione. La loro violenza è nichilista perché è assurda, e assurda perché non è neppure un mezzo per raggiungere uno scopo. È puro scatenamento della forza che non si sa come spiegare e dove convogliare, e perciò si sfoga nell'anonimato di massa, senza considerazione e senza calcolo delle conseguenze. La mancanza di scopi rende la violenza infondata, e quindi assoluta. Ma proprio nel momento in cui la violenza è libera da qualsiasi considerazione e da qualsiasi scopo, e quindi da qualsiasi razionalità, diventa completamente se stessa e si trasforma in pura e sfrenata crudeltà nichilista.

[U. Galimberti, *L'ospite inquietante*, Feltrinelli, Milano 2007]

La consegna di scrittura documentata

Ora sviluppa l'argomento "**Lo sport tra solidarietà e violenza: incontro e scontro con la diversità**" con un testo di circa tre colonne di foglio protocollo, utilizzando, interpretando e confrontando idee, informazioni e dati forniti nel dossier. Puoi decidere se realizzare un testo espositivo, in cui disporre con chiarezza e ordine i contenuti dei documenti, o un testo argomentativo che dovrà contenere una tesi e degli argomenti a favore.

È opportuno che il testo sia coerentemente integrato con conoscenze ed esperienze personali, così da arricchire ulteriormente lo svolgimento e dargli un'impronta personale.

Infine, indica le coordinate comunicative del testo: l'ipotetico lettore a cui è rivolto e il tipo di pubblicazione in cui collocarlo (giornale quotidiano o online, rivista o sito web specializzato, giornalino scolastico ecc.), un titolo che ne riassuma efficacemente contenuti e opinioni.

Il metodo di lavoro: dalla schedatura alla stesura

Scrivere un testo che risponda alle richieste della consegna è impegnativo, ma potrebbe anche essere stimolante. Per arrivare a produrre uno svolgimento coerente e coeso, quindi, è necessario lavorare con metodo, evitare di iniziare la stesura del testo senza aver compiuto prima alcune fondamentali operazioni.

- **Schedare i documenti**, evidenziando i passaggi più importanti, quelli in cui l'autore espone in sintesi il proprio pensiero e/o le informazioni in suo possesso. Come hai visto, alla realizzazione di questo primo passaggio abbiamo già pensato noi. Ma le nostre scelte ti sembrano chiare e condivisibili? Avresti evidenziato diversamente da quanto abbiamo fatto noi?

  Prima di intraprendere individualmente le fasi successive discuti sulle nostre proposte di schedatura con i compagni e l'insegnante.

- **Cogliere analogie e differenze** fra il contenuto dei testi. Questa è un'operazione utile sia che tu scelga di comporre un testo espositivo sia che tu decida di cimentarti con un testo argomentativo. Il dossier presenta numerose proposte che mostrano la volontà di fare dello sport uno strumento per superare le barriere fisiche e sociali (**D1-D2-D3-D4-D5**). A queste iniziative si contrappongono gli insulti razzisti a Dani Alves (**D4**) e le notizie riportate nel **D6**, da cui appare che lo sport fornisca invece l'occasione per accrescere le divisioni, in queste caso tra diverse etnie. Anche i due documenti conclusivi presentano le due facce opposte della medaglia: l'UNICEF ricorda l'importanza dello sport per la crescita e la formazione di un individuo rispettoso dei diritti altrui (**D7**); al contrario le parole di Umberto Galimberti tracciano un quadro pessimistico, in cui lo sport diventa soltanto lo spunto per esercitare una violenza cieca (**D8**).

- **Integrare le conoscenze acquisite** attraverso il dossier con altri elementi a propria disposizione.

È chiaro che potrai rendere più reale e immediato il testo con il racconto delle esperienze personali e dei tuoi amici. Magari anche tu hai partecipato o almeno conosci iniziative sportive che avevano per obiettivo combattere i pregiudizi nei confronti delle diversità. E naturalmente hai ascoltato in televisione e letto su quotidiani e riviste notizie relative a episodi teppistici e criminali generati da tifoserie opposte.
Però ricordati: ciò a cui devi porre attenzione è che le nuove informazioni siano pertinenti e contribuiscano ad arricchire effettivamente il testo senza metterne in discussione coerenza e coesione.

- Infine, **strutturare una scaletta** con i contenuti disposti in una sequenza logica, che permetta di procedere alla stesura di un testo chiaro, ordinato, scorrevole. Ti forniamo due brevi esempi di scaletta, uno per ciascuna delle tipologie testuali richieste.

Testo espositivo	Testo argomentativo
Presentazione del duplice volto dello sport L'UNICEF sostiene che i bambini attraverso lo sport apprendono alcuni valori fondamentali come…. (**D7**). Queste parole sembrano essere confermate dalle numerose iniziative sportive caratterizzate dai valori della tolleranza, della solidarietà e della convivenza pacifica. A questi progetti, però, si contrappongono stadi e palazzi dello sport che continuano a essere teatro di odio razziale e violenze che il filosofo Galimberti definisce… (**D8**). **Lo sport che unisce** I giornali riportano progetti e avvenimenti che vedono lo sport in primo piano nella lotta contro i pregiudizi nei confronti delle diversità: - a Torino viene organizzato il Balon Mondial, una manifestazione… (**D1**); - sempre nel capoluogo piemontese ha luogo un torneo… (**D3**); - a Montalto di Castro le discriminazioni vengono combattute anche con… (**D2**); - nel quartiere napoletano di Scampia un ruolo fondamentale nella prevenzione alla delinquenza e nella integrazione sociale viene svolto dalla palestra… (**D5**); - anche i calciatori miliardari intendono fare del calcio uno strumento di denuncia del razzismo, come dimostra il consenso ottenuto dal calciatore del Barcellona… (**D4**); - integrazioni personali. **Lo sport che divide** Ma il gesto compiuto dai tifosi del Villareal … (**D4**) dimostra anche il grado di inciviltà che fa da sfondo a molti avvenimenti sportivi (integrazioni personali). È innegabile che in alcuni casi lo sport non sembra unire ma accentuare ulteriormente le divisioni, come è accaduto durante la partita… (**D6**)	**Introduzione con presentazione del problema** Numerose iniziative sportive sono caratterizzate dai valori della tolleranza, della solidarietà e della convivenza; a questi progetti, però, si contrappongono stadi e palazzi dello sport teatro di odio razziale e violenze: quale atteggiamento prevarrà? **L'antitesi e gli argomenti a favore della tesi** Anche se molti progetti e avvenimenti vedono lo sport in primo piano nella lotta contro i pregiudizi nei confronti delle diversità, alcuni ritengono che lo sport sia prigioniero di intolleranti e violenti. Secondo questa tesi, la violenza negli stadi è un fenomeno sociale caratterizzato da… (**D7**); a supportarla vi sono numerosi episodi: - il gesto compiuto dai tifosi del Villareal… (**D4**); - gli scontri in occasione della partita di calcio fra Serbia e Albania (**D6**); - integrazioni personali. **La tesi** A mio giudizio, invece, lo sport diventerà sempre più strumento di pace e di collaborazione e comprensione tra diverse culture (citazioni da **D6**). **Argomenti a favore della tesi** - A Torino viene organizzato il Balon Mondial, una manifestazione… (**D1**). - Sempre nel capoluogo piemontese ha luogo un torneo… (**D3**). - A Montalto di Castro le discriminazioni vengono combattute anche con… (**D2**). - Nel quartiere napoletano di Scampia un ruolo fondamentale nella prevenzione alla delinquenza e nella integrazione sociale viene svolto dalla palestra… (**D5**). - Anche i calciatori miliardari intendono fare del calcio uno strumento come dimostra il consenso ottenuto dal calciatore del Barcellona… (**D4**). - Integrazioni personali.

UNITÀ 5
La musica

T1	Fabrizio De André — *Canzone per l'estate*
T2	Giorgio Gaber — *L'illogica allegria*
T3	Ivano Fossati — *Lindbergh*
T4	Franco Battiato — *La cura*
T5	Baustelle — *La canzone del parco*

VERIFICA DELLE COMPETENZE

T6	Francesco De Gregori — *La leva calcistica della classe '68*

DOSSIER E SCRITTURA DOCUMENTATA

Parole e musica: i cantautori italiani

Quando si parla di rapporti fra canzone popolare contemporanea e poesia, il pensiero corre immediatamente ai **cantautori**: tutti quegli artisti che sono autori della musica e delle parole dei brani che cantano. Il cantautorato, diffusosi negli anni del secondo Dopoguerra soprattutto negli **Stati Uniti**, in **Francia** e in **Italia**, si differenzia dalla "canzone leggera", tradizionalmente di argomento sentimentale, in quanto porta sulla scena musicale **riflessioni esistenziali** e **questioni socio-politiche**, affrontate spesso con sensibilità poetica, pur senza disdegnare il tema amoroso.

Il primo "esperimento" di cantautorato italiano può essere considerato quello del gruppo **Cantacronache**, attivo a Torino nella seconda metà degli anni Cinquanta, che contava al suo interno sia musicisti sia letterati come **Italo Calvino**, **Franco Fortini** (▶ p. 17) e **Umberto Eco**. Da questa esperienza presero ispirazione le successive scuole di cantautori italiani, che videro una definitiva consacrazione a partire dagli anni Sessanta e che ancora oggi esercitano la loro influenza sulle nuove leve della **canzone impegnata**.

Per individuare le specifiche tendenze stilistiche e tematiche dei numerosi esponenti di questo fenomeno musicale, si è soliti distinguere le **scuole cantautoriali** in base all'area geografica di provenienza degli artisti.

La scuola genovese

Intorno ai primi anni Sessanta nel capoluogo ligure si formò un gruppo di nuovi artisti e intellettuali ispirati dalle melodie suggestive e dalla profondità dei testi dei cantautori francesi (*chansonniers*) **Georges Brassens** (1921-1981) e **Jacques Brel** (1929-1978). Ciascuno diverso per sensibilità e scelte stilistiche, i "genovesi" erano accomunati dalla particolare attenzione posta nei confronti dei testi delle canzoni, caratterizzati da contenuti originali e **controcorrente** rispetto alla morale comune e alla superficialità delle "canzonette" di consumo. Per primi in Italia essi diedero voce allo **scontento giovanile** che dopo qualche anno sarebbe sfociato nella contestazione studentesca del Sessantotto e degli anni Settanta. Nelle loro opere la condanna del conformismo borghese si fondeva con l'analisi introspettiva e la confessione spesso dolorosa del **malessere esistenziale**.

---

il percorso delle parole | Canzone / Cantare

La parola *canzone* deriva dal latino *cantiōne(m)*, da *cantus*, "canto"; *cantare* deriva invece dal verbo latino *cantāre*, intensivo di *cănere* ("cantare"), e significa modulare la voce in modo regolato e musicale, o emettere suoni gradevoli e armoniosi. Tale azione viene riferita agli uomini e ad alcuni animali, come gli uccelli, i grilli, le cicale. In letteratura il termine *canzone* indica un componimento formato da più stanze, introdotto nella letteratura italiana nel XIII secolo su derivazione del modello provenzale. In ambito musicale per *canzone* si intende una composizione per canto e strumenti, solitamente basata su un ritornello.

■ **Trovare le parole**
a. Individua almeno due termini diminutivi e due peggiorativi derivati da *canzone*.
b. Quale è il significato della frase "Ogni giorno a scuola la stessa canzone: spiegazioni, compiti, interrogazioni", in cui il termine *canzone* è usato in senso figurato? Da quale altro vocabolo esso potrebbe essere sostituito, mantenendo lo stesso significato?
c. Con l'aiuto del dizionario spiega il significato delle seguenti espressioni, in cui il verbo *cantare* è usato in senso figurato: "cantar vittoria", "cantarsela e suonarsela", "cantarne quattro a qualcuno".

Tra di essi ricordiamo il compositore **Umberto Bindi** (1932-2002), autori di canzoni anche di grande successo popolare come **Bruno Lauzi** (1937-2006) e **Luigi Tenco** (1938-1967), in cui più forte che negli altri esponenti della scuola era evidente un senso di radicale estraneità nei confronti della società. Ancora attivo sulla scena musicale è **Gino Paoli** (1934), a cui si devono canzoni interpretate anche da grandi artiste come Mina e Ornella Vanoni. Con la sua voce esile, Paoli ha raccontato l'amore e il male di vivere. Alcuni suoi indimenticabili brani – come *Il cielo in una stanza* (1960) e *Sapore di sale* (1963) – appartengono a pieno titolo alla cultura italiana del Novecento.

Tuttavia l'esponente più noto e celebrato della scuola genovese è **Fabrizio De André** (▶ T1, p. 127). Ispirate da un'**ideologia anarchico-libertaria**, le sue ballate hanno cantato il mondo dei vinti e degli emarginati, l'ipocrisia e il perbenismo delle classi dirigenti. Legato alla scuola genovese è anche il più giovane **Ivano Fossati** (▶ T3, p. 136) che spesso ha collaborato proprio con De André. Dopo una prima esperienza nel rock progressivo degli anni Settanta, all'inizio degli anni Ottanta è approdato alle canzoni d'**impegno civile**, fino a diventare una delle voci più autorevoli della musica d'autore.

La scuola milanese

Nei primi anni Sessanta si misero in luce **Enzo Jannacci** (1935-2013) e **Giorgio Gaber** (▶ T2, p. 132), cantautori formatisi nell'ambiente teatrale e cabarettistico milanese, dove operavano registi e attori come **Giorgio Strehler** (1921-1997) e **Dario Fo** (▶ p. 557). Dopo un esordio da coppia rocker sotto il nome di Due Corsari, suonarono anche insieme ad **Adriano Celentano** (1938) prima di intraprendere ciascuno la propria strada artistica.

Enzo Jannacci, spesso in collaborazione con Dario Fo, compose **canzoni irriverenti** e trasgressive che raccontano la vita degli umili e degli emarginati, con toni che passano dal drammatico al comico, dal realistico al surreale. Grazie anche all'inconfondibile voce acuta e alla **mimica stranita** con cui accompagnava le parole, alcune sue canzoni, come *Ho visto un re* (1968) o *Vengo anch'io. No, tu no* (1968), sono entrate nella storia della musica leggera italiana.

Giorgio Gaber, nel suo percorso musicale ha attraversato numerose fasi: chitarrista jazz, cantante di rock'n'roll, autore di brani di successo popolare. La svolta che ha segnato la sua carriera è stata, nel 1969, il passaggio a un'originale forma di spettacolo, definita "**teatro-canzone**", ossia recital in cui affrontava con passione umana e civile temi politici ed esistenziali, alternando monologhi recitati a canzoni.

La scuola bolognese

All'inizio degli anni Sessanta anche a Bologna alcuni autori rivolsero la loro attenzione a tematiche politiche e civili. Tra essi si distinse **Francesco Guccini** (1940), che negli ultimi anni si è dedicato con grande fortuna anche all'attività di romanziere. Le sue ballate dalla **melodia essenziale** e con evidenti reminiscenze folk sono state rese popolari non solo dalla sua voce profonda e dalla sua inconfondibile "erre moscia", ma anche dalle interpretazioni che ne hanno dato gruppi musicali come l'Equipe 84 e i Nomadi. Nei suoi testi si intrecciano sapientemente diversi registri linguistici, che spaziano dal colto al comico-popolare, dal letterario al gergale. Anche il repertorio di Guccini unisce canzoni di **impegno politico** – *La locomotiva* (1972) è diventata uno dei simboli della protesta giovanile degli anni Settanta – a brani di **tono più intimistico** e privato.

Francesco Guccini, Gianni Siviero e Roberto Vecchioni a Sanremo nel 1975.

Ancor più politicizzata è la produzione discografica sia di **Claudio Lolli** (1950), che divenne la voce ufficiale del movimento degli studenti con la canzone *Ho visto degli zingari felici* (1976), sia del modenese **Pierangelo Bertoli** (1942-2002), che nelle sue canzoni introdusse anche il tema della difesa dell'ambiente (*Eppure soffia*, 1975). Gli esordi di un altro importante cantautore bolognese di formazione jazz e folk, **Lucio Dalla** (1943-2012), sono invece nel segno della canzone di consumo. Negli anni Sessanta partecipò più volte al **Cantagiro** (una manifestazione musicale estiva) e al **Festival di Sanremo**. Nel 1971, proprio a Sanremo, con *4 marzo 1943* ottenne il successo a lungo inseguito. Da quel momento iniziò una prestigiosa carriera, caratterizzata da numerose collaborazioni artistiche.

La scuola romana

A cavallo fra gli anni Sessanta e Settanta a Roma la musica alternativa e di consumo erano ospiti del **Folkstudio**, locale in cui si alternavano jazz, musica popolare e canzone politica e dove si esibirono anche famosi artisti internazionali: nel 1963 vi suonò **Bob Dylan** (1941), il massimo esponente del cantautorato statunitense, fonte di ispirazione per numerosi artisti italiani. Sul palco del Folkstudio debuttarono due figure di spicco: **Antonello Venditti** (1949), nel cui repertorio troviamo composizioni sia d'amore sia d'impegno sociale, e **Francesco De Gregori** (▶ T6, p. 147), nelle cui canzoni sono evidenti le influenze di Bob Dylan, delle sonorità folk e rock degli inglesi **Donovan** ed **Elton John**, dello statunitense **Woody Guthrie** e del canadese **Leonard Cohen**. I testi di De Gregori sono caratterizzati dall'ampio uso del linguaggio figurato, talvolta anche di difficile interpretazione, e spaziano da meditazioni di natura intimista a riflessioni sugli aspetti etico-politici della storia passata e presente dell'Italia.

A partire dalla fine degli anni Novanta, la scuola romana ha ricevuto nuova energia dalla presenza di alcuni giovani autori di talento come **Max Gazzè** (1967), **Daniele Silvestri** (1968) e **Niccolò Fabi** (1968).

Oltre le scuole

Naturalmente vi sono numerosi cantautori che, per ragioni geografiche ma anche artistiche, non rientrano in nessuna delle scuole che abbiamo analizzato. Tra essi ricordiamo quattro personalità che si distinguono per l'originalità delle loro composizioni: **Paolo Conte** (1937), **Franco Battiato** (▶ T4, p. 139), **Rino Gaetano** (1950-1981) e **Vinicio Capossela** (1965).

Negli anni Settanta Paolo Conte ha lasciato l'attività di avvocato per dedicarsi soltanto a quella artistica. Tra i pochi cantautori italiani di fama internazionale, è autore di canzoni di sofisticata e spesso amara ironia. Nei suoi brani, accompagnati al piano, sussurrati con **voce rauca** e venati di **reminiscenze jazz**, racconta storie di vita in cui un anonimo mondo provinciale convive con atmosfere esotiche.

Il siciliano Franco Battiato è uno dei personaggi più eclettici e influenti del panorama musicale italiano. Presente sulla scena artistica fin dalla fine degli anni Sessanta, è passato attraverso molteplici esperienze artistiche (musica sperimentale, elettronica, etnica, rock progressivo, opera lirica). Nei suoi testi, spesso scritti in collaborazione con il filosofo **Manlio Sgalambro**, sono evidenti gli interessi nei confronti delle religioni orientali.

Sfugge a ogni possibile etichetta il cantautore calabrese – ma vissuto a Roma – Rino Gaetano. Morto tragicamente in un incidente stradale, Gaetano è ricordato per la **pungente ironia** delle sue canzoni, alcune anche di grande successo popolare. Dietro i suoi testi, all'apparenza allegri, spesso goliardici e talvolta paradossali, si celano un'intelligente denuncia sociale e una profonda analisi introspettiva.

Ricordiamo infine la personalità singolare e istrionica di Vinicio Capossela (1965), probabilmente il più originale fra i cantautori dell'ultima generazione. Anche nelle canzoni di questo artista lucano si colgono diverse influenze, che spaziano dalle **riflessioni intimiste** dei genovesi alle **atmosfere jazz** di Paolo Conte, dal **teatro circense** alle danze e alle rappresentazioni popolari mediterranee e balcaniche.

Infine occorre citare la presenza di alcuni gruppi musicali rock che mostrano, però, nei testi una forte vena cantautorale e che forse in questo momento rappresentano al meglio la musica italiana di impegno e d'autore. Fra gli esponenti più maturi, presenti dagli anni Novanta a oggi, ricordiamo gli **Afterhours**, i **Marlene Kuntz**, i **Subsonica** e i **Baustelle** (▶ T5, p. 143).

T1 Fabrizio De André Canzone per l'estate

In *Canzone per l'estate*, scritta in collaborazione con Francesco De Gregori, Fabrizio De André delinea con amaro sarcasmo il ritratto di un uomo intristito dal grigiore dell'esistenza quotidiana, fossilizzato in una tranquilla realtà borghese priva di stimoli, che ha spento le sue emozioni e i suoi progetti giovanili.

Con tua moglie che lavava i piatti in cucina e non capiva
con tua figlia che provava il suo vestito nuovo e sorrideva
con la radio che ronzava
per il mondo cose strane
5 e il respiro del tuo cane che dormiva.

Coi tuoi santi sempre pronti a benedire i tuoi sforzi per il pane
con il tuo bambino biondo a cui hai donato una pistola per Natale
che sembra vera,
con il letto in cui tua moglie
10 non ti ha mai saputo dare
e gli occhiali che tra un po' dovrai cambiare.

Fabrizio De André è stato uno dei cantautori italiani più rappresentativi: compositore e paroliere, molti testi delle sue canzoni sono oggi considerati a tutti gli effetti delle poesie. Nato nel 1940 a Genova da una famiglia alto-borghese, entrò presto in conflitto con il padre e lasciò giovanissimo la famiglia. Condusse una vita fuori dagli schemi, facendo lavori saltuari e frequentando personaggi ai margini della società. In questi anni cominciò a interessarsi di politica, avvicinandosi ai movimenti anarchici, e si indirizzò verso la musica, suonando la chitarra ed esibendosi nei locali. Ottenne notorietà con *La canzone di Marinella* (1964) e negli anni successivi incise album di successo in cui affrontava questioni sociali, civili, politiche. Nel 1970 uscì *La buona novella*, una personale reinterpretazione del messaggio cristiano basato sui Vangeli apocrifi. Nel 1971 pubblicò *Non al denaro, non all'amore né al cielo*, libero adattamento di alcune poesie dell'*Antologia di Spoon River* di Edgar Lee Masters. Nel corso degli anni Settanta collaborò con molti artisti, tra cui Francesco De Gregori, con cui scrisse l'album *Volume 8* (1975). Nel 1984 uscì *Crêuza de mä*, in dialetto genovese, a cui seguirono gli album *Le nuvole* (1990) e *Anime salve* (1996).
Impegnato politicamente, pacifista e anticonformista, è stato definito il «più grande poeta in assoluto degli ultimi cinquant'anni in Italia» dalla scrittrice Fernanda Pivano, che lo ha accostato al cantautore americano Bob Dylan. Ammalatosi gravemente, De André morì a Milano nel febbraio del 1999.

Com'è che non riesci più a volare
com'è che non riesci più a volare
com'è che non riesci più a volare
15 com'è che non riesci più a volare

Con le tue finestre aperte sulla strada e gli occhi chiusi sulla gente
con la tua tranquillità, lucidità, soddisfazione permanente
la tua coda di ricambio
le tue nuvole in affitto […]
20 col tuo ossigeno purgato e le tue onde regolate in una stanza
col permesso di trasmettere
e il divieto di parlare
e ogni giorno un altro giorno da contare.

Arshile Gorky, *Year after Year*, 1947, Londra, collezione privata.

Com'è che non riesci più a volare
25 com'è che non riesci più a volare
com'è che non riesci più a volare
com'è che non riesci più a volare

Con i tuoi entusiasmi lenti precisati da ricordi stagionali
e una bella addormentata che si sveglia a tutto quel che le regali
30 con il tuo collezionismo
di parole complicate
la tua ultima canzone per l'estate.

[...] col tuo freddo di montagna
e il divieto di sudare
35 e più niente per poterti vergognare.

Com'è che non riesci più a volare
com'è che non riesci più a volare
com'è che non riesci più a volare
com'è che non riesci più a volare.

[F. De André, *Volume 8*, Produttori Associati, 1975]

poeti che parlano di poesia — Canzone e poesia

Riportiamo alcune dichiarazioni sul rapporto tra poesia e canzone rilasciate da Fabrizio De André in un'intervista concessa al giornalista della Rai Vincenzo Mollica, dopo cinque anni di lontananza dal pubblico e dopo essere stato vittima di un drammatico episodio di cronaca: il rapimento nel 1979 per opera della banda criminale dell'Anonima Sarda.

Fabrizio, guardando al tuo passato come ti consideri: più cantautore o più poeta? E quali sono le differenze, se esistono, tra canzone e poesia?
A questa domanda ti devo rispondere come tante volte ho già risposto. Benedetto Croce[1] diceva che, fino all'età di diciotto anni, tutti scrivono poesie; dai diciotto anni in poi rimangono a scriverle solo due categorie di persone: i poeti e i cretini. Quindi io, precauzional-
10 mente, preferirei considerarmi un cantautore. Per quanto riguarda l'ipotesi di differenza fra canzone e poesia, io non ho mai pensato che esistessero arti maggiori o arti minori ma, casomai, artisti maggiori e artisti minori. Quindi se si deve parlare di differenza tra poesia e canzone credo che la si dovrebbe ricercare soprattutto in dati tecnici.
I giovani di ieri e di oggi ti considerano una sorta di punto
20 *di riferimento culturale, cosa ne pensi?*

Probabilmente perché anch'io ho avuto dei punti di riferimento precisi che, a loro volta, avranno avuto sicuramente dei riferimenti in questi punti luminosi della storia dell'espressione umana. Io credo che l'uomo potrà anche conquistare le stelle, ma penso d'altra parte che le sue problematiche fondamentali siano destinate a rimanere le stesse
30 per molto tempo, se non addirittura per sempre.
Nelle antologie scolastiche sono inseriti molti testi delle tue canzoni. La cosa ti imbarazza o ti fa piacere?
Direi che mi imbarazza proprio perché fondamentalmente mi fa piacere. Provo un leggero imbarazzo di fronte a questa mia piccola vanità.
Che cos'è per te oggi, nel fondo del fondo, la canzone?
La canzone è una vecchia fidanzata con cui passerei ancora molto volentieri buona parte della mia vita, sempre soltanto nel caso di essere benaccetto.

[www.mollica.rai.it/index3_1.htm]

1 **Benedetto Croce:** intellettuale (1866-1952).

SCHEDA di LETTURA

L'interlocutore
L'io lirico si rivolge a un padre e marito colto nella sua dimensione familiare, accusandolo implicitamente di aver rinunciato ai desideri e alle speranze giovanili (*Com'è che non riesci più a volare*), di essersi assopito in una vita priva di passioni, rispettosa di formalismi e apparenze e volta esclusivamente al raggiungimento del benessere economico. Il quadro della condizione esistenziale del protagonista della canzone viene disegnato con amaro sarcasmo, attraverso la descrizione delle relazioni che l'uomo ha stabilito sia con la moglie e i figli sia con la realtà esterna.

La famiglia
La moglie è distratta dalle faccende domestiche, incapace (*non capiva*) di comprendere i bisogni e le attese dell'uomo. Il rapporto è logorato anche dall'insoddisfazione sessuale (*con il letto in cui tua moglie/non ti ha mai saputo dare*), ma neppure la relazione con un'amante promette passione e calore umano, in quanto appare regolata più dal calcolo economico che dall'amore (*si sveglia a tutto quel che le regali*). Persino il legame con i figli sembra obbedire a una logica utilitaristica ed escludere emozioni e sentimenti sinceri. L'affetto è sostituito dallo scambio di beni materiali, emblematicamente rappresentati dai regali: un nuovo vestito a una ragazzina vanitosa e una pistola a un bambino, invitato paradossalmente a giocare con un'arma proprio il giorno di Natale.
Questo quadro casalingo è completato dall'immagine del cane addormentato, che con il suo respiro regolare scandisce la monotonia delle serate familiari, durante cui ognuno appare separato dagli altri, isolato nel proprio mondo: chi impegnato a lavare *i piatti in cucina*, chi a rimirarsi davanti a uno specchio, chi assorbito dal gioco.

Il mondo esterno
L'interlocutore appare estraneo e disinteressato anche alla realtà esterna, all'universo in movimento al di là delle *finestre aperte sulla strada*. Le notizie provengono dalla radio ma sono soltanto un brusio indecifrabile sullo sfondo (*ronzava/per il mondo cose strane*). Lo sguardo dell'uomo è ormai rivolto solo alla conquista di una *soddisfazione permanente*, nel nome del benessere economico che giustifica la sua rinuncia *a volare*. Vive un'esistenza regolare e priva di slancio, in cui i rapporti con gli altri sono annullati (*gli occhi chiusi sulla gente*) e le passioni trattenute (*entusiasmi lenti*).
L'io lirico sembra suggerire che per il suo destinatario ormai è difficile trovare i termini per spiegare le sue scelte. È sempre più necessario accumulare *parole complicate* per rendere accettabile una vita così lontana da quella immaginata, da quella suonata dalla *canzone per l'estate*, quando era giovane e magari agiva con impulsività e imprudenza. Ora gli resta soltanto una vita troppo regolata, il rammarico di non avere più nulla di cui potersi *vergognare* ma nel contempo grazie a cui sentirsi vivo. Nel ritornello la ripetizione per ben quattro volte dello stesso interrogativo (*Com'è che non riesci più a volare*), che resta senza risposta, sottolinea proprio l'impotenza dinanzi a una vita che non è stata scelta ma subìta.

Lo stile
Le numerose rime – spesso baciate – e le diverse assonanze e consonanze a fine verso conferiscono una scandita musicalità al testo. L'anafora della preposizione *con* – semplice o articolata – e il ritornello accentuano il ritmo regolare e incalzante della canzone. Per evidenziare il grigiore dell'esistenza del protagonista, De André utilizza sia il linguaggio della quotidianità (*tua moglie che lavava i piatti in cucina, gli occhiali che tra un po' dovrai cambiare*), sia ricercate immagini metaforiche (*la tua coda di ricambio, le tue nuvole in affitto*) e inconsueti accostamenti sostantivo-aggettivo (*ossigeno purgato, onde regolate*).

Fabrizio De André.

LABORATORIO

Comprendere e individuare
L'esplorazione del testo

1. Individua l'affermazione che manifesta il disinteresse e l'estraneità del destinatario della canzone nei confronti della realtà esterna e di tutto ciò che la circonda.

2. In quale verso si sottolinea l'impegno e la fatica con cui l'interlocutore ha potuto garantire alla sua famiglia un benessere economico?

3. Con il riferimento a quale ricorrente problema fisico si allude al fatto che il soggetto della canzone sta invecchiando, che gli anni dei sogni e delle speranze stanno fuggendo via?

4. L'interlocutore si mostra indifferente anche nei confronti degli altri. Rintraccia il verso in cui è evidente questa sua disposizione.

Interpretare e riflettere
La scoperta del testo

5. La vita quotidiana scorre lentamente, con monotonia: quale verso giustifica quest'affermazione?

6. Con quale ironica metafora viene definita l'amante dell'interlocutore? Rispondi con opportuni riferimenti al testo.

7. Qual è il significato delle metafore *coda di ricambio* e *nuvole in affitto*? Secondo te, a quali atteggiamenti si allude?

8. Con quali espressioni l'io lirico sottolinea la vita controllata e metodica che viene condotta dall'interlocutore?

9. Di che cosa viene accusato l'interlocutore nei versi dell'ultima strofa?
   A. ☐ Dell'assenza di passioni
   B. ☐ Della mancanza di freni morali
   C. ☐ Della consapevolezza dei propri fallimenti
   D. ☐ Della perdita delle speranze

10. Rileggi con attenzione l'intera canzone: quali sono i due aggettivi che meglio definiscono l'atteggiamento del protagonista nei confronti della vita?
    A. ☐ Impulsivo e felice
    B. ☐ Soddisfatto e razionale
    C. ☐ Malinconico e arrabbiato
    D. ☐ Rassegnato e depresso

Analizzare
Lo stile e la forma del testo

11. Quali elementi tipici del testo poetico sono presenti nei primi due versi della canzone? Più di un'opzione è corretta.
    A. ☐ Rima baciata
    B. ☐ Rimalmezzo
    C. ☐ Rima interna
    D. ☐ Anafora
    E. ☐ Chiasmo

12. Quale figura viene utilizzata nei versi vv. 21-22 (*col permesso di trasmettere/e il divieto di parlare*)?
    A. ☐ Iperbole
    B. ☐ Sinestesia
    C. ☐ Antitesi
    D. ☐ Ossimoro

> **GRAMMATICA**
>
> 13. Nella frase *hai donato una pistola per Natale* l'espressione sottolineata è un complemento di
>   A. ☐ causa
>   B. ☐ fine
>   C. ☐ modo
>   D. ☐ tempo determinato
>
> 14. Dal punto di vista sintattico nel testo vi è la prevalenza di un tipo di subordinata: di quale si tratta?

Produrre
Dalla lettura alla scrittura

15. Ritieni che la necessità di fare i conti e scendere a compromessi con i bisogni e gli obblighi familiari e professionali conduca inevitabilmente gli adulti a tradire gli ideali giovanili e a vivere prigionieri di un'esistenza grigia e monotona? O al contrario pensi che sia possibile restare fedeli ai propri ideali e alle proprie speranze, nonostante l'aumento delle responsabilità? Rispondi con un testo argomentativo di circa tre colonne di foglio protocollo.

T2 Giorgio Gaber L'illogica allegria

In questa canzone, scritta insieme a Sandro Luporini, Giorgio Gaber suggerisce che la felicità spesso segue percorsi imprevedibili e arriva in maniera inaspettata e senza apparenti ragioni. Questo è quanto accade all'io lirico di *L'illogica allegria*, che vive un'intensa anche se momentanea gioia mentre si trova in autostrada alla guida della sua automobile.

Da solo lungo l'autostrada
alle prime luci del mattino
a volte spengo anche la radio
e lascio il mio cuore incollato al finestrino.

5 Lo so del mondo e anche del resto
lo so che tutto va in rovina
ma di mattina quando la gente dorme
col suo normale malumore.

Mi può bastare un niente
10 forse un piccolo bagliore
un'aria già vissuta
un paesaggio che ne so.

Giorgio Gaber (pseudonimo di Gaberscik) è stato un cantautore, commediografo, attore e regista di teatro e per il cinema. Nato a Milano nel 1939, cominciò a suonare la chitarra da ragazzo. Negli anni Cinquanta esordì lavorando con Adriano Celentano, Enzo Jannacci (con cui formerà il duo I Due corsari), Luigi Tenco. Come solista iniziò la sua carriera alla fine degli anni Cinquanta ma il suo primo successo fu *La ballata del Cerutti* (1960), testo dello scrittore Umberto Simonetta. Partecipò a diverse edizioni del Festival di Sanremo e comparve spesso in trasmissioni televisive. Negli anni Settanta si allontanò dalla musica leggera per dedicarsi al genere del teatro-canzone, esibendosi in spettacoli con canzoni inframmezzate da monologhi e racconti. Gli spettacoli teatrali di questi anni, scritti in collaborazione con l'amico Sandro Luporini, affrontano temi legati alla società di massa e al consumismo, all'omologazione dell'individuo, alle trasformazioni sociopolitiche. Negli anni Ottanta e Novanta la riflessione sul ruolo nell'individuo e la sfiducia verso gli uomini si fece più intensa e amara.
Autore assai prolifico, pubblicò moltissimi album, tra cui *Il Signor G* (1970), *Libertà obbligatoria* (1976), *Parlami d'amore Mariù* (1987), *E pensare che c'era il pensiero* (1995). Nel 2001 uscì un disco che rappresenta una sintesi del pensiero degli ultimi anni, dal titolo estremamente significativo, *La mia generazione ha perso*. Ammalato da tempo, Gaber è morto nel 2003 nella sua casa di Camaiore, vicino a Viareggio.

E sto bene
io sto bene come uno che si sogna
non lo so se mi conviene
ma sto bene che vergogna.

Io sto bene
proprio ora proprio qui
non è mica colpa mia
se mi capita così.

È come un'illogica allegria
di cui non so il motivo
non so che cosa sia.

È come se improvvisamente
mi fossi preso il diritto
di vivere il presente.

Io sto bene
la la la la la la
quest'illogica allegria
proprio ora proprio qui.

Da solo
lungo l'autostrada
alle prime luci del mattino.

[G. Gaber, *Pressione bassa*, Carosello, 1980]

poeti che parlano di poesia — Le parole come cose

Riportiamo la risposta di Giorgio Gaber allo scrittore Luca Doninelli che lo interrogava sulla funzione e sul potere della parola.

La parola – lei, sempre lei – cos'è?, è soltanto uno strumento dei poteri (tutti i poteri), un incantesimo fatto per distrarci, una specie di proiettile che ci bersaglia ogni giorno, ora e minuto?, o è l'espressione e la comunicazione di un'esperienza – e come tale può essere amata? [...]
Tutto è successo intorno agli anni '70. Prima facevo questo mestiere in modo per così dire tradizionale: partecipavo ai festival, incidevo dischi, facevo insomma tutto quello che fanno i cantanti. Poi, un giorno, ho capito che il mio posto era a teatro, perché il teatro dava alla parola la possibilità di essere ascoltata. Scrivere una canzone per il consumo e scriverla per il teatro sono due cose diverse: il teatro rende possibile la comunicazione di un senso, di una profondità, di un'emozione importante. Mi spiace che non ci sia qui con me Luporini, che scrive con me i testi dei miei spettacoli: avrebbe detto cose molto interessanti.
Stando insieme d'estate e discutendo sulle nostre rispettive esperienze, su quello che abbiamo visto e incontrato, e che ci ha colpito, noi facciamo delle vere e proprie piccole scoperte alcune delle quali ci sembrano così decisive che ci viene una gran voglia di comunicarle al pubblico. La comunicazione diventa perciò la ragione delle nostre indagini, delle nostre scoperte; ed è attraverso la parola che si comunica. Quello che ci colpisce, noi cerchiamo di restituirlo al pubblico con la maggior precisione possibile, senza nessuna pretesa, ma soltanto – magari – con la speranza che a qualcuno possa servire. Lo studio, la fatica che mi costa scegliere una parola piuttosto che un'altra (nessuna parola è mai uguale a un'altra, non esistono sinonimi) esprime la necessità della precisione affinché la comunicazione abbia luogo. Se no, c'è solo l'equivoco, o la distrazione. La parola non serve per distrarsi, ma per mettere a fuoco la nostra esperienza.

[www.giorgiogaber.org]

SCHEDA di LETTURA

Alle prime luci del mattino

In viaggio, lungo un'autostrada che immaginiamo deserta, nel breve momento che segna il passaggio dalla notte al giorno, l'io lirico tacita le voci che provengono dal mondo esterno (*spengo anche la radio*) per gettare uno sguardo profondo dentro sé e restare solo con le emozioni trasmesse dall'alba e dal paesaggio che accompagna il suo tragitto (*lascio il mio cuore incollato al finestrino*).

La consapevolezza che *tutto va in rovina* non impedisce alla voce lirica di riconoscere un'improvvisa e intensa sensazione di felicità, di riporre per un istante in un angolo gli affanni e le sofferenze della vita quotidiana, di abbandonarsi a un'*illogica allegria* e di rivendicarne il diritto. Obbligati a condurre un'esistenza in cui neppure quando si dorme sembra possibile liberarsi dalle fatiche e dalle pene di ogni giorno (*normale malumore*), occorre ricercare una felicità effimera in alcuni dettagli all'apparenza irrilevanti (*può bastare un niente*): una luce improvvisa che si staglia all'orizzonte, il vago ricordo di un avvenimento passato, la natura che corre a fianco dell'autostrada. In questi brevi sospensioni della realtà, senza un motivo preciso, l'uomo può scoprirsi in pace con se stesso e con il mondo (*Io sto bene*).

Il diritto di vivere il presente

Per un attimo, però, dinanzi a questa rivelazione stupefacente e indecifrabile (*non so che cosa sia*) della positività della vita, l'io lirico è trattenuto dal dubbio (*non lo so se mi conviene*) e da un paradossale senso di colpa (*che vergogna*). Addirittura si scusa, come se la felicità fosse uno stato d'animo illecito e riprovevole (*non è mica colpa mia*). Infine, però, l'*illogica allegria* prevale su queste considerazioni, prima che possa allontanarsi: è un sentimento fuggevole, legato a un'immediatezza spaziale e temporale (*proprio ora proprio qui*), a un presente momentaneamente liberato dalle contingenze opprimenti della quotidianità. Nella parte conclusiva l'io lirico ripete le parole iniziali, accompagnate nella versione musicale da un delicato arpeggio di chitarra. La voce del cantante va lentamente attenuandosi, come se insieme a essa sfumasse anche la felicità e l'io lirico tornasse di nuovo a fronteggiare le difficoltà e gli ostacoli *del mondo e anche del resto*.

Lo stile

La canzone non presenta uno schema metrico definito, anche se le numerose rime si dispongono regolarmente in maniera alternata. Il ricorso alla ripetizione anaforica accompagna le riflessioni dell'io lirico, il pensiero che indugia sull'improvvisa sensazione di felicità e sugli effetti che essa produce nel suo animo. Il breve istante in cui si consuma l'*illogica allegria* è racchiuso nella ripresa, al termine della canzone, dei versi con cui si era aperta (*Da solo lungo l'autostrada, / alle prime luci del mattino*).

A rafforzare ulteriormente il potere evocativo del brano contribuiscono alcune espressioni, che creano un'atmosfera vaga e indeterminata, avvolta nell'indefinitezza (*un paesaggio che ne so, come uno che si sogna, non so il motivo / non so che cosa sia*). Il lessico è semplice ed essenziale. Anche la sintassi è scorrevole ed elementare, pur con il ricorso in diverse strofe a processi di subordinazione.

LABORATORIO

Comprendere e individuare
L'esplorazione del testo

1. Quale oggetto ricorda all'io lirico la realtà, con le sue molteplici vicissitudini, e lo tiene ancora legato a essa?

2. Gli uomini sembrano inevitabilmente condannati a subire tristezze e dispiaceri: quale espressione sintetizza l'insoddisfazione e l'irritazione che accompagnano l'esistenza?

3. Quale dimensione psichica positiva viene contrapposta alla negatività della vita quotidiana?

Interpretare e riflettere
La scoperta del testo

4. L'io lirico sostiene di conoscere e di non dimenticare gli affanni *del mondo e anche del resto* (v. 5): a che cosa si riferisce, secondo te, con l'espressione *del resto*? Qual è il significato di questa distinzione tra il *mondo* e il *resto*?

5. Prima di abbandonarsi alla gioia, l'io lirico è colto dai dubbi e si interroga se gli convenga vivere l'intensa emozione di quell'attimo (v. 15). Secondo te, quale potrebbe essere la ragione di questa momentanea titubanza?

6. Per quale motivo l'io lirico definisce *illogica* (v. 21) la propria allegria?
   A. ☐ Perché nasce dalla negazione della realtà
   B. ☐ Perché non è provocata da un motivo preciso
   C. ☐ Perché è causata da una ragione sciocca
   D. ☐ Perché ritiene di aver perso il controllo della ragione

Analizzare
Lo stile e la forma del testo

7. Quali sono le due figure di suono che compaiono nei vv. 7-8?

8. Individua le anafore che sottolineano i concetti fondamentali della canzone: la consapevolezza della realtà da parte dell'io lirico e il suo stato d'animo.

9. Gaber ricorre raramente al linguaggio figurato. Rileggi il testo con attenzione e rintraccia l'unica immagine metaforica in esso presente.

GRAMMATICA

10. Nel v. 16, *che* è un aggettivo
    A. ☐ dimostrativo   C. ☐ esclamativo
    B. ☐ indefinito   D. ☐ interrogativo

11. Nel periodo *non lo so <u>se mi conviene</u>* (v. 15), la proposizione sottolineata è una subordinata
    A. ☐ oggettiva
    B. ☐ condizionale
    C. ☐ dichiarativa
    D. ☐ interrogativa indiretta

Produrre
Dalla lettura alla scrittura

12. Prova a riscrivere una canzone, seguendo il modello di Gaber: conserva il tema principale (l'emozione improvvisa della gioia) ma modifica lo sfondo ambientale e temporale e, se lo ritieni opportuno, inserisci la presenza di altri personaggi oltre all'io lirico. Ti forniamo due esempi.

Con Luisa
lungo il viale alberato
all'ora del tramonto
a volte le stringo più forte la mano
e lascio il mio amore abbracciato al suo cuore.

Da solo
lungo il sentiero
nell'ora in cui il sole splende
a volte mi fermo e ascolto il fischio delle marmotte
e lascio che il mio cuore le insegua fra le pietre.

T3 Ivano Fossati Lindbergh

 poeti che parlano di poesia

L'io lirico della canzone di Ivano Fossati è Charles Lindbergh, l'aviatore statunitense che tra il 20 e 21 maggio del 1927 compì la prima traversata aerea dell'Oceano Atlantico, in solitario e senza scalo, alimentando l'ammirazione e la fantasia dei suoi contemporanei fino a diventare una figura leggendaria, avvolta in un alone di fascino e mistero.

Non sono che il contabile
dell'ombra di me stesso
se mi vedete qui a <u>volare</u>
è che so staccarmi da terra
5 e alzarmi in volo
come voialtri stare su un piede solo
difficile non è partire contro il vento
ma casomai senza un saluto.

Non sono che l'anima di un pesce
10 con le ali
volato via dal mare
per annusare le stelle
difficile non è nuotare contro la corrente
ma salire nel cielo
15 e non trovarci niente.

Dal mio piccolo aereo
di stelle io ne vedo
seguo i loro segnali
e mostro le mie insegne
20 la voglio fare tutta questa strada
fino al punto esatto
in cui si spegne
la voglio fare tutta questa strada
fino al punto esatto
25 in cui si spegne.

[I. Fossati, *Lindbergh. Lettere da sopra la pioggia*, Epic, 1992]

---

il percorso delle parole | Volare / Volo

Il termine *volo* e il verbo *volare*, derivano dal latino *volāre*, connesso alla radice indoeuropea *gval* con il significato di "cadere", "staccarsi", "slanciarsi". In senso proprio il verbo indica lo spostarsi attraverso l'aria di animali alati, esteso poi agli aeromobili, ai veicoli spaziali che si spostano nell'atmosfera o anche fuori da essa. Per estensione *volare* viene usato per indicare gli spostamenti attraverso l'aria causati da una forte spinta propulsiva (quelli che riguardano frecce, proiettili, palloni e simili). In senso figurato, *volare* indica il propagarsi di qualcosa attraverso l'aria, o anche il vagare con la mente e l'immaginazione.

■ Trovare le parole
a. Sostituisci il verbo *volare* nelle frasi seguenti, in cui il termine è usato in senso figurato, con sinonimi o espressioni equivalenti: "la moto volava lungo la statale"; "la notizia della vittoria della nazionale di calcio è volata in tutto il Paese".
b. Sapresti spiegare, aiutandoti con il dizionario, il significato dell'espressione "volo pindarico"?
c. Spiega il significato delle frasi seguenti, in cui il termine *volo* è usato in senso figurato: "non ho letto il libro, gli ho dato semplicemente un'occhiata a volo d'uccello".

unità 5 | La musica

T3 Fossati

Ivano Fossati, nato a Genova nel 1951, è un cantautore e compositore. Da ragazzo suona il pianoforte e il flauto traverso in alcuni complessi beat. Nel 1967 crea il suo primo gruppo, I Poeti, con cui si esibisce in vari locali di Genova. Entra poi in un altro gruppo, i Delirium, con cui partecipa nel 1972 al Festival di Sanremo con una canzone di grande successo, *Jesahel*. Esordisce come solista con l'album *Il grande mare che avremmo traversato* (1973). Nel 1977 comincia a collaborare con la cantante Mia Martini, con cui intreccia una relazione sentimentale e intanto scrive canzoni per molte artiste, come Mina, Patty Pravo, Ornella Vanoni, Loredana Bertè, Fiorella Mannoia. Nel 1979 esce l'album di successo *La mia banda suona il rock*. Tra gli anni Ottanta e Novanta pubblica i suoi album più importanti, come *Le città di frontiera* (1983), *Discanto* (1990), *Lindbergh. Lettere da sopra la pioggia* (1992), *Macramé* (1996). Contemporaneamente scrive racconti e colonne sonore per il cinema. Nel 2008 il brano *L'amore trasparente*, contenuta nel film *Caos Calmo* di Antonello Grimaldi, vince il David di Donatello come migliore canzone originale. Nel 2011, dopo l'uscita del disco *Decadancing*, Fossati annuncia il suo ritiro dalla carriera discografica. La sua ultima esibizione pubblica si è tenuta nel 2012 al Piccolo Teatro di Milano.

SCHEDA di LETTURA

La singolarità dell'uomo e il timore della delusione

La canzone si apre con il riconoscimento dei limiti dell'esistenza non solo dell'io lirico ma di ogni uomo, ciascuno costretto a misurarsi con i confini angusti della propria individualità (*Non sono che il contabile/dell'ombra di me stesso*). Eppure la voce poetica sembra voler suggerire che ognuno di noi, per quanto piccolo sia, possiede una qualità che lo distingue dagli altri e lo rende unico.
Per Lindbergh volare (*staccarmi da terra*) è la condizione naturale del proprio essere: innalzarsi verso il cielo è per lui un gesto spontaneo e istintivo. Il problema *non è partire contro il vento*, ma al contrario vivere sulla terraferma, un luogo a lui estraneo come potrebbe esserlo il mare per un *pesce/con le ali*. Per l'io lirico è semplice allontanarsi da un luogo che non gli appartiene, *nuotare contro la corrente* e volare *via dal mare* per raggiungere il cielo e le stelle.
Non è difficile assecondare la propria natura, ma scoprire al momento della partenza di essere soli, senza nessuno a cui rivolgere un saluto. Il volo leggero verso l'azzurro del cielo può essere appesantito soltanto dal timore di scoprire, una volta giunti ad *annusare le stelle*, che lì non c'è quello che speravamo (*non trovarci niente*).

In volo lungo la propria strada

Alla presa di coscienza delle possibili avversità della partenza e del viaggio segue la rivendicazione orgogliosa della propria unicità e della forza con cui si deve inseguire il sogno.
Nell'ultima strofa, l'io lirico ci porta nella cabina di pilotaggio del suo piccolo aereo, in mezzo alla luce delle stelle che, come segnali, indicano il cammino da percorrere. La canzone si conclude con la rivendicazione di Lindbergh a cercare di realizzare senza compromessi i propri ideali e sogni (*la voglio fare tutta questa strada*), simbolicamente rappresentati dalle stelle, nonostante gli ostacoli e le inevitabili delusioni. Le ultime parole sono un invito a continuare con tenacia a "volare" lungo il percorso indicato dalla propria natura fin dove esso ci conduce (*fino al punto esatto/in cui si spegne*).

Lo stile

Dal punto di vista stilistico la canzone di Fossati si caratterizza per il ricorso al potere evocativo del

SCHEDA di LETTURA

linguaggio figurato. La trasmissione del significato del componimento è affidata a immagini suggestive che trasportano il lettore in una dimensione spaziale e temporale immateriale e rarefatta.
Fra le metafore, assume un'importanza centrale nell'interpretazione del testo quella del *pesce/con le ali*. In essa Fossati sintetizza il senso di diversità e di estraneità a cui è condannato ogni uomo che desideri dare forma e concretezza ai propri sogni, a dispetto dei limiti imposti dalla società.

LABORATORIO

Comprendere e individuare
L'esplorazione del testo

1. Quale gesto, assai semplice e comune per qualunque uomo, viene citato per sottolineare la naturale disposizione di Lindbergh al volo?

2. Lindbergh allude alla difficoltà di costruire solidi rapporti umani, forse resi ancora più complessi dalla sua diversità. In quale verso l'io lirico manifesta questo rammarico?

3. Quali sono le due forze naturali che ostacolano il volo di Lindberg?

4. Lindbergh viene anche colto dal timore che le sue speranze siano prive di fondamento, che si rivelino inconsistenti. Quale affermazione rivela questo dubbio?

Interpretare e riflettere
La scoperta del testo

5. Chi è, secondo te, l'interlocutore della canzone? Giustifica la tua risposta con opportuni riferimenti al testo.

6. Nella canzone di Fossati, Lindbergh è il simbolo di tutti gli uomini che
   A. ☐ combattono per raggiungere i propri sogni
   B. ☐ sfidano i limiti della natura in nome dell'avventura
   C. ☐ desiderano distinguersi dagli altri
   D. ☐ rischiano anche la morte per ambizione

Analizzare
Lo stile e la forma del testo

7. Rileggi il testo della canzone e individua due rime e due assonanze a fine verso.

8. Attraverso quale figura retorica dell'ordine è ottenuta la costruzione simmetrica delle prime due strofe?
   A. ☐ Chiasmo
   B. ☐ Anafora
   C. ☐ Anastrofe
   D. ☐ Polisindeto

9. Rifletti sull'espressione *annusare le stelle* (v. 12): di quale figura retorica del significato si tratta?
   A. ☐ Sineddoche
   B. ☐ Ossimoro
   C. ☐ Metonimia
   D. ☐ Sinestesia

10. In quali versi dell'ultima strofa compare un'allitterazione che coinvolge diversi termini? Motiva la tua risposta.

11. Riporta almeno tre espressioni verbali che rinviano all'azione di allontanarsi da terra.

GRAMMATICA
12. Nella frase *io ne vedo* (v. 17), *ne* svolge la funzione di complemento
    A. ☐ di termine
    B. ☐ di specificazione
    C. ☐ di qualità
    D. ☐ oggetto

Produrre
Dalla lettura alla scrittura

13. Fossati definisce Lindbergh un *pesce/con le ali* (vv. 9-10), per sottolineare che si trova più a suo agio in cielo che sulla terra, dove è costretto a vivere. Prova a elaborare anche tu un'immagine metaforica che evidenzi la diversità fra le aspirazioni naturali di un uomo e il contesto in cui conduce la propria esistenza.
Confronta la tua ipotesi con quelle dei compagni e insieme scegliete quelle che vi sembrano più efficaci e originali.

T4 Franco Battiato La cura

In questa canzone, il cui testo è stato scritto dal filosofo Manlio Sgalambro, si esprime una visione dell'amore inteso come cura, ovvero come protezione e accompagnamento di un'altra persona tra le molteplici esperienze ed emozioni che si possono incontrare nel corso della vita: dal piacere al dolore, dai timori alle gioie.

Ti proteggerò dalle paure delle ipocondrie,
dai turbamenti che da oggi incontrerai per la tua via.
Dalle ingiustizie e dagli inganni del tuo tempo,
dai fallimenti che per tua natura normalmente attirerai.
5 Ti solleverò dai dolori e dai tuoi sbalzi d'umore,
dalle ossessioni delle tue manie.
Supererò le correnti gravitazionali,
lo spazio e la luce
per non farti invecchiare.
10 E guarirai da tutte le malattie,
perché sei un essere speciale,
ed io, avrò cura di te. [...]

Ti porterò soprattutto il silenzio e la pazienza.
Percorreremo assieme le vie che portano all'essenza.
15 I profumi d'amore inebrieranno i nostri corpi,
la bonaccia d'agosto non calmerà i nostri sensi.
Tesserò i tuoi capelli come trame di un canto.
Conosco le leggi del mondo, e te ne farò dono.
Supererò le correnti gravitazionali,
20 lo spazio e la luce per non farti invecchiare.
Ti salverò da ogni malinconia,
perché sei un essere speciale ed io avrò cura di te...
io sì, che avrò cura di te.

[F. Battiato, *L'imboscata*, Polygram, 1996]

il percorso delle parole | Cura

La parola *cura* deriva dal latino *cūra(m)* di etimologia incerta. Una falsa etimologia, molto fantasiosa e suggestiva, aveva fatto risalire l'origine del termine al latino *cor* ("cuore"), intendendo dunque per *cura* ciò che consuma il cuore. Nel linguaggio corrente il vocabolo significa difatti un interesse costante e continuo verso qualcuno o qualcosa. Il termine in questo senso è sinonimo di "sollecitudine", "premura" e per estensione ha assunto anche il significato di "affare", "ufficio" e di tutto ciò che richiede vigilanza e attenzione. Nel suo senso letterario, strettamente derivato dal latino, significa "affanno", "preoccupazione", "dolore", e in questa chiave viene spesso usato in poesia. In senso religioso, viene chiamata "cura delle anime" l'amministrazione dei sacramenti e dei fedeli; per tale ragione il sacerdote è anche detto "curato".

■ **Trovare le parole**
a. Nella frase "il nonno ha lasciato a mio padre la cura del patrimonio familiare", da quale sinonimo può essere sostituito il termine *cura*?
b. La parola *cura* viene usata anche in ambito medico. Sapresti spiegare il significato delle espressioni "casa di cura" e "cure palliative"?
c. L'aggettivo curioso deriva dal latino *curiōsu(m)*, che a sua volta ha origine dal latino *cūra(m)*. Con l'aiuto del dizionario, spiega qual è il legame tra questo aggettivo e il termine *cura*.

Franco Battiato, nato nel 1945 a Ionia, in provincia di Catania, è un cantautore e compositore, tra i più originali ed eclettici. Giovanissimo lascia la Sicilia per Milano e si avvicina agli ambienti artistici e musicali, suonando nei cabaret del capoluogo lombardo. Dopo gli esordi negli anni Sessanta, nel decennio seguente si dedica a un'intensa attività di sperimentazione musicale d'avanguardia, avvicinandosi alla musica elettronica e psichedelica. Nel biennio 1978-1979 ritorna alla forma più tradizionale della canzone e alla musica pop e contemporaneamente si interessa alle culture e alla lingua orientali, tra cui quella araba. Nel 1979 pubblica *L'era del cinghiale bianco*, in cui citazioni letterarie convivono con echi e suggestioni esotiche. Negli anni Ottanta escono gli album che lo consacrano autore amato dal pubblico colto e nel tempo stesso campione di vendite: *Patriots* (1980), *La voce del padrone* (1981), *L'arca di Noè* (1982), *Orizzonti perduti* (1983), *Mondi lontanissimi* (1985), *Fisiognomica* (1988). Negli anni Novanta Battiato stringe un importante sodalizio con il filosofo e scrittore Manlio Sgalambro, che cura i testi per *L'ombrello e la macchina da cucire* (1995), *L'imboscata* (1996), *Gommalacca* (1998). Nel 1999 esce *Fleurs*, primo di una trilogia di album in cui l'artista propone testi inediti e cover di canzoni d'autore. Tra gli ultimi album si segnalano *Inneres Auge. Il tutto è più della somma delle parti* (2009), *Apriti sesamo* (2012) e *Joe Patti's experimentale group* (2014), che conferma il suo interesse per la musica sperimentale.

SCHEDA di LETTURA

La struttura

La canzone è suddivisa in due strofe strettamente connesse sul piano logico. La prima contiene l'impegno a prendersi *cura* della persona amata, a farsi carico dei suoi problemi, senza però eliminarne i momenti di dolore, inevitabili tappe di un percorso di crescita. Nella seconda l'io lirico mostra attraverso quali *vie* prendersi cura dell'altro, in quale modo andare incontro ai suoi bisogni e creare un legame di reciproca fiducia. La *cura*, così intesa, è la manifestazione di un legame e di una disponibilità all'accoglienza, il fondamento di una relazione che si cementa nelle sofferenze e nelle gioie.

La promessa della cura

Nei primi versi viene delineata la personalità dell'interlocutore attraverso gli aspetti problematici del suo carattere, quelli che più hanno bisogno di assistenza e conforto. Però la voce poetica sostiene di essere sicura che ogni difficoltà sarà superata con il suo aiuto e la sua presenza: si impegna ad accompagnare e se necessario a guidare attraverso gli inevitabili ostacoli dell'esistenza la persona che ai suoi occhi appare come *un essere speciale*.

Assicura la propria protezione sia dai nemici che si nascondono nell'animo (*dalle paure delle ipocondrie,/ dai turbamenti*) sia dalle minacce della società (*Dalle ingiustizie e dagli inganni del tuo tempo*). La *cura* permetterà di superare i momenti bui, quando è importante un aiuto per non lasciarsi travolgere dalla disposizione alla sconfitta (*fallimenti che per tua natura normalmente attirerai*), dalle incertezze e dalle sofferenze.

L'amore e la vicendevole attenzione rendono così forte l'io lirico da non temere i dolori e le inquietudini che come *correnti gravitazionali* schiaccino gli uomini sotto il peso delle leggi naturali e consumano le loro vite. La strofa si conclude con l'affermazione del potere terapeutico della cura, capace di guarire l'essere amato da *tutte le malattie*.

SCHEDA di LETTURA

Le *vie* della cura

Nella seconda strofa l'io lirico, che possiede esperienza e saggezza (*Conosco le leggi del mondo*), indica come intende prendersi cura della persona amata. Il rapporto sentimentale si arricchirà attraverso una comune ricerca spirituale, che porti all'armonia con il mondo (*il silenzio e la pazienza*) e alla comprensione profonda di se stesso e degli altri (*le vie che portano all'essenza*). Ma la *cura* culminerà nella dimensione terrena dell'amore, nell'esaltazione della bellezza e della passione che non dovranno placarsi con il passare del tempo, neppure con la consuetudine del rapporto (*la bonaccia d'agosto non calmerà i nostri sensi*).

Nella ripresa del ritornello (vv. 7-12 e 19-23), l'io lirico conferma l'intenzione di dedicarsi all'altro, di spezzare i vincoli delle contingenze spaziali e temporali, proteggendo l'essere amato dal rischio di *ogni malinconia*, e ribadisce la sua promessa: *io sì, che avrò cura di te*.

Lo stile

Insieme all'accompagnamento musicale e alla voce dello stesso autore una fitta trama di richiami fonici concorre alla suadente melodia e al potere evocativo della canzone. Lungo il testo troviamo numerose allitterazioni, come quella della "r" e delle labiali nei primi versi (*proteggerò, paura, ipocondrie, turbamenti, per*) o quella della "z" nei vv. 13-14, dove compare anche l'unica rima (*pazienza/essenza*). Altrettanto numerose sono le assonanze, in particolare nella parte centrale della seconda strofa (*nostri/corpi, agosto/mondo/dono, sensi/capelli/leggi/correnti*). Inoltre è interessante notare la presenza ripetuta di coppie di termini vicini sia nel significato sia nel suono (*turbamenti/fallimenti, ingiustizie/inganni, dolori/ossessioni*). L'anafora del pronome personale *Ti* seguito da un verbo al futuro conferisce alla canzone un ritmo costante, che richiama quello di una preghiera o di una litania. Dal punto di vista retorico inoltre l'autore ricorre ad alcune affermazioni iperboliche che sottolineano la forza del suo impegno (*Supererò le correnti gravitazionali, guarirai da tutte le malattie, Ti salverò da ogni malinconia*). Assai suggestiva, carica insieme di sensualità e dolcezza, è la similitudine con cui viene celebrata sia la bellezza femminile sia il potere evocativo della musica: *Tesserò i tuoi capelli come trame di un canto*.

Pablo Picasso, *Les amants*, 1932, New York, collezione privata.

LABORATORIO

Comprendere e individuare
L'esplorazione del testo

1. Quale verso della prima strofa è strettamente connesso al titolo della canzone?

2. Nella canzone prevale l'analisi dei sentimenti e degli stati d'animo. Qual è l'unico verso in cui l'io allude anche alla realtà esterna, a possibili disagi sociali oltre che esistenziali?

3. L'atteggiamento protettivo dell'io lirico nei confronti dell'essere amato è determinato anche dal fatto che possiede una maggiore esperienza. Individua il verso che giustifica quest'affermazione.

4. L'amore è un sentimento che ha il potere di fermare il tempo, di superare le contingenze e i limiti della realtà e della natura. Quale affermazione suggerisce questa considerazione?

Interpretare e riflettere
La scoperta del testo

5. A tuo avviso il testo presenta elementi per comprendere se la relazione sentimentale tra l'io lirico e l'interlocutore si trova nella fase iniziale o alla sua conclusione? Rifletti sul valore da assegnare alla locuzione avverbiale *da oggi* (v. 2).

6. Spiega per quale ragione possiamo affermare che nella canzone il percorso d'amore prevede anche la comprensione del significato dell'esistenza. A tale proposito, rifletti sui primi versi della seconda strofa.

7. Rileggi la descrizione della personalità dell'interlocutore contenuta nella prima strofa: quale fra i seguenti aspetti non rientra nel ritratto psicologico di questo *essere speciale* (v. 11)?
   A. ☐ Volubilità
   B. ☐ Malumore
   C. ☐ Irritabilità
   D. ☐ Ansia

Analizzare
Lo stile e la forma del testo

8. Con quale metafora l'io lirico nega che con il trascorrere del tempo l'amore possa placarsi e trasformare la relazione in un rapporto privo di passione?

9. Individua almeno tre sostantivi che appartengono all'area semantica del disagio e dell'inquietudine.

10. L'io lirico promette all'interlocutore della canzone di proteggerlo *dalle paure delle ipocondrie* (v. 1): quale fra i termini seguenti è un sinonimo di "ipocondria"? Prima di rispondere rifletti con attenzione sul contesto nel quale la parola viene utilizzata.
    A. ☐ Disgrazia
    B. ☐ Malinconia
    C. ☐ Rabbia
    D. ☐ Passione

GRAMMATICA

11. Individua il complemento di moto a luogo figurato che compare nella seconda strofa.

12. Anche se prevalgono periodi brevi, composti da una sola proposizione, svolgono un'importante funzione due proposizioni subordinate, una finale e una causale, che vengono ripetute per due volte. Quali sono?

Produrre
Dalla lettura alla scrittura

13. Prova a rovesciare il significato della poesia: l'io lirico non promette alla persona amata di proteggerla dai pericoli della tristezza e dalle sconfitte, ma dai rischi di un carattere esuberante ed energico, portato a entusiasmi eccessivi. Ti forniamo un modello.
    Ti proteggerò dall'eccitazione delle tue allegrie, dalle sicurezze con cui da oggi intraprenderai la tua via. Dagli affetti e dalla simpatia che ti circonderanno, dai successi che per tua natura normalmente otterrai... ora continua tu.

T5 Baustelle La canzone del parco

Le parole e i gesti di due ragazzi, durante un incontro nel parco, sono l'occasione per celebrare la purezza di un amore adolescenziale e l'importanza dei sentimenti e delle emozioni.

Lui e lei ridono, umidi baciano
parole lievi, leggere le piume.
Se lui e lei fragili indecisioni
al solito posto, la solita ora.
5 Se lei e lui sabato dopo la scuola
lo fanno sul serio, la colomba vola.

Domani è lontano
domani è lontano
se mi ami ora.

10 Se lui e lei ridono, umidi baciano
parole lievi, leggere le piume.
Se lei e lui timidi, umidi scrivono
platani con incisione di cuori.
Sinceri se dicono "ti voglio bene"
15 il parco sorride, la stagione viene.
Se lei e lui nuvole di desideri
si toccano puri, il prato respira.

Domani è lontano
domani è lontano
20 se mi ami ora

domani è lontano
se mi ami ora.

Penso che ho di nuovo i brividi
e mi lascio prendere da domande inutili,
25 da poeti poveri,
sui miei rami umidi, sulle foglie ultime:
a che cosa pensano questi umani fragili?
A che cosa servono i miei rami stupidi?
A che cosa servono
30 se mi lascio prendere da pensieri inutili?
Posso solo esistere in eterno vivere
senza avere gli attimi
degli amanti giovani, degli amori giovani.
A che cosa pensano questi umani fragili?
35 A che cosa servono i miei rami stupidi?
A che cosa servono
se mi lascio prendere da pensieri inutili?
A che cosa...?

[Baustelle, *Sussidiario illustrato della giovinezza*, Baracca&Burattini, 2000]

I **Baustelle**, gruppo musicale di rilievo del rock alternativo italiano, si sono formati nel 1996 a Montepulciano (Siena). I suoi membri sono Francesco Bianconi, Rachele Bastreghi e Claudio Brasini. Il nome del gruppo deriva dal tedesco e significa "lavori in corso". Nel 2000 esce il loro album d'esordio *Sussidiario illustrato della giovinezza*, subito notato dagli addetti ai lavori, in cui dimostrano di saper contaminare la canzone d'autore con la musica elettronica e con generi quali la new wave e la bossanova. Nel 2003 con *La moda del lento* vincono il premio Miglior gruppo dell'anno al MEI (Meeting delle Etichette Indipendenti) e nel 2005 con *La malavita* conquistano un disco d'oro, diventando sempre più popolari. Nel 2008 vincono la Targa Tenco con *Amen*, album che vede la collaborazione prestigiosa di numerosi artisti, oltre alla partecipazione di un'orchestra d'archi e di una sezione di flauti. Nel 2009 scrivono la colonna sonora del film *Giulia non esce la sera* di Giuseppe Piccioni, che vince il Nastro d'argento per la miglior canzone originale. Nel 2012 iniziano a registrare il loro ultimo album, *Fantasma*, un concept album sul tema della morte uscito nel 2013, alla cui registrazione ha collaborato un'orchestra di 60 elementi, la polacca Film Harmony Orchestra, e da cui è nato un tour acustico, *Minimal Fantasma Tour*, che li ha impegnati nei teatri di tutta Italia.

SCHEDA di LETTURA

La molteplicità degli io lirici

Il testo della canzone è caratterizzato dalla presenza di tre voci poetiche che si alternano nel corso del componimento, offrendo altrettanti punti di vista sull'appuntamento d'amore di due studenti: nella prima e nella terza strofa l'io lirico, osservatore esterno, racconta l'incontro in un parco dei due adolescenti; la seconda e la quarta strofa riportano le parole dei ragazzi; infine nella strofa conclusiva prende parola il parco personificato, spinto dalle effusione degli innamorati a riflettere sul loro e sul proprio destino.

La cronaca dell'incontro

Ogni sabato, dopo la scuola (*la solita ora*), felici ed eccitati i due ragazzi vanno a baciarsi, a ridere e scambiarsi confidenze e promesse (*parole lievi, leggere le piume*) fra gli alberi di un giardino. Sono innamorati, convinti della forza del loro sentimento (*lo fanno sul serio*) e il volo di una colomba richiama simbolicamente le loro speranze. L'io lirico coglie le incertezze e le paure dei due innamorati (*fragili indecisioni*), l'ingenuità che li spinge a incidere sulla corteccia di un platano due cuori e la confessione di un amore puro (*ti voglio bene*). Il sentimento dei due ragazzi è segnato dalla dolcezza e dalla sincerità (*si toccano puri*). L'amore li trasporta in un mondo più elevato di quello terreno (*nuvole di desideri*). E anche la natura sembra partecipare alla gioia di questo incontro: *il parco sorride* e *il prato respira*.

Le parole dei ragazzi e il punto di vista del parco

Lo sguardo dei due amanti è rivolto esclusivamente al presente: il loro sentimento chiede di essere vissuto nel momento (*se mi ami ora*), lasciando il futuro in una dimensione remota e vaga (*Domani è lontano*). Nelle loro parole possiamo cogliere non soltanto l'urgenza del desiderio ma anche il timore di lasciarsi sfuggire l'amore, di non poterlo vivere perché si è già consumato. Il futuro appare una minaccia per la fragilità del loro amore e non una dimensione in cui pensarlo più forte e più maturo. L'ultima strofa contiene le riflessioni del parco. Gli alberi del giardino, osservatori complici e malinconici dei baci e dei giuramenti dei due giovani, si abbandonano alle domande *inutili* che da secoli si pongono i *poeti poveri*, senza ricevere risposta. Si interrogano sul senso della loro esistenza (*A che cosa servono i miei rami stupidi?*) di cui avvertono con sofferenza l'inutile ed eterna immobilità. Spettatori impotenti dell'amore, aspirano a vivere emozioni negate e sconosciute (*A che cosa pensano questi umani fragili*), a diventare protagonisti degli *attimi/degli amanti giovani*.

Lo stile

Il testo presenta numerosi elementi stilistici che conferiscono alla canzone una profonda dimensione poetica. Nonostante non vi sia un lessico letterario e ricercato, i termini sono scelti e accostati con sapienza evocativa; tale aspetto si coglie in particolare nelle parole utilizzate per connotare l'innocenza e la fugacità del sentimento dei due innamorati (*lievi, leggere, fragili, vola, timidi, puri*). Questa sensazione viene ulteriormente sottolineata dalla presenza di alcune suggestive immagini metaforiche (*leggere le piume, la colomba vola, nuvole di desideri*).
In assenza quasi completa di rime, la musicalità del testo è assicurata dalla presenza di ripetute e significative assonanze poste sia alla fine del verso sia al suo interno, da allitterazioni (*sui miei rami umidi, sulle foglie ultime*), da numerose anafore (*Se lui e lei, A che cosa*), da iterazioni e parallelismi (*al solito posto, la solita ora*).

LABORATORIO

Comprendere e individuare
L'esplorazione del testo

1. Nella seconda parte della canzone il parco viene personificato e parla in prima persona. Già in un verso precedente, tuttavia, agli elementi naturali del parco erano state assegnate due qualità tipiche degli uomini: sai dire quali?

2. Con quale abitudine i protagonisti adolescenti si giurano amore reciproco?

3. Quale affermazione ci consente di capire che la scena narrata dalla canzone si svolge in autunno?

Interpretare e riflettere
La scoperta del testo

4. Attraverso quali aggettivi nella prima strofa l'io lirico evidenzia la giovane età dei due ragazzi e le loro incertezze?

5. Con quale immagine metaforica nella prima strofa l'io lirico sottolinea la nascita dell'amore?

6. La canzone contiene un invito a vivere il presente senza preoccuparsi di che cosa potrà accadere in futuro all'amore che unisce i due ragazzi. In quali versi è espressa questa esortazione?

7. Quale fra le seguenti interpretazioni della metafora *nuvole di desideri* (v. 16) ti sembra più corretta?
   A. ☐ L'amore rischia di terminare con la velocità di un temporale
   B. ☐ L'amore è un sentimento vago e passeggero come nuvole
   C. ☐ I desideri rovinano l'amore come le nuvole oscurano il cielo
   D. ☐ L'amore può frantumarsi come nuvole spazzate dal vento

8. Negli ultimi versi il parco definisce le proprie domande *pensieri inutili* (vv. 30, 37). Che cosa riguardano gli interrogativi del parco? Più di un'opzione è corretta.
   A. ☐ Il senso della propria vita
   B. ☐ Il futuro dei due innamorati
   C. ☐ La ragione del trascorrere delle stagioni e del tempo
   D. ☐ Le emozioni e i sentimenti degli uomini
   E. ☐ La minaccia dell'inquinamento atmosferico

Analizzare
Lo stile e la forma del testo

9. Nell'ultima strofa ricorrono più volte a fine verso le parole *fragili* e *inutili*: sai spiegare perché pur terminando con le ultime lettere identiche esse non sono in rima?

10. Quale figura di suono viene determinata dall'espressione *poeti poveri* (v. 25)?
    A. ☐ Allitterazione
    B. ☐ Onomatopea
    C. ☐ Paronomasia
    D. ☐ Assonanza

11. Individua il chiasmo ripetuto dall'io lirico nelle prime due strofe della canzone.

GRAMMATICA

12. *Se lei e lui sabato dopo la scuola/lo fanno sul serio, la colomba vola* (vv. 5-6). In questo periodo *lo* è un
    A. ☐ articolo
    B. ☐ pronome personale
    C. ☐ pronome indefinito
    D. ☐ pronome dimostrativo

13. Quale tipo di proposizione subordinata compare più volte nella prima parte della canzone, introdotta da una congiunzione ripetuta in posizione anaforica?

Produrre
Dalla lettura alla scrittura

14. Il parco non vede passare soltanto innamorati, ma anche genitori e bambini, cani lasciati liberi di correre, podisti che ne percorrono i viali, anziani alla ricerca di pace e di una panchina. Prova a scrivere un testo sul modello di quello dei Baustelle, facendone protagonisti non più due adolescenti ma altri ospiti del parco. Ti forniamo un modello.
    *Lui e lei si rincorrono, umidi strofinano i nasi
    guaiti acuti, rizzati i peli.
    Se lui e lei gioiosi scodinzolano
    nel solito prato, tra i soliti alberi...* ora continua tu.

VERIFICA DELLE COMPETENZE

Leggi il seguente testo e poi rispondi alle domande.

T6 Francesco De Gregori
La leva calcistica della classe '68

Francesco De Gregori, nato a Roma nel 1951, è uno dei cantautori più rappresentativi della musica italiana. Ha composto alcune delle canzoni d'autore più apprezzate dal pubblico e dalla critica degli ultimi decenni del Novecento, come *Rimmel*, contenuta nell'omonimo album del 1974, *Generale* (in *De Gregori*, 1978), *Titanic* e *La donna cannone* (negli omonimi album del 1982 e 1983). Considerato da molta parte della critica un vero e proprio poeta, nei suoi testi, che spesso affrontano temi civili e politicamente impegnati, si trovano numerosi echi letterari.

Il protagonista della canzone, contenuta nel disco *Titanic*, è Nino, un ragazzino di dodici anni con la passione del calcio. Lo sport in questi versi di De Gregori si trasforma in un'affascinante metafora dell'esistenza.

Sole sul tetto dei palazzi in costruzione,
sole che batte sul campo di pallone e terra
e polvere che tira vento e poi magari piove.
Nino cammina che sembra un uomo,
5 con le scarpette di gomma dura,
dodici anni e il cuore pieno di paura.

Ma Nino non aver paura a sbagliare un calcio di rigore,
non è mica da questi particolari che si giudica un giocatore,
un giocatore lo vedi dal coraggio, dall'altruismo e dalla fantasia.
10 E chissà quanti ne hai visti e quanti ne vedrai di giocatori
che non hanno vinto mai
ed hanno appeso le scarpe a qualche tipo di muro
e adesso ridono dentro a un bar, [...]
chissà quanti ne hai veduti, chissà quanti ne vedrai.

15 Nino capì fin dal primo momento,
l'allenatore sembrava contento
e allora mise il cuore dentro alle scarpe
e corse più veloce del vento.
prese un pallone che sembrava stregato,
20 accanto al piede rimaneva incollato,
entrò nell'area, tirò senza guardare
ed il portiere lo fece passare.

Ma Nino non aver paura di sbagliare un calcio di rigore,
non è mica da questi particolari che si giudica un giocatore,
25 un giocatore lo vedi dal coraggio, dall'altruismo e dalla fantasia.
Il ragazzo si farà, anche se ha le spalle strette,
Questo altro anno giocherà con la maglia numero sette.

[F. De Gregori, *Titanic*, RCA, 1982]

VERIFICA DELLE COMPETENZE

1. Nei primi versi l'io lirico definisce il contesto in cui si svolge la vicenda. Quali particolari ci permettono di intuire che Nino arriva da un quartiere periferico di una grande città?

2. Quali aspetti del carattere di Nino possiamo dedurre dai vv. 4-5: *cammina che sembra un uomo,/ con le scarpette di gomma dura*?
   A. ☐ La fierezza e la caparbietà
   B. ☐ La timidezza e la modestia
   C. ☐ La sfrontatezza e la prepotenza
   D. ☐ La superbia e l'egocentrismo

3. Nel v. 6 scopriamo che Nino ha *il cuore pieno di paura*: qual è la ragione di questo stato d'animo?
   A. ☐ Teme di essere fra le riserve
   B. ☐ Deve giocare una partita importante
   C. ☐ Deve fare un provino per una squadra
   D. ☐ Nell'ultima partita ha fallito un rigore

4. Nino viene incitato a non spaventarsi per aver sbagliato un calcio di rigore (vv. 7-8). Quali sono i due argomenti utilizzati per convincerlo a continuare a giocare?
   A. ☐ Potrà riprovare più tardi a tirare dal dischetto
   B. ☐ Per un giocatore vi sono qualità più importanti
   C. ☐ Non tutti i calciatori devono tirare i rigori
   D. ☐ I giocatori che si abbattono sono destinati al fallimento
   E. ☐ Ha sbagliato perché non aveva le scarpe adatte

5. Quale espressione metaforica sottolinea l'entusiasmo con cui Nino ha ricominciato a giocare?

6. Nino è un buon giocatore e diventerà un titolare della squadra. Individua il verso che giustifica questa supposizione.

7. Quale fra le seguenti affermazioni rispecchia il significato della canzone di De Gregori?
   A. ☐ Il calcio è uno sport importante per la crescita fisica e psicologica dei ragazzi
   B. ☐ Il calcio non è solo un gioco ma anche un'occasione di riscatto sociale
   C. ☐ Il calcio trasmette lo spirito di squadra e insegna a mettersi al servizio degli altri
   D. ☐ Il calcio richiede le stesse qualità necessarie per imporsi nella vita

8. Nella canzone compaiono due voci liriche: la prima appartiene al narratore della vicenda, la seconda all'allenatore. Riporta i versi in cui compaiono rispettivamente le due voci.

9. Quale figura di suono caratterizza il v. 13? Motiva la tua scelta.
   A. ☐ Assonanza   C. ☐ Paronomasia
   B. ☐ Allitterazione   D. ☐ Onomatopea

10. Rileggi i due versi finali del ritornello (vv. 7-9, 23-25) e osserva la costruzione sintattica: quale figura dell'ordine determina la posizione delle parole? Motiva la tua scelta.
    A. ☐ Inversione   C. ☐ Anafora
    B. ☐ Parallelismo   D. ☐ Chiasmo

11. Abbina ai versi riportati la figura retorica corrispondente.

1. *Sole sul tetto dei palazzi in costruzione,/sole che batte sul campo di pallone e terra* (vv. 1-2)	A. Anadiplosi
2. *che si giudica un giocatore,/un giocatore lo vedi dal coraggio* (vv. 8-9)	B. Similitudine
3. *corse più veloce del vento* (v. 19)	C. Anafora
4. *un pallone che sembrava stregato* (v. 20)	D. Iperbole

12. Distingui l'affermazione sbagliata a proposito degli elementi del testo poetico presenti nella canzone di De Gregori.
    A. ☐ Vi sono numerose rime
    B. ☐ È formata da versi sciolti
    C. ☐ È suddivisa in strofe
    D. ☐ Viene usato il linguaggio figurato

13. Nel verso *chissà quanti ne hai veduti, chissà quanti ne vedrai* (v. 14), *quanti* è un pronome
    A. ☐ indefinito   C. ☐ esclamativo
    B. ☐ interrogativo   D. ☐ relativo

14. Nella frase *non è mica da questi particolari* che si *giudica un giocatore* (v. 8), l'espressione sottolineata è un complemento
    A. ☐ di causa efficiente   C. ☐ di causa
    B. ☐ d'agente   D. ☐ di mezzo

15. Nella frase *Nino cammina che sembra un uomo* (v. 4), *che* introduce una subordinata
    A. ☐ relativa
    B. ☐ consecutiva
    C. ☐ modale
    D. ☐ finale

Dossier e scrittura documentata

Concludiamo l'unità con un dossier sul rapporto fra la musica e gli adolescenti, con una particolare attenzione ai cambiamenti introdotti dalle nuove tecnologie.

Il dossier

Il primo documento del dossier che ti appresti a leggere è un brano tratto da un libro delle psicologhe Silvia Vegetti Finzi e Anna Maria Battistin in cui si sottolinea lo stretto rapporto tra l'universo emotivo degli adolescenti e la musica (**D1**). Anche il testo successivo riporta l'opinione di una psicologa: Brunella Gasperini analizza il fenomeno delle "boy band", gruppi musicali seguiti in particolare dalle giovanissime (**D2**). Naturalmente i gusti delle nuove generazioni sono assai diversificati, come possiamo dedurre da un grafico prodotto nell'ambito di una ricerca dell'Università La Sapienza di Roma che illustra le preferenze musicali dei giovani suddivisi per sesso (**D3**).
I testi finali del dossier affrontano il legame tra le innovazioni tecnologiche e la musica. Il cantautore Jovanotti e il critico musicale Franco Bolelli sostengono la rinascita della creatività grazie alle potenzialità offerte da Internet (**D4**), che ha rivoluzionato il modo giovanile di ascoltare e di vivere la musica, come emerge anche dalla lettura del documento **D5**. Infine il giornalista Michele Boroni registra un'ulteriore tendenza adolescenziale provocata dallo sviluppo della tecnologia: il sogno dei ragazzi non è più diventare una rockstar, ma affermarsi nel mondo tech (**D6**).

La lettura del dossier

Ora puoi iniziare a leggere con attenzione i vari documenti.

D1 Silvia Vegetti Finzi – Anna Maria Battistin
Gli adolescenti, la musica, le emozioni

Il linguaggio universale che attraversa le culture giovanili da una parte all'altra del pianeta è la musica: un sogno a tutto volume che esalta le emozioni, amplifica i desideri, dilata le fantasie. Nelle sue infinite variazioni la musica fa da sfondo all'adolescenza, segnando di generazione in generazione un'età, un'epoca, un modo di vivere, di soffrire e di amare. Chi non ha mai provato uno struggente senso di nostalgia nel riascoltare per caso un ritmo, una voce, una canzone che rievoca il tempo della giovinezza? Ma oggi la musica non è più circoscritta a momenti particolari: dilaga sempre e ovunque. I ragazzi vivono immersi in un mare di suoni che scandiscono la loro vita come un leitmotiv permanente. Ascoltando musica da soli, in coppia, in gruppo o in centomila. Nella loro stanza, per strada, nel metro. Ai concerti, in discoteca, in birreria. Mentre studiano, leggono, pensano, parlano, discutono, fanno l'amore.

Oltre a rappresentare un fenomeno culturale di proporzioni vastissime, la musica acquista per i ragazzi significati profondi che spesso sfuggono alla comprensione degli adulti. Il suo linguaggio sempre più multietnico, ricco di messaggi che avvicinano i giovani di ogni razza e cultura, rappresenta un inno di appartenenza al gruppo: un lessico in cui tutti si riconoscono e in cui confluiscono le stesse emozioni condivise. Attraverso una moltitudine di suoni scanditi da parole spesso provocatorie, debordanti, estreme, la musica che gli adolescenti amano parla per loro, esprime quello che è difficile non solo dire ma anche pensare: la ricerca di se stessi, della propria identità, il significato dell'esistere, l'amore, il sesso, il desiderio di rivolta, la violenza, la morte, la speranza.

[S. Vegetti Finzi – A.M. Battistin, *L'età incerta*, Mondadori, Milano 2001]

D2 Brunella Gasperini Pazze per le boy band

Molte adolescenti vivono legami affettivi contraddistinti da sentimenti e emozioni anche molto intensi e intimi che una persona instaura con un personaggio che appartiene al mondo dello spettacolo, del cinema, dello sport. Quindi verso qualcuno che è irraggiungibile, con il quale non si ha un rapporto diretto, che non esiste nella propria vita quotidiana. In sostanza è una relazione immaginaria a senso unico, nella quale non servono dialogo, scambio e reciprocità. L'oggetto d'amore è un'immagine mediata. [...] Nelle ragazze assume spesso la portata romantica di una cotta travolgente e incondizionata. Un vero e proprio amore intenso e fantastico, una sorta di prova generale per una relazione "vera" futura. In una dimensione astratta e protetta, però, quella dell'immaginario dove si può sognare senza impegno, responsabilità o rischio. Senza mettersi in gioco in prima persona. Una scappatoia dall'insoddisfazione ma anche dalle difficoltà, dai dubbi e dalle paure legate al confronto vero, e del tutto nuovo a questa età, con l'altro sesso. È in questo contesto che prende vita il cosiddetto fenomeno boy band. Milioni di giovani ragazzine esaltate per band composte da giovanotti carini, forse non molto significativi dal punto di vista musicale ma tantissimo sotto l'aspetto comunicativo, che grazie a canzonette orecchiabili, paroline semplici e immediate, sanno arrivare direttamente al cuore delle supporter. Non certo una situazione nuova. All'esordio – nella metà anni Sessanta del secolo scorso – anche i Beatles venivano considerati così. Le prime crisi isteriche in diretta sono esplose proprio durante i loro concerti. Si dicevano le stesse cose con gli Spandau Ballet, i Duran Duran, i Take That. Oggi sono gli One Direction. Tutte band che hanno fatto e fanno letteralmente impazzire migliaia di giovani ragazzine scatenate. Anche se i gruppi del passato comunicavano principalmente attraverso la musica e quelli attuali sostanzialmente tramite l'immagine, non è cambiata l'intensità in termini di emozioni, esaltazione e mania. Perché sanno interpretare al meglio (anche per merito, oggi, di studiatissime manovre di marketing) l'ideale maschile delle adolescenti. Il modello attuale di maggiore consenso è quello relativo a coetanei palestrati ma rassicuranti, inoffensivi, poco mascolini, in grado si smorzare le ansie e le paure dell'altro sesso caratteristico di questa età. Rappresentano dei sogni, con i quali, appunto, è più semplice rapportarsi rispetto alla realtà.

[B. Gasperini, «d.repubblica.it», 24 aprile 2013]

D3 I generi musicali preferiti dagli adolescenti

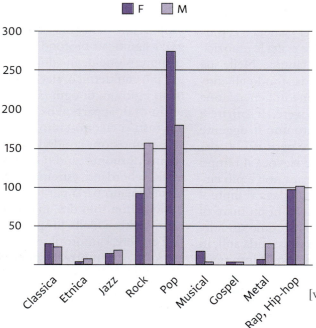

[www.tafterjournal.it/2013/02/04/quale-musica-per-quali-giovani]

D4 Lorenzo «Jovanotti» Cherubini – Franco Bolelli
La rete, la musica e la creatività giovanile

Il crollo del mercato tradizionale delle major e delle catene di negozi ha fatto esplodere una bolla di creatività pazzesca e questo si vede nei concerti che raccolgono maree di ragazzi non interessate al mainstream ma a qualcosa di nuovo, di più connesso, più vivo, più mobile. Fino a pochi anni fa, un ragazzo che ascoltava hip hop ascoltava SOLO hip hop e uno che ascoltava heavy metal ascoltava SOLO heavy metal e uno che ascoltava indie rock ascoltava SOLO indie rock: adesso tutto si è mischiato e conta solo l'energia che si sprigiona da un progetto. Un ragazzino con una buona idea messa in rete in una settimana diventa un fenomeno planetario. È un nuovo rinascimento della musica e dell'arte. Oggi i ragazzi di ogni età passano ore e ore connessi alla rete, e in pratica passano un sacco di tempo (potremmo dire tutto il tempo) a informarsi (informarsi e non a venire informati, e c'è una bella differenza) e questo non più in modo verticale ma assolutamente reticolare, e chi non ha inteso la portata di questo salto evolutivo ha ancora in mano una clava mentre gli altri usano il raggio laser.

[L. «Jovanotti» Cherubini – F. Bolelli, *Viva tutto!*, Add editore, Torino 2010]

D5 Dal jukebox a Spotify

In principio c'era il jukebox. È un aggeggio che ha il suo fascino, quell'aura vintage che sembra aver fatto la storia della musica: un apparecchio nei locali pubblici che riproduceva il brano musicale scelto, in cambio di una moneta.
Poi ci sono stati: la grande radio da portare sulla spalla, il mitico walkman e il lettore cd. Preistoria ormai!
In epoche più recenti ricordiamo Napster, eMule, il file sharing, i lettori mp3. Adesso c'è lo smartphone, che è riuscito a diminuire notevolmente perfino l'utilizzo dell'iPod: del resto lo smartphone è anche un dispositivo musicale. Così la musica è diventata sempre più portatile e tascabile e i riproduttori si sono evoluti e rimpiccioliti, ma non è tutto.
Non è tutto perché adesso c'è Spotify! Definito dai più la novità che ognuno di noi aspettava, una specie di rivoluzione dal motto "la musica è per tutti", Spotify è un servizio musicale che offre lo streaming on demand di una selezione di brani di varie case discografiche ed etichette indipendenti, incluse Sony, EMI, Warner Music Group e Universal. Lanciato nell'ottobre 2008 dalla startup svedese Spotify AB, il servizio vanta più di 24 milioni di utenti attivi: ed ecco che in un attimo l'mp3 ci sembra vecchio.
Tutte quelle operazioni che fino a ieri facevano parte delle nostre consuetudini digitali come acquistare musica, scaricarla, archiviarla su giganteschi hard disk e trasferirla con cavi e cavetti sul nostro dispositivo mobile, ci sembrano ora del tutto inutili. A nostra disposizione, semplicemente premendo il tasto "play", 20 milioni di brani: impossibili da ascoltare anche in un'intera vita.
In una parola: il progresso. O forse no? Ascoltare un'ora di musica su Spotify a 160 kbps può ridurre l'autonomia di un cellulare fino a circa l'1% ogni minuto (60% in un'ora), con un consumo di dati pari a 72 Mb all'ora, il che significa 2,2 "giga" di traffico al mese. L'ansia da batteria in esaurimento, soprattutto quando non abbiamo prese elettriche a disposizione, è all'ordine del giorno e spesso porta ad ascoltare i brani in modo compulsivo e distratto. Per non parlare della totale astensione dalla comunicazione e dai rapporti sociali, conseguenza inevitabile mentre si ascolta Spotify, cioè sempre!
E il mercato musicale che ne pensa? Se nel 2003 la nascita di iTunes Store aveva risollevato un panorama abbastanza desolante dominato dalla pirateria, il nuovo business del download gratuito ha riportato la situazione indietro. Nel 2013 le vendite digitali negli Stati Uniti sono diminuite per la prima volta passando da 1.340 a 1.260 milioni. La discesa dei cd invece è continua, con una perdita nell'ultimo anno del 14%, mentre è aumentato del 32% (una percentuale altissima in un anno) il numero di canzoni in streaming ascoltate attraverso i vari Spotify, YouTube e Rhapsody.
Il giudizio finale è dell'utente, e Spotify è stato promosso a pieni voti.

[blog.ehiweb.it, 19 gennaio 2014]

D6 Michele Boroni Addio rockstar, sono i nerd i nuovi idoli giovanili

Ultimamente si parla molto di *disruptive innovation*, ovvero quei mutamenti tecnologici che, grazie a nuove funzionalità, ridefiniscono prodotti, servizi e modelli di business, danneggiando in modo considerevole aziende e mercati ben consolidati. Internet e il digitale hanno generato *disruptive innovation* in un sacco di comparti, dall'editoria alla vendita di viaggi, dalla fotografia all'home video. E poi, attraverso gli mp3, la tecnologia digitale ha praticamente dimezzato il volume d'affari del mercato discografico globale, mettendo sul lastrico le major discografiche.

Ma non ha fatto solo questo. Era il 1994 quando gli Oasis, giovane band di Manchester, esordivano con il disco "Definitely Maybe": la prima traccia del disco si intitolava "Rock'n'roll star" il cui testo era incentrato sul desiderio di Noel Gallagher, uno dei due leader del gruppo, di diventare una stella del firmamento rock. Desiderio allora pienamente esaudito, con tutto quello che ne consegue: soldi, successo e la fiera delle vanità rock'n'roll. Sono passati vent'anni e le cose sono completamente cambiate.

La tecnologia non solo ha falcidiato il business musicale, ma ha sottratto anche tutto il suo fascino. Lo spiega il giornalista Bobby Owsinski in un articolo su *Forbes* intitolato "Quattro motivi per cui le carriere musicali sono state sconfitte dalla tecnologia". Il tempo in cui lavorare nella musica era uno degli obiettivi per molti giovani è ormai finito e oggi l'industria tecnologica esprime tutto ciò che è sempre stato affascinante in quella musicale. Per decenni i musicisti erano i personaggi più cool dell'universo, oggetto di conversazione a tutti i livelli e massimi influencers culturali e degli stili di vita: da qualche tempo le nuove rockstar sono gli imprenditori tech, ex nerd cresciuti nei fantomatici garage e che con le loro app e software plasmano il tempo libero di milioni di persone. Dall'altra parte, i discografici sono tristi funzionari che cercano di far quadrare i conti, mentre i nuovi idoli musicali hanno un basso profilo e zero carisma. Fino a vent'anni fa non era così difficile l'opportunità di diventare ricchi e famosi con la musica, oggi la parola d'ordine è "guadagnarsi da vivere è il nuovo successo", e anche la fama da talent show dura fino all'ultima puntata del programma tv.

Nel mondo tech, invece, la notizia di ragazzini alla guida di una start-up innovativa che poi viene comprata da Google finisce spesso sulle colonne del Financial Times. Ti fai la villa se inventi una app, non se scrivi canzoni. C'è stato un momento, negli anni Settanta, in cui gli artisti avevano la libertà di creare ciò che volevano: nella discussione che ha scatenato questo articolo sui social network, Luca De Gennaro, music talent di Mtv Italia, ricordava il caso di "Tubular Bells" di Mike Oldfield – suite di 45 minuti, senza canzoni e voci, composta da un ventiduenne esordiente – che fu scelta dal giovane imprenditore Richard Branson per lanciare la sua nuova etichetta discografica Virgin e divenne un hit planetario.

Oggi se non fai una canzone che può stare in un format radiofonico e che "ricorda qualcos'altro" non hai speranze di essere notato. Nel mondo tech, invece, superare il limite e stupire è l'elemento per il successo. Stesso dicasi per la creatività: non è certo un caso che nelle serie tv (le uniche narrazioni che oggi raccontano la contemporaneità) non ci sono titoli che raccontano le rockstar e invece un sacco che raccontano di geek e nerd ("Silicon Valley", "The IT crowds", "Big Bang Theory"). Insomma, coolness, libertà di pensiero, facili guadagni, ma anche uno stile di vita easy, non sono più valori del rock'n'roll ma di bit, codici e algoritmi.

[M. Boroni, *Le nuove rockstar non scrivono canzoni, inventano algoritmi per le app*, «Il Foglio», 7 agosto 2014]

La consegna di scrittura documentata

Ora sviluppa l'argomento "**Il rapporto tra i giovani e la musica**" con un testo di circa tre colonne di foglio protocollo, utilizzando, interpretando e confrontando idee, informazioni e dati forniti nel dossier. Puoi decidere se realizzare un testo espositivo, in cui disponi con chiarezza e ordine i contenuti dei documenti, o un testo argomentativo che dovrà contenere una tesi e degli argomenti a favore.

È opportuno che il testo sia coerentemente integrato con conoscenze ed esperienze personali, così da arricchirlo ulteriormente e dargli un'impronta originale.

Infine, indica le coordinate comunicative del testo: l'ipotetico lettore a cui è rivolto e il tipo di pubblicazione in cui collocarlo (giornale quotidiano o online, rivista o sito web specializzato, giornalino scolastico ecc.), un titolo che ne riassuma efficacemente contenuti e opinioni.

Il metodo di lavoro: dalla schedatura alla stesura

Per arrivare a produrre uno svolgimento coerente e coeso, è necessario lavorare con metodo, evitare di stendere il testo senza aver compiuto prima alcune fondamentali operazioni utili per l'elaborazione di un testo o espositivo o argomentativo.

- **Schedare i documenti**. Nel precedente dossier avevamo già evidenziato i passaggi più importanti, quelli in cui l'autore espone in sintesi il proprio pensiero e/o le informazioni in suo possesso. Ora, prova tu a compiere questa operazione e prima di intraprendere individualmente le fasi successive discuti le tue ipotesi di schedatura con i compagni e l'insegnante.
- **Cogliere analogie e differenze** fra i testi del dossier. I testi scritti dalle psicologhe Vegetti, Battistin e Gasperini prendono in considerazione la valenza emotiva con cui i giovani ascoltano la musica e ne osservano i protagonisti, sebbene il **D1** sostenga principi generali mentre le considerazioni esposte nel **D2** sono il frutto di una riflessione a partire da un fenomeno particolare, quello delle boy band. Gli ultimi tre testi sono accumunati da un argomento comune: i mutamenti introdotti dalle tecnologie nel rapporto fra musica e giovani. Però è possibile cogliere dif-

ferenze e contrapposizioni tra l'entusiasmo di Jovanotti (**D4**), che intravvede nella rete web una fonte inesauribile di creatività, e la descrizione di adolescenti fruitori compulsivi e distratti di musica su internet (**D5**) o – soprattutto – le affermazioni di Michele Boroni (**D6**), secondo il quale il mondo giovanile si sta allontanando sempre di più da una musica banale e conformista per coltivare il sogno di diventare la guida di una start-up innovativa.

- **Integrare le conoscenze acquisite** attraverso il dossier con altri elementi a disposizione. Sicuramente ti sarà facile arricchire il testo con conoscenze, gusti ed esperienze personali: potrai esprimere quanto viene sostenuto in **D1** e **D2** sull'impatto emotivo della musica, confermare o contestare i dati che riguardano i generi preferiti (**D3**), raccontare come e quanto è cambiato il tuo modo di ascoltare e magari fare musica con l'avvento delle tecnologie, partendo dalle informazioni e dalle idee che hai trovato in **D4**, **D5** e **D6**.
- Infine, **strutturare una scaletta** con i contenuti disposti in una sequenza logica, che permetta di procedere alla stesura di un testo chiaro, ordinato, scorrevole. Ti forniamo due brevi esempi di scaletta, uno per ciascuna delle tipologie testuali richieste.

Testo espositivo	Testo argomentativo
Introduzione e definizione dell'argomento I gusti musicali dei giovani di oggi sono assai simili a quelli dei ragazzi di ieri: infatti... (**D3**). Eppure, in pochi decenni, la tecnologia ha introdotto numerosi mutamenti nel modo di approcciarsi alla musica (**D5**). A questo proposito c'è chi vi coglie elementi positivi e chi, al contrario, crede che ciò possa determinare un impoverimento della funzione e del prestigio della musica e di chi la fa. **I vantaggi determinati dalla tecnologia** Secondo Jovanotti e Franco Bolelli i giovani musicisti dalla rete non possono che ricavare un impulso alla creatività (**D4**), in quanto... Inoltre, negli ultimi anni tecnologie sempre più sofisticate permettono di accedere alla musica sempre più facilmente... (**D5**). **Gli svantaggi determinati dalla tecnologia** Nel contempo, tuttavia, l'ascolto da parte dei giovani cresce in quantità ma diventa più compulsivo e superficiale, oltre a limitare i rapporti sociali (**D5**). Inoltre, c'è chi ritiene che il nuovo mercato discografico chieda ai ragazzi che intendono fare musica di essere sempre più banali e conformisti (**D6**), tanto che ormai i ragazzini non sognano di diventare delle rockstar ma di entrare nel mondo tech (**D6**). **Conclusione** Quello che non sembra cambiare, però, è la capacità della musica di emozionare, di essere strumento di comprensione di sé e di condivisione (**D1**), di proporre personaggi destinati a diventare oggetti di amori immaginari (**D2**).	**Introduzione con presentazione del problema** Le psicologhe Vegetti Finzi e Battistin sostengono che... (**D1**): ma la musica per gli adolescenti è ancora così importante? Continua a essere fonte inesauribile di emozioni o negli ultimi dieci anni si è verificato un radicale mutamento della fruizione musicale? **La tesi** Anche se ora grazie alla tecnologia è più semplice ascoltare brani di qualsiasi genere (**D5**), la funzione emotiva e culturale e la qualità della musica hanno subìto un drastico ridimensionamento. **L'antitesi e l'argomento a favore** Non credo che, come afferma Jovanotti, i giovani musicisti siano sempre più creativi, perché... (**D4**) **La confutazione dell'antitesi** Il nuovo mercato discografico, chiede ai ragazzi che intendono fare musica di essere sempre più banali e conformisti (**D6**). **Gli argomenti a favore della tesi** - L'ascolto da parte dei giovani cresce in quantità ma diventa più compulsivo e superficiale, oltre a limitare i rapporti sociali (**D5**). - La mediocrità e la deriva della musica leggera contemporanea è evidente nel fatto che se una volta le ragazzine amavano i Beatles ora impazziscono per gli One Direction (**D2**). - Una recente inchiesta dimostra che i generi ascoltati dagli adolescenti sono quelli più facili e orecchiabili (**D3**). - Per i giovani le figure mitiche non sono più le rockstar ma gli imprenditori tech (**D6**).

percorso **3**

- I generi della poesia per leggere, comprendere e interpretare testi letterari e per riconoscere gli elementi e le caratteristiche formali e tematiche delle principali espressioni della letteratura
- L'applicazione dell'educazione letteraria all'elaborazione di strumenti per lo studio, all'educazione grammaticale e linguistica e alla produzione scritta creativa e funzionale

I GENERI DELLA POESIA

6 La poesia narrativa

7 La poesia politica e civile

8 La poesia satirica

UNITÀ 6
La poesia narrativa

IL PRECURSORE DEL GENERE

- **T1** Omero
  Lo scontro tra Achille ed Enea
- **T2** Dante Alighieri
  Il folle volo
- **T3** Giuseppe Parini
  La vergine cuccia
- **T4** Cesare Pavese
  I mari del Sud
- **T5** Attilio Bertolucci
  Come nasce l'ansia

VERIFICA DELLE COMPETENZE

- **T6** Giovanni Berchet
  Il trovatore

ONLINE

TESTI INTEGRATIVI

- Ludovico Ariosto
  Il castello di Atlante

Eugenio Tutor di Italiano

Eugenio, il tutor online che guida nell'analisi interattiva e adattiva (testi di ▪ L. Ariosto)

Le caratteristiche della poesia narrativa

Con l'espressione poesia narrativa si intende un componimento in versi di varia ampiezza che possiede tutti gli elementi caratteristici del **testo narrativo**. Fin dall'antichità numerosi autori hanno scelto di raccontare in versi una **storia**, ossia alcuni avvenimenti collegati logicamente e cronologicamente (**trama**) che si sviluppano nel **tempo** e nello **spazio** e in cui agiscono dei **personaggi**. Naturalmente anche in questo tipo di opere – come in quelle in prosa – è essenziale la funzione del **narratore**, che può essere interno (quando coincide con uno dei personaggi) o esterno, se non partecipa direttamente agli avvenimenti.

Nel corso dei secoli la narrazione poetica ha assunto modalità e ha affrontato argomenti diversi. Si è passati dalla solennità stilistica e tematica dell'**epica classica** al racconto delle imprese cavalleresche dei **poemi medioevali**, dal racconto del viaggio nei regni dell'oltretomba della *Commedia* di Dante Alighieri all'**epica cavalleresca** dell'Italia rinascimentale, dalle **novelle in versi** del Romanticismo alla moderna poesia narrativa, in cui i temi e il linguaggio si sono sempre più avvicinati alla quotidianità. La scelta della poesia narrativa, che può talvolta comportare anche l'intreccio di numerosi episodi, impedisce naturalmente il ricorso alle strutture metriche tradizionali, come il sonetto, il madrigale e la canzone, che limiterebbero lo sviluppo della narrazione. In genere, dunque, gli autori di poesia narrativa hanno optato per:

- **strutture seriali**, come la terzina nella *Commedia* dantesca (▶ p. 166) e l'ottava nei poemi cavallereschi rinascimentali (▶ p. 159), che possono essere replicate per un numero illimitato di versi;
- **strutture aperte** in versi sciolti (con una prevalenza dell'endecasillabo nei generi come il carme, l'epistola poetica e il poemetto) o in versi liberi, soprattutto a partire dalla seconda metà del Novecento.

La storia del genere

L'epica classica

Nelle civiltà greca e latina, la **poesia epica** è caratterizzata dal racconto delle imprese e delle avventure di eroi, in cui avvenimenti storici reali si fondono con miti e leggende.

---

il percorso delle parole | Epica

Il termine *epica* deriva dal greco *épos*, "parola", "racconto". Come aggettivo è attributo di "poesia" e indica un genere preciso, ovvero il racconto delle gesta leggendarie degli eroi o di un popolo, collocate sullo sfondo mitico di un passato assai remoto. Il significato originario del vocabolo *epica* perciò rimanda ai racconti, trasmessi oralmente, di imprese eccezionali, a cui partecipano anche le divinità. Come sostantivo è sinonimo di "epopea" e indica sia il complesso di poemi epici di una collettività ("l'epica greca", "l'epica latina"), o un genere poetico che tratta temi eroici, leggendari e mitici ("l'epica omerica", "l'epica virgiliana"). Ora il termine è usato anche in senso figurato.

■ **Trovare le parole**
a. Quale sinonimo può sostituire, nel linguaggio corrente, l'aggettivo *epica* nella seguente frase: "Vincere il Tour de France rappresenta un'impresa epica"?
b. Con l'aiuto del dizionario, spiega che cosa è un "soggetto epico".
c. Sai spiegare che cosa si intende con l'espressione, tipica del linguaggio corrente, "l'epica del quotidiano"?

Coppa attica raffigurante un rotolo con caratteri greci, 450 a.C. ca., Città del Vaticano, Museo Pio Clementino.

Il primo e il più noto fra gli esponenti della tradizione epica classica è il greco **Omero**, identificato con un aedo (dal greco *adein*, "cantare") vissuto intorno al VII secolo a.C. Tuttavia, già prima della narrazione omerica della guerra di Troia e del ritorno di Ulisse a Itaca, soggetti rispettivamente dell'*Iliade* (▶ T1, p. 162) e dell'*Odissea*, nel mondo greco era diffusa una vasta produzione epica. Erano opere che, unendo temi guerreschi e avventurosi, mantenevano viva, attraverso la trasmissione orale, la memoria delle storie e delle leggende nazionali e alimentavano la fama popolare di eroi protetti o ostacolati dalle divinità dell'Olimpo. Un altro importante poema narrativo della Grecia classica è la *Teogonia* di **Esiodo** (VII secolo a.C.), in cui si racconta la storia dell'origine del mondo ("**cosmogonia**") e delle divinità ("**teogonia**"), dalla formazione del Caos primordiale al momento in cui Zeus diviene re di tutti gli dèi.

Nel mondo latino numerosi autori si cimentarono con la stesura di opere di carattere epico. Fra essi ricordiamo **Nevio** (III secolo a.C.), che nel *Bellum poenicum* raccontò la prima guerra contro Cartagine, principio del processo espansionistico di Roma oltre la penisola italica. Anche gli *Annali* di **Ennio** (239-169 a.C.) ripercorrono la storia di Roma con intenti celebrativi. Più critico nel racconto delle vicende storiche romane fu **Lucano** (39-65 d.C.), che nel poema epico *Pharsalia* ricostruì lo scontro tra Cesare e Pompeo. Tuttavia l'epica romana è legata soprattutto al nome di **Virgilio** (70-19 a.C.). Nel suo capolavoro, l'*Eneide*, si narrano le vicende del troiano Enea, fondatore della stirpe romana e progenitore della *gens* Giulia. Il duplice intento dell'opera è di esaltare la famiglia cui apparteneva il suo protettore Augusto e giustificare la potenza espansionistica di Roma, evento che rientrava in un piano predestinato.

La narrazione in versi dal Medioevo al Rinascimento

I poemi nordici e la *chanson de geste*

In età medioevale il gusto per il racconto epico, con la figura di un eroe indissolubilmente legato ai destini del proprio popolo, si diffuse soprattutto nei **paesi nordeuropei** e nella **Francia** feudale.

Il primo tra i poemi di area anglosassone, germanica e scandinava, in cui gli eroi spesso possedevano poteri sovrannaturali e le vicende si svolgevano in un'atmosfera magica, è l'opera del cantore scozzese **Ossian** (III secolo), a cui è attribuito un ciclo di canti epici, fantastici e cupi, che verranno rielaborati e riproposti dal poeta James Macpherson (1736-1796), anch'egli scozzese. Inoltre ricordiamo **Beowulf** (VIII secolo), il più lungo poema in lingua inglese arcaica, il cui protagonista è uno spietato cacciatore di draghi e mostri. L'opera a cui dobbiamo buona parte della conoscenza della mitologia dei popoli scandinavi e di eroi come Thor e Odino è la raccolta di canti islandesi *Edda* (IX-XII secolo). Infine, nel **Cantare dei Nibelunghi** (XII-XIII secolo) vengono narrate le imprese di Sigfrido, principe renano, innamorato della principessa Crimilde.

In Francia, tra l'XI e il XII secolo cantastorie e giullari recitavano nei palazzi feudali e nelle piazze i versi delle *chansons de geste* ("le canzoni delle gesta") dedicate a Orlando e ai paladini di Carlo Magno (**ciclo carolingio**). Nello stesso periodo si sviluppò anche il **ciclo bretone**, composto dai romanzi cortesi che narrano le leggende di re Artù e dei cavalieri della Tavola Rotonda (▶ p. S48).

Poesia didascalica e morale in Italia

Al contrario del resto d'Europa, probabilmente a causa delle profonde divisioni politiche, in Italia non si sviluppò un'epica di carattere nazionale. Soltanto alcuni autori di scarso rilievo rielaborarono le *chansons de geste* provenienti da oltralpe. Ebbe invece larga diffusione una **letteratura di ispirazione religiosa** che, attraverso la narrazione delle pene infernali e delle gioie del paradiso, intendeva educare e ammonire i fedeli affinché non indulgessero nel peccato. Sulla scia di queste opere – ma con risultati artistici di gran lunga superiori – si colloca la *Divina Commedia* (▶ p. 169) di **Dante Alighieri**, poema in cui l'autore racconta un viaggio nei mondi ultraterreni con l'intenzione di indirizzare il comportamento degli uomini verso la salvezza spirituale.

I poemi cavallereschi rinascimentali e l'epica religiosa della controriforma

A partire dalla seconda metà del Quattrocento e soprattutto nel corso del secolo successivo, in Italia la poesia cavalleresca conobbe una straordinaria fioritura, nell'ambito raffinato e intellettuale delle corti rinascimentali.
Presso gli Este, a Ferrara, **Matteo Maria Boiardo** (1441-1494) – autore dell'*Orlando innamorato* (1483) – e **Ludovico Ariosto** – autore dell'*Orlando furioso* – unirono la materia amorosa del ciclo bretone con il tema bellico proprio del ciclo carolingio, inserendo una molteplicità di episodi che mostrano un gusto particolare per gli elementi magici e fantastici. Attraverso le avventure di Orlando e di numerosi altri cavalieri e dame, Boiardo e Ariosto proposero con **sguardo disincantato** e ironico la nuova visione laica e antropocentrica del mondo sviluppatasi nel Rinascimento. Dal punto di vista stilistico i poemi dei due autori sono accomunati dall'uso dell'**ottava** in endecasillabi e dalla presenza di un narratore palese, che di tanto in tanto interviene per commenta-

L. Ariosto
Il castello di Atlante

L. Ariosto
La pazzia di Orlando
L. Ariosto
Cloridano e Medoro

---

il punto su... | L'ottava

L'ottava (o "ottava rima") è una strofa (chiamata anche "stanza") composta da otto endecasillabi. Nella forma più diffusa, quella toscana, i primi sei versi sono a rima alternata e gli ultimi due a rima baciata, secondo lo schema ABABABCC. L'ottava si struttura in componimenti di varia estensione, chiamati solitamente "canti" o "cantari", e rappresenta il metro della poesia narrativa delle origini. Nella poesia d'autore venne usata per la prima volta nel Trecento da Giovanni Boccaccio, in opere come il *Filostrato* e il *Ninfale fiesolano*. Successivamente è stata adottata anche nella poesia lirica (per esempio nelle *Stanze* di Poliziano), ma ha conosciuto grande fortuna e diffusione soprattutto nei poemi cavallereschi.
Se nei cantari medioevali l'ottava aveva un ritmo piuttosto monotono e ripetitivo, nell'*Orlando furioso* Ariosto le conferisce un ritmo particolare (tanto che si è parlato di "ottava ariostesca"): egli plasma la strofa secondo le esigenze narrative dell'opera, rallentando o accelerandone il ritmo a piacere in modo da riprodurre il movimento incessante dei paladini del poema. Solitamente nell'ottava ariostesca i primi sei versi, a rima alternata, hanno un ritmo scorrevole e fluido, mentre gli ultimi due a rima baciata chiudono la strofa con un ritmo più serrato. L'equilibrio dell'ottava ariostesca, in cui si conciliano ritmi distesi e pause narrative con ritmi più incalzanti e concitati, riflette così l'armonia generale del poema e il cosiddetto tono medio dell'*Orlando furioso*.

La donna il palafreno a dietro volta,	A
e per la selva a tutta briglia il caccia;	B
né per la rara più che per la folta,	A
la più sicura e miglior via procaccia:	B
ma pallida, tremando, e di sé tolta,	A
lascia cura al destrier che la via faccia.	B
Di su, di giù, ne l'alta selva fiera	C
tanto girò, che venne a una riviera.	C

[L. Ariosto, *Orlando furioso*, Mondadori, Milano 1976]

re le vicende narrate. La materia delle canzoni di gesta fu anche oggetto di parodia da parte di **Luigi Pulci** (1432-1484), che nel *Morgante* presentò le avventure straordinarie di un gigante convertito al cristianesimo da Orlando.

Nel secondo Cinquecento, in ossequio alle tendenze della cultura controriformistica, **Torquato Tasso** (1544-1595) scrisse la *Gerusalemme liberata*, poema epico cavalleresco che narra la liberazione del Santo Sepolcro durante la prima Crociata (1099). L'opera unisce la verosimiglianza storica – la spedizione a Gerusalemme guidata dal conte Goffredo di Buglione – a numerosi elementi meravigliosi (personaggi dotati di poteri magici, interventi di angeli e demoni). All'**epopea religiosa** che domina il poema di Tasso, si ricollega anche la principale opera di poesia narrativa europea del secolo successivo, *Il Paradiso perduto* di **John Milton** (1608-1674), in cui il poeta inglese narra l'episodio biblico della cacciata dell'uomo dal giardino dell'Eden, in seguito alla tentazione di Adamo ed Eva per opera di Satana.

L'evoluzione moderna della narrazione poetica

La poesia narrativa nel XVIII e XIX secolo

Nel Settecento, la nascita e la diffusione del romanzo in prosa determinò un periodo di crisi della poesia narrativa che, però, non venne abbandonata del tutto, come testimonia il poemetto satirico di **Giuseppe Parini** *Il Giorno*, racconto impietoso della giornata oziosa di un giovane aristocratico (▶ T3, p. 172).

Con il **Romanticismo** il genere della poesia narrativa riprese nuovamente vigore, in particolare grazie alla diffusione della **novella in versi** e della **ballata romantica** (o "romanza"), genere letterario popolare in cui si raccontavano storie – spesso di ambientazione medioevale – di amori impossibili e infelici, di malinconici eroi lontani dalla patria e dalla donna innamorata. Sullo sfondo di ambienti favolosi, venate di sentimentalismo e scandite da una musicalità semplice e accattivante, le novelle in versi rientrarono nell'obiettivo del Romanticismo di fare della letteratura uno strumento comunicativo vicino alla sensibilità del nuovo pubblico borghese. In Italia il principale esponente di questo genere è stato **Giovanni Berchet** (▶ T6, p. 191). In quegli stessi anni lo scrittore russo **Aleksandr Sergeevič Puškin** (1799-1837) scrisse il "romanzo in versi" *Evgenij Onegin* (1823-1831), un'opera in cui le tecniche tipiche della prosa narrativa si realizzano nelle strutture metriche della poesia. Al centro del racconto vi sono i temi tipicamente romantici dello scontro tra l'individuo e la società e della passione sentimentale.

Il Novecento: nuove forme di poesia narrativa

Nel corso del Novecento la poesia narrativa adottò gradualmente un linguaggio più semplice e quotidiano, avvicinandosi ulteriormente alla prosa. Nella molteplicità delle esperienze letterarie del secolo, difficilmente riconducibili a un unico filone, ricordiamo innanzitutto le "poesie-racconto" di **Guido Gozzano** (1883-1916) e **Dino Campana** (▶ U3, T5, p. 87), genere ripreso in seguito da **Cesare Pavese** (▶ T4, p. 178).

In Italia l'esempio contemporaneo più significativo di romanzo in versi è *La camera da letto* di **Attillio Bertolucci** (▶ T5, p. 185), un affresco di secoli di storia d'Italia attraverso la ricostruzione delle famiglia dell'autore. Infine, tra i poeti contemporanei che mostrano una particolare disposizione nei confronti della poesia narrativa, ricordiamo **Erri De Luca** (▶ U4, T5, p. 107) e **Aldo Nove** (1967).

LA MAPPA DELLE CONOSCENZE

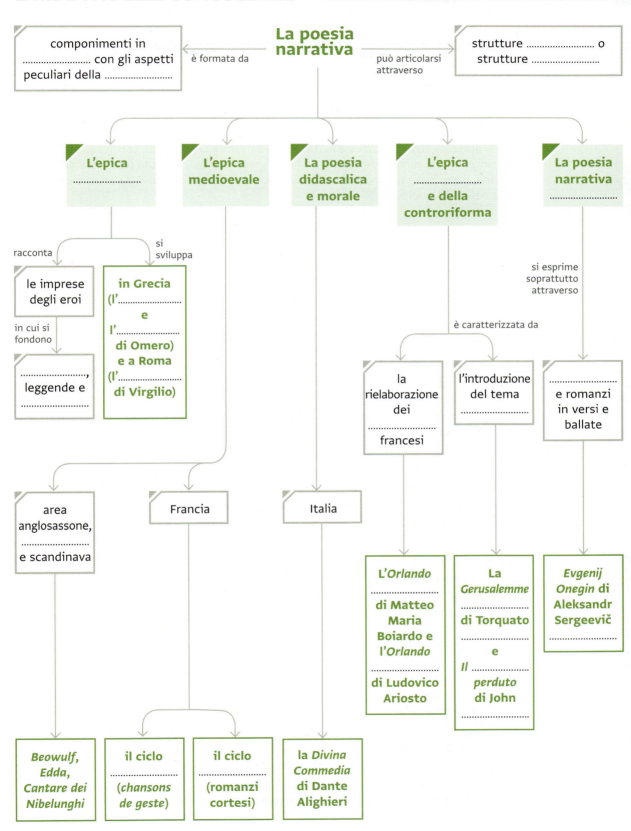

Il precursore del genere

T1 Omero Lo scontro tra Achille ed Enea

L'*Iliade* è un poema epico in esametri, attribuito a Omero, composto da 24 canti. Il tema dell'opera è la leggendaria guerra di Troia, probabilmente ispirata a una spedizione greca della fine del XIII secolo a.C. contro le città dell'Asia minore, lungo le coste dell'Anatolia. Le vicende raccontate nel poema riguardano soltanto 51 giorni dei dieci anni di assedio a cui secondo il racconto era stata sottoposta la città di Troia.
I versi proposti, nella traduzione in italiano di Salvatore Quasimodo, si trovano all'inizio del XX canto. In essi si narra del duello tra l'eroe greco Achille e il futuro fondatore della stirpe romana, il guerriero troiano Enea, figlio di Anchise, cugino del re di Troia Priamo e della dea della bellezza Venere.

[Enea] scagliò l'asta potente
contro lo scudo enorme, terribile, di Achille.
Colpito dalla punta del bronzo esso vibrò con cupo
rombo. Achille, turbato, lo sviò da sé
5   con la mano robusta. Credeva che l'arma di Enea
potesse forarlo. Non sapeva, ingenuo,
che è difficile agli uomini vincere o spezzare
i doni gloriosi degli dèi. E nemmeno ora
la grande lancia di Enea spaccò lo scudo di Achille.
10 L'oro del dio l'aveva fermato. L'asta bucò due piastre,
ma ne restavano ancora tre. Il dio zoppo nel farlo
ne mise cinque, una sull'altra: due di bronzo,
due di stagno e una interna d'oro. Fu questa
a trattenere l'arma. Achille fu il secondo
15 a tirare l'asta, e raggiunse lo scudo di Enea
nell'orlo estremo, dove il bronzo era più debole
e si tendeva sottilissima la pelle di bue.
La lancia di Achille passò da parte a parte lo scudo
che si udì risonare. Enea si raccolse,
20 e tremante lo spostò da sé. L'asta
aveva traversato il doppio cerchio dello scudo
che ripara il petto e, sfiorando la sua spalla,
si era confitta nella terra. Evitata la grande lancia,
rimase fermo, indeciso, e un dolore infinito

---

1 l'asta: lunga lancia con una punta di metallo acuminato a una estremità, una delle principali armi da lancio usate nell'antichità.
8 i doni... dèi: le armi di Achille erano state fabbricate su richiesta della madre dell'eroe, la ninfa Teti, da Efesto, il dio del fuoco e fabbro degli dèi.
10 L'oro del dio: la lastra d'oro che si trova tra le due di bronzo e le due di stagno (vedi vv. 11-13). L'asta, dopo aver perforato due piastre (*lastre*), si ferma in quella d'oro, conficcandosi così nello scudo.
11 zoppo: caratteristica fisica di Efesto; secondo il mito egli sarebbe stato afferrato per un piede e scagliato giù dal monte Olimpo da Zeus, perché aveva difesa la madre Era durante una discussione. Un'altra versione racconta che Efesto era nato zoppo e che per questo Era lo aveva nascosto.
19 si raccolse: si ripiegò su se stesso.
23 confitta: conficcata.

25 gli scese negli occhi. Aveva paura: l'asta
    era là piantata nel suolo molto vicina a lui.
    Achille con furia, urlando, mise fuori la spada
    affilata. Allora Enea prese con fatica
    un macigno che nemmeno due uomini
30 (come sono ora i mortali) potrebbero alzare.
    Egli da solo lo faceva girare facilmente nella mano
    e con esso poteva forse colpire Achille o nell'elmo
    o sullo scudo ma non dargli la triste morte,
    mentre Achille gli avrebbe tolto la vita
35 con la spada, se Posidone che scuote la terra
    non l'avesse visto chiaramente.

[in M. Geymonat (a cura di), *Eneide, con episodi significativi di Iliade e Odissea*, trad. it. di S. Quasimodo, Zanichelli, Bologna 1987]

27 mise fuori: sguainò, tirò fuori dal fodero.
29 macigno: masso, pietra enorme.
30 mortali: gli uomini del tempo in cui parla il narratore, un periodo successivo a quello – leggendario e mitico – in cui si svolgono i fatti raccontati nell'*Iliade*.
35 Posidone: Poseidone, il dio del mare, figlio di Crono e fratello di Zeus. Con il suo tridente faceva tremare gli scogli e le coste.

Omero è una figura leggendaria la cui esistenza non è confermata da alcun documento e a cui sono attribuiti l'*Iliade* e l'*Odissea*, i due poemi principali dell'epica greca. Secondo alcuni studiosi sarebbe stato un cantore cieco (il nome deriverebbe da *o mè óron*, "colui che non vede") vissuto intorno al VIII secolo a.C. La mancanza di notizie certe sulla sua figura ha aperto la cosiddetta "questione omerica", dibattito relativo all'attribuzione dell'*Iliade* e dell'*Odissea*. Alcuni studiosi (detti "unitari") hanno sostenuto che Omero sia stato l'autore di entrambi i poemi, scritti a distanza di molti anni tra loro. Per altri (detti "separatisti") l'*Odissea*, assai diversa per struttura e temi dall'*Iliade*, sarebbe stata scritta da un altro autore. Quello che è certo è che i due poemi sono stati trasmessi per lungo tempo oralmente prima di essere scritti nella loro versione definitiva. L'*Iliade* racconta la guerra di Troia combattuta tra Achei (Greci) e Troiani. Nel poema viene narrata la parte finale del conflitto, durato dieci anni e scoppiato a causa della bellissima Elena, moglie del greco Menelao, rapita dal troiano Paride. Guerrieri valorosi si affrontano in battaglia, tra cui Achille e Odisseo tra i Greci, Ettore ed Enea tra i Troiani. Il poema si chiude con la restituzione del cadavere di Ettore, straziato da Achille, all'anziano padre Priamo, re di Troia, e con i funerali dell'eroe.
Nell'*Odissea* invece il tema principale è il viaggio: Odisseo (Ulisse), alla corte dei Feaci, racconta i dieci anni di peripezie per tornare nella sua patria, l'isola di Itaca, dopo la conquista di Troia. Insieme ai compagni l'eroe ha dovuto affrontare numerose insidie, in mare e in terra. Alla fine, grazie al volere degli dèi, riesce a tornare a casa, dove sconfigge i Proci, principi di Itaca che in sua assenza hanno spadroneggiato nella reggia e inutilmente aspirato alla mano di Penelope, moglie di Ulisse. Il poema si conclude con lo sterminio dei Proci e il ricongiungimento dei due sposi.

SCHEDA di LETTURA

La narrazione in versi
Il brano di Omero presenta gli aspetti caratteristici di un testo narrativo: una voce esterna racconta una sequenza di avvenimenti che si svolgono secondo una disposizione logica e cronologica. La vicenda è collocata in una dimensione spaziale e temporale definita: gli eserciti greco e troiano sono schierati l'uno dinanzi all'altro e si apprestano allo scontro finale. Infine, ultimo elemento caratteristico della narrazione, nel racconto agiscono diversi personaggi, due umani e – come è tipico dell'epica classica – una divinità dell'Olimpo.

Il duello
Il primo guerriero a scagliare la lancia contro il nemico è Enea, che reagisce alle accuse di vigliaccheria rivolte da Achille. La violenza dell'urto spaventa l'eroe greco (*turbato*) ma il suo scudo, forgiato da Efesto, dio del fuoco, è impenetrabile: gli uomini, per quanto siano forti, non possono *vincere o spezzare/i doni gloriosi degli dèi*. La punta della lancia di Enea supera soltanto due delle cinque piastre a protezione di Achille. Mentre più vulnerabile è lo scudo del troiano, passato *da parte a parte* dall'asta dell'avversario.
La lancia dell'invincibile guerriero greco ha sfiorato la spalla di Enea, ormai consapevole di essere destinato alla sconfitta e alla *triste* morte. Il troiano guarda con terrore l'arma conficcata a terra, al suo fianco, e la spada *affilata* di Achille che si avvicina minacciosamente. Forse grazie alla sua forza riuscirebbe a colpire il nemico con un'enorme pietra ma sa bene che non potrà sottrarsi alla furia di chi *gli avrebbe tolto la vita*.

La funzione delle divinità
Però, quando ormai sembra avviato a una tragica conclusione per Enea, lo scontro tra i due guerrieri resta senza esito, a causa dell'intervento di Poseidone. Il dio delle acque è nemico di Troia, di cui aveva costruito le mura senza ricevere il compenso stabilito. Tuttavia in questo caso corre in aiuto di Enea perché ne ammira la devozione nei confronti degli dèi e sa che l'eroe è destinato a fondare la stirpe romana. Perciò Poseidone sottrae Enea alla vista di Achille, avvolgendolo in una nebbia fitta e riparandolo nelle ultime file dell'esercito troiano.
L'intervento degli dèi nelle vicende umane, che ne determina spesso le sorti, è un tema ricorrente nella poesia epica della civiltà classica e spesso, come nel testo proposto, si accompagna alla celebrazione delle qualità eccezionali dei protagonisti, anch'essi al di sopra degli individui comuni: *nemmeno due uomini/(come sono ora i mortali) potrebbero alzare*.

Lo stile
Con uno stile asciutto ed essenziale, la narrazione di Omero mette in luce i gesti e gli stati d'animo dei due personaggi. La cura nella descrizione dei dettagli (*due di bronzo,/due di stagno e una interna d'oro*) e la crudezza con cui si dà forma e concretezza alle reazioni emotive dei guerrieri (*un dolore infinito/gli scese negli occhi... con furia, urlando*) rendono realistica e drammatica la rappresentazione del duello.
Inoltre nel testo è possibile cogliere la presenza di numerosi termini e formule tipiche della trasmissione orale. Si tratta probabilmente dell'elemento formale che più caratterizza l'epica: i cosiddetti "epiteti", aggettivi (*asta potente, scudo enorme, cupo rombo, mano robusta*) ed espressioni (*che scuote la terra*) volti a indicare le peculiarità di oggetti, personaggi e divinità e a renderli, così, più facilmente riconoscibili.

Pittura vascolare raffigurante Efesto che consegna a Teti le nuove armi per Achille, 480 a.C. ca., Berlino, Altes Museum.

LABORATORIO

Comprendere e individuare
L'esplorazione del testo

1. Quale particolare spaventa Achille?
2. Per quale motivo Achille allontana da sé lo scudo?
3. Il narratore afferma che la lancia di Achille attraversa il *doppio cerchio* (v. 21) dello scudo di Enea: da che cosa sono composti i due strati?
4. Dopo aver effettuato i due lanci dell'asta, quali sono le opposte reazioni dei contendenti?
5. Qual è la caratteristica fisica che contraddistingue Enea? Riporta i versi da cui è possibile individuare la risposta.

Interpretare e riflettere
La scoperta del testo

6. *Aveva paura: l'asta/era là piantata nel suolo molto vicina a lui* (vv. 25-26). In questi versi con quale congiunzione potresti sostituire i due punti? Rifletti sul nesso logico tra le due affermazioni.
   A. ☐ Tuttavia   C. ☐ Perciò
   B. ☐ Infatti   D. ☐ Nonostante

7. La figura di Poseidone non è soltanto legata al mare ma è pure colui *che scuote la terra* (v. 35). In base a questo epiteto Poseidone, quindi, è anche il dio
   A. ☐ dei venti   C. ☐ della guerra
   B. ☐ dei terremoti D. ☐ delle tempeste

8. Al termine del duello Enea si salva soltanto grazie a Poseidone. Precedentemente, in quale altra occasione è visibile come l'intervento divino possa influenzare le vicende umane?

Analizzare
Lo stile e la forma del testo

9. Individua le tre sequenze in cui il brano può essere diviso e sintetizza con un titolo il contenuto di ciascuna di esse.

vv. ...-...	....
vv. ...-...	....
vv. ...-...	....

10. Quale schema metrico ha adottato il traduttore, Salvatore Quasimodo, per rendere in italiano gli esametri omerici?

11. Il duello viene raccontato da un narratore onnisciente palese: giustifica questa affermazione con opportuni riferimenti al testo.

12. Nonostante i protagonisti dell'episodio siano coraggiosi, la consapevolezza della forza del nemico provoca in entrambi un rispettoso sentimento di paura. Individua i termini e le espressioni che confermano questa affermazione.

GRAMMATICA

13. Nella frase *è difficile <u>agli uomini</u> vincere o spezzare/i doni gloriosi degli dèi* (vv. 7-8), l'espressione sottolineata è un complemento di
    A. ☐ termine   C. ☐ svantaggio
    B. ☐ paragone   D. ☐ limitazione

14. *Achille gli avrebbe tolto la vita/con la spada, se Posidone... non l'avesse visto chiaramente* (vv. 34-36) è un periodo ipotetico di quale tipo?
    A. ☐ Realtà   B. ☐ Possibilità   C. ☐ Irrealtà

Produrre
Dalla lettura alla scrittura

15. La drammatica consapevolezza di Enea che la morte ormai è prossima viene descritta con l'espressione *un dolore infinito/gli scese dagli occhi* (vv. 24-25). La stessa immagine è stata tradotta dal poeta neoclassico Vincenzo Monti (1754-1828): *immenso/duol di paura gli oscurò le luci*. Quale soluzione preferisci? Secondo te, quale esprime con più efficacia il terrore del guerriero troiano?

16. Senza l'intromissione decisiva di Poseidone, quali potrebbero essere le azioni successive dei due guerrieri? Immagina un epilogo diverso e riportalo in alcuni versi, tenendo conto delle caratteristiche formali dello stile epico. Ti forniamo un modello.

    Afflitto il cuore e scuotendo il nobile capo, il macigno contro
    Achille piede rapido scagliò il principe dei Dardani. Ma
    la grave pietra con un funesto tonfo schiantò ai piedi del figlio
    di Teti dai bei capelli e il pio difensor di Troia offrì il suo petto caldo alla mano e alla spada del glorioso Pelide.

T2 Dante Alighieri Il folle volo

In questo brano, tratto dalla parte conclusiva del XXVI canto dell'*Inferno*, Dante e Virgilio sono giunti all'ottavo dei nove cerchi del primo dei mondi ultraterreni descritti nella *Divina Commedia*. Tra i peccatori che in questo luogo pagano le loro colpe terrene vi sono i consiglieri fraudolenti, ovvero coloro che hanno impiegato l'intelligenza per ingannare il prossimo. I dannati sono avvolti in una fiamma che ne nasconde le sembianze. In particolare, una fiamma biforcuta attira la curiosità di Dante: sono le anime di Ulisse, re di Itaca, e del suo amico Diomede, destinate a scontare insieme la pena eterna. I due guerrieri pagano all'inferno il furto della statua della dea Pallade, protettrice di Troia, e l'inganno del cavallo di legno con cui i Greci conquistarono la città dell'Asia minore.

Virgilio, interpretando il desiderio di Dante, chiede agli spiriti dei due antichi eroi di raccontare cosa accadde di loro lungo la via del ritorno da Troia.

METRO: terzina dantesca.

85 Lo maggior corno de la fiamma antica
cominciò a crollarsi mormorando,
pur come quella cui vento affatica;
indi la cima qua e là menando,
come fosse la lingua che parlasse,
90 gittò voce di fuori, e disse: «Quando

---

85 **Lo maggior... antica:** Ulisse si trova nella parte più grande della fiamma che si biforca alla sommità in due punte; nella parte più piccola si trova il suo compagno d'imprese, Diomede.

---

parafrasi **vv. 85-102** La punta più grande dell'antica fiamma cominciò ad agitarsi crepitando, proprio come fa quella [fiamma] che il vento agita (*affatica*); poi, oscillando qua e là la cima, emise una voce, come se fosse una lingua che parlasse, e disse: «Quando mi allontanai da Circe, che mi trattenne per più di un anno là presso Gaeta, prima che Enea la chiamasse così [la città di Gaeta], né la tenerezza per il figlio [Telemaco], né l'affetto per il vecchio pa-

---

il punto su... | La terzina dantesca

La terzina dantesca, così denominata perché è la strofa usata da Dante nella *Commedia*, è composta da tre versi endecasillabi uniti da rima incatenata (per tale ragione essa è chiamata anche "terzina incatenata") secondo lo schema seguente, che si ripete lungo tutto il canto: ABA BCB CDC DED EFE...

Nel mezzo del cammin di nostra vita   A
mi ritrovai per una selva oscura   B
ché la diritta via era smarrita.   A
Ahi quanto a dir qual era è cosa dura   B
esta selva selvaggia e aspra e forte   C
che nel pensier rinova la paura!   B
Tant'è amara che poco è più morte;   C
ma per trattar del ben ch'i' vi trovai,   D
dirò de l'altre cose ch'i' v'ho scorte.   C

La terzina dantesca è detta anche "terza rima", in quanto tutti i versi rimano a tre a tre, tranne la coppia di versi iniziale (A); per simmetria in conclusione della terzina dantesca si trova perciò un verso di chiusura isolato, che rima solo due volte: ... XYX YZY Z. Essa deriva dal punto di vista formale dal serventese, un componimento di origine provenzale composto da strofe di tre versi endecasillabi con la stessa rima, seguiti da un verso quinario (AAAb BBBc...) che introduce la rima della strofa successiva.

Solitamente nella *Commedia* ogni terzina coincide con lo svolgimento di un periodo: in questo modo la terzina si configura come un'entità autonoma, conclusa sia sintatticamente sia logicamente; la rigida struttura di questo metro condiziona dunque anche l'andamento logico e ragionativo del discorso. La terzina ha anche un significato numerico simbolico: essa rappresenta l'unità metrica di base di un poema fondato interamente sulla replicazione del numero tre, il numero perfetto della trinità divina: tre cantiche per un totale di 99 canti (33 per cantica più uno proemiale).

mi diparti' da Circe, che sottrasse
me più d'un anno là presso a Gaeta,
prima che sì Enea la nomasse,
né dolcezza di figlio, né la pieta
95 del vecchio padre, né 'l debito amore
lo qual dovea Penelopé far lieta,
vincer potero dentro a me l'ardore
ch'i' ebbi a divenir del mondo esperto,
e de li vizi umani e del valore;
100 ma misi me per l'alto mare aperto
sol con un legno e con quella compagna
picciola da la qual non fui diserto.
L'un lito e l'altro vidi infin la Spagna,
fin nel Morrocco, e l'isola d'i Sardi,
105 e l'altre che quel mare intorno bagna.
Io e' compagni eravam vecchi e tardi
quando venimmo a quella foce stretta
dov'Ercule segnò li suoi riguardi,
acciò che l'uom più oltre non si metta;
110 da la man destra mi lasciai Sibilia,
da l'altra già m'avea lasciata Sètta.
"O frati", dissi, "che per cento milia
perigli siete giunti a l'occidente,
a questa tanto picciola vigilia
115 d'i nostri sensi ch'è del rimanente

Joseph Anton Koch (1768-1839), *Ulisse e Diomede* (*Inferno*, canto XXVI), disegno, Vienna, Bibliothek der Akademie der Bildenden Künste.

> **91 Circe:** la maga Circe, figlia del Sole, che trattenne Ulisse e i suoi compagni per più di un anno presso il promontorio del Circeo, vicino a Gaeta.
> **92 Gaeta:** Enea chiamò così quella località dal nome della sua nutrice Caieta, morta e poi sepolta lì; l'episodio è narrato nel VII libro dell'*Eneide*.
> **103 L'un lito e l'altro:** Ulisse sta navigando verso lo stretto di Gibilterra, dalla parte destra vede quindi il litorale dell'Europa, dalla parte sinistra quello dell'Africa.
> **105 l'altre:** le altre isole, oltre alla Sardegna, che si trovano nel Mar Mediterraneo.
> **107 foce stretta:** lo stretto di Gibilterra, che separa la Spagna dall'Africa.
> **108 Ercule... riguardi:** sono le colonne d'Ercole, poste qui dall'eroe secondo il mito per segnare il confine invalicabile per l'uomo; su di esse egli incise la scritta *non plus ultra* ("non più oltre").
> **110 Sibilia:** Siviglia, sulla costa spagnola.
> **111 Sètta:** Ceuta, sulla costa africana.

dre [Laerte], né l'amore dovuto verso Penelope [moglie di Ulisse], che avrebbe dovuto renderla felice, poterono vincere dentro di me l'intenso desiderio di far esperienza del mondo, dei vizi e delle virtù umane, ma mi inoltrai nel profondo (*alto*) mare aperto con una nave sola e con quel piccolo gruppo di compagni (*compagna picciola*) dai quali non fui mai abbandonato.

vv. 103-120 Vidi le due coste del Mediterraneo fino alla Spagna (*L'un lito*) e al Marocco (*l'altro*), e la Sardegna e le altre isole bagnate da quel mare. Io e i miei compagni eravamo vecchi e lenti (*tardi*) quando arrivammo a quello stretto [di Gibilterra] dove Ercole segnò i suoi limiti (*riguardi*) perché nessun uomo si spinga (*non si metta*) oltre: a destra stavo oltrepassando Siviglia [sulla costa spagnola], a sinistra avevo già oltrepassato Ceuta [sulla costa dell'Africa]. "O fratelli", dissi, "che attraverso centomila pericoli siete giunti all'estremo confine occidentale, non vogliate negare a questa poca parte (*tanto picciola vigilia*) della vita sensibile (*d'i nostri sensi*) che ci rimane l'esperienza del mondo disabitato

non vogliate negar l'esperïenza,
di retro al sol, del mondo sanza gente.
Considerate la vostra semenza:
fatti non foste a viver come bruti,
120 ma per seguir virtute e canoscenza".
Li miei compagni fec'io sì aguti,
con questa orazion picciola, al cammino,
che a pena poscia li avrei ritenuti;
e volta nostra poppa nel mattino,
125 de' remi facemmo ali al folle volo,
sempre acquistando dal lato mancino.
Tutte le stelle già de l'altro polo
vedea la notte e 'l nostro tanto basso,
che non surgea fuor del marin suolo.
130 Cinque volte racceso e tante casso
lo lume era di sotto da la luna,
poi che 'ntrati eravam ne l'alto passo,
quando n'apparve una montagna, bruna
per la distanza, e parvemi alta tanto
135 quanto veduta non avea alcuna.
Noi ci allegrammo, e tosto tornò in pianto;
ché de la nova terra un turbo nacque
e percosse del legno il primo canto.
Tre volte il fé girar con tutte l'acque;
140 a la quarta levar la poppa in suso
e la prora ire in giù, com'altrui piacque,
infin che 'l mar fu sovra noi richiuso».

[D. Alighieri, *Divina Commedia*, *Inferno*, canto XXVI, vv. 85-142, Le Lettere, Firenze 1994]

117 **mondo sanza gente:** al tempo di Dante si credeva che l'emisfero australe fosse interamente ricoperto di acque.
133 **montagna:** molto probabilmente il monte del Purgatorio, posto nell'emisfero delle acque, agli antipodi di Gerusalemme.

(*sanza gente*) nell'altro emisfero (*di retro al sol*). Considerate la vostra origine (*semenza*): siete stati creati non per vivere come animali (*bruti*), ma per perseguire la virtù e la conoscenza".

vv. 121-142 Io resi i miei compagni così desiderosi (*aguti*) dell'impresa, con questo piccolo discorso (*orazion*), che a mala pena poi (*poscia*) li avrei trattenuti; e rivolta la poppa della nostra nave a oriente (*nel mattino*), ci servimmo dei remi come di ali per affondare quel viaggio temerario (*folle volo*), avanzando sempre a sinistra. Di notte vedevo già tutte le stelle dell'altro emisfero (*polo*), mentre il nostro [emisfero] era tanto basso [sull'orizzonte] che non emergeva dalla superficie del mare. Dopo che avevamo cominciato l'ardua impresa (*alto passo*) si era illuminato cinque volte, e altrettante si era spento (*casso*) l'emisfero inferiore della luna, quando ci apparve davanti una montagna, non distinguibile (*bruna*) a causa della distanza, e alta tanto quanto non ne avevo mai vista alcuna. Noi ci rallegrammo, ma presto [la gioia] si trasformò in pianto, perché da quella terra sconosciuta nacque un turbine (*turbo*) che colpì la prua (*primo canto*) della barca (*legno*). Tre volte fece girare la nave insieme alle acque: alla quarta fece sollevare la poppa in alto (*in suso*) e la prua sprofondò giù, come piacque a Dio (*altrui*), finché il mare si richiuse sopra di noi».

il punto su... La *Divina Commedia*

Materia e funzione dell'opera

La *Divina Commedia* è un poema composto da Dante Alighieri negli anni dell'esilio, in cui il poeta racconta in prima persona il suo viaggio ultraterreno nei tre regni dell'aldilà, iniziato il giovedì santo del 1300, anno del primo giubileo della cristianità, e terminato dopo una settimana. In questo periodo Dante visita i regni di Inferno, Purgatorio e Paradiso accompagnato da tre guide: Virgilio, l'autore dell'*Eneide* e simbolo della ragione umana, che lo conduce attraverso l'*Inferno* e il *Purgatorio*; Beatrice, la donna amata da Dante e simbolo della teologia, che accoglie Dante in *Paradiso* e lo accompagna fino all'Empireo, il cielo in cui risiede Dio; San Bernardo, fondatore dell'ordine monastico cistercense e simbolo della grazia divina, che introduce il poeta alla contemplazione di Dio.

La *Commedia* ha una funzione didascalica, perché attraverso la vicenda personale di Dante illustra agli uomini il cammino da compiere dal peccato alla redenzione. Inoltre è un'opera allegorica, perché oltre al significato letterale di ciò che viene narrato e descritto nasconde un significato più profondo, di valore universale (a partire dal valore simbolico che assumono i numeri, in modo particolare il tre e i suoi multipli). La *Commedia* rappresenta una *summa* delle conoscenze e del sapere medioevali: secondo la concezione enciclopedica del tempo, vi si trovano infatti nozioni di astronomia, scienze naturali, filosofia, teologia, morale e si affrontano temi universali come il bene e il male, il peccato e la pena, il libero arbitrio.

La struttura e la lingua

Da un punto di vista strutturale, l'opera è divisa in tre cantiche, corrispondenti ai tre regni; ogni cantica comprende 33 canti, a cui si aggiunge un canto nell'*Inferno* che fa da introduzione a tutto il poema, per un totale di 100 canti. Ciascuno di essi è composto da un numero variabile di versi endecasillabi raggruppati in terzine a rima incatenata. Da un punto di vista stilistico, l'opera è scritta in volgare fiorentino e in una lingua che comprende registri diversi, dal basso realismo dell'*Inferno* al tono elegiaco del *Purgatorio* a quello aulico e alto del *Paradiso*, tanto che si parla di "plurilinguismo" o "pluristilismo" dantesco.

Il viaggio di Dante e la gerarchia dei tre mondi

All'inizio del canto I dell'*Inferno* Dante afferma di trovarsi in una *selva oscura*, un bosco nei pressi di Gerusalemme, dove si è smarrito. Proprio quando gli sembra di aver ritrovato la strada, tre fiere – una lupa, una lonza e un leone – gli sbarrano il passo. Dante si sente perduto, ma ecco che gli appare un'ombra: è Virgilio, il quale lo informa che per raggiungere la salvezza dovrà attraversare i tre regni dell'oltretomba. L'Inferno è concepito come una voragine, una sorta di imbuto rovesciato che si è formato quando l'angelo ribelle a Dio, Lucifero, è precipitato dal cielo e la terra si è ritratta per il ribrezzo. Scendendo nei gironi infernali aumenta la gravità dei peccati puniti, da quelli di incontinenza a quelli di malizia.

Invece il Purgatorio è come una montagna nelle cui cornici le anime espiano i sette peccati capitali, disposti secondo un ordine inverso rispetto all'Inferno, ovvero dal più grave al meno grave. In questi due regni la pena è regolata secondo la legge del "contrappasso", che instaura un rapporto di analogia o di antitesi tra la colpa commessa in vita e il castigo. In cima alla montagna del Purgatorio si trova il Paradiso terrestre da cui accedere al Paradiso, formato da nove cerchi concentrici, ciascuno occupato da un pianeta, al centro dei quali si trova l'Empireo, sede di Dio e dei beati, che godono della visione eterna di Dio.

La struttura dell'Inferno

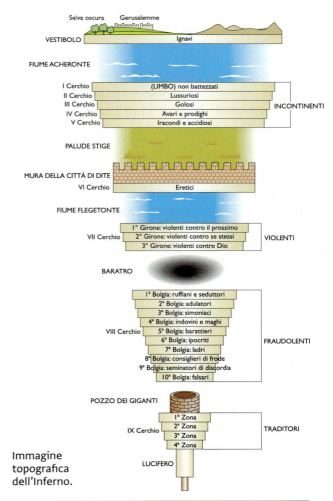

Immagine topografica dell'Inferno.

SCHEDA di LETTURA

Il viaggio di Ulisse

La più alta delle due fiamme (*Lo maggior corno*), dietro la quale si cela Ulisse, il più importante fra i due personaggi, risponde alla richiesta di Virgilio. Come se fosse agitata dal vento, la fiamma si scuote, ondeggia di qua e di là e inizia a parlare. Con sincerità, Ulisse confessa che né l'affetto paterno e filiale né il *debito* amore per la fedele moglie Penelope lo distolsero dal desiderio di continuare il suo viaggio per rientrare a Itaca. Dopo aver trascorso un anno nella grotta della maga Circe, senza indugi riprende il mare, con i suoi fedeli compagni, toccando le coste dell'intero bacino occidentale del Mediterraneo. Ulisse è ormai vecchio quando giunge allo stretto di Gibilterra (*quella foce stretta*), considerato il limite invalicabile del mondo abitato e conosciuto. Ma l'eroe greco non si arresta neanche di fronte a questo ultimo ostacolo: convince la *compagna picciola* a varcare le colonne d'Ercole, a spingere la nave nel *folle volo*. Il *legno* di Ulisse oltrepassa così l'equatore e per cinque mesi naviga fino a scorgere una montagna, alta come mai un uomo aveva visto prima. L'apparizione del Purgatorio sancisce la conclusione dell'avventura. Un vento turbinoso travolge l'imbarcazione, la capovolge tre volte fino a quando le acque la sommergono (*'l mar fu sovra noi richiuso*).

La passione per la conoscenza

Nell'interpretazione dantesca, Ulisse diviene il simbolo dell'inesauribile volontà dell'uomo di arricchire le proprie conoscenze, dell'inarrestabile tensione verso l'infinito. Dai versi della *Commedia* traspare un sentimento di rispetto e di ammirazione per l'eroe greco che ha affrontato l'ignoto e che ha sacrificato la propria vita per *divenir del mondo esperto*, per riscattare gli uomini dai vincoli di uno stato di ferinità ed elevarli grazie alla ragione e alla conoscenza. Eppure agli occhi di Dante la sete di sapere e l'implacabile determinazione con cui viene perseguita appaiono colpevoli. Secondo lo scrittore fiorentino, il desiderio di liberarsi da una condizione primitiva e l'aspirazione al bene e alla conoscenza devono rispettare il volere divino: l'uomo non deve in nessun caso oltrepassare i confini imposti da Dio. Per il pagano Ulisse il limite è rappresentato dalle colonne poste dal semidio Ercole. Gli uomini che avessero osato valicarle avrebbero infranto la norma morale secondo cui la saggezza implica la consapevolezza dei *riguardi* umani. Ulisse non si ferma dinanzi all'ambizione di vivere *l'esperïenza/di retro al sol*, suppone con arroganza di essere superiore alle leggi che gli dèi e l'etica hanno imposto agli uomini. Per questo il suo viaggio è condannato a terminare con la morte, una conclusione che suggella la finitezza dell'uomo.

Un esempio di arte retorica

Il momento fondamentale dell'episodio coincide con le appassionate parole che Ulisse rivolge ai compagni per convincerli a proseguire il viaggio. Il discorso è un esemplare modello di persuasione retorica. L'*orazion picciola* è strutturata in tre parti. Secondo le regole della retorica classica, nell'esordio Ulisse pone una *captatio benevolentiae*, cercando di rendere i suoi compagni ben disposti nei suoi confronti: li definisce con tenerezza *frati* e ricorda le innumerevoli peripezie condivise in passato, nel segno di un desiderio comune che li ha condotti al termine dell'universo conosciuto e del loro destino. In seguito li spinge a considerare quanto poco resti loro ormai da vivere, e li invita a non perdere (*non vogliate negar*) quest'ultima esperienza, quella che mai nessun altro uomo ha avuto la possibilità e il coraggio di vivere. Infine Ulisse entra nel cuore dell'argomentazione: a differenza degli altri esseri viventi, l'uomo possiede ragione e intelligenza e perciò, fedele alla propria origine (*semenza*), deve perseguire senza timori *virtute e canoscenza*.

Lo stile

Sul piano formale la caratteristica principale dell'opera dantesca è l'eterogeneità degli stili e dei registri linguistici. Si tratta di una scelta determinata dalla ricchezza di personaggi (diavoli, anime dannate e spiriti nobili) e di argomenti (poesia, teologia, politica e filosofia) affrontati da Dante nel suo viaggio.
Nel brano di Ulisse, coerentemente con la figura del personaggio omerico, Dante utilizza strutture sintattiche e linguaggio che mostrano la ricercatezza dello stile epico. Egli fa dunque ricorso agli strumenti della retorica, non solo nel discorso dell'eroe ai suoi marinai, come abbiamo visto, ma anche attraverso l'uso di figure di suono, dell'ordine (in particolare le inversioni) e del significato (similitudini, metafore, metonimie).

LABORATORIO

Comprendere e individuare
L'esplorazione del testo

1. Per mezzo di quali aggettivi Dante crea intorno alla figura di Ulisse un'atmosfera di solennità e di grandezza?

2. A che cosa vengono paragonati la fiamma che avvolge Ulisse e il suo movimento?

3. Con quale termine Ulisse definisce l'appassionato desiderio di fare sempre nuove conoscenze?

4. Quale frase rivela la consapevolezza di Ulisse di stare per superare il limite che era stato posto all'uomo e alla sua conoscenza?

5. Ulisse e i suoi compagni hanno ormai dinanzi a sé poco tempo per appagare la sete di conoscenza: con quale espressione l'eroe ricorda ciò al suo equipaggio?

6. In quale verso Ulisse sostiene che la superiore intelligenza pone la natura umana al di sopra di uno stato di primitiva ferinità?

7. Con quale espressione Ulisse sottolinea l'importanza della decisione di proseguire il viaggio oltre le colonne d'Ercole?

8. Con quali parole, nell'ultima terzina, Ulisse riconosce implicitamente che è stata la volontà di Dio a porre fine al suo viaggio?

Interpretare e riflettere
La scoperta del testo

9. Compila la tabella individuando le tre parti in cui si divide il discorso con cui Ulisse convince i suoi compagni a varcare le colonne d'Ercole, indicandone sinteticamente il contenuto.

	Versi	Contenuto
I parte	vv. ...-...	....
II parte	vv. ...-...	....
III parte	vv. ...-...	....

10. Per quale motivo l'amore che Ulisse avrebbe dovuto avere nei confronti di Penelope viene definito *debito* (v. 95)?

11. Tra il personaggio di Ulisse e quello di Dante è possibile cogliere alcune analogie, ma anche una sostanziale differenza. Rifletti: che cosa sta facendo Dante e che cosa racconta Ulisse?

12. Conosci le vicende di Ulisse raccontate nell'*Odissea*? Quale differenza fondamentale c'è rispetto a quelle riportate da Dante?

13. Riporta i versi da cui possiamo dedurre che per Ulisse la conoscenza si acquisisce per via empirica più che teorica.

Analizzare
Lo stile e la forma del testo

14. Attraverso quale aspetto metrico-ritmico Dante crea un clima di sospensione e di attesa non appena Ulisse inizia a parlare?

15. Le parole di Ulisse hanno uno sviluppo musicale, determinato dalle numerose allitterazioni: sai trovare qualche esempio?

16. Per enfatizzare le comuni esperienze del passato, quale figura retorica viene utilizzata da Ulisse nella parte iniziale del suo discorso ai marinai? Giustifica la tua risposta.
    A. ☐ Climax   C. ☐ Metafora
    B. ☐ Iperbole   D. ☐ Ipallage

17. All'eleganza del discorso di Ulisse concorre la presenza di inversioni sintattiche: riportane almeno un esempio.

GRAMMATICA
18. Analizza il periodo che occupa i vv. 106-109.

Produrre
Dalla lettura alla scrittura

19. Immagina una situazione in cui qualcuno rivolge un'ultima esortazione alla sua *compagna picciola* prima di un importante evento: potrebbe essere un allenatore che incita i suoi giocatori prima di una partita decisiva, un insegnante che dà gli ultimi consigli ai suoi studenti alla vigilia di un esame ecc. Scrivi il discorso in versi, riprendendo il modello di Dante. Ti forniamo un modello.

*Ragazzi, dissi, dopo un'infinita
fatica siete arrivati in finale,
alla conquista dell'ultima partita,
quella che più di tutte vale...* ora continua tu.

T3 Giuseppe Parini La vergine cuccia

In questo episodio, forse il più noto del *Giorno*, il *giovin signore* protagonista del poemetto si trova a pranzo nel palazzo della dama di cui è cavalier servente (ossia il gentiluomo che la accompagna). Uno dei commensali, un vegetariano, lancia un'accorata denuncia contro chi uccide gli animali per cibarsene. Allora la nobildonna, commossa al pensiero degli animali maltrattati, ricorda un episodio accaduto alla sua graziosa cagnolina.
METRO: endecasillabi sciolti.

Tal ei parla, o signore; e sorge intanto,
al suo pietoso favellar, dagli occhi
de la tua dama dolce lagrimetta,
pari a le stille tremule, brillanti,
5 che a la nova stagion gemendo vanno
da i palmiti di Bacco, entro commossi
al tiepido spirar de le prim'aure
fecondatrici. Or le sovviene il giorno,
ahi fero giorno! allor che la sua bella
10 vergine cuccia de le Grazie alunna,
giovenilmente vezzeggiando, il piede
villan del servo con l'eburneo dente
segnò di lieve nota: ed egli audace
con sacrilego piè lanciolla: e quella
15 tre volte rotolò; tre volte scosse
gli scompigliati peli, e da le molli
nari soffiò la polvere rodente.
Indi, i gemiti alzando: «Aita, aita»,
parea dicesse; e da le aurate volte

Jean H. Fragonard, *La lettera d'amore*, 1770 ca., New York, Metropolitan Museum of Art.

---

6 **Bacco:** dio del vino.
10 **vergine... alunna:** la cagnolina viene definita allieva (*alunna*) delle Grazie, le tre bellissime divinità greche, figlie di Zeus e della dea marina Eurinome; il riferimento mitologico innalza la cagnetta addirittura al livello degli dèi, con effetti ironici.
12 **eburneo:** bianco come l'avorio.

---

parafrasi

vv. 1-17 Così parla [il vegetariano], o signore [è il *giovin signore* a cui è indirizzata l'opera], e nel frattempo (*intanto*), mentre egli [il vegetariano] parla in modo compassionevole (*pietoso favellar*), spunta (*sorge*) una tenera lacrimuccia dagli occhi della tua dama, simile alle gocce che tremano e luccicano (*brillanti*), che a primavera (*nova stagion*) stillano (*gemendo vanno*) dai tralci della vite (*palmiti di Bacco*), mossi (*commossi*) al loro interno (*entro*) dal tiepido soffio dei venti primaverili (*le prim'aure*) che rendono fertile la terra (*fecondatrici*). Ora ricorda [la dama] il giorno, ahimè un giorno crudele (*fero giorno*)! Quando (*allor che*) la sua cagnolina (*vergine cuccia*), così graziosa da sembrare educata dalle Grazie (*de le Grazie alunna*), giocando (*vezzeggiando*) come fanno i fanciulli (*giovenilmente*) morse il piede villano del servo, lasciandovi un segno (*segnò*) leggero (*di lieve nota*) con i suoi denti bianchi come l'avorio (*l'eburneo dente*): ed egli [il servo] sfrontato (*audace*) le diede un calcio (*lanciolla*) con il piede sacrilego, e lei per tre volte rotolò; per tre volte scosse i peli arruffati (*scompigliati*), e dalle delicate (*molli*) narici (*nari*) soffiò via la polvere irritante (*rodente*).

vv. 18-32 Quindi, alzando i suoi lamenti, sembrava che dicesse [la cagnetta]: «Aiuto! aiuto!»; e dalle volte dorate [del salone] le rispose Eco resa pietosa [dai lamenti della cagnetta]:

20 a lei l'impietosita Eco rispose:
e dagl'infimi chiostri i mesti servi
asceser tutti; e da le somme stanze
le damigelle pallide, tremanti,
precipitaro. Accorse ognuno; il volto
25 fu spruzzato d'essenze a la tua dama;
ella rinvenne alfin: l'ira, il dolore
l'agitavano ancor; fulminei sguardi
gettò sul servo, e con languida voce
chiamò tre volte la sua cuccia: e questa
30 al sen le corse; in suo tenor vendetta
chieder sembrolle: e tu vendetta avesti,
vergine cuccia de le Grazie alunna.

20 Eco: ninfa condannata da Era a ripetere l'ultima sillaba delle parole pronunciate dagli altri; innamorata di Narciso e non ricambiata, finì per consumarsi, tanto che di lei rimasero solo l'ombra e la voce.

dalle stanze inferiori (*infimi chiostri*) salirono tutti i servi, rattristati, mentre dalle stanze ai piani superiori (*somme stanze*) si precipitarono le damigelle, pallide e tremanti. Tutti (*ognuno*) accorsero; il volto della tua dama fu spruzzato di essenze, ed ella alla fine riprese i sensi (*rinvenne*): era ancora agitata dalla rabbia e dal dolore; rivolse (*gettò*) al servo degli sguardi fulminanti (*fulminei*), e con voce debole chiamò tre volte la sua cagnolina (*cuccia*); con il suo atteggiamento (*in suo tenor*) le sembrò che le chiedesse vendetta: e tu avesti vendetta, o cagnolina allevata dalle Grazie.

Giuseppe Parini nacque nel 1729 in Brianza, da una famiglia modesta. Si trasferì a Milano presso una zia, che alla morte gli lasciò una piccola eredità a condizione che divenisse sacerdote. Intraprese così la carriera ecclesiastica e cominciò a dedicarsi alla poesia. Nel 1754 iniziò la sua attività di precettore presso alcune famiglie della nobiltà cittadina. In quegli anni scrisse le cosiddette "odi illuministe" e pubblicò il *Mattino* (1763) e il *Mezzogiorno* (1765), le prime due parti del poema *Il Giorno*, per cui ottenne un certo prestigio. In seguito gli vennero affidati alcuni incarichi ufficiali, come la direzione della «Gazzetta di Milano» e la cattedra all'Accademia delle Belle Arti di Brera. Nel 1791 pubblicò le *Odi*. Nel 1796, con l'ingresso di Napoleone a Milano, prese parte alla municipalità. Morì nel 1799, l'anno del ritorno degli austriaci nella sua città.
Il capolavoro di Parini, *Il Giorno*, è un poema didascalico-satirico in endecasillabi sciolti suddiviso in quattro parti (*Mattino, Meriggio, Vespro* e *Notte*) a cui il poeta lavorò per tutta la vita e che fu pubblicato postumo. Destinatario dell'opera è un ideale *giovin signore*, a cui Parini si rivolge con ironia allo scopo di insegnargli come trascorrere piacevolmente le giornate e come vincere la noia. Viene così descritta, dal momento del risveglio (quando il sole è già alto), la giornata tipo di un giovane esponente della nobiltà lombarda: la colazione e la toeletta; l'incontro con la dama di cui è l'accompagnatore ("cicisbeo" o "cavalier servente"); il pranzo, in cui si discute di futili argomenti; la passeggiata in carrozza lungo il corso, ritrovo di tutta la nobiltà cittadina; l'affollato ricevimento notturno, dove si rappresentano i nobili impegnati nelle loro vuote ed oziose occupazioni. Il *giovin signore* concluderà il suo *Giorno* andando a letto quando ormai albeggia, dopo aver cenato a notte fonda.

L'empio servo tremò; con gli occhi al suolo
udì la sua condanna. A lui non valse
35 merito quadrilustre; a lui non valse
zelo d'arcani ufici; in van per lui
fu pregato e promesso; ei nudo andonne,
dell'assisa spogliato ond'era un giorno
venerabile al vulgo. In van novello
40 signor sperò; ché le pietose dame
inorridiro, e del misfatto atroce
odiar l'autore. Il misero si giacque,
con la squallida prole e con la nuda
consorte a lato su la via spargendo
45 al passeggiere inutile lamento:
e tu, vergine cuccia, idol placato
da le vittime umane, isti superba.

[G. Parini, *Il Giorno*, Guanda, Parma 1996]

35 **quadrilustre:** della durata di quattro lustri, ovvero venti anni.
38 **assisa:** livrea, l'uniforme portata dai domestici nelle grandi case signorili.

vv. 33-47 Il malvagio servo tremò; ascoltò la sua condanna con gli occhi a terra (*al suolo*). A lui non bastò l'aver servito fedelmente per vent'anni (*quadrilustre*); a lui non bastò la diligenza (*zelo*) con cui aveva svolto compiti delicati e segreti (*arcani ufici*); inutilmente egli pregò e promise; egli se ne andò nudo, spogliato della livrea (*assisa*) grazie alla quale un tempo (*un giorno*) era stato rispettato (*era... venerabile*) dalla plebe (*vulgo*). Sperò inutilmente di trovare un nuovo (*novello*) padrone; perché le dame, pietose, inorridirono, e presero in odio l'autore del terribile crimine (*misfatto*). L'infelice si ritrovò con i figli magri e smunti (*squallida prole*) e con la moglie vestita di stracci (*nuda*) accanto a lui (*a lato*) sulla strada, rivolgendo inutilmente i suoi lamenti ai passanti (*al passeggiere*): e tu, cagnolina, te ne andasti (*isti*) superba, come una divinità (*idol*) placata da vittime umane.

Giacomo Ceruti, *Sera sulla piazza*, 1747 ca., Torino, Museo Civico.

vite di scrittori — *La caduta*

Questa lirica del 1785, di cui riportiamo soltanto alcuni versi, appartiene alle *Odi*. Parini racconta una sua caduta per la strada durante una giornata di pioggia invernale. A un passante che lo soccorre e che, riconosciutolo, lo invita a scendere a qualche compromesso per assicurarsi una vecchiaia tranquilla e decorosa, il poeta ribadisce con fierezza e piglio polemico la sua integrità morale e la sua concezione libera della letteratura. Per quanto oppresso dal bisogno materiale, egli dovrà mantenersi integro e ricorrere alla costanza per difendersi dai malvagi. Come il saggio, dovrà avere un contegno equilibrato e decoroso, senza abbattersi troppo per il dolore, ma senza esaltarsi troppo per l'orgoglio.

Quando poi d'età carco
Il bisogno lo stringe,
Chiede opportuno e parco
Con fronte liberal, che l'alma pinge.

5 E se i duri mortali
A lui voltano il tergo,

Ei si fa, contro ai mali,
Della costanza sua scudo ed usbergo.

Né si abbassa per duolo,
10 Né s'alza per orgoglio.

[G. Parini, *Le odi*, Guanda, Parma 2010]

parafrasi — Quando poi, ormai vecchio (*d'età carco*), è costretto (*lo stringe*) dalla necessità, chiederà aiuto con misura (*parco*) e discrezione (*opportuno*), con un aspetto nobile, che rivela (*pinge*) la sua anima (*alma*). E se gli uomini crudeli (*duri*), gli voltano le spalle (*il tergo*), egli usa la sua costanza come scudo e corazza (*usbergo*) contro i mali. E non si abbatte per il dolore né si innalza per l'orgoglio.

SCHEDA di LETTURA

Lo svolgimento dei fatti

Il brano è composto da quattro sequenze che scandiscono lo sviluppo lineare della narrazione: il ricordo dell'episodio, la dinamica dei fatti, le reazioni immediate e le conseguenze successive. Nella prima parte (una sorta di introduzione agli avvenimenti), le parole del vegetariano (*Tal ei parla*) commuovono la dama tanto da indurla al pianto, a spargere una *dolce lagrimetta* che viene accostata a un'immagine primaverile della natura. Nei versi successivi scopriamo il motivo del turbamento: l'invettiva contro chi uccide gli animali per cibarsene ricorda alla nobildonna il giorno in cui la sua cagnetta ha morso il *piede/villan* di un servo che a sua volta l'ha colpita con un calcio. Per ben tre volte la *vergine cuccia* è rotolata sul pavimento polveroso e i suoi lamenti risuonarono in tutte le stanze del palazzo.
La terza parte vede servi e cameriere accorrere in aiuto sia della vittima del *sacrilego piè* sia della sua padrona, che nel frattempo è svenuta. Ma *alfin* la signora riprende i sensi e, dopo aver gettato uno sguardo rabbioso verso il servitore, accoglie fra le braccia la cagnetta che con i suoi guaiti (*in suo tenor*) sembra pretendere vendetta. Il suo desiderio si compie inesorabilmente nell'ultima parte: il fedele servitore viene cacciato e per lui non sarà più possibile trovare un altro impiego presso una famiglia aristocratica. Negli ultimi versi l'io lirico contrappone la famiglia del domestico licenziato alla *vergine cuccia*, appagata dal sacrificio delle *vittime umane*.

L'ironia del narratore e lo sdegno dell'autore

Il racconto è caratterizzato da un tono ironico, che soltanto nei versi conclusivi passa dal sorriso allo sdegno per condannare il cinismo della nobiltà, più sensibile alle sofferenze degli animali che alla povertà di una famiglia gettata sul lastrico.
Nelle prime tre sequenze, l'ironia si deve all'adozione da parte del narratore del punto di vista della dama, che ricorda con orrore (*ahi fero giorno!*) l'incidente occorso alla sua cagnetta. Così gli effetti del morso della *cuccia* vengono minimizzati per sottolineare invece il candore dei suoi denti, mentre il calcio del servitore trasforma il piccolo animale in una sorta di eroe epico colpito dal nemico. Lo sguardo della padrona attribuisce alla cagnetta qualità non solo umane (gioca come una bimba, chiede aiuto ed esige una punizione per l'incauto servitore), ma addirittura divine (*de le Grazie alunna*).
Nella descrizione del servitore (*Il misero*) costretto a chiedere l'elemosina insieme alla *squallida prole*

SCHEDA di LETTURA

e alla *nuda/consorte* traspare invece l'indignazione morale dell'autore nei confronti della nobiltà, classe sociale parassitaria, che viveva nel lusso a danno dei ceti più umili. Anche nell'arrogante soddisfazione della cagnetta per l'oltraggio castigato si coglie la denuncia di una società aristocratica priva di valori etici e che, secondo Parini, aveva rinunciato al suo ruolo di guida sociale abbandonandosi all'ozio e alla corruzione.

Lo stile

Un espediente stilistico attraverso il quale il narratore accentua ulteriormente l'atteggiamento ironico nei confronti della materia narrata è il meccanismo di innalzamento del mediocre. Un episodio banale viene avvolto in un alone drammatico, grazie all'enfasi con cui vengono descritte le reazioni della dama e delle sue ospiti, ai riferimenti mitologici, alla complessità della sintassi e alla ricercatezza del lessico.

La piacevolezza del brano si deve anche al ritmo incalzante della narrazione, all'incedere serrato dei fatti. In particolare, nella parte centrale, dove si narra il *misfatto atroce*, i periodi si fanno più brevi e la sequenza concitata delle azioni viene sottolineata dalla ripetizione della congiunzione. Nell'ultima parte le scelte sintattiche, oltre a mantenere un ritmo elevato, sottolineano con efficacia il compimento dell'ingiustizia sociale e la tragica conclusione. La punizione senza appello riservata al servitore viene enfatizzata dalle iterazioni (*A lui non valse*; *in van per lui*; *In van novello*).

LABORATORIO

Comprendere e individuare
L'esplorazione del testo

1. Con quale espressione si giustifica il morso della cagnetta, sostenendo che il suo gesto è dovuto esclusivamente all'ingenua sventatezza tipica dei cuccioli?

2. Attraverso quali dettagli descrittivi, vengono sottolineate la delicatezza e l'eleganza della *cuccia* (v. 10)?

3. Quale episodio mitologico viene associato ai lamenti della cagnetta che si diffondono in tutte le camere del palazzo?

4. Quale espressione allude al fatto che il servitore per conto della dama ha svolto con scrupolo incarichi anche delicati e segreti?

5. Rintraccia i versi in cui si spiega per quale ragione il servitore non riesce più a trovare un altro lavoro.

6. Individua negli ultimi versi l'espressione ironica che definisce con iperbolica drammatizzazione l'episodio narrato nel brano.

7. Nell'ultima parte, con quale aggettivo il narratore esprime esplicitamente la compassione nei confronti del domestico cacciato?

Interpretare e riflettere
La scoperta del testo

8. Compila la tabella, indicando i versi e il contenuto di ciascuna delle quattro sequenze in cui si articola la vicenda.

vv. ...-...	....
vv. ...-...	....
vv. ...-...	....
vv. ...-...	....

9. Il piede del servo dapprima è *villan* (v. 12), con un riferimento alla classe sociale a cui il personaggio appartiene, e successivamente diventa *sacrilego* (v. 14): sai spiegare la ragione di questa seconda definizione?

10. Il narratore afferma che i servi si recano *mesti* (v. 21) verso il luogo in cui è avvenuto l'incidente: per quale ragione, secondo te, sono tristi?

LABORATORIO

11. Quale azione suggella simbolicamente la perdita da parte del servitore non solo del lavoro ma anche del prestigio e del rispetto di cui godeva agli occhi della plebe?

12. L'episodio viene narrato attraverso il punto di vista della dama: riporta le espressioni di disprezzo della padrona di casa nei confronti dei servi.

13. Ricerca le affermazioni in cui alla *vergine cuccia* (v. 10) sono assegnate caratteristiche umane e divine.

14. Rileggi i vv. 39-42: *le pietose dame* provano compassione per
   A. ☐ il servo
   B. ☐ la cagnetta
   C. ☐ la dama
   D. ☐ i figli e la moglie del servo

20. Analizza il periodo che occupa i vv. 8-13 e riscrivi le proposizioni nello schema, una per casella, precisando il tipo di coordinazione e subordinazione.

```
┌─────────────────────────────┐
│ .......................... │
└─────────────────────────────┘
       Prop. principale
              ↓
┌─────────────────────────────┐
│ .......................... │
└─────────────────────────────┘
   Prop. subordinata ..........
              ↓
┌─────────────────────────────┐
│ .......................... │
└─────────────────────────────┘
   Prop. subordinata ..........
```

Analizzare
Lo stile e la forma del testo

15. Riconosci assonanze, consonanze e allitterazioni presenti nei primi nove versi del brano.

16. Ricerca l'onomatopea presente nel testo e spiega quale effetto si intende ottenere attraverso questa figura di suono.

17. Rileggi la parte iniziale del brano: quale figura retorica del significato occupa i vv. 1-8?

18. Con quale avverbio il narratore sottolinea ironicamente il tempo occorso alla signora per riprendere i sensi dopo aver visto la sua cagnetta maltrattata?

GRAMMATICA

19. Nella frase *in suo tenor vendetta/chieder sembrolle* (vv. 30-31), l'espressione sottolineata è un complemento di
   A. ☐ stato in luogo
   B. ☐ modo
   C. ☐ mezzo
   D. ☐ qualità

Produrre
Dalla lettura alla scrittura

21. Immagina di riscrivere la vicenda adottando il punto di vista del servo. Ti forniamo un modello.
*Or gli sovviene il giorno,
maledetto giorno, quando l'abietta
cagna rognosa figlia delle Arpie,
stupidamente giocando, il piede
calloso con l'aguzzo dente
gli morse a sangue: ed egli d'istinto
con un calcio preciso e potente la colpì...* ora continua tu.

Scuola veneta, *Caccia ai tori in piazza Campitello* (particolare), XVIII secolo, Belluno, Pinacoteca del Museo Civico.

T4 Cesare Pavese I mari del Sud

Il testo si trova nella prima raccolta poetica di Pavese, *Lavorare stanca* (1936), e narra l'incontro tra lo scrittore ancora giovane e un cugino ritornato a vivere nel paese d'origine, nelle colline piemontesi delle Langhe, dopo aver girato il mondo per lavoro. La figura dell'uomo è trasportata in una dimensione mitica e fiabesca e diviene simbolo di una vita libera e avventurosa.
METRO: versi liberi.

Camminiamo una sera sul fianco di un colle,
in silenzio. Nell'ombra del tardo crepuscolo
mio cugino è un gigante vestito di bianco,
che si muove pacato, abbronzato nel volto,
5   taciturno. Tacere è la nostra virtù.
Qualche nostro antenato dev'essere stato ben solo
– un grand'uomo tra idioti o un povero folle –
per insegnare ai suoi tanto silenzio.

Mio cugino ha parlato stasera. Mi ha chiesto
10   se salivo con lui: dalla vetta si scorge
nelle notti serene il riflesso del faro
lontano, di Torino. "Tu che abiti a Torino..."
mi ha detto "...ma hai ragione. La vita va vissuta
lontano dal paese: si profitta e si gode
15   e poi, quando si torna, come me a quarant'anni,
si trova tutto nuovo. Le Langhe non si perdono".
Tutto questo mi ha detto e non parla italiano,
ma adopera lento il dialetto, che, come le pietre
di questo stesso colle, è scabro tanto
20   che vent'anni di idiomi e di oceani diversi
non gliel'hanno scalfito. E cammina per l'erta
con lo sguardo raccolto che ho visto, bambino,
usare ai contadini un poco stanchi.

Vent'anni è stato in giro per il mondo.
25   Se n'andò ch'io ero ancora un bambino portato da donne
e lo dissero morto. Sentii poi parlarne
da donne, come in favola, talvolta;
uomini, più gravi, lo scordarono.

Vincent Van Gogh, *Strada con cipressi*, 1890, Otterlo, Rijksmuseum Kröller-Müller.

11-12 **faro... Torino**: il faro della Vittoria, posto sul colle della Maddalena, il punto più alto della collina torinese.
14   **si profitta**: si fa profitto, si guadagna.
19   **scabro**: ruvido, ma anche conciso.
20   **idiomi**: lingue; il cugino è vissuto in molti paesi stranieri e si è espresso in molte lingue diverse.
21   **erta**: salita ripida.
25   **portato da donne**: molto piccolo, allevato dalle donne.
26   **lo dissero morto**: la gente del paese disse che era morto.
28   **più gravi**: più seri, occupati in faccende più importanti delle chiacchiere delle donne.

Un inverno a mio padre già morto arrivò un cartoncino
30 con un gran francobollo verdastro di navi in un porto
e auguri di buona vendemmia. Fu un grande stupore,
ma il bambino cresciuto spiegò avidamente
che il biglietto veniva da un'isola detta Tasmania
circondata da un mare più azzurro, feroce di squali,
35 nel Pacifico, a sud dell'Australia. E aggiunse che certo
il cugino pescava le perle. E staccò il francobollo.
Tutti diedero un loro parere, ma tutti conclusero
che, se non era morto, morirebbe.
Poi scordarono tutti e passò molto tempo.

40 Oh da quando ho giocato ai pirati malesi,
quanto tempo è trascorso. E dall'ultima volta
che son sceso a bagnarmi in un punto mortale

---

29 cartoncino: una cartolina postale.
38 morirebbe: sarebbe presto morto.
40 pirati malesi: le storie dei pirati della Malesia, tra cui il celebre Sandokan, erano state raccontate da Emilio Salgari nei suoi romanzi, a cui lo scrittore qui allude.
42 a bagnarmi... mortale: un gorgo o comunque un punto pericoloso del fiume Belbo, che scorre vicino al paese di Santo Stefano.

Cesare Pavese nacque nel 1908 a Santo Stefano Belbo, nelle Langhe, dove la famiglia possedeva un podere e dove lo scrittore trascorse le vacanze fino al 1916. Visse gran parte dei suoi anni a Torino, dove si laureò in Lettere nel 1930 e iniziò a lavorare con la casa editrice Einaudi, con cui collaborerà per tutta la vita. Nella sua formazione letteraria fu centrale l'interesse per la letteratura straniera, americana e inglese in particolare. Negli anni 1935-1936 venne arrestato con un gruppo di amici antifascisti e confinato a Brancaleone Calabro per diversi mesi. In questo periodo iniziò la stesura del diario *Il mestiere di vivere*. Durante il secondo conflitto mondiale visse rifugiato nelle Langhe. Nel Dopoguerra aderì al PCI (Partito comunista italiano), pur non accettando mai completamente la linea ufficiale del partito, e si dedicò intensamente all'attività letteraria. Morì suicida il 17 agosto del 1950 in una stanza d'albergo.
L'esordio letterario di Pavese è legato alla raccolta di poesie di *Lavorare stanca* (1936), in cui lo scrittore descrive momenti quotidiani e persone comuni, scene di lavoro contadino, feste di paese, periferie urbane, solitudini, figure idealizzate. Tra le opere in prosa ricordiamo i *Dialoghi con Leucò* (1947), i romanzi *Il compagno* (1946), *La casa in collina* (1948), *La luna e i falò* (1949), le raccolte di racconti *Feria d'agosto* (1946) e *La bella estate* (1949), grazie a cui vinse il premio Strega. Le dieci liriche della raccolta *Verrà la morte e avrà i tuoi occhi*, pubblicata postuma nel 1951, sono dedicate a Constance Dowling, attrice americana di cui Pavese era innamorato.

e ho inseguito un compagno di giochi su un albero
spaccandone i bei rami e ho rotta la testa
45 a un rivale e son stato picchiato,
quanta vita è trascorsa. Altri giorni, altri giochi,
altri squassi del sangue dinanzi a rivali
più elusivi: i pensieri ed i sogni.
La città mi ha insegnato infinite paure:
50 una folla, una strada mi han fatto tremare,
un pensiero talvolta, spiato su un viso.
Sento ancora negli occhi la luce beffarda
dei lampioni a migliaia sul gran scalpiccio.

Mio cugino è tornato, finita la guerra,
55 gigantesco, tra i pochi. E aveva denaro.
I parenti dicevano piano: "Fra un anno, a dir molto,
se li è mangiati tutti e torna in giro.
I disperati muoiono così".
Mio cugino ha una faccia recisa. Comprò un pianterreno
60 nel paese e ci fece riuscire un garage di cemento
con dinanzi fiammante la pila per dar la benzina
e sul ponte ben grossa alla curva una targa-rèclame.
Poi ci mise un meccanico dentro a ricevere i soldi
e lui girò tutte le Langhe fumando.
65 S'era intanto sposato, in paese. Pigliò una ragazza
esile e bionda come le straniere
che aveva certo un giorno incontrato nel mondo.
Ma uscì ancora da solo. Vestito di bianco,
con le mani alla schiena e il volto abbronzato,
70 al mattino batteva le fiere e con aria sorniona
contrattava i cavalli. Spiegò poi a me,
quando fallì il disegno, che il suo piano
era stato di togliere tutte le bestie alla valle
e obbligare la gente a comprargli i motori.
75 "Ma la bestia" diceva "più grossa di tutte,
sono stato io a pensarlo. Dovevo sapere
che qui buoi e persone son tutta una razza".

---

47 squassi: sconquassi, forti turbamenti.
48 elusivi: sfuggenti e inafferrabili.
55 tra i pochi: tra i pochi che erano tornati in paese dopo la Prima guerra mondiale.
59 recisa: risoluta.
60 ci fece riuscire: ne ricavò.
61 la pila... benzina: la pompa che eroga la benzina.
62 targa-rèclame: insegna pubblicitaria.
65 Pigliò: prese in moglie.
70 batteva le fiere: girava per le fiere; **sorniona:** smaliziata e furba, di chi la sa lunga.
72 fallì il disegno: fallì il suo progetto.
74 i motori: le automobili.
77 son tutta una razza: espressione proverbiale per dire che i contadini sono strettamente legati ai loro animali.

Camminiamo da più di mezz'ora. La vetta è vicina,
sempre aumenta d'intorno il frusciare e il fischiare del vento.
80 Mio cugino si ferma d'un tratto e si volge: "Quest'anno
scrivo sul manifesto: – Santo Stefano
è sempre stato il primo nelle feste
della valle del Belbo – e che la dicano
quei di Canelli". Poi riprende l'erta.
85 Un profumo di terra e di vento ci avvolge nel buio,
qualche lume in distanza: cascine, automobili
che si sentono appena; e io penso alla forza
che mi ha reso quest'uomo, strappandolo al mare,
alle terre lontane, al silenzio che dura.
90 Mio cugino non parla dei viaggi compiuti.
Dice asciutto che è stato in quel luogo e in quell'altro
e pensa ai suoi motori.

Solo un sogno
gli è rimasto nel sangue: ha incrociato una volta,
95 da fuochista su un legno olandese da pesca, il cetaceo,

---

83 **valle del Belbo:** valle del fiume Belbo, che scorre nei pressi dei paesi di Santo Stefano e di Canelli; **che la dicano:** che protestino pure.
95 **il cetaceo:** la balena; in verità Pavese specificò nelle bozze del testo che *cetaceo* era il nome proprio di una barca da pesca olandese.

---

vite di scrittori — Il legame con la terra

Il romanzo *La luna e i falò* può essere considerato una *summa* dell'opera di Pavese, in quanto affronta i temi più cari all'autore: il ritorno alla terra d'origine, il riferimento alla natura, con i suoi ritmi ciclici e immutabili, l'esaltazione dell'infanzia contrapposta alla vita adulta. Protagonista del romanzo è Anguilla, l'io narrante del testo, un trovatello cresciuto nelle Langhe ed emigrato in America, dove ha fatto fortuna. Tornato molti anni dopo dal paese da cui era partito, ritrova l'amico Nuto, più grande e più saggio di lui. Dalle conversazioni con quest'ultimo, dalle riflessioni e dai ricordi si snoda tutta la narrazione, in cui si rievoca il tempo passato.
Nel passo proposto si colgono evidenti analogie tra la figura di Anguilla e quella del cugino presentato nei *Mari del Sud*: entrambi, dopo aver molto viaggiato per il mondo, sono tornati da uomini adulti nelle Langhe, alla ricerca delle loro radici.

C'è una ragione perché sono tornato in questo paese, qui e non invece a Canelli, a Barbaresco o in Alba[1]. Qui non ci sono nato, è quasi certo; dove son nato non lo so; non c'è da queste parti una casa né un pezzo di terra né delle ossa ch'io possa dire "Ecco cos'ero prima di nascere". Non so se vengo dalla collina o dalla valle, dai boschi o da una casa di balconi. La ragazza che mi
10 ha lasciato sugli scalini del duomo di Alba[2], magari non veniva neanche dalla campagna, magari era la figlia dei padroni di un palazzo, oppure mi ci hanno portato in un cavagno[3] da vendemmia due povere donne da Monticello, da Neive o perché no da Cravanzana[4]. Chi può dire di che carne sono fatto? Ho girato abbastanza il mondo da sapere che tutte le carni sono buone e si equivalgono, ma è per questo che uno si stanca e cerca di mettere radici, di farsi terra e paese, perché la sua carne valga e duri qualcosa di più che un comune giro di stagione.

[C. Pavese, *La luna e i falò*, Einaudi, Torino 2005]

1 **Canelli... Alba:** località delle Langhe.
2 **La ragazza... Alba:** la madre di Anguilla, che lo ha abbandonato appena nato.
3 **cavagno:** cesto.
4 **Monticello... Cravanzana:** nomi di altri paesi della zona delle Langhe cuneesi.

e ha veduto volare i ramponi pesanti nel sole,
ha veduto fuggire balene tra schiume di sangue
e inseguirle e innalzarsi le code e lottare alla lancia.
Me ne accenna talvolta.
100 Ma quando gli dico
ch'egli è tra i fortunati che han visto l'aurora
sulle isole più belle della terra,
al ricordo sorride e risponde che il sole
si levava che il giorno era vecchio per loro.

[C. Pavese, *Lavorare stanca*, Einaudi, Torino 2001]

96 **ramponi:** gli arpioni.
98 **lottare alla lancia:** lottare con gli arpioni e le fiocine contro la balena.
104 **era vecchio per loro:** gli uomini erano svegli da molto tempo prima dell'alba.

SCHEDA di LETTURA

La struttura

La poesia-racconto si sviluppa in quattro blocchi narrativi. Nella prima parte vi sono la presentazione del narratore e soprattutto del leggendario cugino e la definizione del contesto in cui si svolge l'azione, un'erta che porta alla cima di una collina delle Langhe, luogo di origine di entrambi i personaggi. Un lungo *flashback* occupa la seconda parte, le tre strofe centrali del componimento. Il narratore ricorda la partenza del cugino, la sua ventennale assenza e le scarne notizie sul suo conto che destano sia lo scetticismo e la malcelata invidia degli abitanti del paese sia la meravigliata ammirazione dello scrittore ancora bambino.
I ricordi autobiografici di Pavese proseguono anche nei versi successivi, in cui il poeta rievoca i giochi brutali dell'infanzia, durante i mesi estivi trascorsi in campagna, e le inquietudini adolescenziali vissute invece in città. In seguito la narrazione si concentra ancora una volta sulla figura del cugino, ormai ritornato in paese, attraverso il racconto delle sue ardite imprese commerciali e del suo rapporto contraddittorio con i paesani. L'ultima parte, in cui il narratore ritorna al presente, evidenzia la contrapposizione fra il modo di affrontare l'esistenza dei due protagonisti del componimento.

Il narratore e il cugino

Il narratore parla di sé prima come un bambino incantato dalle avventure dei *pirati malesi* lette nei libri di Salgari e poi come un adolescente turbato e deluso dallo scontro con la realtà. Anche ora che è adulto la dimensione mitica e fantastica della vita sembra prevalere in lui. È naturale, perciò, che sia sempre stato affascinato dalla figura del misterioso cugino, che rappresenta emblematicamente le due dimensioni mitiche da cui ha attinto la produzione letteraria di Pavese: l'attrazione verso un mondo esotico, un altrove lontano e confuso tra realtà e sogno (*I mari del Sud*), e il legame insopprimibile con la terra natale e i suoi valori, il richiamo viscerale che sopravvive alle distanze del tempo e dello spazio. Questi due aspetti, anche se apparentemente contraddittori, convivono nell'esperienza esistenziale del cugino e lo condannano a un destino di solitudine e di sradicamento. Il *gigante vestito di bianco* è uno spirito inquieto, incapace di trovare un luogo dove fermarsi quando *è stato in giro per il mondo*. Ma anche in paese ormai è un diverso e il suo spirito imprenditoriale così lontano dal conservatorismo dei compaesani fa di lui un isolato.
Anche il rapporto del cugino con l'io narrante, nonostante la rottura di un atavico silenzio, è caratterizzato da una irriducibile contrapposizione. Quando racconta con immagini di natura epica lo scontro tra gli uomini e le balene (*ramponi pesanti nel sole... fuggire balene tra schiume di sangue*), il cugino placa lo spirito sentimentale del narratore (*han visto l'aurora/*

SCHEDA di LETTURA

sulle isole più belle) richiamandolo a una visione realistica della vita, in cui prevale la dimensione prosastica della quotidianità.

Il contrasto città-campagna

Il rapporto fra il mondo contadino e la realtà urbana e industriale, in questo caso Torino, è un altro tema tipicamente pavesiano. Le colline delle Langhe sono i luoghi dell'incoscienza infantile dello scrittore, lo sfondo naturale delle oziose giornate estive, trascorse lungo le rive del Belbo, fra giochi avventurosi e risse. La città artificiale e caotica (*la luce beffarda/dei lampioni a migliaia sul gran scalpiccio*) segna invece il passaggio da una fanciullezza serena a un'adolescenza inquieta, turbata dalle passioni e da rivali più indecifrabili (*elusivi*) dei compagni di un tempo. Il contrasto tra paese natale e città evidenzia la contrapposizione tra due modelli esistenziali: una vita di sogni e di fantasie e un'altra di ansie e sofferenze. All'antinomia campagna-città può essere ricondotto un altro rapporto dialettico della produzione di Pavese, quello tra ozio-festa e fatica-lavoro. Al primo elemento vanno ricondotti soprattutto i ricordi dell'infanzia ma anche l'importanza attribuita alla ricorrenza del patrono del paese (vv. 81-83). I richiami alla fatica della vita quotidiana sono impliciti nelle allusioni al lavoro dei campi, nella descrizione della realtà urbana e, infine, nelle ultime parole del cugino: *il sole/si levava che il giorno era già vecchio per loro*.

Lo stile

I mari del Sud contiene tutti gli elementi peculiari di un testo narrativo: gli avvenimenti sono collegati da nessi di causa-effetto, sono collocati in un tempo e uno spazio definiti e vi sono due personaggi e una voce narrante.

La sintassi del componimento è caratterizzata da alcuni elementi propri della prosa più che della poesia. In primo luogo, i rapporti fra i periodi e le proposizioni sono segnalati da congiunzioni e scanditi con regolarità dalla punteggiatura. Inoltre, la struttura è generalmente lineare, a differenza di quanto avviene di solito nella poesia. Infine, un altro aspetto tipico della narrazione in prosa è l'inserimento di numerosi discorsi diretti, assai rari nei componimenti in versi. Anche la lingua è piuttosto vicina a quella della prosa, con diversi modi di dire e termini del linguaggio parlato, anche provenienti dal dialetto. Invece, ciò che fa dei *Mari del Sud* un testo poetico, oltre alla capacità di Pavese di creare atmosfere suggestive, è la scansione in versi, con attenzione alla varietà della misura e degli accenti ritmici e con numerosi *enjambement*, a sottolineare i passaggi più intensi del racconto dell'io lirico.

René Magritte, *À la rencontre du plaisir*, 1950, Londra, collezione privata.

LABORATORIO

Comprendere e individuare

L'esplorazione del testo

1. Con quale frase il narratore sottolinea che si tratta di una sera speciale, perchè il cugino "trasgredisce" non solo le proprie abitudini ma anche quelle familiari?

2. Con quale lapidaria affermazione il cugino sottolinea il rapporto insopprimibile con la terra d'origine?

LABORATORIO

3. Individua nella terza strofa le affermazioni che evidenziano l'atteggiamento chiuso e ostile del mondo contadino nei confronti del lontano compaesano.

4. Quali versi sottolineano la contrapposizione tra uomini e donne, il modo radicalmente diverso di affrontare la vita?

5. Con quale affermazione sprezzante il cugino mostra la differenza che lo divide dai compaesani?

6. L'orgoglio campanilistico è uno degli aspetti che distingue i paesi contadini dalla città. In quali versi viene messa in luce questa caratteristica?

Interpretare e riflettere
La scoperta del testo

7. Compila la tabella, indicando i versi e il contenuto di ciascuna delle quattro sequenze in cui si articola la vicenda.

vv. ...-...	....
vv. ...-...	....
vv. ...-...	....
vv. ...-...	....

8. Il narratore dice per due volte che il cugino è vestito di bianco (vv. 3, 68) e che è un *gigante* (vv. 3, 55): come spieghi l'attenzione a questi due particolari descrittivi?

9. Per quale motivo il narratore è eccitato dall'arrivo di una cartolina del cugino (vv. 29-31)?

10. Che cosa accade al narratore nel passaggio dall'infanzia all'adolescenza? Che differenza c'è tra queste due fasi della vita?

11. Pavese compose la poesia mentre stava traducendo il romanzo *Moby Dick* di Herman Melville per la casa editrice Einaudi. Conosci la storia del romanzo? Svolgi eventualmente una ricerca in Internet e indica in quali versi dei *Mari del Sud* si può cogliere l'influenza di questo concomitante lavoro.

12. Che cosa intende dire il cugino con l'affermazione *il giorno era vecchio* (v. 104)?
    - A. ☐ Si svegliava tardi, quando ormai era giorno da ore
    - B. ☒ La giornata di lavoro iniziava quando era ancora buio
    - C. ☐ Ormai si era abituato alla bellezza delle isole
    - D. ☐ I giorni passavano velocemente in quei luoghi fantastici

13. Abbina ciascun luogo al tema narrativo a cui è connesso.
    1. Le Langhe — A. Il sogno e il desiderio di evasione
    2. Torino — B. La forza delle radici e delle tradizioni
    3. I mari del Sud — C. Le inquietudini e le passioni

Analizzare
Lo stile e la forma del testo

14. Per quale motivo possiamo affermare che nella poesia compaiono sia l'io narrante sia l'io narrato?

15. Individua la similitudine della seconda strofa e spiegane il significato.

16. L'espressione *feroce di squali* (v. 34) è un'ipallage: spiega qual è il procedimento logico messo in atto dall'autore.

17. Nella quarta strofa, in cui il narratore ripercorre il proprio percorso esistenziale, il lessico è più ricercato e figurato rispetto al resto del componimento. Giustifica questa affermazione con opportuni riferimenti al testo.

Produrre
Dalla lettura alla scrittura

18. Proviamo a dare al testo di Pavese una caratteristica della tradizione poetica: riscriviamo una strofa mantenendo inalterato il contenuto ma ponendo i versi in rima. Ti forniamo un modello, che segue uno schema a rima alternata.
    *Camminiamo una sera, in silenzio, sul fianco
    di un colle. C'è ombra, il sole ormai è tramontato,
    mio cugino è un gigante vestito di bianco,
    che si muove pacato, nel volto abbronzato,
    taciturno. Nella nostra famiglia la parola è assente.
    Qualche antenato malato di solitudine
    – un grand'uomo tra idioti o un povero demente –
    ci ha insegnato a far del silenzio un'abitudine*

T5 Attilio Bertolucci Come nasce l'ansia

Il brano è tratto da *La camera da letto*, romanzo in versi composto da 46 capitoli e pubblicato in due volumi separati, il primo nel 1984 e il secondo nel 1988. L'opera è stata definita dall'autore «un'autobiografia in terza persona, con una sorta di prologo storico». In seguito al ritrovamento nella vecchia casa dei genitori, nell'Appennino parmense, del diario di un antenato vissuto nell'Ottocento, il poeta decise di raccontare le vicende della sua famiglia. L'autore ricostruisce la storia dei Bertolucci dal Seicento fino alla sua nascita e infanzia, momento in cui prende avvio la parte più ampia della narrazione, quella autobiografica. Il romanzo si conclude con il trasferimento dello scrittore a Roma, quando ha già pubblicato diverse raccolte poetiche.
Riportiamo parte del capitolo X (*Come nasce l'ansia*). Il protagonista del testo è il giovanissimo poeta, bambino di cinque anni, che nell'isolata casa di campagna trascorre con la domestica una piovosa giornata di dicembre del 1916, nell'ansiosa attesa dei genitori andati in città a comprare i regali per il vicino Natale.
METRO: versi liberi.

Il rumore che tu credevi un trotto
avvicinantesi è di nuovo pioggia,
la delusione ti stringe all'istante
che tutta l'ansia accumulata stava
5   mutando in gioia come fa la nube
che s'illumina passando sul sole
e non è più quella che prima dava
un brivido alle ossa, ma un'altra
per cui la faccia ridendo traspira.
10 Come supereranno ora la notte
e il vento e l'acqua senza fine, come
le insidie che la strada degli argini
presenta proprio in quei gomiti cari
a chi cammina accaldato, primavera
15 o estate o primo autunno guernito
ancora di foglie di gaggìa,
Maria e Bernardo andati in città
per compere, avvicinandosi il tempo
delle feste che rallegrano il buio
20 di mezzo inverno con luci distanti.
Ora, al bambino in piedi su una sedia
accostata alla finestra, in tinello,
entra negli occhi, di là dalle sbarre
di pioggia un po' curvate dal vento,

Marcel Baril, *Samedi matin, 9 novembre 1929*, 1974, collezione dell'artista.

---

2 **avvicinantesi:** che si avvicinava.
9 **la faccia ridendo traspira:** il volto si illumina, rivelando (*traspira*) un sentimento di gioia (*ridendo*).
12-16 **le insidie… gaggìa:** i pericoli rappresentati dagli argini, che si trovano sulla strada proprio nel punto in cui le curve risultano piacevoli e gradite (*gomiti cari*), perché fresche e ombrose, a chi cammina sudato in primavera, estate o all'inizio dell'autunno, quando ancora le acacie (*gaggìa*) hanno le foglie.
17 **Maria e Bernardo:** i genitori del poeta.
23-24 **sbarre… vento:** la pioggia scende abbondante, tanto che sembra cadere in grosse strisce oblique, che il vento fa curvare.

25 un lume in movimento e per la china
che dal ponte del Cinghio scende nella
strada diretta agli Alberi – raccordo
da cui, fra due castagni d'India,
fugge il breve stradello padronale
30 che è principio e fine della vita – e
s'allontana.

La traballante, solitaria e fioca
cosa viaggiante prosegue il cammino
forse ancora lunghissimo, si stacca
35 dalla pupilla febbrile, dal cuore
violento nella fragile armatura
che lo trattiene mentre egli quasi più
non sopporta l'attesa e si vorrebbe
perdere dietro la luce vagabonda
40 che s'allontana, maledetta: sono
gli zingari che rubano i bambini,

---

28 **castagni d'India:** ippocastani.
29 **stradello padronale:** il vialetto di accesso alla casa dei Bertolucci.
35-37 **dalla pupilla...trattiene:** dallo sguardo nervoso ed eccitato (*pupilla febbrile*), dal cuore che batte violentemente dentro il corpo sottile di bambino (*la fragile armatura*) che lo contiene.

Attilio Bertolucci nacque a San Lazzaro, in provincia di Parma, nel 1911, da una famiglia della borghesia agraria. Frequentò la facoltà di Lettere di Bologna. La sua prima raccolta di poesie è *Sirio* (1929). Nella seconda, *Fuochi in novembre* (1934), compare già la tendenza al racconto, tipica del suo modo di fare versi. La raccolta venne notata da Eugenio Montale, che la recensì positivamente. Dopo la laurea fu professore di liceo a Parma, dove insegnò Lettere e Storia dell'arte. Nel frattempo si sposò con una compagna di liceo, da cui ebbe i due figli Bernardo e Giuseppe, che diverranno entrambi affermati registi. In questi anni cominciò a frequentare gli scrittori Giorgio Bassani, Mario Luzi, Carlo Bo, Vittorio Sereni. Nel 1951 uscì *La capanna indiana*, che raccoglie la produzione di questa prima fase. Nello stesso anno si trasferì a Roma, collaborando con la Rai e con numerose riviste letterarie e culturali e lavorando come consulente editoriale per Garzanti. Frequentò scrittori come Carlo Emio Gadda e Pier Paolo Pasolini. Nel 1971 pubblicò la prima raccolta della seconda fase poetica, *Viaggio d'inverno*, a cui seguì *La camera da letto* (1984), la prima parte del suo "romanzo poetico". Nel 1990 riunì in un volume unico *Le poesie* e l'anno successivo pubblicò *Aritmie*, una scelta di saggi critici. Morì a Roma nel 2000.

li raccolgono se sono fuggiti
di casa? Ora lo stoppino fila
fiamma rossastra e fumo dentro il tubo
45 della lucerna, hai voltato le spalle
alla finestra per cercare requie
nella stanza prostrata dalla brace,
smangiata nei muri dall'ombra, fulgente
nel mezzo per la tovaglia che accresce,
50 non placa l'ansia cui cerchi rimedio
configgendo nella falange puerile
l'unghia debole bianca di bugìe.

Fila intanto la pendola i secondi,
insonne dispensatrice di un tempo
55 di tremiti che ti sfama lasciandoti
sazio sino alla nausea davanti
al dolce cibo delle guance umide
e fresche di Maria ritornata
senza che tu abbia udito alla pioggia
60 mischiarsi il trotto smorente,
per cessare nell'alone allegro
della lucerna, riverberata di fuori
come un saluto quieto a chi di nuovo
si trova qui, dove voleva, in pace.
65 Maria non si è accorta della tua
piccola ripulsa, del tuo imbarazzo
nel ricambiare l'abbraccio, ti ha
lasciato ancora solo, è andata
a nascondere i doni, a occuparsi
70 della cena: chiudi gli occhi perduto
in una spossatezza senza fine,
convalescente che gode il suo stato
come un peccato o come un privilegio.

[A. Bertolucci, *La camera da letto*, Garzanti, Milano 2000]

Joan Miró, *Paysage avec figure*, 1947, Londra, collezione privata.

	43-45	**lo stoppino... lucerna:** la miccia (*stoppino*) della lampada a olio (*lucerna*) emana una luce rossa e del fumo, che si incanalano nel tubo della lampada, segno che la lucerna sta per spegnersi.
	46	**requie:** pace, riposo.
	47	**prostrata dalla brace:** fiaccata, indebolita dal calore della brace.
	48	**smangiata:** consumata; **fulgente:** risplendente, perché la stanza è in penombra e la tovaglia bianca risplende al centro.
	52	**bianca di bugìe:** sono le bugie che il bambino si racconta per cercare di tranquillizzarsi, nella paura di essere stato abbandonato dai genitori, un terrore che dà al piccolo l'impulso di conficcarsi le unghie bianche nelle dita. Secondo una leggenda popolare, le macchie bianche sulle unghie sono il segno delle bugie raccontate.
	54-58	**dispensatrice... Maria ritornata:** (*la pendola*) distribuisce il tempo che passa, un tempo angoscioso (*di tremiti*) che riempie di paura (*lasciandoti/sazio sino alla nausea*) l'animo del bambino, così che egli non è più capace di godere della presenza della mamma entrata nella stanza (*Maria ritornata*), delle sue dolci e fresche guance, umide per la pioggia.
	60	**smorente:** che si attenua per il rallentare dei cavalli, fino a scomparire.
	66	**ripulsa:** rifiuto.

poeti che parlano di poesia — Il valore della poesia

Il brano è tratto da un'intervista rilasciata da Bertolucci alla Rai nel dicembre del 2000, pochi mesi prima della morte. Il poeta ricorda un episodio biografico per sottolineare l'importanza della funzione che a volte la poesia può svolgere.

Eugenio Montale, quando gli consegnarono il Premio Nobel, disse che era stato premiato per aver scritto poesie, delle cose del tutto inutili, ma che non facevano del male a nessuno. Anche lei ha questa idea della poesia? A che serve la poesia oggi?
Per risponderle le racconto un episodio, che credo di non avere mai raccontato. Io ho insegnato in un liceo di Parma negli anni che vanno dal '39 al '43. Tra i miei scolari c'era un giovane molto intelligente e molto coraggioso, come si vide dopo. Insegnavo italiano e storia dell'arte e facevo anche dell'antifascismo – nei primi anni della guerra non era poi tanto pericoloso essere antifascisti e farlo perfino a scuola. In breve, questo giovane aveva fatto il partigiano in città ed era stato preso più volte. Ad un certo punto non se ne seppe più nulla, neanche la madre sapeva dove fosse. Venuta però la fine della guerra, dopo qualche giorno si venne a sapere che l'avevano fucilato, di fianco al Duomo di Mantova, nell'inverno del '44. Si figuri con che animo la madre mi mandò a chiamare. I compagni di prigionia del ragazzo che si erano salvati, le avevano portato un mucchietto di cose, una lettera per i compagni di scuola, che poi venne pubblicata tra le lettere dei condannati a morte. È una lettera bellissima. In più un pezzetto di carta blu, del tipo che un tempo si usava per mettere lo zucchero, su cui questo ragazzo, pur con la certezza di essere fucilato, si era trascritto a memoria una mia poesia, tratta da un volumetto di qualche anno prima, che era stato recensito anche da Montale, intitolata *Insonnia*. Allora lei mi chiede a cosa serve la poesia. Forse a qualche cosa serve. In questo caso ha fatto compagnia a un ragazzo in un momento tragico. Questo è un valore della poesia.

[www.radio.rai.it/radioscrigno]

SCHEDA di LETTURA

Illusioni e ansia

Nella prima strofa speranze e disinganni si alternano nell'animo confuso e spaventato del bambino. L'ansia accumulata durante il giorno e il desiderio di riabbracciare i genitori trasformano illusoriamente il ticchettio della pioggia nel rumore rassicurante della carrozza, segnale dell'arrivo a lungo aspettato. Ma repentinamente la gioia frustrata scivola nell'inquietudine. Il piccolo Attilio immagina i genitori perduti nel temporale in una strada di campagna e si interroga con angoscia: come faranno mamma e papà a trascorrere la notte senza un letto, dove troveranno un riparo per *il vento e l'acqua senza fine*? Sapranno sfuggire ai pericoli degli argini nascosti dietro curve strette, ormai colmi di acqua?
Il bambino è incapace di calmarsi e sale su una sedia per guardare fuori dalla finestra, altrimenti troppo alta per lui. Ed è una luce che si muove in direzione dello *stradello padronale* che riporta in lui la speranza. Ma anche questa volta l'illusione dura un attimo perché il *lume* subito si allontana.

L'ansia insopportabile

La seconda strofa si apre ancora con la delusione della luce che *si stacca* dallo sguardo sempre più nervoso (*pupilla febbrile*) del bambino. La crescente agitazione (*cuore/violento*) rende l'attesa insopportabile e alimenta fantasie e inquietudini infantili. Quali minacce si nascondono dietro quelle luci? Attilio ricorda con terrore i racconti sugli zingari che si aggirano nella campagna a rapire i bambini.
Per sfuggire all'angoscia, il piccolo smette di scrutare fuori dalla finestra e volge lo sguardo verso la cucina illuminata dalla luce fioca della lucerna. Come egli è ormai senza fiato e privo di forze per l'ansia, così la stanza gli appare *prostrata* dal caldo soffocante e consumata (*smangiata*) dall'ombra lungo i muri. Ma anche la visione della casa, ideale luogo protettivo, si mostra inutile (*non placa l'ansia*) e altrettanto vano è cercare rimedio alla paura nel gesto di conficcarsi un'unghia in un piccolo dito.

Maria ritornata

Nella strofa conclusiva la scena cambia radicalmente: dopo la pena della lunga attesa (*tempo/di tremiti*) il bambino è sorpreso dall'arrivo inaspettato della madre. Snervato dalle paure, probabilmente ha allentato l'attenzione e non ha sentito il passo degli

SCHEDA di LETTURA

zoccoli dei cavalli, confuso nel ticchettio battente della pioggia.
Attilio può finalmente baciare le *guance umide* della madre e anche la casa riprende il consueto aspetto confortante. La luce che si irradia dalla lucerna ora è gioiosa, un *alone allegro* paragonato a un saluto che regala serenità e sicurezza, anche se l'inquietudine non si placa subito. La madre, preoccupata di nascondere i regali acquistati in città, non si accorge del turbamento con cui il bimbo l'accoglie, dell'impercettibile gesto di protesta (*piccola ripulsa*) dopo tanta ansia.
Ora che il pericolo è passato, Attilio può abbandonarsi alla stanchezza come chi si lascia catturare dal torpore della convalescenza dopo essere guarito da una lunga malattia.

Il narratore

Il narratore si rivolge direttamente al bambino (*Il rumore che tu credevi... ti stringe*) che altri non è se non egli stesso divenuto adulto. Nel raccontare i fatti e descrivere luoghi e stati d'animo, l'io narrante adotta il punto di vista dell'io narrato, ovvero del piccolo Attilio. La scelta dei momenti sui quali soffermare l'attenzione passa attraverso il filtro degli occhi e del cuore del bambino, ne conserva l'ingenuità infantile. Nonostante la paura per la sorte dei genitori in viaggio sotto la tempesta invernale, il pensiero del protagonista si sposta alle stagioni più clementi (*primavera/o estate o primo autunno*), quando i margini della strada sono rallegrati dalle foglie delle acacie.
Nella descrizione di alcuni dettagli si avverte il ricordo intenerito del narratore nei confronti di se stesso bambino: la sedia posta dinanzi alla finestra, il pugno che nervosamente si stringe in un gesto di autolesionismo, il timido rifiuto all'abbraccio della madre, il senso di prostrazione e la confusa sensazione di *peccato* e di *privilegio* con cui il brano termina.

Lo stile

Nei versi di Bertolucci il ritmo incalzante della narrazione con cui si susseguono immagini e riflessioni è specchio fedele dell'animo trepidante del bambino in attesa dei genitori. Con ansia febbrile i pensieri si accavallano fra loro e si alternano alle descrizioni delle luci e delle ombre che dominano sia il paesaggio esterno sia il suggestivo interno domestico nel quale Attilio cerca inutilmente conforto.
L'intensità emotiva della narrazione trasporta il lettore nella casa dei Bertolucci per vivere insieme al protagonista ogni istante e ogni turbamento. Numerosi elementi concorrono a creare la sensazione di assistere e di partecipare direttamente alle vicende narrate: l'uso del presente indicativo e degli indicatori temporali (*Ora*), il ricorso alla tecnica del discorso indiretto libero, per riportare i pensieri con immediatezza, e la ripetizione del pronome personale di seconda persona singolare, soggetto o complemento.
La disposizione poetica dell'autore si nota nell'uso di un lessico ricercato, spesso di gusto letterario, e di una sintassi ipotattica, resa assai complessa anche dalla presenza di alcune inversioni.

Edgar Degas, *Interior at Menil Hubert*, 1892, Zurigo, collezione privata.

LABORATORIO

Comprendere e individuare
L'esplorazione del testo

1. Nella parte iniziale del brano i mutamenti d'animo del piccolo protagonista a quale evento atmosferico sono paragonati?

2. Attilio conosce così bene il suo mondo che sa "leggere" il paesaggio anche al buio: individua alcuni versi che confermano questa affermazione.

3. In quale modo Attilio cerca di placare l'ansia, di distogliere il pensiero dall'attesa?

4. Con quale gesto il bambino mostra l'agitazione per il mancato arrivo dei genitori?

5. Per quale motivo la comparsa della madre coglie di sorpresa il bambino, fino ad allora in trepidante attesa?

6. Individua i versi in cui la stanza riflette prima la tensione del protagonista e poi il senso di sollievo.

7. Nell'ultima strofa quale immagine, seppur in modo più lirico, ricorda i modi di dire "avere lo stomaco chiuso" o "avere un peso allo stomaco"? Quale effetto provoca il senso di sazietà lasciato dall'attesa?

8. Qual è l'effetto conclusivo della lunga attesa? Come si sente Attilio quando finalmente rivede i genitori?

9. Per quale motivo i gomiti della strada vengono definiti *cari* (v. 13)? Rifletti: il poeta afferma che lo sono soprattutto per *chi cammina accaldato* (v. 14).

Interpretare e riflettere
La scoperta del testo

10. Perché le luci che durante le feste di Natale rallegrano l'inverno sono *distanti* (v. 20)?

11. L'universo di Attilio è circoscritto alla casa di famiglia e ai luoghi vicini: quale espressione sintetizza questo aspetto?

12. Come possiamo spiegare il fatto che la luce che proviene dalla tovaglia *accresce, non placa l'ansia* (vv. 49-50)? Prima di rispondere, rifletti sul valore simbolico che si può attribuire al tavolo della cucina.

13. In base alla lettura dei versi di Bertolucci, secondo te, qual è il motivo per cui il poeta ha intitolato *Come nasce l'ansia* il capitolo da cui abbiamo tratto il brano?

Analizzare
Lo stile e la forma del testo

14. Nel testo compaiono sia l'io narrante (il poeta adulto) sia l'io narrato (il piccolo Attilio): quale rapporto si stabilisce fra i due?

15. Individua almeno un esempio di discorso indiretto libero, di cui il narratore si serve per dare voce alle ansie del bambino.

16. Nei vv. 35-36 l'ansia impaziente del protagonista è accentuata attraverso
    A. ☐ un climax
    B. ☐ un'allitterazione
    C. ☐ un'iperbole
    D. ☐ un chiasmo

17. Nel ricreare l'atmosfera di mistero e incanto che avvolge il protagonista, è essenziale la presenza di diverse similitudini e metafore: individuane alcune.

GRAMMATICA
18. Nel periodo che occupa i vv. 17-20, la proposizione *avvicinandosi il tempo/delle feste* è una subordinata
    A. ☐ temporale
    B. ☐ concessiva
    C. ☐ causale
    D. ☐ modale

Produrre
Dalla lettura alla scrittura

19. Riscrivi in prosa narrativa la prima strofa del brano, cercando di creare il clima di ansia attraverso il monologo interiore del protagonista. Ti forniamo l'*incipit*.
    La delusione era arrivata un istante dopo, immediata, quando mi resi conto che ciò che avevo scambiato per il trotto dei cavalli era ancora quella pioggia maledetta. Per un attimo avevo avuto l'impressione che l'ansia accumulata potesse scomparire come... ora continua tu.

VERIFICA DELLE COMPETENZE — MODELLO INVALSI

Leggi il seguente testo e poi rispondi alle domande.

T6 Giovanni Berchet Il trovatore

Giovanni Berchet, nato nel 1783 a Milano, è stato uno dei più importanti membri del movimento romantico lombardo, autore della celebre *Lettera semiseria di Grisostomo al suo figliolo* (1816), considerato uno dei manifesti del Romanticismo italiano. Nel 1818 fondò «Il Conciliatore», importante periodico espressione della cultura milanese più progressista. Iscrittosi alla Carboneria, nel 1821 partecipò ai moti per l'indipendenza e fu costretto all'esilio in Belgio. Negli anni Venti produsse alcune delle sue opere principali: *I profughi di Parga* (1821) e le *Romanze* (1822). Tornato in Italia, partecipò anche ai moti del 1848 e alle "cinque giornate di Milano". Morì nel 1851.

Il trovatore è uno dei componimenti più famosi di Berchet; sullo sfondo di un'ambientazione medioevale, tipica del gusto romantico dell'epoca, il poeta costruisce una storia d'amore e malinconia.

Va per la selva bruna
solingo il trovator
domato dal rigor
della fortuna.

5   La faccia sua sì bella
la disfiorò il dolor;
la voce del cantor
non è più quella.

Ardea nel suo segreto;
10   e i voti, i lai, l'ardor
alla canzon d'amor
fidò indiscreto.

Dal talamo inaccesso
udillo il suo signor:
15   l'improvido cantor
tradì se stesso.

Pei dì del giovinetto
tremò alla donna il cor,
ignara fino allor
20   di tanto affetto.

Francesco Hayez, *Il bacio*, 1859, Milano, Pinacoteca di Brera.

parafrasi vv. 1-20 Il trovatore solitario (*solingo*) cammina nella foresta buia (*selva bruna*) piegato dalla durezza della sorte. Il dolore ha sciupato (*disfiorò*) il suo volto così bello, ormai la voce del cantante (*cantor*) non è più quella di prima. Nel suo intimo (*segreto*) ardeva [d'amore] e confidò (*fidò*) ingenuamente alla canzone d'amore i desideri, i lamenti (*i lai*), la passione. Dall'inaccessibile letto coniugale (*talamo*) lo udì il suo signore: in questo modo il cantante assai poco cauto (*improvido*) tradì se stesso. La donna ebbe paura (*tremò alla donna il cor*) per il futuro (*Pei dì*) del giovane, lei che fino ad allora aveva ignorato un amore così grande.

E supplice al geloso,
ne contenea il furor:
bella del proprio onor
piacque allo sposo.

25 Rise l'ingenua. Blando
l'accarezzò il signor;
ma il giovin trovator
cacciato è in bando.

De' cari occhi fatali
30 più non vedrà il fulgor,
non berrà più da lor
l'obblio de' mali.

Varcò quegli atri muto
ch'ei rallegrava ognor
35 con gl'inni del valor,
col suo liuto.

Scese, varcò le porte;
stette, guardolle ancor:
e gli scoppiava il cor
40 come per morte.

Venne alla selva bruna:
quivi erra il trovator,
fuggendo ogni chiaror
fuor che la luna.

45 La guancia sua sì bella,
più non somiglia un fior;
la voce del cantor
non è più quella.

[in M. Cucchi (a cura di), *Poesia italiana.
L'Ottocento*, Garzanti, Milano 1999]

Johan C. Dahl, *Studio di betulla*, 1826, Oslo, Nasjonalgalleriet.

vv. 21-32 E supplicando il [marito] geloso, ne tratteneva l'ira: resa bella dalla propria condotta virtuosa, fu apprezzata dal marito. La donna ingenua si compiacque, e il signore l'accarezzò con delicatezza (*Blando*), ma il giovane trovatore venne cacciato (*è in bando*). Egli non vedrà più lo scintillio (*fulgor*) degli amati occhi affascinanti (*fatali*), non potrà più annullarsi in essi (*non berrà più... l'obblio de' mali*).

vv. 33-48 Attraversò in silenzio quelle stanze (*atri*), che lui sempre (*ognor*) rallegrava con i canti che esaltavano il coraggio, e con il suo strumento a corde (*liuto*). Scese, attraversò le porte; si fermò, le guardò un'ultima volta: il cuore gli scoppiava, come se stesse per morire. Giunse nella foresta buia (*selva bruna*): qui vaga il trovatore, fuggendo ogni luce, a eccezione del chiaro di luna. La sua bella guancia non somiglia più a un fiore; la voce del cantante non è più quella di un tempo.

1. Nella romanza di Berchet, quale episodio determina la rottura dell'equilibrio?
   A. ☐ Il trovatore vaga nel bosco oscuro
   B. ☐ Il trovatore è innamorato della moglie del signore
   C. ☐ Il signore scopre l'amore segreto tra sua moglie e il trovatore
   D. ☐ Il trovatore viene cacciato dal castello

2. Indica i versi in cui, secondo un tipico procedimento narrativo, compare un ampio *flashback*.

3. Quale tipo di narratore racconta le vicende contenute nella poesia di Berchet?
   A. ☐ Narratore interno
   B. ☐ Narratore esterno con focalizzazione zero
   C. ☐ Narratore esterno con focalizzazione esterna
   D. ☐ Narratore esterno con focalizzazione interna

4. Il componimento contiene anche gli elementi caratteristici del testo poetico. Quale fra le seguenti definizioni corrisponde allo schema metrico adottato da Berchet?
   A. ☐ Dodici quartine composte da tre settenari e un quinario disposti a rima incrociata (ABBA)
   B. ☐ Dodici quartine composte da tre settenari e un senario disposti a rima alternata (ABAB)
   C. ☐ Dodici quartine composte da tre senari e un quinario disposti a rima incrociata (ABBA)
   D. ☐ Dodici quartine composte da tre settenari e un quinario disposti a rima alternata (ABAB)

5. Quale singolarità caratterizza l'aspetto metrico-ritmico della romanza?
   A. ☐ Metà dei versi sono sdruccioli
   B. ☐ Metà dei versi sono tronchi
   C. ☐ Non vi sono *enjambement*
   D. ☐ Non vi sono cesure

6. Nei vv. 17-18 il narratore sostiene che la castellana teme per la vita del giovane innamorato di lei. Quale figura retorica viene impiegata con il termini *dì*, ovvero giorni?
   A. ☐ Metafora   C. ☐ Sineddoche
   B. ☐ Metonimia   D. ☐ Sinestesia

7. A causa del dolore patito, il trovatore non è più attraente come un tempo; per descriverne l'aspetto, il narratore afferma *La faccia sua sì bella/ la disfiorò il dolor* (vv. 5-6). Quale figura retorica ha utilizzato?
   A. ☐ Similitudine   C. ☐ Iperbole
   B. ☐ Metafora   D. ☐ Ossimoro

8. Prima di allontanarsi dal palazzo dove abita la donna amata, il trovatore si sofferma a osservarne le stanze. Attraverso quale figura dell'ordine il poeta sottolinea gli indugi e nel contempo la tristezza del protagonista?
   A. ☐ Asindeto   C. ☐ Anafora
   B. ☐ Polisindeto   D. ☐ Chiasmo

9. La voce del trovatore *non è più quella* (v. 8). Qual è il significato di questa affermazione?
   A. ☐ Il trovatore è invecchiato e la sua voce è più bassa e profonda
   B. ☐ La voce del trovatore, un tempo gioiosa, è diventata malinconica
   C. ☐ Il trovatore per il dolore resta in silenzio, ha smesso di cantare
   D. ☐ Il trovatore ora urla soltanto per ricordare agli altri l'ingiustizia subita

10. Alcuni critici sostengono che la triste storia del trovatore inutilmente innamorato della moglie del signore nasconda un significato politico, ovvero sia un'allegoria delle lotte risorgimentali di cui Berchet era stato protagonista e che aveva pagato con l'esilio dal 1821 al 1845. Completa lo schema ipotizzando il valore simbolico che sul piano politico potrebbe essere assegnato a ciascun protagonista della vicenda.

La donna invano desiderata	Il trovatore	Il signore geloso
↓	↓	↓
L'………… sottomessa allo straniero	Il ………… condannato all'esilio	Il ………… straniero

11. *Blando* (v. 25) è un aggettivo utilizzato con funzione di
    A. ☐ sostantivo   C. ☐ verbo
    B. ☐ pronome   D. ☐ avverbio

12. Leggi con attenzione i vv. 33-36: *con gl'inni e col suo liuto* sono due complementi di
    A. ☐ modo
    B. ☐ mezzo
    C. ☐ unione
    D. ☐ compagnia

UNITÀ 7
La poesia politica e civile

I PRECURSORI DEL GENERE

- T1 Archiloco
  Lo scudo
- T2 Simonide di Ceo
  Per i morti delle Termopili
- T3 Dante Alighieri
  Farinata degli Uberti
- T4 Bertolt Brecht
  Tre poesie sulla guerra
  (*Quando chi sta in alto*;
  La guerra che verrà; *Avevo un fratello aviatore*)
- T5 Pier Paolo Pasolini
  Al Principe
- T6 Eugenio Montale
  La storia

VERIFICA DELLE COMPETENZE

- T7 Edoardo Sanguineti
  Ballata delle donne

ONLINE

TESTI INTEGRATIVI

- Alessandro Manzoni
  Il volgo disperso

Eugenio — Tutor di Italiano

Eugenio, il tutor online che guida nell'analisi interattiva e adattiva (testi di
- A. Manzoni)

Le caratteristiche della poesia politica e civile

Sappiamo che la vocazione principale della poesia è l'espressione dei sentimenti e delle emozioni individuali, l'analisi introspettiva della sfera "privata" del soggetto. È stata la prosa, narrativa e saggistica, che si è prevalentemente occupata di raccontare, descrivere e studiare la realtà sociale. Nel corso della storia letteraria, tuttavia, la scrittura in versi ha spesso svolto anche un'essenziale **funzione civile** ed **educativa**. Ciò è accaduto soprattutto in occasione di avvenimenti storici di grande importanza, che hanno avuto un impatto forte sull'intera società, o della presenza di grandi personaggi che hanno suggestionato l'immaginario collettivo.

A causa dell'influenza esercitata dai diversi ambiti storici e culturali in cui la **poesia politica** e **civile** ha visto la luce, le sue forme espressive non sono riconducibili a un insieme definito di regole né a una coerente evoluzione temporale. D'altro canto, la presenza ricorrente di alcuni **valori universali**, indipendenti dunque dal contesto storico-sociale in cui si situa l'opera, ci permette di indicare alcuni elementi contenutistici e formali tipici del genere.

La poesia politica e civile esprime sentimenti e preoccupazioni che compaiono trasversalmente in diverse epoche della storia dell'umanità: l'amore per la **patria**, la rivendicazione della **libertà** individuale e di quella collettiva, la lotta contro **poteri oppressivi** e autoritari, l'affermazione dell'**uguaglianza** e della solidarietà, la difesa delle **classi sociali più umili**, la riflessione sulle **vicende storiche** e sul ruolo dell'**intellettuale** all'interno della società, la condanna delle **guerre** e l'aspirazione alla **pace** (▶ T4, p. 210).

La **finalità** della poesia politica è solitamente **didascalica**: si assume il compito di interpretare e dare voce a pensieri e sentimenti collettivi – esempio di questo atteggiamento è il "poeta vate" (dal latino *vates*, "indovino") – oppure propone principi e ideali nella convinzione che debbano essere estesi alla società intera. Infine, per quanto riguarda lo **stile**, la poesia civile spesso ha uno **sviluppo narrativo**, in cui convergono riflessione e comunicazione dai toni eloquenti.

La storia del genere

Guerra e spirito patriottico nel mondo classico

I lirici greci furono i primi ad affrontare con le loro poesie non solo tematiche soggettive – fra tutte l'amore e il rapporto dell'io con la natura – ma anche argomenti politico-civili. Autori come **Tirteo** (metà del VII secolo a.C.), **Alceo** (VII-VI secolo a.C.), **Pindaro** e **Simonide di Ceo** (VI-V secolo a. C.) hanno composto liriche dedicate alle vicende storiche del loro tempo, in particolare celebrando gli ideali del valore militare e dello spirito patriottico (▶ T2, p. 201). I loro componimenti nascono all'interno del sistema della *polis* aristocratica e in genere sono rivolti ai membri di un'*eterìa*, ovvero un'associazione di nobili che condividevano interessi politici ma anche letterari e filosofici. Un'eccezione all'ideale militare è **Archiloco** (metà del VII secolo a.C.) che all'esaltazione della morte eroica in difesa della patria e dell'onore antepone il desiderio di vivere (▶ T1, p. 200).

Anche in molte opere di autori latini è possibile scorgere la presenza di temi strettamente connessi alla vita politica e civile. Le satire di **Orazio** (65-8 a.C.), **Persio** (34-62 d.C.) e **Giovenale** (I-II secolo d.C.) contengono molti richiami alla società romana contemporanea, dalla corruzione ai conflitti civili, dalle mode culturali al comportamento etico. Anche nelle opere principali di **Virgilio** (70-19 a.C.) è possibile cogliere l'esaltazione di alcuni valori civili e un intento didascalico. Nelle *Georgiche* la pace della vita dei campi è idealmente contrapposta alla corruzione della vita politica e alla violenza delle guerre civili che travagliavano Roma, mentre nell'*Eneide* il racconto epico delle origini della città sottolinea la successiva funzione civilizzatrice svolta dell'Impero. Al contrario, nel poema *Farsalia* **Lucano** (39 a.C.-65 d.C.), attraverso la ricostruzione dello scontro tra Cesare e Pompeo, condannò la recente nascita dell'Impero in nome dei perduti valori repubblicani.

La lotta politica nell'età comunale

La poesia civile fu particolarmente diffusa nell'Italia medioevale, a cavallo tra il Duecento e il Trecento, quando infuriavano gli scontri fra Papato e Impero e tra i loro rispettivi sostenitori, guelfi e ghibellini (spesso all'interno della stessa città). Gli scrittori partecipavano attivamente alla vita della società comunale: spesso ricoprivano importanti **incarichi politici** e inevitabilmente esprimevano la loro intensa **passione civile** anche nei loro componimenti. Fra le figure più importanti ricordiamo quella di **Guittone D'Arezzo** (▶ p. 73), autore della celebre canzone *Ahi lasso, or è stagion de doler tanto*, una ferma denuncia della violenza dello scontro tra fazioni cittadine, scritta in occasione della battaglia di Montaperti (1260) quando i ghibellini fiorentini sconfissero i guelfi. Questo episodio è ricordato anche da **Dante Alighieri** nel X canto dell'*Inferno*, in occasione dell'incontro con Farinata degli Uberti, che aveva guidato i ghibellini alla vittoria (▶ T3, p. 204). Oltre che con le sue opere politiche in prosa, fu proprio attraverso i versi della *Divina Commedia* che Dante fornì un ritratto appassionato delle vicende contemporanee della sua città, di cui fu diretto e sfortunato protagonista. Anche **Francesco Petrarca** (▶ p. 278) si occupò di temi sociali. Fra le molteplici liriche dedicate alla donna amata, nel *Canzoniere* trovò spazio anche la canzone *Italia mia*, che contiene un'indignata condanna della corruzione civile e morale dell'Italia del Trecento. Secondo uno dei modi tipici della poesia civile, Petrarca fu mosso da un **intento educativo**: si rivolge ai potenti italiani affinché, stimolati dal ricordo della gloria passata, intraprendano un percorso di rinnovamento sociopolitico.

Miniatura del Codice Chigi, *Tradimento di Montaperti*, XIII secolo, Città del Vaticano, Biblioteca Apostolica Vaticana.

Dalle Signorie alla Controriforma

La situazione politica e culturale mutò radicalmente nel corso del Quattrocento e del Cinquecento. Tramontata definitivamente la fase comunale, segnata dagli scontri tra le fazioni ma anche dalla vivacità del dibattito politico, iniziò l'epoca delle Signorie. Gli intellettuali non erano più al servizio del bene pubblico e della collettività ma alle dipendenze di una famiglia aristocratica detentrice del potere cittadino. Molti poeti e letterati continuarono a svolgere incarichi diplomatici e politici, in rappresentanza dei loro signori, ma nelle loro opere l'impegno civile e l'anelito alla libertà si spensero progressivamente. Soltanto pochi poeti alzarono il loro canto a rivendicare **autonomia culturale**. Fra questi il più importante è **Ludovico Ariosto**, che in alcune satire (▶ U8, T3, p. 237) condannò con forza la vita di corte, considerata una forma di servitù. Nei due secoli successivi, fino alla prima metà del Settecento, l'oppressione delle potenze straniere e la **censura repressiva** della Chiesa controriformistica furono le cause principali dell'assenza di opere letterarie in cui la coscienza civile degli intellettuali potesse trovare uno spazio espressivo.

L'influenza dell'Illuminismo

Grazie allo sviluppo della **cultura illuministica**, che poneva i valori civili al centro della sua riflessione, nella seconda metà del Settecento l'interesse degli scrittori italiani nei confronti delle questioni politiche e sociali si risvegliò. Anche se il dibattito si svolgeva soprattutto sulle pagine di saggi e dei primi giornali politici, in Italia **Giuseppe Parini** (1729-1799) e **Vittorio Alfieri** (1749-1803) testimoniarono un rinnovato coinvolgimento della poesia nella lotta di civiltà per l'affermazione della giustizia sociale e della libertà individuale e collettiva. Nel poemetto satirico-didascalico *Il Giorno* (▶ U6, T3, p. 172) Parini accusava l'aristocrazia di corruzione morale e parassitismo economico e ne sottolineava l'inadeguatezza a svolgere una funzione di guida della società. Nei suoi trattati politici ma anche nelle tragedie in versi Alfieri esaltava l'autonomia degli intellettuali nei confronti del potere dispotico e condannava le violente degenerazioni della lotta politica, come accadde durante la rivoluzione francese.

Romanticismo e lotte risorgimentali

Fu nell'Ottocento, tuttavia, che gli argomenti civili acquistarono in letteratura una rilevanza maggiore, in concomitanza con la diffusione del Romanticismo e con le vicende storiche che impegnarono la società europea e italiana tra la fine del Settecento e la metà dell'Ottocento, dal periodo napoleonico alla formazione del Regno d'Italia nel 1861.
Gli ideali patriottici e le aspirazioni di indipendenza nazionale vennero espressi con forza da **Ugo Foscolo** (▶ p. 331) non solo nel romanzo epistolare *Le ultime lettere di Jacopo Ortis*, ma anche nel carme *Dei sepolcri*. Anche per le tormentate vicende biografiche da lui attraversate, per le generazioni future di scrittori italiani Foscolo divenne il modello esemplare di letterato impegnato. Nella canzone *All'Italia*, fondata sull'antitesi tra il presente di sottomissione allo straniero e il glorioso passato italico, anche **Giacomo Leopardi** (▶ p. 349) lanciò un invito a reagire alla dominazione austriaca e paragonò gli italiani morti durante le guerre napoleoniche agli eroi greci delle Termopili celebrati da Simonide di Ceo.

A. Manzoni
Il volgo disperso

Fu tuttavia soprattutto **Alessandro Manzoni** (▶ p. 338), con le odi civili *Marzo 1821* e *Il cinque maggio* e con alcuni episodi delle tragedie *Il conte di Carmagnola* e l'*Adelchi*, a porre al centro della missione della letteratura un intento politico e morale, concependo l'ideale di un'arte finalizzata all'**educazione civile** del popolo.

Grazie a Manzoni la formazione di una coscienza nazionale divenne uno degli obiettivi principali della futura poesia italiana. Nella seconda parte dell'Ottocento la figura di spicco sul fronte della poesia di argomento civile fu **Giosue Carducci** (▶ p. 26), che svolse il ruolo di poeta vate del Regno d'Italia.

Il Novecento

Nel corso del XX secolo numerosi tragici eventi e drammatiche situazioni hanno fornito spunti di riflessione civile ai poeti: lo scoppio di due guerre mondiali e di altri sanguinosi conflitti, la nascita di regimi totalitari, i genocidi, gli esiti alienanti del processo di industrializzazione e di urbanizzazione iniziato nel secolo precedente, le ingiustizie sociali e gli scontri tra le classi, la questione ambientale. Le sofferenze della guerra hanno trovato voce nei versi di **Giuseppe Ungaretti** (▶ p. 419) e **Salvatore Quasimodo** (▶ p. 4). Anche in numerose liriche di **Umberto Saba** (▶ p. 532) ed **Eugenio Montale** (▶ p. 424) è presente il riferimento alla situazione politica contemporanea e l'espressione di una lucida opinione sul ruolo dell'uomo nel processo storico. Infine, fra i maggiori rappresentanti italiani della poesia civile più recente, a partire dalla seconda metà del secolo scorso, ricordiamo innanzitutto **Vittorio Sereni** (▶ p. 94), autore di testi in cui l'io lirico si confronta con i grandi avvenimenti della storia. **Pier Paolo Pasolini**, tra gli intellettuali più influenti del Novecento, nei suoi testi si interroga sul ruolo del poeta nella società di massa (▶ T5, p. 214). **Franco Fortini** (▶ p. 17) nei suoi versi – oltre che attraverso la sua attività di traduttore e critico – ha affrontato le principali vicende storiche del secolo: dalla Resistenza alle lotte prima degli operai e poi degli studenti, dal terrorismo alla guerra del Golfo del 1994. Infine segnaliamo l'opera poetica di **Giovanni Giudici**, impegnato in prima persona nell'attività politica dei partiti della sinistra socialista, e di **Edoardo Sanguineti** (▶ T7, p. 222), anch'egli dedito per tutta la vita alla causa della politica.

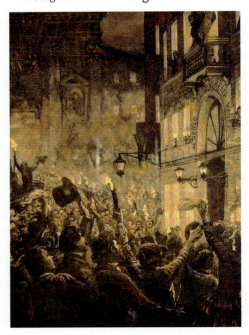

Illustrazione raffigurante Giuseppe Mazzini che arringa la folla a Milano nel 1848, seconda metà del XIX secolo, Torino, Museo del Risorgimento.

---

il punto su... | L'ode

L'ode (dal greco *oidé*, "canto") è un componimento appartenente alla più illustre tradizione poetica; come la canzone, essa ha solitamente un contenuto solenne, di argomento prevalentemente morale o civile. Non presenta uno schema di rime preciso ed è costituita da un numero variabile di strofe; di preferenza vengono comunque utilizzati versi brevi (come quinari, senari, settenari) e strofe corte (quartine, sestine). L'ode ha origine nella Grecia antica, dove assunse le forme di lirica di argomento amoroso, encomiastico, civile o morale accompagnata da musica. Venne successivamente introdotta nella letteratura latina da Catullo e poi da Orazio. Nella tradizione poetica italiana essa si affermò a partire dall'età rinascimentale, con componimenti che si rifacevano a modelli classici (Anacreonte, Pindaro, Orazio). Per la varietà dei versi utilizzabili e per la sua struttura semplice, il genere venne in seguito preferito alla canzone e ripreso a partire dal Settecento, da Giuseppe Parini, Vincenzo Monti, Ippolito Pindemonte, nel secolo successivo da Ugo Foscolo e Alessandro Manzoni, Giosue Carducci, a cavallo tra Ottocento e Novecento da Giovanni Pascoli e Gabriele D'Annunzio.

LA MAPPA DELLE CONOSCENZE

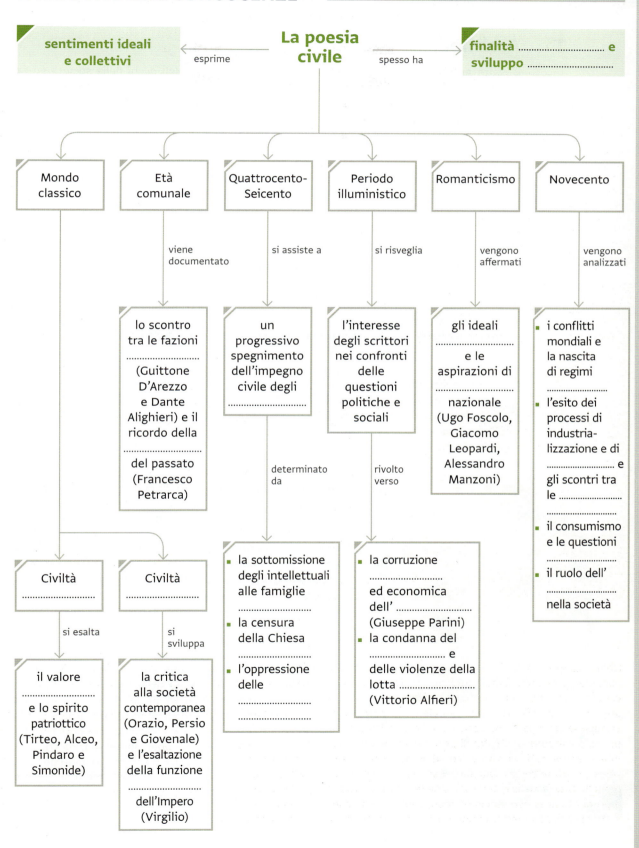

I precursori del genere

T1 Archiloco Lo scudo

Il poeta Archiloco confessa di aver compiuto un gesto che agli occhi della società greca appariva scandaloso e immorale. La scelta di abbandonare il proprio scudo infrange una regola fondamentale dell'ideale etico del guerriero, dell'eroe che per salvare l'onore resta sul campo di battaglia fino alla fine, incurante dei pericoli.
METRO: distico elegiaco (composto da un esametro e un pentametro).

… Del mio scudo qualcuno fra i Sai ora si gloria.
Presso un cespuglio fui costretto a lasciarlo, arma irreprensibile.

Ho salvato me stesso. E allora, cosa mi importa di quello scudo?
Alla malora! Presto me ne procurerò uno non peggiore.

[in A. Aloni (a cura di), *Lirici greci: poeti giambici*, trad. it. di A. Aloni, Mondadori, Milano 1993]

1 **Sai:** popolo della Tracia, regione montuosa nel nord della Grecia.
2 **irreprensibile:** perfetta, che non merita alcun tipo di critica, e quindi gloriosa.

Versione originale
… ἀσπίδι μὲν Σαΐων τις ἀγάλλεται, ἣν παρὰ θάμνωι
ἔντος ἀμώμητον κάλλιπον οὐκ ἐθέλων,
αὐτὸν δ' ἐξεσάωσα. τί μοι μέλει ἀσπὶς ἐκείνη;
ἐρρέτω· ἐξαῦτις κτήσομαι οὐ κακίω

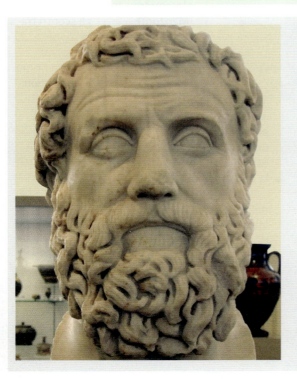

Archiloco è uno dei primi poeti lirici greci di cui si ha notizia. Vissuto nel VII secolo a.C., nacque nell'isola di Paro, da padre di nobili origini, mentre si tramanda che la madre fosse una schiava tracia. Emigrò a Taso e qui combatté come soldato mercenario contro i Traci, i Sai e altri popoli delle colonie vicine. Morì in combattimento, in una battaglia contro la colonia di Nasso. Viaggiò molto e nella sua poesia si trovano echi delle sue esperienze sentimentali e delle sue imprese militari. Caratteristica della sua poesia è l'invettiva, con cui si scaglia contro i suoi nemici, usando toni accesi e polemici. Praticò molti generi tra cui inni, ditirambi e peana (canti in onore di Dioniso e di Apollo), epinici (canti celebrativi per vittorie sportive), storie del mito, favole. Ebbe una grande influenza sui poeti successivi, sia greci sia latini. Dal punto di vista metrico, a lui si attribuisce l'invenzione del giambo, che in realtà introdusse in letteratura riprendendolo dalla tradizione popolare. Sempre a lui è attribuita la creazione della prima strofe. Ebbe una grande influenza sui poeti successivi, sia greci sia latini, fino ad Orazio, che derivò da Archiloco molti dei suoi metri. Di lui non si conservano carmi interi, ma sono giunti a noi soltanto 300 frammenti.

T2 Simonide di Ceo Per i morti delle Termopili

Diametralmente opposto a quello di Archiloco è il messaggio del componimento di Simonide di Ceo, dedicato ai 300 soldati spartani che nel 480 a.C., guidati dal re Leonida, riuscirono per alcuni giorni a ritardare l'avanzata dell'esercito persiano al passo delle Termopili. Il loro sacrificio permise agli Ateniesi di abbandonare la città e di preparare la battaglia navale di Salamina, dove i Persiani subirono una sconfitta definitiva.

METRO: epigramma (breve componimento a scopo commemorativo o encomiastico) in versi liberi.

Di quelli che caddero alle Termopili
famosa è la ventura, bella la sorte
e la tomba un'ara. Ad essi memoria
e non lamenti; ed elogio il compianto.
Non il muschio, né il tempo che devasta
ogni cosa, potrà su questa morte.
Con gli eroi, sotto la stessa pietra,
5 abita ora la gloria della Grecia [...].

[in S. Quasimodo (a cura di), *Lirici greci*, trad. it. di S. Quasimodo, Mondadori, Milano 2004]

2 **ventura:** destino.
3 **ara:** altare; i soldati delle Termopili hanno sacrificato la propria vita per la patria.
5 **muschio:** pianta che cresce sulle rovine.

Versione originale

τῶν ἐν Θερμοπύλαις θανόντων
εὐκλεὴς μὲν ἁ τύχα, καλὸς δ' ὁ πότμος,
βωμὸς δ' ὁ τάφος, πρὸ γόων δὲ μνᾶστις, ὁ δ' οἶκτος ἔπαινος·
ἐντάφιον δὲ τοιοῦτον εὐρὼς
5 οὔθ' ὁ πανδαμάτωρ ἀμαυρώσει χρόνος.
ἀνδρῶν ἀγαθῶν ὅδε σηκὸς οἰκέταν εὐδοξίαν
Ἑλλάδος εἵλετο [...].

Simonide fu un poeta greco vissuto tra il VI e il V secolo a.C., originario di Ceo, una piccola isola delle Cicladi. Tra i maggiori esponenti della lirica corale, si trasferì ad Atene per volontà di Ipparco, figlio del tiranno Pisistrato, che aveva riunito intorno a sé numerosi artisti. Nel 514, dopo l'uccisione di Ipparco, fu accolto in Tessaglia presso la corte degli Scopadi, per fare poi ritorno ad Atene durante le guerre persiane. Cantò le imprese greche contro i nemici persiani, celebrando la battaglia di Maratona oltre all'eroismo dei caduti alle Termopili. Fu poi in Sicilia, alla corte di Gerone I, tiranno di Siracusa, e successivamente ad Agrigento, dove secondo la tradizione morì nel 467. Compose elegie, epigrammi (genere in cui eccelse), canti conviviali, inni, epicedi (componimenti in morte di qualcuno), di cui si conservano però pochi frammenti.

SCHEDA di LETTURA

Archiloco e l'infrazione dell'etica dell'onore

Il poeta-soldato Archiloco ammette di aver lasciato la sua arma presso *un cespuglio* per fuggire più velocemente e così salvarsi la vita. Lo scudo, simbolo di appartenenza all'esercito, si trasforma in un oggetto inutile e ingombrante che potrebbe ostacolare la ritirata. Archiloco è un nobile decaduto obbligato a fare il mercenario e il suo unico rammarico è quello di aver perduto uno "strumento di lavoro" di ottima fattura (*irreprensibile*). Nel frammento lirico è del tutto assente il timore di aver lasciato sul luogo della battaglia anche l'onore. Disinteressato alla stima pubblica, a una morte eroica Archiloco contrappone una tesi in cui il buon senso prevale sull'etica militare: sarà sempre possibile trovare uno scudo nuovo e anche *non peggiore*. L'importanza del valore della vita, rivendicato con ironia beffarda (*cosa mi importa di quello scudo?/Alla malora!*), ha la meglio sulla logica di chi preferisce la morte per la patria a un gesto ritenuto infame e vigliacco.

Simonide e la lode della morte eroica

Invece Simonide celebra i valorosi guerrieri, eroi caduti per salvare la libertà e la patria. Rispetto al frammento di Archiloco, i suoi versi rovesciano la gerarchia dei valori: la difesa della collettività – le città greche unite contro l'invasore persiano – prevale sulla logica utilitaristica, sulla conservazione della vita individuale. La fine eroica, con le armi in pugno e non abbandonate durante lo scontro, ha consegnato gli eroi spartani all'immortalità.
E anche se la tomba è destinata alla distruzione e *il tempo che devasta/ogni cosa* trascorre inesorabilmente, nulla cancellerà l'immagine del loro gesto (*potrà su questa morte*). La memoria li strapperà dall'oblio a cui sono condannati i vigliacchi e li consegnerà alla gloria eterna.

Lo stile

Nella traduzione del frammento di Archiloco possiamo notare un'attenzione particolare nei confronti degli elementi sonori: oltre alla presenza ripetuta della "r", vi sono altre allitterazioni (*scudo/Sai/si, Presso/cespuglio/irreprensibile*), una rima mezzo (*Presso/stesso*) e numerose assonanze. Il tono colloquiale e informale dei versi è sottolineato dalla frase interrogativa, con cui il poeta sembra cercare la complicità e l'approvazione del lettore, e da quella esclamativa, che sottolinea un'imprecazione bonaria.
L'epigramma di Simonide ha un tono più suggestivo, a cui contribuisce in modo determinante la traduzione di Quasimodo. La costruzione sintattica presenta alcune inversioni. Spesso le affermazioni sono disposte simmetricamente (*famosa è la ventura, bella la sorte*) comprese quelle di due periodi ellittici (*Ad essi memoria/e non lamenti; ed elogio il compianto*). Per quanto riguarda il lessico, Quasimodo ha scelto di utilizzare alcuni termini letterari (*ventura, ara*) che conferiscono ulteriore potere evocativo alla lirica. Una trama musicale determinata da numerose allitterazioni si snoda lungo l'intero componimento, in cui compare anche una rima semantica particolarmente significativa (*sorte/morte*). Infine, è opportuno sottolineare l'impatto emotivo del primo verso, con l'uso metaforico del verbo "cadere", a indicare la morte dei soldati spartani.

Statua commemorativa di Leonida alle Termopili.

LABORATORIO

Comprendere e individuare
L'esplorazione del testo

1. Da quale affermazione di Archiloco possiamo dedurre che la conquista dello scudo del nemico era motivo di vanto e di orgoglio?

2. Dinanzi alla tomba dei morti delle Termopili, i Greci devono
   A. ☐ giurare vendetta nei confronti del nemico
   B. ☐ meditare sull'inutile violenza della guerra
   C. ☐ riflettere sulla precarietà della vita umana
   D. ☐ ricordare e lodare il sacrificio degli spartani

Interpretare e riflettere
La scoperta del testo

3. Secondo te, quale affermazione di Archiloco lascia trasparire che ha abbandonato lo scudo soltanto perché posto dinanzi all'alternativa tra la vita e la morte?

4. Quale significato assume nella poesia di Simonide il *muschio* (v. 6)?

Analizzare
Lo stile e la forma del testo

5. Individua alcune assonanze nel frammento di Archiloco.

6. Nell'ultimo verso della poesia *Lo scudo* quale figura retorica del significato viene utilizzata?
   A. ☐ Iperbole
   B. ☐ Litote
   C. ☐ Similitudine
   D. ☐ Metonimia

7. Simonide definisce *pietra* (v. 7) la tomba dove sono sepolti i guerrieri morti in battaglia. Quale figura retorica del significato ha utilizzato?

8. Il traduttore della poesia di Archiloco ha scelto l'aggettivo *irreprensibile* (v. 2) per sottolineare l'alta qualità dello scudo. Nel linguaggio comune, questo termine con quale diverso significato viene utilizzato? Motiva la tua risposta con un esempio.

9. Nella poesia di Archiloco prevale la logica individuale rispetto a quella collettiva. Individua i diversi aggettivi e pronomi in prima persona che confermano questa affermazione.

10. Individua almeno un periodo del componimento di Simonide in cui il traduttore, Salvatore Quasimodo, ha posticipato il soggetto. Ricerca inoltre la frase in cui nonostante la presenza di due soggetti il verbo è al singolare.

Produrre
Dalla lettura alla scrittura

11. Ti è mai capitato di abbandonare qualcosa, anche un oggetto a cui tenevi, per salvarti da una situazione imbarazzante? Racconta l'episodio in un testo narrativo di circa due colonne di foglio protocollo.

12. Utilizza il modello della poesia di Simonide per celebrare – se vuoi anche ironicamente – un episodio pubblico o privato. Per esempio potresti ricordare una sconfitta sportiva in cui però i battuti hanno salvato l'onore, un rifiuto sentimentale oppure, ancora, un'interrogazione andata male. Ti forniamo un modello, in cui si "celebrano" alcuni studenti scoperti in un centro commerciale invece che a scuola.
    Di quelli che son stati beccati alle Cannelle,
    famosa è la pigrizia, poca la voglia
    e la scuola una prigione. Ad essi una sospensione
    e non ammonimenti... ora continua tu.

Lastra di marmo sotto il monumento ai caduti delle Termopili.

T3 Dante Alighieri Farinata degli Uberti

Nella seconda metà del Duecento, il Comune di Firenze fu agitato da numerosi conflitti intestini. La città era divisa tra i guelfi, favorevoli al Papato, e i ghibellini, sostenitori dell'Impero. Farinata degli Uberti (1212-1264), capitano dell'esercito ghibellino, fu bandito dal Comune di Firenze nel 1258, trovò rifugio a Siena, dove riorganizzò le forze ghibelline toscane e riportò una grande vittoria contro i guelfi nella battaglia di Montaperti (1260), riconquistando il governo di Firenze. L'incontro con Farinata è narrato nel X canto dell'*Inferno*. Dante (▶ p. 268) si trova nella città infernale di Dite, in cui gli eretici giacciono in sepolcri infuocati. Il poeta offre un ritratto di un personaggio divorato dalla passione politica, con cui si confronterà in un'accesa discussione in cui vengono ricordati i principali avvenimenti della vita politica toscana del Duecento.
METRO: terzine dantesche (endecasillabi legati da rima incatenata).

«O Tosco che per la città del foco
vivo ten vai così parlando onesto,
piacciati di restare in questo loco.
25 La tua loquela ti fa manifesto
di quella nobil patrïa natio,
a la qual forse fui troppo molesto».
Subitamente questo suono uscìo
d'una de l'arche; però m'accostai,
30 temendo, un poco più al duca mio.
Ed el mi disse: «Volgiti! Che fai?
Vedi là Farinata che s'è dritto:
da la cintola in sù tutto 'l vedrai».
Io avea già il mio viso nel suo fitto;
35 ed el s'ergea col petto e con la fronte
com'avesse l'inferno a gran dispitto.
E l'animose man del duca e pronte
mi pinser tra le sepulture a lui,
dicendo: «Le parole tue sien conte».

Miniatura dal manoscritto di Holkham per il canto X dell'*Inferno*.

22 città del foco: la città di Dite è circondata da mura arroventate; prende il nome dal suo re, Dite, che nell'Inferno dantesco è Lucifero.
25 nobil patrïa: Firenze.
35 dispitto: disprezzo.
38 conte: adatte alla situazione, dunque nobili, dignitose.

parafrasi

vv. 22-29 «O Toscano che ti aggiri vivo nella città di Dite parlando in modo dignitoso (*onesto*), ti sia gradito fermarti in questo posto. La tua parlata (*loquela*) rivela (*ti fa manifesto*) che sei originario di quella nobile città [Firenze] alla quale forse io ho causato troppo danno». Questa voce uscì all'improvviso da uno dei sepolcri (*arche*); perciò, impaurito (*temendo*), mi avvicinai di più alla mia guida (*duca*) [Virgilio].

vv. 30-39 E questi mi disse: «Voltati! Che cosa fai? Guarda Farinata che si è alzato in piedi: potrai vederlo tutto dalla cintola in su». Io avevo già rivolto (*fitto*) il mio sguardo nel suo; ed egli si ergeva con il petto e con la fronte alta, come se disprezzasse fieramente (*a gran dispitto*) l'inferno. E le mani affettuose (*animose*) e sollecite (*pronte*) della mia guida mi spinsero (*pinser*) tra le sepolture verso di lui, dicendo: «Fa che le tue parole siano dignitose (*conte*) [come si addice alla grandezza del personaggio]».

40 Com'io al piè de la sua tomba fui,
guardommi un poco, e poi, quasi sdegnoso,
mi dimandò: «Chi fuor li maggior tui?».
Io ch'era d'ubidir disideroso,
non gliel celai, ma tutto gliel'apersi;
45 ond'ei levò le ciglia un poco in suso;
poi disse: «Fieramente furo avversi
a me e a miei primi e a mia parte,
sì che per due fïate li dispersi».
«S'ei fur cacciati, ei tornar d'ogne parte»,
50 rispuosi io lui, «l'una e l'altra fïata;
ma i vostri non appreser ben quell'arte».

48 due fïate li dispersi: i ghibellini sconfissero i guelfi nel 1248 e nel 1260, nella battaglia di Montaperti.
50 l'una e l'altra fïata: la prima nel 1251, dopo la morte dell'imperatore Federico II di Svevia; la seconda dopo la battaglia di Benevento (1266) e la morte del re Manfredi.

vv. 40-51 Quando io arrivai ai piedi della sua tomba, mi guardò un po' e poi, quasi con superbia (*sdegnoso*), mi domandò: «Chi furono i tuoi antenati (*li maggior tui*)?». Io, che ero desideroso di ubbidirgli, non glielo nascosi (*celai*), ma gli rivelai la mia origine; e quello alzò gli occhi un poco in alto (*suso*), poi disse: «Furono fieri avversari miei, dei miei avi e della mia fazione politica, tanto che io per due volte (*fïate*) li cacciai da Firenze». Io gli risposi: «Se anche furono cacciati, essi tornarono entrambe le volte (*l'una e l'altra fïata*) dai luoghi dove erano stati esiliati (*d'ogne parte*), ma i vostri non impararono bene quell'arte [di rientrare a Firenze].»

vite di scrittori — Il rifiuto dell'amnistia

Nel 1315 il Comune di Firenze diede a Dante e ad altri esiliati la possibilità di rientrare in città pagando una multa (*oblatio*) e dichiarando pubblicamente la propria colpa. In questo brano, tratto da una lettera indirizzata a un anonimo amico (*Epistola XII*), Dante rifiuta con sdegno la proposta e rivendica orgogliosamente la propria indipendenza intellettuale ed economica.

Mi vien fatto sapere a proposito dell'ordinanza testé fatta in Firenze sopra l'assoluzione dei banditi[1]: che se io volessi piegarmi a pagare una certa quantità di danaro e a sopportare la vergogna dell'offerta[2], potrei esser assolto e rientrar in patria senz'altro. [...]
Cotesta dunque è la revoca graziosa, con la quale Dante Alighieri è richiamato in patria, dopo le sofferenze d'un esilio quasi trilustre[3]? Cotesto gli
10 ha meritato un'innocenza a tutti palese? Cotesto il sudore e l'indefessa[4] fatica negli studi? Lungi, da un uomo vissuto nella Filosofia, una così dissennata viltà di cuore, che a mo' d'un Ciolo[5] qualsiasi e di altri infami, tolleri, quasi uomo in ceppi[6], d'essere offerto. Lungi da un uomo, apostolo[7] di giustizia, che egli, dopo aver patito ingiuria, paghi del suo denaro a quelli stessi che furono ingiusti con lui, quasi a suoi benefattori.
Non è questa, o Padre mio, la via di ritornare in
20 patria. Ma se un'altra, da Voi prima o poi da altri, se ne troverà, la quale non deroghi[8] alla fama e all'onore di Dante, io mi metterò per essa a passi non lenti. Che, se per nessun'altra di tali vie in Firenze si può entrare, io in Firenze non entrerò giammai. E che per questo? Le spere[9] del sole e degli astri, non potrò forse contemplarle dovunque? Non potrò in ogni luogo sotto la volta del cielo meditare i dolcissimi veri[10], se io prima non mi renda spregevole, anzi abietto[11] al popolo e alla città tutta di Firenze?
30 E neppure un pane mi mancherà.

[D. Alighieri, *La Vita nuova, seguita da una scelta delle altre opere minori*, Vallecchi, Firenze 1949]

1 **banditi:** esiliati.
2 **la vergogna dell'offerta:** l'umiliazione da sopportare, se Dante avesse accettato quell'offerta.
3 **trilustre:** che dura da quindici anni.
4 **indefessa:** instancabile, continua.
5 **Ciolo:** Ciolo degli Abati, fiorentino, personaggio di bassa levatura morale, messo al bando da Firenze nel 1291.
6 **in ceppi:** in catene.
7 **apostolo:** sostenitore acceso.
8 **deroghi:** non venga meno.
9 **spere:** sfere.
10 **i dolcissimi ver:** le dolcissime verità.
11 **abietto:** ignobile, spregevole.

[A questo punto un'altra anima si sporge fuori dal sepolcro dove si trova Farinata. È Cavalcante Cavalcanti, padre del poeta stilnovista Guido (▶ p. 264), che guarda intorno per vedere se c'è qualcun altro con Dante. Quando si accorge che il poeta è solo, gli chiede piangendo perché, se egli sta compiendo da vivo un viaggio nel regno dei morti grazie ai meriti del suo ingegno, non è con lui anche suo figlio Guido. Dante risponde che non si trova lì né per sua volontà, né per meriti, ma soltanto grazie alla fede, che Guido invece disprezzò. Quando Cavalcante sente parlare di suo figlio al passato, chiede angosciato a Dante se Guido sia ancora vivo. Poiché Dante non risponde, egli ricade disteso nel sepolcro, e non riappare più.]

Ma quell'altro magnanimo, a cui posta
restato m'era, non mutò aspetto,
75   né mosse collo, né piegò sua costa;
e sé continüando al primo detto,
«S'elli han quell'arte», disse, «male appresa,
ciò mi tormenta più che questo letto.
Ma non cinquanta volte fia raccesa
80   la faccia de la donna che qui regge,
che tu saprai quanto quell'arte pesa.
E se tu mai nel dolce mondo regge,
dimmi: perché quel popolo è sì empio
incontr'a' miei in ciascuna sua legge?».

79-80   Ma non cinquanta... regge: non tornerà piena la luna cinquanta volte, ovvero non passeranno cinquanta mesi; *la donna che qui regge* è Proserpina, moglie di Plutone e quindi regina degli Inferi; nella mitologia greca essa era associata alla luna.
83-84   perché... legge?: gli Uberti furono esclusi da qualunque amnistia o condono che riguardasse i ghibellini in esilio.

vv. 73-84   Ma quell'altro dannato, dall'animo grande, per la cui richiesta (*a cui posta*) mi ero fermato, non cambiò atteggiamento, né mosse la testa (*collo*), né piegò la sua schiena (*costa*), e, continuando il discorso di prima (*al primo detto*), disse: «Se i miei hanno appreso male quell'arte [di rientrare in patria], ciò mi tormenta più di questo sepolcro (*letto*). Ma non tornerà a splendere cinquanta volte la luna (*la faccia de la donna che qui regge*), che tu saprai come è difficile quell'arte. E possa tu ritornare (*regge*) nel dolce mondo dei vivi, dimmi: perché quel popolo [i fiorentini] è così spietato contro la mia famiglia in ogni sua legge?».

Giovanni di Ventura, *Battaglia di Montaperti*, miniatura, XIII secolo, Siena, Biblioteca Comunale degli Intronati.

85 Ondi io a lui: «Lo strazio e 'l grande scempio
che fece l'Arbia colorata in rosso
tal orazion fa far nel nostro tempio».
Poi ch'ebbe sospirando il capo mosso,
«A ciò non fu' io sol», disse, «né certo
90 sanza cagion con li altri sarei mosso.
Ma fu' io solo, là dove sofferto
fu per ciascun di tòrre via Fiorenza,
colui che la difesi a viso aperto».

[D. Alighieri, *Divina Commedia*, Le Lettere, Firenze 1994]

85-86 Lo strazio... rosso: durante la battaglia di Montaperti l'esercito ghibellino fece strage degli avversari guelfi. I cadaveri erano così numerosi che le acque dell'Arbia si tinsero di rosso, tanto da sembrare un enorme fiume di sangue. Il ricordo della carneficina di Montaperti era ancora vivo al tempo di Dante.

vv. 85-93 E io gli risposi: «La strage e la grande carneficina, che resero rosso di sangue il fiume Arbia, fa prendere tali provvedimenti (*orazion*) nella nostra città (*tempio*)». Dopo che ebbe scosso la testa tra i sospiri, egli disse: «Non fui il solo a fare ciò [la strage di Montaperti], né certamente senza valide ragioni (*cagion*) avrei agito (*sarei mosso*) insieme agli altri miei compagni. Ma fui soltanto io, quando tutti avrebbero tollerato di distruggere (*tòrre via*) Firenze, colui che la difese a viso aperto».

SCHEDA di LETTURA

L'apparizione di Farinata

Farinata entra in scena senza essere preannunciato e interrompe un dialogo tra Virgilio e Dante, intimorito da questa voce che proviene da una tomba. Le parole dell'anima, che immaginiamo pronunciate con accento tonante, anticipano l'energia che tra poco rivelerà anche il suo aspetto. Sin da questi primi versi Farinata manifesta i tratti fondamentali del suo carattere e delle sue vicende umane: l'amore per Firenze (*quella nobil patrïa*), risvegliato dall'accento toscano del poeta, la passione politica che le pene infernali non hanno spento e i dubbi che ancora lo assillano sulle scelte compiute quando in vita era a capo della fazione dei ghibellini.

La successiva descrizione conferma la grande fierezza del personaggio. Alla sua apparizione improvvisa e vigorosa (*s'è dritto*) segue un atteggiamento sicuro e sprezzante, anche verso lo stesso inferno, che pure è espressione della volontà divina di punire i peccatori. Quindi è logico attendersi che Farinata si rivolga a Dante con un tono di superiorità (*quasi sdegnoso*), ponendogli una domanda che sottolinea il suo legame indissolubile con le vicende politiche terrene. Farinata chiede al poeta quale sia la sua famiglia (*Chi fuor li maggiori tui?*) con l'evidente intenzione di comprendere a quale schieramento politico appartenga.

La discussione tra Farinata e Dante

La scoperta di essere stati schierati su fronti politici opposti provoca l'immediata reazione di Farinata e un polemico scontro verbale con Dante. Lo spirito fazioso spinge l'anima a ricordare le vittorie riportate sui guelfi (*per due fïate li dispersi*). In risposta, con pungente ironia, Dante rivela la sconfitta dei ghibellini, definitivamente allontanati da Firenze a differenza dei guelfi che per due volte sono rientrati in città dopo esserne stati cacciati. L'animato confronto fra i due viene momentaneamente interrotto da un'altra improvvisa comparsa, quella di Cavalcante Cavalcanti, che monopolizza l'attenzione di Dante e lascia Farinata assorto, a interrogarsi sul destino della sua gente.

L'immobilità del nobile personaggio evidenzia lo sconcerto e il dolore nell'aver appreso la disgrazia dei ghibellini e, quindi, nel constatare il fallimento

SCHEDA di LETTURA

di un'esistenza dedicata esclusivamente alla lotta politica. Eppure, anche dinanzi alla sconfitta, Farinata non sa sottrarsi alla passione civile e sembra ancora desiderare una rivalsa nei confronti di Dante, a cui annuncia l'imminente esilio. Tuttavia in questa triste profezia è forse possibile intuire il tono di chi coglie nel suo interlocutore un comune destino politico ed esistenziale. Ed è questo sentimento che si avverte anche nella richiesta accorata al poeta di spiegargli le ragioni dell'insolita crudeltà contro la sua famiglia e nella rivendicazione di aver salvato Firenze dalla distruzione, dopo la sanguinosa battaglia di Montaperti.

Grandezza e limiti di Farinata
La passione politica vissuta con intensità anche dopo la morte assume una duplice valenza: da un lato sottolinea la nobiltà d'animo e la forza dell'impegno civile di Farinata, dall'altro evidenzia la vanità di un'esistenza spesa inseguendo interessi terreni. Se nella prima parte del dialogo Farinata mostra di avere il pensiero rivolto unicamente alla Firenze del suo tempo, con gli scontri fra le diverse fazioni, nella seconda parte sembra però affacciarsi in lui la possibilità di rinunciare all'odio partigiano in nome degli interessi della patria e della speranza di allacciare un legame di solidarietà che permetta di superare le divisioni. Lo sguardo di Farinata resta ancora focalizzato sugli avvenimenti terreni: in lui non c'è tensione spirituale che possa cancellarne il ricordo, anche se si mostra più attento e consapevole dei limiti e delle sofferenze degli uomini.

Lo stile
Coerentemente con la grandezza del personaggio, l'incontro con Farinata è caratterizzato da uno stile elegante e ricercato, arricchito dalla presenza di numerose figure retoriche. Il colloquio si apre in tono solenne con un'apostrofe e una *captatio benevolentiae* (*O Tosco che per la città del foco/vivo ten vai così parlando onesto,/piacciati di restare in questo loco*). La descrizione dell'atteggiamento di Farinata (*s'ergea col petto e con la fronte*) non solo mostra l'imponenza statuaria del personaggio ma ha un significato metonimico, in quanto *petto* e *fronte* ne richiamano le doti di coraggio e di intelligenza. Nel dialogo compaiono anche numerose metafore che rappresentano con forza evocativa il luogo di pena. Infine occorre segnalare la perifrasi di gusto classico che evoca la dea degli Inferi Proserpina (*la faccia de la donna che qui regge*), utilizzata da Farinata per predire l'esilio dello scrittore.

LABORATORIO

Comprendere e individuare
L'esplorazione del testo

1. Per quale motivo Farinata si rivolge a Dante?
   A. ☐ Riconosce il lui il famoso poeta, vanto di Firenze
   B. ☐ Ha sentito parlare Dante con accento toscano
   C. ☐ È incuriosito dalla presenza di una persona viva
   D. ☐ Viene invitato a farlo da Virgilio

2. Individua la perifrasi con cui Farinata indica Firenze.

3. Quale espressione manifesta l'interesse e l'attenzione con cui Dante si avvicina alla tomba infuocata dove si trova Farinata, nonostante un iniziale timore?

4. Qual è il primo segno con cui Farinata mostra la sua irritazione nell'apprendere che Dante proviene da una famiglia guelfa?

5. Nel corso della prima parte del dialogo Dante sostiene che i ghibellini *non appreser ben quell'arte* (v. 51): a che cosa allude il poeta?
   A. ☐ Alla disponibilità a perdonare il nemico
   B. ☐ Al rientro a Firenze dall'esilio
   C. ☐ All'abilità di combattere
   D. ☐ Alla rinuncia allo spirito di fazione

6. Individua il verso in cui Farinata afferma che il dolore per la sconfitta dei ghibellini è maggiore

LABORATORIO

di quella provocata dalle pene infernali.

7. Quali sono le tre ragioni con cui Farinata cerca di discolparsi per la crudeltà mostrata dai ghibellini in occasione della battaglia di Montaperti?

Interpretare e riflettere
La scoperta del testo

8. Rileggi l'iniziale apostrofe di Farinata a Dante: quale affermazione lascia intendere che il ghibellino ha portato con sé all'inferno i dubbi sul suo comportamento durante lo scontro politico a Firenze?

9. Qual è l'atteggiamento di Virgilio nei confronti di Dante?
   A. ☐ Premuroso
   B. ☐ Amichevole
   C. ☐ Impaziente
   D. ☐ Annoiato

10. Per quale motivo Virgilio, nell'invitare Dante a parlare con Farinata, gli raccomanda di usare parole *conte* (v. 39), ovvero appropriate?

11. Farinata accenna soltanto una volta alla condanna che deve scontare all'inferno e lo fa usando un termine metaforico che orgogliosamente tende a sminuire l'entità della pena. Di quale parola si tratta? Nella parte conclusiva del dialogo, invece, quale espressione tradisce la nostalgia che Farinata prova nei confronti della vita terrena?

12. *E se tu mai* (v. 82) introduce
    A. ☐ una speranza
    B. ☐ un dubbio
    C. ☐ una possibilità
    D. ☐ un augurio

Analizzare
Lo stile e la forma del testo

13. Da quale tipo di rima sono legati i vv. 47-49?

14. Quando Farinata scopre di trovarsi dinanzi al membro di una famiglia guelfa, con quale figura retorica si manifesta la sua iniziale rabbia?

15. Nel v. 37, il gesto di Virgilio che spinge Dante verso la tomba di Farinata viene enfatizzato attraverso una figura dell'ordine: quale?
    A. ☐ Anastrofe
    B. ☐ Iperbato
    C. ☐ Chiasmo
    D. ☐ Parallelismo

16. Nell'ultimo verso Farinata rivendica di aver difeso *a viso aperto* Firenze: conosci l'origine di questo modo di dire, che risale al periodo medioevale? Se non conosci la risposta aiutati con un dizionario, anche online.

17. Per sottolineare l'assoluta immobilità di Farinata (vv. 74-75) quale costruzione sintattica viene adottata?

18. Nei vv. 37-39 Dante adotta una particolare costruzione sintattica che, secondo le regole della lingua italiana, contiene un grave errore. Sai dire perché?

Produrre
Dalla lettura alla scrittura

19. Scrivi un articolo di cronaca politica in cui racconti l'incontro di Dante e Farinata come se fossero due attuali esponenti di schieramenti diversi che si sono riuniti per raggiungere un difficile accordo. Ti forniamo un modello di *incipit*.

    Dopo aver incontrato il leader spirituale dei ghibellini, in un luogo che è rimasto segreto, Dante Alighieri ha riaffermato la volontà dei guelfi di smorzare le tensioni in seno al comune di Firenze e di trovare un accordo per porre fine agli scontri che hanno insanguinato la città toscana negli ultimi decenni. L'autore della Divina Commedia *ha rilasciato queste dichiarazioni stamani in una conferenza stampa in Piazza della Signoria, dinanzi a centinaia di giornalisti. Prima di analizzare i particolari del colloquio, Dante ha assicurato che il dialogo, svoltosi dinanzi a Virgilio, uno spettatore* super partes, *è destinato a continuare e che c'è pieno accordo per rinforzare la cooperazione tra le due fazioni. Alla domanda di numerosi giornalisti, sulle indiscrezioni che riguardavano l'atmosfera del faccia a faccia, a detta di alcuni piuttosto fredda e poco amichevole, il nostro scrittore con la passione della politica ha riconosciuto con un sorriso che l'orgoglio e il senso di appartenenza sono i pregi ma anche i difetti del suo "magnanimo" interlocutore...* ora continua tu.

T4 Bertolt Brecht Tre poesie sulla guerra

Nel 1933, quando Hitler salì al potere, Bertolt Brecht decise di abbandonare la Germania. Le poesie che ti proponiamo risalgono ai primi anni di questo volontario esilio e mostrano una condanna non solo del nazismo ma di ogni forma di guerra e di sopraffazione delle classi sociali più umili.

Quando chi sta in alto

Quando chi sta in alto parla di pace
la gente comune sa
che ci sarà la guerra.
Quando chi sta in alto maledice la guerra
5   le cartoline precetto sono già compilate.

> 5 **cartoline precetto:** i documenti inviati dai governi (sotto forma di cartoline) che contengono gli ordini di chiamata alle armi.

La guerra che verrà

La guerra che verrà
non è la prima. Prima
ci sono state altre guerre.
Alla fine dell'ultima
5   c'erano vincitori e vinti.
Fra i vinti la povera gente
faceva la fame. Fra i vincitori
faceva la fame la povera gente egualmente.

Bertolt Brecht nacque nel 1898 ad Augusta, da una famiglia borghese di fede protestante. Tra il 1913 e il 1915 compose le prime poesie. Si mise in mostra per il suo carattere anticonformista e polemico, rischiando l'espulsione dalla scuola per aver svolto un tema in classe in cui criticava l'eroismo di chi muore combattendo per la patria. Durante il primo conflitto mondiale maturò un deciso rifiuto per l'ideologia del nazionalismo e per la guerra. Nel 1920 si trasferì a Monaco dove mise in scena le sue prime opere teatrali (*Tamburi nella notte*, 1922; *Nella giungla delle città*, 1923). Fin dagli esordi la sua arte fu caratterizzata da un forte impegno civile. L'attenzione verso le ingiustizie sociali e verso il mondo degli emarginati è evidente in *L'opera da tre soldi* (1928), suo primo grande successo, ambientata nella Londra proletaria. Nel frattempo si era trasferito a Berlino (1924) e si era avvicinato al marxismo e al Partito comunista. In questo contesto sviluppò il progetto del "teatro epico", per cui lo spettatore non deve immedesimarsi nell'opera rappresentata bensì mantenere una distanza critica, allo scopo di formare una coscienza storica. A partire dagli anni Trenta, dopo aver abbandonato la Germania nazista, compose i suoi capolavori, come *Madre Coraggio e i suoi figli* (1939) e *Vita di Galileo* (1938-1939), in cui rivisitò la figura del fondatore della scienza moderna. Si stabilì per alcuni anni in Danimarca e poi in Svezia e nel 1941 lasciò l'Europa per gli Stati Uniti. Alla fine della Seconda guerra mondiale tornò a Berlino Est, dove fondò la compagnia teatrale "Berliner Ensemble". Qui morì nel 1956.

Avevo un fratello aviatore

Avevo un fratello aviatore.
Un giorno, la cartolina.
Fece i bagagli, e via,
lungo la rotta del sud.

5 Mio fratello è un conquistatore.
Il popolo nostro ha bisogno
di spazio. E prendersi terre su terre,
da noi, è un vecchio sogno.

E lo spazio che s'è conquistato
10 è sui monti del Guadarrama.
È di lunghezza un metro e ottanta,
uno e cinquanta di profondità.

[B. Brecht, *Poesie e canzoni*, trad. it. di F. Fortini, Einaudi, Torino 1970]

10 Guadarrama: massiccio montuoso della Spagna, dove combatté l'aviazione nazista durante la guerra civile spagnola (1936-1939).

---

vite di scrittori | **Contro l'obbligo del servizio militare**

In questa lettera del 1956, pubblicata dall'«Unità» nel 1961, Brecht protesta contro la decisione del governo tedesco di introdurre il servizio militare obbligatorio. Lo scrittore ricorda che ogni volta che in Germania un simile provvedimento era stato in vigore, era scoppiata una guerra.

Berlino, 1956
Mi permettano, in qualità di scrittore, di prendere posizione circa la paura provocata dalla proposta di una nuova introduzione del servizio militare obbligatorio.
Al tempo della mia giovinezza in Germania, c'era l'obbligo del servizio militare, e fu fatta una guerra[1] che si concluse con una sconfitta. L'obbligo del servizio militare fu soppresso; ma quando fui adulto lo si introdusse nuovamente, si diede inizio ad
10 un'altra guerra ancor più grande della prima[2]. La Germania perse anche questa guerra, in maniera più grave della prima, e l'obbligo del servizio militare fu di nuovo soppresso. E coloro che l'avevano imposto – tutti quelli almeno sui quali fu possibile metter le mani – furono impiccati da un tribunale mondiale[3]. Ora, alle soglie della vecchiaia, sento dire che l'obbligo del servizio militare deve essere introdotto per la terza volta.
Contro chi è progettata la terza guerra? Contro
20 i francesi? Contro i polacchi? Contro gli inglesi? Contro i sovietici? O contro i tedeschi? Viviamo in un'epoca atomica e dodici divisioni[4] non possono vincere una guerra, anche se possono però darvi inizio. E come potrebbero rimanere dodici, le divisioni, col servizio militare obbligatorio?
Volete davvero fare il primo passo verso la guerra? L'ultimo passo, quello verso il nulla, lo faremo allora tutti. Eppure noi tutti sappiamo che per la riunificazione esistono possibilità pacifiche, anzi solo possibilità pacifiche. Ci separa un fosso; dovrà forse
30 venire scavato più fondo? La guerra ci ha separati, e non potrà certo la guerra riunirci. Nessuno dei nostri parlamenti – come sempre eletti – ha avuto dalla popolazione il permesso o l'incarico di introdurre il servizio militare obbligatorio. Poiché io sono contro la guerra, sono contro anche l'introduzione del servizio militare obbligatorio in tutte e due le parti della Germania; e, poiché può essere questione di vita o di morte, propongo che sull'argomento venga indetto un referendum in ambedue
40 le parti della Germania.

[«L'Unità», 21 gennaio 1961]

1 una guerra: la Prima guerra mondiale.
2 un'altra... prima: la Seconda guerra mondiale.
3 tribunale mondiale: riferimento al processo di Norimberga (1945-1946).
4 divisioni: le unità più grandi in cui si raggruppa l'esercito, comandate da un generale.

SCHEDA di LETTURA

Gli inganni della guerra

In *Quando chi sta in alto* la guerra non è ancora iniziata. Il poeta svela l'ipocrisia dei governi che predicano la pace ma in realtà stanno preparandosi allo scontro con il nemico (*ci sarà la guerra*). E, mentre i cittadini vengono chiamati alle armi, chi nell'ombra ha compilato le *cartoline precetto* ora maledice la guerra.

Nella seconda lirica Brecht sostiene che qualunque sia l'esito di una guerra, dell'ultima come di tutte quelle che l'hanno preceduta, la *povera gente*, a qualsiasi nazione appartenga, sarà condannata a fare *la fame*. Indipendentemente dalle nazioni che risulteranno sconfitte o vincenti, le conseguenze negative di un conflitto bellico ricadranno sempre sulle classi più deboli.

Infine, nella terza poesia lo scrittore sostituisce il tono assertivo e declamatorio dei primi due componimenti con un'amara ironia. L'avidità espansionistica degli Stati (*prendersi terre su terre*) ha spinto l'esercito e il *fratello aviatore* a partecipare alla guerra. Inizialmente, però la descrizione della partenza assomiglia a quella di un viaggio per una vacanza (*Fece i bagagli*). Soltanto nella seconda strofa scopriamo che il *fratello aviatore* è stato chiamato a compiere un volo di conquista, ad alimentare il sogno di impadronirsi di nuovi spazi. Nell'ultima strofa il destino dell'invasore si compie in modo beffardo: la terra occupata *sui monti del Guadarrama* è una tomba.

Fotografia raffigurante una bomba sganciata da un biplano tedesco durante la Prima guerra mondiale.

La concezione della guerra

Queste tre brevi liriche sono legate da una tesi comune: la guerra è uno strumento di morte che i potenti utilizzano a danno delle classi sociali subalterne, per soddisfare brame e interessi particolari. Per Brecht la guerra non è soltanto un'orribile carneficina, frutto dell'irrazionalità e della violenza, in nome delle quali si sacrificano milioni di vite umane. Per lo scrittore tedesco qualsiasi conflitto bellico è anche l'ennesima manifestazione dei soprusi e delle ingiustizie politiche, delle differenze economiche e sociali che dividono le classi (*chi sta in alto* e la *povera gente*). Sebbene siano state scritte durante gli anni del governo nazista, di cui Brecht fu fiero oppositore, le poesie non sono direttamente rivolte al regime hitleriano ma esprimono una condanna nei confronti di tutti i governi che scelgono la guerra, che perseguono una logica di potenza e di sopraffazione. Se si esclude il richiamo all'intervento nel massiccio del Guadarrama dell'aviazione tedesca nella guerra civile spagnola (1936-1939), Brecht dà al termine "guerra" un significato universale, che prescinde dal contesto storico. La protesta dello scrittore colpisce la violenza e l'ingiustizia di tutte le guerre.

Lo stile

I componimenti di Brecht presentano una struttura sintattica semplice e lineare. Prevalgono i periodi composti da una sola proposizione e soltanto in pochi casi il poeta ricorre alla subordinazione, fermandosi al primo livello. Anche il lessico è immediato e comune, sebbene l'uso iterato e la disposizione di alcuni termini assumano un particolare significato.

Nella prima lirica la ripetizione anaforica (*Quando chi sta in alto*) sostiene con enfasi la responsabilità di chi guida i popoli, anche attraverso la rappresentazione spaziale del potere. In *La guerra che verrà* la collocazione a fine verso dei termini antitetici *Prima* e *ultima* sottolinea l'identità tra le guerre, tutte destinate a un identico risultato. Questo concetto è evidenziato anche dal chiasmo degli ultimi versi: la *povera gente*, sia tra i vinti sia tra i vincitori, è destinata alla medesima sorte (*faceva la fame*).

Nell'ultima lirica è interessante notare la contrapposizione fra i campi semantici dell'alto e del basso a cui rinviano *aviatore* e *rotta*, da un lato, e la ripetizione di *terre*, dall'altro.

LABORATORIO

Comprendere e individuare
L'esplorazione del testo

1. Individua nella prima lirica le due parole a fine verso di significato opposto.

2. Nella terza poesia, quale espressione del linguaggio parlato sembra dare un tono leggero e informale alla partenza del *fratello aviatore*?

3. In *Avevo un fratello aviatore* quale termine dissimula la smodata avidità di espandersi, avvolgendola in un alone fantastico e indistinto?

4. Con quale verbo l'io lirico presenta con doloroso sarcasmo la morte dell'*aviatore*, come se fosse una vittoria?

Interpretare e riflettere
La scoperta del testo

5. Rifletti sui verbi *parla* (v. 1) e *maledice* (v. 4), usate nella prima lirica in riferimento alle parole dei potenti. Per quale motivo il poeta impiega termini di diversa intensità emotiva?

6. Quale verso della terza lirica potrebbe ingannare il lettore e fargli pensare che l'aviatore è in partenza verso un paese esotico?

7. Nel secondo verso di *Avevo un fratello aviatore* Brecht utilizza una costruzione sintattica ellittica, ovvero senza verbo. Quale può essere la ragione espressiva di questa scelta?

Analizzare
Lo stile e la forma del testo

8. In *La guerra che verrà* è presente un *enjambement* che ha un rilevante rapporto con il tema centrale della lirica: dove si trova e perché è strettamente connesso alla tesi sostenuta da Brecht?

9. In *La guerra che verrà*, compare una litote: dove si trova e quale concetto intende esprimere il poeta?

10. Quale figura di suono compare nel v. 6 di *Avevo un fratello aviatore*?

11. Nei vv. 11-12 di *Avevo un fratello aviatore*, quale figura dell'ordine sottolinea l'amaro dettaglio delle dimensioni ridotte della tomba in cui è sepolto l'*aviatore* (v. 1)?
    A. ☐ Parallelismo
    B. ☐ Chiasmo
    C. ☐ Anafora
    D. ☐ Antitesi

12. Fra i termini seguenti, quale è sinonimo di *precetto*, presente nel v. 5 della prima lirica?
    A. ☐ Arruolamento
    B. ☐ Esercito
    C. ☐ Comando
    D. ☐ Guerra

GRAMMATICA

13. In *Avevo un fratello aviatore*, nel periodo prendersi terre su terre,/da noi, è un vecchio sogno (vv. 7-8), la proposizione sottolineata è
    A. ☐ la principale
    B. ☐ una subordinata soggettiva
    C. ☐ una subordinata oggettiva
    D. ☐ una subordinata dichiarativa

Produrre
Dalla lettura alla scrittura

14. Oltre ai discorsi contro la guerra, quali altri argomenti possono essere oggetto delle dichiarazioni ipocrite o propagandistiche dei politici? Prova a riscrivere, magari in tono più leggero, *Quando chi sta in alto*, sostituendo la guerra con altre promesse di solito poco rispettate da chi governa. Ti forniamo un modello.
    Quando chi sta in alto parla di sacrifici
    la gente comune
    sa che aumenteranno le tasse.
    Quando chi sta in alto maledice le tasse
    le cartelle esattoriali sono già state compilate.

15. Riscrivi *Avevo un fratello aviatore* immaginando che il soggetto della poesia appartenga a un settore diverso dell'esercito: marinaio, alpino ecc. Prima di iniziare a scrivere, poniti alcune domande: che cosa potrebbe conquistare un marinaio o un alpino? Dove potrebbero essere sepolti i loro corpi? Che cosa potrebbero preparare, al posto dei bagagli? Quali rotte potrebbero seguire?

T5 Pier Paolo Pasolini Al Principe

La poesia di Pasolini è caratterizzata da un ordinato sviluppo argomentativo. L'io lirico passa da un'accorata confessione del proprio disagio esistenziale all'analisi delle condizioni indispensabili per essere poeti. Nell'ultima strofa, con amarezza e con sdegno civile riconosce che a lui e alla nostra società ormai mancano i requisiti per tenere ancora viva la poesia.
METRO: versi liberi.

Se torna il sole, se discende la sera,
se la notte ha un sapore di notti future,
se un pomeriggio di pioggia sembra tornare
da tempi troppo amati e mai avuti del tutto,
5 io non sono più felice, né di goderne né di soffrirne:
non sento più, davanti a me, tutta la vita…

vite di scrittori — La polemica verso il movimento studentesco

Nel marzo del 1968, a Valle Giulia, una collina nella zona centrale di Roma, si svolse il primo scontro di piazza tra polizia e universitari che tentavano di prendere possesso della facoltà di Architettura. In quest'occasione, Pasolini scrisse una poesia-lettera, *Il PCI ai giovani!!*, schierandosi dalla parte dei poliziotti che provenivano dalle classi sociali più umili e povere, a differenza dei contestatori, etichettati come "figli di papà". Naturalmente il testo, di cui ti presentiamo la parte centrale, provocò numerose repliche da parte degli studenti e, in generale, dei partiti della sinistra.

Avete facce di figli di papà.
Vi odio come odio i vostri papà.
Buona razza non mente.
Avete lo stesso occhio cattivo.
5 Siete pavidi, incerti, disperati
(benissimo!) ma sapete anche come essere
prepotenti, ricattatori, sicuri e sfacciati:
prerogative piccolo-borghesi, cari.

Quando ieri a Valle Giulia avete fatto a botte
10 coi poliziotti,
io simpatizzavo coi poliziotti.
Perché i poliziotti sono figli di poveri.
    Vengono da subtopie, contadine o urbane che
[siano.
    Quanto a me, conosco assai bene
15 il loro modo di esser stati bambini e ragazzi,
    le preziose mille lire, il padre rimasto ragazzo
[anche lui,
a causa della miseria, che non dà autorità.
La madre incallita come un facchino, o tenera
per qualche malattia, come un uccellino;
20 i tanti fratelli; la casupola
tra gli orti con la salvia rossa (in terreni
altrui, lottizzati); i bassi
sulle cloache; o gli appartamenti nei grandi
caseggiati popolari, ecc. ecc.

25 E poi, guardateli come li vestono: come pagliacci,
con quella stoffa ruvida, che puzza di rancio
furerie e popolo. Peggio di tutto, naturalmente,
è lo stato psicologico cui sono ridotti
(per una quarantina di mille lire al mese):
30 senza più sorriso,
senza più amicizia col mondo,
separati,
esclusi (in un tipo d'esclusione che non ha uguali);
umiliati dalla perdita della qualità di uomini
35 per quella di poliziotti (l'essere odiati fa odiare).

[*Pagine corsare*, www.pasolini.net]

8 prerogative: caratteristiche tipiche del piccolo borghese.
13 subtopie: periferie suburbane, sobborghi.
14 conosco assai bene: Pasolini dice di conoscere molto bene le condizioni di vita delle famiglie povere da cui provengono i poliziotti, perché anche la sua infanzia è stata contrassegnata dalla miseria.
22 lottizzati: divisi in lotti; Pasolini si riferisce al malcostume italiano della spartizione arbitraria di un bene (in questo caso i terreni edificabili) tra affaristi senza scrupoli; **bassi**: abitazioni poste nei seminterrati, con la porta di ingresso a livello della strada. Si tratta di case povere e spesso malsane, in cui di solito c'è una sola stanza.
23 cloache: grandi fogne.
27 furerie: si chiamano così quegli uffici delle caserme, in cui si tiene l'amministrazione e la contabilità di un reparto.
29 una quarantina… mese: una paga molto misera per quei tempi.

Per essere poeti, bisogna avere molto tempo:
ore e ore di solitudine sono il solo modo
perché si formi qualcosa, che è forza, abbandono,
vizio, libertà, per dare stile al caos.

Io tempo ormai ne ho poco: per colpa della morte
che viene avanti, al tramonto della gioventù.
Ma per colpa anche di questo nostro mondo umano,
che ai poveri toglie il pane, ai poeti la pace.

[P.P. Pasolini, *La religione del mio tempo*, Garzanti, Milano 1961]

Pier Paolo Pasolini nacque a Bologna nel 1922 da una famiglia borghese: il padre era ufficiale di fanteria, la madre maestra elementare. La famiglia fu costretta a continui trasferimenti per il mestiere del padre, ma la residenza stabile di Pasolini fu il piccolo borgo di Casarsa, in Friuli, il paese della madre. Nel 1942 esordì con un volume di poesie in dialetto friulano, *Poesie a Casarsa*, e nel 1945 si laureò in Lettere all'Università di Bologna. A causa di uno scandalo legato alla sua omosessualità, nel 1950 abbandonò Casarsa e si trasferì con la madre a Roma. Qui trovò impiego come insegnante ed entrò in contatto con gli ambienti culturali della capitale e nel contempo con il mondo delle borgate, che gli ispirarono i romanzi *Ragazzi di vita* (1955) e *Una vita violenta* (1959). Nel 1954 raccolse le poesie in dialetto nel volume *La meglio gioventù* e nel 1957 pubblicò la raccolta poetica *Le ceneri di Gramsci*, che – al pari dei romanzi – suscitò al tempo stesso scandalo e interesse. Negli anni Sessanta Pasolini si dedicò al giornalismo e al cinema. Fu regista di *Accattone* (1961), *Mamma Roma* (1962), *Il Vangelo secondo Matteo* (1964), *Decameron* (1971), *Salò o le centoventi giornate di Sodoma* (1975). Assunse un atteggiamento critico verso la società dei consumi nata in Italia dopo il "boom economico", colpevole di aver provocato una "mutazione antropologica" nella popolazione italiana, avendo reciso i suoi legami con le radici contadine. Riunì i suoi articoli e i suoi saggi in varie raccolte, come *Passione e ideologia* (1960) e *Scritti corsari* (1975). Nel 1975, l'anno della morte, pubblicò anche l'ultimo volume di liriche, *La nuova gioventù*. Pasolini venne ucciso la notte tra il 1 e il 2 novembre all'idroscalo di Ostia, in circostanze che non sono mai state del tutto chiarite.

SCHEDA di LETTURA

Il distacco dalla vita

La poesia si apre con l'ammissione di aver perduto il piacere alla vita, l'adesione emotiva all'esistenza. L'io lirico rivela di trascorrere le giornate presenti nell'indifferenza e di guardare con distacco alle attese per il tempo che deve arrivare (*un sapore di notti future*). Anche quando i ricordi portano con sé i giorni passati, prevalgono la tristezza e il rammarico per le occasioni mancate, che la passione non ha concesso di vivere compiutamente (*troppo amati e mai avuti del tutto*).

L'io lirico ormai ha perso ogni interesse e nel suo

SCHEDA di LETTURA

animo non c'è spazio né per la gioia né per il dolore, entrambi scomparsi insieme alla sensazione di non avere più dinanzi a sé *tutta la vita*.

La funzione della poesia

All'inizio della seconda strofa l'io lirico sostiene che per dedicarsi alla poesia *bisogna avere molto tempo*, un tempo che egli non ha.
Guardare con speranza e fiducia al futuro e possedere la sicurezza e la tenacia per affrontare una lunga solitudine sono le condizioni indispensabili per assolvere la funzione fondamentale della poesia: trovare e dare ordine e forma (*stile*) al caos. I poeti hanno il compito di ricondurre a unità armonica la molteplicità con cui la vita si presenta, la varietà dei suoi aspetti positivi e negativi (*forza, abbandono, vizio, libertà*).

La denuncia sociale

Nella terza strofa l'io lirico esplicita il parallelismo concettuale del componimento: tempo esistenziale (*ormai ne ho poco*) e tempo storico (*questo nostro mondo umano*) concorrono all'inesorabile fine della poesia. Le sofferenze individuali si intrecciano con le ingiustizie sociali, entrambe responsabili (*per colpa*) di aver spento l'ispirazione poetica. Per l'io lirico la giovinezza è *al tramonto* e così l'incubo assillante della morte toglie *la pace* e sottrae tempo e pensieri sia alla vita sia alla poesia. Ma anche in una realtà sociale dove pochi dominano a danno dei più deboli (*ai poveri toglie il pane*), ormai è diventato impossibile *essere poeti*, scrivere versi.

Lo stile

Nelle prime due strofe, entrambe composte da un solo periodo, la sintassi accompagna le articolate definizioni dello stato d'animo dell'io lirico e del ruolo della poesia. Inizialmente (vv. 1-5) il poeta ricorre a una sequenza di proposizioni condizionali. Successivamente (vv. 6-10) il senso della frase principale viene chiarito con due subordinate, una finale e una causale. Nell'ultima strofa, invece, il tono si fa più sentenzioso e la sintassi si spezza in due periodi, che scandiscono le conclusioni a cui giunge il processo argomentativo dell'io lirico.
Sul piano lessicale è opportuno sottolineare la ripetizione della parola-chiave *tempo* che ricorre per tre volte (vv. 4, 7 e 11), rinforzata dal significato conferito sia alla *vita*, intesa non solo come condizione esistenziale ma soprattutto come spazio temporale (v. 6), sia alla morte, associata a un'immagine di progressione temporale e spaziale (*viene avanti*).

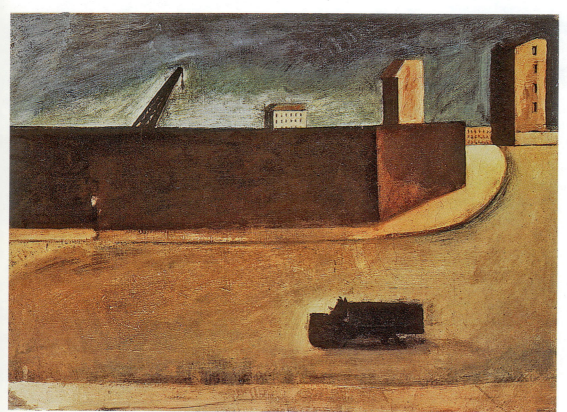

Mario Sironi, *Paesaggio urbano con camion*, 1920, Milano, Pinacoteca di Brera.

LABORATORIO

Comprendere e individuare
L'esplorazione del testo

1. Per quale motivo, l'io lirico sostiene che per essere poeti occorre avere molto tempo?
   - A. ☐ La scrittura richiede un lungo processo di rielaborazione
   - B. ☐ I poeti devono avere dinanzi a sé un futuro in cui credere
   - C. ☐ L'arte dei poeti viene riconosciuta dopo molti anni
   - D. ☐ Si giunge alla poesia solo dopo aver studiato a lungo

2. Con quale parola viene indicata la molteplicità delle emozioni e delle esperienze di cui è fatta la vita degli uomini?

3. Nell'ultima strofa con quale espressione l'io lirico sottolinea la rabbia e lo sdegno nei confronti del destino umano e della società?

4. Con quale immagine metaforica il poeta rappresenta la fine della giovinezza e l'approssimarsi della morte?

Interpretare e riflettere
La scoperta del testo

5. Qual è il significato del v. 5: *io non sono più felice, né di goderne né di soffrirne*?
   - A. ☐ La felicità consiste nel vivere le gioie e i dolori della vita
   - B. ☐ La felicità consiste nell'evitare emozioni troppo forti
   - C. ☐ L'uomo è condannato a un inesorabile destino di infelicità
   - D. ☐ Nella vita degli uomini a ogni gioia segue un dolore

6. Qual è la funzione dei due punti impiegati nei vv. 5 e 7?
   - A. ☐ Espongono la causa di quanto affermato in precedenza
   - B. ☐ Analizzano le conseguenze di quanto affermato in precedenza
   - C. ☐ Ipotizzano le condizioni perché avvenga quanto affermato in precedenza
   - D. ☐ Spiegano quanto affermato in precedenza

7. Come spieghi la definizione che Pasolini dà di una società ritenuta ingiusta: *questo nostro mondo umano* (v. 13)? Quale significato ritieni abbia l'aggettivo *umano* in questo contesto?

Analizzare
Lo stile e la forma del testo

8. Individua l'assonanza antisemantica (che lega cioè due termini di significato contrastante) presente nei primi due versi.

9. A quale figura retorica dell'ordine ricorre l'io lirico nei primi tre versi per scandire le dimensioni temporali di presente, futuro e passato ed enfatizzare l'ineluttabile distacco nei confronti della vita?

10. Con quale figura retorica dell'ordine nel v. 4 viene espresso il rammarico per un passato che l'io lirico sostiene di non aver goduto pienamente?

11. Con quale altra figura dell'ordine nell'ultimo verso si esplicita la compresenza di riflessione esistenziale e denuncia sociale? Quale figura di suono accentua la protesta dell'io lirico?

12. Nel v. 11 (*Io tempo ormai ne ho poco*) è presente un iperbato; inoltre il poeta utilizza una costruzione pleonastica, tipica del linguaggio parlato ma sintatticamente sbagliata. Sai spiegare queste due affermazioni?

GRAMMATICA
13. Rileggi con attenzione i primi cinque versi, che compongono un solo periodo ipotetico: qual è la proposizione reggente?

Produrre
Dalla lettura alla scrittura

14. Ritieni che le ingiustizie sociali siano una ragione che possa spingere i poeti al silenzio? O invece pensi che la poesia debba esprimere lo sdegno per le violenze e i soprusi e sensibilizzare i lettori ai temi sociali? Rispondi con un testo argomentativo di circa due colonne di foglio protocollo.

T6 Eugenio Montale La storia

La poesia, fra le più note di *Satura* (1971), è considerata l'espressione più chiara e definita della posizione di Eugenio Montale (▶ p. 424) nei confronti della realtà politico-sociale. Contro ogni concezione positiva della storia, lo scrittore mostra un radicale pessimismo sul destino dell'umanità, privo – a suo giudizio – di razionalità e di finalità.
METRO: versi liberi.

> La storia non si snoda
> come una catena
> di anelli ininterrotta.
> In ogni caso
> 5 molti anelli non tengono.
> La storia non contiene
> il prima e il dopo,
> nulla che in lei borbotti
> a lento fuoco.
> 10 La storia non è prodotta
> da chi la pensa e neppure
> da chi l'ignora. La storia
> non si fa strada, si ostina,
> detesta il poco a poco, non procede
> 15 né recede, si sposta di binario
> e la sua direzione
> non è nell'orario.
> La storia non giustifica
> e non deplora,
> 20 la storia non è intrinseca
> perché è fuori.

Vittore Grubicy de Dragon, *Mattino*, 1991, Milano, Galleria d'Arte Moderna.

20 intrinseca: letteralmente "che sta dentro"; qui assume il significato di "naturale", "comune", "familiare".

---

il percorso delle parole | Storia

Il termine *storia* ha origine dal latino *historia(m)*, derivato dal greco *historía* ("indagine", "ricerca"), connesso alla radice indoeuropea *weid-*, nel significato ampio di "vedere", "sapere".
Con questa parola si indica quella disciplina che studia i fatti passati, basandosi su fonti e narrando in forma sistematica degli eventi. Con questa accezione la parola *storia* è stata usata per la prima volta da Erodoto, scrittore greco del V secolo a.C. Dunque *storia* indica in generale una narrazione di fatti e può essere declinata in senso politico, economico, scientifico (la "storia naturale") o essere riferita a una determinata epoca o paese ("storia medievale", "storia dell'Inghilterra" ecc.). Per estensione *storia* indica in generale la narrazione di vicende reali o di fantasia. Nel linguaggio corrente vi sono molteplici usi figurati del termine, tra cui uno dei più comuni è quello di "relazione amorosa".

■ **Trovare le parole**
a. Nelle seguenti espressioni sostituisci il termine *storia* con un sinonimo adatto al contesto: "Quel ragazzo ha raccontato un mucchio di storie ai suoi genitori"; "Marco, questa è una storia per non accompagnarci a teatro!".
b. Fornisci almeno due esempi di frasi in cui il termine *storie*, al plurale, è usato in senso figurato.
c. Individua almeno un diminutivo e un peggiorativo per *storia* e spiegane il significato anche tramite un esempio.

La storia non somministra carezze o colpi di frusta.
La storia non è magistra
di niente che ci riguardi. Accorgersene non serve
25 a farla più vera e più giusta.

La storia non è poi
la devastante ruspa che si dice.
Lascia sottopassaggi, cripte, buche
e nascondigli. C'è chi sopravvive.
30 La storia è anche benevola: distrugge
quanto più può: se esagerasse, certo
sarebbe meglio, ma la storia è a corto
di notizie, non compie tutte le sue vendette.

La storia gratta il fondo
35 come una rete a strascico
con qualche strappo e più di un pesce sfugge.
Qualche volta si incontra l'ectoplasma
d'uno scampato e non sembra particolarmente felice.
Ignora di essere fuori, nessuno glie n'ha parlato.
40 Gli altri, nel sacco, si credono
più liberi di lui.

[E. Montale, *Satura*, Mondadori, Milano 2009]

23 magistra: l'idea per cui la storia sarebbe maestra di vita risale ai classici; si trova infatti in un'opera di Cicerone, il *De oratore*.

il punto su... Le filosofie della storia

Le due principali concezioni filosofiche attraverso cui si è tentato di spiegare il funzionamento della storia sono il determinismo e il finalismo.

Per "determinismo" si intende una concezione della realtà per cui ogni fenomeno è la conseguenza di determinate condizioni. Tutti gli eventi sono pertanto legati secondo un rigido rapporto di causa-effetto, che esclude di fatto la possibilità per l'uomo di effettuare una libera scelta.

Invece per "finalismo" si intende la concezione filosofica per cui tutto nell'universo tenderebbe a un fine ultimo, spesso di tipo religioso. La storia sarebbe dunque un processo regolato da un ordine superiore e provvidenziale, che tende a un progressivo miglioramento del genere umano.

Durante l'Ottocento, in Germania si sviluppò la corrente filosofica dello storicismo, secondo cui la storia è una successione di eventi ciascuno dei quali si lega con quello che lo precede e con quello che lo segue secondo leggi necessarie, individuabili razionalmente. In particolare, si affermò lo storicismo materialista, secondo cui i fattori economici condizionano ogni aspetto della realtà sociale, culturale, politica.

A questo indirizzo filosofico si oppose la corrente dell'"antistoricismo", che nega ogni finalità della storia, ogni ordinamento razionale degli eventi o disegno superiore di tipo provvidenziale e ogni concetto di sviluppo. Secondo l'antistoricismo gli eventi storici devono essere interpretati di per sé, nella loro unicità, e non come sviluppo razionale di un disegno generale: ne consegue quindi che la storia – come afferma anche Montale – non è affatto maestra di vita.

SCHEDA di LETTURA

La suddivisione tematica
La poesia presenta due parti tematicamente ben distinte, scritte a distanza di mesi l'una dall'altra. Nella prima (vv. 1-27), Montale nega alla storia ogni progetto provvidenzialistico e ironizza nei confronti delle concezioni filosofiche positive e materialistiche che intravvedono nella sua evoluzione una logica finalistica. Dopo l'amara constatazione dell'impossibilità per gli uomini di decifrare gli avvenimenti storici – e tantomeno di analizzarli a proprio vantaggio – nella seconda parte (vv. 28-41) il poeta riconosce per alcuni "scampati" la possibilità di sfuggire alla gabbia di chi vorrebbe rinchiudere la storia e gli individui in una dimensione deterministica.

L'insensatezza della storia
I primi versi contestano l'idea che le vicende umane procedono necessariamente legate da nessi di causa-effetto indissolubili. Al contrario, secondo il poeta la storia forma una catena in cui *molti anelli non tengono*. Neppure l'osservazione della sequenza cronologica fornisce chiavi interpretative certe e assolute, perché la storia sfugge a qualsiasi ideologia che tenti di definirla e prevederne il corso.
La storia non è *intrinseca*, è estranea alla volontà degli uomini (*non è prodotta/da chi la pensa e neppure/da chi l'ignora*). Prosegue senza incertezze e senza logica (*si ostina*) il proprio cammino, che muta capricciosamente (*si sposta di binario*) e si sottrae agli sforzi di chi vorrebbe ordinarlo razionalmente (*La sua direzione/non è nell'orario*).
Negli avvenimenti sociopolitici, anche in quelli che cambiano l'esistenza di milioni di persone, non è pensabile scorgere nemmeno motivi morali: la storia non assegna *carezze o colpi di frusta*. Gli uomini assistono al suo compimento senza trarre alcun insegnamento; anche la coscienza della sua insensatezza *non serve/a farla più vera e più giusta*.

La consapevolezza dell'inganno
La seconda parte della lirica lascia però intravvedere la possibilità, se non di dirigere la storia quantomeno di sfuggire al suo meccanismo cieco e imprevedibile. Pochi uomini conservano la lucidità per salvarsi dalla sua forza distruttiva (la *devastante ruspa*) nascondendosi negli angusti spazi lasciati alla libertà individuale (*sottopassaggi, cripte, buche/e nascondigli*). Come una rete che senza distinzione trascina tutto ciò che sta al fondo del mare, la storia ignora i bisogni e le aspirazioni degli uomini (*è a corto/di notizie*). Le sue azioni non intendono premiare o punire, regolare le ingiustizie e i soprusi (*non compie tutte le sue vendette*), ma soltanto proseguire la sua strada, incurante di quanti vengono travolti.
Qualcuno viene risparmiato, come un *pesce* che miracolosamente passa da uno *strappo* della rete. Gli "scampati" sono i soli a conquistare la libertà, seppur venata di infelicità. Gli *altri* credono di essere liberi e invece sono impigliati nella rete della storia, che si illudono di poter comprendere.

La rivendicazione della libertà
Gli ultimi versi svelano il significato complessivo della lirica.
Montale non si limita a contrapporre una visione nichilistica dell'esistenza dell'umanità all'ottimismo di tutti gli intellettuali che vogliono scorgere nella storia una linea coerente e prevedibile. Il poeta intende soprattutto sostenere che questa concezione positiva rende in realtà gli uomini meno liberi: fare della storia una sequenza pianificata di fatti logici priva l'uomo del suo senso di responsabilità, indispensabile per agire liberamente.
La lirica, perciò, non è una superba difesa della superiorità e del distacco dell'intellettuale nei confronti della realtà storica, ma la rivendicazione della libertà individuale. Di fronte al determinismo storico, che giustifica tutto quanto accade e condanna all'immobilità, Montale sostiene che preferisce essere libero, anche se non *particolarmente felice*.

Lo stile
Alla suddivisione tematica corrisponde quella metrica: la prima parte è formata soprattutto da versi brevi, in maggioranza settenari e ottonari, con due soli endecasillabi (vv. 14-15), ed è scandita da brevi periodi a loro volta spezzati da numerosi *enjambement*. Ciò determina il ritmo di una litania, sottolineato anche dall'insistita ripresa anaforica (*La storia non*).
Nella seconda parte, quando le riflessioni dell'io lirico si fanno più complesse e articolate, il ritmo rallenta e la misura dei versi acquista maggiore ampiezza, grazie a endecasillabi e versi irregolari anche più lunghi.

LABORATORIO

Comprendere e individuare
L'esplorazione del testo

1. In quali versi il poeta afferma che la storia sfugge persino ai tentativi di stabilire tra gli avvenimenti relazioni cronologiche?

2. Quale verbo sottolinea l'irragionevole caparbietà con cui la storia prosegue senza indugi il proprio moto?

3. Con quali forme verbali l'io lirico sostiene l'assenza di finalità e di ragioni etiche nello svolgimento degli avvenimenti storici?

4. In quale verso della seconda parte della lirica il poeta si rammarica implicitamente del fatto che la storia non trascina via con sé tutti quelli che, in realtà, lo meriterebbero?

Interpretare e riflettere
La scoperta del testo

5. Qual è il significato dei versi *nulla che in lei borbotti/a lento fuoco* (vv. 8-9)?
   A. ☐ Gli avvenimenti storici si devono analizzare con calma
   B. ☐ La storia è il frutto di un lungo processo di elaborazione
   C. ☐ La storia non è il prodotto di decisioni a lungo meditate
   D. ☐ La storia procede nonostante i malumori degli uomini

6. Nei primi versi della poesia rieccheggia un concetto già espresso in *I limoni*, lirica pubblicata nella prima opera di Montale (*Ossi di seppia*, 1925): *talora ci si aspetta/di scoprire uno sbaglio di Natura,/il punto morto del mondo, l'anello che non tiene*. Ritieni che i due testi siano tematicamente identici o che è possibile scorgere in essi una differenza? Rifletti, in particolare, sulle prime parole della citazione riportata.

Analizzare
Lo stile e la forma del testo

7. Nella prima parte, la lirica ha una fitta trama musicale. Ricerca le rime, le assonanze e le consonanze a fine verso.

8. Individua i quattro novenari che compaiono nella seconda parte della poesia.

9. Riporta la metafora e la similitudine con cui Montale rappresenta la furia cieca e devastatrice della storia.

10. A quale figura retorica ricorre Montale per sottolineare la condizione esistenziale dello *scampato* che *non sembra particolarmente felice* (v. 38)?
    A. ☐ Ossimoro   C. ☐ Iperbole
    B. ☐ Antitesi   D. ☒ Litote

GRAMMATICA

11. Nella frase *una rete a strascico/con qualche strappo* (vv. 35-36), l'espressione sottolineata è un complemento di
    A. ☐ unione   C. ☐ qualità
    B. ☐ modo   D. ☐ causa

12. La lirica ha un tono colloquiale. Quale errore tipico del linguaggio parlato compare nei versi *La storia non è poi/la devastante ruspa che si dice* (vv. 26-27)?

13. Nel descrivere il comportamento della storia, l'io lirico afferma: *se esagerasse, certo/sarebbe meglio* (vv. 31-32). Si tratta di un periodo ipotetico della
    A. ☐ realtà   B. ☐ possibilità   C. ☐ irrealtà

Produrre
Dalla lettura alla scrittura

14. A differenza di una nota sentenza dell'oratore latino Cicerone, Montale ritiene che la storia non è maestra di vita e che, quindi, gli uomini non apprendono nulla dagli avvenimenti del passato. Qual è la tua opinione? Scrivi un testo argomentativo di circa tre colonne di foglio protocollo, esponendo nell'ordine che ritieni più opportuno: il problema, la tesi, almeno due argomenti a favore della tesi, l'antitesi con almeno un argomento a supporto e la confutazione dell'antitesi.

15. Secondo te, gli "scampati" di cui Montale parla nella poesia appartengono a una specifica classe sociale o professionale, o in tutte le svariate categorie umane vi sono individui dotati della sensibilità e della lucidità necessarie a scoprire la vera natura della storia? Rispondi con un testo di circa quindici righe.

VERIFICA DELLE COMPETENZE

MODELLO INVALSI

Leggi il seguente testo e poi rispondi alle domande.

T7 Edoardo Sanguineti Ballata delle donne

Edoardo Sanguineti nacque a Genova nel 1930. Professore universitario di Letteratura italiana, fu uno dei principali animatori del movimento della Neovanguardia e membro del "Gruppo 63", che negli anni Sessanta promosse la sperimentazione linguistica, distaccandosi dalle poetiche tradizionali. Poeta, saggista, narratore e traduttore, esordì in poesia con la raccolta *Laborintus* (1956), a cui seguirono *Triperuno* (1964) e *Wirrwatt* (1971), termine tedesco che allude al caos. Nelle raccolte degli anni successivi, come *Stracciafoglio* (1980) e *Scartabello* (1981), Sanguineti recuperò alcuni aspetti della tradizione poetica. Le sue liriche assumono un andamento diaristico e intimo, trattando anche temi autobiografici, pur continuando a praticare una linea espressiva che fa ricorso all'ironia e alla deformazione parodica della vita quotidiana. Nel 2004 uscì una raccolta che racchiude gran parte della sua produzione, *Mikrokosmos. Poesie 1951-2004*. Morì a Genova nel 2010.
In questa lirica del 1985 il poeta celebra la forza, la passione e l'intelligenza delle donne, senza incorrere nella retorica e nel sentimentalismo.
METRO: sestine di versi liberi.

Quando ci penso, che il tempo è passato,
le vecchie madri che ci hanno portato,
poi le ragazze, che furono amore,
e poi le mogli e le figlie e le nuore,
5   femmina penso, se penso una gioia:
pensarci il maschio, ci penso la noia.

quando ci penso, che il tempo è venuto,
la partigiana che qui ha combattuto,
quella colpita, ferita una volta,
10   e quella morta, che abbiamo sepolta,
femmina penso, se penso la pace:
pensarci il maschio, pensare non piace.

quando ci penso, che il tempo ritorna,
che arriva il giorno che il giorno raggiorna,
15   penso che è culla una pancia di donna,
e casa è pancia che tiene una gonna,
e pancia è cassa, che viene al finire,
che arriva il giorno che si va a dormire.

perché la donna non è cielo, è terra
20   carne di terra che non vuole guerra:
è questa terra, che io fui seminato,
vita ho vissuto che dentro ho piantato,
qui cerco il caldo che il cuore ci sente,
la lunga notte che divento niente.

25   femmina penso, se penso l'umano:
la mia compagna, ti prendo per mano.

[E. Sanguineti, *Mikrokosmos. Poesie 1951-2004*, Feltrinelli, Milano 2004]

Salvador Dalí, *Figura a una finestra*, 1925, Madrid, Museo Nacional Centro de Arte Reina Sofía.

VERIFICA DELLE COMPETENZE

1. Nella prima strofa, quale rima – che lega due termini di significato contrastante – sottolinea i sentimenti contrapposti provocati dalle donne e dagli uomini?

2. In quale sestina l'io lirico fa riferimento alle donne che ogni uomo può incontrare nel corso della sua vita?

3. Considerato che Sanguineti è nato nel 1930, in quale verso il poeta allude a un episodio che probabilmente ha vissuto durante la sua adolescenza?

4. Qual è il significato dei versi *il tempo ritorna,/che arriva il giorno che il giorno raggiorna* (vv. 13-14)?
   A. ☐ La nascita di un bimbo è come l'alba di un giorno nuovo
   B. ☐ Gli eventi del passato ritornano alla luce del presente
   C. ☐ Bisogna vivere la vita giorno dopo giorno
   D. ☐ Grazie alle donne per ogni uomo arriva il giorno della felicità

5. Individua le metafore con cui il poeta indica la pancia delle donne incinte, connotandolo come un luogo protettivo e accogliente.

6. Nella tradizione poetica spesso la donna è concepita e descritta come una creatura angelica: in quale verso Sanguineti contesta questa visione idealizzata della donna?

7. Ricerca nella quarta sestina i termini in rima con cui si pone in relazione la fecondità femminile con il ciclo di riproduzione della natura.

8. Il v. 24 (*la lunga notte che divento niente*) è metafora della morte. In quale verso precedente Sanguineti aveva già alluso alla morte con un'altra metafora?

9. Anche se la ballata celebra la figura femminile senza alcuna distinzione, a quale donna in particolare il poeta sembra dedicare il suo componimento? Rifletti sugli ultimi versi.
   A. ☐ La madre
   B. ☐ La moglie
   C. ☐ La figlia
   D. ☐ Le partigiane

10. Nella poesia compaiono passato, presente, futuro. Quali sono le tre immagini femminili che definiscono le tre diverse dimensioni temporali di ogni esistenza umana?

Passato	....
Presente	....
Futuro	....

11. Per quanto riguarda l'aspetto metrico, la ballata presenta versi di misura variabile ma uno schema definito di rime che conferisce al componimento il ritmo di una filastrocca. Di quale schema si tratta?
    A. ☐ Rime baciate
    B. ☐ Rime alternate
    C. ☐ Rime incatenate
    D. ☐ Rime incrociate

12. Quale particolare fenomeno metrico viene ripetuto nei vv. 9-10? Ripensa ai vari tipi di rime che conosci.

13. Una figura di suono ricorre nel corso dell'intera poesia, talvolta utilizzata in modo più insistito (come per esempio nei vv. 11-12). Di quale figura si tratta?

14. Quale figura dell'ordine caratterizza la ripresa delle prime tre terzine?
    A. ☐ Parallelismo
    B. ☐ Chiasmo
    C. ☐ Anafora
    D. ☐ Allitterazione

15. Nel verso *pensarci il maschio, ci penso la noia* (v. 6), la proposizione sottolineata è una subordinata
    A. ☐ causale
    B. ☐ oggettiva
    C. ☐ condizionale
    D. ☐ modale

Vera Janova, *Volto*, 1929, Cuneo, Galleria d'arte.

UNITÀ 8
La poesia satirica

IL PRECURSORE DEL GENERE

- T1 Orazio
  «Est modus in rebus»

- T2 Cecco Angiolieri
  Si i' fosse fuoco, ardereï 'l mondo

- T3 Ludovico Ariosto
  Satira I

- T4 Guido Gozzano
  Il Re di Tempeste

- T5 Giorgio Caproni
  Palingenesi

VERIFICA DELLE COMPETENZE

- T6 Stefano Benni
  Il lamento del mercante d'armi

ONLINE

TESTI INTEGRATIVI
- Giacomo Leopardi
  I topi carbonari

Eugenio
Tutor di Italiano

Eugenio, il tutor online che guida nell'analisi interattiva e adattiva (testi di ■ L. Ariosto; ■ G. Gozzano)

Le caratteristiche della poesia satirica

La parola "satira" deriva dal latino *satura lanx*, espressione che indicava un piatto preparato durante alcuni riti religiosi. Si trattava di una specialità gastronomica basata su diverse primizie offerte agli dèi. Perciò l'etimologia richiama la **natura eterogenea** della **satira latina**, forma di spettacolo specifica della cultura romana, caratterizzata dall'accostamento di testi recitati, danze e musiche.

Invece oggi con l'espressione "satira" intendiamo un genere di componimento che analizza idee, vizi e difetti tipici di una persona, di una categoria di individui o di una società intera con l'intento di criticarli, mantenendo un **atteggiamento divertito** e **canzonatorio**.

Come in un piatto misto vi sono diversi ingredienti, così nella satira possono convivere molteplici argomenti, forme e linguaggi. Pur nelle differenze da un autore a un altro e tra i vari periodi storici, è possibile comunque cogliere alcune tendenze tematiche e stilistiche ricorrenti. L'obiettivo principale della satira è mostrare le **contraddizioni** e gli **aspetti paradossali** dell'esistenza e della società, mantenendo un **ironico distacco** mentre si cerca di suscitare il sorriso. Però, la battuta scherzosa o la presa in giro non sono finalizzate esclusivamente al divertimento ma invitano il lettore anche a **riflettere sulla realtà** circostante, a guardarla attraverso un punto di vista alternativo rispetto a quello abituale. Alla base della satira c'è dunque sempre un **impulso etico**, che in alcuni casi si trasforma in **sdegno morale**.

In sintesi, l'analisi della realtà compiuta della satira è caratterizzata dalle seguenti modalità espressive:

- la ricerca e l'esasperazione degli **aspetti ridicoli** di fatti e persone;
- il **gusto per il paradosso**, che apre al lettore la possibilità di giungere a una visione nuova o inconsueta della realtà;
- il ricorso al **processo antifrastico**, che consiste nell'affermare il contrario di quanto si pensa attenuandone però la violenza polemica con l'ironia;
- uno **sguardo relativistico**, ottenuto attraverso il rovesciamento o la parodia di autorità, princìpi e verità costituiti.

La storia del genere

Un'invenzione romana

Già in alcuni autori della letteratura greca è possibile cogliere un atteggiamento satirico nei confronti delle mode culturali o dei malaffari della politica. Per esempio, in *Le Nuvole*, il commediografo **Aristofane** (▶ p. 511) derise i sistemi educativi di Socrate e dei filosofi sofisti e in *Le Vespe* criticò le leggi ateniesi e la mania dei suoi concittadini di impegnarsi in continue liti giudiziarie.

Tuttavia sono alcuni scrittori romani vissuti tra il III e il II secolo a.C., **Nevio**, **Ennio**, **Lucilio** e **Varrone**, a essere considerati gli inventori della poesia satirica come gene-

il percorso delle parole | Politica

Il termine *politica* deriva dal greco *politiké*, "arte politica", sostantivo di *politikós* ("politico"), da *polis*, "città". L'etimologia di questo vocabolo rimanda dunque alla dimensione della vita pubblica e associata e al concetto di Stato, designando la scienza o l'arte di governare. Poiché la vita pubblica riguarda diversi ambiti di influenza, si parla oggi di politica interna, estera, economica, internazionale, sociale ecc. In senso più ampio, si intende per *politica* un modo di governare, che può essere legato a un personaggio storico (per esempio, "la politica napoleonica") o a un atteggiamento riconoscibile nella prassi storica ("una politica machiavellica"). Per estensione si indica con *politica* ogni atteggiamento, strategia, comportamento di un singolo o di un gruppo (un'azienda, una società), indirizzato a ottenere specifici risultati (per esempio, "la politica dei prezzi di quell'istituto di credito non ha dato i risultati sperati").

■ Trovare le parole
a. Sai spiegare che cosa si intende con l'espressione "prezzo politico"?
b. Svolgi una piccola ricerca e spiega che cosa si intende per "scienze politiche", "storia politica", "geografia politica".
c. Nelle seguenti espressioni figurate sostituisci le parole sottolineate con sinonimi adatti al contesto: "L'intervento di Giulia nella discussione è stato troppo diretto e poco politico"; "Durante l'assemblea di istituto il rappresentante degli studenti si è comportato in modo ingenuo: avrebbe dovuto agire politicamente".

---

re letterario. Però, fu **Orazio** (▶ p. 230) a dare a alla satira una forma compiuta. Le sue opere prendono spunto da avvenimenti quotidiani e, attraverso uno sviluppo narrativo e colloquiale, inducono il lettore a riflettere sui modi di vita della società romana, assumendo un tono ora moraleggiante, ora ironico o polemico (▶ T1, p. 229).
Orazio influenzò alcuni importanti autori del I secolo d.C. Nel romanzo *Satyricon*, **Petronio** (I secolo d.C.) denunciò il lusso e i vizi della classe dirigente imperiale. **Persio** (34-62) scrisse satire sulla libertà dell'intellettuale, il ruolo della poesia, l'arroganza dei potenti, la condanna dell'avidità. Invece le satire di **Giovenale** (55-135 ca.) erano pervase dall'odio del poeta nei confronti dei ricchi e degli aristocratici e dal disprezzo nei confronti di donne e omosessuali.

La poesia comico-realistica medioevale

Tra la fine del Duecento e l'inizio del Trecento si diffuse in Toscana la cosiddetta **poesia comico-realistica** (▶ p. S43), caratterizzata dal gusto per l'eccesso e per la caricatura e dal desiderio di scandalizzare la società medioevale, la cui mentalità era dominata dai valori del cristianesimo. Il fiorentino **Rustico Filippi** (▶ p. 76) è considerato l'iniziatore del genere. Tuttavia l'esponente più noto è il senese **Cecco Angiolieri** (▶ T2, p. 233), autore di poesie in cui manifesta provocatoriamente la sua passione per le donne, per l'osteria e per il gioco d'azzardo, lamenta la sua misera condizione economica e mostra odio nei confronti dei poteri costituiti.

La "poesia burlesca" e le *Satire* di Ariosto

Anche durante l'epoca umanistico-rinascimentale restò vivo il gusto per la caricatura e lo scherzo, che diede vita alla cosiddetta "poesia burlesca". In essa si distinsero autori come **Lorenzo de' Medici** (▶ p. 299) e **Francesco Berni** (▶ p. 283).
Nel Cinquecento, con **Ludovico Ariosto**, il genere satirico si riavvicinò al modello oraziano. L'autore dell'*Orlando furioso* scrisse sette *Satire* in terzine di endecasillabi e in forma di lettera indirizzate a parenti e amici. Traendo spunto da vicende autobiografiche, con tono ironico – e spesso autoironico – Ariosto stimola riflessioni morali e filosofiche: critica la vita cortigiana e propone il suo personale stile di vita, dedicato agli studi letterari e alla famiglia (▶ T3, p. 233).

L. Ariosto
La verginella è simile alla rosa

La satira dall'Illuminismo all'Ottocento

L'esempio di poesia satirica più rilevante nell'Italia del XVIII secolo fu **Giuseppe Parini** che pubblicò *Il Giorno*, poemetto satirico in cui narrava la vita quotidiana di un giovane aristocratico milanese, sottolineandone con ironia la corruzione morale e il parassitismo sociale (▶ U6, T3, p. 172).

G. Leopardi
I topi carbonari

Tra i grandi autori **romantici**, **Giacomo Leopardi** si dedicò alla poesia satirica: nei *Paralipomeni alla Batracomiomachia* sbeffeggiò l'ottimismo degli intellettuali e i loro fallimenti politici, mentre nella poesia *I nuovi credenti* è la fede religiosa il bersaglio della sua polemica. Nell'Ottocento il genere satirico si espresse anche in dialetto, con le opere del milanese **Carlo Porta** (1775-1821) e del romano **Giuseppe Gioacchino Belli** (1791-1863). Dando voce a divertenti figure di popolani, nei loro componimenti questi autori espressero il punto di vista delle classi più umili su questioni politiche, sociali, filosofiche ed esistenziali.

Il Novecento e la satira contemporanea

G. Gozzano
Totò Merùmeni

Nel primo Novecento il torinese **Guido Gozzano** tratteggiò un garbato ritratto satirico del grigio mondo borghese della provincia piemontese. Con autoironia velata di amarezza, inoltre affrontò il tema del rapporto tra vita e arte, mostrando un gusto parodistico nei confronti delle forme della letteratura "alta", sottolineato anche dall'abile impasto linguistico tra espressioni comuni e colloquiali e altre desuete e di tono elevato (▶ T4, p. 242). Nella seconda metà del Novecento, la satira si fuse con lo sdegno morale e con l'impegno politico. Nella sua ultima raccolta poetica, *Satura* (▶ U7, T6, p. 218), **Eugenio Montale** sottolineò con sarcasmo i problemi e le debolezze della società italiana degli anni Sessanta, sempre più segnata dai problemi dello sviluppo industriale e dal consumismo. Anche **Franco Fortini** (▶ p. 17) e **Giovanni Giudici** (1924-2011) utilizzarono l'ironia per riflettere sui problemi della realtà politica e sociale contemporanea. **Giorgio Caproni** volse il suo sguardo nei confronti di un'umanità che gli sembrava ormai avviata verso un processo di autodistruzione (▶ T5, p. 246).

Oggi la satira alla poesia preferisce altre forme di comunicazione, come il **fumetto**, gli *sketch* teatrali e televisivi. Tuttavia la poesia satirica non è scomparsa. Molti autori contemporanei sono attenti ai costumi e alle abitudini della società e la ritraggono con ironia e sarcasmo. Tra gli esempi più efficaci e divertenti ricordiamo la produzione in versi di un narratore e poeta molto noto come **Stefano Benni** (▶ T6, p. 249).

---

il punto su... | Le tecniche e i generi della letteratura satirica

Tra le tecniche ricorrenti nella satira un ruolo di primo piano è svolto dall'ironia, figura retorica che consiste nel dire il contrario di ciò che si pensa, lasciando comunque al lettore la possibilità di decifrare il vero significato del messaggio dal contesto o dall'intonazione del discorso. Per esempio, le esclamazioni comuni "Ma bravo!" o "Sei un vero signore!" riferite a chi ha avuto un comportamento scorretto o maleducato sono tipiche espressioni ironiche. Esistono vari tipi e gradazioni di ironia: può essere bonaria e leggera oppure offensiva. In quest'ultimo caso si trasforma in sarcasmo.

Gli obiettivi della satira possono essere perseguiti attraverso alcune specifiche forme espressive: la parodia, la caricatura, la farsa. La parodia è l'imitazione di qualcosa in chiave comica e con intento ridicolizzante. Ha sempre come presupposto un modello (per esempio un classico della letteratura) e può realizzarsi non solo in campo letterario ma anche sotto forma di fumetto, film o sceneggiato televisivo. Rientra nella parodia anche la caricatura, ovvero la rappresentazione accentuata dei caratteri di un soggetto a scopo umoristico. La farsa è un tipo di rappresentazione teatrale, che ha come soggetto temi e situazioni stravaganti trattati in forma comica e grottesca.

LA MAPPA DELLE CONOSCENZE

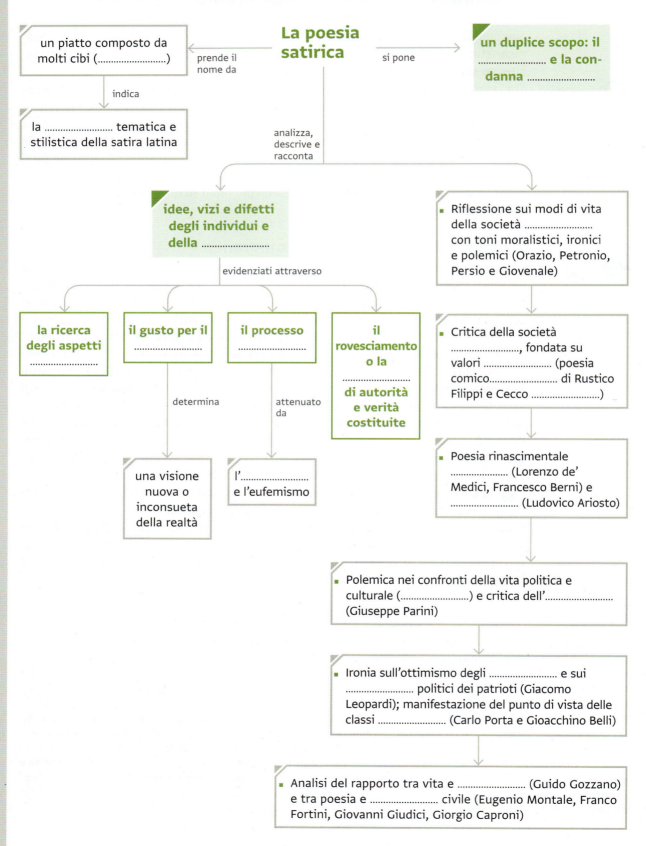

Il precursore del genere

T1 Orazio «Est modus in rebus»

Il brano seguente è la prima parte del componimento che apre il primo libro delle *Satire*. Il testo affronta due temi ricorrenti del genere satirico: le inutili proteste degli uomini nei confronti della propria sorte e la loro insopprimibile avidità. Attraverso l'espressione divenuta proverbiale, "c'è una misura in tutte le cose", Orazio sostiene il suo ideale di *aurea mediocritas*, ossia di saggia moderazione che deve caratterizzare l'esistenza dell'uomo.
METRO: esametro dattilico.

Com'è, o Mecenate, che nessuno vive contento della sorte
che la ragione gli ha dato o il caso gli ha gettato davanti,
e tutti invece non fanno che esaltare chi persegue una vita diversa?
«Fortunati i mercanti!» dice il soldato appesantito
5 dagli anni, le membra ormai rotte dalla lunga fatica.
E il mercante, da parte sua, mentre gli Austri sballottano la nave:
«Meglio soldato. Che cos'è in fin dei conti? Ci si scontra: nel volger
di un'ora viene rapida la morte o la vittoria gioiosa».
Fa l'elogio del contadino l'esperto di diritto e di leggi,
10 quando, sul cantare del gallo, il cliente gli batte alla porta.
L'altro invece, che, per aver presentato malleverie, viene tratto a forza dalla
                                                             [campagna in città,
va proclamando felice soltanto chi vive in città.
Gli altri casi di questo genere varrebbero – tanto son numerosi – a sfinire
una lingua come quella di Fabio. Per farla breve, ascolta
15 dove vado a parare. Se un dio dicesse: «Ecco,
io ora farò ciò che volete: sarai mercante, tu che eri poc'anzi soldato;
tu, prima giureconsulto, sarai campagnolo. Voi da questa parte,
e voi andate da quest'altra, a ruoli scambiati. Ehi,
che fate lì impalati?», non vorrebbero. Eppure è dato loro di esser felici.
20 E allora, c'è ragione perché Giove, giustamente adirato,
non debba gonfiare tutt'e due le guance e dire che d'ora in avanti
non sarà più tanto condiscendente, da porgere orecchio alle preghiere?
Passiamo ad altro, per non continuare fino in fondo la tirata scherzosa,
come un buffone la farsa (per quanto, che cosa vieta di dire la verità
25 ridendo, come maestri amorevoli che danno pasticcini
ai fanciulli, per invogliarli a imparare l'abbicì?).

---

1 Mecenate: aristocratico romano di origini etrusche, Gaio Clinio Mecenate (69-8 a.C.) fu amico e consigliere di Augusto. Uomo raffinato e di profonda cultura, dette vita a un circolo di letterati vicini all'imperatore, tra cui Virgilio, Orazio, Properzio, autori da lui sostenuti economicamente; la sua politica di protezione degli artisti era parte integrante del progetto di restaurazione politica dell'età augustea.
6 Austri: venti che soffiano da Sud; qui indica genericamente dei venti impetuosi.
11 per aver presentato… città: nell'antica Roma chi veniva citato in giudizio doveva procurarsi dei garanti ("mallevadori"), perché assicurassero che l'imputato si presentasse in tribunale il giorno fissato. Qui il contadino (*l'altro*), dopo aver presentato dei garanti, viene trascinato a forza in città dalla campagna.
14 Fabio: allusione a Quinto Fabio Massimo, personaggio del tempo noto per essere un chiacchierone.
17 giureconsulto: uomo di legge, solitamente appartenente alla classe dei senatori.
23 tirata scherzosa: lungo discorso, invettiva che assume toni bonari.

E tuttavia lasciamo perdere il gioco e occupiamoci di cose serie:
colui che con il duro aratro rivolta la terra pesante,
questo oste imbroglione, il soldato e i marinai che per il mare
30 tutto corrono audaci, dicono costoro di sopportare
i disagi con questa sola intenzione, di potersi ritirare, da vecchi,
in un riposo sicuro, quando avranno messo assieme di che vivere:
come fa la formica – ecco il solito esempio – animaletto di grandi fatiche,
che trascina con la bocca tutto quello che può e l'aggiunge al mucchio
35 che sta accumulando, perché non è improvvida e pensa al futuro.
Lei però, non appena l'Acquario fa cupo il volger dell'anno,
non s'arrampica più fuori da nessuna parte e si nutre delle cose
che, saggia, si è procurata prima; te invece non ti distoglierebbe dal guadagno
il ribollire della calura, né freddo o fuoco, né mare o ferro,
40 niente ti sarebbe di ostacolo, purché non ci sia un altro più ricco di te.
Che piacere provi a sotterrare, pieno di paura, in una fossa
scavata di nascosto, una quantità immensa di argento e d'oro?
"Fatto sta che se cominci a intaccarlo, ti si riduce a un miserabile soldo".
Ma, se ciò non avviene, qual è la bellezza di un mucchio messo assieme?

[Orazio, *Satire*, trad. it. di M. Labate, Rizzoli, Milano 1981]

36 non appena... dell'anno: espressione che indica l'inizio (*volger*) dell'anno, rabbuiato (*fa cupo*) dalla costellazione dell'Acquario, nella quale il Sole entra nel mese di gennaio.

Quinto Orazio Flacco, nato nel 65 a.C. a Venosa, colonia romana al confine tra Lucania e Apulia, era figlio di un liberto (schiavo affrancato, cioè reso libero dal suo padrone). Orazio compì studi regolari a Roma e completò la sua istruzione ad Atene, dove studiò filosofia. Durante la guerra civile tra Ottaviano e i cesaricidi Bruto e Cassio, si schierò a fianco di quest'ultimi e combatté nella celebre battaglia di Filippi (42 a.C.). Dopo la vittoria di Ottaviano beneficiò di un'amnistia e si stabilì a Roma, dove entrò in contatto con Virgilio e Varo, due illustri poeti appartenenti al circolo di Mecenate, a cui venne ammesso nel 38 a.C. Mecenate gli donò una villa e un podere nella campagna della Sabina, così il poeta poté dedicarsi esclusivamente agli studi e alla letteratura, conducendo un'esistenza appartata. Tra il 35 e il 30 a.C. pubblicò i due libri delle *Satire* (da lui chiamati *Sermones*, "conversazioni") e il libro degli *Epodi*. Tra il 30 e il 23 a.C. compose i primi tre libri delle *Odi*, opera fondamentale per la letteratura romana, in cui trasferì per primo i metri della lirica greca nella poesia latina. In seguito terminò le *Epistole* (il primo libro era stato già pubblicato nel 20 a.C.), tra cui la celebre *Ars poetica*, in cui affronta questioni di tipo letterario, e il IV libro delle *Odi*. Morì l'8 a.C.

SCHEDA di LETTURA

Lo sviluppo degli argomenti
Orazio articola il discorso introduttivo della satira in due fasi a loro volta bipartite, adottando una struttura simmetrica. Nella prima parte sottolinea l'abitudine degli uomini di lamentarsi della propria condizione e, in particolare, di manifestare a gran voce il desiderio di svolgere un altro lavoro (vv. 1-14): si tratta in realtà di un vezzo, di chiacchiere inconsistenti a cui non corrisponde l'effettiva volontà di cambiare. Infatti il poeta sostiene che se davvero fosse offerta l'opportunità di mutare la propria vita nessuno darebbe seguito a quanto un attimo prima andava dicendo (*Per farla... preghiere*, vv. 14-22). Anche nella seconda parte lo sguardo ironico di Orazio coglie le contraddizioni dei comportamenti umani. Ogni individuo garantisce di non vedere l'ora di possedere una cifra che gli permetta di ritirarsi dalle occupazioni faticose e di godersi in vecchiaia il meritato riposo, vivendo in serenità con quanto ha risparmiato nel corso degli anni (vv. 23-35). Ma anche in questo caso alle parole non seguono i fatti. Orazio afferma che non c'è uomo che rinunci ad arricchirsi, ad accumulare senza tregua una *quantità immensa di argento e d'oro*. Tutti temono che le loro fortune si riducano a un *miserabile soldo* e consumano la vita senza godersi *la bellezza di un mucchio messo assieme* (vv. 36-44).

La condanna dell'avidità
Dunque, secondo Orazio, il comportamento degli uomini è caratterizzato dall'incapacità di accettare serenamente quanto è stato loro riservato dalla sorte. Aspirano continuamente a una vita diversa, guardano con invidia quella degli altri e trascorrono la propria in attesa di *potersi ritirare*. Nel contempo, però, se ne avessero l'occasione non avrebbero la forza d'animo per assecondare i loro desideri, o perché timorosi di abbandonare le abitudini o perché accecati dall'avidità.
Ciò che appare un peso insostenibile per l'avvocato è la segreta aspirazione del contadino e il mercante scambierebbe volentieri i pericoli dei viaggi d'affare con quelli della guerra, anche a rischio di una rapida morte. Tuttavia sono soltanto dichiarazioni infondate: dinanzi alla possibilità di scambiare i ruoli, tutti resterebbero *lì impalati*, magari perdendo l'opportunità *di esser felici*.
Continuando a restare prigionieri del proprio destino, gli uomini cercano una nuova consolazione: si illudono di porre fine a fatiche, disagi o pericoli legati ai diversi lavori *quando avranno messo assieme di che vivere*. Anche in questo caso, secondo Orazio, quanto viene sognato per una vita intera non si realizzerà. Gli uomini non possiedono l'equilibrio e la pacatezza delle formiche, che all'arrivo dell'inverno si rifugiano nelle tane e si nutrono di quanto hanno pazientemente raccolto nelle stagioni precedenti. Spinti dall'avidità non sanno arrestarsi e, per il timore di perdere ricchezze mai godute, rinviano a un futuro imprecisato il momento in cui cesseranno di lavorare e si concederanno il *riposo sicuro* vagheggiato per anni.

Lo stile
Secondo la prassi del genere satirico, Orazio adotta uno stile colloquiale, favorito dal rapporto confidenziale che lo scrittore stabilisce con l'interlocutore. Mecenate viene chiamato più volte in causa con diverse domande (*Com'è, o Mecenate*) e con riferimenti ironici a conoscenze comuni (*una lingua come quella di Fabio*). Il "colloquio" con l'interlocutore è infra-

Maschera di satiro in marmo, II secolo d.C., Roma, Musei Capitolini.

SCHEDA di LETTURA

mezzato con formule ed espressioni tipiche del linguaggio parlato (*Per farla breve*, *dove vado a parare*, *lasciamo perdere*).
Il fine educativo e morale della satira impone un'argomentazione scorrevole e lineare. Orazio esemplifica le proprie idee ricorrendo a semplici similitudini, accessibili a un lettore comune: uno spettacolo comico di gusto popolare, i discutibili sistemi didattici di *maestri amorevoli*, la proverbiale saggezza delle formiche previdenti.

LABORATORIO

Comprendere e individuare
L'esplorazione del testo

1. Quali sono i due "strumenti" che, secondo Orazio, influenzano l'esistenza degli uomini?

2. Compila la tabella, indicando quali sono gli aspetti spiacevoli di ciascuno dei lavori menzionati nella satira.

Mercante	....
Soldato	....
Contadino	....
Avvocato	....

3. Con quale particolare descrittivo viene raffigurata la rabbia di Giove per il comportamento incoerente degli uomini?

4. Orazio sembra quasi volersi scusare per la banalità della similitudine con la formica proposta: quale frase lascia intendere ciò?

Interpretare e riflettere
La scoperta del testo

5. Il testo affronta due argomenti; quale di questi Orazio mostra di ritenere più importante? Giustifica la tua risposta con opportuni riferimenti al testo.

6. La satira affronta anche temi seri, ma con tono leggero e ironico. In quali versi è possibile cogliere un'allusione alla particolarità di questo genere letterario?

7. Qual è la tesi contenuta implicitamente nell'ultima domanda, al v. 44?

A. ☐ Il piacere di possedere ricchezze sta nel goderle
B. ☐ Il denaro non può dare la felicità
C. ☐ La bellezza vale più di qualsiasi ricchezza
D. ☐ È bene non sperperare il denaro guadagnato con fatica

Analizzare
Lo stile e la forma del testo

8. Quale figura retorica viene utilizzata nelle espressioni *una lingua come quella di Fabio* (v. 14), *duro aratro* (v. 28), *né mare o ferro* (v. 39)?

9. Quali espressioni utilizza Orazio per segnalare al suo interlocutore, ma naturalmente anche al lettore, che sta cambiando argomento?

GRAMMATICA
10. Nella frase *dicono costoro di sopportare/i disagi con questa sola intenzione, di potersi ritirare* (vv. 30-31), la proposizione sottolineata è una subordinata
    A. ☐ finale   C. ☐ dichiarativa
    B. ☐ modale   D. ☐ condizionale

Produrre
Dalla lettura alla scrittura

11. Riscrivi i vv. 4-12, sostituendo i lavori proposti da Orazio con altri tipici della società contemporanea. Ti forniamo un modello.
    «Fortunati i broker!» dice l'informatico stordito dallo schermo, gli occhi annebbiati dalla gestione delle stringhe.
    E il broker, da parte sua, sballottato dagli up e down della Borsa:
    «Meglio informatico. Che vuoi che sia? Si segue un protocollo
    e prima poi arriva un bug o un algoritmo».

T2 Cecco Angiolieri S'i' fosse fuoco, ardereï 'l mondo

In questo famoso sonetto, uno dei più noti della letteratura italiana medioevale, Cecco Angiolieri propone un autoritratto violentemente satirico. Il poeta irride i valori e le istituzioni della società contemporanea ed esprime in modo iperbolico e beffardo i propri desideri.
METRO: sonetto con schema delle rime ABAB ABAB CDC DCD.

S'i' fosse fuoco, ardereï 'l mondo;
s'i' fosse vento, lo tempestarei;
s'i' fosse acqua, i' l'annegherei;
s'i' fosse Dio, mandereil' en profondo;

5 s'i' fosse papa, allor serei giocondo,
ché tutti cristïani imbrigarei;
s'i' fosse 'mperator, ben lo farei:
a tutti tagliarei lo capo a tondo.

S'i' fosse morte, andarei a mi' padre;
10 s'i' fosse vita, non starei con lui:
similemente faria da mi' madre.

S'i' fosse Cecco, com'i' sono e fui,
torrei le donne giovani e leggiadre:
le zoppe e vecchie lasserei altrui.

[in G. Contini (a cura di), *Poeti del Duecento*, Ricciardi, Milano-Napoli 1960]

1 **S'i' fosse... mondo:** se io fossi fuoco, brucerei il mondo.
2 **lo tempestarei:** lo sconvolgerei con tempeste.
3 **l'annegherei:** lo sommergerei per annegarlo.
4 **mandereil' en profondo:** lo farei sprofondare.
5 **serei giocondo:** sarei felice.
6 **imbrigarei:** metterei nei guai.
8 **a tondo:** interamente.
12 **com' i' sono e fui:** come sono in verità, e come sono sempre stato; il passaggio dal congiuntivo (*fossi*) all'indicativo (*sono, fui*) riporta il discorso sul piano della realtà e sdrammatizza quanto detto nelle strofe precedenti.
13 **torrei:** prenderei.
14 **altrui:** agli altri.

Miniatura veneta del Trecento raffigurante un'epidemia di peste.

Cecco (Francesco) **Angiolieri** nacque a Siena intorno al 1260, membro di una nobile e ricca famiglia di parte guelfa. Nei documenti dell'epoca da cui si possono trarre notizie sulla sua vita si dice che fu coinvolto in numerose risse e in processi. Sappiamo anche che dilapidò il patrimonio paterno e che morì in miseria, probabilmente intorno al 1313. Di lui si conservano circa un centinaio di sonetti, tra cui alcuni vicini al gusto della scuola siculo-toscana (▶ p. S52). Frequentò anche i poeti stilnovisti (▶ p. 253) a lui contemporanei, come è attestato da tre sonetti che inviò a Dante. Nonostante la vita sregolata e il temperamento passionale e violento, il ritratto che ha lasciato di sé nella sua opera non deve essere preso alla lettera. L'odio esasperato verso i genitori e le istituzioni del tempo rientra infatti nel gusto parodico e nelle forme della letteratura comico-realistica. Analogamente, la sua poesia non va interpretata semplicemente in chiave bassa e popolare, essendo il frutto di una precisa elaborazione retorica e stilistica che si inserisce in un filone consolidato della tradizione letteraria.

vite di scrittori — *Tre cose solamente m'ènno in grado*

In questo sonetto Cecco Angiolieri fornisce un altro autoritratto negativo, descrivendosi come un impenitente donnaiolo che, se non avesse problemi economici e se il padre non fosse così avaro, trascorrerebbe le sue giornate all'osteria a bere e giocare d'azzardo.

Tre cose solamente m'ènno in grado,
le quali posso non ben ben fornire,
cioè la donna, la taverna e 'l dado:
queste mi fanno 'l cuor lieto sentire.

5 Ma sì mme le convene usar di rado,
ché la mie borsa mi mett' al mentire;
e quando mi sovien, tutto mi sbrado,
ch'i' perdo per moneta 'l mie disire.

E dico: "Dato li sia d'una lancia!",
ciò a mi' padre, che mmi tien sì magro,
10 che tornare' senza logro di Francia.

Ché fora a torli un dinar più agro,
la man di Pasqua che ssi dà la mancia,
che far pigliar la gru ad un bozzagro.

[in G. Contini (a cura di), *Poeti del Duecento*, Ricciardi, Milano-Napoli 1960]

parafrasi

vv. 1-4 Soltanto tre cose mi sono gradite (*m'ènno in grado*), che non riesco a procurarmi (*fornire*) come vorrei (*ben ben*), ovvero l'amore (*donna*), il bere (*taverna*), il gioco d'azzardo (*dado*): queste cose rendono felice il mio cuore.

vv. 5-8 Ma pure (*sì*) sono costretto (*mme... convene*) a usarle raramente, perché la mia borsa mi smentisce [rivela che sono povero]; e quando mi ricordo [della mia condizione di povertà] mi metto a inveire (*tutto mi sbrado*), perché per mancanza di denaro (*per moneta*) devo rinunciare a ciò che desidero (*perdo... 'l mie disire*).

vv. 9-11 E dico: «Sia trafitto da una lancia!», riferendomi a mio padre, il quale mi tiene così a corto di soldi (*sì magro*) che tornerei da un viaggio in Francia senza dimagrire (*logro*) [anche un'impresa faticosa come un lungo viaggio non riuscirebbe a renderlo più magro di quello che è già].

vv. 12-14 Perché sarebbe (*fora*) più difficile (*agro*) prendergli (*torli*) un soldo (*dinar*), la mattina di Pasqua, quando si dà un po' di denaro (*mancia*), che far catturare una gru da una poiana [piccolo uccello rapace, che non può catturare un animale grande come la gru].

SCHEDA di LETTURA

La suddivisione tematica

Nei primi tre versi, Cecco confessa quale destino riserverebbe al *mondo* se fosse uno degli elementi naturali che secondo la scienza e la filosofia medievali formano l'universo. Il poeta dispone gli elementi seguendo un ordine crescente, dal più leggero (*fuoco*) a quelli più pesanti (*vento, acqua*). Nel verso conclusivo della prima quartina troviamo un richiamo implicito al quarto elemento, la terra (*en profondo*), contrapposto all'ipotesi più blasfema e inverosimile (*s'i' fosse Dio*). Nella seconda strofa Cecco si augura di essere a capo di uno dei due poteri universali del Medioevo, il Papato e l'Impero. Se ciò fosse possibile eserciterebbe la giustizia a modo suo, mettendo nei guai i fedeli e addirittura uccidendo tutti i sudditi. Nella terza strofa immagina di trasformarsi in una delle due forze primordiali che governano l'esistenza umana, la vita e la morte, e confessa il suo odio nei confronti del padre e della madre. Nell'ultima terzina, infine, lo sguardo del poeta si ripiega su se stesso, passando dalle fantasie alla constatazione della realtà (*S'i' fosse Cecco*).

Gioco e malinconia

La presa d'atto della propria condizione (*com'i' sono e fui*) è il prologo della battuta finale, che mostra la natura giocosa ma anche malinconica dell'intero componimento. Dopo le ipotesi irreali e gli iperbolici propositi di distruzione e morte, elencati in modo martellante nei vv. 1-11, con un sorriso e modi da spaccone Cecco manifesta il desiderio più concreto e immediato di godersi la vita in compagnia di donne *giovani e leggiadre*. In questi ultimi versi il tono del sonetto è apparentemente più scanzonato, ma sembra anche affacciarsi una tristezza che il maschilismo irriverente dei vv. 13-14 non nasconde completamente. L'io lirico continua a impiegare verbi al condizionale (*torrei* e *lasserei*), insinuando nel lettore che anche queste ultime aspirazioni potrebbero appartenere alla schiera dei desideri inappagati, alla lista delle ambizioni frustrate. Nonostante la battuta scherzosa degli ultimi due versi, il sonetto si conclude dunque con un velo di amarezza.

Il rovesciamento della tradizione letteraria

La poesia comica e dissacrante di Cecco non è soltanto il prodotto di uno spirito ribelle e del gusto per la provocazione. Nella sua composizione possiamo individuare l'eco – seppur distorta – di diversi elementi della tradizione letteraria medievale. In primo luogo il sonetto riprende e rovescia la struttura del *plazer*, un componimento poetico provenzale in cui l'autore enumerava oggetti e/o persone piacevoli, ma anche quella del suo contrario, l'*enueg*, basato sull'elenco di situazioni sgradevoli che qui paradossalmente però diventano i desideri dell'io lirico (▶ p. S49).

Nell'elenco degli elementi naturali della prima quartina inoltre è possibile cogliere l'eco del *Cantico* di Francesco d'Assisi (▶ p. S14). Naturalmente l'atteggiamento di Cecco è opposto: se per il santo aria, acqua e fuoco sono la manifestazione dell'amore di Dio nei confronti degli uomini, il poeta toscano intravvede in essi uno strumento di distruzione del creato.

Infine, nella rappresentazione della figura femminile (vv. 12-14) Angiolieri manifesta un atteggiamento critico nei confronti della contemporanea concezione cortese dell'amore (▶ p. S46). Le creature angeliche, strumento di mediazione tra l'uomo e Dio dei provenzali e degli stilnovisti, si trasformano in donne concrete, oggetto di piacere erotico.

Lo stile

L'alto tasso di letterarietà di *S'i' fosse fuoco* è evidente nella sapiente costruzione sintattica, fondata su un ripetuto parallelismo. In tutte le strofe la protasi (*S'i' fosse*), evidenziata attraverso ben nove ripetizioni anaforiche, e le apodosi (ciò che Cecco farebbe) sono disposte simmetricamente, sebbene in misura diversa. Nei vv. 1-4 Cecco distribuisce

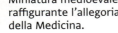

Miniatura medioevale raffigurante l'allegoria della Medicina.

SCHEDA di LETTURA

un periodo ipotetico per ogni verso: la prima metà corrisponde alla protasi e la seconda metà all'apodosi. Nella seconda quartina troviamo due periodi ipotetici, che occupano ciascuno due versi e sono ampliati rispettivamente da una subordinata causale (*ché tutti cristïani imbrigarei*) e da una coordinata esplicativa (*a tutti taglierei lo capo a tondo*). Nei vv. 9-11 il periodo ipotetico è presente in due versi successivi e nella terzina conclusiva, infine, compare una sola volta, ma l'apodosi (vv. 13-14) è composta da una principale e da una coordinata.

Per quanto riguarda le figure retoriche possiamo notare le iperboli, scandite simmetricamente e accompagnate dal verbo al condizionale, e le antitesi che contrassegnano lo svolgimento tematico delle ultime strofe.

LABORATORIO

Comprendere e individuare
L'esplorazione del testo

1. Compila la tabella, indicando per ciascuna categoria gli elementi presenti nel sonetto.

Elementi naturali	....
Poteri spirituali e temporali	....
Stati naturali universali	....

2. Nel v. 7 il pronome dimostrativo *lo* a che cosa si riferisce?

3. In quale verso Cecco pone sotto forma di ipotesi un evidente dato di realtà?

Interpretare e riflettere
La scoperta del testo

4. Quali tra i seguenti sentimenti vengono evidenziati nel corso dello svolgimento dall'io lirico?
   A. ☐ Angoscia
   B. ☐ Infelicità
   C. ☐ Frustrazione
   D. ☐ Rabbia
   E. ☐ Gioia

5. L'effetto comico e straniante del sonetto è determinato
   A. ☐ dall'irrealizzabilità dei propositi apocalittici dell'io lirico
   B. ☐ dal passaggio da furia apocalittica a maschilismo
   C. ☐ dalla fusione di violenza e malinconia
   D. ☐ dalla presenza di termini iperbolici

6. Spiega per quale ragione il sonetto può essere considerato un esempio di parodia. Rifletti: qual è la caratteristica principale della parodia (▶ p. S55)?

Analizzare
Lo stile e la forma del testo

7. Nei vv. 7-8 e 12-14, il ritmo subisce un rallentamento: prova a spiegarne la ragione.

8. Qual è la figura retorica che caratterizza il componimento? Motiva la tua risposta.

9. Quali sono le antitesi che caratterizzano lo sviluppo tematico delle terzine?

10. Da quale figura dell'ordine viene ulteriormente enfatizzata l'affermazione di un'impronta maschilista dell'ultima terzina?
    A. ☐ Chiasmo
    B. ☐ Parallelismo
    C. ☐ Anafora
    D. ☐ Anastrofe

Produrre
Dalla lettura alla scrittura

11. Riscrivi il sonetto di Cecco ribaltando le affermazioni dell'io lirico, ovvero spiegando che cosa intenderebbe fare di positivo se fosse il fuoco, il vento ecc. Ti forniamo come modello la prima quartina.
    S'i' fosse foco, scalderei il mondo
    S'i' fosse vento, lo rinfrescherei
    S'i' fosse acqua, i' lo laverei
    S'i' fosse Dio, elevereil' in Paradiso

T3 Ludovico Ariosto Satira I

vite di scrittori

Nel 1518 Ludovico Ariosto rifiutò di seguire Ippolito d'Este, nominato cardinale e inviato in Ungheria, a Buda, ed entrò a servizio del duca Alfonso I d'Este. Nella *Satira I*, in forma di lettera, il poeta si rivolge al fratello Alessandro e all'amico Ludovico da Bagno: confessa di preferire il nuovo signore ma nel contempo si augura al più presto di non essere alle dipendenze di nessuno, sebbene il *parer dei più* sia che servire a corte è un privilegio. Della satira, composta da 264 endecasillabi, riportiamo i vv. 28-63.
METRO: terzine di endecasillabi a rima incatenata ABA BCB CDC DED.

So ben che dal parer dei più mi tolgo,
che 'l stare in corte stimano grandezza,
30 ch'io pel contrario a servitù rivolgo.

Stiaci volentier dunque chi la apprezza;
fuor n'uscirò ben io, s'un dì il figliuolo
di Maia vorrà usarmi gentilezza.

Non si adatta una sella o un basto solo
35 ad ogni dosso; ad un non par che l'abbia,
all'altro stringe e preme e gli dà duolo.

32-33 il figliuolo di Maia: Mercurio, dio del denaro; il poeta potrà abbandonare la corte, un giorno, se diventerà ricco.
34-35 Non si adatta... dosso: non a tutti gli uomini si addicono le stesse cose; il *basto* era una sella in legno.

parafrasi

vv. 28-30 So bene che mi allontano (*mi tolgo*) dall'opinione comune (*parer dei più*), secondo cui vivere in una corte è prestigioso (*grandezza*), mentre io al contrario ritengo che sia una cosa servile (*a servitù rivolgo*).

vv. 31-33 Ci stia [nella corte] dunque volentieri chi la apprezza; io ne uscirò ben volentieri, se un giorno Mercurio (*il figliuolo di Maia*) sarà gentile con me.

vv. 34-36 Una stessa sella da soma non si adatta a ogni dorso [di cavallo]; a uno sembra che non ce l'abbia, a un altro stringe e fa male.

---

il punto su... | Le Satire di Ariosto

Ariosto compose le sette *Satire* tra il 1517 e il 1525, sotto forma di epistole in versi indirizzate ad altrettanti amici, ma non ne curò la pubblicazione: esse furono stampate postume nel 1534. I modelli a cui l'autore si ispira sono le *Satire* e le *Epistole* di Orazio (▶ p. 230), da cui riprende il tono colloquiale, l'andamento prosastico e la struttura dialogica. Anche Dante è un modello a cui Ariosto guarda, soprattutto per la scelta del metro (la terzina a rima incatenata), che conferisce all'opera un andamento narrativo.

Le *Satire* prendono spunto da occasioni autobiografiche e sono strettamente legate alla riflessione dell'autore intorno a questioni culturali, sociali e politiche di quel tempo.
Da queste riflessioni emerge la visione ariostesca della vita e il poeta considera gli uomini "folli" perché tutti intenti a inseguire ambizioni ingannevoli e inconsistenti (onori, cariche pubbliche, ricchezze); ma lo sguardo con cui li osserva e li giudica è sempre ironico e bonario, mai severo.

Mal può durar il rosignuolo in gabbia,
più vi sta il gardelino, e più il fanello;
la rondine in un dì vi mor di rabbia.

40 Chi brama onor di sprone o di capello,
serva re, duca, cardinale o papa;
io no, che poco curo questo e quello.

In casa mia mi sa meglio una rapa
ch'io cuoca, e cotta s'un stecco me inforco,
45 e mondo, e spargo poi di acceto e sapa,

che all'altrui mensa tordo, starna o porco
selvaggio; e così sotto una vil coltre,
come di seta o d'oro, ben mi corco.

E più mi piace di posar le poltre
50 membra, che di vantarle che alli Sciti
sien state, agli Indi, alli Etiopi, et oltre.

Degli uomini son varii li appetiti:
a chi piace la chierca, a chi la spada,
a chi la patria, a chi li strani liti.

55 Chi vuole andare a torno, a torno vada:
vegga Inghelterra, Ongheria, Francia e Spagna;
a me piace abitar la mia contrada.

---

38   **fanello:** uccello della famiglia dei passeriformi, piuttosto comune in Italia, che si adatta bene e a vivere in gabbia.

46-47   **tordo... porco selvaggio:** si tratta di cacciagione, dunque di cibi prelibati destinati alle tavole dei signori.

vv. 37-39   L'usignolo (*rosignuolo*) si trova male in gabbia, più volentieri ci sta invece il cardellino (*gardelino*) e ancora di più il fanello; la rondine nel giro di un giorno solo (*in un dì*) vi muore di dolore (*rabbia*).

vv. 40-42   Chi desidera onori militari (*di sprone*) o ecclesiastici (*di capello*) si metta pure al servizio di un re, un duca, un cardinale, un papa; io no, poiché non sono interessato né a questo, né a quello.

vv. 43-45   Mi piace di più una rapa cotta in casa mia, e dopo che è cotta la infilzo (*me inforco*) con uno stecco e la sbuccio (*mondo*), e cospargo (*spargo*) di aceto e senape (*sapa*),

vv. 46-48   di un tordo, una starna, un cinghiale alla tavola (*mensa*) di altri; e allo stesso modo (*così*) mi corico (*corco*) bene sotto una coperta di poco valore, come se fosse d'oro o di seta.

vv. 49-51   E preferisco riposare (*posar*) le mie pigre membra, che vantarmi di essere stato [letteralmente, di aver portato le membra] in Russia (*alli Sciti*), in India (*agli Indi*), in Etiopia (*alli Etiopi*) e in altri luoghi (*oltre*).

vv. 52-54   I desideri (*appetiti*) degli uomini sono svariati, a qualcuno piace la carriera ecclesiastica (*chierca*), a qualcuno la carriera militare (*spada*), qualcuno preferisce la patria, qualcuno le terre straniere (*strani liti*).

vv. 55-57   Chi vuole viaggiare (*andare a torno*), vada pure: visiti l'Inghilterra, l'Ungheria, la Francia e la Spagna, a me piace abitare nel mio paese (*contrada*).

Visto ho Toscana, Lombardia, Romagna,
quel monte che divide e quel che serra
60 Italia, e un mare e l'altro che la bagna.

Questo mi basta; il resto de la terra,
senza mai pagar l'oste, andrò cercando
con Ptolomeo, sia il mondo in pace o in guerra.

[L. Ariosto, *Satire*, Einaudi, Torino 1987]

---

58 **Toscana... Romagna:** sono le regioni che Ariosto ha visitato nella sua vita, al servizio degli Este.
59-60 **quel monte... la bagna:** Ariosto fornisce le coordinate geografiche del mondo che ha visitato; esso comprende gli Appennini, i monti che separano longitudinalmente le regioni italiane, le Alpi, che costituiscono a nord una barriera naturale per l'Italia, e i mari che bagnano la penisola a ovest (il Tirreno) e a est (l'Adriatico).
63 **Ptolomeo:** Tolomeo, famoso astronomo e geografo vissuto nel II secolo a.C.

---

vv. 58-60 Ho visto la Toscana, la Lombardia, la Romagna, gli Appennini (*quel monte che divide*) e le Alpi (*quel che serra*), e il mare Tirreno e l'Adriatico, che la bagnano [l'Italia].
vv. 61-63 Mi basta questo; il resto del mondo lo visiterò (*andrò cercando*) studiando i libri di geografia (*con Ptolomeo*), senza mai pagare il conto dell'oste e senza preoccuparmi se le terre (*mondo*) [da visitare] siano in pace o in guerra.

Ludovico Ariosto nacque nel 1474, a Reggio Emilia, da una famiglia nobile. Frequentò la corte estense a Ferrara, partecipando alla sua vita culturale. Sin da giovanissimo cominciò a comporre poesie in latino e in volgare, queste ultime successivamente raccolte nelle *Rime*. In questi anni conobbe Pietro Bembo, l'intellettuale più illustre dell'epoca, di cui Ariosto subì l'influenza. Alla morte del padre divenne cortigiano di professione, entrando nel 1503 al servizio del cardinale Ippolito d'Este, per il quale ricoprì diversi incarichi di responsabilità.
Si occupò degli spettacoli della corte estense, componendo due commedie, *La Cassaria* (1508) e *I Suppositi* (1509). In questo periodo cominciò a lavorare al suo capolavoro, l'*Orlando furioso*, la cui prima edizione è del 1516. L'anno seguente passò al servizio del duca Alfonso d'Este, fratello di Ippolito, alle cui dipendenze fu costretto ad accettare l'incarico di governatore della Garfagnana.
Dopo aver composto le sette *Satire*, nel 1521 pubblicò la seconda edizione del *Furioso*. Tornato a Ferrara, nel 1528 sposò Alessandra Benucci. Libero da incombenze pratiche, negli ultimi anni della sua vita poté dedicarsi esclusivamente alla letteratura. Morì a Ferrara nel 1533, un anno dopo aver pubblicato la terza e ultima edizione del *Furioso*.

SCHEDA di LETTURA

La struttura e i temi
Dopo l'iniziale rivendicazione di autonomia e la condanna della vita di corte (*a servitù rivolgo*) contenuta nella prima terzina, Ariosto sottolinea la molteplicità delle aspirazioni umane. In questa prima parte del componimento lo scrittore mostra un atteggiamento aperto e tollerante nei confronti di tutti coloro che hanno gusti, princìpi e desideri diversi dai suoi. Ripete più volte di non voler imporre i propri ideali ad altri, ma nel contempo non perde occasione per ribadire lo stato di sottomissione dei cortigiani. Nella seconda parte il poeta contrappone alle ambizioni di gloria e di ricchezza l'ideale di una vita semplice, anche povera ma libera. Infine, nell'ultima parte, rifiuta le seduzioni di una vita attiva ma convulsa, segnata da continui viaggi, occupazioni e ansie. Il poeta desidera un'esistenza sedentaria, preferisce i luoghi familiari (*la mia contrada*) a *li strani liti* amati da coloro che vogliono andare *a torno*.

Libertà personale e vita cortigiana
I princìpi rinascimentali della dignità e dell'autonomia degli uomini, liberi di essere artefici del proprio destino, in Ariosto si manifestano nell'insofferenza nei confronti dei vincoli e dei doveri imposti dallo *stare in corte*. La vita presso un signore viene implicitamente paragonata a quella di un cavallo oppresso da una sella troppo pesante, che *stringe e preme*, o a quella di un uccellino che non può sopravvivere (*Mal può durar*) se chiuso in gabbia.
Ariosto afferma di essere indifferente anche alla carriera militare e a quella ecclesiastica (*di sprone e di capello*) che richiedono il servizio presso un potente (*re, duca, cardinale o papa*). Non teme di pagare il prezzo di questa rinuncia con la povertà e orgogliosamente afferma di gradire più una rapa cucinata da sé che la raffinata selvaggina (*tordo, starna o porco/selvaggio*) dell'*altrui mensa*. Con fierezza vanta le sue abitudini spartane (*sotto una vil coltre... ben mi corco*) e ribadisce l'avversione per le destinazioni esotiche (*agli Indi, alli Etiopi, et oltre*) che lo aveva spinto a rifiutare l'invito in Ungheria di Ippolito d'Este. La preziosa difesa dell'autonomia personale si fonde con l'ideale umanistico e classico dell'*otium*, la condizione ideale per dedicarsi agli studi e lasciare spazio alla fantasia letteraria.

Lo stile
La satira ha l'andamento di una conversazione libera e distesa, come quelle del modello oraziano a cui Ariosto sembra rifarsi. Il componimento non ha mai toni pungenti e amari. Al contrario, la disponibilità e la pacatezza delle argomentazioni le conferisce la leggerezza di una discussione fra amici. Con il destinatario l'io lirico stabilisce un rapporto di complicità, favorito dalla prosaica quotidianità e dalla disinvolta naturalezza di numerose affermazioni e di alcune situazioni descritte, come per esempio quella della povera cena. Ma anche la presenza di riferimenti mitologici (*il figliuolo di Maia*), geografici (*Sciti, Indi, Etiopi*) e scientifici (*Ptolomeo*) sembra suggerire una familiarità tra il poeta e il suo interlocutore, fondata sulla comune conoscenza della cultura rinascimentale.
Naturalmente si tratta di un dialogo "virtuale" e il destinatario delle confidenze pare essere soprattutto il poeta stesso, impegnato in un'analisi introspettiva sincera, a cui non sfuggono neppure i limiti delle sue opinioni (*So ben che dal parer dei più mi tolgo, Questo mi basta*). Anche il ritmo è scorrevole e musicale, pur avendo alcuni rallentamenti e interruzioni tipiche dell'incedere dialogico.

LABORATORIO

Comprendere e individuare
L'esplorazione del testo

1. A quali fra gli uccelli nominati nei vv. 37-39 Ariosto si paragona implicitamente?

2. In quale verso, prima di descrivere il modesto livello di vita che conduce, Ariosto allude alla sua povertà attraverso una perifrasi?

3. Ariosto sostiene le proprie idee attraverso la rappresentazione metaforica della vita del cor-

unità 8 | La poesia satirica 241

T3 Ariosto

LABORATORIO

tigiano e la descrizione della sua modesta esistenza. Individua i versi in cui compaiono i due temi.

4. Ricerca le frasi con cui Ariosto definisce coloro che hanno idee diverse dalle sue.

5. Compila la tabella indicando quali esempi di potere e di ricchezza vengono riportati nella satira da Ariosto.

Potere	....
Ricchezza	....

Interpretare e riflettere
La scoperta del testo

6. Compila la tabella indicando per ogni parte del brano i versi corrispondenti e un titolo che ne riassuma il contenuto.

I parte	vv. ....-....	....
II parte	vv. ....-....	....
III parte	vv. ....-....	....

7. Quali fra i seguenti temi sono presenti nell'argomentazione di Ariosto?
   A. ☐ Rivendicazione dell'autonomia personale
   B. ☐ Desiderio della gloria letteraria
   C. ☐ Insofferenza per la vita di corte
   D. ☐ Richiesta di riconoscimento dei propri meriti
   E. ☐ Rabbia per la povera condizione economica
   F. ☐ Esaltazione della vita attiva

8. In quali versi Ariosto mostra un atteggiamento di tolleranza nei confronti di chi ha opinioni e gusti diversi dai suoi?

9. Quali sono gli aspetti che, secondo Ariosto, rendono preferibile la vita domestica?

10. Nell'*Orlando furioso* Ariosto farà viaggiare i suoi personaggi in luoghi fantastici: in quale verso della satira si avverte questa propensione al meraviglioso?

Analizzare
Lo stile e la forma del testo

11. *Chierca* e *spada* (v. 53) indicano rispettivamente la carriera ecclesiastica e quella militare. Quale figura retorica ha utilizzato Ariosto?

12. Quale figura retorica viene messa in atto nell'espressione *poltre/membra* (vv. 49-50)? Motiva la tua risposta.
    A. ☐ Metonimia   B. ☐ Sineddoche
    C. ☐ Ipallage   D. ☐ Sinestesia

13. Per mezzo di quale figura retorica Ariosto indica le Alpi e l'Appennino?

14. La disposizione dei sostantivi nei vv. 40-41 dà vita a un parallelismo e a un chiasmo: spiega questa affermazione.

GRAMMATICA

15. Nella frase *fuor n'uscirò ben io* (v. 32), *n'* svolge la funzione di complemento di
    A. ☐ specificazione
    B. ☐ tempo determinato
    C. ☐ argomento
    D. ☐ moto da luogo

16. Individua il periodo in cui Ariosto, per sottolineare la sequenza dei gesti descritti, utilizza contemporaneamente la coordinazione per asindeto e per polisindeto.

Produrre
Dalla lettura alla scrittura

17. Immagina che il destinatario risponda ad Ariosto: darebbe ragione allo scrittore o cercherebbe di convincerlo a scendere a compromessi? Scegli lo schema che preferisci; noi ti forniamo un modello in quartine a rima incrociata.

So ben che il tuo parere è saggio:
il stare a corte è sempre più
una forma ripugnante di servitù
ma è anche un gran vantaggio.

Coloro che a palazzo devon servire,
per quanto il signore sia avaro,
non mancheran mai di denaro,
pur se dovran tacere e obbedire.

T4 Guido Gozzano Il Re di Tempeste

 vite di scrittori

I versi provengono da *L'ipotesi* (1910), in cui il poeta immagina di aver sposato la signorina Felicita (protagonista di uno dei suoi componimenti più noti, *La signorina Felicita ovvero la Felicità*). La ragazza, che abitava nel paese dove Gozzano andava in villeggiatura, è ingenua e priva di cultura. Quando nel corso di una cena sente parlare di Ulisse, confessa di non sapere chi sia e chiede al marito di raccontarle le vicende di quel tale che gli ospiti avevano chiamato *Re di Tempeste*, come lo aveva definito Gabriele D'Annunzio (▶ p. 393). L'io lirico decide di accontentarla: «Allora, tra un riso confuso (con pace d'Omero e di Dante)/diremmo la favola ad uso della consorte ignorante».

METRO: versi di varia misura disposti in rima incrociata.

Il Re di Tempeste era un tale
che diede col vivere scempio
un bel deplorevole esempio
di infedeltà maritale,
5 che visse a bordo d'un yacht
toccando tra liete brigate
le spiagge più frequentate
dalle famose cocottes…
Già vecchio, rivolte le vele
10 al tetto un giorno lasciato,
fu accolto e fu perdonato
dalla consorte fedele…
Poteva trascorrere i suoi
ultimi giorni sereni,
15 contento degli ultimi beni
come si vive tra noi…
Ma né dolcezza di figlio,
né lagrime, né pietà
del padre, né il debito amore
20 per la sua dolce metà
gli spensero dentro l'ardore
della speranza chimerica
e volse coi tardi compagni
cercando fortuna in America…

---

2 scempio: qui assume il senso di "sregolato", con riferimento ironico allo stile di vita scapestrato di Ulisse.

8 cocottes: termine francese con cui si definiscono le prostitute; qui ci si riferisce alla dea Calipso e alla maga Circe, le due donne dell'*Odissea* che hanno una storia d'amore con Ulisse.

9-10 rivolte… giorno lasciato: direttosi con la sua nave (*rivolte le vele*) verso l'isola di Itaca, la patria (*tetto*) che aveva abbandonato da lungo tempo (*un giorno*).

17-19 né dolcezza di figlio… né il debito amore: né la tenerezza verso il figlio (Telemaco), né i pianti, né l'affetto verso il vecchio padre, né l'amore doveroso e dovuto verso la moglie Penelope. Gozzano riprende questi versi direttamente dal canto XXVI dell'*Inferno* in cui Dante presenta l'incontro con Ulisse (▶ U6, T2, p. 166, anche per i casi seguenti), il quale racconta in prima persona la sua ultima avventura: «né dolcezza di figlio, né la pietà/del vecchio padre, né 'l debito amore» (Inferno, XXVI, vv. 94-95).

22 chimerica: illusoria, irrealizzabile. Nella mitologia classica la Chimera era un mostro con corpo e testa di leone, con una testa di capra sul dorso e la coda di serpente; nel linguaggio comune il termine ha assunto il significato di un'illusione, un vano sogno.

23 tardi: vecchi, lenti; anche questo aggettivo si trova in Dante: «Io e' compagni eravam vecchi e tardi».

25 — Non si può vivere senza
    danari, molti danari...
    Considerate, miei cari
    compagni, la vostra semenza! —
    Vïaggia vïaggia vïaggia
30 vïaggia nel folle volo
    vedevano già scintillare
    le stelle dell'altro polo...
    vïaggia vïaggia vïaggia
    vïaggia per l'alto mare:
35 si videro innanzi levare
    un'alta montagna selvaggia...
    Non era quel porto illusorio
    la California o il Perù,
    ma il monte del Purgatorio
40 che trasse la nave all'in giù.
    E il mare sovra la prora
    si fu rinchiuso in eterno.
    E Ulisse piombò nell'Inferno
    dove ci resta tuttora...

[G. Gozzano, *Poesie*, Rizzoli, Milano 1977]

---

28   **semenza**: la vostra origine; l'espressione è ripresa direttamente dall'episodio dantesco di Ulisse.
30   **folle volo**: volo ardito, temerario. Così in Dante: «de' remi facemmo ali al folle volo».
32   **le stelle dell'altro polo**: le stelle dell'altro emisfero. Anche qui c'è una ripresa del testo dantesco: «Tutte le stelle già de l'altro polo/vedea la notte».
40   **che trasse... all'in giù**: che trascinò la nave in fondo al mare (in Dante: «e la prora ire in giù»).
41-42 **E il mare... eterno**: e il mare si richiuse per sempre (*in eterno*) sopra la prua (*prora*). Così in Dante: «infin che 'l mar fu sovra noi richiuso».

Guido Gozzano nacque a Torino nel 1883. Terminati gli studi liceali classici, si iscrisse alla facoltà di Giurisprudenza senza concludere gli studi e poi a quella di Lettere, formandosi una vasta cultura attraverso la conoscenza sia dei classici sia di autori più recenti (i poeti francesi, D'Annunzio e il filosofo Nietzsche). A vent'anni si ammalò di tisi e cominciò a soggiornare lontano dalla sua città, sulla riviera ligure e in varie altre località del Nord Italia. Nel 1907 pubblicò la sua prima raccolta di versi, *La via del rifugio*, seguita nel 1911 da *I colloqui*, con cui raggiunse una certa fama. Nel frattempo si era appassionato all'entomologia (lo studio degli insetti), fonte di ispirazione per il suo poemetto *Le farfalle*, rimasto incompiuto. Nel biennio 1912-1913 compì un lungo viaggio in India, allo scopo di migliorare le proprie condizioni di salute, testimoniato dalle prose poi raccolte in *Verso la cuna del mondo*, volume apparso postumo nel 1917. Trascorse gli ultimi anni vivendo tra la Liguria e Torino, continuando a scrivere versi e prose. Morì nel 1916 a Torino, all'età di 33 anni. Le sue liriche, ambientate in contesti borghesi, sono pervase da una vena ironica e da una generale tendenza prosastica. Per questi aspetti e per la tendenza a rappresentare in versi temi e ambienti quotidiani e dimessi, oltre che per la malinconia che ricorre come motivo costante nelle sue liriche, l'autore è considerato l'esponente di maggior rilievo della corrente dei poeti crepuscolari (▶ p. 412).

SCHEDA di LETTURA

La parodia di un mito

Fin dal primo verso il *Re di Tempeste* viene definito un pessimo soggetto, un *deplorevole esempio*. Nei primi otto versi Gozzano così presenta l'eroe omerico: un marito inaffidabile che alla famiglia e al governo della sua isola preferisce una divertente crociera fra luoghi di villeggiatura alla moda e la compagnia interessata di ragazze disponibili. Oltre che infedele, egli si mostra insensibile agli affetti e ingrato. Quando rientra in patria, accolto dal perdono della moglie, non si accontenta di una banale quotidianità (*come si vive tra noi...*). Per lui non esistono doveri coniugali ed è inutile l'amore del figlio e del padre. Sebbene sia già vecchio non lo attira per nulla la prospettiva di trascorrere a Itaca gli *ultimi giorni sereni*, di godere con la povera Penelope gli *ultimi beni*. Si lascia conquistare dal miraggio di altre avventure e si rimette nuovamente in mare, questa volta *cercando fortuna in America*.

Come il personaggio dantesco (▶ U6, T2, p. 166), anche l'Ulisse di Gozzano non resiste alla tentazione di intraprendere un ennesimo viaggio lontano da casa, anche se questa volta la ragione del *folle volo* non è il desiderio di superare i limiti del sapere umano ma quello di arricchirsi. Questo Ulisse, così simile ai personaggi che ritroviamo sulle copertine delle riviste scandalistiche, non termina però il viaggio lungo le coste della California o del Perù, come si augurava. Gozzano – come Dante – fa inabissare il suo *yacht* in prossimità della montagna del Purgatorio e condanna il suo eroe alle pene dell'*Inferno*, dove ci resta tuttora.

Oltre la parodia

Nella lirica Gozzano ribalta e dissacra il mito di Ulisse, tramandato da secoli di letteratura come esempio di curiosità e intraprendenza e non certo per il suo *vivere scempio*.

Da personaggio positivo, modello ideale di intelligenza e coraggio, si trasforma in una sorta di dissoluto miliardario e playboy da strapazzo. L'intrepido guerriero e marinaio, che si era fatto incatenare per resistere al canto delle Sirene, alle avventure della conoscenza preferisce quelle con signorine di facili costumi e soprattutto quelle che possono procurare *danari, molti danari*.

Agli ideali della virtù e della sapienza di memoria dantesca subentra dunque il principio del guadagno, tanto che nel comportamento dell'Ulisse di Gozzano alcuni critici intravvedono la rappresentazione farsesca e ironica dei miti della società di inizio secolo. Nella parodia dell'eroe omerico non c'è soltanto il gusto del divertimento letterario, ma è possibile scorgere il riflesso della crisi di valori di una civiltà dominata dal profitto in economia e dalla sopraffazione in politica. Di conseguenza la demitizzazione di Ulisse, figura letteraria per eccellenza, sembra sottolineare la difficoltà anche per la poesia e la narrativa di sopravvivere in un contesto simile senza correre il pericolo di essere stravolta dalle leggi del mercato. Attraverso il rovesciamento del mito, Gozzano si riallaccia idealmente a un tema centrale negli autori del primo Novecento: la crisi della poesia e della sua funzione nell'età dell'industrializzazione (▶ p. 411).

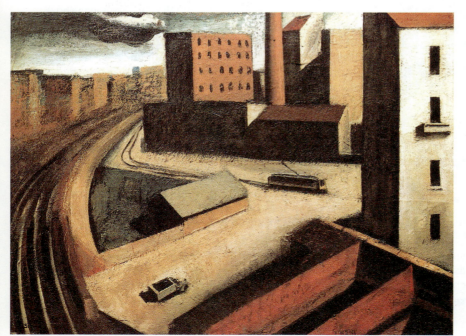

Mario Sironi, *Periferia urbana*, 1921.

T4 Gozzano

SCHEDA di LETTURA

Lo stile

La parodia di Gozzano si fonda su due aspetti principali: il rovesciamento dei valori del modello originale – di cui abbiamo già parlato – e l'uso delle citazioni letterarie in un contesto inadeguato, che produce straniamento nel lettore. Nel racconto del ritorno di Ulisse e poi del suo viaggio verso l'America infatti compaiono numerose espressioni dantesche che sottolineano per contrapposizione ironica le imprese poco onorevoli del *Re di Tempeste*. Lo stesso effetto viene provocato da alcune espressioni altisonanti (*speranza chimerica, porto illusorio*) o in cui si manifesta lo sberleffo divertito dell'autore (*a bordo d'un yacht, liete brigate, famose cocottes, ultimi giorni sereni, dolce metà*).

Il tono canzonatorio del componimento è accentuato dal ritmo cadenzato tipico di una filastrocca, dovuto alla misura breve dei versi e alla rima incrociata.

LABORATORIO

Comprendere e individuare
L'esplorazione del testo

1. Quale termine mostra sin dal primo verso l'intenzione di Gozzano di sminuire la figura di Ulisse?

2. Nonostante tutti i difetti Ulisse resta un personaggio singolare, che si distingue dagli uomini comuni. In quale verso possiamo avvertire questa sensazione?

3. Considerate le avventure extraconiugali di Ulisse, quale definizione di Penelope presenta un intento chiaramente ironico?

4. Con quale solenne e ricercata espressione viene definito il sogno di Ulisse di arricchirsi?

5. Per accentuare l'intento parodico Gozzano effettua un salto cronologico: quali sono gli elementi che lo evidenziano?

Interpretare e riflettere
La scoperta del testo

6. Per quale motivo Gozzano definisce l'equipaggio di Ulisse *liete brigate* (v. 6)? Quale aspetto del viaggio viene così sottolineato?

7. Il poeta afferma implicitamente che l'avidità è un vizio innato nell'uomo: quale verso giustifica questa affermazione?

8. Considerando quanto è sostenuto nella scheda di lettura, quale ritieni che sia la frase topica della lirica, quella che ne esprime il messaggio centrale?
   A. ☐ *diede col vivere scempio/un bel deplorevole esempio* (vv. 2-3)
   B. ☐ *Poteva trascorrere i suoi/ultimi giorni sereni* (vv. 13-14)
   C. ☐ *Non si può vivere senza/danari, molti danari* (vv. 25-26)
   D. ☐ *E Ulisse piombò nell'Inferno/dove ci resta tuttora* (vv. 43-44)

Analizzare
Lo stile e la forma del testo

9. Quali sono le tre figure retoriche dell'ordine che vengono usate per enfatizzare ironicamente la durata del viaggio di Ulisse e dei suoi compagni verso l'America?

10. Nei vv. 9-10 quale figura retorica viene ripetuta per due volte? Motiva la tua risposta.
    A. ☐ Anastrofe   C. ☐ Sineddoche
    B. ☐ Chiasmo   D. ☐ Metafora

GRAMMATICA

11. Nel secondo verso *col vivere scempio* è un complemento di
    A. ☐ unione   C. ☐ modo
    B. ☐ causa   D. ☐ mezzo

Produrre
Dalla lettura alla scrittura

12. Scegli un personaggio storico o letterario e, seguendo il modello di Gozzano, presentalo in modo irriverente e dissacrante, sotto una veste diversa da quella tradizionale. Come modello ti forniamo i primi quattro versi dedicati a Napoleone.
    Il Re di Battaglie era un piccoletto
    che diede con la sua prepotenza
    un bell'esempio di violenza
    di dispotismo perfetto... ora continua tu.

T5 Giorgio Caproni Palingenesi

In questa poesia del 1976 Giorgio Caproni immagina cosa potrebbe accadere dopo un'ipotetica fine della Terra. I sopravvissuti sarebbero capaci di costruire un mondo rinnovato? La risposta negativa offre una riflessione amaramente satirica sulla tendenza insopprimibile degli uomini all'autodistruzione.
METRO: versi liberi.

Resteremo in pochi,
Raccatteremo le pietre
e ricominceremo.

A voi,
5   portare ora a finimento
distruzione e abominio.

Saremo nuovi.
Non saremo noi.
Saremo altri, e punto
10 per punto riedificheremo
il guasto che ora imputiamo a voi.

[G. Caproni, *Poesie 1932-1986*, Garzanti, Milano 1989]

5 **a finimento**: a termine, a compimento.

Giorgio Caproni nacque a Livorno nel 1912. Trascorse l'adolescenza a Genova, dove si trasferì nel 1922. Frequentò corsi di violino e di composizione al Conservatorio e ottenne il diploma magistrale. La sua prima raccolta poetica, *Come un'allegoria* è del 1936. Prese parte alla Seconda guerra mondiale e nel 1943 divenne partigiano. Durante il conflitto pubblicò le raccolte *Finzioni* (1941) e *Cronistoria* (1943). Dopo la guerra si trasferì a Roma e vi lavorò come insegnante di scuola elementare, svolgendo anche le attività di giornalista e traduttore e dedicandosi contemporaneamente alla poesia. Di questi anni sono *Stanze della funicolare* (1952), con cui vinse il premio Viareggio, e *Il passaggio di Enea* (1956). Tra le sue raccolte principali è *Il seme del piangere* (1959), in cui rievoca la madre scomparsa, Anna Picchi (▶ T5, p. 58), rappresentata nella sua giovinezza, in un viaggio a ritroso nella Livorno dove la donna aveva vissuto da ragazza. Tra le ultime opere segnaliamo *Res amissa*, apparsa nel 1991, un anno dopo la morte. Nel 1998 la sua produzione poetica è stata raccolta nel volume *L'opera in versi*.

poeti che parlano di poesia — Nella *selva oscura*

Il testo che ti proponiamo è un frammento del diario di Giorgio Caproni risalente agli anni Sessanta, tratto dalla rivista «Nuova corrente» e pubblicato il 3 giugno 2012 da *Il Sole 24 Ore*, in occasione del centenario della nascita del poeta.

La poesia dunque, quando è pura, è una realtà, anche se non è la realtà (quale?). E non è nemmeno la realtà del poeta quando l'ha scritta: anche per lui, pari a ogni altro, è un'altra realtà. Così si intende, la musica, la pittura, la scultura e, più tangibilmente ancora, l'architettura. Col che non vorrei aver l'aria di dare eccezionale importanza alle parole, in quanto nego, ai fini di ciò che tradizionalmente si intende per conoscenza, una loro attitudine, e proprio quella dai più ritenuta essenziale. Dico ciò che tradizionalmente si intende per conoscenza. Ma è una bella pretesa voler che le parole conoscano non la loro ma un'altra realtà. La loro realtà le parole la conoscono perfettamente, totalmente. In questo senso la parola è conoscenza e conoscenza immediata della sua realtà. La parola: beninteso la parola poetica, cioè la poesia, il canto.

A un certo punto il nostro linguaggio impoetico, cioè dialettico[1], non basta eppure devo dire così: per la fede che salva dalla filosofia, è vero tutto ciò in cui si crede, anche l'errore in cui si crede. La verità è l'errore in cui si crede? Una qualunque fede è necessaria all'uomo nella condotta[2], altrimenti resta signoreggiato[3] e disgregato in ogni istante dalla perplessità, che o l'inchioda all'inerzia o gli fa prendere decisioni contraddittorie (poiché di nessuna è convinto) che gli rendono impossibile vivere nella società senza soggiacere agli altri. Sono gli uomini più semplici, cioè quelli privi di spirito critico i quali credono nella loro condotta, quelli che fanno fortuna. Appunto perché, qualunque essa sia, hanno e seguono una condotta. "Uomini di carattere", come dice la gente "fedeli ai loro principi". Fedeli: grande vocabolo. Ma io non conosco che la fedeltà del sentimento, degli affetti, del cuore. Gli affetti non hanno, per fortuna, verità, non sono giudizi né propositi, per questo non ammettono perplessità. Ma per tutto ciò che dipende dal giudizio, per tutto ciò che dipende dalla volontà vivo in perpetuo labirinto[4]. Sono e rimarrò, nella "selva oscura"[5].

[G. Caproni, *La selva oscura di Caproni*, www.ilsole24ore.com]

1. **linguaggio... dialettico**: il linguaggio della ragione, dell'argomentazione, espressione del ragionamento logico, il contrario della lingua evocativa che viene usata invece in poesia.
2. **condotta**: il modo in cui si comporta nella vita.
3. **signoreggiato**: reso schiavo, sottomesso.
4. **in perpetuo labirinto**: senza certezze, senza trovare una via retta da seguire, come chi si aggira in un labirinto.
5. **"selva oscura"**: l'espressione dantesca indica la condizione di vita di chi è smarrito e non sa quale strada scegliere.

SCHEDA di LETTURA

Lo sviluppo tematico

Per cogliere appieno il tema della poesia e l'atteggiamento satirico dell'autore è fondamentale comprenderne il titolo. *Palingenesi*, dal greco *palingenesìa* (*palin*, "di nuovo", e *gènesis*, "nascita"), significa "rinnovamento", "ritorno alla vita". Utilizzato soprattutto in ambito religioso, il termine indica la rinascita definitiva del mondo dopo la distruzione. Con il titolo della lirica, perciò, Caproni allude a un evento apocalittico, senza precisarne le ragioni e i modi, che avverrà in un futuro altrettanto imprecisato e dopo il quale è atteso un processo di rigenerazione dell'umanità. Nella prima strofa la voce lirica, in prima persona plurale, fa una promessa, affermando che i pochi superstiti, quando non ci saranno che macerie, saranno pronti a iniziare la costruzione di un mondo nuovo. Nei versi seguenti agli anonimi interlocutori viene assegnato con amara ironia il compito di concludere l'opera vergognosa di distruzione del mondo. Nella strofa conclusiva i superstiti affermano di essere cambiati (*Non saremo noi./Saremo altri*) anche se questa trasformazione sarà inutile. Infatti la lirica termina con una predizione: i superstiti commetteranno tutti gli errori già commessi nel passato. A una distruzione ne seguirà un'altra, determinata dalle colpe che *ora imputiamo a voi*.

La satira

La satira di Caproni colpisce l'intera umanità, compreso se stesso, come manifesta la scelta del plu-

SCHEDA di LETTURA

rale. Gli uomini accusano i loro simili di essere i responsabili dei mali del mondo, ma attendersi che gli uomini *nuovi* e *altri* siano capaci di rifondare la società su basi rinnovate è una speranza del tutto ingiustificata. Nell'ultima parte il poeta svela l'inconsistenza della palingenesi che i primi versi sembravano promettere: l'obiettivo di rinnovare il mondo dopo la paventata distruzione è un'illusione destinata a scontrarsi con i limiti della natura umana. Altre rovine saranno edificate su quanto resterà, attraverso un processo ricorsivo di perenne distruzione al quale è impossibile sottrarsi.

Lo stile

Attraverso il ricorso a forme verbali al futuro, Caproni proietta la lirica in un tempo prossimo e indefinito, quello in cui la distruzione sta per essere portata *a finimento* e dovrebbe svolgersi il cambiamento preannunciato. La centralità di un immaginario futuro viene sottolineata anche dalla posizione a inizio verso dei verbi, uniti inoltre dalla rima in "-emo" e dall'allitterazione della "r".
I periodi sono brevissimi e la sintassi per coordinazione separa e scandisce lentamente le affermazioni, conferendo ai versi un tono enfatico e sentenzioso.

LABORATORIO

Comprendere e individuare
L'esplorazione del testo

1. In quale verso Caproni esprime metaforicamente la fase iniziale della *palingenesi*, ovvero il momento in cui ripartire raccogliendo quanto resta del mondo?
2. Con quale locuzione avverbiale la voce poetica sottolinea il ripetersi esatto degli errori precedenti da parte dei sopravvissuti?
3. Con quale parola vengono indicati gli errori che hanno portato e che porteranno in futuro il mondo alla rovina?

Interpretare e riflettere
La scoperta del testo

4. La lirica è tratta dalla sezione dell'opera poetica di Caproni *Traumerei*, termine tedesco che significa "fantasticheria". Ritieni che sia possibile cogliere un nesso tra il tema della poesia e il titolo della sezione?
5. Nella lirica quali fra i seguenti difetti vengono imputati in modo esplicito agli uomini?
   A. ☐ Essere incapaci di apprendere dal passato
   B. ☐ Scaricare le responsabilità degli errori sugli altri
   C. ☐ Credere di essere il centro dell'universo
   D. ☐ Non rendersi conto del fatto che si va verso la distruzione
   E. ☐ Dividersi nel momento in cui bisognerebbe agire per il bene comune

Analizzare
Lo stile e la forma del testo

6. Individua gli *enjambement* che rallentano il ritmo e sottolineano l'inutile fatica di tentare una ricostruzione.
7. Quali allitterazioni compaiono nella lirica, oltre a quella della "r" segnalata nella scheda di lettura?
8. Nell'ultima strofa quale figura retorica dell'ordine enfatizza il rinnovamento che gli uomini credono di poter attuare dopo la distruzione del mondo?
9. Nella lirica compare un'ellissi verbale. Dove si trova? Qual è il significato del verbo omesso?
10. Quale fra i seguenti termini è un sinonimo di *abominio* (v. 6)? Prima di rispondere rifletti sul contesto in cui il termine viene utilizzato.
    A. ☐ Morte
    B. ☐ Vergogna
    C. ☐ Rabbia
    D. ☐ Violenza

Produrre
Dalla lettura alla scrittura

11. Caproni non indica quali saranno le ragioni che porteranno il mondo alla distruzione. Secondo te, quali potrebbero essere le cause di un'ipotetica apocalisse: l'inquinamento ambientale, i conflitti tra i popoli e le nazioni, un cataclisma naturale ecc.? Rispondi alla domanda con un testo di circa due colonne di foglio protocollo.

VERIFICA DELLE COMPETENZE

Leggi il seguente testo e poi rispondi alle domande.

T6 Stefano Benni Il lamento del mercante d'armi

Stefano Benni è nato a Bologna nel 1947; è scrittore, sceneggiatore, giornalista umorista, autore di numerosi romanzi di successo. Collabora con numerose riviste e giornali, tra cui «L'espresso», «Panorama», «Linus», «la Repubblica», «il manifesto». Caratteristica delle sue opere è la critica dei costumi della società italiana contemporanea, espressa attraverso uno stile personalissimo, fortemente espressivo e ricco di neologismi e giochi di parole. Nella poesia che ti proponiamo l'oggetto della sua satira efficace e pungente è il mondo del mercato delle armi.
METRO: versi liberi.

Ho venduto un pezzo di cannone
poi le ruote e un altro pezzo di cannone
la culatta e l'otturatore
il mirino e un altro pezzo di cannone
5 e altri tre pezzi di cannone
e adesso c'è uno in televisione
che dice che mi spara col mio cannone:
chi lo sapeva che coi pezzi di cannone
avrebbe fatto un cannone?
10 Se lo avessi saputo
mica avrei accettato l'ordinazione.

Ho venduto cento elicotteri
con relativo armamento
e un sistema anti-sistema di puntamento:
15 adesso l'elicottero è lì che spia

---

3 culatta... otturatore: la culatta è la parte del cannone destinata a contenere il proiettile; l'otturatore è il sistema di chiusura della culatta.

Banksy, *Happy helicopters*, murale.

come un falco sopra casa mia:
se lo avessi saputo cosa voleva fare
non gli avrei venduto la testata nucleare,
era così distinto, un vero signore
20 chi poteva sapere che era un dittatore?

Se avessi saputo che un cliente
può diventare un nemico della mia patria
dell'occidente,
vi giuro gente
25 lo giuro sui figli
lo giuro su Gesù
gli avrei fatto pagare
il cinquanta per cento in più.
da qui si vede la mia buona fede.

[S. Benni, *Ballate*, Feltrinelli, Milano 1991]

1. La corsa agli armamenti è un processo inarrestabile, un sistema che si autoalimenta. In quali versi l'io lirico evidenzia questo aspetto?

2. I potenti acquirenti di armi spesso celano le loro intenzioni dietro modi e aspetti rassicuranti: in quali versi il mercante sostiene di essere stato ingannato dall'apparenza del compratore?

3. Individua i versi da cui possiamo intuire che il cliente del mercante non proviene dal mondo occidentale?

4. Quali sono i valori sui quali l'io lirico garantisce la sua buona fede?
   A. ☐ La cultura
   B. ☐ La famiglia
   C. ☐ La giustizia
   D. ☐ Il patriottismo
   E. ☐ La religione
   F. ☐ L'onestà

5. Quali verbi ed espressioni scandiscono alla fine di ciascuna strofa la transazione economica tra il mercante e il suo cliente?

6. Quali sono le tre ragioni – in verità poco credibili – con cui l'io lirico cerca di giustificare la vendita delle armi?

7. Per tre volte l'io lirico sostiene di aver ignorato le intenzioni e l'identità del suo cliente. Questa affermazione quale aspetto della sua personalità mette in mostra?
   A. ☐ Ignoranza
   B. ☐ Ipocrisia
   C. ☐ Ingenuità
   D. ☐ Distrazione

8. Nel testo compaiono numerose rime. In prevalenza esse sono
   A. ☐ baciate
   B. ☐ alternate
   C. ☐ incrociate
   D. ☐ incatenate

9. Nel componimento è quasi del tutto assente il linguaggio figurato. Riporta l'unica similitudine con cui l'io lirico rivela che un'arma venduta all'anonimo acquirente si è trasformata in una minaccia contro di lui.

10. In quali versi è ricorrente l'uso dell'epifora?

11. Benni utilizza l'aggettivo *distinto* (v. 19) per indicare i modi educati ed eleganti del cliente. Scrivi due frasi in cui questa parola assume altri significati.

12. In tutte le strofe compare un periodo ipotetico che ha la stessa protasi (*Se avessi saputo*). Di quale tipo di periodo ipotetico si tratta?
    A. ☐ Realtà
    B. ☐ Possibilità
    C. ☐ Irrealtà

percorso I TEMI NELLA LETTERATURA

SEZIONE LE ORIGINI DELLA LETTERATURA

Origini 1 — La presenza del divino nella letteratura delle origini

Origini 2 — La natura dell'amore nella letteratura delle origini

ORIGINI 1
La presenza del divino nella letteratura delle origini

- **T1** Francesco d'Assisi
  Cantico delle creature
- **T2** Iacopone da Todi
  O iubelo del core
- **T3** Giacomino da Verona
  Le delizie del paradiso

LA VOCE DEI CONTEMPORANEI
- **T4** David Maria Turoldo
  Io vorrei donare (Mattino di Pasqua)

VERIFICA DELLE COMPETENZE
- **T5** Giacomo da Lentini
  Io m'ag[g]io posto in core a Dio servire

ONLINE
TESTI INTEGRATIVI
- Iacopone da Todi
  Donna de Paradiso

La formazione dei volgari

Dal latino ai volgari

A distanza di secoli dalla fine dell'Impero romano, il **latino** continuò a essere la lingua usata in Europa per la redazione dei testi scritti. Nel contempo, il resto della società comunicava con idiomi e dialetti locali derivati dal latino – denominati "**lingue romanze**" o "**neolatine**" – ma che da esso si erano progressivamente allontanati. Queste nuove lingue sono chiamate "**volgari**", perché parlate dal volgo (dal latino *vulgus*), ovvero dal popolo, che ormai ignorava il latino.

I volgari restarono limitati all'uso orale per lungo tempo, fino a quando intorno al IX-X secolo iniziarono a essere utilizzati per fini pratici. Nei primi decenni del Duecento, infine, le mutate condizioni culturali, religiose e socio-politiche permisero il loro impiego anche per la composizione di testi letterari.

Ripercorriamo insieme il lungo cammino che dal latino porta ai volgari.

Sermo doctus e *sermo vulgaris*

L'Impero romano aveva imposto ai popoli conquistati non solo il suo sistema amministrativo e giuridico ma anche la sua lingua. Per secoli in tutti i territori posti sotto il dominio di Roma si parlò e si scrisse in latino.

Tra il V e l'VIII secolo il quadro geopolitico subì profondi mutamenti, dapprima con la divisione dell'Impero e in seguito con la sua caduta (476) e le invasioni barbariche. Nelle ex-province dell'Impero si formarono i cosiddetti **regni romano-barbarici** (V-VI secolo). Le minoranze dei popoli invasori si imposero sulle regioni romanizzate e intrapresero ovunque processi di **integrazione politica e culturale** con le popolazioni autoctone.

Per quanto riguarda la lingua, la frammentazione politica e la crisi dei commerci e delle città limitarono l'esigenza di un unico idioma usato da tutti. Si giunse così alla formazione di due "tipi" di latino: quello scritto dagli **intellettuali** (*sermo doctus*) e quello comunemente parlato dalle diverse popolazioni, dal **volgo** (*sermo vulgaris*). Nella comunicazione orale si avviò un lento ma inarrestabile processo di fusione, a cui parteciparono tre elementi linguistici: il *sermo vulgaris*, le lingue precedenti la conquista romana (le cosiddette "lingue di **substrato**") e quelle dei nuovi dominatori.

Mentre il *sermo doctus* rimase ancora a lungo la lingua della cultura, il *sermo vulgaris* fornì la base comune alla nascita di nuove lingue, i **volgari**, che si distinsero sempre più dal latino. Al termine di questo lungo processo, in Europa si imposero due "famiglie" linguistiche:

- un **ceppo germanico** a nord, da cui derivano il tedesco, l'anglo-sassone, il danese, il norvegese, lo svedese;
- un **ceppo romanzo** (o **neolatino**) a sud, da cui nascono l'italiano, il francese, lo spagnolo, il portoghese, il romeno.

L'affermazione delle lingue romanze in Francia

Nel progetto di rifondazione di un'entità imperiale che riunificasse l'Europa, come ai tempi di Roma, **Carlo Magno** (742-814) attribuì un ruolo determinante alla **ripresa degli studi** e alla **difesa del latino**. Anche a causa dell'alleanza con il Papato, Carlo Magno fece del latino la lingua ufficiale del suo Impero: nel palazzo di Aquisgrana venne istituita l'**Accademia Palatina**, un cenacolo di intellettuali provenienti da tutta Europa, volta alla formazione di una classe dirigente che nel latino avrebbe dovuto trovare il principale strumento di comunicazione.

Anche se l'ambizioso progetto fallì in seguito al processo di frammentazione politica avvenuto dopo la morte di Carlo, la Francia divenne il cuore della cultura occidentale e non a caso proprio nelle sue regioni si formarono le prime **lingue romanze** a essere utilizzate a **scopi letterari**:

- a nord, nell'Île de France (Parigi e dintorni), la **lingua d'oïl**, così chiamata dall'avverbio affermativo qui in uso, derivante dall'espressione latina *hoc illud* (da cui appunto *oïl* e, più tardi, *oui*); divenne la lingua delle opere di **contenuto epico-cavalleresco**;
- a sud, in Provenza, la **lingua d'oc**, nella quale l'affermazione "sì" era una forma derivante dal latino *hoc*; fu la lingua delle prime **liriche d'amore**.

La lingua volgare in Italia

In Italia, soprattutto a causa della frammentazione politica, l'uso del volgare (la **lingua del "sì"**) si affermò con notevole ritardo. Il primo testo scritto in volgare italiano è l'*Indovinello veronese*, una nota a margine di un copista datata tra la fine dell'VIII e l'inizio del IX secolo.

Si tratta di un caso isolato e particolare: infatti i primi testi in volgare erano rivolti a un **pubblico poco istruito**, che avvertiva il latino come lingua estranea e che voleva avere consapevolezza di ciò che faceva riguardo **transazioni economiche** e **questioni giuridiche**. In questa ottica diventano importanti le sentenze giudiziarie, come il *Placito di Capua* del 960, gli atti notarili e i giuramenti. L'intenzione di rendersi comprensibile a un pubblico popolare appare evidente anche nell'*Iscrizione di San Clemente* (1084-1100), un affresco che descrive un miracolo compiuto dal Santo.

L'*Indovinello veronese*

Il testo è costituito dalla nota di un anonimo copista, apposta su un manoscritto scoperto soltanto nel 1924 in un codice della Biblioteca Capitolare di Verona. Gli studiosi ipotizzano che si tratti di una veloce annotazione, o di una "**prova di penna**" del copista. Non è certo che chi l'ha scritto fosse del tutto consapevole di usare una lingua volgare, sebbene la presenza della formula di chiusura in perfetto latino lo faccia supporre.

---

il punto su... | **Il Concilio di Tours e il *Giuramento di Strasburgo***

Il Concilio di Tours (813) e il *Giuramento di Strasburgo* (842) rappresentano l'atto di nascita delle lingue romanze. Il concilio dei vescovi tenuto a Tours per volere di Carlo Magno si occupò di promuovere la preparazione e l'istruzione del clero, la classe sociale attraverso cui l'imperatore esercitava uno stretto controllo sul territorio. In questo concilio si prese atto della distanza incolmabile che separava ormai il latino, la lingua usata dagli uomini di chiesa, dal volgare, l'unica compresa e usata dal popolo. I fedeli non erano più in grado di seguire la predicazione in latino: si decise perciò che i prelati avrebbero dovuto rivolgersi ai fedeli in *rustica romana lingua*, intendendo con questa definizione la lingua parlata a quel tempo nell'antica Francia, oppure in antico tedesco nei territori abitati da popolazioni germaniche.

Un altro documento di somma importanza è il *Giuramento di Strasburgo* dell'842: la trascrizione delle formule di giuramento pronunciate da Carlo il Calvo (sovrano della parte occidentale dell'Impero, in cui si parlava il francese antico) e Ludovico il Germanico (che regnava invece sulla parte orientale, in cui si parlava il tedesco antico). Quando i due si incontrarono a Strasburgo per stipulare un patto di alleanza contro il loro fratello Lotario, figlio primogenito di Ludovico il Pio ed erede al titolo imperiale, giurarono ciascuno nella lingua dell'altro, per farsi così comprendere dai rispettivi eserciti.

> Se pareba boves, alba pratalia araba
> et albo versorio teneba, et negro semen seminaba.
> Gratias tibi agimus omnipotens sempiterne Deus.

parafrasi Spingeva avanti i buoi, arava bianchi prati, teneva un bianco aratro, seminava un nero seme. Ti rendiamo grazie onnipotente sempiterno Dio.

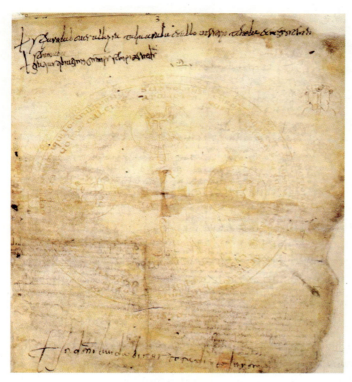

Indovinello veronese, pergamena, VIII-IX secolo, Verona, Biblioteca Capitolare.

L'indovinello allude all'**attività dello scrivere**: i "buoi" sono le dita, i "bianchi prati" i fogli della pergamena, il "bianco aratro" la penna d'oca e il "nero seme" l'inchiostro. Nel documento sono riconoscibili aspetti linguistici tipici del latino (come la "b" dei verbi all'imperfetto) e altri invece già volgari, come la caduta delle consonanti finali dei verbi (*pareba, araba, teneba, seminaba*) o il sostantivo *versorio* al posto del latino classico *aratrum*. Pur essendo ancora molto vicino al latino, l'indovinello – che per singolare coincidenza riguarda proprio la scrittura – è considerato l'atto di origine della lingua italiana.

Il *Placito di Capua*

Come il *Giuramento di Strasburgo*, anche il *Placito di Capua* è un testo di **natura giuridica**, che riporta la decisione a proposito di una contesa sorta tra l'abate del monastero benedettino di Montecassino e un privato per il possesso di alcune terre. Nella sentenza del processo (chiamato appunto *placito*, nel linguaggio giuridico del tempo), che venne redatta in latino, il giudice Arechisi trascrisse una testimonianza nella lingua in cui era stata pronunciata: il **volgare**.

> Sao ko kelle terre, per kelle fini
> que ki contene trenta anni le
> possette parte Sancti Benedicti.

parafrasi So che quelle terre, entro quei confini che qui si descrivono, per trent'anni le ha possedute la parte di san Benedetto.

La testimonianza qui riportata era a favore dei benedettini, che poterono rivendicare la terra in base al principio dell'**usucapione**, il quale concede la proprietà di un bene a chi se ne è servito con continuità per un dato periodo (in questo caso trent'anni) senza alcuna contestazione da parte del proprietario. Il giudice aveva piena coscienza che la lingua usata dal testimone era diversa dal latino, sebbene la trascrizione sia senza dubbio una **formula stereotipa**, che ricalca gli schemi della lingua notarile. Pur mantenendo alcuni aspetti derivati dal latino (per esempio la locuzione *parte sancti Benedicti*, modellata sul latino *pars* più genitivo), la costruzione della frase è già quella dell'italiano di oggi: al verbo *Sao* ("so") segue la congiunzione *ko* ("che").

Iscrizione di San Clemente, affresco, fine XI secolo, Roma, Basilica di San Clemente.

L'*Iscrizione di San Clemente*

Il documento è costituito da un **affresco** che si trova nella basilica di San Clemente, a Roma. Come un antenato del fumetto, l'iscrizione descrive in sequenza la storia di un **miracolo compiuto** dal santo: un patrizio romano è convinto che Clemente lo abbia ingannato, allo scopo di sedurre sua moglie, e ordina ai propri servi di legarlo e trascinarlo via. Gli uomini, suggestionati da Clemente, legano e tentano di spostare una colonna. Ogni protagonista di questa storia è raffigurato con accanto le parole, latine e volgari, che lo identificano e ne spiegano il ruolo.

I volgari letterari italiani

A partire dal XII secolo, in Italia il volgare cominciò a essere impiegato anche nell'elaborazione di **testi letterari**. Le trasformazioni sociali in atto – la formazione di un pubblico laico nelle **corti** e l'ascesa della **classe borghese-mercantile** – furono i presupposti per la nascita della letteratura italiana. Tra i primissimi documenti letterari in lingua volgare si attestano i **contrasti** e i **ritmi** (come il *Ritmo laurenziano*, in area toscana, e il *Ritmo cassinese* nell'Italia meridionale), componimenti di natura popolare. Questa tendenza si sviluppò in tutta la penisola a partire dal XIII secolo, in forma **disomogenea** e **irregolare**, assumendo caratteristiche peculiari a seconda dell'area geografica e del contesto culturale. Per questa ragione si deve parlare non di un unico volgare italiano letterario delle origini, ma di un "**policentrismo linguistico**", ossia di tanti volgari regionali.

In questo scenario così vario si possono individuare almeno **quattro zone** principali di diffusione delle lingue **volgari illustri** (cioè versioni letterarie, raffinate e selezionate, del volgare parlato), legate ad altrettanti indirizzi letterari:

- la **Sicilia**, con la poesia d'amore e la sua lingua;
- l'**Italia centrale**, con la poesia religiosa e il volgare umbro;
- l'**Italia settentrionale** con la poesia religiosa e didattico-morale nelle varianti regionali del volgare letterario lombardo e veneto;
- la **Toscana** con i poeti siculo-toscani, che forniranno le basi per l'elaborazione di un canone letterario e linguistico presto dominante.

Qui di seguito forniamo un esempio di testo letterario delle origini di ciascuna area, a dimostrazione della differenza linguistica che separa i diversi volgari.

Area siciliana

Pir meu cori alligrari,
chi multu longiamenti
senza alligranza e joi d'amuri è statu,
mi ritornu in cantari,
da dimuranza turniria in usatu
di lu troppu taciri;
e quandu l'omu ha rasuni di diri,
ben di' cantari e mustrari alligranza,
ca senza dimustranza
joi siria sempri di pocu valuri:
dunca ben di' cantar onni amaduri.

[S. Protonotaro, *Pir meu cori alligrari*, in G. Contini (a cura di), *Letteratura italiana delle origini*, Sansoni, Firenze 1976]

parafrasi Per rallegrare il mio cuore, che troppo a lungo è stato senza allegria e gioia d'amore, riprendo a fare poesia, perché forse facilmente potrei cambiare in abitudine l'indugio del troppo tacere; e quando si ha un argomento per fare poesia, a buon diritto si deve farlo e mostrare allegria, perché la gioia sarebbe sempre di poco conto se non fosse dimostrata esteriormente: dunque ogni uomo che è innamorato deve a buon diritto fare poesia.

Area centrale (volgare umbro)

Terra, erbe con lor coluri,
arbori, frutti con sapuri,
bestïe, mie serveturi,
tutti en mia bevolcaria.

[I. da Todi, *Povertade ennamorata*, in G. Contini (a cura di), *Letteratura italiana delle origini*, Sansoni, Firenze 1976]

parafrasi La terra, le coltivazioni con i loro colori, gli alberi, i frutti con i loro sapori, gli animali, la mia servitù, tutto è di mia proprietà.

Area settentrionale (volgare milanese)

Respond la vïoleta: «Eo sont tuta amorevre,
eo sont comuna a tugi e larga e caritatevole.
De mi golza omiomo a chi eo sont placevre;
de zo sont eo plu degna, plu ùmel, plu vaievre».

[B. de la Riva, *Disputatio rosae cum viola*, in P. Cudini, *Poesia italiana. Il Duecento*, Garzanti, Milano 1978]

parafrasi Risponde la violetta: «Io sono tutta amorevole, io sono generosa con tutti e liberale e caritatevole. Di me godono tutti coloro a cui io piaccio; in ciò io sono più degna, più umile, più meritevole».

Area toscana

Amor m'ha priso ed incarnato tutto,
ed a lo core di sé fa posanza
e di ciascun membro tragge frutto,
da poi che priso à tanto di possanza.

[G. d'Arezzo, *Amor m'ha priso ed incarnato tutto*, in C. Salinari, *La poesia lirica del Duecento*, UTET, Torino 1974]

parafrasi Amore mi ha preso e compenetrato tutto, e nel mio cuore fa la sua dimora e trae alimento da ciascun membro del corpo, dal momento che ha raggiunto così grande potenza.

LA MAPPA DELLE CONOSCENZE

Il passaggio dal latino alla formazione dei volgari

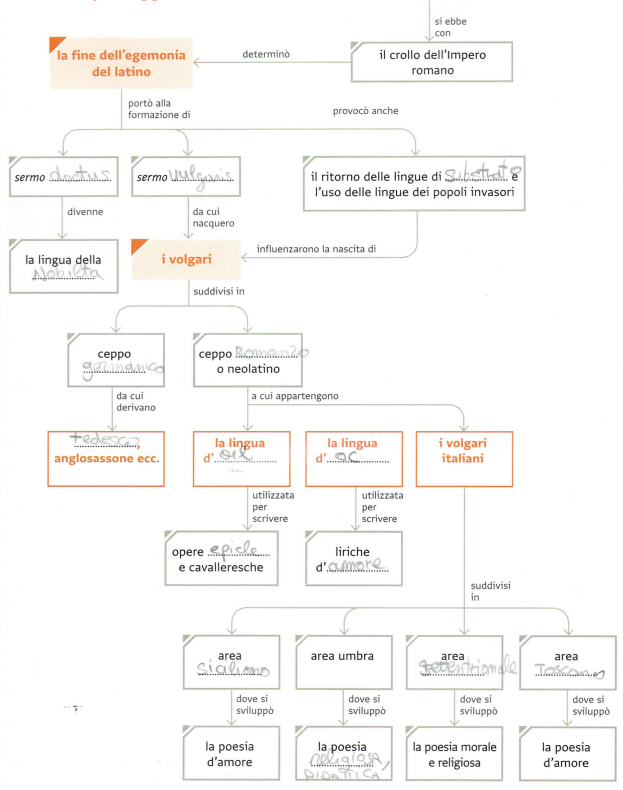

La letteratura religiosa

L'egemonia culturale della Chiesa

Dopo la dissoluzione dell'Impero romano, la società europea subì una lenta metamorfosi, trasformandosi da urbana a **rurale**. L'Alto Medioevo, segnato politicamente dall'affermazione del **feudalesimo**, fu caratterizzato da una frammentazione del potere politico e da un'**economia di sussistenza** legata alla coltivazione della terra, un sistema che gli storici definiscono "**curtense**" (dal latino *curtis*, "corte").

In linea con l'immobilismo della situazione economica e sociale, in questi secoli si affermò la concezione di una storia dell'umanità regolata da un **ordine eterno e immutabile**, obbediente alla **volontà divina**. Si riteneva che le vicende terrene non fossero determinate dalle scelte e dall'intelligenza degli uomini, ma che seguissero un piano provvidenziale tracciato da Dio.

In questo contesto la cultura era monopolio della **Chiesa**, tanto che il termine "**chierico**" (membro del clero, dal latino *clericus*, a sua volta dal greco *klèros*) divenne sinonimo di uomo colto e istruito, che conosceva il latino. La Chiesa non solo imponeva a ogni individuo gli obblighi della vita morale e religiosa, ma assunse un ruolo fondamentale nella produzione e nella diffusione della cultura, da un lato attraverso l'elaborazione di **opere filosofiche** e **teologiche** destinate agli intellettuali e redatte in latino, dall'altro con l'esercizio della **predicazione**, che si poneva l'obiettivo di raggiungere gli abitanti delle campagne e gli esponenti dell'emergente ceto borghese delle città.

I movimenti eretici

Lungo buona parte del Medioevo la Chiesa rappresentò – insieme con l'Impero – la principale entità politica europea. Esercitava il proprio **potere temporale** stringendo relazioni o entrando in conflitto con l'Impero, i signori feudali, le monarchie nazionali. Questo ruolo politico, insieme alla **corruzione** dilagante all'interno del clero e allo **sfarzo** della corte papale, aveva attirato molte critiche: l'accusa principale era quella di aver abbandonato del tutto l'originario **messaggio evangelico**. A partire dall'XI secolo nacquero pertanto alcuni **movimenti**, che propugnavano un ritorno alla predicazione di Cristo e proponevano un modello di vita ispirato all'osservanza totale della povertà: tra i principali vi erano i **patarini** (in area lombarda), i **valdesi** (i "poveri di Lione" di Pietro Valdo), i **catari** (dal greco *katharós*, "puro", originari del Sud della Francia).

Questi movimenti vennero dichiarati **eresie** (dal greco *aìresis*, "scelta", dottrina contraria all'ortodossia e ai principi della religione) e i suoi membri furono scomunicati e perseguitati. La durissima repressione della Chiesa venne esercitata attraverso il **tribunale dell'Inquisizione**: coloro che venivano riconosciuti colpevoli di eresia e che non abiuravano – non rinnegavano cioè le proprie idee – erano affidati all'autorità civile e giustiziati, molto spesso con la condanna al rogo.

Gli ordini mendicanti

A partire dai primi decenni del Duecento il fenomeno della predicazione acquistò maggiore rilevanza grazie alla nascita di due **ordini monastici**. Anche all'interno della Chiesa in molti avvertivano la necessità di combattere la corruzione ecclesiastica e di recuperare l'antico messaggio evangelico. Per queste ragioni papa Onorio III nel 1216 riconobbe l'ordine dei **domenicani**, fondato da Domenico di Guzman (1170-1222)

Miniatura dalle *Postillae* di Nicolas de Lyre raffigurante un francescano in cattedra, XIV secolo, Reims, Bibliothèque Municipale.

e successivamente, nel 1223, approvò l'ordine dei **francescani**, nato per iniziativa di Francesco d'Assisi (▶ p. S14).

Ciò che contraddistingueva questi ordini era la scelta di vivere in **contatto con la comunità**, agendo direttamente nel mondo secondo l'esempio di Cristo. Se i monaci (dal greco *mónos*, "solitario") vivevano in monasteri isolati dai centri urbani, i membri di questi nuovi ordini si chiamavano "frati" (dal latino *frater*, "fratello") e i loro conventi venivano edificati in prossimità delle mura cittadine. L'occupazione principale di entrambi gli ordini era la **predicazione**, praticata però in maniera diversa: i domenicani si concentrarono soprattutto sull'interpretazione delle Sacre Scritture mentre i francescani, rivolgendosi agli strati più umili della popolazione, si dedicarono alla divulgazione delle parole evangeliche e del loro messaggio edificante.

Poiché i frati si rivolgevano alle masse, la predicazione avveniva in **volgare**: questo aspetto si rivelò presto determinante per lo sviluppo anche di una **letteratura laica**. Del resto la predicazione non ebbe soltanto il compito di invitare al rispetto dei dogmi religiosi e morali della Chiesa cattolica, ma svolse anche una funzione che potremmo definire **enciclopedica**, in quanto permise la trasmissione di conoscenze storiche, scientifiche, astronomiche ecc.

Le forme della letteratura religiosa

In concomitanza con l'affermazione in tutta Europa delle lingue volgari anche per i testi scritti, gli uomini di chiesa procedettero a un'intensa attività di produzione di opere di **carattere educativo**. La sostituzione del latino con una lingua di uso quotidiano favorì la diffusione delle tematiche religiose e portò alla nascita di uno dei filoni più ricchi della letteratura del XIII e XIV secolo: la **letteratura religiosa**, che comprendeva una ricca varietà di opere:

- le **raccolte di prediche** dei francescani e dei domenicani;
- gli *exempla*, brevi narrazioni edificanti che attraverso il racconto di una vicenda impartivano un insegnamento morale, mostravano virtù o comportamenti riprovevoli;
- le **biografie** dei santi, anch'esse narrate a scopo educativo;

- le **visioni dell'aldilà** cristiano, che da un lato rappresentavano le beatitudini del paradiso e dall'altra le pene dell'inferno;
- le **laude**, componimenti poetici per musica di argomento religioso;
- le **sacre rappresentazioni**, genere teatrale che drammatizza temi delle Sacre Scritture e che nasce dalla **lauda drammatica** (costituita cioè da un dialogo tra più personaggi).

La lirica religiosa in Umbria

L'area geografica in cui nacque il nucleo più importante della letteratura religiosa è l'Umbria, cuore dell'esperienza francescana. L'opera generalmente considerata il primo testo della poesia italiana in lingua volgare è una lirica religiosa: *Il Cantico delle creature* (▶ T1, p. S14) di **Francesco d'Assisi**.

Il fondatore dell'ordine monastico più vicino alla sensibilità e ai bisogni delle classi popolari predicava una religiosità che, fedele all'**insegnamento evangelico**, celebrava i valori della povertà e dell'umiltà, della fratellanza e dell'amore per il prossimo. Proprio la volontà di rivolgersi a un pubblico vasto, che comprendeva anche le persone semplici e prive di cultura, determinò la scelta di esprimersi in **volgare** e di adottare forme e temi della **comunicazione orale**, di facile comprensione e di immediato interesse per tutti.

Iacopone da Todi
Donna de Paradiso

L'altro protagonista della lirica religiosa umbra è **Iacopo de Benedetti**, detto Iacopone da Todi (▶ T2, p. S20). La prima fase della sua ricca produzione letteraria è caratterizzata da un **cupo pessimismo**, da una rappresentazione della vita terrena segnata dalla **sofferenza** e dal **peccato** e descritta con crudo realismo. In un secondo momento nei suoi versi si fa strada l'esaltazione dell'**amore per Cristo** e della gioia incontenibile per il contatto diretto con Dio.

La poesia didattico-morale nell'Italia settentrionale

Nel corso del Duecento, nelle città dell'area lombardo-veneta avevano riscosso un vasto consenso i movimenti religiosi che combattevano sia le **ingiustizie sociali** sia la **corruzione del clero**. In concomitanza con questi fenomeni di protesta si diffuse una letteratura in volgare indirizzata alla formazione morale dei ceti cittadini, con il proposito di invitare i fedeli e la Chiesa a riavvicinarsi agli insegnamenti del Vangelo. Quest'aspirazione a una religiosità più autentica trovò espressione letteraria in alcuni **poemetti didascalico-allegorici** in cui i regni ultraterreni erano raffigurati in maniera realistica, al punto da catturare l'attenzione dei nuovi ceti borghesi.

---

il punto su... | La lauda

La lauda (dal latino *laudare*, "lodare") è un componimento poetico di argomento religioso in volgare, musicato e destinato a essere cantato in un coro. Di origine quasi sicuramente popolare, riprende nella struttura lo schema metrico della ballata. Si tratta principalmente di lodi rivolte a Dio o alla Madonna che derivano probabilmente dai "pianti", cioè le lamentazioni della Vergine e delle pie donne per la morte di Cristo, cantate in chiesa dalle fedeli.

In origine, le laude venivano eseguite nelle piazze cittadine, di solito durante le festività cristiane, da congregazioni laiche o da movimenti come i "flagellanti" e i "disciplinati", in processioni in cui i fedeli si flagellavano pubblicamente in segno di disprezzo per i beni materiali. I testi, per lo più anonimi, vennero raggruppati e ordinati in raccolte poetico-musicali, i laudari. A partire dal XIII secolo la lauda divenne un vero e proprio genere letterario, una delle forme più significative della poesia religiosa del Duecento, grazie soprattutto a Iacopone da Todi (▶ p. S20), che ha composto il più importante laudario della letteratura medioevale, in versi endecasillabi e settenari.

Tra gli esponenti di questo genere spiccano le figure di **Bonvesin de la Riva**, frate dell'ordine terziario degli umiliati, movimento spirituale nato in Lombardia che predicava un ritorno a una vita più austera per laici e religiosi, e quella del francescano **Giacomino da Verona**, vissuto nella seconda metà del XIII secolo (▶ p. S29).

Il primo fu autore di un poemetto sull'inferno e sul paradiso, il *Libro delle tre scritture*: di particolare impatto emotivo è la descrizione dell'inferno, rappresentato come un'isola in cui – in linea con l'immaginario popolare – i demoni hanno occhi e narici infuocati, barba e capelli lunghi, zampe e coda.

Anche Giacomino da Verona compose un poemetto, diviso in due parti, in cui vengono descritti i regni ultraterreni. Nel *De Ierusalem caelesti* ("La Gerusalemme celeste") il paradiso viene descritto come un luogo di gioie e bellezze incommensurabili (▶ T3, p. S28). Al contrario, nel *De Babilonia civitate infernali* ("Babilonia, città infernale"), demoni terrorizzanti tormentano le anime destinate alla pena eterna.

Il rapporto religione-amore

Anche se è estraneo alle tematiche della letteratura religiosa appena esposte, è opportuno accennare al fatto che nell'Italia del Duecento si pose una questione che evidenzia il ruolo fondamentale della fede e del divino nella società medioevale: la **contrapposizione** tra la letteratura d'amore e la cultura religiosa. Come vedremo nell'unità successiva, i poeti provenzali del XII secolo avevano esaltato la figura femminile, cantandone le qualità sovrannaturali: la donna era stata trasformata in una sorta di creatura angelica, al punto da creare un conflitto tra il culto della **potenza di Dio** e la lode verso la **bellezza femminile** e le sue qualità. Si tratta di un aspetto che coinvolge tutti i movimenti poetici sorti in Italia tra il Duecento e il Trecento (▶ p. S43) e che si affaccia per la prima volta con *Io m'ag[g]io posto in core* (▶ T5, p. S40), un sonetto del poeta siciliano Giacomo da Lentini. In questo componimento alla rappresentazione del paradiso come luogo di delizie si unisce la lode della donna amata, che l'io lirico vorrebbe avere con sé anche dopo la morte, per godere insieme della visione della **gloria celeste** e della **bellezza terrena**.

Miniature da un canzoniere francese, XIV secolo, Montpellier, Musée Atger.

LA MAPPA DELLE CONOSCENZE

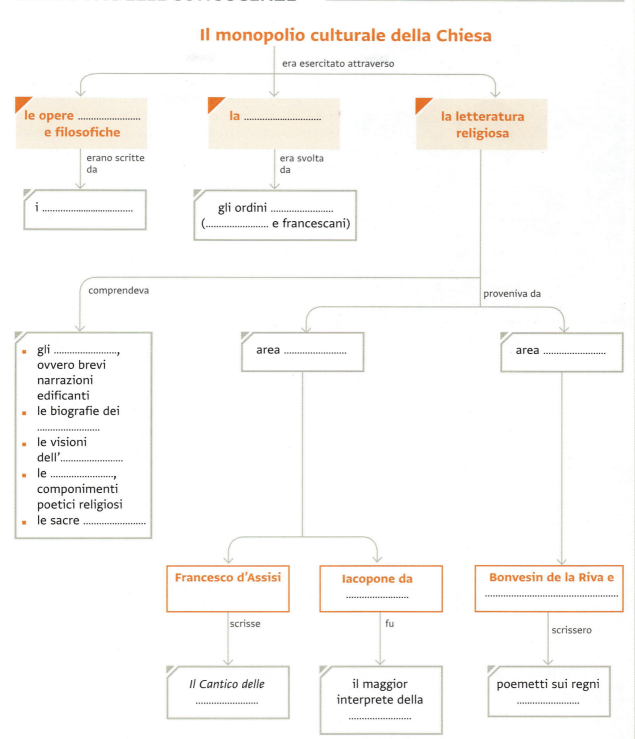

Francesco d'Assisi

La vita

Francesco nacque ad Assisi intorno al 1181-1182, figlio di un ricco mercante di stoffe, Pietro Bernardone, e di Madonna Pica. Trascorse la giovinezza negli agi. Ricevette una buona educazione, studiando il latino e le letterature d'oc e d'oïl, e si dedicò al mestiere delle armi. Al 1206 risale la **vocazione** religiosa e la **rinuncia ai beni paterni**, avvenuta in forma pubblica e teatrale: Francesco, spogliandosi degli abiti che indossava, dichiarò di riconoscere per padre solo "Colui che è nei cieli" e di voler abbracciare una vita dedicata agli altri, in totale povertà. Dopo aver vissuto per circa due anni in **eremitaggio**, iniziò a predicare e nel 1209 stabilì insieme ai primi discepoli una *Regola*, poi andata perduta. Seguirono anni dedicati alla **predicazione** e all'evangelizzazione, durante i quali Francesco viaggiò molto e raggiunse anche l'Egitto. Al suo rientro in Italia elaborò una nuova *Regola*, la cui versione definitiva venne approvata da papa Onorio III nel 1223. Trascorse gli ultimi anni in preghiera, tormentato dalla malattia e dalla cecità. Secondo la tradizione, ricevette le stimmate sul monte Verna, nel 1224. Prima di morire venne portato ad Assisi, dove dettò il proprio *Testamento* ai suoi seguaci, esortandoli alla più radicale povertà, e dove morì tra il 3 e il 4 ottobre del 1226. Fu proclamato **santo** nel 1228.

vite di scrittori — San Francesco e il lupo

Il celebre miracolo è narrato nei *Fioretti di San Francesco*. Un lupo feroce terrorizza la città di Gubbio e i suoi abitanti. Il santo decide allora di intervenire, ammansendo la bestia e rappacificandola con gli uomini.

Detto queste parole, il lupo con atti di corpo e di coda e d'orecchi e con inchinare di capo, mostrava d'accettare ciò che santo Francesco diceva e di volerlo osservare. Allora santo Francesco disse: — Frate lupo[1], da poi che ti piace di fare e di tenere questa pace[2], io ti prometto ch'io ti farò dare le spese[3] continuamente, mentre che[4] tu viverai, dagli uomini di questa terra, sì che tu non patirai più fame, imperò[5] ch'io so bene che per la fame tu hai fatto ogni male. Ma poiché io t'accatterò[6] questa grazia, io voglio, frate lupo, che tu mi prometta che tu non nocerai mai a niuno uomo né a niuno animale. Promettimi tu questo? — E il lupo, con inchinare di capo, fece evidente segnale che prometteva. E santo Francesco dice: — Frate lupo, io voglio che tu mi faccia fede di questa promessa, a ciò che io me ne possa fidare. — E distendendo santo Francesco la mano per ricevere fede, il lupo levò su il pie dinanzi, e dimesticamente il puose[7] sopra la mano di santo Francesco, dandogli quel segnale di fede che poteva.
Allora disse santo Francesco: — Frate lupo, io ti comando nel nome di Gesù Cristo, che tu venga con meco sanza dubitar di nulla, e andiamo a fermare[8] questa pace al nome di Dio. — E il lupo, ubbidiente, se ne va con lui come uno agnello mansueto.

[G. Davico Bonino (a cura di), *I Fioretti di San Francesco*, Einaudi, Torino 1972]

1. **Frate lupo**: il santo si rivolge all'animale come se fosse un suo fratello.
2. **tenere questa pace**: mantenersi pacifico verso gli uomini.
3. **dare le spese**: nutrire.
4. **mentre che**: finché.
5. **imperò ch'io**: perché io.
6. **accatterò**: otterrò per te.
7. **dimesticamente il puose**: lo pose come se fosse un animale addomesticato.
8. **fermare**: stipulare con gli uomini.

Le opere

Oltre alla *Regola* e al *Testamento*, San Francesco ha lasciato scritti in latino, **insegnamenti spirituali**, sei **lettere**, cinque **orazioni**. La sua opera più importante è il *Cantico delle creature*, a cui affida un messaggio rivoluzionario di **pace**, **serenità**, **armonia** nel creato, eccezionale in un Medioevo che fino ad allora aveva predicato il disprezzo della dimensione terrena. Il *Cantico* rappresenta un esempio straordinario di poesia religiosa ed è il primo testo letterario elaborato in volgare italiano. L'eccezionalità della figura di Francesco determinò dopo la sua morte la fioritura di una **letteratura agiografica** sulla vita del santo, culminata nei *Fioretti di san Francesco*, traduzione in volgare di una raccolta latina attribuita a Ugolino di Monte Santa Maria. Nei *Fioretti* si celebra tutto il creato, considerato non come il luogo del male e della perdizione ma come il disegno armonioso di Dio, degno di essere amato anche nelle sue espressioni più semplici.

T1 Cantico delle creature

WebTV
Fratello Sole, Sorella Luna di F. Zeffirelli

Il *Cantico delle creature* (originariamente *Laudes creaturarum*), ritenuto il primo testo della letteratura italiana, risale agli ultimi anni di vita di Francesco, tra il 1224 e il 1226. Secondo la tradizione l'opera venne iniziata quando, dopo una notte insonne tormentata dal male agli occhi e dai topi, il santo ebbe una visione della sua morte e della salvezza eterna.
METRO: versi di diversa lunghezza, legati da assonanze e da alcune rime, modellati sulla prosa ritmica dei salmi biblici.

Altissimu, onnipotente, bon Signore,
Tue so' le laude, la gloria e l'honore et onne benedictione.

Ad Te solo, Altissimo, se konfano,
et nullu homo ène dignu Te mentovare.

5 Laudato sie, mi' Signore, cum tucte le Tue creature,
spetialmente messor lo frate Sole,
lo qual è iorno, et allumini noi per lui.
Et ellu è bellu e radiante cum grande splendore:
de Te, Altissimo, porta significatione.

10 Laudato si', mi' Signore, per sora Luna e le stelle:
in celu l'ài formate clarite et pretiose et belle.

---

parafrasi

vv. 1-2 Altissimo, onnipotente Signore, fonte di ogni bene (*bon*), a te spettano le lodi, la gloria, l'onore e ogni benedizione.

vv. 3-4 A te solo, Altissimo, si addicono (*se konfano*) e nessun uomo è degno di nominarti (*Te mentovare*).

vv. 5-9 Sii lodato, mio Signore, con tutte le tue creature, specialmente messer fratello (*frate*) Sole, che è la luce del giorno (*lo quale è iorno*), e tu ci illumini (*allumini*) attraverso di lui. Ed esso (*ellu*) è bello e raggiante (*radiante*) e con grande splendore: di te, Altissimo, porta testimonianza (*significatione*).

vv. 10-11 Sii lodato, mio Signore, per sorella Luna e le stelle: in cielo le hai create (*l'ài formate*) luminose (*clarite*) e preziose e belle.

Laudato si', mi' Signore, per frate Vento
et per aere et nubilo et sereno et onne tempo,
per lo quale a le Tue creature dài sustentamento.

15 Laudato si', mi' Signore, per sor'Aqua,
la quale è multo utile et <u>humile</u> et pretiosa et casta.

Laudato si', mi' Signore, per frate Focu,
per lo quale ennallumini la nocte:
ed ello è bello et iocundo et robustoso et forte.

20 Laudato si', mi' Signore, per sora nostra matre Terra,
la quale ne sustenta et governa,
et produce diversi fructi con coloriti flori et herba.

Laudato si', mi' Signore, per quelli ke perdonano per lo Tuo amore
et sostengo infirmitate et tribulatione.

25 Beati quelli ke 'l sosterranno in pace,
ka da Te, Altissimo, sirano incoronati.

vv. 12-14 Sii lodato, mio Signore, per fratello Vento e per il cielo (*aere*), sia nuvoloso (*nubilo*) sia sereno, e per ogni tempo [clima], attraverso il quale dai nutrimento (*sustentamento*) alle tue creature.

vv. 15-16 Sii lodato, mio Signore, per sorella (*sor'*) Acqua, la quale è molto utile e umile e preziosa e pura (*casta*).

vv. 17-19 Sii lodato, mio Signore, per fratello Fuoco, attraverso il quale illumini (*ennallumini*) la notte: ed esso è bello e giocondo e robusto e forte.

vv. 20-22 Sii lodato, mio Signore, per nostra sorella madre Terra, la quale ci nutre e ci alleva (*ne sustenta et governa*), e produce molti frutti diversi, con fiori colorati ed erba.

vv. 23-24 Sii lodato, mio Signore, per quelli che perdonano in nome del tuo amore e sopportano malattie e sofferenze (*infirmitate et tribulatione*).

vv. 25-26 Beati quelli che sopporteranno (*sosterranno*) in pace, poiché (*ka*) saranno (*sirano*) incoronati da te.

il percorso delle parole | Umile

L'aggettivo *umile* deriva dal latino *humile(m)*, ovvero "che sta in basso", da riconnettersi al sostantivo *humus*, che significa "terra", "suolo".
In italiano conserva nell'uso letterario l'originario significato latino, cioè "poco elevato da terra", ma ha assunto ormai il valore di "povero", "dimesso", "di bassa condizione sociale". Il termine è stato interpretato dalla dottrina cristiana in senso positivo, in quanto designa chi è consapevole di essere infinitamente piccolo e insignificante nei confronti di Dio. Nel linguaggio quotidiano il termine è usato spesso anche con questo significato, per definire un individuo che non è orgoglioso e superbo sebbene sia una persona di valore ("uno scienziato umile").

■ **Trovare le parole**
a. Spiega che cosa significano le espressioni "avere umili natali" e "parlare con voce umile".
b. Individua almeno tre termini derivati dall'aggettivo *umile*.

Laudato si', mi' Signore, per sora nostra Morte corporale,
da la quale nullu homo vivente pò skappare:
guai a cquelli ke morrano ne le peccata mortali;
30 beati quelli ke trovarà ne le Tue sanctissime voluntati,
ka la morte secunda no 'l farrà male.

Laudate e benedicete mi' Signore et rengratiate
e serviateli cum grande humilitate.

[in G. Contini (a cura di), *Poeti del Duecento*, Ricciardi, Milano-Napoli 1960]

vv. 27-31 Sii lodato, mio Signore, per nostra sorella Morte del corpo (*corporale*), dalla quale nessun essere umano (*homo vivente*) può sfuggire (*skappare*): guai a quelli che moriranno nei peccati mortali; beati quelli che [la morte] coglierà (*trovarà*) nella Tua santissima volontà, perché la morte dell'anima (*morte seconda*) [la dannazione eterna] non farà loro male.

vv. 32-33 Lodate e benedite il mio Signore e ringraziatelo e servitelo (*serviateli*) con grande umiltà.

SCHEDA di LETTURA

La potenza divina e la lode delle creature

Il *Cantico delle creature* presenta una struttura quadripartita, composta da una breve introduzione, due ampie parti centrali e una conclusione di due soli versi. Nei primi quattro versi Francesco esalta la potenza di Dio (*Altissimu, onnipotente, bon signore*): l'artefice del mondo è la sola creatura (*Ad Te solo*) degna di lodi, onori e benedizioni e del rispetto di tutti gli uomini.
Nella seconda parte vengono celebrate la bellezza e la funzione di tutte le creature dell'universo, a partire da quelle celesti: il sole *bellu e radiante*, immagine e testimonianza della luce divina sulla terra; la luna e le stelle luminose; infine, il vento e tutti gli altri agenti atmosferici (*aere et nubilo et sereno*) che permettono il *sustentamento* di tutte le creature di Dio. Successivamente, scendendo verso il basso, Francesco rende onore alle qualità e alle funzioni degli elementi della natura da cui, a partire dalla filosofia greca, si pensava avesse avuto origine la terra. Esalta l'utilità e la purezza (*et humile et pretiosa et casta*) dell'acqua, l'energia vitale del fuoco *robustoso et forte*, che illumina la notte. Infine, loda la stessa terra che sostiene gli uomini grazie ai suoi *diversi fructi*.

La salvezza e la dannazione

Nella terza parte Dio viene lodato per aver creato gli uomini, che nella fede (*per lo Tuo amore*) trovano la forza di perdonare e di sopportare malattie e sofferenze e che per questo saranno premiati (*incoronati*), godendo della grazia divina e della salvezza spirituale. Coloro che morranno in grazia di Dio (*le Tue santissime voluntati*) non dovranno temere *sora nostra Morte corporale*, al contrario di coloro che vivranno *ne le peccata mortali*, i quali saranno invece destinati alla dannazione eterna.
La lirica si chiude con un distico – due versi in rima baciata – contenente un'esortazione di Francesco affinché i fedeli celebrino la gloria di Dio, lo ringrazino per i doni ricevuti e si pongano con umiltà al suo servizio.

Il rapporto tra il cielo e la terra

Come abbiamo accennato, nella struttura della cantica le creature sono disposte dall'alto al basso, secondo una gerarchia che parte dal sole, simbolo della potenza divina, e discende fino agli elementi più umili della natura. Questo criterio spaziale rispecchia la concezione medioevale che prevedeva Dio al centro dell'universo e artefice delle vicende terrene, soggette alla sua volontà.
Secondo la visione di san Francesco, tuttavia, il riconoscimento dell'onnipotenza di Dio non determina una separazione tra l'uomo e il divino ma piuttosto un rapporto armonioso tra terra e cielo. Dio è

SCHEDA di LETTURA

origine dell'universo e ogni creatura, dagli astri agli umili frutti della terra, reca in sé l'impronta della sua bontà. La luna e il vento, l'acqua e il fuoco sono fratelli e sorelle nel segno del loro comune rapporto con la potenza creatrice di Dio.

Questa visione ottimistica dell'esistenza umana pare essere messa in discussione nella seconda parte della cantica, che mostra una vita terrena tormentata da sofferenze, malattie e tentazioni. In realtà la consapevolezza che dolore e morte sono eventi naturali nella vita degli uomini determina la serena accettazione di tutto ciò che è manifestazione della potenza e della volontà di Dio.

Lo stile

La lauda presenta un ritmo solenne, determinato dalle sequenze di aggettivi (*clarite et pretiose et belle*), sostantivi (*aere et nubilo et sereno*) o verbi (*Laudate e benedicete... e rengratiate e serviateli*). La sintassi è paratattica e le proposizioni sono in prevalenza coordinate per polisindeto.

Il lessico presenta sia numerose espressioni del volgare umbro – nelle forme in "o" (*messor, sirano*) e in "-u" (*Altissimu, nullu, ellu, bellu*) – sia forme di grafia (*honore, et, ad, cum tucte* ecc.) e termini derivanti dal latino (*benedictione, significatione*). Il risultato di questa fusione è un linguaggio immediatamente comprensibile dal pubblico popolare cui era destinato ma nel contempo di tono elevato.

La letterarietà del *Cantico* è confermata dai numerosi riferimenti alle Sacre Scritture, in particolare per la ripetizione della formula di lode. L'iterazione anaforica della formula *Laudato si', mi' Signore* è modellata sulla struttura dei *Salmi* e ricorda il *Salmo 148* (*Lodate il Signore dal cielo,/lodatelo nei luoghi eccelsi./Lodatelo, voi tutti angeli suoi,/lodatelo, voi tutte sue schiere./Lodatelo, sole e luna,/lodatelo, voi tutti astri luminosi./Lodatelo, o cieli dei cieli,/e voi acque al disopra dei cieli*). Oltre alla ripresa iniziale del verbo *lodate*, in questo passo si trovano anche riferimenti al cielo, al sole, alla luna, alle stelle, proprio come nella cantica di Francesco.

Analogie ancora più evidenti si riscontrano con *Il Cantico dei tre giovani nella fornace*: tre giovani ebrei sono perseguitati dal sovrano di Babilonia per la loro fede e vengono immersi in una fornace ardente. Qui cominciano a innalzare una litania, lodando il signore e tutte le meraviglie del creato. L'elenco cadenzato delle cose create – gli astri del cielo, il sole e la luna, la pioggia, il vento, il fuoco – sembra aver ispirato direttamente l'ideazione del *Cantico delle creature*.

LABORATORIO

Comprendere e individuare
L'esplorazione del testo

1. Quale affermazione, per sottolineare l'inferiorità dell'uomo nei confronti di Dio, riprende il secondo comandamento della fede cattolica, quello che impone di "non nominare il nome di Dio invano"?

2. Ricerca il solo verbo utilizzato nella poesia per indicare l'azione creatrice di Dio.

3. Quale aggettivo usa Francesco per lodare l'acqua in quanto elemento purificatore?

4. Nel verso 25, a chi è riferito il pronome neutro '*l*?

5. Con quale immagine metaforica Francesco definisce il premio della salvezza eterna che attende chi crederà in Dio? Con quale espressione indica la dannazione eterna di chi non è morto in grazia di Dio?

Interpretare e riflettere
La scoperta del testo

6. Le creature elencate nel *Cantico* sono lodate in sé, ovvero per le qualità che possiedono, in relazione a Dio e in relazione agli uomini. Completa la tabella, inserendo opportunamente per ciascun elemento della natura le varie caratte-

LABORATORIO

ristiche. Attenzione: non sempre occorre riempire le tre caselle.

	In sé	In relazione a Dio	In relazione all'uomo
Il sole	....	....	....
La luna e le stelle	....	....	....
Il vento e gli altri agenti atmosferici	....	....	....
L'acqua	....	....	....
Il fuoco	....	....	....
La terra	....	....	....

7. Nella lirica vi sono due interlocutori: quali sono e in quali versi compaiono?

8. Per quale ragione l'uomo, a differenza delle altre creature, non viene né lodato né chiamato *frate*?
   A. ☐ Gli uomini sono superiori alle altre creature, di cui non possono essere considerati fratelli
   B. ☐ Gli uomini non sono da lodare in sé, come le altre creature, ma soltanto se scelgono la fede
   C. ☐ Gli uomini sono peccatori e perciò sono indegni di essere lodati e chiamati fratelli
   D. ☐ Se gli uomini venissero lodati, in essi crescerebbe l'orgoglio e la presunzione per le loro qualità

9. Francesco loda Dio *per sora nostra Morte corporale* (v. 27): come spieghi quest'affermazione in apparenza paradossale?
   A. ☐ La morte impedisce all'uomo di cedere alle tentazioni terrene
   B. ☐ La morte libera gli uomini dalle sofferenze e dal dolore
   C. ☐ La morte appartiene alla condizione umana e lo ricongiunge al creatore
   D. ☐ La morte è la punizione esemplare per i peccati commessi nell'esistenza terrena

10. Nel Medioevo prevale una concezione negativa del mondo terreno, considerato luogo di miserie e corruzione. Ritieni che questa sia la posizione anche di Francesco?

Analizzare
Lo stile e la forma del testo

11. Riporta i termini che danno vita alle assonanze più significative e ripetute del *Cantico*.

12. Quale figura retorica dell'ordine viene utilizzata per introdurre la formula di lode?

13. Ricerca le parole che appartengono all'area semantica della luce.

14. Nel volgare di Francesco compaiono numerosi termini di origine latina. Per renderti meglio conto di questo aspetto, ricerca l'etimologia di *benedictione* (v. 2) e *significatione* (v. 9).

GRAMMATICA

15. Quali sono il modo e il tempo verbale che contraddistinguono lo sviluppo della lauda?
   A. ☐ Indicativo presente
   B. ☐ Congiuntivo imperfetto
   C. ☐ Condizionale passato
   D. ☐ Imperativo presente

Produrre
Dalla lettura alla scrittura

16. A partire dal v. 10 ricorre più volte la preposizione *per*, sulla cui funzione logica sono state date diverse interpretazioni. Essa può introdurre un complemento di causa (Dio viene lodato per aver creato l'universo), d'agente (Dio è lodato dalle sue creature) oppure di mezzo (l'io lirico è indegno di lodare Dio e perciò lo fa indirettamente, attraverso le sue creature). Quale fra queste ipotesi ti sembra più convincente? Rispondi con un testo di due colonne circa di foglio protocollo.

Iacopone da Todi

La vita

Iacopo de' Benedetti nacque a Todi attorno al 1236, studiò diritto ed esercitò la professione di procuratore legale. Nel 1268 abbandonò la vita di gaudente che conduceva ed entrò nell'ordine francescano come frate laico. Secondo la tradizione, la "conversione" sarebbe avvenuta dopo la scomparsa della moglie, in seguito alla scoperta di un cilicio, uno strumento di penitenza corporale, ritrovato sotto le vesti della donna. Dopo dieci anni di penitenza e di preghiera, in cui condusse una vita da mendicante, nel 1278 Iacopone prese i voti nell'ordine dei frati minori. Aderì alla corrente degli spirituali, la più rigorosa dell'ordine francescano. Presto entrò in contrasto con la curia romana, scontrandosi con papa Bonifacio VIII. Scomunicato e incarcerato, venne condannato al carcere a

vite di scrittori — *Que farai, fra' Iacovone?*

In questa lunga lauda autobiografica, di cui proponiamo i primi versi, Iacopone racconta la sua prigionia e afferma che le mortificazioni subite non lo fanno recedere dall'accusa di corruzione rivolta al clero. Egli le accetta volentieri e in un grottesco autodileggio descrive in maniera cruda gli aspetti più bassi della sua condizione di carcerato.

> Que farai, fra' Iacovone?
> Èi venuto al paragone.
> Fusti al Monte Pellestrina,
> anno e mezzo en desciplina;
> 5 loco pigliasti malina
> dónne ài mo la presone.
> Probendato en cort'i Roma,
> tale n'ho redutta soma;
> onne fama se 'n ci afuma,
> 10 tal n'aio 'mmaledezzone.
> So' arvenuto probendato,
> ch'el capuccio m'è mozzato;
> en perpetua encarcerato,
> encatenato co' llione.
> 15 La presone che m'è data,
> una casa sotterrata;
>
> arèscece una privata,
> non fa fragar de moscune.
> Null'omo me pò parlare;
> 20 chi me serve lo pò fare,
> ma èli opporto confessare
> de la mea parlazione.
> Porto iette de sparveri,
> soneglianno nel meo gire;
> 25 nova danza ce pò odire
> chi sta apresso mea stazzone.
> Da po' ch'eo me so' colcato,
> revòltome nell'altro lato;
> nei ferri so' enciampagliato,
> 30 engavinato èl catenone.

[in P. Cudini, *Poesia italiana. Il Duecento*, Garzanti, Milano 1978]

3 Pellestrina: Iacopone fu incarcerato dopo l'assedio di Palestrina, nel Lazio, durato dal 1297 al 1298.
5 malina: malattia, ovvero l'odio di Bonifacio VIII, che lo fa imprigionare.
23 iette de sparvieri: legacci di cuoio nelle zampe degli sparvieri.

parafrasi Che farai, frate Iacopone? Sei giunto all'ora della prova. Sei stato a Palestrina un anno e mezzo in penitenza; là prendesti una malattia per la quale adesso sei imprigionato. Avendo ricevuto nella corte di Roma un beneficio (*Probendato*), ne ho ricevuto un peso (*soma*); ogni fama ci si offusca, tale è la maledizione. Dalla corte di Roma sono tornato con tale beneficio che mi è stato mozzato il cappuccio [dell'ordine dei frati minori]; sono incarcerato in perpetuo, incatenato come un leone. La prigione che mi è stata data è una cella sotterranea; ci sbocca una latrina, non emana profumo di muschio. Nessuno mi può parlare, eccetto il guardiano (*chi me serve*), ma è tenuto a riferire ogni mio discorso. Porto legacci da sparviero, che fanno rumore di sonagli quando cammino; chi sta vicino alla mia stanza può ascoltare questa nuova danza. Dopo essermi coricato mi rivolto dall'altro lato; con le gambe bloccate dai ferri, legato al catenone.

vita. Continuò a scrivere anche dalla prigione. Solo con l'elezione del nuovo pontefice, Benedetto XI, verrà liberato e gli sarà revocata la scomunica. Negli ultimi anni di vita si ritirò nel convento di Collazione, tra Todi e Perugia, dove morì nel 1304.

Le opere

La produzione di Iacopone consiste in un *Laudario*, composto da 92 laudi sicuramente attribuibili al frate, in cui si possono individuare due distinti filoni: uno **mistico** e **spirituale**, legato al tema del disprezzo della vita terrena, un altro **militante**, in cui il poeta affronta questioni legate agli scontri religiosi dell'epoca. Iacopone è anche l'autore della prima **lauda drammatica**, *Donna de Paradiso*, che rappresenta la Passione di Cristo e il pianto della Vergine.

I suoi versi si caratterizzano per un **pessimismo radicale**, alimentato dal **rifiuto del mondo**, dal disprezzo per il corpo, dal desiderio mistico di ascesi e dalla continua ricerca della comunione con Dio. Nella laude *O Signor per cortesia*, invoca addirittura Dio di mandargli ogni tipo d'infermità e di avversità per poter espiare le proprie colpe di peccatore. Il suo ardore passionale si traduce in uno **stile forte**, in cui si trovano accostati vocaboli dotti e plebei. Fondamentale nella sua opera è il concetto di **"esmesuranza"**, termine che indica l'enorme sproporzione tra la dimensione divina e quella umana e quindi l'impossibilità di tradurre nel linguaggio l'ineffabile incontro con Dio.

Pietro Lorenzetti, *Storie della Passione di Cristo, La deposizione della croce*, affresco, 1320, Assisi, Basilica Inferiore di S. Francesco.

---

il percorso delle parole | Mistico / Misticismo

Il termine *mistico* proviene dal latino *mýsticu(m)*, a sua volta derivato dal greco *mystikós*, "misterioso", connesso a *mýstes*, ossia iniziato ai misteri (o "riti misterici"), antichi culti esoterici diffusi nel mondo greco e in tutta l'Asia minore, che si svilupparono particolarmente in età ellenistica. Il significato letterale del termine *mistico* è quello di "relativo ai misteri" (della religione). Riferito a persona, indica chi è lontano dalle vicende terrene e immerso nella contemplazione di Dio. Per *misticismo* si intende quindi la disposizione religiosa di chi tenta di raggiungere Dio attraverso vie non razionali, come l'ascesi e la meditazione.

■ **Trovare le parole**

a. Spiega il significato della frase seguente, in cui l'aggettivo *mistico* viene usato per estensione in un contesto profano: "Marco dimostra un'adesione mistica alla sua squadra del cuore".
b. Che cosa significa, nel linguaggio corrente, "avere un'esperienza mistica"?
c. Individua l'avverbio derivante da *mistico* e componi con esso una frase.

T2 O iubelo del core

In questa lauda Iacopone manifesta l'ardore mistico scatenato dal contatto diretto con Dio, la sola e perfetta ragione di gioia per la natura umana, altrimenti umiliata e tormentata dalle sofferenze.
METRO: ballata in settenari; dopo una ripresa di due versi a rima baciata seguono strofe di sei versi. Schema delle rime: xx ababbx (l'ultimo verso di ciascuna strofa riprende la rima della ripresa in "-ore").

O iubelo del core,
che fai cantar d'amore!

Quanno iubel se scalda,
sì fa l'omo cantare,
5 e la lengua barbaglia
e non sa che parlare:
dentro non pò celare,
tant'è granne 'l dolzore.

Quanno iubel è acceso,
10 sì fa l'omo clamare;
lo cor d'amor è appreso,
che nol pò comportare:
stridenno el fa gridare,
e non virgogna allore.

15 Quanno iubelo ha preso
lo core ennamorato,
la gente l'ha 'n deriso,
pensanno el suo parlato,
parlanno esmesurato
20 de che sente calore.

Giotto, *Storie di San Francesco: l'estasi*, fine del XIII secolo, Assisi, Basilica di San Francesco.

4 omo: dal francese *on* e ha valore impersonale.

parafrasi

vv. 1-2 O gioia (*iubelo*) del cuore, che fai cantare d'amore!
vv. 3-8 Quando la gioia avvampa (*se scalda*), allora (*sì*) fa cantare, e la lingua balbetta (*barbaglia*) e non sa che cosa dire: non si può nascondere ciò che è dentro (*dentro non pò celare*), tanto è grande la dolcezza (*dolzore*).
vv. 9-14 Quando la gioia si accende, allora fa gridare (*clamare*), il cuore è acceso (*appreso*) dall'amore [tanto] che non lo può sopportare: stridendo lo (*el*) fa gridare e in quel momento (*allore*) non prova vergogna.
vv. 15-20 Quando la gioia ha occupato il cuore innamorato, la gente lo deride (*l'ha 'n deriso*) considerando come parla (*pensanno el suo parlato*), poiché parla (*parlanno*) senza misura (*esmesurato*) di quello di cui sente calore.

> O iubel, dolce gaudio
> ched entri ne la mente,
> lo cor deventa savio
> celar suo convenente:
> 25 non pò esser soffrente
> che non faccia clamore.
>
> Chi non ha costumanza
> te reputa 'mpazzito,
> vedenno esvalïanza
> 30 com'om ch'è desvanito;
> dentr'ha lo cor ferito,
> non se sente da fore.

[in G. Contini (a cura di), *Poeti del Duecento*, Ricciardi, Milano-Napoli 1960]

vv. 21-26 O gioia, dolce gioia, che penetri nella mente, il cuore diventa saggio (*savio*) nel nascondere la sua condizione (*celar suo convenente*): [ma al contrario] non può sopportare (*non pò essere soffrente*) di non gridare (*che non faccia clamore*).

vv. 27-32 Chi non ha esperienza (*costumanza*) [dell'amore mistico] ti considera (*te reputa*) impazzito, vedendo il tuo comportamento strano (*esvalïanza*) come chi è fuori di sé (*desvanito*): dentro ha il cuore ferito, non si accorge del mondo esterno (*non se sente da fore*).

SCHEDA di LETTURA

Una descrizione emotiva dell'esperienza mistica

Il tema della lauda è l'amore mistico, incontro tra l'uomo e Dio e consolazione per un'umanità tormentata dalle sofferenze terrene. La lauda descrive non tanto il processo attraverso cui l'uomo può congiungersi al divino ma le conseguenze che la relazione mistica provoca sia nell'animo – ciò che *non se sente da fore* – sia nei gesti e negli atteggiamenti, in varie manifestazioni di gioia incontenibile. Come quando ci si innamora, gli effetti dell'esperienza mistica sono sconvolgenti, si sottraggono a ogni forma di controllo razionale. Come l'amore terreno anche quello per Dio è ineffabile e nel contempo non si può nascondere. Non è oggetto di un'analisi teologica o filosofica ma si manifesta istintivamente, con intimi tumulti del cuore e irrefrenabili urla di gioia. L'io lirico appare incapace di prendere le distanze da quanto gli sta accadendo. Neppure il distacco emotivo che comporta l'atto di scrivere può arginare il debordante coinvolgimento emotivo e la travolgente percezione di essere entrato in comunicazione immediata con Dio, senza filtri né mediazioni.

Gli effetti dell'esaltazione mistica

La lauda si apre con un'apostrofe rivolta alla gioia esaltante del cuore che ha vissuto l'esperienza mistica e che spinge l'io lirico a *cantar d'amore*. Come il fuoco a cui viene metaforicamente accostato, l'amore mistico prima si scalda e poi si infiamma. Inizialmente l'uomo balbetta, non sa che cosa dire, travolto e confuso dall'emozione, ma *il dolzore* del sentimento è così intenso che non si può celare agli sguardi altrui.

E perciò, quando *iubel è acceso*, l'io lirico esplode in grida di esultanza (*fa l'omo clamare*). Eccitato dall'esperienza del contatto con Dio, si abbandona al tripudio senza vergognarsi di quanto potrebbe pensare la gente.

Infatti l'io lirico è consapevole che le sue esternazioni sono prive di senso compiuto e che *la gente l'ha 'n deriso*. Sa che il suo parlare *esmesurato* dell'amore divino che brucia nel suo cuore è destinato a diventare oggetto di scherno.

SCHEDA di LETTURA

L'impossibilità di nascondere e comunicare l'ardore mistico

Nella quarta strofa, dopo essere ritornato a rivolgersi direttamente al *dolce gaudio*, l'io lirico sembra voler modificare il proprio atteggiamento: manifesta l'intenzione di lasciare spazio alla ragione a discapito dell'ebbrezza amorosa sinora evocata. Sostiene che sarebbe saggio tacere il turbamento del proprio stato d'animo, esaltato dalla mistica fusione con Dio, ma si tratta di un proposito destinato a fallire perché è impossibile evitare di abbandonarsi alle grida (*non pò esser sofferente/che non faccia clamore*). Eppure, nonostante il clamore di chi si trova in preda allo *iubelo del core*, l'esperienza dell'unione con Dio può essere comunicata esclusivamente a chi l'ha vissuta: soltanto chi ha *costumanza* con l'amore mistico può comprendere il comportamento strano e insensato di chi ormai è *desvanito* e, del tutto assorbito dalla sua straordinaria esperienza, non riesce più a percepire il mondo esterno (*non se sente da fore*).

Lo stile

L'uso del volgare umbro evidenzia il proposito di Iacopone non solo di rivolgersi a un pubblico popolare, ma anche di sottolineare la naturalezza del rapporto mistico con Dio. Il tono acceso e concitato del testo, segno di una gioia irrefrenabile, si deve alla rottura delle consuete strutture sintattiche, infatti il discorso si sviluppa attraverso processi di coordinazione privi di legami. Per accentuare l'atmosfera di esaltata partecipazione, Iacopone sfrutta la triplice anafora *Quanno iubel*, la ripetizione nella quarta strofa dell'apostrofe iniziale (*O iubelo*), la disposizione di termini in crescendo (*cantare/clamare, stridenno/gridare*) e l'accumulazione di sinonimi. Sul piano lessicale si manifesta la conoscenza di Iacopone della letteratura contemporanea: ci sono numerosi termini di origine provenzale (*dolzore, convenente, costumanza, esvalianza*), l'uso di *om* con valore impersonale (dal francese *on*), il latinismo *gaudio* e la rima siciliana (▶ p. S52) *preso/deriso*.

LABORATORIO

Comprendere e individuare
L'esplorazione del testo

1. In quale strofa l'io lirico cerca inutilmente di prendere le distanze dall'esperienza vissuta e di mutare il suo entusiasmo in un atteggiamento più razionale?

2. Nell'ultima strofa, a che cosa si riferisce il termine *costumanza* (v. 27)?
   A. ☐ Alle ferite del cuore
   B. ☐ Alla saggezza
   C. ☐ Alla pazzia
   D. ☐ All'amore mistico

3. Chi si trova in preda all'ardore mistico si estranea dalla realtà, completamente rapito dall'esperienza interiore. In quali versi viene espresso questo concetto?

4. Riporta le espressioni che denunciano i limiti della parola umana nell'esprimere l'esperienza mistica.

5. Compila la tabella, inserendo i versi che rinviano agli effetti visibili e a quelli invisibili provocati dall'amore mistico.

Effetti interni: il calore e la dolcezza dell'amore mistico	vv. ....
Effetti esterni: le manifestazioni di gioia e di eccitazione	vv. ....

LABORATORIO

Interpretare e riflettere
La scoperta del testo

6. Quale funzione svolgono i due punti nel v. 24?
   A. ☐ Introducono una conseguenza di quanto affermato in precedenza
   B. ☐ Introducono un'ulteriore spiegazione di quanto affermato in precedenza
   C. ☐ Introducono un concetto opposto a quello affermato in precedenza
   D. ☐ Aggiungono un elemento a quanto affermato in precedenza

7. Qual è l'atteggiamento della gente nei confronti di chi mostra senza vergogna il proprio fervore mistico?
   A. ☐ Invidia
   B. ☐ Commiserazione
   C. ☐ Scherno
   D. ☐ Disprezzo

8. La gioia dell'amore mistico determina una situazione apparentemente paradossale, la presenza di due aspetti che potrebbero apparire contraddittori. Quali?

9. Il testo presenta alcuni periodi grammaticalmente scorretti (vv. 19-20, 23-25). Quali potrebbero essere le ragioni di queste imprecisioni sintattiche?
   A. ☐ Il desiderio di presentarsi con atteggiamento umile dinanzi a Dio
   B. ☐ L'ineffabilità e il trasporto emotivo dell'esperienza mistica
   C. ☐ Le difficoltà nell'usare una lingua nuova e impiegata solo oralmente
   D. ☐ La scarsa preparazione culturale dell'autore
   E. ☐ La volontà di riprodurre fedelmente il linguaggio del popolo

Analizzare
Lo stile e la forma del testo

10. Ricerca il verso in cui Iacopone utilizza due figure di suono, l'allitterazione e l'onomatopea, per rafforzare il tema espresso nella lauda.

11. Individua le parole appartenenti al campo semantico della passione sentimentale di natura terrena.

GRAMMATICA

12. Con quale funzione grammaticale viene utilizzato l'aggettivo *esmesurato* (v. 19)?
    A. ☐ Avverbio
    B. ☐ Pronome
    C. ☐ Sostantivo
    D. ☐ Verbo

13. Qual è il soggetto della proposizione causale *parlanno esmesurato* (v. 19)?
    A. ☐ L'io lirico (soggetto sottinteso)
    B. ☐ *iubelo* (v. 15)
    C. ☐ *core ennamorato* (v. 16)
    D. ☐ *gente* (v. 17)

Produrre
Dalla lettura alla scrittura

14. Scrivi un testo di circa due colonne di foglio protocollo in cui confronti le laude di Francesco e di Iacopone. Sottolinea, con opportuni riferimenti ai testi, la differenza tra la gioia drammatica e solitaria di Iacopone, che fatica a trovare parole e si esprime irrazionalmente e con tormento, e l'amore francescano, in corrispondenza armoniosa e serena con tutte le creature dell'universo.

Pagina miniata dalle *Laudi* di Iacopone da Todi, XIII secolo, Firenze, Biblioteca Nazionale Centrale.

La raffigurazione del paradiso e dell'inferno

In età medioevale la classe dominante era consapevole del potere dell'arte come mezzo di propaganda: in quanto linguaggio non verbale era facilmente comprensibile dalla popolazione europea quasi del tutto analfabeta. La Chiesa romana lo utilizzò per spingere le coscienze dei fedeli all'osservanza dei comandamenti. All'interno delle chiese edificate in quel periodo vennero dipinte e scolpite storie di santi e di martiri, episodi della Passione, vedute della Gerusalemme celeste contrapposte a visioni infernali. La capacità maggiore di coinvolgere emotivamente il pubblico spettava proprio alle raffigurazioni dell'inferno e del paradiso: mosaici o affreschi posti in posizione preminente, come absidi e cupole, rilievi scolpiti nelle facciate, lungo pilastri o architravi.

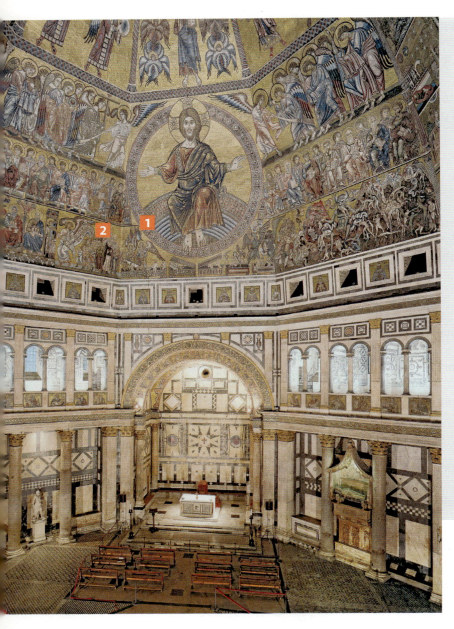

La cupola a otto spicchi del Battistero di Firenze, una delle più importanti costruzioni romaniche della città, al suo interno è completamente rivestita da mosaici, creati tra il XIII e il XIV secolo; nei tre spicchi inferiori si trovano quelli che narrano il Giudizio Universale. Meliore di Jacopo (ca. 1255-1285), a cui si attribuisce il cartone (cioè il disegno preparatorio), esegue una veduta del paradiso secondo l'iconografia più diffusa. Al centro Cristo trionfante nella mandorla, con evidenziati i fori dei chiodi e con aureola a motivo cruciforme, siede sui cerchi del paradiso. Con il palmo della mano destra rivolto verso il cielo attira a sé le anime elette, con il sinistro rivolto verso il basso condanna quelle dannate. Al di sopra le schiere angeliche trasportano i simboli della Passione – la corona di spine, la colonna, il flagello – e soffiano nelle trombe per dare avvio alla resurrezione della carne. Ai lati del Cristo gli apostoli si dispongono in posizione simmetrica mentre ai suoi piedi appare la Gerusalemme celeste. Per raffigurare l'eterna beatitudine, l'artista ha scelto tonalità chiare, per alludere alla purezza e alla santità del luogo, e un fondo oro, per la sua preziosità ma anche come simbolo della luce divina.

Meliore di Jacopo, *Paradiso*, Firenze, Battistero di San Giovanni.

1 Mandorla, cornice nata dall'intersezione di due cerchi con identico raggio, che rimanda al legame tra mondo spirituale e mondo materiale.

2 Alla destra di Cristo vi è la rappresentazione del paradiso, in cui le anime elette sono accompagnate da angeli e patriarchi; alla sinistra è rappresentato l'inferno (il particolare è a pagina seguente).

Particolare (alla sinistra di Cristo) raffigurante un gigantesco Satana con corna e orecchie asinine, simbolo di Lucifero o dell'Anticristo, seduto su un trono di fiamme da cui escono due serpenti. Il mosaico conserva a distanza di secoli uno sconvolgente impatto emotivo. Tensione, sbigottimento, terrore sono accresciuti da diavoli dai colori lividi che stipano i dannati nei confini di grotte infuocate e da mostri a forma di rana o di lucertola che li divorano. L'artista raggiunge l'apice della drammaticità grazie alla sovrapposizione di diversi piani prospettici, che rendono l'idea dell'abisso infernale.

Coppo di Marcovaldo, *Inferno*, Firenze, Battistero di San Giovanni.

Lo scolpire nella pietra beatitudini e tormenti, come quelli della facciata del Duomo di Orvieto, accresce nello spettatore l'idea dell'eternità della salvezza o della condanna. L'architetto e scultore gotico Lorenzo Maitani (XIII-XIV secolo) inquadra come sapiente regista le scene con tralci di vite e grappoli d'uva. Seguace dello scultore Giovanni Pisano, ne accentua l'espressionismo, sapendo declinare nei volti dei risorti la gamma più ampia e svariata dei sentimenti: incredulità, stupore, meraviglia tra gli eletti; rabbia, rassegnazione, terrore tra i dannati.

1. Cristo trionfante nella mandorla.
2. La risurrezione dei morti: i beati.
3. La risurrezione dei morti: i dannati.

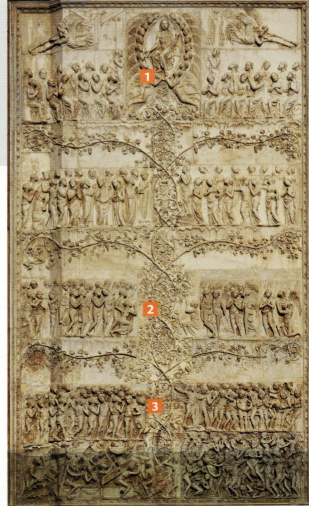

Lorenzo Maitani, *Giudizio Universale*, Duomo di Orvieto, facciata, quarto pilastro.

T3 Giacomino da Verona Le delizie del Paradiso

L'opera di Giacomino da Verona risale alla fine del Duecento ed è scritta in volgare veronese. Si tratta di un componimento rivolto a un pubblico poco istruito con un chiaro intento educativo ed esortativo: celebrare le delizie del paradiso e prospettare i tormenti dell'inferno.

METRO: quartine monorime di alessandrini (settenari doppi con un'unica rima); talvolta compaiono alcuni senari.

Hennequin de Bruges, *La Gerusalemme celeste*, 1482 ca., arazzo, Castello di Angers.

Ancora ve dirò ke diso la scritura
k'entro quella cità no luso sol né luna,
mai lo volto de Deo e l'alta Soa figura
80 là resplendo tanto ke lì non è mesura.

La clarità è tanta k'elo reten en si,
ke noito no ge ven, mo sempro ge sta dì:
né nuvolo né nebla, segundo ke fa qui,
zamai no pò oscurar la clarità de lì.

85 Le aque e le fontane ke cór per la cità
plu è belle d'arçent e ke n'è or colà;
per fermo l'abïai: quelor ke ne bevrà
çamai no à morir, né seo plui no avrà.

parafrasi

vv. 77-80 Vi parlerò ancora di ciò che si dice nelle Sacre Scritture, che dentro quella città [la Gerusalemme celeste] non ci sono né il sole né la luna, ma il volto di Dio e la sua alta figura illuminano quel luogo eternamente (*lì non è mesura*).

vv. 81-84 La luce (*clarità*) è così grande lì, che non viene mai la notte (*noito*), ma è sempre giorno: e nessuna nuvola o nebbia, come accade invece qui [sulla terra], può mai oscurare la luminosità di quel luogo.

vv. 85-88 Le acque e le fontane che scorrono nella città sono più belle dell'argento e c'è anche dell'oro là; è certo poi questo: chi berrà quelle acque diventerà immortale (*çamai no à morir*), e non avrà più sete.

---

il percorso delle parole | Paradiso / Inferno

Il termine *paradiso*, dal tardo latino *paradīsu(m)* e dal greco *parádeisos*, "giardino", derivato dall'iranico *pairi-daēza*, "luogo recintato", indica nelle Sacre Scritture il giardino di delizie, il paradiso terrestre in cui Dio aveva collocato Adamo ed Eva prima del peccato originale. Il termine passò poi a indicare, nella religione cristiana, il luogo dove dimorano i beati dopo la morte. Nel linguaggio corrente indica un posto in cui si gode di una perfetta beatitudine.

Il termine *inferno* deriva dal latino *infernu(m)*, "inferiore", "che sta sotto". Nella mitologia classica gli Inferi erano il luogo sotterraneo dove giungevano le anime dei defunti per essere giudicate. Nella religione cristiana l'inferno è il regno che accoglie i peccatori, che vengono puniti con pene e tormenti. Nel linguaggio corrente indica un luogo o una situazione terribile, che è causa di sofferenze e di dolore.

▪ **Trovare le parole**

a. Spiega il significato dell'espressione figurata "avere dei santi in paradiso".
b. Che cosa si intende rispettivamente per "paradisi artificiali" e "paradisi fiscali"?
c. Il termine *inferno* si trova in moltissime espressioni figurate. Sapresti indicarne qualcuna?
d. Qual è il senso del celebre proverbio: "le vie dell'inferno sono lastricate di buone intenzioni"?

Ancora: per meço un bel flumo ge cór,
90 lo qual è circundao de molto gran verdor,
d'albori e de çigi e d'altre belle flor,
de rose e de vïole, ke rendo grando odor.

Clare è le soe unde plui de lo sol lucento,
menando margarite [e]d or fin ed arçento,
95 e prëe precïose sempromai tuto 'l tempo,
someiente a stelle k'è poste êl fermamento.

De le quale çascauna sì à tanta vertù
k'ele fa retornar l'omo veclo en çovent ù,
e l'omo k'è mil' agni êl monumento çasù
100 a lo so tocamento vivo e san leva su.

Ancora: li fruiti de li albori e de li prai
li quali da pe' del flumo per la riva è plantai,
a lo so gustamento se sana li amalai;
e plu è dulçi ke mel né altra consa mai.

vv. 89-92 E ancora nel mezzo [della città] scorre un bel fiume circondato da un'abbondante vegetazione (*molto gran verdor*), alberi e gigli e altri bei fiori, rose e viole, che emanano un grande profumo.

vv. 93-96 Le sue onde sono più chiare del sole lucente, trasportano sempre in continuazione perle (*margarite*) e oro fino e argento e pietre preziose, che somigliano alle stelle che sono nella volta celeste (*fermamento*).

vv. 97-100 Ciascuna di queste pietre ha qualità così miracolose (*vertù*) che fa ritornare giovani gli uomini vecchi e fa resuscitare chi è morto da mille anni.

vv. 101-104 E ancora i frutti degli alberi che sono piantati intorno alla riva del fiume e dei prati guariscono gli ammalati che li assaggiano, e sono più dolci del miele e di qualsiasi altra cosa.

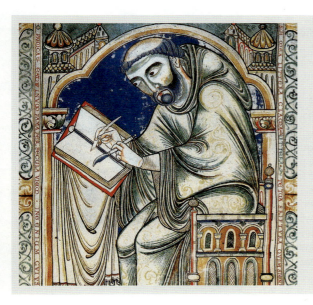

Giacomino da Verona visse nella seconda metà del XIII secolo. Della sua vita abbiamo poche notizie: sappiamo che fu frate, appartenente agli ordini minori, e che scrisse due opere, la *De Ierusalem caelesti* e la *De Babilonia civitate infernali*, in cui raffigurò i regni simbolici della Gerusalemme celeste e di Babilonia. Entrambe le opere, espressione tipica della religiosità popolare del Medioevo, presentano finalità educative, nel solco delle predicazioni francescane. Sono in quartine monorime e sono scritte in volgare veronese in quanto rivolte alle masse. In queste opere sono rappresentate le beatitudini del paradiso e i tormenti dell'inferno e inoltre sono presenti riferimenti espliciti al libro dell'*Apocalisse*. È ben riconoscibile il repertorio stereotipo dei viaggi oltremondani, che verrà ripreso anche da Dante nella *Divina Commedia* (▶ p. 268), con la descrizione di luoghi paradisiaci e infernali che funge da ammonimento e invito alla penitenza.

105 D'oro e d'arïento è le foie e li fusti
de li albori ke porta quisti sì dulçi fruiti,
floriscando en l'ano doxo vexende tuti,
né mai no perdo foia né no deventa suçi.

Çascaun per si è tanto redolento
110 ke millo meia e plu lo so odor se sento,
dondo la cità, tuta, de fora e dentro,
par che sïa plena de cendamo e de mento.

Kalandrie e risignoli et altri begi oxegi
çorno e noito canta sovra quigi arborselli,
115 façando lì versi plu precïosi e begi
ke no fa vïole, rote ne celamelli.

Lasù è sempro virdi li broli e li verçer
en li quali se deporta li sancti cavaler,
li quali no à mai cura né lagno né penser
120 se no de benedir lo Creator del cel;

---

113 kalandrie: uccelli dell'ordine dei passeriformi.

Particolare da un *Giudizio universale* perduto, olio su tavola, 1505 ca., Venezia, Palazzo Ducale.

vv. 105-108 Hanno le foglie d'oro e d'argento e i tronchi degli alberi che producono questi frutti dolci fioriscono tutti dodici volte l'anno (*doxo vexende*), e non perdono mai le foglie e non diventano mai secchi.

vv. 109-112 Ciascun albero è così odoroso (*redolento*), che il loro profumo si sente lontano mille miglia e oltre per cui tutta la città, dentro e fuori, sembra che sia piena di cannella e di menta.

vv. 113-116 Calandre e usignoli e altri begli uccelli cantano notte e giorno su quegli alberi, producendo un suono più melodioso e bello di quello che fanno le viole, i violini e le zampogne.

vv. 117-120 Lassù sono sempre verdi gli orti e i giardini, dentro i quali stanno i santi cavalieri, che non hanno mai preoccupazioni né lamenti né pensieri, se non quello di benedire il Creatore del cielo;

vv. 121-124 il quale siede in mezzo a loro su un

lo qualo è 'n meço lor sì se' su un tron reondo,
e li angeli e li santi tuti Ge sta de longo,
laudando dì e noto lo So amirabel nomo
per lo qual se sosten la çent en questo mondo.

[in G. Contini (a cura di), *Poeti del Duecento*, Ricciardi, Milano-Napoli 1960]

trono rotondo, e tutti i santi e gli angeli gli stanno intorno, lodando notte e giorno il suo nome meraviglioso, grazie al quale riceve nutrimento la gente di questo mondo [gli uomini].

SCHEDA di LETTURA

La vita ultraterrena

Il *De Ierusalem celesti* appartiene al genere delle visioni dell'aldilà, una forma letteraria assai ricorrente nell'immaginario religioso del Medioevo. Come testimonia anche la ricca produzione iconografica e figurativa (▶ p. S26), nel corso del XIII e XIV secolo gli esponenti della Chiesa diffusero tra il pubblico popolare una visione della vita terrena in cui era dominante il pensiero del paradiso e dell'inferno, delle ricompense e delle punizioni che attendevano l'uomo dopo la morte.

Il linguaggio e i modi con cui Giacomino rappresenta il paradiso sono assai simili a quelli utilizzati dai predicatori. Sebbene sia un chierico, dotato quindi di cultura teologica e filosofica, i suoi versi sono funzionali a una comunicazione orale. Rivolta ad ascoltatori non colti, l'opera di Giacomino mostra le caratteristiche per essere immediatamente comprensibile e per sollecitare la fantasia con le immagini della beatitudine eterna.

Le meraviglie del paradiso

Giacomino è attento ai bisogni non solo spirituali ma anche materiali del suo pubblico. Descrive il paradiso come un luogo di bellezze e di piaceri terreni, illuminato perpetuamente dal volto di Dio e dall'*alta Soa figura*, in cui si trovano fontane splendide da cui fuoriescono acque che donano l'immortalità a chi le beve. Vi scorre un fiume circondato da alberi e fiori profumati e le sue *unde* limpide più del *sol lucento* trasportano perle e pietre preziose in grado non solo di ridare la giovinezza all'*omo veclo*, ma anche di risuscitare chi è morto da mille anni. Nel paradiso di Giacomino anche gli alberi possiedono qualità miracolose: fioriscono una volta al mese e i loro frutti più *dulci ke mel* guariscono i malati; emanano un profumo così intenso che si sente ovunque e sui rami d'oro e d'argento gli uccelli cinguettano spandendo un suono melodioso.

Le influenze letterarie

Nel testo si coglie l'eco di diversi aspetti della tradizione letteraria. Innanzitutto, il repertorio descrittivo dei meravigliosi giardini trae ispirazione sia dalla leggenda biblica dell'Eden sia dal mito classico dell'età dell'oro e dal *topos* del *locus amoenus*.
Inoltre nella descrizione del paradiso è possibile scorgere le caratteristiche dei ricchi giardini che abbellivano i castelli delle corti feudali dove era nata la lirica cortese (▶ p. S52) e la letteratura epico-cavalleresca. Con quest'ultima, in particolare, Giacomino esplicita un'inequivocabile relazione quando sofferma lo sguardo sui *sancti cavaler* che passeggiano nei giardini fioriti *laudando dì e noto* Dio.

Lo stile

Il metro utilizzato proviene dalla tradizione orale, quello solitamente adottato dai giullari di corte per il suo ritmo musicale. Nonostante questa scelta popolare e l'apparente semplicità delle immagini, il testo riesce comunque a evidenziare la cultura letteraria dell'autore: il poeta non elenca in maniera monotona le bellezze naturali del paradiso, ma costruisce una trama sintattica ed espositiva varia e articolata, ricorrendo all'anafora, a inversioni e a parallelismi. Dal punto di vista lessicale, il testo è impreziosito dalla presenza di latinismi e francesismi, dalla varietà di termini che rimandano alle diverse sfere sensoriali e dalla ricorrenza di parole ed espressioni di alcune aree semantiche dominanti, come quelle della luce e degli oggetti preziosi, che sottolineano la condizione di beatitudine delle anime del paradiso.

LABORATORIO

Comprendere e individuare
L'esplorazione del testo

1. Nel Medioevo si credeva che le pietre preziose possedessero virtù miracolose, descritte in libri chiamati "lapidari" (dal latino *lapis*, "pietra"). In quali versi possiamo cogliere questo aspetto della cultura del tempo?

2. Nel paradiso di Giacomino le anime possono anche soddisfare dei piaceri terreni, come quelli del bere e del mangiare. In quali versi si manifesta questo aspetto?

3. La ricca descrizione delle bellezze del paradiso sfrutta tutte le sfere sensoriali: individua e riporta un esempio per ciascuna di esse. Vi è un senso privilegiato rispetto agli altri? Quale?

4. L'attenzione alla dimensione materiale dell'esistenza è evidente anche per la presenza di espressioni e immagini che rinviano alla sfera della sopravvivenza. Riporta alcuni esempi a tale proposito.

Interpretare e riflettere
La scoperta del testo

5. Con quale affermazione il poeta precisa che i contenuti della sua opera sono di origine biblica?

6. Individua il verso in cui si afferma che nessuna esperienza umana può essere paragonata allo splendore del paradiso.

Gustave Doré, *San Bernardo fa contemplare a Dante il Paradiso*, incisione, 1868.

7. Per quale motivo nel paradiso non è mai buio?
   A. ☐ Il tempo si è fermato e non c'è alternanza tra il giorno e la notte
   B. ☐ Il sole e la luna lo illuminano per l'eternità
   C. ☐ La luce divina è così forte che non scende mai la notte
   D. ☐ La gioia delle anime beate lo fa risplendere

8. Quale immagine raffigura Dio come se fosse un signore feudale, circondato dai suoi vassalli?

Analizzare
Lo stile e la forma del testo

9. Individua almeno due casi in cui la rima è sostituita dall'assonanza e indica la strofa in cui la rima non è baciata ma alternata.

10. Quale figura retorica del significato viene utilizzata nei vv. 95-96?

11. Nel v. 120 Dio viene definito *Creator del cel*: quale figura retorica viene impiegata in questo caso?
    A. ☐ Metafora   C. ☐ Metonimia
    B. ☐ Iperbole   D. ☐ Perifrasi

12. Rileggi il v. 93 e spiega perché nella costruzione sintattica del periodo compare un'anastrofe.

13. Compila la tabella, inserendo i termini che appartengono alle due principali aree semantiche del componimento.

Luce	....
	....
Oggetti preziosi	....
	....

Produrre
Dalla lettura alla scrittura

14. Giacomino descrive il paradiso con la sensibilità e la cultura del Medioevo. Secondo te come dovrebbe essere invece un paradiso rispondente alle necessità e alle aspirazioni dell'uomo contemporaneo? Dovrebbe essere un luogo in cui soddisfare piaceri materiali o pensi che le esigenze degli uomini siano anche e soprattutto di natura spirituale ed etica? Rispondi a queste domande in un testo di circa due colonne di foglio protocollo in cui descrivi il "tuo" paradiso, sfruttando tutte le sfere sensoriali.

la voce della narrativa — Iacopo Passavanti *D'uno cavaliere che infermò gravemente e non si volle confessare*

Iacopo Passavanti (1302-1357), esponente di una nobile famiglia fiorentina, fu un predicatore domenicano. Nello *Specchio di vera penitenza* sono raccolte le prediche da lui tenute durante la quaresima del 1354 e 48 *exempla* narrativi. Fra questi ultimi proponiamo il racconto di un cavaliere inglese che, pur essendo gravemente ammalato, rifiuta di accettare la misericordia di Dio e di pentirsi della sua vita viziosa, temendo di apparire vigliacco, spaventato dalle minacce delle pene infernali.

L'*exemplum* ha un chiaro intento educativo. Il suo proposito, esplicitato nelle ultime righe, è d'indurre i fedeli a pentirsi dei peccati per raggiungere la salvezza eterna. Di sicuro effetto è la rappresentazione degli angeli e dei demoni che discutono sul destino dell'anima. Per il pubblico popolare doveva risultare fortemente dissuasiva l'enfatizzazione delle pene terribili che attendevano il peccatore. I due diavoli anticipano la dimensione terrena dei tormenti dell'inferno, così come la descrizione di Giacomino da Verona (▶ T3, p. S28) materializzava i piaceri del paradiso.

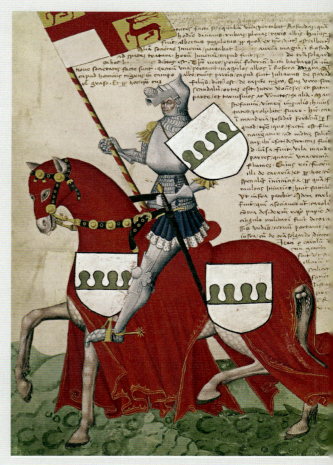

Miniatura dal manoscritto Capodilista raffigurante un cavaliere in armatura.

Santo Beda scrive che fu uno cavaliere, in Inghilterra, forte dell'arme ma di costumi vizioso; il quale, infermato gravemente, fu visitato dallo re, ch'era uomo di santa vita, che più volte l'avea ripreso de' suo' modi e pregatolo che mutasse la sua vita e' suoi costumi, però che l'amava molto. E venendo a lui, lo cominciò ammonire e a dirgli della penitencia, la quale era medicina dell'anima, e però lo pregava e confortava che, come buono e divoto cristiano, si confessasse, e Iddio gli farebbe grazia. Rispuose
10 e disse che non era di bisogno, e che non voleva essere tenuto godardo né vile. E così, crescendo la infirmità, il re venne un'altra volta a lui; e confortandolo, sì come avea fatto prima, [e] inducendolo a penitenzia perché egli si confessasse de' sua peccati, rispuose e disse: – Messer lo

parafrasi   Il Santo Beda [Beda il Venerabile (672/673-735), monaco e storiografo inglese] scrive che in Inghilterra vi fu un abile cavaliere (*forte dell'arme*) ma dalle abitudini licenziose (*di costumi vizioso*), che ammalatosi (*infermato*) gravemente, ricevette la visita (*fu visitato*) dal re, che era un uomo buono e retto (*di santa vita*), che in diverse occasioni lo aveva ammonito per i suoi comportamenti e lo aveva supplicato affinché cambiasse vita e abitudini, in quanto (*però che*) teneva molto a lui. E giunto presso di lui cominciò a esortarlo parlandogli della penitenza (*penitencia*), che era la cura dell'anima, e perciò lo pregava e lo incoraggiava (*confortava*) affinché, da bravo e devoto (*divoto*) cristiano, si confessasse, e Dio lo avrebbe perdonato dei suoi peccati (*Iddio gli farebbe grazia*). Rispose che non era necessario, e che non voleva apparire vigliacco o pauroso (*godardo né vile*). E così, aggravandosi la malattia (*crescendo la infirmità*) il re tornò a fargli visita ed esortandolo come la volta precedente, spingendolo a confessarsi (*a penitenza*) affinché ammettesse i suoi peccati (*si confessasse de' sua peccati*), gli rispose dicendo: – Signor re, ohimè (*oimmè*), signor re, io non ho voluto darvi ragione! Ormai è tardi, perché io sono già stato giudicato e condannato (*condannato*); ohimè che non ho voluto darvi ragione! –. Il re tuttavia consolandolo gli disse: – Figliolo, Dio è pieno di misericordia: rendi a lui i tuoi peccati, egli avrà (*arà*) pietà di te –; lo sciagurato rispose dicendo: – Sappiate, signor re, che ho perso ogni speranza di guarigione (*m'è tolta ogni speranza di salute*); perché poco fa, prima che voi arrivaste, vennero due giovani e bellissimi angeli, e si posero uno al mio capo e l'altro ai piedi, e mi dissero: «Costui deve morire presto: stiamo a vedere

re, oimmè! messer lo re, o io non ho voluto credere! oggimai è tardi, imperò che io sono già giudicato e condennato; oimmè, che non ho voluto credere –. Il re pure confortandolo, e dicendogli: – Figliuolo, Iddio è pieno di misericordia: rèndíti in colpa a lui: egli arà misericordia di te –; rispuose lo sventurato e disse: – Sappiate, messer lo re, che m'è tolta ogni speranza di salute; che, poco fa, dinanzi che voi venisti qui, vennono qui due bellissimo giovani angeli; e puosesi uno a capo e l'altro a' piedi; e dissono: «Costui debbe morire tosto: stiamo a vedere quello che farà. Veggiamo se noi abbiamo ragione niuna in costui». E uno di loro trasse fuori uno bellissimo libricciuolo, inscritto dentro di lettere d'oro, dove io lessi molti piccoli beni i quali io feci quando io era fanciullo, innanzi che io peccassi mortalmente, e avendone letizia. Sopravvenne due crudelissimi neri [demoni], i quali puosono dinanzi agli occhi miei uno grandissimo libro dove era scritto tutti i miei peccata e che io mai pensai. E dissono a quegli: «Che fate voi, qui? voi non avete ragione niuna, in costui; el vostro libro non è valuto già più tempo niente». E guardando gli angeli l'uno l'altro: «Egli hanno ragione, andiaréncene». E di subito si partirono. E sono nella mani della demonia. E sappi, re, che tutta questa casa, dentro e fuori, è piena di demonia, che aspèttono di portare l'anima mia allo 'nferno; e questi due, l'uno mi si è posto a capo, l'altro a' piedi, e ciascuno ha uno trafieri in mano e tutto mi forano; e come si saranno raggiunti insieme, sì andrò co' loro –. E così dicendo, l'anima n'uscì di quel corpo, e portàrolla allo 'nferno, con grandissima grida. E però, fratelli, non indugiamo la penitenza: pigliamo[n] e esempio sì che nel fine troviamo misericordia dal nostro Salvatore.

[I. Passavanti, *Lo specchio della vera penitenza*, Accademia della Crusca, Firenze 2014]

L'angelo pesa le anime dei defunti, affresco, epoca romanica, Barcellona, Museo Nazionale di Arte Catalana.

come si comporterà. Vediamo (*Veggiamo*) se abbiamo alcun motivo di credere in lui (*ragione niuna in costui*)». E uno di loro tirò fuori un bellissimo libricino (*libricciuolo*), scritto (*inscritto*) con lettere d'oro, dove io lessi molte piccole opere buone (*beni*) che feci quando ero ancora fanciullo, prima di commettere peccati mortali (*peccassi mortalmente*) e ne ero felice (*avendone letizia*). Vennero poi (*Sopravvenne*) due cattivissimi demoni neri, i quali mi posero davanti (*puosono dinanzi*) agli occhi un grandissimo libro in cui erano scritti tutti i miei peccati (*peccata*) a cui io non avevo mai pensato (*che io mai pensai*). E dissero agli angeli (*a quegli*): «Che cosa fate voi, qui? Non avete nessun diritto (*ragione niuna*) su costui; e il vostro libro non vale più niente da tempo (*non è valuto già più tempo niente*)». E gli angeli guardandosi l'un l'altro dissero: «Hanno ragione, andiamo via (*andiaréncene*)». E si allontanarono immediatamente (*di subito si partirono*). E così sono finito nelle mani del demonio (*demonia*). E devi sapere, o re, che la casa intera, dentro e fuori, è invasa dai demoni (*è piena di demonia*) che aspettano la mia morte per portare la mia anima all'inferno (*aspèttono di portare l'anima mia allo 'nferno*); i due demoni (*questi due*), posti uno al mio capo e uno ai piedi, ciascuno con un pugnale (*trafieri*) mi punzecchiano tutto; e come sono arrivati insieme, insieme a loro io me ne andrò (*sì andrò co' loro*) –. E così dicendo, la mia anima uscì dal corpo, e la condussero all'inferno, con grandissime urla. Perciò (*E però*), fratelli, non esitate a pentirvi: prendiamo esempio da questa vicenda affinché in punto di morte (*nel fine*) possiamo trovare la misericordia del Signore.

origini 1 — La presenza del divino nella letteratura delle origini

La voce dei contemporanei

T4 David Maria Turoldo
Io vorrei donare (Mattino di Pasqua)

Nel seguente componimento, che evidenzia significativi punti di contatto tematico e formale con le laude di Francesco d'Assisi e di Iacopone da Todi, padre David Maria Turoldo elenca i doni che intende offrire a Dio per celebrarne la bontà e la potenza creatrice.
METRO: quattro strofe di varia lunghezza e versi liberi con alcune rime.

I
Io vorrei donare una cosa al Signore,
ma non so che cosa.
Andrò in giro per le strade
zufolando, così,
5   fino a che gli altri dicono: è pazzo!
E mi fermerò sopratutto coi bambini
a giocare in periferia,
e poi lascerò un fiore
ad ogni finestra dei poveri

Giuseppe Turoldo nacque nel 1916 a Moderno, in Friuli, da una famiglia di contadini. Nel 1935 assunse il nome di David Maria e tre anni dopo prese i voti. Entrò poi nel convento di Santa Maria dei Servi a Milano e dal 1943 al 1953 tenne la predicazione domenicale nel Duomo. Studiò teologia e si laureò in Filosofia presso l'Università cattolica di Milano nel 1946. Durante la Seconda guerra mondiale fu antifascista, collaborando attivamente con la Resistenza. Nel Dopoguerra non si schierò apertamente con nessun partito, ma la sua vita fu contrassegnata dall'impegno politico. Esordì come poeta con le raccolte *Io non ho mani* (1948), *Udii una voce* (1952) e *Gli occhi miei lo vedranno* (1955). Dopo aver soggiornato all'estero per alcuni anni, al suo rientro in Italia venne mandato a Udine, nel convento di Santa Maria delle Grazie, dove frequentò Pier Paolo Pasolini (▶ p. 214), insieme a cui realizzò il film *Gli ultimi* (1962). Voce tra le più originali della poesia contemporanea, tra le sue altre raccolte ricordiamo O *sensi miei... Poesie 1948-1988* (1990), i *Canti Ultimi* (1991), *Mie notti con Qohelet* (1992). È morto nel 1992 a Milano.

10 e saluterò chiunque incontrerò sulla via
inchinandomi fino a terra.
E poi suonerò con le mie mani
le campane sulla torre
a più riprese
15 finché non sarò esausto.
E a chiunque venga
anche al ricco dirò:
siediti pure alla mia mensa,
(anche il ricco è un povero uomo).
20 E dirò a tutti:
avete visto il Signore?
Ma lo dirò in silenzio
e solo con un sorriso.

II
Io vorrei donare una cosa al Signore,
25 ma non so che cosa.
Tutto è un suo dono
eccetto il nostro peccato.
Ecco gli darò un'icona
dove lui bambino guarda
30 agli occhi di sua madre:
così dimenticherà ogni cosa.
Gli raccoglierò dal prato
una goccia di rugiada
– è già primavera
35 ancora primavera
una cosa insperata
non meritata

David M. Turoldo, dal film *Gli Ultimi* di Vito Pandolfi, 1963.

poeti che parlano di poesia — Non si può staccare la poesia dalla vita

In questa breve riflessione, contenuta all'interno della raccolta *O sensi miei...*, David Maria Turoldo espone la sua concezione della poesia, insistendo sullo stretto rapporto che la lega all'esistenza umana e alla fede religiosa.

Nessuno creda che si possa staccare la poesia dalla vita; la poesia non è un esercizio letterario, e tanto meno la vita è accademia[1]. La nostra, poi, questa che ci è toccata in sorte, pare che porti i segni di una maledizione. Intendo, di questo nostro modo di vivere, di queste furiose ideologie e feroci politiche. Da qui il grido della disperazione che sale dalla moltitudine. E allora non solo il poeta, ma chiunque è appena sensibile, è voce di quel grido; e se è appena sincera poesia, essa è gemito di tutti. [...] La poesia quando è vera poesia è un atto di fede, un atto di vera religione, e perciò è un fatto liberatore. La vera, la grande poesia, finisce sempre in preghiera: appunto, la vita stessa è un atto di fede. Queste mie cose, comunque siano, nascono in un contesto appunto di preghiera.

[D.M. Turoldo, *O sensi miei... Poesie 1948-1988*, Rizzoli, Milano 2002]

1 accademia: recita formale.

una cosa che non ha parole! –
e poi gli dirò d'indovinare
40 se sia una lacrima
o una perla di sole
o una goccia di rugiada.
E dirò alla gente:
avete visto il Signore?
45 Ma lo dirò in silenzio
e solo con un sorriso.

III
Io vorrei donare una cosa al Signore
ma non so che cosa.
Non credo più neppure alle lacrime,
50 e queste gioie sono tutte povere:
metterò un garofano rosso sul balcone
canterò una canzone
tutta per lui solo.
Andrò nel bosco questa notte
55 e abbraccerò gli alberi
e starò in ascolto dell'usignolo,
quell'usignolo che canta sempre solo
da mezzanotte all'alba.
E poi andrò a lavarmi nel fiume
60 e all'alba passerò sulle porte
di tutti i miei fratelli
e dirò a ogni casa: "pace!"
e poi cospargerò la terra
d'acqua benedetta in direzione
65 dei quattro punti dell'universo,
poi non lascerò mai morire
la lampada dell'altare
e ogni domenica mi vestirò di bianco.

IV
Io vorrei donare una cosa sola al Signore,
70 ma non so che cosa.
E non piangerò più
non piangerò più inutilmente;
dirò solo: avete visto il Signore?
Ma lo dirò in silenzio
75 e solo con un sorriso,
poi non dirò più niente.

[in N. Borgo (a cura di), *Le vie della pace*,
Comune di Sedegliano e Provincia di Udine, 2001]

Max Ernst, *La Foresta*, XX secolo, Milano, collezione Mazzotta.

SCHEDA di LETTURA

La struttura della lirica
Le quattro strofe della lirica-preghiera di padre Turoldo ripropongono la stessa struttura, con evidenti simmetrie e ripetizioni nella parte iniziale e conclusiva.
Dapprima l'io lirico, che si identifica con l'autore, manifesta il desiderio di offrire un dono a Dio, nonostante non sappia esattamente che cosa potrebbe essere degno della potenza e della generosità divina. La parte centrale contiene un elenco dei doni con i quali Turoldo renderà omaggio a Dio e nei versi conclusivi di ogni strofa, a eccezione della terza, il poeta manifesta l'intenzione di chiedere agli uomini una parola di testimonianza, nel caso in cui essi abbiano incontrato Dio nel percorso della loro esistenza. Intende domandarlo con discrezione, in silenzio: sarà sufficiente scambiarsi uno sguardo sorridente, quello che probabilmente unisce coloro che hanno *visto il Signore*.

La missione evangelica
Nella prima strofa l'io lirico si accinge a ringraziare Dio con fervore evangelico: trasmetterà il suo entusiasmo per la vita e si metterà al servizio del prossimo. Allieterà le strade con la musica di uno zufolo, anche se agli occhi della gente rischierà di sembrare pazzo, giocherà con i bambini *in periferia* e cercherà di rendere più lieta la vita dei poveri (*lascerò un fiore ad ogni finestra*). Il suono delle campane richiamerà tutti alla sua mensa, nessuno escluso: anche il ricco, che come tutti *è un povero uomo*, bisognoso dell'affetto del prossimo e della grazia di Dio. La seconda strofa si apre con il riconoscimento che tutto ciò che l'uomo possiede è un dono di Dio, *eccetto il nostro peccato*, che l'uomo compie in virtù del libero arbitrio. Vengono poi elencati i doni che l'io lirico immagina di consegnare direttamente a Dio: per prima cosa, per ricordare la sua infanzia umana, gli regalerà un'icona in cui è ritratto insieme alla Madonna; in seguito affiderà a Dio una goccia di rugiada primaverile. Si tratta di un dono che porta con sé la bellezza di un gesto inatteso e gratuito (*una cosa insperata/non meritata*), immagine del dolore (*una lacrima*) ma anche di una luminosa speranza (*una perla di sole*), di purezza e semplicità (*una goccia di rugiada*).

L'armonia mistica con il creato
Nella terza strofa Dio viene omaggiato attraverso l'esaltazione del suo creato: l'io lirico dichiara l'intenzione di unirsi con esso in un abbraccio mistico, godendo della sua armonia e della sua dolcezza (*starò in ascolto dell'usignolo*) e uscendo da esso rigenerato e purificato (*andrò a lavarmi nel fiume*). Allora sarà possibile comunicare a tutti gli uomini – *in direzione/dei quattro punti dell'universo* – che la pace è possibile. Ciò renderà ancora più forte la volontà di non lasciare *mai morire/la lampada dell'altare*, rinnovando la liturgia della messa e la purezza del messaggio evangelico (*ogni domenica mi vestirò di bianco*). Nella breve strofa finale l'io lirico porge a Dio un'ultima offerta prima di terminare la sua preghiera: l'accettazione del dono della vita, anche quando comporta dolore (*non piangerò più*).

Lo stile
Il periodare di Turoldo è semplice e scorrevole. La paratassi per polisindeto (*e all'alba passerò sulle porte/di tutti i miei fratelli/e dirò a ogni casa: "pace!"/e poi cospargerò la terra*) e gli elementari processi di subordinazione separano e scandiscono la sequenza dei propositi dell'io lirico, attribuendo alla poesia il ritmo cantilenante di una litania. Anche le numerose anafore, iterazioni e parallelismi contribuiscono a creare uno sviluppo del discorso che come una preghiera si presta alla recitazione, non solo individuale.
Il lessico è di uso comune, con l'impiego di numerose parole che provengono sia dalla liturgia della messa cattolica sia dal repertorio delle filastrocche infantili.

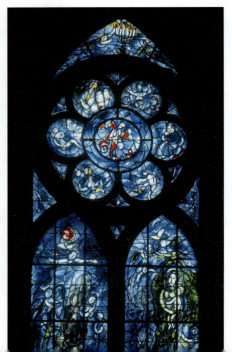

Marc Chagall, vetrata raffigurante profeti, Madonna con Bambino e fedeli, Cattedrale di Reims.

LABORATORIO

Comprendere e individuare
L'esplorazione del testo

1. In quali versi Turoldo appare attento ai più deboli e agli emarginati?
2. Con quale verbo l'io lirico dichiara la propria volontà di agire con umiltà nei confronti del prossimo?
3. Quale affermazione sottolinea la possibilità dell'uomo di scegliere tra il bene e il male, esercitando il libero arbitrio?
4. Il messaggio di Dio è universale, si rivolge a tutti gli uomini indistintamente: attraverso quale immagine Turoldo sostiene questo principio?
5. In quale verso viene manifestato il bisogno di mantenere costantemente viva e accesa la parola di Dio?

Interpretare e riflettere
La scoperta del testo

6. I due punti alla fine del v. 50 introducono
   A. ☐ la conseguenza di quanto affermato in precedenza
   B. ☐ la causa di quanto affermato in precedenza
   C. ☐ un'esemplificazione di quanto affermato in precedenza
   D. ☐ un'affermazione contraria a quella precedente
7. Il tempo verbale impiegato più frequentemente è l'indicativo futuro; come possiamo spiegare invece l'uso del condizionale (*Io vorrei donare*) nel primo verso di ogni strofa?
8. L'interlocutore della poesia resta indefinito; secondo te, a chi si rivolge l'io lirico? Motiva la tua risposta.
9. Quale relazione possiamo stabilire tra la prima strofa della poesia di Turoldo e la lauda *Iubelo del core* di Iacopone da Todi (▶ T2, p. S22)?
10. Indica le espressioni corrispondenti ai diversi valori simbolici che assume l'immagine della goccia di rugiada nella seconda strofa.
11. Spiega per quale motivo nell'ultima strofa è possibile cogliere un'analogia con il *Cantico delle creature* di Francesco d'Assisi (▶ T1, p. S15). Rifletti in particolare sul valore connotativo del verbo "piangere" (vv. 71, 72).

Analizzare
Lo stile e la forma del testo

12. Individua le poche rime presenti nella poesia.
13. Quale figura retorica di significato compare nel v. 41?
    A. ☐ Metonimia
    B. ☐ Metafora
    C. ☐ Perifrasi
    D. ☐ Ipallage
14. Turoldo usa il termine *icona* (v. 28): ricerca sul vocabolario l'etimologia e il significato principale del termine. Quali ulteriori significati può assumere? Costruisci una frase in cui viene utilizzato in senso figurato.

Produrre
Dalla lettura alla scrittura

15. Ispirandoti al modello di *Io vorrei donare*, scrivi almeno una strofa in cui, come Turoldo, elenchi gesti e azioni che ti riprometti di offrire a Dio. Ti forniamo un esempio.
    Io vorrei donare una cosa al Signore,
    ma non so che cosa.
    Andrò lontano, al mare
    saltando sulla sabbia, così,
    fino a che gli altri dicono: ha preso un colpo di sole!
    E mi fermerò soprattutto con i bambini
    a costruire castelli,
    e poi lascerò una paletta e un secchiello
    sotto ogni ombrellone
    e saluterò chiunque sulla spiaggia
    offrendo loro una conchiglia... ora continua tu.

VERIFICA DELLE COMPETENZE

MODELLO INVALSI

Leggi il seguente testo e poi rispondi alle domande.

T5 Giacomo da Lentini Io m'ag[g]io posto in core

Nella lirica il poeta siciliano Giacomo da Lentini (▶ p. S65) affronta un tema che diverrà fondamentale nella poesia italiana degli anni successivi: il rapporto tra l'amore e la religione.
METRO: sonetto. Schema di rime: ABAB ABAB CDC DCD.

Io m'ag[g]io posto in core a Dio servire,
com'io potesse gire in paradiso,
al santo loco ch'ag[g]io audito dire,
u' si manten sollazzo, gioco e riso.

5 Sanza mia donna non vi vorria gire,
quella c'ha blonda testa e claro viso,
ché sanza lei non poteria gaudere,
estando da la mia donna diviso.

parafrasi
vv. 1-4 Mi sono messo in cuore il proposito di servire Dio, in modo da poter andare in paradiso, in quel luogo santo di cui ho sentito parlare, dove in eterno ci sono il gioco, il piacere (*sollazzo*) e il riso.
vv. 5-8 Non vorrei andarci senza la mia donna, quella che ha i capelli biondi e il viso luminoso (*claro*), perché senza di lei non potrei provare gioia, essendo separato dalla mia donna.

Mesi di Aprile e Maggio, affresco, XIV secolo, Trento, Castello del Buonconsiglio.

Ma non lo dico a tale intendimento,
10   perch'io pec[c]ato ci volesse fare;
se non veder lo suo bel portamento

e lo bel viso e 'l morbido sguardare:
ché lo mi teria in gran consolamento,
veg[g]endo la mia donna in ghiora stare.

[in G. Contini (a cura di), *Poeti del Duecento*, Ricciardi, Milano-Napoli 1960]

vv. 9-14 Ma non lo dico con questa intenzione (*intendimento*), cioè di commettere un peccato; ma solo per vedere la sua condotta onesta (*bel portamento*) e guardare il suo volto bello e delicato (*morbido*): che sarebbe per me (*lo mi teria*) una gran consolazione vedere la mia donna stare in gloria (*ghiora*).

VERIFICA DELLE COMPETENZE

1. Leggi la prima strofa del sonetto: quale termine rimanda all'area semantica del rapporto feudale di sottomissione che legava il vassallo al signore?

2. La donna amata ha un'espressione lieta e luminosa: con quali parole il poeta illustra questa sua qualità?

3. Quale verbo è semanticamente connesso ai tre sostantivi (*sollazzo, gioco e riso*, v. 4) utilizzati per descrivere la vita che si conduce in paradiso?

4. L'amore è un sentimento puro e il desiderio di stare in paradiso con la donna amata non è provocato da passioni terrene: in quali versi il poeta precisa questi aspetti?

5. Individua il verso costruito sintatticamente e tematicamente in modo simmetrico al v. 8.

6. Completa la tabella, indicando per ciascuna strofa un titolo che ne riassuma il contenuto.

I strofa	....
II strofa	....
III strofa	....
IV strofa	....

7. A conclusione della lettura del sonetto, possiamo dire che l'aspirazione del poeta è
   A. ☐ esaltare la gloria e la potenza divina
   B. ☐ godere le gioie spirituali del paradiso
   C. ☐ soddisfare il desiderio amoroso
   D. ☐ contemplare la bellezza dell'amata

8. Quali sono i due valori che Giacomo da Lentini tenta di fondere nel componimento?
   A. ☐ La potenza di Dio e la sottomissione degli uomini
   B. ☐ Le gioie del paradiso e le sofferenze della terra
   C. ☐ La devozione verso Dio e l'amore per la donna
   D. ☐ La gioia provocata dalla fede e le pene causate dal peccato

9. Quale figura retorica dell'ordine compare nel v. 4?
   A. ☐ Antitesi
   B. ☐ Climax
   C. ☐ Chiasmo
   D. ☐ Ellissi

10. Nel v. 6 un elemento fondamentale nella descrizione della donna è *blonda testa*: di quale figura retorica del significato si tratta?
    A. ☐ Metafora
    B. ☐ Sinestesia
    C. ☐ Sineddoche
    D. ☐ Ipallage

11. Per due volte nella prima strofa compare una costruzione grammaticale tipica dell'area linguistica meridionale: di che cosa si tratta?

12. Analizza il periodo che occupa interamente la prima strofa e riscrivi le proposizioni in uno schema, una per casella, precisando il tipo di subordinazione. Prima di eseguire il compito rileggi con attenzione la parafrasi.

ORIGINI 2

La natura dell'amore nella letteratura delle origini

T1 Guglielmo d'Aquitania
Nella dolcezza della primavera

T2 Giacomo da Lentini
Amore è un desìo che ven da core

T3 Cielo d'Alcamo
Rosa fresca aulentissima

T4 Guittone d'Arezzo
Amor m'ha priso ed incarnato tutto

T5 Rustico Filippi
Oi dolce mio marito Aldobrandino

VERIFICA DELLE COMPETENZE
T6 Compiuta Donzella
A la stagion che 'l mondo

ONLINE
TESTI INTEGRATIVI
- Jaufré Rudel
Amore di terra lontana

La lirica d'amore e la poesia comico-realistica

Nella prima metà del Duecento, contemporaneamente alla nascita in Italia centrale della poesia religiosa (▶ p. S9), in altre zone della penisola si sviluppò una produzione poetica centrata sul **tema amoroso**, di cui ci occuperemo in questa unità. Alla corte palermitana di Federico II si affermò la **Scuola siciliana**, corrente letteraria influenzata dal **romanzo cortese** della Francia del Nord e, soprattutto, dalla **lirica provenzale** dei trovatori. Nella seconda metà del secolo il modello siciliano venne ripreso e rielaborato da un gruppo di poeti toscani (la **Scuola toscana**), la cui produzione si situò nel contesto dei conflitti politici e sociali legati all'affermazione dei Comuni.

Nello stesso periodo, sempre in Toscana, si diffuse la **lirica comico-realistica**, prosecuzione e compiuta realizzazione letteraria della tradizione **giullaresca** e **goliardica**. Con uno sguardo ironico e spesso dissacrante, i versi dei poeti comico-realistici descrivevano la realtà della vita quotidiana, prendendosi gioco dei valori su cui si fondava la società medioevale.

La nascita della letteratura in Francia

L'età della cavalleria e i suoi valori

Tra l'XI e il XII secolo nel territorio francese si impose un gruppo sociale, l'**aristocrazia feudale**, che intendeva comunicare la propria visione della vita e i valori su cui essa si fondava. E contemporaneamente per la prima volta assistiamo alla formazione di un **pubblico laico**, che avvertiva l'esigenza di fruire di opere narrative e poetiche in volgare che ne riflettessero interessi e ideali.

I temi delle prime opere letterarie furono strettamente connessi alla nascita e alla diffusione della **cavalleria**, classe militare che costituiva il braccio armato dei signori feudali e che conquistò in questo periodo un ruolo sociale di primo piano. Almeno nella fase iniziale, prima che diventasse un gruppo elitario e ristretto, della cavalleria facevano parte individui di **estrazione sociale molto varia**: i figli cadetti delle famiglie aristocratiche, esclusi dalla successione ereditaria del feudo a vantaggio dei primogeniti; i membri della piccola nobiltà, privi di feudo e spesso in difficoltà economiche; soggetti provenienti da ceti inferiori e impiegati nelle corti feudali (i *ministeriales*) come sovrintendenti, amministratori, ma anche come scudieri e staffieri. Questo gruppo, disomogeneo dal punto di vista socio-economico, trovò nei principi dell'**ideale cavalleresco** un indispensabile elemento di coesione e la letteratura fu lo strumento attraverso il quale esprimerlo. Gli elementi costitutivi della visione della vita cavalleresca, strettamente connessi all'esercizio delle armi, sono:

- il **valore** in guerra e il **coraggio** con cui si affrontavano i pericoli;
- il desiderio di **gloria** e la difesa dell'**onore**, a costo della vita;
- la **lealtà**, ossia il rispetto delle regole di combattimento, del nemico sconfitto e delle promesse fatte;
- la **fedeltà** al signore presso il quale si prestava servizio.

Una concezione meritocratica

Un altro principio fondamentale dell'ideale cavalleresco – determinato proprio dalla composita estrazione sociale dei suoi membri – è l'idea che l'autentica **nobiltà** sia quella dell'**animo**, non quella che si deve alla nascita. È una **concezione meritocratica** della società, che pone le qualità naturali di un individuo al di sopra dei benefici acquisiti per trasmissione ereditaria e che influenzerà buona parte della letteratura francese e, in seguito, italiana.

I valori della cavalleria presentano una **natura** fortemente **laica**, all'interno di una società, quella medioevale, dominata invece da una visione cristiana dell'esistenza. Ben presto si impose dunque la necessità di trovare un compromesso tra i valori cavallereschi e quelli religiosi. Un'occasione, in tal senso, fu fornita dalla situazione storica dell'epoca: proprio in quel periodo la cristianità si sentiva sempre di più minacciata sia al suo interno, dai **movimenti eretici**, sia al suo esterno, dall'espansione dell'**Impero ottomano** di religione musulmana. Contro entrambi i nemici vennero proclamate guerre in nome della fede: l'era delle **crociate** segnò il momento culminante della storia e del prestigio della cavalleria.

Le "canzoni di gesta"

Nella **Francia del Nord** l'aristocrazia feudale veniva celebrata nelle cosiddette *chansons de geste*, poemi epici in **lingua d'oïl** che hanno per argomento le imprese di valorosi guerrieri del passato. Sono giunte a noi circa un centinaio di opere, quasi tutte di autore anonimo, suddivise in tre cicli narrativi:

- il **ciclo carolingio**, ispirato alle vicende storiche di Carlo Magno e dei suoi paladini (VIII-IX secolo), figure avvolte in un alone leggendario. Queste opere dall'intento celebrativo introducevano lo spirito delle **crociate** nel racconto degli scontri avvenuti nei secoli precedenti tra l'Occidente cristiano e gli Arabi musulmani;
- il **ciclo narbonese**, che ha per protagonista il cavaliere Guglielmo d'Orange, incaricato da Carlo Magno di guidare la spedizione contro gli arabi di Spagna e i Baschi;
- il **ciclo dei vassalli ribelli**, in cui si narrano i sanguinosi conflitti che divisero la feudalità carolingia.

Miniatura raffigurante un trovatore, XII secolo.

Gli elementi costitutivi

Sull'**origine** delle *chansons de geste* sono state formulate **due ipotesi**. A lungo si è creduto che i poemi fossero il prodotto conclusivo di un lungo processo di elaborazione di **canti** e **leggende popolari**, dapprima trasmesse oralmente e in seguito trascritte. In realtà, la tesi oggi più accreditata sostiene che le *chansons* siano state composte da **poeti professionisti** al servizio di aristocratici guerrieri, di cui celebrano indirettamente il valore attraverso l'esaltazione delle imprese e dei nobili sentimenti dei cavalieri del passato. Quale che sia la loro origine, le *chansons* erano trasmesse **oralmente** in lingua d'oïl: venivano recitate da un **cantore** o da un **giullare** ed erano accompagnate dalla musica dinanzi a un pubblico composto dagli esponenti dell'aristocrazia feudale. Soltanto in un secondo momento ebbero diffusione anche presso i ceti popolari. La trasmissione orale richiede una **struttura narrativa elementare** e la fruizione era ulteriormente facilitata dalla presenza di **formule ripetitive**, stereotipi e apostrofi volti a coinvolgere il pubblico.

 il punto su...
La morte dell'eroe nella Chanson de Roland

La *Chanson de Roland*

La più celebre tra le canzoni di gesta è la **Chanson de Roland**, di cui ci è giunto un manoscritto del XII secolo a firma di un certo Turoldo, forse l'autore o più probabilmente il copista dell'opera. Il poema ha per protagonista il nipote di Carlo Magno, il **conte Rolando** (tradotto in italiano anche come Orlando), il più conosciuto fra i paladini del ciclo carolingio. L'opera narra in modo romanzato la spedizione compiuta nel 778 dall'esercito di Carlo Magno nel Nord della Spagna. Il re dei Franchi intendeva creare un possedimento, la Marca spagnola, primo baluardo difensivo per dissuadere, e nel caso sventare, un eventuale tentativo di invasione da parte degli Arabi. Sulla strada del ritorno, nel passo di **Roncisvalle**, sui Pirenei, i guerrieri della retroguardia dell'esercito carolingio caddero in un'imboscata dei Baschi e vennero trucidati. Nello scontro, dopo aver combattuto da eroe, morì anche Rolando, il **prototipo del cavaliere valoroso**, che sacrifica la propria vita per difendere la patria e la fede cristiana.

La società cortese

Nel corso del XII secolo ebbe luogo un progressivo **mutamento socio-culturale**: l'aristocrazia feudale, fino ad allora caratterizzata da una visione esistenziale fondata sulla centralità della vita militare, iniziò a fare propri modi e **costumi di vita** sempre più **raffinati**.

Le corti dei signori francesi divennero centri di incontri e scambi culturali che portarono all'elaborazione di un nuovo modello di comportamento: l'**ideale cortese**. Le virtù militari non vennero abbandonate ma accanto a esse comparvero nuovi valori e ideali. Per il cavaliere non era più sufficiente essere un valoroso guerriero, ma occorreva possedere anche altre qualità:

- la **liberalità**, ovvero la dignitosa indifferenza verso i beni materiali e la naturale disposizione a donare le proprie ricchezze;
- la **magnanimità**, che consiste nel compiere nobili gesti di generosità, liberi da calcoli egoistici e interessi meschini;
- la **misura**, ossia il gusto e il piacere di circondarsi di cose belle e lussuose (palazzi, giardini, abiti, oggetti, cibi ecc.) e di condurre una vita sociale nel segno dell'eleganza e di rigorosi codici comportamentali;
- la **gentilezza**, contrassegnata dalla dignità e dalla nobiltà dell'animo.

Appare evidente che l'ideale cortese esprimeva la concezione di vita di una **classe sociale privilegiata**, senza preoccupazioni economiche. Grazie alle rendite assicu-

---

il percorso delle parole | **Cortese / Cortesia**

L'aggettivo *cortese* e il sostantivo *cortesia* derivano da "corte", dal latino *cohorte(m)*, termine che indicava sia una parte della legione sia un recinto chiuso. Dal latino medioevale *curtis* derivano la definizione di "sistema curtense", ovvero la struttura economica del feudalesimo, e quella di "civiltà cortese", connessa cioè alla corte feudale di un signore. In quest'ultima accezione *cortesia* indica quel sistema di valori elaborato dalla civiltà feudale. Nel linguaggio corrente *cortesia* è sinonimo di gentilezza: *cortese* è chi ha modi affabili e garbati.

■ **Trovare le parole**
a. Che cosa si intende oggi con l'espressione "fare la corte"?
b. Aiutandoti con il dizionario spiega quale sfumatura negativa ha assunto il termine "cortigiano" al giorno d'oggi.
c. Talvolta, specialmente nel linguaggio commerciale, vengono usate espressioni come "automobile di cortesia", "cellulare di cortesia" ecc. Sapresti spiegare di che cosa si tratta?

Miniatura dal *Roman du Graal* di Chrétien de Troyes raffigurante un cavaliere e la sua dama, Firenze, Biblioteca Medicea Laurenziana.

rate dalle proprietà terriere (e naturalmente dal lavoro dei servi), la nobiltà feudale poteva concedersi un tenore di vita dispendioso, senza preoccuparsi di produrre e investire ricchezze. Quindi la cortesia era un **ideale elitario**, riservato a pochi. Era destinata solo a chi possedeva la nobiltà spirituale per perseguirne i valori e, soprattutto, a chi poteva permettersi uno stile di vita raffinato e ne rispettava il complesso sistema di codici e di rituali che lo regolavano.

Un ulteriore e fondamentale elemento di novità che contraddistingue l'ideale della cortesia è il ruolo di rilievo assegnato alla **donna**, assente nella precedente cultura cavalleresca, volta esclusivamente alla difesa di Dio e del proprio signore. La donna amata diventa la concreta manifestazione di tutte le virtù cortesi e con la sua presenza nobilita chiunque le si avvicini. A lei, oggetto di culto, è dovuta un'**assoluta devozione** da parte dell'innamorato.

La concezione dell'amore

Per noi è normale pensare all'amore come a un sentimento che si realizza pienamente nella reciprocità, in una relazione che pone uomo e donna sullo stesso piano. La nobiltà feudale elabora invece una concezione del tutto opposta. Gli elementi che caratterizzano la teoria dell'**amore cortese** sono i seguenti:

- la lode delle **virtù della donna** amata, creatura irraggiungibile e venerata al pari di una divinità;
- l'**inferiorità dell'uomo** nei confronti della donna, a cui egli deve sottomettersi obbedendo a tutti i suoi desideri (il cosiddetto "**servizio d'amore**");
- la **devozione disinteressata** dell'amante, gratificato dall'onore di rendere omaggio alla donna;
- il **desiderio inappagato** per un amore che non è soltanto spirituale, ma coinvolge anche la sfera erotica;

---

il percorso delle parole | Amore

La parola *amore* deriva dal latino *amōre(m)*, dal verbo *amāre*, e in base al contesto in cui viene utilizzata può assumere molteplici significati. In generale designa un sentimento d'affetto intenso, l'inclinazione profonda verso qualcuno o qualcosa. Nello specifico può indicare una forte attrazione anche sessuale verso qualcuno, o ancora il desiderio di realizzare un ideale etico, religioso, politico. In ambito religioso è il sentimento di pietà e di carità verso il prossimo, come nelle espressioni "amore per gli oppressi", "amore per l'umanità". Inoltre il termine può essere impiegato per designare ciò o chi è oggetto di amore.

■ **Trovare le parole**

a. Individua tra le parole derivate da *amore* almeno due peggiorativi e due diminutivi.
b. Nelle espressioni "il Sommo amore", "il Divino amore", "l'Eterno amore", che cosa denota il termine *amore*?
c. Spiega il significato delle seguenti espressioni: "andare d'amore e d'accordo", "per amore o per forza", "per l'amore di Dio".
d. In cosa consiste l'"amor proprio"?

- la **sofferenza** e nel contempo la **gioia** per un sentimento che tormenta e sprigiona energia vitale;
- la **nobilitazione dell'animo**, il perfezionamento interiore prodotto dall'amore ("**amor fino**").

Il conflitto con la religione

Agli occhi della Chiesa, la concezione che prevedeva una dedizione totale ed esclusiva nei confronti della donna appariva sacrilega, in quanto allontanava dal culto di Dio. Questa nuova forma d'amore, frutto di una **mentalità laica**, entrò inevitabilmente in **conflitto con la religione**, aprendo la strada a un tema che diventerà centrale nella successiva lirica italiana del Trecento (▶ p. 253).

La condanna ecclesiastica nei confronti dell'amore cortese si deve alla concezione esposta da Andrea Cappellano nel suo trattato *De Amore*, secondo cui l'**amor fino** è quello **adultero**, fuori dal contratto matrimoniale che nelle classi elevate era frutto di interessi dinastici ed economici e non di un sentimento nobile e sincero. Dalla natura extraconiugale dell'amore cortese risalgono altri due aspetti significativi: la **segretezza**, per difendere la reputazione della donna, la cui identità spesso era celata da uno pseudonimo (in letteratura ciò avveniva attraverso la tecnica retorica nota come *senhal*); il timore dei **malparlieri**, ossia di coloro che avrebbero potuto alimentare delle maldicenze, favorite dall'ambiente circoscritto delle corti.

Il rapporto tra amore cortese e vassallaggio

Un altro fattore che lega la concezione dell'amore cortese al contesto storico dell'epoca è l'**analogia** tra il rapporto amante e amata e quello **vassallo e signore**. Il "servizio d'amore" e la sottomissione dell'innamorato riflettono la condizione sociopolitica del vassallaggio, tanto che spesso la dama viene chiamata "**madonna**", il femminile di *midons* ("mio signore"), termine con cui si indicava il feudatario.

Tra il XII e il XIII secolo questo complesso sistema teorico trovò espressione e forma artistica in due generi letterari, diversi ma uniti dalla condivisione della concezione amorosa: il **romanzo cortese** in lingua d'oïl, che si sviluppò nelle corti della Francia del Nord, e la **lirica trobadorica** in lingua d'oc, nata e diffusa nelle regioni della Francia del Sud.

Il romanzo cortese-cavalleresco

Il termine "**romanzo**" (dal latino *loqui romanice*, "parlare in lingua romanza") fu in principio utilizzato per indicare una narrazione in versi in cui le teorie dell'amore si fondevano con il gusto dell'avventura.

Oltre agli ideali esposti in precedenza, il romanzo cortese si distingue per:
- la presenza di un **cavaliere coraggioso e galante**, che non pone al centro del suo interesse la fede e la patria, come nelle *chansons de geste*, ma è interessato all'affermazione e al perfezionamento morale di se stesso;
- la predilezione per l'**avventura**, che si manifesta in particolare nel meccanismo narrativo dell'"**inchiesta**" (in francese *quête*). L'eroe intraprende un viaggio verso luoghi remoti e misteriosi alla ricerca di una persona (spesso la donna amata) o di un oggetto per cui dovrà superare innumerevoli prove e peripezie;
- il gusto per il **fantastico** e il **meraviglioso**, con l'intervento spesso risolutivo di maghi e fate, incantesimi e pozioni miracolose.

Gli autori, il pubblico e lo stile

A differenza delle *chansons*, i romanzi cortesi sono scritti in lingua d'oïl e **destinati alla lettura**. Gli autori erano solitamente **chierici** ospiti nelle stesse corti feudali in cui viveva il pubblico aristocratico a cui le loro opere si rivolgevano. La fruizione scritta favorì l'adozione di alcune specifiche caratteristiche formali:

- la creazione di **strutture narrative complesse e aperte**; le avventure si susseguono e si intrecciano con uno sviluppo fortemente dinamico, ricco di personaggi ed episodi imprevisti e stupefacenti;
- una **descrizione dettagliata dei luoghi** in cui si svolgono le vicende (palazzi, giardini, foreste incantate ecc.);
- la **caratterizzazione psicologica dei personaggi** che spezzano la monotonia e la prevedibilità dei protagonisti stereotipati delle *chansons*.

Il linguaggio e lo stile sono eleganti e piacevoli. Alla musicalità e scorrevolezza dei componimenti concorre in modo determinante la scelta dell'**ottonario** e della **rima baciata**.

Il repertorio tematico

La principale fonte dei romanzi cortesi furono le vicende che hanno per protagonisti il leggendario **re Artù**, vissuto probabilmente nel VI secolo, e i Cavalieri della Tavola Rotonda. Dalle storie del **ciclo bretone** ricavò ispirazione il chierico **Chrétien de Troyes**, che raggiunse la fama con il più noto tra i romanzi cortesi, il *Lancillotto*. Il libro narra le avventure del valoroso cavaliere della Tavola Rotonda Lancillotto, innamorato perdutamente della regina Ginevra, moglie di re Artù. Nella sua ultima opera, il *Perceval*, Chrétien racconta invece la storia di un cavaliere che va alla ricerca del **Santo Graal**, la coppa dotata di virtù miracolose in cui fu raccolto il sangue di Cristo.

I romanzi cortesi ripresero anche la leggenda di **Tristano e Isotta**, protagonisti di una vicenda che rappresenta in maniera tragica il tema dell'amore adultero. Tristano, nipote del re di Cornovaglia, si innamora di Isotta, figlia del re d'Irlanda, promessa sposa di suo zio. Tra loro la passione divampa irrefrenabile e, quando sono scoperti, vengono condannati a morte. In seguito Isotta ottiene il perdono del re e Tristano sposa un'altra donna, pur continuando ad amarla. Quando viene ferito da un'arma avvelenata, Tristano invoca Isotta, l'unica che può guarirlo con le sue arti, e manda una nave a prenderla: se questa al ritorno avrà le vele bianche, allora Isotta starà giungendo. Quando la nave appare, la moglie di Tristano gli dice per gelosia che le vele della nave sono nere: Tristano dal dolore muore. Isotta, a sua volta, muore sul corpo dell'amato.

La lirica trobadorica

Le origini e le peculiarità del genere

Nelle corti del Sud della Francia, soprattutto in Provenza ma anche in altre regioni (Limousine, Poitou, Rossiglione), nel corso del XII secolo l'ideale cortese trovò voce nella forma della lirica **in lingua d'oc**. In un primo momento le poesie erano destinate a una **trasmissione orale** e soltanto nel XIII secolo vennero affidate anche alla **scrittura** e, quindi, alla lettura.

Le opere in questione sono componimenti in versi che contengono tutti i principali aspetti dell'amore cortese: l'innamorato è legato alla donna da un rapporto di totale **devozione** e **sottomissione**, specchio del rapporto fra vassallo e signore. L'amore è un sentimento **inappagato**, **nostalgico** e a volte **doloroso**. L'innamoramento è un'esperienza più concettuale che reale e si esprime nei **rituali codificati** di cui già abbiamo parlato (segretezza della donna amata, timidezze e turbamenti dell'innamorato, timore delle chiacchiere dei malparlieri ecc.).

Gli aspetti stilistici

Sin dal primo apparire la lirica provenzale mostrò di essere formalmente più ricercata ed elegante dei romanzi cortesi. Prevedeva infatti una ricca varietà di modelli stilistici e di forme espressive e all'interno dell'ampia produzione poetica (circa 2500 componimenti composti da ben 460 autori diversi) si distinguono tre tendenze:

- il *trobar leu*, un "**poetare chiaro**", scorrevole e comprensibile nelle forme e nei contenuti;
- il *trobar clus*, un "**poetare chiuso**", oscuro nei significati e stilisticamente ricercato e artificioso;
- il *trobar ric*, un "**poetare ricco**", caratterizzato da virtuosismi e tecnicismi stilistici.

---

il punto su... | Il nuovo modello di cavaliere nel *Perceval*

L'omonimo protagonista del romanzo cortese *Perceval*, scritto nella seconda metà del XII secolo da Chrétien de Troyes, vive isolato dal mondo, cresciuto dalla madre in una foresta affinché non possa conoscere la cavalleria e arruolarsi, subendo lo stesso destino del padre e dei fratelli, morti in guerra. Un giorno, però, il ragazzo incontra un gruppo di cavalieri e decide di unirsi a loro.
Nel brano che ti presentiamo, la madre addolorata ricorda al giovane figlio in partenza i principi fondamentali della cavalleria. Le sue parole sono un'efficace sintesi degli ideali cortesi: la disposizione a mettersi al servizio dei più deboli (*siate pronto a soccorrerle*); la dedizione e la venerazione per la donna (*Servite dame e damigelle*); la coincidenza fra nobiltà d'animo e nobiltà di sangue (*dal nome si conosce l'uomo*); la fiducia nella protezione di Dio (*pregare Nostro Signore in Chiesa*). Nel testo quindi è possibile cogliere la fusione tra i valori religiosi e militari del secolo precedente e il culto della donna e i rituali dell'amore.

«Figlio caro, voglio darvi un consiglio che conviene seguire e se vorrete ricordarlo ve ne verrà gran bene. Sarete presto cavaliere, se piacerà a Dio, così come credo. Se troverete vicino o lontano una dama che abbia bisogno di aiuto o una damigella in pena, siate pronto a soccorrerle come esse ve lo chiederanno. Chi non porta onore alle dame non ha onore in cuore. Servite dame e damigelle. Ovunque sarete onorato. E se ne pregate una, guardatevi dall'importunarla; non fate nulla che le dispiaccia.
10 Se vi concede un bacio, vi proibisco di chiedere altro, e fatelo per amor mio. Una damigella dà molto quando concede un bacio. Se porta anello al dito o borsa alla cintura, se per amore o per preghiera ve li concede, m'è caro che portiate l'anello e vi permetto di tenere anche la borsa[1]. Caro figlio, ancora vi voglio dire che in cammino o al riparo non abbiate a lungo compagno che non ne domandiate il nome, perché dal nome si conosce l'uomo[2].
20 Figlio caro, parlate con gli uomini d'onore, accompagnatevi ad essi. L'uomo d'onore non dà mai cattivo consiglio a chi s'accompagna con lui. Soprattutto vi voglio chiedere di andare a pregare Nostro Signore in chiesa e nei monasteri! Che in questo secolo[3] vi conceda onore, permettendovi di comportarvi sì che perveniate a buon fine.»

[C. de Troyes, *Perceval*, Guanda, Parma 1979]

1 **Se porta... la borsa:** anche se è una donna sposata (lo si capisce dall'anello al dito e dalla borsa "da matrimonio", che i mariti donavano alle mogli e che conteneva monete o beni preziosi), è lecito secondo l'ideologia cortese offrirle i propri servizi amorosi, sempre che la donna abbia dato il suo consenso.
2 **dal nome... l'uomo:** dall'origine della famiglia (*nome*) si capisce chi si ha di fronte (*si conosce l'uomo*); nell'ideologia cortese chi ha nobili origini ha necessariamente anche un animo grande e generoso.
3 **secolo:** vita terrena.

Dal punto di vista metrico si deve ai lirici provenzali la creazione e l'elaborazione di diverse forme di componimento che ritroveremo anche nelle scuole poetiche successive:

- la **canzone**, la forma più spesso adottata, divisa in quattro-sei strofe legate da complesse simmetrie tematiche, retoriche e strutturali;
- la **sestina**, composta da sei strofe di sei versi in cui tornano in rima sempre le stesse parole;
- il **sirventese**, canzone di argomento politico, civile o morale, ispirata da vicende e personaggi contemporanei;
- il **compianto** (*planh*), che celebra la morte di un personaggio importante e virtuoso;
- la **tenzone** (*joc partit*), discussione di tema amoroso tra due o più poeti, ma anche tra due personaggi;
- la **pastorella**, il corteggiamento, in genere senza esito, di una giovane contadina o di una pastorella da parte di un cavaliere;
- l'**alba**, il lamento di due amanti che al sorgere del sole debbono lasciarsi;
- l'**amor di lontananza** (*amor de lohn*), che canta il sentimento irrealizzabile e idealizzato per una donna irraggiungibile;
- il **plazer** ("piacere") enumerazione di cose piacevoli, spesso paragonate alla donna amata, e il suo contrario, l'**enueg** ("noia"), elenco di cose sgradevoli.

Gli autori

Autori di questo genere poetico erano i **trovatori** (*trobadores*, dal provenzale *trobar*, "poetare"), individui per lo più appartenenti alla **classe aristocratica** – ma talvolta anche di umili origini – che trovavano nella poesia un'occasione di **prestigio** e di **promozione sociale**. Essi scrivevano poesie per manifestare la propria personalità, ispirata dalle teorie dell'amore cortese, e ciò li distingue dai **giullari**, cantori privi di cultura, che nei palazzi dell'aristocrazia feudale cantavano i loro versi con l'accompagnamento della musica. Secondo la tradizione il primo trovatore fu **Guglielmo IX di Aquitania** (1071-1126), importante signore feudale. A lui si devono numerosi *topoi* letterari, a partire dall'*incipit* tipico della lirica provenzale: la descrizione di un paesaggio primaverile che pone in relazione il risveglio della natura con il sorgere del sentimento d'amore (▶ T1, p. S57). Tra gli altri trovatori segnaliamo **Bernart de Ventadorn** (XII secolo), che si distinse per lo stile aggraziato e leggero (*trobar leu*); **Arnaut Daniel** (1150 ca.-1210), poeta dalle forme tanto raffinate quanto complesse (*trobar clus*); **Jaufré Rudel** (metà XII secolo), che sublimò il distacco degli amanti con la teoria dell'amore lontano (*amor de lohn*). Infine ricordiamo anche **Bertran de Born** (1140 ca.-1215), noto più per le canzoni di guerra che per quelle dedicate all'amore.

J. Rudel *Amore di terra lontana*

il punto su... | La lirica

La poesia lirica nacque nella Grecia classica, dove affrontava temi e motivi molto vari: la celebrazione dell'essere amato, gli inni agli dei, i canti funebri, i componimenti per le nozze, gli encomi dedicati ai vincitori delle gare olimpiche. A Roma la definizione di "lirica" assunse un significato più ristretto e vicino a quello che ha oggi il termine, ovvero di genere soggettivo ed evocativo, legato agli affetti personali.

Alle origini della lirica moderna è l'esperienza della poesia trobadorica in lingua d'oc e la produzione dei poeti duecenteschi italiani, in particolare degli stilnovisti. In epoca più recente, a partire dal XVI secolo circa e soprattutto con il Romanticismo, la poesia lirica divenne sempre più l'espressione diretta dell'anima e della passionalità dell'io, nettamente contrapposta a una poesia di tipo narrativo o descrittivo. In epoca contemporanea è sempre più difficile tracciare distinzioni nette tra ciò che si può definire "lirica" e ciò che non lo è. Accenti, situazioni o espressioni liriche – cioè intime e personali – si trovano anche in opere appartenenti a generi diversi.

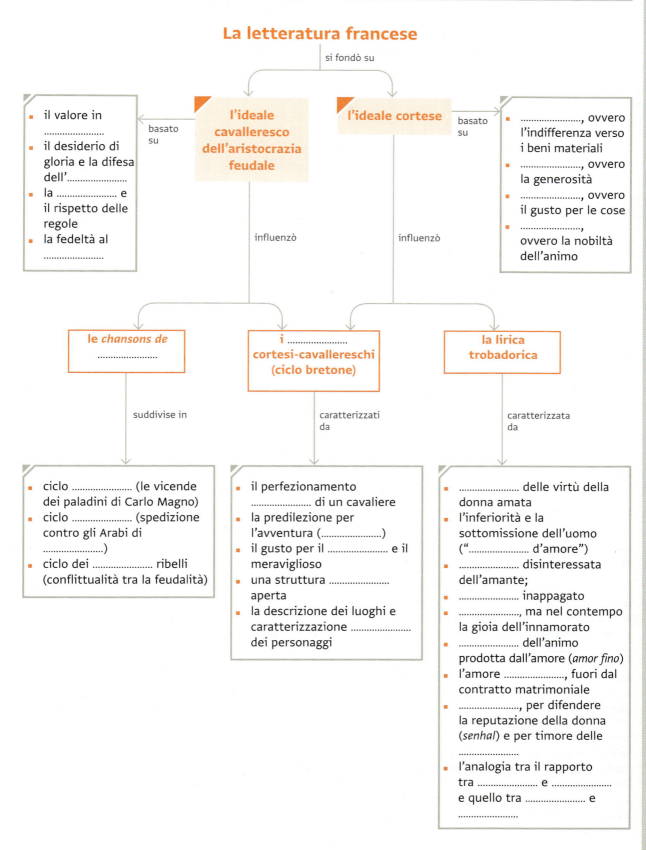

La nascita della letteratura in Italia

La scuola siciliana

Il contesto storico: la corte di Federico II

All'inizio del Duecento, alcune corti feudali dell'Italia del Nord accolsero i trovatori fuggiti in seguito alla crociata contro gli albigesi (eretici catari della città di Albi, nella regione della Linguadoca) scatenata da papa Innocenzo III nel 1208 e terminata nel 1229 dopo aver causato circa un milione di morti. Tra gli aristocratici – ma anche tra i ricchi borghesi – cominciarono a circolare le prime **raccolte poetiche francesi**, trascritte dai copisti: ben presto spuntarono numerosi imitatori, che utilizzando la lingua d'oc proposero anche in Italia temi e forme della lirica trobadorica.

L'influenza dei trovatori giunse anche alla **Magna Curia**, la corte palermitana di **Federico II di Svevia** (1194-1250), re di Sicilia e imperatore del Sacro Romano Impero, che tra il 1230 e il 1250 fu il centro della vita culturale italiana. Federico II, uomo **cosmopolita**, **poliglotta**, culturalmente eclettico, fu definito dai suoi contemporanei *stupor mundi* ("stupore del mondo"). Nella sua corte raffinata e culturalmente vivace si parlavano più lingue e si coltivavano **interessi enciclopedici**: poesia, retorica, grammatica, scienze naturali ecc. Egli stesso si dedicò alla filosofia, all'astronomia, alla matematica e scrisse un trattato di falconeria dal titolo *De arte venandi cum avibus*. La politica culturale di Federico II era **laica** e aveva come lingua di riferimento il **volgare**: era chiara la sua volontà di contrapporsi all'egemonia culturale della Chiesa, che aveva allora il monopolio dell'educazione. Per questo nel 1224 fondò a Napoli la **prima università statale**, l'unica a quel tempo nell'Italia del Sud.

Forme, stile e temi della scuola siciliana

Nella corte di Federico II numerosi intellettuali iniziarono a comporre **liriche d'amore**, attingendo al modello della poesia provenzale ma introducendo nel contempo una significativa novità: gli esponenti di quella che sarà nota come **scuola siciliana** scrissero le loro opere non in lingua d'oc ma nel volgare locale. Si trattò di una scelta fondamentale, che determinò la nascita della prima espressione di arte poetica in volgare

---

il punto su... | **Il volgare siciliano illustre**

La lingua usata dai poeti della scuola siciliana è un volgare "illustre", ovvero depurato da parole di uso comune e da termini dialettali e arricchito con vocaboli letterari di derivazione latina, provenzale e germanica. Il pubblico cui si riferivano i poeti siciliani, l'ambiente colto e raffinato della corte federiciana, era un'*élite* ristretta, perciò la lingua da loro scelta era artificiosa e altamente letteraria. Tuttavia bisogna ricordare che le liriche siciliane sono giunte fino a noi attraverso un processo di "toscanizzazione", cioè di adattamento del siciliano illustre al volgare toscano. L'unico testo della scuola siciliana giunto a noi in forma fedele è *Pir meu cori allegrari*, canzone di Stefano Protonotaro trascritta nel XVI secolo dal filologo Giovanni Maria Barbieri.

I copisti toscani che tramandarono le poesie siciliane ne avevano alterato la fisionomia originaria, modificandone numerosi aspetti linguistici e generando così il fenomeno conosciuto come "rima siciliana", cioè la rima di "i" con "é" chiusa e di "u" con "ó" chiusa. Questo è avvenuto perché, mentre il sistema toscano – come l'italiano odierno – contava sette suoni vocalici ("à", "è", "é", "ì", "ò", "ó", "u"), il volgare siciliano conosceva solo cinque suoni vocalici (non distinguendo tra "e" e "o" aperte e chiuse). Nel trasporre le poesie da un idioma all'altro si formarono rime non identiche: per esempio il siciliano "-ura" venne toscanizzato in "-óra". Questo errore di traduzione dette vita a una licenza poetica che si affermò in seguito come una moda: nella lirica toscana delle origini si trovavano rime imperfette – dette "siciliane" – come la seguente, tratta dal canto I dell'*Inferno* dantesco: *Questi parea che contra me ven*isse/*con la test'alta e con rabbiosa fame,/sì che parea che l'aere ne trem*ésse.

italiano. In effetti, il *Cantico delle creature* di Francesco d'Assisi (▶ T1, p. S15), di qualche anno precedente, era composto in volgare ma era legato a finalità morali: l'aspetto religioso prevaleva sugli scopi artistico-letterari.

I poeti siciliani ripresero forme metriche e stilistiche dei trovatori, a esclusione dell'accompagnamento musicale. Essi introdussero inoltre il **sonetto**, un componimento che incontrerà un'enorme fortuna nella storia della poesia italiana. I temi affrontati sono quelli tipici della **lirica cortese**: l'amore come fonte di gioia e sofferenze, il servizio d'amore, la devozione alla donna dispensatrice di bellezza e virtù, il ritegno e il timore degli amanti ecc. Ciò che distingue i siciliani è un'ulteriore **stilizzazione** e **astrattezza** delle convenzioni amorose: ogni traccia di passione o sentimento è assente dalle loro liriche, che diventano esercizi di **ricercato formalismo**, artifici linguistici, retorici e spesso anche concettuali.

Gli autori

I poeti della scuola siciliana furono tutti funzionari della **Magna curia**. Il più noto, **Giacomo da Lentini** (▶ T2, p. S64), era un notaio. **Pier delle Vigne** (1190 ca.-1249) fu esperto di cancelleria, diplomatico e giudice imperiale, così come **Guido delle Colonne** (1210-1287). Per tutti questi professionisti, che si occupavano quotidianamente della gestione e dell'amministrazione dello Stato, la poesia rappresentava uno strumento di evasione, un raffinato gioco che manifestava l'appartenenza a un'*élite* non solo politica ma anche culturale.

Non tutta la produzione poetica siciliana era aulica ed elegante; occorre ricordare anche un celebre esempio di **poesia popolaresca**: si tratta della lirica di **Cielo d'Alcamo** (XIII secolo) *Rosa fresca aulentissima* (▶ T3, p. S68), un dialogo tra un uomo – probabilmente un giullare – e una donna che cerca inutilmente di resistere al suo insistente corteggiamento. Il componimento, che termina con il trionfo della passione erotica, è una divertente **parodia dell'amore cortese**.

La scuola toscana

Il contesto storico: i Comuni medioevali

Il modello poetico siciliano si diffuse rapidamente anche in altre regioni italiane, in particolare in Toscana. Quando nel 1250, alla morte di Federico II, la scuola siciliana si dissolse, la **lirica d'amore** trovò come punto di riferimento la produzione di un gruppo di poeti che – pur non avendo poetiche e finalità del tutto omogenee – vengono accomunati sotto la definizione di "**scuola toscana**". La loro attività si svolse tuttavia in un contesto storico, sociale e politico molto differente da quello che caratterizzava il Regno di Sicilia: quello dei **Comuni medioevali**. A partire dall'**anno Mille**, il rifiorire delle città e il ritorno a un'economia di mercato aveva favorito l'ascesa di un nuovo ceto sociale, la **borghesia**. A questa classe è legata la nascita dell'istituzione del Comune, **associazione di cittadini** che rivendicava la gestione autonoma del potere della città, da affidare ai propri rappresentanti. La storia dei Comuni, nati nell'Italia centro-settentrionale verso la fine dell'XI secolo, fu pertanto legata alle lotte per ottenere l'indipendenza dai grandi feudatari, dall'Impero e dal Papato. Generalmente la popolazione cittadina era al suo interno divisa in tre gruppi: i **magnati**, di origine nobiliare, il **popolo grasso**, la ricca borghesia, e il **popolo minuto**, commercianti e artigiani. A loro volta questi gruppi si organizzavano in corporazioni di mestieri, le **Arti**. A partire dalla seconda metà del XIII secolo, le lotte tra le fazioni interne divennero sempre più feroci e determinarono la crisi della stessa istituzione comunale, che a partire dal XIV secolo venne gradualmente sostituita da un'altra forma di governo, la **Signoria**, caratterizzata dall'accentramento dei poteri in una sola persona.

Forme, stile e temi

I lirici toscani non si limitarono a riproporre fedelmente il modello siciliano. I loro componimenti anticiparono il mutamento della poesia d'amore che sarebbe avvenuto da lì a pochi decenni con la produzione stilnovistica (▶ p. 253):

- introdussero una **rappresentazione più soggettiva e intima** dell'amore;
- accentuarono la **spiritualizzazione** della donna amata;
- utilizzarono il **volgare toscano**, una lingua più vicina all'uso quotidiano e, senza rinunciare all'eleganza e alla ricercatezza formale, comprensibile al nuovo pubblico borghese che si stava formando nei Comuni dell'Italia centro-settentrionale.

Una particolarità della produzione poetica della scuola siciliana era stata la trattazione esclusiva del tema amoroso. A differenza delle contemporanee liriche in lingua d'oc dell'Italia del Nord, i siciliani non mostrarono interesse per altri temi, come quelli morali e politico-sociali. Ciò probabilmente è strettamente connesso al fatto che Federico II aveva instaurato un potere monarchico assoluto e accentrato, privo dei conflitti e delle vivaci dinamiche politiche che attraversavano invece i Comuni del Nord Italia. Una consistente novità della lirica toscana fu dovuta proprio all'ambiente sociopolitico in cui essa nacque e si sviluppò: il **contesto comunale**, in cui il dinamismo della classe borghese aveva portato a importanti mutamenti sociali ed economici, ma anche a violenti conflitti. Proprio per questo i poeti toscani, coinvolti in prima persona nella realtà politica, affrontarono **temi civili e morali** oltre a quelli amorosi. Ricordiamo, a tale proposito, la canzone *Ahi lasso, or è stagion di doler tanto*, in cui dopo la battaglia di Montaperti (1260) **Guittone d'Arezzo** (1235 ca.-1294) si dispera per la sconfitta dei guelfi fiorentini a opera di Siena e dei ghibellini.

Gli autori

Guittone fu la personalità più rappresentativa della scena poetica toscana, considerato dai suoi contemporanei come un caposcuola. Nelle sue liriche ritroviamo i con-

I borghesi: mercanti e cambiavalute, miniatura, 1325 ca.

sueti motivi dell'**amore cortese** (▶ T4, p. S73), spesso affrontati seguendo il modello provenzale del *trobar clus*. In effetti, lo stile di Guittone risulta talvolta difficile e oscuro, appesantito da artifici lessicali, retorici e metrici. Accanto a Guittone ricordiamo **Bonagiunta Orbicciani** (1220 ca.-1290) da Lucca, fra tutti il più vicino alla scuola siciliana, e il fiorentino **Chiaro Davanzati** (XIII-XIV secolo), che con i suoi versi preannunciò invece le atmosfere stilnovistiche. Al gruppo dei toscani appartenne anche la **prima donna** che compone versi in lingua volgare italiana, nota con lo pseudonimo di **Compiuta Donzella** (▶ T6, p. S79) e probabilmente vissuta a Firenze nella seconda metà del XIII secolo.

La poesia comico-realistica

I temi e lo stile

Non tutti i poeti italiani seguirono il percorso tracciato dalla teoria dell'amore cortese e dalla lirica prima provenzale e poi siculo-toscana. Un eterogeneo gruppo di rimatori di area toscana, i **poeti comico-realistici**, rifiutò le convenzioni tematiche e stilistiche della poesia d'amore: al linguaggio raffinato e alle atmosfere rarefatte e idealizzate essi preferirono la raffigurazione degli **aspetti quotidiani dell'esistenza**, di una **realtà materiale** a volte volgare e degradata. In una società rigidamente gerarchizzata e con valori codificati, la lirica comico-realistica diede polemicamente voce a ciò che era condannato all'emarginazione. I temi principali affrontati sono:

- il **desiderio erotico** per una donna spesso volgare e infedele;
- i **litigi tra amanti**, o tra marito e moglie, causati da tradimenti e gelosie;
- l'esaltazione dei **piaceri terreni**, o meglio di vizi quali il gioco d'azzardo e il vino;
- l'attacco verso i **poteri costituiti** (la famiglia, la Chiesa, l'Impero);
- la rabbia nei confronti delle **avversità** del destino umano (la povertà, la vecchiaia, la morte) e l'aspirazione alla **ricchezza** e al **potere**.

Non bisogna pensare che si tratti di opere scritte da autori poco colti e destinate a un pubblico popolare: la poesia comico-realistica si muoveva in realtà in un ambito di riferimenti letterari, proponendosi di **capovolgere gli schemi** della poesia alta. Il procedimento utilizzato è quello della **parodia**: i valori della cortesia e dell'amore erano rovesciati e il linguaggio ricercato dei siculo-toscani veniva utilizzato per descrivere situazioni e personaggi grossolani e ridicoli.

Gli autori e le influenze letterarie

Se il caposcuola dei poeti comico-realistici è considerato il fiorentino **Rustico Filippi** (▶ T5, p. S76), il principale esponente di questa corrente è senza dubbio il senese **Cecco Angiolieri** (▶ p. 234). Stereotipo del **poeta ribelle** e maledetto, Cecco proveniva da una ricca famiglia borghese ma la vita dissipata e irregolare lo portò a morire in miseria. Inoltre ricordiamo **Folgore di San Gimignano** (1270-1330), autore di un ciclo di sonetti in forma di *plazer*.

il punto su...
I canti goliardici

Nei componimenti dei poeti comico-realistici possiamo cogliere l'eco di esperienze letterarie precedenti, dalla **tradizione giullaresca** a quella dei canti goliardici. Autori di questa forma di poesia erano i **chierici vaganti**, giovani studenti che avevano preso gli ordini minori e che giravano per le varie università europee propugnando la necessità di una maggiore mondanizzazione della Chiesa.

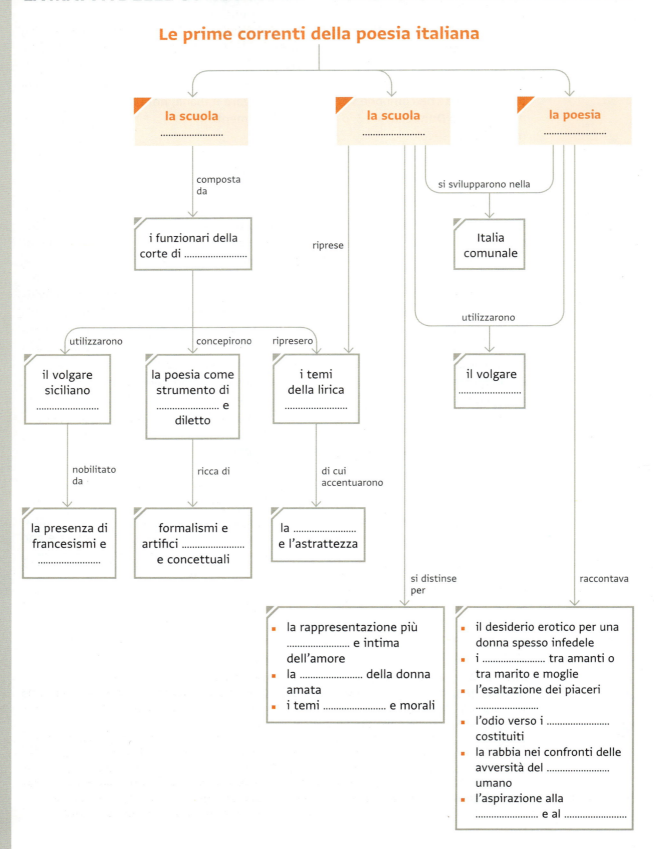

T1 Guglielmo d'Aquitania Nella dolcezza della primavera

Questa poesia, composta dal più antico trovatore di cui si abbiano notizie, è un testo esemplare in quanto contiene molti fra i temi più importanti e ricorrenti della lirica provenzale.
METRO: canzone composta di cinque sestine, nell'originale in lingua d'oc rimate secondo lo schema AABCBC; la traduzione è libera da vincoli metrici.

Nella dolcezza della primavera
i boschi rinverdiscono, e gli uccelli
cantano, ciascheduno in sua favella,
giusta la melodia del nuovo canto.
5 È tempo, dunque, che ognuno prenda agio
di quello che più brama.

Dall'essere che più mi giova e piace
messaggero non vedo, né sigillo:
perciò non trovo posa né allegrezza,
10 né ardisco farmi innanzi
finché non sappia di certo se l'esito
sarà quale domando.

Del nostro amore accade
come del ramo di biancospino,
15 che sta sulla pianta tremando
la notte alla pioggia ed al gelo,

Miniatura francese raffigurante un cavaliere inginocchiato dinanzi alla sua dama, XIII secolo.

---

2 **rinverdiscono:** si ricoprono di foglie nuove.
3 **ciascheduno... favella:** nel modo di cantare caratteristico della propria specie.
4 **giusta la melodia:** secondo la melodia del rinnovato canto primaverile (*nuovo canto*).
5-6 **prenda agio... brama:** goda (*prenda agio*) di ciò che più desidera.
7-8 **Dall'essere... sigillo:** non ho notizie (*messaggero*) né ricevo lettere (*sigillo*) della mia donna amata (*Dall'essere che più mi giova e piace*).
9 **posa:** riposo.
10 **né ardisco... domando:** e non oso dichiarare il mio amore (*farmi innanzi*) fino a quando non saprò con certezza che la risposta sarà quella che desidero (*quale domando*).
13-16 **Del nostro... gelo:** al nostro amore accade come al ramo del biancospino, che la notte sta sulla pianta tremando per la pioggia e il gelo; l'immagine esprime la sofferenza degli amanti lontani.

---

il percorso delle parole | Primavera

Il vocabolo *primavera* deriva dal latino parlato *primavēra*, a sua volta originato dal latino classico *primo vere*, da *primus*, "inizio", e *vere*, "primavera", dunque "inizio della primavera", connesso all'indoeuropeo *vas-antas*, "primavera", dalla radice *vas*, "ardere". Al significato della radice *vas* si ricollega anche il nome di Vesta, la dea romana del focolare. Si tratterebbe quindi della stagione splendente, convenzionalmente il periodo compreso tra il 21 marzo e il 21 giugno. Per estensione il termine indica qualsiasi clima gradevole e temperato.

■ **Trovare le parole**
a. Nella frase "il nonno ha appena compiuto ottanta primavere", da quale parola può essere sostituita il termine *primavere*?
b. Sapresti indicare che significato ha *primavera* in ambito sportivo (per esempio, "la primavera del Torino")?
c. In ambito poetico, la parola *primavera* viene spesso utilizzata in espressioni come la seguente: «passo del viver mio la primavera» (G. Leopardi, *Il passero solitario*). Qual è il significato del termine, in questo contesto?

fino al domani, che il sole s'effonde
per il verde fogliame sulla fronde.

Ancora mi rimembra d'un mattino
20 che facemmo la pace tra noi due,
e che mi diede un dono così grande:
il suo amore e il suo anello.
Dio mi conceda ancor tanto di vita
che sotto il suo mantello possa metter le mani!

25 Io non ho cura degli altrui discorsi
che dal mio Buon-Vicino mi distacchino;
delle chiacchiere so come succede
per picciol motto che si profferisce:
altri van dandosi vanto d'amore,
30 noi disponiamo di pane e coltello.

[in A. Roncaglia (a cura di), *Antologia delle letterature medioevali d'oc e d'oïl*, trad. it. di A. Roncaglia, Edizioni Nuova Accademia, Milano 1989]

	17-18	**fino... fronde:** fino al mattino seguente, quando il sole si diffonde sulle fronde dell'albero attraverso le foglie verdi; l'incontro degli amanti è paragonato al ritorno del sole dopo l'oscurità della notte.
	19	**mi rimembra:** mi ricordo.
	22	**il suo anello:** pegno della fedeltà della donna, simbolo di legame indissolubile; il dono dell'anello avveniva anche durante la cerimonia dell'investitura feudale tra signore e vassallo e sanciva simbolicamente il legame tra i due.
	24	**sotto... mani:** mettere le mani sotto il mantello è il gesto compiuto durante il giuramento di vassallaggio; indica quindi la volontà di legarsi alla donna come un vassallo al suo signore.
	25	**Io... discorsi:** il poeta non si preoccupa dei malparlieri, ovvero delle chiacchiere maligne che potrebbero seminare zizzania tra lui e la sua donna.
	26	**mio Buon-Vicino:** il *senhal* (lo pseudonimo tipico della lirica provenzale) con cui il poeta allude alla donna senza nominarla direttamente, per proteggerla dai malparlieri.
	27-28	**delle chiacchiere... profferisce:** il poeta è consapevole che da una piccola parola (*picciol motto*) sorgono chiacchiere maligne.
	29-30	**altri... coltello:** alcuni si vantano d'amore, noi abbiamo tutto ciò che ci serve (*disponiamo di pane e coltello*); quest'ultima è un'espressione proverbiale.

Guglielmo IX (1071-1126) fu duca d'Aquitania e di Guascogna e conte di Poitiers, per un certo periodo anche conte di Tolosa. Fu uno degli uomini più importanti del suo tempo e partecipò a una crociata in Terrasanta. La sua fama è legata però soprattutto all'attività poetica: egli è considerato infatti il primo trovatore in lingua volgare. Conserviamo di lui soltanto undici componimenti, soprattutto amorosi ma anche d'avventura e giocosi. Egli introdusse nelle sue poesie il tema – divenuto poi caratteristico della poesia – dell'"amor di lontananza" (*amor de lohn*). Non mancano anche componimenti in cui l'amore idealizzato viene rovesciato in una prospettiva materialistica, concepito cioè come la realizzazione di un desiderio erotico.

SCHEDA di LETTURA

Un modello letterario

La canzone di Guglielmo d'Aquitania concentra in sé l'intero repertorio tematico e lessicale dell'amore cortese, che ritroveremo anche nelle successive liriche italiane, pur con le distinzioni determinate dal mutato contesto storico in cui agivano i poeti siciliani e toscani del Duecento e del Trecento.
In sintesi, le convenzioni della produzione provenzale esemplificate in *Nella dolcezza della primavera* sono le seguenti: il paesaggio primaverile, l'infelicità e la timidezza dell'innamorato, la lontananza e l'inaccessibilità della donna amata, il rapporto tra la promessa d'amore e il patto feudale tra vassallo e signore, le allusioni alla sfera sessuale, l'anonimato dell'amata, definita attraverso uno pseudonimo, le maldicenze dei pettegoli e invidiosi.

La gioia della natura e la tristezza dell'io lirico

Nella prima strofa l'io lirico descrive un sereno paesaggio primaverile, contrassegnato dalla rinascita della natura. I prati *rinverdiscono* e nei boschi si diffonde il canto lieto e melodioso degli uccelli. La primavera, la stagione in cui si risvegliano i sensi amorosi, offre lo scenario ideale per avvicinarsi a ciò che *ciascuno più brama*, ovvero l'amore. Nella strofa successiva però l'io lirico confessa di non poter partecipare alla gioia della natura perché è lontano dall'amata e non riceve notizie o lettere da lei (*messaggero non vedo, né sigillo*). Inoltre, esita a manifestare apertamente le sue pene e il suo desiderio, timoroso che la distanza abbia spento l'amore.

La speranza dell'amore

Una lunga similitudine che occupa interamente la terza strofa rivela la speranza dell'io lirico di ricongiungersi con la donna amata. La loro storia sentimentale, consumata dall'attesa di un nuovo incontro, viene paragonata a un ramo di biancospino che di notte trema, alla pioggia e al gelo. Ma quando la donna finalmente giungerà, il calore della passione infiammerà nuovamente gli amanti come al mattino il sole riscalda *il verde fogliame sulla fronde*.
La fiduciosa attesa è confortata da un ricordo, che l'io lirico riporta nella quarta strofa: un mattino, dopo aver fatto la pace, ha ricevuto in dono dalla donna *il suo amore e il suo anello*. Egli si augura che ciò possa accadere ancora, al più presto, che Dio gli conceda *tanto di vita* quanta ne serve per rinnovare le gioie dell'amore.
Le chiacchiere malevole, oggetto dell'ultima strofa, non potranno intimorirlo e allontanarlo dall'amata. Ai pettegoli invidiosi non bisogna prestare attenzione, semmai prendersene gioco. La canzone si conclude infatti con uno sberleffo nei confronti di coloro che *van dandosi vanto d'amore* senza però goderne i piaceri, a differenza di quanto accade all'io lirico e al suo *Buon-Vicino*.

Feudalesimo e promesse d'amore

Nelle ultime due strofe per ben tre volte termini e immagini stabiliscono una relazione tra il rapporto amoroso e gli atti simbolici del rito dell'investitura feudale.
Nei vv. 21-22 Guglielmo allude al momento in cui il vassallo riceveva in dono dal signore un anello, oggetto che suggellava il patto stabilito e implicava una promessa di reciproca fedeltà. Quando pochi versi dopo l'io lirico auspica di poter ancora *metter le mani* sotto il suo mantello, oltre all'evidente allusione sessuale, evoca un'altra fase cruciale della cerimonia d'investitura: la consuetudine del signore di coprire con un mantello, in segno di protezione, il vassallo inginocchiato. Infine, nell'ultimo verso, l'immagine del *pane* e del *coltello* potrebbe simboleggiare la concessione di una proprietà e la trasmissione dei poteri, fondamento del rapporto tra signore e vassallo.

Lo stile

Come per tutte le opere poetiche tradotte, anche per *Nella dolcezza della primavera* è assai difficile analizzare gli aspetti formali e stilistici, che spesso è impossibile riportare fedelmente nella versione in un'altra lingua.
Per quanto riguarda la canzone di Guglielmo, come per buona parte delle opere dei poeti provenzali, ci limitiamo a evidenziare la presenza di due livelli espressivi, uno semplice e immediato e uno più ricercato e complesso. Le immagini elementari e ingenue del paesaggio naturale e le dichiarazioni d'amore così dirette e spontanee si accompagnano all'allusività di alcuni versi, al valore enigmatico di alcuni termini.

LABORATORIO

Comprendere e individuare
L'esplorazione del testo

1. Compila la tabella, assegnando a ogni strofa un titolo che ne riassuma il contenuto.

I strofa	....
II strofa	....
III strofa	....
IV strofa	....
V strofa	....

2. Ricerca le espressioni con cui l'io lirico descrive il proprio stato d'animo mentre si trova in attesa dell'amata. Quali sentimenti prova tra i seguenti?
   - A. ☐ Inquietudine
   - B. ☐ Rabbia
   - C. ☐ Tristezza
   - D. ☐ Insicurezza
   - E. ☐ Noia
   - F. ☐ Invidia

3. L'amore dell'io lirico è corrisposto dalla donna amata: riporta i pronomi personali che sottolineano questo rapporto sentimentale condiviso.

4. Rileggi la canzone ponendo attenzione agli aspetti lessicali che determinano la presenza di coppie tematiche: quali fra le seguenti è possibile individuare?
   - A. ☐ Amore sensuale-amore aristocratico
   - B. ☐ Amore fedele-amore tradito
   - C. ☐ Amore sacro-amore profano
   - D. ☐ Passione d'amore-convenzione matrimoniale
   - E. ☐ Rapporto amoroso-rapporto sociale

Interpretare e riflettere
La scoperta del testo

5. Per quale motivo possiamo affermare che questa lirica presenta una visione dell'amore fortemente ritualizzata ma nel contempo sensuale?

6. Nella parte conclusiva della canzone l'io lirico sostiene di non temere né la lontananza della donna né le chiacchiere dei pettegoli. Qual è la causa della sua sicurezza?
   - A. ☐ La devozione dell'amata
   - B. ☐ Il prestigio della sua posizione sociale
   - C. ☐ Il patto sancito con l'amata
   - D. ☐ Il ruolo predominante della figura maschile

7. Il timore delle maldicenze appare in numerose liriche provenzali; questo tema è però destinato a scomparire, con il mutare dei contesti storici. Quale aspetto della vita sociale del feudalesimo potrebbe aver favorito la presenza degli *altrui discorsi* (v. 25)?

Analizzare
Lo stile e la forma del testo

8. Nonostante il testo proposto non sia in lingua originale, nella traduzione possiamo riconoscere alcuni artifici metrici e retorici. Nei vv. 17-18 oltre alla rima c'è una figura di suono: quale?
   - A. ☐ Allitterazione
   - B. ☐ Paronomasia
   - C. ☐ Onomatopea
   - D. ☐ Assonanza

9. Come abbiamo precisato in nota, con il termine *sigillo* (v. 8) l'io lirico intende dire "lettera": di quale figura retorica del significato si tratta?
   - A. ☐ Metafora
   - B. ☐ Similitudine
   - C. ☐ Sineddoche
   - D. ☐ Metonimia

10. Per rispettare l'anonimato della donna, l'io lirico la definisce con il *senhal Buon-Vicino* (v. 26) ma anche con una perifrasi: in quale verso?

GRAMMATICA

11. Nella frase *delle chiacchiere* so come succede (v. 27), l'espressione sottolineata è un complemento
    - A. ☐ oggetto
    - B. ☐ di specificazione
    - C. ☐ di argomento
    - D. ☐ di limitazione

12. Analizza la parte conclusiva del periodo che occupa la seconda strofa: *né ardisco farmi innanzi/finché non sappia di certo se l'esito/sarà quale domando* (vv. 10-12). Quale tipo di subordinata è la proposizione sottolineata?
    - A. ☐ Soggettiva
    - B. ☐ Oggettiva
    - C. ☐ Dichiarativa
    - D. ☐ Interrogativa indiretta

Produrre
Dalla lettura alla scrittura

13. Riscrivi la prima strofa della canzone sostituendo il paesaggio primaverile con uno invernale. Ti proponiamo un modello.
    *Nella cupezza dell'inverno
    i rami rinsecchiscono e gli uccelli...* ora continua tu.

la voce della narrativa
Chrétien de Troyes *Ginevra e Lancillotto*

Chrétien de Troyes (1135 ca.-1190) visse alla corte di Maria di Champagne, nella regione della Francia del Nord, e in quella del Conte di Fiandra. Tra il 1160 e il 1190 compose diverse opere narrative in versi ispirate alle leggende bretoni, che ebbero larga diffusione presso il pubblico aristocratico e che influenzarono largamente tutta la successiva produzione della lirica d'amore. La sua opera più nota è il romanzo cortese-cavalleresco *Lancillotto*, in cui si narra l'amore del cavaliere della Tavola Rotonda per Ginevra, la moglie di re Artù. Per conquistare l'amore della regina, Lancillotto dovrà liberarla da Méléagant, principe del reame di Gorre, nell'Inghilterra nord-occidentale, da cui era stata rapita. Soltanto dopo aver superato numerose prove Ginevra gli concederà il suo amore.

Nel brano proposto, che in lingua originale è in ottosillabi a rima baciata, la vicenda è giunta quasi a conclusione: la regina ha finalmente acconsentito a un incontro con il cavaliere. I due futuri amanti, in preda al desiderio, sono divisi da un'inferriata che appare impossibile abbattere. Secondo le convenzioni dell'amore cortese, non vi sono però ostacoli capaci di arrestare l'eroe innamorato e solo il rifiuto di Ginevra potrebbe impedire a Lancillotto di spezzare i ferri dinanzi alla finestra per raggiungerla. Il cavaliere compie un'impresa che mostra la sua dedizione assoluta alla donna: le dolorose ferite alle mani provocate dai ferri taglienti non lo fermano, tanta è la felicità di trovarsi in compagnia della sua dama, che venera come una divinità e che finalmente gli farà dono del suo amore appassionato.

Quando Lancillotto vede la regina che si appoggia alla finestra, che era sbarrata da grossi ferri, la saluta con un dolce saluto. Essa gliene rende subito un altro, poiché essi erano pieni di desiderio, egli di lei ed essa di lui. Non parlano e non discutono di cose scortesi[1] o tristi. Si avvicinano l'uno all'altra, e si tengono ambedue per mano. Rincresce loro a dismisura di non potersi riunire insieme, tanto che maledicono l'inferriata. Ma Lancillotto si vanta di entrare, se alla regina piacerà, là dentro con lei: non rinuncerà certo a ciò a causa dei ferri. E la regina gli risponde:

– Non vedete voi come questi ferri sono rigidi, per chi voglia piegarli, e forti, a chi voglia spezzarli? Voi non potrete mai torcerli né tirarli verso di voi né farli uscire, tanto da poterli strappare via.

– Signora – dice lui – non preoccupatevene! Io non credo che il ferro valga a qualcosa: nulla, all'infuori di voi, mi può trattenere dal giungere fino a voi. Se un vostro permesso me lo concede la via è per me completamente libera; ma se la cosa non vi è gradita, essa per me è allora così sbarrata, che non vi passerò in alcun modo.

– Certo – essa dice – io ben lo desidero; la mia volontà non vi trattiene; ma è opportuno che voi aspettiate che io sia coricata nel mio letto, perché non voglio che malauguratamente si faccia rumore; infatti non sarebbe né corretto né piacevole che il siniscalco[2], che dorme qui, si svegliasse per il rumore che noi facciamo. Per questo è giusto che io me ne vada, poiché non potrebbe immaginare nulla di buono, se mi vedesse stare qui.

– Signora – egli dice – andate dunque, ma non temete che io faccia rumore. Io penso di togliere i ferri tanto facilmente che non avrò da affaticarmi, e non sveglierò nessuno.

La regina allora se ne torna e Lancillotto si prepara e si accinge a sconficcare l'inferriata. Si attacca ai ferri, li scuote e li tira, tanto che li fa tutti piegare e li trae fuori dei luoghi in cui sono infissi. Ma i ferri erano così taglienti che la prima giuntura del dito mignolo si lacerò fino ai nervi, e si tagliò tutta la prima falange dell'altro dito. Egli però, che ha la mente rivolta ad altro, non si accorge per nulla del sangue che gocciola giù né delle piaghe.

La finestra non è punto[3] bassa, tuttavia Lancillotto vi passa molto presto e molto agevolmente. [...] Viene al letto della regina, e la adora e le si inchina, poiché in nessuna reliquia[4] crede tanto. E la regina stende le braccia verso di lui e lo abbraccia, lo avvince strettamente al petto, e lo trae presso di sé nel suo letto, e gli fa la migliore accoglienza che mai poté fargli, che le è suggerita da Amore e dal cuore.

[C. de Troyes, *Romanzi*, trad. di M. Boni, Sansoni, Firenze 1983]

1 **scortesi**: rozze, grossolane.
2 **siniscalco**: Keu, un alto funzionario di corte, che si trovava negli appartamenti reali perché gravemente ferito per difendere la regina.
3 **punto**: affatto.
4 **reliquia**: resto del corpo, dei vestiti o degli oggetti appartenuti a un santo.

I rituali d'investitura feudale

Durante l'età medioevale, i grandi vassalli commissionarono lavori di squisita fattura – miniature, arazzi, reliquiari – con la volontà di celebrare e di trasmettere i riti che caratterizzavano l'universo feudale. Così come la nascente produzione letteraria in lingua volgare, anche le arti visive celebravano gli ideali dell'età cavalleresca.

Nel lungo "arazzo" di Bayeux, circa 70 m di lino grezzo ricamato a punto erba con fili di lana e risalente alla fine del XI secolo (1070-1077), il tema storico si intreccia con quello morale, rivelando anche usanze e costumi dell'epoca. La conquista dell'Inghilterra da parte di Guglielmo, duca di Normandia, grazie alla decisiva battaglia di Hastings del 1066, è posta in stretta relazione con la sconfitta e la morte di Aroldo. Esse sono considerate la giusta punizione per colui che era venuto meno al giuramento di fedeltà fatto al suo signore e duca Guglielmo, facendosi nominare re dagli anglosassoni.

Inoltre, gli ideali dei cavalieri e dell'amore cortese appaiono con tratti più raffinati e splendenti nelle 137 miniature che accompagnano le poesie medioevali in lingua tedesca del Codice Manesse, conservato nella Biblioteca dell'Università di Heidelberg, il cui nucleo centrale risale al 1300.

L'arazzo fu commissionato da Odone, vescovo di Bayeux, fratellastro del duca Guglielmo, ed è opera di manifattura inglese, come provano alcune scritte in inglese antico. Il lungo racconto, animato da più di 1500 personaggi, navi e cavalli, quasi monocromo nella prevalenza della tinta ocra, ha bordi ricamati con motivi geometrici, fiori stilizzati, animali mitici. Grazie alle differenze delle pose e delle espressioni e alla precisione dei dettagli, esso si snoda chiaro davanti agli occhi dello spettatore.

1 Il leone allude alla futura sovranità di Guglielmo.

2 UBI HAROLD SACRAMENTUM FECIT VVILLELMO DUCI (Qui Aroldo fece giuramento di fedeltà al duca Guglielmo).

3 Il duca seduto assiste al giuramento con la spada per l'investitura.

4 Aroldo giura su due reliquiari.

Arazzo di Bayeux, Aroldo si reca a Bayeux e presta giuramento a Guglielmo, Bayeux, Musée de la Reine Mathilde.

1 Scafo stretto e filante, a fasciame sovrapposto.

2 Remo-timone a poppa.

Arazzo di Bayeux, dettaglio della nave della flotta di Guglielmo, Bayeux, Musée de la Reine Mathilde.

La "miniatura" (da "minio", sostanza usata per ottenere il rosso) era usata nel periodo medioevale per decorare i manoscritti. Tecnica di altissima precisione, essa veniva praticata nello *scriptorium* del monastero (sorta di bottega artistica) e richiedeva l'impiego di diverse maestranze: disegnatori, pittori, artigiani per la stesura della lamina sottilissima (d'oro o d'argento), per la preparazione dei pigmenti colorati, degli inchiostri, delle colle. Le miniature del Codice Manesse risultano particolarmente eleganti e ricercate per l'allungamento delle figure, le pose sinuose, i panneggi delle vesti sontuose, la vivacità dei colori.

1 Ripresa del cerimoniale dell'investitura feudale: la dama incorona il cavaliere (ritratto del poeta von Limburg) con un elmo di corna di bufalo ornate da piume di pavone.

2 Il pavone sul ramo, che osserva il falco in volo, allude al prossimo viaggio del cavaliere.

Der Schenk von Limburg, miniatura dal Codice Manesse, Heidelberg, Universitatbibliothek.

T2 Giacomo da Lentini Amore è un desìo che ven da core

Jacopo Mostacci, uno degli esponenti della scuola siciliana, nel sonetto *Solicitando un poco meo savere* si interrogava sulla natura dell'amore e poneva il dubbio che esso fosse solo «amorositate», ovvero una qualità astratta. A Mostacci aveva risposto Pier delle Vigne, sostenendo che sebbene l'amore non si veda esso esiste realmente («Però ch'Amore no si po' vedere»). Alla "tenzone poetica" mette fine Giacomo da Lentini: a suo avviso è lo sguardo dell'amante a dare vita al desiderio amoroso. Il suo componimento porrà le basi per gli sviluppi successivi della lirica d'amore italiana.
METRO: sonetto. Schema di rime: ABAB ABAB ACD ACD.

Amor è uno desìo che ven da core
per abondanza di gran piacimento;
e li occhi in prima generan l'amore
e lo core li dà nutricamento.

5 Ben è alcuna fiata om amatore
senza vedere so 'namoramento,
ma quell'amor che stringe con furore
da la vista de li occhi ha nascimento:

3 **occhi:** il tema dell'amore che nasce dalla vista diventerà un *topos* della poesia successiva.
5 **om:** forma impersonale (dal francese *on*, "si").
6 **senza vedere:** allusione all'amore per fama, o "amor di lontananza", per cui l'uomo si innamora di una donna senza averla mai vista.

parafrasi

vv. 1-4 L'amore è un desiderio (*desìo*) che proviene dal cuore a causa della abbondanza di un grande piacere (*piacimento*); gli occhi per primi (*in prima*) generano l'amore e il cuore gli dà nutrimento (*nutricamento*).

vv. 5-8 È vero che talvolta (*alcuna fiata*) si ama (*om amatore*) senza vedere l'oggetto del proprio amore (*so 'namoramento*) ma quell'amore che avvince (*stringe*) l'animo con grande passione (*furore*) ha origine (*nascimento*) dalla vista degli occhi:

Capolettera miniato dal manoscritto *Chansonnier de Paris* raffigurante l'incontro amoroso in un bosco, XIV secolo, Montpellier, Musée Atger.

---

il percorso delle parole | Desiderio

Il termine *desiderio* deriva dal latino *desidĕriu(m)*, da *desiderāre*, composto da *de* e *siderāre* (a sua volta derivato da *sideru(m)*, "stella"), il cui significato è "fissare attentamente le stelle a scopo augurale". Pertanto il termine *desiderio* indica l'aspirazione verso qualcosa di cui si sente la mancanza. La sua stessa etimologia rimanda a una distanza (*de* in latino è infatti particella che indica allontanamento) tra il soggetto desiderante e l'oggetto desiderato. Può essere anche sinonimo di "cupidigia" e "avidità", oppure indicare una forte attrazione di tipo sessuale. È comunque sempre una pulsione che spinge a soddisfare un bisogno.

■ **Trovare le parole**
a. Aiutandoti con il dizionario spiega quali sfumature di significato differenziano il termine *desiderio* da "brama" e "smania".
b. Svolgi una ricerca e individua cosa significa il termine latino *desiderata*.
c. Che cosa si intende con l'espressione "pio desiderio"?

T2 Giacomo da Lentini

Giacomo da Lentini (1210-1260) fu attivo come funzionario presso la corte di Federico II.
Il suo nome è attestato in alcuni documenti datati tra il 1233 e il 1240, periodo in cui si dedicò anche all'attività poetica, firmandosi in alcuni componimenti proprio come "notaio". Dante lo cita nel canto XXIV del *Purgatorio*, dove per bocca del rimatore lucchese Bonagiunta Orbicciani riconosce nel "Notaio" il poeta per eccellenza, capofila della scuola siciliana. Sperimentò varie forme metriche. A lui vengono attribuiti una quarantina di componimenti, tra canzoni e canzonette (come la celebre *Meravigliosamente*). È generalmente considerato l'inventore del sonetto.

ché li occhi rapresentan a lo core
10 d'onni cosa che veden bono e rio,
com'è formata naturalmente;

e lo cor, che di zo è concepitore,
imagina, e li piace quel desio:
e questo amore regna fra la gente.

[in G. Contini (a cura di) *Poeti del Duecento*,
Ricciardi, Milano-Napoli 1960]

vv. 9-11 perché gli occhi trasmettono (*rapresentan*) al cuore i pregi e i difetti (*bono e rio*) di ogni cosa che vedono, così come essa è formata in natura (*naturalmente*);

vv. 12-14 il cuore, che accoglie (*è conceptiore*) dentro di sé queste immagini (*zo*) le contempla (*imagina*), e quel desiderio (*desio*) gli piace: e questo è l'amore che si trova nel mondo.

12 **zo:** ciò, con valore di pronome dimostrativo.

il punto su... | Andrea Cappellano e il decalogo dell'amor cortese

L'autore del trattato in latino medioevale *De amore* è identificabile con Andrea di Luyères (1150 ca.-1220 ca.), cappellano alla corte di Champagne. Composta verso il 1185, l'opera è suddivisa in tre libri, in cui si stabiliscono le regole dell'amore cortese. Nonostante la condanna della Chiesa, il *De amore* influenzò profondamente l'elaborazione dei principi fondanti l'amore cortese e determinò il modo d'intendere ed esprimere l'argomento amoroso in letteratura.
Nel passo che ti proponiamo l'autore sintetizza in tredici punti i *principali comandamenti de l'amore*. Tra essi compaiono quasi tutti i principi della cortesia: la liberalità, la lealtà, la fedeltà, la devozione alla donna e il culto dell'amore, la gentilezza e il desiderio erotico.

E sappie che sono xiii i principali comandamenti de l'amore:
I Fugire come tempesta l'avarizia ed eser largo[1].
II Schifare al postutto di dire bugia[2].
III Non dir mal d'altrui.
IV Non mettere in boce gli amanti[3].
V Non manifestare il tuo amore a più d'uno.
VI Servare castitade al tuo amante[4].
VII Non turbare con tua saputa l'amore altrui[5] ch'è
10 compiuto.
VIII Non volere amar femina che sia tua parente.
IX Ubidire in tutto li comandamenti delle donne.
X Sempre ti pena di volere amare.
XI Sie cortese e gentile in tutte cose.
XII Non ti storre di fare sollazzi d'amore secondo che vuole lo tuo amante.
XIII E non ti vergognare di dare e di ricevere sollazzi d'amore.

[A. Cappellano, *De Amore*, www.classicitaliani.it/duecento/andrea04.htm]

1 **Fugire... largo:** essere generoso.
2 **Schifare... bugia:** evitare del tutto (*al postutto*) di dire una bugia.
3 **Non... amanti:** non diffondere voci (*non mettere in boce*) sugli amanti.
4 **Servare... amante:** essere fedeli (*Servare castitade*) al proprio amante.
5 **Non... compiuto:** non rovinare coscientemente l'amore altrui.

SCHEDA di LETTURA

Una teoria sull'amore

Sin dalla lettura dei primi versi appare evidente il tema della lirica. Giacomo da Lentini sta analizzando l'esperienza psicologica dell'innamoramento: l'incontro con una persona che ci affascina per il suo aspetto, a cui seguono le fantasie sulla sua personalità e poi la consapevolezza di esserne sempre più attratti.
La precisione del linguaggio e la rigorosa struttura argomentativa lasciano intendere che al poeta siciliano non interessa narrare una vicenda sentimentale o manifestare gli stati d'animo di un innamorato. La sua intenzione è analizzare teoricamente la natura dell'amore, il modo in cui nasce e si sviluppa. Perciò il sonetto non contiene una descrizione dei turbamenti e delle gioie degli amanti, fondata magari su vicende biografiche, ma una riflessione astratta e filosofica sull'essenza dell'amore, rivolta a una ristretta cerchia di intellettuali.

La struttura argomentativa

Giacomo da Lentini articola le fasi del suo ragionamento adattandolo perfettamente alla struttura compositiva delle quartine e delle terzine del sonetto. La prima strofa contiene la tesi che l'autore intende sostenere: l'amore nasce dagli occhi e in seguito viene alimentato dal cuore, che *li dà nutricamento*. Nella seconda strofa viene esposta una possibile obiezione (*Ben è... 'namoramento*). Pensando probabilmente alla teoria dell'*amor de lohn* del provenzale Jaufré Rudel, Giacomo riconosce la possibilità che qualcuno si innamori senza aver mai visto l'oggetto del suo desiderio. Subito dopo però afferma che l'amore *che stringe con furore*, quello che fa gioire e soffrire, non può che aver *nascimento* dagli occhi.
Nelle terzine l'autore passa alla spiegazione "fisiologica" del cammino attraverso cui prende vita l'amore. Gli occhi trasmettono (*rapresentan*) l'immagine *d'onni cosa che veden*, sia bella sia brutta, come appare in natura. Il cuore, che riceve ciò che comunicano gli occhi (*di zo è conceipitore*), avvia un processo immaginativo da cui scaturisce il desiderio dell'amore che *regna fra la gente*.

L'influenza dell'amore cortese

Secondo la teoria esposta nella lirica, l'amore è un sentimento a cui partecipano una sensazione fisica (la vista) e un'attività del pensiero (l'immaginazione). In questa conclusione appare evidente

Miniatura da un manoscritto del XIII secolo, Parigi, Bibliothèque Nationale de France.

l'influenza di Andrea Cappellano, che nel *De amore* aveva scritto: «L'amore è una passione innata che procede per visione e per incessante pensiero di persona d'altro sesso, per cui si desidera soprattutto godere l'amplesso dell'altro, e nell'amplesso realizzare concordemente tutti i precetti d'amore [...]. La passione nasce dal solo pensiero che l'animo concepisce davanti alla visione.» (A. Cappellano, *De amore*, trad. it. di J. Insana, Es, Milano 1992). Nel sonetto sono evidenti i richiami alla teoria di Cappellano, di cui però, in linea con il carattere astratto della lirica siciliana, non riprende con la stessa forza le parole riguardo la natura sensuale dell'amore. Il rapporto occhi-cuore resterà comunque un elemento fondamentale anche nella poesia successiva, come vedremo nelle liriche dedicate alla figura della donna dagli stilnovisti (▶ p. 253) e da Francesco Petrarca (▶ p. 278).

Lo stile

Dal punto di vista sintattico, occorre notare il mutamento che avviene tra la quartina iniziale e le strofe successive. Nei primi quattro versi il discorso si sviluppa con regolarità, attraverso un processo di coordinazione che scandisce con chiarezza le diverse fasi dell'innamoramento. Nelle strofe seguenti, in cui il poeta deve argomentare la tesi da lui esposta, la sintassi si fa più complessa e articolata, con il ricorso a proposizioni subordinate, soprattutto relative. La lingua del sonetto non corrisponde esattamente al testo di Giacomo. Come abbiamo detto, i componimenti dei poeti siciliani ci sono giunti in una successiva trascrizione toscanizzata, opera di copisti. Nella versione originaria vi erano alcune espressioni del volgare siciliano e vari termini di origine provenzale che sono stati "corretti", tranne il francesismo *om* (con valore impersonale), e la forma siciliana *zo*.

LABORATORIO

Comprendere e individuare
L'esplorazione del testo

1. Compila la tabella, assegnando a ogni strofa un titolo che ne riassuma il contenuto.

I strofa	....
II strofa	....
III strofa	....
IV strofa	....
V strofa	....

2. Il poeta riconosce che l'amore può anche nascere senza aver visto la persona amata; in cosa tale sentimento si distingue da quello che viene generato dagli occhi? Individua il verso in cui il poeta espone la differenza.

3. La presenza nei versi iniziali e conclusivi di due parole identiche e di due termini legati dalla stessa etimologia conferiscono al sonetto una struttura circolare. Di quali vocaboli si tratta?

Interpretare e riflettere
La scoperta del testo

4. Se l'amore nasce dagli occhi, l'aspetto fisico della persona diventa un fattore importante. Quale verso contiene un riferimento al ruolo fondamentale svolto dalla bellezza esteriore?

5. Seppur con minore intensità rispetto ad Andrea Cappellano, anche per Giacomo da Lentini l'amore è un sentimento che implica la passione. In quale verso possiamo riconoscere questo tratto ricorrente della lirica d'amore?

6. A differenza dei componimenti provenzali, le poesie dei lirici siciliani spesso sono fredde e rarefatte, elaborazioni teoriche prive di sentimenti ed emozioni. Quali aspetti che danno intensità emotiva alla canzone *Nella dolcezza della primavera* (▶ T1, p. S57) non compaiono invece nel testo di Giacomo da Lentini?

Analizzare
Lo stile e la forma del testo

7. Individua nella lirica tutti i termini che appartengono all'area semantica della vista.

8. Di che tipo è la rima nelle terzine?
   A. ☐ Baciata C. ☐ Incatenata
   B. ☐ Incrociata D. ☐ Ripetuta

9. Osserva le parole con cui terminano i versi pari delle quartine: da quale tipo di rima sono legate?
   A. ☐ Equivoca C. ☐ Ricca
   B. ☐ Identica D. ☐ Ipermetra

10. Il poeta utilizza parole concrete – *occhi* (v. 3) e *core* (v. 1) – per indicare due qualità astratte, la vista e l'immaginazione che portano ad amare. Di quale figura retorica si tratta?

11. Attraverso quali elementi linguistici il poeta segnala l'inizio della spiegazione della sua teoria amorosa?

Produrre
Dalla lettura alla scrittura

12. Se l'amore è un desiderio che viene dal cuore, da che cosa viene alimentato l'odio e chi lo genera? Prova a rispondere scrivendo un sonetto, a partire dal modello di Giacomo da Lentini. Ti forniamo un modello.
    Odio è un tormento che ven da core
    per abondanza di gran disprezzo... ora continua tu.

13. Credi anche tu che per innamorarsi sia necessario essere colpiti piacevolmente dall'aspetto fisico di una persona? E che soltanto se scatta questa "scintilla" può nascere l'amore? Rispondi a queste domande con un testo argomentativo di circa due colonne di foglio protocollo.

Miniatura dal Codice Manesse raffigurante una dama che lega le mani del cavaliere con un nastro d'oro, XI secolo, Heidelberg, Universitätsbibliothek.

sezione ■ La letteratura delle origini

T3 Cielo d'Alcamo Rosa fresca aulentissima

Non sappiamo niente di certo sull'autore di *Rosa fresca aulentissima*, se non che si trattava molto probabilmente di un giullare chiamato Cielo (Michele, o per alcuni invece Ciullo, diminutivo di Vincenzullo), proveniente dalla città di Alcamo, e che il componimento si può datare tra il 1231 e il 1250. Alcuni critici invece ritengono che l'autore sia un uomo di cultura, vicino alla cerchia dei poeti siciliani, e che il componimento rappresenti un esempio di un filone parodico e popolareggiante praticato in parallelo alla letteratura alta d'amore della scuola siciliana.

Il testo proposto è un "contrasto", una forma di componimento dialogato – solitamente di tema amoroso – nato nel XIII secolo, in cui ciascuna strofa riporta le parole di uno dei due protagonisti: l'Amante, che corteggia con insistenza la propria amata, e Madonna, che si mostra beffarda e ritrosa, seppur in modo sempre meno convinto. Si tratta di una riproposizione in chiave popolaresca del genere provenzale della pastorella, che consisteva in un vivace scambio di battute tra una giovane donna di umili origini e un cavaliere che tentava di sedurla. Nel caso di *Rosa fresca aulentissima* l'autore introduce una variante significativa: i personaggi provengono entrambi da un ambiente popolare. Presentiamo alcune strofe del componimento che evidenziano l'intento parodico dell'autore e lo sviluppo del dialogo, fino al lieto fine.

METRO: canzonetta di 160 versi con strofe di tre settenari doppi (con il primo emistichio sempre sdrucciolo) e due endecasillabi; schema di rime AAABB.

I
[AMANTE]
«Rosa fresca aulentis[s]ima ch'apari inver' la state,
le donne ti disiano, pulzell'e maritate:
tràgemi d'este focora, se t'este a bolontate;
per te non ajo abento notte e dia,
5   penzando pur di voi, madonna mia.»

parafrasi   **vv. 1-5** Fresca rosa profumatissima (*aulentissima*), che sbocci sul far dell'estate, le donne ti desiderano, le vergini e le sposate: fammi uscire da questi fuochi, se lo vuoi (*t'este a bolontate*); per causa tua non ho avuto notte e giorno più riposo (*abento*), pensando solo a voi, o donna mia.

La raccolta delle rose, dal *Tacuinum Sanitatis*, Vienna, Österreichische Nationalbibliothek.

il punto su... | Il valore simbolico della rosa

Fin dalle origini della poesia italiana, la rosa è stata associata metaforicamente alla figura femminile. Questa simbologia, del resto, era presente anche nella poesia provenzale. Nel nome di una rosa, quella del contrasto di Cielo d'Alcamo, si può dunque dire che nasce la letteratura italiana: un viaggio che giunge fino all'età contemporanea, a *Il nome della rosa* (1980) di Umberto Eco (1932), opera che ha conosciuto in decenni recenti un successo internazionale. Nel mezzo ci sono il *Paradiso* di Dante Alighieri e la sua «mistica rosa» dei beati, Petrarca, Poliziano, Ariosto, Tasso, D'Annunzio e tanti altri. Tutti costoro hanno cantato in poesia la bellezza di questo fiore: un *topos* letterario diventato quasi una citazione d'obbligo, ma anche un'allegoria potente ora della seduzione dell'amore, ora della giovinezza in boccio, ora, quando sfiorita, del tempo trascorso.

II
[MADONNA]
«Se di meve trabàgliti, follia lo ti fa fare.
Lo mar potresti arompere, a venti asemenare,
l'abere d'esto secolo tut[t]o quanto asembrare:
avere me non pòteri a esto monno;
10 avanti li cavelli m'aritonno.»

III
[AMANTE]
«Se li cavelli artón[n]iti, avanti fossi o morto,
ca'n is[s]i [sì] mi pèrdera lo solacc[i]o e 'l diporto.
Quando ci passo e vèjoti, rosa fresca de l'orto,
bono conforto dónimi tu[t]tore:
15 poniamo che s'ajunga il nostro amore.»

IV
[MADONNA]
«Ke 'l nostro amore ajùngasi, non boglio m'atalenti:
se ci ti trova pàremo cogli altri miei parenti,
guarda non t'ar[i]golgano questi forti co[r]renti.
Como ti seppe bona la venuta,
20 consiglio che ti guardi a la partuta.»

[…]
VII
[AMANTE]
«Molte sono le femine c'hanno dura la testa,
e l'omo con parabole l'adimina e amonesta:
tanto intorno procàzzala fin che ll'ha in sua podesta.
Femina d'omo non si può tenere:
35 guàrdati, bella, pur de ripentere.»

vv. 6-10 Se ti tormenti (*trabàgliti*) per me (*meve*), sei pazzo (*follia lo ti fa fare*). Potresti arare (*arompere*) il mare, seminare ai venti (*a venti*), radunare (*asemenare*) tutti i beni di questo mondo (*d'esto secolo*), ma non mi potrai avere in questa vita (*a esto monno*); piuttosto mi taglio (*m'aritonno*) i capelli [mi faccio monaca].

vv. 11-15 Se ti tagli i capelli, preferirei piuttosto morire, perché insieme con essi perderei la mia gioia (*lo solacc[i]o*) e la mia consolazione (*'l diporto*). Quando passo di qui e ti vedo (*vèjoti*), rosa fresca del giardino, tu mi doni (*dónimi*) sempre (*tu[t]tore*) buon conforto: decidiamo (*poniamo*) che si congiunga (*s'ajunga*) il nostro amore.

vv. 16-20 Non voglio che mi piaccia (*m'atalenti*) che il nostro amore si unisca: se ti trova qui mio padre (*pàremo*) con gli altri miei parenti, stai attento che non ti raggiungano (*t'ar[i]gòlgano*) questi buoni corridori (*co[r]renti*). Così come è stato buono per te l'arrivo (*la venuta*), ti consiglio di fare attenzione alla partenza (*partuta*).

vv. 31-35 Sono molte le donne che hanno la testa dura, e l'uomo con i discorsi le domina (*adimina*) e le ammonisce (*amonesta*): tanto la incalza (*procàzzala*) che alla fine l'ha in suo potere. La donna non può fare a meno dell'uomo (*non si può tenere*): stai attenta (*guàrdati*) bella, a non dovertene pentire.

VIII

[MADONNA]
«K'eo ne [pur ri]pentésseme? davanti fossi o aucisa
ca nulla bona femina per me fosse ripresa!
[A]ersera passàstici, cor[r]enno a la distesa.
Aquìstati riposa, canzoneri:
40 le tue parole a me non piac[c]ion gueri.»

[Nelle strofe seguenti continua il corteggiamento serrato dell'uomo, a cui la donna risponde sempre con villania. A un certo punto, però, la situazione si ribalta: considerato che l'uomo si dà tanto da fare nel corteggiamento, la donna lo prega di chiederla in sposa. L'uomo risponde che ella si è pavoneggiata tanto che le sono cascate le ali; per tale ragione egli ha potuto darle il colpo di grazia.]

XXXII

[MADONNA]
«Meo sire, poi juràstimi, eo tut[t]a quanta incenno.
Sono a la tua presenz[i]a, da voi non mi difenno.
S'eo minespreso àjoti, merzé, a voi m'arenno.
A lo letto ne gimo a la bon'ora,
160 ché chissà cosa n'è data in ventura».

[in G. Contini (a cura di) *Poeti del Duecento*, Ricciardi, Milano-Napoli 1960]

vv. 36-40 Che io me ne debba pentire ([*pur ri*]*pentésseme*)? Piuttosto che io sia uccisa (*aucisa*), prima che qualche buona donna sia rimproverata (*ripresa*) per causa mia! Ieri sera passasti di qui, correndo a gambe levate (*a la distesa*). Calmati (*Aquìstati*), riposa, canterino: le tue parole non mi piacciono affatto (*gueri*).

vv. 156-160 Mio signore, giacché hai giurato, io son tutta un fuoco, sono a tua disposizione (*presenz[i]a*), da voi non mi difendo; se vi ho maltrattato (*S'eo minespreso àjoti*), pietà, mi arrendo. Andiamo (*ne gimo*) a letto al più presto, e chissà quale sarà la nostra sorte (*ventura*).

Scena cortese scolpita in avorio, Parigi, Musée du Louvre.

SCHEDA di LETTURA

Il contrasto amoroso
Il corteggiamento inizia con una metafora tradizionale per lodare la bellezza della donna (*Rosa fresca aulentissima*). Subito dopo, con un improvviso abbassamento stilistico, l'Amante confessa di non riuscire neppure a dormire, tanto è oppresso dalla passione (*este focora*). Madonna appare insensibile alle pene dell'innamorato e risponde con sfrontatezza alle sue parole: è una *follia* tormentarsi per lei e sperare nella sua arrendevolezza (*avere me non pòteri a esto monno*). Piuttosto che cedere alle ardenti profferte preferisce farsi suora. L'Amante però non si arrende né mostra di essere offeso dai rifiuti. Accetta di buon grado il ruolo di adulatore che la logica della schermaglia amorosa gli impone. Nella terza strofa ritorna a celebrare la grazia della *rosa fresca de l'orto*, senza la quale non vi sarebbero consolazione e piacere. Come nella strofa precedente, ripropone con forza le sue *avances* erotiche e incalza con forza l'amata affinché *s'ajunga il nostro amore*. Ancora una volta le sue richieste vengono rispedite al mittente. Anzi, Madonna lo ammonisce a fare attenzione ai suoi parenti, che se ne scoprissero le intenzioni potrebbero anche picchiarlo.

La vittoria del desiderio erotico
Nelle ultime strofe l'atteggiamento dei due personaggi inizia a mutare e a prefigurare la conclusione a cui il contrasto si avvia. I toni dell'Amante si fanno assai meno poetici e le lusinghe cedono il posto a un'analisi maschilista della natura femminile. Le donne *hanno dura la testa* e prima o poi sono destinate a essere dominate dall'uomo, di cui non possono fare a meno. È bene dunque che Madonna moderi la sua presunzione se non vuole pentirsene ben presto.
Qual è l'effetto di queste parole (*guàrdati, bella, pur de ripentere*), vere e proprie minacce, seppur provocate dall'amore? Inizialmente, la donna tenta ancora di prendersi gioco del suo spasimante (*K'eo ne [pur ri]pentésseme?*) e giura che preferirebbe morire piuttosto che screditare la reputazione delle donne arrendendosi ai suoi desideri. Ma la "linea difensiva" incomincia a mostrare qualche crepa. Nella preghiera di tacere rivolta all'uomo (*Aquistati, riposa*) si avverte il timore di chi sa che se l'Amante continuerà a insistere ben presto otterrà quanto vuole. Nell'ultima strofa arriva infine la capitolazione della donna, che abbandona la finzione della ritrosia e manifesta con franchezza i suoi sentimenti. Riconosce di bruciare anch'essa di passione (*tut[t]a quanta incenno*), si mostra pentita e sottomessa ai voleri dell'Amante (*Meo sire*) e, con un drastico rovesciamento dei ruoli, ora è lei a manifestare con brutale realismo il desiderio erotico (*A lo letto ne gimo a la bon'ora*).

Il dualismo parodistico
I due personaggi sono accomunati dall'incapacità di mantenere un atteggiamento coerente con quello mostrato inizialmente. Entrambi stentano a ricoprire i ruoli tipici dell'amore cortese, quelli di cavaliere raffinato e rispettoso delle regole e di irraggiungibile creatura dai modi aggraziati.
Fin dalla prima strofa questa situazione determina un dualismo tematico e linguistico a cui si deve l'effetto parodico del componimento. Il testo scivola continuamente da contenuti e modalità espressive della lirica provenzale e siciliana a toni e forme popolari, ben lontani dall'eleganza dei rituali dell'amore cortese.
La comicità del contrasto è provocata soprattutto dallo scarto semantico tra comportamenti e linguaggio che scimmiottano la tradizione trobadorica e modi di dire popolari, tipici del dialetto siciliano, che lasciano immaginare una gestualità espansiva. Possiamo cogliere questa contrapposizione in modo esemplare nell'ultima strofa, quando la *Rosa fresca aulentissima* del primo verso si trasforma in una donna che incarna la visione materialistica e fisica dell'amore.

Lo stile
Lo schema metrico adottato da Cielo d'Alcamo rende uniforme il ritmo di tutte le battute, determinando l'andamento tipico della canzone e dei componimenti giullareschi destinati a un pubblico popolare. Tuttavia il componimento contiene anche alcuni aspetti stilistici che lo rendevano probabilmente gradito anche a un pubblico colto, il solo che peraltro poteva cogliere la contaminazione tra letterarietà e forme realistiche.
Per esempio, l'autore si mostra conoscitore delle tecniche compositive nell'uso ripetuto della *capfinidas* provenzale, ovvero la ripetizione all'inizio di una battuta della precedente frase conclusiva dell'interlocutore (*li cavelli m'aritonno/Se li cavelli artón[n]iti*).
Per quanto riguarda il lessico, compaiono latinismi e francesismi ma anche dialettismi siciliani o meridionali.

LABORATORIO

Comprendere e individuare
L'esplorazione del testo

1. Nel discorso dell'Amante della prima strofa c'è un significativo cambiamento nel modo di rivolgersi alla donna amata. Quale? Prima di rispondere poni attenzione all'uso dei pronomi personali.

2. In quale affermazione di Madonna possiamo cogliere un'evidente svalutazione della vita religiosa?

3. L'Amante è convinto che le donne si lasciano convincere dagli uomini, a patto che essi abbiano la capacità di riproporre con insistenza le loro richieste. Riporta i versi in cui viene espressa questa teoria.

4. Con quale espressione Madonna riconosce al suo innamorato un ruolo di supremazia?

5. Compila la tabella riportando i versi in cui i personaggi utilizzano i modi espressivi indicati.

	Amante	Madonna
Arroganza	....	....
Passione	....	....
Ironia	....	....

Interpretare e riflettere
La scoperta del testo

6. La prima strofa è particolarmente ricercata dal punto di vista stilistico (metafore, latinismi, francesismi, giochi di parole). Come ti spieghi questa concentrazione di espedienti tecnici?

7. Il testo non contiene indicazione sul luogo in cui si svolge l'azione, ma i critici sono propensi a credere che essa possa essere ambientata in campagna, probabilmente vicino al mare. Oltre al linguaggio popolare dei protagonisti, quale altro elemento può giustificare questa affermazione?

8. Già nella quarta strofa possiamo riconoscere una frase che potrebbe anticipare la difficoltà della donna nel difendersi dalle parole di Amante e dalla passione. Quale?

9. Con quale parola Madonna mostra di aver compreso che l'Amante cerca di usare modi e linguaggio che non gli appartengono e allude ironicamente alle "doti poetiche" del suo corteggiatore?

Analizzare
Lo stile e la forma del testo

10. Individua i versi in cui l'autore utilizza la figura retorica dell'*adynaton* che, con un procedimento tipico della poesia giullaresca, presenta azioni impossibili per sottolineare l'intensità di un sentimento.

11. Con quale metafora l'amore viene rappresentato sia nella prima sia nell'ultima strofa?

12. Quale figura retorica pone in relazione le parole in rima dei vv. 19-20?
    A. ☐ Ossimoro
    B. ☐ Sinestesia
    C. ☐ Antitesi
    D. ☐ Parallelismo

13. Quale termine utilizzato comunemente deriva da *diporto* (v. 12), sinonimo di piacere? Se non sai rispondere, aiutati con il vocabolario.

Produrre
Dalla lettura alla scrittura

14. Utilizzando il linguaggio attuale, prova a scrivere un dialogo in versi di almeno dieci, quindici battute. Dovrai presentare la stessa situazione di *Rosa fresca aulentissima*, ma rovesciando i ruoli: questa volta è la donna che corteggia l'uomo che si mostra ritroso.
    [DONNA]
    «Pino snello sempreverde che mostri l'alto fusto,
    ogni uomo accanto a te sembra un misero arbusto:
    stasera usciamo insieme, per me sei tu quello giusto;
    notte e giorno ti mando sms e faccio squilli,
    per amor tuo non faccio più sonni tranquilli.»

    [UOMO]
    «Ragazza mia, sei proprio una creatura molesta.
    Ti giuro che non mi passa neanche per la testa
    di andare con te al cinema, in discoteca o a una festa.
    Per te mai ci sono di sabato sera;
    preferirei andare dritto in galera.»... ora continua tu.

T4 Guittone d'Arezzo
Amor m'ha priso ed incarnato tutto

Guittone d'Arezzo è noto per le ardite sperimentazioni linguistiche che caratterizzano alcuni dei suoi componimenti. Anche *Amor m'ha priso ed incarnato tutto* reca traccia della ricercatezza formale dell'autore, oltre che della presenza dei temi tipici della tradizione poetica che si ispira agli ideali dell'amor cortese.

METRO: Sonetto. Schema delle rime: ABAB ABAB CDC DCD.

Amor m'ha priso ed incarnato tutto,
ed a lo core di sé posanza
e di ciascuno membro tragge frutto,
da poi che priso ha tanto di possanza.

5 Doglia onta e danno hame condutto,
e del mal meo mi fa aver disïanza,
e del ben di lei spietat'ème 'n tutto,
sì meve e ciascun'alma ha 'n disdegnanza.

parafrasi

vv. 1-4 Amore mi ha preso e mi ha tutto compenetrato (*incarnato*), e nel mio cuore fa sua dimora (*posanza*) e trae alimento (*tragge frutto*) da ogni membro [del mio corpo], dal momento che ha raggiunto tanta potenza (*tanto di possanza*).

vv. 5-8 [Amore] Mi ha portato (*hame condutto*) dolore, vergogna e danno, e mi fa avere desiderio (*disïanza*) del mio stesso male, ed è del tutto spietato verso di me circa il bene di lei [la donna amata]: a tal punto ha in disdegno me (*meve*) e ciascuna anima.

Guittone nacque ad Arezzo intorno al 1235 da un'agiata famiglia borghese di parte guelfa. Nel 1263, in seguito alle lotte intestine del suo Comune, fu costretto all'esilio. Morì nel 1294. Nella sua esistenza fu centrale la vocazione religiosa, maturata in seguito a una crisi spirituale avvenuta nel 1265, quando entrò nell'Ordine dei Cavalieri di Santa Maria. Le liriche precedenti alla conversione portano la firma di Guittone e trattano temi amorosi e politici, quelle successive di fra Guittone affrontano invece questioni religiose ed etiche. Esponente principale della scuola siculo-toscana, di Guittone conserviamo le *Lettere*, il primo epistolario della letteratura italiana, scritto dopo la conversione e incentrato su argomenti morali ed edificanti, e le *Rime*, circa trecento tra canzoni e sonetti, all'interno delle quali distinguiamo un filone politico, uno amoroso e uno religioso. La caratteristica che contraddistingue la poesia guittoniana è la sperimentazione metrica e formale, portata talvolta all'eccesso, tanto che molte delle sue liriche risultano di complessa interpretazione, artificiose e oscure. Egli è del resto considerato uno dei principali esponenti italiani del *trobar clus*.

Spessamente lo chiamo e dico: Amore,
10 chi t'ha dato di me tal segnoraggio,
ch'hai conquiso meo senno e meo valore?

Eo prego che ti facie meo messaggio
e che vade davante al tuo segnore
e d'esto convenente il facie saggio.

[in G. Contini (a cura di) *Poeti del Duecento*, Ricciardi, Milano-Napoli 1960]

vv. 9-11 Spesso lo invoco e dico: «Amore, chi ti ha dato su di me tale potere (*segnoraggio*), che hai conquistato il mio senno e il mio valore?».

vv. 12-14 Io prego che tu [il sonetto] ti faccia mio messaggero (*meo messaggio*) e che vada davanti al tuo signore [Amore] e lo renda consapevole (*il facie saggio*) di questa situazione (*d'esto convenente*).

SCHEDA di LETTURA

Gli effetti dell'amore crudele

I versi della prima quartina introducono il tema di origine provenzale della *possanza* dell'amore che ha catturato e soggiogato il cuore dell'io lirico, incapace di pensare ad altro. La passione non provoca solo turbamento psicologico ma la sua forza sconvolge i sensi e consuma fisicamente l'innamorato (*di ciascuno membro tragge frutto*).

Nella seconda quartina le accuse e i lamenti assumono un tono ancora più disperato. *Doglia* e vergogna (*onta*) spingono l'io lirico a rovesciare uno dei temi ricorrenti delle liriche dell'amore cortese, ovvero la speranza di essere contraccambiato, di ricevere il *ben di lei*. Infatti la voce poetica si augura il proprio male, a causa della malvagità dell'amore che gli impedisce di conquistare la donna amata e mostra di disprezzare la sua anima tormentata e quella degli innamorati che soffrono.

La prima terzina contiene un'apostrofe ad Amore, a cui l'io lirico si rivolge con una domanda retorica: al suo *segnore* chiede da chi abbia ricevuto un potere così grande da condurlo alla pazzia e privarlo delle forze, del suo *valore*. Negli ultimi tre versi, infine, l'interlocutore diviene lo stesso sonetto, chiamato con una nuova apostrofe ad andare davanti ad Amore e comunicargli la condizione disperata in cui si trova l'io lirico.

Un modello letterario

Nella terzina di congedo, in cui Guittone affida al sonetto il compito di manifestare il tormento amoroso, è possibile cogliere la volontà dell'autore di affidare al componimento il valore di modello da trasmettere ai poeti contemporanei e successivi. In effetti la lirica contiene il repertorio tematico e lessicale tipico delle poesie in cui si descrivono gli effetti negativi dell'amore infelice.

L'amore, soggetto a un processo di personificazione, provoca una condizione di profondo disagio psicologico che, come l'autore sottolinea in particolare nella seconda strofa, racchiude in sé sofferenza, umiliazione, rabbia e frustrazione. Colpito dagli assalti dell'amore, l'amante perde la salute e il senno e manifesta intenzioni autolesionistiche, perduta ogni speranza di realizzare il suo desiderio.

Si tratta di immagini stereotipate, volte a descrivere lo stato di turbamento e di angoscia di chiunque si innamori. Esse riecheggeranno in alcune liriche degli stilnovisti, in particolare nella visione tragica dell'amore di Guido Cavalcanti (▶ p. 264).

Lo stile

Il consueto schema metrico del sonetto è arricchito da una rima ricca (*messaggio/saggio*) e una quasi equivoca (*posanza/possanza*). Sul piano lessicale vi sono numerosi termini aulici, in particolare diversi francesismi (*posanza, disïanza, disdegnanza, convenente*) a testimoniare il debito della lirica italiana nei confronti di quella provenzale.

Sul piano sintattico occorre notare la coincidenza tra le unità strofiche e i periodi e l'assenza di *enjambement*. Ciò determina un ritmo regolare e fortemente scandito, in cui le singole affermazioni dell'io lirico acquistano ancor più peso e rilevanza.

LABORATORIO

Comprendere e individuare
L'esplorazione del testo

1. Quale termine esprime con immediatezza e materialità la forza della passione dell'amore, tale da prendere possesso della mente e del corpo dell'amante?

2. L'amore è un peso e un pensiero costante, dal quale è impossibile allontanarsi: con quale immagine Guittone rappresenta questo concetto?

3. Riporta tutti i termini che nella seconda strofa indicano gli effetti devastanti dell'amore.

4. In quale verso si trova il solo accenno alla donna contenuto nel sonetto?

Interpretare e riflettere
La scoperta del testo

5. Con quale immagine metaforica l'io lirico afferma che l'amore si alimenta e riceve forza consumando la vita dell'innamorato?

6. L'amore non è crudele solo verso l'io lirico ma nei confronti di chiunque sia innamorato. Ricerca il verso in cui si afferma questo concetto.

7. Quale termine della prima terzina richiama il contesto storico del feudalesimo, in cui la lirica cortese era nata?

Analizzare
Lo stile e la forma del testo

8. Il concetto esposto nei vv. 6-7 è sottolineato da un parallelismo (*del mal meo... del ben di lei*) e da un'ulteriore figura retorica: di quale si tratta?
   A ☐ Antitesi
   B ☐ Chiasmo
   C ☐ Ossimoro
   D ☐ Sinestesia

9. Con quale perifrasi viene indicato l'amore nell'ultima strofa?

10. Conosci l'etimologia dell'aggettivo "spietato" (v. 7)? Prova a ricostruirla e poi verifica la correttezza della tua ipotesi sul vocabolario.

GRAMMATICA

11. I periodi che occupano le due quartine hanno un'identica struttura sintattica: quale fra le seguenti affermazioni la indica correttamente?

    A. ☐ Principale, due coordinate per asindeto e subordinata di primo grado
    B. ☐ Principale, coordinata per polisindeto, subordinata di primo grado, subordinata di secondo grado
    C. ☐ Principale, due coordinate per polisindeto e subordinata di primo grado
    D. ☐ Principale, coordinata per asindeto, subordinata di primo grado, subordinata di secondo grado

Produrre
Dalla lettura alla scrittura

12. Proviamo a riscrivere il sonetto rovesciando lo stato d'animo dell'io lirico, non più prigioniero dell'amore ma liberato dai tormenti della passione. Ti forniamo un modello.

    *Amor m'ha priso e liberato tutto,
    e nel mio core di sé fa mancanza
    e di suo partenza tragge frutto:
    non ho mai priso tanta baldanza.*

    *Gioia, piacer e libertà hame condutto
    e del ben mio ho assai speranza,
    e del mal di lei avrei gran gusto...* ora continua tu.

Miniatura da manoscritto raffigurante un poeta tra le dame, Firenze, Biblioteca Nazionale Centrale.

T5 Rustico Filippi — Oi dolce mio marito Aldobrandino

Il sonetto riporta le parole di una moglie infedele al marito tradito ed è una divertente parodia delle regole e del lessico dell'amore cortese.
METRO: Sonetto. Schema delle rime: ABAB ABAB CDC DCD.

Oi dolce mio marito Aldobrandino,
rimanda ormai il farso suo a Pilletto,
ch'egli è tanto cortese fante e fino,
che creder non déi ciò che te n'è detto.

5 E non star tra la gente a capo chino,
ché non se' bozza, e fòtine disdetto;
ma, sì come amorevole vicino,
co noi venne a dormir nel nostro letto.

Rimanda il farso ormai, più no il tenere,
10 ché mai non ci verà oltre tua voglia,
poi che n'ha conosciuto il tuo volere.

parafrasi

vv. 1-4 O mio dolce marito Aldobrandino, è ora (*ormai*) che tu rimandi a Pilletto il suo farsetto [veste indossata sotto la camicia], perché egli è un giovane (*fante*) tanto cortese e gentile (*fino*), che non devi credere a ciò che ti viene detto su di lui (*te n'è detto*).

vv. 5-8 E non andare in mezzo alla gente con la testa bassa, perché non sei cornuto (*non se' bozza*), io stessa te lo smentisco (*fòtine disdetto*); ma, come farebbe qualsiasi vicino affettuoso, è venuto a dormire con noi nel nostro letto.

vv. 9-11 Restituiscigli ormai il farsetto, non tenerlo più, perché non verrà mai più [nel letto] contro il tuo volere, adesso che sa quale è la tua volontà.

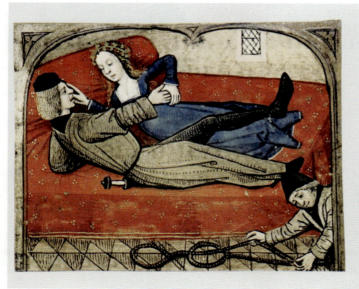

Rustico Filippi, fiorentino di parte ghibellina, conosciuto anche come Rustico di Filippo, fu attivo nella seconda metà del XIII secolo ed è considerato uno degli iniziatori del filone comico-realistico. Ebbe fama di misogino, come attesta una citazione di Francesco da Barberino nei suoi *Documenti d'Amore*, dove è chiamato *Rusticus barbutus*. In molti dei suoi componimenti mette in parodia la lirica cortese d'amore, presentandone una visione rovesciata con intenti grotteschi. Il realismo della sua poesia consiste nel rifiuto dell'idealizzazione dei sentimenti, nella rappresentazione di elementi e personaggi quotidiani e nella scelta di un linguaggio basso. Fu anche poeta d'amore, come dimostra una produzione di sonetti vicini alla tradizione della scuola siciliana. Per questa sua duplice maniera di fare poesia la critica ha parlato di "bifrontismo stilistico".

Nel nostro letto già mai non si spoglia.
Tu non dovéi gridare, anzi tacere:
ch'a me non fece cosa ond'io mi doglia.

[in G. Contini (a cura di) *Poeti del Duecento*, Ricciardi, Milano-Napoli 1960]

vv. 12-14 Nel nostro letto non si spoglierà mai più. Tu non dovevi gridare, anzi era meglio che tu stessi zitto: perché [Pilletto] non mi ha fatto niente di cui possa dolermi (*ond'io mi doglia*).

SCHEDA di LETTURA

Il tradimento e la beffa

Il sonetto riprende il tema ricorrente nella letteratura medioevale del tradimento e della beffa ai danni di un marito ingenuo e credulone. Un giovane distratto, forse preoccupato di allontanarsi velocemente dal "luogo del delitto", dimentica la camicia in casa dell'amante. Costei, probabilmente dopo una violenta scenata del marito, deve giustificare l'ingombrante presenza di un'inequivocabile prova di adulterio. Ma per la protagonista del sonetto non ci sono problemi e imbarazzi: è una donna scaltra e concreta, assai lontana dall'immagine stereotipata delle nobili creature celebrate dai poeti provenzali e da quelli siciliani e toscani. Non solo tradisce il *dolce* Aldobrandino, ma invece di mostrarsi pentita appare assai contenta di ciò che ha fatto. È il prototipo di una figura femminile insolita per il Medioevo: emancipata dal punto di vista dei costumi sociali e capace di difendersi grazie alla sua abilità retorica.

L'ambiguità lessicale

Nonostante l'apparente semplicità tematica e stilistica, la parodia evidenzia la capacità di Rustico di sfruttare le possibilità espressive della lingua: con gli stessi strumenti lessicali e retorici della lirica d'amore il poeta ottiene effetti opposti.
Sin dal primo verso il tono dell'io lirico è ingannevole. L'apostrofe iniziale nei confronti dell'uomo, non solo con il nome ma anche con un aggettivo possessivo e uno qualificativo (*mio dolce marito Aldobrandino*), sembra volta a creare un clima di affettuosa confidenza. Si tratta di un'impressione infondata: nei versi successivi la donna si prende gioco del marito senza timore, sottolineando compiaciuta le qualità dell'amante e riconoscendo di fatto la sua colpevolezza con termini ed espressioni a doppio senso. Nel terzo verso compaiono ben tre termini mutuati dal repertorio dell'amore cortese, ma che in questo contesto assumono un significato equivoco: definendo Pilletto *un cortese fante e fino*, la donna non intende lodarne la nobiltà d'animo, la grazia e l'eleganza, ma piuttosto allude alla disponibilità e al vigore del giovane.

Bugia e verità

Un carattere polisemico caratterizza non soltanto il lessico ma l'intera struttura argomentativa del discorso difensivo della moglie, fondato sulla compresenza della coppia oppositiva bugia/verità. Con l'aggettivo *amorevole*, che potrebbe banalmente riferirsi a rapporti di buon vicinato, in realtà l'adultera ammette implicitamente la verità, ovvero che Pilletto è il suo amante. E quindi, sembra dire con un sorriso beffardo, quale vicino migliore avrei potuto augurarmi? Lo stesso meccanismo, per cui si confessa ciò che apparentemente si nega, viene impiegato nella dichiarazione finale del sonetto. La donna sostiene che Pilletto non ha compiuto nulla di cui lei possa lamentarsi, affinché il marito sciocco creda che non c'è stato nulla tra i due. In realtà, invece, non fa altro che ribadire con soddisfazione il piacere ricavato dall'incontro amoroso.

Lo stile

Dal punto di vista stilistico, sul piano lessicale il sonetto presenta parole appartenenti a un registro linguistico alto (*cortese, fante*), collocate in un contesto basso e accostate a termini di uso comune (*farso, letto*) e popolare (*bozza*).
L'argomentazione ha uno sviluppo regolare e scorrevole. La sintassi ipotattica è scandita con chiarezza da segni di punteggiatura e nessi logici. A sottolineare il carattere persuasivo-esortativo del suo discorso, l'io lirico usa ripetutamente l'imperativo, che se inizialmente è volto a discolparsi, nell'ultima strofa assume il tono di un rimprovero, una volta raggiunta la certezza di aver convinto il marito della propria innocenza.

LABORATORIO

Comprendere e individuare
L'esplorazione del testo

1. Ogni strofa è costruita intorno a una frase negativa che la moglie contrappone alle accuse di tradimento lanciate dal marito. Ricercale e riportale nella tabella.

I strofa	
II strofa	
III strofa	
IV strofa	
V strofa	

2. Secondo le teorie della lirica cortese, l'amore è un sentimento che nobilita l'animo dell'innamorato; nella prima strofa quale aggettivo allude a questa concezione?
   A. ☐ *dolce* (v. 1)   C. ☐ *fante* (v. 3)
   B. ☐ *cortese* (v. 3)   D. ☐ *fino* (v. 3)

3. In quale verso, invece, l'ironia di Rustico sembra prendere di mira il tema provenzale delle maldicenze?

4. Nella forma composta *fòtine* (v. 6), la particella *ne* è riferita
   A. ☐ al letto   C. ☐ al vicino
   B. ☐ al tradimento   D. ☐ alla gente

5. Quale termine, in rima con *Pilletto* (v. 2), rivela ironicamente la vera natura della relazione tra i due vicini di casa?

6. Quale affermazione della donna ci permette d'intuire che prima del suo discorso c'è stata una scenata, in cui il marito l'ha accusata con violenza?

Interpretare e riflettere
La scoperta del testo

7. Probabilmente l'io lirico utilizza il sostantivo *fante* con una decisa sfumatura di derisione nei confronti del povero marito. Sai spiegare perché?

8. Rifletti sulle parole in rima nei vv. 4-6: per quale ragione possiamo dire che svelano il doppio livello del significato su cui è costruito il sonetto?

9. Nel secondo verso, la donna invita il marito a restituire il farsetto al vicino. Si direbbe che l'uomo non è intenzionato a farlo, tanto che la moglie glielo ripete una seconda volta (v. 9). Secondo te, per quale ragione Aldobrandino è restio a riconsegnare l'indumento ritrovato in casa?

Analizzare
Lo stile e la forma del testo

10. Nella definizione di Pilletto (*un cortese fante e fino*, v. 3), quale figura retorica dell'ordine viene utilizzata per sottolineare l'importanza degli aggettivi?
    A. ☐ Anastrofe   C. ☐ Chiasmo
    B. ☐ Iperbato   D. ☐ Perifrasi

> **GRAMMATICA**
> 11. Rileggi il sonetto, ponendo attenzione alla struttura sintattica: quale tipo di subordinata compare più spesso?
>   A. ☐ Oggettiva   C. ☐ Causale
>   B. ☐ Relativa   D. ☐ Temporale

Produrre
Dalla lettura alla scrittura

12. Proviamo a immaginare che il marito sia meno credulone di quanto ritenga la moglie; scrivi un sonetto in cui l'uomo le risponda per le rime. Ti forniamo un modello.
    Oi dolce mogliettina mia Cesira
    glielo porto io il farso a Pilletto,
    ch'io son furioso e pieno d'ira,
    non sai che farò del suo bell'aspetto.

    Starà tra la gente a testa bassa,
    ché gli rovinerò quel visetto;
    lo colpirò come una grancassa,
    non tornerà mai più nel nostro letto... ora continua tu.

13. Prova a ricostruire l'antefatto del sonetto, ossia la lite tra marito e moglie, narrandolo in prima persona. Puoi scegliere se adottare il punto di vista dell'uomo o della donna. Ti forniamo un modello.
    Accidenti a quell'incosciente di Pilletto... è tanto giovane e carino, ma non poteva stare un po' più attento? Ma dico io, come si fa a dimenticare il farso, e per di più appoggiato alla poltrona in camera da letto? Potete immaginare cosa è accaduto quando Aldobrandino è andato a prendere il pigiama e ha visto quel giubbetto?... ora continua tu.

VERIFICA DELLE COMPETENZE

MODELLO INVALSI

Leggi il seguente testo e poi rispondi alle domande.

T6 Compiuta Donzella A la stagion che 'l mondo

Di Compiuta Donzella sappiamo solo che fu fiorentina, che visse nella seconda metà del XIII secolo e che fu probabilmente la prima poetessa della letteratura italiana. A lei sono infatti attribuiti tre sonetti in volgare: oltre a quello qui proposto, *Lasciar vorria lo mondo e Dio servire* e *Ornato di gran pregio e di valenza*. Non è certo nemmeno il suo nome, che è forse fittizio, secondo la consuetudine del *senhal* provenzale. La sua maniera di far poesia è del resto vicina a quella della lirica francese, filtrata dall'esperienza della scuola siciliana. Nel sonetto la voce poetica femminile si addolora, anche se è giunta la primavera, perché il padre intende farle sposare un uomo che lei non ama.

METRO: sonetto. Schema delle rime: ABAB ABAB CDC DCD.

A la stagion che 'l mondo foglia e fiora
acresce gioia a tut' i fin' amanti:
vanno insieme a li giardini alora
che gli auscelletti fanno dolzi canti;

5   la franca gente tutta si namora,
e di servir ciascun trages' inanti,
ed ogni damigella in gioia dimora;
e me, n'abondan marimenti e pianti.

Ca lo mio padre m'ha messa 'n erore,
10 e tenemi sovente in forte doglia:
donar mi vole a mia forza segnore,

ed io di ciò non ò disio né voglia,
e 'n gran tormento vivo a tutte l'ore;
però non mi ralegra fior né foglia.

[in G. Contini (a cura di) *Poeti del Duecento*, Ricciardi, Milano-Napoli 1960]

1 **foglia e fiora:** mette nuove foglie e fiori.
4 **auscelletti:** uccellini.
5 **franca:** di animo nobile.
6 **e di... inanti:** e ognuno si offre di servire (l'amore).
8 **marimenti:** smarrimenti, tormenti.
14 **però:** perciò.

1. Il sonetto è suddiviso in due parti tematicamente contrapposte: la gioia e il dolore. Individua il verso in cui avviene il passaggio dall'una all'altra.

2. Individua gli elementi del *topos* letterario del *locus amoenus* nella descrizione della primavera, stagione in cui secondo la convenzione cortese si risvegliano la natura e il desiderio di amare.

3. Riporta le due espressioni con cui sono indicati coloro che possiedono le qualità necessarie per seguire le regole dell'amore cortese.

4. La lirica contiene un verbo che mostra come il rapporto tra amante e amato sia modellato su quello feudale tra vassallo e signore. Di quale si tratta?

5. I due punti al termine del v. 10 introducono
   A. □ un'affermazione contrapposta a quella precedente
   B. □ le conseguenze di quanto affermato precedentemente
   C. □ una precisazione di quanto affermato precedentemente
   D. □ le cause di quanto affermato precedentemente

6. Individua i termini sinonimici con cui l'io lirico definisce la sua condizione di infelicità.

7. Ricerca i due pronomi personali con cui l'io lirico enfatizza la tristezza dovuta al fatto di sposare un uomo contro la sua volontà.

8. Quale termine indica lo stato di sottomissione a cui era destinata la donna nel Medioevo?

9. Fra i seguenti termini, quale indica correttamente il rapporto che lega l'io lirico alla natura primaverile?
   A. □ Corrispondenza
   B. □ Avversione
   C. □ Estraneità
   D. □ Complicità

10. Secondo quale schema sono disposte le rime?
    A. □ Rima alternata nelle quartine e incatenata nelle terzine
    B. □ Rima baciata nelle quartine e alternata nelle terzine
    C. □ Rima incatenata sia nelle quartine sia nelle terzine
    D. □ Rima ripetuta nelle quartine e incatenata nelle terzine

11. Nel primo verso, per indicare la primavera viene utilizzata una
    A. □ metafora
    B. □ metonimia
    C. □ iperbole
    D. □ perifrasi

12. Quale figura retorica lega i sostantivi utilizzati nei vv. 12-13 dall'io lirico?
    A. □ Antitesi
    B. □ Ossimoro
    C. □ Ipallage
    D. □ Sinestesia

13. Nell'ultimo verso c'è un rinvio al primo. Osserva la disposizione dei termini coinvolti: quale figura dell'ordine viene utilizzata?
    A. □ Anastrofe
    B. □ Climax
    C. □ Chiasmo
    D. □ Parallelismo

14. Analizza il periodo che occupa i primi due versi: qual è il soggetto della proposizione principale?
    A. □ *stagion* (v. 1)
    B. □ *mondo* (v. 1)
    C. □ *gioia* (v. 2)
    D. □ *fin' amanti* (v. 2)

15. Nel verso *e di servir ciascun tragges' inante* (v. 6), la proposizione sottolineata è una subordinata
    A. □ causale
    B. □ concessiva
    C. □ dichiarativa
    D. □ finale

Incisione medioevale raffigurante una donna che legge.

percorso

4 I TEMI NELLA LETTERATURA

9 ■ La figura femminile dallo Stilnovo a Petrarca

10 ■ Il tempo nel Rinascimento e nel Barocco

11 ■ Il ricordo nella lirica dell'Ottocento

12 ■ La natura nella lirica simbolista

13 ■ La poesia e la figura del poeta nella lirica del Primo Novecento

- I temi della poesia nel corso dei secoli per leggere, comprendere e interpretare testi letterari e per acquisire la dimensione storica della lingua e della letteratura italiana, anche attraverso il confronto con quella straniera
- L'applicazione dell'educazione letteraria all'elaborazione di strumenti per lo studio, all'educazione grammaticale e linguistica e alla produzione scritta creativa e funzionale

UNITÀ 9
La figura femminile dallo Stilnovo a Petrarca

T1 **Guido Guinizzelli**
Io voglio del ver la mia donna laudare

T2 **Guido Cavalcanti**
Chi è questa che vèn, ch'ogn'om la mira

T3 **Dante Alighieri**
Tanto gentile e tanto onesta pare

T4 **Francesco Petrarca**
Erano i capei d'oro a l'aura sparsi

T5 **Francesco Petrarca**
Chiare, fresche et dolci acque

VERIFICA DELLE COMPETENZE

T6 **Francesco Petrarca**
Voi ch'ascoltate in rime sparse il suono

ONLINE

TESTI INTEGRATIVI
- Guido Guinizzelli
Lo vostro bel saluto e 'l gentile sguardo

Eugenio, Tutor di italiano

Eugenio, il tutor online che guida nell'analisi interattiva e adattiva (testi di
- D. Alighieri; - G. Guinizzelli;
- F. Petrarca)

La donna spiritualizzata dello Stilnovismo

Il contesto storico e culturale: la Firenze comunale

Verso la fine del Duecento, Firenze era diventata uno dei principali centri economici e politici italiani. Ben presto assunse anche il ruolo di **guida culturale** grazie alla nascita della scuola poetica dello **Stilnovismo**, che si sviluppò negli ultimi decenni del secolo rielaborando la poesia d'amore cortese alla luce del mutato contesto sociale e culturale. La classe in ascesa all'interno della realtà comunale (non solo fiorentina), costituita dagli esponenti dei ceti professionali e intellettuali, spingeva per avere un ruolo dirigente all'interno della società. Tale rivendicazione era fondata non su ragioni di estrazione sociale ma su una **logica meritocratica**. A essere celebrato era il principio della "gentilezza", la qualità che caratterizza chi possiede una raffinata cultura, un animo nobile e una naturale predisposizione all'amore. Si tratta di **doti** legate alle **qualità individuali** e non alla famiglia di provenienza: all'aristocrazia di sangue si contrapponevano dunque le virtù di una **nobiltà morale** e **intellettuale**.
Come nella lirica trobadorica si manifestava l'insofferenza di un'aristocrazia di rango inferiore, desiderosa di inserirsi a pieno titolo nel sistema feudale, così lo Stilnovismo fu l'espressione letteraria delle **ambizioni del ceto emergente** comunale, un gruppo di **spiriti eletti** che si distingueva sia dagli esponenti della vecchia nobiltà feudale sia dai borghesi e dai mercanti, ritenuti culturalmente inferiori e privi di valori etici.

I caratteri dello Stilnovismo

La definizione di "dolce stil novo"

L'espressione "dolce stil novo" risale a **Dante Alighieri**. Nel canto XXIV del *Purgatorio* egli narra dell'incontro con il poeta **Bonagiunta Orbicciani**, esponente di spicco della scuola toscana, con cui dialoga degli sviluppi e della sorte della lirica italiana d'amore. In questo colloquio immaginario Dante coglie l'occasione per evidenziare le differenze fra il modo di poetare delle precedenti scuole e quello del gruppo di poeti a cui apparteneva. Lo scrittore fiorentino spiega che gli stilnovisti esprimono con maggior fedeltà ciò che suggerisce loro il sentimento amoroso: «quando/Amor mi spira, noto,

---

il percorso delle parole | Gentile / Gentilezza

L'aggettivo *gentile* e il sostantivo *gentilezza*, derivano dal latino *gĕnte(m)*, da *gens* ("stirpe", "discendenza"). Nell'antica Roma indicava l'appartenenza a una famiglia, riferendosi però soltanto ai membri dell'aristocrazia. In tal senso l'aggettivo assunse con il tempo il significato di "cortese", "urbano", "dai modi educati" e poi di "grazioso", "di bell'aspetto": tutte caratteristiche riconosciute a chi ha un'origine nobile. Nella lirica cortese, dallo Stilnovismo in poi, il termine è stato usato con il significato di "nobile d'animo".
Anche oggi tra le diverse sfumature di significato di *gentile* c'è quella che definisce una persona dai sentimenti elevati ("di animo gentile").

■ **Trovare le parole**
a. In quali termini derivati di *gentile* si è mantenuto il significato originario latino, ovvero "di origine aristocratica"?
b. Svolgi una ricerca e spiega per quale ragione e con quale significato i primi cristiani chiamano gli antichi Romani *gentili*.
c. Nella frase "La mia amica Paola ha lineamenti gentili", da quale parola potrebbe essere sostituito l'aggettivo *gentili*?

et a quel modo/ch'e' ditta vo significando» (quando Amore mi ispira, trascrivo e provo a riportarlo nei modi in cui me lo detta). Qualche verso dopo, Bonagiunta riconosce che è proprio questo l'elemento che differenzia gli stilnovisti dai poeti siciliani e toscani, affermando che questi sono «di qua dal dolce stil novo ch'i' odo».

Dunque Dante assegnava alla scuola a cui apparteneva una duplice funzione innovativa, sul piano **tematico** ma anche su quello **formale**. Il modo di poetare che lo contraddistingueva era "**nuovo**", perché non rielaborava temi provenienti da altri autori e correnti letterarie ma stabiliva un contatto diretto e immediato, più sincero e intimo, con i propri sentimenti e stati d'animo. Inoltre era caratterizzato da una forma espressiva "**dolce**", equilibrata e musicale, che rifiutava i complessi artifici retorici e stilistici cari a Guittone d'Arezzo (▶ p. S73) e ai suoi seguaci.

La figura della donna-angelo

Nella lirica stilnovista scomparvero del tutto i riferimenti al **servizio d'amore**, riflesso del rapporto di vassallaggio feudale. La figura femminile (la "madonna" provenzale) venne sostituita dall'immagine spiritualizzata della "**donna-angelo**", creatura dall'aspetto e dai modi simili a quelli di un essere trascendente. L'amata divenne fonte di **salvezza spirituale** e strumento di **mediazione tra l'uomo e Dio**, della cui potenza e volontà era manifestazione.

La formazione filosofica e teologica di molti esponenti dello Stilnovismo si manifestò nella predisposizione a fare dell'amore per la donna non tanto una vicenda sentimentale (passione e desiderio erotico sono del tutto assenti), ma un'**esperienza intellettuale** strettamente connessa con la **fede religiosa**. L'amore si trasformò in un percorso di **elevazione morale**, spesso stupefacente e ineffabile, attraverso il quale giungere alla rivelazione della grazia divina.

Gli stilnovisti distolsero l'attenzione dagli elementi esterni (per esempio dalla complessa ritualità dell'amore cortese o dal timore delle chiacchiere dei malparlieri) e si concentrarono sull'**analisi interiore** dell'esperienza amorosa. Nelle loro liriche uno spazio rilevante è occupato dalla descrizione degli effetti straordinari prodotti dal **passaggio** e dal **saluto** della donna che, oltre alla gentilezza e a una splendente bellezza, possiede e mostra con evidenza due importanti virtù: l'**onestà**, ossia il decoro negli atteggiamenti, e l'**umiltà**, ovvero la manifestazione di benevolenza nei confronti degli altri.

Gli esponenti dello Stilnovismo

Guido Guinizzelli

> G. Guinizzelli
> *Lo vostro bel saluto e 'l gentile sguardo*

> G. Guinizzelli
> *Al cor gentil rempaira sempre amore*

Il fondatore dello Stilnovismo è considerato il bolognese **Guido Guinizzelli** (▶ p. 260), definito nel già citato canto XXIV del *Purgatorio* «padre/mio e delli altri miei miglior che mai/rime d'amor usar dolci e leggiadre».

Nella canzone *Al cor gentil rempaira sempre amore*, ritenuto il manifesto dello Stilnovismo, Guinizzelli teorizza con argomenti filosofici l'identificazione tra **amore e gentilezza** e paragona la donna a un angelo. A lui si devono anche i motivi legati al tema della **lode** delle qualità della donna (▶ T1, p. 260): una bellezza luminosa simile a quella degli elementi più preziosi e splendenti della natura, la funzione salvifica del suo saluto, gli effetti nobilitanti della sua visione e, in alcuni componimenti ancora legati alla tradizione poetica precedente, il tormento e lo struggimento dell'innamorato.

Guido Cavalcanti e Dante Alighieri

D. Alighieri
Guido, i' vorrei che tu e Lapo ed io

Lo Stilnovismo si sviluppò grazie a un gruppo di autori toscani uniti non soltanto da comuni interessi letterari ma anche da vincoli di amicizia e solidarietà (come mostra il sonetto *Guido i' vorrei che tu e Lapo ed io*): **Guido Cavalcanti**, **Dante Alighieri** e altri poeti minori come **Gianni Alfani** (XIII-XIV secolo), **Lapo Gianni** (XIII-XIV secolo), **Dino Frescobaldi** (1271-1316 ca.) e il pistoiese **Cino de' Sigibuldi** (1270-1336 ca.). La figura più originale del gruppo fiorentino è quella di **Guido Cavalcanti** (▶ T2, p. 264). A differenza dei suoi contemporanei, egli espone una **concezione negativa dell'amore**: una forza svincolata da qualunque controllo razionale, **inconoscibile** e **ineffabile**, che provoca **paura**, **angoscia** e **dolore** e porta l'anima e il corpo alla disgregazione e infine alla **morte**. La rappresentazione degli effetti devastanti dell'amore avviene esclusivamente attraverso l'**interiorizzazione** della vicenda e un processo di **drammatizzazione** in cui agiscono l'immagine della donna amata e le **personificazioni** degli elementi costitutivi della soggettività del poeta (la voce, il cuore, l'anima ecc.).

D. Alighieri
Il primo saluto di Beatrice

Nella sua produzione giovanile, **Dante Alighieri** (▶ p. 268) riprese e rielaborò i temi e le forme di Guinizzelli e Cavalcanti fino a giungere a una conclusione che lo allontanò dalla lirica d'amore. Nella *Vita nova* Dante arrivò alla soluzione del **conflitto tra amore e religione** (▶ T3, p. 271) che aveva accompagnato lo sviluppo della poesia cortese: la vicenda amorosa si trasforma in un simbolico percorso di formazione in cui la donna amata distoglie il poeta dalle tentazioni terrene e lo accompagna verso Dio. Si tratta di un processo di trasfigurazione dell'amore da passione a **virtù religiosa**, che nella *Divina Commedia* porta prima alla **condanna dell'amore cortese**, fonte di peccato nell'episodio di Paolo e Francesca (▶ p. 256), e successivamente alla celebrazione di Beatrice, donna che guida il poeta nell'ascensione al Paradiso.

Lorenzo di Pietro detto il Vecchietta, *Paolo e Francesca*, miniatura, 1445 ca., Londra, The British Library.

il punto su... La condanna dell'amore cortese: Paolo e Francesca

Nel canto V dell'*Inferno* si narra la storia tragica di Paolo e Francesca, due giovani cognati travolti dalla passione e uccisi, intorno al 1285, da Gianciotto Malatesta, fratello di Paolo e marito di Francesca, che scoprì il tradimento. Dante li incontra nel secondo cerchio infernale, dove si castigano i lussuriosi, peccatori incapaci di dominare la passione amorosa. Dante condanna la natura peccaminosa di quell'amore passionale celebrato nella società cortese, dai trovatori fino allo Stilnovismo, ma punito dalla giustizia divina.

100 Amor, ch'al cor gentil ratto s'apprende, prese costui de la bella persona che mi fu tolta; e 'l modo ancor m'offende.	**vv. 100-102** Amore, che si attacca subito con forza (*ratto s'apprende*) in un cuore gentile, fece innamorare costui del bel corpo (*bella persona*) che mi è stato strappato (*mi fu tolta*), in un modo che ancora mi strazia (*m'offende*).
Amor, ch'a nullo amato amar perdona, mi prese del costui piacer sì forte, 105 che, come vedi, ancor non m'abbandona.	**vv. 103-105** Amore, che non permette a nessuno che sia amato di non riamare a sua volta, mi fece innamorare in un modo così violento della bellezza di Paolo (*del costui piacer*) che, come puoi vedere, ne subisco ancora le conseguenze (*ancor non m'abbandona*).
Amor condusse noi ad una morte. Caina attende chi a vita ci spense.	**vv. 106-107** Amore ci ha condotto insieme a una stessa morte, la Caina [zona dell'Inferno in cui sono puniti i traditori dei parenti] attende chi ci ha ucciso (*chi a vita ci spense*). [Gianciotto]

[*Le parole di Francesca commuovono Dante, turbato dall'apprendere che proprio l'amore ha condotto i due giovani alla dannazione eterna e si rivolge nuovamente alla donna, per chiederle di raccontare le circostanze in cui è nata la passione.*]

Noi leggiavamo un giorno per diletto di Lancialotto come amor lo strinse; soli eravamo e sanza alcun sospetto.	**vv. 127-129** Noi leggevamo un giorno per un piacevole intrattenimento (*per diletto*) la storia di Lancillotto [cavaliere di re Artù, innamorato di Ginevra] e di come l'amore si impossessò di lui (*come amor lo strinse*). Eravamo soli e non avevamo alcun presentimento di quello che sarebbe successo (*sanza alcun sospetto*).
130 Per più fïate li occhi ci sospinse quella lettura, e scolorocci il viso; ma solo un punto fu quel che ci vinse.	**vv. 130-132** Per più volte la lettura ci spinse a guardarci negli occhi (*li occhi ci sospinse*), e ci fece impallidire (*scolorocci il viso*); ma soltanto un passo del racconto (*un punto*) fu quello che vinse le nostre resistenze (*che ci vinse*).
Quando leggemmo il disïato riso esser basciato da cotanto amante, 135 questi, che mai da me non fia diviso, la bocca mi basciò tutto tremante. Galeotto fu 'l libro e chi lo scrisse: quel giorno più non vi leggemmo avante. [D. Alighieri, *Divina Commedia*, Le Lettere, Firenze 1994]	**vv. 133-135** Quando leggemmo che la bocca [di Ginevra] tanto bramata (*disïato riso*) veniva baciata da un amante così valoroso, Paolo (*questi*), che non sarà (*fia*) mai più diviso da me, **vv. 136-138** mi baciò la bocca tutto tremante. Questo libro e il suo autore (*chi lo scrisse*) furono il tramite che ci spinse a rivelare il nostro amore (*Galeotto*): quel giorno non proseguimmo oltre (*avante*) nella lettura.

LA MAPPA DELLE CONOSCENZE

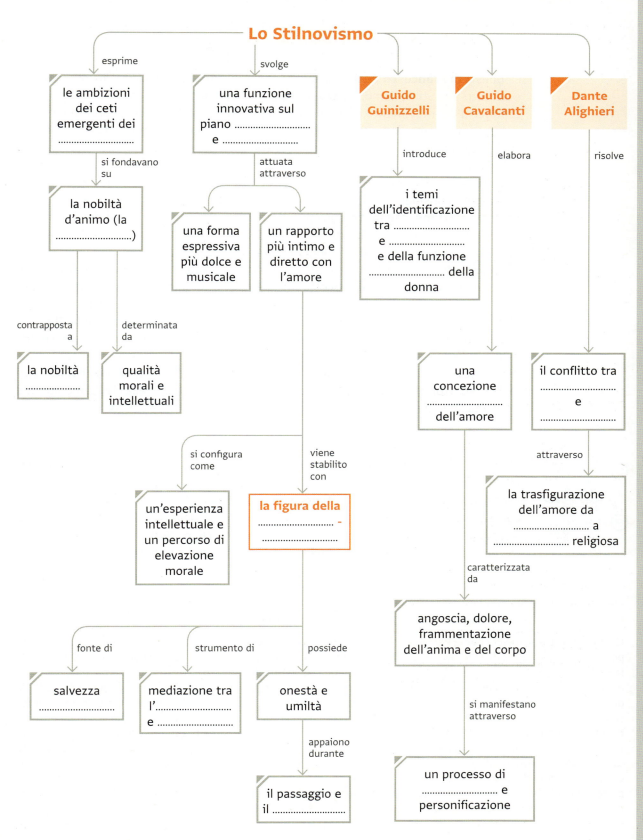

La donna terrena di Francesco Petrarca

Il contesto storico e culturale: la fine del Medioevo e l'avvento dell'Umanesimo

La poesia di **Francesco Petrarca** si collega per alcuni aspetti alla tradizione cortese e per altri allo Stilnovismo. Tuttavia, nei pochi anni di distanza che lo separano dagli esponenti del movimento poetico toscano, il **clima culturale** mutò profondamente e la poesia d'amore imboccò nuove strade, facendosi sempre più profonda e sincera analisi introspettiva di un animo inquieto e dibattuto.

Francesco Petrarca attraversò in qualità di spettatore – ma anche di protagonista – un secolo in cui avvennero **radicali trasformazioni**. La sua figura umana e poetica può essere considerata l'incarnazione delle incertezze e delle ambiguità di un'**epoca di transizione**, segnata da una grave crisi economica, da un crollo demografico a seguito di carestie e pestilenze, dalla crisi dei Comuni e dalla nascita delle Signorie, dal trasferimento della sede del Papato ad Avignone. Tutto ciò avvenne sullo sfondo di un processo storico che portò all'affermazione graduale di un **nuovo paradigma**, quello dell'Umanesimo: gli intellettuali elaborarono un nuovo modello culturale fondato sulla centralità dell'uomo (**antropocentrismo**), sulla riscoperta del **mondo classico** e sull'affermazione di una **spiritualità laica**, svincolata dai dogmi della Chiesa.

La personalità di Petrarca fu segnata dal contrasto tra l'attrazione verso i piaceri mondani e la disposizione a profonde crisi esistenziali e religiose. Questo conflitto interiore non trovò una soluzione definitiva e accompagnò il lacerante **travaglio esistenziale** dello scrittore, perennemente in bilico tra i princìpi cristiani della civiltà medioevale e l'esaltazione della dimensione terrena propugnata dall'Umanesimo.

Una nuova figura femminile

F. Petrarca
Di pensier in pensier, di monte in monte

F. Petrarca
Oimè il bel viso, oimè il soave sguardo

I componimenti contenuti nel *Canzoniere* di Petrarca, esclusi alcuni di argomento civile, sono interamente dedicati a **Laura**. La donna amata è celebrata con toni e modi che in alcuni casi ricordano lo Stilnovismo. Tuttavia il sentimento tormentato e non corrisposto che il poeta prova per lei non è motivo di elevazione spirituale, ma fonte di **dolore** e **sconforto**, **vergogna** e **pentimento** (▶ T6, p. 290).

Nonostante lo splendore della bellezza e la nobiltà del suo portamento e delle sue

---

il punto su... | Petrarca e Boccaccio precursori dell'Umanesimo

Già in autori trecenteschi come Petrarca o Boccaccio si possono trovare i segni di un nuovo modo di guardare alla realtà e all'uomo, una sensibilità diversa che prepara e anticipa il movimento dell'Umanesimo. Il XIV secolo, del resto, è considerato dagli storici come un periodo di transizione: a seconda delle interpretazioni esso è stato visto come l'"autunno" del Medioevo o come l'inizio dell'età moderna. La lirica di Petrarca è già proiettata oltre la sensibilità medioevale, in quanto presenta il dissidio interiore di un uomo in bilico tra la ricerca della perfezione religiosa e l'attrazione verso la bellezza mondana. I personaggi di Boccaccio non vivono nemmeno questo conflitto: essi sono rappresentanti di una cultura borghese e mercantile che concepisce la propria esistenza in una dimensione esclusivamente terrena.

Se si può parlare di un "Preumanesimo trecentesco" è anche a causa della rivalutazione della cultura e dei testi classici che in questo secolo iniziò gradualmente ad affermarsi. Petrarca fu un precursore dell'Umanesimo anche in questo: ricercò assiduamente i codici antichi e riportò alla luce alcune raccolte di lettere di Cicerone. Anche Boccaccio, grazie all'influenza di Petrarca, si occupò con grande interesse della lingua e della cultura latina e studiò il greco, cosa rara per il suo tempo.

virtù, Laura è raffigurata dal poeta come un **essere umano**, reale e affascinante. Come per tutte le creature terrene la sua bellezza è soggetta al **trascorrere inesorabile del tempo**. A differenza della donna dello Stilnovo, Laura non è manifestazione di una realtà sovrannaturale ma immagine della **fragilità** e della **precarietà** della condizione umana.

La descrizione della figura di Laura – la luminosità del viso, i capelli biondi mossi dal vento, l'incedere elegante e delicato (▶ T5, p. 284) – diventerà il **modello della bellezza femminile** nel corso del Quattrocento e del Cinquecento. Un altro elemento che distingue l'immagine di Laura è la sua collocazione sullo sfondo di un **paesaggio naturale**, seppur privo di connotati realistici. La natura divenne così un ulteriore strumento di celebrazione della bellezza femminile (▶ T4, p. 280), da un lato, e dall'altro lo specchio dello stato d'animo dell'io lirico.

LA MAPPA DELLE CONOSCENZE

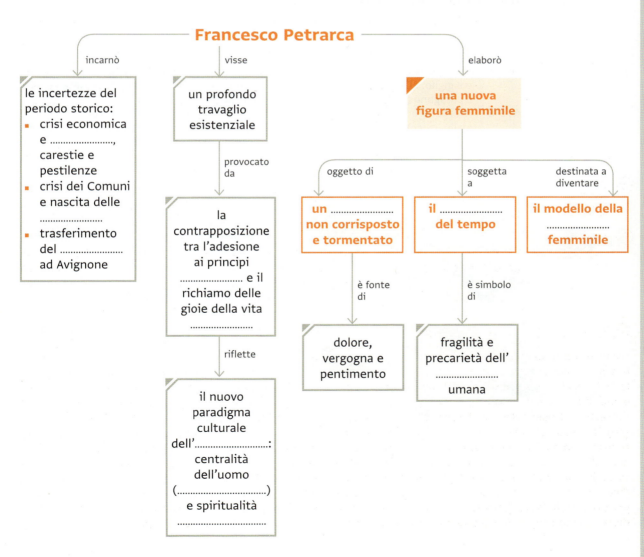

T1 Guido Guinizzelli
Io voglio del ver la mia donna laudare

 vite di scrittori

In questo sonetto, in cui è ancora possibile trovare evidenti legami con la concezione dell'amore cortese, incomincia a delinearsi una nuova sensibilità che pone l'accento sul rapporto fra l'amore e la religione. Al tema della bellezza esteriore della donna, ancora centrale, si affianca la lode della sua funzione salvifica, capace di elevare spiritualmente l'uomo.
METRO: sonetto a rime alternate nelle quartine (ABAB ABAB) e ripetute nelle terzine (CDE CDE).

Io voglio del ver la mia donna laudare
ed asembrarli la rosa e lo giglio:
più che stella dïana splende e pare
e ciò ch'è lassù bello a lei somiglio.

5 Verde river' a lei rasembro e l'âre,
tutti color di fior', giano e vermiglio,
oro ed azzurro e ricche gioi per dare:
medesmo Amor per lei rafina meglio.

parafrasi

vv. 1-4 Io voglio lodare la mia signora (*donna*) in modo veritiero (*del ver*) e paragonare a lei la rosa e il giglio: ella appare più splendente della stella del mattino (*dïana*) [il pianeta Venere] e paragono (*somiglio*) a lei ciò che è bello in cielo (*lassù*).

vv. 5-8 A lei paragono (*rasembro*) le verdi campagne (*river'*) e l'aria (*l'âre*), tutti i colori dei fiori, il giallo (*giano*) e il rosso (*vermiglio*), l'oro e i lapislazzuli (*azzurro*) e i preziosi (*ricche*) gioielli (*gioi*) degni di essere donati (*per dare*): lo stesso Amore, grazie a lei (*per lei*), diventa più perfetto (*rafina meglio*).

Guido Guinizzelli nacque a Bologna intorno al 1230-1235. Figlio di un giudice, fu giudice egli stesso e partecipò alle lotte politiche del suo Comune, schierandosi con la famiglia dei Lambertazzi e, quando nel 1274 questi vennero sconfitti, andò in esilio, rifugiandosi a Monselice, sui Colli Euganei, dove morì nel 1276. Della sua produzione poetica conserviamo cinque canzoni e circa una ventina di sonetti. Nella celebre canzone programmatica *Al cor gentil rempaira sempre amore* egli anticipò i temi e la maniera dello Stilnovismo. Una novità poetica da lui introdotta è il ragionamento filosofico, attitudine che Guinizzelli aveva maturato nell'ambiente dell'Università di Bologna. Nella sua produzione si individuano alcuni motivi che verranno ripresi da Dante nella *Vita Nova* (▶ p. 269), come il tema della lode della donna, ma anche una concezione dell'amore come forza distruttiva, elaborata poi da Cavalcanti. Infine uno degli aspetti principali che fa di Guinizzelli il capostipite degli stilnovisti è lo stile, che Dante nella *Divina Commedia* definì «dolce e leggiadro».

Passa per via adorna, e sì gentile,
10   ch'abassa orgoglio a cui dona salute,
e fa 'l de nostra fé se non la crede,

e nolle pò apressare om che sia vile;
ancor ve dirò c'ha maggior vertute:
null'om pò mal pensar fin che la vede.

[in G. Contini, *Poeti del Duecento*,
Ricciardi, Milano-Napoli 1960]

Pagina miniata della canzone *Madonna, lo fino amor ch'eo vi porto* di Guido Guinizzelli, XIII secolo, Firenze, Biblioteca Nazionale Centrale.

- **vv. 9-11** Ella cammina per la strada (*Passa per via*) ornata (*adorna*) [della sua bellezza] e ha un portamento così nobile (*gentile*) che rende umile (*abassa orgoglio*) colui a cui concede (*dona*) il suo saluto (*salute*); e lo converte alla nostra fede cristiana (*fa 'l de nostra fé*) se egli non è credente (*se non la crede*).
- **vv. 12-14** E non le si può avvicinare (*apressare*) chi è di animo vile; vi dirò inoltre (*ancor*) che ha un potere (*vertute*) ancora più grande (*maggior*): nessun uomo può fare pensieri malvagi (*mal pensar*) fintantoché la vede.

SCHEDA di LETTURA

La struttura

Guinizzelli articola il tema stilnovistico della lode dell'amata in due unità tematiche che occupano rispettivamente le quartine e le terzine del sonetto. Nei primi otto versi l'io lirico esalta la bellezza della donna accostandola ad alcuni fra gli aspetti più colorati e luminosi della natura. Nei sei versi conclusivi, dal paesaggio stilizzato delle quartine si passa al contesto cittadino, a cui la lirica stilnovistica è strettamente connessa. Per strada appare una creatura straordinaria, che possiede qualità taumaturgiche e salvifiche. Il suo saluto ha il potere di migliorare la natura imperfetta dell'uomo e di condurlo alla salvezza dell'anima.

La donna, che nelle quartine era presentata come una creatura terrena di straordinaria bellezza, nelle terzine diviene – grazie al potere delle sue virtù morali – uno strumento prodigioso di raffinamento dell'animo dell'uomo.

Le qualità sensibili

Il primo verso contiene una precisa dichiarazione programmatica: l'io lirico manifesta la volontà (*Io voglio*) di celebrare la propria amata in maniera veritiera (*del ver*), quasi volesse avvisare il lettore che quanto segue non è frutto della fantasia, iperbolica manifestazione dell'amore, ma la reale rappresentazione della bellezza femminile. Nel secondo verso precisa anche quale tecnica utilizzerà per realizzare il suo proposito: seguendo il modello provenzale del *plazer*, stabilirà un confronto (*asembrarli*) tra la bellezza della donna e ciò che la natura possiede di piacevole e prezioso.

Il volto candido e le labbra sono paragonate a *la rosa*

SCHEDA di LETTURA

e lo giglio, fiori che nel vasto repertorio allegorico del Medioevo simboleggiavano la carità e la purezza ed erano tradizionalmente legati alla figura della Madonna. Attraverso un processo descrittivo dal basso all'alto, l'io lirico afferma che l'amata appare splendente come la *stella diana*, che annuncia il giorno e la sua luce. Allargando poi lo sguardo a tutto il cielo e con un'immagine di evocativa indeterminatezza, la donna è avvicinata a tutto *ciò ch'è lassù bello*.
Nella seconda strofa si ritorna sulla terra, dove prende forma un paesaggio primaverile caratterizzato da limpidezza (*l'âre*) e ricchezza cromatica (*Verde... giano e vermiglio*). Dal mondo vegetale l'io lirico passa poi a quello minerale, stabilendo una relazione tra le virtù delle pietre preziose (*oro ed azzurro*) e le nobili qualità dell'amata. Infine, la quartina si chiude con la stupefacente rivelazione che alla vista della donna persino l'amore perfeziona la sua natura (*rafina meglio*). Con quest'ultima affermazione il poeta stabilisce un ideale legame fra la prima parte del sonetto e quella successiva, in cui si appresta a descrivere gli effetti nobilitanti della donna.

Le virtù salvifiche della donna

Nel v. 9 compare un tema dominante della poesia stilnovistica: l'apparizione e il passaggio della donna, il suo incedere elegante e sobrio, spoglio di presunzione e vanità, lungo le strade della città. La composta bellezza del suo aspetto è inscindibile dalla nobiltà dell'anima. Oltre alla parola chiave *gentile* compare anche il termine *salute*, un'altra espressione centrale nella poetica stilnovistica, che indica non solo il gesto del saluto ma anche e soprattutto la salute dell'anima, la salvezza spirituale. Dinanzi alla donna la superbia si trasforma in umiltà (*abassa orgoglio*) e chi non crede si converte alla fede cristiana. Il discorso prosegue nell'ultima strofa, dove si sottolinea l'incompatibilità fra le virtù della donna e chiunque sia rozzo: chi è privo di nobiltà d'animo (*vile*), non le si può avvicinare.
Infine, a sottolineare con più forza la lode, l'io lirico preannuncia la rivelazione di una *maggior vertute* della donna: fino a quando si è vicini a lei non è possibile concepire pensieri malvagi, in quanto la sua visione impedisce di peccare e assicura la salvezza spirituale.

Lo stile

All'ordine e alla chiarezza della scansione tematica contribuiscono la linearità della struttura dei periodi e la coincidenza fra pause metriche e pause sintattiche: a ogni strofa corrisponde un periodo e non vi sono significativi *enjambement* a interrompere la scorrevolezza e l'equilibrio delle argomentazioni. Nelle ultime strofe la sintassi, pur restando piana e scorrevole, si fa più articolata, quasi a suggerire la maggiore complessità teorica delle terzine.
Il lessico è colto e raffinato, come testimoniano i provenzalismi (*river*, *rafina*) e i francesismi (*giano*), ma nel contempo chiaro e scorrevole, anche per la considerevole presenza di parole brevi (bisillabe e trisillabe). La musicalità del verso è assicurata dalla prevalenza di vocali dolci, dall'assenza di suoni aspri e dalla fitta trama di allitterazioni, come per esempio nel primo verso.

LABORATORIO

Comprendere e individuare
L'esplorazione del testo

1. Riporta i verbi appartenenti all'area semantica della comparazione presenti nelle prime due strofe.

2. In quale verso si parla dell'umiltà, una delle principali virtù stilnovistiche?

3. Riporta i due versi in cui alla donna viene assegnata una funzione salvifica.

4. Compila la tabella indicando i termini appartenenti alle rispettive aree semantiche.

Colore	
Luce	

LABORATORIO

5. Osserva le parole in rima e individua le due coppie in cui vengono poste in relazione parole chiave della poetica stilnovistica.

Interpretare e riflettere
La scoperta del testo

6. In quale punto del sonetto il poeta crea un effetto di attesa? Quali sono i segnali linguistici che contribuiscono a sottolineare questo proposito?

7. Rileggi il sonetto prendendo in considerazione le voci verbali: in quale punto della lirica ha luogo un passaggio di soggetto? Quale può essere la ragione di questo cambiamento? Prima di rispondere rifletti sullo sviluppo tematico della poesia.

8. Come nelle liriche dei provenzali, anche nel sonetto di Guinizzelli vi è la descrizione di un paesaggio primaverile. Quali differenze possiamo cogliere fra i due modi di concepire la natura?

9. La donna è *gentile* (v. 9) perché
   A. ☐ saluta tutti coloro che incontra per strada
   B. ☐ appartiene a una nobile famiglia
   C. ☐ veste con sobria eleganza
   D. ☐ possiede un animo nobile

Analizzare
Lo stile e la forma del testo

10. Oltre a quello indicato nella scheda di lettura, individua un altro punto della lirica in cui è presente un'allitterazione.

11. Per indicare il lapislazzulo il poeta utilizza l'aggettivo *azzurro* (v. 7): di quale figura retorica si tratta? Motiva la tua risposta.
    A. ☐ Metafora
    B. ☐ Sinestesia
    C. ☐ Metonimia
    D. ☐ Ipallage

12. La dittologia è una figura retorica che consiste nell'accoppiare due parole dal significato analogo collegandole con una congiunzione. In quale verso della prima quartina Guinizzelli ricorre a questo artificio retorico?

GRAMMATICA
13. Individua le cinque proposizioni subordinate presenti nelle terzine finali, precisandone il tipo.

Produrre
Dalla lettura alla scrittura

14. Prova a comporre una parodia di questo sonetto: immagina una donna che possieda ben altre virtù da quelle lodate di Guinizzelli, ovvero che non abbia né un aspetto né un animo gentili. Ti forniamo un modello da completare.

    Io voglio del ver la mia donna laudare
    e rasembrarli la rapa e l'aglio:
    più che strega nel buio ti fa spaventare,
    certamente di natura è uno sbaglio.
    ...

    Passa per via discinta, e sì sciatta
    che fa orror a cui volge lo sguardo
    e 'l fa intristire se è allegro,
    ...

Miniatura dal *Roman de la Rose*, 1420 ca., Vienna, Österreichische Nationalbibliothek.

T2 Guido Cavalcanti
Chi è questa che vèn, ch'ogn'om la mira

In questo sonetto Cavalcanti affronta il tema, consueto nello Stilnovismo, del passaggio della donna amata e degli effetti che essa produce grazie alle sue qualità, in particolare quella dell'umiltà. Inoltre nella lirica compare il concetto dell'"ineffabilità", che riveste particolare importanza nella concezione negativa dell'amore di Cavalcanti.

METRO: sonetto a rime incrociate nelle quartine (ABBA ABBA) e invertite nelle terzine (CDE EDC).

Chi è questa che vèn, ch'ogn'om la mira,
che fa tremar di chiaritate l'âre
e mena seco Amor, sì che parlare
null'omo pote, ma ciascun sospira?

5 O Deo, che sembra quando li occhi gira,
dical'Amor, ch'i' nol savria contare:
cotanto d'umiltà donna mi pare,
ch'ogn'altra ver di lei i' la chiam'ira.

parafrasi

vv. 1-4 Chi è questa donna che avanza (*vèn*), che tutti (*ogn'om*) guardano con ammirazione, che fa tremare l'aria (*l'âre*) con il suo splendore (*chiaritate*) e conduce con sé Amore, così che nessuno può (*pote*) parlare, ma tutti sospirano?

vv. 5-8 O Dio, a che cosa assomiglia quando volge intorno (*gira*) gli occhi! Lo dica Amore, perché io non saprei raccontarlo (*contare*): ella mi appare (*pare*) come una donna talmente umile (*cotanto d'umiltà*), che ogni altra, rispetto a lei (*ver di lei*) la chiamo ira.

Guido Cavalcanti nacque a Firenze intorno alla metà del XIII secolo, da una famiglia aristocratica del partito dei guelfi bianchi, tra le più potenti e influenti della città. Nel 1276 vennero concordate le sue nozze con la figlia di Farinata degli Uberti, capo del partito ghibellino. Partecipò alla vita politica cittadina e fu nemico acerrimo della famiglia dei Donati, che capeggiava i guelfi neri, tanto che tentò di uccidere Corso, il suo esponente principale. Occupò cariche politiche di rilievo, ma in seguito agli ordinamenti di Giano della Bella del 1293, che escludevano gli aristocratici dalla guida della città, fu allontanato dai pubblici uffici. Nel 1300 venne esiliato e mandato a Sarzana, dove si ammalò di malaria. Tornato a Firenze, morì nell'agosto di quello stesso anno.

La sua produzione che ci è pervenuta consiste in circa 50 componimenti tra ballate, sonetti e canzoni. Esponente centrale dello Stilnovismo, poeta aristocratico, dall'indole sdegnosa e solitaria, per Cavalcanti la nobiltà deriva da un raffinamento spirituale ed è propria del «cor gentile». Ne consegue il disprezzo verso le persone rozze e una concezione ristretta del pubblico a cui si rivolge. Concepisce l'amore come passione distruttiva, che causa angoscia, sbigottimento, paura e morte. La disgregazione dell'io viene rappresentata nella sua poesia dagli "spiritelli", personificazioni dei sentimenti e delle funzioni vitali che lamentano la propria condizione straziata. Molte liriche presentano sotto forma di drammatizzazione teatrale questa scissione e frantumazione dell'io.

Giovanni di Ser Giovanni detto lo Scheggia, *Cassone Adimari*, 1450 ca., Firenze, Galleria dell'Accademia.

Non si poria contar la sua piagenza,
10 ch'a le' s'inchin' ogni gentil vertute,
e la beltate per sua dea la mostra.

Non fu sì alta già la mente nostra
e non si pose 'n noi tanta salute,
che propiamente n'aviàn canoscenza.

[in G. Contini, *Poeti del Duecento*, Ricciardi, Milano-Napoli 1960]

vv. 9-11 Non si potrebbe descrivere (*contar*) la sua bellezza (*piagenza*), perchè a lei si inchina ogni nobile (*gentile*) virtù, e la stessa bellezza la indica (*mostra*) come sua dea.

vv. 12-14 La nostra mente non fu concepita tanto profonda (*alta*) e non fu posta in noi sufficiente perfezione (*tanta salute*), da poter avere di lei completa (*propiamente*) conoscenza (*canoscenza*).

SCHEDA di LETTURA

La personalità di Cavalcanti

Il sonetto contiene i motivi tipici del passaggio e della lode della donna-angelo, affrontati con una sensibilità e un approccio emotivo che fanno però di Cavalcanti una figura originale all'interno del gruppo dei poeti stilnovistici. Nei suoi versi è assente l'atmosfera di serenità e appagamento che aleggia nelle quartine di *Io voglio del ver la mia donna laudare* di Guinizzelli (▶ T1, p. 260). Per entrambi i poeti la donna è una creatura angelica e irraggiungibile, ma se per il poeta bolognese le sue virtù miracolose sono esclusivamente oggetto di lode, davanti a esse Cavalcanti sottolinea drammaticamente i limiti dell'intelletto umano.

L'apparizione della donna

Utilizzando una categoria della narrazione, potremmo dire che il sonetto si apre con un *incipit* in *medias res*. Infatti, i primi versi ci trasportano immediatamente sul luogo del passaggio della donna, con un'improvvisa domanda sulla sua indecifrabile identità. L'interrogativo, che occupa l'intera quartina, prorompe inatteso e inconsueto e crea un'atmosfera di turbata meraviglia e di sbalordito silenzio. Dinanzi alla visione della donna anche l'aria sembra provare un moto d'inquietudine, che si manifesta con un'immagine sinestesica, un brivido di luce (*tremar di chiaritate*).

Non sappiamo a chi appartenga la voce poetica, in

SCHEDA di LETTURA

quanto l'io lirico è ancora assente, non vi sono verbi o pronomi di prima persona singolare. E altrettanto indeterminato è l'interlocutore di questa richiesta che non riceve risposta e resta sospesa, nell'attesa attonita di una rivelazione.
Grazie anche all'uso degli indefiniti, Cavalcanti sembra voler riportare una percezione e un'intensa emozione che appartengono a un punto di vista collettivo, che vanno dunque oltre la sfera della propria soggettività. Nei vv. 3-4 dietro le parole del poeta pare di intravvedere una schiera di ammiratori in sbigottita contemplazione della donna che avanza; incapaci di trovare parole, non possono che abbandonarsi ai sospiri.

Dall'ineffabilità all'inconoscibilità

Alla domanda senza risposta segue un'esclamazione (*O Deo*), che sottolinea il turbamento prodotto dalla grazia del portamento e dallo sguardo (*quando li occhi gira*) della creatura ineffabile. Nel sesto verso, finalmente, l'io lirico si manifesta per chiedere aiuto (*dical' Amore*) e riconoscere i limiti della sua forza espressiva (*i' nol savria contare*).
Nonostante possieda una natura simile a quella di Dio, dinanzi alla quale l'uomo appare inadeguato, la donna della lode si mostra umile più di ogni altra. *Umiltà* è un termine che abbraccia un'area semantica assai vasta: non indica soltanto assenza di orgoglio o superbia, ma comprende doti interiori, quali la bontà e la disposizione verso gli altri, e altre esteriori, come la sobrietà e il pudore di gesti e atteggiamenti.
Nel primo verso della terzina finale, Cavalcanti riprende la domanda iniziale per dare a essa una risposta implicitamente negativa: *Non fu sì alta già la mente nostra*. La donna è l'immagine di una verità superiore e inconoscibile, destinata a sfuggire all'intelletto degli uomini, di tutti gli uomini, come sottolinea la prima persona plurale (*nostra* e *noi*). La sua perfezione non si può compiutamente conoscere né comunicare.

Lo stile

Lo stupore e la meraviglia dell'apparizione della donna si riverberano in una sintassi complessa e articolata, lontana dalla lineare scorrevolezza della lirica di Guinizzelli. L'andamento faticoso dell'ipotassi riflette le incertezze e la tensione dell'intelletto verso una meta irraggiungibile. Nel primo verso la serie di monosillabi e bisillabi trasmette con efficacia lo stupore di un'apparizione che lascia sbigottiti, a bocca aperta e senza fiato.
In linea con la poetica stilnovista, il lessico è raffinato ma chiaro e scorrevole, arricchito da provenzalismi e francesismi. Come nel precedente sonetto di Guinizzelli, nella poesia compare il repertorio lessicale dello Stilnovismo: le principali parole-chiave (*umiltà, gentil vertute, beltate, salute*) e alcuni verbi che indicano i gesti dell'innamorato e della donna (*mira, sospira, sembra, pare, mostra*).

LABORATORIO

Comprendere e individuare
L'esplorazione del testo

1. Compila la tabella, assegnando a ogni strofa un titolo che ne riassuma il contenuto.

I strofa	....
II strofa	....
III strofa	....
IV strofa	....

2. Oltre a quella della prima strofa, nel sonetto compare un'altra domanda, seppur rivolta indirettamente: sai dire dove si trova?

3. Riporta le frasi negative con cui Cavalcanti sottolinea l'impossibilità di descrivere e conoscere la donna amata.

4. Individua l'unica strofa in cui compare l'io lirico e riporta la forma verbale che segna il passaggio da un soggetto individuale a uno collettivo e indefinito.

5. Sebbene sia insufficiente a comprendere la natura della donna, attraverso quale aggettivo Cavalcanti esprime la profondità e la capacità di analisi dell'intelletto umano?

LABORATORIO

Interpretare e riflettere
La scoperta del testo

6. Spiega per quale motivo possiamo affermare che il sonetto ha una struttura circolare. Rifletti sulla relazione che si stabilisce tra la domanda iniziale e l'affermazione dell'ultimo verso.

7. In quale contesto avviene l'apparizione della donna? Vi sono dei riferimenti o esso resta indeterminato? Possiamo stabilire un rapporto fra la dimensione spaziale e l'atmosfera generale del sonetto?

8. Per cogliere meglio i legami fra i rappresentanti dello Stilnovismo, ampliamo il confronto con *Io voglio del ver la mia donna laudare* (▶ T1, p. 260) individuando i versi in cui fra i due componimenti è possibile stabilire le seguenti analogie: il tema del dare salute, il passaggio della donna, le parole chiave in rima.

Analizzare
Lo stile e la forma del testo

9. La personificazione è una figura retorica che ricorre spesso nella visione tragica dell'amore di Cavalcanti. Individua i casi presenti nel sonetto.

10. Quale figura retorica dell'ordine rafforza nelle terzine la concezione negativa sulle possibilità dell'uomo di conoscere *propiamente* (v. 14) la donna?

    A. ☐ Anafora   B. ☐ Antitesi
    C. ☐ Litote   D. ☐ Ossimoro

11. Il verbo "mirare" (v. 1) in italiano viene utilizzato soprattutto come verbo intransitivo ("mirare a"), con un significato che richiama quello originario di "guardare qualcosa o qualcuno con interesse o con attenzione". Scrivi due frasi che esemplificano quanto affermato.

GRAMMATICA

12. Individua le forme grammaticali indefinite presenti nella prima quartina.

13. Nel sonetto vi sono diverse proposizioni consecutive e causali. Dopo averle individuate, spiegane la funzione in rapporto alla visione dell'amore di Cavalcanti.

Produrre
Dalla lettura alla scrittura

14. Riprendiamo ancora il confronto con *Io voglio del ver la mia donna laudare* (▶ T1, p. 260). Chi fra Guinizzelli e Cavalcanti, secondo te, trasmette con maggiore efficacia le emozioni provocate dall'innamoramento? Rispondi con un testo argomentativo di circa due colonne di foglio protocollo.

Affresco del XIV secolo, Firenze, Palazzo Davanzati.

Dante Alighieri

La vita

La formazione culturale

Dante Alighieri nacque a **Firenze** nel 1265, da una famiglia guelfa della **piccola nobiltà decaduta**. Nonostante le modeste condizioni economiche Dante ricevette una **buona educazione** e condusse una vita da gentiluomo. All'età di nove anni incontrò **Beatrice** (molto probabilmente si tratta di Bice di Folco Portinari), destinata ad assumere un ruolo centrale nella sua opera. A dodici anni venne stipulato il contratto matrimoniale con **Gemma Donati**, imparentata con Corso Donati, capo del partito dei guelfi neri, che Dante sposò intorno al 1285. A Firenze fu allievo di **Brunetto Latini**, maestro di retorica e autore di opere enciclopediche e dottrinali. Tra il 1286 e il 1287 soggiornò a **Bologna**, il centro universitario più importante dell'epoca. Cominciò presto a coltivare la poesia, prendendo a modello la lirica provenzale, quella siciliana, Guittone, Guinizzelli e Cavalcanti. Inoltre si dedicò a **studi filosofici** e **teologici**, frequentando le scuole religiose fiorentine.

L'impegno politico e l'esilio

Dante si impegnò in prima persona nella **vita politica** della sua città a cominciare dal 1289, quando combatté nella battaglia di Campaldino contro i ghibellini di Arezzo. Nel

---

vite di scrittori — *Legno sanza vela e sanza governo*

Dopo la condanna all'esilio, lontano da Firenze e dalla realtà comunale che era stato l'ideale contesto del suo impegno civile e della sua produzione poetica, Dante è costretto a umiliarsi cercando ospitalità presso le corti, per proseguire la sua attività intellettuale. Lo scrittore ricorda questo doloroso periodo della sua vita in un brano del *Convivio*.

Poi che fu piacere de li cittadini de la bellissima e famosissima figlia di Roma, Fiorenza[1], di gittarmi fuori del suo dolce seno – nel quale nato e nutrito fui in fino al colmo de la vita mia[2], e nel quale, con buona pace di quella[3], desidero con tutto lo cuore di riposare l'animo stancato e terminare lo tempo che m'è dato, per le parti quasi tutte a le quali questa lingua si stende[4], peregrino, quasi mendicando, sono andato, mostrando contra mia voglia la pia-
10 ga della fortuna, che suole ingiustamente al piaga-
to molte volte essere imputata[5]. Veramente io sono stato legno sanza vela e sanza governo[6], portato a diversi porti e foci e liti dal vento secco che vapora la dolorosa povertade[7] e sono apparito a li occhi a molti che forse che per alcuna fama in altra forma m'aveano imaginato[8], nel conspetto de' quali non solamente mia persona invilìo[9], ma di minor pregio si fece ogni opera, sì già fatta come quella che fosse a fare[10].

[D. Alighieri, *Convivio*, in *Opere minori*, Ricciardi, Milano 1996]

1. **bellissima... Fiorenza**: secondo una leggenda, Firenze fu fondata dai Romani dopo aver distrutto Fiesole, rea di essersi schierata con Catilina durante la congiura tramata da quest'ultimo e sventata da Cicerone nel 62 a.C.
2. **al colmo de la vita mia**: nel periodo culminante della vita, ovvero all'età di circa 36-37 anni.
3. **quella**: la città di Firenze.
4. **per le parti... stende**: quasi in tutte le regioni in cui è compresa la lingua volgare in cui mi esprimo (quindi nella maggior parte del territorio italiano).
5. **la piaga... imputata**: la ferita inflitta dalla sorte, che molto spesso viene ingiustamente attribuita a chi la subisce. Dante si riferisce alla superficialità di chi pensa che la vittima di un'ingiustizia sia causa del proprio male.
6. **legno... governo**: imbarcazione senza vela e senza guida.
7. **portato... povertade**: trasportato a diversi approdi (*porti*), sbocchi (*foci*) e spiagge (*liti*) da quel vento secco che emana (*vapora*) la povertà, causa di dolore.
8. **sono... imaginato**: e (in questa umiliante condizione di povertà) mi sono presentato (*apparito a li occhi*) a molti uomini che forse, grazie alla mia fama di poeta, mi avevano immaginato diversamente (*in altra forma*).
9. **invilìo**: si è sminuita.
10. **minor... a fare**: ogni opera artistica, già compiuta o da compiere, è apparsa diminuita di valore.

1300 venne eletto tra i sei **priori**, la più importante magistratura cittadina, in una fase delicata del Comune fiorentino, dilaniato dalla lotta tra i **guelfi bianchi** (favorevoli a una politica di indipendenza e per i quali Dante parteggiava) e quelli **neri** (sostenitori del papa **Bonifacio VIII**). Nel 1301 i neri presero il sopravvento e Dante venne **condannato all'esilio** con l'accusa di "baratteria" (corruzione) e, poiché non si presentò per discolparsi, l'esilio venne trasformato in condanna a morte.

Per Dante cominciò una lunga peregrinazione attraverso le principali corti italiane, in cerca di ospitalità e protezione. Fu accolto dal signore di Forlì, **Scarpetta Oderlaffi**, da **Bartolomeo** e **Cangrande Della Scala**, signori di Verona, dai **Malaspina** in Lunigiana, dai signori del Casentino. Nel 1315 rifiutò con sdegno la proposta di un'amnistia e di un possibile rientro a Firenze, in cambio del riconoscimento della sua colpevolezza e della pubblica umiliazione. Negli ultimi anni, a partire dal 1318, si trasferì presso la corte dei **Da Polenta** a **Ravenna**, dove lo raggiunse la famiglia. Colpito dalla febbre malarica mentre tornava da un'ambasceria a Venezia, morì tra il 13 e il 14 settembre del 1321.

La *Vita nova*

La struttura e il contenuto

La stesura della *Vita nova* si colloca tra il 1293 e il 1294, dopo la **morte di Beatrice**, avvenuta nel 1290. La scomparsa della donna amata fu l'occasione per organizzare le **rime d'amore giovanili**, composte nel periodo di adesione allo Stilnovismo, raccordandole insieme in un **progetto unitario** e facendole precedere e seguire da un **commento in prosa** che ne spiegasse l'ideazione e il significato. Dunque la *Vita nova* è un **prosimetro**, cioè un'opera mista di prosa e versi, composta da 31 liriche e 42 capitoli. Il titolo mostra l'intenzione da parte del poeta di rileggere la sua produzione giovanile alla luce di un **percorso interiore** che lo ha profondamente rinnovato. La "nuova vita" di Dante inizia sotto il segno della **figura salvifica di Beatrice**, che lo guiderà in un itinerario di crescita e di formazione.

Quindi la *Vita nova* è anche un'**opera autobiografica**, in cui il poeta riporta le tappe salienti della propria vita interiore, scandita dalla presenza di Beatrice. Dante la incontra la prima volta all'età di nove anni e la seconda esattamente dopo altri nove: in quest'occasione il **saluto della donna** viene considerato un evento salvifico, che porta salute spirituale. Subito dopo si collocano il **sogno** in cui Amore preannuncia la morte della donna, l'ideazione delle "**donne dello schermo**", per proteggere l'amata dai pettegolezzi, la **reazione di Beatrice**, che offesa toglie il saluto a Dante e la conseguente disperazione del poeta, vittima anche del "**gabbo**", ossia della derisione delle gentili donne che fanno da compagnia a Beatrice.

Poi compaiono una serie di presagi funesti che preannunciano la **morte di Beatrice**. Dopo tale evento Dante sprofonda in uno stato di **prostrazione** per due anni. La vicinanza di una donna "pietosa" sembrerebbe risollevarlo, ma Beatrice in sogno lo richiama al suo vero amore. L'opera si conclude con la "**mirabile visione**" di Beatrice in paradiso, che Dante si propone di cantare in un'opera di maggior valore: un proposito che si realizzerà nella *Divina Commedia*.

Il superamento dello Stilnovismo

Le liriche che compongono la *Vita nova* risentono dell'influenza di poeti come Guinizzelli e soprattutto di Cavalcanti. In esse Dante rielabora e rinnova i temi e i *topoi* della **lirica stilnovista**: il saluto salvifico, la connessione tra Amore, gentilezza e nobiltà d'animo, la personificazione degli spiriti alla maniera di Cavalcanti, la figura della donna-angelo.

Tuttavia Dante inserisce questi temi in un diverso contesto e fa dell'Amore una **forza totalmente spirituale**, svincolata da qualsiasi riferimento all'ambito terreno, che eleva l'individuo verso una dimensione religiosa. È questa la funzione che assume anche la **donna-angelo**, cioè Beatrice, manifestazione in terra della potenza divina. Fondamentale per il superamento dello Stilnovismo è il tema della **"loda"**, che compare nella *Vita nova* a partire dalla canzone *Donne ch'avete intelletto d'amore* e che si realizza compiutamente dopo la morte di Beatrice. Il poeta loderà Beatrice anche in assenza del suo saluto o della donna stessa, contemplata in una dimensione ormai del tutto trascendente.

Le altre opere

L'opera fondamentale di Dante è la *Divina Commedia* (▶ U6, T2, p. 166, U7, T3, p. 204), poema in tre cantiche scritto negli anni dell'esilio, in cui viene rappresentato un viaggio nei **tre regni ultraterreni**: Inferno, Purgatorio e Paradiso. A differenza della *Vita nova*, scritta in un linguaggio raffinato, in conformità con la poetica stilnovista, nella *Commedia* viene adottata una **pluralità di registri** stilistici: dal comico all'aulico e all'elegiaco.

Durante l'esilio Dante compose alcuni **trattati in prosa**: il *De vulgari eloquentia*, un trattato di linguistica in latino; il *Convivio*, un prosimetro in lingua volgare (entrambi incompiuti), e il *De monarchia*, in latino, a cui affidò il proprio pensiero politico.

I componimenti poetici di Dante non inseriti nella *Vita nova* e nel *Convivio* sono stati raccolti in epoca moderna nelle *Rime*, un libro che mostra la tendenza dantesca alla **sperimentazione poetica**. Infatti l'opera contiene liriche caratterizzate da un linguaggio aspro e duro (le *rime petrose*); sonetti che appartengono al filone comico-realistico, come quelli della tenzone con Forese Donati; rime giovanili artificiose, composte alla maniera di Guittone d'Arezzo. Infine, il *Fiore* e il *Detto d'Amore* sono due **poemetti** attribuiti a Dante ma di cui la paternità non è del tutto certa. Entrambi sono traduzioni parziali del poema allegorico in lingua d'oïl *Roman de la Rose* (XIII secolo): il *Fiore* è composto da 232 sonetti, il *Detto d'Amore* da 480 versi settenari in rima baciata.

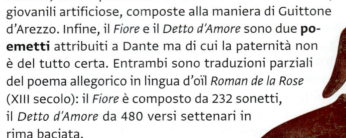

Luca Signorelli, *Dante*, inizio del XVI secolo, Duomo di Orvieto.

T3 Tanto gentile e tanto onesta pare

Il sonetto, uno dei più noti della letteratura italiana, proviene dal capitolo XXVI della *Vita nova*. Dante descrive l'apparizione di Beatrice e gli effetti benefici che essa provoca nell'animo di chi la vede. La lode della donna amata e delle sue virtù trasforma il suo passaggio in strada in un evento sovrannaturale che ha un potere di redenzione spirituale.
METRO: sonetto a rime incrociate nelle quartine (ABBA ABBA) e invertite nelle terzine (CDE EDC).

Tanto gentile e tanto onesta pare
la donna mia quand'ella altrui saluta,
ch'ogne lingua deven tremando muta,
e li occhi no l'ardiscon di guardare.

5 Ella si va, sentendosi laudare,
benignamente d'umiltà vestuta;
e par che sia una cosa venuta
da cielo in terra a miracol mostrare.

Mostrasi sì piacente a chi la mira,
10 che dà per li occhi una dolcezza al core,
che 'ntender no la può chi no la prova:

e par che de la sua labbia si mova
un spirito soave pien d'amore,
che va dicendo a l'anima: Sospira.

[D. Alighieri, *Opere*, Mursia, Milano 1965]

Giovanni di Paolo, miniatura raffigurante Dante e Beatrice, 1445 ca., Londra, The British Library.

parafrasi

vv. 1-4 La mia signora (*donna mia*) appare (*pare*) tanto nobile (*gentile*) e piena di decoro (*onesta*) quando saluta qualcuno (*altrui*), che ogni lingua per il tremore (*tremando*) si azzittisce (*deven... muta*) e gli occhi non osano (*ardiscon*) guardarla.

vv. 5-8 Ella incede (*si va*), sentendosi lodare, con un atteggiamento (*vestuta*) di modestia (*d'umiltà*) e di benevolenza; e sembra essere una creatura (*cosa*) scesa in terra (*venuta*) a manifestare la grandezza divina (*a miracol mostrare*).

vv. 9-11 Ella appare (*Mostrasi*) così bella (*sì piacente*) a chi la ammira, che infonde attraverso gli occhi (*per li occhi*) una dolcezza nel cuore che non la può comprendere (*'ntender no la può*) chi non ne ha fatto esperienza (*chi no la prova*).

vv. 12-14 e sembra che dal suo volto (*labbia*) emani (*si mova*) uno spirito dolcissimo pieno d'amore, che dice all'anima: "Sospira".

SCHEDA di LETTURA

L'apparizione di Beatrice
Tanto gentile e tanto onesta pare riprende il repertorio tematico dello Stilnovismo legato alla lode della donna amata, portando a definizione il tema del rapporto fra amore e religione. Nel sonetto la bellezza della donna non è più soltanto incarnazione del bene e della virtù, come per Guinizzelli (▶ T1, p. 260), o causa di un sentimento doloroso e impotente nei confronti di ciò che è inconoscibile, come credeva Cavalcanti (▶ T2, p. 264), ma è lo strumento di cui si avvale Dio per mostrare agli uomini la propria potenza.

Per comprendere questo motivo occorre analizzare con attenzione il verbo "parere", il cui significato è profondamente diverso da quello con cui viene solitamente usato ora, per esprimere un'impressione sospesa e indeterminata, con una connotazione dubbiosa. Dante non ha dubbi sulla gentilezza e sull'onestà della donna. Al contrario, con questo verbo ripetuto più volte (vv. 1, 7, 12) intende affermare che la natura nobile e sovrannaturale di Beatrice è indiscutibile, "appare" con lampante evidenza. Quindi "parere" e il suo sinonimo "mostrare" (v. 9) sottolineano la straordinarietà – prodigiosa ma nel contempo oggettiva e concreta – delle virtù morali della donna amata (*gentile, onesta, benignamente d'umiltà vestuta*) e del suo aspetto *sì piacente*.

La creatura *venuta da cielo*
Nel sonetto vi è una perfetta fusione tra la scena esterna e le conseguenze interiori che essa determina. Il tema dell'apparizione viene ripreso ciclicamente all'inizio di ciascuno dei tre periodi in cui si articola il sonetto, sottolineando di volta in volta il passaggio e il saluto (vv. 1-2), il portamento umile ed elegante (vv. 5-6) e la bellezza della donna (v. 9). Ogni fase dell'apparizione è intervallata dalla descrizione degli effetti provocati sugli astanti e dalle riflessioni del poeta: l'ineffabilità e il turbamento dell'emozione (vv. 3-4), la funzione salvifica della donna (vv. 7-8) e il sentimento di inesprimibile dolcezza suscitato dal volto di Beatrice (vv. 10-14).

Il concetto fondamentale del sonetto è racchiuso nei due versi centrali: Beatrice è la manifestazione terrena di una realtà sovrannaturale (*una cosa venuta/da cielo in terra a miracol mostrare*). La sua apparizione è un segno della volontà divina, uno strumento di redenzione e di salvezza spirituale inviato da Dio. Gli uomini vi assistono avvolti in un'atmosfera di ammutolita ammirazione, in un clima di sospensione e di indeterminatezza spazio-temporale.

La coralità
Nel sonetto è quasi del tutto assente la prima persona singolare, che scompare dopo il primo verso, mentre vi sono diversi aggettivi e pronomi indefiniti. Questo segnale linguistico fornisce un'ulteriore chiave di interpretazione del componimento: Dante suggerisce al lettore che a beneficiare delle virtù di Beatrice non è soltanto lui ma l'umanità intera, indistintamente richiamata attraverso alcune componenti fisiche e psicologiche (*ogne lingua, li occhi, core, l'anima*). L'immagine femminile non è trasfigurata dallo sguardo innamorato del poeta, di un singolo individuo, ma è rappresentata in virtù delle qualità che chiunque può riconoscere. La visione di Beatrice opera una trasformazione su tutti coloro che possono godere del suo passaggio e del suo saluto. Come già accadeva in *Chi è questa che vèn, ch'ogn'om la mira* (▶ T2, p. 264) di Cavalcanti, la lode della donna ha un carattere universale e corale.

Lo stile
La struttura sintattica riprende quella tematica, che vede l'alternanza tra l'immagine della donna e le reazioni alla sua apparizione: le proposizioni principali riguardano Beatrice, mentre gli effetti da essa prodotti sono descritti nelle subordinate. Il clima di estatica sospensione e di serenità che accompagna il passaggio della donna è accentuato dal ritmo pacato dei tre ampi periodi che compongono il sonetto e da alcuni *enjambement* che scandiscono i passaggi cruciali del discorso.

Anche il lessico, composto in prevalenza da parole brevi e semplici, contribuisce alla creazione di un'atmosfera indeterminata. Il ricorso a numerosi sostantivi astratti sottolinea lo stato d'animo di assorta contemplazione (*cosa, cielo, miracol, dolcezza, core, spirito, amore, Sospira*). Infine l'impressione di armonia e fluidità è suggerita dalla fitta trama di allitterazioni. In particolare, la dolcezza della pronuncia è avvertibile nella ripetizione di consonanti dentali (*t* e *d*) e nasali (*n*) che aprono e chiudono il sonetto.

unità 9 ▪ La figura femminile dallo Stilnovo a Petrarca 273

[annotazione manoscritta: La mia vita è cambiata da quando ho avuto l'apparizione della madonna]

LABORATORIO

Comprendere e individuare
L'esplorazione del testo

1. Ricerca nel testo l'unico riferimento alla presenza dell'io lirico.

2. Attraverso quale segnale linguistico nell'ultimo verso Dante accentua ulteriormente il clima di sospensione che aleggia intorno alla figura femminile? *[risposta manoscritta: L'ANIMA]*

Interpretare e riflettere
La scoperta del testo

3. Rileggi la prima strofa di *Chi è questa che vèn ch'ogn'om la mira* di Cavalcanti (▶ T2, p. 264). Quali motivi sono presenti anche nei primi versi del sonetto di Dante?

4. Nelle terzine è possibile cogliere un'eco della teoria d'amore esposta da Giacomo da Lentini in *Amore è un desìo che ven da core* (▶ Origini 2, T2, p. S64). In quale verso?

5. Spiega per quale motivo possiamo affermare che l'apparizione di Beatrice provoca gli effetti tipici del rapporto mistico con il divino, che abbiamo visto descritti in Iacopone da Todi (▶ Origini 1, T2, p. S22)? Qual è, invece, la differenza fra i due autori?

Analizzare
Lo stile e la forma del testo

6. Individua almeno un esempio di allitterazione presente nella lirica, oltre a quello indicato nella scheda di lettura.

7. A infittire ulteriormente la trama dei suoni, quale legame fonico si stabilisce tra le prime e le ultime rime delle quartine e delle terzine?

8. Quale figura dell'ordine enfatizza ulteriormente nei vv. 7-8 l'affermazione che Beatrice è una creatura celeste?
   A. ☐ Iperbato
   B. ☐ Climax
   C. ☐ Parallelismo
   D. ☐ Chiasmo

9. Con il termine *labbia* (v. 12) Dante non intende soltanto le labbra, ma l'intero volto di Beatrice. Di quale figura retorica si tratta?

10. Scrivi due frasi con il termine "apparizione": la prima in cui viene utilizzato per connotare un evento miracoloso, come nel caso di Beatrice, la seconda con un significato che esula dall'ambito religioso.

11. Riporta almeno altri due termini presenti nella poesia che, come il verbo "parere", oggi sono utilizzati con un significato diverso da quello che attribuisce loro Dante.

GRAMMATICA

12. Individua gli aggettivi e i pronomi indefiniti che evidenziano il carattere corale del sonetto.

13. Analizza il periodo che occupa la prima quartina e riscrivi le proposizioni nello schema, una per casella, precisando il tipo di coordinazione e subordinazione.

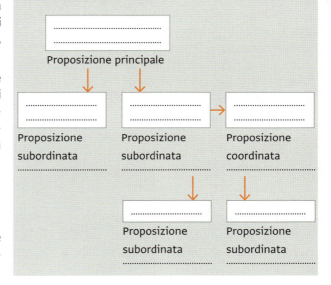

Produrre
Dalla lettura alla scrittura

14. Prova a immaginare che Beatrice non sia così umile come la descrive Dante: quando passa per strada non saluta nessuno, si mostra anzi altera e sprezzante. Scrivi un sonetto in cui descrivi come effettivamente vanno le cose. Ti forniamo un modello.
    *Tanto scortese e boriosa pare
    la donna tua quando m'ignora,
    ch'ogni insulto mi vien da urlare,
    e pur con li occhi direi: alla malora...* ora continua tu.

la voce della narrativa — Giovanni Boccaccio *Lisabetta da Messina*

La novella che segue è la quinta della quarta giornata dal *Decameron*, dedicata agli amori infelici. La novellatrice di turno, Filomena, racconta la storia di Lisabetta da Messina e del suo amore per il giovane garzone Lorenzo, ostacolato dai fratelli, ricchi mercanti.
Nella novella Boccaccio riprende il concetto cortese secondo cui l'amore alberga negli animi nobili. Però, rispetto alla tradizione stilnovista, che concepiva l'amore come elevazione a Dio, qui il sentimento è inteso come una forza naturale, istintiva e irresistibile, che supera le convenzioni sociali, genera sofferenza e può condurre persino alla morte.

mp3 17

I fratelli d'Ellisabetta uccidon l'amante di lei; egli l'apparisce in sogno e mostrale dove sia sotterato; ella occultamente disotterra la testa e mettela in un testo[1] di bassilico, e quivi sù piagnendo ogni dì per una grande ora[2], i fratelli gliele[3] tolgono, e ella se ne muore di dolor poco appresso.

[...] Erano adunque in Messina tre giovani fratelli e mercatanti, e assai ricchi uomini rimasi dopo la morte del padre loro, il quale fu da San Gimignano; e avevano una loro sorella chiamata Lisabetta, giovane assai bella e costumata[4], la quale, che che se ne fosse cagione, ancora maritata non aveano. E avevano oltre a ciò questi tre fratelli in un lor fondaco[5] un giovanetto pisano chiamato Lorenzo, che tutti i lor fatti guidava e faceva[6]; il quale, essendo assai bello della persona e leggiadro[7] molto, avendolo più volte Lisabetta guatato[8], avvenne che egli le incominciò stranamente[9] a piacere. Di che Lorenzo accortosi e una volta e altra, similmente, lasciati suoi altri innamoramenti di fuori, incominciò a porre l'animo a lei[10]; e sì andò la bisogna[11], che, piacendo l'uno all'altro igualmente, non passò gran tempo che, assicuratisi[12], fecero di quello che più disiderava ciascuno.

E in questo continuando e avendo insieme assai di buon tempo e di piacere, non seppero sì segretamente fare, che[13] una notte, andando Lisabetta là dove Lorenzo dormiva, che[14] il maggior de' fratelli, senza accorgersene ella, non se n'accorgesse. Il quale, per ciò che savio giovane era, quantunque molto noioso[15] gli fosse a ciò sapere, pur mosso da più onesto consiglio[16], senza far motto[17] o dir cosa alcuna, varie cose fra sé rivolgendo intorno a questo fatto, infino alla mattina seguente trapassò[18]. Poi, venuto il giorno, a' suoi fratelli ciò che veduto aveva la passata notte d'Elisabetta e di Lorenzo raccontò, e con loro insieme, dopo lungo consiglio, diliberò di questa cosa, acciò che né a loro né alla sirocchia alcuna infamia ne seguisse, di passarsene tacitamente e d'infignersi del tutto d'averne alcuna cosa veduta o saputa infino a tanto che tempo venisse nel quale essi, senza danno o sconcio di loro, questa vergogna, avanti che più andasse innanzi, si potessero torre dal viso.

E in tal disposizion dimorando, così cianciando e ridendo con Lorenzo come usati erano, avvenne che, sembianti faccendo d'andare fuori della città a diletto tutti e tre, seco menaron Lorenzo e pervenuti in un luogo molto solitario e rimoto, veggendosi il destro, Lorenzo, che di ciò niuna guardia prendeva, uccisono e sotterrarono in guisa che niuna persona se n'accorse. E in Messina tornatisi, dieder voce d'averlo per loro bisogne mandato in alcun luogo; il che leggiermente creduto fu, per ciò che spesse volte eran di mandarlo da torno usati[19].

Non tornando Lorenzo, e Lisabetta molto spesso e sollecitamente[20] i fratei domandandone, sì come colei a cui la dimora lunga gravava[21], avvenne un giorno che, domandandone ella molto istantemente[22], che l'uno de' fratelli disse: «Che vuol dir questo? che hai tu a far di Lorenzo, che tu ne domandi così spesso? Se tu ne domanderai più[23], noi ti faremo quella risposta che ti si conviene[24]». Per che la giovane dolente e trista, temendo e non sappiendo[25] che, senza più domandarne si stava, e assai volte la notte pietosamente il chiamava e pregava che ne venisse e alcuna volta con molte lagrime della sua lunga dimora si doleva e senza punto rallegrarsi[26] sempre aspettando si stava.

---

1. **testo**: vaso.
2. **una grande ora**: per molto tempo.
3. **gliele**: glielo.
4. **costumata**: perbene ed educata.
5. **fondaco**: magazzino.
6. **guidava e faceva**: amministrava e portava avanti.
7. **leggiadro**: gentile.
8. **guatato**: guardato.
9. **stranamente**: inaspettatamente.
10. **lasciati... a lei**: tralasciò gli altri suoi amori e incominciò a pensare a lei.
11. **sì andò la bisogna**: e così andò la faccenda.
12. **assicuratisi**: sicuri (che nessuno se ne accorgesse).
13. **non seppero... che**: non seppero agire di nascosto, tanto che.
14. **che**: accadde che.
15. **noioso**: infastidito.
16. **onesto consiglio**: pensiero prudente.
17. **motto**: parola.
18. **trapassò**: aspettò.
19. **eran di... usati**: erano soliti (*eran usati*) mandarlo in giro (*da torno*).
20. **sollecitamente**: insistentemente.
21. **colei... gravava**: come a chi pesava l'eccessiva lontananza.
22. **istantemente**: con insistenza.
23. **più**: ancora.
24. **ti faremo... conviene**: ti risponderemo come meriti.
25. **temendo e non sappiendo**: essendo turbata e non sapendo di che cosa aver paura.
26. **senza... rallegrarsi**: senza svagarsi.

Avvenne una notte che, avendo costei molto pianto Lorenzo che non tornava e essendosi alla fine piagnendo addormentata, Lorenzo l'apparve nel sonno, pallido e tutto rabbuffato[27] e co' panni tutti stracciati e fracidi: e parvele che egli dicesse: «O Lisabetta, tu non mi fai altro che chiamare e della mia lunga dimora t'atristi, e me con le tue lagrime fieramente accusi; e per ciò sappi che io non posso più ritornarci, per ciò che l'ultimo dì che tu mi vedesti i tuoi fratelli m'uccisono». E disegnatole[28] il luogo dove sotterrato l'aveano, le disse che più nol chiamasse né l'aspettasse, e disparve.

La giovane, destatasi e dando fede alla visione, amaramente pianse. Poi la mattina levata, non avendo ardire di dire alcuna cosa a' fratelli, propose di volere andare al mostrato luogo e di vedere se ciò fosse vero che nel sonno l'era paruto[29]. E avuta la licenzia[30] da' fratelli d'andare alquanto fuor della terra a diporto[31], in compagnia d'una che altra volta con loro era stata[32] e tutti i suoi fatti sapeva, quanto più tosto[33] poté là se n'andò; e tolte via foglie secche che nel luogo erano, dove men dura le parve la terra, quivi cavò[34]; né ebbe guari[35] cavato, che ella trovò il corpo del suo misero amante in niuna cosa ancora guasto né corrotto: per che manifestamente conobbe essere stata vera la sua visione. Di che più che altra femina dolorosa, conoscendo che quivi non era da piagnere[36], se avesse potuto volentier tutto il corpo n'avrebbe portato per dargli più convenevole[37] sepoltura; ma veggendo che ciò esser non poteva, con un coltello il meglio che poté gli spiccò dallo 'mbusto la testa, e quella in uno asciugatoio inviluppata, e la terra sopra l'altro corpo gittata, messala in grembo alla fante senza essere stata da alcun veduta, quindi si dipartì e tornossene a casa sua.

Quivi con questa testa nella sua camera rinchiusasi, sopra essa lungamente e amaramente pianse, tanto che tutta con le sue lagrime la lavò, mille basci dandole in ogni parte. Poi prese una grande e bel testo, di questi ne' quali si pianta la persa[38] o il basilico, e dentro la vi mise fasciata in un bel drappo[39]; e poi messavi sù la terra, sù vi piantò parecchi piedi di bellissimo basilico salernetano, e quegli di niuna altra acqua che o rosata o di fior d'aranci o delle sue lagrime non innaffiava giammai[40]. E per usanza aveva preso di sedersi sempre a questo testo vicina, e quello con tutto il suo disidero vagheggiare[41], sì come quello che il suo Lorenzo teneva nascoso: e poi che molto vagheggiato l'avea, sopr'esso andatasene cominciava a piagnere, e per lungo spazio, tanto che tutto il basilico bagnava, piagnea.

Il basilico, sì per lo lungo e continuo studio, sì per la grassezza della terra procedente dalla testa corrotta che dentro v'era, divenne bellissimo e odorifero molto; e servando la giovane questa maniera del continuo[42], più volte da' suoi vicini fu veduta. Li quali, maravigliandosi i fratelli della sua guasta bellezza e di ciò che gli occhi le parevano della testa fuggiti[43], il disser loro: «Noi ci siamo accorti che ella ogni dì tiene la cotal maniera». Il che udendo i fratelli e accorgendosene, avendonela alcuna volta ripresa e non giovando, nascosamente da lei fecero portar via questo testo; il quale non ritrovandolo ella, con grandissima instanzia[44] molte volte richiese, e non essendole renduto[45], non cessando il pianto e le lagrime, infermò[46], né altro che il testo suo nella infermità domandava. I giovani si maravigliavan forte di questo adimandare, e per ciò vollero vedere che dentro vi fosse; e versata la terra, videro il drappo e in quello la testa non ancora sì consumata, che essi alla capellatura crespa[47] non conoscessero lei essere quella di Lorenzo. Di che essi si maravigliaron forte e temettero non questa cosa si risapesse: e sotterrata quella, senza altro dire, cautamente di Messina uscitisi e ordinato come di quindi si ritraessono[48], se n'andarono a Napoli.

La giovane non restando di piagnere e pure il suo testo adimandando, piagnendo si morì, e così il suo disaventurato amore ebbe termine. Ma poi a certo tempo divenuta questa cosa manifesta a molti, fu alcun che compuose quella canzone la quale ancora oggi si canta, cioè:

Qual esso fu lo malo cristiano,
che mi furò la grasta[49], et cetera.

[G. Boccaccio, *Decameron*, Laterza, Roma-Bari 1985]

---

27 rabbuffato: spettinato.
28 disegnatole: indicatole con esattezza.
29 paruto: apparso.
30 licenzia: il permesso.
31 diporto: a passeggio.
32 altra... stata: in passato (*altra volta*) era stata a servizio da loro.
33 tosto: velocemente.
34 cavò: scavò.
35 guari: molto.
36 conoscendo... piagnere: rendendosi conto che non era il luogo adatto per piangere.
37 convenevole: degna.
38 persa: maggiorana.
39 drappo: tessuto di seta.
40 di niuna... giammai: con nessun altro liquido la innaffiava se non con acqua di rose o fiori d'arancio o con le sue lacrime.
41 tutto... vagheggiare: contemplare con tutto il suo desiderio amoroso.
42 servando... del continuo: comportandosi la giovane sempre così.
43 gli occhi... fuggiti: gli occhi erano così incavati che sembravano scomparsi dalla testa (*che parevano dalla testa fuggiti*).
44 instanzia: insistenza.
45 renduto: restituito.
46 infermò: si ammalò.
47 crespa: riccia.
48 uscitisi... si ritraessono: allontanatisi e organizzato il modo di trasferirsi.
49 Qual... grasta: Chi fu l'uomo crudele (*malo cristiano*) che mi portò via il vaso.

Raffigurazioni della società medioevale

Dopo l'anno Mille, le innovazioni in campo agricolo permisero lo sviluppo dell'economia, il ritorno ai commerci e l'ascesa di un nuovo ceto sociale, la borghesia, formato per lo più da artigiani e commercianti che vivevano nei borghi, quartieri sorti all'esterno delle città e poi inglobati a esse in seguito all'espansione dei centri urbani.
Tutto questo nuovo fervore è documentato nei grandi affreschi di Ambrogio Lorenzetti, che affrontò per la prima volta nella pittura trecentesca un soggetto profano. L'autore, pittore della scuola senese attivo nella prima metà del XIV secolo, si discostò dal caposcuola Simone Martini perché seppe unire l'eleganza gotica del suo maestro (fatta dalla preziosità dei colori, dalla precisione dei dettagli, dal tratto leggero) al realismo narrativo con cui dipana il racconto del vivere trecentesco nella città e nel contado.

Nel borgo circondato da mura possenti riprendono le attività: si costruiscono case, simboli di un benessere faticosamente conquistato, torri, altane, logge; si lavorano tessuti preziosi per tappezzerie e abiti; si aprono botteghe ricche di granaglie e aule in cui si sostenta con dotte discussioni anche lo spirito. Dietro le bifore del palazzo comunale lavorano politici in difesa della libertà e della nuova intraprendenza; si scorgono profili di chiese che con la solidità delle loro mura e la sobrietà delle loro decorazioni ben esemplificano lo spirito pragmatico della nuova classe borghese.
I contadini giungono in città con le bestie da soma cariche di ogni bene e i signori viceversa se ne allontanano, per dirigersi nel contado a praticare la caccia con il falcone. Fuori dalle mura del borgo saggiamente amministrato, la "sicurezza" è dipinta come una donna alata che ammonisce con la raffigurazione dell'impiccagione.

1 Muratori impegnati nell'attività edilizia.

2 Bottega del calzolaio.

3 Aula di studio.

4 La *Securitas*, con cartiglio e simbolo della forca, indica l'applicazione della giustizia per garantire la tranquillità.

5 Il falconiere.

Altri linguaggi • ARTE

1. Cornice dipinta ad alta fascia in cui si alternano piccoli tondi con stemmi senesi e grandi con busti di santi e profeti.

2. Iscrizione di terzine in lingua volgare in cui Maria afferma di proteggere Siena solo se i potenti si comporteranno onestamente.

3. Cornice in pietra dentellata.

4. Spilla in vero cristallo di rocca.

5. Nel registro inferiore compaiono inginocchiati i santi protettori della città di Siena; in quello superiore si riconoscono a sinistra San Paolo con la spada e Santa Maria Maddalena con la pisside (contenitore per unguenti e profumi), a destra San Giovanni Battista con lunghi capelli e Sant'Agnese con il simbolo dell'agnello mistico.

Simone Martini, *Maestà*, Siena, Palazzo Pubblico, Sala del Mappamondo.

Sempre nel Palazzo Pubblico di Siena, ma in un'altra sala, è presente un celebre affresco di Simone Martini. Rappresentando la Maestà in trono con l'intenzione di dipingere una grandiosa "corte celeste", il pittore in realtà sembra raffigurare una raffinata corte mondana: la Madonna dal lungo collo, dai tratti gentili, dalle dita affusolate, dalla veste ricamata fermata da una spilla splendente di vero cristallo, riceve l'omaggio di angeli e santi. Più che regina dei cieli, essa sembra una dama cortese che, sotto un leggero e fluttuante baldacchino, assiste a giostre e tornei cavallereschi, protagonista della piacevolezza del vivere cantata dai poeti del dolce Stilnovo.

Ambrogio Lorenzetti, *Effetti del Buon Governo in città e nel contado*, Siena, Palazzo Pubblico, Sala dei Nove.

Francesco Petrarca

La vita

Francesco Petrarca nacque ad **Arezzo** il 20 luglio del 1304. Il padre, il notaio Ser Petracco, era guelfo di parte bianca, amico di Dante, esiliato anche lui nel 1302 da Firenze e costretto a trasferirsi con la famiglia ad Arezzo. Nel 1312 il padre si spostò ad **Avignone**, nel sud della Francia, allora sede della curia papale. Francesco studiò le **discipline del trivio** (grammatica, retorica, dialettica) e iniziò i suoi studi giuridici a Montpellier per poi trasferirsi a **Bologna**, sede di una delle più prestigiose università del tempo. Nel 1326, dopo la morte del padre, fece ritorno ad Avignone. Qui il 6 aprile del 1327 avvenne l'incontro con **Laura**, che il poeta vide per la prima volta nella chiesa di Santa Chiara il giorno del venerdì santo.

Petrarca intraprese la **carriera ecclesiastica** prendendo gli ordini minori ed entrando subito al servizio del cardinale **Giovanni Colonna**, membro di una delle più influenti famiglie dell'aristocrazia romana. Compì alcuni viaggi in giro per l'Europa, durante i quali coltivò l'interesse per i **testi classici**, facendo alcune importanti **scoperte filologiche** e cominciando ad acquisire una serie di testi che formeranno la sua preziosa biblioteca. Tornato in Provenza si ritirò a **Valchiusa**, dedicandosi agli studi e alla composizione di opere in latino. Nel 1341 il senato di Roma gli offrì la **laurea poetica**, il titolo più prestigioso a cui un letterato potesse ambire. Negli anni seguenti fu im-

---

vite di scrittori — La pace di Valchiusa

In una lettera del 1342, Petrarca invitava il cardinale Giovanni Colonna ad andarlo a trovare nella casa che aveva acquistato in Provenza, vicino alle sorgenti del Sorga, e dove era solito ritirarsi per dedicarsi agli studi. Nel brano proposto il poeta, descrivendo il luogo e le sue occupazioni, coglie l'occasione per delineare un ideale autoritratto.

Dove mai, fuori d'Italia, potrei vivere con maggiore tranquillità? mi vedrai contento di un piccolo, ombroso giardino e di una piccola casa, ma tale che all'arrivo di tanto ospite[1] riterrai ancor più piccola; vedrai colui che desideri in buona salute, senza bisogno di nulla e che nulla si aspetta dalle mani della fortuna. Lo vedrai, da mattina a sera, passeggiare solitario tra prati, monti e sorgenti, abitare nei boschi e nel verde; lo vedrai evitare le orme degli uomini, cercare i sentieri fuori mano[2], amare i luoghi ombrosi, godere degli angoli rugiadosi e dei prati verdeggianti; lo vedrai maledire le mene della curia[3], evitare il tumulto delle città, star lontano dalle soglie dei superbi[4], farsi beffe degli affari del volgo[5], restare a metà strada tra letizia e tristezza; lo vedrai libero per interi giorni e intere notti, gloriarsi della compagnia delle muse[6], del canto degli uccelli, del mormorio delle ninfe[7], in compagnia di pochi servi e di molti libri; ed ora rimanere a casa, ora passeggiare, ora soffermarsi, ora adagiare sulla riva di un ruscello gorgogliante, ora sull'erba tenera il capo stanco e il corpo affaticato e, non ultima ragione di conforto, vedrai che nessuno, se non raramente, osa disturbarlo per ripetergli anche la millesima parte delle sue preoccupazioni; ed oltre a ciò, lo vedrai ora immobile ed assorto tacere, ora a lungo parlare con se stesso.

[F. Petrarca *Epistole, Familiarum rerum libri*, vol. III, trad. it. di U. Dotti, Argalia, Urbino 1974]

---

1. **tanto ospite**: ospite così importante, come il cardinale Colonna.
2. **passeggiare... fuori mano**: Petrarca costruisce in queste righe un ritratto idealizzato di sé, descrivendosi come un uomo schivo e solitario, dedito alla meditazione e alla contemplazione della natura. Lo stesso procedimento si nota in molte liriche del *Canzoniere*, per esempio nel celebre sonetto *Solo et pensoso i più deserti campi*, in cui compaiono gli stessi monti, le acque, i boschi di questo passo.
3. **le mene della curia**: gli intrighi della corte papale.
4. **soglie dei superbi**: case degli uomini potenti e orgogliosi.
5. **affari del volgo**: occupazioni e faccende della gente comune.
6. **gloriarsi... muse**: compiacersi del conforto della poesia; nella mitologia classica le Muse sono le dee protettrici delle arti.
7. **ninfe**: giovani divinità abitatrici dei boschi, dei monti, delle acque, degli oceani.

piegato con diversi incarichi pubblici presso le corti delle signorie italiane. Nel 1348 Laura morì durante l'epidemia di **peste nera** che decimò la popolazione europea. Nel 1350 Petrarca conobbe **Boccaccio**, con cui strinse una profonda amicizia. Negli ultimi anni si trasferì ad **Arquà**, sui Colli Euganei, dove morì la notte tra il 18 e il 19 luglio del 1374.

Il *Canzoniere*

Il titolo e la struttura

Il titolo originale del *Canzoniere*, a cui Petrarca lavorò dal 1342 fino alla sua morte, è *Rerum vulgarium fragmenta*, ovvero "**raccolta di poesie in volgare**". Il termine "canzoniere" nel Medioevo si riferiva genericamente a una raccolta antologica di poesie, di solito aperta da canzoni. Quello di Petrarca è formata da **366 componimenti** (sonetti, canzoni, sestine, ballate, madrigali), uno per ogni giorno di un anno bisestile. Infatti il libro rappresenta una sorta di **diario lirico** che racconta il percorso interiore dell'anima del poeta. Una cesura fondamentale nell'opera è rappresentata dalla divisione tra "**rime in vita**" (1-263) e "**rime in morte**" di Laura (264-366).

Gli aspetti tematici e formali

Il protagonista del *Canzoniere* è l'**io lirico** del poeta, tormentato dall'inquietudine e sempre in bilico tra il desiderio di raggiungere la **perfezione morale** e l'attrazione verso la **bellezza** e l'**amore** rappresentate da Laura. Il nucleo del libro è costituito da questo **dissidio interiore**, destinato a non ricomporsi. L'**amore** per Laura, a cui Petrarca non sa sfuggire, è accompagnato dalla consapevolezza della natura peccaminosa del sentimento. Questa oscillazione è alla base del conflitto interiore petrarchesco, tra amore profano e amore sacro. Al centro dell'opera c'è poi **Laura**, donna terrena evocata nella sua bellezza transitoria ma mai presente, sempre sognata o ricordata: una **perenne assenza** che fa di lei una figura costantemente agognata e mai raggiunta dall'io lirico.
Se il dissidio interiore petrarchesco è destinato a non ricomporsi, è sul piano della forma che il poeta recupera l'**armonia** e l'**equilibrio** che sfuggono alla sua dimensione spirituale. Attraverso una studiata selezione dei vocaboli da usare, con l'eliminazione dei termini troppo bassi e crudi, nel *Canzoniere* si ottiene un linguaggio medio, basato su un numero ristretto di parole e privo di ogni contrasto di stile, tanto che si è parlato di "**unilinguismo**" petrarchesco.

Le altre opere

Triumphi (*I Trionfi*) è il titolo latino di un **poemetto allegorico-didascalico** in volgare rimasto incompiuto. Si tratta di una successione di sei trionfi allegorici, simili a quelli dei generali romani, che appaiono in sogno al protagonista secondo la maniera della "visione". L'opera è scritta in terzine dantesche (▶ T3, p. 271) e si inquadra nel gusto medioevale.
Petrarca scrisse la maggior parte delle sue opere in **latino** e per questo viene considerato uno scrittore bilingue. In lingua latina compose un ricco **epistolario**, articolato in sezioni (le principali sono le *Familiares* e le *Seniles*), oltre ad altre raccolte di genere vario. Nella stessa lingua scrisse il **poema epico** *Africa* e la raccolta di **biografie esemplari** *De viris illustribus*. Però l'opera più rilevante è il *Secretum*, un **dialogo filosofico** (in tre libri più un proemio) tra il poeta e Sant'Agostino, il quale sottopone Petrarca a un rigoroso esame di coscienza, esortando e guidandolo sulla strada della verità.

T4 Erano i capei d'oro a l'aura sparsi

Nel sonetto XC del *Canzoniere*, Laura non è rappresentata come la donna-angelo degli stilnovisti, ma come una creatura terrena soggetta alle leggi della natura. Il tempo, che scorre inesorabilmente e porta via con sé la giovinezza, ha offuscato la sua bellezza ma non l'amore del poeta nei suoi confronti.

METRO: sonetto a rime incrociate nelle quartine (ABBA ABBA) e invertite nelle terzine (CDE DCE).

> Erano i capei d'oro a l'aura sparsi
> che 'n mille dolci nodi gli avolgea,
> e 'l vago lume oltra misura ardea
> di quei begli occhi, ch'or ne son sì scarsi;
> 5 e 'l viso di pietosi color' farsi,
> non so se vero o falso, mi parea:
> i' che l'èsca amorosa al petto avea,
> qual meraviglia se di sùbito arsi?
>
> Non era l'andar suo cosa mortale,
> 10 ma d'angelica forma; et le parole
> sonavan altro, che pur voce humana.

parafrasi

vv. 1-4 Erano i capelli biondi sparsi all'aria (*a l'aura*), che li intrecciava in mille dolci nodi, e la bella e mobile luce (*vago lume*) di quei begli occhi ardeva in un modo che superava i limiti umani (*oltra misura*); quegli occhi belli che adesso ne [della luce] sono così privi (*sì scarsi*).

vv. 5-8 E mi sembrava (*parea*) che il suo viso, non so se era reale (*vero*) o un'illusione (*falso*), si animasse di pietà: come meravigliarsi se mi infiammai (*arsi*) immediatamente (*di sùbito*), io che ero già predisposto a innamorarmi (*che l'èsca amorosa al petto avea*)?

vv. 9-11 Il suo incedere (*l'andar suo*) non era quello di una creatura terrena (*cosa mortale*), ma di una figura (*forma*) angelica; e le sue parole risuonavano in modo diverso da quello di una semplice (*pur*) voce umana.

il punto su... | I *senhal* di Laura

"Laura" è un *senhal*, un nome fittizio attraverso cui allude alla donna amata evitando i riferimenti espliciti. Il *senhal*, che nella poesia provenzale veniva usato per difendere l'amata dai pettegolezzi dei malparlieri, nel *Canzoniere* diventa un gioco letterario, un pretesto per evocare la donna attraverso tutte le possibili variazioni linguistiche connesse al suo nome.

In *Erano i capei d'oro* Petrarca si basa sull'omofonia (identità di suono) tra il nome proprio *Laura* e l'espressione *l'aura* (l'aria, il vento, con un richiamo anche al termine "aurora"), un procedimento che gli consente di instaurare in aggiunta anche un parallelismo tra le qualità dell'aria, che spirando crea scompiglio e porta vita e movimento, e la donna che con la sua presenza anima lo spirito del poeta. Va precisato che i due nomi (*l'aura*/*Laura*) al tempo di Petrarca erano anche omografi, scritti cioè nello stesso modo, in quanto il poeta, secondo le convenzioni ortografiche del Medioevo, non usava l'apostrofo.

Gli altri *senhal* di Laura nel *Canzoniere* sono *lauro* e *l'auro*. Il primo nome è legato all'attività poetica: l'alloro ("lauro") era la pianta sacra al dio della poesia Apollo e con una corona di questo albero si incoronavano nell'antichità i poeti (una consuetudine sopravvissuta nelle lauree). Il nome "Laura" coincide dunque con la poesia stessa: è lei la fonte di ispirazione del *Canzoniere*. L'altro *senhal*, *l'auro*, è un latinismo per "oro", e allude sia ai capelli d'oro di Laura sia alla sua natura pura e preziosa.

> Uno spirito celeste, un vivo sole
> fu quel ch'i' vidi; et se non fosse or tale,
> piagha per allentar d'arco non sana.

[F. Petrarca, *Canzoniere*, Einaudi, Torino 1992]

vv. 12-14 Quello che io vidi fu uno spirito celestiale, un vivido (*vivo*) sole; e se anche adesso (*or*) non fosse più così [si riferisce alla bellezza di Laura, sfiorita con il tempo], una ferita (*piagha*) [provocata da una freccia] non guarisce (*non sana*) per il fatto che si è allentata la corda dell'arco (*allentar d'arco*) [che ha scoccato la freccia].

SCHEDA di LETTURA

I legami con la tradizione poetica

Laura viene descritta attraverso i motivi della lode stilnovistica: lo splendore dei *capei d'oro*, la luminosità degli occhi, la divina eleganza dell'incedere. Anche la suddivisione tematica del componimento richiama la struttura bipartita di molti sonetti stilnovistici: in particolare, fra le poesie analizzate, quella di *Io voglio del ver la mia donna laudare* di Guinizzelli (▶ T1, p. 260).

Nelle quartine Petrarca si sofferma sull'aspetto fisico di Laura e sul processo d'innamoramento, che dinanzi a tanta bellezza appare immediato e naturale (*qual meraviglia se di sùbito arsi?*). L'amore si sviluppa secondo la tradizione cortese, seguendo il consueto percorso che dalla visione della donna porta al cuore predisposto all'amore. Nelle terzine le qualità esteriori lasciano spazio alla presentazione dei modi della donna (*d'angelica forma*) e delle sue virtù. Vi sono evidenti legami con *Tanto gentile e tanto onesta pare* (▶ T3, p. 271): nelle espressioni usate da Petrarca riecheggia la definizione che Dante aveva coniato per Beatrice: *cosa venuta/da cielo in terra a miracol mostrare*.

La concezione petrarchesca

Tuttavia, con il periodo ipotetico dei versi finali, Petrarca si allontana dalla tradizione cortese, esplicitando la distanza che separa il sofferto travaglio del suo amore per Laura rispetto al miracolo dell'apparizione stilizzata della donna degli stilnovisti. La visione di Laura è posta in una dimensione soggettiva e l'innamoramento è il frutto di una condizione psicologica del poeta (*i' che l'èsca amorosa al petto avea*). All'intangibile freddezza delle donne stilnoviste si contrappone l'immagine di una donna viva, di cui si colgono il movimento dei capelli e la luminosità.

La lode di Dante fissava l'astratta rappresentazione di un'ideale figura femminile che rifulge in un eterno presente, immune dai limiti e dalle fragilità terrene. La descrizione di Laura, invece, passa attraverso la consapevolezza dell'inesorabile trascorrere del tempo, dell'umana realtà di un aspetto fisico che muta, di una bellezza che si spegne. A questa presa d'atto risponde il ricordo della passata giovinezza che mantiene vivo l'amore. I giorni in cui *'l vago lume oltra misura ardea* sono lontani (*or ne son sì scarsi*) ma la dolcezza di quella visione non può dissolversi, così come una ferita non può guarire soltanto perché è trascorso del tempo da quando è stata scagliata la freccia (*piagha per allentar d'arco non sana*). Si tratta di una concezione dell'amore del tutto nuova rispetto alla poesia precedente, che sfida e sconfigge le leggi del tempo in nome di una fedeltà indissolubile alla memoria del cuore.

La trama temporale

La centralità del tema dello scorrere del tempo e della permanenza dell'amore è confermata dalla fitta tessitura verbale del sonetto. La lirica si apre con l'imperfetto (*Erano*), il tempo ideale, grazie alla sua funzione durativa e iterativa, per rievocare un passato indistinto e statico e creare un'atmosfera di nostalgica sospensione, ribadita anche dai due verbi successivi, posti in rima (*avolgea*, *ardea*). Nel quarto verso si passa improvvisamente al tempo presente, che sottolinea la comparsa dei segni del tempo sul volto di Laura, la fugacità della sua bellezza: la contrapposizione temporale e l'indeterminatezza dell'atmosfera si ripetono identici anche nel sesto verso (*non so se vero o falso, mi parea*).

Dal v. 7, nel ricordo di una visione avvolta in una dimensione soggettiva e atemporale (*avea*, *era*, *sonavan*), si inserisce il passato remoto (*arsi*, *fu*, *vidi*),

SCHEDA di LETTURA

il tempo che definisce i fatti avvenuti e definitivamente conclusi. I tre verbi fissano per sempre il magico e irripetibile istante dell'innamoramento.
Si giunge così alla sentenza finale della persistenza di quell'amore, il cui "atto di nascita" è indicato dal periodo ipotetico che occupa gli ultimi due versi: il congiuntivo *fosse* e il presente *non sana* sanciscono l'eternità dell'amore, un sentimento che va oltre il tempo, annullandolo.

Lo stile

La sintassi è lineare, scorrevole e disposta simmetricamente: ciascuna quartina è formata da due periodi di due versi e le terzine sono divise in due parti di simile lunghezza da una pausa all'interno del secondo verso. Parole ed espressioni sono semplici e generiche. Se isolati dal contesto, anche gli artifici retorici appaiono ordinari e stereotipati, come le numerose metafore (*capei d'oro*, *dolci nodi*, *esca amorosa* ecc.).

LABORATORIO

Comprendere e individuare
L'esplorazione del testo

1. Nel sonetto compaiono due soggetti: Laura e l'io lirico "si spartiscono" equamente e in modo simmetrico i quattordici versi. Giustifica quest'affermazione con opportuni riferimenti al testo.

2. Nel v. 4, la particella pronominale *ne* si riferisce
   A. ☐ ai *capei d'oro* (v. 1)
   B. ☐ ai *dolci nodi* (v. 2)
   C. ☒ al *vago lume* (v. 3)
   D. ☐ ai *begli occhi* (v. 4)

3. Quale immagine rievoca la metafora della personificazione dell'Amore che scaglia le frecce per far innamorare?

Interpretare e riflettere
La scoperta del testo

4. Quale immagine metaforica di Laura viene anticipata dal complemento di qualità *d'oro* (v. 1)?

5. Il tema innovativo della poesia consiste nella
   A. ☒ opposizione tra i sogni della giovinezza e la saggezza della maturità del poeta
   B. ☐ opposizione tra la bellezza giovanile e i segni della decadenza senile di Laura
   C. ☒ fusione tra l'immagine angelica e il carattere soggettivo ed effimero della visione
   D. ☐ fusione tra la passione dell'amore di un tempo e la pace dei sensi del presente

6. Nel primo verso del sonetto è possibile cogliere un'eco degli *incipit* della lirica provenzale: sai spiegare perché? *chioma sparsa*

Analizzare
Lo stile e la forma del testo

7. Nella scheda di lettura abbiamo sottolineato la simmetria e la scorrevolezza della struttura sintattica. Rileggi l'intero sonetto e individua gli unici passaggi in cui il ritmo fluido del discorso subisce una momentanea pausa. v 10, 11; 12, 13

8. Individua i due marcati *enjambement* che compaiono nelle terzine. v 9 10

9. Individua un paio di allitterazioni e di assonanze.

10. Spiega per quale motivo possiamo considerare i *capei d'oro a l'aura sparsi* (v. 1) una sineddoche della donna amata. *intende che era bella tutta anche se si riferisce solo ai capelli*

GRAMMATICA

11. La proposizione del v. 9 è una subordinata
    A. ☐ soggettiva
    B. ☒ oggettiva
    C. ☐ dichiarativa
    D. ☐ interrogativa indiretta

Produrre
Dalla lettura alla scrittura

12. Immaginiamo di riscrivere il sonetto di Petrarca; questa volta l'io lirico è una donna e l'oggetto dell'amore un uomo. Quali danni avrà prodotto il tempo su di lui? Noi abbiamo pensato che con il trascorrere degli anni i capelli non siano più quelli di una volta...
    Eran folti i capei sulla testa sparsi,
    che di mille colpi di sole splendea
    e carezzar oltra misura mi piacea
    quei bei riccioli, ch'or son si scarsi... ora continua tu.

il punto su... Petrarchismo e antipetrarchismo: *Crin d'oro crespo* di Pietro Bembo e *Chiome d'argento* di Francesco Berni

La poesia di Petrarca si affermò come modello a partire dal Quattrocento e diventò dominante nel secolo successivo, originando un vero e proprio genere letterario praticato nelle corti rinascimentali. La codificazione operata da Pietro Bembo (1470-1547) nelle *Prose della volgar lingua* (1525) stabilì di fatto il primato di Petrarca nella lirica e di Boccaccio nella prosa, determinando la nascita del "petrarchismo". L'imitazione di Petrarca riguardava soprattutto l'aspetto formale e dette vita a un filone lirico. Però, la convenzionalità di questo modo poetico, sentito come artificioso e arido, venne criticato da alcuni scrittori e generò anche un filone parodico, una linea antipetrarchista di cui principale esponente fu Francesco Berni (1497-1535).

Il primo sonetto che ti proponiamo, opera di Pietro Bembo, è evidentemente ispirato al lessico e ai modi del *Canzoniere* di Petrarca e descrive una donna di straordinaria bellezza (probabilmente Lucrezia Borgia, con cui il poeta ebbe una tormentata relazione sentimentale). Nel secondo componimento, Francesco Berni rovescia parodicamente il contenuto della lirica del Bembo: anch'egli riprende apparentemente temi e situazioni tipiche di Petrarca, ma la donna oggetto della lode non è un'affascinante creatura, bensì un'anziana signora dall'aspetto e dai modi sgradevoli.

Crin d'oro crespo e d'ambra tersa e pura,
ch'a l'aura su la neve ondeggi e vole,
occhi soavi e più chiari che 'l sole,
da far giorno seren la notte oscura,

5 riso, ch'acqueta ogni aspra pena e dura,
rubini e perle, ond'escono parole
sì dolci, ch'altro ben l'alma non vòle,
man d'avorio, che i cor distringe e fura,

cantar, che sembra d'armonia divina,
10 senno maturo a la più verde etade,
leggiadria non veduta unqua fra noi,

giunta a somma beltà somma onestade,
fur l'esca del mio foco, e sono in voi
grazie, ch'a poche il ciel largo destina.

[C. Dionisotti (a cura di), *Prose della volgar lingua. Gli Asolani. Rime*, Tea, Milano 1993]

Chiome d'argento fine, irte e attorte
senz'arte, intorno ad un bel viso d'oro;
fronte crespa, u' mirando io mi scoloro,
dove spunta i suoi strali Amore e Morte;

5 occhi di perle, vaghi, luci torte
da ogni obbietto disuguale a loro;
ciglia di neve, e quelle, ond'io m'accoro,
dita, e man dolcemente grosse e corte;

labbra di latte, bocca ampia, celeste;
10 denti d'ebano, rari e pellegrini;
inaudita ineffabile armonia;

costumi alteri e gravi: a voi, divini
servi di Amor, palese fo che queste
son le bellezze della donna mia.

[F. Berni, *Rime*, Einaudi, Torino 1969]

Capelli e volto (1-2): capelli splendenti, biondi e ricci, che ondeggiano sul viso candido come la neve.
Occhi (3-4): occhi dolci, che illuminano la notte buia.
Bocca, mani e voce (5-9): un sorriso sereno, labbra rosse come rubini, denti splendenti come perle, mani candide e voce che possiede l'armonia di una musica celeste.
Virtù interiori e atteggiamento (10-14): un'intelligenza matura, comportamento aggraziato e dignitoso.

Capelli e volto (1-4): capelli bianchi, duri e spettinati; viso giallastro, con la fronte rugosa.
Occhi (5-7): occhi storti, senza colore e luce.
Bocca, mani e voce (8-11): labbra pallide, bocca larga e violacea, da cui si intravvedono pochi denti cariati; voce indescrivibile, per quanto è sgradevole.
Virtù interiori e atteggiamento (12-14): superbia e severità indisponente.

Antonio Grifo, decorazione di *Chiare, fresche e dolci acque* su incunabolo, XV secolo, Brescia, Biblioteca Civica Queriniana.

T5 Chiare, fresche et dolci acque

In questa canzone (CXXVI), una delle più celebri del *Canzoniere*, Petrarca sente appressarsi la morte e si rivolge alle acque del fiume Sorga, in Valchiusa, dove egli visse durante il suo soggiorno in Provenza.

METRO: canzone formata da cinque strofe di tredici versi ciascuna, composte da nove settenari e quattro endecasillabi. Schema delle rime della strofa: abCabCcdeeDfF. Il congedo finale segue lo schema degli ultimi tre versi della strofa (ghH).

Chiare, fresche et dolci acque,
ove le belle membra
pose colei che sola a me par donna;
gentil ramo ove piacque,
(con sospir' mi rimembra)
5   a lei di fare al bel fianco colonna;
herba et fior' che la gonna
leggiadra ricoverse
co l'angelico seno;
aere sacro, sereno,
10 ove Amor co' begli occhi il cor m'aperse:
date udïenza insieme
a le dolenti mie parole extreme.

12 date udïenza: l'esortazione ad ascoltarlo è rivolta a tutti gli elementi naturali invocati prima ovvero le acque, il ramo, le erbe e i fiori, l'aria.
13 extreme: ultime, perché il poeta sente avvicinarsi la morte.

parafrasi   **vv. 1-13**   Acque trasparenti, fresche e care, in cui immerse il bel corpo (*membra*) Laura, quella che a me appare l'unica (*sola*) degna di essere considerata una donna; o ramo gentile, a cui

---

il punto su... | La canzone

La canzone, insieme al sonetto, è la forma metrica più illustre della tradizione lirica italiana. Si affermò nel Duecento come derivazione della *canso* provenzale e in origine era accompagnata dalla musica. Essa è formata da un numero variabile di strofe (cinque o più) di versi endecasillabi e settenari, dette "stanze", suddivise in due parti, dette "fronte" e "sirma". Ognuna delle due parti ha una struttura ben precisa: la fronte è divisa in "piedi", la sirma invece può essere unica o divisa in due parti uguali, dette "volte". Inoltre, la sirma può essere legata alla fronte da un verso, detto "chiave", che riprende la rima dell'ultimo verso della fronte. La canzone è chiusa da una strofa finale, diversa dalle altre, detta "congedo" (o "commiato" o "licenza"), in cui il poeta si congeda dal componimento. Codificata per la prima volta dagli stilnovisti e da Dante, la canzone venne ripresa nel Trecento soprattutto da Petrarca, che la strutturò secondo caratteri specifici che diventeranno poi canonici nella letteratura italiana: per questa ragione si parla di "canzone petrarchesca". Ecco l'esempio di una stanza tratta dal *Canzoniere*.

Di pensier in pensier, di monte in monte	A	
mi guida Amor; ch'ogni segnato calle	B	1° piede
provo contrario alla tranquilla vita.	C	fronte
Se 'n solitaria piaggia rivo o fonte,	A	
5 se fra due poggi siede ombrosa valle,	B	2° piede
ivi s'acqueta l'alma sbigottita;	C	
e, come Amor l'invita,	c	chiave
or ride or piange, or teme or s'assecura,	D	
e 'l volto che lei segue ov'ella il mena,	E	1ª volta
si turba e rasserena,	e	e sirma
et in un esser picciol tempo dura;	D	
onde alla vista uom di tal vita esperto	F	2ª volta
dirìa: «Questo arde, e di suo stato incerto».	F	

[F. Petrarca, *Canzoniere*, Einaudi, Torino 1992]

S'egli è pur mio destino,
e 'l cielo in ciò s'adopra,
ch'Amor quest'occhi lagrimando chiuda,
qualche gratia il meschino
corpo fra voi ricopra,
e torni l'alma al proprio albergo ignuda.
La morte fia men cruda
se questa spene porto
a quel dubbioso passo:
ché lo spirito lasso
non poria mai in più riposato porto
né in più tranquilla fossa
fuggir la carne travagliata et l'ossa.

a lei piacque di appoggiare il suo bel corpo (*di fare al bel fiancho colonna*), (me ne ricordo tra i sospiri); o erba e fiori, che la veste elegante (*gonna leggiadra*) ricoprì (*ricoverse*) insieme con il petto (*seno*) angelico [di Laura]; o aria (*aere*) sacra, serena, dove Amore mi trafisse (*m'aperse*) il cuore per mezzo dei begli occhi [di Laura]: ascoltate (*date udïenza*) tutti insieme le mie ultime (*extreme*) parole sofferenti (*dolenti*).

vv. 14 -26 Se è proprio (*pur*) il mio destino, e il cielo si adoperi (*s'adopra*) perché esso si compia (*in ciò*), che almeno Amore chiuda questi occhi piangenti (*lagrimando*), che qualche sorte gentile (*gratia*) faccia in modo che il mio corpo misero (*meschino*) sia sepolto tra voi [gli elementi naturali richiamati nella strofa precedente], e che l'anima, priva del corpo (*ignuda*) torni in cielo (*al proprio albergo*). La morte sarà (*fia*) meno dolorosa se porterò con me questa speranza (*spene*) nel momento della morte (*a quel dubbioso passo*): poiché l'anima stanca (*spirito lasso*) non potrebbe (*poria*) lasciare (*fuggir*) mai il corpo (*carne*) travagliato e le ossa in un posto più sereno (*riposato porto*) né in una tomba (*fossa*) più tranquilla.

Laura e Petrarca, affresco, XVI secolo, Arquà, Casa del Petrarca.

Tempo verrà anchor forse
ch'a l'usato soggiorno
torni la fera bella et mansüeta,
30 et là 'v'ella mi scorse
nel benedetto giorno
volga la vista disïosa et lieta,
cercandomi; et, o pietà!,
già terra in fra le pietre
35 vedendo, Amor l'inspiri
in guisa che sospiri
sì dolcemente che mercé m'impetre,
et faccia forza al cielo,
asciugandosi gli occhi col bel velo.

40 Da' be' rami scendea
(dolce ne la memoria)
una pioggia di fior sovra 'l suo grembo;
et ella si sedea
humile in tanta gloria,
45 coverta già de l'amoroso nembo.
Qual fior cadea sul lembo,
qual su le treccie bionde,
ch'oro forbito et perle
eran quel dì a vederle;
50 qual si posava in terra, et qual su l'onde,
qual con un vago errore
girando parea dir: Qui regna Amore.

Miniatura tratta da un codice del *Canzoniere*.

28 usato soggiorno: le rive del fiume Sorga sono un luogo in cui Laura era solita recarsi.
29 fera... mansüeta: Laura è detta "fiera", cioè belva selvaggia, perché è crudele verso il poeta ma è anche bella e dolce.
32 vista disïosa et lieta: gli aggettivi si riferiscono a Laura, che il poeta immagina possa essere in un futuro non lontano desiderosa di rivedere il poeta e felice per questo.
49 eran... a vederle: i biondi capelli di Laura, ricoperti di fiori bianchi che si intrecciavano tra le chiome, sembrano oro puro e splendente (*forbito*) e perle.

vv. 27-39 Verrà forse anche (*anchor*) un tempo che la belva (*fera*) [Laura] bella e dolce tornerà al luogo dove era solita sostare (*usato soggiorno*), e là dove ella mi vide (*'v'ella mi scorse*) nel giorno benedetto, e volga lo sguardo (*la vista*) pieno di desiderio (*disïosa*) e di gioia, cercandomi: e, o visione pietosa (*o pietà!*), vedendomi già divenuto terra tra le pietre, Amore la ispiri in modo che (*in guisa che*) sospiri tanto dolcemente da ottenere per me (*m'impetre*) la misericordia divina (*mercé*) e da mutare la volontà di Dio (*faccia forza al cielo*), asciugandosi gli occhi con il suo bel velo.

vv. 40-52 Dai bei rami scendeva (è dolce ricordarlo) una pioggia di fiori sul suo grembo, e lei era seduta, umile in una gloria così grande, coperta (*coverta*) già dalla nube amorosa di fiori. Qualche fiore cadeva sul lembo [della veste], qualche altro sulle trecce bionde, che quel giorno a vederle erano oro lucente e perle; qualcuno si posava per terra, qualcuno sulle acque [del fiume]; un altro, volteggiando leggermente (*con un vago errore girando*) sembrava dire: «Qui regna Amore».

Quante volte diss'io
allor pien di spavento:
55 Costei per fermo nacque in paradiso.
Così carco d'oblio
il divin portamento
e 'l volto e le parole e 'l dolce riso
m'aveano, et sì diviso
60 da l'imagine vera,
ch'i' dicea sospirando:
Qui come venn'io, o quando?;
credendo esser in ciel, non là dov'era.
Da indi in qua mi piace
65 questa herba sì, ch'altrove non ò pace.

Se tu avessi ornamenti quant'ài voglia,
poresti arditamente
uscir del boscho, et gir in fra la gente.

[F. Petrarca, *Canzoniere*, Einaudi, Torino 1992]

---

54 spavento: da intendersi come stupore e sbigottimento, di fronte alla presenza della donna che si manifesta come una creatura divina.
65 ò: "ho"; nella grafia medioevale la lettera *h* veniva spesso sostituita dalla corrispondente forma vocalica accentata (lo stesso dicasi per *ài*, "hai", al verso seguente).

vv. 53-65 Quante volte io dissi allora, pieno di stupore (*spavento*): "Questa donna certamente (*per fermo*) è nata in paradiso". A tal punto (*Così*) il suo incedere (*portamento*) divino, il suo volto, le sue parole, il dolce sorriso mi avevano confuso (*carco d'oblio*) e mi avevano talmente (*sì*) separato (*diviso*) dalla realtà (*da l'imagine vera*), che io mi chiedevo (*dicea*) tra i sospiri: Come sono giunto, e quando, in un luogo simile? Credendo di trovarmi in paradiso, e non sulla terra (*là*) dove invece ero. Da allora in poi questo luogo (*questa herba*) mi piace a tal punto, che non trovo pace in nessun altro posto (*altrove*).
vv. 66-68 Se tu [canzone] avessi tanti pregi artistici quanti vorresti averne (*quant'ài voglia*), potresti senza timore (*arditamente*) uscire dal bosco, e andare (*gir*) fra la gente.

SCHEDA di LETTURA

I piani temporali

Nella canzone si alternano tre piani temporali: il passato, nel ricordo del primo incontro con la donna amata; il presente, nell'intimo colloquio che l'io lirico intrattiene con il paesaggio; il futuro, nel sogno del ritorno di Laura in quei luoghi.
Nella prima stanza, tra passato e presente, l'io lirico sposta lentamente lo sguardo da un elemento all'altro della natura (le *acque*, il *gentil ramo*, *herba et fior'*, l'*aere sacro*), un tempo nobilitati dalla presenza di Laura, mentre riposava sulle rive del Sorga, e ora "orfani" della sua bellezza. Nella seconda stanza mutano sia la prospettiva temporale, dal presente al futuro, sia la forma espressiva, dalla descrizione alla riflessione. Il pensiero del poeta va al momento della sua morte, che *fia men cruda* se verrà sepolto proprio lungo le sponde del fiume: non vi potrebbe essere luogo migliore in cui trovare *più riposato porto*. In seguito l'io lirico si abbandona al sogno e alla visione di Laura che ritorna *a l'usato soggiorno* e che, nello scoprire la sua tomba (*già terra in fra le pietre*), si avvicina impietosita e piange di commozione.

SCHEDA di LETTURA

Il paesaggio di Valchiusa

Il passato si ripresenta nella quarta stanza, con il ricordo del "trionfo" di Laura trasfigurato dall'immaginazione. Il poeta riconduce il lettore in mezzo al paesaggio iniziale, quando la natura aveva reso omaggio alla bellezza di Laura ricoprendola con *una pioggia di fior*. Valchiusa si trasforma in un paradiso terrestre dove *regna Amore* e dove Laura appare come una creatura divina, dai biondi capelli splendenti (*oro forbito et perle*). Nella quinta stanza la focalizzazione si sposta dalla descrizione dell'apoteosi della figura femminile all'analisi dello smarrimento dell'io lirico, diviso tra la realtà e il sogno (*sì diviso/da l'imagine vera*).

Anche la natura è caratterizzata da una duplice funzione. Il paesaggio che circonda il fiume Sorga è causa di rinnovato dolore in quanto ricorda al poeta la sua solitudine, la dolorosa lontananza di Laura da un luogo testimone della sua passata celebrazione. Ma *questa herba* è anche un rifugio gradito (*mi piace*), il solo dove trovare serenità e riposo dal tormento dell'amore (*altrove non ò pace*).

Il congedo riporta definitivamente la canzone nel presente. Risvegliatosi dal sogno, l'io lirico interrompe il dialogo con la natura e si rivolge direttamente alla sua lirica per invitarla a uscire *arditamente* dal bosco e a presentarsi dinanzi a un pubblico più vasto (*et gir in fra la gente*).

La realtà e il sogno

Come abbiamo accennato, in *Chiare, fresche et dolci acque* oltre ai tre piani temporali si intrecciano continuamente anche i livelli della realtà e del sogno. Da un lato c'è il dato oggettivo di un amore infelice: Laura non è assente soltanto dall'*usato soggiorno*, ma anche e soprattutto dalla vita di Petrarca, che la ama non contraccambiato. La realtà di una vicenda sentimentale irrealizzabile cerca dunque una compensazione nella fantasia, nell'illusione.

Il processo immaginativo dell'io lirico prende avvio da un episodio probabilmente avvenuto nella realtà e che il poeta ricrea con forza espressiva nella prima stanza. È facile immaginare il poeta che, mentre passeggia assorto in mezzo al paesaggio incantevole della Valchiusa, viene catturato dall'apparizione folgorante di Laura. La donna mostra la sensualità della sua bellezza esteriore (*belle membra*, *bel fiancho*, *angelico seno*, *begli occhi*), appena sfumata dagli aggettivi di natura stilnovistica, in un tentativo di idealizzazione del desiderio. Ma progressivamente la realtà cede il passo alla fantasia: dal desiderio di essere sepolto in quel luogo si passa all'immagine di Laura impietosita dinanzi a una tomba. Infine, il volto della donna rigato di lacrime (*asciugandosi gli occhi*) è l'occasione per descriverla mentre viene incoronata dalla natura primaverile.

Lo stile

La distanza fra sogno e realtà è marcata anche dal ritmo del componimento, pacato come richiedono la contemplazione, la riflessione, l'indeterminatezza temporale. Il discorso rivolto alla natura è rallentato dalle dittologie, figura retorica che consiste nell'accoppiare due parole dal significato analogo (*bella et mansüeta*, *disïosa et lieta*, *herba et fior*'), e dalle enumerazioni di aggettivi o sostantivi (*il divin portamento/e 'l volto e le parole e 'l dolce riso*). Spesso il ritmo è spezzato da *enjambement*, parentesi, incisi e inversioni sintattiche.

Sin dall'apostrofe iniziale, la musicalità della lirica si deve alla prevalenza dei suoni aperti, alla fluidità e alla dolcezza dei versi piani (non vi sono parole sdrucciole o tronche a fine verso), dalla varietà timbrica dei settenari e degli endecasillabi, dalle assonanze e allitterazioni e dalle rime interne nella terza stanza (*verrà/là/già*). Per quanto riguarda il lessico, Petrarca rifugge da termini ricercati e desueti, preferendo aggettivi e sostantivi di uso comune, spesso di significato generico e ripetuti più volte, come accade con il termine "bello", che ricorre per tre volte nella prima stanza.

LABORATORIO

Comprendere e individuare
L'esplorazione del testo

1. Compila la tabella, assegnando a ogni stanza un titolo che ne riassuma il contenuto.

I stanza	....
II stanza	....
III stanza	....
IV stanza	....
V stanza	....

LABORATORIO

2. Compila la tabella, indicando in quali versi Laura compie le azioni indicate.

Si immerge nel fiume	vv. ...-...
Si appoggia a un albero	vv. ...-...
Si sdraia sul prato	vv. ...-...

3. Quale precisazione dell'io lirico svela che la scena descritta nella prima stanza è soltanto un ricordo?

4. In quale verso della prima stanza Petrarca anticipa il tema della morte che verrà affrontato nei versi successivi?

5. Ricerca nella seconda e nella terza stanza le espressioni che alludono alla fragilità e alla precarietà della natura umana.

6. Il poeta sostiene di essere stato dinanzi a Laura in preda allo smarrimento e all'oblio. Quale verso mostra direttamente questa condizione, manifestando la confusione dell'io lirico?

Interpretare e riflettere
La scoperta del testo

7. Attraverso quali aggettivi Petrarca sottolinea che la presenza di Laura nobilita e rende degni di venerazione gli elementi della natura?

8. Con l'inciso del v. 15, *e 'l cielo in ciò s'adopra*, Petrarca esprime
A. ☐ un augurio   C. ☐ un dubbio
B. ☐ un'ipotesi   D. ☐ una preghiera

9. Per quale motivo nel v. 19 Petrarca definisce *ignuda* l'anima che torna *al proprio albergo*, ovvero in cielo?

10. Il *bel velo* (v. 39), con cui nel sogno di Petrarca Laura si asciuga le lacrime, quale valore metaforico potrebbe assumere?

11. Quale virtù tipica delle donne degli stilnovisti viene attribuita anche a Laura nella quinta stanza?

12. A quale tipologia di amore presente nelle opere di alcuni trovatori provenzali possiamo idealmente ricollegare la canzone di Petrarca? Prima di rispondere, rifletti sulla natura dell'amore del poeta, che si alimenta nonostante l'assenza di Laura.

Analizzare
Lo stile e la forma del testo

13. Il tema doloroso della terza strofa, la visita di Laura alla tomba del poeta (vv. 33-39), viene enfatizzato da alcuni espedienti fonetici. Giustifica quest'affermazione con opportuni riferimenti al testo.

14. Il *cielo* (v. 15) indica il destino, il volere del cielo: un termine astratto sostituisce uno concreto. Di quale figura retorica si tratta?

15. Per definire Laura nel v. 29 Petrarca utilizza
A. ☐ un'iperbole   C. ☐ una perifrasi
B. ☐ un ossimoro   D. ☐ una metonimia

16. Attraverso quale figura dell'ordine viene enfatizzato il tripudio di fiori che cade su Laura e sulla natura circostante (vv. 46-52)?

17. Nel v. 63, la contrapposizione tra realtà e illusione è sottolineata anche dalle parole disposte
A. ☐ in posizione chiastica
B. ☐ simmetricamente
C. ☐ con un climax ascendente
D. ☐ in modo antitetico

18. Il sintagma *vago errore* (v. 51) richiama l'idea di un movimento privo di una precisa direzione. Quali verbi italiani con la stessa etimologia di *vago* e di *errore* hanno conservato questa connotazione?

Produrre
Dalla lettura alla scrittura

19. Petrarca definisce la morte *dubbioso passo* (v. 22). Sai spiegare questa affermazione? Dopo aver risposto in un testo di circa quindici righe, confronta la tua ipotesi con quella dei compagni.

Frontespizio con ritratto di Petrarca e *incipit* del *Canzoniere*, da un manoscritto del XV secolo, Montpellier, Musée Atger.

VERIFICA DELLE COMPETENZE

MODELLO INVALSI

Leggi il seguente testo e poi rispondi alle domande.

T6 Francesco Petrarca
Voi ch'ascoltate in rime sparse il suono

Questo è il sonetto di apertura del *Canzoniere* (I), probabilmente composto dopo la morte di Laura, intorno al 1350. Il poeta analizza gli effetti che ha provocato in lui l'amore per la donna, giungendo alla conclusione che la vita è effimera e fugace e che i piaceri terreni svaniscono presto, come un sogno.

Voi ch'ascoltate in rime sparse il suono
di quei sospiri ond'io nudriva 'l core
in sul mio primo giovenile errore
quand'era in parte altr'uom da quel ch'i' sono:

5 del vario stile in ch'io piango et ragiono,
fra le vane speranze e 'l van dolore,
ove sia chi per prova intenda amore,
spero trovar pietà, non che perdono.

Ma ben veggio or sì come al popol tutto
10 favola fui gran tempo, onde sovente
di me medesmo meco mi vergogno;

e del mio vaneggiar vergogna è 'l frutto
e 'l pentérsi, e 'l conoscer chiaramente
che quanto piace al mondo è breve sogno.

[F. Petrarca, *Canzoniere*, Einaudi, Torino 1992]

3 **in sul... errore**: si riferisce al turbamento amoroso provocato da Laura, incontrata ad Avignone il 6 aprile del 1327.
5 **del vario... ragiono**: il *vario stile* sono le diverse forme metriche e stilistiche con cui il poeta ha espresso la sua dolorosa esperienza d'amore nelle sue *rime sparse* (v. 1), ovvero in poesie separate.
8 **pietà... perdono**: comprensione per i suoi errori giovanili e perdono per il suo passato da peccatore.
10 **favola**: oggetto di storie, di pettegolezzi; il termine *favola* deriva dal verbo latino *fāri* ("parlare") ed è qui usato in senso figurato, con il significato di "essere la favola (cioè lo zimbello) di un gruppo di persone".

parafrasi

vv. 1-4 Voi che ascoltate in queste poesie sparse il suono di quei sospiri con cui io alimentavo (*nudriva*) il cuore durante il mio giovanile traviamento (*errore*), quando ero un uomo in parte diverso da quello che sono adesso:

vv. 5-8 io spero adesso di trovare pietà e perdono per i diversi stili e metri in cui esprimo il mio dolore e ne parlo (*piango et ragiono*), tra inutili (*vane*) speranze e l'inutile (*van*) dolore, presso coloro (*ove sia chi*) che conoscono (*intenda*) l'esperienza amorosa per averla provata (*per prova*).

vv. 9-11 Ma adesso (*or*) mi rendo bene conto (*ben veggio*) di come io sia stato oggetto delle chiacchiere e della derisione (*favola*) della gente (*al popol tutto*) per molto tempo, motivo per cui (*onde*) spesso mi vergogno di me stesso (*di me medesmo*) dentro di me (*meco*);

vv. 12-14 e la vergogna è la conseguenza (*frutto*) dell'oscillazione del mio animo (*vaneggiar*), come anche il pentimento (*pentérsi*), e capire in modo chiaro che ciò che si desidera sulla terra (*al mondo*) è soltanto un breve sogno.

1. Con quale espressione, l'io lirico definisce l'amore che un tempo provava per Laura?

2. Nell'animo dell'io lirico è avvenuto un profondo mutamento: quale affermazione sottolinea questo aspetto?

3. In quale verso Petrarca riconosce la precarietà dei beni umani, ammettendo implicitamente che i valori autentici sono legati alla fede e alla salvezza dell'anima e non all'amore terreno?

4. Per quale ragione possiamo affermare che Petrarca stabilisce una relazione con la tradizione della lirica d'amore classica e trobadorica? Giustifica la tua risposta con opportuni riferimenti al testo.
   - A. ☐ La presenza del tema dell'amore erotico
   - B. ☐ L'analisi del contrasto tra amore sacro e amore profano
   - C. ☐ Il richiamo alla fruizione orale della poesia
   - D. ☐ La lode della figura femminile

5. Qual è la ragione della vergogna che il poeta sostiene di provare nei vv. 11-12?
   - A. ☐ Aver ceduto alla passione dell'amore
   - B. ☐ Essere stato respinto da Laura
   - C. ☐ Aver mostrato senza ritegno il suo dolore
   - D. ☐ Essere ancora innamorato di Laura

6. Per Petrarca quali caratteristiche deve possedere il lettore ideale del *Canzoniere*?
   - A. ☐ Nobiltà d'animo e origini aristocratiche
   - B. ☐ La disponibilità al perdono e alla comprensione
   - C. ☐ La fede religiosa
   - D. ☐ Aver vissuto l'esperienza dell'amore
   - E. ☐ La conoscenza della tradizione lirica

7. Rifletti sugli aspetti tematici presentati nel componimento: quali fra le seguenti coppie antitetiche sono presenti?
   - A. ☐ Amore-odio
   - B. ☐ Vergogna-orgoglio
   - C. ☐ Illusione-consapevolezza
   - D. ☐ Passato-presente
   - E. ☐ Dolore-gioia

8. Quale affermazione definisce in modo più corretto il tema del sonetto?
   - A. ☐ Un lamento per la delusione amorosa
   - B. ☐ Un bilancio sull'amore del passato
   - C. ☐ La rivendicazione orgogliosa di aver amato Laura
   - D. ☐ Una lode alla donna amata

9. Qual è lo schema delle rime?
   - A. ☐ Rime alternate nelle quartine e incrociate nelle terzine
   - B. ☐ Rime incrociate nelle quartine e ripetute nelle terzine
   - C. ☐ Rime ripetute nelle quartine e alternate nelle terzine
   - D. ☐ Rime incatenate nelle quartine e incrociate nelle terzine

10. Nel sonetto compaiono alcune allitterazioni. Riportane almeno un esempio.

11. Nella prima terzina, quale figura retorica dell'ordine viene impiegata più volte da Petrarca?
    - A. ☐ Anastrofe
    - B. ☐ Iperbato
    - C. ☐ Chiasmo
    - D. ☐ Anafora

12. Per mezzo di quale figura dell'ordine, nel v. 13 Petrarca suggerisce la lenta scansione delle varie fasi che ha attraversato per giungere alle conclusioni esposte nel sonetto?
    - A. ☐ Asindeto
    - B. ☐ Polisindeto
    - C. ☐ Parallelismo
    - D. ☐ Climax

13. L'espressione *del vario stile* (v. 5) è un complemento di
    - A. ☐ specificazione
    - B. ☐ argomento
    - C. ☐ causa
    - D. ☐ qualità

14. Quale predicato regge il sostantivo *vergogna* (v. 12) e i due infiniti sostantivati *pentérsi* e *conoscer* (v. 13)?

15. Quale tipo di costruzione sintattica utilizza il poeta per sottolineare i tormenti e i dubbi dell'io?
    - A. ☐ Periodi brevi con la presenza di frasi nominali
    - B. ☐ Complessi periodi con numerose proposizioni subordinate
    - C. ☐ Lunghi periodi con sequenze di proposizioni coordinate
    - D. ☐ Alternanza di coordinazione e subordinazione

UNITÀ 10
Il tempo nel Rinascimento e nel Barocco

T1	Lorenzo de' Medici — *Canzona di Bacco*
T2	Angelo Poliziano — *Ballata delle rose*
T3	Torquato Tasso — *Cogliam d'amor la rosa*

LA LETTERATURA STRANIERA

| T4 | William Shakespeare — *Tempo divoratore* |

LA VOCE DEI CONTEMPORANEI

| T5 | Franco Fortini — *L'edera* |

VERIFICA DELLE COMPETENZE

| T6 | Ciro di Pers — *Orologio da rote* |

ONLINE

TESTI INTEGRATIVI
- Francisco de Quevedo — *Ehi, della vita! Nessuno risponde?*

Eugenio Tutor di italiano

Eugenio, il tutor online che guida nell'analisi interattiva e adattiva (testi di
- G. Stampa; ▪ T. Tasso)

La centralità del tempo nella letteratura dell'età moderna

Nell'unità precedente abbiamo visto che fra i temi centrali della poesia petrarchesca vi sono il sentimento angoscioso del fluire inarrestabile del tempo e la dolorosa coscienza della **precarietà** e della **brevità della vita** (▶ U9, T4, p. 280). A partire proprio da Petrarca e per più di due secoli, il tempo diventerà uno dei motivi centrali della letteratura europea. Ciò fu dovuto anche al **mutamento** delle condizioni sociali e culturali, alla valorizzazione della dimensione del **presente** e della **vita terrena**, posta invece in secondo piano dalla cultura medioevale.

Il contesto storico e culturale: l'Italia rinascimentale

Dagli ultimi anni del XIV secolo e fino al Cinquecento in Italia avvenne un grande rinnovamento culturale, un rivoluzionario processo di ridefinizione del sapere, della letteratura e delle arti: l'Umanesimo (▶ p. 294) sfociò e trovò compimento nell'età del **Rinascimento**, la fase più matura di questa nuova concezione del mondo, che occupò tutta la prima metà del Cinquecento.

L'Italia nel Cinquecento

L'affermazione del movimento umanistico-rinascimentale fu strettamente connessa al contesto storico e politico che caratterizzava all'epoca la penisola italiana divisa in **Signorie**, forme di governo in cui il potere era accentrato nelle mani di un singolo e tramandato per via ereditaria. I principali signori italiani furono i **Medici** a Firenze, i **Visconti** prima e gli **Sforza** poi a Milano, gli **Este** a Ferrara, i **Montefeltro** a Urbino, i **Gonzaga** a Mantova. Se la **frammentazione politica** era causa di conflitti per la supremazia territoriale e militare, la rivalità per la conquista dell'egemonia si manifestava anche sul piano culturale, alimentando la pratica del **mecenatismo**. Attorno al signore ruotava una corte di funzionari, consiglieri e soprattutto di **intellettuali** e **artisti** che, con la loro opera, ne accrescevano il prestigio e la fama.

---

il percorso delle parole | Tempo

Il termine *tempo* deriva dal latino *tempus*, la cui etimologia non è certa. Una delle ipotesi più accreditate la fa derivare dalla radice del greco *temno* ("separo", "divido"), e quindi all'idea di "separazione", "epoca", "stagione". Il latino *tempus* aveva il solo significato cronologico. In italiano questo vocabolo indica invece anche l'insieme dei fenomeni meteorologici. Nel suo significato principale con *tempo* si intende la durata e il susseguirsi di minuti, ore, anni ecc. In questa accezione ha molte sfumature: è una grandezza misurabile e suddivisibile, un periodo circoscritto in cui si verifica un evento ("il tempo di cottura", "il tempo delle vacanze"), un momento preciso in una successione cronologica ("dai tempi della scuola"). In ambito sportivo può corrispondere a un periodo fissato per svolgere un incontro ("primo tempo") o al periodo cronometrato in una gara ("migliorare il proprio tempo"); in ambito musicale è la suddivisione metrica e ritmica di una battuta e nella danza il movimento di un'azione ("un passo di danza in tre tempi").

▪ **Trovare le parole**
a. Nella lingua corrente sono moltissime le espressioni figurate in cui compare il sostantivo *tempo*. Sapresti indicarne almeno tre?
b. Quali sono i principali diminutivi e peggiorativi di *tempo*?
c. Con l'aiuto del dizionario spiega che cosa significa il modo di dire "in tempi non sospetti" e componi una frase di senso compiuto con questa espressione.
d. Quale significato ha il termine *tempo* in grammatica?

L'equilibrio tra i vari Stati regionali si raggiunse con la **pace di Lodi** (1454) di cui fu artefice e garante **Lorenzo de' Medici**, detto **il Magnifico** (▶ p. 300). Alla sua morte, nel 1492, il sistema politico italiano si incrinò e la penisola divenne uno scenario di guerra per le grandi monarchie europee che si contendevano la supremazia continentale. A partire da quel momento la politica degli Stati italiani fu subordinata agli **interessi stranieri**, in una complessa rete di alleanze continuamente rovesciate.

L'antropocentrismo umanistico

Nel Medioevo l'uomo era considerato una creatura fragile, soggetta alle sofferenze e alle tentazioni del corpo e dei beni terreni. La sua vita sulla terra era vista soltanto come una fase transitoria lungo il cammino che avrebbe dovuto condurre dopo la morte alla salvezza spirituale, alla beatitudine eterna. La società tardo-medievale e la cultura umanistica determinarono l'avvento di **una nuova concezione dell'uomo**, più sicuro di sé, convinto di poter fronteggiare le avversità del caso e costruire liberamente il proprio destino grazie all'**intelligenza**.

Tra gli intellettuali divenne fondamentale il tema dell'esaltazione della **dignità umana**. Secondo Pico della Mirandola (1463-1494), uno dei maggiori esponenti della cultura umanistico-rinascimentale, l'uomo è stato posto da Dio al centro dell'universo, libero di scegliere e di plasmare la propria esistenza. Egli è **artefice della propria fortuna**, in grado di determinare se stesso e la realtà che lo circonda. Non vi fu opposizione tra dimensione spirituale e materiale, tra fede, ragione e istinto. Questa nuova concezione prevedeva al contrario uno **sviluppo armonico e compiuto** della personalità umana, tale da realizzarne pienamente tutte le facoltà, anche quelle prima sacrificate dall'ideologia medioevale. Ai valori cristiani si affiancò dunque la rivendicazione dell'importanza della **realtà mondana**, della possibilità per l'uomo di realizzarsi anche nella vita terrena.

Edonismo e fuggevolezza del tempo

L'arte rinascimentale non condannò né mortificò il **corpo umano**, anzi lo rivalutò per la sua **bellezza** e per l'eleganza della sua **forma**. Considerato senza senso di colpa, il corpo divenne l'immagine dell'**armonia** che governa l'intero universo. Di pari passo, il soddisfacimento del **piacere sensibile** non fu più considerato un peccato ma una condizione indispensabile per condurre una vita felice e appagante. Vennero pertanto celebrate le gioie della **giovinezza** e dell'**amore**, ma anche il **lusso**, le comodità e le ricchezze: si impose così un nuovo modello culturale, un **atteggiamento edonistico** (dal greco *edonè*, "piacere"), finalizzato all'appagamento dei sensi oltre che dello spirito.

---

il punto su... | Le *humanae litterae* e la nascita della filologia

Nel XIV secolo il termine "umanista" identificava colui che si dedicava agli *studia humanitatis* ("studi di umanità"), quelli che formano cioè l'uomo nella sua completezza: la grammatica, la retorica, la poesia, la storia e la filosofia.

Queste discipline letterarie (il cui studio era funzionale all'apprendimento della lingua e della cultura classica) erano definite con l'espressione *humanae litterae* e contrapposte alle *divinae litterae*, gli studi teologici nel Medioevo.

Lo studio delle *humanae litterae* determinò il rifiorire della filologia (dal greco *philologhía*, "amore per le parole") che si sviluppò particolarmente nel periodo umanistico, grazie alla volontà di riportare alla loro forma originaria i testi classici, eliminando le sviste accumulate nei secoli per le trascrizioni dei copisti medioevali.

Proprio la rivalutazione della dimensione terrena mise in luce il tema dello **scorrere inesorabile del tempo** e il sentimento di **precarietà della vita**, soprattutto della giovinezza. Quanto più l'uomo è legato alla dimensione materiale della propria esistenza, tanto più insieme alle gioie ne avverte la fugacità e la fragilità. Gli stessi autori che celebrarono la bellezza e la soddisfazione dei sensi, come **Lorenzo de' Medici** (▶ T1, p. 299) e **Angelo Poliziano** (▶ T2, p. 304), ne cantarono anche la drammatica brevità e invitarono l'uomo a non indugiare nel goderne.

Un nuovo contesto storico e culturale: l'età della Controriforma e del Barocco

Tra il Cinquecento e il Seicento, epoca segnata da contraddizioni e incertezze, il quadro culturale subì un nuovo cambiamento. Lo spirito laico del Rinascimento entrò in conflitto con la severa religiosità imposta dalla Chiesa romana come risposta alla **Riforma protestante**. Le **tendenze conservatrici e repressive** nella sfera religiosa si scontrarono anche con le nuove prospettive culturali aperte dalle **esplorazioni geografiche**, iniziate già alla fine del Quattrocento, e con l'avvento della **rivoluzione scientifica**, nella seconda metà del secolo successivo. Quest'epoca di stimoli e contraddizioni determinò la nascita di nuovi modelli di comportamento e di pensiero, che si riverberarono anche in letteratura: il tema dello **scorrere del tempo** continuò a essere centrale, a farsi anzi sempre più importante.

La Riforma protestante

La politica temporale della Chiesa di Roma e il comportamento **avido** e **corrotto** di molti dei suoi membri erano stati all'origine di numerosi **scandali** tra il XV e il XVI secolo, tant'è che alcuni **riformatori religiosi** avevano predicato il ritorno alla povertà e alla purezza del messaggio evangelico. Lo stato di crescente tensione culminò nell'attività di denuncia del monaco agostiniano **Martin Lutero**, scatenata dal traffico vergognoso della **vendita delle indulgenze**. L'atto di nascita della Riforma luterana fu l'affissione di 95 tesi sul portale della cattedrale di Wittenberg. Lutero non solo criticava il potere politico della Santa Sede, ma contestava alcuni **punti dogmatici** della dottrina cattolica. In particolare, a suo avviso la salvezza dell'anima poteva essere raggiunta attraverso la **grazia divina** e solo la fede, non le opere, poteva salvare l'uomo. Inoltre, Lutero dava a ogni singolo fedele la facoltà di **interpretare le Sacre Scritture**, contestando la mediazione della Chiesa tra gli uomini e Dio e, di conseguenza, il ruolo dell'intero clero.

La Riforma scatenò in Germania una vera e propria guerra di religione. Con Lutero si schierarono quei principi tedeschi che si dichiararono "**protestanti**", proclamando la loro intenzione di rendersi indipendenti da Roma e dall'imperatore Carlo V. Alla fine della guerra, sancita dalla pace di Augusta del 1555, il protestantesimo si era ormai diffuso in numerosi Paesi europei.

L'ideologia della Controriforma e le sue ripercussioni letterarie

La reazione della Chiesa romana alla diffusione della Riforma protestante si concretizzò durante il **concilio di Trento** (1545-1563). Vennero riorganizzati i tribunali ecclesiastici dell'Inquisizione, incaricati di prevenire e reprimere l'eresia, e nel 1559 fu stilato l'**Indice dei libri proibiti**, allo scopo di controllare e di censurare l'attività intellettuale.

La Controriforma creò nella società un'atmosfera di **minaccia** e di **ricatto**, che favorì la sottomissione al potere ecclesiastico, alle sue istituzioni e a una morale sempre più rigida. La **severa ideologia cristiana** che si affermò in quegli anni ebbe un impatto immediato sui letterati, vittime di paure e di scrupoli morali e religiosi. L'equilibrio, l'armonia e l'invito edonistico a godere i piaceri dell'esistenza che avevano caratterizzato i componimenti rinascimentali si trasformarono sul piano formale in un'**esasperata ricercatezza tecnica** e sul piano dei contenuti nella manifestazione dei **turbamenti dell'animo**, di angosce e timori esistenziali.

Il Manierismo e Torquato Tasso

Questa nuova tendenza della letteratura, caratterizzata da un'estrema attenzione per gli **aspetti formali**, per la cura del dettaglio e per la ricerca di **soluzioni bizzarre e inconsuete** è stata definita – con un termine che proviene dall'ambito delle arti figurative – **Manierismo**. Il suo principale esponente fu **Battista Guarini** (1538-1612), autore della tragicommedia pastorale *Pastor fido* (1589), in cui la complessità dell'intreccio e la severità morale dei protagonisti è stemperata dal lieto fine e dall'inserimento di brani musicali, giochi e personaggi comici.

T. Tasso
Su l'ampia fronte il crespo oro lucente

Ma la personalità più importante e rappresentativa del periodo è **Torquato Tasso** (▶ T3, p. 50), autore della *Gerusalemme liberata*. Le sue opere e le sue vicende biografiche sono un riflesso emblematico delle laceranti contraddizioni vissute dagli intellettuali dell'epoca, soggetti alle **pressioni controriformistiche**. Nell'esistenza e nei versi del poeta l'aspirazione alla **serenità** e ai beni mondani convisse dolorosamente con la necessità di adeguarsi al clima di **controllo** e **censura**.

La rivoluzione scientifica e le sue conseguenze culturali

L'uomo del Cinquecento era convinto di essere al centro del mondo. L'antropocentrismo rinascimentale, che poggiava sull'idea di una corrispondenza armonica tra "**macrocosmo**" e "**microcosmo**" – ovvero tra universo e individuo –, si ritrovò tuttavia messo in discussione dalla **teoria eliocentrica** proposta dell'astronomo polacco **Niccolò Copernico** (1473-1543). Nel secolo successivo fu **Galileo Galilei** (1564-1642) a dimostrare la fondatezza della teoria copernicana, dando il colpo di grazia alla concezione geocentrica elaborata nell'antichità da **Tolomeo** e ritenuta un dogma incontestabile dalla cultura medioevale.

L'idea secondo cui la Terra e l'uomo non sono il centro dell'universo fu uno "**choc culturale**" che fece crollare rovinosamente le verità accumulate nel

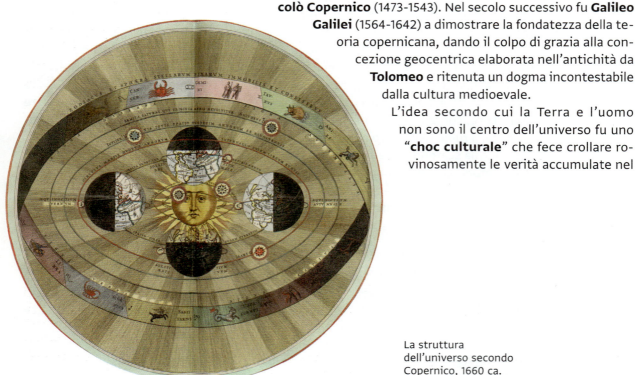

La struttura dell'universo secondo Copernico, 1660 ca.

corso di secoli. Anche la concezione ottimistica del Rinascimento non uscì indenne dalla radicale messa in discussione di credenze ritenute indiscutibili fino a pochi decenni prima. Una profonda **inquietudine** si impadronì degli intellettuali: ciò che prima era fonte di sicurezza divenne causa di **smarrimento** e di **incertezza**. Ciò contribuisce a spiegare i due "volti" del Seicento: la **rivoluzione scientifica** determinò la nascita di un metodo di conoscenza basato sull'oggettività matematica, che stimolò la stagione del **razionalismo filosofico**, ma d'altra parte l'inquietudine che attraversava la cultura dell'epoca alimentò la tendenza artistica e letteraria del **Barocco**, caratterizzata da forme tutt'altro che razionali e lineari.

I caratteri della poesia barocca

Il Barocco fu una tendenza culturale che possiamo definire "**sperimentale**", tesa cioè alla scoperta di nuove forme e di nuovi contenuti. Il clima di **ricerca** e di **inquietudine** che caratterizzava il secolo, si avvertì anche in campo poetico, nel quale vennero accentuate alcune attitudini del Manierismo. Innanzitutto si allargò la "**materia poetabile**": potremmo dire che come la rivoluzione scientifica aveva determinato una capacità approfondita di analisi del reale, grazie all'uso di nuovi strumenti tecnologici (come il cannocchiale o il microscopio), così la poesia si rivelò in grado di analizzare la vita umana in maniera più estesa e dettagliata, celebrando elementi dalla vita quotidiana e del mondo naturale sino ad allora considerati insignificanti o non "consoni" al genere poetico. Si diede largo spazio, per esempio, alla descrizione di una **fisicità femminile** assai lontana dai canoni petrarcheschi, dettagliando anche **aspetti spiacevoli**, **deformi**, **strani**.

La proposta di nuovi temi si accompagnò all'elaborazione di un **nuovo stile**. In particolare, la poetica barocca sostenne che la lirica dovesse avvalersi di due strumenti: l'"**ingegno**", ovvero la manifestazione di un'intelligenza originale e brillante, e l'"**acutezza**", ossia la capacità di utilizzare procedimenti stilistici che mostrino nuovi volti della realtà, aspetti insoliti, paradossali, dissonanti. Su questi principi si basa il "**concettismo**", l'idea di una poesia alla ricerca di collegamenti imprevedibili tra aspetti diversi e lontani della realtà, tale da destare nel lettore un effetto di **stupore**. Per queste ragioni fu sostenuto un uso ripetuto e ricercato della **metafora**, considerata la tecnica più adatta per offrire al linguaggio nuove possibilità espressive, e delle figure di suono e dell'ordine, finalizzate alla creazione di particolari effetti musicali.

Il senso tragico dell'esistenza

L'attenzione al mondo esteriore e lo sperimentalismo stilistico diedero voce alle inquietudini del tempo. Anche nella lirica barocca la riflessione sulla **fugacità del tempo** divenne un tema ricorrente. Rispetto all'epoca precedente si mise l'accento sulla tragicità dell'esistenza, ponendo in primo piano il pensiero assillante della **morte** (▶ T4, p. 313, T6, p. 322).

Questi aspetti sono in realtà meno accentuati nella lirica barocca italiana, il cui maggior esponente fu **Giambattista Marino** (1569-1625) che si distinse per uno sperimentalismo tematico e stilistico funzionale alla poetica della "**maraviglia**", volta a suscitare stupore e diletto nel lettore. Invece il tema del tempo e della caducità dell'esistenza è assai presente nella fiorente poesia spagnola del *Siglo de Oro* ("Secolo d'oro"), i cui esponenti principali furono **Luis de Góngora** (1561-1627) e **Francisco de Quevedo** (1580-1645), e in quella del Rinascimento inglese, tra i cui autori ricordiamo **John Donne** (1572-1631) e **William Shakespeare** (▶ p. 494), più noto come drammaturgo ma autore anche di numerosissimi sonetti.

F. de Quevedo
Ehi, della vita! Nessuno risponde?

LA MAPPA DELLE CONOSCENZE

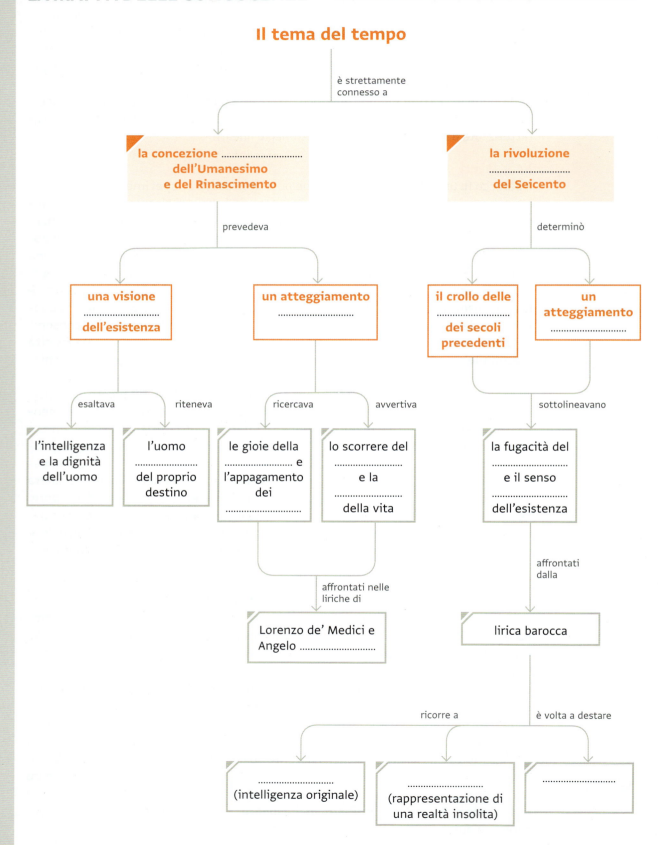

T1 Lorenzo de' Medici Canzona di Bacco

In occasione dei festeggiamenti per il carnevale, a Firenze venivano organizzati i cosiddetti "Trionfi", sfilate di carri allegorici o ispirati alla mitologia accompagnate da canti. La *Canzona di Bacco*, composta probabilmente per il carnevale del 1490 dal signore della città, Lorenzo de' Medici, contiene l'invito a godere della vita e dei suoi piaceri e si collega al tema classico del *carpe diem* oraziano, l'esortazione cioè a godere del tempo presente senza aspettarsi nulla dal domani.

METRO: "frottola", o "barzelletta di ottonari", con schema simile a quello della ballata; a una proposta iniziale di quattro versi, con rime xyyx, fanno seguito stanze con rime ababbyyx. Ogni strofa si chiude con un ritornello che riprende gli ultimi due versi della proposta.

Quant'è bella giovinezza,
che si fugge tuttavia:
chi vuol esser lieto, sia,
di doman non c'è certezza.

5   Quest'è Bacco e Arianna,
belli, e l'un dell'altro ardenti:
perché 'l tempo fugge e inganna,
sempre insieme stan contenti.

---

2   **che si fugge tuttavia:** che fugge sempre (*tuttavia*), senza sosta.
5   **Bacco e Arianna:** nella mitologia greca Arianna è la figlia del re di Creta Minosse; viene abbandonata da Teseo dopo averlo aiutato a sconfiggere il Minotauro e sposa Bacco (Dioniso in greco), dio del vino e dell'ebbrezza.
6   **ardenti:** innamorati.

---

il punto su... | Il *carpe diem*

L'espressione *carpe diem* è tratta da un verso di una delle *Odi* di Quinto Orazio Flacco (65-8 a.C.), uno dei più importanti poeti latini. La sua traduzione letterale è "cogli l'oggi", cioè "vivi il presente". L'espressione è stata più volte travisata, intesa come un invito a vivere intensamente ogni attimo che fugge. In verità, il messaggio oraziano è di assaporare saggiamente e con moderazione le piccole gioie del presente, senza attendersi niente dal futuro. L'ode è strutturata come un colloquio tra un uomo maturo, l'io lirico, e una giovane ragazza di nome Leuconoe (che in greco significa "dalla mente candida"). L'uomo esorta la fanciulla a non cercare di conoscere quale sarà il suo destino e a non coltivare speranze troppo grandi per il futuro, ma a cogliere nelle gioie semplici dell'oggi il piacere che non tornerà mai più.

Non chiedere anche tu agli dei
Il mio e il tuo destino, Leuconoe:
non è lecito saperlo,
come indagare un senso
5   fra gli astri di Caldea.
Credimi, è meglio rassegnarsi,
se Giove ci concede molti inverni
o l'ultimo sia questo
che ora infrange le onde del Tirreno
10 contro l'argine delle scogliere.
Pensaci: bevi un po' di vino
E per il breve arco della vita
Tronca ogni lunga speranza.
Mentre parliamo, con astio
15 Il tempo se n'è già fuggito.
Goditi il presente
E non credere al futuro.

[Quinto Orazio Flacco, *Odi. Epodi*, trad. it. di M. Ramous, Milano, Garzanti 1989]

---

5   **Caldea:** paese nel sud della Mesopotamia, i cui abitanti erano conosciuti per essere degli esperti indovini.
7   **inverni:** gli anni da vivere.

Queste ninfe e altre genti
sono allegre tuttavia.
Chi vuol esser lieto, sia,
di doman non c'è certezza.

Questi lieti satiretti,
delle ninfe innamorati,
per caverne e per boschetti
han lor posto cento agguati;
or da Bacco riscaldati,
ballon, salton tuttavia.
Chi vuol esser lieto, sia,
di doman non c'è certezza.

Queste ninfe anche hanno caro
da lor essere ingannate:
non può fare a Amor riparo,
se non gente rozze e ingrate,

---

9 **ninfe e altre genti**: le ninfe sono giovani fanciulle, divinità minori della mitologia greca; l'espressione *altre genti* si riferisce ai personaggi che seguono il corteo di Bacco e Arianna.
13 **satiretti**: i satiri sono divinità mitologiche dei boschi, per metà uomini e con orecchi, piedi e coda di capra.
17 **da Bacco riscaldati**: eccitati dal vino (*da Bacco*).
18 **ballon, salton**: ballano e saltano in preda all'ebbrezza.
21-22 **hanno caro... ingannate**: sono contente (*hanno caro*) di essere sedotte (*ingannate*) dai satiri.
23-24 **non può... ingrate**: soltanto le persone rozze, prive di grazia (*ingrate*) possono resistere all'amore.

Lorenzo de' Medici nacque nel 1449 a Firenze, figlio di Piero di Cosimo e di Lucrezia Tornabuoni. Ricevette la sua educazione dai letterati e umanisti allora presenti in città, come Cristoforo Landino e il filosofo Marsilio Ficino. Nel 1469 sposò Clarice Orsini, appartenente a una potentissima famiglia romana e nello stesso anno, alla morte del padre, assunse la guida della città. Svolse un ruolo fondamentale nella diplomazia della penisola, garantendo un periodo di pace tra i vari Stati. Dopo la sua morte, nel 1492, l'equilibrio della politica italiana cominciò inevitabilmente a incrinarsi. Mecenate e letterato lui stesso, fu uno dei signori più illuminati del Rinascimento: si circondò di intellettuali come Pico della Mirandola, Marsilio Ficino, Angelo Poliziano, Luigi Pulci e di artisti come Antonio Pollaiolo, Filippino Lippi, Sandro Botticelli, Andrea del Verrocchio, che abbellirono le sue residenze private e in generale la città di Firenze.
Fra le sue opere letterarie ricordiamo le *Rime*, basate sull'idealizzazione dell'amore e ispirate alla lirica stilnovista duecentesca. Però la sua fama di poeta è legata principalmente ai *Canti carnascialeschi*, canzoni a ballo di tipo popolareggiante composte per essere eseguite durante il carnevale a Firenze. In questi testi compare l'edonismo tipico dell'umanesimo fiorentino. Lorenzo compose anche opere di carattere religioso, a conferma della varietà e dello sperimentalismo che caratterizzarono la sua produzione letteraria.

25 ora insieme mescolate
    suonon, canton tuttavia.
    Chi vuol essere lieto, sia,
    di doman non c'è certezza.

    Questa soma, che vien drieto
30 sopra l'asino, è Sileno:
    così vecchio è ebbro e lieto,
    già di carne e d'anni pieno;
    se non può star ritto, almeno
    ride e gode tuttavia.
35 Chi vuol esser lieto, sia,
    di doman non c'è certezza.

    Mida vien drieto a costoro:
    ciò che tocca, oro diventa.
    E che giova aver tesoro,
40 s'altri poi non si contenta?
    Che dolcezza vuoi che senta
    chi ha sete tuttavia?
    Chi vuol esser lieto, sia,
    di doman non c'è certezza.

45 Ciascun apra ben gli orecchi,
    di doman nessun si paschi;
    oggi siàn, giovani e vecchi,
    lieti ognun, femmine e maschi;
    ogni tristo pensier caschi;
50 facciam festa tuttavia.
    Chi vuol esser lieto, sia,
    di doman non c'è certezza.

    Donne e giovinetti amanti,
    viva Bacco e viva Amore!
55 Ciascun suoni, balli e canti,
    arda di dolcezza il core,
    non fatica, non dolore!

Raffaello Sanzio, *Bacco*, disegno, XV secolo.

29-34	**Questa soma... tuttavia**:	questo carico (*soma*) che segue il corteo (*vien drieto*) sopra l'asino è Sileno (satiro figlio del dio Pan e di una musa, anziano precettore di Dioniso): pur essendo vecchio, è ubriaco, sazio e contento; anche se non può stare in piedi (*ritto*), approfitta sempre (*tuttavia*) dei piaceri della vita (*ride e gode*).
37	**Mida**:	il mitico re della Frigia, che ottenne da Dioniso il dono di trasformare in oro tutto ciò che toccava. Si pentì presto di aver ricevuto questo privilegio, perché anche il cibo che toccava si tramutava in metallo.
39	**tesoro**:	ricchezze.
40	**s'altri... contenta**:	se non ci si accontenta; *altri* ha valore impersonale.
46	**di doman... paschi**:	nessuno nutra (*si paschi*) speranze per il futuro (*di doman*).
49	**ogni tristo pensier caschi**:	si dimentichi, cada (*caschi*) ogni pensiero triste.

> Ciò c'ha a esser, convien sia.
> Chi vuol esser lieto, sia,
> 60 di doman non c'è certezza.

[L. de' Medici, *Scritti scelti*, Utet, Torino 1965]

---

58 Ciò... sia: ciò che deve accadere (*esser*), bisogna che accada (*convien sia*).

SCHEDA di LETTURA

La suddivisione tematica

La *canzona* è strutturata in due blocchi tematici, introdotti da una sorta di dichiarazione programmatica: l'esortazione a godere le gioie della giovinezza presente (*chi vuol esser lieto, sia*), senza indugiare al pensiero di un futuro imprevedibile (*di doman non c'è certezza*). Le prime cinque stanze descrivono i pittoreschi personaggi che partecipano alla sfilata.
Lorenzo rappresenta il rovesciamento dell'ordine costituito e delle convenzioni sociali proprie dello spirito carnevalesco attraverso l'immagine di un baccanale e degli individui che vi partecipano. I riti in onore del dio Bacco, all'insegna della sfrenatezza dei sensi, offrono lo scenario ideale per le successive considerazioni, che sviluppano le due tematiche fondamentali del componimento: la visione edonistica tipica dell'Umanesimo e il concetto della fugacità del tempo, che riecheggia il *carpe diem* del poeta latino Orazio.

Il corteo mitologico

La sfilata è aperta dal carro di Bacco, il dio dell'ebbrezza, e della sua sposa Arianna. Incuranti del tempo che *fugge e inganna* trascorrono lietamente quanto resta della giovinezza, innamorati l'una dell'altro. Fra balli e canti, *riscaldati* dal ritmo ossessivo dei riti bacchici, seguono i satiri e le ninfe che vivono con gioia e sfrenatezza il gioco del corteggiamento e della passione erotica. Si rincorrono *per caverne e per boschetti*, gli uni manifestando il proprio desiderio (*han lor posto cento agguati*) le altre fingendo un'amabile ritrosia (*hanno caro/da lor essere ingannate*).
Nella quarta stanza compare la *soma* cascante di Sileno. Il precettore di Bacco, vecchio e grasso, è così ubriaco che non può star ritto ma soltanto ridere scompostamente. E dietro di lui si scorge il re Mida, simbolo dell'avidità punita e dell'insaziabilità dei desideri umani, entrambe implicitamente richiamate dalle domande retoriche dei vv. 39-42. Con questi ultimi due personaggi la scena si colora di venature grottesche e la rappresentazione gioiosa delle prime stanze subisce una prima incrinatura.

Il pessimismo di Lorenzo

A conferma di un sentimento di amara malinconia che si insinua tra i versi di Lorenzo, la seconda parte della *canzona* inizia con un monito: nessuno ponga illusorie speranze nel futuro (*di doman nessun si paschi*) e tutti, senza distinzioni di età e sesso, cerchino di vivere lietamente il presente abbandonando *ogni tristo pensier*.
Sebbene una sofferta ricerca interiore sia assente dal componimento, caratterizzato invece dall'esibizione di eccessi e piaceri, Lorenzo manifesta una concezione fatalistica: l'uomo non può opporsi alla fugacità del tempo, alla caducità dei beni terreni e all'ineluttabilità del destino (*Ciò c'ha a esser, convien sia*). Anche l'amore si trasforma in uno strumento per esorcizzare le sofferenze e le inquietudini insite nella condizione umana (*non fatica, non dolore!*). Ora la gioia del corteo ci appare più ostentata che realmente vissuta. Dietro di essa spunta l'ansia irrisolta di un futuro imperscrutabile e minaccioso.

Lo stile

Il lessico elementare e la sintassi semplice, in prevalenza paratattica e in alcuni casi nominale, assecondano la fluidità della *canzona*, favorita anche dall'assenza di *enjambement*. L'ottonario – verso tipico dei componimenti musicali e destinati alla danza – e la ripetizione incalzante del ritornello determinano un ritmo vivace, così come l'anafora dei pronomi dimostrativi scandisce le presentazioni dei diversi personaggi. È significativo il rallentamento del ritmo nell'ultima stanza, a sottolineare la consapevolezza che svela la natura illusoria della concezione edonistica.

LABORATORIO

Comprendere e individuare
L'esplorazione del testo

1. Nella prima strofa quale verbo indica l'idea che il tempo delude le speranze che gli uomini affidano al futuro?

2. Con quale aggettivo vengono indicati i satiri eccitati dal vino?

3. Per quale motivo Sileno viene definito *soma* (v. 29), ovvero un "peso" posto sopra l'asino?

4. Quale espressione viene utilizzata per dire che Sileno è vecchio e grasso?

5. In quale verso l'io lirico sembra voler avvisare il lettore che sta passando dalla descrizione del corteo all'enunciazione del messaggio centrale della poesia?

6. Con quale affermazione nell'ultima strofa si riconosce implicitamente che la vecchiaia, la morte, il dolore fanno parte del destino umano?

Interpretare e riflettere
La scoperta del testo

7. Quale concetto stilnovistico viene ripreso da Lorenzo nella terza strofa? Giustifica la tua risposta con un opportuno riferimento al testo.

8. L'avverbio *tuttavia* compare nel testo per ben sette volte: qual è a tuo parere il motivo di questa ripetizione?

9. Quale effetto determina l'uso della deissi (ovvero il ricorso a elementi linguistici per denotare in maniera precisa una persona o un oggetto) nelle presentazione dei personaggi (*Quest'è Bacco e Arianna*, v. 5; *Questi lieti satiretti*, v. 13; *Queste ninfe*, vv. 9 e 21, *Questa soma*, v. 29)?

10. Quali fra le seguenti ragioni influenza la visione pessimistica di Lorenzo de' Medici, il suo edonismo malinconico?
    A. ☐ Le incertezze del futuro
    B. ☐ L'assenza del conforto della fede
    C. ☐ La coscienza dei limiti dell'uomo
    D. ☐ Il timore di una condanna della Chiesa
    E. ☐ Il senso di colpa

Analizzare
Lo stile e la forma del testo

11. Quale particolarità metrica possiamo notare nei vv. 38-39?
    A. ☐ Rima interna   C. ☐ *Enjambement*
    B. ☐ Rimalmezzo   D. ☐ Verso tronco

12. La *canzona* presenta numerose inversioni sintattiche: individua quelle della prima stanza.

13. Riporta tutti i termini che rinviano rispettivamente all'area semantica della felicità, della passione amorosa e della tristezza.

GRAMMATICA
14. Coerentemente con il tono della lirica, l'io lirico utilizza ripetutamente il congiuntivo esortativo: individuane alcuni esempi.

Produrre
Dalla lettura alla scrittura

15. Non tutti sono d'accordo con Lorenzo nel ritenere la giovinezza il periodo migliore dell'esistenza. Nel romanzo *Aden Arabia* (1931), lo scrittore francese Paul Nizan (1905-1940) scrive: «Avevo vent'anni, non permetterò a nessuno di dire che questa è la più bella età della vita. Tutto congiura per mandare il giovane alla rovina: l'amore, le idee, la perdita della famiglia, l'ingresso tra gli adulti. È duro imparare la propria parte nel mondo» (P. Nizan, *Aden Arabia*, trad. it. di A. Musso, Mondadori, Milano 1996). Qual è la tua opinione su questo tema? Rispondi con un testo argomentativo di circa tre colonne di foglio protocollo. A seconda dell'opinione sostenuta utilizza le affermazioni di Lorenzo de' Medici come argomenti a favore della tesi o dell'antitesi.

T2 Angelo Poliziano Ballata delle rose

In questo componimento Poliziano rielabora attraverso la mentalità laica ed edonista del Rinascimento un tema tipico della tradizione letteraria: un giardino di delizie nello splendore della primavera è lo sfondo e il riflesso della bellezza e della giovinezza.
METRO: ballata composta da quattro sestine di endecasillabi rimati secondo lo schema ABABBX nelle strofe, XX nella ripresa.

I' mi trovai, fanciulle, un bel mattino
di mezzo maggio in un verde giardino.

Eran d'intorno violette e gigli
fra l'erba verde, e vaghi fior novelli,
5 azzurri, gialli, candidi e vermigli:
ond'io porsi la mano a côr di quelli
per adornare e' mie' biondi capelli
e cinger di grillanda el vago crino.

I' mi trovai, fanciulle, un bel mattino
10 di mezzo maggio in un verde giardino.

Ma poi ch'i' ebbi pien di fiori un lembo,
vidi le rose, e non pur d'un colore;
io colsi allor per empier tutto el grembo,
perch'era sì soave el loro odore
15 che tutto mi senti' destare el core
di dolce voglia e d'un piacer divino.

I' mi trovai, fanciulle, un bel mattino
di mezzo maggio in un verde giardino.

I' posi mente: quelle rose allora
20 mai non vi potrei dir quanto eron belle!
Quale scoppiava della boccia ancora;
quale erano un po' passe e qual novelle.

Minucchio da Siena, *Rosa d'oro*, Parigi, Musée National du Moyen Âge et Thermes de Cluny.

parafrasi

vv. 1-2 (così anche nei versi 9-10, 17-18, 25-26) O fanciulle, io capitai una bella mattina verso la metà di maggio in un giardino verde.

vv. 3-8 Tutto intorno, tra l'erba verde, c'erano violette e gigli e bei (*vaghi*) fiori appena sbocciati, azzurri, gialli, bianchi e di color rosso intenso (*vermigli*), per cui io tesi la mano per coglierli (*côr di quelli*), per abbellire (*adornare*) i miei capelli biondi e incoronare (*cinger*) con una ghirlanda (*grillanda*) la bella chioma (*vago crino*).

vv. 11-16 Ma quando ebbi riempito di fiori un lembo della veste, vidi le rose, e non soltanto di un unico colore: io allora mi affrettai per riempire (*empier*) tutto il grembo della veste, perché il loro profumo era così dolce che io sentii tutto il cuore risvegliarsi (*destare*) per il desiderio (*voglia*) dolce e per il piacere, che era di natura divina.

vv. 19-24 Io feci attenzione (*posi mente*): non potrei mai riuscire a dirvi (*potrei dir*) quanto erano belle in quel momento (*allora*) quelle rose: alcune erano ancora in piena fioritura (*scoppiava della boccia*), alcune erano un po' appassite (*passe*) e alcune ancora in boccio. Allora Amore mi disse: «Vai, cogli (*co'*) quelle che vedi più fiorite sullo stelo (*in sullo spino*)».

Amor mi disse allor: «Va', co' di quelle
che più vedi fiorite in sullo spino».

25 I' mi trovai, fanciulle, un bel mattino
di mezzo maggio in un verde giardino.

Quando la rosa ogni suo foglia spande,
quando è più bella, quando è più gradita,
allora è buona a mettere in ghirlande,
30 prima che suo bellezza sia fuggita.
Sì che, fanciulle, mentre è più fiorita,
coglian la bella rosa del giardino.

I' mi trovai, fanciulle un bel mattino
di mezzo maggio in un verde giardino.

[A. Poliziano, *Rime*, Accademia della Crusca, Firenze 1986]

vv. 27-32 Quando la rosa apre (*spande*) ogni suo petalo, quando è più bella, quando è più gradevole, allora è adatta per formare delle ghirlande, prima che la sua bellezza sia sfiorita: quindi, fanciulle, cogliamo la bella rosa del giardino nel momento in cui raggiunge il culmine della fioritura (*mentre è più fiorita*).

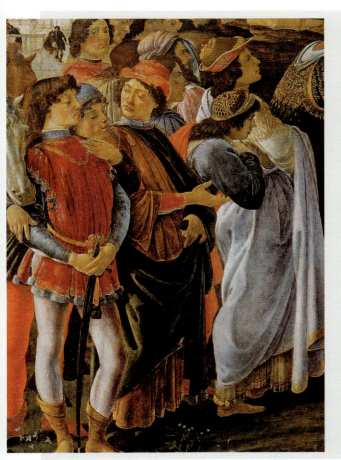

Angelo Ambrogini nacque nel 1454 a Montepulciano. Dal nome latino del suo luogo natale (*Mons Politianus*) derivò poi il cognome letterario Poliziano. Nel 1469, dopo la morte del padre, si trasferì a Firenze, dove seguì gli insegnamenti dei più illustri intellettuali umanisti e si formò una solida cultura classica. Venne accolto come poeta di corte dalla famiglia dei Medici nel 1473 e divenne il precettore di Piero, uno dei figli di Lorenzo. Dopo uno screzio con Clarice Orsini, moglie di Lorenzo, nel 1479 si allontanò da Firenze e soggiornò alla corte dei Gonzaga a Mantova. Tornerà poi nel 1480 ottenendo la nomina di professore presso lo Studio fiorentino. In seguito prese i voti, iniziando la carriera ecclesiastica e diventando canonico della cattedrale di Firenze. Morì a Firenze nel 1494.

Poliziano è stato uno dei più importanti filologi umanisti e un poeta raffinatissimo in lingua volgare e in latino. Le *Rime* riuniscono poesie composte soprattutto nella seconda fase della sua attività. In questa raccolta prevale una notevole sperimentazione metrica e formale, accanto all'imitazione dei classici e a suggestioni della poesia italiana precedente. I capolavori di Poliziano sono *Le stanze per la giostra* e la *Fabula di Orfeo*. La prima opera è un poemetto in ottave, rimasto incompiuto, dedicato a Giuliano de' Medici. Tema di fondo è l'innamoramento del protagonista (cantato con il nome poetico di Iulo) per la bellissima ninfa Simonetta. In quest'opera Poliziano trasfonde gli ideali dell'Umanesimo fiorentino e compone ottave formalmente perfette, dando vita a immagini e figure preziose. La *Fabula di Orfeo* è un'opera teatrale di argomento mitologico composta per la corte di Mantova.

vite di scrittori — Angelo Poliziano elogia Lorenzo il Magnifico

In questa lettera del 1492 Poliziano racconta gli ultimi momenti della vita di Lorenzo de' Medici, lodando le virtù del signore fiorentino con il quale condivise tante esperienze letterarie e filosofiche.

Ma in Lorenzo, non so se per una fatalità o per l'incapacità dei medici, accadde, che mentre venivano curati i dolori, cominciò una febbre insidiosissima, che diffondendosi a poco a poco, penetrò non solo nelle vene e nelle arterie come le altre, ma nelle membra, nei visceri, nei nervi e anche nelle ossa e nelle midolla. [...] Più volte in seguito udii il confessore che raccontava meravigliato di non aver mai udito nulla di più grande e incredibile del modo con cui Lorenzo, sereno e pronto dinanzi alla morte, imperterrito[1] s'era ricordato del passato, aveva provveduto alle cose presenti, aveva pensato con grande religiosità e saggezza alle cose future. [...] Dopo aver affettuosamente abbracciato tutti e avendo domandato perdono delle noie[2] e delle molestie, che avesse potuto recare a causa della malattia, si assorbì tutto nell'estrema unzione e nelle devozioni[3] dell'anima che trapassava [...]. Alla fine guardando sommessamente un crocefisso d'argento, ornato di perle e di gemme, baciandolo morí. Uomo nato a cose grandi, nell'alterno variare della fortuna fu a tal punto sereno nelle vicende così avverse come favorevoli, che non si potrebbe dire se si sia mostrato più calmo e misurato nella felicità o nella disgrazia. Fu di tanto grande ingegno, così versatile ed acuto, che là dove gli altri ritengono gran vanto eccellere in una singola cosa, egli in tutte egualmente si distingueva. Infatti io credo che nessuno ignori che la probità e la giustizia avevano scelto come dimora carissima e come tempio il cuore e l'animo[4] di Lorenzo dei Medici. E quanto grande sia stata la sua socievolezza, la sua cordialità, la sua affabilità, lo mostra l'amore eccezionale che ebbe per lui tutto il popolo ed ogni classe di cittadini. Ma fra tali doti eccellevano la liberalità e la magnificenza[5], che lo avevano levato fino agli dèi con una gloria immortale. D'altra parte, niente faceva per amore di fama e di rinomanza, ma tutto per amor di virtù. Con quanta premura venivano trattati gli uomini di lettere, quanto onore e quanto rispetto tributava a tutti! Infine, quanta fatica e quanta cura pose nel cercare per tutto il mondo e nell'acquistare libri latini e greci, e che immense spese fece per questo, sicché non solo il nostro tempo, ma questo secolo e la posterità[6] stessa hanno avuto gran danno dalla sua morte!

[in A. Saitta (a cura di), *Antologia di documenti e di critica storica*, Laterza, Roma-Bari 1985]

1. **imperterrito**: impassibile.
2. **noie**: fastidi.
3. **nell'estrema... devozioni**: l'estrema unzione è il sacramento che il sacerdote dà in punto di morte; le devozioni sono le preghiere del moribondo.
4. **dimora... l'animo**: come sede prediletta (*dimora carissima*) e come luogo consacrato (*tempio*) l'animo e il cuore di quell'uomo; l'espressione figurata significa che Lorenzo era l'incarnazione stessa dell'onestà.
5. **la liberalità e la magnificenza**: la generosità e la munificenza, cioè la qualità di chi eccelle nel mettere a disposizione la ricchezza personale per la crescita e l'abbellimento della propria comunità.
6. **posterità**: le generazioni future.

SCHEDA di LETTURA

Il *locus amoenus*

La ballata presenta due nuclei tematici, entrambi composti da due strofe: nel primo prevale la dimensione narrativo-descrittiva mentre nel secondo il tono è riflessivo-esortativo.
Nelle prime due sestine l'io lirico, una giovane dai *biondi capelli*, racconta alle amiche un'esperienza vissuta sullo sfondo di un gioioso paesaggio primaverile. La fanciulla rivela di essersi trovata in un giardino fiorito che possiede le tipiche caratteristiche del *locus amoenus*: un prato ricoperto di *erba verde*, teneri fiori variopinti con cui adornarsi i capelli, rose dolcemente profumate. È uno scenario rarefatto e stilizzato, fuori dalla realtà e regno di una bellezza senza tempo. Non ingannino le indicazioni spaziali e temporali all'apparenza precise: il passato remoto (*I' mi trovai*) e gli articoli indeterminativi (*un bel mattino, un verde giardino*) creano una rappresentazione priva di confini definiti, dal valore universale. La natura viva e ridente è l'immagine di un ideale di vita sereno, senza conflitti e inquietudini, e offre lo spunto per esporre con leggerezza e disincanto una visione edonistica della vita.

SCHEDA di LETTURA

Cogliàn la bella rosa

La seconda parte della ballata si apre con alcune considerazioni dell'io lirico, che si concludono con l'invito a cogliere i piaceri della giovinezza e dell'amore senza indugi e senza sensi di colpa. Nella terza strofa l'immagine della rosa *sullo spino* diventa il simbolo della fugacità della bellezza femminile: quella che *scoppiava della boccia ancora* nel pieno del suo splendore è destinata ben presto a far parte di quelle che già sono sfiorite (*un po' passe*).

Tuttavia la consapevolezza della fragilità e della precarietà dell'esistenza non induce Poliziano a una cupa rassegnazione: il velo di malinconia dinanzi alle gioie effimere dell'esistenza sfocia nell'invito a godere pienamente della giovinezza, a cogliere la rosa *quando è più bella... prima che suo bellezza sia fuggita*. Però, questo senso della fragilità della condizione umana non porta, come per esempio in Petrarca (▶ p. 278), alla condanna o alla rinuncia dei beni terreni. Con una visione profondamente laica, Poliziano afferma che proprio perché la bellezza e l'amore possono dissolversi in un attimo bisogna goderne prima che scompaiano.

Una duplice prospettiva

Alla suddivisione tematica corrisponde la presenza di un duplice punto di vista, una struttura singolare per un testo poetico. Nella prima parte il giardino di delizie è osservato e descritto attraverso lo sguardo ingenuo e stupito di una giovane donna. La ragazza si rivolge con entusiasmo alle compagne, abbagliata dai colori e dai profumi, in un'atmosfera di delicata sensualità. L'adozione di un punto di vista femminile traspare con evidenza nella vanità di cogliere *violette e gigli*, per preparare una *grillanda* con cui rendere ancora più bello *el vago crino*, e nel gesto pudico di sollevarsi un lembo della gonna per riporre i fiori.

Nelle ultime due strofe, in cui la rosa si trasforma nel simbolo della rigogliosa bellezza femminile, si affaccia il punto di vista maschile. Le donne ora sono oggetto e non più soggetto della poesia. L'io lirico non corrisponde più alla tenera fanciulla che volteggiava tra i fiori. Dapprima prende in considerazione le varie fasi della fioritura (in boccio, sbocciata e appassita) con un evidente riferimento agli stadi della vita (adolescenza, giovinezza e maturità). In seguito è la personificazione dell'Amore a esplicitare il proposito edonistico di approfittare della *bella rosa del giardino* prima che appassisca.

Lo stile

In linea con la tradizione popolare della ballata, il componimento si sviluppa con semplicità e immediatezza, sebbene l'impressione di equilibrio e armonia sia frutto di precise ed eleganti scelte stilistiche. I periodi sono brevi e scorrevoli. In genere prevale la coordinazione e quasi sempre c'è corrispondenza tra l'unità sintattica e la misura del verso. Anche il lessico è comune, privo di ricercatezza letteraria, tale da assecondare la leggerezza dei contenuti e delle immagini e la musicalità dei versi.

LABORATORIO

Comprendere e individuare
L'esplorazione del testo

1. Compila la tabella assegnando a ogni strofa un titolo che ne riassuma il contenuto.

I strofa	
II strofa	
III strofa	
IV strofa	

2. In quale verso comprendiamo che la voce dell'io lirico nella prima parte appartiene a una giovane donna?

3. Attraverso quali parole la fanciulla mostra di essere ormai lontana dalla donna-angelo dello Stilnovismo (▶ p. 253), confessando di provare un turbamento terreno, sensuale?

4. Quale affermazione esplicita il passaggio dalla descrizione del paesaggio alla riflessione?

5. Riporta le espressioni con cui viene indicata la rigogliosa fioritura della rosa.

6. Secondo quanto si legge nei vv. 19-34, qual è l'età della vita in cui la bellezza della donna giunge al culmine?
   A. ☐ Adolescenza
   B. ☐ Giovinezza
   C. ☐ Maturità

Interpretare e riflettere
La scoperta del testo

7. A conclusione della lettura della ballata possiamo concludere che per Poliziano il desiderio del piacere è
   A. ☐ una tentazione peccaminosa da respingere
   B. ☐ una debolezza a cui è impossibile resistere
   C. ☐ una naturale propensione degli uomini
   D. ☐ uno strumento di nobilitazione dell'animo

8. Nel v. 6 il tema della brevità della giovinezza accomuna la ballata di Poliziano e la *Canzone di Bacco* di Lorenzo il Magnifico (▶ T1, p. 299). Rifletti sui due componimenti: lo sviluppo del tema è identico nei due componimenti o possiamo cogliere in essi qualche differenza?

9. Nella ballata di Poliziano vi sono echi della lirica petrarchesca (▶ p. 278): sapresti riconoscerne alcuni?

Analizzare
Lo stile e la forma del testo

10. Secondo quale figura retorica dell'ordine sono disposte le sensazioni destate dal profumo delle rose nel v. 16?
    A. ☐ Parallelismo   C. ☐ Chiasmo
    B. ☐ Anastrofe   D. ☐ Iperbato

11. Attraverso quale figura retorica nei vv. 27-28 viene enfatizzata la bellezza lussureggiante della rosa fiorita?

12. Nel linguaggio poetico il termine *vago* (v. 8) indica generalmente qualcosa di bello, grazioso. Nell'uso comune invece viene impiegato con altre accezioni. Scrivi due frasi in cui l'aggettivo assume significati diversi da quello della lirica.

GRAMMATICA

13. Analizza il periodo che occupa i vv. 27-30 e riscrivi le proposizioni nello schema, una per casella, precisando il tipo di coordinazione e subordinazione.

Produrre
Dalla lettura alla scrittura

14. Alla corte medicea frequentata da Poliziano lavorava anche il pittore fiorentino Sandro Botticelli (1445 ca.-1510). Il verde giardino descritto nella lirica presenta alcuni elementi comuni con uno dei quadri più celebri dell'artista, *La Primavera*. Scrivi un testo di circa quindici righe illustrando le analogie tra le due opere. Poni attenzione non solo allo sfondo paesaggistico ma anche alle figure femminili.

Sandro Botticelli, *Primavera*, 1482 ca., Firenze, Galleria degli Uffizi.

T3 Torquato Tasso Cogliam d'amor la rosa

Uno dei personaggi più celebri della *Gerusalemme liberata* di Torquato Tasso (▶ p. 50), è Armida, principessa pagana che possiede poteri magici a cui ricorre per sedurre i guerrieri crociati e distrarli dalla guerra per la conquista della Città santa. Dopo aver sedotto con il suo fascino i cavalieri cristiani, Armida li tiene prigionieri in un palazzo incantato dove si trova un meraviglioso giardino, descritto secondo le convenzioni del *locus amoenus*. In esso vive anche un pappagallo, capace di parlare la lingua degli uomini, ed è proprio lui nei versi seguenti (canto XVI, ottave 14-15), a enunciare una visione dell'esistenza secondo i modi e contenuti tipici dell'edonismo rinascimentale.

> – Deh mira – egli cantò – spuntar la rosa
> dal verde suo modesta e virginella,
> che mezzo aperta ancora e mezzo ascosa,
> quanto si mostra men, tanto è più bella.
> 5   Ecco poi nudo il sen già baldanzosa
> dispiega: ecco poi langue e non par quella,
> quella non par che desiata inanti
> fu da mille donzelle e mille amanti.
>
> Così trapassa al trapassar d'un giorno
> 10 de la vita mortale il fiore e 'l verde;
> né perché faccia in dietro april ritorno,
> si rinfiora ella mai, né si rinverde.
> Cogliam la rosa in su 'l mattino adorno
> di questo dì, che tosto il seren perde;
> 15 cogliam d'amor la rosa: amiamo or quando
> esser si puote riamato amando. –

[T. Tasso, *Gerusalemme liberata*, Mondadori, Milano 1979]

Giambattista Tiepolo, *Rinaldo e Armida sorpresi da Ubaldo e Carlo*, Vicenza, Villa Valmarana.

parafrasi

vv. 1-8 – Su guarda (*mira*) – egli [il pappagallo] cantò – la rosa spuntare dal suo verde [boccio] timida e pudica, che ancora sbocciata per metà (*mezzo aperta*) e per metà nascosta (*mezzo ascosa*), quanto meno si mostra, tanto è più bella. Ecco che poi già mostra, sfrontata (*baldanzosa*) la corolla (*nudo il sen*); ecco che poi sfiorisce (*langue*) e non sembra [più] quella che prima (*inanti*) fu desiderata (*desiata*) da mille fanciulle e da mille amanti.

vv. 9-16 Così passa velocemente, come passa velocemente un giorno di vita degli uomini (*vita mortale*), la giovinezza (*il fiore e 'l verde*); e per quanto aprile ritorni (*faccia in dietro april ritorno*), essa [la vita mortale] non rifiorisce mai (*si rinfiora ella mai*) né torna verde (*si rinverde*). Cogliamo la rosa nel bel (*adorno*) mattino di questo giorno, che rapidamente (*tosto*) perde la sua luce (*il seren*); cogliamo la rosa dell'amore: amiamo adesso, quando si può amare essendo riamati (*riamato amando*).-

vite di scrittori — La follia di Torquato Tasso

Per sette anni, dal 1579 al 1586, Tasso venne rinchiuso nell'ospedale per malati mentali di Sant'Anna, a Ferrara. Si trattò di una reclusione voluta dalla famiglia degli Este, che temeva il comportamento imprevedibile del poeta e lo scandalo che ne sarebbe potuto derivare. In questa lettera a Maurizio Cattaneo, un prete romano, Tasso afferma di aver subìto dei furti per opera di un folletto o di altre misteriose e malvagie creature, inequivocabili manifestazioni delle manie di persecuzione e delle allucinazioni di cui soffriva.

Oggi, ch'è il penultimo de l'anno, il fratello del reverendo Licino m'ha portato due lettere di Vostra Signoria; ma l'una è sparita da poi ch'io l'ho letta, e credo che se l'abbia portata il folletto, perché è quella ne la quale si parlava di lui: e questo è un di que' miracoli ch'io ho veduto assai spesso ne lo spedale[1]; laonde[2] son certo che sian fatti da qualche mago, e n'ho molti altri argomenti[3]; ma particolarmente d'un pane toltomi dinanzi visibilmente a ventitré ore[4]: d'un piatto di frutti, toltomi dinanzi l'altro giorno, che venne a vedermi quel gentil giovane polacco, degno di tanta maraviglia; e d'alcune altre vivande de le quali altre volte è avenuto il medesimo, in tempo che alcuno non entrava ne la mia prigione; d'un paio di guanti, di lettere, di libri cavati da le casse serrate, e trovatili la mattina per terra; ed altri non ho ritrovati, né so che ne sia avvenuto: ma quelli che mancano in quel tempo ch'io sono uscito, possono essere stati tolti da gli uomini; i quali, come io credo, hanno le chiavi di tutte le mie casse. Laonde io non posso difendere cosa alcuna da' nemici o dal diavolo, se non la volontà, con la quale non consentirei d'imparare cosa da lui o dai suoi seguaci[5], né d'avere seco alcuna familiarità, o co' suoi maghi[6]; i quali, come dice il Ficino[7], possono muover l'imaginazione, ma senza l'intelletto non hanno alcuna autorità o alcuna forza; perché egli dipende da Dio immediatamente[8].

[T. Tasso, *Prose*, Rizzoli, Milano 1933]

1 **spedale**: l'ospedale di Sant'Anna.
2 **laonde**: perciò, per la qual cosa.
3 **argomenti**: prove, dimostrazioni.
4 **ventitré ore**: alle ore 23.
5 **da lui... seguaci**: dal diavolo o dai suoi demoni.
6 **maghi**: gli individui dediti alla magia nera, che sono quindi gli adoratori di Satana.
7 **il Ficino**: Marsilio Ficino (1433-1499), filosofo vissuto alla corte di Lorenzo de' Medici.
8 **possono... immediatamente**: i demoni possono condizionare l'imaginazione, ma senza il coinvolgimento della volontà cosciente (*intelletto*) non possono esercitare alcuna influenza o condizionamento sugli uomini, dal momento che l'intelletto (*egli*) dipende direttamente da Dio.

SCHEDA di LETTURA

Il tema della rosa
Come abbiamo già visto nella *Ballata delle rose* di Poliziano (▶ T2, p. 304), per rappresentare la precarietà della bellezza e della giovinezza anche Tasso ricorre alla metafora della rosa, un fiore bellissimo ma che contiene in sé una naturale e inevitabile disposizione alla caducità.

Il pappagallo, io lirico del componimento, inizia il suo breve discorso affermando che la vita della rosa è tanto preziosa quanto breve: il suo splendore dura un attimo, quel brevissimo istante che intercorre tra il momento in cui spunta dallo stelo ancora in boccio, *mezzo aperta ancora e mezzo ascosa*, e la repentina sfioritura, quando non sembra più se stessa e ha perso tutto il suo fascino (*langue*). Dapprima, *modesta e virginella*, la rosa ha bisogno di attenzioni e protezione. Poi, proprio quando è sicura della sua bellezza e spalanca i petali, quasi istantaneamente (*Ecco poi*) appassisce e viene subito dimenticata. I giovani (*mille donzelle e mille amanti*) che un attimo prima l'avevano desiderata rivolgono ad altre rose le loro attenzioni.

La fugacità del tempo
Nella seconda ottava si scopre che quanto affermato dal pappagallo è la prima parte di un'articolata similitudine tra la vita della rosa e quella degli uomini: al *trapassar d'un giorno*, sera dopo sera, la bellezza e la giovinezza muoiono. Ma se la primavera ritorna ogni anno, ciò che il tempo ha consumato non ritorna in vita.
Esplicitata la relazione tra la fragilità del fiore e quella della vita umana, il pappagallo invita i suoi compagni a godere i piaceri della vita fino a quando è possibile. Li ammonisce a cogliere la rosa mentre ancora splende il *mattino adorno*, prima che esso perda la sua luce (*il seren*). Negli ultimi due versi l'esortazione si fa ancora più vibrante, assumendo toni accorati e malinconici: *amiamo or quando/esser si puote riamato amando*, ovvero fino a quando ci è concesso dalla giovinezza.

SCHEDA di LETTURA

L'io lirico

La rosa, simbolo del fiorire passeggero della giovinezza, si trova in un luogo che a sua volta è deputato all'abbandono dei sensi, alla voluttà. Nella *Gerusalemme liberata* il giardino di Armida è lo spazio simbolico in cui il cavaliere cristiano Rinaldo, travolto dalla passione, dimentica il proprio dovere nei confronti della fede. E il pappagallo è la figura che ne sintetizza lo spirito, dando voce alla concezione edonistica rinascimentale.

Non è un caso che Tasso affidi questo compito a un animale, sollevando se stesso e la voce narrante del poema dalla responsabilità di formulare una visione esistenziale contrapposta allo spirito etico e religioso della Controriforma. In effetti, il poeta ebbe rapporti assai problematici con il tribunale dell'Inquisizione, l'organo ecclesiastico che aveva il compito di controllare il rispetto dell'ortodossia cattolica da parte degli scrittori. Nell'estate del 1477 Tasso giunse ad autodenunciarsi all'inquisitore di Ferrara per aver scritto parole «scandalose», precisando tuttavia di aver peccato non tanto di «eresia» quanto per il suo stato di turbamento psichico («umor melanconico»).

Lo stile

La sintassi di Tasso non ha l'armonia e la leggerezza che distinguevano i versi di Lorenzo de' Medici e di Poliziano (▶ T1, p. 299, T2, p. 304), ma si è fatta complessa e involuta, interrotta da numerosi *enjambement*. L'autore possiede un gusto spiccato per gli artifici sintattici e lessicali, come mostra il ricorso al chiasmo (*non par quella,/quella non par*), a diversi parallelismi (*quanto si mostra men, tanto è più bella, mille donzelle e mille amanti*), alle inversioni sintattiche (*nudo il sen già baldanzosa/dispiega*) e alla figura etimologica, ossia la ripetizione di termini con una comune radice (*trapassa al trapassar, amiamo... riamato amando*).

LABORATORIO

Comprendere e individuare
L'esplorazione del testo

1. Quale aggettivo esprime la sicurezza della rosa, che mostra senza timori la sua fioritura?

2. Oltre alla fuggevolezza, una qualità del tempo è la ciclicità: in quale verso possiamo cogliere questo aspetto?

3. Nel v. 12 il pronome personale *ella* a chi o a che cosa è riferito?
   A. ☐ Alla rosa   C. ☐ Alla giovinezza
   B. ☐ Alla vita mortale   D. ☐ Alla primavera

Interpretare e riflettere
La scoperta del testo

4. Anche Ludovico Ariosto, nel canto I dell'*Orlando furioso*, elabora il tema della rosa attraverso le parole di Sacripante, un guerriero saraceno che ama Angelica, la protagonista femminile del poema, e che si rammarica credendo che la fanciulla abbia perduto la verginità. Leggi il testo e spiega le differenze con quelli di Tasso e di Poliziano.

La verginella è simile alla rosa,
ch'in bel giardin su la nativa spina
mentre sola e sicura si riposa,
né gregge né pastor se le avicina;
l'aura soave e l'alba rugiadosa,
l'acqua, la terra al suo favor si inchina:
giovani vaghi e donne inamorate
amano averne e seni e tempie ornate.

Ma non sì tosto dal materno stelo
rimossa viene, e dal suo ceppo verde,
che quanto avea dagli uomini e dal cielo
favor, grazia e bellezza, tutto perde.
La vergine che 'l fior, di che più zelo
che de' begli occhi e de la vita aver de',
lascia altrui côrre, il pregio ch'avea inanti
perde nel cor di tutti gli altri amanti.

[L. Ariosto, *Orlando furioso*, Garzanti, Milano 1964]

parafrasi

La vergine è simile alla rosa, che in un bel giardino, sul rovo da cui è nata (*nativa spina*), si riposa mentre è sola e sicura e né gregge né pastore le si avvicinano; si inchinano dinanzi a lei la brezza (*aura*) soave e l'alba piena di rugiada, l'acqua e la terra; giovani graziosi (*vaghi*) e donne innamorate amano ornarsi con essa le teste e i seni.

LABORATORIO

Ma non appena (*sì tosto*) viene recisa dallo stelo materno e dal tronco verde, essa perde tutto ciò che le procurava il favore degli uomini e del cielo, grazia e bellezza. La vergine che lascia che qualcuno colga (*altrui côrre*) il suo fiore, del quale deve avere più cura che dei suoi begli occhi e della sua vita, perde il prestigio che aveva prima nel cuore di tutti gli altri amanti.

5. Nella prima ottava, il pappagallo ripercorre le tre fasi della vita di una rosa, similmente a quanto aveva già fatto Poliziano nella *Ballata delle rose* (▶ T2, p. 304). Individua nel testo la descrizione delle varie fasi: a quale di esse è dedicata il minor numero di versi? Come spieghi questa scelta?

Analizzare
Lo stile e la forma del testo

6. Ricerca gli *enjambement* che si trovano nella prima ottava.

7. Individua i due parallelismi presenti nel brano oltre a quelli segnalati nella scheda di lettura.

8. Abbina a ogni termine o espressione la figura retorica corrispondente.

   1. *mille donzelle e mille amanti* (v. 8)
   2. *'l verde* (v. 10)
   3. *april* (v. 11)
   4. *seren* (v. 14)

   A. Metafora
   B. Metonima
   C. Iperbole
   D. Sineddoche

9. Ricerca i termini che nella prima stanza rinviano più o meno direttamente all'area semantica della sensualità, dell'erotismo.

10. Tasso utilizza il verbo "languire" (v. 6) come sinonimo di "appassire". Ma quali sono i significati prevalenti di questo termine? Scrivi un paio di frasi in cui compare con diverse accezioni.

GRAMMATICA
11. Qual è la proposizione principale del periodo che occupa i vv. 11-12?

Produrre
Dalla lettura alla scrittura

12. Prova a pensare a qualcosa (oggetto o elemento della natura, animale o vegetale ecc.) che possa metaforicamente rappresentare la fragilità della bellezza e della natura e descrivi la sua "vita effimera" in due quartine, come nell'esempio.

*Guarda, la panna, morbida schiuma
ricoprire leggera il pan di Spagna
immacolata come del mare la spuma,
come neve in cima a una montagna.*

*Ecco poi, subito si scioglie,
e tosto perde il suo candore;
e lei, oggetto di mille voglie,
emana un nauseante odore.*

Abraham Brueghel (1631-1690/1697), *Sovraporta con fiori*, particolare, Roma, Galleria Nazionale d'Arte Antica.

La letteratura straniera

T4 William Shakespeare Tempo divoratore

La raccolta di sonetti di Shakespeare (▶ p. 494) comprende 154 liriche: le prime 126 dedicate a un *fair youth* ("bel ragazzo"), probabilmente un giovane aristocratico amico e protettore di Shakespeare, e altre 28 in cui compare una misteriosa *dark lady* ("dama bruna").
Il testo proposto è il sonetto 19, in cui viene celebrata la bellezza minacciata dall'incalzare del tempo. Ma anche se la sua grazia sarà rovinata, nei versi della poesia il *fair youth* rimarrà giovane in eterno.
METRO: sonetto "elisabettiano" (o "shakespeariano"), composto da tre quartine a rima alternata seguite da un distico a rima baciata. Lo schema delle rime nell'originale è ABAB CDCD EFEF GG.

Tempo divoratore, spunta le zampe del leone,
e fa' divorare alla terra la sua dolce progenie;
strappa i denti aguzzi dalle mascelle della feroce tigre,
e brucia nel suo sangue la Fenice dalla lunga vita;

5 crea liete e tristi stagioni mentre fuggi,
e fa' quel che vuoi, Tempo dal piede veloce,
al vasto mondo e a tutte le sue effimere dolcezze.
Ma io ti proibisco il crimine il più orrendo:

oh, non incider con le tue ore la bella fronte del mio amore,
10 e non tracciarvi linee con la tua penna antica;

Versione originale
Devouring Time, blunt thou the lion's paws,
And make the earth devour her own sweet brood;
Pluck the keen teeth from the fierce tiger's jaws,
And burn the long-liv'd phoenix in her blood;

5 Make glad and sorry seasons as thou fleets,
And do whate'er thou wilt, swift-footed Time,
To the wide world and all her fading sweets;
But I forbid thee one most heinous crime:

O! carve not with thy hours my love's fair brow,
10 Nor draw no lines there with thine antique pen;

---

1 **spunta**: taglia, mutila.
2 **fa' divorare... progenie**: fai in modo che la terra distrugga le sue stesse creature.
4 **brucia... lunga vita**: annienta nel suo stesso sangue la Fenice, che rinasce sempre. Secondo una leggenda araba, la Fenice è un uccello che ogni 500 anni brucia su un rogo da lei stessa preparato e dalle cui ceneri rinasce.
6 **piede veloce**: epiteto riferito al Tempo, qui personificato.
7 **effimere**: che durano pochissimo.
9-10 **non incider... antica**: non rovinare (*incider*) con il tuo trascorrere (*con le tue ore*) la bellezza (*la bella fronte*) del mio amore, non lasciare dei segni (*tracciarvi linee*) su di lui con il tuo strumento vecchio di secoli (*penna antica*).

lui nel tuo assalto conservalo intoccato,
come modello di bellezza per gli uomini che verranno.

Ma fa' pure del tuo peggio, vecchio Tempo: malgrado il tuo torto,
il mio amore nei miei versi vivrà sempre giovane.

[W. Shakespeare, *Sonetti*, trad. it. di A. Serpieri, Rizzoli, Milano 1991]

> Him in thy course untainted do allow
> For beauty's pattern to succeeding men.
>
> Yet, do thy worst, old Time: despite thy wrong,
> My love shall in my verse ever live young.

13 del tuo peggio: tutto il male che sei capace di fare; **torto**: offesa, oltraggio.

SCHEDA di LETTURA

La struttura
Il sonetto, un atto di sfida nei confronti del *Tempo divoratore*, una contesa apparentemente impari di cui è oggetto il *fair youth* amato dal poeta, si articola in tre fasi scandite dal mutare dello stato d'animo dell'io lirico.
Nei primi sette versi la scena è dominata dalla consapevolezza della cieca violenza del tempo e della sua imprevedibile fuggevolezza. All'inizio della seconda parte, con una risolutezza quasi rabbiosa (*io ti proibisco*) l'io lirico ordina alla personificazione del Tempo di non infierire sul suo amante. Il distico conclusivo contiene l'orgogliosa rivendicazione della funzione eternatrice della poesia, che avrà la meglio anche sugli anni che scorrono inesorabilmente.

Gli effetti del Tempo
Il poeta sa che lo scorrere degli anni intaccherà la bellezza del *fair youth*. Angosciato da questo pensiero si rivolge direttamente al Tempo, descritto come un essere violento, capace di distruggere anche gli animali più feroci, di tagliare *le zampe del leone* e strappare *i denti aguzzi dalle mascelle della feroce tigre*. Nella sua inarrestabile corsa il tempo spazza via ogni forma di vita: la natura prima o poi ingoia i resti di ciò che essa stessa ha generato e anche chi possiede la virtù di rinascere dalle proprie ceneri (*la Fenice dalla lunga vita*) non potrà sfuggire alla morte. L'azione distruttrice del Tempo è imprevedibile (*crea liete e tristi stagioni*), risponde a una logica arbitraria (*fa' quel che vuoi*). Gli anni passano rapidi e portano via con sé ogni cosa, anche le gioie e i piaceri di una vita fragile e precaria.

Il trionfo sul Tempo
Naturalmente fra le *effimere dolcezze* dell'esistenza soggette alla volontà e ai capricci del Tempo c'è anche la bellezza. Ed è proprio l'immagine del viso del *fair youth* percorso dalle rughe che spinge l'io lirico ad alzare i toni della sua appassionata apostrofe al Tempo. L'imperativo concessivo dei versi precedenti si trasforma in un perentorio divieto di lasciare il suo segno sulla *bella fronte del mio amore*, così che esso resti per sempre *modello di bellezza*.
Però, subito dopo l'io lirico prende atto dell'inutilità delle sue parole: è impossibile dissuadere il *vecchio Tempo* a fare del suo *peggio*, a perseguire il suo *torto*. Tuttavia, la vittoria del Tempo sarà soltanto apparente, perché la poesia ne vanificherà la furia distruttrice. I versi fisseranno eternamente la bellezza dell'amato, che *vivrà sempre giovane*.

Lo stile
In linea con le caratteristiche formali della letteratura barocca, il principale strumento retorico del sonetto è la metafora. In particolare le immagini dei vv. 9 e 10 evidenziano il motivo centrale della lirica: la contrapposizione tra il tempo e la poesia. Le lancette dell'orologio (*le tue ore*) diventano lame che feriscono la fronte dell'amato e le rughe che la solcano sono opera del Tempo, che vi scrive sopra con la sua *penna antica*. Perciò la personificazione del Tempo e il poeta sono entrambi "scritto-

SCHEDA di LETTURA

ri", ma per ragioni diametralmente opposte: l'uno per dare la morte, l'altro per tenere in vita l'amore in eterno.
La sintassi paratattica, costruita sia per asindeto sia per subordinazione, determina un ritmo incalzante che ricrea la concitata passione con cui l'io lirico si rivolge al Tempo. Il carattere sentenzioso della lirica è accresciuto dalla presenza di verbi imperativi, posti a inizio verso per ben nove volte su quattordici.

LABORATORIO

Comprendere e individuare
L'esplorazione del testo

1. Individua le espressioni che alludono alla rapidità del corso del Tempo.

2. I piaceri riservati agli uomini sono precari e fuggevoli: quale espressione sottolinea questo concetto?

3. Quale definizione viene utilizzata dall'io lirico per indicare l'azione del tempo sul volto dell'amato?

4. Con quale segnale linguistico l'io lirico enfatizza il passaggio dalla prima alla seconda parte del sonetto?

Interpretare e riflettere
La scoperta del testo

5. A tuo avviso per quale motivo nel v. 11 viene utilizzato in modo pleonastico – ovvero ripetitivo – il pronome personale di terza persona (*lui... conservalo*)? Quale concetto intende ribadire l'io lirico in questo modo?

6. Nell'ultima parte il sonetto assume un tono quasi beffardo nei confronti del Tempo. In quale espressione è possibile cogliere in modo particolare un atteggiamento di dileggio?

7. Come possiamo spiegare l'uso esclusivo del modo verbale imperativo?

Analizzare
Lo stile e la forma del testo

8. Nel v. 5 quale figura retorica sottolinea il carattere imprevedibile di ciò che il Tempo riserva all'uomo?
   A. ☐ Antitesi
   B. ☐ Ossimoro
   C. ☐ Sinestesia
   D. ☐ Personificazione

9. Riporta almeno tre esempi delle anastrofi che caratterizzano la versione italiana del sonetto.

10. Per descrivere l'azione del Tempo "scrittore" ricorre una figura dell'ordine: quale?
    A. ☐ Anafora
    B. ☐ Iperbato
    C. ☐ Chiasmo
    D. ☐ Parallelismo

11. Nel distico finale quale parte del discorso enfatizza lo scontro tra il Tempo e l'io lirico? Fai attenzione agli elementi grammaticali posti simmetricamente.

Produrre
Dalla lettura alla scrittura

12. L'io lirico si lamenta della velocità con cui il tempo scorre. A volte, però, pare che le ore e i giorni non passino mai, soprattutto quando siamo in attesa di un avvenimento desiderato o temuto. Prova a riscrivere il sonetto rovesciandone la prospettiva: accusa il Tempo di procedere con troppa lentezza. Ti forniamo un modello da completare.
    *Tempo indolente, allunga gli spazi vuoti degli indugi
    e accendi i dubbi che paralizzano le ore;
    con lentezza trama la fitta rete delle indecisioni
    e consuma nella vana attesa la speranza imperitura.*

    ....
    ....

    *Ma io ti proibisco il crimine più orrendo:
    oh, non tardare con il pigro passo l'arrivo del mio amore*

    ....
    ....
    ....
    ....

La precarietà della vita nell'arte barocca

A partire dal 1550 e lungo tutto il secolo successivo la scultura e la pittura raggiunsero risultati stupefacenti, riuscendo a realizzare gli ambiziosi obiettivi che si erano prefisse: la sperimentazione e l'utilizzo di una grande varietà di materiali, la creazione di percorsi prospettici che dilatassero gli spazi e aprissero nuove e audaci vedute, in modo da generare incredulità e senso di vertigine negli spettatori.
Nello stesso tempo, l'arte divenne mezzo di propaganda e di diffusione dello spirito controriformista, usata dalla Chiesa romana per ammonire e al tempo stesso consolare il fedele.

1. Il gruppo scultoreo, alto 12,88 metri, è collocato in una nicchia decorata con tarsie marmoree.
2. Urbano VIII è scolpito in posa attiva mentre si rivolge ai fedeli.
3. La statua della Carità è accompagnata, secondo l'iconografia tradizionale, da putti.
4. La statua della Giustizia è armata di spada.

Gian Lorenzo Bernini (1598-1680), il migliore artista della scultura barocca, in quest'opera svela la maestria della sperimentazione e la forza dirompente del messaggio che la Chiesa abilmente aveva affidato all'arte. Bernini è scultore, ma in questa sua creazione dimostra di conoscere bene il valore del colore: eccolo plasmare i diversi materiali – bronzo, bronzo dorato, marmo bianco, diaspro, serpentino, porfido – ottenendo così una vasta gamma di tonalità e contrasti, non più affidati solamente al trascorrere della luce sulle superfici.
Le sue statue vivono grazie alla naturalezza delle pose, ottenuta utilizzando forme serpentinate e aperte che valicano i limiti di nicchie, cornicioni, piedistalli. Nei volti trapela dolcezza (la Carità), riflessione (la Giustizia), autorevolezza (Urbano VIII). Infine, collocando nella concavità del sarcofago uno scheletro in bronzo ricoperto da un mantello dorato che incide la lastra funebre dello stesso Pontefice, Bernini raggiunge l'apice della meraviglia barocca per affermare con potenza l'ammonimento cristiano: *Memento mori* ("ricorda che devi morire").

Gian Lorenzo Bernini, Monumento funebre per Urbano VIII (dettaglio a sinistra), Città del Vaticano, Basilica di San Pietro.

Il tema della *brevitas* e della *vanitas* della vita è capillarmente diffuso nell'arte barocca, denunciando quel senso di precarietà che accompagnò la cultura italiana ed europea in quell'epoca di transizione. Nelle ricche e risplendenti composizioni di nature morte di questo periodo non mancano mai fiori sfatti e recisi, candele consumate, teschi su cui meditare.

Ciò avviene anche nella più famosa *Canestra di frutta* di Michelangelo Merisi, detto il Caravaggio (1571-1610). La bellezza della mela in primo piano è segnata da un piccolo cerchio marrone, indizio della presenza del baco, simbolo discreto dell'inesorabile trascorrere del tempo che tutto trasforma, divora, segna – come scrive Shakespeare – con *la sua penna antica*. Ma gli artisti che denunciano la fugacità degli anni sono gli stessi ai quali è permesso di sottrarre al tempo tiranno un attimo di eternità. L'arte di Caravaggio vi riesce grazie alla strabiliante esecuzione del cesto, degli acini d'uva in controluce, degli squarci nei fichi maturi.

1 Composizione a semicerchio, con alternanza di vuoti e pieni su fondo chiaro. Percorso simbolico della vita (da sinistra verso destra) suggerito dalle foglie tenere, poi mature, infine avvizzite.

2 Profondità prospettica resa con lo sporgere della cesta dalla striscia più scura orizzontale in primo piano.

Caravaggio, *Canestra di frutta*, 1599, Milano, Pinacoteca Ambrosiana.

la voce della narrativa — Miguel de Cervantes *La morte di Don Chisciotte*

Miguel de Cervantes nacque a Madrid nel 1547. Nel 1568 si trasferì in Italia come cortigiano del cardinale Giulio Acquaviva. Nel 1571 partecipò alla battaglia di Lepanto contro i Turchi, durante la quale venne gravemente ferito e perse l'uso della mano sinistra. Nel corso del viaggio di ritorno in Spagna venne catturato da corsari turchi e fatto prigioniero ad Algeri. Nel 1580 riuscì a tornare in patria, dove trovò impiego come funzionario e si dedicò contemporaneamente alla scrittura. Nel 1605 pubblicò la prima parte di *Don Chisciotte della Mancia* (uscito in forma completa nel 1615), considerato il primo romanzo moderno. Morì a Madrid nel 1616.

La sua opera più celebre racconta la storia di Don Chisciotte, un gentiluomo di campagna che, influenzato dalla lettura dei romanzi epici, decide di diventare cavaliere. Con un'armatura rovinata e un vecchio cavallo inizia il suo viaggio avventuroso nella regione della Mancia, nel sud della Spagna. Ad accompagnarlo nelle sue bizzarre avventure, frutto della sua vivida immaginazione, c'è Sancho Panza, un rozzo contadino investito a ruolo di scudiero.

Il brano seguente, tratto dall'ultimo capitolo del romanzo, si apre con una considerazione sulla transitorietà dell'esistenza umana. Soltanto ora che è giunto al termine della vita Don Chisciotte sembra rinsavire dalla sua pazzia.

Poiché tutte le cose umane, e più specialmente la vita umana, non sono eterne ma vanno anzi sempre declinando da un principio a una fine, e poiché la vita di Don Chisciotte non aveva dal cielo ricevuto alcun privilegio che la potesse rattenere sul proprio corso, giunse alla propria fine quando egli meno se l'aspettava. Sia per l'avvilimento che gli causava il sapersi vinto[1], sia che così avesse disposto il cielo, fu colto da una febbre, che lo tenne sei giorni a letto, durante i quali fu molte volte visitato dal curato, dal baccèlliere[2] e dal barbiere suoi amici, mentre il suo bravo scudiero Sancio non si scostò mai dal suo capezzale. Essi ritenendo che il dispiacere di vedersi vinto e di non veder compiuto il suo desiderio della liberazione e disincanto di Dulcinea[3], fosse la causa che lo manteneva in quello stato, cercavano con tutti i mezzi possibili e immaginabili di tenerlo allegro. [...]

Ma Don Chisciotte continuava ad esser malinconico. I suoi amici chiamarono il medico, che gli tastò il polso e non rimase troppo soddisfatto, anzi disse che a scanso di guai pensasse ad assicurarsi l'anima, perché, secondo lui, c'era pericolo. Don Chisciotte ricevette la notizia con animo tranquillo; ma non così la nipote, la governante e lo scudiero, che cominciarono a piangere dirottamente, come se fosse bell'e morto. Il parere del medico fu che la causa della malattia doveva ricercarsi nei dispiaceri e nell'avvilimento. Don Chisciotte li pregò a lasciarlo solo, perché voleva dormire un momento. Subito lo contentarono, ed egli fece tutta una tirata, come si suol dire, per più di sei ore, tanto che la nipote e la governante temevano che non si dovesse svegliar più. Si destò invece quando s'è detto, e dando in un grande urlo disse:

— Benedetto sia il Signore Onnipotente, che mi ha tanto beneficato! La sua misericordia non ha limiti, e i peccati degli uomini non la impediscono né la diminuiscono[4].

La nipote che aveva ascoltato attentamente quelle parole dello zio, le trovò più ragionevoli di quelle ch'era solito a dire per lo meno durante quella malattia, e gli domandò:

— Che dice, signore zio? C'è qualcosa di nuovo? Che cos'è questa misericordia e questi peccati degli uomini?

— La misericordia, nipote mia — disse Don Chisciotte — è quella che in questo momento Dio ha usato con me, senza che i miei peccati, come ho detto, lo abbiano impedito. Il mio intelletto è ora libero e chiaro senza le ombre caliginose[5] dell'ignoranza, in cui lo aveva avvolto la continua e detestabile lettura dei libri di cavalleria. Io riconosco ora le loro stravaganze e i loro inganni, e mi duole soltanto d'essermene accorto troppo tardi, poiché non mi resta più tempo di compensare il mio fallo[6] con la lettura d'altri libri che possano illuminarmi l'anima. Io mi sento in punto di morte, nipote mia, e vorrei morire in modo da far capire che la mia vita non è stata tanto cattiva da meritarmi la riputazione di pazzo; perché sebbene lo sia stato, non vorrei confermare questa verità con la mia morte. Chiamami, cara, i miei buoni amici: il curato, il baccelliere Sansone Carrasco e maestro Nicola il barbiere, perché voglio confessarmi e far testamento.

[M. de Cervantes, *Don Chisciotte della Mancia*, trad. it. di F. Carlesi, Mondadori, Milano 1996]

1 **l'avvilimento... vinto**: l'umiliazione che Don Chisciotte ha subito a causa della sua ossessione per la cavalleria.
2 **baccèlliere**: aspirante cavaliere.
3 **Dulcinea**: Dulcinea del Toboso è una contadina che Don Chisciotte elegge a dama e alla quale offre le sue imprese.
4 **non la impediscono... diminuiscono**: la misericordia del Signore è talmente grande che neanche i peccati degli uomini possono renderla impossibile o meno efficace.
5 **ombre caliginose**: zone buie, oscurità.
6 **fallo**: errore.

La voce dei contemporanei

T5 Franco Fortini L'edera

In questa lirica la pianta dell'edera diventa per Franco Fortini (▶ p. 17) il simbolo della persistenza dell'amore, per la forza tenace con cui si attacca ai muri o ai tronchi degli alberi. Nemmeno lo scorrere del tempo e le vicissitudini che esso porta con sé riusciranno ad affievolire il patto di fedeltà che unisce l'io lirico alla sua amata.
METRO: versi liberi.

Molti anni fa, quando non eravamo
ancora marito e moglie, in un pomeriggio
di marzo o aprile, lungo le rive di un lago,
un poco scherzando, un poco sul serio, colsi
5 al piede di un abete un breve ramo di edera,
simbolo di fedeltà dei sentimenti,
per ricordo di quella passeggiata tranquilla
ultima di un'età della nostra vita.

Senza turbamento non so guardarla.
10 La luce ha scolorito a poco a poco

poeti che parlano di poesia — Quello che è e quello che non è

Ti proponiamo l'estratto di un'intervista del marzo 1982, a cura della classe III A della Scuola media statale "Gianni Rodari" di Crusinallo-Omegna (Verbania), in cui Fortini spiega in che cosa consiste, secondo lui, l'essenza della poesia.

Cos'è che fa sì che un testo sia poesia?
Ah, questo non lo so. Alcuni risponderebbero: quello che di un testo fa poesia è che in esso il linguaggio tende a mettere in evidenza se stesso piuttosto che le cose dette. La poesia mette in evidenza se stessa. La poesia è quella cosa, quel discorso che finge di dirti una cosa, ma in realtà, oltre quella cosa, ti dà se stessa. È come se tu dovessi mangiare quello che sta nel recipiente e il recipiente. E alla fine il recipiente diventa più importante di quello che sta dentro, anzi la forma fa tutt'uno col contenuto. Il linguaggio della poesia è quel linguaggio che in ogni punto contraddice l'uso comune. Se io sono in guerra, di notte, col movimento dei soldati, con la paura, e voglio sapere quelli che stanno camminando, che risalgono la strada (sono del mio stesso esercito, ma non so di che reggimento sono), io chiedo: "Di che reggimento siete?" Questa è una domanda, una domanda pratica. Adesso io, scrivendo, aggiungo una parola, che non avrei detto, perché sarebbe sembrata ridicola: "fratelli". "Di che reggimento siete, fratelli?" Così inizia una poesia di Ungaretti. Quello che era l'uso strumentale, qui non è più strumentale: in realtà non domando nulla a nessuno, lo domando a me stesso. È una domanda immaginaria: "Di che reggimento siete?" L'aggiunta della parola "fratelli" dispone le cose in un altro modo. Si può anche non essere più in guerra; "reggimento" potrà magari diventare una vecchia parola in disuso; fra cento anni forse (speriamo) bisognerebbe spiegare alla gente che cosa vuol dire reggimento. La domanda allora avrà questo significato: "In quale banda, in quale gruppo, in quale serie siete stati messi a vivere un destino?"
Quindi nel linguaggio poetico dentro una parola stanno tanti significati...
Certo, più significati. La poesia è continuamente traducibile. Non è vero che la poesia sia intraducibile. È traducibile, in questo senso, che ha continuamente vari significati. Non solo. La poesia ha un po' le caratteristiche della preghiera, della legge: quello che si chiama il "ri-uso". La legge si riusa, si ripete, anche la preghiera: è una formula. Nello stesso tempo, nella poesia c'è un meccanismo complicatissimo, dove c'entra molto la suggestione. La poesia è fatta di quello che è, ma anche di quello che non è.

[digilander.libero.it/AcomeChiSaiTu/saggi_fortini.html]

le foglie che erano verdi e nere.
Mutamenti impercettibili, sintesi
molto lente, alterazioni invisibili.
Come se non vent'anni ma molti secoli
15 fossero passati. Ora quel ramo somiglia
tante cose che inutile è qui nominare.

Pure, solo così impallidendo, ha vissuto.
Se una volta era degno di sorriso
ora è più somigliante figura d'amore.

[F. Fortini, *Una volta per sempre*, Einaudi, Torino 1978]

SCHEDA di LETTURA

Una *passeggiata tranquilla*
Nella prima strofa l'io lirico racconta alla moglie un episodio della loro passata giovinezza, quando non erano ancora sposati. Il ricordo appare sfumato: sono trascorsi *molti anni* e il poeta non sa più se era un giorno di marzo o di aprile. Anche il luogo resta avvolto nell'indeterminatezza, *lungo le rive di un lago*, forse in montagna. Ma se lo spazio e il tempo sono indefiniti e sospesi, un gesto e soprattutto un oggetto sono rimasti impressi nella memoria: *colsi/ al piede di un abete un breve ramo di edera*. L'io lirico ricorda il proprio imbarazzo nel porgere alla ragazza il *breve ramo* di una pianta simbolo di fedeltà, ma anche di passione, per la sua particolarità di attaccarsi in modo inseparabile a muri o tronchi d'albero. La promessa di un amore esclusivo, di un futuro di lealtà e dedizione, è il suggello di quella gita *tranquilla*, l'ultima della giovinezza (*di un'età della nostra vita*). È probabile che negli ultimi due versi della strofa il poeta alluda alla brusca e drammatica interruzione della giovinezza subita dall'intera generazione a cui apparteneva, a causa dello scoppio della Seconda guerra mondiale e alla lotta partigiana a cui partecipò poco più che ventenne.

Il tempo e la trasformazione
Nella seconda strofa si passa al presente: l'io lirico osserva con emozione il tralcio di edera ingiallito. Da chissà quale angolo della casa, forse protetta da una campana di vetro, l'edera ha assistito alla vita della coppia ormai non più giovane. È stata spettatrice di gioie, ansie e scontri, di *tante cose che inutile è qui nominare*. E così l'edera diventa il simbolo della capacità di resistere allo scorrere del tempo, del lento ma inesorabile cambiamento che esso provoca non solo nell'aspetto ma anche nella vita e nei rapporti delle persone.

È da questa percezione che nasce l'affermazione conclusiva, esposta nella terzina finale, che rivela il significato dei versi precedenti: l'edera è riuscita a sopravvivere soltanto grazie alla sua lenta trasformazione. Il poeta sembra suggerirci che altrettanto accade all'amore, non solo a quello che lo unisce ancora alla ragazza di un tempo, ma a ogni sentimento che lega due amanti: esso può conservarsi soltanto se possiede la forza paziente di rinnovarsi.
Quel ramo d'edera che arriva da un giorno di cui si è quasi persa memoria è *più somigliante figura d'amore*: capace di mutare il proprio volto attraverso *sintesi/molto lente, alterazioni invisibili* per restare fedele a se stesso e rispettare il vincolo di quel lontano patto di fedeltà.

Lo stile
La prima strofa è interamente occupata da un solo periodo che procede per accumulazione di dettagli, come se a poco a poco i ricordi venissero incontro alla memoria del poeta. Nelle strofe successive, di carattere riflessivo, i periodi si fanno più brevi e lapidarie affermazioni, anche nominali, scandiscono il messaggio della lirica. La lirica procede con un ritmo lento e prosastico, contrassegnato dalla presenza di numerosi *enjambement* che interrompono il fluire del discorso, e sottolineano il lento cammino dei ricordi e la meditata consapevolezza del valore simbolico dell'edera. Le pause – narrative prima e riflessive in seguito – sono determinate anche dalle numerose inversioni sintattiche, anastrofi e iperbati che creano un'atmosfera intensa ed evocativa.
Il lessico è semplice, se si esclude l'uso transitivo del verbo *somiglia* e del sostantivo *figura* con il significato di "immagine", "simbolo".

LABORATORIO

Comprendere e individuare
L'esplorazione del testo

1. Compila la tabella assegnando a ciascuna strofa un titolo che ne riassuma il significato.

I strofa	....
II strofa	....
III strofa	....

2. In quale verso, l'io lirico svela l'identità dell'interlocutore della poesia?

3. La passeggiata da cui prende avvio la poesia è definita *tranquilla* (v. 7). Quale affermazione precedente conferma le parole dell'io lirico?

4. Con quale termine viene indicato il processo che racchiude in sé i vari stadi di una trasformazione avvenuta in vent'anni?

5. A quale verso precedente rinvia la frase *una volta era degno di sorriso* (v. 18)?

6. In quale verso traspare la malinconia e l'emozione dell'io lirico per aver rievocato un episodio della giovinezza e il tempo trascorso con la moglie?

Interpretare e riflettere
La scoperta del testo

7. Perché, secondo te, l'io lirico sostiene che è *inutile... nominare* (v. 16) le tante cose cui il ramo d'edera somiglia?

8. Secondo l'io lirico di quale particolare aspetto dell'amore l'edera è soprattutto *figura* (v. 19)?
   A. ☐ La persistenza della passione
   B. ☐ La capacità di trasformarsi nel tempo
   C. ☐ La fedeltà coniugale
   D. ☐ L'abitudine che tiene uniti nel tempo

9. Rispetto alle liriche dei poeti rinascimentali e barocchi, il testo di Fortini presenta un rapporto diverso con la giovinezza e con lo scorrere del tempo. In che cosa consiste la differenza fondamentale, secondo te?

Analizzare
Lo stile e la forma del testo

10. Nella lirica spesso non c'è corrispondenza tra unità metrica e unità sintattica. Individua i tre *enjambement* in cui il predicato è separato dal complemento oggetto.

11. Quale particolarità metrica possiamo notare nei vv. 12-13?

12. La musicale leggerezza dei versi si deve a una fitta trama di assonanze e allitterazioni. Riportane alcuni esempi.

13. Quale figura dell'ordine viene utilizzata nel periodo compreso tra i vv. 14 e 15?

GRAMMATICA

14. Rileggi con attenzione la prima strofa e individua la proposizione principale del lungo periodo che la occupa interamente.

15. Gli ultimi due versi contengono un periodo ipotetico della
    A. ☐ realtà
    B. ☐ possibilità
    C. ☐ irrealtà

Produrre
Dalla lettura alla scrittura

16. Durante una passeggiata, ti è mai capitato di "raccogliere" per la persona che si trovava con te qualcosa che al momento o in seguito ha assunto un valore simbolico? Racconta la tua esperienza in versi, seguendo il modello della lirica di Fortini. Ti forniamo un modello.
    Il mese scorso, quando eravamo
    solo compagni di classe, quella gita
    nei luoghi di Manzoni, lungo il lago,
    mi vergogno se ci penso, colsi
    nella spiaggia la piuma di un gabbiano,
    simbolo della voglia di volare con te
    lontano, e ricordo di quella passeggiata
    ultima prima del nostro primo bacio... ora continua tu.

VERIFICA DELLE COMPETENZE

MODELLO INVALSI

Leggi il seguente testo e poi rispondi alle domande.

T6 Ciro di Pers *Orologio da rote*

Ciro di Pers nacque nel 1599 da una nobile famiglia nel castello di Pers, in Friuli. Entrò nell'ordine dei Cavalieri gerosolimitani, a Malta, e prese parte a una spedizione contro i Turchi. Morì nel 1663 in Friuli, a San Daniele. Scrisse la tragedia *L'umiltà esaltata overo Ester regina* (1664) e una raccolta di *Poesie* pubblicata postuma nel 1666, in cui trattò alcuni dei temi-chiave della poetica barocca, come la morte e lo scorrere del tempo.

L'orologio, prodotto del progresso scientifico-tecnologico, era un oggetto spesso presente nei componimenti della lirica del Seicento. L'espressione *orologio da rote* indica l'orologio meccanico, per distinguerlo dalla clessidra ("orologio da polvere") e dalla meridiana ("orologio da sole"). In questo sonetto l'orologio diviene protagonista di una sofferta riflessione sul tema del tempo.

Mobile ordigno di dentate rote
lacera il giorno e lo divide in ore,
ed ha scritto di fuor con fosche note
a chi legger le sa: Sempre si more.

5 Mentre il metallo concavo percuote,
voce funesta mi risuona al core;
né del fato spiegar meglio si puote
che con voce di bronzo il rio tenore.

Perch'io non speri mai riposo o pace
10 questo, che sembra in un timpano e tromba
mi sfida ogn'or contro a l'età vorace

e con que' colpi, onde 'l metal rimbomba,
affretta il corso al secolo fugace,
e, perché s'apra, ogn'or picchia a la tomba.

[in M. Rak (a cura di), *Poesia del Seicento*, Einaudi, Torino 1978]

Filippo Brunelleschi, *Orologio con i pesi*, XIV-XV secolo, Vinci, Museo Ideale Leonardo Da Vinci.

parafrasi

vv. 1-4 Strumento (*ordigno*) in movimento fornito di ingranaggi (*dentate rote*), [l'orologio] scandisce il giorno e lo suddivide in ore e ha scritto di fuori con lettere scure (*fosche note*) per chi è capace di interpretarle: la morte è sempre presente.

vv. 5-8 Mentre il metallo concavo [che racchiude l'orologio] viene colpito (*percuote*), mi risuona nell'animo (*al core*) una voce terribile (*funesta*), e non esiste un modo migliore per spiegare l'andamento avverso (*il rio tenore*) del destino (*fato*) di questo rintocco (*voce di bronzo*).

vv. 9-14 Affinché io non speri mai [di avere] pace e riposo, questo che sembra al tempo stesso (*in un*) un suono di un timpano e di una tromba, mi spinge continuamente (*ogn'or*) a lottare (*mi sfida*) contro il tempo che tutto divora (*vorace*) e con quei rintocchi (*colpi*) sotto ai quali rimbomba il metallo rende ancora più veloce (*affretta*) lo scorrere della vita mortale (*secolo fugace*) e in continuazione (*ogn'or*) bussa (*picchia*) alla tomba affinché si apra (*perché s'apra*).

1. Individua i termini in rima che stabiliscono un'immediata relazione tra la fugacità del tempo e la fine dell'esistenza.

2. Leggi con attenzione le due quartine: qual è il soggetto sottinteso del verbo *percuote* (v. 5)?
   A. ☐ *Mobile ordigno* (v. 1)
   B. ☐ *dentate rote* (v. 1)
   C. ☐ *voce funesta* (v. 6)
   D. ☐ *voce di bronzo* (v. 8)

3. Qual è il referente del pronome dimostrativo *questo* (v. 10)?

4. In quale verso si coglie un sentimento di rivolta e rabbia nei confronti del destino umano e dell'azione del tempo?

5. Quale immagine presente nel sonetto di Ciro di Pers ricorda l'espressione *Tempo divoratore* del sonetto di Shakespeare (▶ T4, p. 313)?

6. Individua almeno tre termini che richiamano la violenza dell'azione del tempo.

7. Qual è la sensazione dominante del sonetto? Giustifica la tua risposta riportando almeno cinque termini che rinviano all'area semantica della sfera sensoriale indicata.
   A. ☐ Olfatto
   B. ☐ Tatto
   C. ☐ Udito
   D. ☐ Vista

8. Il movimento monotono del tempo viene ricreato anche attraverso il richiamo alla morte. Indica l'espressione che allude alla morte in ciascuna strofa.

9. Per quale ragione, l'immagine dell'orologio ritorna nelle liriche barocche? Rifletti sul valore che il meccanismo e la funzione dell'*orologio da rote* assumono per Ciro di Pers.
   A. ☐ Rappresenta il procedere inarrestabile del tempo
   B. ☐ È uno strumento per opporsi al corso del tempo
   C. ☐ Sottolinea l'importanza della scienza nel Seicento
   D. ☐ È un segno di eleganza e ricercatezza

10. Osserva le parole in rima dei primi otto versi: da quale figura di suono sono legate, così da rendere ancora più monotono e ossessivo l'andamento della lirica?

11. Il poeta ricrea il ritmo martellante dell'orologio attraverso il ricorso a numerose allitterazioni e all'onomatopea. Giustifica quest'affermazione con opportuni riferimenti al testo.

12. Attraverso quale figura retorica dell'ordine nei vv. 5-6 viene sottolineato il rapporto di causa-effetto tra la sensazione uditiva e la riflessione dell'io lirico?
    A. ☐ Anastrofe
    B. ☐ Chiasmo
    C. ☐ Climax
    D. ☐ Parallelismo

13. Ciro di Pers utilizza il sostantivo *tenore* (v. 8) come sinonimo di "andamento", "comportamento". Nel linguaggio attuale esso ha conservato questo significato, pur con sfumature particolari a seconda dei casi. Scrivi almeno due frasi in cui *tenore* abbia diverse accezioni.

14. Nel v. 6 *al core* è un complemento di
    A. ☐ limitazione
    B. ☐ modo
    C. ☐ stato in luogo
    D. ☐ termine

15. Analizza il periodo che occupa interamente le due terzine e riscrivi le proposizioni nello schema, una per casella, precisando il tipo di coordinazione e subordinazione.

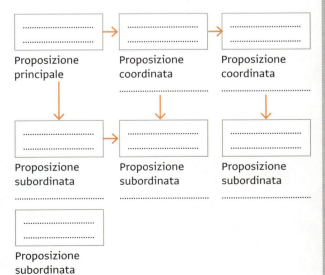

UNITÀ 11

Il ricordo nella lirica dell'Ottocento

T1 **Ugo Foscolo**
A Zacinto

T2 **Alessandro Manzoni**
La morte di Ermengarda

T3 **Giacomo Leopardi**
Alla luna

T4 **Giacomo Leopardi**
A Silvia

LA VOCE DEI CONTEMPORANEI
T5 **Mario Luzi**
Notizie a Giuseppina dopo tanti anni

VERIFICA DELLE COMPETENZE
T6 **Giosue Carducci**
Pianto antico

ONLINE

TESTI INTEGRATIVI
- **William Wordsworth**
Andar per nocciole

Eugenio
Tutor di Italiano

Eugenio, il tutor online che guida nell'analisi interattiva e adattiva (testi di
- U. Foscolo; • G. Leopardi)

La poesia dall'Arcadia al Romanticismo

Il contesto storico: dall'*Ancien régime* all'Illuminismo

La Francia da Luigi XIV alla rivoluzione

La Francia si affermò come una delle protagonisti indiscusse della storia europea a partire dalla metà del Seicento, quando salì al trono **Luigi XIV**. Gli anni del suo regno (1643-1715) segnarono l'apogeo dell'**assolutismo** e una fase di splendore per l'arte e la letteratura francese.

Il Settecento fu il secolo dell'**Illuminismo**, movimento filosofico e culturale che si sviluppò principalmente in Francia, dove assunse i caratteri di una **critica** nei confronti del regime assolutistico e del sistema di privilegi e di ingiustizie su cui si basava. Alcuni monarchi europei entrarono in contatto con gli illuministi francesi (i *philosophes*), accogliendo le loro idee di **uguaglianza** e **progresso** e attuando alcune riforme economiche e sociali. La classe dirigente francese, al contrario, si chiuse nel suo mondo, ignorando la miseria del popolo e la grave situazione finanziaria in cui versava il Paese. Ciò determinò l'insorgere di una crescente insofferenza nella borghesia, nella classe intellettuale e nel popolo, che sfociò nel **1789** nello scoppio della **rivoluzione francese**: l'*Ancien régime* venne spazzato via e la borghesia si affermò come la classe sociale dominante. Nella *Dichiarazione dei diritti dell'uomo e del cittadino* (1789) vennero solennemente sanciti gli ideali illuministici di **libertà**, **fratellanza**, **uguaglianza**, oltre all'idea di sovranità del popolo e dell'inalienabilità dei diritti individuali.

Da Napoleone alla Restaurazione

Negli anni finali della rivoluzione il generale **Napoleone Bonaparte** (1769-1821) prese il potere: nel 1799 istituì con un colpo di Stato un regime autoritario e cinque anni dopo venne proclamato **imperatore** per acclamazione popolare. In quegli anni tentò di affermare l'egemonia francese entrando in conflitto con le altre potenze europee. Dopo campagne militari segnate da importanti trionfi, però, venne definitivamente sconfitto nel 1815 a **Waterloo**, costretto all'abdicazione e poi all'esilio sull'isola di sant'Elena, dove morì il 5 maggio 1821.

Le potenze vincitrici, riunite nel **congresso di Vienna** (1814-1815), ridisegnarono la geografia politica dell'Europa: in base al **principio di legittimità** restaurarono il vecchio regime, riportando sul trono le antiche casate dinastiche sconfitte da Napoleone. Questo nuovo corso storico, che prese il nome di **Restaurazione** (1815-1830), fu caratterizzato dalla repressione degli ideali libertari diffusi in Europa in seguito alla rivoluzione francese.

La poesia italiana dal Seicento al Settecento

L'Accademia dell'Arcadia

Negli ultimi decenni del Seicento la poesia abbandonò l'esasperato tecnicismo e il desiderio di meravigliare tipici della lirica barocca e ritornò a ispirarsi alla **cultura classica**, ponendo al centro della propria attenzione la ricerca dell'armonia, della musicalità e di una sobria eleganza. Il punto di riferimento di questa nuova tendenza poetica fu l'**Accademia dell'Arcadia**, fondata a Roma nel 1690 da un gruppo di letterati che – come mostra la scelta del nome – si rifacevano alla tradizione classica: infatti l'Arcadia è un'antica regione della Grecia, cantata in poesia come un luogo incontaminato, teatro di storie d'amore tra pastori e ninfe. Gli esponenti dell'Accademia intendevano tradurre in poesia la composta raffinatezza della **società aristocratica** di cui erano espressione. In realtà furono autori di **componimenti convenzionali**, in cui erano riproposti in maniera superficiale e senza originalità argomenti sentimentali, con toni teneri e malinconici.

Illuminismo e Neoclassicismo

Questa produzione poetica di maniera, attenta soprattutto a soddisfare il gusto salottiero e mondano dell'aristocrazia, sopravvisse nella prima metà del Settecento, fino a quando l'**Illuminismo** non determinò una profonda svolta culturale. Pur privilegiando altre forme letterarie, come il romanzo e la trattatistica, ebbe il merito di avvicinare la poesia alla realtà concreta: impose l'esigenza di un **fine educativo e morale**, avvicinandola così al pubblico borghese.

La tendenza culturale del **Neoclassicismo**, sviluppatasi nella seconda metà del secolo, proseguì invece la strada del ritorno all'ordine e al senso della misura classica, rifiutando però la logica arcadica che ne prevedeva l'imitazione e la riproposizione nostalgica. Il suo massimo teorico, il tedesco **Johann Joachim Winckelmann** (1717-1768), sostenne il principio della bellezza ideale, secondo cui l'opera d'arte doveva comprendere in sé e sintetizzare in una rappresentazione armonica gli elementi più belli presenti in natura. I principi fondamentali della poetica neoclassica furono il concetto di **poesia eternatrice**, grazie a cui l'uomo può perpetuare sentimenti e ideali che altrimenti andrebbero perduti, e la **funzione consolatrice della bellezza**, che allevia le difficoltà e le sofferenze della vita. Un altro aspetto centrale del Neoclassicismo fu l'interesse per la **mitologia**: i valori civili ed etici della cultura classica vennero riletti e interpretati per trasmettere sentimenti e idee moderne.

In Italia le opere di **Giuseppe Parini** (1729-1799) e **Vincenzo Monti** (1754-1828) furono gli esempi principali di uno stile raffinato di influenza neoclassica posto però al servizio degli ideali civili tipici dell'Illuminismo. Nel poemetto satirico *Il giorno* (▶ U6, T4, p. 172), con eleganza formale e ripetuti richiami alla mitologia, Parini denuncia la **corruzione civile e morale** dell'aristocrazia. Nei componimenti di Monti traspare un vivo interesse per le vicende politiche, ma anche per i **progressi scientifici** dell'epoca.

La nascita di una nuova sensibilità

Alla fine del Settecento si manifestarono i primi segni di una nuova tendenza culturale, che esaltò la figura di un intellettuale inquieto, in **conflitto con la realtà**, in lotta perenne contro il destino avverso e qualsiasi forma di autorità dispotica.

Tra il 1765 e il 1785 alcuni giovani scrittori e filosofi tedeschi diedero vita al movimento culturale dello ***Sturm und Drang*** ("Tempesta e assalto"). Avversi sia al razionalismo illuministico sia al formalismo neoclassico, teorizzarono una poesia fondata sull'**espressione libera** dei sentimenti e della fantasia del **genio creatore**. Rifiutarono qualsiasi vincolo anche dal punto di vista sociale e politico, opponendosi a regole e convenzioni civili e morali.

Fra gli scrittori italiani, **Ugo Foscolo** (▶ p. 331) fu quello che mostrò la personalità più vicina a questa nuova sensibilità. Nelle sue opere diede voce alle proprie passioni più intense, alle delusioni politiche e alle inquietudini che animarono la sua esistenza. Nella sua eterogenea produzione letteraria l'influenza del **materialismo illuministico**, la passione per la **civiltà greca** e l'eleganza formale del **Neoclassicismo** convissero con un esasperato **soggettivismo**: per queste ragioni è considerato uno dei precursori dello spirito del Romanticismo.

Il Romanticismo

L'elaborazione degli ideali romantici

Le idee dello *Sturm und Drang* vennero compiutamente realizzate dal movimento romantico. Nelle pagine della rivista *Athenaeum* (1798-1800) i fratelli **Wilhelm August** (1767-1845) e **Friedrich Schlegel** (1772-1829) fissarono i principi alla base di questo nuovo modo di intendere l'arte e l'esistenza stessa:

- la tensione verso l'**assoluto**;
- l'aspirazione a ricongiungersi con l'**infinito**;
- l'abbandono alla **nostalgia del passato** e all'**immaginazione del futuro**;
- il tentativo di oltrepassare i limiti della conoscenza sensibile per intuire i **significati nascosti dell'universo**.

W. Wordsworth
Andar per nocciole

Quest'ultimo aspetto, la capacità di penetrare nei misteri della natura per comunicarli con sentimento e passione, è ciò che per gli inglesi **William Wordsworth** (1774-1846) e **Samuel Taylor Coleridge** (1772-1834) distingue il poeta dagli uomini comuni. L'ideale della **fusione con la natura** caratterizza l'opera dei principali poeti romantici tedeschi e inglesi. La loro poesia è attraversata da tensioni mistiche e irrazionali, da uno **slancio verso il fantastico** che testimonia un bisogno di evasione dal mondo, dovuto al profondo dissidio tra la vita reale e le aspirazioni ideali. L'immaginazione si contrappone alla ragione e la mente irrequieta si spinge verso l'**ignoto**, alla ricerca di nuove esperienze.

Il Romanticismo italiano

L'unico poeta italiano in cui si scorgono motivi tipici del Romanticismo europeo – sebbene non vi aderì – fu **Giacomo Leopardi**: fra i temi da lui prediletti vi sono la **poetica del vago** e dell'**indefinito**, il ricordo nostalgico del passato, il rapporto intimo con la **natura**, le riflessione sul destino avverso (▶ p. 349).

| il punto su... | **La storia del termine "romantico"** |

"Romanticismo" deriva da "romantico", termine che etimologicamente risale al francese antico *romance*, a sua volta derivato dall'espressione latina *romanice loqui* ("parlare in lingua romanza") che designava i romanzi cortesi-cavallereschi medioevali (▶ p. S43), i cui temi principali erano l'amore e l'avventura. Nel Seicento l'aggettivo *romantic* veniva usato in Inghilterra sia in senso spregiativo (nell'accezione dell'odierno "romanzesco"), per indicare i caratteri fantastici dei romanzi cavallereschi, sia per indicare alcuni paesaggi misteriosi, con rovine antiche, che suscitavano particolari stati d'animo: inquietudine, smarrimento, stupore. Nel secolo successivo il termine francese *romantique* venne usato con un significato simile da Jean-Jacques Rousseau (1712-1778), uno dei massimi esponenti della cultura illuminista.

Tuttavia fu in Germania che l'aggettivo "romantico" venne usato per la prima volta per definire la nuova sensibilità artistica sviluppatasi a partire dalla fine del Settecento. Grazie ai fratelli Schlegel nacque anche il termine "Romanticismo", collegato alle origini romanze dell'Europa e ai generi narrativi medioevali come il *roman*. In tal senso il neonato movimento letterario si contrapponeva al classicismo della tradizione letteraria. Con Novalis (1772-1801), uno dei principali poeti del Romanticismo tedesco, il termine "romantico" assunse un significato simile a quello odierno, indicando una composizione dominata dal sentimento e dalla fantasia. Infine, nella lingua corrente "romantico" è divenuto sinonimo di "incline al sentimentalismo, alla malinconia, all'evasione fantastica".

Per il resto, la lirica romantica italiana ebbe caratteristiche lontane dai modelli europei. Al soggettivismo e alla fuga dalla realtà, alla tensione verso l'assoluto e l'ignoto i romantici italiani preferirono affrontare gli ideali civili e l'attualità politica. L'amore per la patria, la condanna dell'oppressione straniera, il richiamo alla lotta in nome di un passato glorioso furono i temi dominanti in una fase storica in cui nel nostro paese si andava formando una **coscienza nazionale** e si organizzavano le prime forme di protesta che avrebbero portato ai moti risorgimentali.

Il principale esponente di questa tendenza fu **Alessandro Manzoni** (▶ p. 338), che rilesse la storia passata per illustrare il presente e che, rifuggendo dal fantastico e dal romanzesco, fece dell'**esposizione del vero** l'obiettivo principale delle sue opere poetiche e narrative.

Il tema del ricordo nella lirica romantica

Il ricordo come fonte di ispirazione poetica

Il tema del ricordo, ricorrente nella letteratura di ogni tempo e cultura, assunse in età romantica un ruolo di particolare rilievo. Secondo William Wordsworth, il ricordo che rivisita e rielabora un'emozione vissuta in passato è la molla indispensabile per avviare il **processo di creazione**, dunque la fonte stessa dell'**ispirazione poetica**: «La Poesia è lo spontaneo traboccare di forti sentimenti: essa trae origine dall'emozione rivissuta in tranquillità. L'emozione viene contemplata finché, per una specie di reazione, la tranquillità gradualmente si dissolve e si produce un'emozione simile a quella che prima era oggetto di contemplazione. A questo punto essa esiste di fatto nella mente. In questo stato d'animo inizia una buona composizione che viene poi sviluppata» (W. Wordswort, *Ballate liriche*, trad. F. Marucci, Milano, Mondadori 1979). Anche i romantici tedeschi affidarono al ricordo una funzione importantissima. Essi sostenevano che alla base della poesia ci fosse il *Sehnsucht*, un sentimento provocato dall'anelito verso l'assoluto e che consiste nella fusione di una **nostalgica rievocazione del passato** con l'insoddisfatto vagheggiamento di un **futuro indistinto e misterioso**.

I molteplici volti del ricordo nella lirica italiana

I principali autori italiani che operarono nei primi decenni dell'Ottocento diedero spazio nelle loro opere al tema del ricordo, ciascuno affrontandolo con la propria sensibilità e alla luce delle proprie concezioni poetiche.

---

il percorso delle parole | Ricordo

La parola *ricordo* deriva dal verbo latino *recordāri*, composto da *cor*, "cuore", che per gli antichi era la sede della memoria, e il prefisso *re-*, che indica l'atto di richiamare indietro. Quindi il significato è quello di avere o richiamare alla mente avvenimenti, cose o persone passati. Un'etimologia affine è quella dell'espressione francese *apprendre par cœur* e di quella inglese *to know by heart*, che significano entrambe "imparare a memoria". Il termine *ricordo* indica non solo l'atto ma anche l'oggetto che viene ricordato, in espressioni come "i ricordi dell'infanzia", "il Natale di due anni fa è un bel ricordo" ecc.

■ **Trovare le parole**
a. Nella frase "la caduta dalla bicicletta ha lasciato a Marco un brutto ricordo sul braccio destro", da quale termine può essere sostituito il sostantivo *ricordo*?
b. Che cosa si indica correntemente con il termine "ricordino"?
c. Tra le sfumature di significato del verbo "ricordare" c'è anche quella di richiamare per somiglianza o analogia qualcosa o qualcuno. Elabora una frase di senso compiuto in cui il verbo "ricordare" sia usato con quest'accezione.

U. Foscolo
Alla sera

In *A Zacinto* (▶ T1, p. 333) **Foscolo** trae spunto dal ricordo della natia isola greca per celebrare la **civiltà classica** – attraverso le figure di Venere, Omero e Ulisse – e la **funzione eternatrice della poesia**. Allo stesso tempo egli protesta contro il destino avverso, evocando le vicissitudini politiche che lo hanno portato all'esilio e che gli lasciano prefigurare una morte lontano dalla patria.

Manzoni ha una **visione negativa del ricordo** che, a suo giudizio, è il segno di un colpevole legame con i beni terreni. Ritornare con la mente al passato, soprattutto se è migliore del presente, non può che far soffrire gli uomini e allontanarli dall'amore verso Dio, tormentando la loro esistenza terrena invece di predisporli alla vita ultraterrena e alla salvezza eterna (▶ T2 p. 341).

G. Leopardi
A se stesso

Al contrario, per **Leopardi**, il ricordo è l'unica **fonte di consolazione** per un'esistenza segnata dal dolore, in quanto consente di rivivere nel pensiero le gioie della giovinezza, epoca della vita in cui ancora si spera in un futuro felice. Inoltre, in quanto lontano nel tempo, il ricordo è per sua natura vago e indeterminato e perciò rasserenatore, anche quando riguarda avvenimenti tristi e angosciosi (▶ T3 p. 352, T4, p. 355).

A dimostrazione di come il tema del ricordo attraversi tutta la storia della poesia, abbiamo posto a conclusione della scelta antologica di quest'unità *Pianto antico* (▶ T6 p. 364), una lirica scritta in **memoria del figlio morto** a tre anni da **Giosue Carducci** (▶ p. 26), scrittore attivo nella seconda metà dell'Ottocento e ormai estraneo alle atmosfere del Romanticismo, con il quale anzi polemizzò violentemente. Il ricordo del bambino e della sua lieta presenza di un tempo pone il poeta dinanzi al vuoto e all'inutilità della sua vita presente.

Un aspetto accomuna tutte le liriche presentate: il ricordo è comunque per ogni scrittore l'occasione per **analizzare il presente** e **immaginare il futuro** alla luce del passato. Ciò accade anche in *Notizie a Giuseppina dopo tanti anni* di Mario Luzi (▶ T5 p. 361), in cui l'immagine confusa di una donna amata in gioventù è lo spunto per un impietoso bilancio esistenziale.

Émile Bernard, *Madelein au Bois d'Amour*, 1888, Parigi, Musée d'Orsay.

LA MAPPA DELLE CONOSCENZE

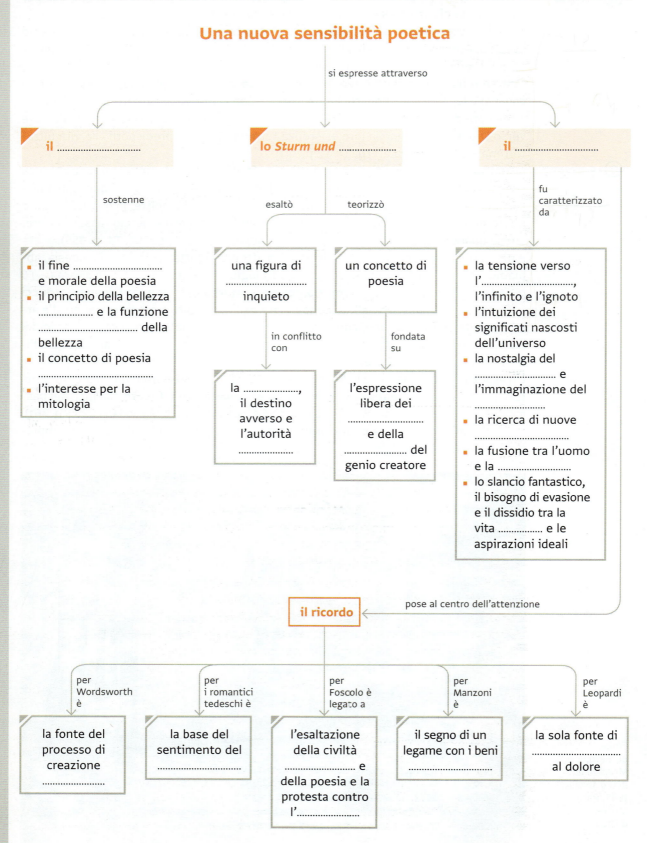

Ugo Foscolo

La vita

La formazione culturale e politica

Niccolò Ugo Foscolo nacque sull'isola greca di **Zante** (oggi Zacinto), sotto il dominio della Repubblica di **Venezia**, nel 1778. Dopo la morte del padre, nel 1788, la madre si trasferì prima a Spalato, poi a Venezia, dove Ugo la raggiunse nel 1792. Stimolato dalla vivace atmosfera cittadina, si formò una solida cultura letteraria e divenne una presenza fissa nei salotti letterari della città (tra cui quello dell'amata **Isabella Teotochi Albrizzi**), dove conobbe intellettuali come Ippolito Pindemonte e Melchiorre Cesarotti. Nel 1797, a diciotto anni, rappresentò la sua prima tragedia, il *Tieste*. Nel 1797 lasciò Venezia a causa delle sue **simpatie napoleoniche**, per tornarvi quando i francesi entrarono nella laguna: in quest'occasione compose l'ode *A Bonaparte liberatore*. Il suo entusiasmo politico venne deluso pochi mesi dopo, quando con il **trattato di Campoformio** Napoleone cedette Venezia all'Austria. Foscolo fu costretto a lasciare la città e cominciò per lui quell'esilio doloroso che sarà il tema di tante sue opere.

Gli anni dell'esilio e di un'intensa attività letteraria

Negli anni seguenti la vita di Foscolo fu una continua peregrinazione in varie città italiane ed europee. Nel 1798, a Milano, conobbe Vincenzo Monti e Giuseppe Parini. Un anno dopo si arruolò nella guardia napoleonica, occupazione che gli permise di viaggiare e lavorare alle sue opere. Nel 1801 iniziò una turbolenta relazione con la nobildonna **Antonietta Fagnani Arese**, che immortalò nell'ode *All'amica risanata*. Nel 1802 diede alle stampe le *Ultime lettere di Jacopo Ortis*, romanzo epistolare di impronta autobiografica (già pubblicato nel 1799 senza il suo consenso), l'ode *A Luigia Pallavicini caduta da cavallo* e la prima edizione dei *Sonetti*. Nel 1804 in Francia conobbe **Sophia Hamilton**, da cui ebbe la figlia Mary, da lui chiamata **Floriana**. Nel 1806 conobbe Alessandro Manzoni a Parigi e cominciò a concepire il progetto dei *Sepolcri*, pubblicati nel 1807. Nel 1812 si stabilì a **Firenze**, dove iniziò la composizione delle *Grazie*.
Dopo la sconfitta di Napoleone e il ritorno degli austriaci a Milano (1814), fuggì dall'Italia. Si stabilì prima in **Svizzera** e poi a **Londra**. Accolto con favore nei circoli letterari, trascorse in Inghilterra i suoi ultimi anni in condizioni di estrema povertà, occupandosi di **giornalismo** e di **critica letteraria**. Ammalatosi di idropisia, morì nel 1827. Nel 1871 le sue spoglie furono trasferite nella chiesa fiorentina di Santa Croce, che aveva celebrato nei *Sepolcri*.

---

il percorso delle parole | Esilio

Il sostantivo *esilio* deriva dal latino *ex(s)ilium* e ha la stessa etimologia dell'aggettivo *exsul*, composto da *ex* e *solum*, con il significato di "fuori (*ex*) dalla propria terra (*solum*)". Pertanto, il termine indica l'allontanamento forzato, o anche volontario, dalla propria patria. In senso religioso identifica la condizione dell'uomo che è cacciato dal Paradiso e che quindi non gode della visione di Dio.

■ **Trovare le parole**
a. Aiutandoti con il dizionario, elabora una frase in cui il termine *esilio* sia usato in senso figurato.
b. Individua almeno due sinonimi per il sostantivo "esule".

La produzione poetica

Le odi neoclassiche e i *Sonetti*

Le due odi scritte da Foscolo ruotano intorno al tema della **bellezza femminile**, bene transitorio che una caduta da cavallo (*A Luigia Pallavicini*) o una malattia (*All'amica risanata*) può cancellare, a meno che non venga **eternata dal canto** del poeta.

L'edizione definitiva dei *Sonetti*, pubblicata nel 1803 a Milano, presenta **dodici componimenti**, compresi quelli aggiunti rispetto alla prima edizione – *Alla sera*, *A Zacinto*, *In morte del fratello Giovanni* (▶ U3, T2, p. 74), *Alla musa* – e denominati "**sonetti maggiori**". L'ispirazione è interamente **autobiografica**, in quanto i temi trattati appartengono alla dimensione esistenziale del poeta: gli affetti familiari, l'esilio e la nostalgia per la patria perduta, l'avversità del destino, l'ardente desiderio di gloria. Pur presentando **tematiche** così **passionali**, i sonetti hanno un'**impostazione meditativa**, determinata dall'accettazione da parte del poeta dei propri drammi individuali. In essi si realizza quindi una **sintesi classico-romantica**, un perfetto equilibrio tra la componente autobiografica e la forma classicheggiante, data dal lessico alto e ricercato, dalla presenza di latinismi e dal periodare complesso.

Dei Sepolcri

La genesi dell'opera, composta tra il 1806 e il 1807, si fa risalire all'acceso dibattito sorto dopo l'emanazione dell'**editto napoleonico di Saint-Cloud** (1804), che prevedeva di eliminare le sepolture all'interno delle mura cittadine e di regolarizzare la dimensione delle tombe. La scelta del genere, un **carme**, risponde all'esigenza di scrivere un'opera di alto **impegno civile** sul modello dei **lirici greci e latini**.

La scelta del metro, l'endecasillabo sciolto, è funzionale a dare una struttura di tipo argomentativo al componimento, che si snoda in quattro parti: nella prima Foscolo riflette sull'**utilità affettiva e sociale** della tomba, "corrispondenza d'amorosi sensi" tra i vivi e i morti; nella seconda vengono prese in esame le usanze funebri di civiltà diverse, dalla Grecia classica all'Inghilterra contemporanea; nella terza si descrivono i sepolcri dei grandi uomini conservati nella chiesa di **Santa Croce** a Firenze; in quella finale vengono evocate le tombe degli eroi del mito, rese eterne dalla poesia omerica. La funzione del sepolcro, il valore della memoria che si tramanda attraverso l'esempio dei grandi del passato e la centralità del mito sono i temi principali del carme. Pur partendo da una concezione **materialistica** e **pessimistica**, Foscolo giunge a celebrare l'importanza affettiva, etico-civile, politica e culturale della tomba. Essa è infatti una fonte di **ispirazione per la poesia**, la cui funzione eternatrice è il valore più alto a cui possa tendere la civiltà umana.

Le Grazie

L'opera, rimasta incompiuta, era dedicata allo scultore neoclassico **Antonio Canova** (1757-1822) e ispirata al suo gruppo marmoreo delle *Tre Grazie*. Concepita come un **carme** diviso in tre inni, rivolti rispettivamente alle dee Venere, Vesta e Atena, a essa Foscolo lavorò per circa venti anni, a partire dal 1812. Dal punto di vista formale il carme è composto da frammenti lirici in endecasillabi sciolti e il tema di fondo è quello della **funzione civilizzatrice** delle arti, che con la loro nascita hanno portato sulla terra l'armonia, aiutando gli uomini a liberarsi dal loro stato selvaggio. Dal punto di vista formale e tematico *Le Grazie* rispecchiano la **poetica neoclassica** foscoliana: non si trovano né riferimenti autobiografici né accenni alla realtà politica e sociale, bensì una visione di fondo contemplativa, distaccata dalle passioni terrene.

T1 A Zacinto

Il sonetto è stato composto tra il 1802 e il 1803, anni in cui Foscolo risiedeva a Milano e viveva con dolore e rabbia la politica napoleonica in Italia. In questo componimento il suo pensiero va a Zacinto, l'isola greca in cui è nato. Il poeta la celebra per le sue bellezze naturali, ma soprattutto perché simbolo degli antichi miti greci (Venere) e della cultura classica (Omero e Ulisse). Il testo rappresenta con efficace sintesi l'intera produzione foscoliana, in quanto comprende i temi principali che hanno alimentato la fantasia dello scrittore.
METRO: sonetto a rime alternate nelle quartine (ABAB ABAB) e invertite nelle terzine (CDE CED).

Né più mai toccherò le sacre sponde
ove il mio corpo fanciulletto giacque,
Zacinto mia, che te specchi nell'onde
del greco mar da cui vergine nacque

5 Venere, e fea quelle isole feconde
col suo primo sorriso, onde non tacque
le tue limpide nubi e le tue fronde
l'inclito verso di colui che l'acque

cantò fatali, ed il diverso esiglio
10 per cui bello di fama e di sventura
baciò la sua petrosa Itaca Ulisse.

Tu non altro che il canto avrai del figlio,
o materna mia terra; a noi prescrisse
il fato illacrimata sepoltura.

[U. Foscolo, *Opere*, Ricciardi, Milano-Napoli 1974]

John Schranz, *La città e il porto di Zante*, Londra, Fine Art Society.

4-5 vergine... Venere: secondo il mito, Afrodite (Venere per i Romani) sarebbe nata direttamente dalla spuma del mare nei pressi dell'isola di Citèra o di Cipro. Il nome Afrodite deriva infatti da *aphro* "schiuma"; la dea viene definita *vergine* perché nata già fanciulla.
9 diverso: l'aggettivo è usato qui nel significato latino di "in direzioni varie e opposte".
10 bello: da riconnettersi con il valore del latino *pulcher*, riferito cioè non tanto all'aspetto fisico quanto al valore dell'individuo.
13 a noi: è da intendersi come un plurale *maiestatis* ("a me").

parafrasi

vv. 1-4 Non tornerò mai più alle [tue] sacre coste, dove riposò (*giacque*) il mio corpo di bambino (*fanciulletto*), o mia Zacinto, che ti specchi nelle onde del mare greco da cui nacque vergine

vv. 5-8 Venere, e rese (*fea*) quelle isole fertili (*feconde*) con il suo primo sorriso, cosicché celebrò (*non tacque*) il tuo cielo (*nubi*) limpido e la tua vegetazione (*fronde*) l'alta poesia (*inclito verso*) di colui [Omero] che

vv. 9-11 raccontò in versi (*cantò*) il lungo errare per mare (*l'acque*) voluto dal fato (*fatali*) e le peregrinazioni lontano dalla patria (*esiglio*) in luoghi diversi (*diverso*) attraverso le quali (*per cui*) Ulisse, nobilitato dalla sua fama e dalle sue disavventure (*bello di fama e di sventura*) riuscì [infine] a tornare (*baciò*) nella sua Itaca rocciosa (*petrosa*).

vv. 12-14 Tu invece, o mia terra materna [Zacinto], avrai soltanto la poesia (*il canto*) di [tuo] figlio: il destino (*fato*) ha riservato per me (*a noi*) una sepoltura privata del conforto dei congiunti (*illacrimata*).

SCHEDA di LETTURA

Una struttura circolare

Il sonetto è articolato in due blocchi tematici, entrambi composti da un solo periodo: il primo si distende lungo le due quartine e la prima terzina, il secondo occupa la strofa finale.

Nella prima parte Foscolo si rivolge con affetto e malinconia all'isola natia (*Zacinto mia*). Attraverso un flusso appassionato e con un tono enfatico il poeta evoca alcuni fra i motivi che ne hanno caratterizzato l'intera produzione letteraria: l'amore per la patria, a cui sono connessi i temi della maternità e della fecondità; il senso di sradicamento, l'amarezza per l'esilio e per il fallimento degli ideali politici, la triste consapevolezza di un destino avverso; la nostalgica idealizzazione del mondo classico.

Nell'ultima terzina il ritmo del discorso si placa e il tono si fa più meditato e assertivo. Con affermazioni lapidarie Foscolo richiama altri due aspetti centrali della sua poetica: la funzione eternatrice della poesia e la funzione affettiva della tomba. Infine, nel v. 13 il poeta torna nuovamente a rivolgersi a Zacinto (*o materna mia terra*), conferendo al sonetto una struttura circolare, confermata anche dalla ripresa della negazione (*Né più mai, non altro che*) e, nel verso successivo, dall'immagine dell'*illacrimata sepoltura*, che si ricollega per contrapposizione all'espressione del v. 2 *ove il mio corpo fanciulletto giacque*: Zacinto, che lo aveva accolto nel suo grembo durante l'infanzia, non potrà dargli invece rifugio e protezione dopo la morte.

I ricordi

Quando scrive *A Zacinto* Foscolo è lontano da Venezia e associa il ricordo delle *sacre sponde* che lo hanno visto bambino alle presenti vicissitudini politiche. La lode della bellezza del luogo natio collega la sua realtà di esule ai miti letterari che ne hanno alimentato le opere. Infatti, nella prima parte del sonetto, la celebrazione di Zacinto si sviluppa intorno a tre ricordi poetici che fanno dell'isola la patria "ideale" del poeta.

Il ricordo della patria e quello delle letture preferite danno vita a una celebrazione che diventa una sorta di autoritratto "intellettuale". In primo luogo Zacinto si trova nel *greco mar* da cui, come racconta il mito, nacque Venere, simbolo della bellezza femminile ma anche della fertilità materna (*fea quelle isole feconde*). Inoltre, la bellezza del paesaggio dell'isola ionica (*le tue limpide nubi e le tue fronde*) è quella celebrata nei versi omerici. Infine, le acque che circondano Zacinto sono quelle *fatali* percorse da Ulisse nel suo *diverso esiglio*, che lo ha reso un eroe affascinante, *bello di fama e di sventura*.

La conservazione della memoria

È proprio il confronto tra il destino di Ulisse e quello del poeta l'elemento di congiunzione tra la prima e la seconda parte del sonetto. Dopo un lungo e avventuroso viaggio, Ulisse giunse in patria (*baciò la sua petrosa Itaca*). Al contrario, Foscolo non potrà più ritornarvi: lo attende una *illacrimata sepoltura*, lontano dai suoi cari, in terra straniera. Zacinto conserverà del figlio soltanto la poesia, il *canto* ispirato dai modelli e dagli ideali classici evocati.

L'ultima strofa pone in primo piano due valori, la poesia e la tomba, attraverso cui l'uomo può perpetuare la memoria di sé. La poesia mantiene viva la memoria storica, consentendo agli uomini di affrontare lo scorrere del tempo e di sottrarsi all'oblio a cui sono destinati dopo la morte. Anche la tomba è un mezzo per sopravvivere attraverso il ricordo, un luogo di incontro e di comunicazione tra i morti e i vivi, a patto che essa non resti *illacrimata*, come Foscolo teme che succeda alla sua.

Lo stile

Dal punto di vista formale a caratterizzare il sonetto è l'ampiezza e la complessità del primo periodo, che occupa ben undici versi. Come in una spirale vorticosa le immagini scaturiscono le une dalle altre, attraverso una serie di nessi subordinanti prevalentemente relativi e forti *enjambement*, che determinano un'ininterrotta sfasatura tra le pause metriche e quelle sintattiche. Questi continui rallentamenti, sospensioni e riprese creano un'atmosfera di attesa e tensione, rafforzata anche dalle continue inversioni sintattiche: per esempio l'*enjambement* al v. 10 enfatizza il valore del predicato *baciò*, mentre il soggetto di cui si alimenta l'aspettativa nei versi 8-10 è posticipato alla fine del v. 11.

Coerentemente con la solennità della sintassi, il lessico è di tono elevato, ricercato e letterario. A esso Foscolo affida anche il compito di creare una fitta rete di parallelismi e legami tematici: le prime quattro parole in rima, per esempio, rinviano tutte a Zacinto (*sponde, onde, feconde, fronde*).

LABORATORIO

Comprendere e individuare
L'esplorazione del testo

1. Con quale aggettivo Foscolo evidenzia il valore che ha per lui Zacinto, non solo luogo natio ma anche richiamo alla classicità?

2. Nel sonetto non compare il nome di Omero: con quale lunga perifrasi Foscolo si riferisce al poeta greco?

3. L'immagine di Ulisse è stata eternata nell'*Odissea* e la sua vicenda è la proiezione di un destino doloroso e nobile. Con quale espressione il poeta sottolinea questi due aspetti dell'eroe greco?

4. Individua i versi in cui compaiono i temi della fertilità e della fecondità.

5. Un campo semantico dominante nella lirica è quello dell'acqua: riporta i termini che vi appartengono.

Interpretare e riflettere
La scoperta del testo

6. Per quale ragione, secondo te, il viaggio di Ulisse viene definito *esiglio* (v. 9), anche se l'eroe greco non è stato obbligato ad abbandonare la patria? Quale significato connotativo assume l'esilio nel sonetto di Foscolo?

7. Nella scheda di lettura abbiamo sostenuto che il sonetto ha una struttura circolare: quali sono i due aspetti tematici che giustificano questa affermazione?

8. Rileggi il sonetto *In morte del fratello Giovanni* (▶ U3, T2, p. 74): quali temi e immagini condivide con *A Zacinto*?

9. Foscolo utilizza il futuro e il passato remoto: a che cosa si riferisce prevalentemente ciascuno dei tempi verbali?

Analizzare
Lo stile e la forma del testo

10. Altro elemento peculiare di *A Zacinto* è la massiccia presenza di *enjambement* che rallentano l'incedere del discorso e creano un'atmosfera di sospensione: rileggi il testo e individuali tutti e sette.

11. Il sonetto presenta sequenze di rime inclusive, che mettono cioè in relazione parole contenute le une nelle altre. Individuale e riportale.

12. La trama musicale dei versi è assicurata dalla presenza delle allitterazioni; riportare alcuni esempi.

13. Dal punto di vista retorico, *le tue limpide nubi* (v. 7) è
    A. ☐ una metafora
    B. ☐ una metonimia
    C. ☐ un ossimoro
    D. ☐ una sinestesia

14. Con quale figura dell'ordine viene definito il viaggio avventuroso di Ulisse nei vv. 8-9?
    A. ☐ Parallelismo
    B. ☐ Chiasmo
    C. ☐ Climax
    D. ☐ Polisindeto

15. Foscolo definisce *fatali* (v. 9) le acque in cui navigò Ulisse perché il suo viaggio era guidato dalla volontà del destino. Indica almeno un paio di espressioni in cui l'aggettivo *fatale* viene usato con accezioni diverse.

16. Individua i nessi sintattici che introducono le numerose proposizioni relative attraverso cui si sviluppa il periodo che occupa i primi 11 versi.

Produrre
Dalla lettura alla scrittura

17. Scrivi anche tu alcuni versi rivolgendoti a un luogo che conosci fin da bambino e che ami. Potrebbe essere un luogo di villeggiatura, il paese dove abitano i nonni, una città che hai visitato e ti è rimasta nel cuore. Ma, a differenza del poeta, tu sai che vi ritornerai e nella poesia ti rallegri per questo. Ti forniamo un modello.
    A luglio ti vedrò dorata riviera
    delle mie vacanza da bambina,
    Rimini mia, patria della piadina,
    del divertimento da mattina a sera... ora continua tu.

"Notturni romantici": la rappresentazione della luna nella pittura di Caspar David Friedrich

Durante il Romanticismo la luna diventa protagonista non solo nella poesia, ma anche nella pittura. Per Leopardi, sebbene sia muta, schiva e solitaria essa è l'interlocutrice migliore a cui rivolgere i propri dubbi esistenziali. Per i pittori essa crea atmosfere indefinite, vaghe, argentee, sfumando i contorni di ciò che inonda con la sua luce discreta.

La sensibilità artistica romantica trovò una perfetta corrispondenza nella natura: i pittori fanno del paesaggio, ancor più suggestivo se notturno, il protagonista assoluto delle loro tele. Per trasferirvi i loro sentimenti essi attuarono una rivoluzione tecnica e stilistica: non usano più schizzi preparatori e prospettive geometriche, ma lavorano immersi *en plein air*, nella maestosità della natura, abbandonando il rigore del disegno a favore dell'immediatezza del colore. La loro stesura non è più uniforme, bensì "materica": il pennello grondante, poggiato sulla tela, crea grumi, ammassi, gocce.

Uno dei più grandi paesaggisti romantici è stato il tedesco Caspar David Friedrich (1774-1840). Di temperamento nordico e riflessivo, seppe sfruttare la preparazione accademica per trasferire nelle sue opere l'emotività romantica. Considerava la natura un riflesso del divino e per comprenderne appieno il significato riteneva che l'uomo dovesse fondersi con essa. Così le cime impervie delle montagne da lui dipinte diventano cattedrali dello spirito, i boschi scheletrici riflessioni sulla caducità terrena, i tersi tramonti simboli di speranze ultraterrene.

Caspar D. Friedrich, *Luna nascente sul mare*, San Pietroburgo, Hermitage Museum.

Friedrich abbassa la linea dell'orizzonte per rendere ancor di più la vastità dello spazio, ritraendo le figure volutamente di spalle o di tre quarti e di dimensioni ridotte. In tal modo egli costringe lo spettatore a vagare inquieto con lo sguardo, provando le medesime sensazioni dei personaggi del dipinto, piccoli e umili di fronte all'infinito. I velieri in lontananza sulla superficie quieta del mare (figure spesso presenti nelle sue vedute) sono simboli del fragile viaggio terreno dell'uomo, mentre il chiarore della luna nascente indicherebbe la direzione del porto eternamente tranquillo verso cui dirigersi e approdare.

Questo notturno è pienamente "romantico", oltre che per il chiarore diffuso della luna, anche per i rami contorti, le radici possenti degli alberi, i massi rocciosi in primo piano. In questo caso, tuttavia, il tema politico prevale su quello contemplativo: i due personaggi, probabilmente il pittore stesso e un suo allievo, cospirano trame liberali contro il conservatorismo imposto dalla Restaurazione, com'è evidente dalla postura e dalla divisa patriottica indossata dai due. La luna, ancora una volta simbolo positivo, ascolta alleata e complice. Da essa emana una luce calda che avvolge uniformemente il paesaggio, levigandone le asperità, e che inonda di energia gli ideali dei due uomini.

Caspar D. Friedrich, *Due uomini davanti alla luna*, Dresda, Gemaldegalerie Neue Meister.

Caspar D. Friedrich, *Chiaro di luna sul mare*, Lipsia, Museum der Bildenden Kunste.

Questo dipinto, dalle dimensioni inaspettatamente piccole (25x31 cm), costituisce una delle più alte prove di abilità tecnica dell'artista. Al di là del soggetto romantico e simbolico del veliero come viaggio dell'anima dal mondo terreno a quello spirituale, ciò che colpisce lo spettatore sono i riflessi argentati della luce della luna sulle increspature delle onde, i controluce delle nuvole scure, gli squarci improvvisi di tonalità più chiare nel cielo. La maestria del pittore sta tutta nell'uso della gamma dei colori freddi, nella realizzazione dei chiaroscuri, nell'abbandono del disegno a vantaggio del fluire spontaneo della pennellata carica di colore. La luna, anche se nascosta, è la vera protagonista del dipinto, non solo perché permette tutti i virtuosismi tecnici sopra descritti, ma anche perché – come nella poesia di Leopardi – ascolta, conosce, conforta la fragilità umana.

Alessandro Manzoni

La vita

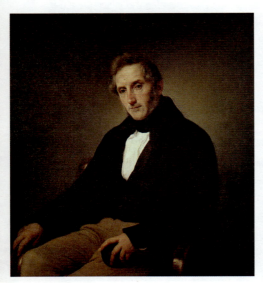

poeti che parlano di poesia

Gli anni giovanili e la formazione culturale

Alessandro Manzoni nacque a **Milano** nel 1785, figlio del conte **Pietro Manzoni** e di **Giulia Beccaria**, figlia di Cesare Beccaria, autore del trattato *Dei delitti e delle pene*. I genitori si separarono quando Alessandro era ancora un bambino e il piccolo trascorse l'infanzia in collegio, dai padri somaschi a Merate, poi dai padri barnabiti a Milano. La madre Giulia nel frattempo si trasferì a Parigi con il nobiluomo **Carlo Imbonati**, che avrà un ruolo fondamentale nella formazione spirituale del giovane Manzoni. Negli anni trascorsi in collegio emerse una **precoce vocazione poetica** e un'attrazione verso le **idee libertarie** che provenivano dalla Francia rivoluzionaria. Dopo il collegio Alessandro si inserì nell'ambiente culturale milanese, dove conobbe Vincenzo Cuoco, Ugo Foscolo e Vincenzo Monti. A questo periodo risalgono il poemetto *Del trionfo della libertà*, ispirato agli ideali rivoluzionari, il sonetto *Autoritratto* e i quattro *Sermoni*, poesie satiriche che risentono dell'influenza di **Parini**.

Nel 1805 Alessandro si trasferì a Parigi dalla madre e l'anno successivo compose il carme in endecasillabi sciolti *In morte di Carlo Imbonati*. Strinse un'amicizia con **Claude Fauriel**, esponente del Romanticismo francese, che lo introdusse nei salotti liberali di ispirazione illuminista. Tornato a Milano nel 1807, conobbe **Enrichetta Blondel**, figlia di un banchiere ginevrino di fede calvinista, che sposò l'anno successivo. I due giovani sposi si avvicinarono all'abate **Eustachio Dègola**, che li guidò verso l'abiura del calvinismo e l'adozione della fede cattolica. Secondo una leggenda la conversione dello scrittore sarebbe scaturita da un incidente avvenuto a Parigi nel 1810: non trovando più la moglie, persa nella folla, Manzoni entrò in una chiesa e pregò Dio di fargli ritrovare Enrichetta sana e salva. In realtà la conversione fu il frutto di un percorso interiore influenzato dal **giansenismo**, un movimento religioso, di cui era sostenitore l'abate Dègola, basato sull'idea della corruzione originaria della natura umana e sulla necessità della grazia divina per la salvezza dell'anima: una concezione che avrà grande influenza sulla visione manzoniana della storia.

La produzione letteraria maggiore e l'impegno politico

Tornato definitivamente in Italia, Manzoni frequentò gli esponenti del **Romanticismo lombardo** che si raccoglievano intorno alla rivista «Il Conciliatore». Nel 1812 iniziò la composizione del primo degli **inni sacri**, la *Resurrezione*. Tra il 1815 e il 1816 scrisse le prime **canzoni civili**, *Aprile 1814* e *Il proclama di Rimini*, a cui seguirono due **tragedie storiche**, *Il conte di Carmagnola* (1820) e l'*Adelchi* (1822).

In questo periodo iniziò la prima stesura dei *Promessi sposi* (*Fermo e Lucia*, 1823) e nel 1821 scrisse le due **odi civili** maggiori, *Marzo 1821* e *Il cinque maggio*. Nel 1827, quando uscì la prima edizione dei *Promessi sposi*, lo scrittore si recò a **Firenze** per approfondire lo studio dell'idioma toscano in seguito a una meditata riflessione linguistica. Negli anni successivi la vita di Manzoni fu funestata da numerosi **lutti familiari**, tra cui la morte della moglie e della primogenita Giulia. Nel 1837 si risposò con Teresa Borri. Nel 1840 uscì l'edizione definitiva dei *Promessi sposi*, completata dall'appendice *Storia della* *colonna infame*, testo di natura storica che ricostruisce il processo agli untori durante l'epidemia di peste del Seicento a Milano. Nell'ultima fase della sua vita Manzoni si impegnò nella **vita politica** con testi fondamentali per la **propaganda risorgimentale** e nel 1860 venne nominato **senatore** del Regno d'Italia. Inoltre si dedicò a scritti di **carattere teorico**, come i saggi *Sulla lingua italiana* (1846) e *Dell'unità della lingua e dei mezzi di diffonderla* (1868), che lo portarono a presiedere una commissione ministeriale per l'**unificazione della lingua**. Nel 1872 cominciò il declino fisico dello scrittore, che morì a Milano un anno dopo. Ai suoi solenni funerali partecipò tutta la città.

La produzione poetica

Gli inni sacri

Manzoni concepì il progetto degli inni sacri dopo la **conversione**. Inizialmente sarebbero dovuti essere dodici, dedicati ai momenti principali della liturgia e delle festività cristiane, ma soltanto cinque vennero compiuti: *La Resurrezione* (1812), *Il nome di Maria* (1812-13), *Il Natale* (1813), *La Passione* (1814-1815), *La Pentecoste* (1822). Nelle intenzioni dell'autore questi componimenti dovevano spiegare al popolo il valore e il significato delle **ricorrenze religiose**. Per questa ragione egli diede forma a una **poesia corale**, in cui l'io lirico è praticamente abolito. Il risultato è un modo nuovo di fare poesia, che rompe con la tradizione classicista e risponde ai criteri della **poetica romantica**. Caratteristiche del romanticismo manzoniano riscontrabili negli inni sacri sono:
- la volontà di trasmettere un **insegnamento morale** e **civile**;
- la **scelta del pubblico**, non un'*élite* di intellettuali ma la **massa** di fedeli;
- la **forma**, **semplice** nel lessico e nella sintassi, e il verso scelto (non l'endecasillabo ma metri più semplici, come il **settenario**, l'**ottonario**, il **decasillabo**).

Le odi civili

Le due odi civili principali, *Marzo 1821* e *Il cinque maggio*, furono ispirate da precisi eventi storici: i moti piemontesi del 1821 e la notizia della morte di Napoleone. Al centro delle odi c'è la **riflessione sulla storia**, vista in una **prospettiva religiosa**. I temi dell'unità nazionale e della lotta risorgimentale per l'indipendenza sono interpretati in *Marzo 1821* come legittima aspirazione dei popoli a liberarsi da un **oppressore tirannico**, che agisce contro le leggi divine. Nel *Cinque maggio* la vicenda umana di Napoleone, la sua esistenza eccezionale fatta di vittorie e di sconfitte, è proiettata su una dimensione eterna e letta in una chiave trascendente. In particolare in quest'ultimo componimento compare il concetto di **Provvidenza**, che agisce nel mondo seguendo vie imperscrutabili. Anche nelle odi civili viene abolito il repertorio mitologico della poesia classicista, così come ogni riferimento autobiografico.

Le tragedie

Nelle due tragedie manzoniane di **argomento storico**, *Il Conte di Carmagnola* e l'*Adelchi*, la volontà di allontanarsi dai modelli classici è ancora più evidente. In un importante scritto di poetica, la *Lettera a Monsieur Chauvet* (1820), Manzoni affermò di volersi attenere al **vero storico**, che consiste nello «spiegare ciò che gli uomini hanno sentito, voluto e sofferto, mediante ciò che essi hanno fatto», e al **vero poetico**, ossia la ricostruzione dei sentimenti e dei pensieri che hanno determinato le azioni degli uomini. Un'importante novità consiste nell'introduzione del **coro**, con una funzione diversa però da quella che aveva nella tragedia greca (▶ p. 483). In Manzoni esso rappresenta, come dichiara nella prefazione al *Conte di Carmagnola*, un «**cantuccio**» in cui egli parla in prima persona, una **pausa lirica** in cui l'azione si interrompe ed egli può esprimere una visione soggettiva, evitando così di intervenire direttamente nelle altre parti dell'opera. *Il Conte di Carmagnola* è ambientato nel XV secolo e ha come protagonista **Francesco Bussone**, capitano di ventura al servizio prima del ducato di Milano e poi del suo principale avversario, la Repubblica di Venezia, che egli portò alla vittoria nella celebre battaglia di Maclodio. Tema fondamentale dell'opera è il **conflitto tra il singolo uomo**, di animo puro ed elevato, **e la storia**, teatro in cui si dispiega il male del mondo: in questa realtà immorale e fatta di intrighi l'individuo è destinato tragicamente a soccombere. Ambientato nell'VIII secolo d.C., sullo sfondo della **guerra tra Longobardi e Franchi** per il dominio dell'Italia, l'*Adelchi* è frutto di un accuratissimo lavoro di ricostruzione storica, come dimostra la pubblicazione del *Discorso sopra alcuni punti della storia longobarda in Italia* che Manzoni pubblicò insieme all'opera. La trama narra lo scontro tra il re longobardo **Desiderio**, che dichiara guerra al re dei Franchi Carlo Magno per vendicare l'onore della figlia **Ermengarda**, sposa ripudiata di Carlo. **Adelchi**, figlio di Desiderio, è un personaggio sofferto che aspira alla gloria ma è destinato a soccombere in un mondo dominato dalla violenza e dall'ingiustizia («non resta/che far torto, o patirlo», afferma morente alla fine dell'opera). Sia lui sia Ermengarda sono **personaggi tragici**, destinati a riscattarsi soltanto dopo la morte. Fondamentale è la riflessione sulla sorte dei latini (quel «volgo disperso che nome non ha»), oppressi dai Longobardi prima e dai Franchi poi, segno che l'attenzione di Manzoni è ormai rivolta a umili protagonisti, come avverrà nei *Promessi sposi*.

poeti che parlano di poesia — L'utile per iscopo, il vero per soggetto e l'interessante per mezzo

Nel testo proposto, tratto dalla *Lettera al marchese Cesare d'Azeglio sul Romanticismo* (1823), Manzoni precisa i tre capisaldi su cui si fonda la sua poetica: *l'utile per iscopo, il vero per soggetto e l'interessante per mezzo*. La produzione letteraria deve occuparsi del "vero" e avere come sua finalità il principio dell'"utile", ovvero l'educazione morale del lettore. A tale scopo essa deve utilizzare come strumento l'"interessante", ossia argomenti scelti per incuriosire e dilettare un vasto pubblico.

Il principio, di necessità tanto più indeterminato quanto più esteso, mi sembra poter essere questo: che la poesia e la letteratura in genere debba proporsi l'utile per iscopo, il vero per soggetto e l'interessante per mezzo. [...] E che in ogni argomento debba cercare di scoprire e di esprimere il vero storico e il vero morale[1], non solo come fine, ma come più ampia e perpetua sorgente del bello: giacché e nell'uno e nell'altro ordine di cose, il falso può bensì dilettare, ma questo diletto, questo interesse è distrutto dalla cognizione[2] del vero; è quindi temporario e accidentale[3]. Il diletto mentale non è prodotto che dall'assentimento[4] ad una idea, l'interesse, dalla speranza di trovare in quella idea, contemplandola, altri punti di assentimento e di riposo: ora quando un nuovo e vivo lume ci fa scoprire in quella idea il falso e quindi l'impossibilità che la mente vi riposi e vi si compiaccia, vi faccia scoperte, il diletto e l'interesse spariscono. Ma il vero storico e il vero morale generano pure un diletto, e questo diletto è tanto più vivo e tanto più stabile, quanto più la mente che lo gusta è avanzata nella cognizione del vero: questo diletto adunque debbe[5] la poesia e la letteratura proporsi di far nascere.

[in *Tutte le opere di Alessandro Manzoni*, a cura di A. Chiari, F. Ghisalberti, Mondadori, Milano 1957-1990]

1. **il vero storico... morale:** l'opera d'arte deve rappresentare un avvenimento realmente accaduto; in ciò consiste il vero storico, da cui discende il vero morale, ovvero l'insegnamento etico che deriva dalla conoscenza dell'evento rappresentato nell'opera.
2. **cognizione:** conoscenza, consapevolezza.
3. **temporario e accidentale:** temporaneo e occasionale.
4. **assentimento:** assenso, cioè adesione consapevole a un'idea.
5. **debbe:** devono.

T2 La morte di Ermengarda

Mentre la guerra tra Franchi e Longobardi sta giungendo a un epilogo drammatico, Ermengarda, figlia del re Desiderio e sposa ripudiata di Carlo Magno, si trova nel convento di San Salvatore a Brescia di cui è badessa la sorella Ansberga. Nel coro dell'atto IV Manzoni descrive l'agonia di Ermengarda, consumata dai ricordi e dal dolore per aver appreso del nuovo matrimonio di Carlo.

METRO: venti sestine di settenari, che rimano secondo lo schema abcbde. I settenari dispari (primo, terzo, quinto) sono sdruccioli; i pari (secondo, quarto) sono piani; l'ultimo settenario (il sesto) è tronco e rima con il verso corrispondente della strofa successiva.

Sparsa le trecce morbide
sull'affannoso petto,
lenta le palme, e rorida
di morte il bianco aspetto,
5 giace la pia, col tremolo
sguardo cercando il ciel.

Cessa il compianto: unanime
si innalza una preghiera:
calata in su la gelida
10 fronte, una man leggiera
sulla pupilla cerula
stende l'estremo vel.

Sgombra, o gentil, dall'ansia
mente i terrestri ardori;
15 leva all'Eterno un candido
pensier d'offerta, e muori:
fuor della vita è il termine
del lungo tuo martir.

Tal della mesta, immobile
20 era quaggiuso il fato:

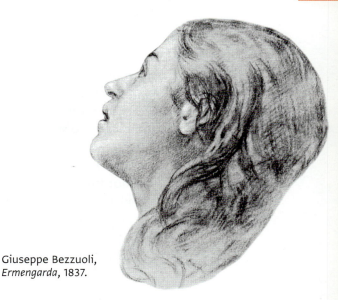

Giuseppe Bezzuoli, *Ermengarda*, 1837.

1-5 **Sparsa... pia:** con le trecce morbide sparse sul petto in affanno, con le mani abbandonate (*lenta le palme*) e con il volto pallido (*il bianco aspetto*) imperlato (*rorida*) del sudore della morte, la pia Ermengarda giace, cercando il cielo con lo sguardo tremante. La strofa iniziale si basa sulla stessa costruzione ripetuta per tre volte: *Sparsa le trecce*, *lenta le palme* e *rorida/di morte il bianco aspetto*. Si tratta di un accusativo di relazione (o "alla greca"), un complemento tipico delle lingua greca e latina che corrisponde a "relativamente alle trecce", "con le trecce" ecc.

7-8 **Cessa... una preghiera:** termina il pianto delle suore che stanno intorno al letto della moribonda, si eleva una preghiera corale.

10 **una man leggiera:** la mano lieve di una suora, che chiude gli occhi della defunta; l'espressione si può intendere anche in senso metaforico, come la mano pietosa di Dio.

11 **pupilla cerula:** gli occhi azzurri di Ermengarda.

12 **stende l'estremo vel:** chiude per l'ultima volta (*l'estremo vel*) gli occhi di Ermengarda.

13-16 **Sgombra... offerta:** o nobile creatura, allontana dall'animo angosciato (*Sgombra... dall'ansia/mente*) le passioni terrene; innalza a Dio un puro pensiero di devozione e muori.

17 **il termine:** la conclusione, la meta del lungo patire di Ermengarda si trova nella vita eterna.

19-22 **Tal della mesta... negato:** tale era quaggiù (*quaggiuso*), in terra, il destino immutabile (*immobile*) dell'infelice: supplicare continuamente un oblio che le sarebbe stato negato.

sempre un obblio di chiedere
che le saria negato;
e al Dio de' santi ascendere,
santa del suo patir.

25 Ahi! nelle insonni tenebre,
pei claustri solitari,
tra il canto delle vergini,
ai supplicati altari,
sempre al pensier tornavano
30 gl'irrevocati dì;

quando ancor cara, improvida
d'un avvenir mal fido,
ebbra spirò le vivide
aure del Franco lido,
35 e tra le nuore Saliche
invidïata uscì:

quando da un poggio aereo,
il biondo crin gemmata,
vedea nel pian discorrere
40 la caccia affaccendata,
e sulle sciolte redini
chino il chiomato sir;

e dietro a lui la furia
de' corridor fumanti;
45 e lo sbandarsi, e il rapido
redir dei veltri ansanti;
e dai tentati triboli
l'irto cinghiale uscir;

Santa Brigida d'Irlanda, Londra, Mary Evans Picture Library.

23	**ascendere:** elevarsi, salire.
24	**santa del suo patir:** resa santa dalle sue sofferenze.
25-30	**nelle insonni... dì:** nelle notti insonni, nei chiostri (*claustri*) solitari del convento, tra il canto delle suore, davanti agli altari a cui si rivolgeva supplicando, le tornavano sempre in mente i giorni che non richiamava volutamente alla memoria (*irrevocati*).
31-36	**Quando ancor cara... uscì:** quando era ancora amata dallo sposo, non potendo prevedere che il futuro l'avrebbe tradita (*improvida/d'un avvenir mal fido*), ubriaca d'amore (*ebbra*) respirò l'aria piena di vita (*spirò le vivide/aure*) di Francia e fu oggetto di invidia tra le spose dei Franchi Salii (*le nuore Saliche*).
37	**aereo:** posto in alto.
38	**il biondo crin gemmata:** con i biondi capelli ingioiellati. Anche questa espressione è un accusativo alla greca.
39-40	**vedea... affaccendata:** vedeva nella pianura correre in modo disordinato (*discorrere*) gli uomini e gli animali impegnati nella caccia.
42	**chiomato sir:** Carlo Magno, il sovrano (*sir*) dai lunghi capelli (*chiomato*).
43-51	**e dietro a lui... stral:** e vedeva dietro a lui la furia dei cavalli che sudavano per la corsa (*fumanti*), e i cani da caccia (*veltri*) dividersi (*sbandarsi*) e poi ritornare velocemente; e uscire il cinghiale irsuto (*irto*) dai cespugli di rovi già frugati (*tentati triboli*) dai cacciatori e rigare di sangue la polvere calpestata (*battuta*) dai cavalli, colpito dalla freccia del re (*regio stral*).

    e la battuta polvere
50 rigar di sangue, còlto
    dal regio stral: la tenera
    alle donzelle il volto
    volgea repente, pallida
    d'amabile terror.

55 Oh Mosa errante! oh tepidi
    lavacri d'Aquisgrano!
    Ove, deposta l'orrida
    maglia, il guerrier sovrano
    scendea del campo a tergere
60 il nobile sudor!

    Come rugiada al cespite
    dell'erba inaridita,
    fresca negli arsi calami
    fa rifluir la vita,
65 che verdi ancor risorgono
    nel temperato albor;

    tale al pensier, cui l'empia
    virtù d'amor fatica,
    discende il refrigerio
70 d'una parola amica,
    e il cor diverte ai placidi
    gaudii d'un altro amor.

    Ma come il sol che reduce
    l'erta infocata ascende,
75 e con la vampa assidua
    l'immobil aura incende,

Cronaca delle imprese più famose dell'imperatore di Carlo Magno, 1585, incunabolo, Santiago de Compostela, Biblioteca de la Universidad de Santiago.

---

51   **la tenera:** Ermengarda, che è una dolce e impressionabile fanciulla.
53   **volgea repente:** rivolgeva subito.
54   **d'amabile terror:** pallida per la paura, e per questo ancora più amabile.
55   **Mosa errante:** la Mosa è il fiume che scorre ad Aquisgrana, dove Carlo Magno aveva posto la sua residenza principale; è definita *errante* perché il suo corso è tortuoso.
55-60 **oh tepidi... nobile sudor:** oh bagni tiepidi di Aquisgrana! Dove, spogliatosi dell'armatura di ferro (*l'orrida/maglia*), il re guerriero scendeva a lavare il nobile sudor del campo di battaglia! Ad Aquisgrana si trovano delle sorgenti termali.
61-72 **Come rugiada... amor:** come la rugiada si posa sul cespuglio (*cespite*) di erba secca, fa tornare (*rifluir*) la vita negli steli (*calami*) inariditi, che risorgono ancora verdi nel tepore dell'alba (*temperato albor*), così nella mente di Ermengarda, che la violenza senza pietà (*empia/virtù*) dell'amore sfianca, scende il conforto (*refrigerio*) di una parola amica, e distoglie (*diverte*) il cuore verso le gioie tranquille (*placidi/gaudii*) di un altro amore (l'amore di Dio).
73-84 **Ma come... noto duol:** ma come il sole che risorge (*reduce*) risale la china infuocata del cielo (*l'erta infocata ascende*) e con la sua fiamma continua (*vampa assidua*) incendia l'aria immobile, e brucia di nuovo (*rïarde*) abbattendoli al suolo i fragili steli dell'erba appena risollevati (*risorti*), così l'amore immortale addormentato risorge velocemente (*ratto*) dopo il leggero oblio, assale l'anima impaurita e richiama alla sofferenza consueta (*noto duol*) le immagini per poco allontanate (*svïate*).

risorti appena i gracili
steli rïarde al suol;

ratto così dal tenue
80 obblio torna immortale
l'amor sopito, e l'anima
impaurita assale,
e le svïate immagini
richiama al noto duol.

85 Sgombra, o gentil, dall'ansia
mente i terrestri ardori;
leva all'Eterno un candido
pensier d'offerta, e muori:
nel suol che dee la tenera
90 tua spoglia ricoprir,

Altre infelici dormono,
che il duol consunse; orbate
spose dal brando, e vergini
indarno fidanzate;
95 madri che i nati videro
trafitti impallidir.

Te dalla rea progenie
degli oppressor discesa,
cui fu prodezza il numero,
100 cui fu ragion l'offesa,
e dritto il sangue, e gloria
il non aver pietà,

te collocò la provida
sventura in fra gli oppressi:
105 muori compianta e placida;
scendi a dormir con essi:
alle incolpate ceneri
nessuno insulterà.

Giuseppe Bezzuoli, *Svenimento di Ermengarda*,
1837, Firenze, Galleria degli Uffizi.

---

85 **gentil:** nobile creatura.
89 **dee:** deve.
91-93 **altre infelici... dal brando:** altre donne infelici riposano nel sonno eterno della morte, spose private (*orbate*) dei mariti dalla spada (*brando*) che li ha uccisi.
94 **indarno:** invano, perché i loro sposi promessi morirono prima delle nozze.
95-96 **madri... impallidir:** madri che videro impallidire i propri figli (*nati*) colpiti a morte (*trafitti*).
97 **rea progenie:** stirpe colpevole (*rea*) degli oppressori.
99-102 **cui fu prodezza... pietà:** il cui unico valore (*prodezza*) fu la superiorità numerica (*numero*), che riconoscevano solo la ragione della violenza (*l'offesa*) e la legge dell'omicidio (*sangue*) e la cui gloria fu la crudeltà (*il non aver pietà*).
105 **compianta e placida:** muori serenamente e rimpianta.
107 **incolpate:** senza colpa.

Muori; e la faccia esanime
110 si ricomponga in pace;
com'era allor che improvida
d'un avvenir fallace,
lievi pensier virginei
solo pingea. Così

115 dalle squarciate nuvole
si svolge il sol cadente,
e, dietro il monte, imporpora
il trepido occidente:
al pio colono augurio
120 di più sereno dì.

[A. Manzoni, *Adelchi*, in *Tutte le opere*, Avanzini e Torraca, Roma 1965]

---

109 **esanime:** privo di vita.
111-112 **improvida... fallace:** non prevedendo che il futuro l'avrebbe ingannata, deludendo le sue aspettative.
114 **pingea:** dipingeva, cioè esprimeva.
114-120 **Così... più sereno dì:** allo stesso modo il sole che tramonta si libera (*si svolge*) dalle nuvole squarciate e colora di rosso porpora il cielo ancora agitato verso occidente: augurio di un giorno più sereno per il devoto contadino (*pio colono*).

SCHEDA di LETTURA

I temi e la struttura

Il coro è incentrato sull'analisi di una duplice contrapposizione: il conflitto tra l'attaccamento ai piaceri terreni (*terrestri ardor*) e la prospettiva della salvezza eterna, garantita dalla fede e dall'amore verso Dio (*un altro amor*); il lacerante scontro interiore di Ermengarda, drammaticamente divisa tra la nostalgia dei giorni felici e il desiderio di cancellare il ricordo doloroso del passato. Manzoni racconta gli ultimi istanti di vita della principessa longobarda presentando la sua vicenda attraverso l'intreccio di tre piani temporali: il presente (l'agonia di Ermengarda), il recente passato (il tempo trascorso in convento dopo il ripudio da parte di Carlo Magno) e quello più lontano (le gioie dell'amore coniugale e il lusso della corte imperiale).

Il passaggio da un piano temporale all'altro avviene attraverso una struttura circolare. Nelle prime tre strofe (vv. 1-18) il lettore viene trasportato dinanzi al letto di morte di Ermengarda, circondata dal conforto delle suore. Con un breve salto indietro, nelle due strofe successive (vv. 19-30) Manzoni immagina le notti insonni *pei claustri solitari*, tormentate dal pensiero di un tempo ormai irrimediabilmente perduto, ricostruito con un lungo *flashback* dalla sesta alla decima strofa (vv. 31-60). Poi, riprendendo in senso inverso il percorso temporale, per quattro strofe (vv. 61-84) Manzoni ci riporta al passato più recente (gli ultimi giorni in convento) e nelle ultime sei strofe (vv. 85-120) al presente, con la morte di Ermengarda, serena e fiduciosa nella vita ultraterrena.

Quindi, la struttura del componimento può essere così schematizzata:

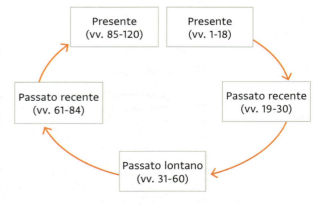

SCHEDA di LETTURA

Vita eterna e *provida sventura*

I versi del coro sono per l'autore il "cantuccio" in cui esprimere le proprie riflessioni sul tema religioso, rivolgendosi direttamente alla protagonista. I vv. 13-24 contengono un'esortazione a Ermengarda affinché si liberi dalle inquietudini e dai desideri terreni e trovi serenità nella salvezza eterna, sotto lo sguardo benevolo di Dio e santificata dalle sofferenze patite in vita.

Quest'ultimo aspetto viene ripreso e precisato nella parte conclusiva, che non a caso inizia con le stesse parole del primo appello (*Sgombra, o gentil*). L'invito a levare *all'Eterno un candido pensier/d'offerta* è accompagnato dal concetto di *provida sventura*. Ermengarda, che apparteneva alla stirpe malvagia e violenta dei Longobardi, condivide il destino di vittima con molte altre donne *infelici*. Le vicende storiche del suo popolo l'hanno posta fra gli oppressi, ma la sua *sventura* individuale è *provida*, perché le permette di espiare le colpe storiche dei Longobardi, liberandola dal peccato.

Il ricordo

Analizzando il dissidio psicologico di Ermengarda, causato dal pensiero del passato, Manzoni affronta il tema del ricordo attraverso una similitudine che si articola in due fasi. Come la rugiada, con la temperatura mite dell'alba, fa rifluire la vita negli steli riarsi di un cespo d'erba, così le parole di conforto delle suore arrecano sollievo, distraggono la mente dall'*empia/virtù d'amor* per Carlo Magno e volgono Ermengarda verso i *placidi/gaudii* della fede (vv. 61-72). Ma non appena il sole sale nel cielo e incendia l'aria con il calore della sua *vampa assidua*, gli steli appena rianimati cadono nuovamente a terra. Lo stesso accade a Ermengarda: il ricordo sviato dalla *parola amica* la riassale con improvvisa violenza e la fa piombare nuovamente nel *noto duol* (vv. 73-84). Quindi per Manzoni il ricordo assume una duplice valenza negativa: è colpevole sia di esasperare ulteriormente il dolore di Ermengarda, richiamando le immagini gioiose di un tempo, sia di distoglierla dall'amore verso Dio, l'unico capace di confortarla e di regalarle la pace a cui aspira.

Lo stile

Una ricca varietà di soluzioni ritmico-sintattiche caratterizza il componimento. Nelle strofe in cui la voce poetica si manifesta come in una preghiera, il tono solenne dell'esortazione religiosa è scandito da proposizioni brevi, separate a fine verso da segni di punteggiatura o da *enjambement*. Invece, il ritmo accelera e si fa più incalzante nel *flashback* narrativo. In particolare, nel corso della scena di caccia, la presenza contemporanea del polisindeto e dell'asindeto e l'uso dell'infinito sostantivato ricreano il concitato sovrapporsi delle azioni. La subordinazione invece prevale nelle strofe dove si snoda la similitudine del *cespite/dell'erba*, quando il discorso si fa più complesso e articolato.

Il lessico è raffinato e letterario, con una particolare cura nella ricerca degli aggettivi, determinanti per creare la figura di un personaggio femminile di intensa drammaticità.

LABORATORIO

Comprendere e individuare
L'esplorazione del testo

1. Per quale motivo le suore che circondano Ermengarda smettono di piangere?

2. Quale gesto rivela implicitamente che Ermengarda è morta?

3. Sia nella parte iniziale sia in quella finale del coro, la morte viene presentata come la soluzione ai dolori della vita terrena. Individua i versi in cui si sostiene questo concetto.

4. Con quale espressione viene sottolineato il fatto che i ricordi del passato ritornano indipendentemente dalla volontà di Ermengarda?

5. Quando era felice sposa di Carlo Magno, Ermengarda non avrebbe potuto immaginare le sofferenze che il futuro le avrebbe riservato. Quale espressione rivela l'inconsapevolezza della donna?

LABORATORIO

6. Ricerca le strofe in cui la voce poetica si rivolge a Ermengarda: quale elemento tematico-stilistico caratterizza i primi versi delle due esortazioni?

Interpretare e riflettere
La scoperta del testo

7. Il sole compare sia nella similitudine dei vv. 61-84 sia in quella conclusiva, che suggella il messaggio del componimento, ma la sua funzione muta radicalmente. Giustifica questa affermazione con opportuni riferimenti al testo.

8. Nel racconto delle varie fasi della sua esistenza, Ermengarda viene accostata ad altre donne che vivono esperienze diverse. Spiega questa affermazione con opportuni riferimenti al testo.

9. Manzoni ha una visione pessimistica della storia, che egli riteneva un'ininterrotta sequenza di soprusi e di violenze dei potenti a danno degli umili e degli oppressi. In quale strofa possiamo cogliere questa concezione?

10. Nell'ode *Il cinque maggio*, dedicata a Napoleone, Manzoni immagina che l'imperatore francese in esilio nell'isola di Sant'Elena sia tormentato dalle immagini del suo passato di gloria e potere. Come nel coro di Ermengarda, egli spiega gli effetti prodotti dal ricordo con una similitudine che ti invitiamo a leggere. Secondo te quali analogie e differenze vi sono fra i due brani?

Come sul capo al naufrago
l'onda s'avvolve e pesa,
l'onda su cui del misero,
alta pur dianzi e tesa,
scorrea la vista a scernere
prode remote invan;

tal su quell'alma il cumulo
delle memorie scese!
Oh quante volte ai posteri
narrar sé stesso imprese,
e sull'eterne pagine
cadde la stanca man!

[A. Manzoni, *Tutte le opere*, Avanzini e Torraca, Roma 1965]

parafrasi

Come l'onda si rovescia e si richiude (*s'avvolve e pesa*) sulla testa (*capo*) del naufrago, quella stessa onda su cui poco prima (*pur dianzi*) scorreva (*scorrea*) invano lo sguardo (*vista*) di quel misero [il naufrago], nel tentativo di scorgere lontani approdi (*prode remote*); così sull'anima di Napoleone (*quell'alma*) si rovesciò il peso (*cumulo*) dei ricordi! Oh quante volte cominciò (*imprese*) a scrivere (*narrar*) le proprie gesta (*sé stesso*) per le generazioni future (*ai posteri*), e la mano stanca cadde su quelle pagine destinate a rendere eterna la sua fama (*eterne pagine*).

Analizzare
Lo stile e la forma del testo

11. Per sottolineare la natura distruttiva dell'amore terreno, Manzoni ricorre per sei volte alla metafora che pone in relazione la passione amorosa e il fuoco: individua nel testo le sue occorrenze.

12. Individua le antitesi con cui nella terza strofa Manzoni sottolinea le contrapposizioni tra l'amore terreno e l'amore per Dio e tra la vita e la morte.

13. Quale figura dell'ordine caratterizza la costruzione dei vv. 97-102?
- A. ☐ Parallelismo
- B. ☐ Chiasmo
- C. ☐ Anafora
- D. ☐ Iperbato

GRAMMATICA

14. Nelle strofe in cui si racconta della battuta di caccia, Manzoni usa alternativamente il passato remoto e l'imperfetto. Sai dire quale tipo di azioni indicano rispettivamente i due tempi verbali?

15. Nella frase *giace la pia* (v. 5), *pia* è
- A. ☐ un sostantivo aggettivato
- B. ☐ un aggettivo sostantivato
- C. ☐ un aggettivo con funzione avverbiale
- D. ☐ un sostantivo con funzione avverbiale

16. Che tipo di subordinata è *sempre un obblio di chiedere* (v. 21)?
- A. ☐ Soggettiva
- B. ☐ Oggettiva
- C. ☐ Dichiarativa
- D. ☐ Finale

Produrre
Dalla lettura alla scrittura

17. Ritieni anche tu che ricordare i momenti felici sia fonte di sofferenze e tormenti, soprattutto quando si attraversa un momento doloroso della propria esistenza? O al contrario pensi che i ricordi possano alleviare le sofferenze di un presente difficile? Rispondi con un testo argomentativo di tre colonne circa di foglio protocollo.

la voce della narrativa — Alessandro Manzoni *L'addio ai monti*

Il brano è tratto dal capitolo VIII dei *Promessi sposi*. Dopo che sono falliti sia il proposito di costringere Don Abbondio, il parroco del paese, a celebrare il matrimonio, sia il tentativo da parte di don Rodrigo di rapire la ragazza, Renzo e Lucia sono obbligati ad abbandonare il loro borgo. Fra Cristoforo, la guida spirituale dei due giovani, organizza la fuga: approfittando del buio, una barca porterà Renzo e Lucia dalla parte opposta dell'Adda, dove poi si divideranno. Nella notte illuminata dalla luna, Lucia osserva i luoghi familiari che sta lasciando suo malgrado e senza sapere se e quando vi farà ritorno.

Senza aspettar risposta, fra Cristoforo, andò verso la sagrestia; i viaggiatori usciron di chiesa; e fra Fazio[1] chiuse la porta, dando loro un addio, con la voce alterata anche lui. Essi s'avviarono zitti zitti alla riva ch'era stata loro indicata; videro il battello pronto, e data e barattata la parola[2], c'entrarono. Il barcaiolo, puntando un remo alla proda[3], se ne staccò; afferrato poi l'altro remo, e vogando a due braccia, prese il largo, verso la spiaggia opposta. Non tirava un alito di vento; il lago giaceva liscio e piano, e sarebbe parso immobile, se non fosse stato il tremolare e l'ondeggiar leggiero della luna, che vi si specchiava da mezzo il cielo. S'udiva soltanto il fiotto morto e lento frangersi sulle ghiaie del lido, il gorgoglio più lontano dell'acqua rotta tra le pile del ponte, e il tonfo misurato di que' due remi, che tagliavano la superficie azzurra del lago, uscivano a un colpo grondanti, e si rituffavano. L'onda segata dalla barca, riunendosi dietro la poppa, segnava una striscia increspata, che s'andava allontanando dal lido. I passeggieri silenziosi, con la testa voltata indietro, guardavano i monti, e il paese rischiarato dalla luna, e variato qua e là di grand'ombre. Si distinguevano i villaggi, le case, le capanne: il palazzotto di don Rodrigo, con la sua torre piatta, elevato sopra le casucce ammucchiate alla falda del promontorio, pareva un feroce che, ritto nelle tenebre, in mezzo a una compagnia d'addormentati, vegliasse, meditando un delitto. Lucia lo vide, e rabbrividì; scese con l'occhio giù giù per la china, fino al suo paesello, guardò fisso all'estremità, scoprì la sua casetta, scoprì la chioma folta del fico che sopravanzava il muro del cortile, scoprì la finestra della sua camera; e, seduta, com'era, nel fondo della barca, posò il braccio sulla sponda, posò sul braccio la fronte, come per dormire, e pianse segretamente.

Addio, monti sorgenti dall'acque, ed elevati al cielo; cime inuguali, note a chi è cresciuto tra voi, e impresse nella sua mente non meno che lo sia l'aspetto de' suoi più familiari; torrenti, de' quali distingue lo scroscio, come il suono delle voci domestiche; ville sparse e biancheggianti sul pendio, come branchi di pecore pascenti; addio! Quanto è tristo il passo di chi, cresciuto tra voi, se ne allontana! Alla fantasia di quello stesso che se ne parte volontariamente, tratto dalla speranza di fare altrove fortuna, si disabbelliscono, in quel momento, i sogni della ricchezza; egli si maraviglia d'essersi potuto risolvere, e tornerebbe allora indietro, se non pensasse che, un giorno, tornerà dovizioso. Quanto più s'avanza nel piano, il suo occhio si ritira, disgustato e stanco, da quell'ampiezza uniforme; l'aria gli par gravosa e morta; si inoltra mesto e disattento nelle città tumultuose; le case aggiunte a case, le strade che sboccano nelle strade, pare che gli levino il respiro; e davanti agli edifizi ammirati dallo straniero, pensa, con desiderio inquieto, al campicello del suo paese, alla casuccia a cui ha già messi gli occhi addosso, da gran tempo, e che comprerà, tornando ricco a' suoi monti. Ma chi non aveva mai spinto al di là di quelli neppure un desiderio fuggitivo[4], chi aveva composti in essi tutti i disegni dell'avvenire, e n'è sbalzato lontano, da una forza perversa! Chi, staccato a un tempo dalle più care abitudini, e disturbato nelle più care speranze, lascia que' monti, per avviarsi in traccia di sconosciuti che non ha mai desiderato di conoscere, e non può con l'immaginazione arrivare a un momento stabilito per il ritorno! Addio, casa natìa, dove, sedendo, con un pensiero occulto, si imparò a distinguere dal rumore de' passi comuni il rumore d'un passo aspettato[5] con un misterioso timore. Addio, casa ancora straniera[6], casa sogguardata tante volte alla sfuggita, passando, e non senza rossore; nella quale la mente si figurava un soggiorno tranquillo e perpetuo di sposa. Addio, chiesa, dove l'animo tornò tante volte sereno, cantando le lodi del Signore; dov'era promesso, preparato un rito[7]; dove il sospiro segreto del cuore doveva essere solennemente benedetto, e l'amore venir comandato, e chiamarsi santo; addio! Chi dava a voi tanta giocondità è per tutto; e non turba mai la gioia de' suoi figli, se non per prepararne loro una più certa e più grande. Di tal genere, se non tali appunto, erano i pensieri di Lucia, e poco diversi i pensieri degli altri due pellegrini, mentre la barca gli andava avvicinando alla riva destra dell'Adda.

[A. Manzoni, *I promessi sposi*, Zanichelli, Bologna 1994]

1. **fra Fazio**: frate del convento di padre Cristoforo.
2. **parola**: parola segreta per il riconoscimento.
3. **proda**: sponda del fiume.
4. **fuggitivo**: di andare via.
5. **d'un passo aspettato**: il passo di Renzo.
6. **casa... straniera**: la casa di Renzo, con cui lei ancora non aveva familiarità.
7. **un rito**: il matrimonio tra Renzo e Lucia.

Giacomo Leopardi

La vita

L'infanzia e la formazione culturale

Giacomo Leopardi nacque a **Recanati** nel 1798, primogenito di un'illustre famiglia della nobiltà marchigiana in difficili condizioni economiche. Il padre, il **conte Monaldo**, era un uomo colto, che aveva dotato il suo palazzo con una **ricca biblioteca**, ma di idee reazionarie e antiquate. Di **salute malferma** e di gracile costituzione, Giacomo crebbe in un ambiente conservatore e si dedicò interamente allo studio, prima sotto la guida di precettori ecclesiastici, poi da solo. In questi anni imparò il latino, il greco e l'ebraico e si formò una vastissima **cultura enciclopedica**. A questo periodo risalgono le sue prime opere di compilazione erudita e la traduzione di classici latini e greci.

Nel 1816, dopo sette anni di «studio matto e disperatissimo», avvenne la cosiddetta conversione dall'«**erudizione**» al «**bello**». In questa fase Leopardi concepì la poesia come la forma più alta di espressione umana, si dedicò alla lettura dei grandi autori classici e moderni e compose le sue primissime prove poetiche. Inoltre si interessò al dibattito sorto in Italia tra sostenitori del classicismo e del romanticismo, schierandosi dalla parte di questi ultimi.

Nel 1818, influenzato dalle posizioni di **Pietro Giordani**, suo amico letterato di idee innovatrici e patriottiche, compose le canzoni civili *All'Italia* e *Sopra il monumento di Dante*. Nel 1819, insofferente all'atmosfera conservatrice e retriva di Recanati, tentò invano di fuggire. Alla delusione legata a questo periodo e all'intensa riflessione che ne scaturì si deve la conversione dal «**bello**» al «**vero**», che determinò il suo avvicinamento a concezioni filosofiche meccaniciste e materialiste. Tra il 1819 e il 1821 iniziò a comporre i "**piccoli idilli**" e le canzoni *Ad Angelo Mai* e *L'ultimo canto di Saffo*.

Gli anni della maturità

Nel 1822 ottenne finalmente dal padre il permesso di lasciare Recanati per recarsi a **Roma**. La città però lo deluse profondamente: gli sembrarono vuoti sia i salotti letterari sia i grandi monumenti cittadini. Tornato a Recanati cominciò a lavorare alle *Ope-*

---

il percorso delle parole | Idillio

Il termine *idillio* deriva dal latino dotto *idýlliu(m)*, a sua volta proveniente dal greco *eidýllion*, diminutivo di *éidos* ("immagine", "quadro"), e significa "piccolo quadro", "quadretto". Nella poesia greca il termine *idillio* indicava un tipo di componimento breve. Poiché il principale autore di idilli era il poeta siracusano Teocrito (IV-III sec. a.C.), famoso per aver composto poesie di argomento pastorale, *idillio* divenne in seguito sinonimo di poesia di genere pastorale. Nel linguaggio attuale la parola *idillio* viene usata per indicare una vita serena, priva di preoccupazioni, o un sentimento amoroso dolce e delicato.

■ **Trovare le parole**

a. Nella frase che segue il termine *idillio* è usato in senso figurato: "È durato solo poche settimane l'idillio tra gli studenti di III C e il nuovo professore di matematica". Individua un sinonimo di *idillio* che sia coerente con il contesto.

b. Che cosa significa avere una visione "idilliaca" dell'esistenza?

c. Quali caratteristiche deve avere, secondo te, un paesaggio per essere definitivo "idilliaco"? Spiegalo attraverso un esempio.

rette morali, abbandonando per il momento la produzione in versi. Nel 1825 l'editore Stella gli offrì alcuni incarichi editoriali. Soggiornò a **Milano**, a **Bologna** e a **Firenze**, dove fu accolto dagli intellettuali dell'«Antologia», importante periodico culturale. Si spostò poi a Pisa, dove riprese a scrivere versi che aprono la fase dei **"grandi idilli"**. Tornato a **Recanati** nel 1828, a causa delle difficoltà economiche e in seguito a un peggioramento delle condizioni di salute, vi rimase per sedici mesi componendo alcuni dei suoi canti più famosi.

Nel 1830 accettò l'invito degli amici fiorentini, che gli offrirono un assegno mensile per un anno di collaborazioni. A Firenze frequentò i salotti letterari e partecipò con fervore al **dibattito politico**, polemizzando con il facile ottimismo degli ambienti progressisti e liberali. Qui si innamorò non ricambiato di **Fanny Targioni Tozzetti** e la delusione amorosa gli ispirò i canti del **ciclo di Aspasia**. Aggravatesi le sue condizioni di salute, nel 1833 si recò a **Napoli**, ospite dell'amico Antonio Ranieri. Nel 1836 si trasferì a Torre del Greco, dove compose i suoi ultimi versi, *Il tramonto della luna* e *La ginestra*. Morì a Napoli il 14 giugno del 1837, poco prima di compiere 39 anni.

La poesia dei *Canti*

La struttura e il titolo

Le poesie di Leopardi sono raccolte nei *Canti*, la cui edizione definitiva apparve postuma nel 1845, curata da Antonio Ranieri. Il libro raccoglie le **canzoni civili**, i **piccoli** e i **grandi idilli**, le poesie del **ciclo di Aspasia** e altri componimenti per un totale di 41 liriche, ordinate secondo criteri cronologici, metrici o tematici. Il titolo costituisce una novità nella letteratura italiana e allude ad alcune caratteristiche della poesia di Leopardi: il **soggettivismo lirico** e lo stretto legame tra i versi e la **musica**, ovvero l'idea il canto stimoli l'immaginazione poetica.

Le canzoni civili

Le canzoni civili introducono varianti rispetto agli schemi metrici fissi della tradizione letteraria e preludono alla cosiddetta **"canzone libera leopardiana"**, che si realizzerà compiutamente nei canti pisano-recanatesi. Un gruppo di canzoni – *All'Italia*, *Sopra il monumento di Dante*, *Ad Angelo Mai* – affronta **temi patriottici**, come la polemica contro la decadenza del tempo presente e l'esaltazione dell'età passata. Legate a **temi filosofici** sono invece *Alla primavera, o delle favole antiche* e l'*Inno ai Patriarchi*. Il tema del **suicidio** è dominante nel *Bruto minore* e nell'*Ultimo canto di Saffo*, in cui per la prima volta compare l'idea che l'infelicità non sia legata alla contingenza storica, ma connaturata all'uomo.

I piccoli e i grandi idilli

I piccoli idilli comprendono poesie scritte tra il 1819-1821 e *Il passero solitario*, composto negli anni Trenta. Nonostante il termine "idillio", non c'è alcun riferimento alla tradizione bucolico-pastorale, ma la natura rappresentata funge da spunto per esprimere **la vita interiore dell'io lirico**. Dal paesaggio scaturiscono sensazioni, emozioni, ricordi, come in *La sera del dì di festa* o in *Alla luna* (▶ T3, p. 352) e da queste esperienze emotive e sensoriali sgorgano altre esperienze conoscitive, com'è evidente in *L'infinito* (▶ U2, T5, p. 53). Questi componimenti rispecchiano la poetica leopardiana del **"vago"** e dell'**"indefinito"**, secondo cui ci sono paesaggi, immagini, parole che nella loro indeterminatezza e lontananza stimolano l'immaginazione, appagando il **bisogno di infinito** proprio dell'uomo. Da un punto di vista formale, i piccoli idilli rappresentano una novità rispetto allo stile aulico delle canzoni: tutti i componimenti sono in **endecasillabi sciolti** e la scelta di termini **evocativi** e **musicali** è coerente con la poetica del "vago" e dell'"indefinito".

I grandi idilli (chiamati anche "**canti pisano-recanatesi**") furono composti tra il 1828 e il 1830. Da un punto di vista tematico e ideologico costituiscono l'approdo definitivo di Leopardi al cosiddetto "**pessimismo cosmico**", ovvero all'idea che l'infelicità non sia una condizione né soggettiva ("pessimismo **individuale**") né legata alle contingenze storiche ("pessimismo **storico**"), ma propria dell'esistenza del genere umano e di tutte le creature viventi. La **Natura** viene considerata "**matrigna**", indifferente alla sofferenza dell'individuo. In queste poesie è centrale il tema della **rimembranza**: il ricordo dell'adolescenza attraverso immagini apparentemente liete, accompagnate però dalla lucida consapevolezza della caduta di tutte le illusioni giovanili. Dal punto di vista formale i canti pisano-recanatesi sono **canzoni libere** di misura più ampia rispetto ai piccoli idilli e composti da un'alternanza di versi **endecasillabi** e **settenari**. Solitamente a una prima parte immaginativa ed evocativa segue una parte riflessiva e filosofica, com'è ben evidente in *A Silvia* (▶ T4, p. 355), *Il sabato del villaggio* e *La quiete dopo la tempesta*.

Il ciclo di Aspasia e gli ultimi canti

Il ciclo di Aspasia raccoglie cinque liriche scritte tra il 1831 e il 1836 (*Il pensiero dominante, Consalvo, Amore e morte, Aspasia, A se stesso*) ispirate dall'amore non ricambiato per Fanny Targioni Tozzetti, che Leopardi canta con il nome di **Aspasia**, la cortigiana amata da Pericle nell'Atene del V secolo a.C.

Le ultime composizioni di Leopardi sono dominate da una **polemica radicale** contro tutte le ideologie progressiste e ottimistiche del suo tempo, dominate dalla fede quasi religiosa nei benefici che il progresso tecnologico avrebbe apportato all'umanità. Tra queste opere ci sono la *Palinodia al marchese Gino Capponi*, una **satira contro la società moderna** costruita secondo la finzione della ritrattazione (questo è il significato di "palinodia"), e i *Paralipomeni della Batracomiomachia*, poemetto in ottave in cui si rappresenta la **battaglia tra liberali e reazionari** avvenuta sullo sfondo dei moti risorgimentali del 1820-1821. Sulla stessa **linea anti-idilliaca** si colloca *La ginestra*, ideale **testamento poetico** di Leopardi. La ginestra è l'unica pianta che cresce sulle pendici laviche del Vesuvio: essa rappresenta, nella generale constatazione del male che domina l'universo, il simbolo di una **possibile fratellanza** tra gli uomini, eroicamente opposti alla Natura.

Le opere in prosa

Lo *Zibaldone* è una raccolta non destinata alla pubblicazione costituita da oltre 4.000 pagine di **riflessioni, commenti, spunti lirici, impressioni di lettura** che Leopardi mise insieme dal 1817 al 1832. Il titolo allude per l'appunto all'**eterogeneità** degli argomenti affrontati, esposti in maniera asistematica. È un testo fondamentale per la comprensione del pensiero leopardiano, in quanto vi si trovano formulate le sue **concezioni filosofiche** e le sue **dichiarazioni di poetica**.

Le *Operette morali* sono l'opera in prosa più importante di Leopardi. Si tratta di una raccolta di 24 **prose filosofiche**, in parte dialogiche e in parte narrative, composte tra il 1824 e il 1827, epoca in cui Leopardi giunge alla concezione del cosiddetto "pessimismo cosmico". Tra i temi principali ci sono la **radicale infelicità** degli uomini, la **noia**, il **dolore**, l'**impossibilità del piacere**.

T3 Alla luna

Leopardi compose probabilmente la poesia nel 1819, anno segnato dal fallito tentativo di allontanarsi da Recanati e dall'aggravarsi della malattia agli occhi. Il componimento prende spunto dalla consuetudine del poeta di recarsi sul colle Tabor, nei pressi di casa Leopardi, lo stesso luogo in cui è ambientato *L'infinito* (▶ U2, T5, p. 53).

METRO: endecasillabi sciolti.

O graziosa luna, io mi rammento
Che, or volge l'anno, sovra questo colle
Io venia pien d'angoscia a rimirarti:
E tu pendevi allor su quella selva
5 Siccome or fai, che tutta la rischiari.
Ma nebuloso e tremulo dal pianto
Che mi sorgea sul ciglio, alle mie luci
Il tuo volto apparia, che travagliosa
Era mia vita: ed è, né cangia stile,
10 O mia diletta luna. E pur mi giova
La ricordanza, e il noverar l'etate
Del mio dolore. Oh come grato occorre
Nel tempo giovanil, quando ancor lungo
La speme e breve ha la memoria il corso,
15 Il rimembrar delle passate cose,
Ancor che triste, e che l'affanno duri!

[G. Leopardi, *Canti*, in *Tutte le opere*, Mondadori, Milano 1968]

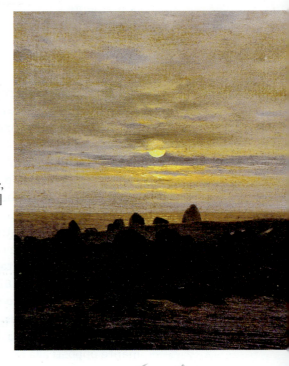

Carl G. Carus, *Paesaggio lunare*, 1819, Oslo, Nasjonalgalleriet.

1   **graziosa:** ha il duplice significato di "leggiadra", "bella" e "benevola", "propizia".
2   **or volge l'anno:** un anno fa.
3   **venia:** venivo.
4   **selva:** bosco; nella prima stesura del componimento si trova il termine *bosco*, sostituito poi dal più aulico ed evocativo *selva*, termine usato da Dante nel celebre *incipit* della *Divina Commedia*.
5   **Siccome or fai:** così come fai ora.
6   **nebuloso e tremulo:** annebbiato e tremolante.
7   **sorgea:** sgorgava; **luci:** occhi.
8   **apparia:** appariva, cioè sembrava; **travagliosa:** piena di tormenti e di affanni angosciosi.
9   **cangia stile:** cambia la sua condizione.
10 **mi giova:** mi piace, mi è gradita (ma anche mi è d'aiuto).
11 **noverar... dolore:** ricordare il tempo (*l'etate*) del dolore.
12 **grato occorre:** risulta gradito.
13-14 **quando... il corso:** quando il percorso della speranza (*speme*) è ancora lungo e quello della memoria invece è breve.

SCHEDA di LETTURA

Dalla descrizione alla riflessione

Alla luna presenta un'articolazione tematica comune a molte liriche di Leopardi: alla descrizione della natura segue un'analisi interiore che, a sua volta, provoca una considerazione filosofica di carattere universale.

Nei primi cinque versi appare sommariamente delineato un paesaggio notturno: un *colle*, dove un anno prima il poeta aveva cercato vanamente di placare il suo animo inquieto e *pien d'angoscia*, e una *selva* rischiarata dalla luce della *graziosa luna*. Ed è proprio alla luna che l'io lirico si rivolge con l'affetto e la confidenza riservata alle persone amate o amiche. La congiunzione avversativa *Ma*, posta all'inizio del sesto verso, segnala il distacco tra l'infelicità del poeta (*che travagliosa/Era mia vita*) e la serenità del paesaggio lunare, offuscato dalle lacrime (*nebuloso e tremulo dal pianto*). Leopardi confessa alla *diletta luna* che ora come l'anno precedente la sua vita continua a essere dolorosa e infelice (*né cangia stile*).

Nel v. 10 ancora una congiunzione avversativa (*E pur*) segnala il passaggio alla terza parte: l'io lirico solleva lo sguardo dalla sua condizione per accennare una riflessione sulla funzione del ricordo.

La rimembranza

Gli ultimi versi contengono il tema centrale della lirica (che non a caso nella prima stesura Leopardi aveva intitolato *La rimembranza.*) Per Leopardi il ricordo è l'unico conforto all'infelicità del presente. Anche se *rimembrar delle passate cose* riporta alla luce il dolore di un tempo e sebbene l'infelicità sia una condizione permanente, il ricordo è motivo inesauribile di consolazione. Ritornare a quanto è accaduto, per quanto infelice sia stato, è fonte di piacere, soprattutto nel *tempo giovanil*, quando le sofferenze dell'esistenza non hanno ancora spento le speranze (*ancor lungo/La speme e breve ha la memoria il corso*).

Nello *Zibaldone* Leopardi afferma: «La massima parte delle immagini e sensazioni indefinite che noi proviamo pure dopo la fanciullezza e nel resto della vita, non sono altro che una rimembranza della fanciullezza» (G. Leopardi, *Zibaldone*, in *Tutte le opere*, Mondadori, Milano 1968). La distanza temporale tra passato e presente sfuma i contorni, attenua i tratti dolorosi della realtà, avvolge fatti ed emozioni in un alone di indeterminatezza. Il ricordo, perciò, è sempre poetico. Ancora nello *Zibaldone*, lo scrittore sostiene: «La rimembranza è essenziale e principale nel sentimento poetico, non per altro se non perché il presente, qual'egli sia, non può essere poetico; e il poetico, in un o in un altro modo, si trova sempre consistere nel lontano, nell'indefinito, nel vago».

Lo stile

L'idillio è caratterizzato dalla presenza di moltissimi *enjambement* i quali, insieme alle cesure provocate dagli svariati segni di interpunzione, determinano un ritmo spezzato, che asseconda il doloroso processo introspettivo dell'io lirico e ne accompagna fra pause ed esitazioni lo sviluppo. Anche la costruzione dei periodi per ipotassi e le numerose e complesse inversioni rallentano il ritmo, creando un clima di sospensione.

Le uniche parole di uso comune riguardano le indicazioni spaziali, per il resto Leopardi ricorre a parole e formule ricercate e letterarie (*sovra, cangia, travagliosa, ricordanza, noverar, etate, speme, rimembrar*), scelte con cura per la loro forza espressiva soprattutto per quanto riguarda le due aree semantiche dominanti, quelle del ricordo e del dolore. Si tratta di un lessico vago e indefinito, in particolare gli aggettivi, che dà vita a immagini sfumate dal ricordo. La sensazione di indeterminatezza e di musicalità viene suggerita anche dall'uso di parole tronche (*or, pien, allor, gioventù, ancor*), dalla fitta trama sonora creata nei primi versi con la ripetizione del suono "en" (*rammento, venia, pien, pendevi*) e in quelli successivi con evocativi richiami fonici.

Henry Moore, *Three Heads*, 1980, Londra, collezione privata.

LABORATORIO

Comprendere e individuare
L'esplorazione del testo

1. Riporta gli aggettivi e i sostantivi che determinano un processo di personificazione della luna.

2. In quali versi il poeta crea un'identificazione reciproca fra se stesso e la luna, come se fossero due innamorati l'uno di fronte all'altra?

3. Nel v. 12 l'aggettivo *grato* a chi o a che cosa si riferisce?
   A. ☐ A *tempo giovanil* (v. 13)
   B. ☐ A *corso* (v. 14)
   C. ☐ A *rimembrar* (v. 15)
   D. ☐ Ad *affanno* (v. 16)

4. Compila la tabella indicando i termini e le espressioni che rinviano alle due aree semantiche dominanti nella lirica: ricordo e dolore.

Ricordo	....
Dolore	....

Interpretare e riflettere
La scoperta del testo

5. Negli ultimi cinque versi scompaiono pronomi personali e aggettivi possessivi in prima e in seconda persona: sai spiegare la ragione di questa "sparizione"?

Antonio Fontanesi, *Il Po*, Roma, Galleria Nazionale d'Arte Moderna.

6. Dagli ultimi versi della lirica possiamo intuire che per un uomo adulto il ricordo sarà meno dolce che per un giovane: sai dire perché?

Analizzare
Lo stile e la forma del testo

7. Individua le due coppie di parole legate da un rapporto di paronomasia nei vv. 6-8.

8. *Pianto* (v. 6) e *luci* (v. 7) stanno rispettivamente per "lacrime" e "occhi": esse sono quindi due
   A. ☐ metafore
   B. ☐ metonimie
   C. ☐ similitudini
   D. ☐ sinestesie

9. Quando si riferisce al passato, il poeta utilizza l'imperfetto e non il passato remoto. Sai spiegare la ragione di questa scelta? Rifletti sulla condizione dell'io lirico.

10. Attraverso quali espressioni deittiche (ossia riferite a un contesto condiviso), l'io lirico conduce il lettore insieme con lui nello scenario descritto?

GRAMMATICA

11. Nel v. 5 *che* può essere interpretato in due modi: pronome relativo o congiunzione che introduce una subordinata consecutiva. Dopo aver svolto la parafrasi adottando entrambe le ipotesi, indica quale interpretazione ti convince di più, motivando la tua risposta.

Produrre
Dalla lettura alla scrittura

12. Riscrivi i primi dieci versi della poesia, sostituendo alla luna un altro elemento naturale a tua scelta. Ti forniamo un modello.

    O placido fiume, io mi rammento
    che, or volge l'anno, lungo queste sponde
    Io venia pien d'angoscia a rimirarti:
    E tu scorrevi allor fra quei prati
    Siccome or fai, che tutti li fecondi.
    Ma nebuloso e tremulo dal pianto
    Che mi sorgea sul ciglio, alle mie luci
    Il tuo corso apparia, che travagliosa
    Era mia vita: ed è, né cangia stile,
    O mio dolcissimo fiume.

T4 A Silvia

La lirica fu composta a Pisa nella primavera del 1828, quando dopo un lungo silenzio poetico Leopardi era tornato a comporre versi. Probabilmente la figura di Silvia è ispirata a Teresa Fattorini, figlia del cocchiere di casa Leopardi, morta di tisi in giovane età. Questo particolare, però, non deve trarre in inganno: la Silvia leopardiana non è una persona reale, ma l'immagine simbolica delle illusioni giovanili.

METRO: canzone di sei strofe di diversa lunghezza, con endecasillabi e settenari, rime ed assonanze variamente disposte.

Silvia, rimembri ancora
Quel tempo della tua vita mortale,
Quando beltà splendea
Negli occhi tuoi ridenti e fuggitivi,
5   E tu, lieta e pensosa, il limitare
Di gioventù salivi?

Sonavan le quiete
Stanze, e le vie dintorno,
Al tuo perpetuo canto,
10   Allor che all'opre femminili intenta
Sedevi, assai contenta
Di quel vago avvenir che in mente avevi.
Era il maggio odoroso: e tu solevi
Così menare il giorno.

15   Io gli studi leggiadri
Talor lasciando e le sudate carte,
Ove il tempo mio primo
E di me si spendea la miglior parte,
D'in su i veroni del paterno ostello
20   Porgea gli orecchi al suon della tua voce,
Ed alla man veloce
Che percorrea la faticosa tela.
Mirava il ciel sereno,
Le vie dorate e gli orti,

Dante G. Rossetti, *Ritratto di signora*, 1867, Londra, Victoria and Albert Museum.

1	**Silvia:**	il nome ha ascendenze letterarie; nell'*Aminta* di Torquato Tasso è la ninfa amata dal protagonista dell'opera.
4	**ridenti e fuggitivi:**	sorridenti e schivi.
5	**il limitare:**	la soglia.
7	**Sonavan:**	risuonavano.
9	**perpetuo:**	ininterrotto.
10-11	**Allor... Sedevi:**	quando eri occupata nei lavori (*opre*) femminili (in particolare la tessitura, come emerge dal v. 22).
12	**vago avvenir:**	il futuro, bello perché indefinito.
14	**menare:**	trascorrere.
15-16	**studi... sudate carte:**	i graditi studi poetici e gli scritti impegnativi e faticosi.
19	**veroni del paterno ostello:**	i balconi della casa paterna.
22	**faticosa tela:**	il lavoro faticoso al telaio.
23	**Mirava:**	ammiravo, contemplavo.

25 E quinci il mar da lungi, e quindi il monte.
    Lingua mortal non dice
    Quel ch'io sentiva in seno.

    Che pensieri soavi,
    Che speranze, che cori, o Silvia mia!
30 Quale allor ci apparia
    La vita umana e il fato!
    Quando sovviemmi di cotanta speme,
    Un affetto mi preme
    Acerbo e sconsolato,
35 E tornami a doler di mia sventura.

---

29 cori: sentimenti.
32 sovviemmi: mi ricordo.
33 mi preme: mi opprime.

---

vite di scrittori — La bellezza dell'adolescenza

In questo brano dello *Zibaldone*, datato 30 giugno 1828 (qualche mese dopo la composizione di *A Silvia*), Leopardi descrive la grazia impareggiabile dell'adolescenza femminile, prima di soffermarsi sul pensiero della disillusione e dei dolori che ne oscureranno la gioia e la bellezza.

Una donna di 20, 25 o 30 anni ha forse più d'attraits, più d'illecebre[1], ed è più atta a ispirare, e maggiormente a mantenere, una passione. Così almeno è paruto[2] a me sempre, anche nella primissima gioventù [...]. Ma veramente una giovane dai 16 ai 18 anni ha nel suo viso, ne' suoi moti, nelle sue voci, salti ec. un non so che di divino, che niente può agguagliare[3]. Qualunque sia il suo carattere, il suo gusto; allegra o malinconica, capricciosa o grave[4], vivace o modesta; quel fiore purissimo, intatto, freschissimo di gioventù, quella speranza vergine, incolume[5] che gli si legge nel viso e negli atti, o che voi nel guardarla concepite in lei e per lei; quell'aria d'innocenza, d'ignoranza completa del male, delle sventure, de' patimenti; quel fiore insomma, quel primissimo fior della vita; tutte queste cose, anche senza innamorarvi, anche senza interessarvi, fanno in voi un'impressione così viva, così profonda, così ineffabile, che voi non vi saziate di guardar quel viso, ed io non conosco cosa che più di questa sia capace di elevarci l'anima, di trasportarci in un altro mondo, di darci un'idea d'angeli, di paradiso, di divinità, di felicità. Tutto questo, ripeto, senza innamorarci, cioè senza muoverci desiderio di posseder quell'oggetto. La stessa divinità che noi vi scorgiamo, ce ne rende in certo modo alieni[6], ce lo fa riguardar come di una sfera diversa e superiore alla nostra, a cui non possiamo aspirare. Laddove in quelle altre donne troviamo più umanità, più somiglianza con noi; quindi più inclinazione in noi verso loro, e più ardire di desiderare una corrispondenza seco[7]. Del resto se a quel che ho detto, nel vedere e contemplare una giovane di 16 o 18 anni, si aggiunga il pensiero dei patimenti che l'aspettano, delle sventure che vanno ad oscurare e a spegner ben tosto[8] quella pura gioia, della vanità di quelle care speranze, della indicibile fugacità di quel fiore, di quello stato, di quelle bellezze; si aggiunga il ritorno sopra noi medesimi; e quindi un sentimento di compassione per quell'angelo di felicità, per noi medesimi, per la sorte umana, per la vita (tutte cose che non possono mancar di venire alla mente), ne segue un affetto il più vago e il più sublime che possa immaginarsi.

[G. Leopardi, *Zibaldone*, in *Tutte le opere*, Mondadori, Milano 1968]

---

1 più d'attraits, più d'illecebre: maggiori attrattive, più lusinghe.
2 è paruto: è sembrato.
3 agguagliare: eguagliare.
4 grave: seria, piena di contegno.
5 vergine, incolume: innocente, intatta.
6 alieni: estranei.
7 più ardire... corrispondenza seco: un coraggio maggiore nel desiderare una relazione con lei.
8 ben tosto: molto presto.

O natura, o natura,
Perché non rendi poi
Quel che prometti allor? perché di tanto
Inganni i figli tuoi?

40 Tu pria che l'erbe inaridisse il verno,
Da chiuso morbo combattuta e vinta,
Perivi, o tenerella. E non vedevi
Il fior degli anni tuoi;
Non ti molceva il core
45 La dolce lode or delle negre chiome,
Or degli sguardi innamorati e schivi;
Né teco le compagne ai dì festivi
Ragionavan d'amore.

Anche peria fra poco
50 La speranza mia dolce: agli anni miei
Anche negaro i fati
La giovanezza. Ahi come,

George F. Watts,
Hope, 1886,
Londra, Tate
Gallery.

38 di tanto: a tal punto.
40 pria che... il verno: prima che l'inverno facesse inaridire l'erba.
41 chiuso morbo: malattia nascosta dentro di te, ovvero la tubercolosi, malattia dei polmoni.
44 non ti molceva il core: non lusingava il tuo cuore.
45 negre chiome: capelli neri.
46 sguardi innamorati e schivi: gli occhi capaci di far innamorare, ritrosi e timidi.
49 peria tra poco: moriva dopo poco.

Come passata sei,
Cara compagna dell'età mia nova,
55 Mia lacrimata speme!
Questo è quel mondo? questi
I diletti, l'amor, l'opre, gli eventi
Onde cotanto ragionammo insieme?
Questa la sorte dell'umane genti?
60 All'apparir del vero
Tu, misera, cadesti: e con la mano
La fredda morte ed una tomba ignuda
Mostravi di lontano.

[G. Leopardi, *Canti*, in *Tutte le opere*, Mondadori, Milano 1968]

55 lacrimata speme: speranza compianta.
58 Onde contanto: di cui a lungo.
60 All'apparir del vero: quando la nuda verità delle cose si è infine rivelata e tutte le illusioni giovanili sono cadute.
62 ignuda: nuda, desolata.

SCHEDA di LETTURA

La suddivisione tematica

I motivi dominanti di *A Silvia*, il ricordo e il contrasto tra le speranze giovanili e la consapevolezza della loro vanità, sono affrontati attraverso un'articolata struttura bipartita. Le sei strofe della canzone si possono suddividere in due blocchi tematici nettamente distinti.

Nelle prime tre strofe, attraverso il filtro della rimembranza e sullo sfondo di un splendente paesaggio primaverile, l'io lirico rievoca Silvia e se stesso nei giorni felici e ingenui dell'adolescenza. La *beltà splendea* negli occhi di Silvia che, affaccendata nelle *opre femminili*, lasciava correre il pensiero dietro a un *vago avvenir*, ricco di promesse. Il poeta, poco lontano, interrompeva gli studi *leggiadri* e si affacciava alla finestra ad ascoltare la voce della ragazza e volgeva lo sguardo ancora sereno e sognante verso il paesaggio illuminato dal sole.

Nella seconda parte i sogni e le ineffabili emozioni della giovinezza lasciano spazio alla disillusione, alla consapevolezza della realtà di dolore del destino umano (l'*apparir del vero*) e alla presenza incombente della *fredda morte*.

La relazione tra l'io lirico e l'interlocutore

I due blocchi tematici antitetici sono a loro volta costruiti attraverso un doppio confronto tra il destino di Silvia e quello del poeta. La prima strofa introduce il tema del ricordo che descrive i due protagonisti della lirica nel periodo più felice della loro *vita mortale*. A essa sul piano strutturale corrisponde la quarta strofa, che avvia la meditazione sugli "inganni" del passato (*Che pensieri soavi/che speranze, che cori*) e sulla dolorosa condizione del presente (*un affetto mi preme/Acerbo e sconsolato*).

A queste due strofe introduttive seguono quelle dedicate rispettivamente a Silvia (la seconda e la quinta) e al poeta (la terza e la sesta). Nella seconda e nella terza l'io lirico sottolinea il comune stato d'animo dei due giovani, dominato dal pensiero di un futuro radioso. Anche nella quinta e nella sesta viene istituita un'analogia fra Silvia e l'io lirico, che non vedono realizzarsi le fiduciose fantasie della giovinezza, anche se per ragioni diverse: la morte prematura per Silvia, il crudele *apparir del vero* per il poeta.

La rimembranza e la natura "matrigna"

Il tema della rimembranza è incentrato intorno a Silvia, figura esemplare della poetica leopardiana del vago e dell'indefinito. Ogni elemento della ragazza (aspetto fisico, sentimenti e comportamenti) resta sfumato, percepito in lontananza. Mancano indicazioni che permettano di ricostruire un'imma-

SCHEDA di LETTURA

gine concreta di Silvia, al di là di una radiosa manifestazione di gioia: la sua bellezza *splendea* e gli occhi erano *ridenti e fuggitivi*. E il suo stato d'animo (*lieta e pensosa*, *assai contenta*) resta vago come l'*avvenir che in mente avevi*.

Anche la dimensione spaziale che fa da sfondo alla descrizione dei due personaggi resta indefinita. Come suggerisce l'uso dell'imperfetto, il tempo nel ricordo sembra fermarsi, restare sospeso in un'indistinta primavera, serena e luminosa, carica di profumi (*Era il maggio odoroso*).

La seconda parte della canzone contiene un altro tema centrale della riflessione di Leopardi: il concetto di natura "matrigna", colpevole delle sofferenze degli uomini. Gli interrogativi retorici posti al termine della quarta strofa (vv. 36-39) accusano la natura di non mantenere le promesse di felicità che caratterizzano la giovinezza e di essere perciò colpevole del doloroso contrasto tra il futuro vagheggiato e la realtà dell'esistenza umana. Quest'ultima non può che avere un destino negativo: o una fine prematura o una vita infelice, priva di speranze, se non quella rappresentata dalla morte e da una *tomba ignuda*.

Il ricordo diviene qui lo strumento attraverso cui rivelare il destino tragico che accomuna tutti gli uomini: se si esclude la breve parentesi dell'età delle illusioni, la vita umana non è che sofferenza, lacerante rammarico per tutto ciò che non si è realizzato.

Lo stile

La sintassi è prevalentemente paratattica. Le poche proposizioni subordinate sono relative o temporali, queste ultime volte a sottolineare l'antitesi tra il passato e il presente. Pur mantenendosi scorrevole lungo l'intero componimento, la sintassi asseconda il variare delle situazioni psicologiche. Nella prima parte, caratterizzata da ampi periodi, il ritmo è lento, specchio della serenità del passato. Nella seconda parte si fa più serrato, con l'accumularsi di frasi indipendenti esclamative e interrogative, di anafore e negazioni che enfatizzano la partecipazione emotiva dell'io lirico. Infine, negli ultimi quattro versi, la sintassi diviene spoglia, assumendo il tono di una condanna inappellabile.

Per quanto riguarda il lessico, oltre alla cura nella scelta di un linguaggio vago, occorre sottolineare la prevalenza di espressioni di tono elevato e letterario (*D'in su i veroni del paterno ostello*, *Lingua mortal non dice/Quel ch'io sentiva in seno*, *sovviemmi di cotanta speme*), che insieme alle numerose inversioni contribuiscono a creare un'atmosfera di suggestiva indeterminatezza.

LABORATORIO

Comprendere e individuare

L'esplorazione del testo

1. In quale verso compare il tema dell'ineffabilità, ovvero dell'impossibilità a esprimere compiutamente le proprie emozioni?

2. Quale espressione viene utilizzata per indicare gli uomini e il destino crudele che la natura riserva loro?

3. Quale aspetto della vita adulta, in particolare, è stato negato a Silvia dalla morte prematura?

4. In quali versi il poeta esplicita il legame tra il proprio destino e quello di Silvia?

5. Il verbo *cadesti* (v. 61) richiama per contrapposizione un verbo della prima strofa: quale? Si tratta di un verbo importante, l'anagramma del nome della protagonista della lirica.

6. La giovinezza e l'età adulta vengono indicate con diverse perifrasi. Individuane almeno una per ogni stagione della vita.

7. Compila la tabella inserendo i termini e le espressioni che rinviano alle aree semantiche della felicità e della speranza e a quella del dolore e della disillusione.

Felicità e speranza	....
Dolore e disillusione	....

LABORATORIO

8. Compila la tabella assegnando a ogni strofa un titolo che ne riassuma il contenuto.

I strofa	....
II strofa	....
III strofa	....
IV strofa	....
V strofa	....
VI strofa	....

Interpretare e riflettere
La scoperta del testo

9. Attraverso quale campo sensoriale è percepita Silvia? Per quale ragione, secondo te, il poeta compie questa scelta espressiva?

10. Quale relazione semantica si può stabilire tra gli aggettivi *fuggitivi* (v. 4) e *pensosa* (v. 5), usati per connotare lo stato d'animo di Silvia?

11. Tra le parole *verno* (v. 40) e *vero* (v. 60) non c'è soltanto un rapporto fonico di paronomasia ma anche un legame tematico. Per quale motivo?

12. La *Cara compagna* a cui l'io lirico si rivolge nel v. 54 è
- A. ☐ Silvia
- B. ☐ la giovinezza
- C. ☐ la speranza
- D. ☐ la primavera

Analizzare
Lo stile e la forma del testo

13. Alcune parole a fine verso sono legate da assonanza o da consonanza: individua un paio di esempi per entrambe le figure di suono.

14. Nei primi nove versi il suono allitterato di una lettera, concentra l'attenzione sulla figura di Silvia. Quale? Prima di rispondere, rifletti sulla presenza dei pronomi personali e degli aggettivi possessivi.

15. Nella terza strofa, per descrivere le proprie occupazioni e quelle di Silvia (*sudate carte*, v. 16; *faticosa tela*, v. 22), Leopardi usa la stessa figura retorica: quale?
- A. ☐ Metafora
- B. ☐ Ossimoro
- C. ☐ Ipallage
- D. ☐ Sinestesia

16. Nei vv. 15-16, attraverso quale figura dell'ordine l'io lirico evidenzia il rapporto tra il piacere degli studi (*leggiadri*) e la fatica della scrittura (*le sudate carte*)?
- A. ☐ Antitesi
- B. ☐ Iperbato
- C. ☐ Anafora
- D. ☐ Chiasmo

17. Quale criterio spaziale tipico del testo descrittivo viene seguito dal poeta nella terza strofa?

18. Il termine *vago* riferito all'*avvenir* (v. 12) è da intendersi non soltanto come sinonimo di "indeterminato" ma anche con un altro possibile significato. Quale? Se non sai rispondere aiutati con il dizionario.

19. La contrapposizione tra passato e presente su cui è costruita la lirica è sottolineata anche dall'uso degli aggettivi e dei pronomi dimostrativi. Quali versi giustificano questa affermazione?

Produrre
Dalla lettura alla scrittura

20. Sicuramente avrai anche tu dei ricordi legati a un'amico/a. Prova a esprimerli seguendo il modello leopardiano, scrivendo sei strofe organizzate tematicamente come esposto nel primo paragrafo della scheda di lettura. Ti forniamo un modello per la prima strofa.

Chiara, ricordi ancora
quel giorno del primo anno di scuola
quando Baldi ti fulminava
con gli occhi suoi severi e immobili,
e tu, svagata e assorta, il soffitto
dell'aula osservavi?... ora continua tu.

A Silvia, manoscritto, Napoli, Biblioteca Nazionale Vittorio Emanuele III.

La voce dei contemporanei

T5 Mario Luzi Notizie a Giuseppina dopo tanti anni

Il ricordo di un donna offre lo spunto iniziale di questa poesia di Mario Luzi, tratta dalla raccolta del 1952 *Primizie del deserto*. Il passato riaffiora alla mente ma l'immagine femminile, probabilmente quella di un amore giovanile, è ormai troppo lontana e lascia l'io lirico nel cupo immobilismo della sua esistenza.
METRO: endecasillabi sciolti, in tre strofe di cinque versi ciascuna.

> Che speri, che ti riprometti, amica,
> se torni per così cupo viaggio
> fin qua dove nel sole le burrasche
> hanno una voce altissima abbrunata,
> 5 di gelsomino odorano e di frane?
>
> Mi trovo qui a questa età che sai,
> né giovane né vecchio, attendo, guardo
> questa vicissitudine sospesa;
> non so più quel che volli o mi fu imposto,
> 10 entri nei miei pensieri e n'esci illesa.

4 **abbrunata**: resa scura dal sole.

Mario Luzi nacque nel 1914 a Castello, vicino Firenze. Laureatosi in Letteratura francese, entrò presto in contatto con gli esponenti dell'Ermetismo fiorentino e collaborò alle riviste «Il Frontespizio» e «Campo di Marte». Nel 1935 uscì la sua prima raccolta poetica, *La barca*, improntata ai caratteri e alla poetica dell'Ermetismo. L'esperienza ermetica si concluse con la raccolta *Quaderno gotico* (1947). Negli anni successivi la poesia di Luzi si rivolse all'analisi della realtà e della storia e la forma divenne più prosastica e discorsiva (*Primizie del deserto*, 1952; *Onor del vero*, 1957). Con le raccolte *Nel magma* (1963) e *Su fondamenti invisibili* (1971) il poeta afffrontò la crisi della civiltà contemporanea.

Animata da una costante tensione etica e religiosa, la poesia di Luzi è testimonianza di verità, ricerca spirituale, come emerge nella raccolta *Al fuoco della controversia* (1978). Con *Per il battesimo dei nostri frammenti* (1985), la meditazione religiosa e la speculazione filosofica si intensificano. La forma frammentaria rispecchia la convinzione che il mondo ormai possa essere conosciuto solo parzialmente. Luzi morì a Firenze nel 2005, pochi mesi dopo essere stato nominato senatore a vita.

> Tutto l'altro che deve essere è ancora,
> il fiume scorre, la campagna varia,
> grandina, spiove, qualche cane latra
> esce la luna, niente si riscuote,
> 15 niente dal lungo sonno avventuroso.
>
> [M. Luzi, *Primizie del deserto,* in T*utte le poesie,* Garzanti, Milano 1998]

SCHEDA di LETTURA

La struttura

In questa breve lirica a ciascuna strofa corrisponde lo sviluppo un'unità tematica. Dapprima il poeta si rivolge all'*amica* ricomparsa alla memoria, chiedendole lo scopo e il senso di questo ritorno dal passato. Sin da questa prima domanda è chiaro che l'accorata apostrofe alla ragazza di un tempo rappresenta in realtà un intimo colloquio che l'io lirico stabilisce con se stesso. E il significato su cui si interroga investe non solo l'inaspettata "visita" di *Giuseppina dopo tanti anni* ma la sua intera esistenza, come essa gli appare ora. Nella seconda strofa l'io lirico confessa l'impossibilità di stabilire con il ricordo un contatto che lasci una traccia nella sua vita presente o che migliori un indefinito futuro. Infine, negli ultimi versi, con rassegnata consapevolezza riconosce l'ineluttabilità delle leggi che regolano il monotono perpetuarsi dell'esistenza umana.

Apatica rassegnazione

Una lunga domanda, a cui non seguirà una risposta esplicita, occupa interamente la prima strofa. Che cosa sperare di ottenere da un'immagine appannata? Quale funzione può avere un ricordo che si è fatto strada nella mente del poeta alla fine di un *cupo viaggio*, dopo un periodo di vita segnato da alterne vicende, ora felici ora dolorose?
Immaginiamo che l'intervallo di vita condiviso con Giuseppina fosse diverso dal presente. Il poeta ora le confida di essere smarrito e apatico, abbandonato in un clima di indeterminata attesa (*attendo, guardo*). Dichiara di sentirsi *né giovane né vecchio*, in un'età in cui il corso della vita sembra essersi arrestato (*vicissitudine sospesa*), forse perché sempre uguale a se stesso. Se volge lo sguardo indietro, non sa se è stato protagonista della sua esistenza, esecutore della volontà altrui o addirittura spettatore passivo (*non so più quel che volli o mi fu imposto*). Giuseppina entra nei suoi pensieri ma ne esce *illesa*: nulla muta nella sua vita né smuove il senso di indifferenza ed estraneità che la caratterizza.
I giorni si susseguono senza mai allontanarsi dalla strada prevista, scanditi dal ritmo monotono della natura: *niente si riscuote,* nulla sembra ridestare l'io lirico dal torpore con cui affronta le vicende della sua quotidiana esistenza (*lungo sonno avventuroso*).

L'inutilità del ricordo

Secondo Luzi il ricordo non porta né un conforto al pensiero del passato (come in Leopardi) né il dolore per ciò che non è più (come in Manzoni), ma lascia soltanto un senso di malinconica frustrazione. La speranza di un cambiamento, manifestata nella concitazione della domanda iniziale, è subito disillusa, soffocata dall'estenuante procedere di un'esistenza che ha spento voglie ed entusiasmi.
Il desiderio di recuperare il passato, di dialogare con esso attraverso il ricordo della ragazza, si risolve nel triste e fallimentare bilancio di un'esistenza dominata dalla noia e dal malessere.

Lo stile

Se si escludono alcune inversioni sintattiche, il discorso procede con scorrevolezza e semplicità, tipico di un dialogo tra due persone che avevano un rapporto confidenziale. Il ritmo è scandito attraverso proposizioni coordinate in prevalenza per asindeto che, soprattutto nell'ultima strofa, suggeriscono con efficacia l'invariabile ripetitività degli eventi. Per indicare la condizione esistenziale dell'io lirico il poeta crea insoliti ed evocativi accoppiamenti di sostantivo e aggettivo (*vicissitudine sospesa, lungo sonno avventuroso*) che richiamano l'articolata catena metaforica della prima strofa, in cui la vita viene rappresentata attraverso l'immagine del *cupo viaggio*, fra giornate di sole e *burrasche*, in mezzo al profumo di *gelsomino* e all'odore della terra umida (*frane*).

LABORATORIO

Comprendere e individuare
L'esplorazione del testo

1. Nella prima strofa si allude alle alterne vicende dell'esistenza. Compila la tabella, inserendo sostantivi e aggettivi che rinviano all'una o all'altra area semantica.

Serenità	....
	....
Inquietudine	....
	....

2. Con quali parole il poeta esprime il dubbio di essere ed essere stato completamente artefice della propria vita?

3. Con quale espressione il poeta afferma che il ricordo di Giuseppina non può incidere sulla sua vita presente?

4. In quale verso si sottolinea la fissità e l'ineluttabilità con cui si succedono gli eventi della realtà naturale?

Interpretare e riflettere
La scoperta del testo

5. Qual è il significato dell'affermazione *la campagna varia* (v. 12)?
   - A. ☐ Il poeta ha vissuto in luoghi diversi
   - B. ☐ I luoghi cambiano aspetto con l'avvicendarsi delle stagioni
   - C. ☐ Il lavoro umano ha modificato il paesaggio
   - D. ☐ Con il passare degli anni il paesaggio viene visto con occhi diversi

6. Quali fra i seguenti termini esprimono un aspetto dello stato d'animo in cui si trova l'io lirico?
   - A. ☐ Rabbia
   - B. ☐ Incertezza
   - C. ☐ Sospensione
   - D. ☐ Frustrazione
   - E. ☐ Disperazione
   - F. ☐ Indifferenza
   - G. ☐ Fiducia
   - H. ☐ Ribellione

Analizzare
Lo stile e la forma del testo

7. La lirica è in endecasillabi sciolti, ma vi sono alcuni versi legati da rima, assonanza e consonanza: quali sono?

8. Nel v. 4 il rumore dei tuoni viene definito *voce altissima abbrunata*: di quale figura retorica si tratta? Motiva la tua risposta.
   - A. ☐ Metafora
   - B. ☐ Iperbole
   - C. ☐ Ipallage
   - D. ☐ Sinestesia

9. Quale figura retorica contiene l'immagine *lungo sonno avventuroso* (v. 15)?
   - A. ☐ Metonimia
   - B. ☐ Antitesi
   - C. ☐ Ossimoro
   - D. ☐ Sineddoche

10. La lirica ha un approccio colloquiale: quali espressioni rivelano la confidenza tra l'io lirico e la sua muta interlocutrice?

GRAMMATICA

11. Individua le due inversioni sintattiche presenti nella prima strofa.

Produrre
Dalla lettura alla scrittura

12. Scrivi una poesia in cui provi a immaginare cosa potrebbe desiderare il poeta alla luce della sua condizione esistenziale. Ti forniamo un modello.
    *Speravo, mi ripromettevo, amica,
    di tornare a così limpidi giorni
    quando scivolavo in acque quiete,
    le voci della spiaggia lontane
    e il vento di sale portava il profumo...* ora continua tu.

13. A tuo giudizio, il ricordo e la riflessione sul passato possono aiutare a migliorare la propria vita presente, o ritieni che ciò che è accaduto non può più esserci di aiuto, come viene sostenuto da Luzi nella lirica analizzata? Rispondi con un testo argomentativo di circa due colonne di foglio protocollo.

VERIFICA DELLE COMPETENZE

MODELLO INVALSI

Leggi il seguente testo e poi rispondi alle domande.

T6 Giosue Carducci Pianto antico

Giosue Carducci (▶ p. 26) compose la lirica, tratta dalla raccolta *Rime nuove* e ispirata da una composizione dell'antico poeta greco Mosco, nel giugno del 1871, in ricordo della morte del figlio Dante, avvenuta un anno prima, quando il bambino aveva soltanto tre anni.

METRO: odicina anacreontica (dal nome del poeta greco Anacreonte) composta da quartine di settenari, i primi tre piani, il quarto tronco. Il primo verso è sciolto da rima, il secondo e il terzo sono a rima baciata, il quarto verso della prima strofa rima con il verso finale delle altre tre.

```
    L'albero a cui tendevi
    La pargoletta mano,
    Il verde melograno
    Da' bei vermigli fior,

5   Nel muto orto solingo
    Rinverdì tutto or ora
    E giugno lo ristora
    Di luce e di calor.

    Tu fior de la mia pianta
10  Percossa e inaridita,
    Tu de l'inutil vita
    Estremo unico fior,

    Sei ne la terra fredda,
    Sei ne la terra negra;
15  Né il sol più ti rallegra
    Né ti risveglia amor.
```

[G. Carducci, *Rime nuove,* Zanichelli, Bologna 1961]

2 **pargoletta:** piccola.
4 **vermigli:** rosso intenso.
5 **orto solingo:** giardino solitario.
6 **or ora:** da poco.
7 **ristora:** rinvigorisce, dà forza.
10 **Percossa:** colpita dolorosamente, ferita.
12 **Estremo:** ultimo.
14 **negra:** scura.

1. Nella prima metà della lirica, dominata dal luminoso paesaggio primaverile, quale verso per contrasto sottolinea il dolore del poeta?

2. Quale aggettivo ricorda per contrapposizione i suoni provocati dalla presenza e dai giochi del bambino?

3. Il poeta sottolinea drammaticamente la differenza tra la ciclicità della natura e la fine dell'esistenza umana. Con quale espressione evidenzia il primo aspetto di questa antitesi?

4. A chi si riferisce il pronome personale *lo* (v. 7)?

5. La morte del figlio ha svuotato di energie e privato di sentimenti il poeta. Con quale termine manifesta questa condizione?

6. A quali espressioni precedenti si contrappone la *terra negra* del v. 14?

7. Che cosa provoca nel poeta il ricordo del figlio?
   A. ☐ L'anniversario della morte
   B. ☐ Il desiderio di perpetuarne la memoria
   C. ☒ Il ritorno della primavera
   D. ☐ Il desiderio di trarre consolazione dalla scrittura

8. Per quale ragione, nel dare il titolo alla lirica, il poeta ha scelto l'aggettivo *antico*?
   A. ☐ La poesia è stata scritta con una forma metrica che proviene dalla cultura classica
   B. ☒ La morte di un figlio è un dolore universale, che esiste sin dai tempi remoti
   C. ☐ Il dolore per la morte ha fatto invecchiare il poeta
   D. ☒ La sofferenza per la perdita di un figlio è presente anche dopo molti anni

9. La lirica può essere suddivisa tematicamente in due parti di otto versi. Assegna a ciascuna di esse un titolo che ne riassuma il contenuto.

10. Quali sfere sensoriali utilizza l'io lirico per descrivere il paesaggio primaverile nei vv. 1-8? Indica per ogni sensazione i termini corrispondenti.
   A. ☒ Vista
   B. ☒ Udito
   C. ☐ Olfatto
   D. ☒ Tatto
   E. ☐ Gusto

11. Spiega l'analogia contenuta nella prima strofa completando la seguente frase: il poeta corrisponde a ...pianta... come il figlio corrisponde a ...fiore...

12. In quale strofa l'ultima parola del primo verso è assonante con quella del secondo verso, così da sottolineare il loro legame tematico? 6ª

13. Nella prima strofa, quale figura retorica caratterizza il rapporto tra sostantivi e aggettivi, dando evidenza a questi ultimi? Metonimia

14. Quali fra le seguenti figure dell'ordine compaiono nell'ultima quartina?
   A. ☒ Anafora   D. ☐ Chiasmo
   B. ☐ Epifora   E. ☐ Iperbato
   C. ☒ Parallelismo F. ☐ Perifrasi

15. Analizza il periodo che occupa le prime due quartine e riscrivi le proposizioni nello schema, una per casella, precisando il tipo di coordinazione e subordinazione.

```
┌──────────────────┐       ┌──────────────────┐
│                  │───────│                  │
└──────────────────┘       └──────────────────┘
 Prop. principale           Prop. coordinata
        │                   ..........................
        ▼
┌──────────────────┐
│                  │
└──────────────────┘
 Prop. subordinata
 ..........................
```

Egon Schiele, *Quattro alberi*, 1917, Vienna, Österreichische Galerie.

UNITÀ 12
La natura nella lirica simbolista

LA LETTERATURA STRANIERA
T1 Emily Dickinson
L'erba ha poco da fare

LA LETTERATURA STRANIERA
T2 Charles Baudelaire
Corrispondenze

T3 Giovanni Pascoli
Lavandare

T4 Giovanni Pascoli
Temporale

T5 Giovanni Pascoli
Il lampo

T6 Giovanni Pascoli
Il tuono

T7 Gabriele D'Annunzio
La pioggia nel pineto

VERIFICA DELLE COMPETENZE
T8 Gabriele D'Annunzio
I pastori

ONLINE

TESTI INTEGRATIVI
- Giovanni Pascoli *Nebbia*

Eugenio
Tutor di Italiano

Eugenio, il tutor online che guida nell'analisi interattiva e adattiva (testi di ▪ G. Pascoli; ▪ G. D'Annunzio)

La poesia simbolista

Il contesto storico e culturale

La società, la politica e l'economia del secondo Ottocento

Nella seconda metà dell'Ottocento assunsero maggiore consistenza alcuni fenomeni economici e sociali che avevano caratterizzato già la Prima rivoluzione industriale, a partire dalla metà del Settecento: gli inarrestabili **progressi scientifici** e **tecnologici**, l'incremento esponenziale della produzione industriale, il miglioramento della qualità della vita ma anche l'acuirsi delle ingiustizie e dei **conflitti sociali**. Una conseguenza di queste trasformazioni fu il fenomeno dell'**inurbamento**. Grandi masse di persone si spostarono dalle campagne alle città che cambiarono volto, ampliandosi a dismisura fino a inglobare i **sobborghi** e i luoghi di produzione industriale. Le classi popolari, operai e piccoli artigiani, vivevano ammassati in squallide periferie, dove proliferavano malattie endemiche (tisi, colera) e dove la miseria alimentava il **degrado sociale** legato all'alcolismo e alla prostituzione.

La seconda metà dell'Ottocento fu anche un'epoca di grandi **trasformazioni politiche e sociali**. La classe egemone della borghesia influenzava le scelte dei governi e, dopo il fallimento dei **moti liberali del 1848**, in tutta Europa si riaffermarono governi conservatori. La formazione di grandi concentrazioni industriali e lo sviluppo del sistema capitalistico provocarono la nascita di una nuova classe, il **proletariato urbano**, che ben presto assunse coscienza di sé e delle proprie esigenze esprimendole attraverso forme organizzative, come le **associazioni sindacali** e i partiti politici ispirati ai principi del **socialismo** e del **marxismo**. Nel 1864 nacque a Londra la **Prima Internazionale** e il Partito socialista italiano verrà invece fondato nel 1893.

In questi decenni vennero portati a termine i processi di **unificazione politica** di **Italia** (1861) e **Germania** (1871), mentre sulla scena mondiale si affermò una nuova potenza, gli **Stati Uniti**, che conobbe una rapida crescita economica e un grande incremento demografico. A partire dagli anni Settanta cominciò una nuova fase di crescita produttiva, denominata "**Seconda rivoluzione industriale**" e legata agli sviluppi scientifici, come l'utilizzo dell'elettricità, e allo sfruttamento di nuove materie prime, come l'acciaio. Il trionfo della scienza e della tecnica venne celebrato nelle grandi **esposizioni universali**.

Il miglioramento della qualità della vita e l'aumento della produzione industriale frutto del sistema capitalistico generarono il fenomeno del **consumo di massa**: l'abbondanza delle merci prodotte veniva esposta nelle scintillanti vetrine dei grandi magazzini delle principali metropoli europee.

La narrativa realista e la risposta del Parnassianesimo

Sul piano culturale, queste profonde trasformazioni economiche e sociali contribuirono all'affermazione di un **atteggiamento materialistico** e **razionalistico** e al superamento dello spiritualismo e della celebrazione dell'immaginazione, aspetti fondanti del movimento romantico (▶ p. 327). Già a partire dagli anni Trenta si impose in letteratura un'esigenza di **oggettività** e una poetica di **aderenza al vero**, che diede vita alla grande stagione del **romanzo realista**. Nella seconda metà dell'Ottocento questa tendenza si consolidò ulteriormente nei movimenti letterari del **Naturalismo** in Francia e del **Verismo** in Italia, secondo cui la narrativa doveva osservare e raccontare l'uomo e i suoi comportamenti in modo "scientifico" e distaccato.

Questa lettura oggettiva dell'uomo, secondo cui l'esistenza dell'individuo è determinata dal contesto sociale in cui vive, però non fu l'unica risposta della letteratura ai mutamenti del secolo. Allo sviluppo della società capitalistica e alla diffusione di una fiducia incondizionata nel progresso scientifico alcuni scrittori reagirono mostrando un senso di **inquietudine** e un profondo **malessere**. Essi si contrapposero – anche con atteggiamenti estremi – ai valori borghesi del profitto e alla mercificazione dell'arte. Intorno alla metà dell'Ottocento un gruppo di scrittori francesi diede vita al movimento poetico del **Parnassianesimo** (dal monte Parnaso, nella mitologia classica sede di Apollo e delle muse), teorizzando una **lirica antirealistica** che rigettava il sentimentalismo romantico ma anche il "mito" dell'oggettività. Ai loro occhi l'arte non doveva essere utile né avere fini educativi, ma porsi come unico obiettivo la bellezza. La poesia perciò doveva essere "pura", svincolata da obblighi sociali ed etici e animata soltanto dalla suggestione e dalla **forza evocativa della parola**.

La poetica parnassiana aprì la strada a due movimenti culturali che caratterizzarono il panorama letterario della fine del secolo: l'**Estetismo**, che si espresse soprattutto in ambito narrativo, e la corrente poetica del **Simbolismo**.

Il Simbolismo

Il ruolo di Baudelaire

Fra i poeti che gravitavano intorno alla cerchia dei parnassiani c'era **Charles Baudelaire** (▶ p. 378), precursore di una nuova sensibilità poetica, determinata dal conflitto tra le ragioni della creazione artistica e le esigenze imposte dalla nuova realtà sociale. Nel 1857, con la pubblicazione della raccolta *I fiori del male*, Baudelaire inaugurò una lirica fondata sull'**interpretazione simbolica della realtà** e sulla ricerca di un nuovo linguaggio capace di esprimere le intuizioni della mente e le percezioni dei sensi. La sua opera sancì l'atto di nascita di una nuova lirica e divenne il punto di riferimento della produzione poetica successiva. Infatti Baudelaire ebbe un'influenza determinante sia sui simbolisti francesi sia su **Giovanni Pascoli** (▶ p. 383) e **Gabriele D'Annunzio** (▶ p. 393), le due principali personalità poetiche italiane tra Ottocento e Novecento.

John A. Fitzgerald, *Il sogno dell'artista*, 1857, collezione privata.

Lo sviluppo del movimento in Francia

Per Baudelaire lo scopo della poesia è indagare la realtà che si cela dietro l'apparenza e l'esperienza della quotidianità per cogliere l'**unità profonda dell'universo**. È necessario scoprire le analogie segrete, i rapporti misteriosi che legano i diversi fenomeni naturali: ogni elemento del mondo che ci circonda è il simbolo di una realtà invisibile che si nasconde dietro di esso e che ne rappresenta la verità più intima. Soltanto l'intuizione del poeta può cogliere questa realtà e descriverla attraverso un **linguaggio allusivo**, fatto di parole che svelano magicamente il **segreto della Natura**.

L'influenza della figura di Baudelaire fece di lui il modello dei **"poeti maledetti"**, che fra eccessi e sregolatezze – facevano spesso uso di alcool e droghe – negli ultimi decenni del secolo diedero vita all'intensa stagione artistica del **Simbolismo**. Tra le figure più rilevanti di questa generazione di poeti ricordiamo **Paul Verlaine** (1844-1896), **Stéphane Mallarmé** (1842-1898) e **Arthur Rimbaud** (1854-1891).

Paul Verlaine, anch'esso legato inizialmente al Parnassianesimo, nella lirica *Arte poetica* (1882) elaborò una teoria secondo cui la **musica** è l'elemento caratterizzante e irrinunciabile della poesia. Occorre abbandonare sia i versi sdolcinati e artificiosi degli imitatori del Romanticismo sia i toni enfatici e declamatori della poesia di impegno civile per trasmettere emozioni e stati d'animo mediante **impressioni vaghe e sfumate**. Le parole devono essere leggere e fluide come accordi musicali e avere un ampio valore connotativo, così da suggerire **molteplici significati** e **immagini indefinite**.

Il modello esemplare di poeta maledetto è Arthur Rimbaud, animo inquieto, in perenne rivolta contro la borghesia e contro qualsiasi regola e obbligo. Sul piano poetico l'elemento che distingue Rimbaud è la **forza visionaria** del linguaggio, la rappresentazione di un universo che ha perduto qualsiasi rapporto con la realtà apparente e che non risponde più a processi logici. Per Rimbaud il poeta deve essere un **"veggente"**, ovvero, secondo quanto sostiene nella *Lettera del veggente* (1871) deve «esplorare l'ignoto, indagare l'invisibile e udire l'inaudito». Ciò è possibile soltanto attraverso un progressivo **sgretolamento dei sensi** che permetta di arrivare a una totale **riformulazione del linguaggio** per esprimere nuove idee con parole nuove.

La poesia di Stéphane Mallarmé esprime il desiderio di **evadere dal reale** e di liberarsi dall'angoscia che lo accompagna. Anch'egli aspirava alla conquista di una **parola pura**, libera da obblighi e capace di quell'**intensità evocativa** indispensabile per proiettarsi oltre le cose e catturarne l'essenza, altrimenti nascosta agli uomini.

---

il percorso delle parole | Simbolo

Il termine *simbolo* deriva dal latino dotto *sýmbolu(m)*, a sua volta dal greco *sýmbolon*, "segno", connesso con il verbo *symbállo*, composto di *sýn*, "con", e *bállein*, "mettere". *Simbolo* indica ogni elemento, figura, oggetto che rappresenta un concetto, un'idea, un'entità. Segni grafici convenzionali sono usati con il valore di simbolo praticamente in ogni campo scientifico e culturale: astronomia, cartografia, matematica, fisica, biologia, chimica, arte, letteratura, religione. In poesia il concetto di "simbolo" è affine a quello di "allegoria" (▶ p. 67), figura retorica che trasmette un significato nascosto dietro quello immediatamente percepibile nel testo. Se la tradizione letteraria ha dato vita nel corso dei secoli a corrispondenze facilmente riconoscibili, la poesia moderna – a partire proprio da Baudelaire – ha introdotto una simbologia di tipo inconscio, che deve essere decifrata durante la lettura.

■ **Trovare le parole**
a. Individua i vocaboli principali (verbi, aggettivi, sostantivi) che derivano dal termine *simbolo*.
b. Che cosa si intende precisamente per "simbologia" (per esempio "simbologia cristiana, ebraica" ecc.)?
c. Aiutandoti con il dizionario spiega in che cosa consiste la "simbolica".

Edouard Manet, *Ritratto di Stéphane Mallarmé*, Parigi, Musée d'Orsay.

L'influenza del Simbolismo in Italia

I primi autori italiani in cui si avvertì l'eco delle poetiche e delle tematiche dei simbolisti francesi furono gli esponenti della **Scapigliatura**, movimento letterario nato a Milano nella seconda metà dell'Ottocento. Il termine che identifica questa corrente è la traduzione del francese *bohème*, che indicava la vita irrequieta ed emarginata degli artisti parigini. Nelle loro opere troviamo diversi motivi tipici di Baudelaire e dei poeti che a lui si ispirarono: l'insofferenza nei confronti delle convenzioni sociali, il **gusto per la provocazione**, il **rifiuto dei modelli letterari** precedenti, la **sperimentazione** di forme metriche ed espressive. In realtà, tranne alcune eccezioni, la Scapigliatura, però, viene ricordata soprattutto come un fenomeno di costume, testimonianza del malessere degli intellettuali in questa fase storica.

Sul piano letterario risultati assai più convincenti furono raggiunti da due esponenti della generazione successiva: **Giovanni Pascoli** e **Gabriele D'Annunzio**. Nel contesto della lirica italiana il primo fu un innovatore soprattutto dal punto di vista formale. L'influenza della poetica simbolista e del movimento artistico dell'Impressionismo (▶ p. 404) si avvertono nel ricorso al **procedimento analogico**, alla **sinestesia** e al **fonosimbolismo**, rielaborati in una chiave intima ed estremamente personale.

D'Annunzio, invece, è uno dei principali esponenti dell'**Estetismo** europeo, da cui riprese il **culto della bellezza**, l'ideale dell'**esistenza come opera d'arte** e il disprezzo per ciò che riteneva comune e mediocre. Romanziere e poeta, le sue liriche riprendono dai parnassiani e dai simbolisti la ricerca esasperata dell'eleganza stilistica e della musicalità della parola.

Il tema della natura

Dal punto di vista tematico, un motivo ricorrente nel panorama poetico di cui abbiamo offerto un rapido schizzo è l'analisi del **rapporto tra uomo e natura**. Pur considerando le profonde differenze che separano i vari poeti citati, ciò che li accomuna è la **sfiducia nella ragione scientifica** come strumento per cogliere l'intima verità dell'universo. A loro avviso la scienza si limita ad analizzare la superficie della realtà secondo il criterio logico di causa-effetto e non risponde all'esigenza di esplorare l'ignoto e l'inconoscibile. Per i simbolisti, così come per Pascoli e D'Annunzio, dietro la realtà che noi conosciamo per mezzo dei sensi si trova un'altra realtà, più profonda e segreta, che soltanto la poesia – strumento di conoscenza alternativo alla ragione – può raggiungere e manifestare. Nella lirica *Corrispondenze* (▶ p. 378), **Baudelaire** afferma che la natura è un luogo sacro, avvolto da un alone di **mistero**, da cui provengono messaggi oscuri a cui gli uomini comuni sono sordi e che soltanto la sensibilità del poeta è in grado di decifrare. La poesia consente di **oltrepassare le soglie della realtà**, di cogliere le corrispondenze tra gli elementi della natura (profumi, colori e suoni) e immergersi nell'armonia di un universo che altrimenti appare frammentato. In questo stesso periodo, negli Stati Uniti, la poetessa **Emily Dickinson** (▶ p. 375) elaborava una visione della natura che presenta molte affinità con quella che abbiamo visto svilupparsi in Europa. Anche per lei l'universo, regolato dal **ciclo eterno di vita e morte**, ha un'esistenza segreta e armonica alla cui bellezza partecipa ogni essere vivente (▶ T1, p. 374). In Italia è **D'Annunzio** a testimoniare e a esaltare nelle sue liriche una vera e propria **fusione armonica** tra i diversi elementi naturali (▶ T8, p. 406).

G. D'Annunzio
La sera fiesolana

Questo processo di assimilazione coinvolge anche l'individuo: si parla allora di "panismo", una **metamorfosi simbiotica** tra uomo e natura che esalta l'energia vitale e la sensualità dell'universo (▶ T3, p. 395).

G. Pascoli
Nebbia

G. Pascoli
L'assiuolo

Anche la poesia di **Pascoli** è particolarmente legata alla natura, soprattutto alla **campagna** che nei suoi versi descrive con affetto, sebbene talvolta sia riflesso di **nostalgia**, **solitudine**, senso di **abbandono** (▶ T3, p. 386). Per Pascoli però la natura possiede anche una **forza imprevedibile** e **inesplicabile**, che evidenzia i limiti della conoscenza razionale e la fragilità dell'esistenza, provocando uno stato d'animo di **angoscia** e **smarrimento**: ciò è particolarmente evidente in tre celebri liriche dedicate al medesimo evento atmosferico, lo scoppio di un temporale (▶ T4, p. 389, T5 e T6, p. 390).

il punto su... | Il panismo

Per "panismo" si intende un sentimento di immedesimazione dell'individuo nella natura, che si concretizza in un processo di fusione e metamorfosi reciproca tra elementi umani e naturali. Il termine deriva da Pan, divinità dei boschi e dei pascoli, rappresentato nella mitologia greca come un essere metà uomo e metà capro. Il mito di Pan è legato a Dionisio, il dio dei culti orgiastici: la sua figura rappresenta la dimensione istintiva e vitale della sessualità, connessa alla terra e alla fertilità dei campi. L'etimologia di Pan è incerta: secondo alcune interpretazioni andrebbe fatta risalire alla radice indoeuropea *pa-*, (da cui deriva "pascolare"), oppure dal greco *pàn*, "tutto".

Il panismo è un motivo centrale nell'opera di Gabriele D'Annunzio, soprattutto nella raccolta *Alcyone*, in cui il poeta celebra l'immersione totale dell'io lirico nella natura e nel suo ritmo vitale.
Così avviene per esempio nel celebre componimento *La pioggia nel pineto* (▶ T7, p. 395), in cui l'io lirico e l'interlocutore, l'amata Ermione, perdono a poco a poco la loro fisionomia umana per fondersi con gli elementi vegetali, mentre la natura viene umanizzata. Si tratta di un processo osmotico, un'esperienza fisica e sensuale che porta all'annullamento della dimensione dell'io nel tutto della natura.

LA MAPPA DELLE CONOSCENZE

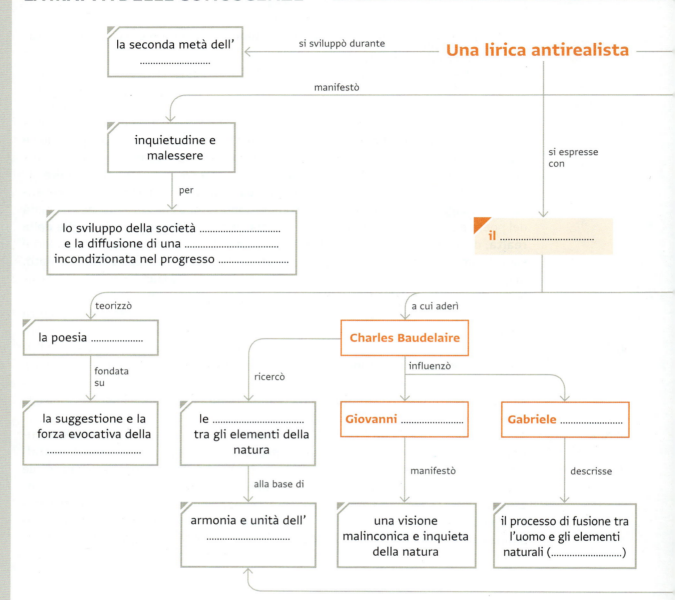

unità 12 ■ La natura nella lirica simbolista 373

LA MAPPA DELLE CONOSCENZE

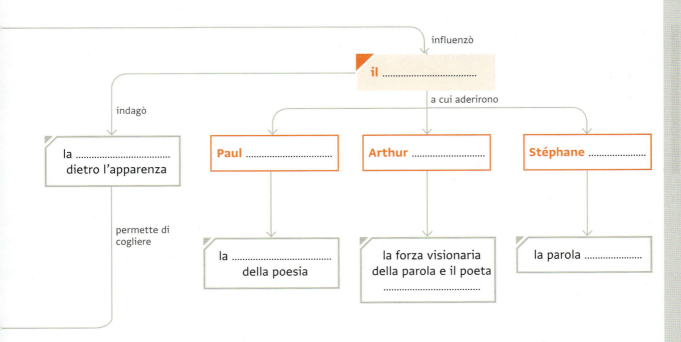

La letteratura straniera

T1 Emily Dickinson L'erba ha poco da fare

I versi proposti (il frammento 333 del *Canzoniere* di Emily Dickinson) probabilmente sono stati composti nel 1862, un paio di anni dopo che la poetessa statunitense, appena trentenne, aveva preso la decisione di ritirarsi nella casa paterna, per non uscirne che in rarissime occasioni. La lirica contiene due temi fondamentali nella produzione della poetessa: la natura e il rapporto tra vita e morte.
METRO: versi liberi disposti su cinque quartine.

L'erba ha poco da fare,
sfera d'umile verde,
per allevare farfalle
e trastullare api.

5 Muoversi tutto il giorno
a melodie di brezza,
tenere in grembo il sole
ed inchinarsi a tutto.

Infilare rugiada
10 la notte come perle,
e farsi così bella
da offuscare duchesse.

Quando muore, svanire
in odori divini
15 come dormienti spezie
e amuleti di pino.

Ed abitando nei granai sovrani
i suoi giorni trascorrere nel sogno.
L'erba ha poco da fare
20 ed io vorrei esser fieno!

Versione originale

The Grass so little has to do, –
A sphere of simple green,
With only butterflies to brood,
And bees to entertain,

5 And stir all day to pretty tunes
The breezes fetch along,
And hold the sunshine in its lap
And bow to everything;

And thread the dews, all night, like pearls,
10 And make itself so fine, –
A duchess were too common
For such a noticing.

And even when it dies, to pass
In odors so divine,
15 As lowly spices gone to sleep,
Or amulets of pine.

And then to dwell in sovereign barns,
And dream the days away, –
The grass so little has to do
20 I wish I were the Hay!

[E. Dickinson, *Tutte le poesie*, trad. it. di S. Raffo, Mondadori, Milano 1997]

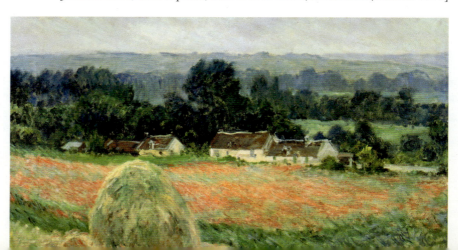

Claude Monet, *Covone a Giverny*, 1886, San Pietroburgo, Museo dell'Ermitage.

T1 Dickinson

Emily Dickinson nacque nel 1830 ad Amherst (Massachusetts), nella casa costruita dal nonno paterno. Proveniva da una famiglia borghese di principi puritani, dominata dalla figura del padre, uomo austero e severo. La giovane Emily mostrò insofferenza verso questo ambiente chiuso e il suo carattere individualista e autonomo la indusse a staccarsi dalla famiglia. Compì così alcuni viaggi a Boston e Philadelphia, dove conobbe il reverendo Charles Wadsworth, con cui intratterrà in seguito un significativo rapporto epistolare. Rientrata nella cittadina natale, si ritirò nella casa paterna dove visse per circa trent'anni in un regime di clausura, relegandosi nella sua stanza da letto, da cui comunicava con l'esterno soltanto attraverso biglietti. In questo modo affermò il suo netto rifiuto della società circostante, rivendicando la libertà di dedicarsi in maniera totale alla composizione e alla sperimentazione poetica. Furono anni di intenso lavoro, in cui compose più di 1.700 liriche, pubblicate a cura della sorella soltanto dopo la sua morte, avvenuta nel 1886.

vite di scrittori — Il covone di fieno e la mosca preziosa

In questa lettera della fine di aprile del 1859 indirizzata alla cugina Louisa Norcross, un'Emily Dickinson insolitamente gioiosa mostra il suo profondo legame con il giardino della casa paterna e con la natura. Nelle parole delle poetessa compaiono riferimenti ad alcuni elementi che abbiamo incontrato nella lirica *L'erba ha poco da fare*: il profumo del fieno e la vita libera degli insetti.

Cara Loo,
non mi hai fatto sapere niente della verdura che ti ho mandato; forse non la conosci. Lo sai che io sono stata allevata in un giardino. Andava mangiata con la mostarda! Un cespuglio alto ottanta piedi, proprio sotto la finestra della camera – se ne fa un grande uso, in questa stagione, quando sono ormai sparite le altre verdure. Se fossi qui oggi dovresti annusare il fieno, che è ancora piccolo e bruttino,
10 come tendono ad essere i cuccioli, ma lascia intravedere la promessa di robusti covoni. «Ti ci vedo proprio» come dicono le ragazzine a scuola, appollaiata su un covone, con «l'ultimo lavoro», insieme a visioni confuse di bombi che ti ronzano dispettosi intorno al cappello. Eppure quella visione e quel cappello, cugina mia, non sono così lontane, come un tempo. Mi mettono addosso una gran fretta e allora corro a spazzolarmi i capelli per essere pronta, subito. Durante l'assenza di mia sorella, mi sono divertita
20 con una mosca preziosa, non uno di quei tuoi mostri azzurri, ma una creatura timida che saltella da un vetro all'altro della sua casa bianca, tutta allegra, e canticchia e strimpella, una specie di piano minuscolo. Di' a Vinnie[1] che il giorno in cui tornerà lei, io la ucciderò, perché allora non ne avrò più bisogno e a lei non interessano le mosche!
Di' a Fanny[2] e a tuo padre di venire quando saranno in fiore i garofani selvatici.
Di' a Vinnie che ho contato tre vasi di peonie, ros-
30 si come quello di Sammie Matthews[3], appena fuori dalla terra, fatti fare da lei il volto che li accompagna.
«Ciao».
Emily

[E. Dickinson, *Lettere 1845-1886*, tr. it. di B. Lanati, Einaudi, Torino 1982]

1 **Vinnie:** Lavinia, la sorella della poetessa
2 **Fanny:** la sorella della destinataria della lettera.
3 **Sammie Matthews:** il figlio dello stalliere di casa Dickinson.

SCHEDA di LETTURA

L'ispirazione e lo sviluppo
Emily Dickinson visse per più di 30 anni in volontario esilio dal mondo, nella sua stanza da cui poteva osservare il giardino della casa paterna. Forse proprio mentre era alla finestra – o magari durante una passeggiata, chinandosi a toccare un filo d'erba – le apparve l'immagine dei primi due versi. Sotto lo sguardo sognante della poetessa gli steli di un prato superano i confini del giardino e si spingono oltre, fino a ricoprire interamente la terra e trasformarla in una *sfera* verde.

A partire da quest'apparizione iniziale la lirica si articola in tre parti: le attività dell'erba durante il giorno (vv. 3-8), durante la notte (vv. 9-12) e dopo la sua morte (vv. 13-20). I primi due nuclei tematici celebrano l'umile bellezza dell'erba e la sua energia vitale, mentre nelle ultime due strofe la poetessa esplicita la sua concezione del rapporto tra la vita e la morte.

L'erba ha poco da fare?
Attraverso l'analisi incantata dell'elementare ciclo vitale dell'erba, la Dickinson offre una rappresentazione della natura in cui ogni essere vivente partecipa all'eterno rinnovarsi dell'universo. Anche un semplice filo d'erba è inserito nell'inarrestabile processo di nascita, trasformazione e morte che governa l'armonia e la bellezza della terra.

Nei versi della lirica l'erba prende vita e fra i suoi steli dà riparo al volo delle farfalle. Diventa una creatura spensierata che gioca con le api e balla senza mai stancarsi al suono di *melodie di brezza*. Di giorno si lascia scaldare dal caldo del sole, accogliendolo in sé come un neonato (*tenere in grembo*). Di notte, dopo aver reso omaggio all'intero creato (*inchinarsi a tutto*), indossa il suo abito elegante. Più raffinata di un'aristocratica dama ingioiellata, si ricopre di perle di rugiada per esibire la bellezza delle cose semplici e naturali.

Il ciclo naturale della vita
Questa rappresentazione serena e armonica dell'esistenza non ha fine neppure con la morte. L'erba lascia traccia di sé anche dopo aver portato a compimento il suo ciclo vitale, trasformandosi in fieno che emana nell'aria i suoi *odori divini*. E così continua a vivere, a vedere *i suoi giorni trascorrere nel sogno*, a essere parte integrante dell'universo.

L'ultimo verso indica il messaggio della poesia: attraverso il desiderio di poter *esser fieno* la poetessa esprime la volontà di condurre una vita semplice, di appartenere – come un filo d'erba – alla catena naturale del ciclo di vita e morte. Nel contempo manifesta la speranza di lasciare una testimonianza, un ricordo di sé e della sua vita, proprio come accade all'erba grazie al profumo intenso del fieno.

Lo stile
Dal punto di vista sintattico, la lirica si sviluppa in prevalenza per coordinazione e presenta la caratteristica di impiegare l'infinito come tempo verbale reggente. Ciò colloca le azioni dell'erba (*Muoversi*, *tenere*, *inchinarsi*, *Infilare* ecc.) in una dimensione indefinita ed estatica, le espande nello spazio e nel tempo assegnando loro un valore universale.

Come accade in quasi tutte le poesie di Emily Dickinson, le immagini metaforiche e la scelta di termini con un ampio valore connotativo (si pensi a espressioni come *melodie di brezza* o *dormienti spezie*) creano un'atmosfera suggestiva e suggeriscono lo sguardo incantato con cui la poetessa osserva il mistero della vita e della sua armonia.

Odilon Redon, *Farfalle*, 1910 ca., New York, Museum of Modern Art.

LABORATORIO

Comprendere e individuare
L'esplorazione del testo

1. Compila la tabella indicando le espressioni che fanno riferimento alle diverse sfere sensoriali.

Vista	....
Udito	....
Olfatto	....
Tatto	....

2. Oltre alla scansione tematica proposta nella scheda di lettura, la lirica può essere suddivisa in due parti: una prevalentemente descrittiva, l'altra di tono più riflessivo. Indica il verso che segna il passaggio dall'una all'altra parte.

3. I protagonisti della lirica sono l'erba e la sua vita breve e intensa. In quale verso l'io lirico rivela la propria presenza?

Interpretare e riflettere
La scoperta del testo

4. L'affermazione *L'erba ha poco da fare* viene posta all'inizio e alla fine della lirica (vv. 1, 19), inequivocabile segnale della sua importanza. Qual è, a tuo avviso, il significato di questa dichiarazione, apparentemente in contraddizione con la celebrazione dell'erba e della sua funzione?

5. Esplicita il significato dell'immagine dell'erba nei vv. 9-10.

6. Quale idea della morte viene espressa nella lirica?
   A. ☐ È il momento conclusivo di un ciclo vitale
   B. ☐ È il passaggio da una forma di vita a un'altra
   C. ☐ È l'inizio del processo di dissoluzione della materia
   D. ☐ È il fine ultimo di tutte le creature viventi

Analizzare
Lo stile e la forma del testo

7. Nella traduzione italiana della lirica non vi sono rime. Compaiono, però, alcune parole assonanti a fine verso: quali?

8. In quali versi e attraverso quale figura di suono viene creata la cullante atmosfera di un sogno in cui è avvolta la morte dell'erba?

9. Sai spiegare per quale ragione l'espressione *melodie di brezza* (v. 6) è una sinestesia?

GRAMMATICA

10. *Muoversi tutto il giorno/a melodie di brezza* (vv. 5-6). In questa frase l'espressione sottolineata è un complemento di
    A. ☐ termine   C. ☐ mezzo
    B. ☐ causa   D. ☐ modo

Produrre
Dalla lettura alla scrittura

11. Come tutte le liriche della Dickinson, anche questa non ha un titolo indicato dall'autrice. Prova tu a trovarne uno: una breve espressione che riassuma il significato di quanto trasmesso dai versi.

12. Prova a pensare a un altro elemento della natura che lascia traccia di sé anche dopo la morte, trasformandosi in un'ulteriore forma di vita. Scrivi una lirica imitando il modello di quella che hai appena letto. Ti forniamo un modello.

L'onda del mare ha poco da fare,
sfera di cristallino azzurro
per accompagnare le vele
e spruzzare i delfini.

Muoversi tutto il giorno
al ritmo di bonacce e tempeste,
splendere al caldo del sole
e catturare le gocce di pioggia.

Indossare il buio
la notte come un mantello
e farsi oscura e invisibile
da minacciare i marinai.

Quando muore, svanire
contro uno scoglio
come in un pozzo profondo,
bevuto dalla roccia.
Ma raggiungendo un anfratto formare
una pozza e diventare sale.
L'onda del mare ha poco da fare
ed io vorrei esser sale profumato!

La letteratura straniera

T2 Charles Baudelaire Corrispondenze

La poesia, una delle più note della raccolta *I fiori del male*, è una dichiarazione di intenti tematica e stilistica. Baudelaire esprime un'innovativa concezione del rapporto fra l'uomo e la realtà naturale, fondata sull'intuizione e sulla sensibilità poetica, ricorrendo a un linguaggio evocativo e all'uso del processo analogico e della sinestesia.
METRO: nell'originale francese, sonetto in versi alessandrini (di dodici sillabe) rimati secondo lo schema ABBA CDDC, EFE FEE. La traduzione ha trasformato i quattordici alessandrini in diciassette endecasillabi sciolti.

È un tempio la Natura ove viventi
pilastri a volte confuse parole
mandano fuori; la attraversa l'uomo
tra foreste di simboli dagli occhi
5 familiari. I profumi e i colori

1-3 È un tempio... fuori: la natura è un luogo sacro (*tempio*), dove talvolta degli alberi (*viventi/pilastri*) pronunciano parole incomprensibili (*confuse*), non accessibili a tutti.
3-5 la attraversa... familiari: gli uomini passano attraverso questa realtà naturale, fatta di segni e di apparenze (*foreste di simboli*), che sembrano suggerigli possibili chiavi per capirne il mistero (*occhi/familiari*).

Charles Baudelaire nacque a Parigi nel 1821. La madre, rimasta vedova, si risposò con un tenente colonnello, assai severo e rigido, con cui Charles ebbe un rapporto estremamente difficile. Studente brillante ma insofferente alla disciplina, terminati gli studi cominciò a frequentare artisti e scrittori parigini, conducendo una vita sregolata. Nel 1841, su decisione della famiglia, si imbarcò su una nave diretta in India. Quando fece ritorno in Francia si dedicò interamente all'attività letteraria, componendo le sue prime poesie e affermandosi come giornalista e critico d'arte. In questi anni strinse una relazione turbolenta e scandalosa con Jeanne Duval, un'attrice di colore figlia illegittima di una prostituta, fece uso di oppio e di hashish e contrasse molti debiti. Nel 1860 uscirono *I paradisi artificiali*, poemetti in prosa, e nel 1864 le prose di *Lo spleen di Parigi*. Dopo aver lasciato la Francia per il Belgio, il suo fisico minato da una vita di eccessi ebbe un tracollo. Tornato a Parigi, morì nel 1867. Il suo capolavoro, *I fiori del male*, fu pubblicato nel 1857 e subito sequestrato dalla censura, mentre Baudelaire subiva un processo per oltraggio alla morale. Le liriche sono ordinate secondo un preciso disegno dell'autore, che considerava questo libro un itinerario introspettivo nella sua anima tormentata, sempre in cerca della bellezza nello squallore della società moderna. In quest'opera per la prima volta un artista rappresenta il male di vivere dell'uomo contemporaneo, in particolare del poeta, dotato di una sensibilità eccezionale che lo spinge a ricercare un'ideale bellezza perduta e gli rende ancora più penoso il fatto di vivere in un mondo grigio e mediocre, gravato costantemente dalla noia (lo *spleen*). Il titolo stesso allude, nel suo valore ossimorico, a quest'ambiguità di fondo: i fiori rappresentano la bellezza, il male l'inevitabile corruzione.

e i suoni si rispondono come echi
lunghi che di lontano si confondono
in unità profonda e tenebrosa,
vasta come la notte ed il chiarore.
10 Esistono profumi freschi come
carni di bimbo, dolci come gli òboi,
e verdi come praterie; e degli altri
corrotti, ricchi e trionfanti, che hanno
l'espansione propria alle infinite
15 cose, come l'incenso, l'ambra, il muschio,
il benzoino, e cantano dei sensi
e dell'anima i lunghi rapimenti.

[C. Baudelaire, *I fiori del male,* trad. di L. De Nardis, Feltrinelli, Milano 1964]

Versione originale
La Nature est un temple où de vivants piliers
Laissent parfois sortir de confuses paroles;
L'homme y passe à travers des forêts de symboles
Qui l'observent avec des regards familiars.

5 Comme de long échos qui de loin se confondent
Dans une ténébreuse et profonde unité,
Vaste comme la nuit et comme la clarté,
Les parfums, les couleurs et les sons se répondent.

Il est des parfums frais comme des chairs d'enfants,
10 Doux comme les hautbois, verts comme les prairies,
— Et d'autres, corrompus, riches et triomphants,

Ayant l'expansion des choses infinies,
Comme l'ambre, le musc, le benjoin et l'encens,
Qui chantent les transports de l'esprit et des sens.

Decorazione del frontespizio dell'originale francese *Les fleurs du mal*.

5-9 I profumi... chiarore: le diverse sensazioni olfattive, uditive, visive si richiamano (*si rispondono*) e si corrispondono in un'unità misteriosa nascosta dietro le apparenze, così vasta da includere ogni cosa, le tenebre come la luce.

10-15 profumi... cose: la conoscenza del mistero che si cela dietro le parvenze esteriori prevede l'accostamento di sensazioni apparentemente diverse, in realtà connesse da fili invisibili. Così olfatto, tatto e vista vengono associati reciprocamente: ci sono profumi freschi come il corpo dei bambini, dolci come il suono dell'oboe (strumento musicale di legno), verdi come i prati. Esistono poi altri profumi, più forti e intensi, sensuali e ricchi, capaci di trasportare lo spirito in spazi infiniti (*che hanno/l'espansione propria alle infinite/cose*).

15 l'incenso... muschio: profumi raffinati, aromi preziosi ed esotici.

16 benzoino: resina profumata che si ricava da una pianta orientale.

16-17 cantano... rapimenti: con il loro aroma seducente evocano (*cantano*) lo smarrimento dei sensi e dell'anima, perduti in dimensioni remote.

poeti che parlano di poesia — *L'albatro*

Alcuni marinai hanno catturato un albatro, maestoso uccello marino che spesso con il suo volo elegante segue le navi in viaggio al largo. Quando si posa sulla tolda (il ponte dell'imbarcazione), gli uomini si prendono gioco della sua goffaggine, causata dal peso e dall'ampiezza delle ali. L'episodio simboleggia la condizione dei poeti nella società di massa, destinati a essere emarginati e incompresi a causa della loro sensibilità artistica.
Nella versione originale il componimento è un sonetto "alessandrino", composto da quattro quartine di dodici sillabe, disposte in rima alternata (ABAB).

Spesso, per divertirsi, i marinai
prendono degli albatri, grandi uccelli di mare
che seguono, compagni indolenti di viaggio,
le navi in volo sugli abissi amari.

5 L'hanno appena posato sulla tolda
e già il re dell'azzurro, goffo e vergognoso,
pietosamente accanto a sé trascina
come fossero remi le ali grandi e bianche.

Com'è fiacco e sinistro il viaggiatore alato!
10 E comico e brutto, lui prima così bello!
Chi gli mette una pipa sotto il becco,
chi, zoppicando, fa il verso allo storpio che volava!

Il poeta è come lui, principe dei nembi
che sta con l'uragano e ride degli arcieri;
15 fra le grida di scherno esule in terra,
con le sue ali da gigante non riesce a camminare.

Souvent pour s'amuser, les hommes d'équipage
Prennent des albatros, vastes oiseaux des mers,
Qui suivent, indolents compagnons de voyage,
Le navire glissant sur les gouffres amers.

5 À peine les ont-ils déposés sur les planches,
Que ces rois de l'azur, maladroits et honteux,
Laissent piteusement leurs grandes ailes blanches
Comme des avirons traîner à côté d'eux.

Ce voyageur ailé, comme il est gauche et veule!
10 Lui, naguère si beau, qu'il est comique et laid!
L'un agace son bec avec un brûle-gueule,
L'autre mime, en boitant, l'infirme qui volait!

Le Poëte est semblable au prince des nuées
Qui hante la tempête et se rit de l'archer;
15 Exilé sur le sol au milieu des huées,
Ses ailes de géant l'empêchent de marcher.

[C. Baudelaire, *I fiori del male e altre poesie*, trad. di G. Raboni, Einaudi, Torino 1987]

4 abissi amari: le profondità marine, amare perché inghiottiscono tutto.
14 ride degli arcieri: si fa beffe delle frecce lanciate dagli arcieri, in quanto vola troppo in alto perché possano raggiungerlo.

Gustave Doré, *Il vecchio marinaio uccide l'albatros*, 1870, incisione per *La ballata del vecchio marinaio* di Samuel T. Coleridge.

SCHEDA di LETTURA

Il tema e la struttura
In *Corrispondenze*, considerato il manifesto del Simbolismo, Baudelaire presenta una concezione della natura assai lontana da quella consueta. Il poeta non si limita a descrivere l'apparenza sensibile e superficiale della realtà, ma sfida il senso comune per andare alla scoperta della profonda quanto misteriosa armonia che governa l'universo. La lirica è la testimonianza di un'esplorazione poetica dei reciproci legami tra gli elementi della natura, il racconto affascinante di un'avventura conoscitiva che si spinge fino alla percezione di una superiore unità in cui i diversi trovano conciliazione e si fondono. Nonostante agisca per via intuitiva e si affidi esclusivamente al fascino evocativo delle immagini, Baudelaire espone i principi della sua poetica attraverso una composizione ordinata, come rivela la rigorosa struttura espositiva del sonetto.
Nei vv. 1-9, corrispondenti alle quartine del sonetto originale, il poeta rivela che la natura è un mistero insondabile per chi si ferma all'apparenza delle cose. Nei vv. 10-17 – le terzine conclusive – egli chiarisce le caratteristiche delle *corrispondenze* che determinano un'*unità profonda e tenebrosa*.

L'unità cosmica
Nei versi iniziali Baudelaire sacralizza la *Natura*, definendola un *tempio* che ha per colonne gli alberi (*viventi/pilastri*). Il poeta mostra un atteggiamento di religioso rispetto, ma anche il trasporto mistico di chi cerca un rapporto immediato con la misteriosa presenza della divinità. Con la natura l'io lirico stabilisce una comunicazione diretta. Soltanto il poeta sa decifrare le *confuse parole* dietro cui si cela la sua intima essenza. Gli uomini comuni non vanno oltre la superficie della realtà fenomenica, invece i poeti possiedono la sensibilità per inoltrarsi nelle intricate *foreste di simboli* della natura e coglierne i significati più profondi e segreti.
I versi successivi ci forniscono la chiave per comprendere il significato del termine che dà il titolo alla lirica. Le "corrispondenze" sono i legami che i *profumi e i colori/e i suoni* stabiliscono tra loro, coinvolgendo anche l'uomo nell'abbraccio della profonda armonia cosmica. L'infinito gioco di rimandi (*echi/lunghi*) tra le sensazioni, reciproco scambio tra ciò che solo alla ragione appare inconciliabile, immerge l'uomo in una realtà in cui anche gli opposti convivono.

Le sensazioni e l'estasi
Alla descrizione delle "corrispondenze" segue un'esemplificazione: i *profumi* si incontrano con la freschezza delle *carni di bimbo* (tatto), con la dolcezza del suono degli *òboi* (udito) e con i colori delle *praterie* (vista). La poesia mette in relazione una percezione olfattiva (*profumi*) con altre non solo appartenenti a sfere sensoriali diverse, ma anche lontane dal punto di vista logico. Baudelaire propone dunque un processo conoscitivo della realtà non più razionale e metodico, ma analogico e intuitivo: solo così è possibile afferrare significati nuovi e imprevedibili.
Negli ultimi versi, grazie all'intensità sensuale e avvolgente degli odori di alcune sostanze aromatiche, il processo di *espansione propria alle infinite/cose* giunge al culmine. Si tratta di un'esperienza in cui è interessata non più solo la sfera dei sensi, ma anche quella dello spirito (*dell'anima i lunghi rapimenti*). Il rapporto con la natura provoca nell'uomo uno stato di estasi che si ricollega idealmente all'*incipit* della lirica e chiarisce ulteriormente il significato della metafora iniziale della Natura-tempio.

Lo stile
Nella lirica Baudelaire ricorre alla forza espressiva delle figure retoriche del significato per celebrare la potenza simbolica dei singoli elementi della natura. Sebbene vi siano anche metafore e similitudini, la figura dominante della lirica è la sinestesia, con cui il poeta riproduce il vasto intreccio di corrispondenze. Si tratta di un procedimento che sfrutta intensamente la funzione connotativa delle parole: si pensi per esempio all'espressione *carni di bimbo*, che non solo richiama la morbidezza vellutata della pelle di un neonato ma evoca anche un senso di purezza, innocenza, gioia infantile; oppure al termine *praterie*, che porta con il pensiero a luoghi sconosciuti e sconfinati, lontani dalle quotidiane apparenze in cui l'uomo contemporaneo vive prigioniero.
Nella versione originale una funzione evocativa essenziale è svolta dalla musicalità dei versi, che la traduzione non ha potuto conservare. Nella prima terzina, per esempio, la pronuncia di *frais* (*frèe*) si accoppia a quella di *chairs* (*chèr*), il suono nasale di *parfums* viene ripreso da *enfants* e l'espressione *doux comme les hautbois* prolunga il suono delle *u*, riproducendo quello dell'oboe.

LABORATORIO

Comprendere e individuare
L'esplorazione del testo

1. Con quale espressione viene indicata la complessità e l'oscurità dei messaggi della natura?

2. L'uomo comune crede di conoscere la realtà che gli si presenta quotidianamente alla vista, ma in realtà ne ignora i significati più profondi. In quali versi troviamo espresso questo concetto?

3. Rileggi con attenzione il testo e individua i termini e le espressioni che richiamano una sensazione di indeterminatezza e immensità.

4. I profumi possono essere suddivisi in
   A. ☐ gradevoli e nauseanti
   B. ☐ delicati e intensi
   C. ☐ vegetali e animali
   D. ☐ banali e raffinati

5. Con quale espressione viene definita l'estasi dell'infinito? E qual è la sensazione che la determina?

Interpretare e riflettere
La scoperta del testo

6. Nella produzione poetica di Baudelaire compare spesso il richiamo a una sensualità dissoluta e languida: in quale passaggio di *Corrispondenze* si avverte questo tema?

7. Un altro tema ricorrente nelle liriche di Baudelaire è il desiderio di evasione dall'opprimente banalità della vita quotidiana, che spesso si manifesta con la presenza di suggestioni favolose ed esotiche. In quali versi possiamo cogliere questo aspetto?

8. Nei versi della lirica si avverte una tensione mistica perché
   A. ☐ c'è una compenetrazione tra oggetto e soggetto, tra natura e uomo
   B. ☐ l'io lirico si rivolge alla natura come se stesse recitando una preghiera
   C. ☐ si avverte la presenza di Dio in ogni aspetto della natura
   D. ☐ il rispetto e l'amore per la natura sono manifestazioni della fede

Analizzare
Lo stile e la forma del testo

9. Compila la tabella riportando i versi in cui compaiono le figure retoriche indicate.

Metafora	....
Similitudine	....
Sinestesia	....

10. Nella poesia l'armonia universale è definita *vasta come la notte ed il chiarore* (v. 9): quale figura retorica presente in questa espressione sottolinea la conciliazione tra gli opposti che si crea attraverso il fitto intreccio di corrispondenze?
    A. ☐ Antitesi   C. ☐ Sinestesia
    B. ☐ Ossimoro   D. ☐ Similitudine

11. Riporta almeno un paio di esempi delle inversioni sintattiche che conferiscono alla traduzione della lirica un ritmo lento e solenne.

12. Nei primi versi la natura è sacralizzata attraverso la metafora del *tempio* (v. 1). La devozione nei confronti della natura viene espressa anche attraverso un segnale ortografico grammaticale: quale?

GRAMMATICA
13. Nel v. 6, quale forma verbale sottolinea il rapporto di corrispondenza tra gli elementi della natura?
    A. ☐ Riflessivo diretto
    B. ☐ Riflessivo indiretto
    C. ☐ Riflessivo reciproco
    D. ☐ Intransitivo pronominale

Produrre
Dalla lettura alla scrittura

14. Dopo aver riletto la parte iniziale di *Corrispondenze* e la scheda che contiene il testo di *L'albatro* (▶ p. 380) rifletti sulle differenze esistenti secondo Baudelaire tra gli uomini comuni e i poeti e scrivi un testo espositivo di circa due colonne sull'argomento.

Giovanni Pascoli

La vita

La distruzione del nido familiare

Giovanni Pascoli nacque nel 1855 a San Mauro di Romagna (oggi San Mauro Pascoli), quarto di dieci figli. Cresciuto nella tenuta del principe di Torlonia, di cui il padre era amministratore, a sette anni entrò nel collegio dei padri Scolopi a Urbino, dove rimase fino al 1871. La tranquillità familiare venne sconvolta per sempre il 10 agosto del 1867, quando il **padre Ruggero** fu **ucciso** da ignoti mentre faceva ritorno a casa. Il delitto rimase per sempre impunito. A questo evento drammatico seguirono altri **lutti familiari**: nel 1868 morirono la sorella maggiore Margherita e la madre, nel 1871 il fratello Luigi. Giovanni vinse una borsa di studio a Bologna e si iscrisse alla facoltà di Lettere, dove frequentò le lezioni di **Giosue Carducci** (▶ p. 26).

L'impegno politico e letterario

Durante gli anni trascorsi a Bologna entrò in contatto con gli ambienti **anarchici** e con quelli **socialisti**. Nel 1875 gli venne revocata la borsa di studio a causa della partecipazione a una manifestazione contro il ministro dell'istruzione. Nel 1879, durante una manifestazione non autorizzata, venne **arrestato**. Assolto dalle accuse di **sovversivismo** (grazie anche all'interessamento di Carducci), Pascoli si allontanò dalla politica, riprese gli studi e si laureò nel 1882 con una tesi sul poeta greco Alceo. Cominciò a insegnare latino e greco nei licei, prima a Matera, poi a Massa e nel 1887 a Livorno, dove si trasferì con le sorelle Ida e Mariù, con le quali ricostruì il nido familiare perduto. Nel 1891 uscì il **primo volume di poesie**, *Myricae*, poi ristampato in raccolte accresciute fino all'edizione definitiva del 1900. Nel 1895, dopo il matrimonio della sorella Ida (da lui vissuto in maniera traumatica come l'ennesima perdita familiare), si trasferì con Mariù a **Castelvecchio di Barga**, in Garfagnana. Nel 1897 pubblicò la prima edizione dei *Poemetti* e lo stesso anno comparve la prima versione del *Fanciullino* (▶ p. 385), la prosa in cui Pascoli espone le sue considerazioni teoriche e di poetica. Nel 1903 uscì la prima edizione dei *Canti di Castelvecchio*.

La carriera accademica e gli ultimi anni

Nel 1896 era stato nominato professore incaricato di **Grammatica greca e latina** all'università di Bologna, l'anno successivo professore ordinario di **Letteratura latina** a Messina e poi a Pisa. Nel 1904 subentrò a Carducci nella cattedra di **Letteratura italiana** a Bologna, dove visse fino alla morte. Qui stampò l'edizione definitiva dei *Poemetti*, con il titolo di *Primi poemetti*, i *Nuovi poemetti* e i *Poemi conviviali*, ispirati al mondo classico. Negli ultimi anni di vita Pascoli assunse il ruolo di **poeta "vate"**, guida della nazione, scrivendo anche alcuni discorsi retorici e celebrativi. Le ultime raccolte – da *Odi ed inni* (1906) alle *Canzoni di re Enzo* (1908-1909) – risentono di questi **toni enfatici**. Nel 1911 scrisse *La grande Proletaria si è mossa*, discorso nazionalista pronunciato in occasione della **guerra in Libia**, in cui il poeta sostenne la necessità dell'espansione coloniale come possibile soluzione del malessere sociale che affliggeva l'Italia. Malato da tempo, Pascoli morì a Bologna nel 1912.

Le raccolte poetiche

Myricae

Il titolo della raccolta corrisponde al nome latino delle **tamerici**, piccoli arbusti della vegetazione mediterranea, ed è ripreso da un verso delle *Bucoliche* di **Virgilio**: *arbusta iuvant humilesque myricae* ("si addicono gli arbusti e le umili tamerici"). Si tratta di una vera e propria dichiarazione di poetica, con cui Pascoli manifesta l'intenzione di dedicarsi a una poesia fatta di **piccole cose umili e quotidiane**, adottando uno **stile semplice** e discorsivo. Le poesie di questa raccolta sono per lo più brevi componimenti, piccoli quadri di **vita campestre** in cui vengono presentati banali aspetti della realtà che si caricano di una forte simbolicità e rimandano alla **dimensione segreta e misteriosa** della natura. I temi principali sono legati al **"nido" familiare** e al trauma della sua distruzione, alla **morte** e ai morti, presenze ossessive nella raccolta.

A livello linguistico Pascoli opera una vera e propria rivoluzione, pur agendo all'interno di una consolidata tradizione letteraria: recupera metri poco usati della poesia italiana (per esempio il **novenario**), creando però, attraverso una sintassi e una punteggiatura nuove, un tono diverso e moderno. Nella sua lingua poetica hanno grande importanza le figure retoriche di suono, come l'**allitterazione**, l'**onomatopea**, e il **fonosimbolismo** (▶ p. 65).

Sono frequenti anche le analogie, le sinestesie, le metafore, che creano accostamenti inediti e fanno emergere significati nuovi.

I *Canti di Castelvecchio*

Anche i testi di questa raccolta rimandano al mondo della **natura** e sono tramati di un **simbolismo** ancora più marcato. Il titolo contiene un riferimento autobiografico a Castelvecchio, il luogo in cui Pascoli visse insieme alla sorella Mariù.

Il termine *Canti* rimanda però a **Giacomo Leopardi** (▶ p. 349), a testimonianza del legame con la tradizione letteraria.

Rispetto a *Myricae*, le poesie dei *Canti di Castelvecchio* hanno una **misura più ampia** e una struttura più complessa. Nonostante sia sempre presente il mondo naturale (la raccolta è organizzata secondo il succedersi delle stagioni), le liriche rimandano sempre ai **lutti familiari** e ai **traumi personali** del poeta. Si intensificano le presenze simboliche, relative al tema della **morte** (ossessiva è in tal senso la presenza degli uccelli), a una **morbosa sessualità** negata e al **sogno**, secondo la poetica del Simbolismo. Dal punto di vista formale Pascoli prosegue la **sperimentazione** metrica e linguistica iniziata nella prima raccolta, raggiungendo una piena maturità espressiva.

I *Poemetti* e i *Poemi conviviali*

I *Poemetti*, pubblicati una prima volta nel 1897, furono rieditati nel 1904 con il titolo *Primi poemetti*, seguiti nel 1909 dai *Nuovi poemetti*. Le liriche sono incentrate sempre sulla **vita di campagna**, ma si distaccano dalla dimensione breve e frammentaria di *Myricae* attraverso una scrittura più **alta** ed **elevata**. I lunghi componimenti hanno una struttura narrativa e il metro utilizzato è la **terzina dantesca**. In essi viene raccontata la storia di una famiglia toscana di piccoli proprietari terrieri, di cui vengono esaltati i valori contadini. Lo sperimentalismo linguistico di Pascoli ricorre sia a **termini dialettali** sia all'**inglese** degli **emigranti** toscani, una lingua speciale che amalgama dialetto toscano-lucchese e lingua inglese.

Pubblicati nel 1904 sulla raffinata rivista «Il Convito», *I Poemi conviviali* sono una raccolta composta da venti poemetti relativi a personaggi del **mito** e della **storia antica**, ispirati al **gusto decadente** allora in voga. Si tratta di componimenti formalmente **raffinati**, scritti in un linguaggio aulico, in cui il mondo antico viene riletto secondo una sensibilità moderna e inquieta.

poeti che parlano di poesia — La poetica del fanciullino

Il fanciullino è un saggio pubblicato per la prima volta sulla rivista «Marzocco», nel 1897. Pascoli vi espone la propria concezione secondo cui il poeta coincide con il fanciullino che si trova in ogni uomo ma che soltanto in alcuni si manifesta anche nell'età adulta. Come i bambini, i poeti procedono per via intuitiva e mostrano nei confronti della realtà un atteggiamento curioso che permette loro di scorgere ciò che gli adulti non riescono più a vedere.
Nel brano seguente, tratto dal terzo dei venti capitoli del saggio, il poeta elenca le qualità del fanciullino.

Egli è quello, dunque, che ha paura al buio, perché al buio vede o crede di vedere; quello che alla luce sogna o sembra sognare, ricordando cose non vedute mai; quello che parla alle bestie, agli alberi, ai sassi, alle nuvole, alle stelle: che popola l'ombra di fantasmi e il cielo di dei. Egli è quello che piange e ride senza perché, di cose che sfuggono ai nostri sensi e alla nostra ragione. Egli è quello che nella morte degli esseri amati esce a dire quel particolare puerile[1] che ci fa sciogliere in lacrime, e ci salva. Egli è quello che nella gioia pazza pronunzia, senza pensarci, la parola grave[2] che ci frena. Egli rende tollerabile la felicità e la sventura, temperandole d'amaro e di dolce, e facendone due cose ugualmente soavi al ricordo. Egli fa umano l'amore perché accarezza esso come sorella (oh! il bisbiglio dei due fanciulli tra un bramire di belve[3]), accarezza e consola la bambina che è nella donna. Egli nell'interno dell'uomo serio sta ad ascoltare, ammirando le fiabe e le leggende, e in quello dell'uomo pacifico fa echeggiare stridule fanfare di trombette e di pive[4], e in un cantuccio dell'anima di chi più non crede, vapora d'incenso l'altarino che il bimbo ha ancora conservato da allora[5]. Egli ci fa perdere il tempo, quando noi andiamo per i fatti nostri, ché ora vuol vedere la cinciallegra[6] che canta, ora vuol cogliere il fiore che odora, ora vuol toccare la selce che riluce. E ciarla[7] intanto, senza chetarsi[8] mai; e, senza lui, non solo non vedremmo tante cose a cui non badiamo per solito, ma non potremmo nemmeno pensarle e ridirle, perché egli è l'Adamo[9] che mette il nome a tutto ciò che vede e sente. Egli scopre nelle cose le somiglianze e relazioni più ingegnose. Egli adatta il nome della cosa più grande alla più piccola, e al contrario. E a ciò lo spinge meglio stupore che ignoranza, e curiosità meglio che loquacità: impicciolisce per poter vedere, ingrandisce per poter ammirare. Né il suo linguaggio è imperfetto come di chi non dica la cosa se non a mezzo, ma prodigo[10] anzi, come di chi due pensieri dia per una parola. E a ogni modo dà un segno, un suono, un colore, a cui riconoscere sempre ciò che vide una volta.
C'è dunque chi non ha sentito mai nulla di tutto questo? Forse il fanciullo tace in voi, professore, perché voi avete troppo cipiglio[11], e voi non lo udite, o banchiere, tra il vostro invisibile e assiduo conteggio. Fa il broncio in te, o contadino, che zappi e vanghi, e non ti puoi fermare a guardare un poco; dorme coi pugni chiusi in te, operaio, che devi stare chiuso tutto il giorno nell'officina piena di fracasso e senza sole. Ma in tutti è, voglio credere.

[G. Pascoli, *Scritti scelti*, Mondadori, Milano 1963]

1 **puerile:** infantile.
2 **grave:** seria e ponderata.
3 **un bramire di belve:** versi acuti di animali selvatici.
4 **stridule... pive:** rumori acuti di bande musicali (*fanfare*) composte di piccole trombe e cornamuse (*pive*).
5 **in un cantuccio... allora:** nel profondo dell'animo risveglia la fede in chi l'ha persa. L'espressione è metaforica: dentro l'uomo adulto c'è un bambino che conserva un piccolo altare, su cui brucia incensi, riaccendendo il sentimento religioso che si era inaridito, ma non spento.
6 **cinciallegra:** uccello dal petto giallo striato di nero e il capo nero-azzurro.
7 **ciarla:** chiacchiera allegramente di argomenti leggeri.
8 **chetarsi:** zittirsi, tacere.
9 **l'Adamo:** il primo uomo creato, incaricato da Dio di dare un nome alle cose, che egli osserva con la meraviglia come fosse la prima volta.
10 **prodigo:** letteralmente significa "generoso"; qui, riferito al linguaggio, è da intendersi "ricco", "completo".
11 **cipiglio:** sguardo accigliato.

T3 Lavandare

Il madrigale, composto nel 1894, appartiene alla sezione *L'ultima passeggiata* della raccolta *Myricae*. L'io lirico descrive un paesaggio di campagna avvolto nella nebbia autunnale. La sola presenza umana è quella delle lavandaie, di cui si sentono i rumori e le voci provenire da un vicino canale, dove stanno lavorando.

Nel campo mezzo grigio e mezzo nero
resta un aratro senza buoi, che pare
dimenticato, tra il vapor leggiero.

E cadenzato dalla gora viene
5 lo sciabordare delle lavandare
con tonfi spessi e lunghe cantilene.

Il vento soffia e nevica la frasca,
e tu non torni ancora al tuo paese!
quando partisti, come son rimasta!
10 come l'aratro in mezzo alla maggese.

[G. Pascoli, *Myricae*, in *Opere*, Mondadori, Milano 1974]

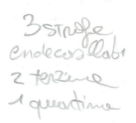

1 **mezzo grigio e mezzo nero:** la metà grigia è quella non ancora arata, la metà nera quella che è stata da poco arata, in cui le zolle di terra rivoltate sono più scure.
2 **un aratro senza buoi:** nel campo è rimasto soltanto l'aratro, in attesa che il lavoro di aratura venga terminato.
3 **vapor leggiero:** la nebbia sottile che sale dalla terra.
4 **cadenzato:** ritmato; **gora:** canale di irrigazione che si trova tra i campi.
5 **sciabordare:** il rumore dei panni sciacquati dalle lavandaie.
6 **tonfi... cantilene:** colpi frequenti e canti che si ripetono monotoni.
7 **nevica la frasca:** cadono le foglie (*nevica*) dai rami degli alberi (*frasca*).
10 **maggese:** il maggese è la parte di campo che viene lasciato riposare per qualche mese o un anno, perché non si impoverisca troppo.

Giovanni Fattori, *Acquaiole livornesi*, 1865, collezione privata.

SCHEDA di LETTURA

Natura simbolica e impressionista
Pascoli disegna un quadro della campagna autunnale attraverso immagini giustapposte come pennellate su una tela. Attraverso una rapida sequenza di dettagli comunica le proprie impressioni, lo stato d'animo turbato con cui osserva il mondo. Il madrigale si apre con la visione di un campo che trasmette un'immediata sensazione di abbandono e desolazione. Sebbene la descrizione sia realistica, gli aspetti del paesaggio rappresentati oggettivamente diventano la proiezione del mondo interiore del poeta, in cui prevalgono l'inquietudine e il timore dinanzi ai misteri insondabili della natura e dell'esistenza umana.

Sensazioni visive e uditive
Il campo descritto nella prima strofa è diviso in due parti cromaticamente distinte: da un lato la terra non è stata arata ed è ancora secca (*mezzo grigio*), mentre nell'altra metà è già stata rivoltata ed è più umida e scura (*mezzo nero*). L'indicazione dei due colori suggerisce un'atmosfera di tristezza che trova conferma nell'immagine dell'aratro *senza buoi* e che *pare/dimenticato*. Nell'ultimo verso della prima terzina, l'io lirico introduce un'annotazione (*il vapor leggiero*) che trasforma il paesaggio familiare in un luogo misterioso, ricoperto da un velo inquietante di nebbia. Nella seconda strofa le sensazioni uditive, rumori in lontananza che provengono da uno spazio imprecisato, sostituiscono quelle visive. Diversi elementi fonici concorrono a definire lo spartito musicale del lavoro delle *lavandare*, che non vengono descritte direttamente: lo scorrere *cadenzato* dell'acqua di un canale, i panni sbattuti sui lavatoi e risciacquati (*lo sciabordare... con tonfi spessi*) e il loro canto (*lunghe cantilene*).

Jean-François Millet, *La plaine de Chailly ou Paysage d'hiver aux oiseaux*, 1862, Vienna, Kunsthistorisches Museum.

Il canto popolare
La quartina conclusiva, in cui l'io lirico riporta le parole delle lavandaie, esplicita ulteriormente il significato simbolico dei primi sei versi. Pascoli costruisce il canto fondendo i versi di due stornelli marchigiani:

> *Retorna, amore mio, se ci hai speranza,*
> *per te la vita mia fa penetenza!*
> *Tira lu viente, e nevega li frunna,*
> *de qua ha da rvení fideli amante.*
>
> *Quando ch'io mi partii dal mio paese,*
> *povera bella mia, come rimase!*
> *Come l'aratro in mezzo alla maggese.*

Il paesaggio diventa ancora più triste e freddo (*Il vento soffia*) e fa da sfondo all'infelicità (*come son rimasta!*) di una donna lontana dal suo amato, probabilmente partito in cerca di lavoro e di cui attende inutilmente il ritorno. Nell'ultimo verso ricompare l'immagine di un aratro, questa volta abbandonato in mezzo a un campo temporaneamente incolto (*maggese*). Lo strumento del lavoro contadino si trasforma nel simbolo di un'esistenza di solitudine e suggerisce la presenza di una misteriosa corrispondenza tra l'uomo e le cose che lo circondano.

Lo stile
La lirica presenta numerosi artifici tecnici funzionali a determinare un ritmo precisamente scandito. Nella prima strofa, per esempio, i versi sono spezzati da un inciso (*che pare/dimenticato*) e nel v. 9 la cesura della virgola provoca un significativo intervallo temporale che enfatizza il dolore della donna.
Nelle terzine Pascoli ricorre all'*enjambement* per prolungare i versi e creare così un clima di sospensione, allo scopo di legare le impressioni visive e uditive dell'io lirico. Gli aspetti ritmico-fonici contribuiscono a dilatare i suoni e a creare un effetto cantilenante: la prevalenza dell'accento sulla *a* (*aràtro, dimenticàto, cadenzàto*) e di vocali toniche aperte (*à, è*), il verbo onomatopeico (*sciabordare*) per indicare il rumore dei panni, la rima interna *sciabordare/lavandare* e la rimalmezzo *dimenticato/cadenzato*.
Il ritmo lento e cadenzato si accentua nella quartina, in cui i suoni si fanno più cupi e malinconici a causa delle parole accentate sulle vocali chiuse e scure e su suoni consonantici aspri e sibilanti (*r, s*).

LABORATORIO

Comprendere e individuare
L'esplorazione del testo

1. Con quale forma verbale l'io lirico mostra lo stato di abbandono in cui si trova l'aratro?
2. Da quali elementi è possibile dedurre che l'io lirico sta descrivendo un paesaggio autunnale? Quali indicazioni contribuiscono a determinare il periodo dell'anno?
3. Quali verbi sottolineano le condizioni opposte in cui si trovano l'amato assente e la donna in attesa del suo ritorno?

Interpretare e riflettere
La scoperta del testo

4. Il tema dominante della lirica è
   A. ☐ il duro lavoro della lavandaie
   B. ☐ la solitudine esistenziale
   C. ☐ la monotonia della vita di campagna
   D. ☐ l'amore per la campagna

5. L'io lirico introduce il canto delle lavandaie con due punti ma senza utilizzare le virgolette, come se non volesse segnalare la presenza di una voce diversa all'interno della lirica. Per quale motivo, secondo te, compie questa scelta?

6. Spiega per quale motivo possiamo affermare che la poesia ha una struttura circolare. Prima di rispondere rifletti sulle ripetizioni lessicali che intercorrono tra la prima terzina e la quartina.

7. Nella lirica compare per due volte un aratro. Per quale motivo possiamo affermare che la seconda immagine è più triste e desolata della prima?

Analizzare
Lo stile e la forma del testo

8. Quale figura retorica di suono lega le parole alla fine dei vv. 7 e 9?
9. Definisci lo schema metrico del madrigale, indicando le strofe, la misura del verso e lo schema delle rime.
10. Osserva l'ordine delle parole nel v. 6: per quale ragione possiamo dire che esse determinano un chiasmo?
11. Nell'ultima strofa Pascoli adotta una struttura sintattica lineare: ogni frase coincide con la misura del verso. Quale effetto determina questa assenza di *enjambement*?
12. L'espressione *nevica la frasca* (v. 7) è una metafora, ovvero un paragone implicito. Prova a riscriverla definendo tutti i termini del paragone e chiarendone il significato.
13. Oltre a *sciabordare* (v. 5), il poeta utilizza un secondo verbo onomatopeico. Sei in grado di riconoscerlo?

GRAMMATICA

14. Rileggi la lirica e individua l'infinito sostantivato e il verbo intransitivo usato con funzione transitiva.
15. La sintassi della lirica è lineare e prevalentemente paratattica. Individua i versi in cui compare un periodo composto da una proposizione principale e due coordinate.

Produrre
Dalla lettura alla scrittura

16. Scrivi una poesia rifacendoti al modello di *Lavandare* ma rovesciandone l'atmosfera: il paesaggio è primaverile, la giornata è serena e si sente un canto allegro. Ti forniamo un modello.
    Nel prato verde e colorato dai fiori
    è cresciuto un albero, ricoperto
    di foglie e illuminato dal sole... ora continua tu.

Vincent Van Gogh, *Peschi in fiore*, 1888, Otterlo, Rijksmuseum Kroller-Muller.

T4 Temporale

La lirica, risalente al 1894 e inserita nella raccolta *Myricae*, presenta una serie di immagini giustapposte che caricano la descrizione del paesaggio di un'atmosfera evocativa, nell'attesa del temporale che si sta preparando.
METRO: strofa di ballata piccola in settenari rimati secondo lo schema a bcbcca (il primo verso staccato costituisce il ritornello).

Un bubbolìo lontano…

Rosseggia l'orizzonte,
come affocato, a mare;
nero di pece, a monte,
5   stracci di nubi chiare:
tra il nero un casolare:
un'ala di gabbiano.

[G. Pascoli, *Myricae*, in *Opere*, Mondadori, Milano 1974]

Maurice de Vlaminck, *Route de campagne et maison*, collezione privata.

1 **Un bubbolìo lontano:** il rumore dei tuoni in lontananza; il termine *bubbolìo* deriva dal verbo onomatopeico toscano "bubbolare".
2 **Rosseggia:** si colora di rosso al tramonto.
3 **affocato, a mare:** infuocato, verso il mare.
4 **nero… a monte:** verso i monti il cielo è scuro come la pece (sostanza di colore nero che si ricava dalla lavorazione del catrame).
5 **stracci di nubi:** strisce di nuvole più chiare, simili a stracci.
6-7 **tra il nero… gabbiano:** nel cielo scuro risalta una casa di campagna (*casolare*) bianca, che viene accostata all'ala di un gabbiano.

T5 Il lampo

A dominare questa lirica, anch'essa del 1894, e parte della raccolta *Myricae*, è un atteggiamento di attonito stupore nei confronti della violenza della natura.
METRO: strofa di ballata piccola in settenari rimati secondo lo schema a bcbcca (il primo verso staccato costituisce il ritornello).

E cielo e terra si mostrò qual era:

la terra ansante, livida, in sussulto;
il cielo ingombro, tragico, disfatto:
bianca bianca nel tacito tumulto
5 una casa apparì sparì d'un tratto;
come un occhio, che, largo, esterrefatto,
s'aprì si chiuse, nella notte nera.

[G. Pascoli, *Myricae*, in *Opere*, Mondadori, Milano 1974]

- **2 la terra… in sussulto:** la terra scura e cupa (*livida*) sembra che sia scossa da tremiti (*in sussulto*) e che respiri a fatica, ansimando (*ansante*).
- **3 il cielo… disfatto:** il cielo è pieno di grosse nuvole (*ingombro*), ha un aspetto drammatico che preannuncia una tragedia (*tragico*), è squarciato (*disfatto*) dal temporale.
- **4 bianca… tumulto:** la casa appare bianchissima (*bianca bianca*) nel silenzio sconvolto del paesaggio (*tacito tumulto*).
- **5-7 una casa… notte nera:** una casa apparve all'improvviso e altrettanto improvvisamente sparì, simile a un occhio umano che, dilatato per il terrore e lo stupore (*esterrefatto*), si apre e si chiude con un rapido battito, nel buio della notte.

T6 Il tuono

A chiudere questo "ciclo" di liriche dedicate al medesimo evento atmosferico, ti presentiamo una poesia del 1890 in cui la descrizione della natura in preda alla furia degli elementi si chiude con una nota di umana dolcezza: la voce di una madre che culla il suo bambino.
METRO: strofa di ballata piccola in settenari rimati secondo lo schema a bcbcca (il primo verso staccato costituisce il ritornello).

E nella notte nera come il nulla,

a un tratto, col fragor d'arduo dirupo
che frana, il tuono rimbombò di schianto:
rimbombò, rimbalzò, rotolò cupo,
5 e tacque, e poi rimareggiò rinfranto,
e poi vanì. Soave allora un canto
s'udì di madre, e il moto di una culla.

[G. Pascoli, *Myricae*, in *Opere*, Mondadori, Milano 1974]

- **2-3 col fragor… frana:** facendo il rumore di un precipizio scosceso che frana.
- **4 rimbalzò:** si propagò nello spazio; **cupo:** con un rumore sordo.
- **5 rimareggiò rinfranto:** risuonò di nuovo attenuato, come l'onda del mare che si smorza quando si infrange sul litorale e torna indietro indebolita.
- **6 vanì:** svanì.
- **7 moto:** movimento.

SCHEDA di LETTURA

La forza e il mistero della natura

In una nota posta a prefazione della poesia *Il lampo* Pascoli ricorda il misterioso omicidio del padre, che sconvolse la sua adolescenza e lasciò nel suo animo una ferita riacutizzata da altri numerosi lutti familiari. Il poeta immagina gli ultimi istanti di vita del padre: «I pensieri che tu, o padre mio benedetto, facesti in quel momento, in quel batter d'ala – Il momento fu rapido... ma i pensieri non furono brevi e pochi. Quale intensità di passione! Come un lampo in una notte buia buia: dura un attimo e ti rivela tutto un cielo pezzato, lastricato, squarciato, affannato, tragico; una terra irta piena d'alberi neri che si inchinano e si svincolano, e case e croci» (G. Pascoli, *Poesie e prose scelte*, Mondadori, Milano 2002). Queste parole manifestano il tema centrale delle tre liriche: la contrapposizione tra l'incombere minaccioso di una natura inquietante e misteriosa e l'immagine consolatoria ma anche fragile e sfuggente di una casa, riparo dai pericoli del mondo esterno e luogo degli affetti familiari. In *Temporale* tra i fulmini e il cielo carico di nuvole si scorge la luce di un *casolare*. In *Il lampo* fra i bagliori della tempesta si intravvede per un istante (*apparì sparì*) una casa. E *Il tuono* si chiude con la voce di una madre che canta una ninna nanna.

In tutti e tre i testi la descrizione della forza dirompente del temporale diviene l'occasione per manifestare lo sgomento dinanzi al dolore dell'esistenza, all'imprevedibilità del male che si abbatte improvvisamente sull'uomo.

Un paesaggio soggettivo

Poste in successione, le tre liriche formano una sorta di elementare struttura narrativa, in cui ciascuna rappresenta una sequenza descrittiva che va dal generale al particolare. Nella prima poesia, lo scenario naturale viene presentato con uno sguardo che abbraccia l'intero paesaggio, prima che l'attenzione si concentri sulle singole manifestazioni dell'approssimarsi del temporale, secondo un ordine cronologico: il lampo e poi il tuono.

A Pascoli non interessa rappresentare realisticamente un evento atmosferico ma manifestare i moti dell'animo, riflettere i propri disagi interiori nella natura circostante. Gli aggettivi e i verbi non raffigurano soltanto ciò che sta accadendo ma esprimono soprattutto il turbamento attonito di chi vi sta assistendo. Quest'intenzione espressiva appare subito evidente negli incipit in *medias res* delle tre liriche, che immettono senza mediazioni il lettore nel mezzo del discorso poetico. Con un'affermazione priva di reali note informative ma dal forte impatto evocativo, il poeta crea un clima di tensione e di attesa rafforzato dalla pausa imposta dallo spazio bianco: il silenzio dopo il *bubbolìo* del tuono, lo sguardo dapprima attonito dinanzi al cielo e alla terra illuminati dal lampo (*qual era*) e in seguito perso *nella notte nera come il nulla*.

Le associazioni analogiche

Dopo il primo verso, le liriche si sviluppano attraverso un procedimento analogico, tramite la libera associazione di impressioni che provengono da diverse sfere sensoriali. L'analogia stabilisce un rapporto di somiglianza fra due aspetti lontani della realtà in modo improvviso e sorprendente, senza esplicitare i rapporti logici, lasciando al lettore il compito dell'interpretazione. In *Temporale* l'*ala di gabbiano* rinvia al bianco di un *casolare*, a sua volta contrapposto al *nero di pece* delle nuvole.

In *Il lampo* l'apparizione di una casa *bianca bianca* viene enigmaticamente accostata a un *occhio* spaventato e attonito, che cerca la luce nel buio. E in *Il tuono* ancora più indecifrabile appare il percorso che conduce dal *fragor d'arduo dirupo* al canto di una madre e al *moto di una culla*.

Lo stile

Utilizzando un'espressione che proviene dall'ambito delle arti figurative, a proposito di queste tre poesie si è parlato di tecnica impressionistica (▶ p. 404). Attraverso rapide pennellate Pascoli accumula e sovrappone immagini che si susseguono senza interruzioni, con un ritmo incalzante. Il poeta parte da una visione di insieme dello spazio per poi isolare e portare in primo piano un particolare che assume un forte valore simbolico. Sul piano sintattico l'effetto impressionistico delle liriche viene perseguito attraverso tre lunghi periodi che occupano interamente le liriche, alternando frasi nominali e coordinazione sia per asindeto sia per polisindeto. Per quanto riguarda il lessico, nelle prime due liriche Pascoli affida il potere evocativo del linguaggio agli aggettivi mentre in *Il tuono* questo compito viene assolto dai verbi, ben nove in sette versi.

LABORATORIO

Comprendere e individuare
L'esplorazione del testo

1. Compila la tabella indicando per ciascuna lirica i versi che rinviano alla vista e all'udito.

	Vista	Udito
Temporale	2,3,4,5,6	1
Il lampo	1,2,3,4,5,7	
Il tuono	1	2,3,4,5,6,7

2. In quali liriche Pascoli costruisce una contrapposizione cromatica a cui corrispondono sentimenti di dolore e di speranza?

3. Individua nelle tre liriche i versi in cui compare il tema pascoliano del "nido", ovvero di un luogo in cui trovare riparo dalle minacce esterne grazie al conforto degli affetti familiari. 1 casolare 2 cielo 3

4. Individua in quali versi delle tre liriche la natura viene personificata, ovvero le vengono assegnati sentimenti umani.

Interpretare e riflettere
La scoperta del testo

5. In *Il lampo* vi sono alcune violazioni delle norme grammaticali: nel primo verso non è rispettata la concordanza tra soggetto (*cielo e terra*) e predicato (*era*) e nei vv. 5 e 7 due forme verbali (*apparì sparì* e *s'aprì si chiuse*) non sono separate da una virgola o da una congiunzione. Come spieghi queste scelte linguistiche?

6. Secondo alcuni commentatori il lampo nell'omonima poesia svolge la stessa funzione assolta dalla parola poetica. Perché, secondo te?

7. Abbina a ciascuna lirica la frase che ne riassume il significato simbolico.

   B 1. Temporale   A. L'inquietudine per l'incombere imminente di una tragedia
   A 2. Il lampo   B. La minaccia delle forze incontrollabili che sovrastano l'uomo
   C 3. Il tuono   C. Il male che si abbatte improvvisamente sull'uomo

8. In quale delle tre liriche si può scorgere una prospettiva più consolatoria rispetto alla condizione esistenziale dell'uomo? Motiva la tua risposta con opportuni riferimenti al testo.

Analizzare
Lo stile e la forma del testo

9. Nel primo verso di *Il tuono*, oltre all'allitterazione della "n" c'è un'altra figura di suono. Quale?

10. Spiega per quale motivo a proposito di *Il tuono* possiamo parlare di fonosimbolismo (▶ p. 65).

11. Nei vv. 4 e 5 di *Temporale* quale figura retorica del significato viene utilizzata?
    A. ☐ Similitudine   C. ☐ Metonimia
    B. ☐ Metafora   D. ☒ Sineddoche

12. Nel v. 4 di *Il lampo*, l'espressione allitterante *tacito tumulto* sottolinea l'atmosfera di inquietudine e disorientamento provocata dal bagliore del vento: di quale figura retorica si tratta?
    A. ☐ Onomatopea   C. ☐ Ossimoro
    B. ☒ Sinestesia   D. ☐ Ipallage

13. Attraverso quale figura retorica dell'ordine nei vv. 2-3 di *Il lampo* il poeta comunica con enfasi il senso di angoscia e di inquietudine che caratterizza la condizione umana? climax ascend.

GRAMMATICA

14. Dal punto di vista grammaticale, *bianca bianca* (v. 4 di *Il lampo*) è un aggettivo di grado
    A. ☐ positivo
    B. ☐ comparativo di maggioranza
    C. ☐ superlativo relativo
    D. ☒ superlativo assoluto

15. Abbina a ciascuna lirica la caratteristica sintattica prevalente.

1. Temporale	A. Coordinazione per asindeto e polisindeto
2. Il lampo	B. Frasi nominali
3. Il tuono	C. Coordinazione per asindeto

Produrre
Dalla lettura alla scrittura

16. Prova ad aggiungere un ulteriore passaggio al percorso tracciato dalle tre liriche, immaginando come Pascoli descriverebbe che cosa accade dopo che il temporale è cessato.

Gabriele D'Annunzio

La vita

Gli anni di formazione e la produzione letteraria

Gabriele D'Annunzio nacque a **Pescara** nel 1863. Compì i primi studi nella città natale prima di accedere al prestigioso collegio Cicognini di Prato. A soli sedici anni pubblicò a spese del padre la raccolta di poesie *Primo vere* (1879). Nel 1881 si iscrisse alla facoltà di Lettere a **Roma**, dove venne presto assorbito dalla **vita mondana** e iniziò un'intensa attività giornalistica. Nel 1882 pubblicò le poesie di *Canto novo* e le novelle di *Terra vergine*. Nel 1883 sposò Maria Hardouin, da cui ebbe tre figli. Nel 1889 uscì il suo **primo romanzo**, *Il piacere*, che ottenne un grande successo.

Per sfuggire ai creditori si trasferì a **Napoli**, dove scrisse il romanzo *L'innocente* (1892) e la raccolta di poesie *Il poema paradisiaco* (1893). Le crescenti difficoltà finanziarie lo spinsero a ritirarsi in **Abruzzo**, dove terminò i romanzi *Trionfo della morte* (1894) e *Le vergini delle rocce* (1895). Un viaggio in Grecia compiuto nel 1895 gli ispirò la sua prima opera teatrale (*La città morta*) e il poema *Maia*, poi confluito nelle *Laudi*.

Nel 1895 conobbe l'attrice **Eleonora Duse**, con cui iniziò una lunga relazione amorosa. Nel 1897 si trasferì nei dintorni di Firenze, nella villa La Capponcina. Lo stesso anno intraprese la **carriera politica** e venne eletto deputato nel partito della Destra. Nel 1900 pubblicò il romanzo *Il fuoco* e si dedicò al **teatro** componendo varie opere, di cui la più importante è *La figlia di Iorio* (1903). Nello stesso anno terminò il suo **capolavoro**, la raccolta di poesie *Alcyone*, terzo libro delle *Laudi*. A causa del lussuoso tenore di vita lo scrittore versava in una **situazione finanziaria disastrosa**: per sfuggire ai creditori nel 1910 lasciò l'Italia per la **Francia**.

Dalla Prima guerra mondiale al ritiro del Vittoriale

Nel maggio 1915 rientrò in Italia, schierandosi dalla parte degli interventisti e pronunciando una serie di discorsi pubblici con cui infiammò le folle. Si arruolò **volontario**, ma una ferita all'occhio destro lo costrinse a un forzato riposo, durante il quale scrisse le prose del *Notturno*. Tornato in guerra, si distinse per alcune ardite imprese belliche. Alla fine del conflitto sostenne la causa della "**vittoria mutilata**", rivendicando per l'Italia le terre della Dalmazia e dell'Istria. Radunato un manipolo di reduci, nel 1919 marciò sulla **città di Fiume**, occupandola in nome dell'Italia ma, su pressioni insistenti del governo e dopo il bombardamento della città, D'Annunzio fu costretto ad arrendersi. Nel 1921 si ritirò in isolamento in una villa sul lago di Garda, poi chiamata "**Il Vittoriale**", a spese dello Stato italiano. Unanimemente considerato il **vate della nazione**, fece di questa villa il mausoleo di se stesso, raccogliendo i suoi cimeli di guerra e vivendo nel lusso. Mussolini lo celebrava pubblicamente ma segretamente lo faceva spiare, temendo il suo grande ascendente. Del resto D'Annunzio, pur magnificando alcune imprese del Duce, non si schierò mai apertamente con il **fascismo**. Morì nel 1938 in seguito a un'emorragia cerebrale.

Le opere poetiche

Le prime raccolte

Primo vere e *Canto novo*, le prime raccolte poetiche, risentono del gusto classicheggiante delle *Odi barbare* di **Carducci** (▶ p. 26). L'*Isotteo* (1886) è un poemetto composto in un linguaggio che imita i modelli antichi e prende il titolo dalla protagonista femminile, che ricorda le eroine del **ciclo arturiano** (▶ p. S48). Nella *Chimera* (1890) sono raccolte liriche composte in tempi diversi, e vi si trovano mescolate influenze classiche e del **Simbolismo**.

Nel *Poema paradisiaco*, pubblicato nel 1893, l'autore traccia una sorta di simbolico itinerario di **purificazione**, in cui si libera dell'amore sensuale e recupera l'innocenza attraverso gli affetti familiari. Questa fase, caratterizzata dalla **bontà** e dall'**innocenza**, è segnata anche dalla scelta di un linguaggio dimesso e più discorsivo rispetto all'estetismo delle raccolte precedenti.

Le *Laudi* e *Alcyone*

Il progetto ambizioso delle *Laudi del cielo del mare della terra e degli eroi* prevedeva sette libri di poesia intitolati alle sette stelle della costellazione della Pleiadi. Ne furono composti soltanto **cinque**. Il primo, *Maia* o *Laus vitae*, è un poema in versi liberi che parla della **comunione con la natura** e di una vita nuova destinata agli spiriti eletti. *Elettra* raccoglie alcuni **componimenti celebrativi** e nella sezione delle *Città del silenzio* descrive la bellezza malinconica di alcune città italiane. *Merope* contiene le *Canzoni delle gesta d'oltremare*, dedicate alla **guerra in Libia**, e in *Asterope* sono pubblicati i *Canti della guerra latina*.

Il libro più importante delle *Laudi*, vero capolavoro dannunziano, è *Alcyone*, **diario lirico di un'estate** trascorsa dal poeta sulla costa toscana in compagnia di Eleonora Duse. La raccolta è composta da 88 liriche ed è aperta da un componimento dal titolo emblematico, *La tregua*: il poeta dichiara di volersi distaccare dall'impegno politico e civile per **immergersi nella natura**. Il tema principale di *Alcyone* è per l'appunto la **fusione panica** (▶ p. 371) con la dimensione naturale. Il linguaggio poetico è particolarmente **evocativo** e il lessico **prezioso**. Il poeta sperimenta metri e ritmi diversi, alla continua ricerca di una **musicalità** che è data dal ricorso a rime, assonanze, allitterazioni, variamente combinate.

La prosa e il teatro

Il piacere è un romanzo ambientato in una Roma fastosa e barocca e ha come protagonista **Andrea Sperelli**, *alter ego* dannunziano, che fa della **ricerca del piacere** il fulcro della propria esistenza. Le teorie del filosofo tedesco **Friedrich Nietzsche** (1844-1900) sono all'origine dei tre romanzi *Trionfo della morte*, *Le vergini delle rocce*, *Il fuoco*. In tutti e tre i romanzi il protagonista ha i caratteri di un **superuomo** che intende imporre al mondo la sua volontà di dominio.

Il *Notturno*, scritto durante la temporanea cecità del 1916, è una **raccolta di frammenti lirici** caratterizzata da una forte **componente intimistica**: la scrittura viene usata dall'autore come uno strumento per analizzare la propria vita interiore.

Il testo principale del teatro dannunziano è *La figlia di Iorio*, **favola pastorale** in tre atti ambientata in un Abruzzo arcaico e mitico, in cui si mette in scena un **dramma di amore e morte**, sullo sfondo di una cerimonia rurale agreste. L'opera è scritta in versi, in un linguaggio classico.

T7 La pioggia nel pineto

La lirica, pubblicata nel 1903, appartiene alla sezione centrale di *Alcyone*. L'io lirico, insieme a una donna chiamata con il mitico nome di Ermione, è sorpreso dalla pioggia mentre passeggia in una pineta, in prossimità del mare, probabilmente il litorale della Versilia.
La pioggia nel pineto, forse la poesia più nota dell'intera produzione dannunziana, sviluppa il tema della fusione panica (▶ p. 371) tra l'uomo e la natura.

METRO: canzone formata da quattro strofe di 32 versi liberi (dal ternario al novenario), con una prevalenza di senari e una fitta rete di rime, assonanze e consonanze; ogni strofa termina con il nome Ermione.

Taci. Su le soglie
del bosco non odo
parole che dici
umane; ma odo
5 parole più nuove
che parlano gocciole e foglie
lontane.
Ascolta. Piove
dalle nuvole sparse.
10 Piove su le tamerici
salmastre ed arse,
piove sui pini
scagliosi ed irti,
piove su i mirti
15 divini,
su le ginestre fulgenti
di fiori accolti,
su i ginepri folti
di coccole aulenti,
20 piove su i nostri volti
silvani,
piove su le nostre mani
ignude,
su i nostri vestimenti
25 leggeri,

Mikhail F. Larionov, *Apple Tree After Rain*, 1906, Mosca, State Tretyakov Gallery.

1	**Taci:**	l'imperativo iniziale, rivolto a Ermione, è un invito ad ascoltare il linguaggio diverso della natura.
1-5	**Su le soglie... nuove:**	all'ingresso (*soglie*) del bosco non ascolto le parole umane che tu pronunci, ma ascolto parole mai sentite prima (*più nuove*).
6-7	**che parlano... lontane:**	che sono pronunciate in lontananza dalle gocce della pioggia e dalle foglie.
10-11	**tamerici salmastre ed arse:**	le tamerici (le *myricae* di Pascoli ▶ p. 384), sono arbusti bassi che si trovano nella macchia mediterranea. Sono impregnate di salsedine (*salmastre*) e bruciate (*arse*) dal sole, perché la pineta dove si trovano il poeta ed Ermione è vicina al mare.
13	**scagliosi ed irti:**	con la corteccia fatta a scaglie e le foglie aghiformi (*irti*).
14-15	**mirti divini:**	il mirto, anch'esso arbusto tipicamente mediterraneo, è definito divino perché è una pianta sacra a Venere.
16-17	**fulgenti di fiori accolti:**	splendenti (*fulgenti*) di fiori raccolti (*accolti*) in grappoli.
18-19	**su i ginepri... aulenti:**	sui ginepri carichi (*folti*) di bacche (*coccole*) profumate (*aulenti*).
21	**silvani:**	i volti del poeta e di Ermione sono detti *silvani*, cioè "silvestri", "boschivi", perché stanno perdendo le loro sembianze umane per diventare a poco a poco parte del bosco. L'aggettivo segna così l'inizio del processo di metamorfosi.

su i freschi pensieri
che l'anima schiude
novella,
su la favola bella
30 che ieri
t'illuse, che oggi m'illude,
o Ermione.

Odi? La pioggia cade
su la solitaria
35 verdura
con un crepitio che dura
e varia nell'aria
secondo le fronde
più rade, men rade.
40 Ascolta. Risponde
al pianto il canto
delle cicale
che il pianto australe
non impaura,
45 né il ciel cinerino.
E il pino
ha un suono, e il mirto
altro suono, e il ginepro
altro ancora, stromenti
50 diversi
sotto innumerevoli dita.
E immersi
noi siam nello spirto
silvestre,
55 d'arborea vita viventi;
e il tuo volto ebro
è molle di pioggia
come una foglia,

26-28 **su i freschi... novella:** sui freschi pensieri che l'anima rinnovata (*novella*) fa nascere (*schiude*).
29 **la favola bella:** l'amore tra il poeta ed Ermione, fatto di illusioni che si ripetono costantemente.
32 **Ermione:** nome della figlia di Menelao e di Elena.
35 **verdura:** vegetazione.
36-39 **con un crepitìo... men rade:** con un rumore stridulo (*crepitio*) costante (*che dura*) e che ha un suono variabile, a seconda che la pioggia cada su piante (*fronde*) più o meno folte (*più rade, men rade*).
43-44 **pianto... impaura:** la pioggia (il *pianto* del cielo) è detta *australe* perché portata dall'austro, un vento caldo e umido che soffia da sud; essa non spaventa (*impaura*) le cicale.
45 **cinerino:** color della cenere.
46-51 **E il pino... dita:** sotto le innumerevoli gocce della pioggia ogni pianta produce un suo suono, come strumenti musicali diversi che insieme producono un concerto. Continua così il processo di umanizzazione della natura.
52-55 **E immersi... viventi:** il poeta ed Ermione sono ormai compenetrati nella natura più intima del bosco (*spirto/silvestre*), parte della stessa vita di cui si nutrono gli alberi (*d'arborea vita viventi*).
56-57 **ebro... molle:** inebriato e bagnato, intriso.

e le tue chiome
60 auliscono come
le chiare ginestre,
o creatura terrestre
che hai nome
Ermione.

65 Ascolta, ascolta. L'accordo
delle aeree cicale
a poco a poco
più sordo
si fa sotto il pianto
70 che cresce;
ma un canto vi si mesce
più roco
che di laggiù sale,
dall'umida ombra remota.
75 Più sordo e più fioco
s'allenta, si spegne.
Sola una nota
ancor trema, si spegne,
risorge, trema, si spegne.
80 Or s'ode voce del mare.
Or s'ode su tutta la fronda
crosciare
l'argentea pioggia
che monda,
85 il croscio che varia
secondo la fronda
più folta, men folta.
Ascolta.
La figlia dell'aria
90 è muta: ma la figlia

Gustav Klimt, *After the rain (Garden with chickens in St. Agatha)*, 1898, Vienna, Österreichische Galerie Belvedere.

59-61	**le tue chiome... ginestre:** i tuoi capelli profumano (*auliscono*) come le ginestre luminose (*chiare*).
62	**creatura terrestre:** nata dal suolo; la metamorfosi di Ermione è ormai completa, e la donna sembra essere stata generata direttamente dalla terra.
65-66	**L'accordo... aeree cicale:** il canto concorde delle cicale che cantano sui rami degli alberi, nell'aria.
68-70	**più sordo... che cresce:** si attenua, si smorza, sotto il rumore della pioggia che aumenta.
71	**si mesce:** si unisce.
73	**di laggiù:** da un luogo non precisato della pineta.
74	**umida ombra remota:** nell'oscurità (*fioco*) lontana (*remota*) e umida.
75-79	**Più sordo... si spegne:** il canto delle cicale si smorza, diventa più debole (*fioco*), diminuisce (*s'allenta*) e infine svanisce.
80	**voce:** rumore.
81	**la fronda:** le foglie del bosco.
83-84	**argentea pioggia... monda:** la pioggia che purifica (*monda*) è detta *argentea* sia per il suono metallico, argentino, che produce, sia perché è limpida come il cristallo.
89	**La figlia dell'aria:** la cicala, già definita "aerea" al v. 66.

        del limo lontana,
        la rana,
        canta nell'ombra più fonda,
        chi sa dove, chi sa dove!
95   E piove su le tue ciglia,
        Ermione.

        Piove su le tue ciglia nere
        sì che par tu pianga
        ma di piacere; non bianca
100   ma quasi fatta virente,
        par da scorza tu esca.
        E tutta la vita è in noi fresca
        aulente,
        il cuor nel petto è come pèsca
105   intatta,
        tra le palpebre gli occhi
        son come polle tra l'erbe,
        i denti negli alveoli

91 **limo:** fango; le rane vivono nelle paludi.
99 **ma di piacere:** le gocce che scorrono sul volto di Ermione sembrano lacrime di gioia, non di dolore.
99-100 **non bianca... virente:** la donna sembra perdere il colore bianco della carnagione e diventare verdeggiante (*virente*), come la vegetazione e gli alberi.
101 **par da scorza tu esca:** sembra quasi che Ermione sia uscita dalla corteccia (*scorza*) di un albero.
105 **intatta:** pura, non ancora colta.
106-109 **tra le palpebre... acerbe:** nel processo di metamorfosi gli occhi stanno sotto le palpebre come nell'erba dei prati si trovano specchi d'acqua sorgente (*polle*), mentre i denti che stanno nelle cavità delle gengive (*alveoli*) sono come mandorle acerbe, bianchissime.

poeti che parlano di poesia | *Il verso è tutto*

In questo brano tratto da *Il piacere*, D'Annunzio esprime un concetto-chiave della sua poetica: la parola è capace di indagare in profondità nell'animo umano e di cogliere le relazioni tra l'uomo e la natura, esprimere l'anelito verso l'infinito e l'assoluto.

Il verso è tutto. Nella imitazione della Natura nessuno strumento d'arte è più vivo, agile, acuto, vario, moltiforme, plastico, obbediente, sensibile, fedele[1]. Più compatto del marmo, più malleabile della cera, più sottile d'un fluido, più vibrante d'una corda, più luminoso d'una gemma, più fragrante d'un fiore, più tagliente d'una spada, più flessibile d'un virgulto[2], più carezzevole d'un murmure, più terribile d'un tuono, il verso è tutto e può tutto. Può rendere i minimi moti del sentimento e i minimi moti della sensazione; può definire l'indefinibile e dire l'ineffabile; può abbracciare l'illimitato e penetrare l'abisso; può avere dimensioni d'eternità; può rappresentare il sopraumano, il soprannaturale, l'oltramirabile[3]; può inebriare come un vino, rapire come un'estasi; può nel tempo medesimo possedere il nostro intelletto, il nostro spirito, il nostro corpo; può, infine, raggiungere l'Assoluto.

[G. D'Annunzio, *Il piacere*, Mondadori, Milano 2001]

1 vivo... fedele: il lungo elenco di aggettivi che specificano le qualità del verso sottolinea le innumerevoli capacità espressive che l'autore attribuisce alla parola poetica, strumento estremamente duttile per dare forma a ciò che non è razionalmente definibile. Alcuni di essi (*acuto, obbediente, sensibile, fedele*) hanno l'effetto di umanizzare il verso, il quale diventa così una sorta di creatura vivente.
2 virgulto: germoglio, giovane pianta.
3 oltramirabile: degno di un'ammirazione che va oltre ogni limite.

son come mandorle acerbe.
110 E andiam di fratta in fratta,
or congiunti or disciolti
(e il verde vigor rude
ci allaccia i malleoli
c'intrica i ginocchi)
115 chi sa dove, chi sa dove!
E piove su i nostri volti
silvani,
piove su le nostre mani
ignude,
120 su i nostri vestimenti
leggeri,
su i freschi pensieri
che l'anima schiude
novella,
125 su la favola bella
che ieri
m'illuse, che oggi t'illude,
o Ermione.

[G. D'Annunzio, *Alcyone*, Mondadori, Milano 2014]

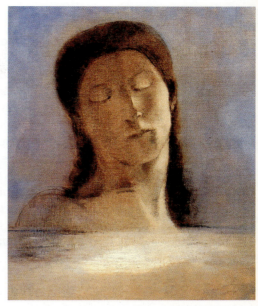

Odilon Redon, *Gli occhi chiusi*, 1890, Parigi, Musée d'Orsay.

110	**di fratta in fratta:**	da una macchia di cespugli all'altra.
111	**or congiunti or disciolti:**	ora uniti, ora separati.
112-114	**il verde vigor... ginocchi:**	la forza selvaggia (*vigor rude*) delle piante (*il verde*) ci avvinghia (*allaccia*) le caviglie (*malleoli*), ci impiglia (*c'intrica*) i ginocchi.
115	**chi sa dove... dove!:**	i due amanti vagano nella pineta, ormai completamenti immersi e sperduti in essa, senza una direzione precisa.

SCHEDA di LETTURA

Dalla realtà alla dimensione mitica

Forse è davvero accaduto che D'Annunzio e la sua compagna siano stati sorpresi da un improvviso acquazzone estivo al limitare di una delle tante pinete (*Su le soglie del bosco*) della costa versiliana, dove il poeta trascorse alcune estati con Eleonora Duse. Ma se anche l'ispirazione proviene da un episodio veramente accaduto, la lirica si allontana subito dalla realtà per trasportare il lettore in un'atmosfera incantata e favolosa, che fa da sfondo alla trasformazione panica dei due personaggi. Travolti da un'ebbrezza purificatrice, il poeta e la donna amata entrano in comunione con la natura fino a confondere l'umano con il vegetale e rinascere a nuova vita. Questa metamorfosi è il tema fondamentale della lirica, che si sviluppa progressivamente lungo le quattro strofe che la compongono, affiancato dalla scoperta e dall'impiego di una nuova parola poetica, altro motivo centrale della produzione dannunziana.

Il processo di metamorfosi

Nella prima strofa il poeta invita Ermione a tacere e ad ascoltare il suono prodotto dalle gocce di pioggia che cadono sulla vegetazione della pineta, catalogata dettagliatamente, soffermandosi su piante e arbusti tipici della macchia mediterranea. L'analisi del processo di metamorfosi inizia soltanto al termine di questa descrizione, al v. 20, quando la pioggia bagna anche il poeta ed Ermione: i loro volti sono già diventati silvani e mentre le mani e i vestiti si inzuppano d'acqua prende avvio un processo di puri-

SCHEDA di LETTURA

ficazione che non coinvolge soltanto il corpo ma anche la mente (*i freschi pensieri*) e lo spirito (*l'anima*). Nella seconda strofa la percezione dei suoni si fa più chiara e distinta. Il concerto di *gocciole e foglie* modula la sua melodia a seconda dell'intensità della pioggia e della forma delle fronde (*più rade, men rade*) e a questa orchestra naturale si aggiunge un nuovo strumento, *il canto delle cicale*. In questa strofa prende corpo la trasfigurazione dei due amanti: Ermione, *creatura terrestre*, mostra le sembianze di una divinità dei boschi mitica e sensuale (*il tuo volto ebro*) e la fusione con il mondo vegetale si manifesta anche attraverso la sensazione olfattiva (*le tue chiome/auliscono come/le chiare ginestre*).

L'esplosione dei sensi

La terza strofa è dominata da un'ulteriore variazione del motivo musicale. Il frinire della cicala (*La figlia dell'aria*) diventa più flebile e lascia il posto al gracidio della rana (*la figlia/del limo*) che arriva da uno stagno lontano. Ancora una volta la strofa si conclude con un richiamo alla metamorfosi panica, che continua il suo processo (*piove su le tue ciglia*) per giungere a compimento nella quarta strofa. Si tratta di una fusione sensuale (*par tu pianga/ma di piacere*) che trasmette eccitazione ed energia (*la vita è in noi fresca*). Il poeta e la sua donna si uniscono in un abbraccio che coinvolge anche la vegetazione (*il verde vigor rude/ci allaccia*). A differenza di quanto accadeva in *Corrispondenze* di Baudelaire (▶ T2, p. 378), la compenetrazione tra uomo e natura non ha nulla di mistico ma provoca un'esplosione di gioia, il libero dispiegarsi dei sensi.

Una nuova parola poetica

La pioggia non è un semplice evento atmosferico da descrivere ma una forma di comunicazione che la natura stabilisce con l'uomo e di cui il poeta si fa interprete. Essa diventa la via di accesso per stabilire e comprendere le corrispondenze che gli elementi del mondo naturale instaurano tra loro e con gli uomini. Per trasmettere le *parole più nuove* di cui è composto il linguaggio della natura, il codice verbale si rivela impotente e deve chiedere aiuto a quello musicale, come ben evidenzia la metafora centrale della lirica, che paragona la pineta a un'immensa orchestra, le gocce di pioggia alle *innumerevoli dita* dei musicisti e le foglie a *stromenti/diversi*.

L'importanza della dimensione del suono è sottolineata anche dalle apostrofi che l'io lirico rivolge non solo a Ermione (*Taci, Odi?, Ascolta*), ma soprattutto al lettore. Perché la poesia comunichi il linguaggio della natura occorre mettersi in ascolto, abbandonarsi alle note della pioggia: il significato delle parole si trova nel suono, nella melodia di un verso perfetto.

Max Ernst, *C'est assez beau comme ça*, 1955, Londra, collezione privata.

T7 D'Annunzio

SCHEDA di LETTURA

Lo stile

Tutti gli elementi stilistici della lirica sono finalizzati alla riproduzione musicale del linguaggio della pioggia, a partire dagli aspetti metrici. La leggerezza e la varietà ritmica sono assicurate dalla misura breve dei versi e degli accenti, con un susseguirsi di rallentamenti e accelerazioni che riproducono il mutare dell'intensità della pioggia. Il ritmo battente delle gocce è realizzato anche attraverso il ricorso a numerosissimi *enjambement*.

Naturalmente la musicalità del testo si deve anche alle rime, disposte senza uno schema definito, in base alle esigenze di ritmo, e dalle figure di suono. Inoltre, ricorrono frequentemente assonanze e allitterazioni, in particolare delle consonanti liquide, dal suono fluido come la "l", che viene ripetuta circa 150 volte. Infine, nell'imitazione del suono del temporale non potevano naturalmente mancare anche le paronomasie e le onomatopee.

A livello sintattico le anafore, soprattutto quella di *Piove*, scandiscono il martellante ticchettio della pioggia, così come le ripetizioni e i numerosi parallelismi e simmetrie. Mentre la costruzione per coordinazione, in prevalenza per asindeto, provoca un avvicendarsi impressionistico di sensazioni e di situazioni disposte senza un apparente criterio razionale e spaziale.

Dal punto di vista lessicale D'Annunzio ama l'impiego di termini letterari e ricercati che creano un'atmosfera raffinata. Attraverso uno stile aulico, capace di evocare immagini e creare suggestioni, il poeta intende elevarsi lontano dalla banale quotidianità.

LABORATORIO

Comprendere e individuare
L'esplorazione del testo

1. Abbina ogni pianta alla qualità che la caratterizza.

   1. Tamerici
   2. Pini
   3. Mirti
   4. Ginestre
   5. Ginepri

   A. Ricoperti da ruvida corteccia
   B. Splendenti di giallo
   C. Carichi di bacche profumate
   D. Bruciate dalla salsedine e dal sole
   E. Sacri a Venere

2. Indica per ciascuna strofa i versi in cui compare il tema della metamorfosi.

I strofa	vv. ...-...
II strofa	vv. ...-...
III strofa	vv. ...-...
IV strofa	vv. ...-...

3. In quali versi, il poeta propone la metafora della pineta-orchestra, in cui ogni pianta e creatura corrisponde a uno strumento?

4. La pioggia inizialmente è debole poi diventa più fitta: quali segnali linguistici indicano questa variazione?

Interpretare e riflettere
La scoperta del testo

5. Nei vv. 26-28 l'io lirico afferma che la pioggia cade *su i freschi pensieri/che l'anima schiude/novella*. Spiega il significato di questa immagine metaforica.

6. Quale concezione dell'amore traspare dalle parole del poeta?
   A. ☐ L'amore è una piacevole illusione
   B. ☐ L'amore è passione erotica
   C. ☐ L'amore è un rapporto di reciproca fiducia
   D. ☐ L'amore è condivisione degli ideali

7. Secondo te per quale motivo il poeta afferma: *Non s'ode voce del mare* (v. 80)? E per quale motivo possiamo collegare questo verso alla *solitaria/verdura* dei vv. 34-35?

8. Oltre al processo di metamorfosi, a quale altro tema rimandano i vv. 104-105, in cui il poeta paragona il cuore dei due amanti a una *pèsca intatta*?
   A. ☐ La bellezza incontaminata della pineta
   B. ☐ L'azione purificatrice dell'acqua
   C. ☐ Il piacere della parola raffinata
   D. ☐ Il fascino sensuale di Ermione

Analizzare
Lo stile e la forma del testo

9. Individua e riporta gli *enjambement* presenti nei primi dieci versi.

10. Ricerca un esempio per ciascuna delle tipologie di rime presenti nella lirica: baciata, incrociata, interna, rimalmezzo.

11. Compila la tabella riportando almeno un paio di esempi per ciascuna figura di suono indicata.

Assonanza	....
Consonanza	....
Allitterazione	....
Paronomasia	....
Onomatopea	....

12. Con quale metafora viene definita per ben tre volte la pioggia?

13. Nei vv. 89-91, quale figura retorica viene utilizzata per indicare la cicala e la rana?

14. Nella lirica c'è una significativa epifora. Ricercala e spiega quale effetto espressivo determina questa ripetizione.

15. Nelle prime due strofe D'Annunzio separa la preposizione dall'articolo (*Su le, su i, su la*): quale potrebbe essere la ragione di questa scelta? Rifletti sull'obiettivo generale a cui sono finalizzati tutti gli elementi stilistici della lirica.

GRAMMATICA

16. Rileggi con attenzione i primi nove versi della lirica: chi è il soggetto del predicato *parlano* (v. 6)?
    A. ☐ *Le soglie/del bosco*
    B. ☐ *Parole*
    C. ☐ *Gocciole e foglie*
    D. ☐ *Nuvole sparse*

Produrre
Dalla lettura alla scrittura

17. L'io lirico invita Ermione a porsi in ascolto della pioggia: ma quale potrebbe essere la reazione della donna a una proposta simile? Prova a immaginare quali siano i suoi pensieri e riportali in un testo in cui commenta i vari momenti descritti nella poesia. Ti forniamo un modello.
    Io sinceramente me ne andrei; se proprio vuoi in silenzio come tu desideri, ma me ne andrei. Ho soltanto un prendisole, un «vestimento leggiero» hai commentato stamattina quando lo hai visto, e non vorrei inzupparmi da capo a piedi per star qui ad ascoltare il rumore della pioggia, che poi volendo lo possiamo sentire anche al riparo nella stanza d'albergo. Il terrazzo si affaccia proprio sulla pineta. Te lo confesso, l'unico «fresco pensiero» che mi viene in mente in questo momento è di andarmene: una bella doccia calda, altro che star qui a parlare con «gocciole e foglie» e farmi raccontare da te, che per carità a parole nessuno ti batte, una «favola bella»!

Paul Klee, *Rainy Day; Regentag*, 1931, Londra, collezione privata.

la voce della narrativa — Antonio Fogazzaro *L'Orrido*

Antonio Fogazzaro (1842-1911) fu autore di romanzi di ambientazione aristocratico-borghese che affrontano tematiche legate al conflitto fra spiritualità e sensualità e mettono in evidenza l'inettitudine delle figure maschili contrapposta al fascino oscuro dei personaggi femminili. La sua opera più importante è *Malombra* (1881), che ha per protagonista Marina Crusnelli di Malombra, una donna affascinante e misteriosa. Dopo il ritrovamento di alcuni oggetti in un armadietto segreto nella villa dello zio materno, si persuade di essere la reincarnazione di Cecilia, una sua antenata imprigionata nel Palazzo dal marito perché accusata di tradimento. Convinta che lo zio e il suo ospite, il giovane scrittore Corrado Silla, siano rispettivamente la reincarnazione del marito di Cecilia e del suo amante Renato, decide di vendicarsi di loro. In preda alla follia, Marina causa prima la morte dello zio e, a tradimento, uccide anche Corrado con un colpo di pistola. Fuggita via dal Palazzo, scompare per sempre.

Il brano proposto è tratto dal sesto capitolo del romanzo, in cui si racconta una gita all'Orrido di Osteno in provincia di Como. La descrizione di questo luogo oscuro, nascosto fra le montagne, crea un'atmosfera di incubo e di mistero.

L'Orrido sta a poche centinaia di passi dal paese. Il fiume di C... nasce qualche chilometro più in su, si raccoglie lì tra le caverne immani in cui scendono a congiungersi due opposte montagne, corre per breve tratto in piano, all'aperto, poi trabocca sotto il paese di rapida in rapida, di cascata in cascata sino in fondo della valle, per morire ignobilmente nel lago, là dove approdò la brigata del Palazzo[1]. Uscendo da C... si trova presto un ponticello di legno che gitta[2] la sua ombra sopra una luce di sparse spume, di acque verdi, di ghiaiottoli[3] candidi. Non si passa il ponticello; si piglia invece a sinistra pel letto del fiume. Colà le acque blande[4] ridono e chiacchierano correndo via tra la gaia innocenza dei boschi con certi brividi memori di passate paure. Di scogli non appariscono che striscie oblique a fior di terra, tappezzate di scuri muschi, di fiocchi d'erba, di ciclami[5] pomposi. Guardandolo in su dalle ghiaie si vedono a dritta e a manca disegnarsi sul cielo le due sponde come due colossali ondate di vette fronzute, due alte dighe vive, luccicanti al sole, di roveri, di faggi, di frassini, di sorbi che si rizzano gli uni dietro gli altri, si curvano in fuori per veder passare l'onde allegre, agitano le braccia distese, plaudendo. Presto si giunge a un gomito del fiume. Non più sole, non più verde, non più riso[6] d'acque: immani fauci di pietra vi si spalancano in viso e vi fermano con il ruggito sordo che n'esce, con il freddo alito umido che annera là in fondo la gola mostruosa. Il ruggito vien su dalle viscere profonde; l'acqua passa per la bocca degli scogli, grossa, cupa, ma silenziosa. Una sdrucita[7] barchetta è lì incatenata a un anello infisso nella rupe. Porta due persone oltre il barcaiuolo. Si risale la corrente con quella barchetta che pare non voler saperne, torce il muso ora a destra ora a sinistra e scapperebbe indietro senza la pertica di Caronte[8]. Il fragore cresce; la luce manca. Si passa tra due rupi nere, qua rigonfie come strane vegetazioni, gemme enormi della pietra, là cave e stillanti come coppe capovolte; tutte rigate ad intervalli eguali, scolpite a gengive su gengive[9] dal fondo alla cima. In alto, il cielo si restringe via via tra scoglio e scoglio, e scompare. La barchetta salta in una fessura buia, piena d'urla, si dibatte, urta a destra, urta a sinistra, folle di spavento, sotto gli archi echeggianti della pietra che, morsa nelle viscere dal flutto veloce, si slancia in alto, si contorce. Dal sottilissimo strappo che fende il manto boscoso di quelle rupi filtra nelle tenebre un verdognolo albore, un lividore spettrale che macchia cadendo le sporgenze della roccia, vien meno di sasso in sasso e si perde prima di toccar l'acqua verde cupa; si direbbe un raggio di luce velata di nuvole, sull'alba. Da quell'andito si entra nella "sala del trono" rotondo tempio infernale con un macigno nel mezzo, un deforme ambone[10] per la messa nera[11], ritto fra due fascie enormi di spuma che gli cingono i fianchi e gli spandono davanti in una gora[12] larga, tutta bollimenti e spume vagabonde, levando il fracasso di due treni senza fine che divorino a paro[13] una galleria. È da quel masso che viene alla caverna il nome di "sala del trono". Si pensa ad un re delle ombre, meditabondo su quel trono, fissi gli sguardi nelle acque profonde, piene di gemiti e di guai, piene di spiriti dolenti. Per una spaccatura dietro al trono sprizza nella caverna un getto di luce chiara.

[A. Fogazzaro, *Malombra*, Garzanti, Milano 2008]

---

1. **la brigata del Palazzo:** gli ospiti del Palazzo dello zio.
2. **gitta:** getta, spande.
3. **ghiaiottoli:** ciottoli.
4. **blande:** che scendono dolcemente.
5. **ciclami:** ciclamini.
6. **riso:** splendore.
7. **sdrucita:** rotta.
8. **la pertica di Caronte:** il lungo bastone sottile di Caronte, personaggio mitologico, traghettatore dell'Ade.
9. **scolpite... gengive:** intagliate a forma di archi sovrapposti.
10. **ambone:** tribuna rialzata destinata alle letture liturgiche e all'omelia.
11. **messa nera:** parodia della Messa in omaggio al diavolo, fatta con indumenti liturgici neri.
12. **gora:** fossato.
13. **a paro:** a coppia.

La natura nella pittura impressionista di Claude Monet

Nella seconda metà dell'Ottocento le novità tematiche e stilistiche della produzione letteraria trovano corrispondenza in quella artistica, soprattutto nella pittura. Così al Naturalismo francese corrisponde il realismo del pittore Gustave Courbet (1819-1877), al Verismo italiano la pittura macchiaiola, alle sperimentazioni di poeti come Charles Baudelaire la pittura impressionista. Alla parola evocativa di questa nuova poesia corrisponde la singola pennellata di colore puro; al verso non più incatenato l'abolizione del disegno.

Il 1874, anno della prima mostra dei pittori impressionisti, tenutasi nello studio del fotografo Nadar a Parigi, segnò l'inizio dell'arte moderna: l'arte "viva" dell'Impressionismo, basata su rapide e fugaci percezioni della realtà, si distaccava nettamente dall'arte accademica, legata alla prospettiva geometrica, al disegno preciso, a soggetti storici o mitologici.

Gli stessi luoghi espositivi denunciavano la grande distanza di pensiero e di tecnica: da una parte il Salon, luogo della mostra ufficiale collocato all'interno dell'Accademia delle Belle Arti, dall'altro un locale su strada, uno studio fotografico aperto al pubblico che non era preparato a questa rivoluzione: il critico Louis Leroy, deridendo i pittori che esponevano nello studio, li definì "impressionisti", dal titolo di un dipinto di Claude Monet (1840-1926) lì esposto: *Impressione, levar del sole*.

Claude Monet, *Impressione, levar del sole*, Parigi, Musée Marmottan.

Solo brevi pennellate di colore puro, non mescolato precedentemente sulla tavolozza: orizzontali, arancioni, per il riverbero del sole sul mare; verdi, grigie, azzurre per il trascorrere della luce sulle acque del porto; verticali, più scure per le figure dei pescatori e gli alberi delle vele. Nessuna gabbia prospettica, nessun limite alla veduta. Monet riporta velocemente sulla tela ciò che l'occhio fugacemente ha colto nel paesaggio: non linee geometriche e contorni precisi ma un fluire armonico di un colore dentro l'altro; non bianco, non nero, ma ombre colorate. La tela di Monet scandalizzò il pubblico, come scrisse il critico Leroy: «La tappezzeria allo stato embrionale è ancor più finita di quella marina!».

Claude Monet, *Tempesta a Belle-Île*, Parigi, Musée d'Orsay.

Il critico Diego Martelli scrisse che l'Impressionismo non era solo una rivoluzione nel campo del pensiero, ma anche una rivoluzione fisiologica dell'occhio umano: «Non vediamo i contorni delle forme, ma solo i colori di queste forme». Per Monet la luce e il colore diventarono una vera e propria ossessione. Meglio ancora se la luce trascorre su una superficie mobile e specchiante come l'acqua, su cui tutto si rifrange e su cui i colori, influenzandosi, si modificano vicendevolmente.

Nel 1886, abbandonando la calda luminosità mediterranea, il pittore si recò in Bretagna per ritrarre la fredda luce nordica. In questo dipinto, servendosi di tutte le tonalità dei grigi e degli azzurri, rende con imprecise e brevi pennellate orizzontali la superficie irrequieta del mare fondendola con quella più uniforme del cielo. Costruisce con pennellate di colore scuro gli scogli frastagliati su cui si infrangono le onde, riuscendo a dipingerne la nebulosità degli schizzi. Grazie alla tecnica impressionista fa "sentire" il fragore delle onde, la greve umidità della pioggia, il profumo salmastro delle acque agitate.

Monet, il più grande paesaggista del gruppo degli impressionisti, fu anche l'unico a rimanere fedele fino alla fine a questa tecnica pittorica. Ritiratosi nel piccolo borgo di Giverny, in Bretagna, dove aveva acquistato un'ampia casa colonica con giardino, dedicò l'ultima, lunga, proficua produzione pittorica al tema delle ninfee. Le coltivò con passione nel laghetto artificiale che si era fatto costruire e trascorse la sua vita tra le sfumature dei loro colori, nei giochi di riflessi delle acque del laghetto, su cui pure si specchiava una vegetazione libera, disordinata, verde di mille tonalità.

Risultato di questa lunghissima immersione nella natura sono le molteplici tele dalle svariate dimensioni che ritraggono le ninfee. Qui Monet raggiunge il "punto di non ritorno" della tecnica impressionista, abolendo il limite della cornice, dissolvendo lo spazio, disgregando le forme, smaterializzando il colore. Paradossalmente, è attraverso una procedura di continua distruzione che egli costruisce la pittura moderna. Lo spettatore, senza più appigli, senza orizzonte, senza punti di riferimento, è immerso nella natura, coinvolto nella sua mutevolezza e nel fluire senza sosta di forme e colori.

Claude Monet, *Grandes Decoration*, Parigi, Musée de l'Orangerie.

VERIFICA DELLE COMPETENZE

MODELLO INVALSI

Leggi il seguente testo e poi rispondi alle domande.

T8 Gabriele D'Annunzio I pastori

Settembre è il mese della transumanza, quando i pastori portano le greggi in pianura dopo aver trascorso la primavera e l'estate nei pascoli montani. In questa lirica, tratta dall'ultima parte della raccolta *Alcyone*, dedicata al passaggio dall'estate all'autunno, D'Annunzio intreccia il rimpianto per la propria terra, un Abruzzo avvolto in una dimensione mitica, con il profondo legame tra l'uomo e una natura incontaminata.

METRO: quattro strofe di cinque endecasillabi; in ogni strofa due versi sono sciolti e due rimano (il primo e il terzo nella prima, il secondo e il quarto nelle altre); il primo verso di ogni strofa rima con l'ultimo della precedente, compreso l'ultimo verso isolato.

Settembre, andiamo. È tempo di migrare.
Ora in terra d'Abruzzi i miei pastori
lascian gli stazzi e vanno verso il mare:
scendono all'Adriatico selvaggio
5 che verde è come i pascoli dei monti.

Han bevuto profondamente ai fonti
alpestri, che sapor d'acqua natìa
rimanga ne' cuori esuli a conforto,
che lungo illuda la lor sete in via.
10 Rinnovato hanno verga d'avellano.

E vanno pel tratturo antico al piano,
quasi per un erbal fiume silente,
su le vestigia degli antichi padri.
O voce di colui che primamente
15 conosce il tremolar della marina!

Ora lungh'esso il litoral cammina
la greggia. Senza mutamento è l'aria.

---

3 **stazzi:** i recinti per le pecore costruiti all'aperto.
6 **profondamente:** a lungo.
7 **alpestri:** di montagna, che sgorgano dagli alti monti; **natìa:** sgorgata dalla propria terra.
8 **esuli a conforto:** che si allontanano dai luoghi in cui sono nati (*esuli*) per confortarli (*a conforto*).
9 **illuda:** tenga lontano la sete, ma soprattutto allontani la nostalgia della terra che stanno lasciando.
10 **verga d'avellano:** bastone di nocciòlo, che i pastori usano per guidare le greggi e per sostenersi nel cammino.
11 **tratturo:** sentiero ampio, che viene percorso dalle greggi durante la transumanza.
12 **erbal fiume silente:** silenzioso sentiero (*fiume*) erboso.
13 **su le vestigia:** sulle impronte di migrazioni secolari.
14 **primamente:** per primo.
15 **conosce... marina:** questo verso è una citazione di un noto endecasillabo dantesco, contenuto nel canto I del *Purgatorio*: «conobbi il tremolar della marina».
16 **lungh'esso:** lungo il litorale, la spiaggia.
17 **Senza... è l'aria:** anche questo verso, è una citazione dantesca, dal canto XXVIII del *Purgatorio*: «un'aura dolce, senza mutamento».

Il sole imbionda sì la viva lana
che quasi dalla sabbia non divaria.
20 Isciacquìo, calpestìo, dolci romori.

Ah perché non son io co' miei pastori?

[G. D'Annunzio, *Alcyone*, Mondadori, Milano 2014]

> **18 Il sole imbionda:** il sole, con i suoi raggi dorati, illumina il manto delle pecore, rendendolo simile alla sabbia gialla.
> **19 non divaria:** non si distingue.

1. Compila la tabella assegnando a ciascuna strofa un titolo che ne riassuma il contenuto.

I strofa	
II strofa	
III strofa	
IV strofa	

2. Rispetto a quanto affermato nei versi precedenti, i due punti alla fine del v. 3 introducono
   A. ☐ una conseguenza
   B. ☐ la causa
   C. ☐ una precisazione
   D. ☐ un dubbio

3. Quale sostantivo rivela la malinconia dei pastori per i luoghi natii che devono abbandonare per recarsi in pianura, sentita come una terra straniera?

4. Compila la tabella indicando i versi in cui l'io lirico utilizza le diverse sfere sensoriali.

Vista	
Udito	
Gusto	
Tatto	

5. Quali azioni compiute dai pastori conferiscono alla transumanza una ritualità quasi sacra, che si è tramandata nel corso dei secoli da padre in figlio?

6. In quali versi si manifesta la fusione panica tra l'uomo e la natura?

7. D'Annunzio stabilisce anche un processo di compenetrazione tra diversi elementi e aspetti della natura. Sai dire in quali versi ciò si verifica?

8. In questa lirica la transumanza rappresenta
   A. ☐ la distanza fra l'io lirico e la sua terra
   B. ☐ la vita di stenti dei pastori
   C. ☐ la ciclicità della vita e della natura
   D. ☐ il lento cammino dell'esistenza

9. Qual è il sentimento prevalente nell'io lirico?
   A. ☐ La rabbia per essere lontano dalla sua terra
   B. ☐ Un desiderio di pace e stabilità
   C. ☐ L'invidia per la vita semplice dei pastori
   D. ☐ La dolcezza provocata dal ricordo

10. Individua i due termini onomatopeici che nella quarta strofa contribuiscono a determinare una musicalità dolce e soffusa.

11. L'espressione *erbal fiume silente* (v. 12) è una
    A. ☐ metafora
    B. ☐ sinestesia
    C. ☐ metonimia
    D. ☐ sineddoche

12. Quale figura dell'ordine viene utilizzata nel v. 10?

13. Nel v. 4 con quale significato viene utilizzato l'aggettivo *selvaggio*?
    A. ☐ Desolato
    B. ☐ Tempestoso
    C. ☐ Minaccioso
    D. ☐ Pericoloso

14. Attraverso quale elemento grammaticale l'io lirico rivela il legame intimo e profondo che lo lega alla sua terra e, quindi, ai pastori che ne rappresentano le secolari tradizioni?

15. *Han bevuto profondamente ai fonti/alpestri, che sapor d'acqua natìa/rimanga ne' cuori esuli* (vv. 6-8). In questo periodo *che* introduce una subordinata
    A. ☐ relativa
    B. ☐ causale
    C. ☐ finale
    D. ☐ temporale

UNITÀ 13

La poesia e la figura del poeta nella lirica del primo Novecento

LA LETTERATURA STRANIERA
- T1 Vladimir Majakovskij — *La nuvola in calzoni*
- T2 Giuseppe Ungaretti — *Il porto sepolto*
- T3 Eugenio Montale — *Non chiederci la parola*
- T4 Umberto Saba — *Amai*

LA VOCE DEI CONTEMPORANEI
- T5 Alda Merini — *La mia poesia è alacre*

VERIFICA DELLE COMPETENZE
- T6 Aldo Palazzeschi — *Chi sono?*

ONLINE

TESTI INTEGRATIVI
- Sandro Penna — *La mia poesia non sarà*

Eugenio — Tutor di italiano

Eugenio, il tutor online che guida nell'analisi interattiva e adattiva (testi di
- G. Ungaretti;
- E. Montale;
- U. Saba)

La lirica del primo Novecento e la funzione della poesia

Il contesto storico e culturale

Un'epoca drammatica

Nella prima metà del Novecento la società europea visse uno dei periodi più drammatici della sua storia. Le illusioni alimentate dalla cultura del secondo Ottocento si scontrarono con una realtà radicalmente diversa da quella ottimisticamente prefigurata. Le vicende di questa fase iniziale del secolo denunciano il **fallimento del mito positivista** del progresso e della sicurezza, che per decenni aveva sedotto l'intera società e che solo pochi scrittori e filosofi avevano messo in discussione.

Sul piano storico-politico, è sufficiente ricordare come la prima metà del secolo vide lo scoppio dei due **conflitti mondiali** e, nel periodo interbellico, l'affermazione di violenti **regimi totalitari** in Italia, Germania e Unione Sovietica. Per quanto riguarda l'aspetto sociale, diventarono sempre più laceranti i problemi comparsi già nella seconda metà del secolo precedente: i **ritmi alienanti** imposti dalla produzione industriale meccanizzata, la crescita incontrollata delle **città**, le differenze e i conflitti tra le **classi subalterne** e i detentori del potere politico ed economico.

Dalla Grande guerra all'affermazione dei totalitarismi

Lo scoppio della **Prima guerra mondiale** (1914-1918) spazzò via definitivamente l'ottimismo progressista e la spensieratezza della cosiddetta *belle époque*, un'epoca compresa tra la fine del XIX e l'inizio del XX secolo e caratterizzata da benessere economico e dal miglioramento generale delle condizioni di vita in seguito alla crescita industriale e ai progressi tecnologici. Il conflitto portò alla luce le **tensioni sotterranee** esistenti tra le grandi potenze europee, le cui politiche aggressive e nazionalistiche manifestavano la volontà di conquistare l'egemonia economica e politica.

Alla fine della Grande guerra si delinearono in Europa **nuovi scenari geopolitici**: la disgregazione dell'Impero austro-ungarico da cui nacquero Austria, Ungheria, Cecoslovacchia, Jugoslavia; il ridimensionamento militare e territoriale dell'Impero germanico e la nascita della Repubblica di Weimar. La **rivoluzione russa** del 1917 vide la vittoria del partito bolscevico di **Lenin**, che sfociò nell'affermazione di un regime totalitario con l'ascesa al potere nel 1924 di **Stalin**. Nel 1929, gli **Stati Uniti**, affermatisi nei decenni precedenti come la potenza egemone a livello mondiale, furono il teatro della più grave crisi economica che avesse mai colpito un paese capitalistico. La **Grande depressione** che seguì la crisi coinvolse anche i Paesi europei, generando un impoverimento generale della popolazione, l'aumento della disoccupazione e dell'indebitamento degli Stati.

L'Europa degli anni Venti fu attraversata da crescenti **tensioni sociali**. In Italia le organizzazioni sindacali e il neonato Partito comunista raccoglievano consensi sempre maggiori tra le masse operaie, tanto che la classe borghese, spaventata dal "pericolo rosso", temeva che potesse verificarsi una rivoluzione sul modello di quella russa. Lo **spettro del comunismo** fu uno dei fattori che determinarono la crescita di movimenti di estrema destra, soprattutto in Italia e in Germania, che seppero sfruttare il desiderio di ritorno all'ordine delle classi borghesi. Nel 1922, con la marcia su Roma, il **Partito nazionale fascista** di **Mussolini** assunse la guida del Paese, instaurando nel giro di pochi anni un regime totalitario. A partire dalla fine degli anni Venti in Germania raggiunse consensi sempre maggiori il **Partito nazionalsocialista** di **Hitler**, che nel 1933 prese il potere dando inizio al **regime nazista** del Terzo Reich.

La crisi della ragione

Nei primi decenni del Novecento alcune tendenze che avevano caratterizzato la **cultura decadente** di fine secolo si acuirono: la consapevolezza dei limiti del sapere scientifico si accentuò; il disagio e il disorientamento provocati dall'affermarsi della società di massa smisero di essere una prerogativa di pochi scrittori e intellettuali, estendendosi a contesti più vasti. Nuovi approcci e metodologie sia nell'indagine scientifica sia in ambito umanistico posero fine alle certezze della cultura ottocentesca. La messa in discussione del primato del pensiero razionale – la "**crisi della ragione**" – portò a una concezione dell'uomo e della realtà non più fondata su ideali e certezze assolute, ma su **principi relativistici**.

La disciplina scientifica che guidò questa radicale trasformazione culturale fu la fisica. Nei *Fondamenti della teoria della relatività generale* (1916), **Albert Einstein** rovesciò le basi della fisica newtoniana affermando che le categorie di tempo e spazio non sono grandezze assolute ma relative, in quanto dipendono dal punto di vista dell'osservatore all'interno del sistema di riferimento. La **meccanica quantistica**, introdotta all'inizio del secolo dalle teorie di **Max Planck** e sviluppata poi da **Niels Bohr** e **Werner Heisenbergh**, sancì l'impossibilità per la scienza di giungere a una conoscenza totale, oggettiva e certa del mondo.

L'esistenza di una verità oggettiva perfettamente conoscibile venne messa in discussione anche dalla **psicanalisi**, disciplina sviluppatasi all'inizio del Novecento per opera del medico viennese **Sigmund Freud**. Attraverso lo studio di pazienti che manifestavano disturbi nel comportamento e nelle relazioni sociali e personali, Freud sostenne l'esistenza di processi psichici generati da una parte oscura e inconoscibile di ciascun individuo (l'**inconscio**), che sfuggono al controllo della ragione e della volontà. Compito della psicanalisi è l'indagine dell'inconscio, in cui si trova la spiegazione non solo dei disturbi mentali, ma anche dei **malesseri esistenziali** che affliggono l'uomo contemporaneo.

Umberto Boccioni, *Stati d'animo seconda versione. Quelli che vanno*, 1911, New York, Museum of Modern Art.

Gli sviluppi della poesia novecentesca

L'esigenza di una poesia nuova

All'inizio del XX secolo la poesia europea proseguì l'opera di rottura nei confronti della tradizione già avviata dai simbolisti (▶ p. 367). In particolar modo le cosiddette "avanguardie storiche" indicarono le linee principali di questa **"rivoluzione" poetica**.
In primo luogo, la lirica di inizio Novecento si distinse per una spiccata propensione allo **sperimentalismo stilistico**. Abbandonate le tradizionali forme metriche, si impose definitivamente il **verso libero**. Il bisogno di una nuova parola poetica e di una maggiore intensità espressiva accentuò il ricorso all'analogia e alla sinestesia e all'impiego di un **linguaggio** sempre più **allusivo** ed **essenziale**, in alcuni casi oscuro, comprensibile soltanto a pochi. Per quanto riguarda gli aspetti tematici, il motivo dominante fu una **visione pessimistica** dell'esistenza, conseguenza delle incertezze storiche, del senso di incombente minaccia che gravava sulla pace europea e, in seguito al primo conflitto mondiale, delle difficoltà di ricostruire un equilibrio collettivo e individuale.

La riflessione sulla funzione della poesia

La separazione tra il poeta e la società

Il poeta di inizio Novecento non aspirava più a essere considerato un "vate", portavoce della società e guida della nazione, e neppure a indicare al pubblico modelli civili, morali o religiosi. Se fino al secolo precedente scopo della letteratura era stato trasmettere al pubblico un messaggio – il bene, il bello o il vero –, ora i poeti sapevano che non era più possibile fornire verità e certezze, ma semmai offrire una testimonianza della **sofferenza esistenziale** e proporsi come coscienza critica di una società distratta dall'utile, che lo condannava all'emarginazione.

---

il punto su... | Le avanguardie storiche

Il termine "avanguardia" deriva dal francese *avantgarde* ("davanti alla guardia"), tratto dal linguaggio militare, e indica alcuni movimenti artistici e letterari nati nei primi decenni del Novecento che hanno in comune la volontà di rompere con le modalità espressive tradizionali, attraverso la sperimentazione di nuovi linguaggi. Per distinguerle dai gruppi formatisi negli anni successivi, le avanguardie dei primi decenni del Novecento, l'Espressionismo, il Futurismo, il Dadaismo, il Surrealismo, vengono definite "avanguardie storiche".
L'Espressionismo fu un vasto e composito movimento artistico, presente soprattutto in Germania nei primi anni del XX secolo. Si proponeva di affermare in maniera urgente e totalizzante il mondo interiore dell'artista nell'opera d'arte e si diffuse nelle arti figurative – l'esempio più significativo è la pittura del norvegese Edvard Munch, autore del celebre dipinto *L'urlo* (1893) – ma anche in letteratura, teatro, cinema, musica.
Il Futurismo, l'unico movimento d'avanguardia nato in Italia, nel 1909, esaltava la modernità e i suoi simboli (la velocità, l'automobile, l'aeroplano, il dinamismo). Assunse subito un carattere aggressivo, nazionalista e guerrafondaio. A partire dal 1912 si diffuse in Russia, ma pur facendo proprie le tecniche espressive del movimento italiano, se ne distaccò dal punto di vista ideologico, tanto che il suo maggior interprete, Vladimir Majakovskij (▶ p. 414), fu impegnato attivamente nella rivoluzione comunista del 1917.
Il Manifesto Dada venne scritto nel 1918 dal poeta rumeno Tristan Tzara. Il nome del movimento indica come esso proponesse un'arte basata sul non-senso e sulla totale distruzione delle forme comunicative tradizionali. Il Dadaismo si esaurì velocemente, ma venne in parte riassorbito dal Surrealismo, fondato a Parigi da André Breton, che nel *Manifesto del Surrealismo* (1924), teorizzò il procedimento della "scrittura automatica", tramite cui portare alla luce le pulsioni inconsce dell'individuo. Infatti, scopo del movimento era liberare tutti gli uomini – non solo gli artisti – dai condizionamenti razionali e dalle imposizioni sociali.

Nei primi decenni del secolo molti scrittori si interrogarono sul ruolo della poesia nell'epoca della tecnica e del mercato. In questa unità affronteremo questa tematica attraverso la lettura di testi di autori appartenenti al **Futurismo** e al **Crepuscolarismo**, i due indirizzi poetici dominanti all'inizio del Novecento, e di liriche programmatiche dei tre principali esponenti della poesia italiana di inizio secolo: **Giuseppe Ungaretti** (▶ p. 419), **Eugenio Montale** (▶ p. 424) e **Umberto Saba** (▶ p. 432).

I futuristi e i crepuscolari

Il **Futurismo** rispose alle incertezze sul destino della poesia in modo provocatorio e dissacrante, proponendo la distruzione dei legami sintattici, l'abolizione della punteggiatura, dell'avverbio e dell'aggettivo e il libero accostamento dei legami analogici. In tal modo la poesia sarebbe stata espressione del **dinamismo**, della civiltà delle macchine e della velocità. Un aspetto peculiare del Futurismo è la violenta polemica verso la tradizione letteraria e i suoi esponenti, a cui contrapposero la **forza vitale** della nuova poesia, come è evidente in *La nuvola in calzoni* (▶ T1, p. 414) del russo **Vladimir Majakovskij**.

Di segno opposto fu la posizione degli esponenti del **Crepuscolarismo**, termine con il quale si indica un gruppo di giovani poeti italiani accomunati dall'uso di un linguaggio semplice, dai toni malinconici e dalla predilezione per **situazioni umili** e **quotidiane**. Nei loro componimenti manifestarono, a volte con ironia, la consapevolezza di non avere nessun messaggio da comunicare, come sostiene **Marino Moretti** (1885-1979) in una celebre lirica del 1911, *Io non ho nulla da dire*. Ai loro occhi la figura del poeta aveva perso prestigio e fascino. In *Desolazione del povero poeta sentimentale* **Sergio Corazzini** (1886-1907) lo raffigura come *un piccolo fanciullo che piange*. In *La signorina Felicita*, **Guido Gozzano** (1883-1916) confessa: *Io mi vergogno,/sì, mi vergogno d'essere un poeta!*. **Aldo Palazzeschi** in *Chi sono?* (▶ T6, p. 441) giunge a negare la propria natura (*Son forse un poeta?/No, certo*) e a riconoscere che ormai è soltanto un *saltimbanco dell'anima*.

La poesia per Ungaretti, Montale e Saba

G. Ungaretti
I fiumi
G. Ungaretti
Fratelli

E. Montale
Ti libero la fronte dai ghiaccioli
E. Montale
Perché tardi

U. Saba
Ritratto della mia bambina
U. Saba
Trieste

Nella concezione poetica di **Ungaretti** appare evidente l'influenza del **Simbolismo** (▶ p. 367): i suoi versi prendono forma dalla scoperta di una verità a cui si giunge dopo una lunga **analisi interiore**, nella profondità invisibile della propria coscienza. Si tratta di un viaggio alla ricerca dell'essenza di sé e dell'intero universo, dal quale, però, il poeta torna arricchito, con un messaggio da consegnare al lettore (▶ T2, p. 421). Assai più negativa è la poetica di **Montale**: il solo compito che egli affida ai suoi versi è il riconoscimento dei limiti della condizione umana. Il poeta è incapace di trovare verità, di fornire soluzioni alle questioni universali della condizione umana. Dinanzi al **malessere dell'esistenza** la parola poetica non è in grado di rispondere positivamente (▶ T3, p. 426).

La posizione di **Saba** è estranea alle influenze e alle suggestioni delle correnti innovative di inizio secolo. La sua poesia ricerca la semplicità espressiva e una naturale musicalità ed è lontana da ogni complessa oscurità, anche a rischio di apparire banale. Questa rinuncia alla ricercatezza formale è funzionale a ciò che per lui è il dovere della poesia: **ricercare la verità**, compiendo un percorso che potrebbe richiedere sofferenza ma che è l'unico a condurre alla scoperta di se stessi (▶ T4, p. 426).

LA MAPPA DELLE CONOSCENZE

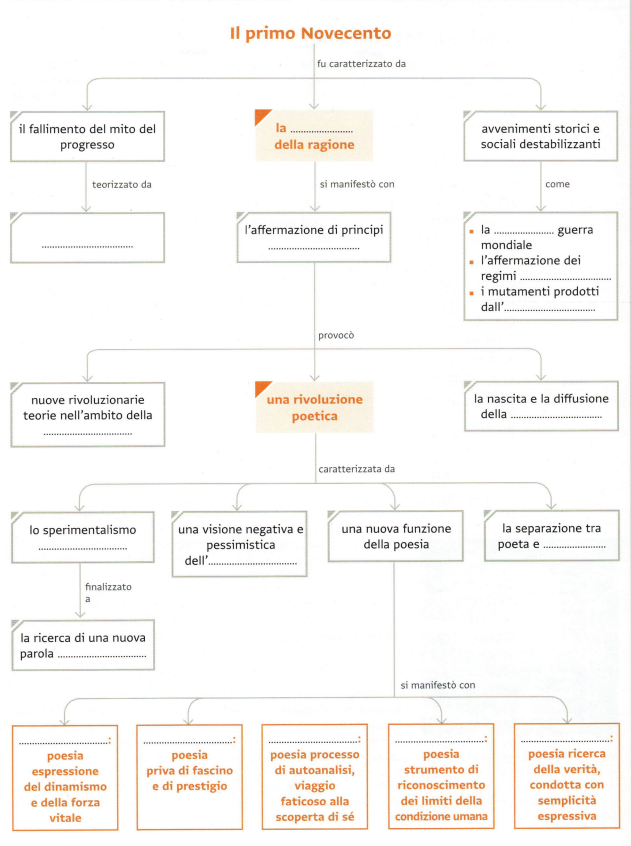

La letteratura straniera

T1 Vladimir Majakovskij La nuvola in calzoni

In questi versi, tratti dal prologo e dalla seconda parte del poemetto *La nuvola in calzoni*, il poeta ventiduenne manifesta il suo spirito trasgressivo e libertario. Con passione giovanile e cieca fiducia in se stesso e nelle proprie idee mostra l'intenzione di uccidere la tradizionale poesia sentimentale, ai suoi occhi ormai agonizzante.
METRO: versi liberi.

Il vostro pensiero,
sognante sul cervello rammollito,
come un lacchè rimpinguato su un unto sofà
stuzzicherò contro l'insanguinato brandello del cuore:
5   mordace e impudente, schernirò a sazietà.

Non c'è nel mio animo un solo capello canuto,
e nemmeno senile tenerezza!
Intronando l'universo con la possanza della mia voce,
cammino – bello,
10   ventiduenne.

Teneri!
Voi coricate l'amore sui violini.
Il rozzo sui timballi corica l'amore.

---

3   **lacchè rimpinguato:** un servitore (*lacchè*) che il padrone ha ingrassato (*rimpinguato*) per sottometterlo ai suoi voleri.
5   **mordace e impudente:** l'autore si propone di essere pungente (*mordace*) e sfacciato (*impudente*) verso i poeti tradizionali.
7   **senile:** caratteristica della vecchiaia.
8   **Intronando:** stordendo, rintronando; **possanza:** grande potenza.
13   **timballi:** pietanza particolarmente ricca, formata da un involucro di pasta che contiene un ripieno.

Vladimir Majakovskij nacque a Bagdadi, nell'odierna Georgia, nel 1893. Dopo un'infanzia difficile e funestata dalla morte del padre, si trasferì a Mosca. Sin dall'adolescenza manifestò interesse per l'attività politica, militando nella corrente bolscevica del Partito socialdemocratico russo. Fu arrestato più volte e proprio in carcere cominciò a scrivere le sue prime poesie. In quegli anni iniziò a dedicarsi anche alle arti figurative, iscrivendosi all'Accademia di pittura, scultura e architettura di Mosca e aderendo al movimento del "Cubofuturismo" russo, che contestava aspramente l'arte e la letteratura del passato proponendo un radicale rinnovamento delle forme espressive. Nel 1913 pubblicò la sua prima raccolta di versi, *Ja!*, e nel 1915 il poemetto *La nuvola in calzoni*. Accolse in modo entusiastico lo scoppio della rivoluzione, nel 1917, e pose la sua arte al servizio della causa bolscevica. In questo periodo compose il celebre poema *150.000.000* e il dramma *Mistero buffo*. Negli anni seguenti pubblicò le opere poetiche di propaganda *Lenin* (1924), scritta in onore del capo rivoluzionario morto quello stesso anno, e *Bene!* (1927), in occasione del decennale dello scoppio della rivoluzione. Infine, tra le sue opere più famose ricordiamo le commedie *La cimice* (1928) e *Il bagno a vapore* (1929), affreschi grotteschi del mondo piccolo-borghese. La sua vena artistica audace e sovversiva finì per attirargli l'avversione del partito. Le critiche ricevute, la delusione per gli esiti antilibertari della rivoluzione e anche motivi sentimentali lo spinsero al suicidio, avvenuto nel 1930.

[...]

Su tutto ciò che fu creato
15 pongo il mio nihil.
Non voglio
mai leggere nulla.
Libri?
Ma che libri!
20 Una volta pensavo
che i libri si facessero così:
arriva un poeta,
lievemente disserra la bocca,
e di colpo comincia a cantare il sempliciotto ispirato:
25 di grazia!

E invece risulta che i poeti,
prima di effondersi nel canto,
camminano, incalliti dal lungo girellare,
e dolcemente diguazza nella melma del cuore
30 la stupida tinca dell'immaginazione.

Mentre fanno bollire, strimpellando rime,
una brodaccia di amori e usignuoli,
la via si contorce priva di lingua:
non ha con che discorrere e gridare.

[in A. M. Ripellino (a cura di), *Poesia russa del Novecento*, trad. it. di A.M. Ripellino, Feltrinelli, Milano 1979]

15 **nihil:** niente (termine latino).
29 **diguazza:** si muove in modo scomposto, agitandosi; **melma:** fanghiglia.
30 **tinca:** pesce d'acqua dolce, che vive in fondali fangosi.
31 **strimpellando:** componendo rime in modo approssimativo e maldestro, come fa chi sa suonare poco e male uno strumento.

vite di scrittori — La lettera di addio

Riportiamo la lettera ritrovata accanto al cadavere di Majakovskij, che il 14 aprile del 1930 pose fine alla sua vita con un colpo di pistola alla testa.

A tutti. Se muoio, non incolpate nessuno. E, per favore, niente pettegolezzi. Il defunto non li poteva sopportare. Mamma, sorelle, compagni, perdonatemi. Non è una soluzione (non la consiglio a nessuno), ma io non ho altra scelta. Lilja[1], amami. Compagno governo, la mia famiglia è Lilja Brik, la mamma, le mie sorelle e Veronika Vitol'dovna Polonskaja[2]. Se farai in modo che abbiano un'esistenza decorosa, ti ringrazio. [...] Come si dice, l'incidente è chiuso. La barca dell'amore si è spezzata contro il quotidiano. La vita e io siamo pari. Inutile elencare offese, dolori, torti reciproci. Voi che restate siate felici.

[V. Majakovskij, *Poesie*, trad. di G. Carpi, Rizzoli, Milano 2008]

1 **Lilja:** la giovane e bellissima attrice Lilja Brik, moglie del suo amico Osip Brik, verso cui Majakovskij provava un amore passionale, indicata ufficialmente come una delle cause principali del suo suicidio.

2 **Veronika Vitol'dona Polonskaja:** giovane attrice a cui Majakovskij era legato sentimentalmente.

SCHEDA di LETTURA

Una poesia nuova
Attraverso una sequenza incalzante di immagini provocatorie, i versi di Majakovskij disegnano una nuova visione della realtà, delle emozioni e della poesia, considerata una forza vitale con cui dare voce alla società russa contemporanea. Anche in un'opera come *La nuvola in calzoni*, dedicata alla donna amata, Majakovskij si proponeva di essere a fianco delle classi oppresse di un Paese che di lì a poco avrebbe modificato radicalmente il proprio volto politico e sociale, con la rivoluzione del 1917.

L'affermazione della giovinezza
Nei primi tre versi Majakovskij si scaglia con violenza contro quei poeti che inseguono soltanto il loro pensiero *sognante* e continuano a comporre sdolcinati versi d'amore. Li accusa di essere ormai privi di volontà: il loro *cervello rammollito* si è lasciato corrompere dal potere e dai suoi strumenti di seduzione. Il giovane scrittore li paragona a un servitore *rimpinguato*, che il padrone ingrassa per spegnerne il desiderio di agire e così controllarlo più facilmente. Li minaccia di essere *mordace e impudente* e si prende gioco *a sazietà* delle loro improbabili vicende sentimentali, troppo drammatiche (*insanguinato brandello del cuore*). All'immagine di un poeta torpido e corrotto, sdraiato su un *unto sofà*, Majakovskij contrappone l'autoritratto di un artista nuovo, senza *un solo capello canuto* e animato da spirito di rivolta e furia polemica. Insensibile alla *senile tenerezza* e forte della sua spregiudicata gioventù, Majakovskij proclama con voce tonante il suo proposito: dare l'assalto all'universo, attraversare il mondo con fierezza e abbandonare una lirica ridicolmente melensa (*l'amore sui violini*) per abbracciare la realtà quotidiana, anche nei suoi aspetti più prosaici (*Il rozzo sui timballi corica l'amore*).

La condanna della poesia sentimentale
La seconda parte si apre con la negazione totale del passato e un'affermazione all'apparenza paradossale per uno scrittore: *Non voglio/mai leggere nulla*. Questo rifiuto dei libri manifesta provocatoriamente il disprezzo nei confronti di qualsiasi espressione della cultura tradizionale. Majakovskij ha perso il rispetto che un tempo aveva per i poeti (*Una volta pensavo... di grazia!*) e ora può deridere i loro vezzi ed enfatizzare la superficialità di chi ritiene soltanto un *sempliciotto*. Ha scoperto che i poeti non sono illuminati dal genio e dall'ispirazione: in realtà i loro versi nascono dal repertorio consunto e abusato della lirica d'amore (la *melma del cuore*), sono soltanto il frutto di sciocche immagini sentimentali. Come una cuoca che continua a riscaldare una minestra insipida, i poeti ripetono stancamente rime e immagini convenzionali (*amori e usignuoli*) invece di dare voce a chi manifesta sofferenza e rabbia (*la via si contorce*) ma non ha ancora trovato le parole per esprimerle (*non ha con che discorrere e gridare*).

Lo stile
La lirica mostra in modo esemplare la forza dissacrante e appassionata di Majakovskij e possiede una carica dirompente che alcune scelte stilistiche sottolineano con grande forza. L'irregolarità della misura dei versi, da brevissimi a ipermetrici, la varietà delle costruzioni sintattiche e le numerose inversioni trasmettono con efficacia il tono concitato con cui l'io lirico si rivolge ai suoi interlocutori o argomenta le proprie idee, spesso ribadite con numerosi punti esclamativi e interrogativi e, nella versione originale, con una sonorità aspra e dissonante.
Il sarcasmo irridente della polemica letteraria trova conferma nell'aggettivazione con cui l'io lirico da un lato caratterizza il poeta sentimentale e dall'altro descrive se stesso. Dal punto di vista stilistico l'aspetto più interessante si trova nelle similitudini (*come un lacchè*) e nelle metafore (*l'amore sui violini, diguazza nella melma del cuore/la stupida tinca dell'immaginazione, brodaccia di amori e usignuoli*) con cui mette alla berlina la tradizionale figura del poeta.

Marc Chagall, *La rivoluzione*, 1937, collezione privata.

LABORATORIO

Comprendere e individuare
L'esplorazione del testo

1. Quali elementi grammaticali segnalano che l'io lirico si rivolge direttamente ai poeti sentimentali, con cui polemizza?
2. Individua i versi in cui l'io lirico ostenta la propria giovinezza.
3. Quale gesto di presunta ispirazione poetica viene descritto ironicamente dall'io lirico?
4. In quale verso Majakovskij mostra il suo disprezzo nei confronti della musicalità poetica ottenuta attraverso le rime?
5. Compila la tabella, indicando gli aggettivi usati per descrivere i destinatari della poesia e l'io lirico.

I poeti sentimentali	....
Majakovskij	....

Interpretare e riflettere
La scoperta del testo

6. Quale immagine mostra non solo l'apatia degli intellettuali ma anche la loro scarsa "pulizia" morale?
7. Secondo te, Majakovskij si limita a condannare la poesia tradizionale o ritieni che definisca anche quale dovrebbe essere il ruolo del poeta? Rispondi con opportuni riferimenti al testo.
8. Dalla seconda metà dell'Ottocento si diffuse tra i giovani intellettuali russi il nichilismo, corrente filosofica che negava l'esistenza di qualunque valore e verità. In quali versi Majakovskij mostra di averne subito l'influenza?

Analizzare
Lo stile e la forma del testo

9. In quale verso l'amore descritto dai poeti è paragonato con una metafora a una musica mielosa e dolciastra?
10. Spiega perché nei vv. 1-4 è presente un'anastrofe.
11. Quale figura retorica dell'ordine compare nei vv. 12-13?

A. ☐ Anastrofe
B. ☐ Chiasmo
C. ☐ Iperbato
D. ☐ Parallelismo

12. Nel v. 7 compare l'espressione *senile tenerezza*; il termine "senilità" spesso è utilizzato non come sinonimo di "vecchiaia", ma anche con un significato figurato: sai dire quale?

GRAMMATICA

13. Analizza il periodo che occupa i vv. 28-30 e riscrivi le proposizioni nello schema, una per casella, precisando il tipo di coordinazione e subordinazione.

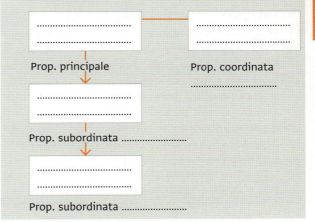

Produrre
Dalla lettura alla scrittura

14. Svolgi la parafrasi dei vv. 5-15, ricostruendo l'ordine sintattico ed esplicitando il significato delle numerose immagini metaforiche.

Pablo Picasso, *Il vecchio chitarrista cieco*, 1903, Chicago, Art Institute of Chicago.

la voce della narrativa — Thomas Mann *Il conflitto tra arte e borghesia*

La produzione letteraria del tedesco Thomas Mann (1875-1955) risente della forte contrapposizione tra la solidità borghese del padre (un ricco commerciante) e la creatività della madre (di origini brasiliane) ed è caratterizzata dal contrasto irrisolto fra l'artista, "il diverso", e l'umanità che lo circonda. Tra le sue opere più importanti si ricordano *Buddenbrook* (1901), il capolavoro che lo rende noto al grande pubblico; i racconti lunghi *Tristano* (1903), *Tonio Kröger* (1903) e *Morte a Venezia* (1912); *La montagna incantata* (1924), la monumentale tetralogia biblica di *Giuseppe e i suoi fratelli* (1933-1943) e il *Doktor Faustus* (1947).

Tonio Kröger (1909) è un racconto di stampo autobiografico. L'omonimo protagonista è un giovane scrittore di Lubecca, sensibile e inquieto, che sin dall'adolescenza si sente diverso dai suoi coetanei per il colore scuro della pelle ereditato dalla madre e per l'indole riservata. È innamorato di Ingeborg Holm, ragazza borghese bella e sicura di sé, che sposerà il suo amico Hans, anche lui straordinariamente bello. Tonio si trasferisce a Monaco per seguire le sue passioni di artista. Qui, confidandosi con l'amica Lisaveta Ivanovna, una pittrice russa, giunge alla consapevolezza che la letteratura non è una vocazione bensì una maledizione: all'artista non resta che accettare la solitudine, guardando con una vena di invidia alla vita serena dell'uomo comune. Nel brano proposto Tonio Kröger confessa a Lisaveta quest'amara scoperta.

Mio padre, lei lo sa, aveva un carattere nordico: contemplativo, profondo, corretto per puritanismo[1] e tendente alla malinconia; mia madre era di sangue esotico indefinito, bella, sensuale, ingenua, negligente e al tempo stesso passionale, e d'una trascuratezza impulsiva. Senza dubbio, certo, era una mescolanza questa, piena di possibilità straordinarie... e pericoli straordinari. Ed eccone il risultato: un borghese che s'è smarrito nell'arte, uno scapigliato[2] nostalgico della buona educazione giovanile, un artista con la coscienza sporca. In quanto è proprio la mia coscienza borghese che mi fa scorgere, in tutta la vocazione artistica, in tutta la straordinarietà e in tutto l'ingegno, qualcosa di profondamente ambiguo, profondamente malfamato, profondamente dubbioso, che mi ricolma di debolezza innamorata per il semplice, il sincero e piacevole-normale, l'antigeniale e decoroso.

Io sto tra due mondi, in nessuno sono di casa, e per tale motivo mi trovo un po' in difficoltà. Voi artisti mi chiamate borghese, e i borghesi son tentati d'arrestarmi... non so quale delle due cose mi mortifichi più amaramente. I borghesi sono stupidi; voi adoratori della bellezza, invece, voi che mi chiamate flemmatico[3] e senza ambizioni, dovreste pensare che esiste una vocazione artistica così profonda, dall'inizio e per destino, da non trovare ambizione più dolce e più delicata di quella per le delizie della mediocrità[4].

Li ammiro io i tipi orgogliosi e freddi che vanno in cerca d'avventure sul sentiero della bellezza grande e demoniaca e disprezzano l'uomo... ma non li invidio. In quanto se c'è un che in grado di fare d'un letterato un poeta, quello è il mio amore borghese verso le cose umane, viventi e mediocri. Tutto il calore, tutta la bontà, tutto il brio vengono da quell'amore, e son quasi convinto sia lo stesso di cui sta scritto che può parlare con lingua umana e angelica, senza però essere solo un bronzo sonante o un campanello trillante[5].

Quanto io ho fatto non è nulla, non molto, quasi niente. Farò qualcosa di meglio, Lisaveta... è una promessa. Mentre scrivo il mugghio[6] del mare arriva fin qui da me, e io chiudo gli occhi. Scruto in un mondo in embrione e schematico che deve essere ordinato e formato[7], scruto in un brulichio d'ombre di figure umane, che mi fan cenno d'ammaliarle e redimerle[8]: alcune tragiche, alcune ridicole e certe che sono l'uno e l'altro allo stesso tempo... e a queste sono molto affezionato. Ma il mio amore più profondo e più segreto è per i biondi[9], per quelli dagli occhi azzurri, per i felici puri, per i fortunati, per gli amabili e i mediocri.

Non biasimi questo amore, Lisaveta; è buono e fecondo. Di desiderio è fatto, e d'invidia malinconica e d'un pochino di disprezzo e d'una grande beatitudine casta.

[T. Mann, *Tonio Kröger*, trad. it. di S.T. Villani, Garzanti, Milano 1992]

1. **puritanismo:** atteggiamento di eccessivo rigore morale e intransigenza.
2. **scapigliato:** con questo termine si indica l'artista che segue una vita sregolata e dissoluta.
3. **flemmatico:** pigro, indolente.
4. **le delizie della mediocrità:** i piaceri della quotidianità.
5. **senza però... trillante:** senza eccedere nel sublime (*bronzo sonante*) o nell'ironia (*campanello trillante*).
6. **il mugghio:** il rumore delle onde.
7. **Scruto... formato:** osservo un mondo informe e abbozzato a cui cerco di dare forma.
8. **scruto... redimerle:** osservo il movimento confuso di ombre umane, figure indistinte che mi chiedono di diventare vive e reali.
9. **i biondi:** i nordici, la borghesia appagata dalla propria esistenza.

Giuseppe Ungaretti

La vita

Gli anni di formazione e l'esperienza della guerra

WebTV
Ungaretti e la Grande guerra

Giuseppe Ungaretti nacque ad **Alessandria d'Egitto** nel 1888, da genitori lucchesi emigrati. Rimasto orfano del padre (che lavorava come operaio al canale di Suez) all'età di due anni, Giuseppe compì gli studi ad Alessandria in una scuola francese. In questi anni lesse **Baudelaire** (▶ p. 368) e i principali poeti simbolisti francesi, tra cui **Mallarmé** e **Paul Valéry**. Nel 1912 si iscrisse alla facoltà di Lettere della Sorbona a **Parigi**. In quegli anni entrò in contatto con alcuni protagonisti del rinnovamento artistico e culturale del primo Novecento, di cui la capitale francese era il centro nevralgico: il poeta **Guillaume Apollinaire**, di cui divenne amico, i pittori **Pablo Picasso** e **Giorgio de Chirico** (▶ p. 430).

Tornato in Italia nel 1914, pubblicò le sue prime poesie sulla rivista futurista fiorentina «Lacerba». Sostenne con convinzione l'entrata in guerra dell'Italia e nel 1915 si arruolò volontario. Venne mandato a combattere come soldato semplice di fanteria sul fronte del Carso. L'esperienza atroce della **vita di trincea** è all'origine della prima raccolta di versi, *Il porto sepolto* (▶ T2, p. 421), pubblicata nel 1916. Alla fine della guerra, nel 1918, tornò a Parigi e l'anno successivo pubblicò *Allegria di naufragi*, opera in cui confluirono anche le poesie della prima raccolta e che sarà riedita nel 1931 con il titolo definitivo *L'Allegria*.

In Italia e in Brasile

All'inizio degli anni Venti si trasferì a Roma, iniziando un'attività di **giornalista** e **conferenziere** che lo portò tra il 1931 e il 1935 a intraprendere molti viaggi, sia in Italia sia all'estero. In questo periodo attraversò una **crisi religiosa** che lo avvicinò al cattolicesimo: da questo travaglio nacque la raccolta *Sentimento del tempo* (1933). Dal 1936 al 1942 visse in **Brasile**, insegnando lingua e letteratura italiana all'università di San Paolo. Nel 1939 fu colpito da un grave lutto, la **morte del figlio Antonietto**, di soli nove anni.

Alla fine della Seconda guerra mondiale pubblicò la raccolta *Il Dolore* (1947), seguita da *La terra promessa* (1950). Fu nominato **accademico d'Italia** nel 1942 e titolare "per chiara fama" della cattedra di Letteratura italiana moderna e contemporanea all'Università di Roma. Nel 1969 uscì per Mondadori la raccolta di tutte le sue poesie, dal titolo *Vita d'un uomo*. Nel 1970, di ritorno da un viaggio negli Stati Uniti, il poeta venne colto da un malore e morì a Milano.

Le opere

L'Allegria

Nelle poesie raccolte in *L'Allegria* Ungaretti sperimentò **forme espressive nuove**, dettate dalla ricerca della parola pura e caratterizzate da una sintassi scarna ed essenziale. La realtà tragica della guerra, la vita di trincea sullo sfondo desolato di una natura arida e deserta, come quella carsica, si traducono in una forma espressiva frammentaria, essenziale, in cui la parola poetica è scarna come una pietra e nel contempo assoluta, necessaria. La punteggiatura è assente e i versi sono liberi, molto spesso brevissimi ("**versicoli**"), composti da un'unica parola isolata, di cui si mette in risalto l'espressività.

Il titolo della prima raccolta, *Il porto sepolto*, allude al **viaggio interiore** che il poeta compie, secondo la lezione dei simbolisti francesi, per portare alla luce verità nascoste tramite associazioni inconsuete. Il titolo *Allegria di naufragi* invece accosta due termini antitetici per evidenziare la dialettica di vita e morte, guerra e pace, che caratterizza la civiltà europea dell'epoca. Se il "naufragio" coincide con il dramma della **Grande guerra**, l'"allegria" è la **spinta vitale** che consente all'uomo di proseguire il cammino nonostante l'orrore e la disperazione: «E subito riprende/il viaggio/come/dopo il naufragio/un superstite/lupo di mare» (*Allegria di naufragi*).

Le opere seguenti

In *Sentimento del tempo* (1933) Ungaretti si riavvicinò ai modelli della tradizione letteraria: forme poetiche, ritmi e metri sono più regolari, compaiono versi endecasillabi e settenari. Si tratta di un **ritorno all'ordine** dopo la sperimentazione avanguardistica e il caos rappresentato dalla guerra. Lo stile cambia, la sintassi diventa più complessa, il lessico più aulico. I temi risentono di una nuova sensibilità, legata anche alla profonda **meditazione interiore** del poeta, che lo porta a convertirsi alla **religione cattolica** nel 1928.

Nella raccolta *Il dolore*, pubblicata nel 1947, è centrale il tema dei **lutti familiari**: la scomparsa del fratello nel 1937 e soprattutto la morte del figlio Antonietto nel 1939. A loro sono dedicate tutte le liriche della sezione iniziale, intitolata *Giorno per giorno*. Dalla sofferenza personale il poeta passa però ad analizzare il **dolore universale**, un tema suggerito anche dalla tragedia collettiva della Seconda guerra mondiale, come emerge in maniera evidente nella sezione *Roma occupata*.

Apparsa nella sua veste definitiva nel 1954, *La terra promessa* ha per protagonisti personaggi dell'**epica classica**, come Enea e la regina Didone: la terra promessa è l'Italia, dove approda appunto l'eroe troiano dopo una lunga e dolorosa peregrinazione. I temi principali sono la **fragilità** dell'esistenza umana e l'inevitabile sconfitta a cui va incontro l'individuo, incapace di realizzare del tutto le sue alte aspirazioni.

---

poeti che parlano di poesia | **I limiti della parola poetica**

Riportiamo una breve dichiarazione rilasciata da Ungaretti in occasione di un'intervista televisiva. Il poeta rivela l'imprevedibilità della creazione poetica e la difficoltà di riuscire a trasmettere compiutamente attraverso di essa quanto si desidera.

A volte è un lavoro lungo, a volte è un lavoro che si fa in pochi momenti [...]. Poesie brevissime mi richiedono sei mesi di lavoro; non sono mai a posto, si seguono con l'orecchio; non si sa poi che cosa sia questo orecchio; l'orecchio va dietro al significato, va dietro al suono, va dietro a tante cose; non si sa; insomma tutto alla fine deve combinare e dare la sensazione che si è espressa la poesia; non si è mai espressa veramente, si è sempre scontenti; si vorrebbe che fosse detto diversamente, ma la parola è impotente, la parola non riuscirà mai a dare il segreto che è in noi, mai; lo avvicina.

[*Incontro con Ungaretti*, www.approdoletterario.techerai.it]

T2 Il porto sepolto

Risalente al 1916, questa lirica è posta in apertura dell'omonima raccolta. La sua collocazione fa di essa una dichiarazione di intenti, non tanto dal punto di vista stilistico quanto per l'idea della funzione della parola poetica che vi viene espressa.
METRO: versi liberi.

Mariano il 29 giugno 1916

Vi arriva il poeta
e poi torna alla luce con i suoi canti
e li disperde

Di questa poesia
5 mi resta
quel nulla
d'inesauribile segreto.

[G. Ungaretti, *L'Allegria*,
in *Vita d'un uomo, Tutte le poesie*,
Mondadori, Milano 1986]

2 **canti**: i versi, le poesie.
3 **disperde**: il poeta offre ai lettori i suoi versi, attinti dal profondo dell'anima, che si disperdono come foglie al vento.

André Masson, *Orphée*, 1934, Londra, collezione privata.

---

il punto su... Classicità e contemporaneità in *Il porto sepolto*

Nella lirica il poeta compie un'immersione nelle profondità delle acque, raggiunge il fondo dell'abisso e riemerge alla luce. Questo movimento, dall'alto verso il basso e di nuovo verso l'alto, ricorda i riti iniziatici delle antiche religioni misteriche e rappresenta una sorta di moderna "catabasi": la discesa di un uomo vivente nei luoghi misteriosi e inaccessibili dell'oltretomba. Si tratta di un *topos* della poesia classica che si ritrova, per esempio, sia nelle *Georgiche* sia nell'*Eneide* di Virgilio. Nel IV libro delle *Georgiche* il poeta inserisce la storia di Orfeo, il mitico cantore che si reca negli Inferi per riportare alla luce l'amata moglie Euridice. Invece nell'*Eneide* la discesa nel regno dell'Ade è compiuta dal protagonista Enea, che accompagnato dalla Sibilla cumana incontra nell'aldilà il defunto padre Anchise.

All'interno della raccolta *Il porto sepolto* si ritrova anche un'eco delle divinazioni delle Sibille, le leggendarie profetesse del mondo latino (tra cui la più celebre è proprio la Sibilla cumana). Ispirate dal dio, esse scrivevano i responsi ricevuti su foglie, che poi disperdevano al vento, confondendo così i vaticini. Queste reminiscenze classiche si intersecano in Ungaretti con l'immagine moderna del palombaro, colui che si immerge in fondali oscuri e remoti, nelle profondità delle acque dove gli altri non possono arrivare. Si tratta di un'analogia ricorrente nell'arte e nella letteratura del primo Novecento. In questi stessi anni anche la psicanalisi descriveva l'inconscio umano come un *iceberg* sommerso negli abissi del mare, di cui soltanto una minima parte affiora in superficie, alla coscienza.

SCHEDA di LETTURA

Il titolo
Quando era ancora adolescente e viveva ad Alessandria d'Egitto, Ungaretti aveva stretto amicizia con due giovani ingegneri francesi, i fratelli Thuile. Appassionati di archeologia, i due gli avevano raccontato la leggenda di un porto sommerso nelle sabbie del deserto, che avrebbe testimoniato l'esistenza della città prima del 332 a.C., considerata la data ufficiale della fondazione da parte di Alessandro Magno. Nelle *Note a L'allegria*, a questo proposito il poeta si chiede: «Come faremo a sapere delle sue origini se non persiste più nulla nemmeno di quanto è successo un attimo fa? Non se ne sa nulla, non ne rimane altro segno che quel porto custodito in fondo al mare, unico documento tramandatoci d'ogni era d'Alessandria. Il titolo del mio primo libro deriva da quel porto» (G. Ungaretti, *Vita d'un uomo. Tutte le poesie*, Mondadori, Milano 1986). Una leggenda che avvolgeva in uno spazio e in un tempo indefiniti la nascita di una città aveva colpito la fantasia dell'adolescente. Divenuto uomo e poeta, l'aveva ricordata e posta in apertura del suo testo d'esordio, come simbolo del significato profondo delle ragioni della sua scrittura.

Immergersi nel porto sepolto
Riportando ancora le parole del poeta, il *porto sepolto* ai suoi occhi si trasforma nel simbolo di «ciò che rimane segreto in noi, indecifrabile». Secondo Ungaretti la poesia scaturisce dalla scoperta di una verità misteriosa, a cui si giunge dopo un lungo e faticoso processo di analisi interiore. Dapprima il poeta si immerge e scava nelle profondità della sua coscienza per arrivare a comprendersi nella propria essenza. In seguito, *torna alla luce con i suoi canti* per trasmettere agli altri uomini quanto ha scoperto, anche se si tratta di una verità parziale. Alla superficie, infatti, il poeta porta soltanto un'eco impercettibile (*quel nulla*) di ciò che si annida nel suo abisso interiore. Non si tratta, tuttavia, di una sconfitta: quanto sfugge allo sguardo e alle parole del poeta, sepolto e invisibile, è una fonte senza fine (*inesauribile segreto*) che tiene vivi l'ispirazione e il desiderio di conoscere.

La centralità del lettore
Nella prima strofa i verbi scandiscono la sequenza temporale e il processo mentale del viaggio che conduce alla composizione e alla trasmissione della poesia (*arriva, torna, disperde*). Si passa dal buio del fondo, in cui la poesia trova origine, alla luce della superficie, in cui i *canti* vengono sparsi al vento. Ungaretti sembra indicare che il compito del poeta giunge a compimento e lascia traccia di sé soltanto nel momento in cui (dis)perde le sue parole, donandole a un pubblico che le interpreterà e giudicherà liberamente. Il verbo "disperdere" suggerisce anche un'altra immagine: quella di un contadino che sparge i semi, in attesa che diano i frutti. Anche il poeta deve diffondere i suoi versi affinché mettano radici, dando vita a significati nuovi e inattesi che alimentino l'appassionata ricerca dell'*inesauribile segreto*.

Lo stile
Dal punto di vista metrico la lirica presenta le caratteristiche della prima produzione poetica di Ungaretti: i versi liberi sono generalmente brevi e non vi sono rime e segni di punteggiatura. La presenza sulla pagina di ampi spazi bianchi accentua le pause e pone in evidenza grafica le parole, dilatandone i significati e creando un'atmosfera di attesa di una rivelazione. Sul piano sintattico e ritmico, nella prima strofa, composta da tre proposizioni legate per coordinazione, le pause a fine verso provocano un ritmo pacato e riflessivo, scandito dalla coincidenza tra unità metrica e sintattica. Nella seconda strofa l'unica proposizione è frantumata in quattro versi, spezzata dagli *enjambement* che pongono in posizione forte le parole chiave *poesia* e *nulla*, oltre al termine conclusivo *segreto*.

LABORATORIO

Comprendere e individuare
L'esplorazione del testo

1. Oltre a *poeta* (v. 1) e *poesia* (v. 4), quale altro termine rinvia all'area semantica della poesia?

2. Con quale espressione Ungaretti definisce il frutto dell'ispirazione a cui ha attinto immergendosi nel *porto sepolto*?

3. Quale verbo evidenzia l'impossibilità di cogliere tutto ciò che si trova in fondo al *porto sepolto*?

Interpretare e riflettere
La scoperta del testo

4. Molto spesso nelle liriche di Ungaretti il titolo è parte integrante della poesia. Ti pare che ciò accada anche nel caso di *Il porto sepolto*?

5. Nella prima strofa compaiono tre verbi al presente per indicare azioni che avvengono in momenti diversi. Perché Ungaretti non sottolinea la scansione cronologica, differenziando i tempi verbali?
   A. ☐ Desidera mostrare l'istantaneità con cui agisce il pensiero creativo dei poeti
   B. ☐ Intende dare un significato eterno e universale alla ricerca del poeta
   C. ☐ Vuole collocare le tre azioni sullo stesso piano, tutte ugualmente importanti
   D. ☐ Cerca di rallentare ulteriormente il ritmo della poesia

6. Indica le opzioni corrette fra quelle seguenti. Secondo Ungaretti la poesia nasce
   A. ☐ dal riconoscimento di un mistero
   B. ☐ dalla riflessione sul proprio destino
   C. ☐ dall'isolamento dagli altri uomini
   D. ☐ da un processo di scavo interiore
   E. ☐ dalla ricerca dell'essenza delle cose
   F. ☐ dalla consapevolezza della precarietà della vita

7. Indica fra i seguenti temi quelli che vengono affrontati nella lirica.
   A. ☐ Il legame tra poeta e lettore
   B. ☐ Il rapporto tra la poesia e il potere
   C. ☐ La funzione sociale della poesia
   D. ☐ Le scelte stilistiche dell'autore
   E. ☐ L'origine dell'ispirazione poetica

Analizzare
Lo stile e la forma del testo

8. Negli ultimi due versi compare
   A. ☐ una metafora
   B. ☐ una sinestesia
   C. ☐ un ossimoro
   D. ☐ un'analogia

9. Quali sono le due figure dell'ordine che compaiono nella prima strofa?
   A. ☐ Anastrofe
   B. ☐ Anafora
   C. ☐ Polisindeto
   D. ☐ Asindeto

10. Nel passaggio tematico e sintattico dalla prima alla seconda strofa, quale significativo cambiamento avviene nella posizione dell'io lirico? Prima di rispondere analizza i pronomi personali, le forme verbali e gli aggettivi possessivi e dimostrativi.

11. Individua i termini che appartengono all'area semantica dell'oscurità e del mistero.

GRAMMATICA

12. A quale parte del discorso appartiene *Vi* (v. 1)? E quale funzione logica svolge?

Produrre
Dalla lettura alla scrittura

13. Ungaretti dichiara la sua concezione poetica anche in *Commiato*, una lirica rivolta a Ettore Serra, ufficiale dell'esercito conosciuto in trincea che si occuperà di stampare la prima edizione del *Porto sepolto*. Confronta le due liriche ed esponi analogie e differenze in un testo scritto di circa due colonne di foglio protocollo.

Locvizza il 2 ottobre 1916

Gentile
Ettore Serra
poesia
è il mondo l'umanità
la propria vita
fioriti dalla parola
la limpida meraviglia
di un delirante fermento

Quando trovo
in questo mio silenzio
una parola
scavata è nella mia vita
come un abisso.

[G. Ungaretti, *L'Allegria*, in *Vita d'un uomo, Tutte le poesie*, Mondadori, Milano 1986]

3-6 **poesia… parola:** la poesia è tutto, ha un valore universale, esprime l'intero mondo e la vita di ogni uomo rendendoli più belli (*fioriti*).
7-8 **la limpida… fermento:** la poesia è una sorta di miracolo, fatta di materia pura e cristallina, che distilla in sé la complessità caotica della vita (*delirante fermento*).
9-13 **Quando… abisso:** ogni parola che il poeta riesce a trovare dentro di sé (*in questo mio silenzio*), è come uno sguardo lanciato sull'abisso misterioso della propria anima.

Eugenio Montale

La vita

Gli anni di formazione e le prime raccolte

Eugenio Montale nacque a **Genova** nel 1896 da una famiglia di agiati commercianti. A causa di problemi di salute interruppe la frequenza scolastica ma continuò a studiare da **autodidatta**, coltivando la sua passione per la poesia (i romantici inglesi, Baudelaire e Rimbaud, Leopardi, Pascoli, D'Annunzio e i poeti liguri contemporanei) e la **musica**. Trascorse le estati della sua adolescenza a Monterosso, nelle Cinque Terre (▶ p. 79). L'aspro **paesaggio ligure** rivivrà nelle liriche di *Ossi di seppia*, la raccolta del 1925 che segnò il suo esordio poetico.

Nel 1917 partì volontario per il fronte. Congedato nel 1919, tornò a Genova e frequentò i letterati liguri, tra cui Camillo Sbarbaro e Bobi Bazlen. Nel 1925 fu tra i firmatari del Manifesto degli intellettuali antifascisti. Due anni dopo divenne direttore del Gabinetto Vieusseux, importante istituzione culturale fiorentina. Inoltre si avvicinò all'ambiente dell'**Ermetismo** e frequentò scrittori come Elio Vittorini, Carlo Emilio Gadda e Gianfranco Contini.

Nel 1939 pubblicò *Le occasioni*, seconda importante raccolta di versi, in cui compare la figura femminile di **Clizia**, musa ispiratrice dietro cui si nasconde la studiosa americana **Irma Brandeis**. Inviso al regime per la sua **attività antifascista**, venne licenziato dal Gabinetto Vieusseux e si dedicò all'attività di traduzione di autori anglo-americani. Durante la Seconda guerra mondiale ospitò e protesse nella sua casa fiorentina Carlo Levi e Umberto Saba, perseguitati perché ebrei. Nel frattempo conobbe **Drusilla Tanzi** (cantata in poesia con il soprannome di "Mosca"), che sarà la sua compagna fino alla morte.

Il Dopoguerra e la poesia degli ultimi anni

Nel 1948 Montale si trasferì a Milano e iniziò la collaborazione con il «Corriere della Sera» e con il «Corriere di informazione», per i quali scrisse numerosi **reportage di viaggio**, **articoli culturali** e di **critica musicale**. Molti dei suoi testi giornalistici vennero raccolti nel volume di prose *La farfalla di Dinard* del 1956. Nello stesso anno uscì il suo terzo libro di poesie, *La bufera e altro*. Nel 1961 ricevette la laurea *honoris causa* in Letteratura presso l'Università di Milano e nel 1967 venne nominato **senatore a vita** per gli altissimi meriti in campo letterario e artistico.

Nel 1971 pubblicò *Satura*, volume di versi dal taglio diaristico e prosastico, seguito dal *Diario del '71 e del '72* (1974). Nel 1975 gli venne conferito il **premio Nobel** per la letteratura. Nel 1980 uscì per Einaudi l'edizione critica integrale delle sue poesie, intitolata *L'opera in versi*. Morì a Milano nel 1981.

Le opere

Ossi di seppia e *Le occasioni*

La prima raccolta poetica di Montale, *Ossi di seppia*, comprende testi scritti a partire dal 1916. Il titolo allude a una condizione esistenziale di **estraneità**: il poeta si sente respinto dal flusso vitale dell'universo, reietto e "disseccato" come un osso di seppia portato sulla battigia dalle onde del mare. Protagonista della raccolta è l'**arido paesaggio ligure**, scabro ed essenziale: simbolo del «**male di vivere**» che è alla base della poetica di Montale. In quest'orizzonte desolato si presenta raramente un «**varco**», la possibilità di cogliere la realtà autentica delle cose. Le poesie di *Ossi di seppia* si basano su immagini concrete, infatti Montale adotta la tecnica del "**correlativo oggettivo**" (▶ p. 80), ovvero presenta alcuni oggetti che assumono emblematicamente su di sé valori universali. Lo stile è secco e conciso, prevalgono i **suoni aspri**, il poeta ricorre con frequenza alle **forme metriche tradizionali**, come la quartina, e i versi sono prevalentemente endecasillabi, settenari e novenari.

Il titolo della seconda raccolta, *Le occasioni*, rimanda alle labili **occasioni di salvezza**, infine **negate**, che si presentano all'io lirico. I «varchi» nella superficie dell'esistenza – già intuiti negli *Ossi di seppia* – sono rappresentati da frammenti di recupero del passato o dalla presenza di salvifiche figure femminili, come Clizia. Rispetto a *Ossi di seppia* la forma espressiva è più complessa, talvolta oscura.

La bufera e altro e *Satura*

Pubblicata nel 1956, *La bufera e altro* comprende poesie scritte anche molti anni prima e ha come tema principale il **confronto con l'attualità**. Infatti il titolo allude alla tragedia della Seconda guerra mondiale, durante la quale l'irrazionalità della storia si è manifestata in tutta la sua tragica violenza.

La raccolta *Satura*, che comprende testi scritti negli anni Sessanta, uscì nel 1971, dopo un lungo silenzio durante il quale Montale nutrì dubbi sulla possibilità di continuare a fare poesia in una società dominata dal consumismo. Le sezioni *Xenia I* e *Xenia II* costituiscono un colloquio intimo con l'amata moglie, scomparsa nel 1963. *Satura* segna una netta cesura rispetto alla poesia precedente: a livello tematico Montale si sofferma ad analizzare la realtà del quotidiano e sul piano stilistico adotta un **linguaggio basso** e prosastico, vicino al parlato, scegliendo spesso la chiave dell'**ironia** e della **parodia** per offrire la sua riflessione sulla società contemporanea.

Eugenio Montale, *L'alluvione del Polesine*, 1951.

T3 Non chiederci la parola

La poesia è posta in apertura della sezione da cui prende il titolo l'intero volume di *Ossi di seppia*. Si tratta di una dichiarazione di poetica in cui lo scrittore si fa portavoce del disagio e del senso di impotenza comuni a buona parte dei poeti del suo tempo. Muovendo da una concezione negativa e sofferta dell'esistenza, afferma che all'uomo è negata la conoscenza di sé e del mondo.

METRO: tre quartine composte da versi di differente lunghezza (con prevalenza di endecasillabi) rimati secondo lo schema ABBA CDDC EFEF.

Non chiederci la parola che squadri da ogni lato
l'animo nostro informe, e a lettere di fuoco
lo dichiari e risplenda come un croco
perduto in mezzo a un polveroso prato.

1-2 squadri... informe: definisca con estrema precisione, in ogni suo aspetto (*da ogni lato*) l'animo dell'uomo, che è invece caotico e indefinito (*informe*).
2 di fuoco: parole definitive, pronunciate una volta per tutte, illuminanti.
3 lo dichiari: lo riveli (l'animo umano).
3-4 risplenda... prato: lo faccia brillare come un fiore colorato (il *croco* è un fiore dal colore giallo intenso) su un prato brullo, desolato e smorto (metafora del grigiore dell'esistenza umana).

---

poeti che parlano di poesia — Quale può essere la sorte della poesia

Riportiamo due estratti dal discorso tenuto da Montale a Stoccolma il 12 dicembre 1975, in occasione del conferimento del premio Nobel per la letteratura. Il poeta si interroga sulla possibilità della poesia di sopravvivere nell'età contemporanea. Nelle sue parole si scorge ancora la consapevolezza dei limiti della poesia evidenziati già 50 anni prima in *Non chiederci la parola*.

Nella attuale civiltà consumistica che vede affacciarsi alla storia nuove nazioni e nuovi linguaggi, nella civiltà dell'uomo robot, quale può essere la sorte della poesia? Le risposte potrebbero essere molte. La poesia è l'arte tecnicamente alla portata di tutti: basta un foglio di carta e una matita e il gioco è fatto. Solo in un secondo momento sorgono i problemi della stampa e della diffusione. L'incendio della Biblioteca di Alessandria[1] ha distrutto
10 tre quarti della letteratura greca. Oggi nemmeno un incendio universale potrebbe far sparire la torrenziale produzione poetica dei nostri giorni. Ma si tratta appunto di produzione, cioè di manufatti[2] soggetti alle leggi del gusto e della moda. Che l'orto delle Muse[3] possa essere devastato da grandi tempeste è, più che probabile, certo. Ma mi pare altrettanto certo che molta carta stampata e molti libri di poesia debbano resistere al tempo. [...] Tutto il mondo dell'espressione artistica o sedi-
20 cente tale è entrato in una crisi che è strettamente legata alla condizione umana, al nostro esistere di esseri umani, alla nostra certezza o illusione di crederci esseri privilegiati, i soli che si credono padroni della loro sorte e depositari di un destino che nessun'altra creatura vivente può vantare. Inutile dunque chiedersi quale sarà il destino delle arti. È come chiedersi se l'uomo di domani, di un domani magari lontanissimo, potrà risolvere le tragiche contraddizioni in cui si dibatte fin dal primo gior-
30 no della Creazione.

[E. Montale, *Sulla poesia*, Mondadori, Milano 1997]

---

1 L'incendio... Alessandria: la biblioteca di Alessandria, la più grande del mondo antico, rappresentò per molto tempo il centro culturale più importante del periodo ellenistico. Venne distrutta da un incendio nel I secolo a.C., durante la spedizione di Giulio Cesare in Egitto.
2 manufatti: oggetti fabbricati a mano. Montale compara provocatoriamente il testo poetico a un qualsiasi prodotto della moderna civiltà dei consumi.
3 l'orto delle Muse: il giardino (*orto*) delle Muse, le nove divinità della mitologia classica che ispiravano la creazione artistica e proteggevano le arti; l'espressione metaforica allude in generale alla poesia.

5   Ah l'uomo che se ne va sicuro,
    agli altri ed a se stesso amico,
    e l'ombra sua non cura che la canicola
    stampa sopra uno scalcinato muro!

    Non domandarci la formula che mondi possa aprirti,
10 sì qualche storta sillaba e secca come un ramo.
    Codesto solo oggi possiamo dirti,
    ciò che *non* siamo, ciò che *non* vogliamo.

    [E. Montale, *Ossi di seppia*, in *Tutte le poesie*, Mondadori, Milano 1979]

 5 **sicuro**: senza nutrire dubbi né provare inquietudine.
 6 **agli altri... amico**: fiducioso in se stesso e negli altri.
7-8 **l'ombra sua... muro**: non si preoccupa (*non cura*) della sua ombra (il lato oscuro di se stesso), che il caldo estivo (*canicola*) proietta (*stampa*) su un muro scrostato (*scalcinato*).
10 **sì**: bensì.

SCHEDA di LETTURA

La struttura
La lirica ha una struttura argomentativa circolare scandita dalle tre strofe, unità metriche e tematiche distinte e separate. Nei primi quattro versi Montale espone la sua tesi, sostenendo l'impossibilità da parte dei poeti di fornire risposte che possano fare luce sulla condizione esistenziale dell'uomo contemporaneo. A questa dichiarazione di impotenza si contrappone, nella seconda strofa, l'immagine degli uomini comuni che mostrano la propria superficiale sicurezza. Negli ultimi quattro versi il poeta ribadisce la convinzione che la poesia non sia in grado di indicare soluzioni positive ad angosce e dubbi, ma può soltanto riconoscere il vuoto e l'insensatezza dell'esistenza, offrire parole sommarie che non danno spiegazioni. La funzione della poesia viene così drasticamente limitata: non può trasmettere un messaggio positivo ma solo distinguere con fatica gli elementi negativi dell'esistenza umana.

L'impotenza dei poeti
Montale si rivolge a un ipotetico lettore e lo invita a non pretendere dai poeti *la parola* che possa fare ordine e chiarezza sulla complessità dell'*informe* animo umano. Nonostante l'iniziale negazione (*Non chiederci*), l'io lirico cerca di stabilire un dialogo con il suo interlocutore, a nome non solo di se stesso ma anche di tutta quella generazione di poeti che, formatisi nei primi decenni del Novecento, ne avevano respirato il clima di profonda crisi e incertezza. Senza alcuna esitazione, come mostra l'uso dell'imperativo, Montale sostiene che la poesia non può stabilire certezze immutabili, definite *a lettere di fuoco*. È inutile attendersi dai versi dei poeti la forza di illuminare il mistero e il disagio dell'esistenza, scoprire il senso della solitudine e della fatica di una quotidianità grigia e anonima come un *polveroso prato*.

La superficialità dell'uomo sicuro
La seconda strofa si apre con un'interiezione (*Ah*) che manifesta l'atteggiamento controverso del poeta nei confronti di quegli uomini che sono in pace con gli altri e se stessi e procedono il loro cammino senza interrogarsi sul significato della propria vita. Sullo sfondo di un paesaggio assolato e soffocante, i vv. 7-8 descrivono un uomo colpevole di ignorare (*non cura*) le ansie e i dubbi di un'esistenza precaria, fragile come uno *scalcinato muro* che potrebbe sgretolarsi da un momento all'altro.
Montale osserva con sarcasmo sprezzante la superficialità con cui, a suo giudizio, gli uomini affrontano la vita. Derisione e compatimento mostrano la distanza incolmabile tra il poeta e gli "altri" (l'*uomo*

SCHEDA di LETTURA

Egon Schiele, *Levitazione*, 1915, Vienna, collezione Rudolf Leopold.

storta sillaba e secca, poche parole misere e sgradevoli come la realtà che tentano inutilmente di afferrare e descrivere.
Nell'ultimo verso, la ripetizione della negazione (*ciò che* non *siamo, ciò che* non *vogliamo*), evidenziata anche dall'uso del carattere corsivo, ribadisce per l'ennesima volta l'impossibilità di raggiungere una conoscenza positiva del reale e dell'ideale: la poesia può essere soltanto una testimonianza del vuoto e dell'insensatezza del vivere, dell'irreversibile condizione di malessere dell'uomo del Novecento.

Lo stile
Numerose scelte stilistiche contribuiscono a comunicare una sensazione di disagio e fatica, riflesso del pessimismo montaliano. Dal punto di vista metrico, i versi di varia lunghezza e gli *enjambement* spezzano il ritmo delle strofe e ne alterano la scansione logico-sintattica. Si creano così effetti dissonanti e antimelodici, solo parzialmente attutiti dalla presenza delle rime, a loro volta disposte irregolarmente: incrociate nei primi otto versi e alternate in quelli successivi. Anche le numerose allitterazioni e gli scontri di consonanti aspre producono sonorità dure e sgradevoli, come è evidente soprattutto nella prima strofa.
Inoltre, possiamo osservare che l'iterazione di frasi negative e il frequente ricorso alle figure di inversione sottraggono linearità e scorrevolezza alla sintassi, suggerendo la difficoltà, esplicitamente riconosciuta, di esprimere compiutamente il proprio pensiero.

che se ne va sicuro). L'iniziale esclamazione trasmette tuttavia non solo un'amara ironia, ma anche lo stupore e l'invidia per chi riesce a vivere in serenità e apparente armonia con il mondo.

La poetica negativa
Anche la terza strofa, in perfetta simmetria sintattica con quella iniziale, si apre con una negazione (*Non domandarci*). Montale stabilisce un parallelismo tra le due strofe anche dal punto di vista tematico, ripetendo che la poesia non può essere una strada per la conoscenza del mondo (*la formula che mondi possa aprirti*). I poeti possono offrire soltanto *qualche* la poesia può esprimere soltanto poche parole confuse e prive di soluzioni a proposito della condizione esistenziale dell'uomo.

LABORATORIO

Comprendere e individuare
L'esplorazione del testo

1. Nella prima strofa quale parola indica la condizione di isolamento e abbandono a cui l'uomo è condannato?

2. Invece, quale termine usa Montale per indicare l'uomo che si trova in armonia con la propria vita e la realtà esterna?

3. Individua il verso in cui Montale sostiene che la poesia può esprimere soltanto poche parole confuse e prive di soluzioni a proposito della condizione esistenziale dell'uomo.

Interpretare e riflettere
La scoperta del testo

4. Una delle antitesi presenti nella poesia è quella tra la concezione negativa espressa da Montale e l'illusione di poter conoscere l'animo umano e la realtà. Quali parole ed espressioni rimandano alla seconda dimensione?

5. La prima e l'ultima strofa contengono affermazioni antitetiche. Quali espressioni si oppongono a quelle dei vv. 1 e 9?
   A. *la parola che squadri* (v. 1)
   vs ....
   B. *la formula che mondi possa aprirti* (v. 9)
   vs ....

6. Come in molte altre liriche, Montale ricorre alla tecnica del correlativo oggettivo (▶ p. 80). Completa la tabella inserendo i correlativi oggettivi di cui ti indichiamo il significato simbolico.

Lo squallore e l'aridità dell'esistenza	
Gli aspetti oscuri dell'animo umano	
L'oppressione della fatica di vivere	
Gli ostacoli e i limiti che condizionano l'esistenza	

7. Rileggi *Il porto sepolto* di Ungaretti (▶ T2, p. 421) e individua analogie e differenze tematiche con *Non chiederci la parola*. Prima di rispondere, rifletti su quale posizione i due poeti esprimono a proposito della funzione e delle possibilità comunicative della poesia.

Analizzare
Lo stile e la forma del testo

8. Nella prima e nella terza quartina alcuni versi superano la misura dell'endecasillabo: quale effetto produce questa scelta metrica?
   A. ☐ Sottolinea lo sviluppo lento e complesso delle riflessioni del poeta
   B. ☐ Rende il ritmo della lirica incalzante e veloce
   C. ☐ Conferisce un tono oggettivo alle argomentazioni del poeta
   D. ☐ Evidenzia la volontà di Montale di opporsi alla metrica tradizionale

9. Ricerca gli *enjambement* presenti nella poesia.

10. Individua nella poesia la presenza di una rima ipermetra, di una rima interna e di una consonanza che determina "quasi" una rimalmezzo.

11. Nel v. 10 quale figura di suono sottolinea, attraverso un effetto fonosimbolico, la fatica che i poeti incontrano nel comunicare?
    A. ☐ Assonanza
    B. ☒ Consonanza
    C. ☒ Allitterazione
    D. ☐ Onomatopea

12. Riporta almeno due esempi di anastrofe.

13. Quale figura retorica del significato compare nei vv. 3 e 10?

14. Tra i vv. 1 e 9, oltre a un'analogia tematica c'è una simmetria sintattica. Giustifica questa affermazione con opportuni riferimenti al testo.

Produrre
Dalla lettura alla scrittura

15. Prova a riscrivere i primi quattro versi della lirica sostituendo il termine *parola* e di conseguenza quanto segue. Ti forniamo due modelli.
    Non chiederci la chiave che apra senza dolore
    il cuore nostro afflitto... ora continua tu.

    Non chiederci il libro che risolva in ogni pagina
    i dubbi nostri assillanti... ora continua tu.

16. Ti proponiamo i primi versi di un'altra lirica di Montale, *I limoni*. Mettila a confronto con *Non chiederci la parola* ed esponi analogie e differenze dal punto di vista formale e contenutistico in un testo di circa due colonne di foglio protocollo.
    Ascoltami, i poeti laureati
    si muovono soltanto fra le piante
    dai nomi poco usati: bossi ligustri o acanti.
    Io, per me, amo le strade che riescono agli erbosi
    fossi dove in pozzanghere
    mezzo seccate agguantano i ragazzi
    qualche sparuta anguilla:
    le viuzze che seguono i ciglioni,
    discendono tra i ciuffi delle canne
    e mettono negli orti, tra gli alberi dei limoni.
    [E. Montale, *Ossi di seppia*, in *Tutte le poesie*, Mondadori, Milano 1979]

    1 **poeti laureati:** poeti coronati di alloro, rappresentanti di un'illustre tradizione letteraria.
    3 **bossi ligustri o acanti:** nomi di piante che compaiono spesso in testi poetici raffinati, dal linguaggio aulico.
    4 **riescono:** conducono, sboccano.
    8 **ciglioni:** bordi dei fossati.
    10 **mettono:** immettono.

Cogliere l'essenza del reale: la pittura metafisica

L'elegante spensieratezza della *belle époque* riusciva a stento a nascondere le crepe nella fiducia nel progresso, nella scienza, nel benessere economico. Filosofi e letterati denunciavano sempre più il loro smarrimento; le scienze "esatte" parlavano di calcolo delle probabilità, variabilità, relativismo; la psicanalisi scopriva e studiava l'inconscio. Abbandonata la strada delle certezze, non restava che sperimentare nuove vie: ecco dunque il diffondersi, nell'Europa del primo ventennio del Novecento, delle "avanguardie storiche" (▶ p. 411).

In Italia, la ricerca sperimentale della pittura metafisica, nata dal sodalizio artistico tra Giorgio de Chirico (1888-1978) e Carlo Carrà (1881-1966), è analoga a quella svolta nello stesso periodo da alcuni poeti. Scrittori e pittori

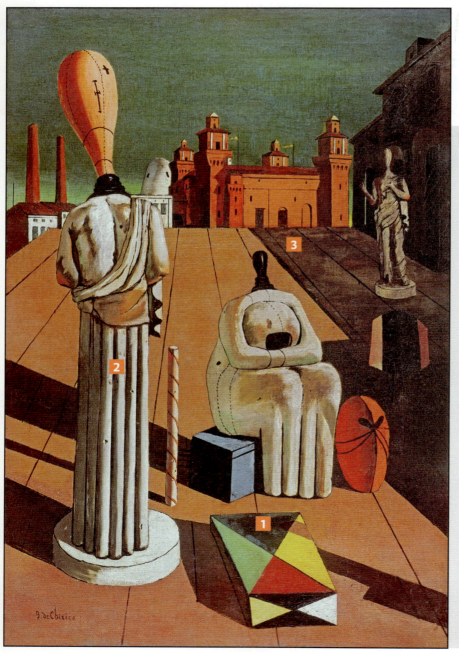

Giorgio de Chirico, *Le muse inquietanti*, 1917, Milano, Collezione Mattioli.

1 La scatola colorata e il bastoncino di zucchero rimandano all'infanzia del pittore.

2 Le scanalature doriche rimandano alla nascita del pittore da genitori italiani in Grecia.

3 La prospettiva in salita richiama la mobilità dei palcoscenici in legno.

Possiamo considerare questo dipinto come il manifesto visivo della pittura metafisica, nata proprio nel 1917 dall'incontro tra de Chirico e Carrà nella città di Ferrara. Fedele al rigore accademico al quale aveva più volte invitato gli artisti a ritornare, de Chirico riunisce in un'improbabile piazza – il cui pavimento è formato da lunghe assi di legno – edifici, monumenti e oggetti affiancandoli senza logica. In primo piano una scatola colorata, un bastoncino di zucchero, come quelli venduti nelle bancarelle dei dolciumi; due statue (a cui si aggiunge una terza in lontananza), una in piedi e l'altra seduta, le cui teste ricordano quelle dei manichini di un sarto; ombre lunghe, nette sul pavimento. Grazie alle campiture uniformi – il colore è steso senza sfumature all'interno della linea di contorno – l'artista ottiene la nitidezza dell'orizzonte, su cui si stagliano il castello estense di Ferrara, un silos e una fabbrica con ciminiere senza fumo. Tutto è immobile: la piazza, sinonimo di incontri vocianti e rumorosi, è inanimata. Accostando oggetti senza alcun nesso logico in un contesto apparentemente assurdo, il pittore vuole fare in modo che allo spettatore essi rivelino il loro segreto, la loro essenza, la loro realtà nascosta.

cercarono entrambi la strada tortuosa che li portasse a cogliere e a rivelare l'essenza del reale. De Chirico amava passeggiare per le vie della città nelle ore del tramonto, nei cui silenzi, come scriveva Montale nella poesia *I limoni*, «le cose/s'abbandonano e sembrano vicine/a tradire il loro ultimo segreto». Attraversando piazze deserte, di fronte a oggetti casualmente abbandonati e tolti dal loro contesto abituale, il pittore scopre l'essenza, il mistero del reale: la sua parte "metafisica", nel senso etimologico del termine, ciò che va al di là della sua natura esteriore. La pittura metafisica è vicina anche alla poesia di Saba, nell'apparente semplicità dei suoi soggetti e nella scelta stilistica improntata a un rigore primitivo. De Chirico invitava tutti i pittori a «fare una bella e buona punta al loro lapis», ovvero a tornare alle basi del disegno, alla stesura uniforme del colore, alla prospettiva, alla resa dei volumi. Non a caso egli considerava Giotto, Piero della Francesca e Paolo Uccello, i migliori maestri.

Giorgio de Chirico, *Ettore e Andromaca*, 1917, Milano, Collezione Mattioli.

Le due robuste pareti rosse sono rese come quinte laterali di un immaginario palcoscenico. Le lunghe assi di legno alludono alle alte mura della città di Troia, dove avvenne l'ultimo incontro tra Ettore e la moglie Andromaca prima del duello finale in cui l'eroe troiano verrà ucciso da Achille. Fedele ai dettami della pittura metafisica, de Chirico assembla oggetti geometrici, righe, squadre, cilindri, arti, teste di manichini sartoriali trapuntati con cui costruisce i due protagonisti. Il pittore utilizza forme geometriche inalterabili, incorruttibili, e le sovrappone in modo da costruire figure umane. Nell'abbandono fragile di un abbraccio senza braccia, nell'accostarsi di volti senza occhi e senza bocca esse sembrano svelare allo spettatore il segreto più profondo: lo smarrimento dell'uomo.

Umberto Saba

La vita

L'infanzia e gli esordi poetici

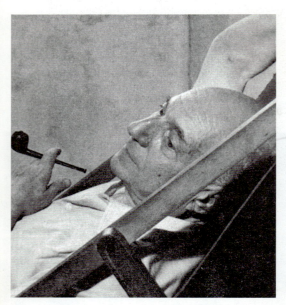

Umberto Poli nacque a **Trieste** nel 1883 da una **famiglia ebraica**. Il padre abbandonò la famiglia prima della nascita del piccolo Umberto, che venne affidato a una **balia slovena**, Peppa Sabaz. Furono anni felici e ricordati sempre con rimpianto dal poeta, anche perché quando venne ricondotto alle cure della madre, ricevette un'educazione molto severa. Saba interruppe gli studi durante il ginnasio e proseguì da autodidatta. Impiegato presso una casa di commercio, lesse i poeti classici italiani (tra cui predilesse Leopardi) e i contemporanei D'Annunzio e Pascoli.

Nel 1903 si trasferì a Pisa, dove frequentò i corsi universitari e pubblicò a sue spese la prima raccolta di versi. In questo periodo si manifestarono anche i sintomi di una **malattia depressiva** che lo affliggerà per tutta la vita. Nel 1905, a Firenze, conobbe D'Annunzio e frequentò gli ambienti intellettuali vicini alla rivista «La Voce», da cui rimase comunque distante, senza prendere parte ai programmi di rinnovamento letterario da essi proposti.

Il ritorno a Trieste, la psicanalisi e la guerra

Tornato a Trieste nel 1909, si sposò con **Carolina Wöfler**, la Lina del *Canzoniere*. Nel 1910 pubblicò il volume *Poesie* con lo pseudonimo di Saba, nome scelto come omaggio alla nutrice slovena o in riferimento alla parola ebraica *saba*, dall'etimologia incerta, il cui significato è probabilmente "pane". Nel 1919 aprì una libreria antiquaria e nel 1921, sotto il marchio della propria libreria, pubblicò la prima edizione del *Canzoniere*, che raccoglie tutta la sua produzione in versi. Per curare la malattia nervosa entrò in cura dallo psicanalista triestino Edoardo Weiss, allievo di Freud, e approfondì in prima persona lo studio della **psicanalisi**.

Nel 1938, in seguito all'emanazione delle **leggi razziali** fu costretto a rifugiarsi prima a Parigi e poi a Firenze, dove fu ospitato e protetto da **Eugenio Montale**. Nel Dopoguerra pubblicò tre altre edizioni del *Canzoniere* e varie prose, tra cui il volumetto *Scorciatoie e raccontini* (1946). In questi anni ottenne importanti **riconoscimenti pubblici**, come il premio Viareggio (1946) e la laurea *honoris causa* presso l'Università di Roma (1953). La salute peggiorava e i ricoveri per crisi depressive diventarono sempre più frequenti. Nel 1957, un anno dopo la scomparsa dell'amata moglie, Saba morì a **Gorizia**, nella clinica in cui era ricoverato. Nel 1961 uscì per Einaudi l'edizione definitiva del *Canzoniere*, che comprende anche le poesie scritte negli ultimi anni.

Il Canzoniere

L'idea di realizzare un'edizione integrale della sua opera poetica si affermò in Saba per la prima volta nel 1919. L'opera comprende al suo interno diverse sezioni, disposte secondo un **ordine cronologico**, ed è fortemente autobiografica. Il titolo rimanda alla grande **tradizione poetica italiana** – al *Canzoniere* per antonomasia, quello di Petrarca – e sottolinea la natura unitaria del libro, concepito come un'**autobiografia in versi**.

Panorama di Trieste.

Nell'edizione del 1948 Saba fece precedere l'opera da *Storia e cronistoria del Canzoniere*, una sorta di **commento** in cui espresse i cardini della sua poetica e le circostanze autobiografiche che ispirarono molte sue liriche. Difese la scelta della vicinanza alla tradizione e il rifiuto degli estremismi delle avanguardie, tanto da meritarsi l'appellativo di poeta "**antinovecentista**".

Il tema principale della raccolta è la **vita interiore** del poeta, con le sue gioie e le sue angosce, con la presenza ricorrente della moglie Lina e della sua città, Trieste. Dal punto di vista formale il rifiuto delle tendenze avanguardistiche determina in Saba la scelta di **metri tradizionali** (endecasillabo, settenario), di un **linguaggio semplice** e quotidiano, ma anche il recupero di espressioni letterarie del passato. Nonostante questi aspetti non è assente dalla sua poesia la sperimentazione, infatti si serve in modo consapevole di alcuni elementi della tradizione, come la rima e l'*enjambement*, per ottenere effetti più prosastici e moderni.

poeti che parlano di poesia — *La mia più bella poesia*

In questo brano, con ironia e tenerezza Saba racconta come è nata la sua poesia forse più nota, *A mia moglie*, in cui egli paragona la moglie Lina ad alcune figure del mondo animale: una «bianca pollastra», una «gravida giovenca», una «lunga cagna», una «rondine», una «pavida coniglia», una «provvida formica» e un'«ape».

Un pomeriggio d'estate mia moglie era uscita per recarsi in città. Rimasto solo, sedetti, per attendere il ritorno, sui gradini del solatio[1]. Non avevo voglia di leggere, a tutto pensavo fuori che a scrivere una poesia. Ma una cagna, la "lunga cagna" della terza strofa, mi si fece vicino, e mi pose il muso sulle ginocchia, guardandomi con gli occhi nei quali si leggeva tanta dolcezza e tanta ferocia. Quando, poche ore dopo, mia moglie ritornò a casa, la poesia era fatta: completa, prima ancora di essere scritta, nella mia memoria. Devo averla composta in uno stato d'incoscienza, perché io, che quasi tutto ricordo delle mie poesie, nulla ricordo della sua gestazione[2]. Ricordo solo che, di quando in quando, avevo come dei brividi. Né la poesia ebbe mai bisogno di ritocchi o varianti. Si intende che, appena ritornata la Lina, stanca della lunga Salita[3] (si abitava a Montebello, una collina sopra Trieste) e carica di pacchi e di pacchetti, io pretesi subito da lei che, senza nemmeno riposarsi, ascoltasse la poesia che avevo composta durante la sua assenza. Mi aspettavo un ringraziamento ed un elogio; con mia grande meraviglia, non ricevetti né una cosa né l'altra. Era rimasta invece male, molto male; mancò poco litigasse con me. Ma è anche vero che poca fatica durai a persuaderla[4] che nessuna offesa ne veniva alla sua persona, che era anzi "la mia più bella poesia", e che la dovevo a lei.

[U. Saba, *Tutte le prose*, Mondadori, Milano 2001]

1 **solatio:** si chiama *solatio* un luogo che è esposto a Sud, che riceve quindi il sole per molte ore del giorno.
2 **gestazione:** creazione.
3 **Salita:** le Salite a Trieste sono le strade secondarie che dal porto della città bassa salgono verso le colline circostanti.
4 **durai a persuaderla:** feci (*durai*) poca fatica per convincerla.

T4 Amai

La lirica appartiene alla sezione *Mediterranee* del *Canzoniere*. Attraverso pochi versi Saba definisce efficacemente gli aspetti stilistici e tematici della sua poetica: la semplicità formale, il legame con la tradizione letteraria e l'esigenza di una profonda e sincera analisi del proprio animo.

METRO: versi endecasillabi, a eccezione del terzo (trisillabo). Rime baciate, tranne il primo e l'ultimo verso isolati.

Amai trite parole che non uno
osava. M'incantò la rima fiore
amore,
la più antica difficile del mondo.

5 Amai la verità che giace al fondo,
quasi un sogno obliato, che il dolore
riscopre amica. Con paura il cuore
le si accosta, che più non l'abbandona.

Amo te che mi ascolti e la mia buona
10 carta lasciata al fine del mio gioco.

[U. Saba, *Il canzoniere*, Einaudi, Torino 2005]

1 **trite:** logorate dall'uso, divenute quindi banali.
1-2 **non uno osava:** nessun poeta (*non uno*) aveva il coraggio di usare.
6 **obliato:** dimenticato.

Michail Vrubel', *Azalea rossa*, Kiev, Museo Statale di Arte Russa.

il percorso delle parole | Dolore

Il termine *dolore* deriva dal latino *dolōre(m)*, dal verbo *dolēre* ("dolere"), che si può far risalire alla radice indoeuropea *dol*, che indica l'azione di spezzare. La stessa radice ha dato origine al termine latino *dolābra*, "scure", "accetta". Quindi il significato originario del termine è legato a qualcosa che dilania, spezza. Nel senso comune indica una sofferenza fisica, ma anche morale, e in questo senso è sinonimo di "pena", "afflizione".

■ **Trovare le parole**
a. Nella frase "Quest'anno gli studenti dovranno lavorare sodo, o saranno dolori!", quale sinonimo può sostituire il termine *dolori*?
b. Per indicare un dolore non molto intenso si usano spesso alcuni diminutivi di questo termine. Sapresti indicare i più comuni?
c. Leggi con attenzione i versi iniziali del canto III dell'*Inferno* dantesco, in cui si riporta la scritta posta sulla porta dell'inferno: «Per me si va ne la città dolente/per me si va ne l'etterno dolore/per me si va tra la perduta gente». In che senso è usato qui il sostantivo *dolore*?

SCHEDA di LETTURA

La struttura
La suddivisione in tre strofe scandisce la progressione tematica della dichiarazione di poetica affidata da Saba a questi versi. La quartina iniziale contiene l'orgogliosa affermazione di uno stile fondato sulla semplicità e sul recupero della tradizione. Nella seconda strofa il poeta esplicita l'obiettivo che caratterizza la sua produzione lirica: la ricerca della verità, anche quando essa si presenta come faticosa o dolorosa. Nel distico conclusivo si rivolge direttamente al lettore, costruendo un legame affettuoso, con la promessa di avere ancora in serbo parole e versi – forse addirittura i migliori – prima di abbandonare il gioco della vita.

Uno stile semplice e antico
Saba afferma che la sua poesia si esprime attraverso parole facili e comuni, ripetute e consumate dall'uso quotidiano (*trite*), intessute di una musicalità ingenua, esemplificata dalla rima apparentemente più banale: *fiore/amore*. A differenza di alcune tendenze letterarie dell'epoca, proiettate verso arditi sperimentalismi linguistici, Saba confessa che ciò che lo incanta è la fusione elementare ma armoniosa tra un lessico concreto e autentico, attinto dalla realtà, e la tradizione poetica. Queste scelte stilistiche comportano rischi e difficoltà che *non uno osava*. Con una garbata e implicita polemica Saba lascia intendere che dietro le esibizioni di tecnicismo di parte della poesia del primo Novecento spesso possono nascondersi la povertà e la superficialità dei contenuti. La rima *fiore/amore* è *la più antica difficile del mondo* perché non distoglie l'attenzione del poeta e del lettore dal compito della ricerca della verità.

La ricerca della verità
Gli aspetti formali non possono essere separati dalla finalità etica ed esistenziale della poesia. Nelle intenzioni di Saba il ricorso alla trasparenza stilistica permette di mostrare con chiarezza e sincerità *la verità che giace* nel profondo di se stessi, degli altri, delle cose. È una verità difficile da afferrare e da trattenere, come un *sogno obliato* che al risveglio ha perso forma e contorni. Per arrivare a essa occorre compiere un percorso che richiede sofferenza (*il dolore/riscopre amica*) e che genera *paura* quanto più ci si avvicina alla meta.
Addentrarsi nel nostro animo e vivere il dolore che questo cammino comporta è l'unico modo, secondo Saba, per condurre un'esistenza piena e onesta. Attraverso il dolore possiamo approdare alla realtà profonda della nostra condizione esistenziale: superato il turbamento della scoperta, comprendiamo che questa consapevolezza è il mezzo con cui difendere la dignità e la verità.

Negli ultimi due versi il poeta si paragona a un esperto giocatore che si assicura la presa finale, quella vincente, con l'ultima carta (*lasciata al fine*). La poesia è la carta *buona* nella partita della vita: attraverso essa è possibile non solo comprendere se stessi e il mondo circostante, ma stringere un legame con il lettore (*Amo te che mi ascolti*), con cui condividere l'esperienza della gioia e del dolore.

Lo stile
La struttura sintattica è lineare, quasi del tutto priva di inversioni e basata su una disposizione che si ripete simmetricamente nella parte iniziale delle tre strofe: la proposizione principale (*Amai trite parole*, *Amai la verità*, *Amo te*) seguita da una subordinata relativa (*che non uno osava*, *che giace al fondo*, *che mi ascolti*). Con frequenza Saba interrompe la successione degli endecasillabi attraverso *enjambement* assai significativi anche dal punto di vista tematico: la parola *amore* è posta da sola nel v. 3; nella seconda strofa le parole chiave *dolore* e *cuore* sono evidenziate anche attraverso la separazione dal predicato di cui sono soggetto (*riscopre*, *le si accosta*).

Coerentemente con la dichiarazione poetica del primo verso, il lessico presenta parole di uso comune (*amore, verità, dolore, cuore, paura*) ma dal forte valore connotativo, soprattutto se poste in relazione con il messaggio espresso dal poeta.

Gustav Klimt, *Fregio di Beethoven*, particolare de *L'anelito alla felicità si placa nella poesia*, 1902, Vienna, Österreichische Galerie Belvedere.

LABORATORIO

Comprendere e individuare
L'esplorazione del testo

1. Assegna a ciascuna strofa un titolo che ne riassuma il contenuto.

2. Con quale espressione il poeta allude alla banalizzazione del linguaggio provocata dall'uso quotidiano?

3. Individua l'espressione con cui Saba sostiene la necessità di indagare il proprio animo fino a coglierne la dimensione più intima e nascosta.

4. Con quale termine Saba sottolinea il legame profondo che lega la verità e il dolore?

5. Nel v. 8 il pronome personale *le* è riferito
   A. ☐ alla tradizione poetica
   B. ☒ alla verità
   C. ☐ alla poesia
   D. ☐ a un'amica

Interpretare e riflettere
La scoperta del testo

6. Nella lirica possiamo individuare una sola eccezione al proposito dichiarato di usare un linguaggio semplice e immediato. Di quale espressione si tratta?

7. In quale verso possiamo cogliere un ulteriore legame con la tradizione lirica antica e medioevale, quando la poesia era destinata alla lettura?

8. Quale delle seguenti frasi potrebbe esprimere l'ideale poetico di Saba?
   A. ☐ Imitare i modelli letterari poetici della tradizione italiana
   B. ☐ Trasmettere un messaggio autentico sulla condizione umana con gli strumenti linguistici della tradizione e della quotidianità
   C. ☐ Banalizzare stile e contenuti della poesia per prendersi gioco degli sperimentalismi
   D. ☐ Trasformare le poesie in filastrocche infantili che aiutino ad affrontare il destino di dolore riservato all'uomo

9. Per quali motivi nel distico conclusivo Saba utilizza il presente e non il passato remoto usato nelle due strofe precedenti? Più di una risposta è corretta.
   A. ☐ Per sottolineare la forza del suo amore per la poesia
   B. ☒ Per trasmettere la vicinanza con il lettore
   C. ☐ Per evidenziare la continuità delle scelte stilistiche e umane
   D. ☒ Per segnalare una rottura con il passato

Analizzare
Lo stile e la forma del testo

10. Individua l'*enjambement* con cui Saba spezza la definizione che indica metaforicamente la poesia.

11. Osserva il verso iniziale di ogni strofa: quale figura dell'ordine viene utilizzata da Saba?
    A. ☐ Anastrofe   C. ☐ Antitesi
    B. ☒ Anafora   D. ☐ Asindeto

12. Analizza i pronomi personali e gli aggettivi possessivi presenti nella lirica e rifletti sulla persona delle forme verbali. Quale elemento possiamo ricavare?
    A. ☐ La centralità della funzione del lettore
    B. ☐ La dimensione soggettiva della poesia
    C. ☐ La pluralità dei punti di vista
    D. ☐ L'affermazione di una poesia oggettiva

GRAMMATICA

13. Rifletti sulla proposizione *che più non l'abbandona* (v. 8); da un punto di vista sintattico è una subordinata relativa, ma qual è il suo valore dal punto di vista logico?
    A. ☐ Causale   C. ☐ Finale
    B. ☐ Consecutivo   D. ☐ Concessivo

Produrre
Dalla lettura alla scrittura

14. Negli ultimi due versi Saba paragona la vita a una partita di carte e la poesia alla carta migliore. Prova a scrivere in due versi una metafora in cui vita e poesia siano poste in relazione. Confronta poi il tuo compito con quello dei tuoi compagni. Ti forniamo due modelli.
    Amo te che mi ascolti e la dolce canzone che chiude il mio concerto
    Amo te che mi ascolti e lo struggente bacio del mio film a lieto fine

La voce dei contemporanei

T5 Alda Merini — La mia poesia è alacre

WebTV
Alda Merini

In questa poesia, pubblicata nel 1997 nella raccolta *La volpe e il sipario*, la poetessa milanese esprime il suo rapporto passionale e sofferente con la creazione poetica.
METRO: versi liberi.

> La mia poesia è alacre come il fuoco,
> trascorre tra le mie dita come un rosario.
> Non prego perché sono un poeta della sventura
> che tace, a volte, le doglie di un parto dentro le ore,
> 5 sono il poeta che grida e gioca con le sue grida,
> sono il poeta che canta e non trova parole,
> sono la paglia arida sopra cui batte il suono,
> sono la ninnanànna che fa piangere i figli,

---

1 **alacre:** qui sta per "fervida", "appassionata", "ardente".

vite di scrittori — La malattia e la guarigione

Riportiamo un estratto da *Lettere al dottor G.*, libro autobiografico scritto quando la scrittrice era ricoverata nell'ospedale psichiatrico "Paolo Pini" a Milano, in cura dallo psichiatra Enzo Gabrici. La lettera, in cui la Merini confessa la propria avversione nei confronti degli psicofarmaci, rivela l'animo turbato e sofferente della poetessa.

Egregio professore, so che le è stato riferito che io non prendo «regolarmente» le sue medicine. Naturalmente si tratta dei soliti pettegolezzi di ospedale che purtroppo alle volte rovinano con la loro cattiveria la buona fede di chi crede nella lealtà del prossimo. È vero, qualche volta ho omesso il Nobrium[1] perché non volevo cadere nel solito stato di incoscienza e volevo tenermi un po' desta, un po' attiva, ma se mai un ammalato non prendesse i medicamenti prescritti la cosa più grave non è nella omissione degli stessi ma nel proposito, assurdo e malato, di non volere guarire. Chi viene a riferirle queste cose dimostra un animo molto meschino ed io nella mia semplicità ed anche nella mia malattia mi rallegro di non essere tra le file di quelli che si chiamano «spie». [...] Vede che in questo momento il mio equilibrio è sano, però prima che io possa accedere ad una certa chiarezza occorre che lasci libero sfogo alle lacrime che comprendono tanti e tanti dispiaceri. Ad esempio proprio ieri ho visto un uccellino che giocava nella sabbia, era così tenero, così patetico, che vi ho visto raffigurata la mia creatura. Le parrà assurdo ma lei non può sapere da uomo cosa significa sentirsi palpitare dentro un altro cuore, sentirselo proprio per dei mesi, donarsi ed essere continuamente gratificata da questo amore nuovo che sorge. Come vorrei farglielo intendere e come vorrei pure che ella capisse che tutta la mia confusione altro non è che un grande contenuto dolore, tanto grande, quanto grande può essere la misura di un sacrificio umano. L'ho stancata per dei mesi e forse lo farò ancora, stamattina mi aveva promesso delle medicine che poi non mi ha prescritte facendomi così intendere che mi trattava da povera esaltata. Ma se il dolore è esaltazione allora posso dire che tutto il genere umano è in questo stato e il mio dolore, il mio lutto per la morte della mia coscienza è il dolore di tutta la nostra povera comunità umana. Non ho fiducia nei medicamenti, no, glielo dico con franchezza, perché in questi mesi non mi sono più rallegrata di nulla e quando una cosa non si prende con quella fiducia che occorre non ha nessun risultato, perché solo la fede è la molla di tutto, guarigioni comprese.

[A. Merini, *Lettere al dottor G.*, Frassinelli, Milano 2008]

---

1 **Nobrium:** farmaco antidepressivo.

sono la vanagloria che si lascia cadere,
10   il manto di metallo di una lunga preghiera
del passato cordoglio che non vede la luce.

[A. Merini, *Fiore di poesie 1951-1997*, Einaudi, Torino 1998]

9   **vanagloria:** superbia, presunzione.
11 **cordoglio:** dolore profondo che è causato da una morte, da un lutto.

Alda Merini nacque a Milano nel 1931 da una famiglia della piccola borghesia. Esordì come poetessa a soli quindici anni. Tra coloro che notarono il suo precoce talento vi furono poeti e critici letterari, come Giacinto Spagnoletti, che inserì alcune sue liriche nell'*Antologia della poesia italiana 1909-1949*, e soprattutto Giorgio Manganelli, che la introdusse negli ambienti culturali milanesi, dove conobbe Montale e Quasimodo. Alla fine degli anni Quaranta si manifestarono i primi segni di una malattia mentale che l'avrebbe costretta a ripetuti ricoveri in manicomio e che l'afflisse per tutta la vita. Questa tragica esperienza è raccontata in *L'altra verità. Diario di una diversa* (1986). Dopo un lungo silenzio creativo, negli anni Ottanta uscirono nuove raccolte poetiche che vennero conosciute anche dal grande pubblico. Negli anni Novanta ricevette anche riconoscimenti ufficiali, raggiungendo la notorietà ma continuando a vivere appartata nella sua casa milanese fino alla morte, avvenuta nel 2009.

La sua produzione poetica è stata discontinua e si può dividere in due fasi. Alle prime pubblicazioni, *La presenza di Orfeo* (1953), *Paura di Dio* (1955), *Nozze romane* (1955), *Tu sei Pietro* (1961), è seguito un ventennio di silenzio, interrotto da un periodo creativo e prolifico: *La Terra Santa* (1983), *Testamento* (1988), *Vuoto d'amore* (1991), *Ballate non pagate* (1995), *Superba è la notte* (2000), *Clinica dell'abbandono* (2003). I temi principali della sua opera sono di natura autobiografica e riassumibili nel contrasto tra l'amore per la vita e il dolore legato alla malattia e all'esperienza del manicomio, nel tema della follia, nella tensione tra la passione e aspirazioni di tipo religioso.

SCHEDA di LETTURA

La forza espressiva dell'oralità

Alda Merini aveva l'abitudine di comporre di getto le sue poesie: recitava i versi improvvisati ad alta voce e a chi l'ascoltava lasciava il compito di trascriverli. Soltanto in seguito la poetessa avrebbe rivisto e corretto la sua opera. Questa tecnica rispondeva al desiderio di trasmettere con immediatezza e sincerità i suoi sentimenti, di liberare senza filtri e mediazioni le sue emozioni.

Dal punto di vista strutturale, la conseguenza principale di questo procedimento creativo è la presenza nella lirica di corrispondenze formali e iterazioni, strumenti espressivi tipici della comunicazione orale. I primi due versi sono dominati dalla simmetria tra le due similitudini, poste a conclusione con forte rilevanza semantica. Nella parte centrale (vv. 5-9) l'insistita anafora determina una scansione ritmica assai simile a quella di alcune preghiere litaniche, come la stessa Merini sembra riconoscere quando afferma che la sua poesia si sgrana tra le dita *come*

SCHEDA di LETTURA

un rosario. Inoltre, il tono ieratico viene accentuato dalla corrispondenza tra unità metrica e unità sintattica (esclusi i vv. 10-11).

La trama lessicale

Anche sul piano lessicale il testo presenta alcune significative corrispondenze, in particolare quelle che riguardano le parole poste a fine verso. Attraverso legami di significato che coinvolgono i temi fondamentali della lirica, l'autrice crea una struttura "ad anelli concentrici" che racchiude al suo interno il nucleo semantico della lirica: la funzione della poesia.
L'ultima parola del primo verso (*fuoco*) e quella che chiude il componimento (*luce*) rinviano a un'immagine viva e luminosa, mentre il tema religioso è ciò che lega il secondo e il penultimo verso (*rosario/preghiera*). Alla *sventura* del v. 3 fa eco il verbo *cadere* del v. 9; l'immagine della maternità ricorre nel *parto dentro le ore* del v. 4 e nel termine *figli* del v. 8. Infine, nei versi centrali troviamo le tre parole chiave che, disposte per anticlimax, esprimono il nucleo concettuale della poesia (*grida/parole/suono*).

La sofferenza del poeta

Secondo Alda Merini il processo della creazione poetica richiede un percorso travagliato e doloroso, accompagnato da una *sventura* a cui afferma di voler dare voce. La poetessa dichiara che i suoi versi non nascono nella gioia ma nelle *doglie* di un parto lungo e sofferto, fra le grida di impotenza di chi vorrebbe giocare con le parole e si dispera per non averle trovate. La difficoltà di dare voce alle proprie emozioni è ribadita nell'immagine della *paglia arida* che trasmette soltanto un debole eco del suono. La *ninnanànna che fa piangere i figli* invece di farli addormentare sereni sottolinea la fatica della poetessa a comunicare il proprio messaggio, che le fa perdere stima nei confronti di se stessa e della sua opera (*la vanagloria che si lascia cadere*). Il tormento della scrittura poetica pesa come un *manto di metallo* che si posa sulle preghiere di chi piange una persona cara e non sa darsene pace e ragione (*passato cordoglio che non vede la luce*). La poesia e la figura del poeta assumono così una dimensione "eroica": attraverso il loro esserci esprimono la volontà di vivere e di amare, nonostante la consapevolezza del dolore.

Lo stile

Dal punto di vista sintattico la lirica presenta una forma semplice, lineare e con elementi di specularità, evidenti nella riproposizione della medesima struttura: coordinazione e subordinazione relativa. Tranne un paio di eccezioni (*alacre, vanagloria*) anche il lessico è di facile comprensione, sebbene le parole si carichino di un forte senso connotativo che rimanda alle aree semantiche della poesia e del dolore.
Le similitudini e soprattutto le numerose metafore sottolineano l'intensità emotiva della lirica, mostrando la perizia tecnica della poetessa, il suo stile visionario e illuminato da improvvise intuizioni espressive.

Alexandre Séon, *Il lamento di Orfeo*, 1896, Parigi, Musée d'Orsay.

LABORATORIO

Comprendere e individuare
L'esplorazione del testo

1. Trova l'affermazione corrispondente a quella del v. 6 (*non trova parole*) in cui si manifesta la difficoltà del fare poesia.

2. Individua i verbi posti nella parte centrale della lirica con i quali la Merini sembra suggerire la possibilità per la poesia di compiere un percorso più sereno e armonioso.

3. In quale verso si sostiene che la poesia spesso ottiene il risultato contrario a quello che si propone l'autore?

4. La lirica contiene anche un'implicita condanna della presunzione di molti intellettuali, convinti dell'alto valore artistico delle loro opere. In quale immagine possiamo cogliere questo spunto polemico?

Interpretare e riflettere
La scoperta del testo

5. Quale concetto intende esprimere l'autrice attraverso l'affermazione *La mia poesia... trascorre tra le mie dita come un rosario* (vv. 1-2)?
   A. ☐ La fede nel valore salvifico della parola poetica
   B. ☐ La monotona ripetitività delle sue poesie
   C. ☐ La religiosità mistica delle sue liriche
   D. ☐ La difficoltà di trattenere la parola poetica

6. La lirica contiene anche un riconoscimento da parte dell'autrice dei propri limiti e di quelli della propria poesia. Quale elemento presente nel testo rappresenta questa professione di umiltà?
   A. ☐ Il fuoco
   B. ☐ Il rosario
   C. ☐ La paglia
   D. ☐ Il manto

7. La dichiarazione di poetica di Alda Merini presenta alcuni aspetti che richiamano alcune liriche analizzate precedentemente: sai riconoscere nei versi della poetessa delle analogie con Ungaretti (▶ T2, p. 421), Montale (▶ T3, p. 426) e Saba (▶ T4, p. 434)?

8. In un'altra lirica contenuta nella stessa raccolta troviamo i seguenti versi: «Io vorrei che frugassi la parola/per lasciarmi/nel tondo del mio viso/soltanto il bacio». Ritieni che il desiderio espresso in queste parole sia coerente con quanto la poetessa sostiene in *La mia poesia è alacre*?

Analizzare
Lo stile e la forma del testo

9. Quale figura retorica dell'ordine si trova nel v. 10?
   A. ☐ Anafora
   B. ☐ Anastrofe
   C. ☐ Ellissi
   D. ☐ Parallelismo

10. Individua i termini e le espressioni che rinviano all'area semantica del dolore e della sofferenza.

GRAMMATICA

11. Oltre a numerose proposizioni relative, nel testo compare anche una subordinata causale: in quale verso?

Produrre
Dalla lettura alla scrittura

12. Aiutandoti con le note e con la scheda di lettura, svolgi la parafrasi della lirica. Fai attenzione: a differenza di quanto accade in poesia, in prosa troppe ripetizioni possono appesantire il testo. Inoltre, sarebbe opportuno segmentare in diverse unità sintattiche il lungo periodo che occupa i vv. 3-11.

13. Immagina di incontrare la poetessa e di doverla intervistare: scrivi un testo in cui riporti almeno tre domande e le rispettive risposte sulla sua concezione di poesia e sul suo modo di scrivere.

Se il pittore contemporaneo ci autorizza, foto di Alda Merini nella sua casa, Milano, Casa delle Arti.

VERIFICA DELLE COMPETENZE

Leggi il seguente testo e poi rispondi alle domande.

T6 Aldo Palazzeschi Chi sono?

Aldo Palazzeschi (pseudonimo di Aldo Giurlani) nacque a Firenze nel 1885 ed esordì come poeta all'inizio del secolo con raccolte vicine alla poetica dei crepuscolari, come *I cavalli bianchi* (1905) e *Lanterna* (1907). Si avvicinò poi all'ambiente dei futuristi milanesi e conobbe Filippo Tommaso Marinetti, di cui divenne amico. Nello stesso tempo frequentò anche i futuristi fiorentini, come Giovanni Papini e Ardengo Soffici. L'adesione al Futurismo è evidente nella raccolta di poesie *L'incendiario* (1910), nel romanzo *Il codice di Perelà* (1911) e nel manifesto *Il controdolore* (1913), in cui sostenne le ragioni di una poesia intesa come gioco leggero e irriverente. Allontanatosi dall'avanguardia, anche perché non condivideva le posizioni interventiste, si dedicò soprattutto alla prosa, alternando scritti basati sullo sperimentalismo a opere più tradizionali, almeno nell'impostazione, come il suo romanzo più conosciuto, *Sorelle Materassi* (1934). Morì a Roma nel 1974.

La poesia *Chi sono?* dapprima venne pubblicata nella raccolta *Poemi* (1909), poi collocata in apertura dell'edizione definitiva delle *Poesie* (1930), come una sorta di dichiarazione di poetica. In questi versi, con un tono leggero e scherzoso l'autore delinea un autoritratto in negativo di se stesso, a partire dalla domanda iniziale: *Son forse un poeta?* La risposta arriva nel verso finale, dove Palazzeschi si paragona a un *saltimbanco*.

Son forse un poeta?
No, certo.
Non scrive che una parola, ben strana,
la penna dell'anima mia:
5 «follìa».
Son dunque un pittore?
Neanche.
Non ha che un colore
la tavolozza dell'anima mia:
10 «malinconìa».

Romare H. Bearden, *Storyville*, 1974, Londra, collezione privata.

Un musico, allora?
Nemmeno.
Non c'è che una nota
nella tastiera dell'anima mia:
15 «nostalgìa».
Son dunque... che cosa?
Io metto una lente
davanti al mio cuore
per farlo vedere alla gente.
20 Chi sono?
Il saltimbanco dell'anima mia.

[A. Palazzeschi, *Poesie*, Mondadori, Milano 1971]

1. Il titolo della poesia evidenzia
   A. ☐ L'inesauribile curiosità dei poeti
   B. ☐ L'ironica presunzione dei poeti
   C. ☐ Il gusto per la provocazione dei poeti
   D. ☐ L'identità smarrita dei poeti

2. Rileggi la lirica ponendo attenzione alla struttura e distingui le quattro parti in cui si articola.

3. Compila la tabella, indicando le tre espressioni artistiche analizzate nella lirica, i rispettivi "strumenti del mestiere" e i sentimenti dominanti.

Espressione artistica	Strumenti del mestiere	Sentimenti dominanti
....	....	....
....	....	....
....	....	....

4. Quale delle seguenti espressioni potrebbe riassumere il messaggio della lirica di Palazzeschi?
   A. ☐ Irritazione per la perdita di prestigio del ruolo del poeta
   B. ☐ Condanna della superficialità dei poeti contemporanei
   C. ☐ Ribellione nei confronti dell'isolamento del poeta
   D. ☐ Demistificazione del ruolo del poeta e della poesia

5. Con quale immagine metaforica Palazzeschi svela la propensione dei poeti a mostrare emozioni e sentimenti?

6. Nel v. 20 chi intende indicare Palazzeschi con il termine *gente*?
   A. ☐ I lettori delle sue poesie
   B. ☐ I critici letterari
   C. ☐ I poeti legati alla tradizione letteraria
   D. ☐ I suoi parenti e amici

7. *Il saltimbanco dell'anima mia* (v. 21) è una?
   A. ☐ similitudine
   B. ☐ metafora
   C. ☐ metonimia
   D. ☐ sinestesia

8. Quale figura dell'ordine compare nei vv. 3-4?
   A. ☐ Anafora
   B. ☐ Anastrofe
   C. ☐ Chiasmo
   D. ☐ Simmetria

9. Quale fra le seguenti indicazioni relative al metro della poesia è corretta?
   A. ☐ Versi liberi con prevalenza di senari
   B. ☐ Endecasillabi sciolti
   C. ☐ Alternanza di senari e novenari
   D. ☐ Versi liberi con prevalenza di trisillabi

10. Fra le seguenti definizioni, quale esprime in modo più corretto il ritmo della lirica?
    A. ☐ Ritmo cadenzato di una marcia militare
    B. ☐ Ritmo suadente di una ninna nanna
    C. ☐ Ritmo cantilenante di una filastrocca
    D. ☐ Ritmo monotono di una preghiera

11. Soltanto uno fra i seguenti strumenti linguistici e retorici non contribuisce alla determinazione del ritmo della lirica: quale?
    A. ☐ Ripetizioni simmetriche
    B. ☐ Onomatopee
    C. ☐ Rime e assonanze
    D. ☐ Varietà della misura dei versi

12. Quale valore ha la congiunzione *che* nei vv. 3, 8 e 13?
    A. ☐ Causale
    B. ☐ Concessivo
    C. ☐ Dichiarativo
    D. ☐ Eccettuativo

percorso 5
IL TEATRO

14 ■ La struttura e il linguaggio del testo drammatico

15 ■ La tragedia

16 ■ La commedia

17 ■ Il teatro dell'Ottocento e del Novecento

- Le tecniche della comunicazione drammatica per leggere, comprendere e interpretare testi e rappresentazioni teatrali
- I generi e lo sviluppo storico della comunicazione teatrale per comprendere, interpretare e riconoscere gli elementi e le caratteristiche formali e tematiche del testo drammatico

Leggere *teatro*

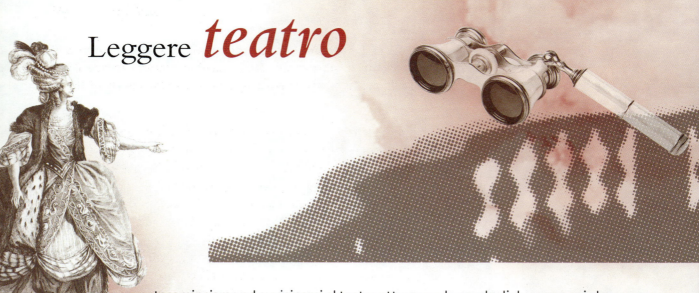

Incominciamo ad avvicinarci al teatro attraverso le parole di due romanzi che raccontano nelle loro pagine il fascino con cui questa forma espressiva cattura pubblico e protagonisti. Il primo brano arriva dalla seconda metà dell'Ottocento: è tratto da *Eva* (1875), un romanzo sentimentale di Giovanni Verga (1840-1922). Il narratore-protagonista descrive l'atmosfera incantata di una serata al teatro fiorentino della Pergola.

Andai dunque alla Pergola di buon'ora per trovare un posto in platea; e lì, nella semioscurità, col mio paletò[1] piegato sulla spalliera, l'ombrello tra le gambe, il cappello sull'ombrello, l'occhio intento, stavo a godermi il mio biglietto d'ingresso esaminando tutto, le dorature dei palchi, il leggìo del suggeritore, i lumi della ribalta, e soprattutto l'ora che segnava l'orologio.
I palchetti si andavano popolando di belle signore, almeno avevano indosso tanti fiori, e gemme, e nastri, e bianco, e rosso, che nella mezza luce sembravano tutte belle. Degli uomini poi ce n'erano così bellini, e così ben rasi, e colle testine così ben pettinate, ricciutelle e lucide, che quelle belle donne dovevano al certo guardarli con tanto d'occhi spalancati, come io li guardavo, e istintivamente mi nascondevo le mani nude sotto il cappello.
Squillò un campanello; un'onda di luce invase quella splendida sala, e incominciò la rappresentazione. Io ascoltavo, guardavo, tutto commosso e rimpicciolito nel mio cantuccio; il mio entusiasmo non si manifestava altrimenti che come una gran soddisfazione di avere bene impiegato le mie tre lire. Avevo comprato per tre sole lire un tesoro di emozioni. Costruivo un paradiso di matte aspirazioni, di sogni, e ne cercavo il riflesso negli occhi scintillanti di quelle belle dame – e quando le vedevo parlare e ridere sbadatamente, agitando il ventaglio o aggiustando il fisciù[2], provavo una molesta sensazione, e mi scuotevo bruscamente, come se m'avessero svegliato di soprassalto da un sogno delizioso.
Vedi, mio caro, quante belle cose ci sono in tre lire per uno spettatore novizio?

[G. Verga, *Romanzi giovanili*, Frassinelli, Firenze 1996]

1 **paletò**: cappotto (italianizzazione del francese *paletot*).
2 **fisciù**: fazzoletto femminile di forma triangolare.

Con il secondo testo, tratto da un romanzo contemporaneo, passiamo dal punto di vista dello spettatore a quello di chi si trova sul palco: una giovanissima attrice al suo debutto nel ruolo di Fedra, la protagonista di una tragedia di Jean Racine (1639-1699).

Il volto di Dora è raggiante, nello splendore dei suoi quattordici anni. Non sente né vede niente. Il suo corpo è tutto un fuoco. Fa esattamente come le hanno insegnato. Soprattutto però fa quello che ha nel cuore, quello che la realizza, quello che si annida in ogni suo respiro. Ce li ha dentro i sentimenti giusti, non deve sforzarsi per trovarli, deve invece impegnarsi per frenarli, per non esternarli tutti in una volta, per tenerli sotto controllo e distillarli goccia a goccia. Sì, perché è così che bisogna fare. Non troppo. Non tutto in una volta. Il segreto della brava attrice.

Lo spettacolo è un gran successo. E non solo perché tra il pubblico ci sono parenti e amici dei giovani attori. No, dipende dalla magia che lei sparge attorno a sé e dal vuoto che si lascia dietro quando abbandona il palco. Be', d'accordo, è solo il palco di una scuola, piccolo e senza velluti rossi a far da sipario. Ma era comunque Racine, un autentico, classico, difficile – d'accordo, in versione ridotta – Racine! E lei è stata una meravigliosa Fedra, anche se così giovane e anche se la parte e il dramma sono stati adattati ai giovani attori e spettatori! Una prestazione degna della Comédie Française[1]! Dora non ce la fa a uscire dal suo stato di esaltazione, vive e muore ancora diecimila volte prima di raggiungere gli altri. Non vuole, non può abbandonare la parte, non riesce a smettere di essere un'eroina tragica, a uscire da quei panni, che non sono affatto panni di scena. Sono la sua vita. È sempre stato così. Chiude gli occhi e si vede riflessa nello specchio, una bambinetta, muove i muscoli del viso con consapevolezza, ne controlla l'espressione, in ogni istante sa cosa sta facendo. Non sta recitando, lei è così. Lei è tutto. È il mondo intero, che il mondo la stia a guardare o no.

[N. Dragnic, *Ogni giorno, ogni ora*, Feltrinelli, Milano 2011]

1 Comédie Française: storico teatro parigino.

Nonostante susciti grandi sentimenti, il teatro non è conosciuto e frequentato come altri generi letterari o altre forme di comunicazione artistica. Insomma, l'amore per il teatro non è così diffuso come sarebbe naturale attendersi, vista la sua naturale facoltà a coinvolgere emotivamente chi ne è interprete e chi vi assiste.

Nelle unità seguenti cercheremo allora di scoprire la "magia" del teatro, la sua capacità di rappresentare e di spiegare in modo multiforme la realtà: come ha scritto Eduardo De Filippo (▶ p. 564), «il teatro raccoglie tutte le belle arti: la pittura, la musica, la scultura, la scrittura, la letteratura, la satira, tutte, tutte le belle arti convengono nel teatro [...]. Il teatro è sorpresa, è immaginazione, come dire, fantasia. Il teatro è tutto» (E. De Filippo, *La vita è dispari. Conversazione con Paolo Calcagno*, Tullio Pironti, Napoli 1985). Anche le seguenti parole di Dario Fo (▶ p. 558) confermano quest'idea, assegnando inoltre al teatro una fondamentale funzione sociale: «Il teatro è una delle basi della cultura. L'uomo prima ancora di comunicare con la parola ha comunicato con la gestualità. Il teatro permette di riproporre la realtà sotto un'altra forma non casuale e non prevedibile. Come uno specchio che deforma l'immagine ma attraverso quello specchio si riesce a intuirne la vera natura, il vero tipo di personaggio che si ha davanti. Riconosci anche l'ipocrisia e la menzogna. Il teatro è un mezzo per capire le cose che normalmente restano nascoste» (www.mywhere.it/intervista-a-dario-fo).

Gli elementi della comunicazione teatrale

Come la narrazione, anche il **teatro** si pone l'obiettivo di comunicare una sequenza di fatti. Testi narrativi e teatrali sono accomunati dall'intenzione di trasmettere emozioni e valori attraverso le azioni di **personaggi** che si muovono in una **dimensione spazio-temporale** definita. Invece ciò che distingue il teatro dalla narrazione è la modalità del racconto: le vicende non sono riportate da un narratore e rivolte a un lettore, ma si svolgono direttamente davanti a un **pubblico**, il quale assiste alla **rappresentazione** della storia da parte di **attori** che danno vita ai personaggi, ai loro dialoghi e alle loro azioni. Possiamo dunque affermare che il teatro è una forma di comunicazione che presenta l'interazione tra i seguenti elementi:

- un **testo drammatico** (dal greco *drama*, "azione", da *dràn*, "fare", "agire"), ovvero un testo scritto destinato alla rappresentazione (**messa in scena**);
- un **regista**;
- degli **attori**;
- degli **spettatori**;
- uno **spazio** adibito alla rappresentazione e capace di accogliere il pubblico.

Comunicazione in orizzontale e comunicazione in verticale

Osserviamo alcune immagini che ci permettono di cogliere la **duplice natura** della comunicazione teatrale. La prima è tratta da un allestimento della commedia più nota di Carlo Goldoni (▶ p. 523), *La locandiera* (1753). La foto ritrae il personaggio di Mirandolina, la proprietaria di un piccolo albergo nella Firenze settecentesca, mentre sta tentando di sedurre un cavaliere che si era fatto vanto di disprezzare le donne. La protagonista lusinga l'ospite della locanda con un trattamento di riguardo.

Scena da *La Locandiera* di Carlo Goldoni, regia di Sergio Ammirata, compagnia teatrale La Plautina.

MIRANDOLINA: Osservi il servizio di tavola.
CAVALIERE: Oh! Queste tele di Fiandra, quando si lavano, perdono assai. Non vi è bisogno che le insudiciate per me.
MIRANDOLINA: Per un cavaliere della sua qualità, non guardo a queste piccole cose.

[C. Goldoni, *La locandiera*, Newton Compton, Roma 1994]

In questo caso sta avvenendo una **comunicazione in orizzontale**, tra i **personaggi-attori** che **agiscono-recitano** in scena.

Invece le foto seguenti mostrano una compagnia teatrale che al termine dello rappresentazione ringrazia il pubblico e un teatro affollato di spettatori che stanno assistendo a uno spettacolo.

A sinistra, Apollo Theatre di Londra.
A destra, interno del Gran Teatro di La Habana a Cuba.

Le due immagini evidenziano la **comunicazione in verticale**, il rapporto che lega l'**autore** del testo drammatico al **pubblico**, attraverso l'indispensabile mediazione dei personaggi-attori, del regista e di tutti coloro che concorrono alla produzione di una messa in scena.

In *L'Arte della commedia*, Eduardo De Filippo fa dire a un personaggio, il direttore di una compagnia teatrale:

> Il pubblico reclama dall'autore che gli racconti i fatti suoi, che gli faccia riconoscere se stesso attraverso i personaggi della commedia. Un autore così entra dalle quinte del palcoscenico ma esce insieme al pubblico, a braccetto, dalla porta principale del teatro una volta finito lo spettacolo.
>
> [E. De Filippo, *L'Arte della commedia*, in *Teatro. Cantata dei giorni dispari*, vol. III, Mondadori, Milano 2007]

Al **rapporto con il pubblico** anche attori e registi assegnano una funzione fondamentale. A questo proposito Giorgio Strehler (1921-1997), uno dei registi italiani più importanti del Novecento, ha affermato:

> Là, sul palcoscenico, ci sono degli uomini e delle donne veri, che riescono a rendere veri il loro piangere o ridere simulati. E giù in platea ci sono altri uomini e altre donne veri, che in quel piangere o ridere si ritrovano molto più che nei fantasmi sul telone del cinema o sullo schermo della televisione. A teatro c'è ancora e continuerà ad esserci quell'evento sempre più straordinario che è un'autentica comunicazione umana. Tutto, del pubblico, influisce su uno spettacolo teatrale: il silenzio, l'inquietudine, la paura, la gioia, la commozione. Nulla va perduto, tutto arriva sul palcoscenico. E accade così che ogni sera lo spettacolo sia uguale e diverso rispetto a quello della sera precedente. Che il teatro sia un evento sempre nuovo, irripetibile. Creazione continua [...].
> De Filippo così salutava il pubblico: «Mare! Ho voluto parlarti coi tuoi stessi suoni confusi, coi tuoi colori, col tuo profumo, con la luce della fosforescenza e il buio dei tuoi abissi»... Ma adesso la favola è finita.
>
> [G. Strehler, *Io Strehler. Conversazioni con Ugo Ronfani*, Rusconi, Milano 1986]

il punto su... Le forme del teatro occidentale

Teatro Olimpico di Vicenza.

Il teatro greco

Anticamente con il termine "teatro" si indicava l'adunata degli spettatori. Fu in Grecia che l'area destinata al pubblico assunse in origine la forma di gradinate a squadra. L'area occupata dagli attori, chiamata "orchestra", di forma trapezoidale o circolare, era situata solitamente in una zona piana, di fianco a un pendio. Lo spazio dell'orchestra a volte era segnato da un rilievo in pietra, il cui piano in terra battuta nascondeva sotterranei accessibili, ricavati per esigenze di scena, che si raggiungevano attraverso passaggi laterali (*pàrodoi*), utili agli attori e agli spettatori. Intorno a questo spazio si disponeva in circolo il coro, che diede poi origine alla "cavea" (*koilon*), caratterizzata da un pendio con sedili sistemati a gradinata, divisa in cunei da scalette verticali, mentre un corridoio – detto *diazoma* – separava orizzontalmente i settori. Gli originari sedili in legno della cavea furono in seguito sostituiti con sedute in pietra, con schienali e braccioli di diversa forma e dignità per i personaggi più autorevoli. La "scena", infine, consisteva originariamente in una costruzione improvvisata con pali e tendaggi; in età classica assunse una linea architettonica stabile come sfondo all'azione. Due strutture laterali, dette "parasceni", delimitavano l'edificio di fondo. Nella parte posteriore erano i luoghi riservati agli attori, agli attrezzi, ai costumi. Tra i teatri greci più famosi si ricordano quelli di Epidauro, Atene, Segesta, Siracusa, Taormina, Delfi.

Il teatro romano

Nel mondo romano era attribuita grande importanza alla presenza simbolica dell'edificio teatrale all'interno della città. Si trattava di una costruzione con gallerie esterne digradanti e una cavea a esatto semicerchio, dove i posti erano distinti in base alla classe sociale di appartenenza. Aveva un *pulpitum* davanti alla scena, che era riccamente decorata a colonne e provvista di cinque aperture e aveva diversi sipari. A Roma il primo teatro stabile documentato è quello fatto elevare da Pompeo nel 55 a.C. Tra i teatri romani meglio conservati si ricordano quelli di Ostia, Tuscolo, Napoli, Pompei.

Il teatro medioevale e rinascimentale

In età medioevale l'edificio teatrale scomparve, in quanto il carattere didascalico e religioso delle sacre rappresentazioni trovava la sua sede più naturale nelle strade e nelle piazze delle città, dove le compagnie allestivano palcoscenici mobili.

In età rinascimentale, quando le nuove esigenze culturali richiesero il ritorno del teatro all'interno di spazi appositamente costruiti, gli architetti si richiamarono agli esempi classici, operando però sostanziali modifiche, come la copertura dell'ambiente e la netta separazione del pubblico dalla scena. Fra gli esempi più noti ricordiamo il Teatro Olimpico di Vicenza, il Teatro all'Antica di Sabbioneta e il Teatro Farnese di Parma, opere di Andrea Palladio, Vincenzo Scamozzi e Giovan Battista Aleotti.

Il teatro all'italiana

All'inizio del Seicento apparve il cosiddetto "teatro all'italiana", modello stabile nella cultura europea fino al XIX secolo. È caratterizzato da una cavea allungata "a U", da gradinate sostituite da una platea con file di panche per il pubblico meno abbiente e da ordini sovrapposti di palchi indipendenti, che si presentano come stanze separate, disposte ad alveare e accessibili dal retro, provviste di tende chiudibili e destinate a spettatori privilegiati. Il palcoscenico è racchiuso nella cornice dell'arco scenico e sopraelevato rispetto alla platea. Il sipario, finché non viene alzato per l'inizio dello spettacolo, rappresenta un allestimento decorativo della sala stessa. Nel corso dell'Ottocento venne introdotto il sipario rosso con le frange dorate e un palcoscenico più funzionale, fornito di quinte e fondali su cui venne posta la scenografia dipinta. Da una grata situata sopra al palcoscenico stesso si manovrano i macchinari teatrali.

Altri tipi di teatro

Accanto a queste forme di teatro italiano (ne sono un esempio il Teatro alla Scala di Milano e il Teatro Carlo Felice di Genova), ricordiamo i teatri di tipo francese, caratterizzati da una sala meno allungata, gallerie sopra i palchi e soffitto a volta, e quelli di tipo tedesco, che riprendono le antiche gradinate e pongono l'orchestra a un livello più basso, non visibile al pubblico.

Tra il XVI e XVII secolo i teatri londinesi presentavano una struttura che favoriva una partecipazione attiva del pubblico, grazie alla centralità del palcoscenico, che si protendeva fin quasi alla metà dell'arena, e alle gallerie per gli spettatori su più piani, che circondavano la piattaforma scenica su tre lati. Sopra la parete scenica si trovava una galleria o loggiato plurifunzionale, impiegato per ospitare i musicisti, gli attori o parte del pubblico.

Il teatro moderno

Dei tipi e delle forme più diverse sono invece i teatri moderni, che si distinguono nettamente in teatri di prosa e teatri lirici (di dimensioni maggiori). Essi prevedono in ogni caso tre gruppi di ambienti: il primo, quello di "ingresso" e di "rappresentanza", comprende portici, atri, biglietterie, guardaroba, scale, corridoi; il secondo, con la sala (platea, palchi, gallerie, loggiati) e l'orchestra, oltre a vari servizi; il terzo, con il palcoscenico, il proscenio, il boccascena, il retro e il sottopalco (in cui si trovano i magazzini, i camerini, i servizi per il personale addetto allo spettacolo, gli uffici del teatro e tutti gli ambienti di servizio). Ogni tipologia architettonica, benché adotti soluzioni singolari, tiene comunque conto dell'aspetto monumentale-decorativo della struttura, della sua funzionalità (grande attenzione all'acustica) e della sua particolare destinazione, che può essere molteplice (lirica, prosa, cinema).

Powerhouse Theatre di Brisbane in Australia.

La messa in scena del testo drammatico

Pur nascendo come testo scritto, il testo drammatico non è destinato alla lettura ma realizza compiutamente la sua ragion d'essere soltanto quando viene messo in scena. Il regista e attore Gabriele Lavia (1942) ha affermato:

> Un testo è teatrale quando viene portato in scena, senza questo è letteratura. Il teatro ha un suo linguaggio, così come la pittura, la musica. Il teatro cancella il testo, lo annienta: attua un vero e proprio tradimento, un "trasporto" verso il palcoscenico. […] Il teatro è il risultato di una giusta e corretta metabolizzazione.
>
> [www.loschiaffo.org/intervista-a-gabriele-lavia]

Dalle parole di Lavia comprendiamo come la messa in scena consista nella **trasformazione delle parole** scritte dall'autore in uno **spettacolo** rappresentato e fruito da un pubblico. Se per leggere un romanzo o una raccolta di poesia è sufficiente un libro (ora fruibile anche in formato digitale) e un luogo tranquillo e luminoso, il lavoro richiesto per metterci nella condizione di assistere a un'opera teatrale invece è assai più complesso. Se infatti un testo letterario in prosa o in versi basa la sua comunicazione esclusivamente sul **codice verbale**, il testo drammatico per raggiungere la sua forma ideale deve ricorrere anche al **codice visivo** (i movimenti e la gestualità degli attori, i trucchi e i costumi, gli elementi scenografici e le luci) e a quello **uditivo** (la base musicale, i rumori di scena, le battute e i toni della recitazione). La presenza di questi diversi elementi implica la partecipazione di numerose **figure professionali** che, pur restando dietro le quinte, svolgono un ruolo fondamentale per la messa in scena del testo: tecnici del suono e delle luci e macchinisti, scenografi, costumiste, sarte e truccatrici ecc.

Lo scenografo Gianni Montonati dipinge un panorama, Milano, Scala alla Bovisa.

Il regista e l'attore

Attraverso le parole di alcuni protagonisti del teatro italiano del Novecento, soffermeremo ora la nostra attenzione sui due protagonisti principali della rappresentazione teatrale: il regista e l'attore.

La scelta del testo da rappresentare

Il regista è il **direttore dei lavori** di quel complesso "cantiere" che occorre predisporre per offrire al pubblico uno spettacolo teatrale. Oltre che guidare le **prove** e l'**esecuzione** dello spettacolo, al regista spetta in primo luogo la responsabilità di **scegliere** quale **testo drammatico** allestire e in quale veste proporlo al pubblico. Può decidere di rispettare fedelmente l'opera originale, lasciando inalterati i dialoghi dell'autore e seguire le sue indicazioni per la rappresentazione. Molti registi, tuttavia, preferiscono interpretare più liberamente il testo, rileggendolo alla luce della loro sensibilità culturale, politica e sociale. Alcuni potranno privilegiare o eliminare scene e personaggi, altri modificheranno l'ambientazione, magari attualizzando le vicende, altri ancora imporranno particolari tecniche di recitazione o accentueranno la funzione di un codice comunicativo rispetto a un altro.

Sull'argomento leggiamo che cosa ha scritto il regista Luca Ronconi (1933):

> Cosa succede nel momento in cui, dalla lettura, che presuppone un rapporto diretto fra autore e fruitore, si approda alla messa in scena? Se il rapporto tra autore e lettore non conosce alcuna mediazione che non sia quella della lettura, nel chiuso di casa propria, con la propria soggettività, cosa comportano, per la pagina scritta, la fisicità e la voce dell'attore? Non possono che essere un corpo estraneo: in questo senso dico che finiscono inevitabilmente per "aggiungere". Mi appassiona molto dedicarmi al trasferimento in palcoscenico di un testo, con tutti i tradimenti, le conseguenze, le alterazioni che ne derivano, fermo restando che la fedeltà e l'attenzione alla scrittura rimangono per me la priorità.
>
> [Eleonora Vasta, *La seduzione della follia. Conversazione con Luca Ronconi*, Programma di sala de I beati anni del castigo *del Piccolo Teatro Studio Expo. Stagione 2010-2011*]

Il rapporto tra regista e attori

In base alle sue esigenze è il regista che seleziona gli attori, assegna i ruoli a ciascuno di essi e si occupa di dirigere e coordinare i compiti dei tecnici. Nel corso di un'intervista, Eduardo De Filippo così rispondeva a un giornalista che gli chiedeva se erano vere le voci riguardo ai suoi modi dispotici e accentratori:

> Ma certo. Sono molto rigido. Io faccio il mio lavoro, loro [gli attori] fanno quello che devono fare, e basta. Non pretendo di più da loro, non pretendo niente. Pretendo di fare un lavoro giusto per lo spettacolo, per la commedia, per il pubblico, per il rispetto di se stessi. Se parlano tutti è finita. Parliamo, sì, parliamo, al principio, quando si spiega la commedia, quando è il momento del "tu cosa hai capito di questo personaggio", ecc. Ma poi, quando andiamo alle prove, quando si ingolfano le prove... e vanno avanti, allora basta. Per forza, è la regia.
>
> [E. De Filippo, *La vita è dispari. Conversazione con Paolo Calcagno*, Tullio Pironti, Napoli 1985]

Il rapporto fra regista e attori è spesso il segreto del successo di uno spettacolo: è compito del primo sollecitarli con durezza ma anche star loro accanto nei momenti delicati, come può accadere la sera della prima. Giorgio Strehler scrisse queste parole all'attrice Giulia Lazzarini:

> Cara Giulia, adesso tocca a te. Vai in scena e sta' sicura, non aver paura. [...] Stasera sei tu il centro del mondo perché il teatro è la parabola del mondo, e nella tua solitudine di interprete, davanti al tuo pubblico, sentirai come mai hai sentito la terribile, meravigliosa responsabilità dell'attore. Lo so, conosco l'angoscia di quest'attesa, il peso così grave per chi crede nella serietà del teatro, che ti porti nel cuore. Il timore profondo non di non essere brava, non di non essere applaudita, non di non avere successo (certo, c'è anche questo): il timore grande di non essere all'altezza della tua missione, di ciò che tu rappresenterai. Bene, Giulia, non averlo questo timore, o non averlo troppo. La tua semplice grandezza di interprete è sempre pura, è sempre limpida e ha sempre il segno della verità, della poesia, della forza e della delicatezza nello stesso tempo.
>
> [G. Strehler, *Io Strehler. Conversazioni con Ugo Ronfani*, Rusconi, Milano 1986]

Il ruolo dell'attore

Con la voce, il corpo, la gestualità, i movimenti l'attore (dal latino *agĕre*, "fare", "agire") dà vita al personaggio e rappresenta sulla scena le sue azioni. Su quale sia il ruolo dell'attore vi sono svariate opinioni. Per qualcuno esso è fondamentale: perché il teatro esista è sufficiente che vi sia l'attore e la sua assenza rende impossibile la messa in scena del testo. Altri si oppongono alla **teoria della centralità dell'attore**, sostenendo che gli interpreti, anche i più grandi, sono soltanto degli strumenti per trasmettere al pubblico le idee e le fantasie dello scrittore e del regista. Secondo questa teoria, l'attore sarebbe uno **specchio a due facce**: in una si riflette l'autore, nell'altra il pubblico. L'attore francese Louis Jouvet (1887-1951) affermava che praticare tale mestiere gli faceva correre il rischio di perdere la propria identità: ogni personaggio interpretato consuma un pezzo della vita e della persona dell'attore. Naturalmente c'è anche chi ha sottolineato l'importante **ruolo sociale** svolto dagli attori: per il drammaturgo tedesco Bertolt Brecht (▶ p. 210) essi sono i rappresentanti del popolo, che deve fare della propria arte lo strumento per modificare la società.

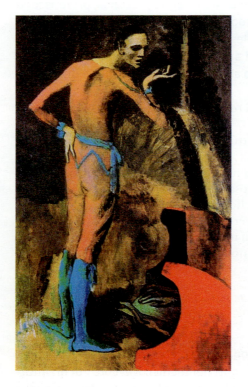

Pablo Picasso, *L'attore*, 1904-1905, New York, The Metropolitan Museum of Art.

Il mestiere dell'attore

Proviamo a capire che cos'è un attore attraverso le parole di quattro grandi interpreti del teatro italiano. Annamaria Guarnieri (1934) ha fornito una definizione di attore tanto sintetica quanto "**antieroica**":

> Una persona che arriva in teatro, entra nel suo camerino, si veste, si trucca ed aspetta il "Chi è di scena" per entrare in palcoscenico e recitare un ruolo davanti ad un pubblico.
>
> [fabiopoggiali.xoom.it/interviste02.htm]

Anche Pamela Villoresi (1957) mette in luce la normalità del lavoro dell'attore, ma ne evidenza pure gli **aspetti morali** e **politici**:

> Può essere un lavoro come un altro, può essere un po' più di "vocazione", di missione se uno cerca di usare in senso più etico, più politico nel senso di "polis", di fun-

zione all'interno di un meccanismo sociale. Il teatro, la poesia può essere un grillo parlante, un'isola dove riposarsi all'interno del fiume di sottocultura che ci travolge continuamente, può essere un'occasione di riflessione, come dice Liv Ulmann "di fornire per qualche attimo una vita più intensa". Spero di fare questo… non solo di portare a casa la pagnotta, che pure è una cosa importante.

[www.mec-carmel.org/index.php]

Giulia Lazzarini (1934), infine, evidenzia la centralità del **rapporto con il pubblico**:

Trovo che fare teatro sia una predisposizione a sentire qualcosa dentro di noi e poterla restituire attraverso le parole del testo. Bisogna essere disposti a compromettersi però, a mettere in gioco una parte di se stessi sul palco, quello che è il tuo sentire. L'attore è un transfer, un mezzo per far capire qualcosa al pubblico, e non tanto mettere in luce la propria abilità o bravura.

[G. Annovi, *Intervista all'attrice Giulia Lazzarini*, «La Gazzetta di Reggio», 13 gennaio 2012]

Concludiamo questa presentazione della comunicazione teatrale con una dichiarazione di un altro grande attore, Vittorio Gassman (1922-2000):

Ho cercato di fare della mia vita professionale, una sfida continua… Mi è piaciuto dare vita a degli eroi, concepiti come modelli di vita, di comportamento. Al suo grado più alto, il compito del teatro, anche dal punto di vista dell'interprete, è questo, appunto: offrire ai contemporanei, un esempio, un ideale, una ricerca di verità. Questa esperienza, da Amleto a Otello, da Edipo a Oreste, da Adelchi a Peer Gynt, mi ha fatto ricco, ricchissimo. Forse nella vita sono rimasto un bambino, ma nella professione ho fatto la mia crescita.

Questo è quello che conta, in definitiva, per me. Questo mi dà una felicità forte, che non avrei raggiunto per altre strade. Il resto, per dirla con parole non mie, ma che ho ripetuto tante volte in scena, è davvero silenzio.

[V. Gassman, *Intervista sul teatro*, Sellerio, Palermo 2002]

Riccardo Bini e Paolo Pierobon in scena per uno spettacolo con la regia di Luca Ronconi, Milano, Piccolo Teatro.

UNITÀ 14
La struttura e il linguaggio del testo drammatico

- T1 Dacia Maraini
  Norma 44
- T2 Erri De Luca
  L'ultimo viaggio di Sindbad

VERIFICA DELLE COMPETENZE
- T3 Natalia Ginzburg
  Ti ho sposato per allegria

ONLINE

TESTI INTEGRATIVI
- Tiziano Scarpa *L'infinito*

Le specificità del testo drammatico

Ora analizzeremo le specificità del testo drammatico, imparando a riconoscere gli aspetti strutturali e formali che lo differenziano ulteriormente dalla narrazione. Per compiere queste operazioni utilizzeremo come testo bussola la parte iniziale di *Norma 44*, un dramma della scrittrice Dacia Maraini.

IL TESTO BUSSOLA

Norma 44 (1991) è un'opera drammatica ambientata in un campo di concentramento nazista. Un ufficiale delle SS, Karl Hoffmann, musicista fallito, ha il compito di allestire nel lager un'opera lirica, la *Norma* di Vincenzo Bellini. Per compiere questa insolita operazione convoca nella sua baracca, dove campeggia un grammofono, due deportate, ebree italiane: l'attrice teatrale Sara Di Nola e la cantante di varietà Lidia Cantù. Ti presentiamo il primo incontro tra i tre protagonisti che in seguito durante le prove dello spettacolo costruiranno un rapporto di sentimenti violenti e laceranti e porteranno il lettore a interrogarsi sulle contraddizioni del genere umano, capace di opere d'arte sublimi e di gesta indegne e bestiali.

T1 Dacia Maraini Norma 44

ATTO PRIMO

Di spalle, seduto, il capitano Karl Hoffmann ascolta la Norma al grammofono. Fuma una sigaretta e si vede nel cono di luce che piove dall'alto il fumo cilestrino[1] che sale. Una immagine di raccoglimento, quasi rapito. Una voce fuori scena lo chiama insistentemente in tedesco.

VOCE Hauptmann Hoffmann! Hauptmann Hoffmann! Sie sind von der Ober gewünscht![2]

Karl si scuote. Si alza. Spegne il riflettore e il grammofono. Improvvisamente si vede che siamo dentro una baracca miserabile. E da fuori arrivano voci brutali. Il canto di una 10 *ubriaca. Il suono di passi di marcia. Degli ordini urlati. Uno sparo. Siamo in un campo di concentramento nazista.*
Karl, come se ne prendesse dolorosamente coscienza, ascolta un momento le voci. Poi si ravvia i capelli e si dirige verso l'uscita dopo avere dato un calcio rabbioso ad una sedia. La stanza rimane vuota. Dopo un poco si apre la porta e viene spinta dentro a forza una donna bendata e con le mani legate dietro la schiena. Ha l'aria impaurita, ma si capisce anche che si tiene su con spavalderia. È Sara. Avanza verso il proscenio[3] e parla pensando di avere davanti il suo aguzzino. In realtà è sola.

SARA Sara Di Nola. Numero di matricola[4] 5383981. Sara Di Nola. Numero di matricola 5383981.

---

1 **cilestrino**: di colore celeste pallido.
2 **Hauptmann Hoffmann!... gewünscht!**: Ufficiale Hoffmann! Ufficiale Hoffmann! Siete desiderato dal superiore!
3 **proscenio**: parte anteriore del palcoscenico.
4 **Numero di matricola**: numero di riconoscimento assegnato a ciascun deportato.

20 *Silenzio. Sara aspetta qualcosa. Che qualcuno le risponda. O la picchi. Poi sente un colpo alla porta e riprende in fretta ansiosa.*

SARA Sara Di Nola. 5383981... 5383981... Carico[5] numero 622. Dall'Italia. Niente da dichiarare... Sara Di Nola. Di madre spagnola. Nata a Malaga. 2 dicembre 1910. Niente da dichiarare. Già torturata due volte... niente da dichiarare...

Silenzio. Si apre la porta. Entra Karl. Sara ascolta i passi che si avvicinano. Sono passi di uomo con stivali. Tipici delle SS. Sara aspetta una voce, un colpo. E poi quasi che il silenzio le fosse intollerabile ricomincia in fretta... Mentre Karl la osserva incuriosito in silenzio.

30 SARA Mio padre, l'ho già detto, non so dov'è... A Mathausen[6] forse. Comunque non era con me in montagna. Era a casa a copiare dei fogli di musica antica quando l'hanno preso. Anche mia sorella, che ha dodici anni. Anche mia sorella... forse a Mathausen anche lei... Ha dodici anni... Mio padre stava ricopiando dei fogli di musica antica... mio padre stava ricopiando dei fogli di... *Karl, che ha fatto un giro intorno a Sara ora le si ferma davanti. Le toglie con gesto gentile la benda.*
KARL *(Parlando quasi a se stesso)* La cantante...
SARA Sara Di Nola. 5838981... Dall'Italia... 5838981...
KARL Stava parlando da sola...
40 SARA Mi chiedono sempre le stesse cose. Cosa vuole da me?
KARL Già conciata in questo modo... Cimici... lividi... croste. Eppure non è

5 **Carico:** i deportati venivano caricati sui camion e condotti nei campi concentramento.
6 **Mathausen:** campo di concentramento nazista in Austria.

Deportati che suonano a Mauthausen.

molto che è qui. E queste bruciature di sigaretta? Non lo dica riconosco la mano dell'amico Gustav Luther. Le unghie però quelle le ha risparmiate...
(le prende le mani e le osserva con attenzione)

SARA Se volete torturarmi fatelo subito. Detesto le lungaggini.

KARL Che arroganza!

SARA Perché non vi sbrigate?

KARL Non sono qui per torturarla. Ma per proporle un progetto musicale.

SARA Quale altro ignobile trucco state escogitando?

50 KARL Lei è una detenuta. E non si fida dei suoi guardiani. Giusto. Anch'io non mi fiderei. Ma si dà il caso che io sia qui per aiutarla.

SARA Non voglio essere aiutata. Da lei.

KARL Sa cos'è la bellezza Sara? La sola cosa capace di trasformare l'acqua della stupidità nel vino dell'intelligenza[7].

SARA Non la capisco.

KARL Abbiamo nel campo una orchestra di polacchi. Fantastica. Il direttore è un Kapò[8] russo, senza denti. Un fenomeno. Abbiamo anche un coro di bambini. E qualche tempo fa abbiamo avuto anche un duo pianistico che veniva direttamente da Amsterdam, Lei non ha mai assistito ai nostri concerti... Le
60 consiglierei di farlo... La bellezza, Sara, è questo «dimenticare che il mondo anche qui / tiene nei suoi lacci di terra tante creature. / La bellezza mi è propizia... mi concede questi sogni»... Così dice Goethe[9].

---

7 **trasformare... dell'intelligenza:** dare valore, rendendo intelligenti anche le cose banali.
8 **Kapò:** nei lager nazisti, i prigionieri che avevano funzioni di comando sugli altri deportati.
9 **Goethe:** Johann Wolfgang Goethe (1749-1832), scrittore, poeta e drammaturgo tedesco.

Dacia Maraini è nata nel 1936 a Fiesole, vicino a Firenze, figlia dell'antropologo e scrittore Fosco Maraini. Ha trascorso l'infanzia in Giappone, dove la famiglia si era trasferita. Dal 1943 al 1946 ha vissuto in un campo di internamento. Tornata in Italia, si è stabilita a Bagheria, in Sicilia. A diciotto anni, dopo la separazione dei genitori, ha seguito il padre a Roma, dove ha iniziato a dedicarsi alla letteratura e si è legata sentimentalmente al romanziere Alberto Moravia, con cui ha vissuto fino al 1978.

La sua produzione è molto fertile, non solo in ambito letterario ma anche nel cinema e nel giornalismo. Nelle sue opere affronta i temi legati alla questione femminile e all'infanzia. Nel 1962 pubblica il suo primo romanzo, *La vacanza*, cui fanno seguito *L'età del malessere* (1963) e un libro di poesie dal titolo *Crudeltà all'aria aperta* (1966). Negli stessi anni inizia a dedicarsi anche al teatro, scrivendo più di 30 opere, collaborando con numerosi gruppi teatrali e fondando lo sperimentale Teatro della Maddalena, interamente gestito da donne. Fra le opere narrative di questo periodo ricordiamo *Memorie di una ladra* (1972), *Donna in guerra* (1975), *Lettere a Marina* (1981), *Il treno per Helsinki* (1984), *Isolina* (1985). *La lunga vita di Marianna Ucrìa* (1990) e *Bagheria* (1993) sono romanzi ispirati alla Sicilia; *Voci* (1994) è un romanzo poliziesco femminista; *Un clandestino a bordo* (1996) affronta i temi della maternità e dell'aborto. Gli ultimi romanzi pubblicati sono *Il treno dell'ultima notte* (2008) e *L'amore rubato* (2012).

SARA Li mettete a suonare e poi, quando siete stufi, li buttate nelle camere a gas.
KARL Di tutte queste attività musicali mi incarico io, umile musicista fallito di Brema, oggi indegno ufficiale delle SS in questo campo di concentramento.
SARA Potrei odiare la musica perché voi l'amate.
KARL Il colonnello Saidler ha saputo che in campo sono arrivate due cantanti italiane. Vuole sentirvi cantare l'opera.
SARA Non sono cantante d'opera.
70 KARL Mi faccia sentire la voce...
SARA Cantavo in teatro. Sono un'attrice di teatro.
KARL Provi!
(Sara canta un pezzo. Ma si interrompe a metà con la voce spezzata)
KARL Cos'è successo alla sua voce?
SARA Distrutta.
KARL Lei deve concentrarsi Sara. Deve pensare alla musica. I morti lì fuori non esistono. Ascolti.
(Karl mette su il disco della Norma[10]. Si sente la voce di Norma che esplode potente. Atto primo scena 4a)
80 NORMA Io nei volumi arcani
leggo del ciel: in pagine di morte
della superba Roma è scritto il nome
Ella un giorno morrà, ma non per voi
Morrà pei vizi suoi.
Qual consunta morrà. L'ora aspettate
l'ora fatale che compia il gran decreto
Pace v'intimo... e il sacro vischio io mieto...
(Karl interrompe il canto tirando su la puntina dal disco)
KARL Ha sentito come vola questa voce? sa chi è?
90 SARA La Cigna. *(o qualsiasi altra cantante)*
KARL No, chi è che parla di guerra?
SARA Norma.
KARL Infatti, Norma. «Della superba Roma in pagine di morte, è scritto il nome. Ella un giorno cadrà, ma non per voi»... che piglio! Lei è la persona giusta per incarnare[11] questo personaggio da gran scena: occhi di fuoco, gesti maestosi, bocca dura, sprezzo e orgoglio... Lei sarà Norma. Per il colonnello Saidler. Per me. Per il campo. Il bisogno di bellezza ci uccide. E lei può darcela questa bellezza Sara.
SARA Anche voi cadrete. E non saremo noi a farvi cadere. Ma altre aquile ve-
100 nute dall'altra parte dell'oceano[12].

---

10 Norma: opera in due atti del musicista siciliano Vincenzo Bellini (1801-1835). La vicenda, ambientata nelle Gallie ai tempi della dominazione romana, racconta il triangolo sentimentale fra Pollione, proconsole romano, la sacerdotessa Norma, da cui ha due figli e la giovane sacerdotessa Adalgisa, di cui successivamente l'uomo si invaghisce. Tradita da Pollione, Norma decide in un primo momento di sacrificare i loro due figli. Poi, consapevole di aver infranto i sacri voti, decide di punire se stessa salendo sul rogo. Profondamente colpito dal suo gesto, Pollione decide di morire con lei.
11 incarnare: rappresentare.
12 altre aquile... dell'oceano: gli aerei americani.

KARL Perfetto! Lei è già dentro il personaggio fino al collo[13]. In questo posto di orrori quotidiani avvengono a volte anche dei miracoli.
SARA E... con chi dovrei cantare?
KARL Con... *(Prende in mano un foglietto e legge)* con Lidia Cantù, l'altra italiana, arrivata dopo di lei. La conosce?
SARA Trucchi disgustosi... perché non ci ammazzate subito invece di fare questo stupido gioco del gatto e del topo?
KARL Ha qualcosa contro i topi?
SARA Sono certamente più simpatici di lei.
110 KARL Ne abbiamo le baracche piene. Arrivano a rubare il pane dalle mani dei detenuti, sono intelligentissimi. Sanno quando uno è troppo debole per reagire. Non li ha ancora visti?
SARA Cosa vuole da me?
KARL La sua voce.
SARA Non ho più voce.
KARL Allora... la finzione di una voce. La sua presenza scenica. Sa recitare?
SARA È il mio mestiere.
KARL Allora reciterà. Imiterà. Fingerà. Si immedesimerà. Niente di più e niente di diverso da quanto le chiederebbe un normale regista di teatro.
120 SARA E quando mi manderete al gas, prima o dopo le repliche?
KARL Ascolti Sara!
(Karla torna a rimettere il disco)
KARL Cominci a imparare la sua parte...
(Prorompe «Casta diva[14]»)
NORMA Casta diva, che inargenti
queste sacre antiche piante
a noi volgi il bel sembiante
senza nube e senza vel...
(Bussano alla porta. Karl stacca il disco. La porta si apre. Viene avanti una donna con
130 *la divisa da deportata. Gli zoccoli ai piedi)*
KARL Avanti, avanti...
(Lidia avanza timidamente)
KARL Norma, le presento Adalgisa, abbracciatevi.
(Le due donne si abbracciano con una stretta disperata. Come un momento di abbandono nella tensione e nella paura. È l'abbraccio della solidarietà e del ritrovamento)
KARL Ora basta. Non ho detto avvinghiatevi. Solo un abbraccio di riconoscimento. I due personaggi principali dell'opera. Le due rivali. L'una ucciderà l'altra. Ma con amore. C'è tanto amore in quest'opera. Da riempirsene la pancia.
140 LIDIA Cosa dobbiamo fare?
KARL L'ho già spiegato a Sara. Dobbiamo mettere in scena la Norma. Per il piacere del colonnello Saidler che ama la musica italiana. Ma soprattutto

---

13 **Lei è... collo:** Sara, per il suo carattere, è già perfettamente allineata al personaggio che dovrà rappresentare.
14 **Casta diva:** l'aria più celebre dell'opera di Bellini, in cui Norma eleva una preghiera alla luna.

l'opera lirica. In particolar modo Vincenzo Bellini. Credo che sia stato in pellegrinaggio a Catania per vedere la casa dove è nato. Un uomo dai tratti ariani, dicono: alto, biondo...

LIDIA Io... nella Norma?

KARL Non è cantante lei?

LIDIA Di cabaret...

KARL Ci arrangeremo. Ci faremo aiutare dal grammofono. D'altronde quello che vuole Saidler è una illusione. La verità gli fa orrore.

LIDIA *(Contenta, già pensando di salvarsi)* Posso farle sentire qualcosa?

SARA Ti cali subito le braghe. E se fosse un tranello?

LIDIA Zitta tu menagramo[15]! Te ne stai rigida lì che sembra che hai ingoiato una scopa. Tutto il giorno non vedo che musi come il tuo: neri, lunghi, sporchi. Non ne posso più.

KARL Lidia, lei ha ragione. Anche gli assassini hanno le loro preferenze. Il loro debole sono le persone allegre.

(Lidia si appoggia alla sedia di Karl con un posa chiaramente provocante e si mette a cantare con voce dolce Lili Marlene[16]*)*

KARL *(Interrompendola)* Basta, basta. Non è questa la roba che vuole il colonnello.

LIDIA Posso cantare qualcos'altro. La Vedova allegra[17]? eh? Oppure «Lagrime amare napulitane[18]». O anche Zerlina[19]...

KARL No, no... per carità. Il colonnello Saidler non ama Mozart. Lo considera un «massone smidollato». Così dice lui. Non ama neanche Bach[20]. Lo chiama «maestrucolo di cappella dai sentimenti piccolo borghesi». Lui è per la gloria del melodramma[21]. Fiori, lagrime, passione e morte. D'altronde anche Wagner[22] amava Bellini. Detestava Verdi, ma amava «quel meraviglioso siciliano dalla tempra apollinea».

LIDIA E va bene... la Norma... perché no? Io posso fare tutto.

KARL *(Cantando a mezza voce)* «Meco all'altar di Venere / Era Adalgisa in Roma / cinta di bende candide / sparse di fior la testa...» Dovremo cingerla di bende candide... dovremo spargerle la chioma di fiori...

LIDIA E quando cominciamo?

KARL Subito. O domani. Il tempo qui non conta. O conta troppo. La cosa interessante di questo posto è che niente si conserva uguale a se stesso. L'odio si trasforma in amore. L'amore in pestilenza. Il presente si rivolta in passato. Il passato diventa di colpo il fiore del futuro. Un esperimento prezioso come dice il nostro colonnello, che «immette le sue punte nell'avvenire».

SARA Un avvenire da macellai, capitano Hoffmann.

---

15 menagramo: iettatrice.
16 *Lili Marlene***:** celebre canzone tedesca, che raggiunse grande notorietà durante il secondo conflitto mondiale.
17 Vedova allegra: operetta del compositore austriaco Franz Lehár (1870-1948).
18 Lagrime amare napulitane: *Lacreme napulitane* è una canzone del poeta napoletano Libero Bovio (1883-1942).
19 Zerlina: protagonista femminile dell'opera lirica *Don Giovanni* di Wolfgang Amadeus Mozart (1756-1791).
20 Bach: Johann Sebastian Bach (1685-1750), compositore tedesco.
21 melodramma: opera lirica.
22 Wagner: Richard Wagner (1813-1883), compositore tedesco.

KARL Lei è dogmatica[23] Sara. Usa le categorie morali come fossero leggi della tabellina pitagorica. Ma forse questo la rende simile a Norma. Norma era così. Una magnifica sacerdotessa druidica[24] convinta delle sue ragioni.

LIDIA Io non conosco la storia di Norma, capitano Hoffmann. Chi è Adalgisa?

KARL Il colonnello Saidler lo considererebbe una perversione: una italiana che non conosce la storia della Norma. Come per un ebreo non conoscere la storia di Mosè.

SARA È una storia sentimentale: banalissima: l'invasore che si innamora dell'invasa... la vittima dell'aguzzino e l'aguzzino della vittima. Fantasie romantiche prive di fondamento.

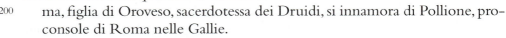

KARL I romani conquistano la Gallia. Norma, figlia di Oroveso, sacerdotessa dei Druidi, si innamora di Pollione, proconsole di Roma nelle Gallie.

LIDIA E chi farà Pollione?

KARL Io.

SARA Da quando in qua le SS si mescolano ai prigionieri? Non è proibito ogni rapporto, persino verbale?

KARL Noi siamo l'eccezione di quella regola a cui lei accenna.

LIDIA E Pollione si innamora di Norma?

KARL (*Sempre leggermente ironico, didattico, distaccato*) Si innamora sì. Ma di nascosto. Norma è votata alla castità. Nessuno deve saperlo. Fra l'altro cosa penserebbe la sua gente? Innamorarsi di chi si dovrebbe uccidere... anche per Pollione è un tradimento. Ma l'amore, come dice Virgilio, vince tutto... *Omnia vincit amor*[25]. Non è così?

LIDIA E Adalgisa?

KARL Adalgisa, per quelle leggi della geometria dell'amore[26] tanto care anche a Goethe, si innamora anche lei di Pollione.

LIDIA (*Infantile, partecipe, veramente interessata*) E Pollione si innamora di Adalgisa?

KARL Pollione si innamora di Adalgisa, ahimé si. E sarà la sua rovina.

LIDIA E che farà, lo dirà a Norma?

KARL Non lo dirà a Norma. Perché ne ha paura. O perché la ama ancora. Non si sa. Deciderà di scappare con Adalgisa. Ma Norma scoprirà l'inganno. E sembrerà che voglia denunciarli...

---

23 dogmatica: che non ammette discussioni.
24 druidica: degli antichi Celti.
25 Omnia vincit amor: l'amore vince tutto, frase ripresa dalle *Bucoliche* di Virgilio.
26 leggi della geometria: il riferimento è al romanzo di Goethe *Le affinità elettive* (1809), in cui la passione amorosa sembra regolata dalle stesse leggi della chimica.

LIDIA Li denuncia o no?
SARA È una storia stucchevole[27].
KARL *(Rispondendo a Lidia)* Sembra. Fino all'ultimo momento. Quando inaspettatamente denuncia se stessa.
LIDIA E Pollione?
KARL Pollione, nell'esaltazione del pericolo, torna ad amarla. Decidendo di morire con lei. «Troppo tardi t'ho conosciuta. Sublime donna io t'ho perduta»...
SARA Un brodo di giuggiole[28].
KARL Dovremo vincere il disfattismo di Sara. Non è una cosa facile. Che ne dice Lidia?
LIDIA Ma ci darete qualcosa di più da mangiare? quella zuppa di acqua calda in cui galleggiano tre fagioli è una presa in giro.
KARL Mangerete di più se lavorerete bene, s'intende.
SARA Penseranno che siamo spie... un trattamento migliore qui ce l'hanno solo le spie e i kapò.
KARL Non penseranno niente. Cosa devono pensare i morti?
SARA Sono più vivi di me.
KARL Ha visto i loro occhi? sono abitati dalla morte anche quando sono vivi. Sa di quanto è la media di vita nel campo? tre mesi. Chi è vivo vede nell'altro il riflesso della propria morte. E cerca di non guardarlo.
LIDIA Ci sta offrendo una scappatoia, Sara. Dovresti ringraziarlo.
SARA Non mi fido.
KARL Norma non si fiderebbe. Proprio come lei. E neanche Medea[29] si fiderebbe. Non a caso Bellini le ha messo un coltello in mano e l'ha fatta chinare sui due figli – da notare, due proprio come quelli di Medea e Giasone – con l'intento di colpirli nel sonno.
SARA Non si ripari dietro i miti capitano Hoffmann. Non riesce a nascondersi.
(Una voce da fuori chiama il capitano)
VOCE Hauptmann Hoffmann, Hauptmann!...
KARL Devo andare. Imparate a memoria le parti. Tornerò. Vi porterò da mangiare.
(Karl esce. Le due donne rimangono sole)
SARA È un trucco. Un ridicolo trucco. Fanno sempre così. Si divertono a illuderti. Quando ti vedono prendere confidenza, abbandonarti alla speranza, ti colpiscono con più gusto.
LIDIA Sbagli. Io sento che è vero questa volta. Quell'uomo è diverso dalle altre SS. Non ti accorgi che ci sta male nella sua pelle? Non gli piace il mestiere dell'aguzzino. Cerca qualcosa che lo tiri fuori... e questa è un'occasione, per lui, per noi...
SARA Non ci credo. Sono qui da più tempo di te Lidia.
LIDIA Ma proviamo. Che ci costa? Non abbiamo niente da perdere.

[D. Maraini, *Erzbeth Bathory. Il geco. Norma 44*, Editori & Associati, Roma 1991]

---

27 stucchevole: noiosa e nauseante.
28 Un brodo di giuggiole: Sara utilizza ironicamente questo modo di dire, che letteralmente trasmette grande contentezza, entusiasmo.
29 Medea: figura mitologica greca che, abbandonata dal marito Giasone, uccide i loro due figli.

La struttura: atti e scene

Il testo bussola si apre con la scritta **ATTO PRIMO** posta al centro della pagina, dove di solito in un testo narrativo viene riportato il titolo o il numero dei capitoli.

INTERROGHIAMO *il testo* — Quale informazione sulla struttura del testo teatrale possiamo ricavare da questa indicazione iniziale?
Nella parte che hai letto, la vicenda si svolge in luoghi diversi o sempre nello stesso posto? E prosegue in modo continuativo o vi sono interruzioni e passaggi temporali?

Con il termine "**atto**" si designa una delle parti in cui si suddivide un testo drammatico. Come possiamo vedere nel testo bussola, in ciascun atto i fatti si sviluppano nello stesso ambiente e senza salti temporali. L'incontro tra Karl, Sara e Lidia si svolge soltanto nella baracca dell'ufficiale delle SS e il dialogo tra i tre personaggi non subisce nessuna interruzione temporale: vi è perfetta coincidenza tra il tempo della storia e il tempo del racconto.

LE PAROLE *del metodo* ❯ Gli **atti** (o **tempi**) costituiscono gli episodi principali in cui si articola la vicenda di un'opera teatrale e sono caratterizzati da **unità di luogo** e **di tempo**.

Il passaggio da un atto all'altro non riguarda soltanto la struttura della storia, ma permette di soddisfare anche alcune **necessità della messa in scena**. Per esempio al termine di un atto, a sipario chiuso, possono essere effettuati dei cambi di scenografia e gli attori possono approfittare della pausa per cambiare costumi e trucco.
Molto spesso gli autori teatrali indicano una suddivisione anche all'interno di un atto. Per comprendere questa ulteriore articolazione delle vicende, riflettiamo sui movimenti dei personaggi del testo bussola.

INTERROGHIAMO *il testo* — Nel dialogo non partecipano sempre tutti e tre i protagonisti del dramma: in quale momento della rappresentazione un personaggio entra o esce dalla baracca di Karl?

Lidia si unisce all'ufficiale nazista e a Sara quando il dialogo fra i due è avviato (*Viene avanti una donna con la divisa da deportata*) e verso la fine del brano presentato le donne restano sole (*Karl esce*). Come vedremo in altri testi teatrali, in questi casi l'autore può scegliere di segnalare con il termine "**scena**" l'inizio di una nuova fase della rappresentazione.

LE PAROLE *del metodo*   Le **scene** sono le fasi in cui è possibile suddividere un atto. Il passaggio dall'una all'altra è solitamente determinato dall'entrata o dall'uscita di uno o più personaggi.

Per esempio, Carlo Goldoni (▶ p. 523) suddivide il secondo atto della sua commedia *La locandiera* in ben diciannove scene, alcune brevissime, come la seguente.

> Scena XVI
> *Il cavaliere solo*
> CAVALIERE: Tutti sono invaghiti di Mirandolina. Non è maraviglia, se ancor io principiava a sentirmi accendere. Ma anderò via; supererò questa incognita forza... Che vedo? Mirandolina? Che vuole da me? Ha un foglio in mano. Mi porterà il conto. Che cosa ho da fare? Convien soffrire quest'ultimo assalto. Già da qui a due ore io parto.
>
> Scena XVII
> *Mirandolina con un foglio in mano, e detto.*
> MIRANDOLINA: Signore. (*Mestamente.*)
> CAVALIERE: Che c'è, Mirandolina?
> MIRANDOLINA: Perdoni. (*Stando indietro.*)
> [...]
>
> [C. Goldoni, *La locandiera*, Newton Compton, Roma 1994]

Il linguaggio drammatico: didascalie, battute, *performance* e deissi

Per imparare a riconoscere gli elementi specifici del **linguaggio drammatico**, cominciamo con l'osservare il modo in cui il testo di Dacia Maraini viene presentato.

INTERROGHIAMO *il testo*   **Quali particolarità contraddistinguono l'aspetto grafico del testo? In quanti tipi di scrittura è riportato e come è disposto? Che cosa viene segnalato in lettere maiuscole?**

Il testo di Dacia Maraini, come qualsiasi altra opera drammaturgica, presenta parti scritte in corsivo (**didascalie**) e altre in carattere normale (**battute**). La disposizione del testo è scandita dall'andamento del dialogo fra i personaggi, i cui nomi vengono indicati in maiuscolo.

Le didascalie

INTERROGHIAMO *il testo*   **Rileggi le didascalie del testo bussola e individua quali informazioni forniscono all'eventuale lettore e, soprattutto, al regista e agli attori.**

Le didascalie spiegano **dove** e **quando** si svolge la storia rappresentata (*siamo dentro una baracca miserabile*; *Siamo in un campo di concentramento nazista*). Inoltre contengono indicazioni sullo **svolgimento dell'azione**, sui **movimenti** e sul modo di **recitare** degli attori (*si ravvia i capelli e si dirige verso l'uscita*; *quasi che il silenzio le fosse intollerabile ricomincia in fretta*; *parlando quasi a se stesso*), oltre che sulle **entrate** e sulle **uscite** dei personaggi.

LE PAROLE *del metodo* Quindi le **didascalie** sono indicazioni in corsivo che riguardano:
> la **dimensione spaziale** e **temporale** delle vicende;
> la **modalità di recitazione** dei personaggi (tono della voce, gesti, movimenti e atteggiamenti);
> precisazioni sullo **sviluppo delle vicende** (entrate e uscite di scena).

Nel testo bussola le didascalie sono piuttosto accurate ma, come vedremo nei brani seguenti, ciò non accade in tutti i testi drammatici. Lo spazio riservato alle didascalie varia a seconda degli autori: c'è chi si limita a poche indicazioni, chi invece vi si dedica in maniera dettagliata. Sebbene non si tratti di una regola, in generale possiamo affermare che se l'autore – antico o moderno che sia – si occupa in prima persona della rappresentazione, allora le didascalie possono essere anche quasi del tutto assenti, mentre risultano più ampie se l'autore delega il compito di allestire la sua opera a un regista.

Le battute
Come appare evidente dalla lettura del primo atto di *Norma 44*, la forma del testo teatrale si fonda sullo scambio delle **battute** tra i personaggi, precedute ogni volta dal nome di chi le pronuncia.

INTERROGHIAMO *il testo* **Quali informazioni riceviamo sulla vicenda e sui personaggi attraverso le parole di Karl, Sara e Lidia?**

Lo scambio di battute tra i tre personaggi ci consente di venire a conoscenza dell'avvenimento da cui si svilupperà la storia (due prigioniere vengono coinvolte nel progetto di rappresentare la *Norma* di Vincenzo Bellini) e ci fornisce indizi sul modo in cui si proseguirà (*Ci arrangeremo. Ci faremo aiutare dal grammofono*). Il dialogo ci infor-

---

il punto su... | **Lo spazio e il tempo a teatro**

Nella rappresentazione teatrale le vicende possono svolgersi esclusivamente sullo spazio scenico in cui avviene l'azione, posto dinanzi al pubblico. Spesso, però, questo spazio visibile interagisce con lo spazio nascosto dietro le quinte, di cui si colgono soltanto voci e rumori, ma dove potrebbero anche avvenire fatti importanti per lo sviluppo della vicenda. Nel testo di Dacia Maraini da questo spazio esterno proviene il richiamo al capitano Hoffmann, ma da fuori arrivano anche i rumori che consentono allo spettatore di capire che la storia è ambientata in un campo di concentramento: *voci brutali. Il canto di una ubriaca. Il suono di passi di marcia. Degli ordini urlati*.
Una caratteristica del teatro è l'illusione della contemporaneità tra il tempo della rappresentazione e quello degli eventi: lo spettatore è indotto a credere di assistere in tempo reale ai fatti messi in scena. In realtà raramente le ore in cui si svolge lo spettacolo coincidono perfettamente con la durata della vicenda, che può spaziare da alcuni minuti a settimane, mesi o anni. Nella drammaturgia classica la durata della vicenda poteva protrarsi fino a un'intera giornata, ma il teatro contemporaneo si è spinto ben oltre: in *Vita di Galileo* di Bertolt Brecht (▶ p. 210) la storia copre un arco temporale che va addirittura dal 1609 al 1637.
Per ottenere questa discordanza temporale più o meno ampia, l'autore teatrale può utilizzare alcune tecniche tipiche della narrazione. In genere, nel passaggio da un atto all'altro, può ricorrere ai sommari, affidati a un personaggio che racconta quanto è avvenuto nel frattempo, o alle ellissi (salti temporali). Inoltre, al fine di ricostruire gli antefatti della storia e chiarire la situazione di alcuni personaggi, spesso nei dialoghi dei personaggi possiamo cogliere notizie e riferimenti riguardo a fatti avvenuti in precedenza (*flashback*). Nel testo bussola, per esempio, dalle parole di Sara lo spettatore apprende che essa è già stata torturata due volte e ottiene informazioni sul momento del suo arresto e sulla figura del padre, anch'egli musicista.

ma a proposito di alcuni avvenimenti precedenti all'incontro nella baracca dell'ufficiale, come per esempio la cattura di Sara. Inoltre le battute ci permettono di scoprire la professione dei personaggi femminili, lo spirito ribelle e orgoglioso di Sara (*Non voglio essere aiutata. Da lei*), la disposizione al compromesso di Lidia (*Che ci costa? Non abbiamo niente da perdere*), la passione di Karl per la musica e il suo atteggiamento velatamente critico nei confronti dei superiori (*quello che vuole Saidler è una illusione. La verità gli fa orrore*).

LE PAROLE *del metodo* In sintesi, le informazioni contenute nelle **battute** riguardano i seguenti aspetti:
- lo **sviluppo delle vicende**;
- gli **antefatti** della situazione messa in scena, necessari alla comprensione della vicenda e dei personaggi;
- la **caratterizzazione dei personaggi**.

Ora vediamo quali tipi di battute si possono incontrare in un testo teatrale.

LE PAROLE *del metodo*
- I **dialoghi**, in cui le voci dei personaggi si alternano. Si tratta di battute generalmente brevi che occupano di solito la maggior parte del testo, guidano lo svolgimento della vicenda e, a seconda della velocità con cui si avvicendano, determinano il ritmo della rappresentazione.
- I **monologhi** sono lunghe battute pronunciate da un personaggio, che focalizzano l'attenzione sui suoi pensieri, sul resoconto di vicende o sul giudizio espresso su quanto sta accadendo. I monologhi rallentano il ritmo dell'azione e provocano dunque una pausa nella messa in scena. In *Sei personaggi in cerca d'autore* di Luigi Pirandello (▶ p. 546), uno dei protagonisti nel seguente monologo esprime la sua concezione relativa all'identità degli uomini:

> IL PADRE: Il dramma per me è tutto qui, signore: nella coscienza che ho, che ciascuno di noi – veda – si crede "uno" ma non è vero: è "tanti", signore, "tanti", secondo tutte le possibilità d'essere che sono in noi: "uno" con questo, "uno" con quello – diversissimi! E con l'illusione, intanto, d'esser sempre "uno per tutti", e sempre "quest'uno" che ci crediamo, in ogni nostro atto. Non è vero! non è vero! Ce n'accorgiamo bene, quando in qualcuno dei nostri atti, per un caso sciaguratissimo, restiamo all'improvviso come agganciati e sospesi: ci accorgiamo, voglio dire, di non esser tutti in quell'atto, e che dunque una atroce ingiustizia sarebbe giudicarci da quello solo, tenerci agganciati e sospesi, alla gogna, per una intera esistenza, come se questa fosse assommata tutta in quell'atto! Ora lei intende la perfidia di questa ragazza? M'ha sorpreso in un luogo, in un atto, dove e come non doveva conoscermi, come io non potevo essere per lei; e mi vuol dare una realtà, quale io non potevo mai aspettarmi che dovessi assumere per lei, in un momento fugace, vergognoso, della mia vita! Questo, questo, signore, io sento sopratutto. E vedrà che da questo il dramma acquisterà un grandissimo valore. Ma c'è poi la situazione degli altri!
>
> [L. Pirandello *Sei personaggi in cerca di autore*, Mondadori, Milano 1978]

Nei monologhi il personaggio si trova dinanzi agli altri protagonisti che restano in silenzio.

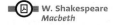
W. Shakespeare
Macbeth

- Si parla di **soliloquio**, invece, se il personaggio pronuncia le sue riflessioni quando è solo sulla scena, come accade in questo brano tratto da *Macbeth* di William Shakespeare:

Inverness. Una stanza nel Castello di Macbeth. Entra Lady Macbeth, leggendo una lettera

LADY MACBETH «Esse mi incontrarono il giorno della vittoria; ed io ho appreso dalla più autorevole informazione che in loro è una scienza più che mortale. Nel momento in cui ardevo dal desiderio di interrogarle ancora, si trasformarono in aria, e in essa scomparvero. Mentre ne ero ancora compreso di stupore, giungevano messaggeri da parte dei re, i quali mi salutarono "signore di Cawdor"; col quale titolo, appunto, prima mi avevan salutato queste sorelle, e mi avevano rinviato al tempo avvenire, con queste parole: "Salve, o tu che dovrai essere re!". Ciò ho pensato bene di far subito noto a te, o mia carissima compagna di grandezza, affinché tu non perdessi la tua parte di godimento, restando ignara della grandezza che ti è promessa. Riponi questa in fondo al tuo cuore, e addio». Tu sei Glamis e Cawdor; e sarai ciò che ti è stato promesso. Ma temo della tua natura; essa è troppo imbevuta del latte della bontà umana, per prender la via più breve. Tu vorresti esser grande; non sei senza ambizione: ma non hai il malvolere che dovrebbe accompagnarla: ciò che desideri sommamente, tu lo vorresti avere santamente; tu non vorresti agire in modo sleale, ma tuttavia vorresti ottenere ingiustamente tu, o magnanimo Glamis, vorresti avere ciò che ti grida «così devi fare, se lo devi avere»; e vorresti quel che hai più timore di commettere che desiderio che non sia commesso. Affrettati a venir qua, affinché io possa versarti nell'orecchio il mio coraggio, e riprovare col valore della mia lingua, tutto ciò che ti allontana dal cerchio d'oro, col quale il destino e un aiuto soprannaturale sembra ti vogliano incoronato.

[W. Shakespeare, *Tutte le opere*, trad. it. di M. Praz, Sansoni, Firenze 1965]

> Gli **a parte** sono battute pronunciate da un personaggio come se i presenti sulla scena non lo potessero sentire, parlando tra sé e sé o, in alcuni casi, rivolgendosi al pubblico. Si tratta di frasi in cui il personaggio esprime giudizi negativi o sentimenti, pensieri e intenzioni che non può manifestare apertamente.
> Nella scena II del secondo atto di *Le smanie per la villeggiatura* di Carlo Goldoni (▶ p. 523), un personaggio, Leonardo, nel corso di un dialogo con la sorella che

il punto su... | I personaggi teatrali

L'analisi dei personaggi è fondamentale per comprendere lo svolgimento dei fatti rappresentati sulla scena. In generale nei testi drammatici è riportato, nella pagina di apertura, l'elenco dei personaggi principali e secondari, con la precisazione dell'identità e del ruolo, come nell'esempio seguente, tratto da una recente commedia che racconta il mondo della scuola:

Vera Baccalauro, professoressa di ragioneria
Mattozzi, sacerdote, professore di religione
Cozzolino, professore di lettere
Alinovi, professoressa di storia dell'arte
Il preside, professore di matematica
Mortillaro, professore di francese
Voce della professoressa Serino, morta in cattedra

[D. Starnone, *Sottobanco*, Edizioni e/o, Roma 2010]

I ruoli dei personaggi e i loro rapporti con i fatti della vicenda determinano un sistema che può comprendere le seguenti funzioni: il protagonista, al centro della rappresentazione, a cui si contrappone l'antagonista; gli aiutanti e gli oppositori, che si schierano rispettivamente al fianco del primo o del secondo; l'oggetto, ovvero l'obiettivo che il protagonista si prefigge di raggiungere. Come nel testo narrativo, anche a teatro un personaggio può essere un tipo, che rappresenta una specifica categoria umana (l'avaro, lo sciocco ecc.), o un individuo, che mostra al contrario caratteristiche psicologiche complesse, che mutano a seconda della situazione e si evolvono nel tempo. Infine, per sottolineare le particolarità individuali dei diversi personaggi e il ruolo svolto nelle vicende, ciascuno di essi è soggetto a una caratterizzazione (fisica, psicologica, sociale, ideologica).

sta dilapidando le ricchezze della famiglia, manifesta in un a parte il dubbio di riuscire a trattenere la rabbia. E alla fine della stessa scena, dopo che Leonardo ha imposto una limitazione delle spese, anche altri due personaggi, la sorella spendacciona e un servo, usano la tecnica dell'a parte per esprimere i loro pensieri.

> LEONARDO (Ah! Vorrei nascondere la mia passione, ma non so se sarà possibile. Sono troppo fuori di me stesso).
> [...]
> VITTORIA (Oh, povera me! La villeggiatura è finita).
> PAOLO Bravo, signor padrone: così va bene. Far manco debiti che si può.
> LEONARDO Il malan che vi colga. Non mi fate il dottore, che perderò la pazienza.
> PAOLO (Andiamo, andiamo, prima che si penta: Si vede che non lo fa per economia, lo fa per qualche altro diavolo, che ha per il capo).
>
> [C. Goldoni, *Le smanie per la villeggiatura*, in *Trilogia della villeggiatura*, Rizzoli, Milano 1982]

> **I fuori campo** sono battute che provengono da uno spazio esterno alla scena e non visibile al pubblico, come la voce che nel testo bussola chiama in tedesco Karl (*Hauptmann Hoffmann*).

Il linguaggio performativo

Quando viene rappresentato, il testo drammatico diventa **performance** ("azione"). Ciò avviene non soltanto attraverso le battute dei personaggi, ma anche grazie ai loro **gesti** e **movimenti**. Proprio in vista della realizzazione scenica, il testo di uno spettacolo teatrale è caratterizzato da un linguaggio che indirizza all'azione, a partire dalle didascalie, che talvolta non forniscono soltanto descrizioni o suggerimenti ma anche vere e proprie disposizioni per i registi e gli attori.

Il **linguaggio performativo** si manifesta anche nelle battute del personaggio, quando le parole da lui pronunciate orientano il comportamento dei suoi interlocutori.

INTERROGHIAMO *il testo* Dopo aver riletto il dialogo del testo bussola, individua alcuni esempi di linguaggio performativo. Tra le battute che hai individuato è possibile distinguere diverse modalità espressive adottate dai tre personaggi?

Nel corso del brano Karl invita Sara a cantare (*Provi!*) e Lidia a entrare nella baracca (*Avanti, avanti*). Quando le due detenute si incontrano, l'ufficiale muta tono e ordina loro cosa fare (*abbracciatevi*; *Ora basta. Non ho detto avvinghiatevi*) e in un caso utilizza anche il vocativo (*Ascolti Sara!*). L'attrice di teatro, invece, che inizialmente crede di essere stata convocata per subire l'ennesima tortura, rivolge al nazista una frase interrogativa, affinché proceda senza esitazioni (*Perché non vi sbrigate?*). E anche Lidia chiede a Karl come comportarsi (*Cosa dobbiamo fare?*).

LE PAROLE *del metodo* Il **linguaggio performativo** mira a indurre uno o più personaggi a compiere un'**azione**, ad assumere **un atteggiamento** o a provare un **sentimento**. Esso può manifestarsi attraverso:
> verbi di modo **imperativo**;
> **espressioni esortative**, anche in **forma interrogativa** o con l'uso dei **vocativi**.

I deittici

Dato che il testo drammatico è finalizzato alla rappresentazione in presenza degli spettatori, non è necessario – a differenza dei testi narrativi – inserire informazioni descrittive sul contesto scenico che il pubblico ha dinanzi agli occhi. Al contrario, le battute dei personaggi contengono numerose **espressioni deittiche** (dal greco *déixis*, "indicazione") che danno per scontato la conoscenza dell'ambiente, degli oggetti e dei personaggi da parte di chi assiste allo spettacolo.

INTERROGHIAMO *il testo* **Rileggi il testo bussola ricercando riferimenti agli elementi del contesto della rappresentazione che se non fossero visibili allo spettatore richiederebbero maggiori precisazioni.**
Inoltre indica quali parti grammaticali del discorso svolgono questa funzione.

I personaggi si riferiscono continuamente a se stessi e agli interlocutori impiegando pronomi personali e aggettivi e pronomi possessivi (*Lei è una detenuta. E non si fida dei suoi guardiani. Giusto. Anch'io non mi fiderei. Ma si dà il caso che io sia qui per aiutarla*). In una delle prime battute, attraverso l'uso dei dimostrativi Karl accenna all'aspetto fisico di Sara (*Già conciata in questo modo*; *E queste bruciature di sigaretta?*) senza specificare il *modo* in cui si trova la donna e dove si trovano le *bruciature*. Sempre il protagonista maschile accenna più volte al luogo in cui si svolge la vicenda senza ulteriori precisazioni (*Non sono qui per torturarla*). Spesso nelle battute compaiono anche indicatori temporali che rimandano alla situazione rappresentata (*E quando cominciamo?/ Subito. O domani*; *Io sento che è vero questa volta*).

LE PAROLE *del metodo* I **deittici** sono indicatori testuali che si riferiscono a elementi della finzione scenica e possono essere:
> **pronomi personali**;
> **aggettivi** e **pronomi possessivi** e **dimostrativi**;
> **avverbi di luogo** e **di tempo**.

LA MAPPA DELLE CONOSCENZE

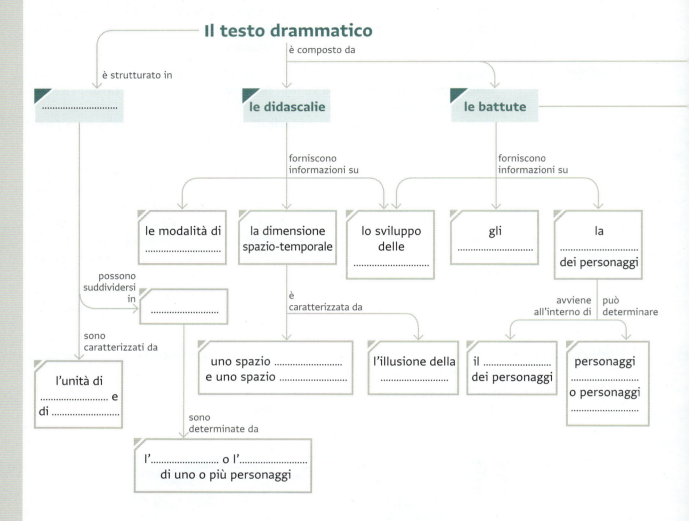

LE COMPETENZE DI LETTURA E DI SCRITTURA

1. Scegli uno scambio di battute del testo bussola in cui l'autrice non ha ritenuto necessario inserire delle didascalie e prova ad aggiungerle, introducendovi suggerimenti di recitazione. Ti forniamo un modello.
   KARL *(con un sorriso beffardo)* Ha qualcosa contro i topi?
   SARA Sono certamente più simpatici di lei *(ride ostentatamente)*.
   KARL Ne abbiamo le baracche piene *(ruota un braccio per indicare il luogo in cui si trovano)*. Arrivano a rubare il pane dalle mani dei detenuti. Sono intelligentissimi. Sanno quando uno è troppo debole per reagire. *(Si avvicina a Sara)* Non li ha ancora visti?

2. Prova a inserire nella prima parte, quando il dialogo si svolge soltanto fra Sara e Karl, un altro personaggio con cui i due protagonisti scambiano alcune battute. Ti forniamo un modello.
   KARL Non sono qui per torturarla. Ma per... *(bussano alla porta)* Avanti!
   SOLDATO *(viene avanti un giovane soldato; si mette sull'attenti davanti a Karl)* Signor capitano, il colonnello Saidler desidera sapere se avete già incontrato le due cantanti italiane?
   KARL *(con tono ironico)* Quanta ansia... l'amore per l'arte rende impazienti. *(Assume un tono più ufficiale)* Dite al colonnello che avete incontrato nella mia baracca la prigioniera Sara di Nola e che...

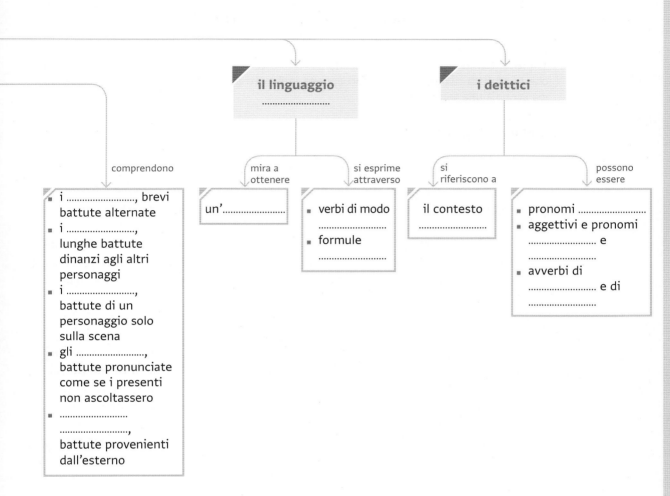

3. Espandi il brano, che si sviluppa esclusivamente attraverso il dialogo, con un monologo o un soliloquio di un personaggio a tua scelta, prendendo in prestito la protagonista Sara. Anche in questo caso ti forniamo un modello.
   SARA È un trucco. Un ridicolo trucco. Fanno sempre così. Si divertono a illuderti. Quando ti vedono prendere confidenza, abbandonarti alla speranza, ti colpiscono con più gusto. Sei già stata torturata? Io due volte e in entrambi i casi sai da chi sono stata accolta nella stanza dove mi avrebbero fatto urlare come un agnello sgozzato? Da un soldatino così giovane che mi sono chiesta se la madre potrebbe mai immaginare cosa fa il suo bambino con il corpo dei prigionieri. Un bel viso sorridente, si direbbe contento perché ha finito di fare i compiti e ora può raggiungere i suoi amichetti, biondi come lui. E invece, dopo averti guardato per qualche secondo (si accende una sigaretta)...

4. Immagina di essere un regista che deve occuparsi della messa in scena del testo della Maraini. Continueresti ad ambientare la vicenda in un lager nazista o sceglieresti un contesto più attuale? Nel secondo caso, dove e quando si svolgerebbe la storia? Quali attori ti piacerebbe avere a tua disposizione? Hai qualche idea particolare sull'uso della musica e delle luci? Rispondi alle domande con un testo di circa tre colonne di foglio protocollo, esponendo e giustificando le tue decisioni.

T2 Erri De Luca L'ultimo viaggio di Sindbad

Il protagonista di questo racconto teatrale di Erri De Luca (▶ p. 108) è Sindbad, una versione contemporanea del leggendario personaggio delle *Mille e una notte.* È il capitano di un malconcio battello che trasporta un carico di uomini e donne diretti verso le coste italiane con l'illusione del benessere e della libertà.
Ti presentiamo le prime quattro scene del primo tempo del testo: dalle ruvide istruzioni che lo scafista rivolge ai viaggiatori appena imbarcati alla prima notte di viaggio, quando già scoppia una tempesta.

PRIMO TEMPO

Scena 1

Notte, una piccola nave, una stiva¹ in cui entrano uno alla volta dei passeggeri di fortuna, futuri clandestini d'Europa. Terminato l'imbarco una voce brusca detta i primi ordini.

CAPITANO Malvenuti a bordo. Per la durata della traversata resterete nella stiva. Sarà permessa l'uscita di un uomo alla volta e per un'ora al giorno. Nessuna donna esce. Ci sono satelliti che controllano pure quanti pidocchi abbiamo in testa. Chiaro?

Nessuno risponde.

CAPITANO Bene, ora mi presento, mi chiamo Sindbad, marinaio da che mondo è mondo. Sono il capitano, quello che vi farà sbarcare in bocca all'occidente, alla civiltà. Vedrete che civiltà, che accoglienza. Voi volete andare là e io vi porto, ma su questa barca le leggi le faccio io e chi sgarra² finisce buttato a mare. Il mangiare passa una volta al giorno. Se c'è mare mosso non si mangia, così non si vomita e non si spreca il cibo. Per lavarsi c'è acqua di mare a volontà, là

---

1 **stiva**: locale in cui è messo il carico.
2 **sgarra**: non le rispetta.

Francis Meynell, *La stiva della nave negriera Albatros*, acquerello, 1846, Greenwich, National Maritime Museum.

c'è il secchio, lo calate da quell'apertura sulla fiancata. Da bere un litro al giorno per ognuno. Non c'è il gabinetto, buttate fuori quello che vi esce.

Dopo il discorso, il trambusto di chi occupa il proprio spazio che conserverà per la durata della traversata. Sembrano di molte nazionalità.

MARINAIO Capitano Sindbad, c'è una donna incinta, piena fino alle orecchie[3]. Facile che sgrava[4] a bordo.
CAPITANO Non sono stato io a riempirla[5]. Sgravasse pure, ma dalla stiva non esce.
UN PASSEGGERO Siamo poveri e prigionieri come al nostro paese. E abbiamo anche pagato per questo.
ALTRO PASSEGGERO Io ho pagato per la libertà. Non importa come viaggio, mi possono infilare pure in una cassa da morto, basta che mi fanno sbarcare vivo. Dev'esserci da qualche parte la libertà e se sta dall'altra riva del mare io la trovo.
ALTRO PASSEGGERO Abbiamo patito così tanto che qua dentro sarà una villeggiatura.
MARINAIO Zitti, oh!

Le donne si muovono meglio degli uomini che sono spaesati e non sanno dove mettersi. Mentre loro in fretta e semplicemente si spartiscono i posti e li organizzano. Spunta uno spago, stendono un filo, appoggiano sopra una tela per separare. Uno straccio serve a ripulire, la donna incinta viene aiutata dalle altre a sistemarsi dove c'è un po' d'aria.

Scena 2
CAPITANO *(terminando le istruzioni dopo la prima sistemazione)* Non voglio buttare nessuno in mare, vi voglio scaricare tutti in terraferma, ma non vi voglio sentire. Niente liti tra di voi, voi siete delle casse, così è scritto sul libro di bordo e non è la prima volta che butto una parte del carico a mare. Chi si fa trovare sul ponte senza permesso finisce in acqua.

Dopo un po' di silenzio un passeggero chiede:
PASSEGGERO Capitano Sindbad!
CAPITANO Che vuoi?
PASSEGGERO Dov'è l'oriente? Chiuso qua sotto non so da che parte voltare la preghiera[6].

Scena da *L'ultimo viaggio di Sindbad*, Compagnia Teatro dell'Albero, Bordighera, Teatro del Parco di Bordighera.

---

3 **piena fino alle orecchie:** al termine della gravidanza.
4 **sgrava:** partorisce.
5 **a riempirla:** a ingravidarla.
6 **da che parte... preghiera:** i musulmani devono pregare sempre rivolti verso la Mecca, la Città santa.

CAPITANO La prua volta a occidente, l'oriente è a poppa dove senti il rumore delle eliche.
PASSEGGERO Grazie capitano Sindbad!
CAPITANO Niente grazie, il viaggio sarà lungo e molti di voi malediranno di essersi imbarcati. Ringraziate il Dio vostro che vi ha consigliato di mettervi in questo buco in mezzo al mare.
Finché non saremo al largo dovete restare zitti. Quando avremo il mare sotto i piedi allora potete parlare, cantare, raccontarvi le vostre storie.

Breve cesura che fa intendere che sono già per mare, sale il brusio dei racconti, delle preghiere, di uno che a labbra mute accenna un canto mentre ripara qualcosa.

Scena 3

Notte, in cabina di comando vicino alla barra del timone. Il capitano ascolta dal nostromo il conto degli imbarcati. Alla fine il nostromo[7] conclude:

Scena da *L'ultimo viaggio di Sindbad*, Compagnia Teatro dell'Albero, Bordighera, Teatro del Parco di Bordighera.

NOSTROMO Gente di popoli nemici che a terra si è scannata e si scannerebbe subito, qui dorme fianco a fianco e si aiuta pure. Com'è strana l'umanità.
CAPITANO Oltre alle guide all'imbarco non c'era nessun altro? Qualcuno che all'ultimo momento non è voluto salire o che è venuto solo per accompagnare?
NOSTROMO Nessuno.
CAPITANO Non ci sono testimoni?
NOSTROMO No.
CAPITANO Meglio.
[…]

Scena 4

NOSTROMO Il vento rinforza, si avvicina una tempesta.
CAPITANO Avverti i passeggeri, fai legare bene i bagagli e falli restare sdraiati.

Nella stiva c'è trambusto, rotolano cose e persone, si cerca di restare ancorati al proprio posto. La tempesta è violenta e dura da molto. Uno degli uomini propone di tirare a sorte tra loro per sapere chi porta sfortuna e fa irritare il mare.

UOMO 1 Qualcuno di noi ha seminato vento e fa raccogliere tempesta a tutti[8].

---

7 **nostromo**: il più importante dei sottoufficiali.
8 **ha seminato… tutti**: ha fatto del male e causerà a tutti un danno.

Nessuno si sottrae all'esperimento. Lo fanno con un mazzo di pagliuzze, la più lunga indicherà il colpevole. Le donne non partecipano. La pagliuzza lunga è pescata da un giovane. Gli occhi degli altri sono su di lui.

GIOVANE Mi sono imbarcato per non andare in guerra. Scappo dall'esercito che manda a combattere contro dei villaggi.
UOMO 2 Sei un disertore. *(Gli sputa davanti ai piedi).*
UOMO 3 Qualcuno di noi avrà di sicuro una colpa più grossa di questa, se questa è una colpa.
UOMO 2 Parla per te.
UOMO 4 La sorte ha indicato lui.
UOMO 3 È una sorte di paglia.
UOMO 4 Non bestemmiare. Abbiamo chiesto e abbiamo avuto risposta.
UOMO 2 E tu disertore non dici niente?
GIOVANE Fate di me quello che volete.
UOMO 2 Decidiamo qualcosa, così rischiamo di morire tutti. Io dico che deve uscire.
UOMO 3 Che dici? Lo vuoi fare morire?
UOMO 4 È vero, il capitano ha parlato chiaro.
UOMO 3 Finché io sto su questa nave il giovane resta qui, se no buttate a mare pure me.

Un vecchio finora rimasto in disparte interviene, vedendo che qualcuno sta guardando dalla sua parte.

VECCHIO In casi di vita e di morte non si decide a maggioranza. Se uno solo è contrario il giovane deve restare con noi nella stiva.

[E. De Luca, *L'ultimo viaggio di Sindbad*, Einaudi, Torino 2003]

SCHEDA di LETTURA

L'accoglienza di Sindbad
La prima scena si apre con le brusche parole del capitano Sindbad ai *passeggeri di fortuna* della sua piccola nave che si accalcano nella stiva, destinati nella migliore delle ipotesi a diventare *clandestini d'Europa*. Con evidente ironia, il consueto saluto di benvenuto con cui vengono accolti gli ospiti di una nave si trasforma in un'espressione (*Malvenuti*) che anticipa l'elenco delle successive regole di comportamento che dovranno osservare. Per evitare gli occhi indiscreti dei satelliti, i maschi potranno uscire soltanto un'ora al giorno, uno alla volta, mentre le donne dovranno restare sempre dentro la stiva. Si tratta di precauzioni che sarà bene rispettare, come lascia intendere la minacciosa domanda conclusiva (*Chiaro?*).

Un viaggio disumano
Dopo essersi presentato, Sindbad si prende gioco delle illusioni di libertà e di pace dei suoi passeggeri (*Vedrete che civiltà, che accoglienza*) e li mette ancora in guardia sulle disumane condizioni di vita nel corso del viaggio: si mangerà soltanto una volta al giorno – ma *Se c'è mare mosso non si mangia* – e si vivrà ammassati l'uno sull'altro, senza alcuna precauzione igienica. La vita sulla nave sembra essere un'anticipazione dell'esistenza di stenti che attende i clandestini una volta sbarcati.

SCHEDA di LETTURA

L'insensibilità di Sindbad non risparmia neppure una donna in procinto di partorire, condannata con le altre a restare chiusa nella stiva. Anche la freddezza con cui si guarda a un parto imminente prefigura la sfiducia nei confronti del futuro, nella possibilità che per i clandestini le coste europee possano essere davvero l'inizio di una nuova vita. Le minacce di Sindbad continuano anche nelle seconda scena. Se non vogliono finire scaraventati in mare, i passeggeri dovranno tacere e uscire all'aperto soltanto nei tempi previsti. Dal momento in cui sono salpati è iniziata la loro vita di clandestini, obbligati a nascondersi. Saranno trattati come fossero casse di merce, quelle che, secondo il libro di bordo, la nave sta trasportando. Il viaggio sarà lungo e pericoloso. Ancora una volta in modo ironico, Sindbad raccomanda ai suoi ospiti di ringraziare il *Dio vostro che vi ha consigliato di mettervi in questo buco in mezzo al mare*.

I passeggeri
Gente che a terra si è scannata e si scannerebbe si trova insieme, ammassata in pochi metri quadri. I profughi provengono da diversi Paesi, sulla nave convivono razze e popoli anche nemici. Hanno pagato un biglietto di sola andata, inseguendo il miraggio della libertà e del benessere, e sono disposti a sopportare qualsiasi ostacolo (*mi possono infilare pure in una cassa da morto*). Sono fuggiti da situazioni così drammatiche che comunque il viaggio sembrerà loro una *villeggiatura* e sono sostenuti dalla speranza di un futuro migliore.
Eppure le comuni difficoltà non sono sufficienti ad affratellare i viaggiatori.
Allo scoppio della prima tempesta si scatena immediatamente la ricerca del capro espiatorio, di un presunto colpevole su cui scaricare le colpe delle avversità meteorologiche e soltanto il rispetto nei confronti della saggezza degli anziani riesce a placare una rissa.

Lo stile
Il brano è suddiviso in quattro scene che non sono scandite dall'entrata o dall'uscita dei personaggi ma da passaggi temporali e spaziali. I personaggi si scambiano le battute esclusivamente attraverso dialoghi scarni, con frasi brevi e coordinate. Anche le battute più ampie con cui il capitano comunica le norme da seguire durante la traversata hanno uno sviluppo lineare, ordinato come un testo regolativo per punti separati dalla punteggiatura.
Le didascalie sono piuttosto dettagliate. Forniscono indicazioni utili per la rappresentazione, in particolare movimenti e gesti dei personaggi e, in alcuni casi, svolgono anche una funzione narrativa, sostituendo alle battute il racconto di quanto sta avvenendo.

LABORATORIO

Comprendere e individuare
L'esplorazione del testo

1. Nel discorso iniziale di Sindbad, quale espressione colloca il personaggio in una dimensione fuori dal tempo, facendo di un fenomeno attuale l'emblema di una condizione universale di un'umanità divisa in oppressi e sfruttatori?

2. Individua il passo del testo in cui Sindbad giunge a paragonare i suoi passeggeri a degli oggetti.

3. Quale particolare mostra l'attenzione che le donne usano nei confronti della loro compagna incinta?

4. Quale affermazione di Sindbad rivela la natura illegale del viaggio e la preoccupazione di essere scoperti?

Interpretare e riflettere
La scoperta del testo

5. Per quali ragioni il comportamento delle donne appare migliore di quello degli uomini? Giustifica la tua risposta con opportuni riferimenti al testo.

6. Nel dialogo dell'ultima scena un personaggio intima a un altro, che mette in discussione l'esito della prova della pagliuzza, di *Non bestemmiare* (r.

76). Secondo te per quale motivo l'uomo ritiene che sia sacrilego dubitare della verità della soluzione indicata dalla paglia?

7. Prova a definire le varie modalità di comunicazione che Sindbad usa nei confronti dei profughi: come definiresti i suoi toni ed espressioni?

8. Il testo contiene un'indicazione sulla fede islamica dei passeggeri: sai dire dove e perché?

Analizzare
Lo stile e la forma del testo

9. Quali sono i cambiamenti che determinano il passaggio da una scena all'altra?

10. Rileggi le didascalie e compila la tabella riportando un esempio per ciascun tipo di indicazione fornita.

Spazio	....
Tempo	....
Tono della voce	....
Movimenti	....

11. Quali didascalie svolgono una funzione narrativa?

12. Individua almeno un paio di esempi sia di linguaggio performativo sia di deissi.

GRAMMATICA
13. *Non importa come viaggio, mi possono infilare pure in una cassa da morto, basta che mi fanno sbarcare vivo* (rr. 24-25). In questa battuta compaiono
    A. ☐ due proposizioni subordinate soggettive
    B. ☐ due proposizioni subordinate oggettive
    C. ☐ due proposizioni subordinate, una oggettiva e una soggettiva
    D. ☐ una proposizione subordinata soggettiva

Produrre
Dalla lettura alla scrittura

14. Il dialogo dell'ultima scena contiene una sola didascalia: prova a inserirne altre, dando indicazioni sulle modalità di recitazione. Ti forniamo un modello.
    GIOVANE *(con voce spaventata)* Mi sono imbarcato per non andare in guerra. Scappo dall'esercito che manda a combattere contro dei villaggi *(Sul volto appare una smorfia di dolore)*.
    UOMO 2 Sei un disertore *(Gli sputa davanti ai piedi)*.
    UOMO 3 *(con un tono pacato ma deciso)* Qualcuno di noi avrà di sicuro una colpa più grossa di questa, se questa è una colpa.

Scena da *L'ultimo viaggio di Sindbad*, Compagnia Teatro dell'Albero, Bordighera, Teatro del Parco di Bordighera.

VERIFICA DELLE COMPETENZE

MODELLO INVALSI

Leggi il seguente testo e poi rispondi alle domande.

T3 Natalia Ginzburg Ti ho sposato per allegria

Natalia Levi nacque a Palermo nel 1916. Visse diversi anni a Torino, dove nel 1938 sposò Leone Ginzburg, insegnante universitario di letteratura russa. Dopo la morte del marito (antifascista, costretto per anni al confino), si trasferì a Roma, dove cominciò a lavorare per la casa editrice Einaudi e nel 1950 sposò l'anglista Gabriele Baldini. Morì nel 1991. I suoi romanzi (*Tutti i nostri ieri*, 1952; *Le voci della sera*, 1961, *Lessico famigliare*, 1963; *Caro Michele*, 1973), danno voce alle dinamiche familiari e alle complessità quotidiane della vita. Inoltre la Ginzburg è autrice di testi teatrali, in cui prevalgono figure femminili nevrotiche e senza obiettivi che ripercorrono i dolorosi cambiamenti sociali di quegli anni. *Ti ho sposato per allegria*, composta nel 1965, è una commedia in cui si raccontano i primi giorni di matrimonio di Pietro e Giuliana, sposatisi soltanto un mese dopo essersi conosciuti. Pietro è un giovane avvocato, esponente di una famiglia borghese benestante, mentre Giuliana è una ragazza all'apparenza poco affidabile, svogliata e disordinata, dai modi bizzarri ma anche simpatici. La madre di Pietro, una signora con un carattere scontroso e altero, è contraria a queste nozze, ben al di sotto di quanto ritiene sia adeguato alla posizione del figlio. Alla fine, dopo una settimana di resistenze, accetta di incontrare la nuora e con la figlia, Ginestra, si reca a pranzo nella nuova casa degli sposi.
Il brano che ti proponiamo, tratto dal terzo e ultimo atto della commedia, presenta l'arrivo della madre di Pietro e il suo incontro poco "affettuoso" con Giuliana.

GIULIANA Pietro!
PIETRO Eccomi.
GIULIANA Vittoria[1] non è tornata!
PIETRO Come non è tornata?
GIULIANA Non è tornata, da ieri. Non è tornata, dopo il parrucchiere. Tu stavi fuori a cena, io ho bevuto un bicchiere di latte e me ne sono andata a dormire. Stamattina, dopo che sei uscito tu, suono il campanello, e non risponde. Mi alzo, la cerco in tutta la casa, e non c'è.
PIETRO Dobbiamo telefonare in questura?
10 GIULIANA No. La portinaia dice che sarà andata di nuovo dalla signora Giacchetta[2]. Le piaceva così tanto stare dalla signora Giacchetta. Non aveva quasi niente da fare. Qui anche le piaceva, ma trovava che c'era troppo lavoro.
PIETRO Che lavoro c'è, qui? Siamo due persone sole, la casa è piccola?
GIULIANA Sì, ma tu ti cambi la camicia due volte al giorno. Non le piaceva stirare, a Vittoria. Dalla signora Giacchetta non c'erano camicie da uomo. La signora Giacchetta è vedova.
PIETRO Mi dispiace.
GIULIANA Ti dispiace che è vedova?
PIETRO Mi dispiace di Vittoria. Dovremo cercare un'altra donna. Telefona a un'agenzia.
20 GIULIANA Se dici che non c'è da fidarsi delle agenzie!
PIETRO Come hai fatto per cucinare? Tra poco, saranno qui mia sorella e mia madre.
GIULIANA Avevo in casa dello spezzatino di ieri. L'ho scaldato.
PIETRO Lo spezzatino mia madre non lo può mangiare! Ti ho detto che ha l'ulcera gastrica!

---

1 **Vittoria:** è la domestica dei due sposi.
2 **Giacchetta:** la signora presso cui Vittoria era precedentemente in servizio.

GIULIANA Non va bene per l'ulcera gastrica, spezzatino in umido con le patate?
PIETRO No. E poi ce ne sarà stato poco!
GIULIANA Macché. È almeno un chilo di carne. Poi ho chiamato la portinaia, e l'ho pregata di imprestarmi un mollettone³. Il mollettone doveva comperarlo Vittoria, in piazza Bologna.
PIETRO *(guardando sotto la tovaglia)* Questo non è un mollettone. È una tela incerata.
GIULIANA Sì. La portinaia la usava per coprire la carrozzina del suo bambino. Ma è pulita. Gliel'ho fatta pulire con la spugna.
PIETRO Per primo? Per primo, cosa c'è?
GIULIANA Per primo? Per primo piatto, dici?
PIETRO Sì?
GIULIANA Niente. C'è un poco di melanzane alla parmigiana, avanzate da ieri.
PIETRO Non puoi dare a mia madre un pranzo tutto di avanzi! Fai del riso al burro!
GIULIANA Faccio del riso al burro? Va bene. Mi sono alzata tardi, stamattina, e poi speravo sempre che tornasse Vittoria. Mi dispiace tanto che non torni più. Stavo bene con lei. Chiacchieravo. Le raccontavo tutti i miei fatti. *(Via)*.

Pietro solo. Guarda ancora sotto la tovaglia. Raccoglie giornali sul tappeto. Riassesta i cuscini. Suona il campanello. Pietro va ad aprire. Entrano la madre e la sorella di Pietro.

GINESTRA Oh mamma, guarda come è carino qui! Una bellissima casa!
MADRE DI PIETRO *(sospirando)* Troppe scale. Io soffro di cuore, e le scale mi fanno male. Mi son dovuta fermare tre volte, per riprendere fiato. Com'è che hai preso una casa senza l'ascensore?
PIETRO Questa casa ci piaceva. E poi, avevamo fretta. Così non siamo stati tanto a guardare per il sottile.
MADRE DI PIETRO Guardare per il sottile? Lo chiami guardare per il sottile, guardare che ci sia l'ascensore, per quando viene a trovarti tua madre, che soffre di cuore?
PIETRO Siccome tu avevi detto che non saresti mai venuta in casa nostra!
MADRE DI PIETRO E ti rassegnavi così all'idea che io non venissi mai?
GINESTRA Tu non soffri di cuore, mamma. Hai un cuore sanissimo. Hai fatto l'elettrocardiogramma pochi giorni fa.
MADRE DI PIETRO Certi disturbi di cuore dall'elettrocardiogramma non si vedono. Anche il povero Lamberto Genova aveva fatto un elettrocardiogramma pochi giorni prima di morire, e non si era visto niente. Me l'ha detto la povera Virginia.
PIETRO Perché la chiami povera Virginia? Non è mica morta anche lei?
MADRE DI PIETRO Povera Virginia! Non è morta, ma è rimasta sola. E anche in condizioni finanziarie niente affatto buone. E i figli non le danno consolazioni. Uno sta in Persia⁴. L'altro si è messo con una donnaccia. Però, per fortuna, non l'ha sposata.
PIETRO È successo un piccolo inconveniente. La nostra donna di servizio Vittoria, ieri è andata dal suo parrucchiere, e non è più ritornata.

---

3 **mollettone**: tessuto pesante e felpato che si mette sotto la tovaglia per proteggere la tavola dal calore di piatti e tegami.
4 **Persia**: Iran.

GIULIANA *(entrando)* È quasi pronto. Il riso è quasi cotto.
MADRE DI PIETRO Buongiorno, signorina.
GINESTRA Buongiorno.
GIULIANA Buongiorno.
GINESTRA Stavamo ammirando la vostra bella casa!
MADRE DI PIETRO Io devo averla già vista, signorina, da qualche parte. Dove l'ho vista?
GIULIANA Mi ha vista in fotografia.
MADRE DI PIETRO No. Quella fotografia non le rassomigliava. Lei, del resto, non dev'essere fotogenica. No, ho visto, in qualche parte, la sua faccia. Io sono molto fisionomista. Non dimentico mai le fisionomie. Dove l'ho incontrata?
GIULIANA Posso chiederle di non chiamarmi signorina, dato che ho sposato suo figlio, una settimana fa?
MADRE DI PIETRO Come vi siete sposati? Dal sindaco?
GIULIANA Sì.
MADRE DI PIETRO Io sono cattolica osservante. Per me ha valore solo il matrimonio in chiesa. Il matrimonio civile non ha valore, per me. Ad ogni modo, la chiamerò signora, se vuole.
PIETRO Non vorresti chiamarla per nome, mamma?
MADRE DI PIETRO Il suo nome è Giuliana?
PIETRO Giuliana.
MADRE DI PIETRO Un nome pretensioso. Sarebbe stato molto meglio, semplicemente, Giulia. Come mai le hanno dato un nome così pretensioso?
GIULIANA E sua figlia non si chiama Ginestra? Ginestra non è un nome pretensioso?
MADRE DI PIETRO No. Ginestra non è un nome pretensioso. Mio marito amava molto Leopardi. L'abbiamo chiamata Ginestra per via di Leopardi[5]. E poi anche perché io, quando l'aspettavo, mi trovavo in un posto, dove c'era una fioritura di ginestre, bellissima. A Rossignano. Eravamo, quell'anno, in villeggiatura a Rossignano. Di dove è, lei?
GIULIANA Io sono di Pieve di Montesecco.
MADRE DI PIETRO E dov'è questo Pieve di Montesecco?
GIULIANA In Romagna.
MADRE DI PIETRO Ah in Romagna? Anche Rossignano è in Romagna. Conosce Rossignano?
GIULIANA No.
MADRE DI PIETRO Non conosce Rossignano? È strano. Non la portavano in villeggiatura a Rossignano, da bambina? Dove la portavano?
GIULIANA Non mi portavano in villeggiatura.
MADRE DI PIETRO Ah non la portavano?
GIULIANA No. Mia madre aveva altro per la testa.
MADRE DI PIETRO Cos'aveva per la testa, sua madre?
GIULIANA Aveva che non aveva denari. Lei e mio padre sono separati. Mio padre, quando io ero piccola, è andato via di casa.
MADRE DI PIETRO Sì. Mio figlio m'ha accennato qualcosa. È stata duramente provata dalla vita, sua madre?

---

5 **L'abbiamo chiamata... Leopardi:** *La ginestra* è il titolo di una famosa lirica di Giacomo Leopardi.

GIULIANA Sì.
MADRE DI PIETRO Anch'io sono stata duramente provata dalla vita. I miei figli non mi hanno dato consolazioni. Ho perduto mio marito. Mia sorella Filippa è inchiodata su una sedia a rotelle. E ora mio figlio ha voluto darmi ancora questo grande dolore. Ha fatto un matrimonio che io disapprovo. Io non ho niente contro di lei, signorina, o signora, o Giuliana, come vuole. Ma non credo che lei sia adatta a mio figlio, né che mio figlio sia adatto a lei. Sa perché mio figlio
120 l'ha voluto? Sa perché ha voluto unirsi a lei?
GIULIANA No?
MADRE DI PIETRO Per darmi un dolore.
PIETRO Il riso a quest'ora sarà stracotto. Andiamo a tavola!

[N. Ginzburg, *Ti ho sposato per allegria*, Einaudi, Torino 2010]

VERIFICA DELLE COMPETENZE

1. Pietro crede che Vittoria sia misteriosamente scomparsa e si preoccupa per la sua sorte. Quale battuta svela questo equivoco?

2. Con quale argomento Giuliana cerca di far sentire in colpa il marito per essere stata abbandonata dalla domestica?

3. Per la madre di Pietro Giuliana è ancora una sconosciuta: da quali affermazioni della signora possiamo dedurlo?

4. Giuliana non intende svolgere lavori casalinghi. Ricerca almeno un paio di battute che giustificano questa descrizione poco lusinghiera.

5. Quale scambio di battute tra Giuliana e la suocera ci permette di capire che la vecchia signora non è andata neppure al matrimonio del figlio?

6. La madre di Pietro rifiuta come nuora Giuliana e la chiama ostentatamente *signorina* (r. 69). Come giustifica questo comportamento?
   A. ☐ Giuliana sembra molto giovane
   B. ☐ Pensa che sia un'espressione più affettuosa
   C. ☐ Sono sposati soltanto da una settimana
   D. ☐ Il matrimonio non si è svolto con il rito religioso

7. Individua il passaggio del dialogo fra Giuliana e la madre di Pietro che evidenzia la differenza sociale fra i due personaggi.

8. Quale atteggiamento adotta Ginestra durante l'incontro?
   A. ☐ Si allea con la madre
   B. ☐ È gelosa di Pietro
   C. ☐ È disponibile nei confronti di Giuliana
   D. ☐ È insofferente per la situazione creata

9. Sebbene l'autrice abbia scandito soltanto la divisione in atti, il brano letto potrebbe essere diviso in tre scene: in quali punti, secondo te avviene il passaggio dall'una all'altra?

10. Indica quali elementi specifici del linguaggio drammatico vengono usati nella battuta: *Oh mamma, guarda com'è carino qui! Una bellissima casa* (r. 45)?

11. La battuta iniziale contiene un vocativo. Quale funzione del linguaggio drammatico svolge il richiamo di Giuliana al marito?

12. In una delle battute conclusive del dialogo (*Anch'io... a lei?*, rr. 114-120), quale figura dell'ordine viene utilizzata dalla madre di Pietro per sottolineare la presunta incompatibilità tra il figlio e la moglie?
    A. ☐ Anafora   C. ☐ Parallelismo
    B. ☐ Iterazione   D. ☐ Chiasmo

13. L'aggettivo *pretensioso* (r. 89) potrebbe essere sostituito da
    A. ☐ impegnativo   C. ☐ prevedibile
    B. ☐ ridicolo   D. ☐ presuntuoso

14. *Non la portavano* in villeggiatura *a Rossignano, da bambina?* (rr. 103-104). In questa battuta l'espressione sottolineata è un complemento di
    A. ☐ stato in luogo C. ☐ fine
    B. ☐ tempo determinato D. ☐ modo

15. *E ti rassegnavi così all'idea che io non venissi mai?* (r. 54). In questa battuta è presente una subordinata
    A. ☐ consecutiva
    B. ☐ modale
    C. ☐ dichiarativa
    D. ☐ temporale

UNITÀ 15
La tragedia

T1 Sofocle
Lo scontro tra Antigone e Creonte

T2 William Shakespeare
La morte apparente di Giulietta

VERIFICA DELLE COMPETENZE

T3 Eschilo
La pena di Prometeo

ONLINE

TESTI INTEGRATIVI
- William Shakespeare *Macbeth*

Eugenio Tutor di Italiano

Eugenio, il tutor online che guida nell'analisi interattiva e adattiva (testo di ▪ W. Shakespeare)

Le caratteristiche della tragedia

Alle origini del teatro occidentale

I generi della **tragedia** e della **commedia** (▶ U16, p. 504) sono entrambi nati nell'antica Grecia, e raggiungono il massimo splendore nella cosiddetta "**età di Pericle**", nel V secolo a.C., quando Atene espresse il culmine del suo sviluppo politico e culturale. In occasione delle Grandi Dionisie, feste che si tenevano annualmente in onore di Dioniso, si svolgeva una gara (**agone tragico**) tra tre drammaturghi, ciascuno dei quali presentava tre tragedie e un dramma satiresco, genere che rappresentava in chiave comica i comportamenti e – soprattutto – i vizi delle divinità e degli eroi mitologici. Alla fine dei cinque giorni dedicati alla festività, una giuria di cittadini proclamava il vincitore. Dopo il 487-486 furono ammessi alla gara anche cinque commediografi, ciascuno con un'opera.

Il culto di Dioniso

La tragedia affonda le sue radici proprio nel culto di **Dioniso**, dio del vino, dell'estasi e della liberazione dei sensi, immagine della natura selvaggia e istintiva dell'uomo. Durante le celebrazioni del culto del dio venivano intonati canti rituali ("**ditirambi**") da un coro composto dal corteo dei *tràgoi*, satiri ricoperti di pelle di capra. Il termine "tragedia" deriva dalla parola greca *tragodìa*, il cui significato è per l'appunto "canto del capro" (*tràgos*, "capro", e *oidè*, "canto"). Inizialmente i canti, accompagnati da danze sfrenate, erano guidati da un capo-coro, il **corifeo**, ma in un secondo momento il coro si divise in due gruppi che cantavano alternativamente. Successivamente dal coro si staccò un attore (il **protagonista**, "primo attore"), che interloquiva con il corifeo, spesso ricoprendo più ruoli, a seconda della maschera che indossava. Gradualmente crebbe il numero di attori che interagivano sulla scena. Il drammaturgo **Eschilo** introdusse il **deuteragonista** ("secondo attore") e poi il **tritagonista** ("terzo attore"). In tal modo la scena e la trama si arricchivano, mentre perse rilievo la funzione del **coro** che non partecipava più all'azione ma si limitava a svolgere un compito di raccordo narrativo e a commentare le vicende.

Lo spazio scenico e la rappresentazione

Quando le celebrazioni comprendevano soltanto canti e danze, lo spazio antistante il tempio era sufficiente ad accogliere i festeggiamenti. Con lo sviluppo della tragedia divenne necessario trovare un luogo che permettesse di soddisfare le esigenze degli

---

il punto su... | L'età di Pericle

L'età di Pericle rappresentò per la storia greca un periodo di straordinaria prosperità culturale, artistica, politica ed economica. Pericle (195-429 a.C.), uomo colto e raffinato, grande oratore, dominò la scena politica ateniese per 30 anni, dal 460 al 430 a.C. Grazie a lui la *polis* divenne la città più ricca e vivace della penisola attica e un modello di democrazia.
Durante questo periodo Pericle realizzò numerose opere pubbliche, tra cui l'ampliamento del porto del Pireo e la ristrutturazione dell'Acropoli, avvalendosi dell'opera dell'architetto e scultore Fidia, uno dei maggiori talenti artistici dell'epoca.
Vennero costruiti il tempio di Atena (Partenone), i Propilei, l'Eretteo e il tempio di Atena Nike. Per la cultura umanistica questo periodo può essere considerato un'"età dell'oro". Infatti vide nascere le grandi opere liriche di Pindaro, quelle storiografiche di Erodoto e Tucidide, i drammi di Sofocle (▶ T1, p. 488) ed Euripide e le teorie filosofiche di Socrate, che avrebbero influenzato il pensiero di Platone.

attori (luoghi dove cambiarsi di abiti e di maschere) e di accogliere un pubblico sempre più vasto (▶ p. 448). Ad Atene gli spettacoli drammatici si allestivano nel teatro di Dioniso, che sorgeva sul fianco della collina dell'Acropoli e che divenne il modello a cui si rifaranno il teatro di Epidauro (340 a.C.) e quelli della Magna Grecia, come per esempio a Segesta (IV secolo a.C.) e a Siracusa (238-215 a.C.).

Gli **ambienti** erano **elementari**: solitamente il fondale rappresentava in forma stilizzata palazzi reali o signorili e templi. Gli attori erano soltanto **maschi** e attiravano l'attenzione del pubblico con atteggiamenti e gesti enfatici e solenni. Indossavano vistose **maschere** che svolgevano una duplice funzione: consentivano al pubblico di riconoscere i personaggi anche a grande distanza e amplificavano la voce. La presenza scenica era inoltre accentuata dalla consuetudine di indossare i "**coturni**", calzature dalla suola molto alta che conferivano agli attori una statura imponente, e lunghe tuniche dai colori vivaci, spesso accompagnate da una cintura sopra la vita che slanciava ulteriormente la figura.

L'azione tragica non prevedeva la rappresentazione di scene cruente. La morte dei personaggi non avveniva mai davanti agli occhi degli spettatori, ma era raccontata da un altro personaggio o dal coro, che lo comunicavano nel corso del dialogo.

I temi e la struttura della tragedia greca

L'eroe tragico
Al centro della vicenda tragica vi sono la lotta e la sofferenza di un eroe, posto dinanzi a un **conflitto** destinato a restare irrisolto e a condurlo alla distruzione. In genere il protagonista deve fronteggiare una situazione che impone una **scelta inevitabile** e di cui, nel contempo, è facile prevedere le **conseguenze funeste**. Talvolta il destino del personaggio è segnato dall'impossibilità di scegliere senza macchiarsi di una colpa, come accade ad Antigone (▶ T1, p. 488), che decidendo di seppellire il fratello morto onora le leggi divine ma finisce per trasgredire quelle della propria città. Oppure l'eroe tragico è macchiato da una **colpa originaria**, come nel caso di Prometeo,

Cratere raffigurante la tragedia *Eumenidi* di Eschilo: Apollo difende Oreste dalle Erinni, V secolo a.C., Napoli, Museo Archeologico Nazionale.

che subirà la terribile punizione di Zeus a causa della sua decisione di andare in aiuto degli uomini donando loro il fuoco (▶ T3, p. 501).

I protagonisti delle tragedie appartengono per lo più a **famiglie regali** (Antigone), ma possono anche essere **divinità** o eroi mitologici (Prometeo). In ogni caso essi sono vittime di un destino immutabile, obbligati ad agire in un certo modo nonostante i loro atti non possano liberarli dal male. Anche se apparentemente libere, le loro azioni infatti sono determinate da forze superiori e sono destinate ad alimentare ulteriori disgrazie e dolori, a scatenare un inesorabile processo di distruzione e autodistruzione. Nel corso della rappresentazione spesso è il personaggio stesso, ignaro del suo destino, a rivelare al pubblico la catastrofe che lo attende, secondo il meccanismo narrativo dell'**ironia tragica**.

La funzione morale e sociale della tragedia

Nella *Poetica* – opera di fondamentale importanza per la codificazione del genere tragico, non solo nel mondo classico, ma fino alla modernità – il filosofo **Aristotele** (384-322 a.C.) sostenne che la rappresentazione di fatti tragici, tali da destare pietà e dolore per i personaggi, provocava negli spettatori un processo di **purificazione** ("**catarsi**"). La rappresentazione delle passioni distruttive dei protagonisti induceva alla riflessione, a differenza di quanto sarebbe accaduto se l'esperienza fosse stata vissuta in prima persona. Lo "spettacolo" della sofferenza altrui permetteva ai cittadini greci di riconoscersi nelle emozioni e nei sentimenti dei personaggi, consentendo loro nel contempo di mantenere una **distanza emotiva** che li metteva al riparo da un eccessivo coinvolgimento e favoriva la ricerca e la comprensione delle cause e degli effetti del male.

Il processo catartico originato dalla tragedia sottolinea lo **scopo sociale** ed **educativo** del teatro nella civiltà greca. Le vicende e i personaggi rappresentati e la partecipazione a un **rito collettivo** stimolavano la riflessione sulle grandi **questioni universali**: la condizione umana, il senso di fragilità e di precarietà dell'esistenza, il rapporto tra individuo e potere, il legame tra l'amore e la morte, il ruolo del destino.

Gli aspetti stilistici e la struttura

Coerentemente con la nobiltà dei personaggi e dei temi, lo stile delle tragedie greche (scritte in **versi**) è caratterizzato da un **linguaggio elevato** e dall'utilizzo di periodi ipotattici, che mettono in luce la complessità e la solennità degli argomenti affrontati. Dal punto di vista della messa in scena, peculiarità fondamentale della tragedia classica è l'**unità di tempo, luogo e azione**, anch'essa codificata nella *Poetica* di Aristotele. Per rendere più verosimile la rappresentazione, l'autore doveva limitarsi a raccontare una sola vicenda (unità d'azione), che doveva svolgersi sempre nello stesso ambiente (unità di luogo) e in un arco temporale ridotto, mai più lungo di una giornata (unità di tempo).

La struttura della tragedia classica prevede un **prologo** iniziale, recitato da uno o più personaggi, nel quale vengono illustrati gli antefatti necessari alla comprensione degli eventi. Si prosegue con il **parodo**, che segna l'ingresso in scena del coro, spesso accompagnato da danze e poi con gli **episodi** (da tre a sette) lungo i quali si sviluppava la vicenda, contrassegnati dai dialoghi dei personaggi fra di loro, con il corifeo e con il coro. L'azione scenica è intervallata dagli **stasimi**, in numero pari agli episodi, canti eseguiti dal coro, che commenta e giudica quanto sta avvenendo. Infine la tragedia si conclude con l'**esodo**, ovvero con l'uscita di tutti i personaggi e del coro.

Dal punto di vista narrativo la vicenda tragica, che sviluppa le tappe di un percorso da una situazione apparentemente positiva fino alla distruzione fisica o morale dell'eroe, si può suddividere in tre fasi. Lo sviluppo della storia ha inizio con un episodio che provoca la rottura dell'equilibrio iniziale: questo è il momento dell'**hamartìa**, ovvero dell'errore, del peccato, il quale condurrà il protagonista a compiere un gesto sacrilego e superbo (**hýbris**), che provocherà l'ira degli dèi, del destino o del potere politico. Soltanto attraverso una conclusione violenta e funesta (**nèmesis**) l'ordine verrà ricostituito.

I principali autori tragici dall'antichità a oggi

I più grandi tragediografi che operarono ad Atene nel V secolo a.C., grazie ai quali il genere raggiunse la sua massima espressione, furono **Eschilo**, **Sofocle** ed **Euripide**. Il primo, considerato l'iniziatore della tragedia nella sua forma matura, rivolse la sua attenzione all'analisi della società greca contemporanea e ai temi della colpa e della punizione divina. Il secondo si distinse per la capacità di creare personaggi in lotta contro un destino che si rivela carico di disgrazie, ma nel contempo occasione per mostrare la nobiltà del proprio animo. Infine, Euripide (480-406 a.C.) introdusse nel teatro tragico una particolare attenzione nei confronti delle dinamiche psicologiche dei personaggi. L'unico autore romano di cui ci sono giunte opere complete è **Seneca** (4 a.C.-65 d.C.). Dopo la pressoché assoluta scomparsa del genere durante il Medioevo, proprio lo scrittore latino diventerà il principale punto di riferimento dei tragediografi del Rinascimento italiano e soprattutto del Seicento europeo, quando la tragedia ritornò in auge: in Spagna con **Lope de Vega** (1562-1635) e **Pedro Calderón de la Barca** (1600-1681), in Inghilterra con **William Shakespeare** (▶ T2, p. 495), l'autore più importante del teatro elisabettiano. Nel XVII secolo la tragedia si diffuse anche in Francia, grazie a importanti drammaturghi come **Pierre Corneille** (1606-1684) e **Jean Racine** (1639-1699). Soltanto nel secolo successivo, con **Vittorio Alfieri** (1749-1803), anche l'Italia avrà un autore di tragedie di livello europeo.

---

il punto su... | Il teatro elisabettiano

Con l'espressione "teatro elisabettiano" si fa riferimento alla grande fioritura della produzione drammatica in Inghilterra che iniziò durante il regno di Elisabetta I (1558-1603), vide il suo periodo di massimo splendore con Giacomo I (1603-1625) e si concluse sotto Carlo I (1625-1649), nel 1642, quando il Parlamento decise di chiudere a tempo indeterminato i teatri, considerati una forma d'arte pericolosa per la società.

A partire dalla fine del XVI secolo a Londra nacquero compagnie stabili di attori professionisti, che godettero della protezione di esponenti della corte e che erano spesso comproprietari delle sale in cui recitavano. Vi erano numerosissimi teatri: sia pubblici, scoperti, dove si recitava alla luce del giorno, sia privati, coperti, in cui la scena era fissa, il proscenio avanzato senza sipario e le gallerie per gli spettatori a più piani sullo sfondo (▶ p. 448). Il primo teatro pubblico, The Theatre, venne costruito a Londra nel 1576 e nel 1599 la compagnia a cui apparteneva Shakespeare, The Lord Chamberlain's Men, costruì il Globe Theatre.

Il teatro elisabettiano si differenzia da quello europeo contemporaneo per diversi aspetti. Innanzitutto le opere non seguono le unità aristoteliche di tempo e luogo, in quanto le vicende si svolgono per più giorni, talvolta in luoghi diversi. Dal punto di vista stilistico si assiste inoltre alla fusione dei due registri, il tragico e il comico. Per quanto riguarda invece i temi affrontati, è posta molta attenzione sulla psicologia dei protagonisti, di cui gli autori mettono in evidenza le ossessioni e i dubbi esistenziali.

LA MAPPA DELLE CONOSCENZE

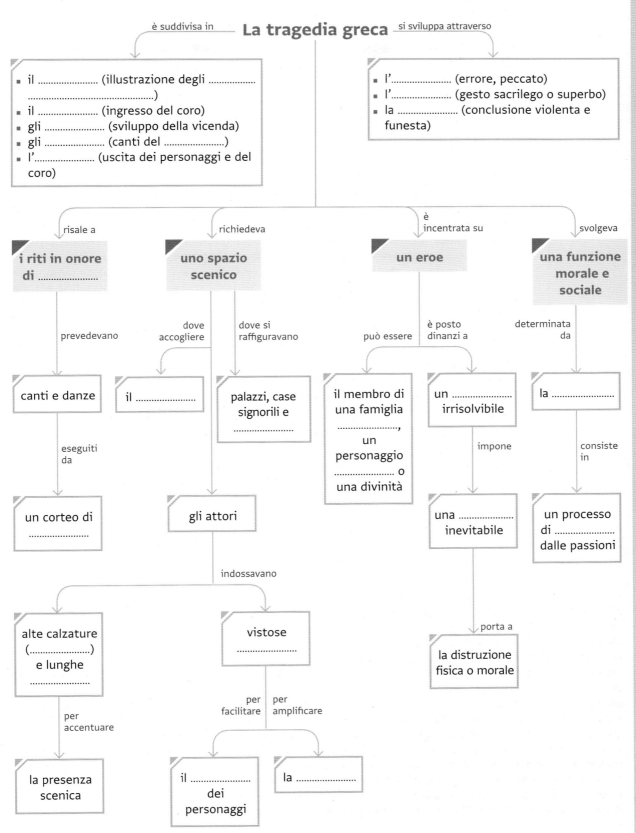

T1 Sofocle Lo scontro tra Antigone e Creonte

Eteocle e Polinice, i due figli maschi di Giocasta ed Edipo, sovrani di Tebe, si sono uccisi reciprocamente nel combattimento per la successione al trono: Eteocle, in quanto difensore della città, ha ricevuto solenni onori funebri, mentre Polinice, l'aggressore, giace insepolto per volere dello zio Creonte, nuovo re di Tebe, che ha stabilito la condanna a morte per chiunque violi il suo ordine e tenti di dare sepoltura al corpo. Antigone, sorella di Eteocle e Polinice, supplica la sorella Ismene di aiutarla a seppellire il fratello ma la ragazza non intende trasgredire gli ordini del re. Antigone è tuttavia decisa a compiere il suo proposito, anche a rischio della propria vita, e rende l'ultimo omaggio a Polinice. Scoperta e arrestata, al cospetto di Creonte ribadisce la propria determinazione a rispettare le leggi divine e si mostra fiera di affrontare la morte. Emone, figlio di Creonte e promesso sposo di Antigone, esorta il padre affinché liberi la donna, ma il re è irremovibile. Solo le parole di Tiresia, il vecchio indovino, che preannuncia una sventura imminente sulla casa del re, convincono Creonte a desistere dal suo intento. Ma ormai è troppo tardi: quando ordina di liberarla, Antigone si è già tolta la vita. Emone, dopo un duro scontro con il padre, si uccide e anche la regina Euridice, appresa la notizia della morte del figlio, si toglie la vita. A Creonte, distrutto dal dolore e consapevole dei mali commessi, non resta che invocare la morte.
Nel brano proposto, che si trova nel secondo episodio della tragedia, esplode l'insanabile contrasto tra Antigone e Creonte, dinanzi al quale la ragazza è stata condotta dalle guardie per aver infranto il divieto di seppellire Polinice.

CREONTE (*ad Antigone*) A te dico, a te che inclini il volto a terra: ammetti o neghi di averlo fatto?
ANTIGONE Confermo di averlo fatto e non lo nego.
CREONTE (*alla guardia*) Tu vattene pure dove ti piace, fuori da ogni grave accusa, libero. (*La guardia esce; ad Antigone*) E tu rispondi, senza molte parole, ma in breve: sapevi che era stato proclamato di non fare questo?
ANTIGONE Sapevo: e come non avrei potuto? Era chiaro.
CREONTE E dunque hai osato trasgredire questa legge?
ANTIGONE Ma per me non fu Zeus a proclamare quel divieto, né Dike[1], che dimora
10 con gli dèi inferi[2], tali leggi fissò per gli uomini. E non pensavo che i tuoi editti avessero tanta forza, che un mortale potesse trasgredire le leggi non scritte e incrollabili degli dèi. Infatti queste non sono di oggi o di ieri, ma sempre vivono, e nessuno sa da quando apparvero. E di esse io non volevo scontare la pena al cospetto degli dèi, per paura della volontà di alcun uomo: sapevo di dover morire, e come no?, anche se tu non l'avessi proclamato. E se morrò prima del tempo, questo io lo chiamo un guadagno: chiunque, come me, vive fra tante sventure, come non riporta guadagno, se muore? Così, per me, avere questa sorte non è dolore, per nulla; ma se il figlio di mia madre, dopo la sua morte, avessi lasciato insepolto cadavere, di tale fatto avrei sofferto: di questo invece non soffro. E
20 se a te sembra che io ora agisca da folle, questa follia la devo, forse, ad un folle.
CORIFEO La fiera indole[3] della fanciulla mostra che è nata da fiero padre: e non ha appreso a cedere alle sventure.

1 **Dike:** dea della giustizia.
2 **dèi inferi:** divinità del regno dei morti.
3 **fiera indole:** temperamento risoluto, deciso.

il punto su... | Il mito di Edipo

Nato da Laio, re di Tebe, e sua moglie Giocasta, Edipo viene abbandonato da un servo del re subito dopo la nascita sul monte Citerone con le caviglie trafitte, affinché non si avveri la profezia dell'oracolo di Delfi, secondo cui il figlio avrebbe ucciso il padre e sposato la madre. Il neonato viene ritrovato da alcuni pastori e condotto da Polibo, re di Corinto, e cresce convinto di essere figlio suo e di Peribea. Quando interroga l'oracolo di Delfi, gli viene predetto che avrebbe ucciso il padre e sposato la madre. Inorridito, allora Edipo decide di fuggire via da Corinto, ma lungo il cammino verso la Focide, in seguito a un litigio per la precedenza a un incrocio, uccide Laio. Giunto a Tebe, dove una Sfinge impedisce l'accesso alla città, riesce a risolvere l'enigma presentato dal mostro e come riconoscimento ottiene il titolo di re e la mano di Giocasta, sua madre. Dalla loro unione incestuosa nascono quattro figli: Eteocle, Polinice, Antigone e Ismene. Scoppiata una terribile pestilenza nella città di Tebe, il popolo supplica l'aiuto del re. Edipo, preoccupato, chiede al cognato Creonte di interrogare l'oracolo di Delfi. Al suo ritorno Creonte informa il re del responso: la città verrà liberata dalla peste solo quando sarà vendicata la morte del re Laio. Edipo non sa di aver ucciso il suo vero padre e, quando l'indovino Tiresia gli rivela che l'assassino è proprio lui, lo accusa di tramare un complotto per deporlo dal trono. Giocasta cerca di tranquillizzarlo, dicendogli di non dare totale fiducia agli indovini e riporta come esempio la profezia fatta alla nascita del suo primo figlio. La donna narra anche l'episodio della morte di Laio, affermando che era stato ucciso lungo la strada da briganti.

Le parole di Giocasta turbano ulteriormente Edipo, che ricorda alla donna e agli anziani l'omicidio commesso in giovinezza e la profezia fatta dall'oracolo di Delfi. Intanto da Corinto giunge un nunzio, che annuncia a Edipo la morte di Polibo e gli rivela che questi non era il suo vero padre. Edipo convoca l'unico testimone vivente della morte di Laio, un vecchio servo, che riconosce in lui l'assassino del re e comprende così la tragica concatenazione di eventi. Appresa la verità, Giocasta si uccide ed Edipo, disperato, si acceca con le fibbie d'oro della regina. Affida i figli a Creonte, che diviene il nuovo re di Tebe, e si avvia a un esilio volontario peregrinando per la Grecia. Giunto a Colono attende la sua morte, annunciata da forti tuoni e lampi, così come gli aveva profetizzato un oracolo. Edipo sparisce sotto gli occhi dell'eroe Teseo, che lo aveva ospitato nel suo regno e che, accogliendone le ceneri, sarebbe stato benedetto dagli dèi.

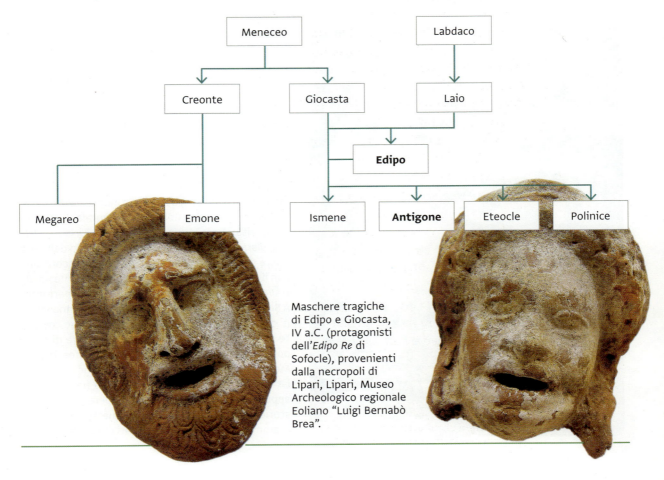

Maschere tragiche di Edipo e Giocasta, IV a.C. (protagonisti dell'*Edipo Re* di Sofocle), provenienti dalla necropoli di Lipari, Lipari, Museo Archeologico regionale Eoliano "Luigi Bernabò Brea".

CREONTE Ma sappi che una volontà troppo dura cade più facilmente; e anche il ferro più indurito, cotto dal fuoco e temperato, spesso lo puoi vedere spezzato e infranto. Destrieri imbizzarriti, io lo so, vengono regolati da un piccolo morso[4]: e non può fare il superbo chi è soggetto ad altri. Costei sapeva bene, allora, di commettere una colpa, violando le leggi stabilite; e, dopo averlo fatto, la seconda colpa è di vantarsi e deridere tali leggi. Davvero io non sono un uomo, ma l'uomo è costei, se quest'audacia le rimarrà impunita. Ma sia pur figlia di mia sorella, o a me ancora più consanguinea fra quanti della famiglia hanno Zeus protettore, essa e sua sorella non sfuggiranno a miserrima morte: poiché anche quella accuso del pari[5] di avere deciso tale sepoltura. (*Ai servi*) Chiamate anche lei: poco fa l'ho vista in casa, furente e fuori di senno. Di solito, l'animo furtivo di chi trama male azioni nell'ombra si fa sorprendere prima. Ma detesto pure quando uno, sorpreso a commettere il male, poi vuole gloriarsene.

ANTIGONE Mi hai preso: che vuoi di più che uccidermi?

CREONTE Io null'altro: ora che ho questo, ho tutto.

ANTIGONE Che aspetti, allora? Delle tue parole nulla mi piace, e possa non piacermi mai; e così anche a te tutto di me riesce sgradito. Ma come avrei con-

---

4 **morso:** tipo di imboccatura a cui si attaccano le redini.
5 **del pari:** ugualmente.

Sofocle nacque ad Atene nel 496 a.C. da una ricca famiglia. Ricevette un'educazione raffinata e fu musicista prima che poeta. Partecipò attivamente alla vita pubblica della città, ricoprendo importanti incarichi. Seguace di Pericle, nel 411 a.C. fu tra coloro che vennero chiamati per stabilire una nuova costituzione. Ebbe anche incarichi religiosi, per cui dopo la morte fu venerato come un eroe. Morì nel 406 a.C.
Sofocle è considerato il massimo esponente della tragedia greca. Delle circa 130 opere che la tradizione gli attribuisce, a noi sono giunte intere sette tragedie, composte nell'arco temporale di 40 anni di attività: *Aiace, Antigone, Edipo re, Trachinie, Elettra, Filottete, Edipo a Colono*. I protagonisti delle sue opere sono personaggi coraggiosi che si scontrano con il volere divino. Il loro carattere si manifesta attraverso le azioni ed evolve davanti agli spettatori. A Sofocle vengono attribuite importanti innovazioni drammaturgiche e poetiche, come l'uso costante del terzo attore, un numero maggiore di componenti del coro, l'impiego di attori professionisti. Mentre nelle tragedie precedenti le vicende si dilatavano generalmente in tre opere (nella forma, appunto, della "trilogia"), le sue opere contengono storie concluse, in cui l'attenzione all'andamento drammatico si unisce a momenti pienamente lirici.

seguito gloria più gloriosa, che componendo nel sepolcro[6] il fratello mio? Tutti costoro direbbero di approvare il mio atto, se la paura non chiudesse loro la lingua. Ma la tirannide, fra molti altri vantaggi, ha anche questo, che le è lecito fare e dire quel che vuole.

CREONTE Tu sola la vedi così, fra i Cadmei[7] qui presenti.
ANTIGONE Anche costoro la vedono: ma per te tengono chiusa la bocca.
CREONTE E tu non ti vergogni di pensare diversamente da loro?
ANTIGONE Non è per niente vergognoso onorare chi è nato dalle stesse viscere.
CREONTE Ma non era fratello anche quello che è morto contro di lui?
50 ANTIGONE Fratello, da una sola madre e dallo stesso padre.
CREONTE Perché, allora, tu rendi un onore, che per lui è empio?
ANTIGONE Il morto non sarà di quest'opinione.
CREONTE Sì, poiché tu lo onori allo stesso modo che l'empio!
ANTIGONE Non uno schiavo è morto, ma un fratello.
CREONTE Ma devastando questa terra; e l'altro si batteva in sua difesa.
ANTIGONE Tuttavia l'Ade[8] questi riti brama.
CREONTE Ma il buono non è pari al cattivo nell'ottenerli.
ANTIGONE Chi sa se sotterra[9] è questa la pietà?
CREONTE Ma il nemico non è mai caro, neppure quando sia morto.
60 ANTIGONE Non sono nata per condividere l'odio, ma l'amore.
CREONTE E allora, se devi amare, va sotterra e ama quelli di là; a me, finché vivo non comanderà una donna.

[Sofocle, *Antigone*, in *Le tragedie,* trad. it. di R. Cantarella, Mondadori, Milano 2007]

---

6 **componendo nel sepolcro:** assicurando al corpo del fratello Polinice la sepoltura.
7 **Cadmei:** gli abitanti di Tebe, fondata da Cadmo.
8 **Ade:** regno dei morti.
9 **sotterra:** sottoterra.

SCHEDA di LETTURA

Una mediazione impossibile

Antigone ha disobbedito all'editto di Creonte e, dopo aver tentato inutilmente di coinvolgere la sorella Ismene nel suo progetto, ha seppellito Polinice. Ha compiuto ciò che in un precedente colloquio con Ismene aveva definito un «santo crimine». Dinanzi al tragico dilemma tra la violazione delle leggi della città e il rispetto delle leggi degli dèi e dell'amore Antigone non ha esitato: ha onorato la memoria di Polinice a costo della vita e, una volta scoperta e catturata, rivendica con fierezza il proprio gesto. Non teme la punizione mortale che l'attende e nel corso del dialogo contrappone con orgoglio sprezzante le sue ragioni a Creonte, altrettanto ostinato nel difendere il prestigio del proprio ruolo, a imporre l'autorità delle sue imposizioni anche a costo di sacrificare la vita della nipote. Sin dalle prime battute (*sapevi che era stato proclamato di non fare questo?*; *Sapevo: e come non avrei potuto?*), appare impossibile per i due interlocutori trovare la strada della riconciliazione. Trascinati dalla radicalizzazione dello scontro (*Delle tue parole nulla mi piace; e così anche a te tutto di me riesce sgradito*), entrambi sono prigionieri del proprio punto di vista e sordi alle parole altrui.

La contrapposizione di due modelli contrapposti

Il dialogo contrappone due personaggi esemplari, modelli di valori contrapposti: le leggi umane contro le leggi divine, le ragioni dello Stato contro quelle della famiglia, l'uomo contro la donna, la tirannide

SCHEDA di LETTURA

contro la democrazia.
Posta dinanzi a un conflitto lacerante, Antigone ha infranto l'ordine di Creonte di lasciare insepolto il cadavere di Polinice in nome della superiorità della legge degli dèi, che impone una pietosa sepoltura per tutti i morti. Allo sdegno incredulo di Creonte (*hai osato trasgredire questa legge?*), Antigone risponde che intende obbedire soltanto alla volontà di Zeus o di Dike e ricorda che leggi dello Stato non hanno tanta forza da poter indurre i cittadini a *trasgredire le leggi non scritte e incrollabili degli dèi*.
Antigone ha ignorato il divieto di Creonte spinta anche dall'amore per i membri della sua famiglia (*se il figlio di mia madre, dopo la sua morte, avessi lasciato insepolto cadavere, di tale fatto avrei sofferto*). L'affetto per il fratello va oltre le considerazioni di chi prima che parente lo ritiene un nemico della patria. Il legame con Polinice affonda le sue radici in un rapporto di sangue indissolubile (*Non è per niente vergognoso onorare chi è nato dalle stesse viscere*), contro cui nulla possono le esigenze dello Stato.
La ribellione di Antigone non mette in discussione soltanto l'autorità politica di Creonte, che spinge al silenzio della paura tutti gli abitanti di Tebe, ma anche quella dell'uomo. Di fronte alla *fiera indole* della fanciulla, il protagonista maschile della tragedia confessa apertamente il timore di un vergognoso rovesciamento dei ruoli se riconoscesse la legittimità del gesto della nipote (*io non sono un uomo, ma l'uomo è costei, se quest'audacia le rimarrà impunita*). Antigone deve essere condannata a morte non solo per ribadire il ruolo del tiranno – a cui *è lecito fare e dire quel che vuole* – ma anche perché Creonte non può cedere dinanzi alla volontà di una donna (*finché vivo non comanderà una donna*).

Lo stile
Il testo di Sofocle contiene pochissime didascalie, che si limitano a indicare l'interlocutore di Creonte (quando non è chiaro se parla ad Antigone o ad altri) e a registrare l'uscita di scena della guardia. Lo sviluppo argomentativo delle tesi contrapposte dei protagonisti è affidato nella prima metà a due brevi monologhi, al termine dei quali Antigone e Creonte ribadiscono il loro insanabile conflitto attraverso una forma di dialogo tipico della tragedia antica, la "sticomitia": l'alternanza di battute tra i due personaggi, che occupano un solo verso.
Come si addice alla condizione sociale dei protagonisti, il registro linguistico è elevato e sostenuto: si distingue per il tono sentenzioso delle affermazioni con cui vengono proclamate le rispettive verità e per il ricorso a metafore, antitesi e interrogative retoriche.

LABORATORIO

Comprendere e individuare
L'esplorazione del testo

1. La forza delle leggi divine è determinata dal fatto di essere eterne e universalmente valide, a differenza di quelle umane, soggette ai mutamenti del tempo e ai capricci degli individui. In quale battuta Antigone afferma questo concetto?
2. Per quale motivo Creonte ritiene che anche la sorella di Antigone sia coinvolta nel progetto di seppellire Polinice?
3. Con quale espressione Antigone condanna l'arbitrio del potere dispotico?
4. La figura eroica di Antigone è enfatizzata dalla solitudine che la circonda; ricerca le battute in cui compare questo tema.
5. Quale espressione sottolinea la forza del legame di sangue che lega Antigone a Polinice?

Interpretare e riflettere
La scoperta del testo

6. Con quale frase Antigone sostiene che, di fronte alla morte e alla sacralità della sepoltura, non ha alcun significato stabilire chi tra Eteocle e Polinice fosse dalla parte della ragione?
7. Individua la battuta con cui Creonte ribadisce che la difesa e l'interesse della città prevalgono sugli affetti e sui legami di parentela.
8. Riporta la battuta in cui Antigone allude alla possibilità che nel regno dei morti i valori e i criteri di giudizio potrebbero essere diversi da quelli applicati sulla terra.

Analizzare
Lo stile e la forma del testo

9. Riporta le due metafore con cui Creonte avvisa Antigone di essere capace di placare la sua durezza e il suo orgoglio.

10. Individua almeno un paio di domande retoriche con cui Antigone accentua il suo atteggiamento irridente nei confronti di Creonte.

11. In quali frasi compaiono degli indicatori deittici?
    A. ☐ *Tutti costoro direbbero di approvare il mio atto* (rr. 40-41)
    B. ☐ *Ma per me non fu Zeus a proclamare quel divieto* (r. 9)
    C. ☐ *Confermo di averlo fatto e non lo nego* (r. 3)
    D. ☐ *Il buono non è pari al cattivo nell'ottenerli* (r. 56)
    E. ☐ *Ora che ho questo ho tutto* (r. 37)

12. Quale dei due personaggi ricorre più frequentemente a espressioni performative? Sai spiegare per quale ragione? Rifletti sulla posizione e sul ruolo che ricopre.

> **GRAMMATICA**
> 13. A quale tipo di periodo ipotetico appartiene la dichiarazione di Antigone sulle conseguenze determinate dalla mancata sepoltura del fratello: *ma se il figlio di mia madre, dopo la sua morte, avessi lasciato insepolto cadavere, di tale fatto avrei sofferto* (rr. 18-19)?
>   A. ☐ Realtà B. ☐ Possibilità C. ☐ Irrealtà

Produrre
Dalla lettura alla scrittura

14. Riscrivi il dialogo finale, da r. 44, inserendo didascalie con le indicazioni dei toni espressivi e dei movimenti dei personaggi. Ti forniamo un modello.
    CREONTE Tu sola la vedi così *(gira lo sguardo e compie un movimento circolare del braccio)* fra i Cadmei qui presenti.
    ANTIGONE Anche costoro la vedono *(un sorriso amaro)*: ma per te tengono chiusa la bocca.
    CREONTE *(con un tono esasperato)* E tu non ti vergogni di pensare diversamente da loro?

15. Interrompi il monologo di Antigone inserendo alcune battute di Creonte, come nell'esempio seguente.
    ANTIGONE Ma per me non fu Zeus a proclamare quel divieto, né Dike, che dimora con gli dèi inferi, tali leggi fissò per gli uomini.
    CREONTE Ma io ho il potere di emanare tutti gli editti che desidero!
    ANTIGONE E non pensavo che i tuoi editti avessero tanta forza, che un mortale potesse trasgredire le leggi non scritte e incrollabili degli dèi. Infatti queste non sono di oggi o di ieri, ma sempre vivono, e nessuno sa da quando apparvero. E di esse io non volevo scontare la pena al cospetto degli dèi, per paura della volontà di alcun uomo.
    CREONTE Ma ora sconterai ugualmente una pena mortale.
    ANTIGONE Sapevo di dover morire, e come no?

Scena da *Antigone*, Teatro Nazionale Palestinese.

William Shakespeare

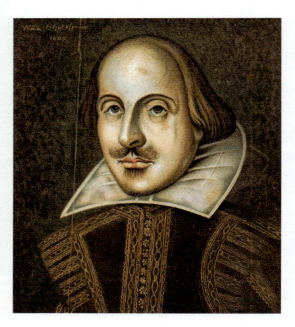

La vita

La vita di Shakespeare rimane ancora oggi avvolta da un **alone di mistero**. Molti eventi che lo riguardano sono stati trascritti e riportati ai nostri giorni, ma le poche informazioni tramandate sulla sua biografia hanno messo in dubbio l'autenticità dei suoi scritti o – per qualcuno – addirittura la sua stessa esistenza.

William Shakespeare nacque nel 1564 a **Stratford-upon-Avon**, nei pressi di Londra. Figlio di un mercante di pellami, intraprese gli studi classici alla King's New School di Stratford. A diciotto anni sposò Anne Hathaway, dalla quale ebbe tre figli. Intorno al 1592 si trasferì a **Londra** dove conobbe il **conte di Southampton**, cui dedicò due opere poetiche e che divenne il suo protettore. In questi anni Shakespeare iniziò a pubblicare diverse opere che lo resero famoso e a recitare, seppure in ruoli marginali, entrando a far parte della compagnia teatrale **The Lord Chamberlain's Men**. Grazie all'appoggio del conte divenne uno dei soci del **Globe Theatre**, accumulando così una piccola fortuna. Morì nel 1616 e fu sepolto nel coro della chiesa della Old Town.

Le opere

La frequentazione degli **ambienti di corte**, il contatto con gli intellettuali italiani e gli artisti francesi, le molteplici traduzioni di opere straniere, i viaggi compiuti in Europa contribuirono ad arricchire il panorama culturale di Shakespeare e a fornirgli materiale per le sue numerose opere. Tra le sue fonti, ricordiamo le opere di Plauto, Plutarco, Boccaccio, Ariosto, Chaucer. I suoi scritti sono stati pubblicati postumi nel 1623, da **John Heminges** e **Henry Condell**, due attori della sua compagnia teatrale, e sono stati oggetto di meticolosi studi per accertarne l'autenticità, in quanto spesso erano basati su copioni di scena, con rimaneggiamenti o tagli.

W. Shakespeare *Macbeth*

Tra le sue opere poetiche ricordiamo soprattutto la raccolta di *Sonetti* (▶ U10 T4, p. 313). Ecco invece un elenco delle sue principali opere drammaturgiche in ordine cronologico: *Enrico VI* (1590-1592), *Riccardo III* (1592-1593), *Tito Andronico* (1593-1594), *La bisbetica domata* (1593-1594), *Pene d'amor perdute* (1594-1595), *Romeo e Giulietta* (1594-1595), *Sogno di una notte di mezza estate* (1595-1596), *Re Giovanni* (1596-1597), *Il mercante di Venezia* (1596-1597), *Enrico IV* (1597-1598), *Enrico V* (1598-1599), *Molto rumore per nulla* (1598-1599), *Come vi piace* (1599-1600), *La dodicesima notte* (1599-1600), *Giulio Cesare* (1599-1600), *Le allegre comari di Windsor* (1600-1601), *Amleto* (1600-1601), *Tutto è bene quel che finisce bene* (1602-1603), *Otello* (1604-1605), *Macbeth* (1605-1606), *Re Lear* (1605-1606), *Antonio e Cleopatra* (1606-1607), *La tempesta* (1611-1612).

Le forme e i temi

La produzione teatrale di Shakespeare è caratterizzata da estrema libertà di stile e grande abilità nel plasmare diversi personaggi e attraversa varie fasi evolutive e numerosi generi: **drammi storici** (costruiti su figure di sovrani inglesi o su personaggi del mondo greco-romano), **tragedie**, **commedie cortesi**, **commedie gioconde**, **fiabe**, **drammi romanzeschi** (composti soprattutto nell'ultima fase). I drammi di Shakespeare si contraddistinguono inoltre per un'estrema libertà di stile e una grande abilità nel plasmare diversi linguaggi.

Nelle sue opere vengono affrontati numerosi temi: la **lotta per il potere**, una passione che spinge ad uccidere anche i congiunti; la forza dell'**amore** e - nelle tragedie - il suo legame con la **morte**; la **follia**, presente sia nei drammi sia nelle commedie, attraverso cui l'autore denuncia l'assurdo che caratterizza l'esistenza umana. Se nelle tragedie la **solitudine** degli eroi è espressa attraverso un'intensa carica di disperazione, nelle commedie vengono messi in risalto principalmente i **vizi umani**, in una commistione di tragico, patetico, comico, amaro.

T2 La morte apparente di Giulietta

W. Shakespeare
Romeo e Giulietta

La storia di *Romeo e Giulietta* è ambientata a Verona, dove le due nobili famiglie Montecchi e Capuleti, sono da anni in lotta. A un banchetto organizzato in casa Capuleti per far conoscere Giulietta al nobile Paride partecipa segretamente anche Romeo Montecchi, che si innamora perdutamente della giovane. La sera seguente, nascosto sotto il balcone di Giulietta, scopre di essere ricambiato. I due decidono di sposarsi in segreto grazie all'aiuto di frate Lorenzo e della nutrice di Giulietta. Però Romeo viene bandito dalla città per aver ucciso in un duello Tebaldo, il cugino di Giulietta, che in precedenza aveva ucciso Mercuzio, suo amico. Giulietta, promessa in sposa a Paride dalla famiglia, chiede aiuto a frate Lorenzo per evitare il matrimonio: la sera prima delle nozze dovrà ingerire una fiala che le darà la morte apparente, frate Lorenzo avvertirà Romeo e i due potranno così ricongiungersi. Però il frate non riesce a comunicare con Romeo, il quale credendo l'amata morta si uccide con un veleno. Quando Giulietta si risveglia, trova accanto a sé il corpo senza vita di Romeo e si uccide con il suo pugnale. Accorse alla tomba, le due famiglie si riconciliano davanti ai corpi dei giovani.

Nel brano seguente, al mattino la balia tenta inutilmente di risvegliare Giulietta, che la sera precedente ha bevuto il filtro che le ha procurato una morte apparente. Alle grida della vecchia nutrice, accorrono i genitori, frate Lorenzo, Paride e i musici.

ATTO IV
Quinta scena – *La camera di Giulietta.*
Giulietta è distesa sul suo letto.
Entra la balia.

BALIA Figliola! ehi! figliola! Giulietta?... Dorme come un sasso, questa qui. Su, agnellino! Su, padroncina! Ohè! Impastata di sonno, su, caruccia! su, dico, anima mia! E su, signora sposa... Oh, non si scuote... Ah! ti vuoi fare la provvista di sonno eh, per una settimana? Perché la notte che viene, ci gioco un occhio che il conte non ti lascia chiudere occhio. Dio mi perdoni e la Madonna e amen, che sonno fondo! Devo pure svegliarla, io. Ohè, bimba! bimba! bimba! Ma sì, fatti trovare dal conte a letto, e vedrai che sveglia ti darà lui, e che spavento! Ah, no? Ah, già vestita e abbigliata e tutto, e poi di nuovo a letto? Insomma, io ti devo svegliare a tutti i costi. Giulietta! Giulietta! Giulietta! Ohimè! ohimè! Aiuto! aiuto, è morta! La nostra bambina è morta! Ah, non foss'io mai nata! Giorno maledetto! un goccio d'acquavite, olà, padrone! padrona!

Entra madonna Capuleti.

MADONNA CAPULETI E che è questo strepito?
BALIA Oh, giorno di pianto!
MADONNA CAPULETI Che è stato?
BALIA Oh, guardate guardate! O giorno di sventura!
MADONNA CAPULETI Ahimè ahimè! bambina! unica vita mia! Torna in te, apri gli occhi, o morirò con te! aiuto! aiuto! aiuto!

Entra il Capuleti.

CAPULETI Vergogna! fate scendere Giulietta: il suo sposo[1] è già qui...
BALIA È morta! estinta! ahimè! Luce del giorno.
MADONNA CAPULETI Luce del giorno! È morta! è morta! è morta!
CAPULETI Lasciatemela vedere! Oh, Dio, è già fredda; fermato il polso, rigide le membra; la vita e queste labbra si sono separate da un pezzo: la morte si è stesa su lei come una brinata fuori stagione sul più delicato fiore del campo.
BALIA O giorno di pianti!
MADONNA CAPULETI Giorno d'angoscia!
CAPULETI La morte, che me l'ha presa per farmi urlare, m'incatena la lingua, e non posso dire una parola.

Entrano frate Lorenzo, Paride e i musici.

FRATE LORENZO Ebbene, è pronta la sposa per andare in chiesa?
CAPULETI Pronta, sì, per andarci, ma non per tornare a casa. (*A Paride*) O figlio! La notte avanti le tue nozze lo spirito della morte si è giaciuto con tua moglie. E

---

[1] **suo sposo:** Paride, il conte a cui Giulietta era stata promessa in sposa.

---

il percorso delle parole | Morte

Il termine *morte* deriva dal latino *mŏrte(m)* e indica la cessazione delle funzioni vitali nell'uomo, negli animali e in ogni altro organismo vivente. È sinonimo di "decesso", "trapasso". In base al contesto in cui viene utilizzato, il termine assume sfumature diverse. In senso figurato, significa "rovina", "distruzione", "fine". Talvolta può indicare anche ciò che è causa di morte ("il vizio del fumo fu la sua morte"). In ambito gastronomico viene utilizzato per indicare il modo più appropriato per preparare una pietanza. Nella teologia si fa riferimento alla morte spirituale, generata dal peccato ("morte dell'anima").

■ Trovare le parole

a. Costruisci una frase per ciascuna delle accezioni di *morte* indicate.
b. Spiega il significato delle seguenti locuzioni, in cui il termine *morte* è impiegato anche in senso figurato: "mettere a morte", "scherzare con la morte", "questione di vita o di morte", "avercela a morte con qualcuno", "aver visto la morte in faccia", "morte in vacanza".
c. In alcune espressioni il termine *morte* si contrappone direttamente a "nascita" e a "vita". Proponi almeno due esempi e spiegane il significato.

come era essa un fiore, l'ha deflorata². Ora mio genero è lo spirito della morte che si è sposata mia figlia. Ora lui è il mio genero. Morirò, e gli lascerò tutto: vita e mezzi di vita: tutto alla morte!

PARIDE Da tanto tempo aspettavo di vedere il volto di questo giorno; e mi si doveva offrire alla vista in tale aspetto!

MADONNA CAPULETI Maledetto, sinistro, sciagurato, odioso giorno! L'ora più atroce che mai vide il tempo nell'eterno travaglio del suo pellegrinaggio! L'unica, miserella, affettuosa, la mia povera bambina, il solo mio bene per rallegrarmi, e consolarmi la vita; me l'ha rubata di sotto gli occhi la morte crudele.

BALIA O dolore! O disperato, disperato, disperato giorno; giorno tutto di pianto; giorno il più disperato che abbia visto mai! O giorno! o giorno! o giorno! odioso giorno! Mai non si vide giorno più nero! O doloroso, o doloroso giorno!

PARIDE Tradito, divorziato, offeso, torturato, assassinato! Tradito da te, morte odiosissima; da te cruda, crudele distrutto! O amore, o vita non-vita! Amore, ma nella morte!

CAPULETI Spregiato, desolato, odiato, martoriato, morto! Tempo maligno, sei venuto ad assassinare, assassinare, la nostra festa? O bimba! o bimba! Non figlia, ma anima mia. Morta sei! morta! Dio! la mia bimba è morta, e con la mia bambina ogni mia gioia è sepolta!

FRATE LORENZO Basta oh! nemmeno per vergogna! su! Né con gli «ehi» e con gli «ahi» non si curano i guai! Questa bella fanciulla era del cielo e vostra; a metà; ora l'ha tutta il cielo, e questo, per lei, è il meglio. La vostra parte in lei non potevate ritoglierla alla morte. Ma il cielo tiene la sua in vita eterna. La vostra ansia più viva era per la sua elevazione, vederla giungere in alto era per voi il paradiso: e piangete, ora, ora che la vedete più in alto delle nuvole, in alto quanto il paradiso stesso? Nel vostro amore tanto male amate la vostra bambina, che diventate matti vedendola star bene. Non è ben maritata quella che vive a lungo maritata: ben maritata è quella che muore sposa recente. Asciugatevi le lacrime e cospargete di rosmarino³ questa salma bella; e, come si costuma⁴, trasportatela in chiesa nelle sue più ricche vesti; ché se la nostra molle natura ci persuade al pianto, queste lacrime della natura fan sorridere la ragione.

CAPULETI Tutte le cose che avevamo ordinate per la festa di nozze, distratte dal loro fine, si fondono in un tetro servizio funebre: i nostri strumenti in campane di melanconia; la nostra allegria nuziale, nella tristezza di un rito di morte; i nostri inni solenni, in lugubri lamenti; i fiori per la sposa, alla sua sepoltura; tutte le cose tradotte nel loro contrario.

FRATE LORENZO Rientrate, signor mio, e voi, signora, accompagnatelo: e andate anche voi, signor Paride. Si prepari ognuno di voi a seguire questa bella salma al sepolcro. Il cielo è crucciato con voi, per qualche vostra colpa non lo irritate di più, contrastando ai suoi alteri voleri.

[W. Shakespeare, *Romeo e Giulietta*, trad. it. di C. Vico Lodovici, Einaudi, Torino 1950]

---

2   **E come... deflorata:** lo spirito della morte ha tolto la verginità a un fiore di fanciulla.
3   **cospargete di rosmarino:** questa pianta aromatica veniva usata sia nei matrimoni sia nei funerali, perché si pensava che la sua fragranza allontanasse gli spiriti maligni.
4   **come si costuma:** come d'usanza.

il punto su... | Le riletture di *Giulietta e Romeo*

I drammi di Shakespeare hanno ispirato nel corso dei secoli numerosissimi artisti che ne hanno riproposto diverse interpretazioni in film, balletti, *pièce* teatrali, musical.

In ambito musicale ricordiamo il melodramma del compositore italiano Vincenzo Bellini (1801-1835) *I Capuleti e i Montecchi*, opera in due atti, rappresentata per la prima volta nel 1830 al teatro La Fenice di Venezia. A essa si ispirò Hector Berlioz (1803-1869), che durante un viaggio in Italia vide l'opera di Bellini e ne rimase così profondamente colpito che compose una grande sinfonia drammatica per solisti, coro e orchestra, un insieme di parti strumentali e parti cantate. Anche Charles Gounod (1818-1893) si cimentò nella scrittura di un'opera sulla storia di Giulietta e Romeo rifacendosi a quella di Bellini. Risale invece al 1869 la nota *ouverture Romeo e Giulietta* del compositore russo Pëtr Čajkovskij (1840-1893), un breve pezzo di musica a programma per orchestra caratterizzato da un grande lirismo e da forti contrasti espressivi. L'opera è costruita su tre tematiche: un'introduzione, che rappresenta frate Lorenzo; il primo incontro tra Romeo e Giulietta, con la scena del balcone; il finale, un romantico omaggio ai due sfortunati amanti. Tra i balletti va ricordato *Romeo e Giulietta* del pianista russo Sergej Prokof'ev (1891-1953).

In ambito cinematografico, numerose pellicole si sono ispirate a questo dramma. Nel 1961 Robert Wise e Jerome Robbins diressero il celebre musical *West Side Story*, ancora oggi rappresentato nei teatri. Nel 1968 uscì invece il film *Romeo e Giulietta* del regista Franco Zeffirelli: vincitore di due premi Oscar, rappresenta una delle più ricercate trasposizioni cinematografiche della tragedia. Fra le edizioni più recenti si ricordano il film *Romeo + Giulietta di William Shakespeare* (1996) di Baz Lurhmann. Si tratta di un'affascinante rivisitazione in chiave moderna del dramma, che tuttavia rimane fedele al testo di Shakespeare, con Leonardo di Caprio nel ruolo di Romeo e Claire Danes in quello di Giulietta.

Inoltre tra i film più recenti va ricordato *Shakespeare in love* (1998) di John Madden, vincitore di nove premi Oscar. In esso si narra dello stesso William Shakespeare, alle prese con amori impossibili e con la realizzazione della tragedia *Romeo e Giulietta*.

La particolarità di questo film sta nell'avere impiegato per tutte le battute testi provenienti esclusivamente dalle opere del drammaturgo inglese.

Scena da *Romeo e Giulietta*, regia di B. Luhrmann, Usa, 1996.

SCHEDA di LETTURA

La morte apparente di Giulietta

La prima parte della scena proposta (rr. 1-33) è occupata dalla scoperta della presunta morte di Giulietta. Il filtro bevuto la sera precedente ha ottenuto il risultato sperato: far credere che la fanciulla abbia perso la vita nel sonno, durante la notte che precede il giorno delle nozze imposte dal padre.

Quando entra nella camera di Giulietta per prepararla all'incontro con Paride, il promesso sposo, la nutrice pensa che la *padroncina* stia ancora dormendo, *impastata* da un sonno così profondo da indurla a sdraiarsi sul letto *già vestita e abbigliata*. Soltanto dopo averla ripetutamente chiamata (*Giulietta! Giulietta! Giulietta!*), immaginiamo con sempre maggior inquietudine, forse scuotendola, si rende conto con sgomento che la *bimba* non dà segni di vita. Per la nutrice e per i Capuleti, occorsi alle grida di disperazione, non ci sono dubbi: Giulietta è morta. La miracolosa pozione ha provocato nella ragazza effetti fisici inequivocabili agli occhi del padre (*è già fredda; fermato il polso, rigide le membra*). Il piano di Giulietta e Romeo ha trasformato un giorno che per tutti – tranne che per i due innamorati – avrebbe dovuto essere di gioia in un giorno *di pianto* e *di sventura*.

Il compianto e la speranza

L'entrata in scena di frate Lorenzo, Paride e i musici apre la seconda parte del brano, dominata dal lamento a quattro voci per la prematura scomparsa di Giulietta (rr. 37-80). Il padre della promessa sposa ha annunciato la notizia al frate e al giovane che non potrà più essergli genero (*Ora mio genero è lo spirito della morte*). Ora può iniziare il compianto, pronunciato probabilmente all'unisono dalla balia, dai Capuleti e da Paride. Il dolore dei personaggi per la tragica fine di Giulietta si accompagna alla commiserazione per la malvagità della sorte beffarda che li ha colpiti proprio il giorno di cui, dice Paride, *da tanto tempo aspettavo di vedere il volto*. Madonna Capuleti e il marito hanno perduto l'unica gioia e consolazione della vita, Paride accusa il destino che gli ha sottratto l'amore con la morte e la balia si abbandona a una disperazione che grida di non aver mai vissuto.

I loro lamenti sono bruscamente interrotti e condannati da frate Lorenzo che alle lacrime contrappone l'immagine di Giulietta *più in alto delle nuvole, in alto quanto il paradiso stesso*. Il dolore naturale di averla perduta non deve far dimenticare che *ora l'ha tutta il cielo, e questo, per lei, è il meglio*. Il frate ricorda che gli uomini non sono padroni della vita di coloro che amano (*non potevate ritoglierla alla morte*) ed esorta a rendere onore al corpo della fanciulla (*salma bella*). E quando il Capuleti ritorna a dolersi per il destino paradossale che ha trasformato un matrimonio in veglia funebre, frate Lorenzo lo ammonisce affinché consideri che la morte di Giulietta obbedisce agli *alteri voleri* di Dio e continuare a lamentarsene non può che addolorare *il cielo*.

Lo stile

Il brano testimonia l'intensità del teatro e del linguaggio di Shakespeare. Già le prime battute della balia e di Madonna Capuleti possiedono una forza emotiva a cui il lettore o spettatore non può sottrarsi. La crescente disperazione dei personaggi è scandita dal veloce susseguirsi delle frasi esclamative e interrogative, dalle anafore (*Su, agnellino! Su, padroncina... su, caruccia! su, dico... su, signora sposa*) e dalle iterazioni (*Giorno maledetto!... Oh, giorno di pianto!... O giorno di sventura!*) e nobilitata dal ricorso a metafore e similitudini. Il culmine della tensione viene raggiunto nella scena corale del lamento, in cui i personaggi piangono la morte di Giulietta variando sul tema dell'*odioso giorno*, con il ricorso all'accumulazione degli aggettivi, all'iperbole e all'antitesi.

Pur conservando un elevato tono lirico, nel discorso di frate Lorenzo la foga dell'emotività lascia spazio a una struttura argomentativa volta a dimostrare che chi ha fede nella vita ultraterrena non ha ragione di disperarsi per la morte.

Scena da *Romeo e Giulietta*, Chicago, Chopin Theatre.

LABORATORIO

Comprendere e individuare
L'esplorazione del testo

1. Individua i riferimenti alla prima notte di nozze di Giulietta nel monologo della balia.

2. Quando si rende conto della morte di Giulietta la balia si sente svenire: da quale particolare possiamo intuirlo? *È preoccupato e esclama*

3. Con quale immagine Capuleti sottolinea il doloroso stupore provocato dalla morte della figlia, che lo rende muto per tanta sofferenza? *E...*

4. Quali espressioni dispregiative usa frate Lorenzo per condannare l'enfasi dei lamenti degli altri personaggi?

5. Secondo frate Lorenzo con quale strumento, oltre che con la fede, è possibile vincere il dolore naturale per la morte di Giulietta?
   - A. ☐ La penitenza
   - B. ☐ La ragione
   - C. ☒ La rassegnazione
   - D. ☐ La pietà

Interpretare e riflettere
La scoperta del testo

6. Per quale ragione quando Capuleti entra in scena è irritato? *Giulietta non è sveglia*

7. Spiega per quale motivo la domanda con cui entra in scena frate Lorenzo appare crudelmente beffarda. *Perché voleva sposarli il prima possibile*

8. Individua la parte di dialogo in cui frate Lorenzo sostiene che il comportamento degli altri personaggi è contraddittorio, non giustificato dall'amore che essi affermano di aver avuto per Giulietta.

9. Quali personaggi sottolineano paradossalmente, con la loro presenza in scena, che il giorno in cui si svolge la vicenda avrebbe dovuto essere un giorno di festa? *Madonna Capuleti e Balia*

Analizzare
Lo stile e la forma del testo

10. Nel brano compaiono poche e brevi didascalie: quale funzione informativa svolgono? *...al punto essere coincisi*

11. Riporta la similitudine utilizzata da Capuleti per rappresentare gli effetti della morte sul corpo di Giulietta. *Una brinata*

12. Osserva la disposizione degli aggettivi con cui iniziano i lamenti dei Capuleti e di Paride: quale figura retorica viene utilizzata da Shakespeare? E in quale fra i quattro lamenti si ricorre più frequentemente all'iperbole?

13. Ricerca i termini che evidenziano il rapporto di affetto e di familiarità della balia con Giulietta.

GRAMMATICA

14. Nella frase *vederla giungere in alto era per voi il paradiso: e piangete, ora, ora che la vedete più in alto delle nuvole* (rr. 64-65), i due punti introducono una coordinata
   - A. ☒ esplicativa
   - B. ☐ conclusiva
   - C. ☐ avversativa
   - D. ☐ disgiuntiva

15. *Nel vostro amore tanto male amate la vostra bambina, che diventate matti vedendola star bene* (rr. 66-67). Analizza il periodo e riscrivi le proposizioni nello schema, una per casella, precisando il tipo di subordinazione.

   [1] → Proposizione principale
   [2] → Proposizione subordinata
   [3] → Proposizione subordinata

Produrre
Dalla lettura alla scrittura

16. Nei loro compianti Madonna Capuleti e la balia si scagliano contro l'*odioso giorno* (r. 45) in cui credono sia morta Giulietta. Riscrivi le loro battute modificando il destinatario dei lamenti: potrebbero rivolgersi, per esempio, al letto dove la giovane è morta oppure al vestito con cui è stata trovata. Ti forniamo un modello.

   MADONNA CAPULETI Scomodo, ruvido, duro come il marmo, odioso letto! Il giaciglio più faticoso che mai vide un corpo prima della notte eterna!

   BALIA O dolore! O disperato, disperato, disperato letto; lenzuola tutte bagnate di pianto...

VERIFICA DELLE COMPETENZE

MODELLO INVALSI

Leggi il seguente testo e poi rispondi alle domande.

T3 Eschilo La pena di Prometeo

Eschilo nacque nel 525/524 a.C. a Eleusi, vicino ad Atene. Partecipò come soldato di frontiera alle guerre persiane. Vincitore di un agone tragico nel 484 a.C., si trasferì successivamente in Sicilia, a Gela, dove morì nel 456/455. Attore e poeta, scrisse una settantina di opere teatrali, di cui ne restano solamente sette: *Le supplici*, *Prometeo incatenato*, *I Persiani*, *I sette a Tebe* e la trilogia *Orestea* (*Agamennone*, *Coefore*, *Eumenidi*). Attraverso le sue opere, legate alle problematiche sociopolitiche del tempo, Eschilo sottolinea come l'ordine politico e sociale della *polis* sia profondamente legato al rispetto degli dèi.

Nel *Prometeo incatenato* si racconta la storia di Prometeo, figlio del titano Giapeto, che dopo aver aiutato Zeus a diventare re degli dèi, rimuovendo il padre Crono dal trono, si oppone al suo volere di distruggere gli uomini per sostituirli con un'altra razza. La pietà spinge l'eroe a rubare il fuoco agli dèi per donarlo agli uomini. Zeus, per punirlo, lo fa incatenare a una rupe della Scizia (regione orientale considerata il limite del mondo abitato), dove l'eroe è straziato dalle aquile: ogni giorno queste gli divorano il fegato, che rinasce continuamente, condannandolo a un eterno tormento.

Nella scena iniziale della tragedia, il coro delle Oceanine, le figlie dei titani Oceano e Teti, giunge su un carro alato presso la rupe dove Prometeo è prigioniero e subisce la terribile punizione. Le divinità (personificazioni delle acque correnti, fiumi e sorgenti), impietosite dal doloroso destino dell'eroe, gli chiedono la ragione per cui Zeus gli ha riservato una sorte così crudele.

EPISODIO PRIMO

Scena I
Prometeo e Coro

Coro Rivelaci e narraci tutto: per quale colpa Zeus ti ha preso e ti strazia così indegnamente e acerbamente[1]? Parla, se parlando non ti fai danno.
Prometeo Parlare di questo è, per me, doloroso, anche tacere è doloroso: tristi cose, ad ogni modo. [...]
    E ora, quello che voi mi chiedete, per qual ragione egli mi maltratta, ve lo dirò. Non appena si fu seduto sul trono paterno[2], subito assegnò agli dèi i loro privilegi, a chi questo, a chi quello; e dava ordine così al suo regno. Ma nessun pensiero ebbe degli infelici mortali, e voleva annientarne tutta la stirpe e crearne una nuova. A questi disegni nessuno si oppose, fuorché io. Io fui audace: ho salvato i mortali impedendo che scendessero, annientati, nell'Ade[3]. Per questo sono fiaccato da tali tormenti, dolorosi a soffrire, pietosi a vedere. Io, che ho avuto soprattutto pietà dei mortali, non sono stato ritenuto degno di pietà; ma crudelmente così castigato, spettacolo ignominioso[4] per Zeus.
Coro Ha il cuore di ferro ed è fatto di macigno[5], o Prometeo, chi non soffre con te dei tuoi mali. Io non avrei voluto veder queste cose; ora che le ho vedute, il

---

1 **acerbamente:** crudelmente.
2 **trono paterno:** il trono del padre Crono, che Zeus ha spodestato.
3 **Ade:** regno dei morti.
4 **ignominioso:** infamante.
5 **fatto di macigno:** insensibile.

mio cuore si è addolorato.
PROMETEO Certo, per chi mi ama, io sono degno di pietà.
CORO E non sei andato, forse, in qualche cosa anche oltre?
PROMETEO Ho liberati i mortali dal vedersi sempre davanti la morte.
CORO Quale rimedio hai trovato per questo male?
PROMETEO Ho posto nei loro cuori cieche speranze.
CORO Gran beneficio è questo che hai fatto ai mortali!
PROMETEO Oltre a questo, io ho donato ad essi il fuoco.
CORO E ora gli effimeri[6] posseggono il fuoco fiammeggiante?
PROMETEO Sì. E da esso impareranno molte arti.
CORO Per queste colpe, allora, Zeus...
PROMETEO Mi tormenta, e ai miei mali non dà nessuna tregua.
CORO E non è stabilito un termine per il tuo soffrire?
PROMETEO Nessuno, se non quando piacerà a lui.
CORO Piacerà a lui? E come? Che speranze hai? Non vedi che hai errato? Che tu hai errato per me non è un piacere dirlo; e per te è un dolore sentirlo dire. Ma lasciamo andare questi discorsi; e tu cerca in qualche modo di liberarti da queste pene.
PROMETEO È facile, per chi è libero dalle sventure, consigliare e ammonire chi è sventurato. Ma tutte queste cose io le sapevo. Ho voluto, ho voluto peccare, io non lo nego. Per aiutare i mortali, mi son procurato io stesso questi affanni. Ma non credevo che in tali tormenti mi sarei dovuto consumare su queste rocce aeree, né che sarei finito su questa rupe solitaria. Ma non piangete i dolori che io soffro ora; scendete a terra e ascoltate i dolori che verranno: così saprete tutto, fino alla fine. Datemi, datemi ascolto; soffrite insieme con me che soffro. La sventura, nel suo cieco errare, si posa ora sopra l'uno, ora presso l'altro.
CORO Tu esorti a far questo, Prometeo,
chi questo desidera.
Io col piede leggero[7]
lascerò il mio cocchio[8] veloce
e l'etere sacro[9], la via degli uccelli,
e su questa terra rocciosa
scenderò. Dall'inizio alla fine
conoscere voglio i tuoi mali.

[Eschilo, *Prometeo incatenato,* trad. it. di G. Pennotta, in C. Pavolini, *Tutto il teatro di tutti i tempi,* vol. I, Gherardo Casini Editore, Roma 1987]

6 **effimeri:** transitori, che hanno breve durata.
7 **col piede leggero:** volando.
8 **cocchio:** carro.
9 **l'etere sacro:** il regno degli dèi.

1. Con quali immagini metaforiche il coro definisce chi non prova pietà verso il tragico destino di Prometeo?
2. Quale aggettivo viene utilizzato per indicare gli uomini, sottolineando la precarietà della loro esistenza?
3. Prometeo si sente più nobile dei suoi simili: attraverso quali parole traspare questa sua convinzione?
4. Quale sentimento spinge soprattutto Prometeo ad aiutare gli uomini?
5. Con quale frase il protagonista della tragedia sottolinea con orgoglio che il suo dono agli uomini contribuirà al successivo sviluppo della civiltà?
6. In quale battuta Prometeo riconosce di aver sottovalutato la gravità del suo gesto e la reazione di Zeus?
7. Nella battuta *Io fui audace: ho salvato i mortali impedendo che scendessero, annientati, nell'Ade* (r. 10), i due punti introducono
   A. ☒ la spiegazione della ragione della prima frase
   B. ☐ l'attenuazione di quanto esposto nella prima frase
   C. ☒ un'alternativa a quanto esposto nella prima frase
   D. ☐ l'elenco delle conseguenze della prima frase
8. Secondo lo stesso Prometeo, qual è stato il suo principale errore?
   A. ☐ Non aver considerato che in seguito Zeus si sarebbe occupato anche degli uomini
   B. ☐ Aver ritenuto gli uomini degni di essere aiutati
   C. ☒ Aver superato con il suo gesto di rivolta i limiti posti da Zeus
   D. ☐ Aver illuso gli uomini sulle possibilità di riscattare le loro tristi condizioni
9. Secondo te, nel corso dei secoli successivi a quale aspetto della civiltà umana è stato associato il mito di Prometeo? Considera il gesto di rivolta da lui compiuto, il dono che ha fatto all'uomo.
   A. ☐ La conquista della democrazia
   B. ☒ L'affermazione della tecnologia
   C. ☐ Lo sviluppo della medicina
   D. ☐ La nascita del pensiero filosofico
10. Quali delle seguenti funzioni svolge dal punto di vista narrativo la scena analizzata?
    A. ☐ Anticipa la conclusione delle vicende
    B. ☒ Riporta gli antefatti
    C. ☐ Presenta il personaggio
    D. ☐ Fornisce indicazioni sulla dimensione temporale
    E. ☐ Manifesta il giudizio dell'autore
11. Individua l'espressione performativa che dà l'avvio al racconto di Prometeo.
12. Quale battuta contiene il deittico temporale che colloca il dialogo nel presente?
13. Rileggi la battuta conclusiva di Prometeo e individua gli indicatori deittici e le espressioni performative.
14. Nella frase *non sono stato ritenuto degno di pietà* (r. 14), il termine sottolineato è un complemento
    A. ☒ predicativo del soggetto
    B. ☐ predicativo dell'oggetto
    C. ☐ di stima
    D. ☐ di qualità
15. *È facile, per chi è libero dalle sventure, consigliare e ammonire chi è sventurato* (rr. 35-36). Analizza il periodo e riscrivi le proposizioni nello schema, una per casella, precisando il tipo di coordinazione e subordinazione.

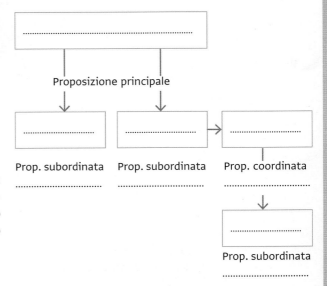

UNITÀ 16
La commedia

T1 **Aristofane**
La metafora della lavorazione della lana

T2 **Molière**
L'organizzazione della cena

T3 **Carlo Goldoni**
Il conte Anselmo

VERIFICA DELLE COMPETENZE

T4 **Plauto**
L'equivoco tra Euclione e Liconide

ONLINE

TESTI INTEGRATIVI
- Niccolò Machiavelli
Sostrata e Fra Timoteo convincono Lucrezia

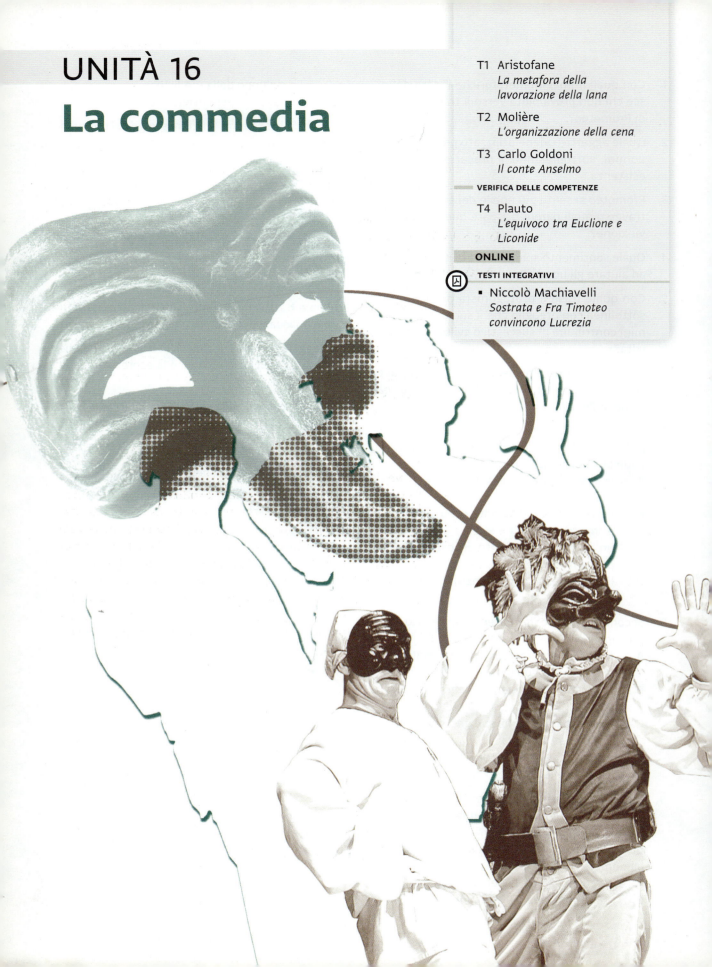

Le caratteristiche della commedia

Le origini

Il termine *commedìa* deriva dal greco *comodìa*, probabilmente da *komos*, "banchetto", "corteo festoso", e *oidè*, "canto". Da questa ricostruzione etimologica appare evidente che, come la tragedia (▶ p. 455), anche la commedìa – che assunse una forma codificata come genere teatrale tra il VI e il V secolo a.C. – affonda le sue radici in **riti magico-religiosi**. In particolare le sue origini sono legate alle cerimonie di fertilità organizzate in occasione delle feste di **Dioniso**, quando per propiziare i raccolti si portavano in processione dei falli (*falloforie*), simbolo di fecondità.

Se le vicende passionali e cruente degli eroi delle tragedie richiamano la lotta dell'uomo contro le forze invincibili del destino, la commedia mette in scena con **tono leggero** e divertente la vita della **gente comune**. I personaggi non sono posti dinanzi a laceranti conflitti e a prospettive catastrofiche ma cercano con il sorriso e l'ironia di realizzare i propri desideri. La commedia è dunque lontana dai grandi temi tragici ma è un'espressione altrettanto universale dell'esistenza umana, in quanto ne manifesta le più intime **esigenze materiali** e **spirituali**: l'amore e gli affetti, il benessere economico e i piaceri che ne derivano.

La forma e i temi

Lo sviluppo narrativo

Nelle commedie, in generale, le storie presentano situazioni prive di risvolti eroici e solenni ma tipiche della **quotidianità**: amori ostacolati, conflitti tra figli e genitori, dissesti economici. La trama è resa imprevedibile e avvincente da **colpi di scena**, **equivoci** e spesso anche dall'**agnizione**, ovvero la sorprendente scoperta della vera identità di uno o più personaggi, con cui l'intreccio si scioglie e la commedia si conclude. Nonostante i numerosi ostacoli e contrattempi, i protagonisti raggiungono sempre l'obiettivo desiderato e le vicende si chiudono con un **lieto fine**. La dimensione sovrannaturale è quasi sempre assente: non è la volontà di forze superiori a determinare l'esito degli eventi, ma il **caso**, a cui i personaggi devono far fronte con intelligenza. In tal senso, la commedia offre una visione ottimistica della natura umana.

I personaggi e gli ambienti

I protagonisti delle commedie provengono da **ambienti popolari** e **borghesi** e sono ritratti nelle loro consuete occupazioni quotidiane. A volte compaiono anche personaggi nobili o mitologici, di cui si sottolineano i limiti e i difetti che li rendono simili agli uomini comuni. Qualunque sia la loro estrazione sociale, si tratta di **personaggi-tipo**, soggetti stereotipati, modelli esemplari del comportamento di categorie sociali e umane: il giovane ingenuo e innamorato, il padre avaro e severo, la ragazza povera ma in realtà di nobile famiglia, il servo astuto, la serva chiacchierona e intrigante, l'imbroglione, il ruffiano, lo scroccone ecc.

Coerentemente con le vicende e i personaggi, le commedie sono ambientate nei luoghi della quotidianità: le case e le botteghe dei protagonisti, le strade e le piazze dove si incontrano per affari o per diletto.

La struttura e lo stile

Al pari della tragedia, la commedia greca si suddivideva in **episodi**, di solito cinque, separati dagli interventi del **coro**, spesso però volti unicamente a intrattenere il pubblico con monologhi e dialoghi comici e satirici. A una **struttura meno codificata** di quella tragica corrispondeva un minor rigore nel rispetto dell'unità di tempo, di luogo e soprattutto di azione, in modo da lasciare più libertà allo sviluppo dell'intreccio. Solitamente il linguaggio delle commedie è di **tono colloquiale**, spesso animato da modi di dire e termini popolari e scurrili, volti a suscitare il facile divertimento del pubblico. I dialoghi sono animati e incalzanti, con scambi di **battute brevi** che ricorrono frequentemente a giochi di parole, doppi sensi, fraintendimenti. Agli attori – soprattutto per alcuni ruoli, come per esempio quello dei servi – è richiesta anche una disposizione alla **mimica** e alla **gestualità**.

Lo sviluppo storico della commedia

La commedia greca

Il principale esponente della cosiddetta "**commedia antica**" è l'ateniese **Aristofane**, che nelle sue opere affronta argomenti di attualità politica, con numerosi riferimenti a personaggi pubblici contemporanei. Le sue commedie colpiscono la corruzione dei potenti, la decadenza dei costumi e i pregiudizi sociali – come per esempio quello della presunta inferiorità della donna (▶ T1, p. 510) –, sollecitando la riflessione morale e civile. Sempre ad Atene operò **Menandro** (342-291 a.C.), che distolse l'attenzione dalle vicende pubbliche per raccontare tormentate storie d'amore, ostacolate da conflitti generazionali ma destinate a giungere a un lieto fine. Nella "**commedia nuova**" di Menandro scompaiono personaggi politici e intellettuali sostituiti da giovani innamorati, vecchi avari e servi impiccioni.

La commedia romana

La commedia latina riprese temi, vicende e personaggi dalla commedia nuova. Alcuni autori si limitarono a **tradurre le opere greche**, ma la tendenza prevalente fu di riprendere le **tipologie umane** presenti nei testi di Menandro e di rielaborare le storie di due o più commedie, aggiungendovi situazioni e battute relative al mondo romano. I due commediografi latini più rappresentativi di cui sono giunte opere scritte sono Plauto e Terenzio. **Tito Maccio Plauto** arricchì i modelli della commedia greca con elementi della tradizione popolare italica, privilegiando i temi della beffa, gli equivoci e i tradimenti amorosi, accompagnati da battute pungenti e dalla **caricatura farsesca** dei personaggi (▶ T5, p. 530). Nei suoi testi prevale il gusto per il divertimento ed è del tutto assente un messaggio morale ed educativo. **Publio Terenzio Afro** (190 ca.-159 a.C.) si mostrò invece più attento allo studio dei sentimenti e delle relazioni umane: rispetto a quelli plautini, i personaggi delle sue commedie sono meno tipizzati e più che indurre alla risata stimolano una **riflessione pacata** e sorridente.

La commedia rinascimentale

Durante il Medioevo, come tutti i generi teatrali anche la commedia venne abbandonata per essere ripresa soltanto nel corso del **Cinquecento** in concomitanza con il rinnovato interesse per la cultura antica. Nonostante i riferimenti a problemi e a questioni del tempo, l'influenza delle opere greche e latine è assai evidente. Le vicende sono sempre a lieto fine e sulla scena agiscono personaggi-tipo, però rispetto ai modelli classici la commedia rinascimentale lascia maggiore spazio all'**analisi psicologica** e ai monologhi dei personaggi. Nella *Mandragola*, la commedia cinquecentesca più nota, **Niccolò Machiavelli** (1469-1527) ripropose le figure del vecchio sciocco e del servo astuto e un intreccio fondato sugli equivoci e sugli scambi di persona.

N. Machiavelli
Sostrata e Fra Timoteo convincono Lucrezia

La commedia dell'Arte

La commedia rinascimentale in genere rappresentata nelle corti signorili era diretta a un pubblico d'*élite*, ma accanto a essa si sviluppò anche un genere più popolare e immediatamente "comico", la **commedia dell'Arte,** caratterizzata dalla presenza di **maschere**. Questo genere teatrale era messo in scena da attori professionisti (il termine *Arte* era impiegato con il significato di "lavoro", "mestiere"), che non recitavano un testo scritto ma improvvisavano dialoghi e battute seguendo soltanto una "scaletta" della trama (il cosiddetto "**canovaccio**"). La fragilità e la prevedibilità degli intrecci era compensata dalla presenza di musica, canzoni, danze e dalle acrobazie degli attori, che dalla tradizione carnevalesca ripresero le tecniche prevalentemente corporee dei **lazzi**, gag sia verbali sia mimiche, spesso avulse dal contesto narrativo, e dei **frizzi**, giochi comici. A lungo andare, però, la commedia dell'Arte divenne ripetitiva e per tenere vivo l'interesse del pubblico popolare ricorse a temi ed espressioni scurrili.

La commedia di Molière e la "riforma" di Goldoni

A partire dal Seicento la commedia abbandonò la semplicità strutturale e la volgarità dei temi della tradizione popolare e della commedia dell'Arte per riacquistare una dimensione letteraria più elevata. Ciò fu possibile soprattutto grazie a due autori: il francese **Molière** e l'italiano **Carlo Goldoni**.

Il primo, commediografo alla corte di Luigi XIV, seppe unire nelle sue opere la **ricchezza comunicativa** della commedia dell'Arte alle influenze dei **modelli antichi**. Una delle sue opere più famose, l'*Avaro* (▶ T2, p. 516), rinvia a una commedia dallo svolgimento analogo di Plauto, l'*Aulularia* (▶ T4, p. 530).

il percorso delle parole
Riforma

Circa un secolo dopo Molière, il veneziano Goldoni intraprese una radicale "riforma" **della commedia**, che sembrava avviata alla decadenza. Sostituì il canovaccio con un **copione scritto**, che gli attori dovevano rispettare fedelmente, ed eliminò progressivamente la presenza delle maschere fisse per dedicarsi con cura alla creazione di **caratteri**, ovvero personaggi psicologicamente più ricchi e multiformi, capaci di cambiare modi e comportamenti nel corso dello sviluppo della storia. Grazie a Goldoni la commedia si liberò dagli stereotipi e propose vicende e personaggi in cui la nascente borghesia poteva riconoscersi.

il punto su... Le maschere della commedia dell'Arte

Le maschere fisse erano un elemento caratterizzante della commedia dell'Arte. Ciascun attore si specializzava in un ruolo particolare in cui confluivano – spesso mescolandosi – elementi di comicità e di religiosità popolare propri della società contemporanea. Gli attori, tranne coloro che impersonavano gli innamorati e qualche altro ruolo, recitavano con il volto nascosto dalla maschera e con un costume. Ciò permetteva al pubblico di individuare immediatamente i personaggi e di focalizzare l'attenzione sulle loro azioni, sul vortice di frizzi e lazzi attraverso cui veniva coinvolto e divertito. Essendo a viso coperto, la recitazione era affidata principalmente al corpo e all'abilità mimica dell'attore.

Uno dei personaggi più antichi della commedia dell'Arte era il servo, detto "zanni", che nel tempo assunse una doppia sfumatura: il servo furbo e imbroglione e il servo sciocco (o creduto tale). Le due maschere italiane più famose rappresentano questa categoria di personaggio: Pulcinella, maschera napoletana che indossa un camiciotto, i pantaloni bianchi e una mascherina nera a metà viso e il naso a becco, rappresentava il servo sciocco; Arlecchino, maschera bergamasca, indossa una giacca e un pantalone a rombi colorati e ha con sé una spatola di legno, immagine del servo imbroglione e ignorante, sempre affamato. Solitamente lo svolgimento della commedia prendeva avvio proprio dal servo e dal suo rapporto con un padrone poco intelligente e privo di buon senso.

Gli altri caratteri fissi tipici della commedia dell'Arte sono:
- Colombina, maschera veneziana, è una servetta furba e maliziosa, corteggiata da Pantalone e solitamente in coppia con Arlecchino;
- Pantalone, maschera veneziana, indossa giacca e pantaloni rossi, un mantello nero, una mascherina di cuoio, la barba a punta e il naso curvo. Rappresenta il vecchio e ricco mercante, con il vizio di corteggiare le giovani donne;
- il Capitano è una maschera di origina latina, i cui nomi possono essere Spavento, Fracassa, Matamoros, che indossa un mantello e un cappello con le piume. Personaggio molto amato dal pubblico, rappresenta il soldato spaccone e vigliacco, che si vanta dei propri amori e delle proprie imprese;
- il dottor Balanzone, maschera di origine bolognese. Personaggio grasso e vestito di nero, rappresenta un avvocato pignolo o un medico presuntuoso. Si esprime in latino o in dialetto emiliano ed è amico o rivale di Pantalone.
- Brighella, un altro servo furbo e imbroglione di origine bergamasca. Ha un costume bianco con una mantellina.

Scuola veneta, maschere della commedia dell'Arte, XVI secolo.

LA MAPPA DELLE CONOSCENZE

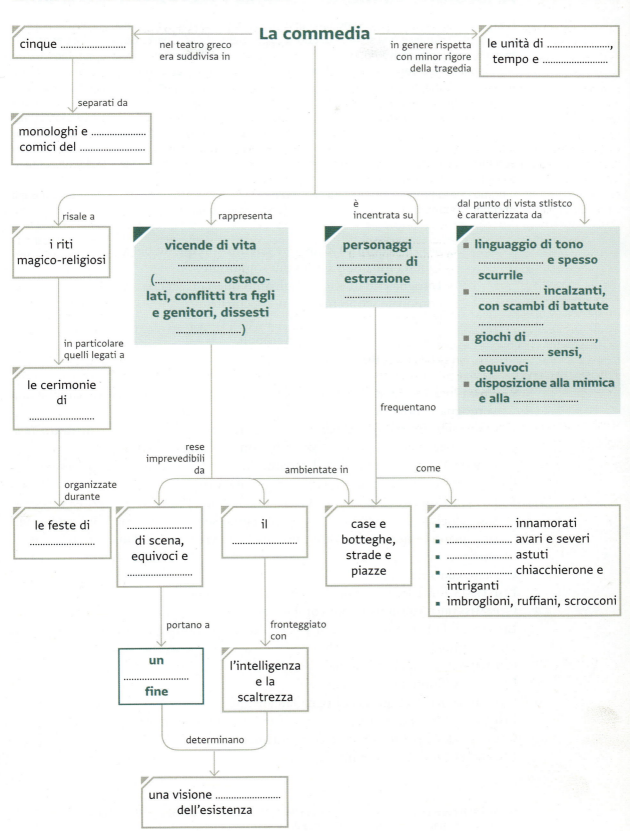

T1 Aristofane La metafora della lavorazione della lana

Nella commedia *Lisistrata*, l'omonima protagonista (il cui nome significa "colei che scioglie gli eserciti") riunisce una schiera di donne provenienti da ogni parte della Grecia per affrontare un problema molto importante: a causa della guerra del Peloponneso, gli uomini non hanno più tempo per stare con le loro famiglie. Affinché si giunga presto alla pace Lisistrata propone alle donne uno sciopero sessuale e organizza l'occupazione dell'Acropoli ateniese per sottrarre agli uomini i soldi necessari per continuare a combattere. Gli uomini allora inviano un commissario per cercare una soluzione, ma Lisistrata è irremovibile: sottolinea la gravità dei fatti che stanno accadendo e suggerisce un'amministrazione economico-politica della città secondo un'originale concezione femminile. Lisistrata riesce alfine nel suo intento: Ateniesi e Spartani firmano la pace, lo sciopero si conclude e le donne tornano a casa con i loro mariti.
Il brano che ti proponiamo è tratto dalla parte iniziale della commedia: le donne hanno già occupato l'Acropoli e incontrano il commissario inviato dalla *polis*.

CORO DI VECCHI O Zeus, che faremo con queste belve?
Questa roba non si può più sopportare.
Bisogna che tu e io indaghiamo questa faccenda:
con quale scopo mai hanno occupato
la rocca di Cranao[1], con quale scopo
la rupestre inaccessibile Acropoli,
sacro recinto.

CORIFEO Interrogale dunque e non fidarti e produci tutte le tue prove: sarebbe una vergogna se noi tralasciassimo di esaminare un fatto simile.

10 COMMISSARIO Ecco dunque, per Zeus, quel che vorrei sapere da loro, anzitutto: (*alle donne*) per quale scopo avete sbarrato con i pali la nostra Acropoli.

LISISTRATA Per mettere in salvo il danaro, che non facciate la guerra per esso.

COMMISSARIO E noi faremmo la guerra per il danaro?

LISISTRATA Proprio: e così tutto il resto è sconvolto. Pisandro[2] per poter rubare, e tutti gli altri che aspirano alle cariche, fanno sempre una gran confusione. Ma ora, quanto a questo, facciano pure quel che vogliono: il danaro, non lo prenderanno più.

COMMISSARIO E che farai?

LISISTRATA E me lo domandi? Lo amministreremo noi.

20 COMMISSARIO Amministrerete voi il danaro?

LISISTRATA Ti pare una cosa strana? Quello di casa non ve lo amministriamo noi, interamente?

COMMISSARIO Ma non è la stessa cosa.

LISISTRATA Come non è la stessa cosa?

COMMISSARIO Con questo, bisogna farci la guerra.

LISISTRATA Prima di tutto, non c'è nessun bisogno di far guerra.

COMMISSARIO E come ci salveremo, altrimenti?

LISISTRATA Noi, vi salveremo.

---

1. **rocca di Cranao:** roccia su cui è costruita l'Acropoli; in greco *kranaós* significa roccioso.
2. **Pisandro:** magistrato e politico ateniese del V secolo a.C.

COMMISSARIO Voi?
30 LISISTRATA Noi, per l'appunto.
COMMISSARIO È una cosa indegna.
LISISTRATA Ma sarai salvato, anche se non vuoi.
COMMISSARIO Dici una cosa terribile davvero.
LISISTRATA Sdégnati pure: ma tanto, bisognerà farlo.
COMMISSARIO Ma non ne avete il diritto, per Demetra[3].
LISISTRATA Bisogna salvarti, amico!
COMMISSARIO Anche se non ne ho bisogno?
LISISTRATA Proprio per questo, e a maggior ragione.
COMMISSARIO Ma come vi è venuto in mente, di occuparvi di guerra e di pace?
40 LISISTRATA Te lo spiegheremo.
COMMISSARIO E parla presto, se non vuoi piangere! (*Minacciandola*).
LISISTRATA Ascolta, dunque, e cerca di tenere le mani a posto.
COMMISSARIO Non ci riesco: è difficile tenerle a posto tanto è lo sdegno.
CLEONICE E piangerai molto di più.
COMMISSARIO Questo, o vegliarda, gracchialo per te. (*A Lisistrata*) E tu dimmi, dunque.
LISISTRATA Sto per farlo. Dunque, durante il primo periodo della guerra, noi, nella nostra saggezza, abbiamo sopportato da voi uomini e non ci lasciavate nem-

---

3 Demetra: divinità femminile greca, legata al ciclo delle stagioni e alla maternità.

Aristofane, nato ad Atene nel 445 a.C. ca., è il massimo esponente della commedia attica "antica". Vi sono pochissime informazioni sulla sua vita e sulla sua vastissima produzione letteraria. Uomo estremamente colto e raffinato, non partecipò attivamente alla vita pubblica della città, anche se dalle sue commedie è evidente un forte interesse per la politica. Infatti la sua satira è incentrata sulle problematiche politiche, culturali e artistiche del tempo e mette in ridicolo personaggi contemporanei, come il filosofo Socrate, il tragediografo Euripide e i suoi seguaci, i politici, considerati responsabili della rovina della città. Delle sue numerosissime commedie sono giunte a noi complete solo undici: *Gli Acarnesi*, *I cavalieri*, *Le nuvole* (sorta di beffa a Socrate e ai suoi discepoli, in cui condanna i falsi educatori che vedono nella cultura solo uno strumento per arricchirsi), *Le vespe*, *La Pace*, *Gli uccelli*, *Le donne alla festa di Demetra*, *Lisistrata* (in cui è evidente la sua contrarietà alla guerra del Peloponneso), *Le rane* (che mette in scena un dibattito sulla tragedia, tra Eschilo ed Euripide, che si svolge nell'oltretomba), *Le donne a parlamento*, *Pluto*. Morì intorno al 385 a.C.

meno borbottare qualunque cosa faceste: e pure, non ci piacevate affatto. Ma vi comprendevamo bene: e spesso, stando in casa, sentivamo che avevate deciso male su un affare importante. E pur addolorate dentro di noi, sorridendo vi chiedevamo: «Oggi, in assemblea, che cosa avete deciso di iscrivere sulla stele[4] riguardo alla tregua?». E lui, l'uomo: «Che ti riguarda?», diceva, «Vuoi star zitta?». E io zitta.

CLEONICE Ma io, zitta non ci sarei stata.

COMMISSARIO E avresti pianto, se non zittivi.

LISISTRATA Perciò, abbozzavo dentro. Poi venivamo a sapere di qualche altra vostra decisione, peggiore dell'altra, e domandavamo: «Come mai, marito mio, avete condotta questa faccenda così stoltamente?». E lui a guardarmi male e a dirmi che, se non badavo a tessere la trama[5], la testa mi avrebbe fatto male a lungo: «la guerra sarà cura degli uomini».

COMMISSARIO E diceva bene, per Zeus.

LISISTRATA E come diceva bene, o disgraziato, se non potevamo nemmeno consigliarvi quando decidevate male? Ma quando, per le strade, vi sentivamo dire apertamente: «Non c'è più un uomo, in questo paese»; «Proprio no, per Zeus», replicava un altro; allora noi donne, riunitéci, subito decidemmo tutte d'accordo di salvar l'Ellade[6]. E che cosa dovevamo aspettare? Se ora dunque, alla vostra volta, volete stare a sentire noi che diciamo cose sensate, e tacete come tacevamo noi, potremo rimettervi un po' su.

COMMISSARIO Voi a noi? È una cosa grave, che dici, e non posso sopportarla.

LISISTRATA Sta' zitto.

COMMISSARIO E io dovrei star zitto davanti a te, maledetta, che per giunta porti un velo sul capo[7]? Che io muoia, piuttosto.

LISISTRATA Se è questo che te l'impedisce, prenditelo pure il mio velo. (*Porgendo*) Tieni, mettilo sulla testa e poi fa' silenzio.

CLEONICE (*porgendo*) E anche questo panierino. Poi, mettiti la cintura e carda la lana sgranocchiando fave[8]: «la guerra sarà cura delle donne».

CORIFEA Allontaniamoci da queste anfore[9], o donne, che anche noi, a nostra volta, si possa dare una mano alle amiche.

    CORO DI DONNE Io non sarò mai stanca di danzare:
    giammai faticosa pena m'invada le ginocchia.
    Voglio affrontare ogni cosa per dar prova di virtù, con costoro
    che hanno prestanza, grazia, ardire,
    saggezza e amor di patria e prudente valore. [...]

---

4 **iscrivere sulla stele**: le decisioni delle assemblee venivano rese pubbliche riportandole su una lastra di pietra o marmo (*stele*).

5 **Come mai... degli uomini**: queste battute richiamano i versi rivolti da Ettore ad Andromaca nell'*Iliade* di Omero: «Su, torna a casa, e pensa all'opere tue,/telaio, e fuso; e alle ancelle comanda/di badare al lavoro; alla guerra penseran gli uomini» (Omero, *Iliade*, libro VI, vv. 490-493, trad. it. di R. Calzecchi Onesti, Einaudi, Torino 2010).

6 **l'Ellade**: nome con cui si riferiva inizialmente solo alla Grecia settentrionale, in seguito a tutta la Grecia.

7 **porti un velo sul capo**: segno di sottomissione da parte delle donne.

8 **fave**: oltre a essere un cibo comune, ad Atene le fave secche erano utilizzate per sorteggiare le cariche pubbliche.

9 **anfore**: nelle anfore le donne avevano portato dell'acqua alle amiche che si trovavano sull'Acropoli.

Commissario E come sareste capaci, voi, di far cessare tutto questo scompiglio nel paese, e toglierlo di mezzo?
Lisistrata Molto semplicemente.
Commissario E come? Spiegami.
Lisistrata Come facciamo con una matassa, quando è ingarbugliata: la prendiamo, e tendiamo il filo sui fusi, da una parte e dall'altra. Così, se ci lasciate fare, toglieremo di mezzo anche la guerra, mandando ambascerie in giro da una parte e dall'altra.
Commissario E voi pensate di metter fine a una cosa così terribile con la lana e le matasse e i fusi? Che stolte!
Lisistrata Ma se aveste un po' di buon senso, voi, governereste la città come noi la nostra lana, in tutto.
Commissario E come? Vediamo.
Lisistrata Anzitutto dovreste, come un vello[10], detergere[11] con un bagno tutto l'untume dalla città, e su un letto, a colpi di mazza, espellere i cattivi e scartare i triboli[12] e quelli che si riuniscono a complottare per le cariche, fitti fitti, cardarli[13] per bene e spelargli le teste. Poi, in un paniere, pettinare la concordia generale, mescolando un po' tutti: i meteci[14], gli stranieri che vi sono amici, chi deve danaro all'erario[15], e mescolarli tutti insieme. Quanto poi alle città, che son colonie[16] di questa terra, dovete rendervi conto che esse, per noi, sono come pennecchi[17] che stanno a terra, ciascuno per sé. E bisogna prenderli tutti e raccoglierli qui e riunirli insieme e farne un grosso gomitolo: e da questo, tesserci una tunica per il popolo.

[Aristofane, *Lisistrata*, trad. it. di R. Cantarella, Einaudi, Torino 1972]

10 **vello:** manto di lana che copre le pecore.
11 **detergere:** ripulire.
12 **triboli:** spini, rovi.
13 **cardarli:** il processo della cardatura consiste nel districare e pulire la lana al fine di compattare i fiocchi e formare un filo continuo; qui in senso metaforico si allude alla coesione sociale cui auspica Lisistrata.
14 **meteci:** straniero libero, residente stabilmente nel territorio di una *polis*, con limitati diritti politici e civili.
15 **erario:** pubblica amministrazione.
16 **colonie:** comunità di cittadini che avevano fondato o occupato delle città con o senza vincoli di dipendenza dalla madrepatria.
17 **pennecchi:** quantità di lana da filare che si avvolge intorno alla rocca.

SCHEDA di LETTURA

Il rovesciamento dei ruoli

Per il coro dei vecchi è inaccettabile che le donne abbiano occupato l'Acropoli (*Questa roba non si può più sopportare*). Ai loro occhi, Lisistrata e le sue compagne sono addirittura delle *belve*, colpevoli di sacrilegio verso il *sacro recinto*. Si tratta di un gesto di ribellione che va oltre ogni capacità di comprensione e sul quale è indispensabile indagare, come afferma il personaggio del commissario, allo scopo di impedire che l'onore dei maschi ateniesi sia compromesso (*sarebbe una vergogna se noi tralasciassimo di esaminare un fatto simile*).

Il commissario è incaricato di scoprire le ragioni del comportamento delle donne che hanno *sbarrato con i pali* l'Acropoli ateniese. Nel corso del dialogo con la battagliera Lisistrata, però, il commissario si trasforma da accusatore a imputato, costretto a difendersi con sempre minor vigore dinanzi alle capacità

SCHEDA di LETTURA

oratorie della protagonista e alla forza dei suoi argomenti. Lo scambio di battute, che occupa quasi interamente il brano proposto, evidenzia la superficialità degli uomini, ottusi e ostinati nel ribadire anche con le minacce il loro ruolo di presunta superiorità. Incalzato dalla logica e dal buonsenso femminile, al termine del dialogo il commissario si ritroverà come uno scolaretto ad ascoltare la lezione di Lisistrata.

Gli argomenti delle donne

Lisistrata accusa gli uomini politici innanzitutto di corruzione (*poter rubare*) e d'incapacità nella gestione della *polis* (*fanno sempre una gran confusione*). Ora il denaro pubblico sarà affidato alle donne: sicuramente non metteranno a rischio la stabilità economica di Atene continuando una guerra che dura ormai da venti anni. Lisistrata sostiene che non vi sono amministratori migliori delle donne, visto che ogni giorno devono far quadrare il bilancio familiare. E il commissario non osi affermare che la conduzione di una città è un'occupazione più impegnativa: fare la guerra *non è la stessa cosa* che destreggiarsi fra i banchi di un mercato o i fornelli in cucina. Lisistrata non ha nessuna intenzione di ritornare a dedicarsi ai lavori femminili perché soltanto lei e le sue compagne potranno porre immediatamente fine alla guerra. Non saranno le armi ma la saggezza delle donne a riportare il benessere e la serenità ad Atene e nelle famiglie (*Noi, vi salveremo*). Le donne sono stanche di assistere in silenzio agli errori degli uomini e di essere insultate al solo tentativo di chiedere notizie sulle decisioni delle assemblee. A lungo hanno sopportato di essere derise e confinate fra le mura domestiche, perché la guerra è *cura degli uomini*. Ora che la situazione è diventata drammatica hanno deciso di intervenire in prima persona, di occuparsi *di guerra e di pace*.

Il governo delle donne

Il programma politico delle donne ateniesi viene sintetizzato da Lisistrata nel monologo conclusivo. Per il ritorno alla pace e al buongoverno sono necessari alcuni provvedimenti da attuare gradualmente e ciascuno di essi viene posto in relazione attraverso una metafora con le diverse fasi della filatura e della tessitura.

Dopo la tosatura, si lava la lana	La città viene ripulita dalla corruzione e dalla immoralità (*detergere con un bagno tutto l'untume*)
Posta su un letto, la lana viene battuta a colpi di mazza per eliminare gli spini (*triboli*)	I cittadini disonesti e incapaci (*i cattivi*) devono essere allontanati dalla comunità
Attraverso la cardatura, si compattano i fiocchi di lana formando un filo continuo	Occorre riportare coesione sociale punendo (*spelargli le teste*) tutti coloro che si riuniscono a complottare per le cariche
Si pettinano e si mescolano i fili ottenuti	Per raggiungere la concordia generale, si uniscono le diverse forze sociali, compresi i meteci e gli stranieri
Si formano i gomitoli, impiegando tutti i pennecchi	Nella costruzione della pace e della stabilità si coinvolgono anche le città colonizzate
Finalmente, si inizia a tessere la lana ottenuta	Si procede alla costruzione di un sistema politico che sia in grado di soddisfare le esigenze delle diverse classi sociali (*una tunica per il popolo*)

Lo stile

La presenza di un coro diviso in due semicori (di vecchi e di donne), che riportano punti di vista opposti, rappresenta una particolarità strutturale che sottolinea il tema centrale della commedia, quello della conflittualità tra i sessi. In prevalenza il dialogo ha un ritmo veloce e scorrevole, grazie al lessico semplice e alla sintassi lineare. Le battute del commissario sono brevi e spesso di forma interrogativa, come se l'autore volesse evidenziare la mancanza di argomenti e lo stupore incredulo del personaggio. Escluso il serrato botta e risposta iniziale, invece, le battute di Lisistrata sono più ampie e articolate, manifestazione della ricchezza argomentativa delle donne, che culmina nel monologo finale.

LABORATORIO

Comprendere e individuare
L'esplorazione del testo

1. Individua l'affermazione in cui Lisistrata spiega per quale ragione le donne hanno occupato l'Acropoli.

2. Ricerca almeno un paio di frasi in cui si allude all'uso della violenza nei confronti delle donne.

3. Per non indispettire i loro uomini le donne spesso devono fingere di non aver capito quanto sta accadendo o di trovarsi in uno stato d'animo diverso da quello che mostrano. In quale battuta Lisistrata confessa questo comportamento?

4. Quale gesto mostra che si è creato un clima di solidarietà tra le donne che hanno occupato l'Acropoli e tutte le altre cittadine ateniesi?

5. Negli anni in cui è ambientata la vicenda, Atene seguiva una politica estera di conquista e sottomissione: dove possiamo cogliere un'esplicita allusione all'imperialismo ateniese?

Interpretare e riflettere
La scoperta del testo

6. Con quale espressione figurata Lisistrata afferma che è giunto il momento di rovesciare i ruoli e che gli uomini devono sottomettersi al volere delle donne?

7. Lo scompiglio regna nelle città: con quale metafora viene rappresentata la confusione politica in cui si trova la Grecia?

8. Secondo Lisistrata, qual è la principale ragione per cui gli uomini fanno la guerra?
   A. ☐ La stupidità   C. ☐ L'avidità
   B. ☐ L'egoismo   D. ☐ La violenza

9. Nel coro delle donne quale accusa viene implicitamente rivolta agli uomini?
   A. ☐ Sono corrotti
   B. ☐ Possiedono scarso valore militare
   C. ☐ Pensano solo al potere politico
   D. ☐ Ignorano le esigenze delle mogli

10. Per Lisistrata qual è la virtù delle donne indispensabile per ristabilire la pace?
    A. ☐ La furbizia   C. ☐ La pazienza
    B. ☐ Il buonsenso D. ☐ La tolleranza

Analizzare
Lo stile e la forma del testo

11. Rileggi la battuta del corifeo (r. 9): quale aspetto del linguaggio drammatico prevale?

12. Nello scontro tra la protagonista, Lisistrata, e il suo antagonista, il commissario, si inseriscono anche aiutanti e oppositori: quali personaggi svolgono queste funzioni?

13. Spiega per quale motivo possiamo sostenere che Lisistrata è un personaggio-tipo.

14. Con quale espressione possiamo sostituire le parole di Lisistrata *abbozzavo dentro* (r. 58)? Prima di rispondere considera il contesto comunicativo.
    A. ☐ Cercavo di tranquillizzarmi
    B. ☐ Pazientavo
    C. ☐ Rimuginavo
    D. ☐ Accumulavo rabbia

GRAMMATICA

15. Indica le due funzioni grammaticali svolte da *lo* nella battuta di Lisistrata: *E me lo domandi? Lo amministreremo noi.* (r. 20)

16. Nella frase *facciano pure quel che vogliono: il danaro, non lo prenderanno più* (rr. 17-18), i due punti introducono una coordinata
    A. ☐ copulativa   B. ☐ avversativa
    C. ☐ conclusiva   D. ☐ esplicativa

Produrre
Dalla lettura alla scrittura

17. Immagina che il commissario debba riferire pubblicamente l'esito del suo incontro con Lisistrata: scrivi il discorso (quindici-venti righe circa) che potrebbe rivolgere ai cittadini riuniti in assemblea.
    Ti forniamo un modello.
    Cittadini ateniesi, abbiamo creato una forma di governo chiamata democrazia per il fatto che governa per il bene di molti e non di pochi. Ma il limite è stato superato: non possiamo permettere che il nostro sistema politico consenta alle donne di insegnarci come si governa la polis. *Oggi ho incontrato Lisistrata, che ha guidato l'occupazione dell'Acropoli...* ora continua tu.

T2 Molière L'organizzazione della cena

L'avaro, commedia rappresentata per la prima volta a Parigi nel 1668, si ispira alla *Commedia della pentola* (*Aulularia*) di Plauto (▶ T4, p. 530) e ha come protagonista Arpagone (personaggio tipo del teatro antico), un vecchio segnato dal vizio dell'avarizia e dell'avidità. Arpagone ha due figli: Cleante, che intende far sposare con una ricca vedova, ed Elisa, che promette in sposa ad Anselmo, un vecchio facoltoso che non esigerà per lei alcuna dote. Ma Cleante ama la giovane e bella Marianna, che però non ha dote e che Arpagone stesso vuole sposare, mentre Elisa è innamorata di Valerio, un giovane che pur di starle accanto si è fatto assumere da suo padre fingendo di assecondarlo in tutto. Quando sparisce una cassetta piena di denaro che Arpagone aveva sotterrato in giardino, questi impazzisce dal dolore e incolpa Valerio. Il giovane equivoca, credendo che il suo padrone abbia scoperto la relazione tra lui ed Elisa, e confessa il suo amore e l'intenzione di sposarla. Dopo vari fraintendimenti giunge Anselmo, che riconosce come suoi figli Valerio e Marianna. Nel finale Arpagone, che ha riavuto il denaro rubato, si rassicura e acconsente al matrimonio delle due giovani coppie.

Nella scena proposta assistiamo ai preparativi della cena che Arpagone intende organizzare in onore di Marianna. Il protagonista della commedia impartisce le istruzioni ai membri della servitù, naturalmente invitandoli a risparmiare quanto più è possibile.

Atto III

Scena I

Arpagone, Cleante, Elisa, Valerio, la signora Claudia, mastro Giacomo, Fiordavena, Merluzzo[1]

ARPAGONE Su, venite tutti qui, che vi distribuisco gli ordini per oggi e dico a ciascuno quel che deve fare. Venite avanti, signora Claudia. Comincio da voi. *(Essa ha in mano una scopa).* Bene, vedo che avete già le armi in pugno. A voi, affido il compito di pulire bene dappertutto; ma mi raccomando, di stare attenta a non spolverare i mobili con troppa forza, perché a far così si consumano. Dopo di che, per la cena di questa sera, vi nomino comandante del settore delle bottiglie: se qualcuna sparisce, e se qualcosa si rompe, responsabile sarete voi e vi tratterrò il costo dallo stipendio.

1. **la signora Claudia... Merluzzo**: la signora Claudia è la cameriera di Arpagone, mastro Giacomo il cuoco-cocchiere, Fiordavena e Merluzzo sono servi.

---

il percorso delle parole | Avarizia / Avidità

Il termine *avarizia* deriva dal latino dotto *avarītia(m)*, da *avārus*, "avaro", e indica la qualità propria di una persona che non spende se non quando e quanto è assolutamente necessario. Nella religione cattolica l'*avarizia* è uno dei sette vizi capitali.

Spesso usato come sinonimo di *avarizia* è *avidità*, termine che deriva dal latino dotto *aviditāte(m)*, da *avidus*, "avido", che designa un desiderio ardente, intenso, di accumulare ricchezza e beni materiali. In base al contesto in cui viene impiegato, questo termine può assumere una connotazione negativa (in riferimento a beni materiali, a ricchezze o onori) o positiva (se riferito a beni immateriali come il sapere, la conoscenza).

■ **Trovare le parole**

a. Indica il significato dell'espressione figurata: "Crepi l'avarizia!".
b. Componi due frasi di senso compiuto in cui il termine *avidità* è usato sia nell'accezione negativa sia in quella positiva.
c. Leggi con attenzione i seguenti termini, riflettendo sul loro significato. Poi sottolinea quello che può essere impiegato come sinonimo sia di *avarizia* sia di *avidità*: venalità, cupidigia, ingordigia, spilorceria, brama.

Mastro Giacomo Politica del terrore.

Arpagone Via. Tu, Fiordavena, e tu, Merluzzo, avrete l'incarico di sciacquare i bicchieri e di versar da bere, ma solamente quando e soltanto a quelli che avranno sete davvero; e non come fanno certi servi menefreghisti, che seguitano ad insistere con gli ospiti e che li fanno bere anche quando quelli neanche ci pensano. Aspettate che siano loro a chiedere, e più di una volta; e prima di tutto, provate a dargli acqua.

Merluzzo I grembiuli, signore, ce li dobbiamo togliere?

Arpagone Sì, ma solo quando vedrete arrivare gli ospiti. E state bene attenti a non sciupare i vestiti.

Fiordavena Però lo sapete, signore, che sul davanti del mio giubbetto c'è una grande macchia d'olio di lampada.

Merluzzo E che io, signore, ho i calzoni con un gran buco didietro, che mi si vede, con rispetto parlando...

Arpagone Lo so. Tu fatti furbo; fa' in modo di tenerlo sempre contro il muro, e di mostrare agli altri sempre il davanti. *(Arpagone si mette il cappello contro il giubbetto, per mostrare a Fiordavena come deve fare per nascondere la macchia d'olio).* E tu, impara a tenere il cappello così, mentre servi a tavola. Quanto a te, figlia mia, tieni gli occhi sempre bene aperti su quel che vien portato via di tavola, che non vada sprecato. Che è un compito giusto per una ragazza. E intanto preparati a ricevere come si conviene la mia promessa sposa, che verrà a farti visita e che ti porterà con sé alla fiera. Hai capito quel che t'ho detto?

Elisa Sì, papà.

Molière, pseudonimo di Jean-Baptiste Poquelin, nacque nel 1622 a Parigi da una famiglia della ricca borghesia. Dopo aver intrapreso studi umanistici, svolse per qualche tempo la professione di avvocato, che poi abbandonò per dedicarsi completamente al teatro. Nel 1643 fondò l'Illustre Théâtre con la famiglia Béjart, adottando lo pseudonimo di Molière. L'insuccesso dei suoi primi spettacoli lo costrinse a trasferirsi fuori Parigi, ma tornò nella capitale nel 1658, ottenendo finalmente un grande successo. Protetto da Luigi XIV e molto amato dal pubblico, fu perseguitato dai commediografi invidiosi, che lo accusarono anche di incesto. Nel 1661 si trasferì con la sua compagnia presso il Théâtre Royal. Morì nel 1673, colto da un malore sul palco, durante la quarta replica della sua ultima opera, *Il malato immaginario*.

Attore, autore, capocomico, nelle sue commedie Molière approfondisce con ironia le debolezze degli uomini, condannandone i vizi e il formalismo. I protagonisti delle sue storie hanno il compito di divertire e coinvolgere il pubblico, rappresentando in modo naturale i molteplici volti dell'umanità, anche nei suoi aspetti più drammatici e patetici. Il grande successo arrivò nel 1659 con *Le preziose ridicole*. Le successive rappresentazioni nel 1662 di *Scuola delle mogli* e *Scuola dei mariti* al Palais Royal, lo consacrarono definitivamente come il più grande artista teatrale del tempo. Tra le altre opere ricordiamo *Il misantropo* (1656), *La scuola dei mariti* (1661), *Tartufo* (1664), *Don Giovanni o il convitato di pietra* (1665), *Anfitrione* (1668), *L'avaro* (1668), *Il borghese gentiluomo* (1670), *Il malato immaginario* (1673).

ARPAGONE E tu, signor damerino figlio mio, al quale ho la bontà di perdonare la bella storia di poc'anzi[2], bada bene anche tu di non farle cattivo viso[3].

CLEANTE Io, cattivo viso, papà? E perché dovrei?

ARPAGONE Dio mio! Si sa benissimo come si comportano i figli con i padri che si risposano, e con che occhio guardano quella che si usa chiamare la matrigna. Ma se tu ti auguri che io davvero mi dimentichi della tua ultima bravata, ti raccomando anzitutto di farle bella cera[4] e di accoglierla con tutta la gentilezza che ti sarà possibile.

CLEANTE A dire il vero, padre mio, non posso promettervi che sarò molto contento nel vederla diventare la mia matrigna. Mentirei, se ve lo dicessi. Ma quanto ad accoglierla gentilmente, e a farle bella cera, vi assicuro che su questo punto sarete obbedito puntualmente.

ARPAGONE Comunque, stacci attento.

CLEANTE Non avrete motivo di lamentarvene.

ARPAGONE Tanto meglio per te. Valerio, qui avrò bisogno del tuo aiuto. E adesso voi, mastro Giacomo, venite qui; vi ho tenuto per ultimo.

MASTRO GIACOMO È al cocchiere che volete parlare, signor Arpagone, o al cuoco? Perché io sono l'uno e l'altro.

ARPAGONE A tutti e due.

MASTRO GIACOMO Ma a quale per primo?

ARPAGONE Al cuoco.

MASTRO GIACOMO Allora un momento, per piacere. *(Si toglie la casacca da cocchiere ed appare vestito da cuoco).*

ARPAGONE Che razza di messinscena è questa?

MASTRO GIACOMO Parlate pure.

ARPAGONE Stasera, mastro Giacomo, mi sono impegnato a dare una cena.

MASTRO GIACOMO Miracolo!

ARPAGONE Di' un po': hai intenzione di trattarci bene?

MASTRO GIACOMO Sì, se mi date abbastanza soldi.

ARPAGONE Accidenti, sempre soldi! Sembra che nessuno sappia dire altro: «I soldi, i soldi, i soldi». Non hanno altro in bocca che i soldi. Sempre a parlare di soldi. È il loro cavallo di battaglia, il loro pezzo forte, il ritornello preferito: i soldi.

VALERIO Mai vista una risposta più sfacciata. Davvero è un'impresa prodigiosa, fare bella figura con i soldi. Ma è la cosa più facile del mondo, e non c'è idiota che non ci riuscirebbe benissimo! La propria abilità, invece, la si dimostra quando si riesce a far bella figura con pochi soldi.

MASTRO GIACOMO Esempio: un bel pranzo spendendo poco!

VALERIO Sì.

MASTRO GIACOMO Parola mia, signor intendente[5], vi saremo tutti infinitamente grati se ci svelate questo segreto, prendendo voi il mio posto di cuoco. Visto che qui vi piccate di essere il factotum[6].

---

2 **la bella storia di poc'anzi:** Cleante si era rivolto a un usuraio per ottenere un prestito e aveva scoperto che si trattava proprio del padre.
3 **non farle cattivo viso:** non mostrare fastidio.
4 **farle bella cera:** adattarti alla situazione, facendoti vedere cordiale.
5 **intendente:** amministratore dei beni di una famiglia aristocratica.
6 **vi piccate... factotum:** pretendete di fare tutto voi, di occuparvi di ogni cosa.

ARPAGONE Zitto. Ditemi che cosa occorre.
MASTRO GIACOMO C'è qui il vostro signor intendente che vi farà fare un'ottima figura per pochi soldi.
ARPAGONE Basta! Rispondi a quel che t'ho chiesto.
MASTRO GIACOMO In quanti sarete a tavola?
ARPAGONE Saremo in otto o dieci; ma da mangiare basterà farne per otto. Dove si mangia in otto, ce n'è anche per dieci.
VALERIO Verissimo.
MASTRO GIACOMO Ebbene, bisognerà fare quattro belle minestre, e cinque piatti. Minestre... Entrées[7]...
ARPAGONE Accidenti, c'è da sfamare un'intera città!
MASTRO GIACOMO Arrosti...
ARPAGONE *(Tappandogli la bocca con la mano)* Ah, traditore, tu mi mangi tutto quello che ho!
MASTRO GIACOMO Poi i piatti di mezzo...
ARPAGONE Ancora?!
VALERIO Ma volete far morire d'indigestione tutti e quanti? Il signor Arpagone ha forse invitato gente a cena per assassinarli, ingozzandoli come oche? Andate un po' a leggervi i precetti della buona salute, e chiedete ai medici se esiste niente di più pericoloso per l'uomo che il mangiare in eccesso.
ARPAGONE Ha ragione.
VALERIO Sappiate, mastro Giacomo, voi e quelli come voi, che una tavola carica di cibarie è più pericolosa di una pugnalata; e che se davvero si desidera il bene di coloro che si invitano a pranzo, sulla tavola deve regnare la frugalità[8]; poiché, stando al detto di un antico sapiente, *si mangia per vivere e non si vive per mangiare*.
ARPAGONE Ah, che sagge parole! Avvicinati, che io ti abbracci per quel che hai detto. Ecco la più bella massima che io abbia mai sentito in vita mia. *Si vive per mangiare, e non si mangia...* No, non è così. Com'è che hai detto?
VALERIO *Si mangia per vivere, e non si vive per mangiare.*
ARPAGONE Certo. *(A mastro Giacomo)* Hai sentito? *(A Valerio)* Chi è quel genio che l'ha detto?
VALERIO In questo momento mi sfugge il nome.
ARPAGONE Ricordami di scrivermi giù questa frase: voglio farla incidere in lettere d'oro sul camino della sala da pranzo.
VALERIO Non mancherò. E quanto alla cena di stasera non dovete far altro che lasciar fare a me. Sistemerò io tutto nel migliore dei modi.
ARPAGONE Fa' pure.
MASTRO GIACOMO Tanto meglio: meno fastidi per me.
ARPAGONE Ci vogliono di quelle cose che appena le si assaggiano, e già ci si sente sazi. Un bel polpettone di montone, bello grasso; un bello spezzatino di manzo con tanta bella polenta.
VALERIO Fidatevi di me.

[Molière, *L'avaro*, trad. di L. Lunari, Rizzoli, Milano 1997]

7 **Entrées:** antipasti.
9 **frugalità:** semplicità, modestia.

SCHEDA di LETTURA

Gli ordini alla servitù

Il brano proposto evidenzia l'ossessiva avarizia di Arpagone, personaggio-tipo mutuato dalla commedia classica, che si manifesta con richieste assurde alla servitù e ai figli nel tentativo di risparmiare anche in un'occasione che dovrebbe essere speciale, come l'invito a cena della sua giovanissima promessa sposa.
La signora Claudia è la prima a ricevere le sue raccomandazioni. Arpagone vuole fare bella figura con Marianna e ospitarla in una casa splendente, ma avverte la cameriera di pulire i mobili con delicatezza *perché a far così si consumano*. Ancor più attenta che con gli strofinacci la signora Claudia dovrà esserlo nel maneggiare le bottiglie, perché *se qualcuna sparisce, e se qualcosa si rompe*, il suo stipendio – che immaginiamo non troppo alto, vista l'avarizia di Arpagone – verrà dimezzato.
L'avaro si preoccupa anche di ciò che le bottiglie contengono: Fiordavena e Merluzzo, che hanno il compito di versare da bere in tavola, dovranno riempire i bicchieri degli ospiti con parsimonia: *soltanto a quelli che avranno sete davvero*. Non devono offrire vino a chi non ne manifesta il desiderio (*Aspettate che siano loro a chiedere*), ma soltanto a chi lo chiede ripetutamente, e anche in questo caso prima bisogna tentare di offrire dell'acqua.
Arpagone ha risparmiato anche sulle uniformi dei servi ma naturalmente anche di fronte a questo problema non intende tirare fuori dei soldi, rinnovando l'abbigliamento. Dovranno essere Fiordavena e Merluzzo a compiere impegnative acrobazie per nascondere le macchie d'unto sul giubbotto e un buco imbarazzante sul *didietro* dei pantaloni.

I compiti dei figli

Anche per Elisa e Cleante non mancano le raccomandazioni. La figlia ha l'incarico di controllare che quanto viene avanzato non vada sprecato, ma prima dovrà accogliere con cortesia la *promessa sposa* del padre e tenerle compagnia. Arpagone teme che i figli non gradiscano il suo futuro matrimonio, in particolare sospetta che Cleante possa ricevere con ostilità Marianna. Come tutti gli avari è chiuso nel suo piccolo mondo egoistico, incapace di cogliere i sentimenti altrui, ed è ben lontano dall'idea che il figlio è innamorato di *quella che si usa chiamare la matrigna*. E così gli sfugge il doppio senso delle parole di Cleante quando il giovane, con ironia venata di amarezza, confessa che non sarà molto contento nel veder diventare Marianna sposa del padre, ma che senza dubbio la accoglierà *gentilmente* e con *bella cera*.

Lo scontro tra Mastro Giacomo e Valerio

Nell'ultima parte del brano la scena è occupata da due personaggi, rielaborazioni delle figure tradizionali della commedia dell'Arte: quella del servitore impertinente e quella dell'adulatore. Mastro Giovanni e Valerio mostrano un atteggiamento radicalmente opposto nei confronti di Arpagone. Da un lato, il cuoco-cocchiere è l'unico che ha il coraggio di rimproverare il vecchio per la sua avarizia. Con ironia (*Miracolo!*) e il gusto per la provocazione (*quattro belle minestre, e cinque piatti. Minestre... Entrées...*), sostiene l'impossibilità di cucinare una cena decente con pochi soldi a disposizione. Alla sua schiettezza si oppone l'intendente che, innamorato di Elisa, cerca di compiacere Arpagone, fornendogli ragioni per opporsi alle richieste di Mastro Giacomo: un cuoco mostra la sua abilità soltanto quando riesce *a far bella figura con pochi soldi*, mangiare troppo è un attentato alla salute e la *frugalità* è un segno di attenzione per gli ospiti.
Al termine del dialogo Valerio conquista non solo la fiducia di Arpagone ma anche l'incarico di cuoco, suscitando l'entusiasmo del vecchio avaro (*che io ti abbracci per quel che hai detto*). Nel *detto di un antico sapiente* il protagonista della commedia trova la frase che riassume il suo ideale di vita, tanto da volerla far incidere a lettere d'oro: *si mangia per vivere e non si vive per mangiare*.

Lo stile

L'elemento che contraddistingue sul piano del contenuto e dello stile la commedia di Molière è la caratterizzazione iperbolica dell'avarizia di Arpagone, sottolineata da affermazioni paradossali ed eccessive. La presenza dei personaggi di Mastro Giacomo e Valerio e lo scontro dialettico che ne segue conferiscono varietà e vivacità ai dialoghi, in cui compaiono numerose espressioni del linguaggio parlato. L'efficacia comica dei personaggi non è affidata soltanto alla parola, ma anche alla gestualità esagerata e vivace, come avveniva spesso nelle rappresentazioni della commedia dell'Arte.

LABORATORIO

Comprendere e individuare
L'esplorazione del testo

1. Con quale espressione ironica Mastro Giacomo definisce il rapporto che Arpagone stabilisce con la servitù e deride la sua avarizia, che lo spinge a risparmiare sul vino?

2. Per quale motivo Fiordavena e Merluzzo indossano i grembiuli?
   - A. ☐ Per nascondere macchie e buchi
   - B. ☐ Per non sciupare i vestiti
   - C. ☐ Per non sporcare i vestiti
   - D. ☐ Per sottolineare le loro funzioni

3. Quale battuta di Arpagone appare paradossale, in quanto rimprovera agli altri di fare ciò che in realtà caratterizza i suoi comportamenti?

4. Riporta la battuta in cui Arpagone propone il suo sistema per saziare gli ospiti.

Interpretare e riflettere
La scoperta del testo

5. Non vi sono didascalie in merito, ma possiamo immaginare che Elisa sia distratta, poco interessata alle raccomandazioni del padre. Da quale battuta di Arpagone possiamo dedurlo?

6. Quale termine evidenzia il sarcasmo di Arpagone nei confronti di quella che ai suoi occhi appare una deplorevole propensione del figlio al lusso e all'eleganza?

7. Con quale espressione Mastro Giacomo sottolinea l'ingerenza di Valerio in tutti gli aspetti della gestione della casa?

Analizzare
Lo stile e la forma del testo

8. Individua i due momenti in cui Molière fa ricorso a gesti e movimenti dei personaggi per creare una situazione comica.

9. Riporta gli indicatori deittici e le espressioni performative presenti nella prima battuta di Arpagone.

10. Rileggi la massima riportata da Valerio: *si mangia per vivere e non si vive per mangiare* (r. 105). Quale figura retorica dell'ordine vi compare?

GRAMMATICA

11. Nella battuta di Arpagone *Comunque, stacci attento* (r. 48), "-ci" è un
    - A. ☐ pronome personale
    - B. ☐ pronome dimostrativo
    - C. ☐ avverbio di luogo
    - D. ☐ avverbio di tempo

12. *Ma se tu ti auguri che io davvero mi dimentichi della tua ultima bravata, ti raccomando anzitutto di farle bella cera e di accoglierla con tutta la gentilezza che ti sarà possibile* (rr. 41-43). Analizza il periodo e riscrivi le proposizioni nello schema, una per casella, precisando il tipo di coordinazione e di subordinazione.

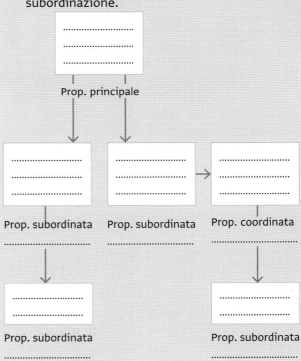

Produrre
Dalla lettura alla scrittura

13. Considerando anche le caratteristiche psicologiche del personaggio, cerca di immaginare l'aspetto di Arpagone e scrivi una descrizione del vecchio avaro di circa due colonne di foglio protocollo, evidenziando peculiarità fisiche, abbigliamento, gesti e atteggiamenti. Ricordati che quanti più sensi utilizzerai tanto più efficace sarà la tua descrizione.

T3 Carlo Goldoni Il conte Anselmo

Il protagonista di *La famiglia dell'antiquario,* il conte Anselmo, discendente da una nobile famiglia veneziana, ha una passione irrefrenabile per le antichità, tanto da aver speso tutti i suoi averi per acquistare oggetti antichi e preziosi. A salvare la famiglia dal dissesto economico è la dote di Doralice, figlia del ricco mercante Pantalone e sposa del figlio Giacinto. Ma i rapporti tra Doralice e Isabella, moglie di Anselmo, sono molto tesi: la giovane ricorda alla suocera che la sua dote è stata interamente impiegata per risolvere la loro condizione familiare, mentre la contessa le rinfaccia di non avere nobili origini. A fomentare ostilità tra le due donne interviene la pettegola Colombina, cameriera di Isabella. Anselmo intanto, a causa della sua mania incontrollata, è facile preda di imbrogli da parte del servo Brighella e di Arlecchino. Però, grazie all'intervento di Pantalone, che diventerà amministratore dei beni del conte, viene scoperto l'imbroglio e salvata la nobile famiglia dal tracollo economico.

Nella scena iniziale della commedia Goldoni presenta le caratteristiche principali del protagonista della commedia, l'*antiquario*, attraverso i dialoghi con tre diversi personaggi: Brighella, Isabella e Doralice.

ATTO PRIMO

Scena prima

Camera del Conte Anselmo, con vari tavolini, statue, busti e altre cose antiche.
Il Conte Anselmo ad un tavolino, seduto sopra una poltrona, esaminando alcune medaglie, con uno scrigno sul tavolino medesimo; poi Brighella.

ANSELMO Gran bella medaglia! questo è un *Pescennio*[1] originale. Quattro zecchini[2]? L'ho avuto per un pezzo di pane.

10 BRIGHELLA Lustrissimo[3] (*con vari fogli in mano*).

ANSELMO Guarda, Brighella, se hai veduto mai una medaglia più bella di questa.

BRIGHELLA Bellissima. De medaggie[4] no me ne intendo troppo, ma la sarà bella.

ANSELMO I Pescenni sono rarissimi; e questa pare coniata[5] ora.

BRIGHELLA Gh'è qua ste do polizze[6]...

ANSELMO Ho fatto un bell'acquisto.

BRIGHELLA Comàndela, che vada via[7]?

ANSELMO Hai da dirmi qualche cosa?

BRIGHELLA Gh'ho qua ste do polizze. Una del mercante da vin, e l'altra de quello della farina.

20 ANSELMO Gran bella testa! Gran bella testa! (*osservando la medaglia*).

BRIGHELLA I xé qua de fóra, i voleva intrar, ma gh'ho dito che la dorme[8].

ANSELMO Hai fatto bene. Non voglio essere disturbato. Quanto avanzano[9]?

---

1. **Pescennio:** medaglia coniata in onore di Pescennio Nigro, generale romano e governatore della Siria, proclamato imperatore delle province orientali nel 193 dai suoi soldati.
2. **zecchini:** monete d'oro in uso nella Repubblica di Venezia.
3. **Lustrissimo:** Illustrissimo.
4. **medaggie:** medaglie.
5. **coniata:** stampata, prodotta.
6. **Gh'è qua... polizze:** ho qui queste due fatture.
7. **Comàndela, che vada via:** ha degli ordini da darmi, così che possa andare via.
8. **I xé... dorme:** sono qua fuori, volevano entrare, ma gli ho detto che sta dormendo.
9. **Quanto avanzano:** quanto denaro devono avere.

BRIGHELLA Uno sessanta scudi, e l'altro cento e trenta.
ANSELMO Tieni questa borsa, pàgali, e màndali al diavolo (*leva una borsa dallo scrigno*).
BRIGHELLA La sarà servida[10] (*parte*).
ANSELMO Ora posso sperare di fare la collana perfetta degl'imperatori romani. Il mio museo a poco a poco si renderà famoso in Europa.
BRIGHELLA Lustrissimo (*torna con altri fogli*).
ANSELMO Che cosa c'è? Se venisse quell'Armeno con i cammèi[11], fallo passare immediatamente.
BRIGHELLA Benissimo; ma son capitadi[12] altri tre creditori: el mercante de' panni, quel della tela, e el padron de casa che vuol l'affitto.
ANSELMO E ben, pàgali e màndali al diavolo.
BRIGHELLA Da qua avanti no la sarà tormentada[13] dai creditori.
ANSELMO Certo che no. Ho liberate tutte le mie entrate. Sono padrone del mio.

---

10 **La sarà servida:** sarà servito.
11 **quell'Armeno... cammèi:** un venditore di pietre preziose con incise delle figure proveniente dall'Armenia; si tratta di un inganno che Brighella e Arlecchino hanno organizzato ai danni di Anselmo.
12 **capitadi:** arrivati.
13 **no la sarà tormentada:** non sarà disturbato.

Carlo Goldoni nacque nel 1707 a Venezia. A dodici anni raggiunse il padre a Perugia e successivamente si trasferì a Rimini e a Pavia, dove intraprese gli studi legali che lo portarono, nel 1731, al conseguimento della laurea presso l'Università di Padova. Nel 1734 incontrò a Verona Giuseppe Imer, il capocomico della compagnia veneziana del teatro di San Samuele, per cui cominciò a scrivere diverse tragicommedie, iniziando la sua "riforma" della commedia. Dal 1753 iniziò una collaborazione con il teatro San Luca, producendo diverse commedie. Nel 1762 si trasferì a Parigi, chiamato a risollevare dalla decadenza il teatro Comédie-italienne, ma le resistenze dei comici e del pubblico lo costrinsero a seguire i modelli tradizionali. Nell'ultimo periodo della vita si dedicò alla scrittura delle sue *Memorie*. Morì in povertà a Parigi nel 1793.

La sua prima commedia, *Momolo cortesan* (1738), diede l'avvio a una rivoluzione in ambito teatrale: per la prima volta la parte del protagonista non era basata su un canovaccio ma scritta per intero. Nel 1743 uscì *La donna di garbo*, la prima commedia di cui venne scritto l'intero copione. Però la vera rivoluzione si ebbe con l'introduzione della commedia "di carattere", in cui personaggi realistici e con caratteri definiti fornivano una rappresentazione della realtà quotidiana, finalizzata a divertire il pubblico e, nel contempo, inducevano alla riflessione sui difetti della società. Tra queste ricordiamo le commedie scritte per il teatro Sant'Angelo di Venezia (1748-1753): *La vedova scaltra*, *Il cavaliere e la dama*, *La famiglia dell'antiquario*, *Le femmine puntigliose*, *La bottega del caffè*, *Il bugiardo*, *I pettegolezzi delle donne*, *La serva amorosa*, *Le donne curiose* e *La locandiera*, probabilmente la sua opera più famosa. Tra le commedie prodotte per il teatro San Luca (1754-1762) si ricordano: *Il filosofo inglese*, *Terenzio*, *Torquato Tasso*, *Il campiello*, *Gl'innamorati*, *I rusteghi*, *La trilogia della villeggiatura*, *Le baruffe chiozzotte*.

BRIGHELLA Per la confidenza che vossustrissima[14] se degna de donarme, ardisso dir che l'ha fatto un bon negozio a maridar l'illustrissimo signor contin, suo degnissimo fiol, con la fia del sior Pantalon[15].

ANSELMO Certo che i ventimila scudi di dote, che mì ha portato in casa in tanti bei denari contanti, è stato il mio risorgimento[16]. Io aveva ipotecate, come sai, tutte le mie rendite[17].

BRIGHELLA Za che la xé in pagar debiti, la sappia che, co vago fóra de casa, no me posso salvar: quattro ducati qua, tre là; a chi diése lire, a chi otto, a chi sié; s'ha da dar a un mondo de botteghieri[18].

ANSELMO E bene, che si paghino, che si paghino. Se quella borsa non basta, vi è ancor questa, e poi è finito (*mostra un'altra borsa, che è nello scrigno*).

BRIGHELLA De ventimile scudi no la ghe n' ha altri[19]?

ANSELMO Per dir tutto a te, che sei il mio servitor fedele, ho riposto[20] duemila scudi per il mio museo, per investirli in tante statue, in tante medaglie.

BRIGHELLA La me perdona; ma buttar via tanti bezzi in ste cosse[21]...

ANSELMO Buttar via? Buttar via? Ignorantaccio! Senti se vuoi avere la mia protezione, non mì parlar mai contro il buon gusto delle antichità; altrimenti ti licenzierò di casa mia.

BRIGHELLA Diseva cussì, per quello che sento a dir in casa; per altro accordo anca mì, che el studio delle medaggie l'è da omeni letterati; che sto diletto è da cavalier nobile e de bon gusto; e che son sempre ben spesi quei denari che contribuisce all'onor della casa e della città[22]. (El vol esser adulà[23]? bisogna adularlo) (*parte*).

Scena seconda
Il Conte Anselmo solo.

ANSELMO Bravo. Brighella è un servitore di merito. Ecco un bell'anello etrusco. Con questi anelli gli antichi Toscani sposavano le loro donne. Quanto pagherei avere un lume eterno[24], di quelli che ponevano i Gentili[25] nelle sepolture de' morti! Ma a forza d'oro, l'avrò senz'altro.

---

14 vossustrissima: Vostra Signoria illustrissima.
15 ardisso... Pantalon: mi permetto di dire che ha fatto un buon affare facendo sposare l'illustrissimo giovane conte, suo degnissimo figlio, con la figlia del signor Pantalone; Brighella si riferisce alla dote assai ricca di Doralice, figlia di Pantalone, sposa del figlio Giacinto.
16 risorgimento: rinascita, dal punto di vista economico.
17 ipotecate... rendite: tutte le mie entrate erano destinate a garantire i miei debiti.
18 Za... botteghieri: visto che si trova a pagare debiti, sappia che appena esco fuori di casa non ho scampo: quattro ducati di qua, tre di là; a chi dieci lire, a chi otto, a chi sei; ci sono da pagare moltissimi bottegai.
19 de... altri: dei ventimila scudi (della dote) non gliene sono rimasti altri.
20 riposto: messo da parte.
21 La me... cosse: mi perdoni, ma che peccato sprecare tanti soldi per queste cose (il "bezzo" era una moneta di rame di modico valore).
22 Diseva... città: dicevo così, in base a quello che sento dire in casa; del resto, sono d'accordo anch'io sul fatto che lo studio delle medaglie sia materia da uomini di cultura, che questo piacere sia proprio di un cavaliere nobile e di buon gusto e che sono sempre ben spesi quei soldi che portano prestigio alla famiglia e alla città.
23 adulà: adulato.
24 lume eterno: una lampada perpetua.
25 Gentili: pagani.

Scena terza

La Contessa Isabella e detto.

ISABELLA (Ecco qui la solita pazzia delle medaglie!)
ANSELMO Oh, Contessa mia, ho fatto il bell'acquisto! Ho ritrovato un Pescennio.
ISABELLA Voi colla vostra gran mente fate sempre de' buoni acquisti.
70 ANSELMO Direste forse che non è vero?
ISABELLA Si, è verissimo. Avete fatto anche l'acquisto di una nobilissima nuora.
ANSELMO Che! sono stati cattivi ventimila scudi?
ISABELLA Per il vilissimo prezzo di ventimila scudi avete sacrificato il tesoro della nobiltà[26].
ANSELMO Eh via, che l'oro non prende macchia[27]. Siam nati nobili, e siamo nobili, e una donna venuta in casa per accomodare[28] i nostri interessi, non guasta il sangue delle nostre vene.
ISABELLA Una mercantessa mia nuora? Non lo soffrirò[29] mai.
ANSELMO Orsú, non mi rompete il capo. Andate via, che ho da mettere in ordine
80 le mie medaglie.
ISABELLA E il mio gioiello quando me lo riscuotete[30]?
ANSELMO Subito. Anche adesso, se volete.
ISABELLA L'ebreo[31] lo ha portato, ed è in sala che aspetta.
ANSELMO Quanto vi vuole[32]?
ISABELLA Cento zecchini coll'usura[33].
ANSELMO Eccovi cento zecchini. Ehi! sono di quelli della mercantessa.
ISABELLA Non mi nominate colei.
ANSELMO Se temete che vi sporchino le mani nobili, lasciateli stare.
ISABELLA Date qua, date qua (*li prende*).
90 ANSELMO Volesse il cielo che avessi un altro figliuolo.
ISABELLA E che vorreste fare?
ANSELMO Un'altra intorbidata alla purezza del sangue[34] con altri ventimila scudi.
ISABELLA Animo vile! Vi lasciate contaminar dal denaro? Mi vergogno di essere vostra moglie.
ANSELMO Quanto sarebbe stato meglio, che voi ancora mi aveste portato in casa meno grandezze e più denari[35].
ISABELLA Orsú, non entriamo in ragazzate[36]. Ho bisogno di un abito.

---

26 **avete... nobiltà:** avete rinunciato al valore della nobiltà.
27 **l'oro non prende macchia:** l'oro non si macchia.
28 **accomodare:** sistemare, rimettere in sesto.
29 **soffrirò:** sopporterò.
30 **il mio... riscuotete:** Isabella si riferisce a un gioiello che Anselmo aveva impegnato.
31 **L'ebreo:** a partire dal Medioevo agli ebrei era vietato possedere terre e svolgere molte professioni; perciò molti di essi prestavano denaro, attività che rimase una prerogativa degli ebrei anche nei secoli seguenti.
32 **vi vuole:** vi chiede, pretende.
33 **coll'usura:** con gli interessi.
34 **Un'altra... sangue:** un altro atto che renda il nostro sangue meno puro, più torbido; si riferisce al fatto che accetterebbe volentieri in famiglia un'altra persona non di nobili origini in cambio di ventimila scudi.
35 **Quanto... denari:** quanto avrei preferito che mi aveste portato in dote meno titoli e più denaro.
36 **ragazzate:** discorsi poco seri, sciocchezze.

ANSELMO Benissimo. Farlo[37]!

ISABELLA Per la casa abbisognano cento cose.

100 ANSELMO Orsú, tenete. Questi, con i cento zecchini che vi ho dato, sono quattrocento zecchini. Fate quel che bisogna per voi, per la casa, per la sposa. Io non me ne voglio impacciare[38]. Lasciatemi in pace, se potete. Ma ehi! questi denari sono della mercantessa.

ISABELLA Il fate apposta per farmi arrabbiare.

ANSELMO Senza di lei la faremmo magra[39].

ISABELLA In grazia delle vostre medaglie.

ANSELMO In grazia della vostra albagìa[40].

ISABELLA Io son chi sono.

ANSELMO Ma senza questi non si fa niente (*accenna i denari*).

110 ISABELLA Avvertite[41] bene, che Doralice non venga nelle mie camere.

ANSELMO Chi? vostra nuora?

ISABELLA Mia nuora, mia nuora, giacché il diavolo vuol così (*parte*).

Scena quarta
Il Conte Anselmo solo.

ANSELMO È pazza, e pazza la poverina. Prevedo che fra suocera e nuora vi voglia essere il solito divertimento[42]. Ma io non ci voglio pensare. Voglio attendere[43] alle mie medaglie, e se si vogliono rompere il capo, lo facciano, che non m'importa. Non posso saziarmi di rimirare questo Pescennio! E questa tazza di diaspro[44] orientale non è un tesoro? Io credo senz'altro sia quella in cui Cleopatra stemprò la perla alla famosa cena di Marcantonio[45].

120

Scena quinta
Doralice e detto.

DORALICE Serva[46], signor suocero.

ANSELMO Schiavo[47], nuora, schiavo. Ditemi, v'intendete voi di anticaglie[48]?

DORALICE Sì, signore, me n'intendo.

ANSELMO Brava! me ne rallegro; e come ve n'intendete?

DORALICE Me n'intendo, perché tutte le mie gioje[49], tutti i miei vestiti sono anticaglie.

---

37 **Farlo:** che sia fatto.
38 **impacciare:** intromettere.
39 **la faremmo magra:** ci ritroveremmo in ristrettezze economiche.
40 **albagìa:** alterigia, atteggiamento di chi ha un'alta considerazione di sé.
41 **Avvertite:** state ben attento.
42 **vi voglia... divertimento:** ci sarà il solito spettacolo, in riferimento alle discussioni tra le due donne.
43 **attendere:** badare, dedicarmi.
44 **diaspro:** roccia durissima di diversi colori.
45 **quella... Marcantonio:** secondo la leggenda, durante un pranzo in onore di Marco Antonio, Cleopatra sciolse alcune perle in una tazza d'aceto.
46 **Serva:** serva vostra.
47 **Schiavo:** Schiavo vostro.
48 **anticaglie:** antichità.
49 **gioje:** gioielli, pietre preziose.

ANSELMO Brava! spiritosa! Vostro padre prima di maritarvi doveva vestirvi alla moda.
130 DORALICE Lo avrebbe fatto, se voi non aveste preteso i ventimila scudi in denari contanti, e non aveste promesso di farmi il mio bisogno per comparire[50].
ANSELMO Orsù, lasciatemi un po' stare; non ho tempo da perdere in simili frascherie[51].
DORALICE Vi pare una bella cosa, che io non abbia nemmeno un vestito da sposa?
ANSELMO Mi pare che siate decentemente vestita.
DORALICE Questo è l'abito ch'io aveva ancor da fanciulla[52].
ANSELMO E, perché siete maritata, non vi sta bene? Anzi sta benissimo, e quando occorrerà, si allargherà.
DORALICE Non è vostro decoro, ch'io vada vestita come una serva.
ANSELMO (Non darei questa medaglia per cento scudi)
140 DORALICE Finalmente[53] ho portato in casa ventimila scudi.
ANSELMO (A compir la collana mi mancano ancora sette medaglie).
DORALICE Avete voluto fare il matrimonio in privato, ed io non ho detto niente.
ANSELMO (Queste sette medaglie le troverò).
DORALICE Non avete invitato nessuno de' miei parenti; pazienza.
ANSELMO (Vi sono ancora duemila scudi, le troverò).
DORALICE Ma ch'io debba stare confinata in casa, perché non ho vestiti da comparire, è una indiscretezza[54].
ANSELMO (Oh, son pur annoiato!). (*da sé*) Andate da vostra suocera, ditele il vostro bisogno; a lei ho dato l'incombenza[55]: ella farà quello che sarà giusto.
150 DORALICE Con la signora suocera non voglio parlare di queste cose; ella non mi vede di buon occhio. Vi prego, datemi voi il denaro per un abito, che io penserò a provvederlo[56].
ANSELMO Denaro io non ne ho.
DORALICE Non ne avete? I ventimila scudi dove sono andati? (*parla sempre flemmaticamente*[57]).
ANSELMO A voi non devo rendere questi conti.
DORALICE Li renderete a mio marito. La dote è sua, voi non gliel'avete a mangiare[58].
ANSELMO E lo dite con questa flemma?
DORALICE Per dir la sua ragione[59], non vi è bisogno di scaldarsi il sangue.
160 ANSELMO Orsù, fatemi il piacere, andate via di qua; che se il sangue non si scalda a voi, or ora si scalda a me.
DORALICE Mi maraviglio di mio marito. È un uomo ammogliato, e si lascia strapazzare così.
ANSELMO Per carità, andate via.

[C. Goldoni, *La famiglia dell'antiquario*, in *Tutte le opere*, Mondadori, Milano 1935-1956]

---

50 **farmi... comparire:** procurarmi tutto il necessario per presentarmi in pubblico.
51 **frascherie:** pensieri sciocchi.
52 **fanciulla:** ragazza nubile.
53 **Finalmente:** dopotutto.
54 **Indiscretezza:** mancanza di riguardo.
55 **incombenza:** incarico.
56 **provvederlo:** procurarmelo.
57 **Flemmaticamente:** con molta calma.
58 **non... a mangiare:** non glielo dovete sperperare.
59 **dir la sua ragione:** rivendicare i suoi diritti.

SCHEDA di LETTURA

La presentazione del protagonista
In *La famiglia dell'antiquario* Goldoni colpisce con la sua satira la sprovvedutezza economica dell'aristocrazia, in particolare la moda del collezionismo assai in voga tra i nobili del Settecento, spesso incapaci di difendersi dai raggiri dei truffatori.
In tutti e tre i dialoghi in cui è impegnato l'*antiquario* dilettante non presta attenzione alle parole dei suoi interlocutori, del tutto assorbito dall'ossessione per le *anticaglie*, che lo ha portato a dilapidare il patrimonio familiare. Anselmo si dimostra un pessimo amministratore: pur di liberarsi di Brighella e di Isabella, che con richieste e chiacchiere lo distraggono dalla sua unica passione, non esita ad affidare loro borse piene di soldi, provenienti dalla dote del figlio, senza preoccuparsi dell'uso che ne faranno.

Le *polizze* dei creditori
Il conte è convinto di aver fatto un *bell'acquisto*, una rarissima moneta romana in uno stato di conservazione così buono da apparire sospetto a chiunque non sia ingenuo come lui. Ai suoi occhi non esiste *medaglia più bella di questa* e poco gli importa se *qua de fóra* si affollano i creditori. Anselmo non batte ciglio di fronte alle *polizze* dei commercianti e, affascinato della *Gran bella testa* di imperatore romano, consegna a Brighella gli *scudi* con cui accontentare il mercante *da vin* e quello *della farina*. E prima di sborsare con leggerezza altro denaro per saldare vecchi debiti sogna una raccolta di monete che lo renderà famoso.
Brighella riconosce che il padrone ha fatto davvero un buon affare nel *maridar l'illustrissimo signor contin* con la figlia del ricco Pantalone e fronteggiare così le richieste di tutti i *botteghieri*. Ventimila scudi sono stati il *risorgimento* per Anselmo, che aveva ipotecato le sue rendite, ma la dote di Doralice sta già terminando, se si esclude la somma messa da parte per investirla *in tante statue, in tante medaglie*.

La presunzione dell'aristocrazia
Al primo dialogo, che termina con l'inutile tentativo di Brighella di far rinsavire l'*antiquario*, è strettamente connesso il secondo, che inizia con le riflessioni di Isabella sulla *solita pazzia delle medaglie*. La nobildonna non si lamenta soltanto delle spese per la collezione di oggetti antichi, ma soprattutto del matrimonio del figlio con una *mercantessa*. Isabella non sopporta che per accomodare il bilancio familiare Anselmo abbia stretto una parentela che *guasta il sangue delle nostre vene*. Prende forma lo scontro tra Isabella, immagine della superba arroganza di una nobiltà incapace di adeguarsi all'affermazione della borghesia, e Anselmo, disposto invece a inquinare la *purezza* aristocratica pur di soddisfare la sua mania collezionistica e nel contempo far fronte alle esigenze domestiche.

La nuora borghese
Nonostante non intenda farsi coinvolgere (*se si vogliono rompere il capo, lo facciano, che non m'importa*), Anselmo deve fare i conti con la rivalità tra le due donne: terminato il dialogo con la moglie, l'arrivo della nuora interrompe l'improbabile fantasticheria su una *tazza di diaspro* appartenuta a Cleopatra. Dopo le richieste di Brighella e le recriminazioni di Isabella, alle proteste di Doralice Anselmo reagisce con fastidio (*non ho tempo da perdere in simili frascherie*) e distrazione, come sottolineano gli a parte. Le lagnanze della ragazza per il matrimonio in tono minore e per la povertà del suo abbigliamento si scontrano con l'indifferenza del suocero, che ha riservato gli ultimi duemila scudi della dote per acquistare medaglie antiche e non certo *vestiti da comparire*. Anselmo tronca il dialogo esortando Doralice a rivolgersi per il suo bisogno a Isabella: un invito che non lascia presagire nulla di buono sulla futura tranquillità familiare.

Lo stile
L'opera di Goldoni si distingue per la capacità di delineare le caratteristiche psicologiche e sociali dei personaggi e le loro relazioni attraverso il modo di esprimersi. Il servo Brighella, di estrazione popolare, parla in dialetto e le sue battute mostrano la familiarità con Anselmo e il suo opportunismo. La vanità e l'orgoglio di Isabella si manifestano con un linguaggio ricercato e sentenzioso (*Non lo soffrirò mai, Animo vile!*), a cui si contrappone il realismo beffardo del marito. Infine Doralice, che rappresenta il realismo della borghesia, mostra un carattere risoluto e concreto: espone le sue richieste e le sue ragioni con frasi chiare e semplici, da cui traspare la decisione e la pacatezza (*lo dite con questa flemma?*) con cui affronta anche le questioni più delicate.

LABORATORIO

Comprendere e individuare
L'esplorazione del testo

1. Per non perdere la fiducia di Anselmo, Brighella mostra opportunismo e ipocrisia: in quale battuta appare evidente quest'atteggiamento del servo?

2. Con quale espressione ironica Isabella definisce le spese del marito per gli oggetti di presunto antiquariato?

3. Leggi la parte iniziale del dialogo tra Anselmo e la moglie e riporta le frasi con cui, ricorrendo al linguaggio figurato, esprimono le rispettive opinioni nei confronti del matrimonio del figlio.

4. L'anello a cui si fa riferimento nel dialogo tra moglie e marito
   A. ☐ è un regalo di Anselmo per placare la rabbia di Isabella
   B. ☐ era stato impegnato prima del matrimonio di Giacinto
   C. ☐ faceva parte della dote di Doralice
   D. ☐ viene utilizzato per pagare un debito con un ebreo

5. Per quale motivo Doralice non esce più di casa?
   A. ☐ Si vergogna della stupidità del suocero
   B. ☐ Teme che la suocera la accompagni
   C. ☐ Non ha vestiti adatti a una donna sposata
   D. ☐ Il marito non vuole che esca sola

6. Fra suocera e nuora il dialogo appare subito impossibile: individua le battute con cui le due donne manifestano la reciproca volontà di non comunicare.

Interpretare e riflettere
La scoperta del testo

7. Spiega per quale motivo il giudizio di Anselmo sul *Pescennio* (*pare coniata ora*, r. 13) sottolinea con beffarda ironia l'ingenuità del personaggio.

8. Nel corso del Settecento l'aristocrazia attraversava una profonda crisi, che condusse molte famiglie a perdere i loro patrimoni. In quale battuta si coglie un riferimento a questo fenomeno socio-economico?

9. Che cosa intende affermare Anselmo con la frase *Sono padrone del mio* (r. 35)?
   A. ☐ Non mi lascio influenzare dalle donne
   B. ☐ Sono sicuro delle mie decisioni
   C. ☐ Non ho più debiti
   D. ☐ Pretendo maggior rispetto

10. Quale tono usa in prevalenza Anselmo per controbattere alle rimostranze di Isabella?
    A. ☐ Ironico
    B. ☐ Minaccioso
    C. ☐ Supplichevole
    D. ☐ Accondiscendente

11. Spiega per quale motivo la risposta di Anselmo alle richieste di Doralice appare paradossale e destinata a creare ulteriori problemi.

Analizzare
Lo stile e la forma del testo

12. Con quale tipo di battuta Goldoni evidenzia l'ossessione di Anselmo per gli oggetti antichi e la distrazione con cui intrattiene i dialoghi con i diversi interlocutori?

GRAMMATICA

13. *Brava! me ne rallegro; e come ve n'intendete?* (r. 134). In questa battuta a che cosa si riferiscono i due *ne*?

14. *Guarda, Brighella, se hai veduto mai una medaglia più bella di questa* (r. 11). In questo periodo la proposizione sottolineata è una subordinata
    A. ☐ condizionale
    B. ☐ concessiva
    C. ☐ oggettiva
    D. ☐ interrogativa indiretta

Produrre
Dalla lettura alla scrittura

15. Immagina che nella scena successiva si incontrino Isabella e Doralice; scrivi un dialogo di almeno una decina di battute. Ti forniamo un esempio.
    DORALICE (a parte) *La riconosco dal passo, sta arrivando la contessa "tu non sai chi sono io"... sì che lo so, chi sei... una spiantata che senza i miei ventimila scudi avrebbe dovuto impegnarsi anche la puzza sotto il naso.*
    ISABELLA (a Doralice) *Con permesso, signora nuora.* (a parte) *Chissà se conosce queste buone maniere...* ora continua tu.

VERIFICA DELLE COMPETENZE

MODELLO INVALSI

Leggi il seguente testo e poi rispondi alle domande.

T4 Plauto L'equivoco tra Euclione e Liconide

Tito Maccio Plauto nacque intorno al 254 a.C. a Sarsina, in Umbria. Di origine plebea, fu autore di grande successo e molto prolifico (gli sono state attribuite circa 130 commedie). Le sue opere, che si rifanno alla commedia greca, sono totalmente volte a divertire lo spettatore. Presentano situazioni convenzionali per il genere – giovani irresponsabili opposti a genitori severi, servi astuti che svolgono il ruolo di aiutanti in vicende amorose, lieto fine per amanti e servi – e personaggi-tipo privi di connotazione psicologica. Lo stile, che attinge largamente al mondo popolare, è caratterizzato da giochi di parole, equivoci e doppi sensi. Tra le sue opere principali si ricordano *Anfitrione*, *Aulularia*, *Le Bacchidi*, *I prigionieri*, *Il soldato millantatore*, *Le tre monete*, *Lo zoticone*. Morì a Roma nel 184 a.C.

Il testo seguente è tratto da *Aulularia* (o *La commedia della pentola*), rappresentata per la prima volta nel 194 a.C. Euclione, un vecchio avaro, trova nella sua casa una pentola piena d'oro. Per paura che gli venga rubata, decide di nasconderla nel tempio della dea Fortuna (*Bona Fides*) vicino alla sua abitazione e poi nel bosco di Silvano. Però Strobilo, servo del giovane Liconide, lo segue e ruba la pentola con l'oro. Euclione è furibondo e crede che il ladro sia Liconide, che vuole invece confessargli quanto accaduto tra lui e sua figlia Fedria (promessa in sposa al vecchio Megadoro): ubriaco, durante le feste di Cerere, ha sedotto la ragazza che ora aspetta un figlio. Liconide vuole sposare Fedra ed Euclione, in cambio dell'oro, acconsente. Nel finale anche al servo Strobilo è concessa la libertà.

EUCLIONE Sono perduto! Sono morto! Sono assassinato! Dove correre? Dove non correre? Fermalo, fermalo! Fermare chi? Chi lo fermerà? Non so, non vedo nulla, cammino alla cieca. Dove vado? dove sono? chi sono? Non riesco a stabilirlo con esattezza. [Al pubblico] Vi scongiuro, vi prego, vi supplico, aiutatemi voi: indicatemi l'uomo che me l'ha rubata. [A uno spettatore] Che ne dici tu? Voglio crederti: lo capisco dalla faccia, che sei una brava persona... Che c'è? perché ridete? Vi conosco tutti: so che qua ci sono parecchi ladri, che si nascondono sotto una toga imbiancata a gesso[1], e se ne stanno seduti, come fossero galantuomini... Eh? Non ce l'ha nessuno di costoro? Mi hai ucciso! Dimmi dunque, chi l'ha? Non lo sai? Ah, povero, povero me! Sono morto! Sono completamente rovinato, sono conciato malissimo: troppe lacrime, troppe sventure, troppo dolore mi ha portato questo giorno; e fame, e miseria!... Sono il più sventurato tra gli esseri della terra. Che bisogno ho di vivere, ora che ho perduto tutto quell'oro che avevo custodito con tanta cura! Mi sono imposto sacrifici, privazioni; ed ora altri godono della mia sventura e della mia rovina. Non ho la forza di sopportarlo.

LICONIDE [A parte, uscendo dalla casa di Megadoro] Chi sta lamentandosi? Chi piange e geme davanti a casa nostra? Ma è Euclione, mi pare. Sono completamente perduto; s'è scoperto tutto. Senza dubbio sa già che sua figlia ha partorito. Ora non so che fare. Devo andarmene o rimanere? affrontarlo o evitarlo? Per Polluce![2] Non so più che fare.

EUCLIONE Chi sta parlando là?

LICONIDE Sono io, un infelice.

---

1 **toga imbiancata a gesso:** le toghe bianche erano indossate dai nobili e dai ricchi, che naturalmente a teatro occupavano i primi posti.
2 **Per Polluce!:** Polluce è gemello di Castore (i Dioscuri); l'esclamazione sottolinea la forte partecipazione emotiva di Liconide a quanto sta accadendo.

EUCLIONE Infelice sono io, e sventurato! io che sono stato colpito da sì grande disgrazia, da sì grande dolore!
LICONIDE Fatti coraggio.
EUCLIONE Farmi coraggio? Come potrei, di grazia?
LICONIDE Il misfatto che t'angustia il cuore[3], sono stato io a compierlo: lo confesso.
EUCLIONE Cosa mi tocca sentire?
30 LICONIDE La verità.
EUCLIONE Che male t'ho dunque fatto, o giovine, perché tu agissi così e rovinassi me e i miei figli?
LICONIDE È un dio che mi ci ha indotto e mi ha attratto verso di lei.
EUCLIONE Come?
LICONIDE Confesso d'aver commesso un torto; so di essere colpevole. E così vengo a pregarti di essere indulgente, di perdonarmi.
EUCLIONE Come hai osato fare una cosa simile: toccare ciò che non era tuo?
LICONIDE Che vuoi farci? Ormai è fatta; non si può disfare. È stato il volere degli dèi, senza dubbio: certo, senza la loro volontà, non sarebbe accaduto.
40 EUCLIONE E allora credo che gli dèi abbiano anche voluto che io ti facessi crepare in catene, in casa mia.
LICONIDE Non dir questo!
EUCLIONE Perché dunque hai toccato, contro il mio volere, una cosa mia?
LICONIDE È stata colpa del vino e dell'amore.
EUCLIONE Sfrontatissimo essere! Aver osato presentarti a me con un simile discorso! Impudente! Se esiste un diritto che ti permette di scusare una simile azione, non ci resta che andare a rubare pubblicamente gioielli alle matrone[4], in pieno giorno; e se poi dovessimo essere arrestati, ci scuseremmo dicendo che l'abbiamo fatto in istato d'ebbrezza, per amore! Varrebbero troppo poco, il vino e l'amore, se l'ubriaco e l'innamorato avessero il diritto di soddisfare impunemente
50 i loro capricci[5].
LICONIDE: Ma io vengo di mia spontanea volontà a supplicarti di perdonare la mia follia.
EUCLIONE Non mi piacciono gli individui che si scusano dopo aver fatto del male. Tu sapevi che essa non era tua; non avresti dovuto toccarla.
LICONIDE Dal momento che ho osato toccarla, non voglio cercare pretesti, ma tenerla nel migliore dei modi.
EUCLIONE Tu vorresti tenere, contro il mio volere, una cosa mia?
LICONIDE Non pretendo d'averla contro il tuo volere; ma penso ch'essa mi spetti. Converrai subito tu stesso, Euclione, ch'essa deve spettare a me.
60 EUCLIONE E io – per Ercole! – ti trascinerò subito dal pretore[6] e t'intenterò un processo, se non restituisci...
LICONIDE Cosa dovrei restituirti?
EUCLIONE Ciò che mi hai rubato.

---

3 **t'angustia il cuore:** ti angoscia profondamente.
4 **matrone:** nobildonne.
5 **Varrebbero... loro capricci:** mentre Liconide cerca di giustificarsi dicendo che la colpa è del vino e dell'amore, per Euclione molto dipende dalla responsabilità personale e in nessun caso è immaginabile di poter appagare le proprie passioni pensando di restare impuniti.
6 **pretore:** magistrato che si occupa di amministrare la giustizia.

LICONIDE Io? rubato? dove? Cosa significa?
EUCLIONE [ironicamente] Che Giove ti protegga, com'è vero che tu non sai niente!
LICONIDE A meno che tu non dica cosa stai cercando...
EUCLIONE La pentola dell'oro, dico! Ecco ciò che ti chiedo di restituirmi; quella che m'hai confessato di avermi rubata.
70 LICONIDE Per Polluce! Io non ho mai detto né fatto una cosa simile.
EUCLIONE Vuoi negarlo?
LICONIDE Sì che lo nego, recisamente! Io non so nulla di nulla né dell'oro né della pentola! Che pentola è?
EUCLIONE Quella che hai portato via dal bosco di Silvano. Dammela! Su, restituiscila. Piuttosto farò a metà con te. Benché tu sia un ladro, non ti darò noie. Su, andiamo, restituiscila.
LICONIDE Non sei in te: darmi del ladro! Io pensavo, Euclione, che tu fossi venuto a sapere un'altra cosa, una cosa che mi riguarda; una cosa importante, di cui vorrei parlarti con comodo, se ti fa comodo.
80 EUCLIONE Dimmi sinceramente: non sei stato tu a rubarmi l'oro?
LICONIDE No, sinceramente.
EUCLIONE E non sai chi l'abbia rubato?
LICONIDE Non so nemmeno questo, sinceramente.
EUCLIONE E se venissi a sapere chi me l'ha rubato, me l'indicheresti?
LICONIDE Lo farò.
EUCLIONE E non acconsentirai a spartirlo con colui che lo possiede, non accoglierai[7] il ladro?
LICONIDE No.
EUCLIONE E se dovessi mancare alla tua promessa?
90 LICONIDE Allora il grande Giove faccia di me ciò che vuole.
EUCLIONE Mi basta. Su, ora dimmi tutto quello che vuoi.

[Plauto, *Aulularia*, trad. it. di M. Scandola, Rizzoli, Milano 1985]

7 **accoglierai:** appoggerai.

Mosaico dalla Villa di Cicerone a Pompei raffigurante una scena teatrale con due donne che consultano una fattucchiera, Napoli, Museo Archeologico Nazionale.

1. Il teatro di Plauto spesso conteneva riferimenti a vicende e personaggi contemporanei, oggetti di una polemica sociopolitica. In quale battuta di Euclione possiamo scorgere questo aspetto?

2. Per Euclione il senso dell'esistenza sta nell'accumulare denaro e non nello spenderlo per rendere più comoda e divertente la propria esistenza. Con quale affermazione il vecchio avaro manifesta questa concezione della vita?

3. Liconide cerca in tutti i modi di giustificare il suo comportamento, fornendo svariate scuse. A quali fra gli elementi elencati dà la colpa di quanto è successo fra lui e la figlia di Euclione?
   A. ☐ Gli dèi
   B. ☐ Il caso
   C. ☐ L'ebbrezza
   D. ☐ La giovinezza
   E. ☐ L'amore
   F. ☐ La stupidità
   G. ☐ L'invidia

4. Individua almeno un paio di battute che per il contenuto e la forma determinano l'equivoco su cui Plauto costruisce l'effetto comico del dialogo.

5. Quale battuta di Euclione insospettisce Liconide, facendogli dubitare di essere caduto in un equivoco?

6. Una volta che l'equivoco è stato risolto, quale promessa di Liconide rassicura Euclione?
   A. ☐ Si metterà subito alla ricerca della pentola
   B. ☐ Sa chi è il ladro della pentola e lo denuncerà
   C. ☐ Se scoprirà il colpevole, lo dirà a Euclione
   D. ☐ Regalerà a Euclione parte della la somma perduta

7. Quale elemento linguistico-grammaticale favorisce l'equivoco, facendo credere ai due personaggi di parlare della stessa cosa?
   A. ☐ I pronomi personali e i dimostrativi
   B. ☐ I verbi coniugati al passato prossimo
   C. ☐ Le frasi interrogative
   D. ☐ Gli avverbi negativi

8. Il teatro di Plauto prevedeva il coinvolgimento del pubblico. Riporta i passaggi del brano che confermano questa affermazione.

9. Rileggi la prima riga del brano: con quale figura retorica Plauto enfatizza la disperazione di Euclione per la perdita della pentola?

10. Con quale tipo di battuta inizia il brano?

11. In quale modo definiresti il linguaggio utilizzato dai due personaggi?
    A. ☐ Colto e raffinato
    B. ☐ Comune e popolare
    C. ☐ Letterario
    D. ☐ Scurrile

12. Nella battuta *vorrei parlarti con comodo, se ti fa comodo* (r. 79), Liconide utilizza *comodo* con due diversi significati. Riscrivi la frase sostituendo il termine con dei sinonimi più appropriati.

13. Nell'esclamazione di Euclione *da sì grande disgrazia, da sì grande dolore* (rr. 24-25), *sì* è
    A. ☐ un pronome
    B. ☐ un avverbio
    C. ☐ una congiunzione
    D. ☐ un'interiezione

14. Euclione esprime il proprio sdegno con una battuta (*Sfrontatissimo... capricci*, rr. 45-51) che contiene tre periodi ipotetici. Individuali.

15. *Come hai osato fare una cosa simile: toccare ciò che non era tuo* (r. 37). Analizza il periodo e riscrivi le proposizioni nello schema, una per casella, precisando il tipo di subordinazione.

[ ] → Proposizione principale
[ ] → Prop. subordinata
[ ] → Prop. subordinata
[ ] → Prop. subordinata

UNITÀ 17
Il teatro dell'Ottocento e del Novecento

T1 Anton Čechov
Noi vivremo, zio Vanja

T2 Luigi Pirandello
La "verità" della signora Ponza

T3 Samuel Beckett
Bisogna tornare domani

T4 Dario Fo
La strage degli innocenti

VERIFICA DELLE COMPETENZE

T5 Eduardo De Filippo
Il risveglio in casa Cupiello

ONLINE

TESTI INTEGRATIVI
- Bertolt Brecht
La guerra di Madre Courage

L'Ottocento e il Novecento sulla scena

La tragedia romantica

Nel primo Ottocento il genere teatrale più praticato fu la **tragedia**, mezzo espressivo ideale per rappresentare i temi tipici della sensibilità romantica: i contrasti tra la realtà e l'ideale e tra soggetto e società, la tensione verso l'assoluto, l'esaltazione dell'individuo eccezionale e del genio creatore, lo scatenamento della passione.

I principali autori tragici del periodo furono i tedeschi **Johann Wolfgang Goethe** (1749-1832) e **Friedrich Schiller** (1759-1805). Il primo lavorò per tutta la vita alla stesura del *Faust* (1772-1832), "poema drammatico" che per le sue dimensioni e per la frammentarietà della struttura narrativa risulta però poco adatto alla messa in scena. L'opera narra le vicende dell'omonimo protagonista, uno scienziato-mago che stringe un **patto con il diavolo**: questi giura di porsi al servizio di Faust e di fargli ottenere la fama a cui ambisce, chiedendogli in cambio di consegnargli la sua anima nell'istante in cui dovesse dichiararsi soddisfatto e pienamente realizzato. I protagonisti delle opere di Schiller (*I masnadieri*, 1781; *Maria Stuarda*, 1800) invece sono **personaggi storici**, eroi drammaticamente divisi tra la fedeltà alle leggi dello Stato e il rispetto dei valori etici. La tragedia fu il genere teatrale maggiormente praticato anche nel resto d'Europa. In Francia **Victor Hugo** (1802-1885) scrisse l'*Ernani* (1830), considerato uno dei manifesti del Romanticismo. Il russo **Aleksandr Puškin** (1799-1837) è l'autore del dramma *Boris Gudonov* (1831), storia dell'omonimo zar che regnò dal 1598 al 1605. In Inghilterra si dedicarono al genere tragico i poeti **Percy Bysshe Shelley** (1792-1822) e **George Gordon Byron** (1788-1824), autori anche di importanti drammi lirici.

In Italia diversi autori si cimentarono con il genere tragico. Già nel 1797 **Ugo Foscolo** (▶ p. 331) aveva composto il *Tieste*, una tragedia ispirata allo stile e ai temi di Vittorio Alfieri e nel 1813 scrisse la *Ricciarda*, in cui sono invece presenti atmosfere più propriamente romantiche. Entrambe, tuttavia, sono opere minori nel contesto della produzione letteraria dell'epoca. L'unico italiano a comporre drammi di assoluto valore letterario fu **Alessandro Manzoni**, autore del *Conte di Carmagnola* (1820) e dell'*Adelchi* (▶ p. 338).

Il teatro naturalista del secondo Ottocento

Nella seconda metà dell'Ottocento, come nella contemporanea narrativa naturalista, anche gli autori di opere drammatiche si proposero di mettere in scena la **realtà** in maniera **oggettiva**, prediligendo la rappresentazione di vicende ambientate in **contesti borghesi**. Tuttavia l'obiettivo non era celebrare i valori della borghesia, quanto evidenziarne i **limiti** e le **contraddizioni**, le **debolezze** che anticipavano la crisi d'identità dell'uomo del Novecento. I protagonisti delle vicende messe in scena sono individui comuni, alle prese con **difficoltà quotidiane** come problemi economici e conflitti relativi ai rapporti sociali e personali. In particolare l'attenzione si concentra sullo studio delle relazioni all'interno del **nucleo familiare**, microcosmo in cui si riflettono le contraddizioni della società e si manifestano insoddisfazioni e ansie dagli esiti spesso laceranti. L'approfondimento di questi aspetti fa sì che l'**analisi interiore** dei turbamenti e del malessere dei personaggi finisca molto spesso con il prevalere sullo sviluppo narrativo della vicenda. La critica al vuoto formalismo e all'ipocrisia delle convenzioni sociali, accompagnata da un'attenta osservazione della psicologia dei personaggi, caratterizza i lavori teatrali del norvegese **Henrik Ibsen** (1828-1906), la cui opera più celebre è *Casa di bambola* (1879), e dello svedese **August Strindberg** (1849-1912), autore di *La signorina Julie* (1888). Si tratta di opere che contengono una critica radicale della morale borghese: i due scrittori nordici scandagliano in profondità i rapporti fra uomo e donna, ritraendo complesse figure femminili e indagando sulla crisi dell'istituzione matrimoniale. Negli stessi anni il russo **Anton Čechov** descrisse con toni malinconici il grigiore delle esistenze di personaggi mediocri, segnati dal fallimento e dall'incapacità di vivere con pienezza sentimenti e passioni (▶ T1, p. 540).

Il teatro umoristico di Pirandello

Negli anni che seguirono la Prima guerra mondiale i drammi del siciliano **Luigi Pirandello** (1867-1936) segnarono il superamento del dramma naturalistico. Il teatro pirandelliano non risponde più all'esigenza di una rappresentazione verosimile della società ma presenta una realtà soggettiva, inconoscibile in quanto variabile a seconda del punto di vista dell'osservatore (▶ T2, p. 547). Questa visione relativistica dà vita a vicende paradossali e grottesche in cui personaggi tragici cercano inutilmente di comunicare con gli altri e con se stessi. Pirandello presenta una galleria d'individui in **crisi d'identità**, intrappolati dalle convenzioni e dai condizionamenti della società e della famiglia. La vita è una recita nella quale l'uomo è prigioniero delle molteplici **maschere** che è obbligato a indossare per essere accettato dagli altri. Solo la follia rappresenta una paradossale via di fuga dalla gabbia sociale in cui ognuno è costretto.

Nel saggio *L'umorismo* (1908) lo scrittore espose la propria visione poetica proponendo un'originale concezione. Secondo Pirandello l'**umorismo** permette di rappresentare le contraddizioni della realtà conducendo il lettore/spettatore alla riflessione, spingendolo a guardare oltre l'apparenza e ad analizzare in profondità le situazioni paradossali che rappresentano l'oggetto del comico. Se quest'ultimo è l'"**avvertimento del contrario**", ossia la percezione di una stranezza che ci sorprende e ci diverte, l'umorismo invece è il "**sentimento del contrario**", la scoperta empatica delle sofferenze che si nascondono dietro le stravaganze di un individuo o di una situazione. Analizzando la realtà, l'umorismo ne svela gli inganni e le convenzioni, ne coglie le molteplici sfaccettature. Se individua il lato bizzarro di una situazione coglie anche la sofferenza dell'individuo che la sta vivendo. Viceversa, se percepisce il lato tragico della vita ne mostra nel contempo anche quello comico.

il punto su... | Il relativismo

Con il termine "relativismo" si definisce ogni concezione che nega l'esistenza di una verità assoluta, assegnando alla conoscenza umana un valore limitato. In filosofia si può distinguere un "relativismo oggettivistico", secondo cui la realtà può apparire in modo diverso a seconda del modo in cui si manifesta, e un "relativismo soggettivistico", per cui è la coscienza del soggetto a condizionare e a modificare la visione della realtà. Il primo grande pensatore relativista fu il filosofo greco Protagora (486-411 a.C.), che evidenziò il ruolo fondamentale dell'opinione nella conoscenza umana, confutando la possibilità di raggiungere una conoscenza oggettiva e immutabile.

Il concetto di relativismo interessa anche l'ambito etico, negando l'esistenza di giudizi e fondamenti morali validi in assoluto: secondo questa idea non si può considerare universalmente valida la morale di una civiltà né ricondurre a un unico principio i valori di civiltà diverse. In ambito scientifico, infine, il termine "relatività" è legato alla teoria del fisico tedesco Albert Einstein (1879-1955). Indagando il rapporto tra soggetto osservatore e oggetto osservato, egli mise in discussione ogni fondamento oggettivo delle scienze dell'epoca, affermando che tempo e spazio non sono concetti assoluti ma grandezze relative al sistema di riferimento e al punto di vista dell'osservatore.

Il teatro europeo del Novecento

Il teatro epico di Bertolt Brecht

A partire dagli anni Venti il tedesco **Bertolt Brecht** (▶ p. 210) teorizzò un **teatro didascalico**, che prevedeva un rapporto nuovo tra la messa in scena e lo spettatore. Obiettivo non era più il tradizionale processo di coinvolgimento e immedesimazione con i personaggi. Al contrario, il pubblico doveva mantenere nei confronti delle vicende una **distanza emotiva** volta a stimolare la riflessione su quanto avveniva in scena. Brecht mirava a ottenere un "**effetto di straniamento**": lo spettacolo non doveva dare l'illusione della realtà, ritrarre in modo verosimile situazioni in cui riconoscersi, ma mostrare con evidenza la sua natura fittizia così da spingere il pubblico a riflettere e a giudicare quanto rappresentato. Diverse tecniche sono funzionali a ottenere questo scopo: l'introduzione di canzoni, la proiezione di filmati, il susseguirsi di scene prive di connessione, l'impiego di didascalie scritte su cartelli allo scopo di spezzare l'azione ed esprimere il punto di vista dell'autore.

Ciò che Brecht richiede agli spettatori non è più coinvolgimento ma **partecipazione critica**, un'attenzione focalizzata non tanto sulle vicende rappresentate quanto sulle problematiche affrontate: la guerra come strumento di oppressione politica e sfruttamento economico, la violenza e il cinismo della borghesia capitalistica, la fragilità degli uomini dinanzi alle difficoltà dell'esistenza. Proprio alla necessità degli individui di convivere con le ingiustizie e le violenze del contesto storico-sociale e culturale si deve l'appellativo di "**teatro epico**". L'aggettivo, che tradizionalmente rimanda a figure eroiche positive, nella concezione drammaturgica brechtiana invece viene assegnato a personaggi che testimoniano le debolezze e le contraddizioni umane dinanzi ai conflitti e alle tragedie della storia. La protagonista di *Madre Courage e i suoi figli*, per esempio, accetta la violenza della guerra dei Trent'anni, a causa della quale ha perso i suoi tre figli, in quanto per lei – vivandiera che passa da un fronte bellico all'altro per vendere capi d'abbigliamento e cibo – questa è la sola possibile fonte di sopravvivenza. Anche Galileo, ritratto in *Vita di Galileo* (1937), abiura le sue convinzioni riguardo alla teoria eliocentrica, accettando "eroicamente" il compromesso per salvarsi la vita. Proprio il suo timore della morte diventa un simbolo del conflitto tra scienza e potere.

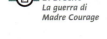
B. Brecht
La guerra di Madre Courage

Il teatro dell'assurdo

La tragedia della Seconda guerra mondiale lasciò un profondo senso di disagio, a cui non fu estranea l'esigenza del teatro europeo di elaborare e sperimentare nuove formule e tecniche finalizzate all'espressione di temi esistenziali e politici. Se l'obiettivo fondamentale del teatro epico di Brecht era la condanna delle ingiustizie politico-sociali ed economiche del sistema capitalistico, il cosiddetto **teatro dell'assurdo** invece intende evidenziare l'insensatezza dell'esistenza e l'incomunicabilità tra uomini e donne: esseri confusi, alienati da se stessi, privi di certezze e punti di riferimento. I personaggi sulla scena sono svuotati di energia vitale, incapaci di distinguersi l'uno dall'altro e forniscono un ritratto angoscioso di un'umanità priva di identità, appiattita dalla ripetizione meccanica e ossessiva di **comportamenti** e **linguaggi stereotipati**. Capostipite di questo genere è considerato il drammaturgo rumeno naturalizzato francese **Eugène Ionesco** (1909-1994). Le sue opere sono caratterizzate dall'assenza di azione: i protagonisti intrecciano dialoghi inconcludenti, considerazioni paradossali e gesti insensati. Spesso la scrittura drammaturgica di Ionesco ottiene risultati comici, anche se ciò che in profondità rappresenta è un'umanità alienata, che cerca inutilmente di comunicare, riuscendo soltanto a trasmettere il senso di inutilità che si cela dietro la ricerca della propria identità perduta. L'altro principale esponente del teatro dell'assurdo è l'irlandese **Samuel Beckett**, autore di *Aspettando Godot* (▶ T3, p. 552), uno dei drammi contemporanei più noti. Anche il suo teatro è caratterizzato dall'immobilità narrativa, dal *nonsense* e da lunghe pause silenziose, denuncia inequivocabile dell'**impotenza del linguaggio**.

Il teatro statunitense

Nel secondo Novecento il teatro visse una stagione particolarmente feconda anche negli Stati Uniti, grazie soprattutto alle opere di **Arthur Miller** (1915-2005) e di **Tennessee Williams** (1911-1983), autori che nei loro drammi posero in primo piano le vicende, i drammi e le incertezze di **individui comuni**, sullo sfondo dell'anonima provincia americana. Il teatro di Miller (*Morte di un commesso viaggiatore*, 1949; *Uno sguardo dal ponte*, 1955) analizza impietosamente le tragiche conseguenze delle sconfitte e dei conflitti causati dal **mito del sogno americano**, dall'inseguimento del successo e del benessere a tutti i costi. Nelle opere di Williams (*Un tram chiamato desiderio*, 1947; *La gatta sul tetto che scotta*, 1955) si scorge l'influenza della psicanalisi, evidente nella rappresentazione di relazioni e contesti in cui **passioni esasperate** e turbamenti psicologici conducono i protagonisti alla rovina o alla pazzia.

Il teatro italiano

In Italia i due autori teatrali più significativi dopo Pirandello sono stati il napoletano **Eduardo De Filippo** e **Dario Fo**. Il primo – proprio grazie all'influenza di Pirandello, con cui da giovane aveva collaborato – rielaborò contesti e vicende tipici della **commedia napoletana** arricchendoli di temi innovativi, come la critica delle convenzioni imposte dalla società borghese, la complessità delle dinamiche familiari (▶ T5, p. 564), le nevrosi determinate dai disagi e dalla fatica dell'esistenza. Nonostante i personaggi di De Filippo parlino in dialetto e si muovano prevalentemente sullo sfondo dei quartieri popolari di Napoli, le sue commedie rappresentano temi universali con uno sguardo inconfondibile, ricco di compassione e poesia.

Le opere di Dario Fo, vincitore del premio Nobel per la letteratura nel 1997 e ancora attivo sulla scena teatrale, si distinguono per due aspetti: i contenuti politici, frutto di impegno e passione civile, portati avanti con la moglie **Franca Rame** (1928-2013), e la sperimentazione formale, che lo ha portato alla creazione di una lingua artificiale (*grammelot*) in cui convivono suoni onomatopeici ed espressioni dialettali delle diverse regioni del Nord e del Centro (▶ T4, p. 557).

LA MAPPA DELLE CONOSCENZE

Il teatro dell'Ottocento e del Novecento

- **La tragedia .... (J.W. Goethe e F. Schiller)** — affronta → il contrasto realtà-..............., la tensione verso l'..............., l'esaltazione del .... creatore

- **Il dramma .... (A. Strindberg, H. ...., A. ....)** — analizza → le incertezze e i conflitti .... della società .... — anticipano → la crisi di .... dell'uomo del Novecento

- **Il teatro di L. Pirandello** — si fonda su → il .... conoscitivo e il concetto di .... — sottolineano → i molteplici aspetti e le .... della realtà

- **Il teatro ....-didascalico di B. ....** — mira a ottenere → distanza .... (effetto di ....) — stimola → la riflessione critica sulle vicende rappresentate

- **Il teatro dell'assurdo di E. .... e S. ....** — denuncia → l'insensatezza dell'esistenza, l'incomunicabilità e la perdita di identità — evidenziate da → la ripetizione meccanica dei .... e il linguaggio ....

- **Il teatro statunitense di A. .... e T. ....** — condanna → le conseguenze tragiche del mito del ....

- **Il teatro italiano** — si distingue per → l'innovazione della .... napoletana, l'impegno .... e la sperimentazione ....

T1 Anton Čechov Noi vivremo, zio Vanja

La vicenda di *Zio Vanja* (1896) è ambientata in un podere di campagna dove vivono Vanja e sua nipote Sonja. La monotonia delle loro giornate è interrotta dall'arrivo del professor Serebrjakov, per cui i due amministrano la proprietà, e della seconda moglie Elena, bella e molto più giovane di lui. Serebrjakov è un vecchio noioso e arrogante che infastidisce gli abitanti della casa con le sue continue richieste. Aveva sposato la sorella di Vanja in prime nozze e dalla loro unione era nata Sonja. Nel corso della visita della coppia, Vanja si invaghisce di Elena, che è però attratta da Astrov, il medico di famiglia. A sua volta Sonja è innamorata di Astrov, senza essere ricambiata. Un giorno Vanja, che mal sopporta il cognato, tenta di ucciderlo sparandogli contro due colpi di pistola, senza però colpirlo. Dopo questo episodio tutto torna alla normalità: Serebrjakov – che ha perdonato il cognato – ed Elena ripartono, Astrov si chiude nel suo lavoro, zio Vanja e Sonja ritornano alle loro esistenza quotidiana.
Tratta dall'atto IV, proponiamo la scena conclusiva del dramma. Gli ospiti stanno lasciando la tenuta e Vanja e Sonja riprendono la vita grigia e monotona di sempre, scandita dalla lunghe ore di lavoro e solitudine.

Entrano Serebrjakov, Vojnickij, Marija Vasil'evna con un libro, Telegin[1] e Sonja.
SEREBRJAKOV (*a Vojnickij*) Chi serba rancore non è uomo d'onore. Dopo quanto è successo, in queste ore ho sofferto e meditato tanto[2] che mi sembra che potrei, a edificazione dei posteri, scrivere un intero trattato su come si debba vivere. Accetto di buon animo le tue scuse e mi scuso a mia volta. Addio! (*Bacia Vojnickij tre volte*).
VOJNICKIJ Riceverai regolarmente ciò che ricevevi prima[3]. Tutto andrà come una volta.

Elena Andreevna abbraccia Sonja.
10 SEREBRJAKOV (*Bacia la mano a Marija Vasil'evna*) Maman[4]…
MARIJA VASIL'EVNA (*baciandolo*) Aleksandr, fatevi un'altra fotografia e mandatemela. Sapete quanto mi siete caro.
TELEGIN Addio, eccellenza! Non dimenticate!
SEREBRJAKOV (*Dopo aver baciato la figlia*) Addio… Addio a tutti! (*Dando la mano ad Astrov*). Vi ringrazio per la piacevole compagnia… Ammiro il vostro modo di pensare, i vostri interessi, i vostri impulsi[5], ma permettete ad un vecchio di inserire nelle sue parole d'addio un'unica osservazione: bisogna fare, signori! Bisogna agire! (*Reciproco inchino*). Tante cose belle! (*Esce; lo seguono Marija Vasil'evna e Sonja*).
20 VOJNICKIJ (*Bacia forte la mano a Elena Andreevna*) Addio… Scusate… Non ci vedremo più.
ELENA ANDREEVNA (*commossa*) Addio mio caro. (*Lo bacia sulla testa ed esce*).
ASTROV (*a Telegin*) Cialdone[6], di' che colgano l'occasione per attaccare anche i miei cavalli.

---

1 **Vojnickij… Telegin:** Vojnickij è il cognome di Zio Vanja, Marija Vasil'evna è la nonna di Sonja, Telegin è un proprietario terriero che ha perso i suoi averi ed è ospitato da zio Vanja.
2 **Chi… tanto:** si riferisce al tentativo di Vanja di ucciderlo.
3 **Riceverai… prima:** la quota di rendita dell'azienda agricola che gli spetta.
4 **Maman:** "mamma" in francese; la società colta della Russia del tempo usava comunemente il francese. Serebrjakov è il genero della vecchia, madre della prima moglie.
5 **Ammiro… impulsi:** Astrov è animato da un'aspirazione ideale a un mondo migliore; una sorta di ecologista e vegetariano *ante litteram*.

TELEGIN Certo, amico mio. (*Esce*).

Restano solo Astrov e Vojnickij

ASTROV (*raccoglie sul tavolo i colori[7] e li nasconde in valigia*) Perché non vai ad accompagnarli?

VOJNICKIJ Lascia che partano, io… io non posso. Mi è di peso. Bisogna che mi trovi al più presto qualcosa da fare… Lavorare, lavorare! (*Fruga nelle carte sul tavolo*). Scusate…

Pausa; si sentono i sonagli.

ASTROV Sono partiti[8]. Il Professore sarà contento. Neanche con le lusinghe riuscirai più ad attirarlo qui.

MARINA[9] (*entra*) Sono partiti. (*Si siede in poltrona e fa la calza*).

SONJA (*entra*) Sono partiti. (*Si asciuga gli occhi*). Che Dio li assista. (*Allo zio*). Su, zio Vanja, facciamo qualcosa.

VOJNICKIJ Lavorare, lavorare…

SONJA È tanto tempo che non stiamo seduti assieme a questo tavolo. (*Accende la lampada sul tavolo*). Sembra che non ci sia inchiostro… (*Prende il calamaio, va verso l'armadio e versa l'inchiostro*). Mi rattrista che siano partiti.

MARIJA VASIL'EVNA (*entra lentamente*) Sono partiti! (*Si siede e si immerge nella lettura*).

SONJA (*si siede al tavolo e sfoglia il libro dei conti*) Prima di tutto, zio Vanja, prepareremo i conti. È tutto così terribilmente confuso. Oggi sono di nuovo venuti a chiedere un conto. Scrivi. Tu prepara un conto, io ne farò un altro…

---

6 **Cialdone:** Telegin è così soprannominato a causa del volto butterato.
7 **colori:** Astrov li usava per disegnare rappresentazioni cartografiche.
8 **Sono partiti:** si riferisce alla partenza di Elena Andreevna e Serebrjakov.
9 **Marina:** è la vecchia balia di Sonja.

Anton Pavlovic Čechov nacque nel 1860, a Taganrog, in Ucraina. Laureatosi in Medicina nel 1884 si dedicò in prevalenza all'attività letteraria. Dopo diversi viaggi in Siberia e in Europa, nel 1892 tornò in Russia dove si stabilì in una tenuta nelle campagne fuori Mosca, lavorando gratuitamente come medico per la popolazione disagiata. Nel 1901 sposò Olga Knipper, attrice principale del *Gabbiano* (1895), uno dei suoi capolavori. Colpito da una grave forma di tubercolosi, morì nel 1904 a Badenweiler, località tedesca in cui si era recato per curare la malattia.

Čechov esordì con una raccolta dai toni umoristici (*Racconti di Melpomene*, 1884), ma già nei racconti successivi (*Racconti variopinti*, 1886; *Nel crepuscolo*, 1887) sono presenti gli elementi caratterizzanti della sua arte: la mancanza di azione, l'interiorizzazione della drammaticità, l'inadeguatezza alla vita dei suoi personaggi, che vivono nell'attesa che accada qualcosa per cui riscattare la propria esistenza. Dal 1884 si dedicò al teatro. Oltre a *Il gabbiano* ricordiamo *Zio Vanja* (1899), *Le tre sorelle* (1901), *Il giardino dei ciliegi* (1904). Inoltre tra i racconti maggiori ricordiamo *La steppa* (1888), *La corsia n. 6* (1892), *Il duello* (1892), *Il monaco nero* (1894), *La mia vita* (1895), *I contadini* (1897), *Il racconto di uno sconosciuto* (1898), *La signora col cagnolino* (1898), *Nel burrone* (1900).

Vojnickij (*scrive*) "Conto del Signor...".

Entrambi scrivono in silenzio.
Marina (*sbadiglia*) Avrei voglia di andare a nanna...
Astrov Che silenzio. Le penne scricchiolano, il grillo stride. Fa caldo, si sta bene... Non ho voglia di andarmene da qui.

Si sentono i sonagli.
Stanno attaccando i cavalli... Non rimane che congedarmi da voi, amici miei, congedarmi dal mio tavolo, e via! (*Ripone i cartogrammi*[10] *nella cartella*).
Marina Perché agitarti tanto? Rimani ancora un poco.
Astrov Non si può.
Vojnickij (*scrive*) "Del vecchio debito sussiste una rimanenza di due e settantacinque...".

Entra un garzone.
Garzone Michail L'vovi[11], i cavalli sono pronti.
Astrov Ho sentito. (*Gli porge la borsa dei medicinali, la valigia e la cartella*). Tieni, prendi questo. Bada di non piegare la cartella.
Garzone Bene. (*Esce*).
Astrov Bene, signori... (*Si appresta a congedarsi*).
Sonja Quando ci rivedremo?
Astrov Non prima dell'estate, probabilmente. D'inverno è difficile... S'intende che se dovesse succedere qualcosa, me lo farete sapere: verrò. (*Stringe le mani*). Grazie per l'accoglienza, l'ospitalità, l'affetto... in una parola, per tutto. (*Va verso la balia e la bacia sul capo*). Addio, vecchia mia.
Marina Te ne parti così, senza tè?
Astrov Non ne ho voglia, balia.
Marina Allora un po' di vodka?
Astrov (*impaziente*) Va bene...

Marina esce.
(*Dopo una pausa*). Il mio bilancino[12] zoppica. L'avevo già notato ieri, quando Petruška l'ha portato a bere.
Vojnickij Bisogna farlo ferrare.
Astrov A Roždestvennoe mi toccherà passare dal fabbro ferraio. È inevitabile. (*Si avvicina alla carta dell'Africa e la guarda*). In quest'Africa farà un gran caldo adesso, che terribile cosa!
Vojnickij Sì, probabilmente.
Marina (*torna con un vassoio, su cui ci sono un bicchierino di vodka e un pezzo di pane*) Mangia.

Astrov beve la vodka.
Alla salute, caro. (*Si inchina profondamente*). Dovresti mangiare un boccon di pane.

---

10 *cartogrammi*: rappresentazioni grafiche usate per evidenziare la distribuzione di un determinato fenomeno nello spazio, attraverso punti, linee, colorazioni.
11 **Michail L'vovič**: nome e patronimico di Astrov.
12 *bilancino*: cavallo da tiro aggiunto a quello che traina (a fianco o davanti) per servire di rinforzo.

ASTROV No, basta così... Allora tante cose belle! (*A Marina*). Non accompagnarmi, balia. Non è il caso.

Esce; Sonja lo segue con una candela per accompagnarlo; Marina si siede nella propria poltrona.
VOJNICKIJ (*scrive*) "Il due febbraio: venti libbre di olio... Il sedici febbraio altre venti libbre d'olio... Grano saraceno...".

Pausa. Si sentono i sonagli.
MARINA È partito.

Pausa.
SONJA (*rientra, appoggia la candela sul tavolo*) È partito...
VOJNICKIJ (*fa il conto sul pallottoliere e annota*) Totale... quindici... venticinque...

Sonja si siede e scrive.
MARINA (*sbadiglia*) Oh, poveri noi peccatori...

Telegin entra in punta di piedi, si siede accanto alla porta e accorda in sordina la chitarra.
VOJNICKIJ (*a Sonja, passandole la mano fra i capelli*) Bambina mia, che peso ho sul cuore! Se tu sapessi come mi è gravoso!
SONJA Che fare, bisogna vivere!

Pausa.
Noi vivremo, zio Vanja. Vivremo una lunga, lunga sequela di giorni e di interminabili sere; affronteremo pazientemente le prove che il destino ci manderà, adesso e in vecchiaia, senza conoscere riposo. E quando verrà la nostra ora, moriremo rassegnati e là, nell'oltretomba, diremo che abbiamo sofferto, che abbiamo pianto, che abbiamo conosciuto l'amarezza, e Dio avrà pietà di noi e tu ed io, zio, caro zio, vedremo una vita luminosa, meravigliosa, splendente; noi ci rallegreremo e, commossi, ci volteremo a guardare le sciagure di oggi, con un sorriso, e riposeremo. Io credo, zio, credo ardentemente, appassionatamente... (*Si inginocchia davanti a lui e poggia il capo sulle sue mani; con voce estenuata*). Riposeremo!

Telegin suona sommessamente la chitarra.
Riposeremo! Sentiremo gli angeli, vedremo il cielo cosparso di diamanti, vedremo tutto il male della terra, tutte le nostre sofferenze annegare nella misericordia che colmerà di sé il mondo, e la nostra vita diverrà quieta, tenera, dolce, come una carezza. Io credo, credo... (*Gli asciuga le lacrime con un fazzoletto*). Povero, povero zio Vanja, tu piangi... (*Tra le lacrime*). Non hai conosciuto gioia nella tua vita, ma aspetta, zio Vanja, aspetta... Riposeremo... (*Lo abbraccia*). Riposeremo!

Il guardiano batte.
Telegin accenna una melodia in sordina. Marija Vasil'evna scrive sui margini di un opuscolo; Marina fa la calza.

Riposeremo!

Cala lentamente il sipario.

[A. Čechov, *Zio Vanja*, in *Teatro*, trad. it. di G.P. Piretto, Garzanti, Milano 1989]

SCHEDA di LETTURA

L'addio alle illusioni

La scena finale di *Zio Vanja* è scandita dal breve susseguirsi di due partenze: l'addio di Serebrjakov ed Elena e l'arrivederci di Astrov (*Non prima dell'estate, probabilmente*). Insieme a questi personaggi si allontanano le emozioni e i sentimenti che per un breve periodo hanno turbato e illuso Sonja, innamorata senza speranze del medico, e Zio Vanja, che si è invaghito di Elena e ha sfogato maldestramente la rabbia covata nel tempo nei confronti del presuntuoso e ingrato Serebrjakov.

La visita della coppia Serebrjakov-Elena è stata una parentesi che ha momentaneamente sconvolto la grigia monotonia dell'esistenza dei due personaggi principali, mettendo in discussione il ritmo sonnolento delle loro vite, dettato dalla ciclica ripetitività della gestione dell'azienda agricola di famiglia. Prima di ritrovarsi nuovamente intorno al tavolo a sfogliare i libri mastri e a conteggiare fatture, Zio Vanja e Sonja hanno sfiorato il cambiamento. Hanno accarezzato l'idea di avere ancora il tempo di mettersi in gioco, prima di arrendersi all'amara consapevolezza di essere avviati lungo un inesorabile ed estenuante declino. Dopo i malinconici saluti agli ospiti, i due personaggi ripongono i sogni e, privi della forza e della passione necessari per affrontare i rischi di una trasformazione, si arrendono al fallimento delle loro ambizioni.

L'inettitudine di Vanja e di Sonja

Vanja e Sonja sono inadeguati alla vita reale: intristiti dalla fatica di vivere e affascinati, ma anche spaventati, dalla prospettiva di un'esistenza diversa da quella piatta e priva di ambizioni che hanno conosciuto finora. Per zio e nipote la vita vera non può che svolgersi in un indefinito altrove. Ora che hanno intravvisto ma lasciato sfuggire le occasioni, le catene della noia e della banalità stringono più forte il loro animo (*Se tu sapessi come mi è gravoso*). Immersi alla luce della candela, fra pallottolieri e libri contabili, mentre il suono dei sonagli si fa sempre più debole, Sonja si rende conto che non resta loro che rassegnarsi a *una lunga, lunga sequela di giorni e di interminabili sere*.

A loro sono precluse passioni travolgenti e scelte estreme e laceranti. Quando Zio Vanja per la prima volta nella sua vita compie un'azione dettata dalla forza dei sentimenti, il tentato omicidio del cognato, fallisce ridicolmente. E il perdono condiscendente con cui la sua mancata vittima lo saluta (*Accetto di buon animo le tue scuse*) sottolinea ulteriormente l'inconsistenza del suo gesto.

Continuare a vivere

Vanja ritorna all'unica vita che conosce, di cui è artefice e vittima nello stesso tempo. Si esorta a trovare *al più presto qualcosa da fare... Lavorare, lavorare!* e si chiude in se stesso. Dopo essersi accomiatato da Elena con un addio struggente, si estranea dai dialoghi e si rifugia nella compilazione dei libri contabili. In sottofondo la sua voce elenca le entrate e le uscite, a sottolineare il ritorno alla normalità, a una vita di cui Sonja riconosce amarezza e sofferenze ma che accetta (*Noi vivremo*) nell'attesa confortante della felicità dopo la morte. Nel monologo conclusivo, a riscattare un'esistenza senza gioia, la ragazza annuncia con fervore religioso (*Dio avrà pietà di noi*) la quiete e la dolcezza di cui godranno nel *cielo cosparso di diamanti*. La visione di una vita ultraterrena *luminosa, meravigliosa, splendente* è la sola prospettiva che Sonja sa offrire a Vanja, che piange inconsolabile mentre *cala lentamente il sipario*.

Lo stile

Alla descrizione di esistenze grigie e monotone corrispondono la semplicità del linguaggio e il tono dimesso dei dialoghi. Pause e velate allusioni creano un'atmosfera di soffusa malinconia e incertezza, in cui emozioni e pensieri restano spesso latenti, inespressi e sfumati come i desideri dei personaggi. Nella messa in scena – come testimoniano le numerose didascalie – i gesti e movimenti dei protagonisti comunicano la lentezza estenuata con cui si svolgono le loro vite, dilatano le pause tra una battuta e l'altra e ne evidenziano l'impotente solitudine. Un altro aspetto tipico del linguaggio teatrale a cui Čechov ricorre per evocare la tristezza dei personaggi e della situazione è l'impiego di effetti musicali. Il suono dei sonagli ricorda ripetutamente la partenza degli ospiti e la musica in sordina di Telegin (*suona sommessamente la chitarra*) accompagna il monologo di Sonja.

LABORATORIO

Comprendere e individuare
L'esplorazione del testo

1. Con quali parole Serebrjakov condanna l'inerzia e l'inettitudine che caratterizza il comportamento di tutti gli altri personaggi?

2. Dopo la partenza di Elena e del marito tutto ritornerà alla normalità della vita precedente, nonostante lo scompiglio prodotto dal loro arrivo. Quale battuta di Vanja anticipa questa conclusione?

3. Quale affermazione di Sonja sottolinea invece che la presenza della coppia e di Astrov aveva momentaneamente interrotto le abitudini della vita nella fattoria?

4. In quale battuta Astrov manifesta con rammarico l'atmosfera di quiete che gli trasmette la vita nella casa di Vanja?

5. Quali gesti e parole sottolineano l'imbarazzo del medico nel momento del saluto agli abitanti della tenuta?

Interpretare e riflettere
La scoperta del testo

6. Quale tono utilizza Serebrjakov quando afferma di perdonare Vanja per avergli sparato?
   A. ☐ Ipocrita umiltà
   B. ☐ Emozionata compassione
   C. ☐ Irritato formalismo
   D. ☐ Presuntuosa solennità

7. A che cosa allude Vanja quando confessa: *io non posso* (r. 29)? Per lui è impossibile
   A. ☐ continuare a lavorare nell'azienda agricola
   B. ☐ vedere Elena partire per sempre
   C. ☐ sopportare l'arroganza di Serebrjakov
   D. ☐ nascondere la sua immensa tristezza

8. L'ultima parola, prima che si chiuda lentamente il sipario, è: *Riposeremo* (r. 122). Quali sono le fatiche a cui allude Sonja? Si riferisce soltanto al lavoro richiesto dalla gestione dell'azienda o anche ad altro? Le fatiche a cui allude sono anche spirituali?

Analizzare
Lo stile e la forma del testo

9. Oltre allo spazio visibile del palco, nello svolgimento della scena occupa una funzione significativa la spazio esterno. Attraverso quali didascalie l'autore indica quest'aspetto?

10. Con l'espressione *a edificazione* (r. 4) Serebrjakov intende dire che il suo comportamento deve essere per i *posteri* (r. 4)
    A. ☐ un avvertimento affettuoso
    B. ☐ un insegnamento morale
    C. ☐ un rimprovero autoritario
    D. ☐ un esempio da evitare

11. Individua la litote con cui Sonja, seppur in modo attenuato, afferma la condizione d'immutabile infelicità di Vanja.

12. Il monologo di Sonja si distingue dalle altre battute anche per il ricorso ad artifici retorici. Individua almeno un paio di esempi di linguaggio figurato.

GRAMMATICA

13. Il cosiddetto dativo etico viene impiegato soprattutto nel linguaggio parlato per enfatizzare la partecipazione emotiva a quanto indicato dal predicato: in quale frase chiave del testo Vanja impiega questa forma espressiva?

14. *Oggi sono di nuovo venuti a chiedere un conto* (rr. 45-46). In questo periodo la proposizione sottolineata è una subordinata
    A. ☐ causale
    B. ☐ consecutiva
    C. ☐ finale
    D. ☐ concessiva

Produrre
Dalla lettura alla scrittura

15. Nonostante le parole di speranza di Sonja, Vanja nel corso del monologo della ragazza continua a piangere. Prova a immaginare perché: è disperato o commosso? Ha fiducia anch'egli nella felicità terrena o le speranze della nipote gli sembrano una ben magra consolazione? Scrivi un monologo di una decina di righe in cui il protagonista del dramma risponde alle promesse di Sonja argomentando le sue idee.

Luigi Pirandello

La vita

Luigi Pirandello nacque a **Girgenti** (l'attuale Agrigento) nel 1867. Studiò a Palermo, Roma e Bonn, dove si laureò nel 1891. Stabilitosi a Roma nel 1893, iniziò a lavorare come insegnante e frequentò gli ambienti letterari. Nel 1894 sposò **Maria Antonietta Portulano**, che a causa delle gravi nevrosi condizionerà tutta la sua vita seguente. Dal 1895 iniziò a collaborare con importanti riviste letterarie e quotidiani nazionali, su cui uscirono molte sue novelle. Nel 1904 il successo del romanzo *Il fu Mattia Pascal* gli permise di pubblicare le sue opere con la Treves, la principale casa editrice italiana. Nello stesso anno fu nominato **professore universitario**. Nel periodo seguente pubblicò diversi romanzi e numerose raccolte di novelle. Nel 1917 *Così è (se vi pare)* segnò la nascita della "**commedia pirandelliana**", il cui successo culminò nel 1921 con la rappresentazione di *Sei personaggi in cerca d'autore*. Arrivarono la fama e le *tournée* internazionali. Iscrittosi al Partito fascista, nel 1929 entrò a far parte dell'Accademia d'Italia. Nel 1930 si trasferì a Hollywood per seguire le riprese del film *Come tu mi vuoi*. La consacrazione a livello internazionale arrivò nel 1934 con il **premio Nobel** per la letteratura. Morì in seguito a una polmonite nel 1936.

Le opere

Pirandello fu uno straordinario inventore di **storie** e **titoli paradossali** (*Il fu Mattia Pascal*, 1904; *Uno, nessuno e centomila*, 1926). Nei suoi racconti propone vicende realistiche e personaggi stravaganti che rappresentano le contraddizioni umane. Le novelle si svolgono sullo sfondo di ambienti molto diversi: il mondo arcaico della Sicilia contadina, in cui i personaggi soffrono l'arretratezza e i pregiudizi sociali, e quello piccolo-borghese in cui cittadini comuni, vittime delle ipocrisie sociali, vedono nel sogno o nella follia l'unica possibilità per ribellarsi a un destino beffardo. Tematica comune ai suoi principali romanzi è la **crisi d'identità** del soggetto.

Attraverso il teatro lo scrittore rappresentò le falsità delle **convenzioni sociali** e dei rapporti interpersonali. Appartengono al "**teatro del grottesco**" i drammi di ambientazione siciliana, alcuni dei quali tratti da novelle: *Lumie di Sicilia*, *La giara*, *Liolà*, *Il berretto a sonagli* (1910-1917); *Pensaci, Giacomino!*, *Così è (se vi pare)*, *Il piacere dell'onestà*, *Il gioco delle parti*, *Ma non è una cosa seria* (1917-1918) che ebbero un grande successo di pubblico e critica. In queste commedie i protagonisti sono **personaggi sdoppiati**, privi d'identità, che fingono di essere ciò che non sono, ricoprendo un ruolo che non appartiene loro e che non risponde alle loro aspirazioni sociali.

Nel 1921 apparve *Sei personaggi in cerca d'autore*, primo dramma della trilogia del "**teatro nel teatro**", in cui la tradizionale messa in scena viene rovesciata perché i personaggi vogliono essere anche attori. L'opera, rappresentata in tutto il mondo, consolidò la fama internazionale dello scrittore. Seguirono *Ciascuno a suo modo* (1924), incentrata sullo scontro tra pubblico e attori circa le convenzioni teatrali, e *Questa sera si recita a soggetto* (1929), in cui è approfondito il dibattito tra attori e regista, tra rappresentazione e dramma scritto. In questo filone rientrano anche *Enrico IV* (1922) e *L'uomo dal fiore in bocca* (1923). Le commedie degli ultimi anni, *La nuova colonia* (1928), *Lazzaro* (1929), *I giganti della montagna* (1930) hanno per protagonisti personaggi tragici e fanno parte del "**teatro dei miti**", in quanto ambientate in luoghi lontani e surreali.

T2 La "verità" della signora Ponza

Così è (se vi pare) di Giorgio De Lullo

Così è (se vi pare), andata in scena per la prima volta nel 1917, ruota intorno al misterioso personaggio della signora Ponza, moglie del signor Ponza, impiegato in prefettura, di cui nessuno conosce la vera identità. Il complesso intreccio nasce dalle dichiarazioni della signora Frola, madre della donna, costretta a comunicare con la figlia solo a distanza attraverso dei bigliettini posti in un cestino calato dalla finestra. La vecchia afferma che il signor Ponza è talmente ossessionato dall'amore per la moglie che non le permette di uscire di casa e di frequentare la madre. Il signor Ponza, invece, sostiene che la sua prima moglie, la figlia della signora Frola, è morta, che lui si è risposato e che la signora Frola, non accettando la morte della figlia, la crede ancora viva. L'unica persona in grado di rivelare la verità è la signora Ponza che giudici e autorità, per venire a capo della situazione, decidono di interrogare. Le scene finali del dramma sono ambientate a casa del consigliere Agazzi dove si trovano anche il Prefetto e il commissario Centuri che indagano sul "caso Ponza". Fra i presenti vi sono anche Lamberto Laudisi, *alter ego* dell'autore, che commenta le vicende, e Amalia, moglie di Agazzi e sorella di Landini. I personaggi stanno attendendo l'arrivo della signora Ponza, con la speranza che essa possa fornire la soluzione al mistero della sua identità.

ATTO III

Scena settima

Detti, la signora Amalia.
AMALIA (*entrerà di furia, costernatissima, dall'uscio a sinistra, annunziando*) La signora Frola! La signora Frola è qua!
AGAZZI No! Perdio, chi l'ha chiamata?
AMALIA Nessuno! È venuta da sé!
IL PREFETTO No! Per carità! Ora, no! La faccia andar via, signora!
AGAZZI Subito via! Non la fate entrare! Bisogna impedirglielo a ogni costo! Se la trovasse qua, gli sembrerebbe davvero un agguato!

Scena ottava

Detti, la signora Frola, tutti gli altri.
La signora Frola s'introdurrà tremante, piangente, supplicante, con un fazzoletto in mano, in mezzo alla ressa degli altri, tutti esagitati.
SIGNORA FROLA Signori miei, per pietà! per pietà! Lo dica lei a tutti, signor Consigliere!
AGAZZI (*facendosi avanti, irritatissimo*) Io le dico, signora, di ritirarsi subito! Perché lei, per ora, non può stare qua!
SIGNORA FROLA (*smarrita*) Perché? perché?
Alla signora Amalia:
Mi rivolgo a lei, mia buona signora...
AMALIA Ma guardi... guardi, c'è lì il Prefetto...
SIGNORA FROLA Oh! lei, signor Prefetto! Per pietà! Volevo venire da lei!
IL PREFETTO No, abbia pazienza, signora! Per ora io non posso darle ascolto. Bisogna che lei se ne vada! se ne vada via subito di qua!
SIGNORA FROLA Sì, me n'andrò! Me n'andrò oggi stesso! Me ne partirò, signor Prefetto! per sempre me ne partirò!
AGAZZI Ma no, signora! Abbia la bontà di ritirarsi per un momento nel suo quartierino[1] qua accanto! Mi faccia questa grazia! Poi parlerà col signor Prefetto!

---

1 *quartierino*: appartamento.

SIGNORA FROLA Ma perché? Che cos'è? Che cos'è?
AGAZZI (*perdendo la pazienza*) Sta per tornare qua suo genero: ecco! ha capito?
SIGNORA FROLA Ah! Sì? E allora, sì... sì, mi ritiro mi ritiro... subito! Volevo dir loro questo soltanto: che per pietà, la finiscano! Loro credono di farmi bene e mi fanno tanto male! Io sarò costretta ad andarmene, se loro seguiteranno a far così; a partirmene oggi stesso, perché lui sia lasciato in pace! – Ma che vogliono, che vogliono ora qua da lui? Che deve venire a fare qua lui? – Oh, signor Prefetto!
IL PREFETTO Niente, signora, stia tranquilla! stia tranquilla, e se ne vada, per piacere!
AMALIA Via, signora, sì! sia buona!
SIGNORA FROLA Ah Dio, signora mia, loro mi priveranno dell'unico bene, dell'unico conforto che mi restava: vederla almeno da lontano la mia figliuola!
Si metterà a piangere.
IL PREFETTO Ma chi glielo dice? Lei non ha bisogno di partirsene! La invitiamo a ritirarsi ora per un momento. Stia tranquilla!
SIGNORA FROLA Ma io sono in pensiero per lui! per lui, signor Prefetto! sono venuta qua a pregare tutti per lui; non per me!
IL PREFETTO Sì, va bene! E lei può star tranquilla anche per lui, gliel'assicuro io. Vedrà che ora si accomoderà ogni cosa.
SIGNORA FROLA E come? Li vedo qua tutti accaniti addosso a lui!
IL PREFETTO No, signora! Non è vero! Ci sono qua io per lui! Stia tranquilla!
SIGNORA FROLA Ah! Grazie! Vuol dire che lei ha compreso...
IL PREFETTO Sì, sì, signora, io ho compreso.
SIGNORA FROLA L'ho ripetuto tante volte a tutti questi signori: è una disgrazia già superata, su cui non bisogna più ritornare.
IL PREFETTO Sì, va bene, signora... Se le dico che io ho compreso!
SIGNORA FROLA Siamo contente di vivere così; la mia figliuola è contenta. Dunque... – Ci pensi lei, ci pensi lei... perché, se no, non mi resta altro che andarmene, proprio! e non vederla più, neanche così da lontano... Lo lascino in pace, per carità!
A questo punto, tra la ressa si farà un movimento; tutti faranno cenni; alcuni guarderanno verso l'uscio; qualche voce repressa si farà sentire.
VOCI Oh Dio... Eccola, eccola!
SIGNORA FROLA (*notando lo sgomento, lo scompiglio, gemerà perplessa, tremante*) Che cos'è? Che cos'è?

Scena nona
Detti, la signora Ponza, poi il signor Ponza.
Tutti si scosteranno da una parte e dall'altra per dar passo alla signora Ponza che si farà avanti rigida, in gramaglie[2], col volto nascosto da un fitto velo nero, impenetrabile.
SIGNORA FROLA (*cacciando un grido straziante di frenetica gioja[3]*) Ah! Lina... Lina... Lina...
E si precipiterà e s'avvinghierà alla donna velata, con l'arsura d'una madre che da anni e anni non abbraccia più la sua figliuola. Ma contemporaneamente, dall'interno, si udranno

2 *gramaglie*: abito da lutto.
3 *gioja*: gioia.

Scena da *Così è se vi pare*, Nuova Compagnia Teatrale di Enzo Rapisarda, 1997.

le grida del signor Ponza che subito dopo si precipiterà sulla scena.

PONZA Giulia!... Giulia!... Giulia!...

La signora Ponza, alle grida di lui, s'irrigidirà tra le braccia della signora Frola che la cingono. Il signor Ponza, sopravvenendo, s'accorgerà subito della suocera così perdutamente abbracciata alla moglie e inveirà furente:

Ah! L'avevo detto io si sono approfittati così, vigliaccamente, della mia buona fede?

SIGNORA PONZA (*volgendo il capo velato, quasi con austera solennità*) Non temete! non temete! Andate via.

PONZA (*piano, amorevolmente, alla signora Frola*) Andiamo, sì, andiamo...

SIGNORA FROLA (*che si sarà staccata da sé, tutta tremante, umile, dall'abbraccio, farà eco subito, premurosa, a lui*) Sì, sì... andiamo, caro, andiamo...

E tutti e due abbracciati, carezzandosi a vicenda, tra due diversi pianti, si ritireranno bisbigliandosi tra loro parole affettuose. Silenzio. Dopo aver seguito con gli occhi fino all'ultimo i due, tutti si rivolgeranno, ora, sbigottiti e commossi alla signora velata.

SIGNORA PONZA (*dopo averli guardati attraverso il velo dirà con solennità cupa*) Che altro possono volere da me, dopo questo, lor signori? Qui c'è una sventura, come vedono, che deve restar nascosta, perché solo così può valere il rimedio che la pietà le ha prestato.

IL PREFETTO (*commosso*) Ma noi vogliamo rispettare la pietà, signora. Vorremmo però che lei ci dicesse –

SIGNORA PONZA (*con un parlare lento e spiccato*) – che cosa? la verità? è solo questa: che io sono, sì, la figlia della signora Frola –

TUTTI (*con un sospiro di soddisfazione*) – ah!

SIGNORA PONZA (*subito c.s.*[4]) – e la seconda moglie del signor Ponza –

TUTTI (*stupiti e delusi, sommessamente*) – oh! E come?

SIGNORA PONZA (*subito c.s.*) – sì; e per me nessuna! nessuna!

IL PREFETTO Ah, no, per sé, lei, signora: sarà l'una o l'altra!

SIGNORA PONZA Nossignori. Per me, io sono colei che mi si crede.

Guarderà attraverso il velo, tutti, per un istante; e si ritirerà. In silenzio.

LAUDISI Ed ecco, o signori, come parla la verità.

Volgerà attorno uno sguardo di sfida derisoria.

Siete contenti?

Scoppierà a ridere.

Ah! ah! ah! ah!

Tela.

[L. Pirandello, *Così è (se vi pare)*, Rizzoli, Milano 2007]

---

4 *c.s.*: come sopra.

SCHEDA di LETTURA

Chi è pazzo?

L'inchiesta avviata dai notabili della città di provincia in cui è ambientata la vicenda sta per giungere alla conclusione. La convocazione della signora Ponza finalmente permetterà di scoprirne la vera identità e di mettere una parola definitiva sui rapporti di parentela che legano lo strano triangolo giunto a turbare la quiete sonnolenta del paese.

Chi fra Ponza e la signora Frola mente e forse è pazzo? L'uomo, nel sostenere che la donna che vive in casa sua è la seconda moglie, sposata dopo la morte della prima? O l'anziana donna, secondo cui sua figlia non è mai morta? Ha perso la ragione il genero, che proibisce alla moglie persino di vedere la madre, o la follia si manifesta nell'incapacità della signora Frola di accettare la morte della figlia? L'arrivo della signora Ponza può dare una risposta all'indagine che ha occupato il secondo e il terzo atto.

L'agitazione della signora Frola

L'attesa del personaggio che dovrebbe possedere la chiave del mistero viene bruscamente interrotta nella scena settima dall'arrivo della moglie del consigliere Agazzi, che trafelata comunica l'inaspettata visita della signora Frola. La vecchia non deve entrare (*Bisogna impedirglielo a ogni costo!*), in quanto la presenza del prefetto potrebbe insospettirla, farle pensare di essere vittima di un agguato. Ma ormai è troppo tardi: *tremante, piangente, supplicante* essa compare sulla scena, provocando l'agitazione generale.

Le prime parole della signora Frola (*per pietà! per pietà!*) pongono immediatamente l'accento sul tema che caratterizzerà il suo disperato discorso. Invita i presenti a desistere dalla ricerca della verità in nome di un sentimento di compassione. Accanirsi nel perseguire certezze, nonostante le buone intenzioni, non può che provocare dolore (*Loro credono di farmi bene e mi fanno tanto male!*) e separarla per sempre dalla figlia. L'insolito nucleo familiare desidera soltanto essere lasciato in pace. Ciò che la vecchia signora chiede è una comprensione (*lei ha compreso*) fondata sulla pietà per chi come lei – ma anche suo genero – è vittima degli imponderabili misteri dell'esistenza. Se la ricerca non si arresta essa diventerà persecuzione: l'anelito alla verità tiene viva *una disgrazia già superata, su cui non bisogna più ritornare*.

Ed ecco, o signori, come parla la verità

Finalmente entra in scena la signora Ponza, presenza che ha determinato lo sviluppo del dramma senza mai palesarsi prima. Nasconde il viso con *un fitto velo nero*, maschera impenetrabile che contiene un evidente richiamo a un mistero imperscrutabile, destinato a restare per sempre irrisolto.

Infatti la verità non si manifesta neppure quando la signora Frola e il signor Ponza si allontanano abbracciati, accomunati dalla *sventura*. La vicenda non offre un consolatorio scioglimento finale, che dissolva i dubbi. Al contrario, le parole della signora Ponza deludono le curiosità e le ansie degli altri personaggi, sancendo l'inesistenza di una verità assoluta (*io sono colei che mi si crede*). Per fronteggiare la realtà è inutile tentare di ancorarsi a una falsa oggettività. La verità deve restare nascosta, solo così può *valere il rimedio che la pietà le ha prestato*.

Questa visione relativistica viene sottolineata anche dalla frase e soprattutto dalle risate di Laudisi. Questo personaggio, che esprime il punto di vista dell'autore, non ride alle spalle degli infelici protagonisti e la sua ilarità non ha neppure una funzione liberatoria. Non segna una presa di distanza dalla vicenda, ma spoglia di senso la pretesa di conquistare la verità, di cogliere un significato universalmente valido dell'esistenza.

Lo stile

Dal punto di vista del linguaggio drammatico, le scene proposte sono caratterizzate dall'uso massiccio e accurato delle didascalie, che contengono precise indicazioni di recitazione per gli attori. Si tratta di un segno del coinvolgimento diretto dell'autore nella messa in scena delle sue opere.

Le battute dei personaggi, specchio della loro eccitazione, contengono numerose espressioni tipiche del linguaggio performativo, con l'uso ripetuto degli imperativi e dei congiuntivi esortativi. A sottolineare l'atmosfera di esaltata emotività contribuiscono le ricorrenti frasi esclamative e interrogative.

LABORATORIO

Comprendere e individuare
L'esplorazione del testo

1. *Se la trovasse qua, gli sembrerebbe davvero un agguato!* (r. 9-10). In questa battuta, *la* si riferisce
   A. ☐ alla signora Frola
   B. ☐ al Prefetto
   C. ☐ alla signora Ponza
   D. ☐ ad Amalia

2. Il clima di agitazione provocato dall'arrivo della signora Frola, crea un equivoco tra la vecchia e il Prefetto: individua le battute coinvolte.

3. Riporta le frasi da cui possiamo dedurre che l'indagine condotta dal Prefetto e dagli altri personaggi viene vissuta dalla signora Frola come una persecuzione.

4. Qual è la principale preoccupazione della signora Frola? Quale conseguenza teme che possa essere determinata dal proseguimento dell'indagine?

5. Non appena Ponza e la signora Frola si trovano contemporaneamente sulla scena, il contrasto sull'identità della signora Ponza si ripropone: quali battute testimoniano questo conflitto insanabile?

6. Con quale frase la signora Ponza anticipa la rivelazione finale, affermando che l'unica cosa che può fare è mostrare a tutti l'insanabile sventura di cui è protagonista?

Interpretare e riflettere
La scoperta del testo

7. La signora Frola e la signora Ponza invitano gli altri personaggi ad affrontare la vicenda con un sentimento di pietà, che viene implicitamente contrapposto
   A. ☐ alla fede
   B. ☐ alla malvagità
   C. ☐ alla ragione
   D. ☐ alla sincerità

8. Individua l'affermazione in cui la signora Ponza rivela la perdita della propria identità.

9. Quale battuta della donna velata manifesta il relativismo della concezione pirandelliana, ovvero l'impossibilità di stabilire la verità?

Analizzare
Lo stile e la forma del testo

10. Individua almeno un paio di didascalie in cui l'autore fornisce indicazioni di recitazione per mettere in scena il clima di ansia eccitata in cui i personaggi esprimono i loro sentimenti.

11. Con quale significato figurato Pirandello utilizza il termine *arsura* (r. 70)?
    A. ☐ Gioia irrefrenabile
    B. ☐ Rabbia incontrollata
    C. ☐ Delusione cocente
    D. ☐ Desiderio intenso

GRAMMATICA

12. Come abbiamo visto nella scheda di lettura, nei dialoghi compaiono numerose espressioni performative: riporta almeno un paio di esempi di congiuntivo esortativo.

13. *Lei non ha bisogno di partirsene* (r. 42). In questo periodo la proposizione sottolineata è una subordinata
    A. ☐ modale
    B. ☐ finale
    C. ☐ consecutiva
    D. ☐ dichiarativa

Produrre
Dalla lettura alla scrittura

14. Nelle opere di Pirandello la risata, come quella di Laudisi, è sempre venata di amarezza e pianto, in quanto nasce dal "sentimento del contrario". La vicenda dei Ponza e la risata conclusiva di Laudisi esemplificano perfettamente questa concezione dell'umorismo (▶ p. 537). Prova a immaginare una storia o una situazione che, come quella di Ponza e della signora Frola, sia rappresentativa del "sentimento del contrario" pirandelliano e riportala in un testo di quindici righe circa.

T3 Samuel Beckett Bisogna tornare domani

Estragon e Vladimir, i protagonisti di *Aspettando Godot*, sono due mendicanti affamati e infreddoliti che attendono sotto un albero, in una strada di campagna, l'arrivo di Godot, un personaggio non identificato che dovrebbe risolvere tutti i loro problemi. Durante l'attesa i due parlano continuamente, senza però riuscire a elaborare un vero dialogo: si lamentano della loro situazione attuale, ripensano al passato e guardano con preoccupazione al futuro. Entrano poi in scena due viandanti: Pozzo, un insensibile mercante, e Lucky, il suo servo, tenuto al guinzaglio. Rimasti nuovamente soli, Vladimir ed Estragon sono raggiunti da un ragazzo che li informa che Godot arriverà l'indomani. Nel secondo atto, di cui proponiamo un estratto, Estragon e Vladimir sono sempre sotto l'albero e ripetono le stesse azioni e le stesse battute senza senso. Compare di nuovo il ragazzo mandato da Godot ad annunciarne l'arrivo il giorno seguente.
Il brano proposto è la parte conclusiva del dramma. Come nel primo atto, i due protagonisti rimandano qualsiasi decisione al giorno dopo, sperando che Godot arrivi, anche se è facile intuire che la loro attesa andrà delusa.

ATTO II

Il sole tramonta, sorge la luna. Vladimir rimane immobile. Estragon si sveglia, si toglie le scarpe, si alza con le scarpe in mano, le posa davanti alla ribalta, si avvicina a Vladimir e lo guarda.

Estragon Che hai?
Vladimir Niente.
Estragon Io me ne vado.
Vladimir Anch'io.

Silenzio.

Estragon È da tanto che dormivo?
Vladimir Non so.

Silenzio.

Estragon Dove andiamo?
Vladimir Non lontano.
Estragon No, no, andiamocene lontano di qui!
Vladimir Non si può.
Estragon Perché?
Vladimir Bisogna tornare domani.
Estragon A far che?
Vladimir Ad aspettare Godot.
Estragon Già, è vero. (*Pausa*). Non è venuto?
Vladimir No.
Estragon E ormai è troppo tardi.
Vladimir Sì, è notte.
Estragon E se lo lasciassimo perdere? (*Pausa*). Se lo lasciassimo perdere?
Vladimir Ci punirebbe. (*Silenzio. Guarda l'albero*) Soltanto l'albero vive.
Estragon (*guardando l'albero*). Che cos'è?
Vladimir È l'albero.

Scena da *Aspettando Godot*, regia di M. Scaparro, Milano, Teatro Carcano.

Estragon Volevo dire di che genere?
Vladimir Non lo so. Un salice.
Estragon Andiamo a vedere. (*Trascina Vladimir verso l'albero. Lo guardano immobili. Silenzio*). E se c'impiccassimo?
Vladimir Con cosa?
Estragon Non ce l'hai un pezzo di corda?
Vladimir No.
Estragon Allora non si può.
Vladimir Andiamocene.
Estragon Aspetta, c'è la mia cintola.
Vladimir È troppo corta.
Estragon Vladimir E chi tirerà le mie?
Estragon È vero.
Vladimir Fa' vedere lo stesso. (*Estragon si slaccia la corda che gli regge i pantaloni. Questi, che sono larghissimi, gli si afflosciano sulle caviglie. Tutti e due guardano la corda*). In teoria dovrebbe bastare. Ma sarà solida?
Estragon Adesso vediamo. Tieni. (*Ciascuno dei due prende un capo della corda e tira. La corda si rompe facendoli quasi cadere.*)
Vladimir Non val niente.

Silenzio

Estragon Dicevi che dobbiamo tornare domani?
Vladimir Sì.
Estragon Allora ci procureremo una buona corda.
Vladimir Giusto.

Silenzio

Estragon Didi.
Vladimir Sì.
Estragon Non posso più andare avanti così.
Vladimir Sono cose che si dicono.
Estragon Se provassimo a lasciarci? Forse le cose andrebbero meglio.
Vladimir C'impiccheremo domani (*Pausa*). A meno che Godot non venga.
Estragon E se viene?

Samuel Beckett nacque nel 1906 a Dublino. Laureatosi nel 1927 in Letteratura francese e italiana venne successivamente assunto presso l'École normale di Parigi come lettore di inglese. Nel 1938 si stabilì definitivamente nella capitale francese dove iniziò a dedicarsi all'attività letteraria. Nel 1969 gli fu conferito il premio Nobel per la letteratura. Morì a Parigi nel 1989.
Beckett esordì in letteratura con una raccolta di poesie e il romanzo *Murphy* (1938). Risalgono al periodo trascorso in Francia gli scritti più importanti, *Molloy* (1951), *Malone muore* (1951) e *L'innominabile* (1953). Però, la fama dello scrittore è legata principalmente alle opere teatrali. Il primo dramma, *Aspettando Godot* (1952), andò in scena nel 1953 e lo rese famoso in tutto il mondo. Seguirono *Finale di partita* (1957), *Atto senza parole* (1957), *Giorni felici* (1961), *Commedia* (1964), *Respiro e altri pezzi brevi* (1971).

VLADIMIR Saremo salvati. (*Vladimir si toglie il cappello – che è quello di Lucky – ci guarda dentro, ci passa la mano, lo scuote, lo rimette in testa*).
ESTRAGON Allora andiamo?
60 VLADIMIR I pantaloni.
ESTRAGON Come?
VLADIMIR I pantaloni.
ESTRAGON Vuoi i miei pantaloni?
VLADIMIR Tirati su i pantaloni.
ESTRAGON Già, è vero. (*Si tira su i pantaloni. Silenzio.*)
VLADIMIR Allora andiamo?
ESTRAGON Andiamo.

Non si muovono.

[S. Beckett, *Aspettando Godot*, trad. it. di C. Fruttero, Einaudi, Torino 1970]

SCHEDA di LETTURA

Il personaggio di Godot

In un'atmosfera di sospensione spaziale e temporale, lungo una strada anonima e priva di segni di vita, metafora di un'esistenza vuota e insensata, le giornate lunghe e noiose di Vladimir ed Estragon trascorrono nell'attesa dell'improbabile arrivo di Godot. In questo personaggio è possibile riconoscere una qualsiasi delle molteplici aspirazioni di ciascuno di noi. Godot potrebbe essere il sogno di una felicità che mentre il tempo passa diventa sempre più irraggiungibile, oppure la speranza di una società migliore. O forse Godot è Dio, che resta invisibile ma riempie di sé le esistenze di chi ha fede. Qualunque interpretazione se ne dia, la figura di Godot è la proiezione del bisogno di focalizzare il proprio pensiero su qualcuno o qualcosa che possa rivelare il senso dell'esistenza.

Continuare ad aspettare

I due protagonisti non possono che opporsi alla monotonia della quotidianità e alla disperazione che ne consegue, costruendo un rapporto di solidarietà, di condivisione della sofferente fatica del vivere. Il filo della speranza è sempre più debole (*E se lo lasciassimo perdere?*) e la disperazione in alcuni momenti prende il sopravvento (*non posso più andare avanti così*) ma la prospettiva di restare soli ad aspettare Godot viene rifiutata immediatamente.
Infatti la decisione di porre fine all'attesa è sempre rimandata nel tempo, in un futuro che per quanto sia immediato appare sempre aperto alla speranza (*A meno che Godot non venga*). L'idea drammatica del suicidio, ma anche quella di andarsene *lontano di qui*, vengono respinte: bisogna tornare ad aspettare Godot. Vladimir ed Estragon sono consumati dall'attesa ma incapaci di rinunciarvi, prigionieri della loro illusione. In realtà, sono inchiodati al loro posto, spaventati dalla possibilità di perdere l'appuntamento con Godot, dalla punizione che li potrebbe colpire nel caso fossero assenti.
Le ultime righe del brano sottolineano l'impossibilità di scegliere dei due protagonisti. Alla volontà di compiere un gesto definitivo contenuta nella battuta di Estragon (*Andiamo*) si contrappone l'inerte immobilità indicata nella didascalia conclusiva (*Non si muovono*).

Lo stile

Le battute dei dialoghi tra Vladimir ed Estragon, intervallati da numerose pause, sono brevissime: in genere una sola frase composta da poche parole, spesso ribadite ossessivamente (*I pantaloni... Come?, I pantaloni, Vuoi i miei pantaloni?*). Il linguaggio scarno è lo specchio fedele dell'aridità di un'esistenza in cui parole e gesti si ripetono sempre uguali. I discorsi dei due personaggi sono punteggiati da interrogativi (*Dove andiamo?, Perché?, Che cos'è?*) che enfatizzano le loro incomprensioni e i dubbi irrisolvibili. Un ulteriore segnale linguistico dell'impotenza che incatena Vladimir ed Estragon alla loro condizione è la consistente presenza di frasi negative (*Non si può, Non è venuto?, Non lo so*).

LABORATORIO

Comprendere e individuare
L'esplorazione del testo

1. Nella visione negativa trasmessa dal testo compare un'immagine che comunica simbolicamente una speranza, un messaggio positivo, sottolineato da una frase di Vladimir. Di quale parte del dialogo stiamo parlando?

2. Più che l'eventualità del suicidio, Vladimir sembra temere la solitudine, la possibilità di restare ad aspettare Godot da solo: in quale frase mostra questo timore?

3. Da quale particolare possiamo intuire il legame di affetto e di familiarità che lega Estragon a Vladimir? Prima di rispondere rifletti sul modo con cui spesso ci rivolgiamo e chiamiamo i nostri amici più cari.

4. In quale battuta di Vladimir l'eventualità dell'arrivo di Godot viene presentata come un avvenimento che riscatterebbe l'intera esistenza, un evento liberatorio che darebbe alla vita una direzione positiva?

5. Riporta almeno uno degli equivoci che manifestano la difficoltà di comunicare, le incomprensioni tra Vladimir ed Estragon.

Interpretare e riflettere
La scoperta del testo

6. Spiega perché l'obiezione di Vladimir alla proposta di impiccarsi appare paradossale.

7. La condizione di smarrimento e alienazione dei personaggi viene evidenziata, oltre che dalla ripetitività di parole e concetti, dallo svolgimento di sequenze di gesti ossessivi, senza senso. Riporta due esempi.

8. Sulla base della trama dell'opera e del brano letto possiamo affermare che *Aspettando Godot* è
   A. ☐ la rappresentazione ironica e paradossale del disagio psichico
   B. ☐ la denuncia dell'emarginazione di alcune fasce sociali
   C. ☐ il ritratto della condizione universale dell'esistenza umana
   D. ☐ la celebrazione di un rapporto profondo di amicizia

Analizzare
Lo stile e la forma del testo

9. Il pessimismo del testo è ulteriormente sottolineato da alcuni atteggiamenti clowneschi di Vladimir ed Estragon. In quale parte del brano viene messo particolarmente in luce questo aspetto?

10. Vladimir ed Estragon mostrano personalità diverse, che a loro volta determinano un diverso atteggiamento nei confronti del sospirato arrivo di Godot. Quali sono gli aspetti che caratterizzano il modo di attendere di ciascuno dei protagonisti? Rispondi con opportuni riferimenti al testo.

GRAMMATICA

11. *È da tanto che dormivo?* (r. 6). In questo periodo la proposizione sottolineata è una subordinata
    A. ☐ relativa
    B. ☐ soggettiva
    C. ☐ oggettiva
    D. ☐ interrogativa indiretta

Produrre
Dalla lettura alla scrittura

12. Immagina di dover preparare l'allestimento di *Aspettando Godot* e di voler attualizzare il contesto in cui i due personaggi si trovano. In quale luogo della contemporaneità collocheresti la vicenda perché più coerente con il messaggio dell'autore? Spiega le ragioni della tua scelta.

13. L'attesa di Vladimir ed Estragon resta delusa. Ma se Godot arrivasse che cosa succederebbe? Prova a immaginare la figura di questo personaggio e la reazione dei protagonisti scrivendo un dialogo di almeno quindici battute. Ti forniamo un modello.
    Vladimir ed Estragon stanno dormendo, sdraiati sotto l'albero. Si avvicina a essi un bambino che indossa la divisa di una nota squadra di calcio.
    BAMBINO (*Scuote i due uomini addormentati*).
    Vladimir... Estragon... Su, svegliatevi... vi pare questo il modo di aspettarmi? Dormendo?
    VLADIMIR (*Si mette a sedere, alzandosi con lentezza. Sbadiglia*) E tu che vuoi? Perché non ci lasci dormire in pace? Tornatene dai tuoi amici, su.
    BAMBINO (*Sorride e parla con il tono accondiscendenze con cui ci si rivolge ai bambini*) Vladimir, io sono Godot.

il punto su... | La recensione di uno spettacolo teatrale

La recensione (dal latino *recensēre*, "passare in esame", "passare in rassegna") è un articolo giornalistico, presente nelle pagine di cultura e spettacolo di quotidiani e riviste o in siti specializzati che giudica un "prodotto" culturale: romanzi e saggi, film, spettacoli teatrali, programmi televisivi, dischi e concerti musicali, mostre d'arte ecc. Nella scheda seguente esaminiamo una recensione del dramma, *Aspettando Godot* (▶ T3, p. 552), diretta dal regista Marco Sciaccaluga e prodotta dal Teatro Stabile di Genova.

Nonostante gli ingenti tagli ai fondi per lo spettacolo abbiano complicato indiscutibilmente l'attività dei teatri, la tenacia dei teatranti e la voglia di realizzare cartelloni all'altezza delle aspettative hanno dato vita ad un impegno generale affinché le stagioni potessero apportare i risultati sperati. Così è stato anche per il Teatro Stabile di Genova, cui si deve riconoscere il pregio di avere mantenuto alti i livelli della programmazione anche per la Stagione 2009-2010. La prolificità del teatro genovese si è da sempre espressa nella realizzazione di spettacoli classici affiancati a testi contemporanei. Quest'anno, la scelta della direzione dello Stabile ha voluto raccontare il Novecento per il tramite di tre grandi autori, che hanno segnato profondamente la letteratura del secolo scorso: Samuel Beckett (*Aspettando Godot*), James Joyce (*Esuli*) e Marguerite Duras (*Il dolore*).	Il teatro e la stagione teatrale Collocazione temporale dell'opera
La prima stagionale è stata affidata a una pietra miliare della letteratura teatrale, l'opera senza dubbio più nota di Samuel Beckett, quell'*Aspettando Godot*, che ha così fortemente influenzato il teatro successivo e la cui fortuna dal secolo scorso si è, inevitabilmente, tramandata a quello attuale. Il testo di Beckett s'inserisce a pieno titolo nel genere del teatro dell'assurdo, inteso come profonda riflessione sul senso, o meglio, sul *non-sense* dei gesti quotidiani e dell'esistenza degli esseri umani. Gogo e Didi aspettano Godot in una landa deserta, caratterizzata esclusivamente dalla presenza di un albero (un salice piangente senza foglie) e di un sentiero: i due cercano continui pretesti per dare un senso all'attesa, così come nella vita si trova sempre "qualcosa per dare l'impressione di esistere". Nella visione di Beckett, l'esistenza dell'uomo è, quindi, un insieme di gesti senza senso, ripetitivi, surreali, forse (addirittura) inesistenti, in un tempo indefinito e nell'attesa di qualcosa di cui non si conosce l'entità, né si sa se mai arriverà.	Il periodo di programmazione L'autore e il titolo dell'opera rappresentata Presentazione dell'opera messa in scena con riferimenti alla trama, ai personaggi e alla visione dell'autore
Il regista Marco Sciaccaluga ha scelto di dirigere lo spettacolo affidandosi alla concretezza dei gesti e delle situazioni rappresentate, attuando mirate scelte sia a livello di allestimento scenico, sia nell'interpretazione. Se si considerano le tematiche affrontate nel testo di Beckett, sembrerebbe che si tratti di un paradosso, se non fosse che la messinscena ha luogo all'interno di una sorta di bolla, che dà la sensazione di trovarsi davanti a un diorama e invita il pubblico a osservare con distacco la sequenza degli eventi, inducendolo alla riflessione. Il regista ha, inoltre, potuto avvalersi dell'interpretazione di due attori del calibro di Eros Pagni e Ugo Pagliai (nei panni, rispettivamente, di Vladimiro ed Estragone), che non hanno tradito le aspettative; va però segnalata anche l'ottima interpretazione di alcuni giovani provenienti dalla Scuola del Teatro Stabile di Genova, tra cui si è distinto, in particolare, Gianluca Gobbi.	Il regista e le indicazioni delle tecniche di regia Descrizione della scenografia Giudizio nei confronti degli attori

[Roberta Balduzzi, *Il sentiero di Godot*, www.drammaturgia.it, 30 ottobre 2009]

T4 Dario Fo La strage degli innocenti

Mistero buffo

Mistero buffo, opera di fama mondiale, è stato rappresentato per la prima volta nel 1969. Si tratta di un insieme di monologhi riguardanti noti episodi biblici (*La resurrezione di Lazzaro, La strage degli innocenti, Le nozze di Cana, Maria alla croce*), narrazioni religiose (*Bonifacio VIII, La storia di San Benedetto da Norcia*) ed episodi di origine popolare (tra cui *La fame dello Zanni* e *Rosa fresca aulentissima*) riletti in chiave ironica e con grande leggerezza. Già nel titolo dell'opera è evidente l'intento dissacrante dell'autore: il termine *mistero* rimanda al dramma sacro medioevale, in cui venivano affrontati temi del Vecchio e del Nuovo Testamento; l'aggettivo *buffo* si rifà alle rivisitazioni popolari e grottesche dei testi sacri.
Riportiamo la parte iniziale di *La strage degli innocenti*. I protagonisti della scena sono due soldati che partecipano alla carneficina di neonati ordinata da Erode, il re della Giudea, per eliminare Gesù. Come nell'edizione pubblicata da Einaudi, il testo in *grammelot* è seguito dalla versione in italiano.

Testo in *grammelot*

Primo soldato Lasèl andà... mola sto fiol o at taj le mane... at dag na pesciada in la panza... mola!
Donna Nooo! Amàsum a mi pitòst... (*Il soldato le strappa il bambino e glielo uccide*). Ahia... ahaa... at m'hait amasàt, cupàtt.
Primo soldato Oh, t'en chi n'oltrà... Férmet doa at seit, dona... a v'infilzi a tüti e doi... ti e ol bambin.
Madre Infilzegh pura, che mi a preferzo...
Secondo soldato No far la mata... at seit anc'mo zùina ti e at hait ol temp de sfurnàn 'n'altra dunzena de bambin... Dam chi quel... fa' la brava...
10 Madre No... giò sti sciampasc de doss.
Secondo soldato Ahio... a te sgagni eh... e alora cata quest... (*schiaffo*) e mola stu fagòtt!
Madre Pità, at pregi... no'l me masàl... at dag tilt quel che a g'ho...

Il soldato strappa il fardello alla madre e si ritrova fra le mani un agnello.

Secondo soldato Ohj, ma se l'è quest? Un pegurin', un berin...?
Madre Oh sì, non l'è un bambin, a l'è un berìn... mi ne... g'ho gimai aüdi de

---

il punto su... La strage degli innocenti

La strage degli innocenti è un episodio presente nel Vangelo di Matteo (2,1-16). Erode il Grande, re della Giudea, venuto a conoscenza dai Magi della nascita presso Betlemme di Gesù il Messia, detto "il re dei Giudei", e sentendosi minacciato nel suo potere, ordinò che fossero uccisi tutti i bambini fino ai due anni. Un angelo apparve in sogno a Giuseppe avvertendolo delle disposizioni del re e gli ordinò di fuggire dall'Egitto. Dopo la morte di Erode Giuseppe fece ritorno in Galilea, stabilendosi a Nazareth con Maria e Gesù.
Nel corso dei secoli questo racconto ha dato origine a numerose rappresentazioni artistiche, divenendo un vero e proprio *topos* culturale. In campo letterario si ricorda il poema sacro di Giambattista Marino (1569-1625), *La strage degli innocenti*, in cui lo scrittore racconta con estrema crudezza il massacro di bambini.
Tra le principali opere pittoriche si ricordano l'affresco di Giotto (1267-1337) presso la Cappella degli Scrovegni a Padova, i dipinti del fiammingo Pieter Bruegel il Vecchio (1525-1569), del francese Nicolas Poussin (1594-1665) e la tela di grande forza drammatica di Guido Reni (1575-1642).

bambin... no so capaz, mi. Oh, te pregi, soldat, no masarme sto berin... che non l'è Pasqua... e at farìet gram pecat se at m'lo masi!

SECONDO SOLDATO Oh, dona! Ti me vol (voj) tor par ol de-drio... o ti è mata de cuntra?

MADRE Mi mata? Non che no'l sont mata.

Sopraggiunge un altro soldato.

SECONDO SOLDATO Vegn oltra, làsegh ol berin... che quela la a l'è vüna che ol s'ha ruersà ol cervel... par ol dulor che gh'em cupà ol fiolìn. 'S'te cata... moevete, che a' n'em anc'mò una gran mügia de scanà(n).

PRIMO SOLDATO Pecia... ch'am vegn de tra sü...

SECONDO SOLDATO Bela forza! At magnet me na vaca: scigul, muntun saladi e poe... vegn chi al cantun, gh'è 'n'osteria... at fagarò bevar un bel grapot(o).

PRIMO SOLDATO No, no l'è par ol mangià! a l'è par stu macel, sta becaria de fiulìt ch'em trait in pie, che ol me s'è ruersà el stomegh.

SECONDO SOLDATO Se ol savevet d'es insci delicat, no te dovevet gnì a fa stu mestè d'ol suldat.

PRIMO SOLDATO Mi eri gnüd suldat par masar omeni nemisi...

SECONDO SOLDATO E magari per sbatascià anca quai dona ruersa sul paion... eh?

PRIMO SOLDATO Bon, se la capitava... ma semper dona di nemisi...

SECONDO SOLDATO E scanag ol bestiam...

PRIMO SOLDATO Ai nemisi.

SECONDO SOLDATO Brüsagh le case... copagh i vegi... le gaìne... e i fiulìt. Fiulìt sempar di nemisi.

Dario Fo è nato nel 1926 a Leggiuno Sangiano, in provincia di Varese. Dopo l'esordio come autore alla Rai nel programma radiofonico *Poer nano* (1952), ottiene i primi successi a teatro con le rappresentazioni satiriche *Il dito nell'occhio* (1953) e *Sani da legare* (1954). Nel 1955 incontra l'attrice Franca Rame, che sposa e con la quale fonda la Compagnia Fo-Rame, dando inizio a un connubio artistico assai prolifico. Dal 1959 al 1967 con la moglie scrive, dirige e interpreta spettacoli in cui si fondono comicità clownesca, paradosso e satira politica (*Gli arcangeli non giocano a flipper*, 1959; *Chi ruba un piede è fortunato in amore*, 1961; *Settimo: ruba un po' meno* 1964). Alla fine degli anni Sessanta, durante le contestazioni studentesche, Fo abbandona i teatri ufficiali per spostare le sue rappresentazioni, sempre più incentrate su temi politici e sociali, in circuiti alternativi, quali piazze, scuole, fabbriche. Risalgono a questo periodo *Mistero buffo* (1969), *Morte accidentale di un anarchico* (1970), *Ci ragiono e canto* (1972), *Non si paga, non si paga!* (1974), *Il Fanfani rapito*, (1975), opere in cui l'autore cerca di fondere l'impegno politico con l'espressione artistica. Negli anni seguenti l'interesse si sposta verso tematiche legate alla condizione femminile e alle tragiche vicende contemporanee, come il terrorismo. La crescente attenzione per il linguaggio e per la tradizione letteraria popolare è evidente in *Johan Padan e la descoverta de le Americhe* (1991), *Dario Fo incontra Ruzante* (1993), *Il diavolo con le zinne* (1997). Tra le altre opere si ricordano un saggio di teatro, *Manuale minimo dell'attore* (1987), e alcuni testi di celebri canzoni scritte con Enzo Jannacci (*Vengo anch'io. No tu no*, 1968; *Ho visto un re*, 1969). Nel 1997 gli è stato assegnato il premio Nobel per la letteratura.

40　Primo soldato Sì, anca i fiulìt... ma in guera! In guera non l'è desunor: ag son le trombe che e sona, i tamburi che i pica e canson de bataja e i bei paroli d'i capitani a la fin!
Secondo soldato Oh, anca par sto macel ti g'avrà d'i bei paroli d'i capitani.
Primo soldato Ma chì, as masa d'i inozenti...
Secondo soldato E perché, in guera no i sont tüti inozenti? Cosa t'han fait a ti, quei? T'han fait quajcosa sti poveraz che at copett e at scanì col sonar de trombe? (*Sul fondo passa la macchina raffigurante la Madonna col bambino*). Ch'am s'debia sguerciar i ögi se quela no a l'è la Verzen Maria col so bambin che sem oltra a cerca! 'Ndémegh a press, inanz che la ghe scapa... moevete che sta volta ag ca-
50　teremo ol premi, ch'a l'è groso.
Primo soldato No al voj sto premi sgaroso, sporcelento...
Secondo soldato Bon, al catarò mi ad zolo.
Primo soldato No, ne manco ti ol caterèt... (*Gli sbarra la strada*).
Secondo soldato Ma ti è gnüdo mato? Làsame pasar, che gh'em l'orden de masarghe ol so fiol a la Verzen...
Primo soldato Ag caghi su l'örden mi... no bogiarte de lì loga che at s'ciunchi...
Secondo soldato Disgrasiad... no t'è an 'mo capit che se a quel bambin ol resterà in vita, ol gnirà lü ol re de Galilea, al post d'ol'Erode... che gl'l'hait dit la profezia, quel!
60　Primo soldato Ag caghi anco sü l'Erode e la profezia, a mi!
Secondo soldato At gh'hait besogn de 'ndà de corpo, miga de stomeg te, alora... Fate in d'un prat e làseme pasar(e).., che mi no voi perd ol premi, a mi!
Primo soldato No, gh'n'hait abasta de vidè amazar fiulìt!
Secondo soldato Alora ol sarà pejor par ti! (*Lo trafigge con la spada*).
Primo soldato Ohia... ch'at m'hait cupat... disgraziat... at m'hait sfondade le büele.
Secondo soldato Am rincress... at set stait impropi un tarloch... mi no vorsevi miga...
Primo soldato Am pisa ol sangu da part tüt... oh marna... marna... indua at sett, mama... ol vegn scür... hait frec, mama... marna... (*Muore*).
70　Secondo soldato No l'ho cupat mi, quest a l'era già cadaver in d'ol mument che l'ha scomenzà a 'vegh pità. «Suldat ch'ol sent pità a l'è già bela mort cupà», ol dis anca ol proverbio! E 'ntant ol m'ha fait perd l'ocasion de catà la Verzen col bambin.

Il soldato esce trascinandosi via il cadavere del compagno.

Testo in italiano

Donna Assassino... porco... non toccare il mio bambino.
Primo soldato Lascialo andare... molla 'sto bambino o ti taglio le mani... ti do un calcio nella pancia... molla!
Donna Nooo! Ammazza me piuttosto... (*Il soldato le strappa il bambino e glielo uccide*). Ahia... ahaa... me lo hai ammazzato, accoppato.
80　Secondo soldato Oh, eccone qui un'altra... Fermati dove sei, donna... O v'infilzo tutte due... te e il tuo bambino.
Madre Infilzaci pure, che io preferisco...

SECONDO SOLDATO Non far la matta... sei ancora giovane tu e hai il tempo di sfornarne un'altra dozzina di bambini... Dammi qui quello... fa' la brava.
MADRE No... giù queste zampacce da dosso.
SECONDO SOLDATO Ahia... mordi eh... e allora prendi questo (*schiaffo*), e lascia 'sto fagotto!
MADRE Pietà, ti prego... non uccidermelo... ti do tutto quello che ho.

Il soldato strappa il fardello alla madre e si ritrova fra le mani un agnello.

90 SECONDO SOLDATO Oh, ma cos'è questo? Un pecorino, un agnello...?
MADRE Oh sì, non è un bambino, è un pecorino... io non ho mai avuto dei bambini... non sono capace, io. Oh ti prego, soldato, non uccidermi questo agnello... che non è ancora Pasqua... e faresti un grande peccato se me lo ammazzi!
SECONDO SOLDATO Oh, donna! Mi vuoi prendere per il didietro... o forse sei matta?
MADRE Io matta? No che non sono matta!

Sopraggiunge un altro soldato.

SECONDO SOLDATO Vieni via, lasciale l'agnello... che quella è una alla quale si è rovesciato (stravolto) il cervello... dal dolore che le abbiamo ucciso il figlio. Cosa ti prende... muoviti, che ne abbiamo ancora un grande mucchio da scannare.
100 PRIMO SOLDATO Aspetta... che mi viene da vomitare...
SECONDO SOLDATO Bella forza! Mangi come una vacca: cipolle, montone salato e poi... vieni qui all'angolo, c'è un'osteria... ti farò bere un bel grappotto¹.
PRIMO SOLDATO No, non è per il mangiare! è per questo macello, questa carneficina di bambini che abbiamo messo in piedi, che mi si è rovesciato lo stomaco.
SECONDO SOLDATO Se sapevi di essere così delicato, non dovevi venir a fare questo mestiere del soldato.
PRIMO SOLDATO Io ero venuto soldato per uccidere uomini nemici...
SECONDO SOLDATO E magari anche per sbattere riversa anche qualche bella donna sul pagliaio... eh?
110 PRIMO SOLDATO Beh, se capitava... ma sempre donna di nemici...
SECONDO SOLDATO E scannargli il bestiame...
PRIMO SOLDATO Dei nemici.
SECONDO SOLDATO Bruciargli le case... uccidergli i vecchi... le galline e i bambini... Bambini sempre di nemici.
PRIMO SOLDATO Sì, anche i bambini... ma in guerra! In guerra non è disonore: ci sono le trombe che suonano, i tamburi che rullano e canzoni di battaglia e le belle parole dei capitani alla fine!
SECONDO SOLDATO Oh, anche per questo macello avrai delle belle parole dai capitani.
120 PRIMO SOLDATO Ma qui, si ammazzan degli innocenti...
SECONDO SOLDATO E perché, in guerra non sono tutti innocenti? Cosa ti hanno fatto a te, quelli? T'hanno fatto qualche cosa quei poveracci che uccidi e scanni col suono delle trombe? (*Sul fondo passa la macchina raffigurante la Madonna col*

---

1 **grappotto:** grappa, acquavite altamente alcolica, ottenuta attraverso la distillazione delle vinacce.

bambino). Che mi si possano accecare gli occhi se quella non è la Vergine Maria col suo bambino che stiamo cercando! Andiamole appresso, prima che ci scappi... muoviti, che questa volta raccogliamo il premio, che è grosso.

PRIMO SOLDATO Non lo voglio questo premio schifoso sporco...

SECONDO SOLDATO Bene, lo raccoglierò (prenderò) da solo.

PRIMO SOLDATO No, neanche tu lo prenderai... (*Gli sbarra la strada*).

SECONDO SOLDATO Ma sei diventato matto? Lasciami passare, che abbiamo l'ordine di ammazzare il suo figlio alla Vergine...

PRIMO SOLDATO Ci cago sull'ordine io... non muoverti da lì o ti stronco...

SECONDO SOLDATO Disgraziato... non hai ancora capito che se quel bambino resterà in vita, diventerà lui il re di Galilea al posto di Erode... che gliel'ha detto la profezia, quello!

PRIMO SOLDATO Cago anche su l'Erode e la profezia, io!

SECONDO SOLDATO Hai bisogno di andar di corpo, tu, mica di stomaco, allora... Vai in un prato e lasciami passare... che io non voglio perdere il premio, io!

PRIMO SOLDATO No, ne ho abbastanza di veder ammazzare bambini!

SECONDO SOLDATO Allora sarà peggio per te! (*Lo trafigge con la spada*).

PRIMO SOLDATO Ahia... che mi hai ucciso... disgraziato... mi hai sfondato le budella...

SECONDO SOLDATO Mi rincresce... sei stato proprio un tarlocco (stupido)... io non volevo...

PRIMO SOLDATO Mi piscia il sangue da per tutto... oh mamma... mamma... dove sei, mamma... viene buio... ho freddo, mamma... mamma... (*Muore*).

SECONDO SOLDATO Non l'ho ucciso io, questo era già cadavere nel momento in cui ha cominciato ad avere pietà. «Soldato che sente pietà è già bello e morto ammazzato», lo dice anche il proverbio! E intanto mi ha fatto perdere l'occasione di prendere la Vergine col bambino.

Il soldato esce trascinandosi via il cadavere del compagno.

[D. Fo, *Mistero buffo*, Einaudi, Torino 1977]

SCHEDA di LETTURA

Una strage disgustosa
Nella prima parte del brano, attraverso pochi gesti e battute l'autore rappresenta la cieca violenza dei soldati che strappano dalle braccia delle madri disperate i figli. Una delle donne ha già perduto il proprio bambino e, impazzita per il dolore, si aggira stringendo al petto degli stracci in cui ha avvolto un *pecorino, un agnello*. Si tratta di un'evidente richiamo all'*Agnus Dei* ("agnello di Dio"), ovvero alla figura di Gesù Cristo, vittima sacrificale per la redenzione dei peccati e la salvezza dell'umanità, ma anche al dolore terreno e materno della Madonna.
La violenza evocata da un linguaggio crudo, dominato da immagini di sangue, disgusta uno dei soldati, che confessa al suo compagno che gli *si è rovesciato lo stomaco*. In realtà non si tratta soltanto di una reazione fisica dinanzi a un rivoltante massacro: la strage voluta da Erode scuote anche la coscienza e lo spinge a interrogarsi sulle ragioni per le quali ha scelto di fare il soldato. Quando si era arruolato sapeva di dover uccidere *uomini nemici*, forse anche di approfittare delle loro donne e di razziare i loro beni, ma non avrebbe mai immaginato di dover ammazzare degli *innocenti*.

La logica della violenza
Agli scrupoli per *questa carneficina di bambini che abbiamo messo in piedi* si oppone il cinismo del secon-

SCHEDA di LETTURA

do soldato, che nel tentativo di giustificare il suo comportamento mette in luce la brutale logica della guerra, un *mestiere* in cui è indispensabile non porsi interrogativi morali, in cui è vietato *essere così delicato* come il suo compagno.

In guerra non vi sono limiti etici all'agire contro il nemico. Non solo qualsiasi nefandezza è giustificata, ma essa è anche motivo di orgoglio e di virile eccitazione. L'argomentazione del soldato si trasforma in una paradossale condanna di qualsiasi guerra: non vi è differenza tra uccidere un neonato e un nemico, in quanto anche in guerra sono tutti innocenti: *quei poveracci che uccidi e scanni* non ti hanno fatto nulla di male e di personale.

L'apparizione della Madonna

Le parole del soldato vengono bruscamente interrotte da un'occasione imperdibile (*questa volta raccogliamo il premio, che è grosso*): il passaggio della *Madonna col bambino*. Il proposito di inseguirla prima che si allontani viene però ostacolato. Il suo compagno gli sbarra la strada, in quanto il premio gli appare *schifoso sporco*. Tra i due si scatena un litigio che culmina nell'ennesima manifestazione di violenza. Anche se ormai la Vergine è scomparsa, il primo soldato paga gli scrupoli morali con la vita e, in punto di morte, come fosse anch'egli una delle vittime innocenti della strage, invoca la *mamma*: come la madre folle con l'agnello infagottato, il suo pianto e la sua agonia si trasformano in un'immagine simbolica del sacrificio di Cristo e della sofferenza della Madonna. La morte lo raggiunge sotto lo sguardo sprezzante del suo assassino, che si difende mettendo nuovamente in luce la logica spietata della guerra: il colpevole non è lui ma il sentimento di pietà per il quale il suo compagno era già *bello e morto ammazzato* prima di ritrovarsi con le *budella sfondate*.

Lo stile

Sul piano stilistico l'elemento più originale degli episodi di *Mistero buffo* è l'uso di una lingua artificiale, il cosiddetto *grammelot*, un idioma dal forte carattere onomatopeico, capace di trasmettere con eguale intensità battute comiche e monologhi tragici. Durante la messa in scena, a favorirne la comprensione contribuisce la gestualità degli attori. Questo straordinario strumento comunicativo è modellato sulla lingua dei giullari medioevali, che inventarono un linguaggio che permettesse loro di recitare davanti ai pubblici di tutte le piazze dell'Italia settentrionale.

Dal punto di vista della messa in scena è interessante osservare che il personaggio della Madonna non è ricoperto da un'attrice ma da una macchina semovente, un manichino a grandezza naturale costruito sul modello di quelli utilizzati nel Medioevo: una sorta di marionetta che, grazie a un sistema di contrappesi, muove le articolazioni, piega la testa e abbassa gli occhi, dai quali possono anche scendere le lacrime.

LABORATORIO

Comprendere e individuare
L'esplorazione del testo

1. Quale minaccia del primo soldato nei confronti della donna a cui ucciderà il figlio contiene un implicito richiamo alla maternità?

2. Riporta il motivo con il quale il secondo soldato cerca di convincere la madre folle a consegnare il figlio.

3. Quale frase della donna evidenzia la sua disperazione, tale da spingerla ad alterare la realtà, negando insieme alla morte del figlio anche la sua maternità?

4. Con quale modo di dire il soldato afferma che la donna è impazzita?

5. Il secondo soldato non riesce a comprendere le ragioni degli scrupoli del suo compagno. A quale motivo imputa il suo desiderio di vomitare?

6. Con quale espressione il secondo soldato irride la sensibilità che ha generato una crisi di coscienza nel suo compagno?

7. Secondo il primo soldato, che cosa giustifica l'uso della violenza in guerra?

Interpretare e riflettere
La scoperta del testo

8. La guerra si legittima anche attraverso una ritualità coreografica che rende spettacolare la violenza: in quale parte del dialogo fra i due soldati viene sottolineato questo aspetto?

9. Qual è la tesi del discorso conclusivo del secondo soldato?
   A. ☐ Un soldato non deve mai provare disgusto dinanzi al sangue
   B. ☐ Un soldato non deve mai disobbedire agli ordini
   C. ☐ Un soldato non deve mai avere compassione per le vittime
   D. ☐ Un soldato non deve mai fuggire dinanzi ai pericoli

10. Come accadeva nel Medioevo, anche nella messa in scena di Dario Fo per rappresentare la Madonna viene impiegata una macchina teatrale. Quale era, a tuo avviso, la ragione di questa scelta rappresentativa?

Analizzare
Lo stile e la forma del testo

11. Nel brano compaiono molti termini ed espressioni che evocano immagini di sangue: individuane alcuni.

GRAMMATICA

12. *No, non è per il mangiare!* (r. 103). In questa frase il verbo all'infinito viene utilizzato con la funzione di
    A. ☐ aggettivo
    B. ☐ avverbio
    C. ☐ pronome
    D. ☐ sostantivo

13. *Cosa ti prende... muoviti, che ne abbiamo ancora un grande mucchio da scannare* (r. 98-99). In questo periodo il *che* introduce una proposizione
    A. ☐ relativa
    B. ☐ causale
    C. ☐ consecutiva
    D. ☐ dichiarativa

Produrre
Dalla lettura alla scrittura

14. Spiega in un testo di circa dieci righe per quale motivo possiamo affermare che con il discorso del secondo soldato (*E magari... trombe?*, rr. 108-123) l'autore crea un processo di straniamento simile a quello di cui abbiamo parlato a proposito del teatro di Brecht (▶ p. 538).

VERIFICA DELLE COMPETENZE

MODELLO INVALSI

Leggi il seguente testo e poi rispondi alle domande.

T5 Eduardo De Filippo Il risveglio in casa Cupiello

Eduardo De Filippo nacque a Napoli nel 1900. Si dedicò al teatro sin da giovanissimo, recitando prima con il padre Eduardo Scarpetta, celebre autore e attore, poi in varie compagnie teatrali. Nel 1930 con i fratelli Titina e Peppino fondò la compagnia di teatro umoristico "I De Filippo". Nel 1931 mise in scena *Natale in casa Cupiello*, il suo primo grande successo. Seguirono *Napoli milionaria* (1945) e *Filumena Marturano* (1946), una delle sue opere più belle e maggiormente rappresentate. Nel Dopoguerra registrò per la televisione gran parte delle sue commedie. Le numerose *tournée* all'estero gli diedero fama internazionale e vari riconoscimenti. È morto a Roma nel 1984. Tra le sue opere si ricordano *Le voci di dentro* (1949), *Il sindaco del rione Sanità* (1967), *Il contratto* (1967), *Gli esami non finiscono mai* (1973).

Natale in casa Cupiello racconta le vicende della famiglia Cupiello, composta da Luca, il capofamiglia, suo fratello Pasquale, la moglie Concetta, i figli Tommasino (detto Nennillo), un ladruncolo scapestrato, e Ninuccia, sposata con Nicolino ma amante di Vittorio. È la vigilia di Natale e Luca si appresta, come tutti gli anni, ad allestire il presepe. La sera di Natale Nennillo porta a cena un suo amico, Vittorio, che si rivela essere proprio l'amante della sorella. Quando giungono a casa Ninuccia e Nicolino la situazione precipita: sconvolto dalla scoperta improvvisa, Luca è colpito da un ictus. Il dramma riavvicinerà la famiglia in un affetto sincero. Luca in punto di morte è circondato dai suoi cari: credendo che tutto sia tornato alla normalità, Luca muore felice guardando il presepe.

La prima scena, che si svolge nella camera da letto della famiglia, presenta due temi centrali della commedia: la preparazione del presepio da parte di Luca, nonostante l'evidente ostilità dei familiari, e lo scontro tra il protagonista e il figlio Nennillo.

ATTO I

A Napoli, oggi.
La camera da letto di Luca Cupiello. Il letto matrimoniale è quasi nel mezzo, verso destra, poco discosto dalla comune[1]. Un lettino a sinistra. Un paravento è messo a lato del lettino dove, raggomitolato e coperto fino alla testa, dorme Nennillo. Un balcone a sinistra. Dai vetri si scorge la neve cadere a fiocchi. In primo piano verso sinistra, un tavolo con sopra un presepe in fabbricazione. Accanto ad esso una sedia con sopra pennelli, carta colorata, sugheri, chiodi, forbici e una lattina contenente colla bianca fatta di farina. Un comò a destra con sopra un'immagine sacra con lumino. Due candelieri ed altre figurine messe con bella cura e devozione. Un attaccapanni a muro a destra sul quale è attaccato il paltò[2] di Concetta, una pelliccetta spelacchiata e il cappellino sdrucito ma dignitoso. A destra una porta. Sono le ore 9 del mattino del 23 dicembre. Luca dorme nel letto matrimoniale mentre il lato sinistro, accanto a lui, è in disordine e ancora con i lembi della coperta rivoltati. All'alzarsi del sipario lunga pausa. Luca russa profondamente addormentato. Infine si apre la porta di destra ed appare Concetta non ancora completamente vestita e con uno scialletto di lana sulle spalle infreddolite. Ha una tazzina in mano, e paziente, rassegnata, calma, si avvicina al lato del marito.

CONCETTA *(col tono monotono di chi sa in anticipo che dovrà chiamare chi sa quante volte*

---

1 **comune:** la porta che conduce dalla scena all'esterno.
2 **paltò:** cappotto.

20   *prima di essere ascoltata*) Lucarié'[3]... Lucarié'... Scétate, so' 'e nnove[4]. (*Pausa. Luca continua a dormire. Concetta c.s.[5] ma un poco più forte*) Lucarié'... Lucarié'... Scétate, so' 'e nnove. (*Luca ha un grugnito di sotto le coperte girandosi dall'altro lato. Pausa. Concetta c.s., sempre con lo stesso tono*)... Lucarié'... Scétate, so' 'e nnove. Pigliate 'o ccafè.

LUCA (*senza capire, ancora mezzo addormentato*) Ah?... 'o ccafè? (*Mormorando qualche cosa mette fuori prima la testa che ha avvolta completamente in uno scialle di lana, poi siede in mezzo al letto, stende un braccio come per prendere il caffè, ma piano piano lo abbandona, reclina la testa e riprende a dormire. Tutta l'azione è stata eseguita da lui ad occhi chiusi*).

30 CONCETTA (*vedendo che si è riaddormentato, riprende calma*)... Lucarié'... Lucarié'... Scétate, so' 'e nnove. (*Piccola pausa*). Lucarié'...

LUCA (*aprendo gli occhi infastidito, ripete con lei*) Lucarié'... Ah! E comme si' scucciante[6]! Lucarié'... Lucarié'... E famme durmi'[7]!...

CONCETTA Pigliate 'o ccafè...

LUCA (*di malavoglia*) 'o ccafè Sissignore. Miette ccà[8].

CONCETTA (*dandogli la tazzina*) Tie'.

LUCA Che or'è?

CONCETTA T'aggio ditto[9]: so' 'e nnove.

LUCA (*sbadiglia*) Già 'e nnove?... È un affare serio, sapete... Nun te puo' cucca' ca
40   sùbbeto se fanno 'e nnove[10]. Fa friddo[11]?

CONCETTA (*completando il suo abbigliamento e senza voltarsi*) Haie voglia[12], Lucarié'... Fa friddo assaie.

LUCA (*tremando al pensiero che deve alzarsi*) Assaie... Brrr... Embe'... Ci siamo: è Natale... Brrr. (*Beve un sorso di caffè, ma storce la bocca disgustato*) Che bella schifezza!...

CONCETTA Lucarié', tu che vaie truvanno[13]? Ringrazia a Dio.

LUCA E ringraziamo a Dio. (*Mette la tazza sul tavolino*) Nun è questione d' 'o ccafè... Alle volte è pure come se fa... Chesto sape 'e pìmmece[14].

CONCETTA (*girando appena la testa occupata a vestirsi*) Lucarié'... tu te si' scetato spiritoso stammatina? Viato a tte[15]!

50 LUCA Eh... spiritoso... (*Di soprassalto, ricordandosi*) 'O presebbio addo' sta[16]?

CONCETTA (*mostrandolo con un gesto*) Llà sta, sta llà! Lucarié', nun te mettere appaura ca nisciuno t' 'o tocca[17].

---

3   **Lucarié':** Lucariello (vezzeggiativo di Luca).
4   **Scétate... nnove:** svegliati, sono le nove.
5   **c.s.:** come sopra.
6   **scucciante:** scocciante, noiosa.
7   **famme durmi':** fammi dormire.
8   **Miette ccà:** metti qui.
9   **T'aggio ditto:** Ti ho detto.
10   **Nun te puo'... nnove:** Non ti puoi addormentare (fai appena in tempo ad andare a letto) che arrivano subito le nove.
11   **friddo:** freddo.
12   **Haie voglia:** ma certamente, molto.
13   **che vaie truvanno:** che vai cercando, accontentati.
14   **Chesto... pìmmece:** questo ha il sapore di cimice (*pìmmece*).
15   **Viato a tte:** beato te.
16   **'O presebbio addo' sta:** il presepio dove sta.
17   **nun te mettere... tocca:** non preoccuparti, che nessuno te lo tocca.

Luca E 'a colla l'he' scarfata[18]?

Concetta (*impaziente*) Lucarie', io mo' me so' scetata[19].

Luca E vall' 'a scàrfa… Io aggi' 'a fa'[20] o presebbio…

Concetta (*prendendo la lattina dalla sedia e andando a destra*) Ecco ccà. Avimma accumminciato: 'a colla, 'e chiuove, 'o martello, 'e fforbice… A primma matina; nun avimmo manco apierte ll'uocchie[21]… (*Esce*).

Luca (*si alza. Sempre battendo i denti per il freddo e strofinandosi le mani, comincia a vestirsi. Mette un paio di scarpe tagliate ad uso di pantofole, un pantalone stinto, poi va dietro il paravento e comincia a lavarsi. Riappare asciugandosi le mani. Mette la giacca e parla a Nennillo mentre incomincia il suo lavoro al presepe*) Guè… Scétate ca songo 'e nnove[22]. (*Nennillo non risponde*). E chesto vuo' fa'… All'età toia io me susevo 'e notte pe' ghi' a fatica'. Sùsete. È meglio ca nun te dongo audienza ca si no me faccio 'a croce a primma matina[23]. (*Indispettito dal silenzio di Nennillo, grida forte*) Sùsete! He' capito, sùsete.

Nennillo (*da sotto le coperte*) 'A zuppa 'e latte[24].

Luca E a chesto pienze. Sùsete e va' t' 'o piglia dint' 'a cucina ca nun tiene 'e serviture, he' capito?[25]

Nennillo (*c.s.*) Si nun m' 'o purtate dint' 'o lietto non mi soso[26].

Luca No, tu ti sosi. Si no te sciacco e te faccio rimane' na settimana dìnt' 'o lìetto pe' piacere mio[27].

Concetta (*entrando*) Ccà sta 'a colla. (*Mette la lattina sul tavolo del presepe. Luca torna al lavoro*). Io nun capisco c' 'o faie a ffa' 'stu presebbio… Na casa nguaiata, denare ca se ne spénneno e almeno venesse buono[28]…

Nennillo (*comodamente sdraiato e con le braccia incrociate dietro la testa*) Overo[29]… venesse buono almeno…

Luca Pecché? Chi ha ditto ca nun vene buono?… 'O ssape isso[30]!… (*Sgranando gli occhi*) Nun te piace? Nun ti piace 'o presebbio?

Nennillo (*dispettoso*) Nun me piace.

Luca Ma come, il presepio piace a tutti… A chi è che non piace il presepio? C'è cosa più bella…

Nennillo (*c.s.*) Non mi piace…

Luca Ma se non è finito ancora… ce manca ancora tutte cose… Questo è appena il fusto[31]… Quando ci metto l'erba, i pastori…

---

18 **'a colla… scarfata:** la colla l'hai riscaldata.
19 **io mo'… scetata:** io ora mi sono svegliata.
20 **aggi' 'a fa':** devo fare.
21 **A primma… ll'uocchie:** di prima mattina, non abbiamo neanche aperto gli occhi.
22 **ca songo 'e nnove:** che sono le nove.
23 **E chesto… matina:** e questo vuoi fare… Alla tua età io mi alzavo quando era ancora notte per andare a lavorare. Alzati. È meglio che non ti dia retta, altrimenti mi faccio il segno della croce (mi angoscio) di prima mattina.
24 **'a zuppa 'e latte:** latte e caffè con dentro il pane inzuppato.
25 **E a chesto… capito?:** e a questo pensi. Alzati e vai a prenderlo in cucina che non hai i camerieri, hai capito?
26 **Si nun… soso:** se non me lo portate al letto non mi alzo.
27 **Si no… piacere mio:** altrimenti ti do un colpo in testa (*sciacco*) e ti faccio rimanere una settimana dentro il letto per mio piacere.
28 **c' 'o faie… venesse buono:** che cosa lo fai a fare questo presepio… Una casa piena di guai (*nguaiata*), soldi che si spendono e almeno venisse bene.
29 **Overo:** davvero.
30 **'O ssape isso:** lo sa lui.
31 **fusto:** la struttura di base.

NENNILLO (*c.s.*) Non mi piace. Voglio 'a zuppa 'e latte.
CONCETTA Sùsete, Nenni', sùsete!
LUCA (*con rabbia*) Embe', si lle puorte 'o llatte dint' 'o lietto, ve mengo 'a coppo abbascio a tutt'e duie. 'O staie crescenno p' 'a galera. Guardate llà... nun se mette scuorno[32]. A chest'ora ancora dint' 'o lietto.
CONCETTA Ma nossignore, chillo mo'[33] se sose... (*Fa dei cenni come per dirgli: — Comincia ad alzarti ed io ti porto il latte —*) Sùsete, mèh...
NENNILLO No! Voglio 'a zuppa 'e latte.
LUCA Embe', mo' te mengo 'a colla nfaccia[34]!
CONCETTA (*intervenendo*) Sùsete bell' 'e mamma... te lave tantu bello, e pe' tramente io t'appriparo nu bello zuppone. Làvate apprimma[35].
LUCA Pasqualino s'è susuto?
CONCETTA (*mentre rifà il letto*) S'è susuto, s'è susuto chillo scucciante 'e fràteto. Cu' nu catarro c'ha tenuto s'è fidato 'e stà na settimana dint' 'o lietto[36].
NENNILLO (*attento*) S'è susuto? E sapite si esce?
CONCETTA Sì. Ha ditto ca se vo' fa' na passeggiata, pecché doppo 'a freve c'ha tenuto, vo' piglia' primma nu poco d'aria e po' se retira[37].
NENNILLO E sapite si se veste?
LUCA E che d'è[38], nun se veste?... Iesce annuro[39]... Ma pecché, che d'è?
NENNILLO No, niente. Io dicesse è meglio ca nun ghiesce[40]... Po' essere che cade malato n'ata vota[41]...
PASQUALINO (*dalla comune, in abito per uscire ma in pantofole*) Lucarie', è permesso?...
LUCA Trase[42], Pasca', trase...
PASQUALINO Buongiorno, buongiorno, donna Cunce'.
LUCA Comme staie? Nu poco sciupatiello ma è rrobba 'e niente... Sa dint' 'a quanto te rimiette[43]... (*Gli piglia il polso*) Freva ne tiene?
PASQUALINO No. No. Sto meglio. È passato tutto. (*Guarda sospettoso Nennillo*) È passato tutto. (*Poi a Concetta*) Donna Cunce'... io nun aggio pututo truva' 'e scarpe[44]...

Nennillo si sprofonda sotto le coperte.

[E. De Filippo, *Natale in casa Cupiello*, Einaudi, Torino 1972]

---

32 si lle puorte... scuorno: se gli porti il latte a letto, vi butto giù da basso tutti e due. Lo stai crescendo per la galera (lo stai portando sulla brutta strada). Guardate... non ha vergogna (*scuorno*).
33 chillo mo': quello ora.
34 mo' te... nfaccia: ora ti lancio la colla in faccia.
35 bell' 'e mamma... apprimma: bello di mamma... ti lavi tranquillo e nel frattempo io ti preparo una bella zuppa di latte. Lavati prima.
36 chillo scucciante... lietto: quel noioso (*scucciante*) di tuo fratello. Per un po' di catarro che ha avuto è stato capace di rimanere una settimana a letto.
37 se vo'... se retira: vuole farsi una passeggiata, perché dopo la febbre che ha avuto vuole prendere prima un po' d'aria e poi rientra.
38 E che d'è: e che cosa fa.
39 Iesce annuro: esce nudo.
40 ghiesce: esce.
41 cade malato n'ata vota: si riammala di nuovo.
42 Trase: Entra.
43 Nu poco... rimiette: un po' deperito, ma nulla di grave... sai entro quanto ti rimetti.
44 io nun... scarpe: non sono riuscito a trovare le scarpe.

VERIFICA DELLE COMPETENZE

1. L'ambiente descritto nella lunga didascalia iniziale
   A. ☐ condanna il degrado morale e sociale della famiglia Cupiello
   B. ☐ evidenzia i vincoli affettivi che legano i membri della famiglia
   C. ☐ riflette lo stato d'animo dei personaggi
   D. ☐ mostra l'umile ma dignitosa condizione sociale dei Cupiello

2. Alle proteste di Luca (*bella schifezza*, r. 45), Concetta sostiene che invece di lamentarsi deve ringraziare Dio perché
   A. ☐ lei è così gentile da preparargli una tazza di caffè ogni mattina
   B. ☐ esiste una bevanda così buona come il caffè
   C. ☐ nonostante siano poveri possono ancora permettersi il caffè
   D. ☐ in una fredda mattina d'inverno qualcosa di caldo è l'ideale

3. Con quale affermazione Concetta manifesta il disinteresse di tutti gli altri familiari verso il presepio, una tradizione che solo Luca si ostina a mantenere viva?

4. La preparazione del presepio è una consuetudine che si ripresenta puntualmente, anno dopo anno: quali parole di Concetta sottolineano il fastidio di far fronte alle richieste di Luca, che si ripetono identiche ogni Natale?

5. Quali sono le tre ragioni per cui Concetta non riesce a capire e ad approvare l'ostinazione di Luca nell'allestire il presepio?

6. Nennillo è viziato e svogliato: quale frase ripetuta più volte dal ragazzo sottolinea l'abitudine di essere servito e provoca l'irritazione sempre più crescente di Luca?

7. Quale atteggiamento di Nennillo, indicato in una didascalia, appare particolarmente irridente verso il padre che lo invita ad alzarsi?

8. Nennillo si informa sui movimenti e sullo stato di salute di Pasqualino (*è meglio ca nun ghiesce... Po' essere che cade malato n'ata vota*, r. 106-107). Ritieni che sia davvero preoccupato per lo zio o il suo interessamento è provocato da altro? Prima di rispondere rifletti sulle precisazioni contenute nelle ultime didascalie.

9. Il rapporto tra Luca e Nennillo appare soprattutto caratterizzato da
   A. ☐ rancori e sospetti
   B. ☐ incomprensioni e pregiudizi
   C. ☐ odio e disprezzo
   D. ☐ rivalità e aggressività

10. Quale posizione assume Concetta rispetto al conflitto tra Luca e Nennillo?
    A. ☐ Cerca di mediare fra i due
    B. ☐ Si schiera apertamente con Luca
    C. ☐ Si schiera apertamente con Nennillo
    D. ☐ Li ignora

11. De Filippo era non solo autore ma anche attore e regista delle commedie. L'attenzione che dedica a un elemento specifico del linguaggio teatrale è un indizio della varietà di ruoli che Eduardo ricopriva: di quale si tratta?

12. Analizza il periodo *Io dicesse è meglio ca nun ghiesce* (r. 106) e riscrivi le proposizioni nello schema, una per casella, precisando il tipo di subordinazione.

    | .... | Proposizione principale |
    | .... | Prop. subordinata .... |
    | .... | Prop. subordinata .... |

Scena da *Natale in casa Cupiello* con Eduardo de Filippo.

Indice dei percorsi delle parole

Amore, S46
Avarizia / Avidità, 516
Canzone / Cantare, 123
Cortese / Cortesia, S45
Cura, 139
Desiderio, S64
Dolore, 434
Epica, 157

Esilio, 331
Figura, 61
Gentile / Gentilezza, 253
Idillio, 349
Infinito, 53
Lirica, 3
Metro, 29
Mistico / Misticismo, S21

Montagna, 107
Morte, 496
Paradiso / Inferno, S28
Politica, 226
Primavera, S57
Ricordo, 328
(R) Riforma
Ritmo, 31

Simbolo, 369
Storia, 218
Tempo, 293
Umile, S16
Volare / Volo, 136

Referenze fotografiche

p. 4 ©D.Baltermants/Magnum/Phaidon, 1999; ©Harenberg Vialender Verlag, 2001; p. 7: ©lolloj/Shutterstock.com, 2014; p. 9: © BI, ADAGP, Paris/Scala, Firenze; p. 12: ©stefaniamorgante.com; p. 16: ©leungchopan/Shutterstock.com. 2014; p. 17: ©salvatoreloleggio.blogspot.com; p. 21: ©Tomsk Oblast Art Museum, Tomsk, UIG/ Archivi Alinari; p. 26: ©Zanichelli, 1980; p. 32: ©Magritte/by SIAE; p. 35: ©hans. slegers/Shutterstock.com. 2014;p. 40: ©Il mondo di Escher, Garzanti; p. 44: ©wikimedia/M.C. Escher Foundation; p. 45: ©Bridgeman Images/Archivi Alinari, Osterreichische Nationalbibliothek, Vienna; p. 46: ©Foto Scala, Firenze; p. 49: ©file404/Shutterstock.com. 2014; p. 50: ©Regensburg, Fürstlich Thurm und Taxissches Schlossmuseum; p. 52: ©DeAgostini Picture Library/Scala, Firenze; p. 54: ©Hamburger Kunsthalle, Amburgo; p. 57: ©Biblioteca Nazionale di Napoli (Ministero per i beni e le attività culturali); p. 58: ©Wikiart; p. 62: ©Imagno/Archivi Alinari; p. 63: ©Electa, 1997 by Siae; p. 65: © DeAgostini Picture Library/Scala, Firenze; p. 66: Felice Casorati/© by Siae, Roma, 2014; p. 69: ©Milano, Arte Centro; p. 70: ©By SIAE, Roma, 2001; p. 74: ©Bridgeman Images/Archivi Alinari; p. 78: ©Foto Scala, Firenze; p. 80: ©Foto Scala, Firenze; p. 82: ©wikipaintings.org/Otterlo, Kröller-Müller Museum; p. 84: ©Archivi Alinari, Firenze; p. 92: ©by siae; p. 93: ©www.scontifacili.it; p. 94: ©Effigie; p. 96: ©www.seriouswheels.com; p. 97: ©www.italian-poetry.org; p. 99: ©Christie's Images, London/Scala, Firenze; p. 100: ©Siae; p. 101: ©Foto Keystone Archives/Heritage Images/Scala, Firenze; ©samgha.me; p. 103: ©miroslavmisiura/ Shutterstock.com, 2014; p. 104: ©www.poesiafestival.it; p. 108: © Archivio Grazia.it; p. 110: © Royal Geographical Society, Londra/National Geographic, maggio 2003; p. 113: © Foto Austrian Archives/Scala, Firenze; p. 115: © wavebreakmedia/Shutterstock. com. 2014; p. 116: © www.saluter.it; p. 118: ©www.isolaverdetv.com; p. 119: ©Paolo Bona/Shutterstock.co, 2014; p. 120: ©Paolo Bona/Shutterstock; p.125: ©Archivio Loescher; p. 126: ©assofolkstudio.wix.com; p. 127: ©temi.repubblica.it; p. 128: ©Christie's Images, London/Scala, Firenze; p. 130: ©G. Harari, 1999; p. 132: ©www. lapiattaformamodena.it; p. 134: ©vivairina1/Shutterstock.com, 2014; p. 135: ©Kornev Andri/Shutterstock.com, 2014; p. 137: ©MONDADORI PORTFOLIO/Archivio Pigi Cipelli/Pigi Cipelli; p. 140: ©www.primativvu.com; p. 141: ©Christie's Images, London/ Scala, Firenze; p. 143: ©Nata Sdobnikova/Shutterstock.com, 2014; p. 144: ©ruffilli. net; p. 145: ©SunKids/Shutterstock.com, 2014; p. 149: ©auremar/Shutterstock.com, 2014; p. 152: ©Bloomua/Shutterstock.com, 2014; p. 153: ©Monkey Business Images/ Shutterstock.co, 2014; p. 158: ©Museo Pio Clememtino, Città del Vaticano/Scala/ Thames & Hudson, 2004; p. 163: ©Roma, Musei Capitolini; p. 164: ©Bibi Saint-Pol,/ Wikipedia/Creative Commons; p. 167: Bibliothekder Akademie der Bildenden Künste, Vienna / " Koch e Dante" / Nuove edizioni Gabriele Mazzotta, 1988; p. 172: ©New York, Metropolitan Museum of Art / Art Resource / Scala, Firenze; p. 173: ©DeAgostini Picture Library/Scala, Firenze; p. 174: ©Torino, Museo Civico; p. 177: ©Archivio Seat/ Archivi Alinari; p. 178: ©Otterlo, Rijksmuseum Kroller-Muller; p. 179: ©RCS Quotidiani, 2005; p. 183: ©Christie's Images, London/Scala, Firenze; p. 185: ©BI, ADAGP, Paris/ Scala, Firenze; p. 186: ©Archivio Famiglia Bertolucci; p. 187: ©Christie's Images, London/Scala, Firenze; p. 189: ©Wikiart; p. 191: ©Milano, Pinacoteca di Brera; p. 192: ©Electa 1993; p. 196: ©Città del Vaticano, Biblioteca Apostolica Vaticana/Medioevo, n.5, 16, maggio 1998; p. 198: ©TopFoto / Archivi Alinari; p. 200: ©Wiipedia; p. 201: ©Wikipedia; p. 202: ©www.giovannicarrieri.com; p. 203: ©Wikipedia; p. 204: Bodleian Library, Oxford University; p. 206: ©Biblioteca Comunale degli Intronati,Siena; p. 210: ©www.independent.co.uk; p. 212: ©Getty Images/Gribaudo, Cavallermaggiore, 2003; p. 215: ©Giulio Einaudi Editore,1982; p. 216: ©Electa, 1983; p. 218: ©Archivi Alinari, Firenze; p. 222: ©Siae; p. 223: ©Galleria d'arte, Casa editrice Il Prisma, Cuneo, 1993; p. 230: © Mark E. Smith /SCALA, Firenze; p. 231: © Jastrow 2006/Wikipedia pubblico dominio; p. 233:
©A. Dagli Orti, 1996; p. 234: ©u.arizona.edu; p. 235: ©Medioevo, n10, 105, ottobre 2005; p. 239: ©The National Gallery, Londra; p. 243: ©Fogola 1982; p. 244: ©Italia moderna, Electa,p.210; p. 246: ©Stefano Baroni/Contrasto; p. 249: ©www.banksy-wallpaper.com; S5: ©Wikipedia; S6: ©Foto Scala, Firenze; S10: ©Reims, Bibliothéque Municipale/Laterza; S12: ©Musee Atger, Montpellier; S14: ©Wikipedia; S20: ©Wikipedia; S21: ©Basilica Inferiore di San Francesco, Assisi; S22: ©Foto Scala, Firenze; S25: ©DeAgostini Picture Library/Scala, Firenze; S26: Battistero di San Giovanni, Firenze/DeAgostini Picture Library/Scala, Firenze; S27: Battistero di San Giovanni, Firenze/© Photononstop/Tips Images; Duomo di Orvieto/Foto Scala, Firenze; S28: ©http://fr.academic.ru; S29: ©The Master and Fellows of Trinity College, Cambridge/Phaidon, Londra, 1994; S30: ©Venezia, Palazzo Ducale; S32: © Vallardi Editore, 1989; S33: ©White Images/Scala, Firenze; S34: © Scala; S35: © www.webalice.it; S36: ©filmstudiescenter.uchicago.edu; S37: ©Foto Scala, Firenze; S38: ©A. Dagli Orti/Scala, Firenze; S40: ©Foto Scala,Firenze - su concessione Ministero Beni e Attività Culturali; S44:©Archivio Loescher; S46: ©Biblioteca Medicea Laurenziana, Firenze; S54: ©Venezia, Biblioteca Marciana; S57: © Medioevo", n.10, ottobre 2000; S58: ©Bibliothéque nationale de France, Parigi; p. S61: ©The Pierpont Morgan Library, New York; S62: Musée de la Tapisserie de la Reine Mathilde, Bayeux/ Foto Scala, Firenze; S63: Musée de la Tapisserie de la Reine Mathilde, Bayeux; Universitsbibliothek, Heidelberg/ © Tarker/Bridgeman Images/Archivi Alinari; S64: ©Medioevo, n.6, giugno 2009; S65: ©Heidelberg, Universitsbibliothek; S66:©Bibliothèque nationale de France, Parigi; S67: ©Heidelberg, Universitsbibliothek; S68: ©Archivi Alinari, Firenze; S70: ©RMN-Réunion des Musées Nationaux/ distr. Alinari, Daniel Arnaudet; S73: ©Biblioteca Comunale di Jesi; S75: ©Biblioteca Nazionale Centrale di Firenze; S76: ©www.pinterest.com; S80:

©Archivio Loescher; p. 255: ©The British Library, Londra; p. 260: ©Medioevo n. 3, marzo 2002/Firenze, Biblioteca Nazionale; p. 261: ©Letteratura Italiana, Repubblica-l'Espresso; p. 263: ©Wikipedia; p. 264: ©DeAgostini Picture Library/Scala, Firenze; p. 265: ©Wikipedia; p. 267: ©Foto Scala,Firenze/su concessione Ministero Beni e Attività Culturali; p. 270: ©Foto Scala, Firenze/su concessione dell'Opera del Duomo di Orvieto; p. 271: ©The British Library, Londra/Yale University Press; pp. 276-77: Palazzo Pubblico, Siena/Foto Scala, Firenze; p.283: ©Brescia, Biblioteca Civica Queriniana, Brescia/Medioevo, n.6 (89), maggio 2004; p. 285: ©Casa del Petrarca, Arquà/"Medioevo", n.6, giugno 2004; p. 286: ©DeAgostini Picture Library/Scala, Firenze; p. 289: ©DeAgostini Picture Library/Scala, Firenze; p. 296: ©Wikimedia Commons; p. 300: ©Firenze, Galleria degli Uffizi/Medioevo, n.10 (69) ottobre 2002; p. 301: ©Archivi Alinari, Firenze; p. 304: ©White Images/Scala, Firenze; p. 305: © Archivio Scala, Firenze/Galleria degli Uffizi, Firenze; p. 308: ©Raffaello Bencini/ Archivi Alinari, Firenze/Per Concessione del Ministero per i Beni e le Attività Culturali; p. 309: ©Foto Scala, Firenze; p. 312: ©Foto Scala, Firenze; p. 316: Basilica di San Pietro, Città del Vaticano/DeAgostini Picture Library/Scala, Firenze; p. 317: Pinacoteca Ambrosiana, Milano; p. 322: ©DeAgostini Picture Library/Scala, Firenze; p. 329: ©Skirà 1982/Paris, Coll. Cl. Altarriba, foto: Jacqueline Hyde; p. 331: Biblioteca Nazionale Centrale, Firenze/Einaudi, Torino, 2007; p. 333: ©Bridgeman Images/ Archivi Alinari, The Fine Art Society, Londra; p. 336: Hermitage, San Pietroburgo/ Bridgeman Images/Archivi Alinari; p. 337: Gemaldegalerie Neue Meister, Dresda/Foto Scala, Firenze/bpk, Bildagentur fuer Kunst, Kultur und Geschichte, Berlin; Museum der Bildenden Kunste, Lipsia/Foto Scala, Firenze/bpk, Bildagentur fuer Kunst, Kultur und Geschichte, Berlin; p. 338: ©Wikipedia.org; p. 341: ©Firenze, raccolta Gian Lauro Parri; p. 342: ©Mary Evans/Scala, Firenze; p. 343: ©DeAgostini Picture Library/ Scala, Firenze; p. 344: ©Firenze, Uffizi, Gabinetto dei Disegni e delle Stampe; p. 349: ©Recanati, Palazzo Leopardi/wikipedia; p. 352: ©Giulio Einaudi Editore-La biblioteca di Repubblica, L'Espresso, 2007/Oslo, Nasjonalgalleriet; p. 353: ©Christie's Images, London/Scala, Firenze; p. 354: ©Foto Scala,Firenze/su concessione Ministero Beni e Attività Culturali; p. 355: ©Foto Scala, Firenze/V&A Images/Victoria and Albert Museum, Londra; p. 357: ©Foto Art Media/Heritage Images/Scala, Firenze; p. 360: ©Foto Scala,Firenze/Fotografica Foglia/su concessione Ministero Beni e Attività Culturali; p. 361: ©Archivio Loescher; p. 365: ©Foto Austrian Archives/Scala, Firenze; p. 368: ©The Maas gallery, London/The Bridgeman Art Library/Archivi Alinari; p. 370: © Musée d'Orsay; p. 374: © Foto Scala, Firenze; p. 375: ©Amherst College Library; p. 376: ©Wikipedia; p. 378: ©http://modernityseminar.files.wordpress.com; p. 383: ©Corriere della sera/RCS, 2005; p. 386: ©DeAgostini Picture Library/Scala, Firenze; p. 387: ©White Images/Scala, Firenze; p. 388: ©Rijksmuseum Kroller-Muller, Otterlo; p. 389: ©BI, ADAGP, Paris/Scala, Firenze; p. 393: ©www.laperfettaletizia.com; p. 395: ©Foto Fine Art Images/Heritage Images/Scala, Firenze; p. 397: ©Foto Fine Art Images/Heritage Images/Scala, Firenze; p. 399: ©Musée d'Orsay; p. 400: ©Christie's Images, London/Scala, Firenze; p. 402: ©Christie's Images, London/Scala, Firenze; p. 404: Musée Marmottan, Parigi/ art database/commons.wikimedia.org; p. 405: Musée d'Orsay, Parigi/wikiart.org; Musée de l'Orangerie, Parigi/White Images/ Scala, Firenze; p. 410: ©New York, Museum of Modern Art; p. 414: ©alfabetasx. wordpress.com; p. 416: ©Taschen, 1993; p. 417: ©Chicago (USA), Art Institue of Chicago; p. 418: © AKG / Photoservice Electa; p. 419: © Mondadori I Meridiani 1989/ Archivio Ettore Serra; p. 421: ©Christie's Images, London/Scala, Firenze; p. 424: ©Libri Scheiwiller 1996; p. 425: ©Libri Scheiwiller 1996; p. 428: © Imagno/Archivi Alinari; pp. 430-31: Collezione privata, Milano/© G. De Chirico by Siae Roma, 2015; p. 432: ©La Nuova Italia, 1965; p. 433: ©emotionrit.blogspot.com; p. 434: ©Foto Scala Firenze; p. 435: ©Osterreichische Galerie, Vienna; p. 438: ©MONDADORI PORTFOLIO; p. 439: © Parigi, Musée d'Orsay; p. 440: ©alessiopatti.wordpress.com; p. 441: Christie's Images, London/Scala, Firenze; p. 446: ©Riccardo Dell'Era; p. 447: ©www. charlottethornton.com; ©T photography/Shutterstock.com, 2014; p. 448: ©www. filmcommission.it p. 449: ©brisbanepowerhouse.org; p. 450: ©www.olin.it; p. 452: ©La Storia dell'Arte. Le Avanguardie. Volume 17, Electa-La Biblioteca di Repubblica, 2006, p. 100; p. 453: ©Piccoloteatro.org; p. 456: ©coalova.itismajo.it; p. 457:©foto-moretti; p. 461: ©wordpress.com; p. 463: www.mirabiliateatro.com; p. 469: ©www. mirabiliateatro.com; p. 472: ©National Maritime Museum, Greenwich, England; p. 473: ©Fabio Pavan; p. 474: ©Fabio Pavan; p. 477: ©Fabio Pavan; p.484: ©DeAgostini Picture Library/Scala, Firenze; p. 489: ©Museo Archeologico regionale Eoliano Luigi Bernabò Brea, Lipari; p. 490: ©Roma, Museo Pio-Clementino; p. 493: © Théâtre d'Angoulême; p. 494: © ICPonline; p. 498: ©Cornelsen, 1999; p.499: ©Paul Morgan, 19 dicembre 2008/Flickr Creative Commons 2.0 No Commercial; p. 508: ©www. commediadellartedayistanbul2013.com; p. 511: ©ilfilodelracconto.loescher.it; p. 516: ©Wikipedia; p. 523: ©Casa Goldoni, Venezia; p. 532: ©Museo Archeologico Nazionale di Napoli; p. 546: © Archivio IGDA/A. Dagli Orti, Istituto Geografico De Agostini S.p.A., Novara, 1990; p. 549: © 2011 Enzo Rapisarda; p. 552: ©Andrea Gatopoulos; p. 553: ©tipptatler.ie; p. 558: ©www.rainews.it; p. 562: ©MONDADORI PORTFOLIO/Archivio Giorgio Lotti/Giorgio Lotti; p. 563: ©RAI- su licenza Archivi Alinari; p. 568: ©archivio. atnews.it

Indice dei nomi

Alighieri, Dante	166, 204, *268*, 271, Ⓑ, Eugenio	Filippi, Rustico	S76	Omero	162
		Fo, Dario	557	Orazio	229
Angiolieri, Cecco	233	Fogazzaro, Antonio	403	Palazzeschi, Aldo	441
Archiloco	200	Fortini, Franco	16, 319	Parini, Giuseppe	172
Ariosto, Ludovico	237, Ⓑ, Eugenio	Foscolo, Ugo	74, *331*, 333, Eugenio	Pascoli, Giovanni	62, *383*, 386, 389, 390, Ⓑ, Eugenio
Aristofane	510	Fossati, Ivano	136		
Balestrini, Nanni	Ⓑ	Francesco d'Assisi	*S14*, S15	Pasolini, Pier Paolo	214
Battiato, Franco	139	Gaber, Giorgio	132	Passavanti, Iacopo	S33
Battistin, Anna Maria	149	Galimberti, Umberto	119	Pavese, Cesare	178
Baudelaire, Charles	378	Gasperini, Brunella	150	Penna, Sandro	Ⓑ
Baustelle	143	Gatto, Alfonso	Ⓑ	Petrarca, Francesco	*278*, 280, 284, 290, Ⓑ, Eugenio
Beckett, Samuel	552	Giacomino da Verona	S28		
Benni, Stefano	249, Ⓑ	Giacomo da Lentini	S40, S64	Pirandello, Luigi	*546*, 547
Berchet, Giovanni	191	Ginzburg, Natalia	478	Plauto	530
Bertolucci, Attilio	185	Goldoni, Carlo	522	Poliziano, Angelo	304
Boccaccio, Giovanni	274	Gozzano, Guido	242, Eugenio	Quasimodo, Salvatore	3
Bolelli, Franco	151	Guglielmo d'Aquitania	S57	Quevedo, Francisco de	Ⓑ
Boroni, Michele	152	Guinizzelli, Guido	260, Ⓑ	Raboni, Giovanni	97
Brecht, Bertolt	210, Ⓑ	Guittone d'Arezzo	S73	Rudel Jaufré	Ⓑ
Campana, Dino	87	Iacopone da Todi	*S20*, S22, Ⓑ	Saba, Umberto	83, 113, *432*, 434, Ⓑ, Eugenio
Caproni, Giorgio	58, 246	Jovanotti (Lorenzo Cherubini)	151		
Caputo, Luigi	118	Leopardi, Giacomo	53, *349*, 352, 355, Ⓑ, Eugenio	Sanguineti, Edoardo	222
Carducci, Giosue	25, 364			Sanzone, Daniele	117
Cavalcanti, Guido	45, 264	Lorenzo de' Medici	299	Sbarbaro, Camillo	Eugenio
Cechov, Anton	540	Lussu, Joyce	12	Scarpa, Tiziano	Ⓑ
Cervantes, Miguel de	318	Luzi, Mario	361	Sereni, Vittorio	93
Chrétien de Troyes	S61	Machiavelli, Niccolò	Ⓑ	Shakespeare, William	313, *494*, 495, Ⓑ, Eugenio
Cielo d'Alcamo	S68	Magrelli, Valerio	104, Ⓑ	Simonide di Ceo	201
Ciro di Pers	322	Majakovskij, Vladimir	414	Sofocle	488
Compiuta Donzella	S79	Mann, Thomas	418	Stampa, Gaspara	Eugenio
Cucchi, Maurizio	101	Manzoni, Alessandro	338, 341, 348, Ⓑ, Eugenio	Szymborska, Wisława	Ⓑ
D'Annunzio, Gabriele	*393*, 395, 406, Eugenio			Tasso, Torquato	50, 309, Eugenio
		Maraini, Dacia	455		
De André, Fabrizio	127	Merini, Alda	437	Turoldo, David Maria	S35
De Filippo, Eduardo	564	Molière	516	Ungaretti, Giuseppe	*419*, 421, Ⓑ, Eugenio
De Gregori, Francesco	147	Montale, Eugenio	78, 218, *424*, 426, Ⓑ, Eugenio		
De Luca, Erri	107, 472			Vegetti Finzi, Silvia	149
Dickinson, Emily	374	Mussapi, Roberto	Ⓑ	Wordsworth, William	Ⓑ
Eschilo	501			Zinna, Lucio	21